आर. गुप्ता® कृत

पॉपुलर मास्टर गाइड

कर्मचारी चयन आयोग (SSC)

दिल्ली पुलिस

हेड कांस्टेबल

(मिनिस्ट्रियल)

भर्ती परीक्षा

RPH संपादक मंडल
द्वारा संपादित

2026
EDITION

रमेश पब्लिशिंग हाउस, नई दिल्ली

प्रकाशक

ओ.पी. गुप्ता, **रमेश पब्लिशिंग हाउस**

प्रशासनिक कार्यालय

12-H, न्यू दरियागंज रोड, आफिसर्स मेस के सामने,
नई दिल्ली-110002 ✆ 23275224, 23245124

E-mail: info@rameshpublishinghouse.com
For Online Shopping: www.rameshpublishinghouse.com

विक्रय केन्द्र

- बालाजी मार्किट, नई सड़क, दिल्ली-6 ✆ 23253720, 23282525
- 4457, नई सड़क, दिल्ली-6, ✆ 23918938

Book Code: R-1695

ISBN: 978-93-5012-480-2

मूल्यः ₹ 430

मुद्रक : दीपक आफसेट, दिल्ली

अनुक्रमणिका

पिछले प्रश्न-पत्र

कर्मचारी चयन आयोग (SSC)

दिल्ली पुलिस—हेड कांस्टेबल (मिनिस्ट्रियल)

भर्ती परीक्षा, 2022

(Exam held on 10-10-2022)

सामान्य सचेतता

1. 2011 की जनगणना के अनुसार, ... राज्य की कुल साक्षरता दर सबसे कम थी।

1. झारखंड 2. उत्तर प्रदेश
3. राजस्थान 4. बिहार

2. निम्नलिखित में से कौन 1885 में भारतीय राष्ट्रीय कांग्रेस के पहले अध्यक्ष बने?

1. व्योमेश चंद्र बनर्जी
2. गोपाल कृष्ण गोखले
3. फिरोजशाह मेहता
4. दादाभाई नौरोजी

3. भारत में कौन-सा स्थान देव दीपावली के उत्सव के लिए प्रसिद्ध है?

1. पटना 2. हरिद्वार
3. गंगानगर 4. वाराणसी

4. भारतीय रिजर्व बैंक (RBI) द्वारा गैर-बैंकिंग वित्तीय कंपनी—सूक्ष्म वित्त संस्था (NBFC-MFI) के लिए भारत के पहले स्व-नियामक संगठन (SRO) के रूप में माइक्रोफाइनेंस संस्थान नेटवर्क (MFIN) को कब मान्यता दी गई थी?

1. 2009 में 2. 2012 में
3. 2014 में 4. 2016 में

5. खेल महाकुंभ के 11वें संस्करण का उद्घाटन अहमदाबाद के सरदार पटेल स्टेडियम में मार्च 2022 में .... द्वारा किया गया था।

1. किरीट कुमार परमार 2. आचार्य देवव्रत
3. नरेंद्र मोदी 4. हर्ष संघवी

6. सुल्तान गयास-उद-दीन खिलजी द्वारा निर्मित जहाज महल, ... में स्थित है।

1. गुजरात 2. मध्य प्रदेश
3. राजस्थान 4. तेलंगाना

7. सीएमआईई (CMIE) के आंकड़ों के अनुसार, मार्च 2022 में भारत में शहरी बेरोजगारी दर कितनी थी?

1. 8.22% 2. 8.28%
3. 8.27% 4. 8.88%

8. सामाजिक वानिकी का अर्थ है वनों का प्रबंधन और संरक्षण। निम्नलिखित में से कौन-सा सामाजिक वानिकी की श्रेणी नहीं है?

1. कृषि वानिकी 2. जनजातीय वानिकी
3. ग्रामीण वानिकी 4. शहरी वानिकी

9. 2011 की जनगणना के अनुसार भारत में घरों में बिजली के माध्यम से प्रकाश के स्रोत का प्रतिशत कितना है?

1. 62.7% 2. 69.8%
3. 67.2% 4. 66.2%

1. 4 **2.** 1 **3.** 4 **4.** 3 **5.** 3 **6.** 2 **7.** 2 **8.** 2 **9.** 3

10. भारत के संविधान के बारे में निम्नलिखित में से कौन-सा सही नहीं है?

1. यह भारत की आवश्यकता के अनुरूप है।
2. यह सामाजिक प्रासंगिकता का एक दस्तावेज है।
3. यह भारतीयों की ऐतिहासिक, सामाजिक, राजनीतिक और आर्थिक स्थितियों को दर्शाता है।
4. मूल संविधान में 25 भागों में 395 अनुच्छेद और 12 अनुसूचियाँ थीं।

11. 1774 के चार्टर के तहत सर्वोच्च न्यायालय की स्थापना कहाँ की गई थी?

1. बंबई 2. मद्रास
3. कलकत्ता 4. शिमला

12. पदार्थ की यह अवस्था आयनित गैस से बनी होती है, जिसमें इलेक्ट्रॉनों, धनात्मक आयनों और उदासीन कणों का संतुलित मिश्रण होता है। यह कौन-सी अवस्था है?

1. कोहरा 2. तरल
3. गैस 4. प्लाज्मा

13. केंद्रीय शिक्षा मंत्री और कौशल विकास मंत्री धर्मेंद्र प्रधान ने देश के छात्रों को सर्वोत्तम विकसित एड-टेक समाधान और पाठ्यक्रम प्रदान करने के लिए एक एकल मंच .... लॉन्च किया।

1. NEAT 2.0
2. AICTE 3.0
3. NEAT 3.0
4. AICTE 2.0

14. किस संगठन ने छात्रों के लिए युवा वैज्ञानिक कार्यक्रम 'YUVIKA-2022' आयोजित किया?

1. वैज्ञानिक और औद्योगिक अनुसंधान परिषद (CSIR)
2. भारतीय अंतरिक्ष अनुसंधान संगठन (ISRO)
3. भारतीय चिकित्सा अनुसंधान परिषद (ICMR)
4. रक्षा अनुसंधान और विकास संगठन (DRDO)

15. भारत में सूक्ष्म वित्तीय संस्थाओं का निम्नलिखित में से कौन-सा उद्देश्य नहीं है?

1. वित्तीय समावेशन को प्रोत्साहन
2. जीवन स्तर में सुधार
3. गरीबी उन्मूलन
4. गरीबों के क्रेडिट स्कोर में सुधार

16. स्वतंत्र भारत में पहली बार सरकार ने तीन वार्षिक योजनाओं की घोषणा कब की, जिन्हें योजना अवकाश (प्लान हॉलिडे) कहा जाता है?

1. 1965 से 1968 2. 1968 से 1971
3. 1966 से 1969 4. 1967 से 1970

17. अप्रैल 2021 में राष्ट्रीय मानवाधिकार आयोग (NHRC) के अध्यक्ष के रूप में किसे नियुक्त किया गया है?

1. जे.एस. वर्मा
2. एच.एल. दत्तू
3. अरुण कुमार मिश्रा
4. दीपक मिश्रा

18. बाबर ने तुजुक-ए-बाबरी को निम्नलिखित में से किस भाषा में लिखा था?

1. अफगानी 2. तुर्की
3. फारसी 4. उर्दू

19. निम्नलिखित में से किस आई.आई.टी. ने भारतीय बंदरगाहों और अंतर्देशीय जलमार्गों के लिए सौर-संचालित मानवरहित स्वायत्त सर्वेक्षण शिल्प विकसित किया है?

1. आई.आई.टी. रुड़की
2. आई.आई.टी. दिल्ली
3. आई.आई.टी. बैंगलोर
4. आई.आई.टी. मद्रास

20. कल्याणी अम्मा प्रसिद्ध रूप से किससे संबंधित हैं?

1. मणिपुरी 2. कथकली
3. मोहिनीअट्टम 4. कथक

10. 4 **11.** 3 **12.** 4 **13.** 3 **14.** 2 **15.** 4 **16.** 3 **17.** 3 **18.** 2 **19.** 4 **20.** 3

मात्रात्मक अभिरुचि

21. 7% वार्षिक साधारण ब्याज की दर से कितने वर्ष में ₹ 1,900 पर ₹ 798 का ब्याज एकत्र हो जाएगा?

1. 5 2. 6
3. 9 4. 8

22. एक व्यापारी ने ₹ 5,800 में वाटर कूलर खरीदा। वह इसके अंकित मूल्य पर 12% की छूट देता है और फिर भी 10% का लाभ प्राप्त करता है। वाटर कूलर का अंकित मूल्य ज्ञात कीजिए।

1. ₹ 7,280 2. ₹ 7,220
3. ₹ 6,880 4. ₹ 7,250

23. यदि एक चमड़े के थैले की कीमत में 15% की वृद्धि की जाती है, और फिर 15% की कमी की जाती है, तो इसकी कीमत में शुद्ध प्रतिशत की कमी क्या होगी?

1. 2.30% 2. 3.30%
3. 2.25% 4. 3.25%

24. एक धनराशि 'R' ब्याज दर पर चक्रवृद्धित किए जाने पर 2 वर्ष की अवधि के बाद ₹ 34,560 हो जाती है, और तीन वर्ष की अवधि के बाद यह ₹ 41,472 हो जाती है। R का मान क्या है?

1. 20% 2. 12%
3. 25% 4. 10%

25. एक रेस में, एक साइकिल चालक पहले चक्कर में 500 मी. की दूरी 625 सेकंड में तय करता है। वह उसी लंबाई के दूसरे चक्कर को 375 सेकंड में पूरा करता है। साइकिल चालक की औसत गति (m/sec में) क्या है?

1. 10 2. 1
3. 5 4. 3

26. $2.1\overline{3} \div 3.\overline{12}$ का मान क्या है?

1. $\frac{239}{309}$ 2. $\frac{211}{309}$
3. $\frac{249}{309}$ 4. $\frac{301}{309}$

27. 19, 23 और 38 का चतुर्थानुपाती ज्ञात कीजिए।

1. 46 2. 24
3. 28 4. 42

28. 9 के प्रारंभिक 20 गुणजों का औसत ज्ञात कीजिए।

1. 189 2. 94.5
3. 180 4. 21.5

29. एक बेलनाकार टैंक, जिसकी आंतरिक त्रिज्या 14 मी. है, में 10 मी. की गहराई तक पानी है। गीली सतह का कुल क्षेत्रफल कितना है? ($\pi = 22/7$ लीजिए)

1. 1492 m^2 2. 1498 m^2
3. 1496 m^2 4. 1494 m^2

30. चार विभिन्न प्रकार के चॉकलेटों के वार्षिक उत्पादन को निम्न तालिका में सारणीबद्ध किया गया है। इनमें से किस चॉकलेट के उत्पादन में न्यूनतम प्रतिशत वृद्धि हुई है?

चॉकलेट	2010	2011
A	720000	780000
B	850000	880000
C	690000	740000
D	580000	670000

1. B 2. A
3. C 4. D

31. ΔPQR में PQ = PR और PQ पर S बिंदु ऐसी स्थिति में हैं कि PS = RS = QR, तो ∠QPR का मान कितना होगा?

1. 72° 2. 60°
3. 36° 4. 23°

21. 2 **22.** 4 **23.** 3 **24.** 1 **25.** 2 **26.** 2 **27.** 1 **28.** 2 **29.** 3 **30.** 1 **31.** 3

32. व्यंजक $(1 + y)(1 + y^2)(1 + y^4)(1 + y^8)(1 - y)$ का मान क्या होगा?

1. $1 - y^{42}$
2. $1 - y^{40}$
3. $1 - y^{32}$
4. $1 - y^{16}$

33. नीचे दिए गए कथनों में से कौन-सा गलत है?

1. 3 और 5 का लघुत्तम समापवर्त्य (LCM) 15 है।
2. 14 और 7 का लघुत्तम समापवर्त्य (LCM) 14 है।
3. 8 और 7 का लघुत्तम समापवर्त्य (LCM) 1 है।
4. 12 और 15 का लघुत्तम समापवर्त्य (LCM) 60 है।

34. किरण, विशाल और दिनेश एक जूस फैक्ट्री में काम करते हैं। विशाल जितना जूस 3 घंटे में निकाल सकता है, किरण उतना जूस निकालने में 2 घंटे का समय लेती है। किरण जितना जूस 4 घंटे में निकालती है, दिनेश को उतना जूस निकालने में 5 घंटे लगते हैं। यदि वे सभी एक साथ काम करें, तो एक टंकी को जूस से 48 घंटे में भरा जा सकता है। यदि दिनेश अकेला टंकी को भरने का प्रयास कर रहा है, तो टंकी को भरने में कितना समय लगेगा?

1. 132 घंटे
2. 148 घंटे
3. 140 घंटे
4. 135 घंटे

35. रंजन ने ₹ 5,000 की एक साइकिल खरीदी और इसके परिवहन के लिए ₹ 250 का भुगतान किया। यदि वह साइकिल ₹ 5,075 में बेचता है, तो उसका लाभ या हानि प्रतिशत ज्ञात कीजिए।

1. 33.3% की हानि
2. 3.33% की हानि
3. 3.33% का लाभ
4. 1.75% की हानि

36. यदि $\frac{1}{x} + \frac{1}{y} + \frac{1}{z} = 1$ है, तो

$$\left(\frac{1}{z-1}\right)\left(\frac{1}{x}+\frac{1}{y}\right)+\left(\frac{1}{y-1}\right)\left(\frac{1}{x}+\frac{1}{z}\right)+\left(\frac{1}{x-1}\right)\left(\frac{1}{y}+\frac{1}{z}\right) = ?$$

1. -1
2. 0
3. 1
4. 2

37. निम्नलिखित को सरल कीजिए :

$$6\frac{2}{7} \text{ of } 2\frac{6}{11} \times \frac{1}{4} + \left\{25 \div 5 \times \frac{3}{5}\right\}$$

1. 7
2. 9
3. 5
4. 10

38. यदि $\sec A + \tan A = 5$, तो $\sec A - \tan A = ?$

1. $\frac{5}{2}$
2. 5
3. $\frac{1}{5}$
4. $\frac{2}{5}$

39. एक शंक्वाकार आकार का प्याला, जब आइसक्रीम से भरा होता है, तो इसके खुले सिरे पर गोलार्द्ध के आकार का हो जाता है। यदि शंकु के आधार की त्रिज्या 3 सेमी. है और शंकु की ऊर्ध्वाधर ऊँचाई 7 सेमी. है, तो आइसक्रीम का आयतन क्या है?

1. $\frac{2754}{21}$ cm^3
2. $\frac{2547}{21}$ cm^3
3. $\frac{2574}{21}$ cm^3
4. $\frac{2504}{21}$ cm^3

40. एक लड़का और एक लड़की मिलकर एक काम को 12 दिनों में पूरा कर सकते हैं। एक लड़का अकेला 15 दिनों में काम पूरा कर सकता है। एक लड़की अकेले काम को कितने दिनों में पूरा कर सकती है?

1. 70 दिन
2. 44 दिन
3. 50 दिन
4. 60 दिन

32. 4	**33.** 3	**34.** 2	**35.** 2	**36.** 3	**37.** 1	**38.** 3	**39.** 3	**40.** 4

सामान्य बुद्धिमत्ता

41. कागज के एक टुकड़े को मोड़ने का क्रम और मोड़े गए कागज को काटने का तरीका नीचे दर्शाया गया है। उस आकृति का चयन करें जो कागज को खोलने पर उसके खुले रूप से सबसे अधिक मिलती-जुलती होगी?

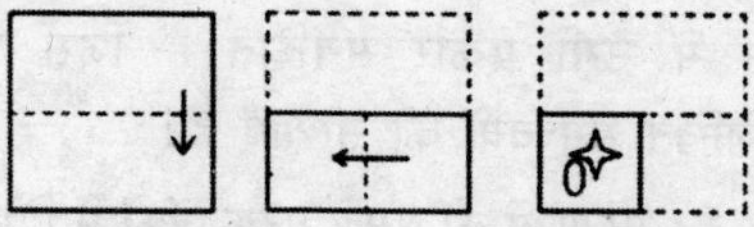

1. 
2. 
3. 
4. 

42. दिए गए विकल्पों में से उस संख्या का चयन करें जो निम्नलिखित शृंखला में प्रश्नवाचक चिह्न (?) का स्थान ले सकती है?

51, 46, 40, 33, 25, ?

1. 20
2. 10
3. 11
4. 16

43. दिए गए आरेख का ध्यानपूर्वक अध्ययन कीजिए और प्रश्न का उत्तर दीजिए। विभिन्न वर्गों/खंडों की संख्याएँ व्यक्तियों की संख्या को दर्शाती हैं।

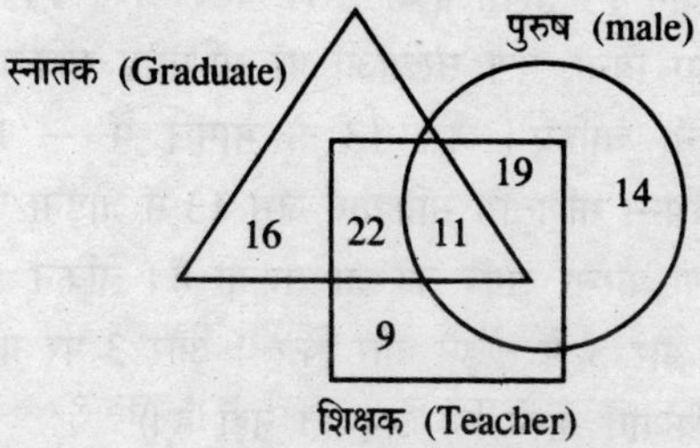

ऐसे कितने शिक्षक (Teacher) हैं, जो न तो पुरुष (male) हैं और न ही स्नातक (Graduate) हैं?

1. 11
2. 9
3. 22
4. 19

44. उस विकल्प का चयन कीजिए जो पांचवें अक्षर समूह से उसी तरह संबंधित है जिस तरह दूसरा अक्षर समूह पहले अक्षर समूह से संबंधित है और चौथा अक्षर समूह तीसरे अक्षर समूह से संबंधित है।

GBC : UPQ :: DSX : RGL :: PEN : ?

1. BRY
2. LSU
3. DSB
4. DGF

45. छः मित्र–P, Q, R, S, T और U–किसी वृत्ताकार मेज के परितः मेज के केंद्राभिमुख होकर बैठे हैं। S, P और T के ठीक समीपस्थ नहीं है। Q, S के बाएँ से दूसरा है। यदि R, P के ठीक समीपस्थ हो, तो U कहाँ बैठा है?

1. P के दाएँ से तीसरा
2. Q के ठीक दाएँ
3. R के ठीक बाएँ
4. T के दाएँ से दूसरा

46. दिए गए विकल्पों में से उन संख्याओं को चुनिए, जो निम्नलिखित शृंखला में प्रश्नचिह्नों (?) को प्रतिस्थापित कर सकें।

27, 41, 55, 73, ?, ?, 135

1. 91, 113
2. 87, 114
3. 91, 115
4. 89, 112

47. उस आकृति का चयन करें, जो निम्न आकृति शृंखला में आगे आएगी।

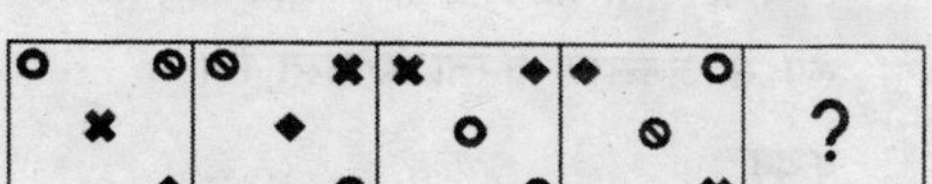

1. 
2. 
3. 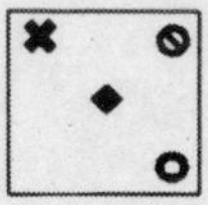
4. 

41. 4	**42.** 4	**43.** 2	**44.** 3	**45.** 4	**46.** 1	**47.** 4

48. अक्षरों के उस संयोजन का चयन कीजिए जिसे दी गई शृंखला में रिक्त स्थानों पर क्रमिक रूप से रखने पर शृंखला पूर्ण हो जाएगी।

DEFG_F_DEFD_DE_DEFD

1. EDEF　　2. EFDF
3. DEDE　　4. EEFF

49. एक निश्चित कूट भाषा में, 'BIKE' को '23' और 'RIDE' को '32' के रूप में लिखा जाता है। इसी कूट भाषा में 'NICE' को किस प्रकार लिखा जाएगा?

1. 28　　2. 27
3. 25　　4. 26

50. निम्नलिखित में से कौन-सा विकल्प प्रस्तुत शब्दों के सही क्रम का ऐसा द्योतक है, जैसा वे किसी अंग्रेजी शब्दकोश में दिखेंगे?

1. Pickle
2. Picador
3. Picnic
4. Pickaxe
5. Piccolo

1. 5, 2, 4, 3, 1　　2. 5, 2, 1, 4, 3
3. 2, 4, 5, 1, 3　　4. 2, 5, 4, 1, 3

51. दिए गए कथनों और निष्कर्षों को ध्यानपूर्वक पढ़ें। यह मानते हुए कि कथनों में दी गई जानकारी सत्य है, भले ही वह सामान्यतः ज्ञात तथ्यों से भिन्न प्रतीत होती हो, उस आधार पर यह तय करें कि दिए गए निष्कर्षों में से कौन-सा/से निष्कर्ष कथनों का तार्किक रूप से अनुसरण करता है/करते हैं।

कथन :

I. सभी सीढ़ी मेज हैं।
II. कुछ मेज कुर्सियाँ हैं।
III. सभी कुर्सियाँ फर्नीचर हैं।

निष्कर्ष :

I. कुछ फर्नीचर सीढ़ियाँ हैं।
II. सभी मेज फर्नीचर हैं।

1. केवल निष्कर्ष II अनुसरण करता है
2. I और II दोनों निष्कर्ष अनुसरण करते हैं
3. केवल निष्कर्ष I अनुसरण करता है
4. न तो निष्कर्ष I और न ही II अनुसरण करता है

52. उस समुच्चय का चयन करें जिसमें दी गई संख्याएँ आपस में उसी प्रकार संबंधित हैं जिस प्रकार निम्नलिखित समुच्चयों की संख्याएँ हैं।

(ध्यान दें : संख्याओं को उसके घटक अंकों में विभाजित किए बिना, पूर्ण संख्याओं पर गणितीय संक्रियाएँ की जानी चाहिए। उदाहरण के लिए 13 – जोड़ने/घटाने/गुणा करने जैसी गणितीय संक्रियाएँ पूर्ण 13 पर की जा सकती हैं। 13 को 1 और 3 में विभाजित करने और फिर 1 और 3 पर गणितीय संक्रियाएँ करने की अनुमति नहीं है।)

(64, 12, 4)
(128, 19, 3)

1. (72, 20, 12)　　2. (72, 21, 12)
3. (70, 21, 12)　　4. (72, 21, 11)

53. उस समुच्चय का चयन करें जिसमें दी गई संख्याएँ आपस में उसी प्रकार संबंधित हैं जिस प्रकार प्रश्न में दिए गए समुच्चय की संख्याएँ आपस में संबंधित हैं।

(ध्यान दें : संख्याओं को उसके घटक अंकों में विभाजित किए बिना, पूर्ण संख्याओं पर गणितीय संक्रियाएँ की जानी चाहिए। जैसे 13 के मामले में – 13 पर विभिन्न गणितीय संक्रियाएँ जैसे 13 में जोड़ना/घटाना/गुणा करना आदि की जा सकती हैं। लेकिन 13 को 1 और 3 में तोड़ने और फिर 1 और 3 पर गणितीय संक्रियाएँ करने की अनुमति नहीं है।)

(6, 15, 8)
(7, 35, 49)

1. (8, 65, 104)　　2. (4, 34, 29)
3. (44, 6, 51)　　4. (25, 7, 40)

48. 1　**49.** 2　**50.** 4　**51.** 4　**52.** 2　**53.** 1

54. वह विकल्प चुनें जो पांचवें शब्द से उसी तरह संबंधित है जैसे दूसरा शब्द पहले शब्द से संबंधित है और चौथा शब्द तीसरे शब्द से संबंधित है। (शब्दों को सार्थक अंग्रेजी शब्दों के रूप में माना जाना चाहिए और शब्द में अक्षरों/व्यंजनों/स्वरों की संख्या के आधार पर एक दूसरे से संबंधित नहीं होना चाहिए)

घोड़ा : अस्तबल :: मधुमक्खी : छत्ता :: शेर : ?

1. बाड़ा 2. पिंजरा
3. मांद 4. खेत

55. कागज के एक टुकड़े को मोड़ने का क्रम और मोड़े गए कागज को काटने का तरीका नीचे दिखाया गया है। एक ऐसी आकृति चुनें जो कागज को खोलने पर उसके खुले रूप से सबसे अधिक मिलती-जुलती होगी।

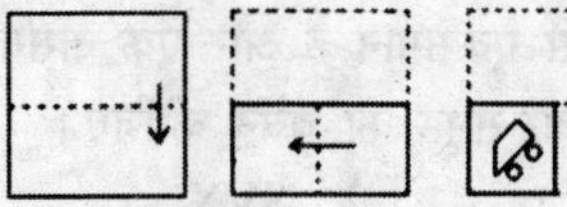

1. 
2. 
3. 
4. 

56. उस आकृति का चयन कीजिए जो निम्नलिखित आकृति शृंखला में प्रश्नचिह्न (?) को प्रतिस्थापित करेगी।

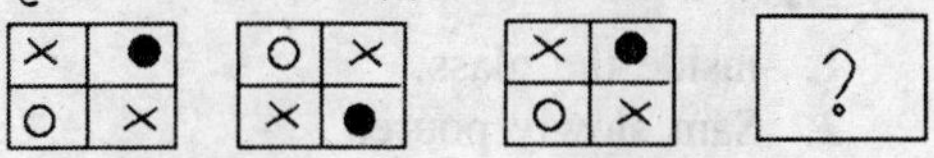

1. 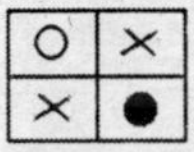
2. 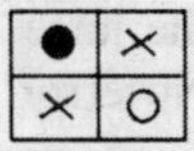
3. 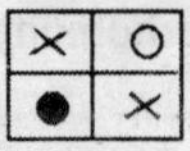
4. 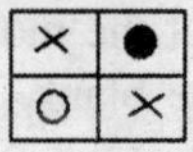

57. 'P @ Q' का अर्थ है 'P, Q का पति है'
'P & Q' का अर्थ है 'P, Q का माँ है'
'P # Q' का अर्थ है 'P, Q की पत्नी है'
'P × Q' का अर्थ है 'P, Q का भाई है'

यदि 'A @ B & C × D # E', तो E, A से किस प्रकार संबंधित है?

1. पत्नी के पिता 2. बेटा
3. बेटी का पति 4. पत्नी का भाई

58. दिए गए समीकरण को संतुलित करने के लिए * चिह्नों को क्रमिक रूप से बदलने के लिए गणितीय चिह्नों के सही संयोजन का चयन करें।

572 * 4 * 64 * 365 * 41 * 27 = 441 * 380

1. ÷, +, –, ×, +, –
2. ÷, –, +, –, ×, +
3. +, ÷, –, ×, –, +
4. ÷, –, –, +, ×, +

59. एक कूट भाषा में 'WRITE' को D60X के रूप में और 'APPLE' को D35B के रूप में कूटबद्ध किया जाता है। उसी भाषा में 'BASIS' को किस प्रकार कूटबद्ध किया जाएगा?

1. R37C 2. T35A
3. T37A 4. R35C

60. यदि दर्पण को नीचे दर्शाए गए अनुसार MN पर रखा जाए, तो दी गई आकृति के सही दर्पण प्रतिबिम्ब का चयन कीजिए।

1. 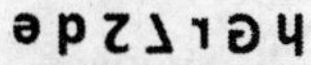 2. 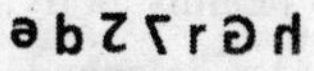
3.  4. 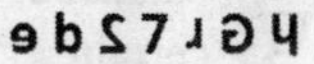

61. * चिह्नों को क्रमानुसार बदलने और दिए गए समीकरण को संतुलित करने के लिए गणितीय चिह्नों के सही संयोजन का चयन कीजिए।

23 * 8 * 4 * 321 * 87 * 280

1. ×, ÷, +, –, =
2. ×, +, –, ÷, =
3. +, ×, –, ÷, =
4. +, –, ×, ÷, =

54. 3	55. 4	56. 1	57. 3	58. 4	59. 4	60. 3	61. 1

62. दी गई श्रृंखला को पूरा करने के लिए कौन-सा अक्षर-समूह प्रश्न-चिह्न (?) को प्रतिस्थापित करेगा?

WFCI, PAZH, IVWG, ?

1. CQTF 2. BQTF
3. CQTE 4. BQTE

63. आठ व्यक्ति दो समानांतर पंक्तियों में बैठे हैं। प्रत्येक पंक्ति में चार व्यक्ति हैं और वो इस प्रकार बैठे हैं कि पास बैठे व्यक्तियों के बीच समान दूरी है।

पहली पंक्ति में P, Q, R और S बैठे हैं और उन सभी का मुख दक्षिण की ओर है।

दूसरी पंक्ति में U, V, W और X बैठे हैं और उन सभी का मुख उत्तर की ओर है।

इस प्रकार प्रत्येक व्यक्ति दूसरी पंक्ति के अन्य व्यक्ति के ठीक सामने बैठा है।

X, U के दाएँ से तीसरे स्थान पर बैठा है। W के सामने बैठा व्यक्ति R के सबसे निकट बैठा है। P, R के दाएँ से तीसरे स्थान पर बैठा है। Q के सामने बैठा व्यक्ति U के सबसे निकट है। S, P के बाईं ओर दूसरे स्थान पर बैठा है।

निम्नलिखित में से किस व्यक्ति का मुख U की ओर है?

1. Q 2. S
3. R 4. P

64. एक तस्वीर की ओर इशारा करते हुए नेहा ने कहा, "यह औरत मेरे पिता की दादा के इकलौते बेटे की पत्नी है।" तस्वीर में दिख रही लड़की का नेहा से क्या संबंध है?

1. दादी 2. बुआ
3. माँ 4. बहन

65. चार अक्षर-समूह दिए गए हैं, जिनमें से तीन किसी न किसी तरह से एकसमान हैं और एक असंगत है। उस असंगत अक्षर-समूह का चयन कीजिए।

1. FIK 2. SVX
3. LOQ 4. BDG

English Language

66. Select the most appropriate option to fill in the blank.

A human being requires a _________ intake of nutrients and protein for keeping a fit and healthy body.

1. balanced 2. similar
3. certain 4. hygienic

67. Select the most appropriate synonym of the given word.

Vagrant

1. Drifter 2. Loser
3. Trader 4. Fighter

68. The following sentence has been divided into parts. One of them may contain an error. Select the part that contains the error from the given options. If you don't find any error, mark 'No error' as your answer.

Sam slowly poured / the juice / inside the glass.

1. inside the glass.
2. Sam slowly poured
3. the juice
4. No error

69. Select the most appropriate homonym to fill in the blank.

He is not a________ Don't misunderstand him.

1. chid
2. chit
3. sheath
4. cheat

62. 2	**63.** 4	**64.** 1	**65.** 4	**66.** 1	**67.** 1	**68.** 1	**69.** 4

70. Sentences of a paragraph are given below in jumbled order. Arrange the sentences in the correct order to form a meaningful and coherent paragraph.

A. It accounts for the adaptation and evolution of organisms, those innumerable features that so wonderfully equip them for survival and reproduction.

B. It is by way of this passive choosing, this natural selection, that the physical features of an entire population come to change over time.

C. Furthermore, it accounts for the divergence of species from common ancestors and thus for the endless diversity of life.

D. The theory of natural selection is the centerpiece of On the Origin of Species and of evolutionary theory.

1. DACB 2. BACD
3. ABDC 4. DCAB

71. Select the most appropriate option to fill in the blank.

The steady progress of military technology has brought weapons of ever-increasing ________ power.

1. destructive 2. killer
3. super 4. world-ending

72. Select the most appropriate synonym of the given word.

Accrue

1. Fetter 2. Spank
3. Reject 4. Gather

73. Select the most appropriate ANTONYM of the given word.

Expel

1. Deport 2. Adulate
3. Accept 4. Eulogise

74. Sentences of a paragraph are given below in jumbled order. Arrange the sentences in the correct order to form a meaningful and coherent paragraph.

A. The average person has about one to one and a half gallons of a liquid inside his or her body called blood.

B. The circulatory system is responsible for the movement of blood throughout the body through blood vessels.

C. Blood is the most essential and important part of the body's circulatory system.

D. The heart is the pump that makes it all happen.

1. ADCB 2. ABDC
3. ACBD 4. CABD

75. Select the most appropriate synonym of the underlined word in the given sentence.

The care, affection, and guidance which I have got from my teachers <u>inspired</u> me to become a teacher.

1. compelled 2. quickened
3. infused 4. motivated

76. Select the INCORRECTLY spelt word in the following sentence.

Early rising enables us to get a long day ahead of us, permitting us to wrap up all of our work eficiently.

1. wrap up 2. permitting
3. enables 4. eficiently

77. Select the option that can be used as a one-word substitute for the underlined group of words.

Advertisements on television for soaps promise <u>younger looking</u> skin.

1. Brighter
2. Smarter
3. Rejuvenated
4. Lighter

70. 1 **71.** 1 **72.** 4 **73.** 3 **74.** 3 **75.** 4 **76.** 4 **77.** 3

78. Select the most appropriate meaning of the underlined idiom in the given sentence.

He backed up his friend's claim.

1. added to
2. collected
3. supported
4. withdrew

79. Select the most appropriate meaning of the given idiom.

Better late than never

1. Better to equip yourselves to be quick
2. Timely and efficient
3. Better to arrive late than not to come at all
4. Always be on time

80. Select the INCORRECTLY spelt word.

1. Ultimate
2. Perfect
3. Etarnel
4. Supreme

81. Select the most appropriate synonym of the given word.

Diligent

1. Intelligent
2. Lazy
3. Industrious
4. Handsome

82. Select the option that can be used as a one-word substitute for the given group of words.

A disorder that involve difficulty in reading, interpret words.

1. Dysgraphia
2. Delusion
3. Disability
4. Dyslexia

83. Select the most appropriate option that can substitute the underlined segment in the given sentence.

My mother always loves to spend her leisure time on our piece of enclosed land planted with fruit trees.

1. farm
2. garden
3. orchard
4. lawn

84. Select the most appropriate option that can substitute the underlined segment in the given sentence.

The teacher told him strictly that he hadn't ought to do that in the class.

1. ought not has done
2. ought not to have done
3. hadn't ought to have done
4. ought not done

85. The following sentence has been divided into parts. One of them may contain an error. Select the part that contains the error from the given options. If you don't find any error, mark 'No error' as your answer.

His whole life, he wrote music, / played the piano, / and was a singer.

1. His whole life, he wrote music
2. No error
3. played the piano
4. and was a singer.

Directions (Qs. No. 86-90): *In the following passage, some words have been deleted. Read the passage carefully and select the most appropriate option to fill in each blank.*

The room was decorated with a number of ____(1)____ objects, difficult to be seen around, small items of antique statuary and clay pots. ____(2)____ the wall hung a stick, ____(3)____ about with ivy leaves. It was ____(4)____ with a small chaise longue. The wooden boards ____(5)____ beneath the feet of the boy present.

86. Select the most appropriate option to fill in blank number 1.

1. absolute
2. frequent
3. unusual
4. creaky

87. Select the most appropriate option to fill in blank number 2.

1. Beside
2. Above
3. Upon
4. On

88. Select the most appropriate option to fill in blank number 3.

1. held
2. scattered
3. tied
4. wound

78. 3 **79.** 3 **80.** 3 **81.** 3 **82.** 4 **83.** 3 **84.** 2 **85.** 4 **86.** 3 **87.** 4 **88.** 4

89. Select the most appropriate option to fill in blank number 4.

1. famished 2. fissured
3. furnished 4. featured

90. Select the most appropriate option to fill in blank number 5.

1. snapped 2. swiped
3. crumbled 4. creaked

कम्प्यूटर मौलिक ज्ञान

91. एमएस-एक्सेल 2010 में .... फंक्शन किसी स्ट्रिंग (string) में कैरेक्टर की कुल संख्या का विवरण देता है।

1. COUNTA 2. SUM
3. COUNTIF 4. LEN

92. एमएस-एक्सेल 2010 में .... फंक्शन केवल वतमान सिस्टम तिथि (current system date) प्रदान करता है।

1. YEAR 2. CURRENT
3. TODAY 4. NOW

93. निम्नलिखित में से कौन-सा दस्तावेज प्रसंस्करण सॉफ्टवेयर नहीं है?

1. नोटपैड
2. माइक्रोसॉफ्ट वर्ड
3. ओपन ऑफिस इम्प्रेस
4. वर्डपैड

94. एमएस-एक्सेल 2010 रिबन बार में छिपे विकल्प .... टैब में मौजूद हैं।

1. व्यू (View) 2. फाइल (File)
3. डेटा (Data) 4. इन्सर्ट (Insert)

95. एमएस-एक्सेल 2010 में .... का उपयोग, शीट के भीतर कॉलम को छुपाने (hiding) के लिए किया जाता है।

1. Alt + 9 2. Ctrl + 0
3. Alt + 0 4. Ctrl + 9

96. मोजिला, मोजिला फाउंडेशन द्वारा वर्ष .... में विकसित एक वेब ब्राउजिंग सॉफ्टवेयर है।

1. 2001 2. 2003
3. 2002 4. 2000

97. एमएस-एक्सेल 2010 (MS-Excel 2010) में .... को A से आगे बढ़ते हुए और .... को 1 से आगे बढ़ते हुए नामित किया जाता है।

1. चार्ट, ग्राफ (chart, graph)
2. कॉलम्स, रोज (columns, rows)
3. टेबल, पिवट टेबल (table, pivot table)
4. रोज, कॉलम्स (rows, columns)

98. .... वर्कशीट विंडो के निचले किनारे का नाम है, जो एमएस-एक्सेल 2010 (MS-Excel 2010) में एक्सेल वर्कशीट के बारे में विभिन्न जानकारी प्रदर्शित करता है।

1. स्टेटस बार (Status bar)
2. टाइटल बार (Title bar)
3. टास्क बार (Task bar)
4. रिबन (Ribbon)

99. निम्नलिखित में से कौन-सा सिंबल (प्रतीक) ईमेल पते में उपयोग किया जाना चाहिए?

1. % 2. @
3. # 4. $

100. एक मार्कअप लैंग्वेज और अनियंत्रित डाटा को स्टोर करने, संचारित करने और पुनर्निर्माण (arbitrary) करने के लिए उपयोग किए जाने वाले फाइल फॉर्मेट को .... के रूप में जाना जाता है।

1. EML 2. XML
3. HTML 4. SGML

89. 3 **90.** 4 **91.** 4 **92.** 3 **93.** 3 **94.** 1 **95.** 2 **96.** 3 **97.** 2 **98.** 1 **99.** 2 **100.** 2

व्याख्यात्मक उत्तर

1. (4): वर्ष 2011 की जनगणना के अनुसार बिहार की कुल साक्षरता दर केवल 63.82% थी, जो देश में सबसे कम थी। पुरुषों की साक्षरता दर 73.39% और महिलाओं की मात्र 53.33% थी। बिहार के कई क्षेत्रों में शिक्षा सुविधाओं की कमी, सामाजिक बाधाएँ और गरीबी जैसे कारण इस दर को प्रभावित करते हैं। इसके विपरीत, केरल जैसे राज्यों में साक्षरता दर 93% से अधिक थी।

2. (1): भारतीय राष्ट्रीय कांग्रेस के पहले अधिवेशन की अध्यक्षता 1885 में व्योमेश चंद्र बनर्जी ने की थी। यह अधिवेशन मुंबई (तब बॉम्बे) में हुआ था और इसमें 72 प्रतिनिधि शामिल हुए थे। बनर्जी एक प्रख्यात वकील थे और कांग्रेस के पहले अधिवेशन का नेतृत्व कर उन्होंने भारतीय राजनीति में एक ऐतिहासिक भूमिका निभाई। यह अधिवेशन ब्रिटिश शासन के विरुद्ध भारतीय राजनीतिक चेतना का आरंभिक प्रतीक था।

3. (4): वाराणसी देव दीपावली उत्सव के लिए प्रसिद्ध है, जो कार्तिक पूर्णिमा को मनाया जाता है। इस दिन गंगा घाटों पर लाखों दीप जलाए जाते हैं और एक भव्य गंगा आरती का आयोजन होता है। यह पर्व मान्यता के अनुसार देवताओं द्वारा दीवाली मनाने के रूप में मनाया जाता है। इसकी भव्यता और आध्यात्मिक वातावरण वाराणसी को इस विशेष उत्सव के लिए जाना-पहचाना बनाता है।

4. (3): भारतीय रिजर्व बैंक ने वर्ष 2014 में माइक्रोफाइनेंस संस्थान नेटवर्क (MFI) को गैर-बैंकिंग वित्तीय कंपनी—सूक्ष्म वित्त संस्था (NBFC-MFI) के पहले स्व-नियामक संगठन (SRO) के रूप में मान्यता दी। MFIN का उद्देश्य सूक्ष्म वित्त कंपनियों के संचालन में नैतिक आचरण, पारदर्शिता और उपभोक्ता सुरक्षा को सुनिश्चित करना है। यह निर्णय भारत में वित्तीय समावेशन को बढ़ावा देने की दिशा में एक महत्वपूर्ण कदम था।

5. (3): मार्च 2022 में खेल महाकुंभ के 11वें संस्करण का उद्घाटन प्रधानमंत्री नरेंद्र मोदी ने अहमदाबाद के सरदार पटेल स्टेडियम (नरेंद्र मोदी स्टेडियम) में किया था। यह पहल गुजरात सरकार की थी, जिसका उद्देश्य खेल प्रतिभाओं की पहचान और उन्हें मंच प्रदान करना था। इस आयोजन में लाखों खिलाड़ियों ने भाग लिया और यह भारत के सबसे बड़े खेल आयोजनों में से एक बना।

6. (2): जहाज महल मध्य प्रदेश के मांडू (धार जिले) में स्थित है, जिसे सुल्तान गयास-उद-दीन खिलजी द्वारा 15वीं सदी में बनवाया गया था। इसका नाम 'जहाज महल' इसलिए पड़ा क्योंकि यह दो झीलों—मुंज तालाब और कपूर तालाब—के बीच स्थित है और दूर से देखने पर यह तैरते हुए जहाज जैसा प्रतीत होता है। यह महल शाही महिलाओं के लिए गर्मियों की आरामगाह के रूप में निर्मित हुआ था और इसकी स्थापत्य कला अफगान और स्थानीय शैलियों का मिश्रण है।

7. (2): सीएमआईई (Centre for Monitoring Indian Economy) द्वारा जारी आँकड़ों के अनुसार मार्च 2022 में भारत की शहरी बेरोजगारी दर 8.28% थी। शहरी क्षेत्रों में यह दर ग्रामीण क्षेत्रों की तुलना में अधिक रहती है क्योंकि यहाँ औपचारिक रोजगार पर अधिक निर्भरता होती है और वैश्विक या राष्ट्रीय आर्थिक उतार-चढ़ाव का प्रभाव शीघ्र दिखता है। रोजगार सृजन की चुनौती शहरी भारत में लगातार बनी रहती है, खासकर सेवा और निर्माण क्षेत्रों में।

8. (2): जनजातीय वानिकी को सामाजिक वानिकी की श्रेणियों में शामिल नहीं किया जाता। सामाजिक वानिकी में मुख्य रूप से तीन प्रकार की वानिकी आती हैं—कृषि वानिकी (farmlands पर वृक्षारोपण), ग्रामीण वानिकी (गाँवों में ईंधन, चारा, लकड़ी हेतु पौधारोपण) और शहरी वानिकी (शहरों में हरियाली बनाए रखने हेतु पौधारोपण)। जनजातीय वानिकी कोई स्वीकृत श्रेणी नहीं है, बल्कि यह जनजातीय समुदायों द्वारा पारंपरिक रूप से अपनाए गए वन प्रबंधन प्रथाओं से जुड़ी हो सकती है।

9. (3): जनगणना 2011 के अनुसार, भारत में 67.2% घरों में प्रकाश का स्रोत बिजली था। यह आँकड़ा दर्शाता है कि देश के लगभग दो-तिहाई परिवारों को बिजली की सुविधा प्राप्त थी, जबकि शेष 32.8% परिवार अब भी अन्य पारंपरिक स्रोतों जैसे कि मिट्टी का तेल या गैस लैंप पर निर्भर थे। यह आँकड़ा ग्रामीण और शहरी क्षेत्रों में बिजली पहुँच के बीच भारी असमानता को भी दर्शाता है, जहाँ शहरी क्षेत्रों में बिजली का कवरेज कहीं अधिक था।

10. (4): मूल संविधान में 25 भागों में 395 अनुच्छेद और 12 अनुसूचियाँ थीं। यह कथन सही नहीं है क्योंकि जब संविधान 26 जनवरी 1950 को लागू हुआ था, तब उसमें 22 भाग, 395 अनुच्छेद और केवल 8 अनुसूचियाँ थीं।

बाद में समय-समय पर अनेक संशोधनों के माध्यम से भागों, अनुच्छेदों और अनुसूचियों की संख्या में वृद्धि की गई। वर्तमान में संविधान में 25 भाग, 470 से अधिक अनुच्छेद और 12 अनुसूचियाँ हैं, लेकिन यह स्थिति बाद में विकसित हुई। अतः यह कथन मूल संविधान के संदर्भ में गलत है।

11. (3): 1774 के रेग्युलेटिंग एक्ट के अंतर्गत ब्रिटिश सरकार ने भारत में सर्वोच्च न्यायालय की स्थापना कलकत्ता (अब कोलकाता) में की थी। यह भारत का पहला सुप्रीम कोर्ट था और इसे फोर्ट विलियम में स्थापित किया गया था। इस अदालत के पहले मुख्य न्यायाधीश सर एलिजाह इम्पे थे। इसका उद्देश्य कंपनी शासन के अंतर्गत अंग्रेजों और भारतीयों के लिए न्याय सुनिश्चित करना था।

12. (4): प्लाज्मा पदार्थ की एक विशेष अवस्था है जिसमें गैस आयनित हो जाती है और उसमें मुक्त इलेक्ट्रॉन, धनात्मक आयन तथा उदासीन कण मौजूद रहते हैं। यह अवस्था अत्यधिक तापमान पर उत्पन्न होती है और इसमें विद्युत प्रवाह सुगमता से होता है। यह सूर्य, तारों, फ्लोरोसेंट लाइट और बिजली के डिस्चार्ज ट्यूबों में पाया जाता है। यह पदार्थ की चार अवस्थाओं में से एक है—ठोस, द्रव, गैस और प्लाज्मा।

13. (3): NEAT (National Educational Alliance for Technology) 3.0 को केंद्रीय शिक्षा मंत्री धर्मेंद्र प्रधान ने लॉन्च किया, जिसका उद्देश्य छात्रों को एक डिजिटल प्लेटफॉर्म पर सर्वश्रेष्ठ एड-टेक समाधान और कोर्स प्रदान करना है। यह पहल AICTE और निजी तकनीकी कंपनियों के सहयोग से की गई है। इसका उद्देश्य तकनीक की मदद से गुणवत्तापूर्ण शिक्षा को सुलभ बनाना है, विशेषकर ग्रामीण और पिछड़े क्षेत्रों के छात्रों के लिए।

14. (2): ISRO ने 'युविका' (YUva VIgyani KAryakram) नामक कार्यक्रम 2022 में शुरू किया ताकि स्कूली छात्रों में वैज्ञानिक सोच और अंतरिक्ष विज्ञान के प्रति रुचि विकसित हो सके। इसमें कक्षा 9वीं के छात्रों को ISRO के केंद्रों में प्रशिक्षण, व्याख्यान और प्रयोगशालाओं का अनुभव कराया गया। इस कार्यक्रम का उद्देश्य भावी अंतरिक्ष वैज्ञानिकों की नींव तैयार करना है।

15. (4): सूक्ष्म वित्तीय संस्थाओं (Microfinance Institutions) का उद्देश्य गरीबों को छोटे ऋण प्रदान करके वित्तीय समावेशन को बढ़ावा देना, गरीबी को कम करना और जीवन स्तर सुधारना होता है। लेकिन गरीबों के क्रेडिट स्कोर को सुधारना उनका मुख्य उद्देश्य नहीं है, क्योंकि यह तकनीकी बैंकिंग प्रणाली से जुड़ा मूल्यांकन है, न कि सामाजिक सशक्तिकरण का प्राथमिक लक्ष्य।

16. (3): भारत में तीसरी पंचवर्षीय योजना (1961-1966) के बाद आर्थिक और खाद्य संकट, भारत-पाक युद्ध (1965), और सूखा पड़ने के कारण नियमित योजना प्रणाली स्थगित कर दी गई। इसके बाद 1966 से 1969 तक तीन वार्षिक योजनाएँ लागू की गईं, जिन्हें 'योजना अवकाश' (Plan Holiday) कहा गया। इन वर्षों में सरकार ने अर्थव्यवस्था को स्थिर करने और योजना रणनीति पर पुनर्विचार करने पर जोर दिया।

17. (3): अप्रैल 2021 में भारत के सर्वोच्च न्यायालय के पूर्व न्यायाधीश जस्टिस अरुण कुमार मिश्रा को राष्ट्रीय मानवाधिकार आयोग (NHRC) का अध्यक्ष नियुक्त किया गया। वे NHRC के पहले ऐसे अध्यक्ष बने जो सीधे सुप्रीम कोर्ट के सेवानिवृत्त न्यायाधीश के रूप में नियुक्त हुए। NHRC मानवाधिकारों की सुरक्षा और उल्लंघनों की निगरानी हेतु एक स्वतंत्र संस्था है।

18. (2): मुगल सम्राट बाबर ने अपनी आत्मकथा 'तुजुक-ए-बाबरी' (या बाबरनामा) तुर्की भाषा (विशेषकर चगताई तुर्की) में लिखी थी, जो उस समय मध्य एशिया की प्रमुख साहित्यिक भाषा थी। इसमें बाबर ने अपनी जीवन यात्रा, युद्ध, राजनीतिक गतिविधियाँ और भारत में आने के अनुभवों का विवरण दिया है। बाद में इसका फारसी और अन्य भाषाओं में अनुवाद किया गया।

19. (4): आईआईटी मद्रास ने भारतीय बंदरगाहों और अंतर्देशीय जलमार्गों के लिए एक सौर-चालित, मानवरहित, स्वायत्त सर्वेक्षण यान (Autonomous Survey Craft) विकसित किया है। यह नाविकहीन यंत्र जल के भीतर गहराई, प्रवाह और अन्य भूगर्भीय सूचनाओं का संग्रह कर सकता है। इसका उद्देश्य सर्वेक्षण लागत को कम करना और सटीकता को बढ़ाना है, जो समुद्री इंजीनियरिंग व नेविगेशन के लिए उपयोगी है।

20. (3): कल्याणी अम्मा प्रसिद्ध भारतीय शास्त्रीय नृत्य मोहिनीअट्टम की विख्यात कलाकार थीं। मोहिनीअट्टम मुख्य रूप से केरल की पारंपरिक नृत्य शैली है, जो कोमल मुद्राओं और भाव-प्रदर्शन के लिए जानी जाती है। कल्याणी अम्मा ने इस कला को संरक्षित और लोकप्रिय बनाने में महत्वपूर्ण योगदान दिया और वे इस शैली की अग्रणी हस्तियों में मानी जाती हैं।

21. (2): $$\text{समय} = \frac{\text{साधारण ब्याज} \times 100}{\text{मूलधन} \times \text{दर}}$$

$$= \frac{798 \times 100}{1900 \times 7} = \frac{42}{7} = 6 \text{ वर्ष।}$$

22. (4): माना वाटर कूलर का अंकित मूल्य ₹ x है।

तब, $x \times \frac{100-12}{100} = 5800 \times \frac{100+10}{100}$

$$\Rightarrow \quad x \times \frac{88}{100} = 58 \times 110$$

$$\Rightarrow \quad x = 58 \times 110 \times \frac{100}{88}$$

$$= 58 \times \frac{1000}{8}$$

$$= 29 \times 250 = ₹\ 7250$$

अतः वाटर कूलर का अंकित मूल्य = ₹ 7250.

23. (3): कीमत में शुद्ध प्रतिशत की कमी

$$= 15 - 15 + \frac{15 \times -15}{100}$$

$$= 0 - \frac{225}{100} = 2.25\%.$$

24. (1): माना धनराशि = P

तब, $P\left(1+\frac{R}{100}\right)^2 = ₹\ 34,560$ ...(*i*)

और $P\left(1+\frac{R}{100}\right)^3 = ₹\ 41,472$ ...(*ii*)

अब (*ii*) को (*i*) से भाग करने पर,

$$1+\frac{R}{100} = \frac{41472}{34560}$$

$$\Rightarrow \quad \frac{R}{100} = \frac{41472}{34560} - 1 = \frac{6912}{3456}$$

$$\Rightarrow \quad R = \frac{6912}{3456} \times 100$$

$$\Rightarrow \quad R = 20\%.$$

25. (2): साइकिल चालक की पहले चक्कर में गति

$$= \frac{500 \text{ m}}{625 \text{ सेकंड}} = \frac{20}{25} = \frac{4}{5} \text{ m/s}$$

$$\Rightarrow \quad x = \frac{4}{5} \text{ m/s}$$

और साइकिल चालक के दूसरे चक्कर में,

$$\text{गति} = \frac{500 \text{ m}}{375 \text{ सेकंड}} = \frac{20}{15} = \frac{4}{3} \text{ m/s}$$

$$\Rightarrow \quad y = \frac{4}{3} \text{ m/s}$$

$\therefore$ साइकिल चालक की औसत गति $= \frac{2xy}{x+y}$

$$= \frac{2 \times \frac{4}{5} \times \frac{4}{3}}{\frac{4}{5} + \frac{4}{3}} = \frac{\frac{32}{15}}{\frac{12+20}{15}}$$

$$= \frac{32}{15} \times \frac{15}{32} = 1 \text{ m/s.}$$

26. (2): $2.\overline{13} \div 3.\overline{12} = 2\frac{13}{99} \div 3\frac{12}{99}$

$$= \frac{211}{99} \div 3\frac{4}{33}$$

$$= \frac{211}{99} \div \frac{103}{33}$$

$$= \frac{211}{99} \times \frac{33}{103} = \frac{211}{3 \times 103}$$

$$= \frac{211}{309}.$$

27. (1): माना 19, 23 और 38 का चतुर्थानुपाती x है।

तब, 19 : 23 :: 38 : x

$$\Rightarrow \quad 19 \times x = 23 \times 38$$

$$\Rightarrow \quad x = \frac{23 \times 38}{19} = 23 \times 2$$

$$\Rightarrow \quad x = 46.$$

28. (2): 9 के प्रारंभिक 20 गुणजों का योग

$$= 9(1 + 2 + 3 + \ldots + 20)$$

$$= 9\left[\frac{20(20+1)}{2}\right] = 9\ [10 \times 21]$$

$$\therefore \quad \text{अभीष्ट औसत} = \frac{9 \times 10 \times 21}{20} = \frac{189}{2}$$

$$= 94.5.$$

29. (3): दिया है, एक बेलनाकार टैंक, जिसकी

आंतरिक त्रिज्या $= r = 14$ m

गहराई $= h = 10$ m

$\therefore$ गीली सतह का कुल क्षेत्रफल $= 2\pi rh + \pi r^2$

$$= \pi r(2h + r)$$

$$= \frac{22}{7} \times 14(2 \times 10 + 14)$$

$$= 22 \times 2 \times 34 = 1496 \text{ m}^2.$$

30. (1): चॉकलेट A के उत्पादन में वृद्धि

$$= \frac{780000 - 720000}{720000} \times 100$$

$$= \frac{60000}{7200} = \frac{50}{6} = \frac{25}{3} = 8.3\%$$

चॉकलेट B के उत्पादन में वृद्धि

$$= \frac{880000 - 850000}{850000} \times 100$$

$$= \frac{30000}{8500} = \frac{300}{85} = \frac{60}{17} = 3.5\%$$

चॉकलेट C के उत्पादन में वृद्धि

$$= \frac{740000 - 690000}{690000} \times 100$$

$$= \frac{50000}{6900} = \frac{500}{69} = 7.2\%$$

चॉकलेट D के उत्पादन में वृद्धि

$$= \frac{670000 - 580000}{580000} \times 100$$

$$= \frac{90000}{5800} = \frac{900}{58} = \frac{450}{29} = 15.51\%$$

अतः चॉकलेट B के उत्पादन में न्यूनतम प्रतिशत वृद्धि हुई है।

32. (4): व्यंजक

$= (1 + y)(1 + y^2)(1 + y^4)(1 + y^8)(1 - y)$
$= (1 + y)(1 - y)(1 + y^2)(1 + y^4)(1 + y^8)$
$= (1 - y^2)(1 + y^2)(1 + y^4)(1 + y^8)$
$= (1 - y^4)(1 + y^4)(1 + y^8)$
$= (1 - y^8)(1 + y^8)$
$= 1 - y^{16}.$

33. (3): विकल्प (2) गलत है। क्योंकि 8 और 7 का लघुतम समापवर्त्य 56 होगा।

34. (2): जूस निकालने में लगे घंटे का अनुपात

विशाल : किरण = 3 : 2 = 6 : 4

और किरण : दिनेश = 4 : 5

$\therefore$ विशाल : किरण : दिनेश = 6 : 4 : 5

$\therefore$ (विशाल + किरण + दिनेश) का 1 घंटे का काम

$$= \frac{1}{6x} + \frac{1}{4x} + \frac{1}{5x}$$

$$= \frac{10 + 15 + 12}{60x} = \frac{37}{60x}$$

$$\therefore \quad \frac{1}{48} = \frac{37}{60x}$$

$$\Rightarrow \quad 60x = 37 \times 48$$

$$\Rightarrow \quad x = \frac{37 \times 48}{60} = \frac{37 \times 4}{5}$$

$\therefore$ दिनेश को टंकी को अकेला भरने में लगा समय

$$= 5x = 5 \times \frac{37 \times 4}{5}$$

= 148 घंटे।

35. (2): साइकिल का क्रय मूल्य

= ₹ 5000 + ₹ 250 = ₹ 5250

और साइकिल का विक्रय मूल्य = ₹ 5075

$\therefore$ विक्रय मूल्य < क्रय मूल्य

$\therefore$ हानि = 5250 − 5075 = ₹ 175

अतः हानि % $= \dfrac{\text{हानि} \times 100}{\text{क्रय मूल्य}}$

$$= \frac{175 \times 100}{5250}$$

$$= \frac{70}{21} = \frac{10}{3} = 3.33\%.$$

36. (3): दिया है,

$$\frac{1}{x} + \frac{1}{y} + \frac{1}{z} = 1 \quad \ldots(i)$$

$$\Rightarrow \quad \frac{1}{x} + \frac{1}{y} = 1 - \frac{1}{z}$$

$$\Rightarrow \quad \frac{1}{x} + \frac{1}{z} = 1 - \frac{1}{y}$$

$$\Rightarrow \quad \frac{1}{y}+\frac{1}{z} = 1-\frac{1}{x}$$

$$\therefore \left(\frac{1}{z-1}\right)\left(\frac{1}{x}+\frac{1}{y}\right)+\left(\frac{1}{y-1}\right)\left(\frac{1}{x}+\frac{1}{z}\right)+\left(\frac{1}{x-1}\right)\left(\frac{1}{y}+\frac{1}{z}\right)$$

$$= \left(\frac{1}{z-1}\right)\left(1-\frac{1}{z}\right)+\left(\frac{1}{y-1}\right)\left(1-\frac{1}{y}\right)+\left(\frac{1}{x-1}\right)\left(1-\frac{1}{x}\right)$$

$$= \left(\frac{1}{z-1}\right)\left(\frac{z-1}{z}\right)+\left(\frac{1}{y-1}\right)\left(\frac{y-1}{y}\right)+\left(\frac{1}{x-1}\right)\left(\frac{x-1}{x}\right)$$

$= \frac{1}{z}+\frac{1}{y}+\frac{1}{z} = 1$ [(i) से].

37. (1): $6\frac{2}{7}$ of $2\frac{6}{11}\times\frac{1}{4}+\left\{25\div 5\times\frac{3}{5}\right\}$

$$= \frac{44}{7} \text{ of } \frac{28}{11}\times\frac{1}{4}+\left\{5\times\frac{3}{5}\right\}$$

$$= \frac{28}{11}\times\frac{44}{7}\times\frac{1}{4}+\{3\} = 4\times 4\times\frac{1}{4}+3$$

$= 4 + 3 = 7.$

38. (3): दिया है, $\sec A + \tan A = 5$

$\because \quad \sec^2 A - \tan^2 A = 1$

$\therefore (\sec A - \tan A)(\sec A + \tan A) = 1$

$\Rightarrow \quad (\sec A - \tan A)(5) = 1$

$\Rightarrow \quad \sec A - \tan A = \frac{1}{5}.$

39. (3): शंकु के आधार की त्रिज्या $= r = 3$ cm

$h = 7$ cm

$\because$ एक शंकाकार आकार का प्याला, जब आइसक्रीम से भरा होता है।

$\therefore$ आइसक्रीम का आयतन

$$= \frac{1}{3}\pi r^2 h+\frac{1}{2}\left(\frac{4}{3}\pi r^3\right)$$

$$= \frac{1}{3}\pi r^2(h+2r)$$

$$= \frac{1}{3}\times\frac{22}{7}\times(3)^2(7+2\times 3)$$

$$= \frac{66}{7}\times 13=\frac{858}{7} \text{ cm}^3$$

$$= \frac{858\times 3}{7\times 3}=\frac{2574}{21} \text{ cm}^3.$$

40. (4): (एक लड़का + एक लड़की) का 1 दिन का काम $= \frac{1}{12}$

और एक लड़के का 1 दिन का काम $= \frac{1}{15}$

$\therefore$ एक लड़की का 1 दिन का काम $= \frac{1}{12}-\frac{1}{15}$

$$= \frac{5-4}{60}=\frac{1}{60}$$

$\therefore$ एक लड़की अकेले काम को 60 दिनों में पूरा कर सकती है।

42. (4): 51 46 40 33 25 [16]

−5 −6 −7 −8 −9

−1 −1 −1 −1

यहाँ, ? = अगली संख्या = 16.

43. (2): दिए गए आरेख से :

शिक्षक हैं, जो न तो पुरुष हैं और न ही स्नातक

= केवल आयत में संख्या

= 9.

45. (4): दिया है, किसी वृत्ताकार मेज के परितः मेज के केंद्राभिमुख होकर बैठे हैं।

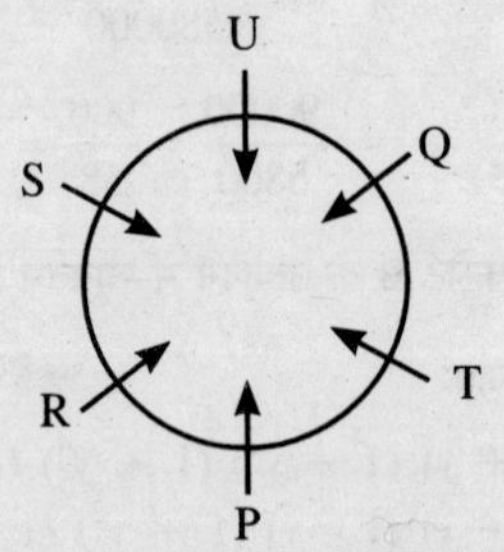

यहाँ, U, T के दाएँ से दूसरा बैठा है।

46. (1): 27 41 55 73 [91] [113] 135

+14 +14 +18 +18 +22 +22

यहाँ लुप्त संख्या = ? = 91, 113.

49. (2): दिया है, 'BIKE' को 23 के रूप में लिखा जाता है।

⇒ BIKE = 2 + 9 + 11 + 5 – 4

⇒ BIKE = 27 – 4

⇒ 'BIKE' = '23'

और 'RIDE' को '32' के रूप में लिखा जाता है।

∴ RIDE = 18 + 9 + 4 + 5 – 4

⇒ RIDE = 32

उसी प्रकार, 'NICE' = 14 + 9 + 3 + 5 – 4

⇒ NICE = 27

∴ 'NICE' को '27' के रूप में लिखा जाएगा।

50. (4): अंग्रेजी शब्दकोश के अनुसार, शब्दों का सही क्रम :

Picador → Piccolo → Pickaxe → Pickle → Picnic

∴ विकल्प (4) सही उत्तर है।

51. (4): दिए गए कथन से :

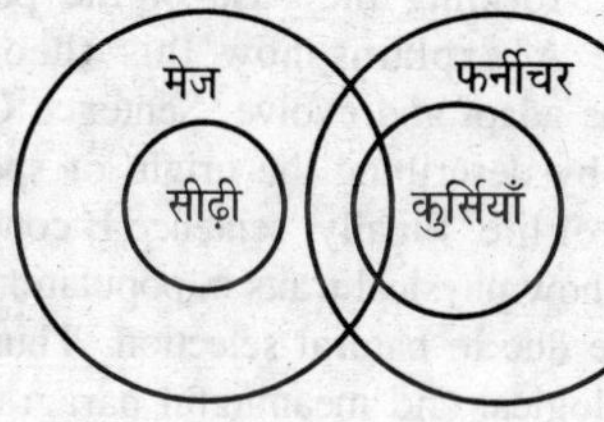

निष्कर्ष : I. कुछ फर्नीचर सीढ़ियाँ हैं। (असत्य)

II. सभी मेज फर्नीचर हैं। (असत्य)

∴ न तो निष्कर्ष I और न ही II अनुसरण करता है।

52. (2): दिया है, समुच्चय (64, 12, 4)

$$\Rightarrow \frac{64}{12-4} = \frac{64}{8} = 8$$

(128, 19, 3)

$$\Rightarrow \frac{128}{19-3} = \frac{128}{16} = 8$$

उसी प्रकार, (2) (72, 21, 12)

$$\Rightarrow \frac{72}{21-12} = \frac{72}{9} = 8$$

∴ विकल्प (2) आपस में उसी प्रकार संबंधित है, जिस प्रकार दिए गए समुच्चयों की संख्याएँ हैं।

53. (1): दिया है, समुच्चय : (6, 15, 18)

$$\Rightarrow \frac{6 \times 15}{18} = \frac{90}{18} = 5$$

(7, 35, 49)

$$\Rightarrow \frac{7 \times 35}{49} = \frac{245}{49} = 5$$

उसी प्रकार,

(1) (8, 65, 104)

$$\Rightarrow \frac{8 \times 65}{104} = \frac{520}{104} = 5$$

∴ विकल्प (1) आपस में उसी प्रकार संबंधित है, जिस प्रकार दिए गए समुच्चय की संख्याएँ आपस में संबंधित हैं।

57. (3): दिया है, 'A @ B & C × D # E'

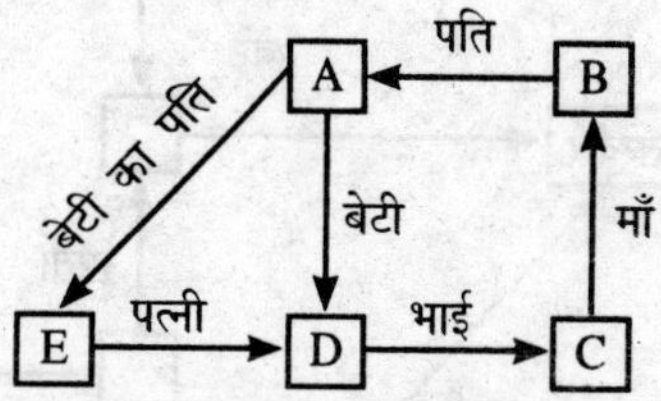

यहाँ, E, A की बेटी का पति है।

58. (4): (4) ÷, –, –, +, ×, +

∴ 572 * 4 * 64 * 365 * 41 * 27 = 441 * 380

⇒ 572 ÷ 4 – 64 – 365 + 41 × 27 = 441 + 380

⇒ 143 – 64 – 365 + 1107 = 821

⇒ 1250 – 429 = 821

⇒ 821 = 821.

61. (1): (1) ×, ÷, +, –, =

∴ 23 * 8 * 4 * 321 * 87 * 280

⇒ 23 × 8 ÷ 4 + 321 – 87 = 280

⇒ 23 × 2 + 321 – 87 = 280

⇒ 46 + 234 = 280

⇒ 280 = 280.

62. (2):

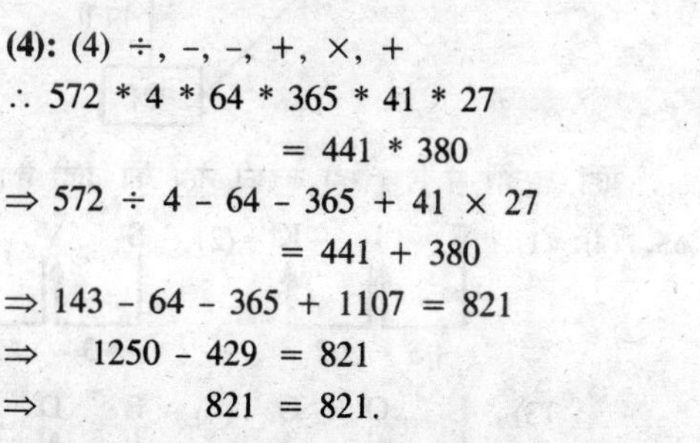

यहाँ, ? = लुप्त अक्षर-समूह = BQTF.

63. (4): दी गई जानकारी से,

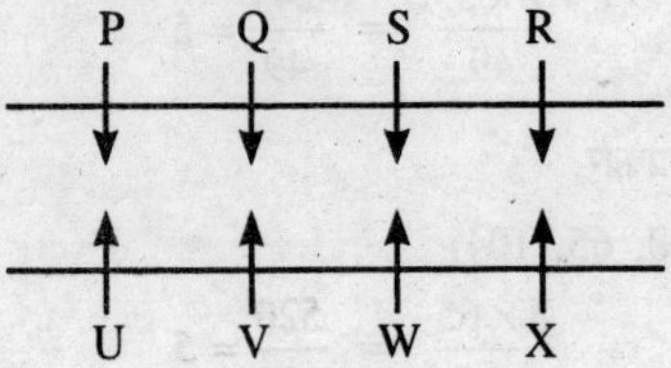

यहाँ, P का मुख U की ओर है।

64. (1):

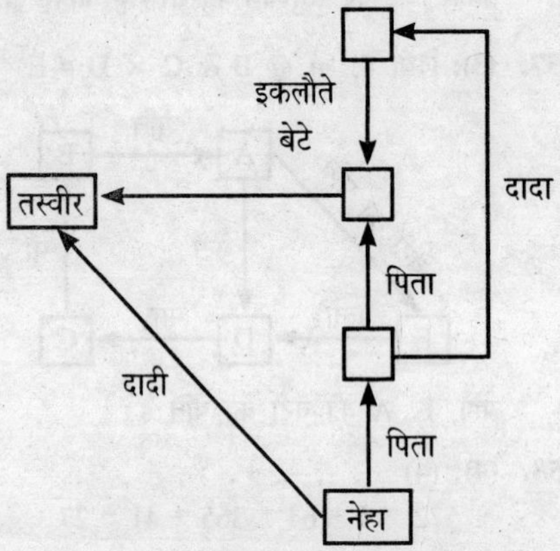

यहाँ, तस्वीर में दिख रही लड़की नेहा की दादी है।

65. (4):

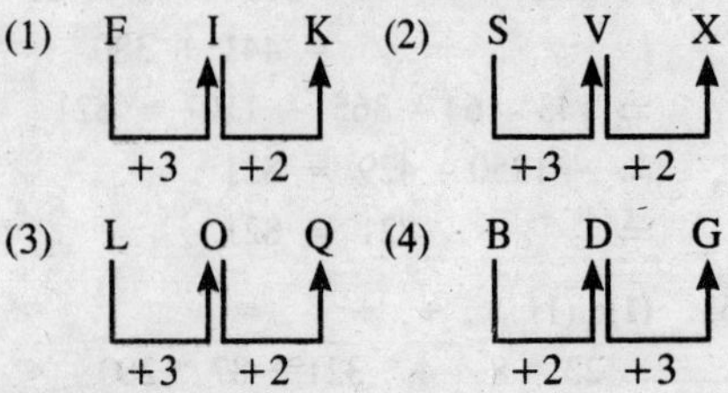

विकल्प (4) असंगत अक्षर-समूह है।

66. (1): The sentence talks about the requirement of nutrients and protein for a fit and healthy body. The word "balanced" is most appropriate because it refers to a proper and proportionate mix of essential nutrients. Options like "similar", "certain", or "hygienic" do not convey the necessary idea of nutritional adequacy and health maintenance.

67. (1): The word "vagrant" refers to a person who wanders from place to place without a fixed home or job. "Drifter" is the closest synonym, as it also implies a person who moves aimlessly without a permanent residence. "Loser", "Trader", and "Fighter" have completely different meanings and are not relevant.

68. (1): The phrase "inside the glass" is incorrect here because when pouring a liquid, the correct preposition is "into", which indicates movement. "Inside" implies location without movement. Therefore, the grammatically correct expression should be: "Sam slowly poured the juice into the glass".

69. (4): The sentence — "He is not a ______. Don't misunderstand him". — implies that the person is not someone dishonest. "Cheat" is the correct homonym here as it refers to a dishonest person. The other options — "chid", "chit", and "sheath" — are unrelated in both meaning and usage to the context of the sentence.

70. (1): Sentence D introduces the theory of natural selection, forming the base of the paragraph. Sentence A explains how this theory helps organisms adapt and evolve. Sentence C extends the idea by describing the origin of species and diversity of life. Finally, sentence B concludes by showing how physical traits in populations change over time due to natural selection. Thus, DACB forms a logical and meaningful paragraph.

71. (1): The sentence describes the increasing capability of modern weapons due to advances in military technology. "Destructive" fits best because it accurately reflects the damage and harm such weapons are designed to cause. Words like "killer", "super", or "world-ending" are either informal, imprecise, or exaggerated and do not maintain the formal and technical tone of the sentence.

72. (4): The word "accrue" means to accumulate or collect something, typically benefits, profits, or interest over time. "Gather" is the most appropriate synonym as it conveys a similar sense of gradual collection. The other options — "Fetter", "Spank", and "Reject" — have entirely unrelated meanings and do not fit the context.

73. (3): "Expel" means to force someone to leave a place or organization. Its opposite is "Accept", which means to allow someone to enter or be included. "Deport" is a synonym of "Expel", and "Adulate" and "Eulogise" relate to praise, not inclusion or exclusion, making them irrelevant here.

74. (3): Sentence A introduces the idea of blood in the human body. Sentence C logically follows by emphasizing blood's importance in the circulatory system. Sentence B then explains the circulatory system's role in transporting blood. Finally, sentence D concludes with the heart's function as the pump that enables circulation. This sequence forms a logical and coherent paragraph.

75. (4): The underlined word "inspired" refers to being encouraged or influenced to take a certain path — in this case, becoming a teacher. "Motivated" is the most appropriate synonym, as it also denotes the inner drive to act. The other options like "compelled", "quickened", and "infused" either lack precision or do not fit well in the emotional and aspirational context of the sentence.

76. (4): The word "eficiently" is incorrectly spelt. The correct spelling is "efficiently", with a double 'f'. It means performing tasks in an organized and effective manner. The other words — "wrap up", "permitting", and "enables" — are all correctly spelled in the context of the sentence.

77. (3): The phrase "younger looking skin" refers to skin that appears fresh, young, and renewed. The correct one-word substitute is "rejuvenated", which means restored to a youthful state or made to look younger. Other options like "brighter", "lighter", and "smarter" do not specifically relate to youthfulness of skin.

78. (3): The idiom "backed up" in the sentence means that he supported or stood by his friend's claim. It implies giving assistance or confirmation to someone's statement. The other options — "added to", "collected", and "withdrew" — change the meaning and do not match the context.

79. (3): The idiom "Better late than never" means that it is preferable to do something or arrive after the expected time than not do it at all. It encourages participation or action, even if delayed. It does not mean punctuality or speed, so the other options are contextually incorrect.

80. (3): The word "Etarnel" is misspelled. The correct spelling is "Eternal", which means lasting forever or without end. All the other words — "Ultimate", "Perfect", and "Supreme" — are correctly spelled and carry clear meanings in English vocabulary.

81. (3): "Diligent" means showing careful and persistent effort in doing something. The closest synonym is "Industrious", which refers to someone who is hardworking and dedicated. "Intelligent" refers to mental ability, "Lazy" is the opposite of diligent, and "Handsome" relates to appearance, not work ethic.

82. (4): Dyslexia is a specific learning disorder characterized by difficulty in reading, interpreting words, and identifying letters or sounds. It directly relates to the description in the question. "Dysgraphia" refers to difficulty in writing, "Delusion" means false belief, and "Disability" is a broad term, not specific to reading.

83. (3): An "orchard" refers to a piece of enclosed land planted specifically with fruit trees, making it the most appropriate one-word substitute here. "Farm" is more general and usually larger, "garden" includes flowers and vegetables, and "lawn" refers to grassy land, not necessarily with trees.

84. (2): The correct grammatical structure is "ought not to have done", which reflects past obligation or prohibition. "Hadn't ought to" is a non-standard or outdated construction. The correct phrase ensures proper tense and modal verb usage in formal English.

85. (4): This part is incorrect because it breaks the parallelism of the sentence. "Wrote music" and "played the piano" are active verb phrases, so the third should also follow the same pattern. The correct form should be "sang" to maintain grammatical parallelism: "he wrote music, played the piano, and sang".

86. (3): The sentence describes the room as containing objects that are rare and not commonly found — "small items of antique statuary and clay pots". The word "unusual" fits perfectly as it conveys the sense of rarity and uniqueness. "Absolute" and "frequent" are contextually inappropriate, and "creaky" refers to sound, not appearance.

87. (4): The preposition "on" suits best with the verb "hung" when describing something placed against a surface like a wall — "on the wall hung a stick". "Upon" is archaic or overly formal, while "beside" and "above" suggest different spatial relationships that don't match the visual of something hanging directly on a wall.

88. (4): The correct word is "wound", which means something wrapped or twisted around, in this case, "ivy leaves" around the stick. "Tied" suggests knots, "scattered" implies randomness, and "held" refers to gripping — none of which accurately describe the decorative wrapping implied in the sentence.

89. (3): The context suggests that the room contained a small "chaise longue", a type of furniture, so the room was "furnished" with it. "Famished" means extremely hungry, "fissured" refers to cracks, and "featured" means to present or include — none match the description of a room's interior content.

90. (4): The verb "creaked" is most suitable for describing the sound of wooden boards underfoot, especially in an old or quiet room. "Snapped" and "crumbled" imply breaking, and "swiped" means brushed or moved forcibly — none of which capture the soft groaning noise wooden floors make when stepped on.

91. (4): MS-Excel 2010 में LEN फंक्शन का उपयोग किसी string में कुल कैरेक्टर्स की संख्या (including spaces) जानने के लिए किया जाता है। उदाहरण : =LEN("Excel 2010") का परिणाम 10 होगा क्योंकि इसमें कुल 10 कैरेक्टर्स हैं। अन्य विकल्प जैसे COUNTA, SUM और COUNTIF डेटा की गिनती या योग के लिए होते हैं, न कि कैरेक्टर की।

92. (3): TODAY() फंक्शन Excel में केवल वर्तमान सिस्टम तिथि (current system date) को लौटाता है। यह हर बार फाइल खोलने पर अपडेट होता है। जबकि NOW() तिथि के साथ समय भी देता है, YEAR() वर्ष निकालता है और CURRENT कोई मान्य फंक्शन नहीं है।

93. (3): OpenOffice Impress एक प्रेजेंटेशन सॉफ्टवेयर है, जैसे PowerPoint, न कि डॉक्युमेंट प्रोसेसिंग टूल। माइक्रोसॉफ्ट वर्ड, नोटपैड और वर्डपैड सभी टेक्स्ट आधारित डॉक्युमेंट प्रोसेसिंग सॉफ्टवेयर हैं, जिनका प्रयोग टेक्स्ट एडिटिंग व लेखन कार्य के लिए होता है।

94. (1): Excel 2010 में रिबन बार में छिपे विकल्प (जैसे Formula Bar, Gridlines, Headings, Zoom आदि) 'View' टैब में होते हैं। यह टैब worksheet के दृश्य को नियंत्रित करने वाले विकल्प प्रदान करता है। अन्य टैब जैसे 'File', 'Data' और 'Insert' अलग कार्यों जैसे फाइल प्रबंधन, डेटा हैंडलिंग और ऑब्जेक्ट इन्सर्शन के लिए होते हैं।

95. (2): MS-Excel 2010 में Ctrl + 0 शॉर्टकट का प्रयोग कॉलम को शीट में छिपाने (Hide) के लिए किया जाता है। यह शॉर्टकट वर्तमान चयनित कॉलम को छिपा देता है। जबकि Ctrl + 9 पंक्तियों को छिपाने के लिए होता है। Alt + 9 और Alt + 0 Excel में मान्य शॉर्टकट नहीं हैं।

96. (3): Mozilla वेब ब्राउजर को Mozilla Foundation ने वर्ष 2002 में विकसित किया था। यह Netscape Navigator के उत्तराधिकारी के रूप में आया और बाद में 'Mozilla Firefox' के रूप में प्रसिद्ध हुआ। Firefox को एक ओपन-सोर्स, तेज और सुरक्षित ब्राउजर के रूप में डिजाइन किया गया था और यह जल्दी ही इंटरनेट उपयोगकर्ताओं के बीच लोकप्रिय हो गया।

97. (2): MS-Excel 2010 में कॉलम को अंग्रेजी वर्णमाला A, B, C... के रूप में नामित किया जाता है, जबकि पंक्तियाँ (Rows) संख्यात्मक रूप में 1, 2, 3... के रूप में आगे बढ़ती हैं। यह संरचना वर्कशीट में प्रत्येक सेल की स्थिति को (जैसे A1, B2 आदि) विशिष्ट रूप से पहचानने के लिए होती है।

98. (1): Status Bar Excel विंडो के निचले भाग में स्थित होती है, जो चयनित सेल, कैप्स लॉक, नंबर लॉक जैसी जानकारी और कार्यों जैसे Sum, Average आदि के त्वरित आँकड़े दिखाती है। यह वर्कशीट की उपयोगिता और आंकड़ों पर निगरानी बनाए रखने में सहायक होती है।

99. (2): ईमेल पते में '@' प्रतीक अनिवार्य होता है, जो उपयोगकर्ता नाम और डोमेन नाम को जोड़ता है। उदाहरण के लिए : username@example-com में '@' यह दर्शाता है कि उपयोगकर्ता 'example-com' डोमेन से जुड़ा है। अन्य प्रतीक जैसे %, #, $ ईमेल पते में नहीं होते।

100. (2): XML (eXtensible Markup Language) एक मार्कअप भाषा है जिसका प्रयोग किसी भी प्रकार के डेटा को संरक्षित, संप्रेषित और पुनः निर्मित करने के लिए किया जाता है। यह विशेष रूप से अनियंत्रित और संरचित डेटा को व्यवस्थित रूप से स्टोर करने और विभिन्न सिस्टमों के बीच आदान-प्रदान करने में उपयोगी होती है।

पिछले प्रश्न पत्र (हल सहित)

दिल्ली पुलिस—हैड कांस्टेबिल (मिनिस्ट्रियल) भर्ती परीक्षा, 2012

1. Pick out the most appropriate pair to fill in the blanks in the same order, to complete the sentence meaningfully:

He had managed to ______ several times, but was finally ______ by the police.

A. escape, arrested B. defend, acquitted
C. deceive, cheated D. cheat, robbed

2. A sentence has been broken into different parts. The parts have been scrambled and numbered as given below. Choose the correct order of these parts from the given alternatives.

(1) keeper of the
(2) guardian of
(3) as well as
(4) The U.N.O. is supposed to be the
(5) the morally conceived
(6) political conscience
(7) expressly defined rights and duties of sovereign states
(8) and

A. 4, 1, 6, 8, 2, 5, 3, 7
B. 4, 2, 6, 8, 1, 3, 5, 7
C. 4, 2, 7, 3, 1, 5, 8, 6
D. 4, 1, 7, 3, 2, 5, 8, 6

Directions (Q. Nos. 3 to 7) : *Read the following passage carefully and answer the questions that follow :*

The Rajputs occupy an honoured place in the history of India. They were a war-like people, proud and patriotic. They were zealous of their honour, and would lay down their lives to uphold it. They loved their homes and fought bravely to defend the honour of their women folk. Nothing would tame their spirits. Perils only called forth their courage and poverty only increased their power of resistance. None could fight like them. Their motto was 'Better death than dishonour.'

3. Which of the following represents the central theme of the passage?

A. The pride of the Rajputs
B. Rajputs and their sacrifices
C. The rise and fall of the Rajputs
D. Rajputs – the spirited heroes of Indian history

4. Which of the following is opposite in meaning to the word **'proud'** in the passage?

A. courteous B. humble
C. kind D. cowardly

5. The expression **"tame their spirits"** in the passage means

A. Suppress their ambitions
B. Arouse their enthusiasm
C. Develop their courage
D. Curb their enthusiasm

6. Which of the following statements is not true in the context of this passage?

A. The Rajputs achieved eminence in history due to their great bravery.
B. They would fight for upholding women's honour.
C. In moment of danger they would exhibit great courage.
D. They could not face the challenge of poverty.

7. According to the writer, the Rajputs occupy an honoured place in history, because

A. they were fond of wars.
B. they were proud of their war.

C. they were jealous of people's honour.
D. they lived and died upholding their self-respect.

8. Select the word which is opposite in meaning to **"JUVENILE"**

A. Blind B. Mature
C. Youthful D. Control

9. Which of the words is spelt correctly?

A. Accommodation B. Accomodation
C. Acomodation D. Acommodation

10. Choose the phrase which can correctly substitute the italicised part of the following sentence:

The police ***broke away*** the meeting as it turned violent.

A. broke through B. broke off
C. broken with D. broke up

11. Choose the correct option with reference to the following two sentences:

I. This is the best ***stationary*** shop in our locality.
II. I saw a ***stationery*** van there.

A. Both I and II are correct
B. Both I and II are incorrect
C. Only sentence I is correct
D. Only sentence II is correct.

12. In the following sentence choose the word opposite in meaning to the italicised word to fill in the blanks:

Just ***incorporate*** the necessary details and __________ the rest.

A. differentiate B. exclude
C. dissect D. disjoin

13. Choose the alternative that best expresses the meaning of the idiom in italics:

There was opposition to the new policy by ***the rank and file*** of the Government.

A. the ordinary members
B. the cabinet members
C. the official machinery
D. the majority

14. What is one word for **"a government run by a dictator"**?

A. Democracy B. Autocracy
C. Theocracy D. Oligarchy

15. Select the word which is nearest in meaning to the word **"DISMAL"**.

A. Watery B. Deformed
C. Impolite D. Bleak

16. Pick the word which would complete the following sentence correctly and meaningfully:

Lots of people had come to attend his lecture because he is a very ________ scholar.

A. imminent B. engaging
C. eminent D. popular

17. Choose the word nearest in meaning to the italicised word in the following sentence:

He spoke ***impromptu*** on the occasion.

A. eloquently
B. without preparation
C. without enthusiasm
D. with great force

18. Select the combination of numbers so that letters arranged accordingly will form a meaningful word:

T P S L O I

1 2 3 4 5 6

A. 4 6 2 5 3 1 B. 2 5 4 3 6 1
C. 3 6 4 2 5 1 D. 2 6 3 1 5 4

19. Which word is closest in meaning to the word **"INTIMIDATE"**?

A. Bluff B. Frighten
C. Harm D. Inform

20. Which of the choices expresses the following sentence in Indirect Speech:

He said to them, "Don't make a noise."

A. He asked them not to make a noise.
B. He told them not to make noise.
C. He told them that don't make a noise.
D. He told them do not make a noise.

21. Which part(s) of the following sentence has an error:

He could not plan his strategy (A)/ until he knew (B)/ whom his opponents could be. (C)

A. Only C B. No Error
C. Only B D. Both A and B

22. Which of the following means both **"small line"** and **"rush"**?

A. void B. blank
C. bustle D. dash

23. Select the word most appropriate for the blank space in this sentence:

I haven't seen you ________ a week.

A. since B. within
C. from D. for

24. What is the active voice of the following:

Have the box broken.

A. Break the box.
B. The box is broken.
C. He will break the box.
D. They broke the box.

25. The first sentence of a passage is given. Which of the four alternatives would be the most logical sequence of the sentences in the passage?

The mail is first collected from different letter boxes.

P: From there it is sent to the head post office.
Q: It is then sorted out at the sorting office.
R: The mail is again sorted out at the head post office by the concerned beat postman.
S: The sorted mail is sent to the zonal post office.

A. RPQS B. RSQP
C. QSPR D. QPRS

26. राम अपने दफ्तर से कार लेकर पहले 15 किमी उत्तर गया और फिर 10 किमी पश्चिम गया। वह फिर दक्षिण की तरफ घूम गया और 5 किमी चला। इसके बाद वह पूर्व की ओर घूमा और 8 किमी चला। अन्ततः वह दाहिने घूमा और 10 किमी चला। अपने आरंभिक स्थान से वह कितनी दूर और किस दिशा में है?

A. 6 किमी दक्षिण B. 5 किमी पूर्व
C. 2 किमी पश्चिम D. 3 किमी उत्तर

27. निम्नलिखित में से किस जोड़े में वही सम्बन्ध है जो "बढ़ई : कुर्सी" में है?

A. राजा : साम्राज्य B. राजगीर : दीवार
C. किसान : कृषि D. अध्यापक : पढ़ाना

28. संजीव का एक कक्षा में ऊपर से सातवाँ स्थान और नीचे से अट्ठाईसवाँ स्थान है। कक्षा में कुल कितने विद्यार्थी हैं?

A. 36 B. 35
C. 37 D. 34

29. यदि पहली अक्टूबर रविवार है तो 16 अक्टूबर को क्या होगा?

A. मंगलवार B. बुधवार
C. सोमवार D. रविवार

30. पांच लड़कियां एक पंक्ति में बैठी हैं। राशि सुलेखा या आभा के बगल में नहीं बैठी है। अनुराधा सुलेखा के बगल में नहीं बैठी है। राशि मोनिका के बगल में बैठी है। मोनिका पंक्ति कें मध्य में बैठी है। अनुराधा किसके बगल में बैठी है?

A. राशि B. आभा
C. मोनिका D. सुलेखा

31. पुणे झाँसी से बड़ा है। सीतापुर चित्तौड़ से बड़ा है। रायगढ़ झाँसी जितना बड़ा नहीं है किन्तु सीतापुर से बड़ा है। सबसे छोटा कौन-सा शहर है?

A. सीतापुर B. पुणे
C. चित्तौड़ D. झाँसी

32. दो महिलाएं और दो पुरुष ताश खेल रहे हैं और एक मेज के उत्तर, पूर्व, दक्षिण और पश्चिम दिशाओं में बैठे हैं। किसी भी महिला का मुख पूर्व की ओर नहीं है। एक दूसरे के सम्मुख बैठे व्यक्ति एक लिंग के नहीं हैं। एक पुरुष का मुख दक्षिण की ओर है। महिलाओं का मुख किन दिशाओं की ओर है?

A. दक्षिण और पूर्व B. उत्तर और पश्चिम
C. पूर्व और पश्चिम D. उत्तर और पूर्व

33. 1 से 100 तक संख्याएँ एक पृष्ठ पर लिखी हैं। अंक "3" कितनी बार पृष्ठ पर लिखा हुआ है?

A. 20 B. 11
C. 21 D. 10

34. राजन सचिन का भाई है और माणिक राजन का पिता है। जगत प्रिया का भाई है और प्रिया सचिन की बेटी है। जगत का चाचा कौन है?

A. माणिक B. सचिन
C. राजन D. उपरोक्त में से कोई नहीं

35. इनमें से कौन औरों से सम्बन्ध नहीं रखता?

A. बाघ B. हाथी

C. शेर D. तेंदुआ

36. "प्रत्येक पुस्तकालय में पुस्तकें होती हैं।" इस व्यक्तव्य में इनमें से कौन-सा निष्कर्ष तर्कसंगत तरीके से निकलता है?

A. कुछ पुस्तकालयों में पाठ्य नहीं होते।

B. पुस्तकें केवल पुस्तकालय में होती हैं।

C. पुस्तकालय सिर्फ पुस्तकों के लिए होते हैं।

D. कोई भी पुस्तकालय बिना पुस्तकों के नहीं होता।

37. एक कक्षा में छात्रों की संख्या छात्राओं से तीन गुनी है। निम्नलिखित संख्याओं में से कौन इस कक्षा के कुल विद्यार्थियों की संख्या नहीं हो सकती?

A. 44 B. 48

C. 42 D. 40

38. राम उम्र में श्याम से बड़ा है। मोती राम से बड़ा है जबकि नरेश मोती से छोटा पर श्याम से बड़ा है। सबसे छोटा कौन है?

A. नरेश B. राम

C. मोती D. श्याम

39. इनमें से कौन बाकी से अलग है?

मसूरी, दार्जीलिंग, जयपुर, शिमला

A. मसूरी B. जयपुर

C. शिमला D. दार्जीलिंग

40. ACE : FHJ : : OQS : ?

A. TVX B. RTU

C. PRT D. UWY

41. एक घड़ी में 4:30 बजे हैं। यदि मिनट की सुई पूर्व दिशा की ओर है तो घंटे की सुई किस दिशा की ओर होगी?

A. दक्षिण-पूर्व B. उत्तर

C. उत्तर-पूर्व D. उत्तर-पश्चिम

42. इस श्रेणी में अगली आकृति कौन-सी है?

↑ ↗ → ↘ ↓ ↙

A. ↑ B. ⟷

C. ← D. ↖

43. इनमें से कौन औरों से मेल नहीं खाती?

A. तमिलनाडु B. कर्नाटक

C. केरल D. पुदुच्चेरी

44. यदि 2 आदमी 2 दीवार 2 दिन में बना लेते हैं, तो 4 आदमी 4 दीवार कितने दिनों में बनाएंगे?

A. 4 दिन B. 2 दिन

C. 16 दिन D. 8 दिन

45. यदि एक विशेष भाषा में MADRAS को NBESBT लिखा जाता है तो इस भाषा में BOMBAY को कैसे लिखा जायेगा?

A. CPNCBZ B. CQOCBZ

C. CPNCBX D. CPOCBZ

46. X यदि Y के बेटे के बेटे का भाई है तो X रिश्ते में Y का क्या लगता है?

A. भाई B. चचेरा भाई

C. पोता D. बेटा

47. पुलिस और अपराध में वही सम्बन्ध है जो डॉक्टर और .... में है।

A. दवा B. अस्पताल

C. बीमारी D. सुई

48. इस श्रेणी में कौन-सी संख्या अगली होगी?

1, 4, 9, 16, 25, ...

A. 30 B. 50

C. 36 D. 45

49. यदि कलम मेज है, मेज पंखा है, पंखा कुर्सी है और कुर्सी छत है, तो एक व्यक्ति किस पर बैठेगा?

A. पंखा B. कुर्सी

C. छत D. मेज

50. इस श्रेणी को देखें:

22, 21, 23, 22, 24, 23, ...

कौन-सी संख्या अगली होनी चाहिए?

A. 24 B. 26

C. 25 D. 22

51. 75 का 120% है—

A. 62.5 B. 90

C. 120 D. 80

52. एक कार्यालय के 20 कर्मचारियों का औसत वेतन ₹ 1300 प्रति माह है। यदि प्रबंधक का वेतन भी जोड़ा जाए तो औसत वेतन ₹ 2000 प्रति माह हो जाएगा। प्रबंधक का वेतन कितना है?

A. ₹ 16,000 प्रति माह
B. ₹ 12,000 प्रति माह
C. ₹ 24,000 प्रति माह
D. ₹ 20,000 प्रति माह

53. यदि $x = 2, y = 3$ हैं, तो $x^y + y^x$ का आकलन करें।

A. 12 B. 10
C. 25 D. 17

54. 12.5% प्रति वर्ष के साधारण ब्याज पर एक राशि कितने वर्षों में दुगुनी हो जायेगी?

A. 6 वर्ष B. 8 वर्ष
C. 5 वर्ष D. 4 वर्ष

55. एक अलमारी 16% लाभ पर बेची गयी है। यदि उसे ₹ 100 ज्यादा पर बेचा जाता तो लाभ 20% होता। अलमारी का क्रय मूल्य क्या है?

A. ₹ 1500 B. ₹ 2500
C. ₹ 1800 D. ₹ 2000

56. इसका मूल्य निकालें:

9 + 0.9 + 0.009 + 0.099

A. 9.9998 B. 9.008
C. 10.008 D. 9.908

57. 7:25 इसके बराबर होता है–

A. 175% B. 7.25%
C. 28% D. 35%

58. 0.9×0.007 का मूल्य क्या है?

A. 0.63 B. 0.0063
C. 0.063 D. 0.00063

59. एक संख्या को 10% बढ़ाया गया और फिर 10% कम कर दिया गया। यदि परिणामी संख्या 99 है, तो मूल संख्या थी–

A. 98 B. 100
C. 95 D. 110

60. एक कार, जो आधी दूरी 20 किमी/घं की गति से और बाकी की आधी दूरी 30 किमी/घं की गति से तय करती है, की औसत गति होगी–

A. 50 किमी/घं B. 25 किमी/घं
C. 26 किमी/घं D. 24 किमी/घं

61. एक थैले में कुल ₹ 90 के सिक्के हैं। यदि 50 पैसे, 25 पैसे तथा 10 पैसे के सिक्कों की संख्याएँ 2:3:5 के अनुपात में हैं तो 25 पैसे के कुल कितने सिक्के हैं?

A. 130 B. 135
C. 120 D. 140

62. $2^1 + 2^{-1}$ का मूल्य क्या है?

A. 0 B. 2
C. 2.5 D. 4

63. $(2^8 \div 2^5)^2$ इसके बराबर है–

A. 64 B. 8/5
C. 32 D. 128

64. यदि एक वृत्त का व्यास दुगुना कर दिया जाए तो उसका क्षेत्रफल हो जाएगा–

A. π^2 गुणा B. दुगुना
C. 2π गुणा D. 4 गुणा

65. 0.5^2 का मूल्य है–

A. 0.5 से कम
B. 0.5 से ज्यादा
C. 0.5 के बराबर
D. उपरोक्त में से कोई नहीं

66. एक रेलगाड़ी 92.4 किमी/घं. की गति से चल रही है। वह 10 मिनट में कितने मीटर चलेगी?

A. 15.4 B. 1540
C. 15400 D. 154

67. एक आयताकार मैदान की लम्बाई और चौड़ाई का अनुपात 5:4 है। यदि चौड़ाई लम्बाई से 20 मीटर कम है, तो मैदान का परिमाप है–

A. 280 मीटर B. 260 मीटर
C. 360 मीटर D. 410 मीटर

68. एक घन, जिसकी सभी सतहें लाल रंग से रंगी हैं, को 27 समान माप के घनों में काट दिया जाता है। इनमें से कितने घन होंगे जिनकी किसी भी सतह पर रंग नहीं होगा?

A. 3 B. 4
C. 1 D. 8

69. यदि 'a' का अर्थ 'जोड़', 'b' का अर्थ 'घटाना', 'c' का अर्थ 'गुणा' और 'd' का अर्थ 'भाग' है, तो 18 a 4 c 6 b 16 d 4 = ?

A. 20 B. 29
C. 38 D. 128

70. 5/6 प्राप्त करने के लिए 5/3 से कौन-सी संख्या घटानी होगी?

A. 5/6 B. 5/4
C. 5/3 D. 5/2

71. यदि $x = 1.5$ है, तो $x^2 + 2x + \frac{3}{4}$ की गणना करें

A. 6 B. 5 ¾
C. 4.5 D. 7 ½

72. यदि 5 वस्तुओं का विक्रय मूल्य, 6 वस्तुओं के क्रय मूल्य के बरांबर है, तो प्रत्येक वस्तु पर कितना लाभ हो रहा है?

A. 20% B. 1%
C. 12% D. 24%

73. एक आयताकार मैदान की लम्बाई उसकी चौड़ाई से दुगुनी है। यदि मैदान का क्षेत्रफल 288 वर्ग मी. है तो मैदान की लम्बाई है–

A. 14 मी. B. 12 मी.
C. 24 मी. D. 16 मी.

74. एक सूटकेस को ₹ 570 में बेचने पर एक व्यापारी को 5% की हानि हुई। 5% लाभ कमाने के लिए इसे किस दाम पर बेचना चाहिए?

A. ₹ 580 B. ₹ 620
C. ₹ 630 D. ₹ 650

75. 18 जिल्दसाज़ 10 दिनों में 900 पुस्तकों की जिल्द बांधते हैं। 12 दिनों में 600 पुस्तकों की जिल्द बांधने के लिए कितने जिल्दसाजों की आवश्यकता होगी?

A. 16 B. 20
C. 10 D. 30

76. विश्व का सबसे बड़ा द्वीप है–

A. न्यू गिनी B. सुमात्रा
C. श्रीलंका D. ग्रीनलैंड

77. कौन-सा ग्रह अपनी धुरी पर पूर्व से पश्चिम दिशा में घूर्णन करता है?

A. बृहस्पति B. पृथ्वी
C. शुक्र D. बुध

78. महादेव गोविन्द रानाडे ने किसकी स्थापना की थी?

A. थेओसोफिकल सोसाइटी
B. आर्य समाज
C. प्रार्थना समाज
D. ब्रह्म समाज

79. किस देश की प्रधानमंत्री 2012 की गणतन्त्र दिवस परेड में मुख्य अतिथि थीं?

A. हांगकांग B. थाईलैंड
C. मलेशिया D. दक्षिण कोरिया

80. भारत की पहली कपास मिल की स्थापना किस जगह की गयी थी?

A. अहमदाबाद B. सूरत
C. मुम्बई D. कोएम्बतूर

81. 'पंजाब केसरी' के उपनाम से कौन जाना जाता है?

A. चंदगी राम B. महाराजा रणजीत सिंह
C. भगत सिंह D. लाला लाजपत राय

82. रोलेट एक्ट किस वर्ष में पारित हुआ था?

A. 1918 B. 1920
C. 1917 D. 1919

83. कुचिपुड़ी नृत्य किस राज्य का है?

A. पंजाब B. आंध्र प्रदेश
C. राजस्थान D. कर्नाटक

84. क्रिस्टोफर कोलम्बस ने इसकी खोज की थी–

A. भारत B. अफ्रीका
C. वेस्ट इंडीज़ D. ईस्ट इंडीज़

85. 2011 में ओसामा बिन लादेन किस स्थान पर मारा गया था?

A. रावलपिंडी B. कोहाट
C. एबटाबाद D. पेशावर

86. इनमें से कौन-सी अंतर्राष्ट्रीय दिनांक रेखा है?

A. 180 अंश देशान्तर
B. 90 अंश पूर्व देशान्तर
C. 0 अंश देशान्तर
D. भूमध्यरेखा

87. अमेरिकी स्वाधीनता का संग्राम किन वर्षों के दौरान घटित हुआ था?
A. 1876 – 1879　B. 1775 – 1783
C. 1788 – 1789　D. 1878 – 1881

88. मौलिक अधिकारों का प्रावधान हमारे संविधान के किस भाग में किया गया है?
A. भाग IV　B. भाग III
C. भाग I　D. भाग VI

89. किस नदी को 'बिहार का शोक' भी कहते हैं?
A. अलकनन्दा　B. तीस्ता
C. महानदी　D. कोसी

90. हैरी पॉटर श्रृंखला के उपन्यासों को किसने लिखा है?
A. जेफ किन्नी　B. रिक रिओर्दान
C. रोआल्ड डाहल　D. जे. के. रोलिंग

91. निम्नलिखित में से किसे 'झीलों का शहर' भी कहते हैं?
A. उदयपुर　B. जयपुर
C. इंदौर　D. मैसूर

92. मैकमाहोन रेखा इन देशों के बीच की सीमा निर्धारित करती है–
A. भारत – म्यांमार
B. भारत – चीन
C. भारत – पाकिस्तान
D. पाकिस्तान – चीन

93. भारत छोड़ो आन्दोलन के दौरान 'करो या मरो' का नारा किसने दिया था?
A. वल्लभभाई पटेल　B. महात्मा गाँधी
C. जवाहरलाल नेहरू　D. बालगंगाधर तिलक

94. "द लास्ट सपर" नामक चित्र के चित्रकार थे–
A. रफाएल　B. विन्सेन्ट वेन गॉग
C. लेओनार्दो दा विन्ची　D. मिकेलएन्जेलो

95. क्रिकेट विश्व कप 2011 का फाइनल मैच कहाँ खेला गया था?
A. ईडन गार्डन　B. चिन्नास्वामी स्टेडियम
C. वानखेडे स्टेडियम　D. ब्रेबोर्न स्टेडियम

96. किसके शासनकाल में दिल्ली की जामा मस्जिद का निर्माण हुआ था?
A. अकबर　B. शाहजहाँ
C. बाबर　D. जहाँगीर

97. भारत में कौन-सी तिथि का अवलोकन आतंकवाद-विरोधी दिवस के रूप में करते हैं?
A. 31 जनवरी　B. 26 नवम्बर
C. 30 जनवरी　D. 21 मई

98. वर्तमान ऑस्ट्रेलियाई क्रिकेट टीम का कप्तान कौन है?
A. रिकी पोंटिंग　B. एंड्रू स्ट्रोस
C. माइकल क्लार्क　D. ग्रीम स्मिथ

99. पाकिस्तान की स्थापना कब हुई थी?
A. 14 अगस्त, 1947　B. 13 अगस्त, 1947
C. 15 अगस्त, 1947　D. 16 अगस्त, 1947

100. राज्य सभा की अधिकतम सदस्य-संख्या है–
A. 248　B. 250
C. 245　D. 249

उत्तरमाला

1	2	3	4	5	6	7	8	9	10
A	C	D	B	D	D	D	B	A	D
11	**12**	**13**	**14**	**15**	**16**	**17**	**18**	**19**	**20**
B	B	D	B	D	C	B	D	B	A
21	**22**	**23**	**24**	**25**	**26**	**27**	**28**	**29**	**30**
A	D	D	A	D	C	B	D	C	A
31	**32**	**33**	**34**	**35**	**36**	**37**	**38**	**39**	**40**
D	B	A	C	B	D	C	D	B	A

41	42	43	44	45	46	47	48	49	50
C	C	D	B	A	C	C	C	A	C
51	**52**	**53**	**54**	**55**	**56**	**57**	**58**	**59**	**60**
B	A	D	B	B	C	C	B	B	D
61	**62**	**63**	**64**	**65**	**66**	**67**	**68**	**69**	**70**
C	C	A	D	A	C	C	C	C	A
71	**72**	**73**	**74**	**75**	**76**	**77**	**78**	**79**	**80**
A	A	C	C	C	D	C	C	B	C
81	**82**	**83**	**84**	**85**	**86**	**87**	**88**	**89**	**90**
D	D	B	C	C	A	B	B	D	D
91	**92**	**93**	**94**	**95**	**96**	**97**	**98**	**99**	**100**
A	B	B	C	C	B	D	C	A	B

कुछ चुने हुए प्रश्नों के व्याख्यात्मक उत्तर

26.

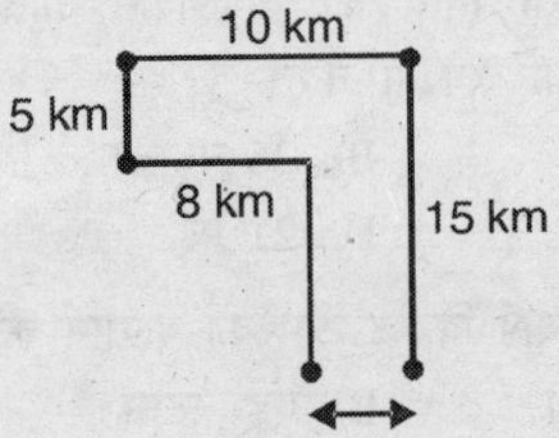

अंतिम स्थान और आरंभिक स्थान के बीच की दूरी = 10 – 8 = 2 किमी.

एवं इनकी दिशा पश्चिम की ओर है।

28. कक्षा में कुल विद्यार्थियों की संख्या

= (प्रारंभ की ओर से स्थिति) + (अंत की ओर से स्थिति) –

= 7 + 28 – 1 = 34

30. पाँच लड़कियों का एक पंक्ति में बैठने का क्रम इस प्रकार है

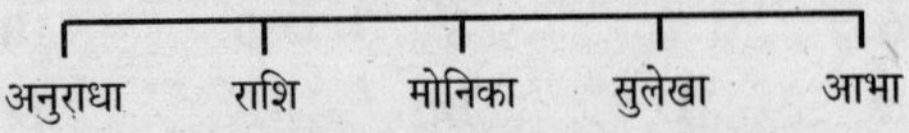

40.

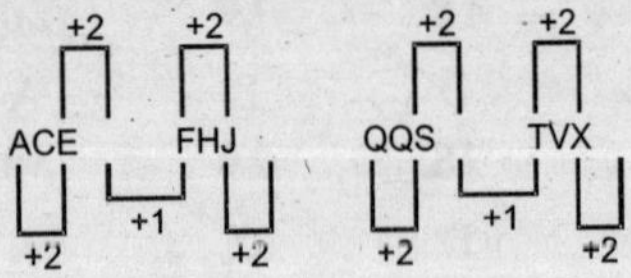

42.

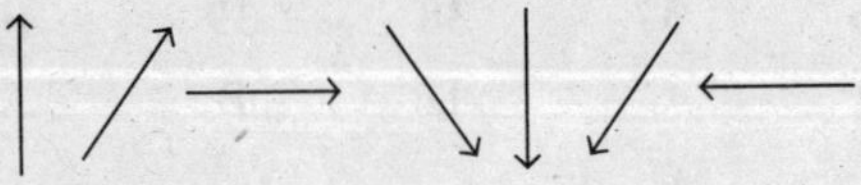

दी गई श्रेणी में अगली आकृति अपने ठीक पहले वाली आकृति से घड़ी की दिशा में 45° का कोण बनाकर मुड़ रही है।

48. 1, 4, 9, 16, 25, ...

$(1)^2, (2)^2, (3)^2, (4)^2, (5)^2, (6)^2$

$6^2 = 36$

50.

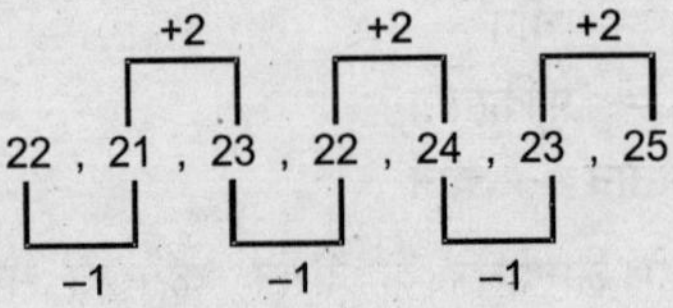

51. 75 का 120 प्रतिशत

$= \frac{120}{100} \times 75 = 90$

52. 20 मजदूरों का कुल वेतन

= 1300 × 20 = 26000

प्रबंधक के साथ कुल वेतन

= 21 × 2000 = 42000

अतः प्रबंधक का वेतन

= 42000 – 26000 = ₹ 16000

53. $x = 2, y = 3$

तब $x^y + y^x = 2^3 + 3^2 = 8 + 9 = 17$

54. माना कि मूलधन = ₹ P

तब मिश्रधन = ₹ 2P

साधारण ब्याज = ₹ 2P − P = P

$$\text{समय} = \frac{\text{ब्याज} \times 100}{\text{मूलधन} \times \text{दर}}$$

$$= \frac{P \times 100}{P \times \frac{25}{2}} = \frac{100 \times 2}{25}$$

= 8 वर्ष

55. माना कि क्रय मूल्य = ₹ x

$$\text{विक्रय मूल्य} = x + \frac{16x}{100} = \frac{116x}{100}$$

प्रश्नानुसार,

$$x + \frac{20x}{100} = \frac{116x}{100} + 100$$

$$\Rightarrow \frac{120x}{100} - \frac{116x}{100} = 100$$

$$\Rightarrow 4x = 100 \times 100$$

$$\Rightarrow x = \frac{100 \times 100}{4}$$

= ₹ 2500

अतः अलमारी का क्रय मूल्य = ₹ 2500

56.

```
   9.000
   0.900
   0.009
 + 0.099
 -------
  10.008
```

57. $\frac{7}{25} \times 100 = 7 \times 4 = 28\%$

58. $0.9 \times 0.007 = 0.0063$

59. माना कि मूल संख्या = x

$$x + x \text{ का } 10\% = x + \frac{10x}{100} = \frac{11x}{10}$$

$$\frac{11x}{10} \text{ का } 10\% = \frac{11x}{10} \times \frac{10}{100}$$

$$= \frac{11x}{10}$$

प्रश्नानुसार,

$$\frac{11x}{10} - \frac{11x}{100} = 99$$

$$\Rightarrow \frac{110x - 11x}{100} = 99$$

$$\Rightarrow 99x = 99 \times 100$$

$$\Rightarrow x = \frac{99 \times 100}{99} = 100$$

अतः मूल संख्या = 100

60. A ——←—— B

← $x/2$ → ← $x/2$ →

$$t_1 = \frac{\text{दूरी}}{\text{चाल}} = \frac{x/2}{20}$$

$$= \frac{x}{2 \times 20} = \frac{x}{40} \text{ घंटे}$$

$$t_2 = \frac{\text{दूरी}}{\text{चाल}} = \frac{x/2}{30}$$

$$= \frac{x}{2 \times 30} = \frac{x}{60} \text{ घंटे}$$

$$\text{कार की औसत गति} = \frac{\text{कुल दूरी}}{\text{कुल समय}}$$

$$= \frac{x}{\frac{x}{40} + \frac{x}{60}}$$

$$= \frac{x}{\frac{3x + 2x}{120}} = \frac{x}{5x} \times 120$$

= 24 किमी./घंटा

61. उनके मूल्यों का अनुपात $= \frac{2}{2} : \frac{3}{4} : \frac{5}{10}$

$= 20 : 15 : 10$

25 पैसे वाले सिक्कों का मूल्य

$= ₹ \left(\frac{15}{45} \times 90\right) = ₹\ 30$

अतः 25 पैसे वाले सिक्कों की संख्या

$= \frac{30 \times 100}{25} = 120$

62. $2^1 + 2^{-1} = 2 + \frac{1}{2} = 2 + 0.5 = 2.5$

अतः $2^1 + 2^{-1}$ का मान $= 2.5$

63. $\left(2^8 \div 2^5\right)^2 = \left(2^{8-5}\right)^2$

$= \left(2^3\right)^2 = (8)^2 = 64$

64. माना कि वृत का व्यास $= d$

अतः वृत की त्रिज्या $= 2r$

वृत का क्षेत्रफल $= \pi(2r)^2 = 4\pi r^2$

अब व्यास को दुगुना कर दिया गया $= 2d$

अतः नयी त्रिज्या $= 4r$

नया क्षेत्रफल $= \pi(4r)^2 = 16\pi r^2$

अतः वृत का व्यास दुगुना किया जाए तो उसका क्षेत्रफल चार गुना हो जायेगा।

65. $0.5^2 = 0.25$

स्पष्टतः $0.25 < 0.5$

अतः 0.5^2 का मान 0.5 से कम होगा।

66. 60 मिनट में एक ट्रेन 90.4 किमी. की दूरी तय करती है।

1 मिनट में वह ट्रेन $\frac{90.4}{60}$ किमी. की दूरी तय करेगी

10 मिनट में वह ट्रेन $\frac{90.4}{60} \times 10$ किमी. की दूरी तय करेगी

$= \frac{90.4}{6} = 15.4$ किमी.

$= \frac{154}{10} \times 1000$ मी. $= 15400$ मी.

अतः 10 मिनट में ट्रेन 15400 मी. दूरी तय करेगी

67. माना कि आयत की लम्बाई $= 5x$ मी.

तथा आयत की चौड़ाई $= 4x$ मी.

प्रश्नानुसार,

$5x - 4x = 20 \Rightarrow x = 20$

आयत की लम्बाई $= 5 \times 20 = 100$ मी.

आयत की चौड़ाई $= 4 \times 20 = 80$ मी.

आयत की परिमिति

$= 2(l + b) = 2(100 + 80)$

$= 2 \times 180 = 360$ मी.

68. 3 घनों के किसी भी सतह पर पालिस नहीं की जायेगी।

69. a का अर्थ + धन

b का अर्थ − ऋण

c का अर्थ × गुणा

d का अर्थ ÷ भाग

तब, $18\ a\ 4\ c\ 6\ b\ 16\ d\ 4$

$= 18 + 4 \times 6 - 16 \div 4$

$= 18 + 24 - 4 = 38$

70. $\frac{5}{3} - x = \frac{5}{6}$

$\Rightarrow \frac{5}{3} - \frac{5}{6} = x$

$\Rightarrow \frac{10-5}{6} = x$

$\Rightarrow \frac{5}{6} = x$

अतः $\frac{5}{6}$ लाने के लिए $\frac{5}{3}$ में से $\frac{5}{6}$ घटाना चाहिए

71. $\because x = 1.5$

$\therefore x^2 + 2x + \frac{3}{4}$

$= (1.5)^2 + 2(1.5) + \frac{3}{4}$

$= 2.25 + 3 + 0.75$

$= 3 + 3 = 6$

72. 5 वस्तुओं का विक्रय मूल्य

= 6 वस्तुओं के क्रय मूल्य के

लाभ $= 6 - 5 = 1$

प्रतिशत लाभ $= \frac{1}{5} \times 100 = 20\%$

73. माना कि आयत की परिधि $= x$ मी.

अतः आयत की लम्बाई $= 2x$ मी.

प्रश्नानुसार,

$2x \times x = 288$

$\Rightarrow \quad 2x^2 = 288$

$\Rightarrow \quad x^2 = 144$

$\Rightarrow \quad x = 12$

अतः आयताकार क्षेत्र की लम्बाई

$= 2 \times 12 = 24$ मी.

74. $100 - 5 = 95$

जब विक्रय मूल्य ₹ 95 तब क्रय मूल्य = ₹ 100

जब विक्रय मूल्य ₹ 570 तब क्रय मूल्य = ₹ $\frac{100}{95} \times 570$

क्रय मूल्य = ₹ 20×30 = ₹ 600

पुनः $100 + 5 = 105$

जब क्रय मूल्य ₹ 100 तब विक्रय मूल्य ₹ 105

जब क्रय मूल्य ₹ 600 तब विक्रय मूल्य = ₹ $\frac{105}{100} \times 600$

विक्रय मूल्य $= 105 \times 6$ = ₹ 630

75. अभीष्ट संख्या $= \frac{18 \times 10 \times 600}{12 \times 900} = 10$

संख्यात्मक अभियोग्यता एवं आंकड़ों का निर्वचन

(Numerical Ability and Data Analysis)

1 संख्याएँ (Numbers)

एक संख्या हमें बताती है कि दी हुई मात्रा में कितनी इकाइयां हैं। अतः यह एक या एक से अधिक इकाइयों को प्रकट करती है। या एक ही प्रकार की एक या अधिक भिन्न वस्तुओं को प्रकट करती है। जैसे–दो गाय, चार बकरी, आठ भैंस आदि। वे शब्द जो काले दर्शाये गये हैं, संख्याओं को प्रदर्शित करते हैं।

1. **पूर्ण संख्याएं** : संख्याएं 0, 1, 2, 3, 4, 5, 6, 7, 8, 9,.....आदि संख्याओं को **"पूर्ण संख्याएं"** या **"पूर्णांक कहते** हैं। जैसे 84 एक पूर्णांक है। जबकि $\frac{61}{4}$ पूर्णांक नहीं है।
2. **सम संख्याएं** : वे संख्याएं जो 2 से पूर्णतः विभाजित हो जाती हैं उन्हें **"सम संख्याएं"** कहते हैं। जैसे–2, 4, 32, 64, 108.... आदि "सम संख्याएं" हैं।
3. **विषम संख्याएं** : वे संख्याएं जो 2 से पूर्णतः विभाजित नहीं होती हैं उन्हें **"विषम संख्याएं"** कहते हैं। जैसे–1, 3, 5, 7, 11, 17, 21, 23.... आदि "विषम संख्याएं" हैं।
4. **अभाज्य संख्याएं** : वे संख्याएं जो स्वयं और 1 के अतिरिक्त किसी अन्य संख्याओं से पूर्णतः विभाजित न हों, उन्हें **"अभाज्य संख्याएं"** कहते हैं। जैसे–2, 3, 7, 11, 13, 17.... आदि "अभाज्य संख्याएं" हैं।
5. **भाज्य संख्याएं** : वे संख्याएं जो स्वयं और 1 के अतिरिक्त किसी अन्य संख्याओं से पूर्णतः विभाजित हो जाती हों तो उन्हें **"भाज्य संख्याएं"** कहते हैं। जैसे–4, 6, 9, 10, 12, 15.... आदि "भाज्य संख्याएं" हैं।

नोट :

1. संख्या 1 न तो भाज्य है और न ही अभाज्य।
2. वह संख्या जो सम भी हो और अभाज्य भी, केवल 2 है।

आरोही क्रम (Ascending Order) : बाईं ओर से दायीं ओर लिखने पर प्राकृतिक संख्याएं मान के अनुसार बढ़ते हुए क्रम में हों तो इस क्रम को **"आरोही क्रम"** कहते हैं। जैसे–25, 30, 41, 50 आदि संख्याएं आरोही क्रम में होंगी।

अवरोही क्रम (Descending Order): बाईं ओर से दाईं ओर लिखने पर प्राकृतिक संख्याएं मान के अनुसार घटते हुए क्रम में हों, तो इस क्रम को **"अवरोही क्रम"** कहते हैं। जैसे–50, 41, 30, 25 आदि संख्याएं अवरोही क्रम में होंगी।

स्थानीय मान और जातीय (वास्तविक) मान

स्थानीय मान : किसी अंक (Number) का जो मान (Value) उसके स्थान के कारण होता है, उसे उस अंक का **स्थानीय मान** कहते हैं। जैसे–32 में इकाई के स्थान पर 2 तथा दहाई के स्थान पर 3 है। इसमें 3 का स्थानीय मान $= 3 \times 10 = 30$ तथा 2 का स्थानीय मान $= 2 \times 1 = 2$ होगा।

जातीय (वास्तविक) मान : हर अंक का अपना जातीय मान होता है। जैसे- 2 का 2, 5 का 5, 7 का 7, 9 का 9 आदि। जैसा कि हम ऊपर बता चुके हैं कि 32 में 3 का **स्थानीय मान** 30 है। परन्तु 32 में 3 का **जातीय मान** 3 होगा। इस प्रकार 32 में 3 के स्थानीय मान तथा जातीय मान के बीच अन्तर $= 30 - 3 = 27$ होगा। अतः किसी संख्या में किसी अंक का स्थानीय मान प्राप्त करने के लिए सरल तरीका यह है कि पहले उस अंक को लिख लें और उसके बाद उसमें उतने शून्य लगा दें, जितने कि उस अंक के बाद अंक हों।

उदाहरण 1 : 35011 में से 5 का स्थानीय मान क्या होगा?

हल : सबसे पहले 5 लिखें फिर देखें कि संख्या 5 के बाद कितने अंक हैं। अतः उपरोक्त दी हुई संख्या से स्पष्ट है कि 5 के बाद तीन अंक हैं। फिर 5 के बाद तीन शून्य लिख दें। 5000, इस प्रकार 35011 में 5 का **स्थानीय मान** = 5000 हुआ।

उदाहरण 2 : 751 में 7 के स्थानीय मान और जातीय मान में क्या अन्तर है?

हल : दी हुई संख्या 751 में 7 सैंकड़ा वाले स्थान पर है। अतः 7 का **स्थानीय मान** $= 7 \times 100 = 700$ होगा तथा 7 का **जातीय मान** 7 ही होगा।

$\therefore$ 7 के स्थानीय मान तथा जातीय मान के बीच अन्तर $= 700 - 7 = 693$ होगा।

नोट : प्रत्येक पूर्ण संख्या को अभाज्य संख्याओं के गुणनफल के रूप में लिखा जा सकता है।

एक संख्या के अभाज्य गुणनखण्ड किस प्रकार लिख सकते हैं :

(*i*) संख्या को 2 से भाग करो, यदि सम्भव हो, और 2 से भाग करते रहो जब तक कि ऐसा गुणनखण्ड न आ जाए जो 2 से विभाजित न हो।

(*ii*) प्राप्त परिणाम (*i*) को 3 से भाग करो, यदि सम्भव हो और 3 से भाग करते रहो जब तक कि ऐसा गुणनखण्ड न आ जाए जो 3 से विभाजित न हो।

(*iii*) प्राप्त परिणाम (*ii*) को 5 से भाग करो, यदि सम्भव हो और 5 से भाग करते रहो जब तक कि ऐसा गुणनखण्ड न आ जाए जो 5 से विभाजित न हो।

(*iv*) प्राप्त परिणामों में इसी प्रकार 7, 11, 13 आदि संख्याओं से भाग करते रहो जब तक कि सारे गुणनखण्ड अभाज्य गुणनखण्ड न हो जाएं।

उदाहरण 3 : 2310 को अभाज्य गुणनखण्डों की गुणा के रूप में प्रकट कीजिए।

हल :

2	2310
3	1155
5	385
7	77
	11

$\therefore$ 2310 के अभाज्य गुणनखण्ड $= 2 \times 3 \times 5 \times 7 \times 11$ होंगे।

संख्याओं के सम्बन्ध में मौलिक तथ्य

(*a*) दो अंकों वाली संख्याओं के सन्दर्भ में

(*i*) दो अंकों वाली कुल संख्याओं की गिनती 90 है।

(*ii*) दो अंकों की सबसे बड़ी संख्या 99 है।

(*iii*) दो अंकों की सबसे छोटी संख्या 10 है।

(*iv*) दो अंकों की सबसे छोटी और सबसे बड़ी संख्या का योग 109 होता है।

(*v*) दो अंकों की सबसे बड़ी और सबसे छोटी संख्या का अन्तर 89 होता है।

(*b*) तीन अंकों वाली संख्याओं के सन्दर्भ में

(*i*) तीन अंकों वाली कुल संख्याओं की गिनती 900 है।

(*ii*) तीन अंकों की सबसे बड़ी संख्या 999 है।

(*iii*) तीन अंकों की सबसे छोटी संख्या 100 है।

(*iv*) तीन अंकों की सबसे छोटी और सबसे बड़ी संख्या का योग 1099 होता है।

(*v*) तीन अंकों की सबसे बड़ी और सबसे छोटी संख्या का अन्तर 899 होता है।

(*c*) चार अंकों वाली संख्याओं के सन्दर्भ में

(*i*) चार अंकों वाली कुल संख्याओं की गिनती 9000 है।

(*ii*) चार अंकों की सबसे बड़ी संख्या 9999 है।

(*iii*) चार अंकों की सबसे छोटी संख्या 1000 है।

(*iv*) चार अंकों की सबसे छोटी और सबसे बड़ी संख्या का योग 10999 होता है।

(*v*) चार अंकों की सबसे बड़ी और सबसे छोटी संख्या का अन्तर 8999 होता है।

(*d*) पाँच अंकों वाली संख्याओं के सन्दर्भ में

(*i*) पाँच अंकों वाली कुल संख्याओं की गिनती 90000 है।

(*ii*) पाँच अंकों की सबसे बड़ी संख्या 99999 है।

(*iii*) पाँच अंकों की सबसे छोटी संख्या 10000 है।

(*iv*) पाँच अंकों की सबसे छोटी और सबसे बड़ी संख्या का योग 109999 होता है।

(*v*) पाँच अंकों की सबसे बड़ी और सबसे छोटी संख्या का अन्तर 89999 होता है।

(*e*) प्राकृतिक संख्याओं के सन्दर्भ में

(*i*) 1 से लेकर 10 तक की प्राकृतिक संख्याओं का योग = 55 होता है।

(*ii*) 11 से लेकर 20 तक की प्राकृतिक संख्याओं का योग = 155 होता है।

(*iii*) 21 से लेकर 30 तक की प्राकृतिक संख्याओं का योग = 255 होता है।

(*iv*) 31 से लेकर 40 तक की प्राकृतिक संख्याओं का योग = 355 होता है।

(*v*) 41 से लेकर 50 तक की प्राकृतिक संख्याओं का योग = 455 होता है।

संख्याओं में 2, 3, 4, 5, 6, 8, 9, 10 व 11 से विभाज्यता की जाँच

(A) **2 से विभाज्यता :** ऐसी संख्याएं जिनके इकाई के स्थान पर 0, 2, 4, 6 या 8 का अंक हों, तो वे संख्याएं 2 से पूर्णतः विभाजित होंगी।

(B) **3 से विभाज्यता :** ऐसी संख्याएं जिनके अंकों का योग 3 से विभाज्य हों, तो वे संख्याएं भी 3 से विभाज्य होंगी।

(C) **4 से विभाज्यता :** यदि किसी संख्या के अन्तिम दो अंक 4 से पूर्णतः विभाजित हों, तो वे संख्याएं भी 4 से विभाजित होंगी।

(D) **5 से विभाज्यता :** जिन संख्याओं के इकाई के स्थान पर 0 या 5 का अंक हो, तो वे संख्याएं 5 से विभाजित होंगी।

(E) **6 से विभाज्यता :** ऐसी संख्याएं जो 2 और 3 से अलग-अलग पूर्णतः विभाजित हों, तो वे संख्याएं भी 6 से विभाजित होंगी।

(F) **8 से विभाज्यता :** वे संख्याएं जिनके अन्तिम तीन अंक 8 से विभाज्य हों, तो वे संख्याएं भी 8 से विभाजित होंगी।

(G) **9 से विभाज्यता :** ऐसी संख्याएं जिनके अंकों का योग 9 से विभाज्य हों, तो वे संख्याएं भी 9 से विभाजित होंगी।

(H) **10 से विभाज्यता :** जिन संख्याओं के इकाई के स्थान पर 0 का अंक हो, तो वे संख्याएं 10 से विभाजित होंगी।

(I) **11 से विभाज्यता :** ऐसी संख्याएं जिनके सम तथा विषम स्थानों के अंकों के योगफलों का अन्तर 0 तथा 11 का गुणज हों, तो वे संख्याएं 11 से विभाजित होंगी।

ध्यान रखिये :

(*i*) **भाज्य = भाजक × भागफल + शेष**

(*ii*) **भाजक** $= \dfrac{\textbf{भाज्य} - \textbf{शेष}}{\textbf{भागफल}}$

(*iii*) **भागफल** $= \dfrac{\textbf{भाज्य} - \textbf{शेष}}{\textbf{भाजक}}$

उदाहरण 1 : भाग के एक प्रश्न में भाजक 9, भागफल 114 तथा शेष 5 है, तो बताइये भाज्य कितना होगा ?

हल : ∵ **भाज्य** = भाजक × भागफल + शेष

∴ भाज्य = 9 × 114 + 5 = 1026 + 5 = 1031

अतः भाज्य = 1031 होगा।

उदाहरण 2 : यदि भाग के किसी प्रश्न में भाज्य 1031, शेष 5 तथा भाजक 9 हो तो बताइये भागफल कितना होगा?

हल : **भागफल** $= \dfrac{\text{भाज्य} - \text{शेष}}{\text{भाजक}}$

$= \dfrac{1031-5}{9} = \dfrac{1026}{9} = 114$

अतः भागफल = 114 होगा।

उदाहरण 3 : निम्न प्रश्न में रिक्त स्थान की पूर्ति करो?

$63\overline{)7518}(11\otimes$

$\underline{....}$

21

हल : उपरोक्त प्रश्न में यदि हमें भागफल प्राप्त हो जाए तो ⊗ रिक्त स्थान के मान का पता लग जायेगा।

∵ भागफल $= \dfrac{\text{भाज्य} - \text{शेष}}{\text{भाजक}}$

$= \dfrac{7518-21}{63} = \dfrac{7497}{63} = 119$

अतः ⊗ रिक्त स्थान पर मान 9 होगा।

उदाहरण 4 : निम्न प्रश्न में (?) चिन्ह् के स्थान पर कौनसी संख्या होगी?

$10?\overline{)37522}(364$

$\underline{.........}$

30

हल : उपरोक्त प्रश्न में (?) चिन्ह् के स्थान पर आने वाली संख्या का मान पता लगाने के लिए भाजक का पता लगाना होगा।

∴ भाजक $= \dfrac{\text{भाज्य} - \text{शेष}}{\text{भागफल}}$

$= \dfrac{37522-30}{364} = \dfrac{37492}{364} = 103$

अतः (?) चिह्न के स्थान पर आने वाली संख्या का मान 3 होगा।

उदाहरण 5 : पांच अंकों की वह छोटी-से-छोटी संख्या क्या होगी जो 23 से पूर्णतः विभाजित हो जाए?

हल : चूंकि पांच अंकों की छोटी-से-छोटी संख्या = 10000

∵ 10000 को 23 से भाग देने पर शेष = 18

अतः 23 से पूर्णतः विभाजित होने वाली पांच अंकों की छोटी-से-छोटी संख्या

= 10000 + (23 − 18)

= 10000 + 5 = 10005 होगी।

प्रश्नमाला

1. 1 से 100 के बीच अभाज्य संख्याएं होंगीः
A. 20 B. 30
C. 22 D. 25

2. ऐसी संख्या जो अभाज्य भी है और सम भीः
A. 1 B. 2
C. 98 D. 79

3. निम्न में से कौन-सी संख्या अभाज्य संख्या होगी?
A. 149 B. 159
C. 117 D. 147

4. चार अंकों की छोटी-से-छोटी संख्या होगी?
A. 1002 B. 1001
C. 9999 D. 1000

5. 43014 में 3 का स्थानीय मान क्या होगा?
A. 3 B. 3000
C. 300 D. 30

6. 81752 में 2 के स्थानीय मान और जातीय मान में अन्तर क्या होगा?
A. 2 B. 0
C. 1 D. 20

7. संख्या 3125 में से क्या घटाया जाए ताकि शेष संख्या 13 से पूर्णतः विभाजित हो सके?
A. 5 B. 8
C. 10 D. 12

8. निम्नलिखित में से कौन-सी संख्या 3 से पूर्णतः विभाजित होगी?
A. 491 B. 371
C. 591 D. 571

9. भाग के प्रश्न में भाजक 16, भागफल 9 तथा शेष 1 हो, तो भाज्य कितना होगा?
A. 145 B. 136
C. 144 D. 152

10. 1 से 50 तक पूर्णांकों का योग कितना होगा?
A. 1275 B. 1375
C. 1225 D. 1365

11. संख्या 30, 70, 584 में अंक 7 के स्थानीय मान लिखो।
A. 700 B. 7000
C. 70,000 D. 700,000

12. 3589 में क्या जोड़ें कि यह पांच अंकों की सबसे छोटी संख्या बन जाए?
A. 6413 B. 6412
C. 6411 D. 6311

13. 2756 और तीन अंकों की सबसे बड़ी संख्या का योगफल ज्ञात करो।
A. 3655 B. 3755
C. 3756 D. 3656

14. पांच अंकों की सबसे बड़ी और छः अंकों की सबसे छोटी संख्याओं का अन्तर ज्ञात करो।
A. 1 B. 3
C. 3 D. 4

15. संख्या 36795 में अंक 6 के स्थान पर 9 तथा 9 के स्थान पर 6 बदल देने से इन संख्याओं के मान में कितना अन्तर हो जाएगा।
A. 2970 B. 3071
C. 2971 D. 3071

16. चार अंकों की बड़ी-से-बड़ी व छोटी-से-छोटी संख्याओं का योग ज्ञात करो।
A. 10990 B. 11999
C. 10909 D. 10999

17. 1 और 20 के बीच में कितनी अभाज्य संख्याएं हैं?
A. 8 B. 9
C. 7 D. 6

18. दो अंकों की कितनी ऐसी संख्याएं हैं जो 13 से पूर्णतः विभाजित हो जाती हैं?
A. 6 B. 7
C. 8 D. 5

19. 0, 2, 3, 6 और 7 अंकों से बनने वाली 5 अंकों की बड़ी से बड़ी और छोटी से छोटी संख्या का अन्तर क्या है?
A. 55955 B. 55954
C. 55853 D. 55953

20. 34 * 7 में पुष्पांकित स्थान पर क्या अंक होना चाहिए जिससे यह संख्या 11 से पूर्णतः विभाजित हो जाए?
A. 6 B. 7
C. 8 D. 9

उत्तरमाला

1	2	3	4	5	6	7	8	9	10
D	B	A	D	B	B	A	C	A	A
11	**12**	**13**	**14**	**15**	**16**	**17**	**18**	**19**	**20**
C	C	B	A	A	D	A	B	D	C

व्याख्यात्मक उत्तर

1. चूंकि 1 से 100 के बीच अभाज्य संख्याएं क्रमशः 2, 3, 5, 7, 11, 13, 17, 19, 23, 29, 31, 37, 41, 43, 47, 53, 59, 61, 67, 71, 73, 79, 83, 89 तथा 97 होंगी। अतः स्पष्ट है कि 1 से 100 तक के बीच अभाज्य संख्याओं की गिनती = 25 हैं।

2. ऐसी संख्या जो अभाज्य भी है और सम भी, केवल 2 है।

3. दिये गये विकल्प A. में 149 एक अभाज्य है, क्योंकि यह किसी अन्य संख्या से पूर्णतः विभाजित नहीं है।

4. चार अंकों की छोटी-से-छोटी संख्या = 1000 होगी। अतः आपका उत्तर विकल्प D. है।

5. $\because$ संख्या 43014 में 3 का अंक हजार के स्थान पर है
$\therefore$ संख्या में 3 का स्थानीय मान $= 3 \times 1000 = 3000$ होगा।

6. $\because$ संख्या 81752 में 2 का अंक इकाई के स्थान पर है।
$\therefore$ संख्या में 2 का स्थानीय मान $= 2 \times 1 = 2$ तथा संख्या में 2 का जातीय मान = 2 होगा। 2 के स्थानीय मान तथा जातीय मान के बीच अन्तर $= 2 - 2 = 0$ होगा।

7. चूंकि संख्या 3125 में 13 से भाग देने पर शेष 5 बचता है।

$\therefore$ संख्या 3125 को 13 से पूर्णतः विभाजित होने के लिए इसमें से 5 घटाया जाये।

8. विकल्प C. में दी गई संख्या 591, 3 से पूर्णतः विभाजित होगी, क्योंकि संख्या के अंकों का योग 3 से विभाजित हैं।

9. $\because$ भाज्य = भाजक × भागफल + शेष
$= 16 \times 9 + 1 = 144 + 1 = 145.$

10. 1 से 50 तक के पूर्णांकों का योग

$= \dfrac{n(n+1)}{2}$ जहां n पदों की संख्या हैं।

$$= \frac{50(50+1)}{2} = \frac{50 \times 51}{2} = 1275$$

11. संख्या 3070584 में
अंक 7 का स्थानीय मान = 7 दस हजार = 70,000

12. 6411

13. 3755

14. 1

15. 39765; मान में अंतर 2970

16. चार अंकों की सबसे बड़ी संख्या = 9999
चार अंकों की सबसे छोटी संख्या = 1000
$\therefore$ अभीष्ट योग = 9999 + 1000 = 10999

17. 1 और 20 के बीच अभाज्य संख्याएं 2, 3, 5, 7, 11, 13, 17 और 19 हैं।

18. 13 से विभाजित होनेवाली दो अंकों की संख्याएं = 13, 26, 39, 52, 65, 78 तथा 91 है।

19. 0, 2, 3, 6 और 7 अंकों से बनने वाली पांच अंकों की बड़ी से बड़ी संख्या = 76320 तथा 0, 2, 3, 6 और 7 अंकों से बनने वाली पांच अंकों की छोटी-से-छोटी संख्या = 20367
$\therefore$ अन्तर = 76320 − 20367 = 55953

20. दी हुई संख्या 11 से पूर्णतः विभाजित होने के लिए यह आवश्यक है कि 7 और 4 का योग वही होना चाहिए जो 3 व छूटे हुए अंक का योग है। अतः छूटा हुआ अंक 8 होना चाहिए।

☆☆☆☆☆☆

2 दशमलव (Decimals)

दशमलव बिन्दु के अंकों के समूह को **दशमलव भिन्न** कहते है। जैसे– 0.513, 0.317, 0.219, 0.6 आदि। प्रत्येक दशमलव एक भिन्न को दर्शाता है।

दशमलव भिन्न को साधारण भिन्न में बदलनाः

(*i*) एक ऐसी भिन्न लो जिसका हर 10 हो तथा अंश दशमलव के बाद दायीं ओर का पहला अंक हो।

(*ii*) एक ऐसी भिन्न लो जिसका हर 100 हो तथा अंश दशमलव के बाद दायीं ओर का दूसरा अंक हो।

(*iii*) इस प्रक्रिया को दोहराइये जब तक दशमलव के बाद के अंक समाप्त नहीं हो जाते। प्रत्येक दशा में हर, पहले हर का दस गुणा होगा।

(*iv*) इस प्रकार प्राप्त भिन्नों का योग जो परिणाम (*i*), (*ii*) और (*iii*) के योग से प्राप्त होता है, दशमलव भिन्न को प्रकट करता है।

जैसे : $0.317 = \frac{3}{10} + \frac{1}{100} + \frac{7}{1000}$

$= \frac{300}{1000} + \frac{10}{1000} + \frac{7}{1000} = \frac{317}{1000}$

नोटः शून्यों से बनी कोई संख्या दशमलव के दाईं ओर बिना परिवर्तन किये लिखी जाती है।

प्रश्नमाला

1. कौन-सी भिन्न $\frac{15}{25}$ के समान है?

A. $\frac{150}{25}$ B. $\frac{15}{250}$

C. $\frac{3}{5}$ D. $\frac{60}{75}$

2. कौन-सी भिन्न $\frac{13}{20}$ के समान नहीं है?

A. $\frac{26}{40}$ B. $\frac{130}{200}$

C. $\frac{39}{60}$ D. $\frac{52}{60}$

3. एक घंटे के $\frac{5}{6}$ भाग का मान है:

A. आधा घण्टा B. 40 मिनट

C. 50 मिनट D. 55 मिनट

4. एक वायुयान 1250 कि.मी. यात्रा में 2/5 भाग ईंधन खपत करता है। शेष ईंधन में यात्रा पूरी करेगाः

A. 1875 कि.मी. B. 2125 कि.मी.

C. 250 कि.मी. D. 475 कि.मी.

5. निम्नलिखित में से कौन-सी भिन्न सबसे बड़ी है?

A. $\frac{3}{15}$ B. $\frac{5}{20}$

C. $\frac{8}{64}$ D. $\frac{25}{1000}$

6. निम्नलिखित में से कौन-सी भिन्न सबसे छोटी है?

A. $\frac{1}{10}$ B. $\frac{1}{100}$

C. $\frac{9}{1000}$ D. $\frac{500}{10,000}$

7. $.001 \times 1000 = ?$

A. .1 B. 1

C. .01 D. 10

8. $1.01 \times .1 = ?$

A. 1.01 B. 10.1

C. .101 D. .0101

9. $\frac{20 + 8 \times 0.5}{20 - ?} = 12$

A. 12 B. 4

C. 18 D. 2

10. $.01 \times 100 \div 2.5 = ?$

A. 4 B. .4

C. .04 D. 5

11. दी हुई भिन्नों $\frac{5}{8}, \frac{21}{35}, \frac{9}{16}, \frac{6}{7}$ में सबसे बड़ी और सबसे छोटी भिन्न के बीच अन्तर है?

A. $\frac{33}{112}$ B. $\frac{112}{33}$

C. $\frac{32}{112}$ D. $\frac{112}{32}$

12. यदि किसी संख्या तथा उसके $\frac{1}{5}$ भाग में अन्तर 20 है तो वह संख्या क्या है?

A. 23 B. 25

C. 24 D. 26

13. एक मनुष्य के पास एक मकान का $\frac{3}{5}$ भाग था। अपने भाग का $\frac{1}{3}$ भाग उसने 250 रुपए में बेचा तो उस मकान का मूल्य क्या था?

A. 1150 रु. B. 1250 रु.

C. 1205 रु. D. 1105 रु.

14. एक धनराशि का सातवां भाग उनके नौवें भाग से 192 रुपए अधिक है। वह धनराशि बताओ।

A. 4860 रु. B. 6050 रु.

C. 6048 रु. D. 5060 रु.

15. एक मनुष्य ने अपनी जायदाद को तीन बच्चों में इस प्रकार बांटा कि पहले को कुल जायदाद का $\frac{2}{5}$ भाग मिला, दूसरे को शेष का $\frac{1}{3}$ भाग मिला और शेष तीसरे को मिला। यदि तीसरे को, दूसरे से 750 रुपए अधिक मिले हो तो कुल जायदाद का मूल्य क्या था?

A. 3720 रु. B. 3760 रु.

C. 3740 रु. D. 3750 रु.

उत्तरमाला

1	2	3	4	5	6	7	8	9	10
C	D	C	A	B	C	B	C	C	B
11	**12**	**13**	**14**	**15**					
A	B	B	C	D					

व्याख्यात्मक उत्तर

1. $\frac{15}{25} = \frac{3 \times 5}{5 \times 5} = \frac{3}{5}$

2. $\frac{26}{40} = \frac{2 \times 13}{2 \times 20} = \frac{13}{20}, \; \frac{39}{60} = \frac{13 \times 3}{20 \times 3} = \frac{13}{20}$

$\frac{130}{200} = \frac{13 \times 10}{20 \times 10} = \frac{13}{20},$

$\frac{52}{60} = \frac{13 \times 4}{20 \times 3} = \frac{13}{20} \times \frac{4}{3}$

अतः $\frac{52}{60} \neq \frac{13}{20}$

3. 1 घण्टे का $\frac{5}{6}$ भाग $= \frac{5}{6} \times 60$ मिनट = 50 मिनट।

4. शेष ईंधन $= 1 - \frac{2}{5} = \frac{5-2}{5} = \frac{3}{5}$

$\frac{2}{5}$ ईंधन में तय की गई दूरी = 1250 कि.मी.

पूरे ईंधन में तय की गई दूरी

$$= \frac{1250}{2/5} = \frac{1250\times 5}{2} \text{ कि.मी.}$$

$\frac{3}{5}$ ईंधन में तय की गई दूरी

$$= \frac{1250\times 5}{2}\times\frac{3}{5} = 1875 \text{ कि.मी.}$$

5. $\frac{3}{15}=\frac{1}{5},\ \frac{8}{64}=\frac{1}{8}$

$\frac{5}{20}=\frac{1}{4};\ \frac{25}{1000}=\frac{1}{40}$

$\frac{1}{5},\ \frac{1}{4},\ \frac{1}{8},\ \frac{1}{40}$

$\frac{8,\ 10,\ 5,\ 1}{40}$

$\therefore$ सबसे बड़ी भिन्न $= \frac{1}{4}=\frac{5}{20}$

6. $\frac{1}{10}= .1,\ \frac{9}{1000}=.009$

$\frac{1}{100}= .01,\ \frac{500}{10,000}=\frac{5}{100}= .05$

$\therefore$ सबसे छोटी भिन्न $= 0.09\quad \frac{9}{1000}$

7. $.001\times 1000 = 001.000 = 1$

8. $1.01\times .1 = \frac{101\times 1}{100\times 10}=\frac{101}{1000}=.101$

9. $\because\ \frac{20+8\times 0.5}{20-?}\Rightarrow\frac{20+4}{20-?}=12\Rightarrow\frac{24}{12}=2$

$\Rightarrow 2\quad 20-?\Rightarrow ?\quad 20-2\quad 18$

10. $.01\times 100\div 2.5\quad =.01\times\frac{100}{2.5}=.01\times 40=.4$

11. 8, 35, 16 और 7 का लघुत्तम समापवर्तक = 560

$\therefore\ \frac{5}{8}=\frac{5\times 70}{8\times 70}=\frac{350}{560}$

$\frac{21}{35}=\frac{21\times 16}{35\times 16}=\frac{336}{560}$

$\frac{9}{16}=\frac{9\times 35}{16\times 35}=\frac{315}{560}$

$\frac{6}{7}=\frac{6\times 80}{7\times 80}=\frac{480}{560}$

$\therefore$ सबसे बड़ी भिन्न $=\frac{6}{7}$

तथा सबसे छोटी भिन्न $=\frac{9}{16}$

$\therefore$ अन्तर $=\frac{6}{7}-\frac{9}{16}=\frac{96-63}{142}=\frac{33}{112}$

12. माना संख्या 1 है।

$\therefore$ 1 का $\frac{1}{5}=\frac{1}{5}$

$\therefore\ 1-\frac{1}{5}=\frac{4}{5}$

$\therefore$ संख्या $= 20\div\frac{4}{5}=20\times\frac{5}{4}=25$

13. भाग जो बेचा गया $=\frac{3}{5}$ का $\frac{1}{3}=\frac{3}{5}\times\frac{1}{3}=\frac{1}{5}$

$\because\ \frac{1}{5}$ भाग का मूल्य = 250 रुपए

$\therefore$ सम्पूर्ण भाग का मूल्य $= 250\times\frac{5}{1}=1250$ रुपए

14. $\because\ \frac{1}{7}-\frac{1}{9}=\frac{2}{63}$

$\because$ धन का $\frac{2}{63}$ = 192 रुपए

$\therefore$ वह धन $= 192\times\frac{63}{2}=6048$ रुपए

15. पहले बच्चे का भाग = कुल सम्पति का $\frac{2}{5}$

$\therefore$ शेष $= 1-\frac{2}{5}=\frac{3}{5}$

दूसरे बच्चे का भाग $=\frac{3}{5}$ का $\frac{1}{3}=\frac{1}{5}$

अब शेष बचा $=\frac{3}{5}-\frac{1}{5}=\frac{2}{5}$ जो कि तीसरे बच्चे को दिया गया।

$\therefore$ तीसरे बच्चे को दूसरे बच्चे से अधिक मिला

$=\frac{2}{5}-\frac{1}{5}=\frac{1}{5}$

$\therefore$ कुल सम्पति के $\frac{1}{5}$ भाग का मूल्य = 750 रुपए

$\therefore$ कुल संपत्ति का मूल्य $= 750\times\frac{5}{1}=3750$ रुपए।

☆☆☆☆☆☆

3 सरलीकरण (Simplification)

साधारण या दशमलव भिन्नों के जटिल व्यंजक को एक साधारण भिन्न या दशमलव भिन्न में बदलने की क्रिया को ''सरलीकरण'' कहते हैं। इस प्रकार के व्यंजक में ''कोष्ठक'', ''का'', (÷), (×), (+) तथा (−) आदि चिह्न अलग-अलग या एक साथ प्रदर्शित होते हैं। अतः ऐसे व्यंजक का ''सरलीकरण'' करने में **"BODMAS"** शब्द का प्रयोग किया जाता है। **"BODMAS"** शब्द का क्रमानुसार आशय निम्नलिखित है।

"BODMAS"

B	ब्रैकेट (कोष्ठक)	$\left[\left\{\left(\,\right)\right\}\right]$
O	ऑफ (का)	का
D	डिवीजन (भाग)	÷
M	मल्टीप्लिकेशन (गुणा)	×
A	ऐडीशन (जोड़)	+
S	सब्ट्रेक्शन (घटाना)	−

अतः किसी भी जटिल व्यंजक को **"BODMAS"** शब्द के क्रमानुसार सरल किया जाता है। अर्थात् सबसे पहले ''कोष्ठक'' उसके बाद ''का'' फिर ''भाग'' फिर ''गुणा'' उसके बाद ''जोड़'' और अन्त में ''घटाना'' सरल होता है। इस क्रम को याद रखना परम आवश्यक हैं क्योंकि ऐसा न करने पर सरलीकरण की क्रियाएं गलत हो जाती हैं।

महत्वपूर्ण नोट :

(*i*) कोष्ठक चार प्रकार के होते हैं : 1. रेखा कोष्ठक जिसे बन्धनी रेखा (–) भी कहते हैं। 2. छोटा कोष्ठक(()), 3. मझला कोष्ठक ({}), 4. बड़ा कोष्ठक ([]), अतः कोष्ठक के प्रश्नों में सबसे पहले रेखा कोष्ठक (–), उसके बाद छोटा कोष्ठक (()), उसके बाद मझला कोष्ठक ({}), और अन्त में बड़े कोष्ठक ([]) को सरल करना चाहिए।

(*ii*) O (का) का सामान्य अर्थ गुणा होता है।

नीचे कुछ उदाहरण दिये गये हैं जिनका अभ्यास करके आप भली-भाँति समझ सकेंगे:

उदाहरण 1 : $6+5\times 3$ को सरल कीजिए।

हल : ∵ उपरोक्त प्रश्न में + और × के चिह्न प्रदर्शित हैं।

∴ "BODMAS" नियम के अनुसार पहले गुणा उसके बाद जोड़ होगा।

$\therefore\ 6+5\times 3 \quad 6+15 \quad 21$

उदाहरण 2 : $\frac{3}{4}\div\frac{1}{2}+\frac{1}{4}-\frac{1}{8}$ को सरल कीजिए।

हल : ∵ उपरोक्त प्रश्न में ÷, + और − चिह्न प्रदर्शित हैं।

∴ "BODMAS" नियम के अनुसार पहले भाग, फिर जोड़ उसके बाद घटाव करें।

$$\therefore\ \frac{3}{4}\div\frac{1}{2}+\frac{1}{4}-\frac{1}{8}$$

$$=\frac{3}{4}\times\frac{2}{1}+\frac{1}{4}-\frac{1}{8}=\frac{3}{2}+\frac{1}{4}-\frac{1}{8}$$

$$=\frac{12+2-1}{8}=\frac{13}{8}=1\frac{5}{8}$$

ध्यान दें : + और − चिह्न को एक साथ हल करने पर कोई अन्तर नहीं पड़ता है।

उदाहरण 3 : $\frac{1}{2}$ का $\frac{4}{3}\times 3\frac{1}{2}\div\frac{7}{4}-1$ को सरल करो।

हल : "BODMAS" नियम के अनुसार सबसे पहले 'का' फिर ÷, फिर ×, अन्त में − को सरल करें।

$$\therefore\ \frac{1}{2}\text{ का }\frac{4}{3}\times 3\frac{1}{2}\div\frac{7}{4}-1$$

$$=\frac{2}{3}\times 3\frac{1}{2}\div\frac{7}{4}-1=\frac{2}{3}\times\frac{7}{2}\times\frac{4}{7}-1=\frac{2}{3}\times 2-1$$

$$=\frac{4}{3}-1=\frac{4-3}{3}=\frac{1}{3}$$

उदाहरण 4: $\frac{4}{15}\div\frac{4}{5}-\frac{1}{5}\times\frac{3}{5}$ का $\frac{5}{6}$ को सरल करो।

हल : "BODMAS" नियम के अनुसार सबसे पहले 'का' फिर '÷' उसके बाद × और बाद में – को सरल करें।

$\therefore\ \frac{4}{15}\div\frac{4}{5}-\frac{1}{5}\times\frac{3}{5}$ का $\frac{5}{6}$

$= \frac{4}{15}\div\frac{4}{5}-\frac{1}{5}\times\frac{1}{2}$

$= \frac{4}{15}\times\frac{5}{4}-\frac{1}{5}\times\frac{1}{2}=\frac{1}{3}-\frac{1}{5}\times\frac{1}{2}$

$= \frac{1}{3}-\frac{1}{10}=\frac{10-3}{30}\quad\frac{7}{30}$

प्रश्नमाला

1. $\frac{7}{4}-\frac{4}{7}=\frac{5}{28}+?$

A. 2 B. $\frac{1}{7}$

C. $\frac{2}{9}$ D. 1

2. 22×5 22 का ?%

A. 4500 B. 5000

C. 500 D. 750

3. 200 का $\frac{1}{25}\div 8=?$

A. 1 B. 3

C. 8 D. 5

4. $\frac{40\times 0.4\times 0.04}{4+4\div 4}$?

A. .128 B. .148

C. .15 D. .248

5. 50÷5÷5 ?

A. 2 B. 10

C. 1/5 D. 4

6. $\frac{40\times 15+25}{26+4\div 4-2}$?

A. 25 B. 30

C. 31 D. 42

7. $\frac{1.4\times 3.6-1.2}{0.4\times 1.2}$?

A. 8 B. 2

C. 4 D. 3

8. 14×3.2−2 × 2.1+0.8 = ?

A. 1.08 B. 2.18

C. 1.18 D. 2.08

9. $5\div\frac{3}{4}+\frac{2}{3}\times\frac{3}{4}-\frac{2}{3}$ का $\frac{13}{7}$?

A. $4\frac{12}{11}$ B. $5\frac{13}{14}$

C. $5\frac{13}{17}$ D. $6\frac{13}{14}$

10. (9+9+9)÷9×9 = ?

A. 27 B. 24

C. 21 D. 32

11. $2-\left[3-\left\{6-\left(5-\overline{4-3}\right)\right\}\right]$ को सरल करो।

A. 1 B. 2

C. 3 D. इनमें से कोई नहीं

12. सरल करो—

$\frac{3}{11}+\frac{4}{3}\div\frac{10}{11}\times\frac{5}{11}-\frac{28}{33}$ का $1\frac{2}{7}$

A. $\frac{5}{13}$ B. $\frac{-5}{33}$

C. $\frac{5}{33}$ D. $\frac{-5}{13}$

13. $4\ 51\times\frac{2}{5}+\frac{3}{5}\times 4.51+4.51$ को रारल करो।

A. 9.02 B. 90.2

C. 0.902 D. 902

14. $\dfrac{15.72\times15.72-5.72\times5.72}{15.72+5.72}$ को सरल करो।

A. 9 B. 10
C. 8 D. 11

15. $7.55\times7.55-2\times7.55\times2.55+2.55\times2.55$

A. 16 B. 9
C. 25 D. 36

उत्तरमाला

1	2	3	4	5	6	7	8	9	10
D	C	A	A	A	A	A	A	B	A
11	**12**	**13**	**14**	**15**					
A	B	A	B	C					

व्याख्यात्मक उत्तर

1. $\frac{7}{4}-\frac{4}{7}=\frac{5}{28}+?\Rightarrow\frac{7\times7-4\times4}{4\times7}=\frac{5}{28}+?$

$\Rightarrow\frac{49-16}{28}=\frac{5}{28}+?$

$\Rightarrow\frac{33}{28}=\frac{5}{28}+?$

$\Rightarrow1\frac{5}{28}=\frac{5}{28}+?$

$\Rightarrow1+\frac{5}{28}=\frac{5}{28}+?\therefore ?=1$

2. $\because\ 22\times5\quad 22$ का $?\%$ $\Rightarrow110=22\times\frac{?}{100}$

$\Rightarrow\frac{110\times100}{22}=?\ \therefore\ ?=500$

3. $\because$ 200 का $\frac{1}{25}\div8=?\Rightarrow8\div8=?$

$\Rightarrow\frac{8}{8}=?\Rightarrow1=?$

4. $\because\ \frac{40\times0.4\times0.04}{4+4\div4}=?\Rightarrow\frac{.64}{4+\frac{4}{4}}=?$

$\Rightarrow\frac{.64}{4+1}=?\Rightarrow\frac{.64}{5}=?\Rightarrow\ .128=?$

5. $\because\ 50\div5\div5=?\Rightarrow\frac{50}{5}\div5=?$

$\Rightarrow10\div5=?\Rightarrow\frac{10}{5}=?\ \Rightarrow2\quad ?$

6. $\because\ \frac{40\times15+25}{26+4\div4-2}=?\Rightarrow\frac{600+25}{26+\frac{4}{4}-2}=?$

$\Rightarrow\frac{625}{26+1-2}=?\ \Rightarrow\ \frac{625}{25}=?\Rightarrow25=?$

7. $\frac{1.4\times3.6-1.2}{0.4\times1.2}=\frac{5.04-1.2}{.48}=\frac{3.84}{.48}=8.$

8. "BODMAS" नियम के अनुसार पहले गुणा उसके बाद जोड़ और अन्त में घटाव की क्रिया करें।

$\therefore\quad 1.4\times3.2-2\times2.1+0.8$

$=\ 4.48-4.2+0.8\quad 1.08$

9. "BODMAS" नियम के अनुसार सबसे पहले का, फिर भाग, उसके बाद गुणा, फिर जोड़ और अन्त में घटाव की क्रिया करें।

$\therefore\ 5\div\frac{3}{4}+\frac{2}{3}\times\frac{3}{4}-\frac{2}{3}$ का $\frac{13}{7}$

$=\ 5\div\frac{3}{4}+\frac{2}{3}\times\frac{3}{4}-\frac{26}{21}$

$$= \frac{20}{3}+\frac{2}{3}\times\frac{3}{4}-\frac{26}{21}=\frac{20}{3}+\frac{1}{2}-\frac{26}{21}$$

$$= \frac{280+21-52}{42}=\frac{249}{42}=5\frac{39}{42}=5\frac{13}{14}$$

10. "BODMAS" नियम के अनुसार पहले कोष्ठक के अन्दर की संख्याओं को सरल करें फिर भाग, उसके बाद गुणा करें।

$\therefore \quad (9+9+9)\div 9\times 9 = 27\div 9\times 9$

$= \frac{27}{9}\times 9 = 27.$

11. $2-\left[3-\left\{6-\left(5-\overline{4-3}\right)\right\}\right]$

$= 2-[3-\{6-(5-1)\}]$

$= 2-[3-\{6-4\}]$

$= 2-[3-2]$

$= 2-1$

$= 1$

12. दिया गया व्यंजक $= \frac{3}{11}+\frac{4}{3}\div\frac{10}{11}\times\frac{5}{11}-\frac{28}{33}$ का $1\frac{2}{7}$

$= \frac{3}{11}+\frac{4}{3}\div\frac{10}{11}\times\frac{5}{11}-\frac{28}{33}\times\frac{9}{7}$

$= \frac{3}{11}+\frac{4}{3}\times\frac{11}{10}\times\frac{5}{11}-\frac{28}{33}\times\frac{9}{7}$

$= \frac{3}{11}+\frac{2}{3}-\frac{12}{11}=\frac{9+22-36}{33}$

$= \frac{-5}{33}$

13. व्यंजक $= 4.51\times\frac{2}{5}+\frac{3}{5}\times 4.51+4.51$

$= 4.51\left(\frac{2}{5}+\frac{3}{5}+1\right)$

$= 4.51\left(\frac{2+3+5}{5}\right)$

$= 4.51\times\frac{10}{5}$

$= 4.51\times 2 = 9.02$

14. $\frac{15.72\times 15.72-5.72\times 5.72}{15.72+5.72}$

$= \frac{(15.72+5.72)(15.72-5.72)}{(15.72+5.72)}$

$= 15.72-5.72 = 10$

15. $7.55\times 7.55-2\times 7.55\times 2.55+2.55\times 2.55$

$= (7.55)^2-2(7.55)(2.55)+(2.55)^2$

$= (7.55-2.55)^2 = (5)^2 = 25$

☆☆☆☆☆☆

4 महत्तम समापवर्तक और लघुत्तम समापवर्त्य (H.C.F. and L.C.M.)

महत्तम समापवर्तक : किन्हीं दो या दो से अधिक दी हुई संख्याओं का महत्तम समापवर्तक (म. स. प.) वह बड़ी-से-बड़ी संख्या है जो प्रत्येक दी हुई संख्याओं को पूरा-पूरा विभाजित करे।

लघुत्तम समापवर्त्य : किन्हीं दो या दो से अधिक दी हुई संख्याओं का लघुत्तम समापवर्त्य (ल. स. व.) वह छोटी-से-छोटी संख्या है जो प्रत्येक दी हुई संख्या से पूरी-पूरी विभाजित हो।

प्रश्नों से संबंधित समस्याओं को हल करने के लिए निम्नलिखित सूत्रों को ध्यान में रखिये :

(*i*) भिन्नों का महत्तम समापवर्तक (म. स. प.) = अंशों का महत्तम समापवर्तक / हरों का लघुत्तम समापवर्त्य

(*ii*) भिन्नों का लघुत्तम समापवर्त्य (ल. स. व.) = अंशों का लघुत्तम समापवर्त्य / हरों का महत्तम समापवर्तक

(*iii*) दो संख्याओं का गुणनफल = म. स. प. × ल. स. व.

उदाहरण 1 : 18, 24 तथा 60 का महत्तम समापवर्तक निकालिए।

हल : $\because$ $18 = \underline{2} \times 3 \times \underline{3}$

$24 = \underline{2} \times 2 \times 2 \times 3$ तथा $60 = 2 \times 2 \times \underline{3} \times 5$

$\because$ उपरोक्त दी हुई संख्याओं के अभाज्य गुणनखण्डों से स्पष्ट है कि तीनों संख्याओं के अभाज्य गुणनखण्डों में 2×3 उभयनिष्ठ है।

$\therefore$ अभीष्ट महत्तम समापवर्तक = 6 होगा।

उदाहरण 2 : 40, 30, 25 तथा 20 का लघुत्तम समापवर्त्य ज्ञात कीजिए।

हल : $\because$ 40 $2 \times 2 \times 2 \times 5$

30 $2 \times 3 \times 5$

25 5×5 तथा 20 $2 \times 2 \times 5$

$\because$ उपरोक्त चारों संख्याओं के अभाज्य गुणनखण्डों को देखकर आसानी से ज्ञात किया जा सकता है कि कौन-सा अभाज्य गुणनखण्ड सबसे अधिक बार आया है। अतः स्पष्ट है कि अभाज्य गुणनखण्ड 2 सबसे अधिक 3 बार और 3 एक बार तथा 5 दो बार आया है।

$\therefore$ अभीष्ट लघुत्तम समापवर्त्य (ल. स. व.)

$= 2 \times 2 \times 2 \times 3 \times 5 \times 5 = 600$.

प्रश्नमाला

1. 12, 24 व 36 का महत्तम समापवर्तक कितना होगा?

A. 16 B. 18
C. 12 D. 36

2. 70, 20 व 14 का लघुत्तम समापवर्त्य क्या है?

A. 120 B. 140
C. 280 D. 70

3. दो संख्याओं का अनुपात 11 : 15 है। यदि उनका म.स.प. 13 हो, तो वे संख्याएं क्रमशः क्या होगी?

A. 143 व 195 B. 195 व 143
C. 110 व 150 D. 121 व 165

4. वह छोटी-से-छोटी पूर्ण वर्ग संख्या क्या होगी जो 56, 21 तथा 36 से पूर्णतः विभाजित हो सके?

A. 7056 B. 8056
C. 7040 D. 8100

5. वह बड़ी-से-बड़ी संख्या क्या होगी, जिससे यदि 27, 33 तथा 39 को भाग दें तो क्रमशः 2, 3 तथा 4 शेष बचे?

A. 4 B. 5
C. 3 D. 7

6. 5 अंकों की वह छोटी-से-छोटी संख्या क्या होगी जो 12, 15 तथा 18 से पूर्णतः विभाजित हो?

A. 10080 B. 10800
C. 11820 D. 12080

7. दो संख्याओं का गुणनफल 27 है। उनका महत्तम समापवर्तक 3 है, तो उनका लघुत्तम समापवर्त्य क्या होगा?
A. 81 B. 54
C. 9 D. 6

8. चार अंकों की वह बड़ी-से-बड़ी संख्या क्या है जो 2, 3, 4, 5, 6 और 7 से पूरी-पूरी विभाजित हो जाती है?
A. 9729 B. 9760
C. 9579 D. 9660

9. दो संख्याओं का गुणनफल 54 है। उनका महत्तम समापवर्तक 3 है, तो उनका लघुत्तम समापवर्त्य क्या होगा?
A. 18 B. 21
C. 9 D. 24

10. $\frac{10}{21}, \frac{25}{27}$ और $\frac{35}{24}$ का महत्तम समापवर्तक क्या है?
A. $\frac{5}{216}$ B. $\frac{5}{1080}$
C. $\frac{5}{1512}$ D. $\frac{5}{638}$

11. 27, 15, 72 का लघुत्तम ज्ञात करो।
A. 1020 B. 1080
C. 1050 D. 1060

12. 77, 88, 132 का लघुत्तम ज्ञात करो।
A. 1860 B. 1858
C. 1850 D. 1848

13. 135, 120, 90 का लघुत्तम ज्ञात करो।
A. 1050 B. 1020
C. 1080 D. 1060

14. 4, 6, 9, 12 का लघुत्तम ज्ञात करो।
A. 36 B. 38
C. 34 D. 40

उत्तरमाला

1	2	3	4	5	6	7	8	9	10
C	B	A	A	B	A	C	D	A	C
11	**12**	**13**	**14**						
B	D	C	A						

व्याख्यात्मक उत्तर

1. $\because$ $12 = \underline{2 \times 2 \times 3}$
$24 = 2 \times \underline{2 \times 2 \times 3}$
तथा $36 = \underline{2 \times 2 \times 3} \times 3$
$\therefore$ अभीष्ट महत्तम समापवर्तक $= 2 \times 2 \times 3 = 12$ होगा।

2. $\because$ $70 = 2 \times 5 \times 7$
$20 = 2 \times 2 \times 5$
तथा $14 = 2 \times 7$
$\therefore$ अभीष्ट लघुत्तम समापवर्त्य $= 2 \times 2 \times 5 \times 7 = 140$

3. माना कि वे संख्याएं क्रमशः $11x$ व $15x$ हैं।
प्रश्नानुसार, दोनों संख्याओं का ग.रा.प. – 13 (दिया हुआ है) अतः स्पष्ट होता है कि x के स्थान पर मान 13 होगा, क्योंकि 11×13 तथा 15×13 का म.स.प. 13 है। अतः वे संख्याएं क्रमशः $11 \times 13 = 143$ तथा $15 \times 13 = 195$ होंगी।

4. सबसे पहले 56, 21 तथा 36 का ल.स.व. ज्ञात करना है।
$\because$ $56 = 2 \times 2 \times 2 \times 7$
$21 = 3 \times 7$
तथा $36 = 2 \times 2 \times 3 \times 3$
$\therefore$ अभीष्ट ल.स.व. $= 2 \times 2 \times 2 \times 3 \times 3 \times 7$
चूंकि यह पूर्ण वर्ग संख्या नही है। अतः अभीष्ट ल.स.व. को पूर्ण वर्ग बनाने के लिए इसमें कम-से-कम 2×7 अर्थात् 14 से गुणा करना होगा।
$\therefore$ वह छोटी-से-छोटी पूर्ण वर्ग संख्या
$= 2 \times 2 \times 2 \times 3 \times 3 \times 7 \times 2 \times 7 = 7056$ होगी।

5. इस प्रकार के प्रश्नों में पहले शेषफल को संख्याओं में से घटाया ज़ाता है फिर उन संख्याओं का म.स.प. ज्ञात किया जाता है।

$\therefore$ $27-2=25,\ 33-3=30$ तथा $39-4=35$

अतः 25, 30 तथा 35 का म.स.प. ज्ञात करना है।

$\because$ $25=5\times5,\ 30=2\times3\times5$ तथा $35=5\times7$

$\therefore$ अभीष्ट म.स.प. = 5

$\therefore$ वह-बड़ी-से बड़ी संख्या = 5 होगी।

6. सबसे पहले 12, 15 तथा 18 का ल.स.व. ज्ञात करना है।

$\because$ $12=2\times2\times3,\ 15=3\times5$ तथा $18=2\times3\times3$

$\therefore$ अभीष्ट ल.स.व. $=2\times2\times3\times3\times5=180$

तथा 5 अंकों की छोटी-से-छोटी संख्या = 10000

$=180\times55+100$

तथा स्पष्ट है कि 5 अंकों की छोटी-से-छोटी संख्या जो 12, 15 तथा 18 से पूर्णतः विभाजित होगी

$=180\times56=10080$

7. लघुत्तम समापवर्त्य

$$=\frac{\text{दोनों संख्याओं का गुणनफल}}{\text{उनका महत्तम समापवर्तक}}=\frac{27}{3}=9$$

8. 2, 3, 4, 5, 6 और 7 का लघुत्तम समापवर्त्य

$=2\times2\times3\times5\times7=420$

चार अंकों की सबसे बड़ी संख्या = 9999

9999 को 420 से विभाजित करें तो शेष = 339

$\therefore$ अभीष्ट संख्या $=9999-339=9660$

9. उनका लघुत्तम समापवर्त्य

$$=\frac{\text{दोनों संख्याओं का गुणनफल}}{\text{उनका महत्तम समापवर्तक}}=\frac{54}{3}=18$$

10. भिन्नों का महत्तम समापवर्तक

$$=\frac{\text{अंशों का महत्तम समापवर्तक}}{\text{हरों का लघुत्तम समापवर्त्य}}$$

$$=\frac{\text{10, 25 और 35 का महत्तम समापवर्तक}}{\text{21, 27 और 24 का लघुत्तम समापवर्त्य}}$$

$$=\frac{5}{1512}$$

11. ल. स.

2	27, 15, 72
2	27, 15, 36
2	27, 15, 18
3	27, 15, 9
3	9, 5, 3
3	3, 5, 1
5	1, 5, 1
	1, 1, 1

अतः दी गई संख्याओं का लघुत्तम समापवर्त्य

$2\times2\times2\times3\times3\times3\times5=1080$

12. ल. स.

2	77, 88, 132
2	77, 44, 66
2	77, 22, 33
3	77, 11, 33
7	77, 11, 11
11	11, 11, 11
	1, 1, 1

अतः दी गई संख्याओं का लघुत्तम समापवर्त्य

$2\times2\times2\times3\times7\times11=1848$

13. ल. स.

2	135, 120, 90
2	135, 60, 45
2	135, 30, 45
3	135, 15, 45
3	45, 5, 15
3	15, 5, 5
5	5, 5, 5
	1, 1, 1

अतः दी गई संख्याओं का लघुत्तम समापवर्त्य

$2\times2\times2\times3\times3\times3\times5=1080$

14. ल. स.

2	4, 6, 9, 12
2	2, 3, 9, 6
3	1, 3, 9, 3
3	1, 1, 3, 1
	1, 1, 1, 1

अतः दी गई संख्याओं का लघुत्तम समापवर्त्य

$2\times2\times3\times3=36$

☆☆☆☆☆☆

5 घातांक (Indices)

हम जानते हैं कि $x \times x = x^2$, $x \times x \times x = x^3$, $x \times x \times x \times x = x^4$ ...., $x \times x \times x \times x \times x$ .... n गुणनखण्डों तक $= x^n$ को "x की घात n" पढ़ा जाता है। इस प्रकार हम कह सकते हैं कि

2 की घात 3 $= 2^3 = 2 \times 2 \times 2 = 8$

3 की घात 3 $= 3^3 = 3 \times 3 \times 3 = 27$

5 की घात 4 $= 5^4 = 5 \times 5 \times 5 \times 5 = 625$

8 की घात 2 $= 8^2 = 8 \times 8 = 64$.

$\left(\frac{x}{y}\right)$ की घात 3 $= \left(\frac{x}{y}\right)^3 = \frac{x \times x \times x}{y \times y \times y} = \frac{x^3}{y^3}$

x^2 की घात 5 $= (x^2)^5 = x^2 \times x^2 \times x^2 \times x^2 \times x^2 = x^{10}$

घातांक से सम्बन्धित आवश्यक नियम

नियम 1. यदि m और n धन पूर्णांक हों तथा x, y कोई भी संख्याएं हैं तो $x^m \times x^n = x^{m+n}$

नियम 2. यदि m और n धन पूर्णांक हों तथा x, y कोई भी संख्याएं हैं तो,

$$x^m \div x^n = \frac{x^m}{x^n} = x^{m-n} \text{ जबकि } m > n$$

या

$$x^m \div x^n = \frac{x^m}{x^n} = \frac{1}{x^{n-m}} \text{ जबकि } n > m$$

नियम 3. यदि m और n धन पूर्णांक हों तथा x, y कोई भी संख्याएं हैं तो $(x^m)^n = x^{mn}$

नियम 4. यदि m और n धन पूर्णांक हों तथा x, y कोई भी संख्याएं हैं तो $(xy)^m = x^m \times y^m$

मूल : यदि कोई संख्या 'x की घात n' है तथा इसका परिणाम a अर्थात् $x^n = a$ है तो इसका अर्थ यह होता है कि a का n वां मूल x है। जिसे प्राय: इस प्रकार लिखा जाता है

$$x^n = a \Rightarrow x = \sqrt[n]{a} = (a)^{1/n}$$

इसी प्रकार यदि भिन्नात्मक घातांक $x^{p/q} = a$ है तो इसका अर्थ यह होगा कि x का q वां मूल बराबर है a का p वां मूल के, अर्थात्

$$x^{p/q} = a \Rightarrow \left(x^{1/q}\right)^p = a \Rightarrow x^{1/q} = a^{1/p} \Rightarrow \sqrt[q]{x} = \sqrt[p]{a}$$

अत: दूसरे मूल को हम वर्गमूल तथा तीसरे मूल को घनमूल भी कहते हैं।

महत्त्वपूर्ण नोट : यदि किसी संख्या या राशि की घात ''शून्य'' है तो उस संख्या या राशि का मान सदैव 1 के बराबर होगा। अर्थात् $x^0 = y^0 = z^0 = 2^0 = 5^0 = 8^0 = 1$ होगा।

प्रश्नमाला

1. $a^5 \times a^7$ का मान कितना होगा?

A. a^{35} B. a^2
C. a^{12} D. $a^{5/7}$

2. $(x^{2/3})^{-3/4}$ का मान कितना होगा?

A. $\frac{1}{x}$ B. $\frac{1}{\sqrt{x}}$
C. $\frac{1}{x^2}$ D. $\frac{1}{x^{-2}}$

3. 4 की घात 3 निम्न में से किस संख्या के बराबर होगी?

A. 64
B. 81
C. 12
D. 49

4. 2 की घात 3 तथा 3 की घात 2 में कितना अन्तर होगा?

A. 2 B. 5
C. 3 D. 1

5. $\left(-\frac{1}{125}\right)^{-\frac{2}{3}}$ का मान कितना होगा ?

A. $\frac{1}{25}$ B. 25

C. 5 D. $\frac{1}{5}$

6. $(8)^{-(2^{-2})}$ का मान कितना होगा ?

A. $2^{-1/4}$ B. $2^{-3/4}$

C. $2^{3/4}$ D. $2^{-1/2}$

7. यदि $\sqrt{2^n}$ 64 है, तो n का मान क्या होगा ?

A. 8 B. 4

C. 12 D. 16

8. $(100)^0$ का मान कितना होगा ?

A. 0 B. 10

C. 1 D. 100

9. यदि $10^{2/5} \times 10^{8/5} = 10^n$ है तो n का मान क्या होगा ?

A. 2 B. 3

C. 6 D. 4

10. $27^3 \times 3^4 \div 3^{10}$ का मान कितना होगा ?

A. 9 B. 27

C. 81 D. $\frac{1}{27}$

11. व्यंजक $\frac{(-1)^{132}}{5^{-1}+3^{-1}}$ का मान कितना होगा ?

A. $\frac{16}{9}$ B. $-\frac{15}{8}$

C. $\frac{15}{8}$ D. $\frac{17}{8}$

12. $6a^3b^3c^2 \div 2ab^2c$ का मान कितना होगा ?

A. $3a^2bc$ B. $3ab^2c$

C. $3a^2b^2c^2$ D. $3a^3b^3c^3$

13. $\sqrt{\frac{1}{\left(\frac{3}{4}\right)^{-2}}} + \sqrt[3]{\frac{27}{64}}$ का मान क्या होगा ?

A. $\frac{2}{3}$ B. $\frac{4}{5}$

C. $\frac{13}{12}$ D. $\frac{3}{2}$

14. $\frac{a^{-3} . a^{-4}}{a^{-5}}$ का धन घातांकीय रूप में मान क्या होगा ?

A. a^2 B. $\frac{1}{a^3}$

C. $\frac{1}{a^4}$ D. $\frac{1}{a^2}$

15. $\sqrt[3]{x^6} \div \sqrt[6]{x^{12}} \times x^{-3} \times \sqrt[3]{x^9}$ का मान कितना होगा ?

A. $2x$ B. 1

C. $\frac{1}{3x^2}$ D. $\frac{1}{x}$

उत्तरमाला

1	2	3	4	5	6	7	8	9	10
C	B	A	D	B	B	C	C	A	B
11	**12**	**13**	**14**	**15**					
C	A	D	D	B					

व्याख्यात्मक उत्तर

1. $\because a^5 \times a^7 = a^{5+7} = a^{12}$. $[\because x^m \times x^n = x^{m+n}]$

2. $\because \left(x^{\frac{2}{3}}\right)^{-\frac{3}{4}} = x^{\frac{2}{3}\times -\frac{3}{4}} = x^{-\frac{1}{2}}$

$= \frac{1}{x^{\frac{1}{2}}} = \frac{1}{\sqrt{x}}$.$[\because (x^m)^n = x^{mn}]$

3. $\because$ 4 की घात 3 $= 4^3 = 4 \times 4 \times 4 = 64$.

4. $\because$ 2 की घात 3 $= 2^3 = 2 \times 2 \times 2 = 8$.

तथा 3 की घात 2 $= 3^2 = 3 \times 3 = 9$

$\therefore$ अन्तर $= 9 - 8 = 1$.

5. $\left(-\frac{1}{125}\right)^{-\frac{2}{3}} = \frac{1}{\left(-\frac{1}{125}\right)^{\frac{2}{3}}}$

$= (-125)^{\frac{2}{3}}$
$= [(-125)^{1/3}]^2 = [(-5\times-5\times-5)^{1/3}]^2$
$= (-5^2) = -5\times-5 = 25.$

6. $\because 8^{-\left(2^{-2}\right)} = 8^{-\left(\frac{1}{2^2}\right)} = 8^{-\frac{1}{4}} = \frac{1}{8^{\frac{1}{4}}}$

$= \frac{1}{(2\times2\times2)^{\frac{1}{4}}} = \frac{1}{(2)^{\frac{3}{4}}} = 2^{-\frac{3}{4}}.$

7. $\because \sqrt{2^n} = 64 \Rightarrow 2^n = (64)^2$
$\Rightarrow 2^n$
$= (2\times2\times2\times2\times2\times2)^2 \Rightarrow 2^n = (2^6)^2$
$\Rightarrow 2^n = 2^{6\times2} = 2^{12} \Rightarrow n = 12$
अत: n का मान 12 होगा।

8. यहां विद्यार्थियों को स्मरण रखना चाहिए कि यदि किसी संख्या या राशि की घात ''शून्य'' हो तो उस संख्या या राशि का मान हमेशा 1 के बराबर होगा।
अत: स्पष्ट है कि $(100)^0$ का मान = 1 होगा।

9. $\because 10^{2/5}\times10^{8/5} = 10^n \Rightarrow 10^{2/5+8/5} = 10^n$
$\Rightarrow 10^{10/5} = 10^n \Rightarrow 10^2 = 10^n \Rightarrow n = 2$
अत: n का मान 2 होगा।

10. $\because 27^3\times3^4\div3^{10} = 27^3\times\frac{3^4}{3^{10}}$

$\frac{(3\times3\times3)^3\times3^4}{3^{10}} = \frac{\left(3^3\right)^3\times3^4}{3^{10}}$

$= \frac{3^9\times3^4}{3^{10}} = \frac{3^{9+4}}{3^{10}} = \frac{3^{13}}{3^{10}}$
$= 3^{13-10} = 3^3 = 3\times3\times3 = 27.$

11. $\because \frac{(-1)^{132}}{5^{-1}+3^{-1}} = \frac{\left((-1)^2\right)^{66}}{5^{-1}+3^{-1}}$

$= \frac{(1)^{66}}{5^{-1}+3^{-1}} \quad \frac{1}{\frac{1}{5}+\frac{1}{3}} \quad \frac{1}{\frac{3+5}{15}}$

$= \frac{1}{\frac{8}{15}} \quad \frac{15}{8}.$

12. $\because 6a^3b^3c^2\div2ab^2c$

$= \frac{6a^3b^3c^2}{2ab^2c} = 3a^{3-1}b^{3-2}c^{2-1} = 3a^2bc.$

13. $\because \sqrt{\frac{1}{\left(\frac{3}{4}\right)^{-2}}} + \sqrt[3]{\frac{27}{64}} = \sqrt{\left(\frac{3}{4}\right)^2} + \sqrt[3]{\frac{3\times3\times3}{4\times4\times4}}$

$= \sqrt{\left(\frac{3}{4}\right)^2} + \sqrt[3]{\left(\frac{3}{4}\right)^3} = \frac{3}{4}+\frac{3}{4} = \frac{6}{4} = \frac{3}{2}.$

14. $\because \frac{a^{-3}.a^{-4}}{a^{-5}} = \frac{a^5}{a^3.a^4} = \frac{a^5}{a^7} = \frac{1}{a^{7-5}} = \frac{1}{a^2}$

अत: $\frac{a^{-3}.a^{-4}}{a^{-5}}$ का धन घातांकीय रूप में मान $\frac{1}{a^2}$ होगा।

15. $\because \sqrt[3]{x^6}\div\sqrt[6]{x^{12}}\times x^{-3}\times\sqrt[3]{x^9}$

$= \frac{\left(x^6\right)^{\frac{1}{3}}}{\left(x^{12}\right)^{\frac{1}{6}}}\times x^{-3}\times\left(x^9\right)^{\frac{1}{3}}$

[$\because$ BODMAS शब्द के अनुसार पहले ''भाग'' फिर ''गुणा'']

$= \frac{x^{6\times\frac{1}{3}}\times x^{-3}\times x^{9\times\frac{1}{3}}}{x^{12\times\frac{1}{6}}}$

$= \frac{x^2\times x^{-3}\times x^3}{x^2} = x^0 = 1.$

☆☆☆☆☆☆

6

करणी (Surds)

प्राय: सभी संख्याओं के वर्गमूल सदैव पूर्ण संख्या नहीं होते, जैसे– $\sqrt{9}$ 3 परन्तु $\sqrt{15}$ 3.873, जो कि पूर्ण संख्या नहीं है, अर्थात् 15 का वर्गमूल पूर्ण संख्या नहीं है। अत: ऐसी संख्यायें जिनके वर्गमूल पूर्ण संख्या नहीं होते, जैसे– $\sqrt{3}$, $\sqrt{7}$, $2+\sqrt{11}$, $4+\sqrt{13}$ .... इत्यादि संख्यायें **करणी** कहलाती हैं।

प्रश्नों को हल करने के लिए निम्नलिखित सूत्रों का प्रयोग कीजिए :

1. $\sqrt{a}\times\sqrt{a}=a$
2. $\sqrt{a}\times\sqrt{b}=\sqrt{ab}$
3. $\left(\sqrt{a}+\sqrt{b}\right)^2=a+b+2\sqrt{ab}$
4. $\left(\sqrt{a}-\sqrt{b}\right)^2=a+b-2\sqrt{ab}$
5. $x\sqrt{a}+x\sqrt{b}=x\left(\sqrt{a}+\sqrt{b}\right)$
6. $\dfrac{1}{\sqrt{a}+\sqrt{b}}=\dfrac{1}{\sqrt{a}+\sqrt{b}}\times\dfrac{\sqrt{a}-\sqrt{b}}{\sqrt{a}-\sqrt{b}}$
   $=\dfrac{\sqrt{a}-\sqrt{b}}{a-b}$
7. $\dfrac{1}{\sqrt{a}-\sqrt{b}}=\dfrac{1}{\sqrt{a}-\sqrt{b}}\times\dfrac{\sqrt{a}+\sqrt{b}}{\sqrt{a}+\sqrt{b}}$
   $=\dfrac{\sqrt{a}+\sqrt{b}}{a-b}$
8. $a+\sqrt{b}=c+\sqrt{d}\Rightarrow a=c$ तथा $b=d$
9. $\sqrt{2}=1.41421$, $\sqrt{3}=1.73205$, $\sqrt{5}=2.23607$, $\sqrt{6}=2.4494$, $\sqrt{7}=2.64575$, $\sqrt{8}=2.82842$, $\sqrt{10}=3.16227$, $\sqrt{11}=3.31662$

प्रश्नमाला

1. $\dfrac{1}{\sqrt{3}}$ का मान दशमलव के तीन स्थानों तक होगा—

A. 0.577 B. 0.477
C. 0.673 D. 0.575

2. यदि $\sqrt{2}$ 1.4142 हो, तो $\dfrac{1}{2}\left(\dfrac{\sqrt{2}-1}{\sqrt{2}+1}\right)$ का मान कितना होगा?

A. .0768 B. .0658
C. .0858 D. .0458

3. यदि $\sqrt{1936}$ 44, हो तो $\sqrt{19.36}+\sqrt{0.1936}+\sqrt{.001936}$ का मान दशमलव के तीन स्थानों तक होगा—

A. 5.679 B. 4.884
C. 9.884 D. 6.778

4. $\sqrt{\left(5+\dfrac{4}{9}\right)}$ का मान होगा?

A. $3\frac{1}{3}$ B. $2\frac{1}{6}$
C. $4\frac{1}{3}$ D. $2\frac{1}{3}$

5. $\dfrac{\sqrt{2}-1}{\sqrt{2}+1}$ का मान दशमलव के तीन स्थानों तक होगा—

A. 0.172 B. 0.158
C. 0.176 D. 0.188

6. $\sqrt[3]{8^4}$ का मान कितना होगा?

A. 15 B. 9
C. 16 D. 25

7. यदि $\sqrt{6} = 2.45$, तो $\sqrt{\frac{2}{3}} + 3\sqrt{\frac{3}{2}}$ का मान किसके बराबर होगा?

A. 3.942 B. 4.492
C. 4.942 D. 9.345

8. $\sqrt{72}$ का मान किसके बराबर होगा?

A. $3\sqrt{5}$ B. $6\sqrt{2}$
C. $8\sqrt{2}$ D. $7\sqrt{3}$

9. हर के परिमेयीकरण के पश्चात व्यंजक $\frac{\sqrt{2}}{\sqrt{2}+\sqrt{3}-\sqrt{5}}$ का रूप होगा—

A. $\frac{3+\sqrt{6}+\sqrt{15}}{6}$ B. $\frac{3-\sqrt{6}-\sqrt{5}}{6}$
C. $\frac{3+\sqrt{6}+\sqrt{5}}{3}$ D. $\frac{2+\sqrt{6}-\sqrt{15}}{6}$

10. $(\sqrt{80} + 3 \times \sqrt{245} - \sqrt{125})$ का मान कितना होगा?

A. $18\sqrt{5}$ B. $20\sqrt{5}$
C. $22\sqrt{5}$ D. $28\sqrt{2}$

11. $\left(\frac{\sqrt{5}+\sqrt{3}}{\sqrt{5}-\sqrt{3}}\right)$ का मान कितना होगा?

A. $4+\sqrt{15}$ B. $3-\sqrt{15}$
C. $2+\sqrt{15}$ D. $4-\sqrt{15}$

12. $3^{\frac{1}{5}}, 5^{\frac{3}{5}}, 7^{\frac{4}{5}}$ को आरोही क्रम में किस प्रकार से लिखा जा सकता है?

A. $5^{\frac{3}{5}} < 3^{\frac{1}{5}} < 7^{\frac{4}{5}}$ B. $3^{\frac{1}{5}} < 5^{\frac{3}{5}} < 7^{\frac{4}{5}}$
C. $7^{\frac{4}{5}} < 3^{\frac{1}{5}} < 5^{\frac{3}{5}}$ D. $3^{\frac{1}{5}} < 7^{\frac{4}{5}} < 5^{\frac{3}{5}}$

13. यदि $12 \times 4^{\frac{1}{3}}$ को $3\sqrt{2}$ से भाग दिया जाये तब भागफल का मान होगा—

A. 2 B. $\sqrt{15}$
C. 3 D. $2^{13/6}$

14. यदि $4^{\frac{1}{3}}, 6^{\frac{1}{6}}$ तथा $\sqrt{5}$ का गुणा किया जाये तो गुणनफल का मान होगा—

A. $(12000)^{\frac{1}{6}}$ B. $(12009)^{\frac{1}{6}}$
C. $(14000)^{\frac{1}{6}}$ D. $(15000)^{\frac{1}{4}}$

15. व्यंजक $\left(2+\sqrt{2}+\frac{1}{2+\sqrt{2}}+\frac{1}{\sqrt{2}-2}\right)$ का मान होगा—

A. 5 B. 2
C. 3 D. 8

16. व्यंजक $\left(\frac{\sqrt{7}+\sqrt{5}}{\sqrt{7}-\sqrt{5}}\right)$ का मान होगा।

A. $6-\sqrt{35}$ B. $2+\sqrt{35}$
C. $4-\sqrt{35}$ D. $6+\sqrt{35}$

17. निम्न में से किसका मान सबसे अधिक होगा—

$6 \times (5)^{\frac{1}{5}}, 8 \times 2^{\frac{1}{3}}, 2 \times (130)^{\frac{1}{3}}, (900)^{\frac{1}{3}}$

A. $8 \times (2)^{\frac{1}{3}}$ B. $6 \times (5)^{\frac{1}{3}}$
C. $2 \times (130)^{\frac{1}{3}}$ D. $(900)^{\frac{1}{3}}$

18. व्यंजक $(2+\sqrt{2}) + \left(\frac{1}{2+\sqrt{2}}\right)$ का मान क्या होगा?

A. $\frac{6+\sqrt{2}}{2}$ B. $\frac{3+\sqrt{2}}{2}$
C. $\frac{6-\sqrt{2}}{2}$ D. $\frac{6+\sqrt{2}}{4}$

19. $3\sqrt{15}\sqrt{5} - 4\sqrt{27}$ किसके बराबर होगा?

A. $\sqrt{24}$ B. $\sqrt{27}$
C. $\sqrt{25}$ D. $3\sqrt{5}$

20. $\left(\frac{\sqrt{9}+\sqrt{4}}{\sqrt{8}-\sqrt{4}}\right)$ व्यंजक में हर का परिमेयीकरण करने पर मान होगा—

A. $4+\sqrt{8}$ B. $3+\sqrt{8}$
C. $2-\sqrt{8}$ D. $3-\sqrt{8}$

उत्तरमाला

1	2	3	4	5	6	7	8	9	10
A	C	B	D	A	C	B	B	A	B
11	**12**	**13**	**14**	**15**	**16**	**17**	**18**	**19**	**20**
A	B	D	A	B	D	B	A	B	B

व्याख्यात्मक उत्तर

1. $\because \frac{1}{\sqrt{3}} = \frac{1}{\sqrt{3}} \times \frac{\sqrt{3}}{\sqrt{3}} = \frac{\sqrt{3}}{3} = \frac{1.732}{3} = 0.577.$

2. $\because \frac{1}{2}\left(\frac{\sqrt{2}-1}{\sqrt{2}+1}\right) = \frac{1}{2} \times \frac{\sqrt{2}-1}{\sqrt{2}+1} \times \frac{\sqrt{2}-1}{\sqrt{2}-1}$

$= \frac{1}{2} \times \frac{(\sqrt{2}-1)^2}{(\sqrt{2})^2 - 1^2} = \frac{1}{2} \times \frac{2+1-2\sqrt{2}}{2-1}$

$= \frac{1}{2} \times \frac{3-2\sqrt{2}}{1} = \frac{1}{2} \times (3 - 2 \times 1.4142)$

$= \frac{1}{2} \times 0.1716 = 0.0858.$

3. $\because \sqrt{1936} = 44 \Rightarrow \sqrt{19.36} = 4.4$

$\Rightarrow \sqrt{0.1936} = 0.44 \Rightarrow \sqrt{.001936} = .044$

$\therefore \sqrt{19.36} + \sqrt{0.1936} + \sqrt{.001936}$
$= 4.4 + 0.44 + 0.044 = 4.884.$

4. $\because \sqrt{5 + \frac{4}{9}} = \sqrt{\frac{45+4}{9}} = \sqrt{\frac{49}{9}} = \frac{7}{3} = 2\frac{1}{3}.$

5. $\because \frac{\sqrt{2}-1}{\sqrt{2}+1} = \frac{\sqrt{2}-1}{\sqrt{2}+1} \times \frac{\sqrt{2}-1}{\sqrt{2}-1}$

$= \frac{(\sqrt{2}-1)^2}{(\sqrt{2})^2 - (1)^2} = \frac{2+1-2\sqrt{2}}{2-1}$

$= \frac{3-2\sqrt{2}}{1} = 3 - 2 \times 1.414 = 0.172.$

6. $\because \sqrt[3]{8^4} = (8)^{\frac{4}{3}} = (2^3)^{\frac{4}{3}}$

$= 2^{3 \times \frac{4}{3}} = 2^4 = 16.$

7. $\because \sqrt{\frac{2}{3}} + 3\sqrt{\frac{3}{2}} = \frac{\sqrt{2}}{\sqrt{3}} \times \frac{\sqrt{3}}{\sqrt{3}} + 3 \times \frac{\sqrt{3}}{\sqrt{2}} \times \frac{\sqrt{2}}{\sqrt{2}}$

$= \frac{\sqrt{6}}{3} + \frac{3\sqrt{6}}{2} = \sqrt{6}\left[\frac{1}{3} + \frac{3}{2}\right]$

$= \sqrt{6} \times \frac{11}{6} = \frac{11}{6} \times 2.45 = 4.492.$

8. $\because \sqrt{72} = \sqrt{6 \times 6 \times 2} = \sqrt{6^2 \times 2} = 6\sqrt{2}.$

9. $\frac{\sqrt{2}}{\sqrt{2}+\sqrt{3}-\sqrt{5}}$

$= \frac{\sqrt{2}}{\sqrt{2}+\sqrt{3}-\sqrt{5}} \times \frac{\sqrt{2}+\sqrt{3}+\sqrt{5}}{\sqrt{2}+\sqrt{3}+\sqrt{5}}$

$= \frac{\sqrt{2}(\sqrt{2}+\sqrt{3}+\sqrt{5})}{(\sqrt{2}+\sqrt{3})^2 - (\sqrt{5})^2}$

$= \frac{2+\sqrt{6}+\sqrt{10}}{2\sqrt{6}} = \frac{2+\sqrt{6}+\sqrt{10}}{2\sqrt{6}} \times \frac{\sqrt{6}}{\sqrt{6}}$

$= \frac{2\sqrt{6}+6+\sqrt{60}}{12} = \frac{3+\sqrt{6}+\sqrt{15}}{6}.$

10. $\because \sqrt{80} + 3 \times \sqrt{245} - \sqrt{125}$

$= \sqrt{16 \times 5} + 3 \times \sqrt{49 \times 5} - \sqrt{25 \times 5}$

$= 4\sqrt{5} + 21\sqrt{5} - 5\sqrt{5} = 20\sqrt{5}.$

11. $\because \dfrac{\sqrt{5}+\sqrt{3}}{\sqrt{5}-\sqrt{3}} = \dfrac{\sqrt{5}+\sqrt{3}}{\sqrt{5}-\sqrt{3}} \times \dfrac{\sqrt{5}+\sqrt{3}}{\sqrt{5}+\sqrt{3}}$

$= \dfrac{\left(\sqrt{5}+\sqrt{3}\right)^2}{\left(\sqrt{5}\right)^2-\left(\sqrt{3}\right)^2} = \dfrac{5+3+2\sqrt{15}}{5-3}$

$= \dfrac{8+2\sqrt{15}}{2} = 4+\sqrt{15}.$

12. $\because 3^{\frac{1}{5}} = (3)^{\frac{1}{5}}$

$5^{\frac{3}{5}} = \left(5^3\right)^{\frac{1}{5}} = (125)^{\frac{1}{5}}$

तथा $7^{\frac{4}{5}} = \left(7^4\right)^{\frac{1}{5}} = (2401)^{\frac{1}{5}}$

अतः स्पष्ट है कि $(3)^{\frac{1}{5}} < (125)^{\frac{1}{5}} < (2401)^{\frac{1}{5}}$

अतः $3^{\frac{1}{5}} < 5^{\frac{3}{5}} < 7^{\frac{4}{5}}$ आरोही क्रम में होगी।

13. प्रश्नानुसार, $\dfrac{12\times 4^{\frac{1}{3}}}{3\sqrt{2}} = \dfrac{12\times 2^{\frac{2}{3}}}{3\times 2^{\frac{1}{2}}} \times \dfrac{2^{\frac{1}{2}}}{2^{\frac{1}{2}}}$

$= \dfrac{12\times 2^{\frac{7}{6}}}{3\times 2} = \dfrac{12\times 2^{\frac{7}{6}}}{6} = 2^{\frac{13}{6}}.$

14. $\because 4^{\frac{1}{3}} = 4^{\frac{2}{6}} = \left(4^2\right)^{\frac{1}{6}} = (16)^{\frac{1}{6}}$

$\because 6^{\frac{1}{6}} = (6)^{\frac{1}{6}}$

तथा $\sqrt{5} = 5^{\frac{1}{2}} = 5^{\frac{3}{6}} = \left(5^3\right)^{\frac{1}{6}} = (125)^{\frac{1}{6}}$

$4^{\frac{1}{3}} \times 6^{\frac{1}{6}} \times \sqrt{5} = (16)^{\frac{1}{6}} \times (6)^{\frac{1}{6}} \times (125)^{\frac{1}{6}}$

$= (16\times 6\times 125)^{\frac{1}{6}} = (12000)^{\frac{1}{6}}.$

15. $\because 2+\sqrt{2}+\dfrac{1}{2+\sqrt{2}}+\dfrac{1}{\sqrt{2}-2}$

$= 2+\sqrt{2}+\left(\dfrac{2-\sqrt{2}}{\left(2+\sqrt{2}\right)\left(2-\sqrt{2}\right)} + \dfrac{2+\sqrt{2}}{\left(\sqrt{2}-2\right)\left(2+\sqrt{2}\right)}\right)$

$= 2+\sqrt{2}+\left[\dfrac{2-\sqrt{2}}{4-2}+\dfrac{\sqrt{2}+2}{2-4}\right]$

$= 2+\sqrt{2}+\left[\dfrac{\left(2-\sqrt{2}\right)}{2}-\dfrac{\left(\sqrt{2}+2\right)}{2}\right]$

$= 2+\sqrt{2}+\left[\dfrac{2-\sqrt{2}-\sqrt{2}-2}{2}\right]$

$= 2+\sqrt{2}+\dfrac{\left(-2\sqrt{2}\right)}{2} = 2+\sqrt{2}-\sqrt{2} = 2.$

16. $\because \dfrac{\sqrt{7}+\sqrt{5}}{\sqrt{7}-\sqrt{5}} = \dfrac{\sqrt{7}+\sqrt{5}}{\sqrt{7}-\sqrt{5}} \times \dfrac{\sqrt{7}+\sqrt{5}}{\sqrt{7}+\sqrt{5}}$

$= \dfrac{\left(\sqrt{7}+\sqrt{5}\right)^2}{\left(\sqrt{7}\right)^2-\left(\sqrt{5}\right)^2} = \dfrac{7+5+2\sqrt{35}}{7-5}$

$= \dfrac{12+2\sqrt{35}}{2} = 6+\sqrt{35}.$

17. $\because 6\times 5^{\frac{1}{3}} = \left(6^3\right)^{\frac{1}{3}}.5^{\frac{1}{3}} = (216)^{\frac{1}{3}}.5^{\frac{1}{3}}$

$= (1080)^{\frac{1}{3}}$

$\because 8\times 2^{\frac{1}{3}} = \left(8^3\right)^{\frac{1}{3}}.2^{\frac{1}{3}} = (512)^{\frac{1}{3}}.2^{\frac{1}{3}}$

$= (1024)^{\frac{1}{3}}$

$\because 2\times (130)^{\frac{1}{3}} = \left(2^3\right)^{\frac{1}{3}}.(130)^{\frac{1}{3}}$

$= (8)^{\frac{1}{3}}.(130)^{\frac{1}{3}} = (1040)^{\frac{1}{3}}$

तथा $(900)^{\frac{1}{3}} = (900)^{\frac{1}{3}}$

अत: स्पष्ट है कि उपरोक्त में सबसे अधिक मान $(1080)^{\frac{1}{3}}$ का होगा

$\therefore\ 6 \times 5^{\frac{1}{5}}$ का मान सबसे अधिक होगा।

18. $\because 2+\sqrt{2}+\dfrac{1}{2+\sqrt{2}}$

$$= 2+\sqrt{2}+\frac{1}{2+\sqrt{2}} \times \frac{2-\sqrt{2}}{2-\sqrt{2}}$$

$$= 2+\sqrt{2}+\frac{2-\sqrt{2}}{4-2} = 2+\sqrt{2}+\frac{2-\sqrt{2}}{2}$$

$$= \frac{4+2\sqrt{2}+2-\sqrt{2}}{2} = \frac{6+\sqrt{2}}{2}.$$

19. $\because 3\times\sqrt{15}\sqrt{5}-4\times\sqrt{27}$

$$= 3\times\sqrt{3\times5}\times\sqrt{5}-4\times\sqrt{9\times3}$$

$$= 3\times\left(\sqrt{5}\right)^2\times\sqrt{3}-4\times\sqrt{9}\times\sqrt{3}$$

$$= 3\times5\times\sqrt{3}-4\times3\times\sqrt{3}$$

$$= 15\sqrt{3}-12\sqrt{3} = 3\sqrt{3} = \sqrt{27}.$$

20. $\because \dfrac{\sqrt{8}+\sqrt{4}}{\sqrt{8}-\sqrt{4}} = \dfrac{\sqrt{8}+\sqrt{4}}{\sqrt{8}-\sqrt{4}} \times \dfrac{\sqrt{8}+\sqrt{4}}{\sqrt{8}+\sqrt{4}}$

$$= \frac{\left(\sqrt{8}+\sqrt{4}\right)^2}{\left(\sqrt{8}\right)^2-\left(\sqrt{4}\right)^2} = \frac{8+4+2\sqrt{32}}{8-4}$$

$$= \frac{12+4\sqrt{8}}{4} = 3+\sqrt{8}.$$

☆☆☆☆☆☆

7 औसत
(Averages)

औसत निकालने के लिए पहले उन सब राशियों को जोड़ लें जिनका औसत निकालना हो; उसके बाद उस योगफल में उन राशियों की कुल संख्या से भाग दे दें। उदाहरण के लिए यदि आपको 8, 10, 12, और 14 का औसत निकालना है, तो पहले इन्हें जोड़ दें। 8 + 10 + 12 + 14 = 44 जिनका औसत निकालना है, वे संख्याएं 4 हैं। अतः 44 में 4 से भाग दे दें। $44 \div 4 = \frac{44}{4} = 11$ औसत आया। इसके लिए सूत्र हैं:

(i) $\frac{\text{राशियों का योगफल}}{\text{राशियों की संख्या}} = \text{औसत}$

(ii) औसत × राशियों की संख्या = राशियों का योगफल।

(iii) $\frac{\text{राशियों का जोड़}}{\text{औसत}} = \text{राशियों की संख्या}$

उदाहरण 1: किसी कक्षा में 5 दिनों की दैनिक उपस्थिति 26, 23, 30, 29 और 17 थी। बताओ दैनिक औसत उपस्थिति क्या थी?

हल : ∵ 5 दिनों की कुल उपस्थिति = 26 + 23 + 30 + 29 + 17 = 125 थी।

$\therefore$ 1 दिन की औसत उपस्थिति $= \frac{\text{राशियों का योगफल}}{\text{राशियों की संख्या}}$

$= \frac{125}{5} = 25$

उदाहरण 2: एक दुकानदार 6 दिनों में 1950 रु. की बिक्री करता है। उसकी दैनिक औसत बिक्री कितनी है?

हलः कुल बिक्री = 1950 रु.

कुल दिन = 6

$\therefore$ दैनिक औसत बिक्री $= \frac{1950}{6} = 325$ रु.

उदाहरण 3: 4 पार्सलों का औसत वजन 12.5 कि.ग्रा. है। उनमें से 3 पार्सलों का औसत वजन 12.6 कि.ग्रा. है तो चौथे पार्सल का वजन कितना है?

हल : 4 पार्सलों का औसत वजन = 12.5 कि.ग्रा.

∴ चारों पार्सलों का कुल वजन = 12.5 × 4 = 50 कि.ग्रा.

∴ तीनों पार्सलों का औसत वजन = 12.6 कि.ग्रा.

∴ तीन पार्सलों का कुल वजन = 12.6 × 3 = 37.8 कि.ग्रा.

∴ चौथे पार्सल का वजन = 50 कि.ग्रा. – 37.8 कि.ग्रा. = 12.2 कि.ग्रा.

उदाहरण 4 : 7 के प्रथम 20 गुणकों का औसत कितना होगा?

हल : 7 के प्रथम 20 गुणक क्रमशः 7, 14, 21, 28 .... 133, 140 होंगे।

∵ 7 के प्रथम 20 गुणकों का योग

$7 + 14 + 21 + \ldots 133 + 140$

$= 7(1+2+3+\ldots+20) = 7 \times \frac{20(20+1)}{2}$

$= 70 \times 21 = 1470$

तथा 7 के प्रथम 20 गुणकों की संख्या = 20

$\therefore$ औसत $= \frac{1470}{20} = 73.5$

उदाहरण 5 : 20 से बड़ी पहली 5 अभाज्य संख्याओं का औसत कितना होगा?

हल : चूंकि 20 से बड़ी पहली 5 अभाज्य संख्यायें क्रमशः 23, 29, 31, 37, 41 होंगी।

∴ अभाज्य संख्याओं का योग = 23 + 29 + 31 + 37 + 41 = 161

तथा अभाज्य संख्याओं की गिनती = 5

$\therefore$ औसत मान $= \frac{161}{5} = 32.2$

उदाहरण 6 : किसी विद्यालय के विद्यार्थियों की औसत आयु 15 वर्ष है। विद्यालय में 10 नए विद्यार्थी आ गए जिनकी औसत आयु 12 वर्ष है। इसके कारण विद्यालय में विद्यार्थियों की औसत आयु घटकर 14.8 वर्ष रह गई। तो बताइये प्रारम्भ में विद्यार्थियों की संख्या कितनी थी?

हल : माना कि विद्यालय में प्रारम्भ में विद्यार्थियों की संख्या x थी।

$\therefore$ x विद्यार्थियों की औसत आयु = 15 वर्ष

$\therefore$ x विद्यार्थियों की आयु = $15x$ वर्ष

तथा 10 नए विद्यार्थियों की आयु का योग = 120 वर्ष

प्रश्नानुसार, $(x + 10)$ विद्यार्थियों की औसत आयु = 14.8 वर्ष

$\therefore$ $(x + 10)$ विद्यार्थियों की आयु का योग

$= (x+10) \times 14.8$ वर्ष

$\therefore \quad (x+10) \times 14.8 = 15x + 120$

$\Rightarrow \quad 14.8x + 148 = 15x + 120$

$\Rightarrow \quad .2x = 148 - 120 = 28$

$\Rightarrow \quad x = \frac{28}{.2} = \frac{280}{2} = 140$

अतः विद्यालय में प्रारम्भ में विद्यार्थियों की संख्या = 140 थी।

उदाहरण 7: माना n संख्याएं $(n > 1)$ दी हुई हैं। जिनमें से एक $1-\frac{1}{n}$ है तथा शेष प्रत्येक 1 है, तो n संख्याओं का औसत मान कितना होगा?

हल : प्रश्नानुसार, n संख्याओं का योग

$= \left(1-\frac{1}{n}\right) + (1+1+1+\ldots+(n-1)\text{तक})$

$= 1-\frac{1}{n}+(n-1) = n-\frac{1}{n}$

तथा संख्याओं की कुल गिनती $= n$

$\therefore$ औसत मान $= \frac{n-\frac{1}{n}}{n} = 1-\frac{1}{n^2}.$

उदाहरण 8: एक कक्षा में 24 लड़कियों की औसत आयु 14 वर्ष 7 माह है। कक्षा में एक नई लड़की का प्रवेश होने के कारण उनकी औसत आयु 14 वर्ष 6 माह रह गई है। तो बताइये नई लड़की की आयु कितनी होगी?

हल : $\because$ 24 लड़कियों की औसत आयु = 14 वर्ष 7 माह

$= 14\frac{7}{12}$ वर्ष

$\therefore$ 24 लड़कियों की आयु का योग = 24 × 14 वर्ष 7 माह

$= 24 \times 14\frac{7}{12} = 24 \times \frac{175}{12} = 350$ वर्ष

चूंकि एक और लड़की का प्रवेश होने पर कक्षा में लड़कियों की संख्या = 25 होगी

$\therefore$ 25 लड़कियों की औसत आयु = 14 वर्ष 6 माह $14\frac{1}{2}$ वर्ष

$\therefore$ 25 लड़कियों की आयु का योग $= 25 \times 14\frac{1}{2}$

$= 25 \times \frac{29}{2} = 362\frac{1}{2}$ वर्ष

$\therefore$ नई लड़की की आयु $362\frac{1}{2} - 350 = 12\frac{1}{2}$ वर्ष या 12 वर्ष 6 माह होगी।

उदाहरण 9 : क्रिकेट के एक खिलाड़ी का 16 पारियों में रन औसत कुछ था। 17वीं पारी में उसनें 85 रन बनाए। इससे उसका रन औसत 3 बढ़ गया तो बताइये 17वीं पारी से पहले उसके रनों का औसत क्या था?

हल : चूंकि 17वीं पारी के औसत में वृद्धि = 3

$\therefore$ 17वीं पारियों के कुल रनों में वृद्धि $= 17 \times 3 = 51$

परन्तु खिलाड़ी ने 17वीं पारी में 85 रन बनाए

$\therefore$ उसकी 16 पारियों का औसत रन $= 85 - 51 = 34$ होगा।

उदाहरण 10 : आठ परिणामों का औसत 25 है। पहले दो का औसत 20, अगले तीन का औसत 26, छठा परिणाम सातवें से 4 कम तथा आठवें से 6 कम है तो अन्तिम परिणाम कितना होगा?

हल : माना कि अन्तिम परिणाम अर्थात् आठवाँ परिणाम x है।

$\therefore$ छठा परिणाम $= (x - 6)$ तथा सातवां परिणाम $= (x - 2)$ होगा।

चूंकि आठ परिणामों का औसत = 25

$\therefore$ आठ परिणामों का योग $= 8 \times 25 = 200$

$\therefore$ पहले दो परिणामों का औसत = 20

$\therefore$ पहले दो परिणामें का योग $= 2 \times 20 = 40$

अगले तीन परिणामों का औसत = 26

$\therefore$ अगले तीन परिणामों का योग $= 3 \times 26 = 78$

$40 + 78 + (x-6) + (x-2) + x = 200$

$\Rightarrow \quad 118 + 3x - 8 = 200$

$\Rightarrow \quad 3x = 200 - 110$

$\Rightarrow \quad 3x = 90$

$\Rightarrow \quad x = \frac{90}{3} = 30$

अतः अन्तिम परिणाम का मान = 30 होगा।

उदाहरण 11 : एक मोटरगाड़ी अपने शुरू के पाँच मिनट में क्रमशः 68 मी०, 127 मी०, 208 मी०, 312 मी० तथा 535 मी० चलती है। इसके बाद पाँच मिनट में औसत चाल 33 किमी०/घण्टा की गति से चलती है, तो गाड़ी की सम्पूर्ण यात्रा के दौरान औसत गति कितनी होगी?

हल : चूँकि पहले पाँच मिनट में चली गई दूरी = 68 + 127 + 208 + 312 + 535

$$= 1250 \text{ मी०} = \frac{1250}{1000} = \frac{5}{4} \text{ किमी०}$$

अगले पाँच मिनट में औसत चाल = 33 किमी०/घण्टा

∴ अगले पाँच मिनट में चली गई दूरी

$$= \frac{33 \times 5}{60} = \frac{11}{4} \text{ किमी०}$$

∴ मोटरगाड़ी द्वारा 10 मिनट में तय की गई कुल दूरी

$$= \frac{5}{4} + \frac{11}{4} = \frac{16}{4} = 4 \text{ किमी०}$$

$$\therefore \text{ औसत गति } = \frac{4}{10/60} = 4 \times 6 = 24 \text{ किमी०/घं०।}$$

उदाहरण 12: 9 जनवरी से 16 जनवरी तक का औसत तापक्रम 38.6° है, तथा 10 जनवरी से 17 जनवरी तक का औसत तापक्रम 39.2° है। यदि 9 जनवरी का तापक्रम 34.6° था तो बताइये 17 जनवरी का तापक्रम कितना होगा?

हलः चूंकि 9 जनवरी से 16 जनवरी तक दिनों की संख्या = 8

∴ 9 जनवरी से 16 जनवरी तक का कुल तापक्रम

$$= 8 \times 38.6 = 308.8^\circ$$

चूंकि 9 जनवरी का तापक्रम = 34.6° है।

∴ 10 जनवरी से 16 जनवरी तक का कुल तापक्रम

$$= 308.8^\circ - 34.6^\circ$$
$$= 274.2^\circ$$

परन्तु 10 जनवरी से 17 जनवरी तक का कुल तापक्रम

$$= 8 \times 39.2 = 313.6^\circ$$

∴ 17 जनवरी का तापक्रम = 313.6° – 274.2°

= 39.4° होगा।

प्रश्नमाला

1. 5 विद्यार्थियों की ऊँचाइयां (सेंमी में) 140, 135, 142, 138 व 140 है। उनकी औसत ऊँचाई है:
A. 136 B. 138 C. 139 D. 140

2. 10 विद्यार्थियों द्वारा प्राप्तांक 22, 35, 37, 38, 29, 27, 34, 36, 28 और 34 हैं। उनके औसत अंक हैं:
A. 30 B. 31 C. 32 D. 34

3. एक लड़का जिसकी ऊँचाई 165 सेंमी है, के स्थान पर नया लड़का आ जाने से 34 लड़कों के एक समूह की औसत ऊँचाई 1 सेंमी कम हो जाती है। नये लड़के की ऊँचाई है:
A. 132 सेंमी B. 129 सेंमी
C. 130 सेंमी D. 131 सेंमी

4. 2 से प्रारम्भ करके पांच लगातार सम संख्याओं का औसत है:
A. 4 B. 6 C. 7 D. 5

5. 5 गेंदों का भार (ग्राम में) क्रमशः 50, 54, 53, 56 और 52 है। उनका औसत भार है:
A. 53 B. 54 C. 52 D. 51

6. एक रस्सी के 5 टुकड़ों की लम्बाइयां (सेंमी में) 5, 5.2, 6.3, 7.2 और 6.3 हैं। टुकड़े की औसत लम्बाई है:
A. 5.8 B. 6.0 C. 6.1 D. 6.2

7. 7 के प्रथम पांच गुणजों (Multiples) का औसत क्या होगा?
A. 21 B. 23 C. 24 D. 28

8. चार संख्याओं का औसत 18 है। यदि उनमें से पहली तीन संख्याएं क्रमशः 16, 22 व 28 हों तो बताइये अन्तिम संख्या क्या होगी?
A. 5 B. 8 C. 6 D. 9

9. 12 संख्याओं का औसत मान 30 है। यदि प्रत्येक संख्या में 3 से गुणा कर दिया जाये, तो बताइये नई संख्याओं का औसत मान कितना होगा?
A. 70 B. 80 C. 90 D. 100

10. एक व्यक्ति 50 रु० प्रति पुस्तक के हिसाब से 4 पुस्तकें, 60 रु० प्रति पुस्तक के हिसाब से 5 पुस्तकें, तथा 70 रु० प्रति पुस्तक के हिसाब से 6 पुस्तकें खरीदता है। बताइये पुस्तक का औसत मूल्य कितना होगा?

A. 62.33 रु॰ B. 41.50 रु॰
C. 61.33 रु॰ D. 61.75 रु॰

11. 25 राशियों का औसत 15 है, उनमें से 15 राशियों का औसत 17 है, तो शेष राशियों का औसत ज्ञात करो।
A. 10 B. 13 C. 11 D. 12

12. एक कक्षा में 23 छात्रों की औसत आयु 16 वर्ष है। यदि अध्यापक की आयु भी सम्मिलित कर ली जाए तो औसत आयु एक वर्ष बढ़ जाती है। अध्यापक की आयु क्या है?
A. 35 वर्ष B. 40 वर्ष C. 50 वर्ष D. 30 वर्ष

13. दी गई सात संख्याओं में से प्रथम चार संख्याओं का औसत 4 तथा अन्तिम चार संख्याओं का औसत भी 4 है। यदि इन सात संख्याओं का औसत 3 है, तो चौथी संख्या क्या है?
A. 11 B. 10 C. 12 D. 9

14. राजू, शशि और महेश के वेतनों का औसत 800 रुपये है और शशि, महेश और प्रभा के वेतनों का औसत 900 रुपये है। यदि प्रभा का वेतन 900 रुपये हो तो राजू का वेतन होगा।
A. 700 रु॰ B. 600 रु॰
C. 400 रु॰ D. 500 रु॰

15. एक बालक को 5 संख्याओं का औसत निकालने को कहा गया। परन्तु लिखते समय उसने 73 के स्थान पर 37 और 54 के स्थान पर 45 लिख दिया। इस प्रकार उसका औसत 59 प्राप्त हुआ तो वास्तविक संख्याओं का औसत ज्ञात करो।
A. 68 B. 86 C. 70 D. 67

16. 8 संख्याओं का औसत 12 है। यदि प्रत्येक संख्या में 2 की वृद्धि की जाए तो नयी प्राप्त संख्याओं का औसत होगा।
A. 12 B. 14 C. 13 D. 15

17. 5 वर्ष पहले A, B, C, D की औसत आयु 45 वर्ष थी। E को शामिल करने पर पांचों की वर्तमान आयु की औसत 49 है। E की वर्तमान आयु है।
A. 46 वर्ष B. 48 वर्ष
C. 45 वर्ष D. 50 वर्ष

18. तीन वर्ष पूर्व 5 सदस्यों के एक परिवार की औसत आयु 17 वर्ष थी। एक शिशु के जन्म लेने पर भी परिवार की औसत आयु आज भी 17 वर्ष ही है। शिशु की वर्तमान आयु है।
A. 1 वर्ष B. 3 वर्ष
C. 2 वर्ष D. 4 वर्ष

19. किसी कक्षा में 30 छात्रों की औसत आयु 12 वर्ष है। 5 छात्रों के एक समूह की औसत आयु 10 वर्ष है तथा 5 छात्रों के दूसरे समूह की औसत आयु 14 वर्ष है। बचे हुए छात्रों की औसत आयु है।
A. 13 वर्ष B. 10 वर्ष
C. 11 वर्ष D. 12 वर्ष

20. प्रथम पांच अभाज्य संख्याओं का औसत होगा।
A. 6.5 B. 5.6 C. 5.5 D. 6.6

उत्तरमाला

1	2	3	4	5	6	7	8	9	10
C	C	D	A	A	B	A	C	C	C
11	**12**	**13**	**14**	**15**	**16**	**17**	**18**	**19**	**20**
D	B	A	B	A	B	C	C	D	B

व्याख्यात्मक उत्तर

1. औसत ऊँचाई

$$= \frac{140+135+142+138+140}{5} = \frac{695}{5} = 139.$$

2. औसत अंक

$$= \frac{22+35+37+38+29+27+34+36+28+34}{10}$$

$$= \frac{320}{10} = 32.$$

3. 34 लड़कों की ऊँचाई में औसत कमी = 1 सेंमी
34 लड़कों की ऊँचाई में कुल कमी = 34 सेंमी
∴ नये लड़के की ऊँचाई = 165 − 34 = 131 सेंमी

4. 2 से प्रारम्भ करके 5 लगातार सम संख्याओं का औसत

$$= \frac{2+4+6+8+10}{5} = \frac{30}{5} = 6.$$

5. औसत भार

$$= \frac{50+54+53+56+52}{5} = \frac{265}{5} = 53.$$

6. औसत लम्बाई

$$= \frac{5+5.2+6.3+7.2+6.3}{5} = \frac{30.0}{5} = 6.0$$

7. ∵ 7 के प्रथम 5 गुणज : 7, 14, 21, 28 व 35

∴ इनका औसत

$$= \frac{7+14+21+28+35}{5} = \frac{105}{5} = 21.$$

8. ∵ चार संख्याओं का औसत = 18

∴ चारों संख्याओं का योग = 18 × 4 = 72

प्रश्नानुसार, उनमें से पहली तीन संख्याएं क्रमशः 16, 22 व 28 हैं।

∴ अन्तिम संख्या

= चारों संख्याओं का योग – (16 + 22 + 28)

= 72 – 66 = 6.

9. ∵ 12 संख्याओं का औसत मान = 30

∴ 12 संख्याओं का कुल योग = 30 × 12 = 360

प्रश्नानुसार, प्रत्येक संख्या में 3 से गुणा करने पर 12 संख्याओं का कुल योग = 360 × 3 = 1080

12 नई संख्याओं का औसत मान $= \frac{1080}{12} = 90.$

10. ∵ 50 रु॰ प्रति पुस्तक के हिसाब से 4 पुस्तकों का क्रय मूल्य = 200 रु॰

60 रु॰ प्रति पुस्तक के हिसाब से 5 पुस्तकों का क्रय मूल्य = 300 रु॰

तथा 70 रु॰ प्रति पुस्तक के हिसाब से 6 पुस्तकों का क्रय मूल्य = 420 रु॰

∴ 15 पुस्तकों का कुल क्रय मूल्य

= 200 + 300 + 420 = 920 रु॰

∴ औसत मूल्य $= \frac{920}{15} = 61.33$ रु॰।

11. ∵ 25 राशियों का औसत = 15

∴ 25 राशियों योग = 25 × 15 = 375

इनमें से 15 राशियों का औसत = 17

∴ इन 15 राशियों का योग = 15 × 17 = 255

∴ शेष 25 –15 = 10 राशियों का योग

= 375 – 255 = 120

∴ शेष राशियों का औसत $= \frac{120}{10} = 12$

सूत्र द्वारा—

शेष 10 राशियों का औसत $= \frac{25\times15-15\times17}{25-15}$

$$= \frac{375-255}{10} = \frac{120}{10} = 12.$$

12. ∴ 23 छात्रों की आयु का औसत = 16 वर्ष

∴ 23 छात्रों की आयु का योग = 23 × 16 = 368 वर्ष

∴ 23 + 1 = 24 जनों की आयु का औसत = 16 + 1 = 17 वर्ष

∴ इनकी आयु का योग = 24 × 17 = 408 वर्ष

∴ अध्यापक की आयु = 408 – 368 = 40 वर्ष।

13. ∴ 7 संख्याओं का औसत = 3

∴ 7 संख्याओं का योगफल = 7 × 3 = 21

∴ प्रथम 4 संख्याओं का औसत = 4

∴ प्रथम चार संख्याओं का योग = 4 × 4 = 16

अन्तिम 4 संख्याओं का औसत = 4

∴ अन्तिम चार संख्याओं का योग = 4 × 4 = 16

∴ चौथी संख्या होगी = 16 + 16 – 21 = 11.

14. ∵ राजू, शशि और महेश का औसत वेतन = 800 रुपये

∴ इनका कुल वेतन = 3 × 800 = 2400 रुपये

∴ शशि, महेश और प्रभा का औसत वेतन = 900 रुपये

∴ इन तीनों का कुल वेतन = 3 × 900 = 2700 रुपये

∴ प्रभा का वेतन = 900 रुपये

∴ राजू, शशि, महेश व प्रभा का कुल वेतन

= 2400 + 900 = 3300 रुपये

∴ राजू का वेतन = 3300 – 2700 = 600 रुपये।

15. ∵ 73 – 37 = 36 तथा 54 – 45 = 9

∴ 5 संख्याओं के योग में कमी = 36 + 9 = 45

∴ 5 संख्याओं के औसत में कमी $= \frac{45}{5} = 9$

∴ वास्तविक संख्याओं का औसत = 59 + 9 = 68.

16. ∵ 8 संख्याओं का औसत = 12

∴ 8 संख्याओं का योग = 12 × 8 = 96

प्रत्येक संख्या में 2 की वृद्धि करने पर,

8 संख्याओं के योग में वृद्धि = 2 × 8 = 16

∴ नयी प्राप्त 8 संख्याओं का योग = 96 + 16 = 112

∴ नयी प्राप्त 8 संख्याओं का औसत = $\frac{112}{8}$ = 14

नोट—यदि प्रत्येक संख्या में 2 की वृद्धि की जाए तो औसत भी 2 बढ़ जाएगा।

अतः नयी प्राप्त 8 संख्याओं का औसत = 12 + 2 = 14

इसी प्रकार, प्रत्येक संख्या में से 2 की कमी कर दी जाए, तो औसत 2 कम हो जाएगा।

17. A, B, C, D की 5 वर्ष पूर्व की औसत आयु = 45 वर्ष

∴ इन चारों की वर्तमान में औसत आयु

= 45 + 5 = 50 वर्ष

∴ इन चारों की वर्तमान आयु का योग

= 50 × 4 = 200 वर्ष

∴ A, B, C, D तथा E की वर्तमान औसत आयु = 49 वर्ष

∴ इनकी कुल आयु = 49 × 5 = 245 वर्ष

∴ E की वर्तमान आयु = 245 – 200 = 45 वर्ष।

18. 3 वर्ष पूर्व 5 सदस्यों की औसत आयु = 17 वर्ष

∴ वर्तमान में 5 सदस्यों की औसत आयु = 20 वर्ष

और वर्तमान में 6 सदस्यों की औसत आयु = 17 वर्ष

∴ शिशु की वर्तमान आयु = 17 × 6 – 20 × 5

= 102 – 100 = 2 वर्ष।

19. 30 छात्रों की कुल आयु = 30 × 12 = 360 वर्ष

5 छात्रों के पहले समूह की कुल आयु

= 5 × 10 = 50 वर्ष

और दूसरे समूह की कुल आयु = 5 × 14 = 70 वर्ष

∴ शेष (30–55) = 20 छात्रों की कुल आयु

= 360 – (50 + 70) = 240 वर्ष

∴ उनकी औसत आयु = $\frac{240}{20}$ = 12 वर्ष।

20. प्रथम पांच अभाज्य संख्याएं = 2, 3, 5, 7, 11 हैं।

∴ उनका औसत = $\frac{2+3+5+7+11}{5} = \frac{28}{5} = 5.6.$

☆☆☆☆☆☆

8 प्रतिशत (Percentage)

1. प्रतिशत का अर्थ है–प्रत्येक सौ पर 1–इसका चिन्ह् है–%. 5% का अर्थ है–प्रत्येक सौ पर 5.
2. प्रतिशत को भिन्न में बदलने के लिए उसे 100 से भाग देते हैं। जैसे–20% = $\frac{20}{100} = \frac{1}{5}$
3. साधारण भिन्न को प्रतिशत में बदलने के लिए उसे 100 से गुणा करते हैं। जैसे–$\frac{1}{10} \times 100 = 10\%$

प्रतिशत को दशमलव में बदलने की विधि

प्रतिशत का चिह्न हटाकर बाईं ओर दो अंकों के बाद दशमलव का चिन्ह् लगाते हैं।

उदाहरण : 25% को दशमलव में बदलें।

25% = .25 (बाईं ओर दो अंकों के बाद दशमलव बिन्दु लगा दिया।)

उदाहरण : 1.5% को दशमलव में बदलिये।

1.5% = .015 (बाईं ओर दो अंकों के बाद दशमलव बिन्दु लगा दिया, यहां एक शून्य लगाकर दो अंक पूरे करने पड़े।)

दशमलव को प्रतिशत में बदलने की विधि

दशमलव बिन्दु के दाहिनी ओर दो अंक बढ़ा देते हैं और उसके बाद % का निशान लगाते हैं।

उदाहरण : .24 को प्रतिशत में बदलें।

हल : .24 = 24% (दशमलव बिन्दु के दाहिनी ओर दो अंक आगे बढ़ाने पर 24 बनेगा, अतः दशमलव बिन्दु (.) लगाने की जरूरत नहीं हैं।)

उदाहरण : .0043 को प्रतिशत में बदलें।

हल : .0043 = .43% (दशमलव बिन्दु को दाहिनी ओर दो अंक आगे बढ़ाने पर .43 बनेगा। उस पर % का निशान लगाते हैं।)

प्रश्नमाला

1. निम्नलिखित में से 20% का मान किसके बराबर होगा?

A. $\frac{1}{4}$ B. $\frac{1}{2}$
C. $\frac{1}{5}$ D. $\frac{1}{8}$

2. 36% का मान दशमलव भिन्न में होगा–

A. .36 B. .036
C. 3.6 D. .0036

3. $\frac{4}{5}$ को प्रतिशत भिन्न में बदलने पर मान होगा–

A. 80% B. 70%
C. 60% D. 40%

4. 36 का कितने %, 24 के बराबर होगा?

A. $16\frac{2}{3}\%$ B. $66\frac{2}{3}\%$
C. $11\frac{1}{9}\%$ D. $31\frac{1}{9}\%$

5. 3 मीटर का 15%, किसके बराबर होगा?

A. 44 सेंमी B. 45 सेंमी
C. 40 सेंमी D. 38 सेंमी

6. 26 का 18% = ?

A. 4.88 B. 4.65
C. 3.68 D. 4.68

7. 10% का 10% कितने % होगा?

A. 7 B. 6 C. 1 D. 5

8. किसी शहर की जनसंख्या 50,000 से बढ़कर 52,000 हो जाती हो, तो बताइये कितने प्रतिशत की वृद्धि होगी?

A. 3% B. 6%
C. 4% D. 5%

9. एक आदमी अपने वेतन का 75% खर्च करता है और 150 रु. मासिक बचाता है तो उसका मासिक वेतन है:

A. 750 रु. B. 600 रु.
C. 400 रु. D. 300 रु.

10. किसी विद्यालय में 97% विद्यार्थी उपस्थित थे और 18 विद्यार्थी अनुपस्थित थे। विद्यालय में कुल विद्यार्थियों की संख्या है:

A. 400 B. 450
C. 500 D. 600

11. किसी राशि का 7%, 35 रुपये है तो वह राशि ज्ञात कीजिए।

A. 550 रु. B. 700 रु.
C. 600 रु. D. 500 रु.

12. 3 किग्रा. कितने किग्रा. का 5% है:

A. 60 किग्रा. B. 50 किग्रा.
C. 65 किग्रा. D. 70 किग्रा.

13. किसी राशि का 5%, 500 रुपए के 12% के बराबर है तो राशि ज्ञात कीजिए।

A. 1100 रु. B. 1200 रु.
C. 1150 रु. D. 1250 रु.

14. अनिल ने अपनी पूंजी का 65% मशीनरी में तथा 20% कच्चा माल खरीदने में खर्च कर दिया। यदि उसके पास अब 1305 रुपये बचे हों तो उसने कितना खर्च कर दिया?

A. 7395 रु. B. 7350 रु.
C. 7390 रु. D. 7380 रु.

15. किसी पुस्तकालय में 20% पुस्तकें अंग्रेजी भाषा में हैं तथा शेष की 50% पुस्तकें हिन्दी भाषा में हैं। यदि शेष 900 पुस्तकें अन्य क्षेत्रीय भाषा में हैं तो पुस्तकालय में कुल कितनी पुस्तकें हैं?

A. 2300 B. 2250
C. 2290 D. 2280

16. 200 का 40% + 150 का 30% कितने के बराबर है?

A. 175 B. 200
C. 150 D. 125

17. 38 लड़कियों की एक कक्षा पें तीन लड़कियां गैर हाजिर थीं। बाकि 20% गृह कार्य नहीं क पाईं तो जिन लड़कियों ने गृह कार्य किया उनकी संख्या है:

A. 26 B. 27
C. 28 D. 29

18. विद्यालय में 800 छात्रों में से एक दिन $12\frac{1}{2}\%$ छात्र अनुपस्थित रहे। उपस्थित छात्रों की संख्या ज्ञात करो।

A. 700 B. 600 C. 650 D. 625

19. एक नगर में 35,600 हिन्दू, 12,240 मुसलमान और अन्य जाति के 2,160 लोग हैं। बताइए, हिन्दू कुल जनसंख्या के कितने प्रतिशत हैं?

A. 71.3% B. 71.2%
C. 71% D. 71.5%

20. जोसफ ने अपने धन का 40% बड़े पुत्र को और शेष का 70% छोटे पुत्र को दिया यदि अब उसके पास 5490 रुपये बच रहे, तो जोसफ का धन ज्ञात करो।

A. 32,000 रु.
B. 33,500 रु.
C. 32,500 रु.
D. 33,000 रु.

उत्तरमाला

1	2	3	4	5	6	7	8	9	10
C	A	A	B	B	D	C	C	B	C
11	**12**	**13**	**14**	**15**	**16**	**17**	**18**	**19**	**20**
D	A	B	A	B	D	C	A	B	D

व्याख्यात्मक उत्तर

1. $\because$ $20\% = \frac{20}{100} = \frac{1}{5}$

$\therefore$ 20% का मान, $\frac{1}{5}$ के बराबर होगा।

2. $\because$ $36\% = \frac{36}{100} = .36$

$\therefore$ 36% का मान दशमलव भिन्न में .36 होगा।

3. चूंकि किसी भी साधारण या दशमलव भिन्न को प्रतिशत भिन्न में बदलने के लिए उसमें 100% से गुणा करना होता है अर्थात् $\frac{4}{5} = \frac{4}{5} \times 100\% = 80\%$

अतः $\frac{4}{5}$ का प्रतिशत भिन्न में मान = 80% होगा।

4. माना कि 36 का $x\%$ = 24

$\therefore$ $36 \times \frac{x}{100} = 24 \Rightarrow x = \frac{24 \times 100}{36} = 66\frac{2}{3}$

अतः 36 का $66\frac{2}{3}\%$, 24 के बराबर होगा।

5. $\because$ 3 मीटर का 15% = 300 सेंमी. $\times \frac{15}{100}$ = 45 सेंमी.

[$\because$ 3 मी. = 300 सेंमी.]

अतः 3 मीटर का 15%, 45 सेंमी. के बराबर होगा।

6. $\because$ 26 का 18% = $26 \times \frac{18}{100} = 4.68$

$\therefore$ (?) चिन्ह् के स्थान पर 4.68 होना चाहिए।

7. $\because$ 10% का 10% $= \frac{10}{100} \times \frac{10}{100} = \frac{1}{100} = 1\%$

अतः 10% का 10%, 1% के बराबर होगा।

8. **प्रश्नानुसार,** शहर की प्रारम्भिक जनसंख्या

= 50,000

तथा शहर की वर्तमान जनसंख्या = 52,000

$\therefore$ जनसंख्या में वृद्धि = 52,000 – 50,000 = 2,000

$\therefore$ प्रतिशत वृद्धि $= \frac{2000}{50000} \times 100 = 4\%$

अतः शहर की जनसंख्या में 4% वृद्धि होगी।

9. बचत = 100% – 75% = 25% = 150 रु.

कुल वेतन $= \frac{100}{25} \times 150 = 600$ रु.।

10. अनुपस्थित विद्यार्थी = 100% – 97%

= 3% = 18

माना कि कुल विद्यार्थियों की संख्या = x

तो, $x \times \frac{3}{100} = 18 \quad \therefore x = \frac{1800}{3} = 600.$

11. राशि का 7% = 35 रुपये

राशि $= \frac{35}{7\%} = \frac{35}{\frac{7}{100}} = \frac{35}{7} \times 100$

= 500 रुपये।

12. भार का 5% = 3 किग्रा.

भार $= \frac{3}{5\%} = \frac{3}{\frac{5}{100}} = \frac{3}{5} \times 100$

= 60 किग्रा. होगा।

13. 500 रुपये का 12% $= \frac{12}{100} \times 500$ रु. = 60 रुपये

$\because$ अभीष्ट राशि = 5% = 60 रुपये

$\therefore$ राशि $= \frac{60}{5\%} = \frac{60}{\frac{5}{100}} = \frac{60 \times 100}{5}$

= 1200 रुपये।

14. बची राशि की प्रतिशत संख्या

= 100 – (65 + 20) = 15

$\because$ 15 रुपये बचते हैं तो खर्च की हुई राशि

= 85 रुपये

$\therefore$ 1305 रुपये बचते हैं तो खर्च की हुई राशि

$= \frac{85 \times 1305}{15}$ = 7395 रुपये।

15. माना कुल पुस्तकें = 100

अतः अंग्रेजी भाषा की पुस्तकें = 20 पुस्तकें

शेष पुस्तकें = 100 – 20 = 80

हिन्दी भाषा की पुस्तकें = 80 का 50%

$$= 80\times\frac{50}{100} = 40$$

शेष पुस्तकें = 100 – (20 + 40) = 40 पुस्तकें।

∵ 40 पुस्तकें अन्य क्षेत्रीय भाषाओं की है तो कुल पुस्तकें = 100

∴ 900 पुस्तकें अन्य क्षेत्रीय भाषाओं की है तो कुल पुस्तकें

$$= \frac{100}{40}\times 900 = 2250 \text{ पुस्तकें।}$$

16. $\frac{40}{100}\times 200+\frac{30}{100}\times 150 = 80 + 45 = 125.$

17. उपस्थित लड़कियों की संख्या = 38 – 3 = 35

लड़कियों की संख्या जिन्होंने गृह कार्य नहीं किया

= 20% × 35 = 7

∴ लड़कियों की संख्या जिन्होंने गृह कार्य किया

= 35 – 7 = 28.

18. छात्रों की कुल संख्या = 800

अनुपस्थित छात्रों का प्रतिशत = $12\frac{1}{2}\%$ या $\frac{25}{2}\%$

∵ अनुपस्थित छात्रों की संख्या

$$= 800\times\frac{25}{2}\times\frac{1}{100} = 100$$

∴ उपस्थित छात्रों की संख्या = 800 – 100 = 700.

19. कुल जनसंख्या = 35600 + 12240 + 2160

= 50000

∵ 50000 में से हिन्दू = 35600

∴ 1 में से हिन्दू = $\frac{35600}{50000}$

∴ 100 में से हिन्दू = $\frac{35600}{50000}\times 100 = 71.2\%.$

20. माना जोसफ का धन = 100 रुपये है

∴ बड़े पुत्र को दिया = 40% = 40 रुपये

∴ शेष धन = 100 – 40 = 60 रुपये

∴ छोटे पुत्र को दिया = 60 का 70%

$$= 60\times\frac{70}{100} = 42 \text{ रुपये}$$

∴ उसके पास बचा = 60 – 42 = 18 रुपये

∵ 18 रुपये उसके पास बचे, तो कुल धन

= 100 रुपये

∴ 5940 रुपये उसके पास बचे तो कुल धन

$$= \frac{100}{18}\times 5940$$

= 33,000 रुपये।

☆☆☆☆☆☆

9

साधारण ब्याज (Simple Interest)

ब्याज वह राशि है जो हमें दूसरों का धन प्रयोग करने के बदले में देनी पड़ती है। यदि यह वार्षिक देनी पड़े तो दर प्रतिशत वार्षिक कहते हैं। इस प्रकार 6% वार्षिक का अर्थ है कि 100 रु. पर 1 वर्ष में 6 रु. ब्याज है। जो धन उधार लिया जाता है उसे मूलधन कहते हैं। मूलधन और ब्याज के योग को समस्त धन (मिश्रधन) कहते हैं।

साधारण ब्याज के प्रश्नों के सूत्रः

$$\text{साधारण ब्याज} = \frac{\text{मूलधन} \times \text{दर}\% \times \text{समय (वर्षों में)}}{100}$$

$$\text{समस्त धन} = \text{मूलधन} + \text{ब्याज}$$

जब समय, दर % और ब्याज दिए गए हों तो,

$$\text{मूलधन} = \frac{\text{ब्याज} \times 100}{\text{दर} \times \text{समय}}$$

जब मूलधन, ब्याज और समय दिया गया हो तो,

$$\text{दर} = \frac{\text{ब्याज} \times 100}{\text{मूलधन} \times \text{समय}}$$

जब मूलधन, ब्याज और दर दी गई हो तो,

$$\text{समय} = \frac{\text{ब्याज} \times 100}{\text{मूलधन} \times \text{दर}}$$

प्रश्नमाला

1. किस धनराशि पर 4% वार्षिक ब्याज की दर से 5 वर्ष का साधारण ब्याज 64 रु. होगा?

A. 220 रु. B. 280 रु.
C. 320 रु. D. 300 रु.

2. 450 रु. पर 6% वार्षिक ब्याज दर से 4 मास का ब्याज कितना होगा?

A. 9 रु. B. 8 रु.
C. 6 रु. D. 5 रु.

3. कितने समय में 3600 रु. पर 6% वार्षिक दर से साधारण ब्याज 432 रु. होगा?

A. 1 वर्ष B. 2 वर्ष
C. $1\frac{1}{2}$ वर्ष D. $2\frac{1}{4}$ वर्ष

4. किस राशि पर 3% वार्षिक ब्याज की दर से 2 वर्ष का ब्याज 36 रु. होगा?

A. 500 रु. B. 575 रु.
C. 590 रु. D. 600 रु.

5. ब्याज की किस दर से कोई राशि 16 वर्षों में दोगुनी हो जाएगी?

A. $5\frac{1}{2}$ वर्ष B. $6\frac{1}{4}$ वर्ष
C. $4\frac{1}{3}$ वर्ष D. $2\frac{1}{2}$ वर्ष

6. 5000 रु. की राशि पर 10% वार्षिक दर से 5 वर्ष का साधारण ब्याज कितना होगा?

A. 2200 रु. B. 2500 रु.
C. 2300 रु. D. 2600 रु.

7. किस राशि का 6% वार्षिक ब्याज दर से 10 वर्ष का साधारण ब्याज 3 रु. होगा?

A. 4 रु. B. 8 रु.
C. 5 रु. D. 6 रु.

8. कितने वर्षों में कोई राशि 10% वार्षिक दर से अपने से दोगुनी हो जाएगी?

A. 10 वर्ष B. 8 वर्ष
C. 5 वर्ष D. 12 वर्ष

9. किस राशि का 5% दर से 5 वर्ष का साधारण ब्याज 80 रु. होगा?

A. 330 रु. B. 320 रु.
C. 340 रु. D. 380 रु.

10. यदि 5000 रु. पर 2 वर्ष का साधारण ब्याज 500 रु. हो, तो समस्त धन अर्थात् मिश्रधन कितना होगा?

A. 5600 रु. B. 5800 रु.
C. 5500 रु. D. 6000 रु.

11. 2000 रुपये पर $6\frac{1}{2}$ प्रतिशत वार्षिक ब्याज की दर से 8 महीने का साधारण ब्याज ज्ञात कीजिए।

A. $86\frac{2}{3}$ रु. B. $86\frac{3}{4}$ रु.
C. $86\frac{1}{3}$ रु. D. $86\frac{1}{2}$ रु.

12. कितने समय में 450 रुपये का 8% वार्षिक ब्याज की दर से साधारण ब्याज 90 रुपये हो जाएगा?

A. 2 वर्ष B. $2\frac{3}{4}$ वर्ष
C. $2\frac{1}{2}$ वर्ष D. 3 वर्ष

13. घनश्याम ने 2000 रुपये अपने मित्र से 5% सालाना ब्याज पर लिए और उसने पूरा पैसा 8 माह बाद चुका दिया। बताइये उसने कुल कितना धन चुकाया?

A. 2060.66 रु. B. 2066.66 रु.
C. 2066 रु. D. 2060 रु.

14. एक आदमी ने 600 रुपये 6 प्रतिशत वार्षिक ब्याज पर उधार लिए। 5 वर्ष बाद उसने 300 रुपये कीमत की एक घड़ी व कुछ धन उसको लौटाया तो बताओ उसने कितना धन लौटाया।

A. 480 रु. B. 485 रु.
C. 490 रु. D. 500 रु.

15. एक व्यक्ति अपने मित्र से 1000 रुपये 5% वार्षिक ब्याज की दर से उधार लेता है तीन वर्ष बाद वह उसे 500 रुपये नकद व एक रेडियो सैट लौटाता है तो रेडियो सेट की कीमत बताइये।

A. 675 रु. B. 600 रु.
C. 650 रु. D. 625 रु.

16. यदि 450 रुपये की एक राशि 3 वर्ष में साधारण ब्याज पर 504 रुपये हो जाती है तो ब्याज की दर ज्ञात कीजिए।

A. $4\frac{1}{2}\%$ B. $3\frac{1}{2}\%$
C. 5% D. 4%

17. संजय ने 800 रुपयों को 5% सालाना ब्याज पर मोहन से उधार लिया। यदि वह 9 माह पश्चात् 500 रुपये देता है तो उसको और कितनी धनराशि चुकानी बाकी है?

A. 300 रु. B. 330 रु.
C. 325 रु. D. 350 रु.

18. 2 पैसे प्रतिमाह की दर से 471 रुपए पर 7 माह का साधारण ब्याज क्या होगा?

A. 65.49 रु. B. 65.94 रु.
C. 65.84 रु. D. 55.94 रु.

19. $7\frac{1}{2}\%$ सरल ब्याज की दर से 2400 रुपये एक बैंक में जमा करवाये गए। कितने वर्ष बाद कुल राशि 2850 रुपये हो जाएगी?

A. 3 वर्ष B. 2 वर्ष
C. $2\frac{1}{2}$ वर्ष D. $3\frac{1}{2}$ वर्ष

20. 1800 रुपये का 2 वर्ष 4 मास 20 दिन का 9% की दर से साधारण ब्याज और मिश्रधन ज्ञात करो।

A. 2187 रु. B. 2178 रु.
C. 2190 रु. D. 2180 रु.

उत्तरमाला

1	2	3	4	5	6	7	8	9	10
C	A	B	D	B	B	C	A	B	C
11	**12**	**13**	**14**	**15**	**16**	**17**	**18**	**19**	**20**
A	C	B	A	C	D	B	B	C	A

व्याख्यात्मक उत्तर

1. ∵ साधारण ब्याज = 64 रु., समय = 5 वर्ष तथा दर = 4%

∴ मूलधन (धनराशि) $= \dfrac{\text{साधारण ब्याज} \times 100}{\text{समय} \times \text{दर}}$

$= \dfrac{64 \times 100}{5 \times 4} = 320$ रु.।

2. ∵ मूलधन = 450 रु., दर = 6% वार्षिक, समय = 4 मास

$= \dfrac{1}{3}$ वर्ष

∴ साधारण ब्याज $= \dfrac{\text{मूलधन} \times \text{समय} \times \text{दर}}{100}$

$= \dfrac{450 \times \frac{1}{3} \times 6}{100} = 9$ रु.।

3. ∵ समय $= \dfrac{\text{साधारण ब्याज} \times 100}{\text{मूलधन} \times \text{दर}}$

$= \dfrac{432 \times 100}{6 \times 3600} = 2$ वर्ष।

4. ∵ मूलधन $= \dfrac{\text{साधारण ब्याज} \times 100}{\text{समय} \times \text{दर}}$

$= \dfrac{36 \times 100}{2 \times 3} = 600$ रु.।

5. ∵ माना कि वह राशि = 100 रु.

प्रश्नानुसार, 16 वर्षो बाद मिश्रधन = 200 रु.

∴ साधारण ब्याज = मिश्रधन – मूलधन (राशि)

= 200 – 100 = 100 रु.

∴ दर $= \dfrac{\text{साधारण ब्याज} \times 100}{\text{मूलधन} \times \text{समय}}$

$= \dfrac{100 \times 100}{100 \times 16} = 6\dfrac{1}{4}\%$ ।

6. ∵ साधारण ब्याज $= \dfrac{\text{मूलधन} \times \text{समय} \times \text{दर}}{100}$

$= \dfrac{5000 \times 5 \times 10}{100} = 2500$ रु.।

7. ∵ मूलधन (राशि) $= \dfrac{\text{साधारण ब्याज} \times 100}{\text{समय} \times \text{दर}}$

$= \dfrac{3 \times 100}{10 \times 6} = 5$ रु.।

8. ∵ माना कि वह राशि = 100 रु. तथा मिश्रधन

= 2 × 100 = 200 रु.

∴ साधारण ब्याज = 200 – 100 = 100 रु.,

दर = 10%

∴ समय $= \dfrac{\text{साधारण ब्याज} \times 100}{\text{मूलधन (राशि)} \times \text{दर}}$

$= \dfrac{100 \times 100}{100 \times 10} = 10$ वर्ष।

9. ∵ मूलधन (राशि) $= \dfrac{\text{साधारण ब्याज} \times 100}{\text{समय} \times \text{दर}}$

$= \dfrac{80 \times 100}{5 \times 5} = 320$ रु.।

10. ∵ समस्त धन अर्थात् मिश्रधन

= मूलधन + साधारण ब्याज

= 5000 + 500 = 5500 रु.।

11. दर $6\dfrac{1}{2} = \dfrac{13}{2}\%$

समय = 8 महीने $= \dfrac{8}{12}$ वर्ष $= \dfrac{2}{3}$ वर्ष

साधारण ब्याज $= \dfrac{\text{मूलधन} \times \text{दर} \times \text{समय}}{100}$

$= \dfrac{2000 \times 13 \times 2}{100 \times 2 \times 3}$

$= \dfrac{260}{3} = 86\dfrac{2}{3}$ रुपये।

12. समय $= \dfrac{\text{साधारण ब्याज} \times 100}{\text{मूलधन} \times \text{दर}}$

$= \dfrac{90 \times 100}{450 \times 8} = \dfrac{5}{2}$ वर्ष

$= 2\dfrac{1}{2}$ वर्ष।

13. समय = 8 माह = $\frac{8}{12}$ वर्ष = $\frac{2}{3}$ वर्ष

साधारण ब्याज = $\frac{\text{मूलधन} \times \text{दर} \times \text{समय}}{100}$

$= \frac{2000 \times 2 \times 5}{3 \times 100} = \frac{200}{3}$ रुपये

मिश्रधन = मूलधन + साधारण ब्याज

$= \frac{2000}{1} + \frac{200}{3}$

$= \frac{6000 + 200}{3}$

$= \frac{6200}{3}$ रुपये

= 2066.66 रुपये।

14. 600 रुपये का 6% वार्षिक ब्याज से 5 वर्ष का ब्याज

$= \frac{600 \times 6 \times 5}{100} = 180$ रुपये

मिश्रधन = 600 + 180 = 780 रुपये

अत: उसको 780 रुपये लौटाने चाहिए थे, परन्तु 300 रु. की घड़ी उसने उसे दी तो उसका अतिरिक्त धन

= 780 – 300 = 480 रुपये।

15. 1000 रुपये का 5% दर से 3 वर्ष का ब्याज

$= \frac{1000 \times 5 \times 3}{100} = 150$ रुपये

मिश्रधन = मूलधन + ब्याज = 1000 + 150 = 1150 रुपये, अर्थात् उसको 1150 रुपये लौटाने चाहिए।

रेडियो सेट की कीमत = 1150 – 500 = 650 रुपये।

16. मिश्रधन = 504 रुपये

मूलधन = 450 रुपये

साधारण ब्याज = 504 – 450 = 54 रुपये

दर = $\frac{\text{साधारण ब्याज} \times 100}{\text{समय} \times \text{मूलधन}}$

$= \frac{54 \times 100}{3 \times 450} = 4\%$

दर = 4%.

17. समय = 9 माह = $\frac{9}{12}$ वर्ष = $\frac{3}{4}$ वर्ष

ब्याज = $\frac{800 \times 5 \times 3}{100 \times 4} = 30$ रुपये

मिश्रधन = 800 + 30 = 830 रुपये

शेष धनराशि = 830 – 500 = 330 रुपये

18. 1 रुपये पर 1 माह का ब्याज = 2 पैसे

$\therefore$ 1 रुपए का 7 माह का ब्याज = 14 पैसे

471 रुपए का 7 माह का ब्याज = 471 × 14

= 65.94 रुपए

अतः 7 माह का साधारण ब्याज 65 रुपये 94 पैसे होगा।

19. $\because$ मिश्रधन = 2850 रुपये तथा

मूलधन = 2400 रुपये

$\therefore$ ब्याज = 2850 – 2400 = 450 रुपये

दर = $7\frac{1}{2}\% = \frac{15}{2}\%$

समय = $\frac{100 \times \text{ब्याज}}{\text{मूलधन} \times \text{दर}}$

$= \frac{100 \times 450 \times 2}{2400 \times 15} \quad 2\frac{1}{2}$ वर्ष।

20. मूलधन = 1800 रुपये

समय = 2 वर्ष 4 मास 20 दिन

$= 2 \times 12 + 4 + \frac{20}{30}$

$= \frac{86}{3}$ मास $= \frac{86}{3 \times 12}$ वर्ष

$\frac{43}{18}$ वर्ष, दर = 9%

$\therefore$ सरल ब्याज = $\frac{\text{मूलधन} \times \text{समय} \times \text{दर}}{100}$

$= \frac{1800 \times 43 \times 9}{100 \times 18} = 387$ रुपये

मिश्रधन = मूलधन + ब्याज

= 1800 + 387 = 2187 रुपये

☆☆☆☆☆☆

10 चक्रवृद्धि ब्याज (Compound Interest)

ब्याज की वह गणना, जिसमें ब्याज को मूलधन में जोड़कर प्राप्त मिश्रधन पर ब्याज लगाया जाए, **चक्रवृद्धि ब्याज** कहलाती है।

महत्वपूर्ण सूत्र :

1. चक्रवृद्धि मिश्रधन = मूलधन $\left(1+\frac{\text{दर}}{100}\right)^{\text{समय वर्ष में}}$
2. चक्रवृद्धि ब्याज = चक्रवृद्धि मिश्रधन – मूलधन
   $= \text{मूलधन}\left[\left(1+\frac{\text{दर}}{100}\right)^{\text{समय}}-1\right]$
3. यदि चक्रवृद्धि ब्याज की दर प्रत्येक वर्ष में बदल रही हो तो —
   मिश्रधन = मूलधन $\left(1+\frac{(\text{दर})\ 1}{100}\right)\left(1+\frac{(\text{दर})\ 2}{100}\right)\left(1+\frac{(\text{दर})\ 3}{100}\right)$
   [∴ समय, प्रत्येक दर के लिए 1 वर्ष है]
4. (*i*) यदि ब्याज की गणना **अर्द्धवार्षिक** है तो दर आधी तथा समय दुगुना कर दिया जाता हैं।
   (*ii*) यदि ब्याज की गणना त्रैमासिक है तो दर को 4 से भाग तथा समय को 4 से गुणा करते है।

नोट : एक वर्ष के लिए साधारण ब्याज तथा चक्रवृद्धि ब्याज बराबर होते हैं, जबकि ब्याज की दर वार्षिक हो।

प्रश्नमाला

1. 400 रु. की राशि पर 5% प्रतिवर्ष की दर से 2 वर्ष का चक्रवृद्धि ब्याज कितना होगा?

A. 40 रु. B. 41 रु.
C. 42 रु. D. 43 रु.

2. किसी राशि पर 6% चक्रवृद्धि ब्याज की दर से पहले वर्ष का ब्याज 60 रु. है, तो दूसरे वर्ष का ब्याज कितना होगा?

A. 120 रु. B. 66.60 रु.
C. 63.60 रु. D. 63 रु.

3. वह धनराशि ज्ञात करो, जिसका 5% ब्याज की दर से 2 वर्ष का चक्रवृद्धि ब्याज तथा साधारण ब्याज का अन्तर 3 रु. हो?

A. 1400 रु. B. 1500 रु.
C. 1350 रु. D. 1200 रु.

4. किस धन का 10% प्रतिवर्ष चक्रवृद्धि ब्याज की दर से 3 वर्ष में मिश्रधन 1331 रु. होगा?

A. 2000 रु. B. 1500 रु.
C. 1000 रु. D. 800 रु.

5. 2500 रु. का 6% ब्याज की दर से 2 वर्ष का चक्रवृद्धि ब्याज कितना होगा?

A. 306 रु. B. 150 रु.
C. 309 रु. D. 300 रु.

6. कोई राशि चक्रवृद्धि ब्याज की दर से 2 वर्ष में चार गुनी हो जाती है, तो कितने वर्ष में वह राशि 8 गुनी हो जायेगी?

A. 4 वर्ष B. $2\frac{1}{2}$ वर्ष
C. 3 वर्ष D. $3\frac{1}{2}$ वर्ष

7. 2400 रुपये पर 5% प्रतिवर्ष ब्याज की दर से 2 वर्ष में साधारण ब्याज तथा चक्रवृद्धि ब्याज का अन्तर होगा?

A. 8 रु. B. 10 रु.
C. 9 रु. D. 6 रु.

8. 8000 रु. की राशि पर 5% प्रतिवर्ष ब्याज की दर से 3 वर्ष का चक्रवृद्धि ब्याज कितना होगा?

A. 1361 B. 1261 रु.
C. 1141 रु. D. 1241 रु.

9. 2000 रु. का 2 वर्ष में किस चक्रवृद्धि ब्याज की दर से मिश्रधन 2205 रु. हो जायेगा?

A. 3% B. 4%
C. 5% D. 6%

10. 3200 रु. का 10% प्रतिवर्ष चक्रवृद्धि ब्याज की दर से कितने समय में चक्रवृद्धि ब्याज 672 रु. हो जायेगा ?

A. $2\frac{1}{2}$ वर्ष B. $1\frac{1}{2}$ वर्ष

C. 2 वर्ष D. $3\frac{1}{2}$ वर्ष

11. किसी राशि का 6% वार्षिक ब्याज की दर से 2 वर्ष का साधारण ब्याज 300 रु. है, तो उसी राशि का उसी दर से उतने ही समय में चक्रवृद्धि ब्याज कितना होगा ?

A. 306 रु. B. 309 रु.

C. 308 रु. D. 300 रु.

12. 3600 रु. का 2 वर्ष का साधारण ब्याज 216 रु. है। यदि ब्याज की दर 2% अधिक कर दी जाये तो इसी धनराशि पर इतने ही समय के लिए चक्रवृद्धि ब्याज क्या होगा ?

A. 369 रु. B. 400 रु.

C. 380 रु. D. 375 रु.

13. किसी राशि पर 2 वर्ष का साधारण ब्याज 100 रु. तथा चक्रवृद्धि ब्याज 103 रु. है, तो उस राशि पर ब्याज की वार्षिक दर कितने प्रतिशत होगी ?

A. 2% B. 8%

C. 6% D. 10%

14. यदि ब्याज छमाही देय हो तो 1500 रु. का 4% वार्षिक ब्याज की दर से एक वर्ष का चक्रवृद्धि ब्याज कितना होगा ?

A. 60.60 रु. B. 62 रु.

C. 63 रु. D. 64 रु.

15. यदि किसी धनराशि का 5% चक्रवृद्धि ब्याज की दर से पहले वर्ष का ब्याज 400 रु. है, तो उस राशि का तीसरे वर्ष का ब्याज कितना होगा ?

A. 1261 रु. B. 1461 रु.

C. 1562 रु. D. 1462 रु.

16. वह धन ज्ञात करो, जिसका 4% वार्षिक ब्याज की दर से 4 वर्ष का साधारण ब्याज और 400 रुपये का 10% की दर से 2 वर्ष का चक्रवृद्धि ब्याज बराबर हो ?

A. 500 रु. B. 550 रु.

C. 525 रु. D. 450 रु.

17. किसी राशि का 2 वर्ष के चक्रवृद्धि ब्याज से मिश्रधन 5408 रु. तथा 3 वर्ष में 5624.32 रु. हो जाता है, तो ब्याज की दर क्या है ?

A. 8% B. 9%

C. 4% D. 6%

18. 500 रु. का 10% ब्याज की दर से 2 वर्ष का साधारण ब्याज तथा चक्रवृद्धि ब्याज का अन्तर कितना होगा ?

A. 10 रु. B. 5 रु.

C. 8 रु. D. 6 रु.

19. किसी धनराशि का 2 वर्ष के लिए 5% ब्याज की दर से साधारण ब्याज और चक्रवृद्धि ब्याज का अन्तर 15 रुपये हो तो वह धनराशि कितनी होगी ?

A. 5000 रु. B. 5990 रु.

C. 6000 रु. D. 6100 रु.

20. 1600 रु. का 25% ब्याज की दर से 3 वर्ष का चक्रवृद्धि ब्याज कितना होगा ?

A. 1200 रु. B. 1425 रु.

C. 1525 रु. D. 1575 रु.

उत्तरमाला

1	2	3	4	5	6	7	8	9	10
B	C	D	C	C	C	D	B	C	C
11	**12**	**13**	**14**	**15**	**16**	**17**	**18**	**19**	**20**
B	A	C	A	A	C	C	B	C	C

व्याख्यात्मक उत्तर

1. मूलधन = 400 रु., दर = 5%, समय = 2 वर्ष

$\therefore$ चक्रवृद्धि ब्याज = मूलधन $\left[\left(1+\frac{\text{दर}}{100}\right)^{\text{समय}}-1\right]$

$\therefore$ चक्रवृद्धि ब्याज $= 400\left[\left(1+\frac{5}{100}\right)^{2}-1\right]$

$= 400\left[\left(\frac{21}{20}\right)^{2}-1\right] = 400\left[\frac{21}{20}\times\frac{21}{20}-1\right]$

$= 400\times\frac{41}{400} = 41$ रु.

2. पहले वर्ष का साधारण ब्याज तथा चक्रवृद्धि ब्याज बराबर होगा

$\therefore 60 = \frac{\text{मूलधन}\times 6\times 1}{100}$

$\therefore$ मूलधन = 1000 रु.

$\therefore$ दूसरे वर्ष के लिए मूलधन = 1000 + 60 = 1060 रु.

$\therefore$ ब्याज $= \frac{1060\times 6\times 1}{100} = 63.60$ रु.

3. माना कि धनराशि x रु. है।

$\therefore$ 5% वार्षिक ब्याज की दर से 2 वर्ष का साधारण ब्याज

$\frac{x\times 5\times 2}{100}\quad \frac{x}{10}$ रु.

तथा चक्रवृद्धि ब्याज $= x\left[\left(1+\frac{5}{100}\right)^{2}-1\right]$

$= x\left[\left(\frac{21}{20}\right)^{2}-1\right]$

$= x\left[\frac{21}{20}\times\frac{21}{20}-1\right]\quad \frac{x\times 41}{400}$ रु.

प्रश्नानुसार—

$\frac{41x}{400}-\frac{x}{10} = 3$

$\therefore 41x - 40x = 400\times 3$ या $x = 1200$ रु.

अतः वह धनराशि 1200 रु. है।

4. माना वह धनराशि x रु. है

$\therefore$ मिश्रधन = मूलधन $\left(1+\frac{\text{दर}}{100}\right)^{\text{समय}}$

या $1331 = x\left(1+\frac{10}{100}\right)^{3}$

$\therefore 1331 = x\times\frac{11}{10}\times\frac{11}{10}\times\frac{11}{10}$

$\therefore x = \frac{1331\times 10\times 10\times 10}{11\times 11\times 11} = 1000$ रु.

5. चक्रवृद्धि ब्याज $= 2500\left[\left(1+\frac{6}{100}\right)^{2}-1\right]$

$= 2500\left[\left(\frac{53}{50}\right)^{2}-1\right]$

$= 2500\left[\frac{53}{50}\times\frac{53}{50}-1\right]$

$= 2500\left[\frac{2809-2500}{2500}\right]$

$= \frac{2500\times 309}{2500} = 309$ रु.

6. माना वह राशि x रु. है

$\therefore$ मिश्रधन = मूलधन $\left(1+\frac{\text{दर}}{100}\right)^{\text{समय}}$

प्रश्नानुसार—

$\therefore 4x = x\left(1+\frac{\text{दर}}{100}\right)^{2}$ या $4 = \left(1+\frac{\text{दर}}{100}\right)^{2}$

या $(2)^2 = \left(1+\frac{\text{दर}}{100}\right)^{2}$ या $2 = \left(1+\frac{\text{दर}}{100}\right)$

$\therefore$ मिश्रधन को 8 गुना करने के लिए

$\therefore (2)^3 = \left(1+\frac{\text{दर}}{100}\right)^{3}$

$\therefore 8 = \left(1+\frac{\text{दर}}{100}\right)^{3}$

अत : स्पष्ट है कि मिश्रधन को 8 गुना होने में लगा समय = 3 वर्ष

7. साधारण ब्याज $= \dfrac{2400\times5\times2}{100} = 240$ रु.

चक्रवृद्धि ब्याज $= = 2400\left[\left(1+\dfrac{5}{100}\right)^2 - 1\right]$

$= 2400\left[\dfrac{21}{20}\times\dfrac{21}{20}-1\right] = \dfrac{2400\times41}{400} = 246$ रु.

$\therefore$ अन्तर $= 246 - 240 = 6$ रु.

8. चक्रवृद्धि ब्याज $= 8000\left[\left(1+\dfrac{5}{100}\right)^3 - 1\right]$

$= 8000\left[\dfrac{21}{20}\times\dfrac{21}{20}\times\dfrac{21}{20}-1\right]$

$= 8000\left[\dfrac{9261-8000}{8000}\right] \quad \dfrac{8000\times1261}{8000.} = 1261$ रु.

9. $2205 = 2000\left(1+\dfrac{\text{दर}}{100}\right)^2$

या $\dfrac{2205}{2000} = \left(1+\dfrac{\text{दर}}{100}\right)^2$ या $\dfrac{441}{400} = \left(1+\dfrac{\text{दर}}{100}\right)^2$

या $\left(\dfrac{21}{20}\right)^2 = \left(1+\dfrac{\text{दर}}{100}\right)^2$ या $\dfrac{21}{20} = 1+\dfrac{\text{दर}}{100}$

$\dfrac{\text{दर}}{100} = \dfrac{21}{20} - 1 = \dfrac{1}{20}$ या दर $= \dfrac{100}{20} \quad 5\%$

10. मूलधन = 3200 रु., चक्रवृद्धि ब्याज = 672 रु.

$\therefore$ चक्रवृद्धि मिश्रधन = मूलधन + चक्रवृद्धि ब्याज

= 3200 + 672 = 3872 रु.

$\therefore$ चक्रवृद्धि मिश्रधन = मूलधन $\left(1+\dfrac{\text{दर}}{100}\right)^{\text{समय}}$

$\therefore 3872 = 3200\left(1+\dfrac{10}{100}\right)^{\text{समय}}$

या $\dfrac{3872}{3200} = \left(\dfrac{11}{10}\right)^{\text{समय}}$ या $\dfrac{121}{100} = \left(\dfrac{11}{10}\right)^{\text{समय}}$

या $\left(\dfrac{11}{10}\right)^2 = \left(\dfrac{11}{10}\right)^{\text{समय}}$

$\therefore$ समय = 2 वर्ष

11. माना वह धनराशि x रु. है

$\therefore 300 = \dfrac{x\times6\times2}{100}$ या $x = 2500$ रु.

$\therefore$ चक्रवृद्धि ब्याज $= 2500\left[\left(1+\dfrac{6}{100}\right)^2 - 1\right]$

$= 2500\left[\dfrac{53}{50}\times\dfrac{53}{50}-1\right]$

$= 2500\left[\dfrac{2809-2500}{2500}\right]$

$= \dfrac{2500\times309}{2500} = 309$ रु.

12. $\therefore$ साधारण ब्याज $= \dfrac{\text{मूलधन} \times \text{दर} \times \text{समय}}{100}$

$\therefore 216 = \dfrac{3600\times \text{दर} \times 2}{100}$

$\therefore$ दर $= \dfrac{216\times100}{3600\times2} \quad 3\%$

प्रश्नानुसार—

नयी दर $= (3 + 2)\% = 5\%$

$\therefore$ चक्रवृद्धि ब्याज $= 3600\left[\left(1+\dfrac{5}{100}\right)^2 - 1\right]$

$= 3600\left[\dfrac{21}{20}\times\dfrac{21}{20}-1\right] = \dfrac{3600\times41}{400} = 369$ रु.

13. माना किसी राशि पर ब्याज की दर $x\%$ है

$\therefore$ 2 वर्ष का साधारण ब्याज = 100 रु.

$\therefore$ 1 वर्ष का साधारण ब्याज = 50 रु.

चूंकि पहले वर्ष का साधारण ब्याज तथा चक्रवृद्धि ब्याज बराबर होता है

$\therefore$ पहले वर्ष का चक्रवृद्धि ब्याज = 50 रु.

$\therefore$ दूसरे वर्ष का चक्रवृद्धि ब्याज = 103 – 50 = 53 रु.

$\therefore$ दूसरे वर्ष का चक्रवृद्धि ब्याज = पहले वर्ष का ब्याज + पहले वर्ष के ब्याज पर ब्याज

या 53 = 50 + 50 रु. का $x\%$

या $3 = \dfrac{50\times x}{100}$ या $3 \quad \dfrac{x}{2}$

$\therefore x = 6$

अत: ब्याज की दर = 6% होगी।

14. दर $= \frac{4}{2}\% = 2\%$, समय = 1 वर्ष = 2 छमाही

$\therefore$ चक्रवृद्धि ब्याज $= 1500 \left[\left(1+\frac{2}{100}\right)^2 - 1\right]$

$$= 1500 \left[\frac{51}{50} \times \frac{51}{50} - 1\right] = \frac{1500 \times 101}{50 \times 50} = 60.60 \text{ रु.}$$

15. $\therefore 400 = \frac{\text{मूलधन} \times 5 \times 1}{100}$

$\therefore$ मूलधन = 8000 रु.

$\therefore$ चक्रवृद्धि ब्याज $= 8000 \left[\left(1+\frac{5}{100}\right)^3 - 1\right]$

$$= 8000 \left[\frac{21}{20} \times \frac{21}{20} \times \frac{21}{20} - 1\right]$$

$$= 8000 \left[\frac{9261 - 8000}{8000}\right]$$

$$= \frac{8000 \times 1261}{8000} = 1261 \text{ रु.}$$

16. माना वह धन x रु. है।

$\therefore$ 4% की दर से 4 वर्ष का साधारण ब्याज

$$= \frac{x \times 4 \times 4}{100} \quad \frac{16x}{100} \text{ रु.}$$

तथा चक्रवृद्धि ब्याज $= 400 \left[\left(1+\frac{10}{100}\right)^2 - 1\right]$

$$= 400 \left[\frac{11}{10} \times \frac{11}{10} - 1\right] = \frac{400 \times 21}{100} = 84 \text{ रु.}$$

प्रश्नानुसार—

$$\frac{16x}{100} \quad 84$$

$$\therefore x = \frac{84 \times 100}{16} = 525 \text{ रु.}$$

17. माना वह धनराशि x रु. है

$$\therefore \qquad 5408 = x\left(1+\frac{\text{दर}}{100}\right)^2 \qquad ...(1)$$

तथा $\qquad 5624.32 = x\left(1+\frac{\text{दर}}{100}\right)^3 \qquad ...(2)$

समीकरण (2) में (1) से भाग देने पर—

$$\frac{5642.32}{5408} \quad \frac{x\left(1+\frac{\text{दर}}{100}\right)^3}{x\left(1+\frac{\text{दर}}{100}\right)^2} = \left(1+\frac{\text{दर}}{100}\right)$$

या $\frac{\text{दर}}{100} = \frac{5624.32}{5408} - 1 = \frac{216.32}{5408}$

या दर $= \frac{216.32 \times 100}{5408} = 4\%$

18. साधारण ब्याज $= \frac{500 \times 10 \times 2}{100} = 100$ रु.

तथा चक्रवृद्धि ब्याज $= 500 \left[\left(1+\frac{10}{100}\right)^2 - 1\right]$

$$= 500 \left[\frac{11}{10} \times \frac{11}{10} - 1\right] = \frac{500 \times 21}{100} = 105 \text{ रु.}$$

$\therefore$ अन्तर = 105 – 100 = 5 रु.

19. माना वह धनराशि x रु. है

$\therefore$ साधारण ब्याज $= \frac{x \times 5 \times 2}{100} \quad \frac{x}{10}$ रु.

तथा चक्रवृद्धि ब्याज $= x\left[\left(1+\frac{5}{100}\right)^2 - 1\right]$

$$= x\left[\frac{21}{20} \times \frac{21}{20} - 1\right]$$

$$= \frac{x[441 - 400]}{400} \quad \frac{41x}{400} \text{ रु.}$$

प्रश्नानुसार—

$$\frac{41x}{400} - \frac{x}{10} = 15 \text{ या } \frac{41x - 40x}{400} \quad 15$$

या $x = 15 \times 400 = 6000$ रु.

अत: वह धनराशि = 6000 रु. होगी।

20. चक्रवृद्धि ब्याज $= 1600 \left[\left(1+\frac{25}{100}\right)^3 - 1\right]$

$$= 1600 \left[\frac{5}{4} \times \frac{5}{4} \times \frac{5}{4} - 1\right]$$

$$= 1600 \; \frac{[125 - 64]}{64} \quad \frac{1600 \times 61}{64} = 1525 \text{ रु.}$$

☆☆☆☆☆☆

11 लाभ तथा हानि (Profit and Loss)

लाभ और हानि शब्द साधारणतया व्यापार में इस्तेमाल किए जाते हैं। प्रत्येक व्यापार का उद्देश्य लाभ कमाना होता है। लाभ और हानि से संबंधित सभी तरह के प्रश्नों को हल करने से पहले निम्नलिखित बातों को जानना आवश्यक है।

1. कोई वस्तु जिस मूल्य पर खरीदी जाती है उसे उस वस्तु का **लागत मूल्य** या **क्रय मूल्य** (Cost Price) कहते हैं। इसे क्रय मूल्य (C.P.) द्वारा भी निर्दिष्ट किया जाता है।
2. कोई वस्तु जिस मूल्य पर बेची जाती है, उसे उस वस्तु का **विक्रय मूल्य** (Sale Price) कहते हैं। इसे विक्रय मूल्य (S.P.) द्वारा भी निर्दिष्ट किया जाता है।
3. यदि वस्तु का क्रय मूल्य (Cost Price), वस्तु के विक्रय मूल्य (Sale Price) से अधिक हो तो उस वस्तु पर हमेशा **हानि** होगी। अर्थात्
   हानि = क्रय मूल्य – विक्रय मूल्य
4. यदि किसी वस्तु का विक्रय मूल्य (Sale Price) वस्तु के क्रय मूल्य (Cost Price) से अधिक हो तो उस वस्तु पर हमेशा **लाभ** होगा। अर्थात्
   लाभ = विक्रय मूल्य – क्रय मूल्य
5. लाभ और हानि दो प्रकार से व्यक्त किए जाते हैं:
   (i) रुपयों में; *(ii)* प्रतिशत में।

उदाहरण : यदि किसी वस्तु का क्रय मूल्य 100 रु. तथा उसका विक्रय मूल्य 95 रु. हो तो वस्तु पर लाभ या हानि कितनी होगी?

हल : चूंकि वस्तु का क्रय मूल्य और उसके विक्रय मूल्य से अधिक है, इसलिए वस्तु पर हानि होगी। अर्थात् हानि = क्रय मूल्य – विक्रय मूल्य = 100 – 95 = 5 रु. हानि।

उपरोक्त उदाहरण में हमने वस्तु पर लाभ और हानि को रुपयों में समझाया है। अब हम लाभ-हानि को प्रतिशत में व्यक्त करते हैं। लाभ-हानि को प्रतिशत लाभ और प्रतिशत हानि में बदलने के लिए निम्नलिखित सूत्रों को याद दखें।

1. $\text{लाभ\%} = \dfrac{\text{लाभ} \times 100}{\text{क्रय मूल्य}}$

2. $\text{हानि\%} = \dfrac{\text{हानि} \times 100}{\text{क्रय मूल्य}}$

लाभ-हानि को **प्रतिशत लाभ** और **हानि** में बदलने के लिए नीचे कुछ उदाहरणों द्वारा समझाया गया है।

उदाहरण 1. यदि किसी वस्तु को 20 रु. में खरीद कर उसे 25 रु. में बेच दिया हो तो उस वस्तु पर कितने प्रतिशत लाभ या हानि होगी?

हल : चूंकि वस्तु का क्रय मूल्य वस्तु के विक्रय मूल्य से कम है इसलिए वस्तु पर लाभ होगा।

अर्थात्, लाभ = विक्रय मूल्य – क्रय मूल्य = 25 – 20 = 5 रु.

$$\therefore \text{ प्रतिशत लाभ } = \frac{\text{लाभ} \times 100}{\text{क्रय मूल्य}} = \frac{5 \times 100}{20} = 25\%$$

उदाहरण 2. एक किताब का अंकित मूल्य 64 रु. है। यदि उसे 48 रु. में बेचा जाता है तो कितने प्रतिशत हानि होगी?

हल : किताब का क्रय मूल्य = 64 रु.

तथा किताब का विक्रय मूल्य = 48 रु.

हानि = क्रय मूल्य – विक्रय मूल्य = 64 – 48 = 16 रु.

$$\text{हानि\%} = \frac{\text{हानि} \times 100}{\text{क्रय मूल्य}} = \frac{16 \times 100}{64} = 25\%$$

प्रश्नमाला

1. एक आदमी कोई वस्तु 25 रु. में खरीदकर 30 रु. में बेचता है। तो बताइये उसका लाभ क्या होगा?

A. 6 रु. B. 7.50 रु.
C. 5 रु. D. 8.10 रु.

2. यदि 15 रु. वाली कोई वस्तु 12 रु. में बेच दी जाए, तो कितने प्रतिशत हानि होगी?

A. 20% B. 16%
C. 22% D. 25%

3. यदि किसी वस्तु को 21 रु. में बेचने पर 12% का लाभ होता हो तो बताइये उस वस्तु का क्रय मूल्य कितना होगा?

A. 15.50 रु. B. 20.15 रु.
C. 18.75 रु. D. 17.50 रु.

4. यदि किसी वस्तु को 2040 रु. में बेचने पर 15% की हानि होती हो तो बताइये उस वस्तु का क्रय मूल्य कितना होगा?

A. 2300 रु. B. 2400 रु.
C. 2475 रु. D. 2800 रु.

5. एक वस्तु का क्रय मूल्य 150 रु. है। यदि इसे 13% लाभ पर बेचा जाए तो बताइये वस्तु का विक्रय मूल्य कितना होगा?

A. 170.75 रु. B. 169.50 रु.
C. 160.50 रु. D. 174.75 रु.

6. किसी वस्तु को 250 रु. में खरीदकर 300 रु. में बेच दिया गया। बताइये उस पर कितने प्रतिशत लाभ हुआ?

A. 16% B. 20%
C. 18% D. 17%

7. एक वस्तु को 38 रु. में बेचने पर 5% हानि होती है। यदि इसे 42 रु. में बेचा जाए तो कितने प्रतिशत लाभ या हानि होगी?

A. 6% लाभ B. 5% लाभ
C. 8% हानि D. 4% हानि

8. यदि किसी वस्तु को 5% हानि पर बेचने पर 3990 रु. मिले हों, तो उस वस्तु का क्रय मूल्य कितना होगा?

A. 4100 रु. B. 4200 रु.
C. 3890 रु. D. 4400 रु.

9. यदि 10 पेनों का क्रय मूल्य, 8 पेनों के विक्रय मूल्य के बराबर हो तो प्रतिशत लाभ कितना होगा?

A. 20% B. 16%
C. 25% D. 30%

10. राम ने एक टी.वी. 2475 रु. में खरीद कर उसे 3090 रु. में बेच दिया हो तो उसे कितने प्रतिशत लाभ हुआ?

A. 23.8% B. 34.5%
C. 37.6% D. 24.8%

11. एक फल विक्रेता ने 20 दर्जन केले 100 रुपये में खरीदकर 6 रुपये प्रति दर्जन के भाव से बेच दिए। उसका लाभ अथवा हानि ज्ञात करो।

A. 20 रु. B. 30 रु.
C. 25 रु. D. 35 रु.

12. एक ठेकेदार ने 7500 रुपये में एक खाली जमीन खरीदी और उस पर 2,65,000 रुपये खर्च कर मकान तैयार किया। यदि अब उस मकान को 3,25,000 रु. में बेच दिया तो उसका लाभ अथवा हानि ज्ञात करो।

A. 15550 रु. हानि B. 15550 रु. लाभ
C. 15000 रु. हानि D. 15000 रु. लाभ

13. सलमा ने एक मोटर साइकिल 25,250 रुपये में खरीदी। उस पर 750 का सामान लगाया। बाद में रकम की आवश्यकता पड़ने पर उसे 500 रुपये की हानि से बेच दिया। बताइये मोटर साइकिल कितने में बेची गयी?

A. 22550 रु. B. 22225 रु.
C. 22000 रु. D. 22500 रु.

14. एक दुकानदार ने 50 पुस्तकें 70 रुपये के हिसाब से खरीदी। उसमें से 5 पुस्तकों में प्रकाशन की खामी के कारण बिक न सकी। शेष पुस्तकों को 80 रुपये के हिसाब से बेचने पर उसका लाभ या हानि ज्ञात करो।

A. 100 रु. हानि B. 100 रु. लाभ
C. 150 रु. लाभ D. 150 रु. हानि

15. सलमान ने एक पुरानी साइकिल 500 रुपये में खरीदी। उसें ठीक कराने में 20 रुपये खर्च किए तथा 50 रुपये का नया सामान डलवाया। सलमान ने वह साइकिल 600 रुपये में बेच दी तो उसे कितना लाभ अथवा हानि हुई?

A. 25 रु. B. 20 रु.
C. 30 रु. D. 35 रु.

16. एक आदमी ने एक फ्रिज 8000 रुपये में खरीदकर 450 रुपये लाभ पर बेच दिया यदि उसने वह फ्रिज 9000 रुपये में बेचा होता तो उसे और कितना लाभ होता?

A. 550 रु. B. 525 रु.
C. 500 रु. D. 575 रु.

17. राधेश्याम ने 8 क्विंटल मक्का 165 रुपये प्रति क्विंटल के भाव से खरीदकर उसमें से 4 क्विंटल मक्का को 170 रुपये प्रति क्विंटल के भाव से और बाकी बची हुई को 172 रुपये प्रति क्विंटल के भाव से बेच दिया। बताओ, उसे कुल कितना लाभ हुआ।

A. 40 रु. B. 45 रु.
C. 48 रु. D. 50 रु.

18. रामा ने 50 प्लेटें 250 रुपये में खरीदी। उसमें से 8 प्लेटें टूट गयी। शेष प्लेटों को वह किस मूल्य से बेचे कि उसे 2 रुपये का लाभ हो। एक प्लेट का विक्रय मूल्य ज्ञात कीजिए।

A. 6 रु. B. 5.50 रु.
C. 6.25 रु. D. 5 रु.

19. एक आदमी ने दो वस्तुएं, प्रत्येक 120 रुपये में खरीदी। उसने उसमें से एक को 10% हानि पर तथा दूसरे को 10% लाभ पर बेचा। बताओ उसने दोनों कितने रुपये में बेची?

A. 250 रु. B. 200 रु.
C. 240 रु. D. 225 रु.

20. 40 वस्तुओं का क्रय मूल्य 35 वस्तुओं के विक्रय मूल्य के समान है। लाभ प्रतिशत ज्ञात करो।

A. $14\frac{2}{7}\%$ B. 14%
C. $15\frac{2}{7}\%$ D. 15%

उत्तरमाला

1	2	3	4	5	6	7	8	9	10
C	A	C	B	B	B	B	B	C	D
11	**12**	**13**	**14**	**15**	**16**	**17**	**18**	**19**	**20**
A	C	D	B	C	A	C	A	C	A

व्याख्यात्मक उत्तर

1. ∵ वस्तु का विक्रय मूल्य, उसके क्रय मूल्य से अधिक है।

∴ लाभ = विक्रय मूल्य – क्रय मूल्य

= 30 – 25 = 5 रु.।

2. ∵ वस्तु का क्रय मूल्य, उसके विक्रय मूल्य से अधिक है।

∴ हानि = क्रय मूल्य – विक्रय मूल्य

= 15 – 12 = 3 रु.

$$\therefore \text{प्रतिशत हानि} = \frac{\text{हानि} \times 100}{\text{क्रय मूल्य}}$$

$$= \frac{3 \times 100}{15} = 20\%.$$

3. ∵ वस्तु का विक्रय मूल्य = 21 रु. तथा लाभ % = 12%

$$\therefore \text{क्रय मूल्य} = \text{विक्रय मूल्य}\left(\frac{100}{100 + \text{लाभ}\%}\right)$$

$$= 21\left(\frac{100}{100+12}\right) = \frac{21 \times 100}{112} = 18.75 \text{ रु.।}$$

4. ∵ वस्तु का विक्रय मूल्य = 2040 रु.

तथा हानि % = 15%

$$\therefore \text{क्रय मूल्य} = \text{विक्रय मूल्य}\left(\frac{100}{100 - \%\text{हानि}}\right)$$

$= 2040\left(\frac{100}{100-15}\right) = \frac{2040\times100}{85} = 2400$ रु. ।

5. ∵ वस्तु का क्रय मूल्य = 150 रु. तथा

लाभ % = 13%

∴ वस्तु का विक्रय मूल्य

= क्रय मूल्य $\left(\frac{100+ \text{लाभ\%}}{100}\right)$

$= 150 \times \left(\frac{100+13}{100}\right)$

$= \frac{150\times113}{100} = 169.50$ रु. ।

6. ∵ वस्तु का क्रय मूल्य = 250 रु.

तथा वस्तु का विक्रय मूल्य = 300 रु.

∴ लाभ = 300 − 250 = 50 रु.

∴ प्रतिशत लाभ = $\frac{\text{लाभ}\times100}{\text{क्रय मूल्य}} = \frac{50\times100}{250} = 20\%$.

7. पहली स्थिति में, वस्तु का विक्रय मूल्य = 38 रु., हानि % = 5%

∴ वस्तु का क्रय मूल्य

= विक्रय मूल्य $\left(\frac{100}{100-\text{हानि\%}}\right)$

$= 38\left(\frac{100}{100-5}\right) = \frac{38\times100}{95} = 40$ रु.

दूसरी स्थिति में, क्रय मूल्य = 40 रु.,

विक्रय मूल्य = 42 रु.

∴ लाभ = विक्रय मूल्य − क्रय मूल्य

= 42 − 40 = 2 रु.

∴ प्रतिशत लाभ = $\frac{\text{लाभ}\times100}{\text{क्रय मूल्य}} = \left(\frac{2\times100}{40}\right)$

= 5%.

8. ∴ वस्तु का विक्रय मूल्य = 3990 रु., तथा

हानि % = 5%

∴ वस्तु का क्रय मूल्य

= विक्रय मूल्य $\left(\frac{100}{100-5}\right)$

$= 3990 \times \frac{100}{95} = 4200$ रु. ।

9. माना कि 10 पेनों का क्रय मूल्य = x रु.

प्रश्नानुसार, 8 पेनों का विक्रय मूल्य = x रु.

∴ 1 पेन का क्रय मूल्य = $\frac{x}{10}$ रु.

तथा 1 पेन का विक्रय मूल्य = $\frac{x}{8}$ रु.

∴ लाभ = विक्रय मूल्य − क्रय मूल्य

$= \frac{x}{8} - \frac{x}{10} = \frac{x}{40}$ रु.

∴ प्रतिशत लाभ = $\frac{\text{लाभ}\times100}{\text{क्रय मूल्य}} = \frac{\frac{x}{40}\times100}{\frac{x}{10}} = 25\%$.

10. ∵ टी.वी. का खरीद मूल्य या क्रय मूल्य = 2475 रु.

तथा विक्रय मूल्य = 3090 रु.

लाभ = विक्रय मूल्य − क्रय मूल्य

= 3090 − 2475 = 615 रु.

प्रतिशत लाभ = $\frac{\text{हानि}\times100}{\text{क्रय मूल्य}}$

$= \frac{615\times100}{2475}$

= 24.8%.

11. 20 दर्जन केलों का क्रय मूल्य = 100 रुपये

20 दर्जन केलों का विक्रय मूल्य

= 6 × 20 = 120 रुपये

लाभ = विक्रय मूल्य − क्रय मूल्य

= 120 − 100 = 20 रुपये लाभ।

12. ठेकेदार का वास्तविक क्रय मूल्य

= 75000 + 2,65,000

= 3,40,000 रुपये

∵ उसका विक्रय मूल्य उसके क्रय मूल्य से कम है अत: हानि होगी।

हानि = क्रय मूल्य − विक्रय मूल्य

= 3,40,000 − 3,25,000

= 15,000 रुपये हानि।

13. सलमा के लिए मोटर साईकिल का कुल क्रय मूल्य
= 22,250 + 750 = 23,000 रुपये

∵ 500 रुपये हानि पर मोटर साईकिल बेची जाती है अत: उसका विक्रय मूल्य क्रय मूल्य से 500 रुपये कम होगा।
विक्रय मूल्य = 23000 – 500 = 22500 रुपये।

14. दुकानदार का कुल क्रय मूल्य
= 50 × 70 = 3500 रुपये
शेष पुस्तकें = 50 – 5 = 45 पुस्तकें
45 पुस्तकों का विक्रय मूल्य = 45 × 80
= 3600 रुपये
लाभ = विक्रय मूल्य – क्रय मूल्य
= 3600 – 3500
= 100 रुपये लाभ।

15. साईकिल का वास्तविक क्रय मूल्य
= (500 + 20 + 50) रुपये
= 570 रुपये
साईकिल का विक्रय मूल्य = 600 रुपये
अत: लाभ = विक्रय मूल्य – क्रय मूल्य
= (600 – 570) रुपये = 30 रुपये।

16. 9000 रुपये में बेचने पर उसका लाभ
= 9000 – 8000 = 1000 रु.
इस सौदे में उसका अतिरिक्त लाभ
= 1000 – 450 = 550 रुपये।

17. 8 क्विंटल मक्का का कुल क्रय मूल्य
= 8 × 165 = 1320 रुपये
8 क्विंटल मक्का का कुल विक्रय मूल्य
= (4 × 170) + (4 × 172)
= 680 + 688 = 1368 रुपये

∵ विक्रय मूल्य, क्रय मूल्य से अधिक है अत: लाभ होगा।
लाभ = 1368 – 1320 = 48 रुपये।

18. 50 प्लेटों का क्रय मूल्य = 250 रुपये
शेष प्लेटें = 50 – 8 = 42 प्लेटें
शेष प्लेटें क्रय मूल्य से 2 रुपये लाभ अर्थात् 2 रुपये अधिक में बेची गयी।
इसलिए 42 प्लेटों का विक्रय मूल्य
= 250 + 2 = 252 रुपये
इसलिए 1 प्लेट का विक्रय मूल्य
$= \frac{252}{42} = 6$ रुपये प्रति प्लेट।

19. प्रथम वस्तु का क्रय मूल्य = 120 रुपये
10% लाभ = 120 का 10%
$= \frac{120 \times 10}{100} = 12$ रुपये
अत: प्रथम वस्तु का विक्रय मूल्य
= 120 + 12 = 132 रुपये
द्वितीय वस्तु का क्रय मूल्य = 120 रुपये
द्वितीय वस्तु पर हानि = 120 रु. का 10%
$= \frac{120 \times 10}{100} = 12$ रुपये
अत: द्वितीय वस्तु का विक्रय मूल्य
= 120 – 12 = 108 रुपये
दोनों वस्तुओं का कुल विक्रय मूल्य
= 132 + 108 = 240 रुपये।

20. माना 40 वस्तुओं का क्रय मूल्य 100 रुपये है।

∴ 35 वस्तुओं का विक्रय मूल्य भी 100 रुपये होगा।

∵ 35 वस्तुओं का विक्रय मूल्य 100 रुपये है तो
40 वस्तु का विक्रय मूल्य $= \frac{100}{35} \times 40$
$= \frac{800}{7}$ रुपये

∴ लाभ = विक्रय मूल्य – क्रय मूल्य
$= \frac{800}{7} - 100 = \frac{100}{7}$ रुपये

∵ क्रय मूल्य 100 रुपये माना था।
अत: लाभ% $= \frac{100}{7} = 14\frac{2}{7}\%$.

☆☆☆☆☆☆

12 अनुपात एवं समानुपात (Ratio and Proportion)

अनुपात : अनुपात सदैव दो सजातीय राशियों में होता है। एक राशि का, दूसरी सजातीय राशि में भाग देने पर अनुपात ज्ञात होता है या जब हम एक ही प्रकार की दो वस्तुओं की तुलना करते हैं और यह देखते हैं कि एक वस्तु, दूसरी वस्तु का कौन-सा भाग है तो उन दोनों के बीच पारस्परिक सम्बन्ध को अनुपात कहते हैं।

उदाहरण : किसी कक्षा में 24 लड़के और 16 लड़कियां हैं तो बताइये लड़कों और लड़कियों का क्या अनुपात होगा?

हल : $\frac{\text{लड़कों की संख्या}}{\text{लड़कियों की संख्या}} = \frac{24}{16} = \frac{3}{2}$

∴ लड़कों और लड़कियों की संख्या का अनुपात $= 3 : 2$ होगा।

समानुपात : जब दो अनुपात बराबर होते हैं तो उनकी बराबरी को समानुपात कहते हैं। जैसे $a : b = c : d$ हो तो इसका अर्थ यह है कि $\frac{a}{b}$ समानुपात में है $\frac{c}{d}$ के और इसे हम निम्न प्रकार से लिख सकते हैं।

अतः $a : b : : c : d$ में a, b, c तथा d को क्रमशः प्रथम, द्वितीय, तृतीय और चतुर्थ अनुपाती कहते हैं। इस प्रकार समानुपात में चार पद होते हैं।

नियम : समानुपात $a : b : : c : d$ में सिरे वाले दोनों पदों के गुणनफल, मध्य वाले दोनों पदों के गुणनफल के बराबर होता है। अर्थात् $a \times d = b \times c$

साझा : साझा दो प्रकार का होता है:

1. **साधारण साझा :** वह साझा जिसमें दो या दो से अधिक व्यापारी अपनी-अपनी पूंजी का इस्तेमाल एक समान अवधि के लिए करते हैं, उसे **साधारण साझा** कहते हैं।
2. **मिश्रित साझा :** वह साझा जिसमें दो या दो से अधिक व्यापारी अपनी-अपनी पूंजी का इस्तेमाल अलग-अलग अवधि के लिए करते हैं उसे **मिश्रित साझा** कहते हैं।

महत्त्वपूर्ण नोट : 1. साधारण साझे से सम्बन्धित प्रश्नों में व्यापार में हुए लाभ अथवा हानि को उनकी पूंजियों के अनुपात में विभाजित करते हैं। 2. मिश्रित साझे से सम्बन्धित प्रश्नों में व्यापार में हुए लाभ अथवा हानि को उनकी पूंजियों तथा समय के गुणनफलों के अनुपात में बांटा जाता है।

उदाहरण 1. निम्नलिखित में से कौन-सा अनुपात बड़ा होगा?

$7 : 3$ या $19 : 9$

हल : $7 : 3$ या $\frac{7}{3}$ तथा $19 : 9 = \frac{19}{9}$

$$\therefore \frac{7}{3} = \frac{7\times3}{3\times3} \text{ तथा } \frac{19}{9} \quad \therefore \frac{21}{9} > \frac{19}{9}$$

अतः $7 : 3$, $19 : 9$ से बड़ा है।

उदाहरण 2. यदि $5 : 3 : : 9 : x$ हो, तो x का मान क्या होगा?

हल : ∴ समानुपात में दोनों बाहरी संख्याओं का गुणनफल मध्य की दोनों संख्याओं के गुणनफल के बराबर होता है।

$$5 \times x = 3 \times 9$$

$$x = \frac{3\times9}{5} = \frac{27}{5} = 5\frac{2}{5}$$

उदाहरण 3: यदि $15 : 18 : : 25 : x$ हो तो x का मान कितना होगा?

हल: चूँकि समानुपात में दोनों बाहरी संख्याओं का गुणनफल मध्य की दोनों संख्याओं के गुणनफल के बराबर होता है।

$$\therefore \quad 15 \times x = 18 \times 25$$

$$\Rightarrow \quad x = \frac{18\times25}{15} = 30$$

अतः x का मान 30 होगा।

प्रश्नमाला

1. यदि 3 : 8 = 9 : x, तो x का मान कितना होगा?
A. 20 B. 27 C. 24 D. 25

2. यदि A : B = 3 : 4 तथा B : C = 5 : 6, तो A : B : C में क्या अनुपात होगा?
A. 20 : 15 : 24 B. 15 : 20 : 24
C. 15 : 24 : 20 D. 20 : 24 : 15

3. यदि 18 : x = x : 8 हो, तो x किसके बराबर होगा?
A. 11 B. 10 C. 16 D. 12

4. 8 : 12 : 10 : : ? है तो प्रश्न चिन्ह् (?) के स्थान पर क्या मान होगा?
A. 14 B. 15 C. 16 D. 18

5. 5 और 125 का मध्य समानुपात कितना है?
A. 20 B. 25 C. 28 D. 27

6. 3, 4 और 15 का चौथा अनुपात होगा?
A. 16 B. 18 C. 20 D. 15

7. 12 और 30 का तृतीय समानुपात कितना होगा?
A. 75 B. 125 C. 60 D. 70

8. दो संख्याओं का अनुपात 3 : 4 है। यदि दोनों संख्याओं का योग 490 हो तो वे संख्याएं क्रमशः क्या होंगी?
A. 220, 270 B. 210, 280
C. 120, 160 D. 180, 290

9. यदि एक त्रिभुज के कोणों में 1 : 2 : 3 का अनुपात हो तो उस त्रिभुज के सबसे बड़े कोण का मान होगा।
A. 90° B. 70°
C. 105° D. 110°

10. यदि किसी अनुपात का दूसरा पद 15 तथा अनुपात का मान $\frac{3}{5}$ हो तो उस अनुपात का पहला पद क्या होगा?
A. 8 B. 14 C. 9 D. 12

11. 1100 रुपये को सुधा, कमला और सलमा में इस प्रकार बांटो कि उनके धन में $\frac{1}{3}:\frac{2}{5}:\frac{1}{2}$ का अनुपात हो तो सुधा को मिलने वाला धन क्या है?
A. 300 रु. B. 350 रु.
C. 250 रु. D. 200 रु.

12. एक मिश्रधातु में तांबा, जस्ता और लोहा 7 : 6 : 9 के अनुपात में हैं। यदि मिश्रण में तांबे की मात्रा 560 ग्राम हो तो मिश्रधातु का कुल भार ज्ञात करो।
A. 1 किग्रा. 600 ग्रा. B. 2 किग्रा. 760 ग्रा.
C. 1 किग्रा. 760 ग्रा. D. 1 किग्रा. 700 ग्रा.

13. तीन संख्याओं का योग 16 है। दूसरी और तीसरी संख्याओं का अनुपात 9 : 16 है तथा प्रथम और तीसरी संख्याओं का अनुपात 1 : 4 है। दूसरी संख्या ज्ञात करो।
A. 38 B. 36 C. 40 D. 34

14. 1530 रुपये A, B, C में इस प्रकार वितरित किए गए कि यदि तीनों के हिस्सों में से क्रमशः 5, 10 और 15 कम कर दिए जाएं तो शेष भागों में 3 : 4 : 5 का अनुपात होगा। B का हिस्सा ज्ञात करो।
A. 505 रु. B. 500 रु.
C. 515 रु. D. 510 रु.

15. यदि A के पास B से 20% कम रुपये और B के पास C से 25% अधिक रुपये हों तो तीनों के धन का अनुपात ज्ञात करो।
A. 4 : 5 : 5 B. 4 : 5 : 4
C. 5 : 4 : 4 D. 4 : 4 : 5

16. एक थैली में एक रुपये, पचास पैसे और पच्चीस पैसे के सिक्के 2 : 3 : 4 के अनुपात में हैं। यदि थैली में कुल 45 रुपये हैं तो सिक्कों की कुल संख्या ज्ञात करो।
A. 90 B. 80
C. 85 D. 100

17. दूध और पानी के 20 लीटर मिश्रण में दूध और पानी का अनुपात 3 : 1 है। इस मिश्रण में कितना दूध और मिलाया जाए कि दूध और पानी का अनुपात 4 : 1 हो जाए?
A. 6 लीटर B. 7 लीटर
C. 5 लीटर D. 4 लीटर

उत्तरमाला

1	2	3	4	5	6	7	8	9	10
C	B	D	B	B	C	A	B	A	C
11	**12**	**13**	**14**	**15**	**16**	**17**			
A	C	B	D	B	A	C			

व्याख्यात्मक उत्तर

1. $\because 3 : 8 = 9 : x \Rightarrow \dfrac{3}{8} = \dfrac{9}{x}$

$\Rightarrow \quad x = \dfrac{8 \times 9}{3} = 24$

अतः x का मान = 24 होगा।

2. $\because$ दिया हुआ है : A : B = 3 : 4 तथा B : C = 5 : 6 दोनों अनुपातों में B को बराबर करने के लिए पहले अनुपात में 5 से तथा दूसरे अनुपात में 4 से गुणा करने पर,

$\therefore$ A : B = 3 : 4 = 3 × 5 : 4 × 5 = 15 : 20

तथा B : C = 5 : 6 = 5 × 4 : 6 × 4 = 20 : 24

$\therefore$ A : B : C = 15 : 20 : 24

3. $\because 18 : x = x : 8 \Rightarrow \dfrac{18}{x} = \dfrac{x}{8}$

$\Rightarrow x \times x = 18 \times 8 \Rightarrow x^2 = 144$

$\Rightarrow x = \sqrt{144} = 12$

अतः x, 12 के बराबर होगा।

4. चूंकि समानुपात में दोनों बाहरी संख्याओं का गुणनफल, मध्य की दोनों संख्याओं के गुणनफल के बराबर होता है।

$\because$ 8 : 12 : : 10 : ?

$\therefore 8 \times ? = 12 \times 10 \Rightarrow ? = \dfrac{12 \times 10}{8} = 15$

अतः प्रश्न चिन्ह् (?) के स्थान पर मान = 15 होगा।

5. माना कि 5 और 125 का मध्य समानुपात = x है

$\therefore 5 : x : : x : 125$

$\therefore x \times x = 5 \times 125 \Rightarrow x^2 = 625$

$\Rightarrow \quad x = \sqrt{625} = 25$

अतः 5 और 125 का मध्य समानुपात = 25 है।

6. माना कि 3, 4 और 15 का चौथा अनुपात = x

$\therefore \quad 3 : 4 = 15 : x$

$\therefore \quad x \times 3 = 4 \times 15$

$\therefore \quad x = \dfrac{4 \times 15}{3} = 20$

अतः 3, 4 और 15 का चौथा अनुपात = 20 होगा।

7. माना कि 12 और 30 का तृतीय अनुपात = x

$\therefore$ 12 : 30 = 30 : x

$\therefore 12 \times x = 30 \times 30 \Rightarrow x = \dfrac{30 \times 30}{12} = 75$

अतः 12 और 30 का तृतीय अनुपात = 75 होगा।

8. माना कि वे संख्याएं क्रमशः $3x$ व $4x$ हैं।

प्रश्नानुसार, $3x + 4x = 490 \Rightarrow 7x = 490$

$\Rightarrow \quad x = \dfrac{490}{7} = 70$

अतः वे संख्याएं क्रमशः (3 × 70 = 210) व (4 × 70 = 280) होंगी।

9. चूंकि त्रिभुज के कोणों में अनुपात = 1 : 2 : 3

$\therefore$ अनुपात संख्याओं का योग = 1 + 2 + 3 = 6

परन्तु त्रिभुज के तीनों कोणों का योग = 180°

$\therefore$ सबसे बड़े कोण का मान = $\dfrac{3}{6} \times 180° = 90°$

अतः सबसे बड़े कोण का मान = 90° होगा।

10. माना कि अनुपात का पहला पद = x

प्रश्नानुसार, $x : 15 = \dfrac{3}{5} = 3 : 5$

या, $\dfrac{x}{15} = \dfrac{3}{5}$

$\therefore x \times 5 = 15 \times 3 \Rightarrow x = \dfrac{15 \times 3}{5} = 9$

अतः अनुपात का पहला पद = 9 होगा।

11. सुधा : कमला : सलमा

$\frac{1}{3} : \frac{2}{5} : \frac{1}{2}$

सरल करने पर, अनुपात = 10 : 12 : 15

अनुपातों का योग = 10 + 12 + 15 = 37

$\therefore$ सुधा का भाग = $\frac{1110}{37} \times 10 = 300$ रुपये

कमला का भाग = $\frac{1110}{37} \times 12 = 360$ रुपये

सलमा का भाग = $\frac{1110}{37} \times 15 = 450$ रुपये।

12. तांबा : जस्ता : लोहा

अनुपातों का योग = 7 + 6 + 9 = 22

मिश्रधातु का कुल भार = $\frac{560}{7} \times 22$

= 1760 ग्राम

= 1 किलोग्राम 760 ग्राम।

13. $\because$ दूसरी संख्या : तीसरी संख्या = 9 : 16 ....(1)

और प्रथम संख्या : तीसरी संख्या = 1 : 4 ....(2)

(1) तथा (2) में तीसरी संख्या उभयनिष्ठ है अत: उसके मान को समान करने के लिए अनुपात (2) को 4 से गुणा करने पर,

प्रथम संख्या : तीसरी संख्या = 4 : 16

अत: प्रथम संख्या : दूसरी संख्या : तीसरी संख्या

= 4 : 9 : 16

अनुपातों का योग = 4 + 9 + 16 = 29

$\therefore$ दूसरी संख्या = $\frac{116}{29} \times 9 = 36.$

14. कुल धन = 1530 रुपये

तीनों के भागों में से कुल कम की गई राशि 5 + 10 + 15 = 30 रुपये

$\therefore$ शेष राशि = 1530 − 30 = 1500 रुपये

दिया गया अनुपात = 3 : 4 : 5

अनुपातों का योग = 3 + 4 + 5 = 12

शेष राशि में B का हिस्सा = $\frac{1500}{12} \times 4 = 500$ रुपये

$\therefore$ 1530 रुपये में B का हिस्सा = 500 + 10 = 510 रुपये

15. $\because$ A के पास B से 20% कम रुपये हैं

$\therefore$ A : B = 80 : 100 = 4 : 5 ....(1)

और B के पास C से 25% अधिक रुपये हैं,

$\therefore$ B : C = 125 : 100 = 5 : 4 ....(2)

$\therefore$ A : B : C = 4 : 5 : 4

नोट—यदि प्रश्न में कुल राशि दी गई होती तो उसे भी उक्त प्रक्रिया में बांटा जा सकता था।

16. $\because$ सिक्कों की संख्या का अनुपात = 2 : 3 : 4

$\therefore$ सिक्कों के मूल्य का अनुपात

= 2 × 100 : 3 × 50 : 4 × 25

= 200 : 150 : 100 = 4 : 3 : 2

अनुपातों का योग = 4 + 3 + 2 = 9

$\therefore$ एक रुपये के सिक्कों का मूल्य

= $\frac{45}{9} \times 4 = 20$ रुपये

पचास पैसे के सिक्कों का मूल्य

= $\frac{45}{9} \times 3 = 15$ रुपये

पच्चीस पैसे के सिक्कों का मूल्य = $\frac{45}{9} \times 2 = 10$ रुपये

$\therefore$ एक रुपये के सिक्कों की संख्या = 20 × 1 = 20

पचास पैसे के सिक्कों की संख्या = 15 × 2 = 30

पच्चीस पैसे के सिक्कों की संख्या = 10 × 4 = 40

$\therefore$ सिक्कों की कुल संख्या = 20 + 30 + 40 = 90

नोट—उपर्युक्त प्रश्न में सिक्कों की संख्या के अनुपात को मूल्य के अनुपात में बदलने के लिए, जितने पैसे का सिक्का हो उतने ही से गुणा किया गया है।

इसी प्रकार, मूल्य के अनुपात को संख्या के अनुपात में बदलने के लिए, एक रुपये में उस प्रकार के जितने सिक्के हों, उसका गुणा करते हैं। जैसे—25 पैसे, 10 पैसे तथा 5 पैसे के सिक्कों के मूल्य का अनुपात 3 : 4 : 7 हो तो उनकी संख्या का अनुपात

= 3 × 4 : 4 × 10 : 7 × 20

= 12 : 40 : 140 = 3 : 10 : 35

17. $\because$ 20 लीटर मिश्रण में दूध = $\frac{3}{4} \times 20 = 15$ लीटर

और पानी = 20 − 15 = 5 लीटर

माना, x लीटर दूध और मिलाया जाए, तो प्रश्नानुसार,

$(15 + x) : 5 = 4 : 1$

या $\frac{15+x}{5} = \frac{4}{1}$ या $15 + x = 20$

या $x = 20 - 15 = 5$

अत: 5 लीटर दूध और मिलाया जाए।

☆☆☆☆☆☆

13 चाल, समय एवं दूरी (Speed, Time and Distance)

याद रखें :

(i) दूरी निकालने के लिए चाल में समय से गुणा करें, अर्थात् दूरी = चाल × समय

(ii) चाल निकालने के लिए दूरी में समय से भाग दें,

अर्थात् चाल $= \frac{\text{दूरी}}{\text{समय}}$

(iii) समय निकालने के लिए दूरी में चाल से भाग दें,

अर्थात् समय $= \frac{\text{दूरी}}{\text{चाल}}$

(iv) गाड़ी को खम्भा या वृक्ष पार करने में केवल अपनी लम्बाई पार करनी होती है।

(iv) गाड़ी को पुल या प्लेटफार्म पार करने में अपनी लम्बाई और पुल या प्लेटफार्म की लम्बाई दोनों पार करनी होती है।

(vi) जब दो गाड़ियां एक ही दिशा में जा रही हों, तो उनकी आपेक्षिक गति (एक दूसरे को पार करने की गति) निकालने के लिए दोनों गाड़ियों की गति का अंतर निकाला जाता है।

(vii) जब दो गाड़ियां विपरीत दिशा में जा रही हों, तो उनकी आपेक्षिक गति (एक दूसरे को पार करने की गति) निकालने के लिए दोनों गाड़ियों की गति को जोड़ दिया जाता है।

प्रश्नमाला

1. एक गतिमान कार की चाल 36 कि॰मी॰ प्रति घंटा है। इसकी चाल मी॰/से॰ में है:

A. 10 मी॰/से॰ B. 15 मी॰/से॰
C. 20 मी॰/से॰ D. 25 मी॰/से॰

2. दो रेलगाड़ियां एक ही समय दो स्टेशनों X तथा Y से, जिनके मध्य 900 कि॰मी॰ की दूरी है, एक-दूसरे की ओर चलना शुरू करती हैं। यदि उनकी औसत चाल क्रमशः 38 तथा 22 कि॰मी॰/घं॰ हो तो वे एक-दूसरे को कितने समय बाद मिलेंगी?

A. 12 घण्टे B. 13 घण्टे
C. 14 घण्टे D. 15 घण्टे

3. 100 मी॰ लम्बी रेलगाड़ी 60 कि॰मी॰ प्रति घंटा की चाल से जा रही है। इसे एक तार चौकी को पार करने में समय लगेगा:

A. 4 सेकेण्ड B. 5 सेकेण्ड
C. 6 सेकेण्ड D. 8 सेकेण्ड

4. 150 मी॰ लम्बी एक रेलगाड़ी 90 कि॰मी॰ प्रति घंटा की चाल से जा रही है। इसे एक पेड़ को पार करने में समय लगेगा:

A. 3 सेकेण्ड B. 4 सेकेण्ड
C. 6 सेकेण्ड D. 8 सेकेण्ड

5. 100 मी॰ लम्बी एक रेलगाड़ी 65 कि॰मी॰ प्रति घंटा की चाल से जा रही है। यह एक व्यक्ति को जो 5 कि॰मी॰/घंटा की चाल से रेलगाड़ी की दिशा में जा रहा है, कितने समय में पार करेगी?

A. 8 सेकेण्ड B. 6 सेकेण्ड
C. 4 सेकेण्ड D. 2 सेकेण्ड

6. एक व्यक्ति नदी के बहाव की दिशा में 6 कि॰मी॰ प्रति/घं॰ तथा विपरीत दिशा में 3 कि॰मी॰ प्रति/घं॰ की चाल से नाव चलाता है। स्थिर पानी में नाव की चाल है:

A 9 कि॰मी॰/घं॰ B. 4.5 कि॰मी॰/घं॰
C. 1.5 कि॰मी॰/घं॰ D. 1.0 कि॰मी॰/घं॰

7. प्रश्न 6 में नदी के बहाव की चाल है

A. 1.5 कि.मी./घं. B. 2.5 कि.मी./घं.

C. 4.5 कि.मी./घं. D. 18.0 कि.मी./घं.

8. एक साइकिल सवार 3 मिनट में 1.2 किलोमीटर दूरी तय करता है, तो उसकी गति प्रति घंटा क्या होगी?

A. 24 कि.मी./घंटा B. 24 मी./घंटा

C. 24 मी./से. D. 24 कि.मी./मिनट

9. एक 100 मीटर लम्बी गाड़ी 90 कि.मी./घ. की चाल से चल रही है। गाड़ी को पेड़ को पार करने में कितना समय लगेगा?

A. 4 से. B. 8 से.

C. 11 से. D. 11 से.

10. एक रेलगाड़ी जो 90 कि.मी./घं. की गति से चली जा रही है। एक खम्भे को पार करने में 10 सेकेण्ड का समय लेती है। बताइये उस रेलगाड़ी की लम्बाई (मीटर में) कितनी होगी?

A. 250 B. 240

C. 280 D. 270

11. 18 किमी प्रति घंटा की चाल को मीटर प्रति सेकेण्ड में बदलिए।

A. 7 मी./से. B. 4 मी./से.

C. 6 मी./से. D. 5 मी./से.

12. 3 मीटर प्रति सेकेण्ड की चाल को किमी प्रति घण्टा में बदलिए।

A. 10 किमी./घंटा B. 10.8 किमी./घंटा

C. 8 किमी./घंटा D. 8.10 किमी./घंटा

13. 500 मीटर लम्बी रेलगाड़ी 220 मीटर लम्बे प्लेटफार्म को 36 सेकेण्ड में पार कर लेती है, तो गाड़ी की चाल किमी प्रति घण्टा ज्ञात करो

A. 60 किमी./घंटा B. 65 किमी./घंटा

C. 72 किमी./घंटा D. 70 किमी./घंटा

14. एक आदमी 5 किमी प्रति घण्टा की चाल से P से Q स्थान तक जाता है और 3 किमी प्रति घण्टा की चाल से Q से P स्थान पर वापस आ जाता है। उसकी सारी यात्रा में औसत चाल क्या रही?

A. $4\frac{3}{4}$ किमी./घंटा B. $3\frac{3}{4}$ किमी./घंटा

C. 4 किमी./घंटा D. 3 किमी./घंटा

15. एक रेलगाड़ी 60 किमी की दूरी 45 मिनट में तय करती है, यदि इसकी गति 5 किमी/घण्टा कम कर दी जाए तो उसी दूरी को वह कितने समय में तय करेगी?

A. 42 मिनट B. 40 मिनट

C. 45 मिनट D. 48 मिनट

16. एक कार तीन किमी. लम्बाई की चार लगातार दूरियों को क्रमश: 10 किमी./घण्टा 20 किमी/घण्टा, 30 किमी./घण्टा तथा 60 किमी./घण्टा की गति से पार करती है। कुल दूरी में उसकी औसत गति है।

A. 30 किमी./घंटा B. 35 किमी./घंटा

C. 20 किमी./घंटा D. 25 किमी./घंटा

17. एक व्यक्ति कुछ दूरी 5 किमी/घण्टा की चाल से 6 घण्टे में तय की और अगले 12 घण्टे वह 4 किमी/घण्टा की चाल से चला उसकी औसत चाल है।

A. $5\frac{1}{3}$ किमी./घंटा B. $5\frac{2}{3}$ किमी./घंटा

C. $4\frac{1}{3}$ किमी./घंटा D. $4\frac{2}{3}$ किमी./घंटा

18. राम एक घण्टे में 5 मील और मोहन 1 घण्टे में 3½ मील चलता है। यदि वे प्रात: काल 6 बजे तक एक साथ चल पड़े तो बताओ कि दोपहर के 11 बजे तक राम, मोहन से कितना आगे निकल जाएगा?

A. 7 मील B. 7½ मील

C. 8 मील D. 8½ मील

19. एक व्यक्ति किसी स्थान तक पैदल जाने और वहां से साईकिल पर आने में 6 घण्टा 15 मिनट लगाता है। अगर वह पैदल जाता और पैदल ही आता तो 7 घण्टा 45 मिनट लगाता। वह साईकिल से ही आता जाता तो कितना समय लगता?

A. 4 घंटा 45 मिनट B. 4 घंटा 50 मिनट

C. 4 घंटा 40 मिनट D. 4 घंटा 30 मिनट

20. एक ट्रेन ठहराव के साथ किसी दूरी तक 60 किमी प्रति घण्टे की रफ्तार से चली और बिना ठहराव के 90 किमी प्रति घंटे की रफ्तार से हर घण्टे के बाद ट्रेन कितने मिनट तक रुकती है?

A. 15 मिनट B. 30 मिनट

C. 20 मिनट D. 25 मिनट

उत्तरमाला

1	2	3	4	5	6	7	8	9	10
A	D	C	C	B	B	A	A	A	A
11	**12**	**13**	**14**	**15**	**16**	**17**	**18**	**19**	**20**
D	B	C	B	D	C	C	B	A	C

व्याख्यात्मक उत्तर

1. चाल $= \frac{36 \text{ कि॰मी॰}}{\text{घंटा}} = \frac{36000 \text{ मी॰}}{3600 \text{ से॰}} = 10$ मी॰/से॰

2. दो रेलगाड़ियों द्वारा 1 घंटे में तय की गई दूरी

$= 38 + 22 = 60$ कि॰मी॰

कुल दूरी $= 900$ कि॰मी॰

समय $= \frac{900}{60} = 15$ घंटे।

3. दूरी $= 100$ मी॰

चाल $= \frac{60 \text{ कि॰मी॰}}{\text{घंटा}}$

$= \frac{60000 \text{ मी॰}}{3600 \text{ से॰}} = \frac{50}{3}$ मी॰/से॰

समय $= \frac{\text{दूरी}}{\text{चाल}}$

$= \frac{100}{50/3} = \frac{100 \times 3}{50} = 6$ से॰

4. चाल $= \frac{90 \text{ कि॰मी॰}}{\text{घंटा}} = \frac{90000 \text{ मी॰}}{3600 \text{ से॰}}$

$= 25$ मी॰/से॰

दूरी $= 150$ मी॰

समय $= \frac{\text{दूरी}}{\text{चाल}} = \frac{150}{25} = 6$ से॰

5. वास्तविक चाल = रेलगाड़ी की चाल – व्यक्ति की चाल

$= 65 - 5 = 60$ कि॰मी॰/घं॰

चाल $= \frac{60 \text{ कि॰मी॰}}{\text{घंटा}} - \frac{60000 \text{ मी॰}}{3600 \text{ से॰}}$

$= \frac{50}{3}$ मी॰/से॰

समय $= \frac{\text{दूरी}}{\text{चाल}} = \frac{100}{50/3} = \frac{100 \times 3}{50}$

$= 6$ से॰

6. स्थिर पानी में नाव की चाल $= \frac{6+3}{2} = \frac{9}{2}$

$= 4.5$ कि॰मी॰/घं॰

7. नदी के बहाव की चाल $= \frac{6-3}{2} = \frac{3}{2}$

$= 1.5$ कि॰मी॰/घंटा

8. गति $= \frac{\text{दूरी}}{\text{समय}}$, दूरी $= 1.2$ कि॰मी॰

समय = 3 मिनट $= \frac{3}{60}$ घंटा

गति $= \frac{\text{दूरी}}{\text{समय}} = \frac{1.2}{\frac{3}{60}}$

$= \frac{1.2 \times 60}{3} = 24$ कि॰मी॰/घंटा

9. चूंकि रेलगाड़ी सिर्फ पेड़ को पार करती है।

$\therefore$ पेड़ को पार करने में लगा समय

$= \frac{100 \text{ मी॰}}{90 \text{ कि॰मी॰/ घं॰}}$

$= \frac{100 \text{ मी॰}}{90 \times \frac{5 \text{ मी॰}}{18 \text{ से॰}}} = 4$ सेकेण्ड

10. चूंकि रेलगाड़ी सिर्फ खम्भे को पार करती है।

$\therefore$ खम्भे को पार करने में लगा समय

$= \frac{\text{रेलगाड़ी की लम्बाई}}{\text{रेलगाड़ी की चाल}}$

$\therefore \quad 10 = \dfrac{\text{रेलगाड़ी की लम्बाई}}{90 \times \dfrac{5}{18} \text{ मी॰/से॰}}$

$\therefore$ रेलगाड़ी की लम्बाई $= 10 \times 90 \times \dfrac{5}{18} = 250$ मीटर।

11. $\because$ 1 किमी = 1000 मीटर और
1 घण्टा = 3600 सेकेण्ड

$\therefore$ 18 किमी प्रतिघण्टा $= \dfrac{18 \times 1000}{3600} = 5$ मीटर/सेकेण्ड।

12. 3 मीटर/सेकेण्ड $= \dfrac{3 \times 3600}{1000} = 10.8$ किमी/घण्टा।

13. गाड़ी द्वारा प्लेटफार्म को पार करने में तय की गई दूरी = 500 + 220 = 720 मीटर, समय = 36 सेकेंण्ड

$\therefore$ चाल $= \dfrac{\text{दूरी}}{\text{समय}}$

$\therefore$ गाड़ी की चाल $= \dfrac{720}{36}$ मीटर प्रति सेकेण्ड

$= \dfrac{720 \times 3600}{36 \times 1000} = 72$ किमी/घण्टा।

14. माना P से Q स्थान की दूरी 15 किमी
(3 और 5 का ल.स.प. 15 है, अत: गणना की सुविधा के लिए 15 किमी दूरी मानी है।)

$\therefore$ जाने में लगा समय $= \dfrac{15}{3} = 5$ घण्टे

और वापस आने में लगा समय $= \dfrac{15}{3} = 5$ घण्टे

कुल दूरी = 15 + 15 = 30 किमी
कुल समय = 3 + 5 = 8 घण्टे

औसत चाल $\dfrac{30}{8} = \dfrac{15}{4} = 3\dfrac{3}{4}$ किमी प्रति घण्टा।

15. $\therefore$ दूरी = 60 किमी, समय = 45 मिनट $= \dfrac{3}{4}$ घण्टा

$\therefore$ चाल $= \dfrac{60 \times 4}{3} = 80$ किमी प्रति घण्टा

5 किमी/घण्टा, कम होने पर चाल = 75 किमी/घण्टा

$\therefore$ समय $= \dfrac{60}{.75} = \dfrac{4}{5}$ घण्टा = 48 मिनट।

16. प्रत्येक तीन किमी की दूरी को तय करने में लगा समय क्रमश:,

$\dfrac{2}{10}, \dfrac{3}{20}, \dfrac{3}{30}, \dfrac{3}{60}$ घण्टा

$\therefore$ कुल समय

$= \left(\dfrac{3}{10} + \dfrac{3}{20} + \dfrac{3}{30} + \dfrac{3}{60}\right) = \dfrac{3}{5}$ घण्टा

दूरी = 3 × 4 = 12 किमी

$\therefore$ चाल $= \dfrac{12 \times 5}{3} = 20$ किमी/घण्टा।

17. कुल दूरी = 5 × 6 + 12 × 4 = 30 + 48
= 78 किमी/घण्टा
कुल समय = 12 + 6 = 18 घण्टे

$\therefore$ औसत चाल $= \dfrac{78}{18} = \dfrac{13}{3} = 4\dfrac{1}{3}$ किमी/घण्टा।

18. $\therefore$ एक घण्टे में राम मोहन से $\left(5 - \dfrac{7}{2}\right) = \dfrac{3}{2}$ मील अधिक चलता है।

$\therefore$ 5 घण्टे में राम मोहन से $\dfrac{3}{2} \times 5 = 7\dfrac{1}{2}$ मील अधिक।

19. एक तरफ पैदल जाना + एक तरफ साईकिल से आना
= 6 घंटा 15 मिनट
या दो तरफ पैदल जाना + दो तरफ साईकिल से आना
= 12 घण्टा 30 मिनट
$\therefore$ दो बार साईकिल से आना = 12 घण्टा 30 मिनट –2 तरफ पैदल जाना
= 12 घण्टा 30 मिनट – 7 घण्टा 45 मिनट
= 4 घण्टा 45 मिनट।

20. प्रति घण्टे रुकने में लगा समय 90 किमी प्रति घण्टे की रफ्तार से बाकी दूरी (90-60) किमी या 30 किमी की दूरी तय करने में लगे समय के बराबर होगा।

$\therefore$ ट्रेन प्रति घण्टे $\dfrac{30}{90} = \dfrac{1}{3}$ घंटा या मिनट 20 रुकती है।

☆☆☆☆☆☆

14 समय एवं कार्य (Time and Work)

ऐकिक नियम के प्रश्नों में पहले इकाई वस्तु का मूल्य ज्ञात करके प्रश्न में दी गई संख्या का मूल्य निकालते हैं। उदाहरण के लिए प्रश्न है–

7 बकरियों की कीमत 630 रु. है, तो 20 बकरियों की कीमत क्या होगी?

ऐकिक नियम विधि से इस प्रश्न को हल करने में पहले एक बकरी की कीमत निकालनी होगी। उसके बाद 20 बकरियों की कीमत निकाली जायेगी।

ऐसे प्रश्नों को हल करते समय जो भाषा लिखी जाती है, उसमें जिस राशि या मद का उत्तर निकालना हो, उसे सबसे बाद में लिखा जाता है। जैसे–

उदाहरण 1. 7 बकरियों की कीमत 630 रु. है, तो 20 बकरियों की कीमत क्या होगी? इस प्रश्न में हमें कीमत निकालनी है (रु. में), अतः प्रश्न की भाषा लिखते समय रु. दाँयी ओर लिखेंगे।

हलः $\because$ 7 बकरियों की कीमत = 630 रु.

$\therefore$ 1 बकरी (इकाई) की कीमत = $\frac{630}{7}$ रु.

$\therefore$ 20 बकरियों की कीमत = $\frac{630}{7} \times 20 = 1800$ रु.

उदाहरण 2. 10 आदमी 1 काम को 30 दिनों में पूरा करते हैं। उसी काम को 15 आदमी कितने दिनों में पूरा करेंगे?

हलः इस प्रश्न में हमें दिन निकालने हैं। इसलिए इसे निम्न प्रकार से हल करेंगे।

$\because$ 10 आदमी एक काम को करते हैं = 30 दिनों में

$\therefore$ 1 आदमी उस काम को करेगा = 10×30 दिनों में

$\therefore$ 15 आदमी उसी काम को करेंगे = $\frac{10 \times 30}{15}$

= 20 दिनों में

नोटः

(i) यदि एक आदमी एक काम को 10 दिनों में करता है, तो उसका एक दिन का काम होगा = $\frac{1}{10}$ भाग

(ii) यदि किसी आदमी का एक दिन का काम $\frac{1}{10}$ हो, तो वह पूरा काम 10 दिनों में करेगा।

(iii) ऐसे प्रश्नों में पहले एक दिन का काम निकाला जाता है।

(iv) यदि काम करने वाले आदमी बढ़ जायें, तो काम कम समय (कम दिनों) में पूरा होगा और यदि काम करने वाले आदमी कम हो जायें, तो काम अधिक समय (अधिक दिनों) में पूरा होगा।

उदाहरण 3. यदि 15 आदमी किसी काम को 24 दिनों में करते हैं, तो कितने आदमी उसी काम को 18 दिनों में पूरा करेंगे?

हलः इस प्रश्न में हमें आदमी निकालने हैं, अतः इसे निम्न प्रकार से हल करेंगेः

24 दिन में काम पूरा करते हैं = 15 आदमी

$\therefore$ 1 दिन में काम पूरा करेंगे = 15×24

$\therefore$ 18 दिन में काम पूरा करेंगे = $\frac{15 \times 24}{18}$ = 20 आदमी

उदाहरण 4. एक रेलगाड़ी 50 मिनट में 60 कि.मी. की दूरी तय करती है 210 कि.मी. की दूरी तय करने में उसे कितना समय लगेगा?

हलः इस प्रश्न में हमें समय निकालना है। अतः हल इस प्रकार निकाला जाएगा।

$\because$ 60 कि.मी. की दूरी तय करती है = 50 मिनट में

$\therefore$ 1 कि.मी. की दूरी तय करेगी = $\frac{50}{60}$ मिनट में

$\therefore$ 210 कि.मी. की दूरी तय करेगी = $\frac{50}{60} \times 210$

= 175 मिनट में

प्रश्नमाला

1. A एक काम को 6 दिन में तथा B उसे 10 दिन में कर सकता है। A तथा B मिलकर उसे पूरा करेंगे।

A. 10 दिन से कम तथा 6 दिन से अधिक दिनों में
B. 10 दिन से अधिक दिनों में
C. 6 दिन से कम दिनों में
D. 2 दिन में

2. A एक मेज को 3 दिन में तथा उसका मित्र उसे 6 दिन में बना सकता है। A और उसका मित्र मिलकर उसे पूरा बनाएंगे:

A. 3 दिन में B. 2 दिन में
C. 1 दिन में D. $\frac{1}{2}$ दिन में

3. X और Y मिलकर किसी कार्य को 10 दिन में कर सकते हैं। X अकेला उसे 15 दिन में कर सकता है तो Y उसे कितने दिन में करेगा?

A. 15 दिन B. 20 दिन
C. 25 दिन D. 30 दिन

4. 24 आदमी एक मशीन को 12 दिन में तैयार करते हैं तो 36 आदमी उसे कितने दिनों में तैयार करेंगे?

A. 8 दिन B. 12 दिन
C. 16 दिन D. 20 दिन

5. X, Y और Z किसी काम को क्रमशः 8, 10 और 8 दिन में कर सकते हैं। तीनों मिलकर उस कार्य को कितने दिनों में कर सकेंगे?

A. $2\frac{1}{7}$ दिन B. $2\frac{3}{7}$ दिन
C. $2\frac{5}{7}$ दिन D. $2\frac{6}{7}$ दिन

6. A एक काम को 5 दिन में तथा B उसी काम को 10 दिन में पूरा करता है तो बताइये (A + B) उस काम को कितने दिनों में पूरा करेंगे?

A. $2\frac{3}{4}$ दिन B. $3\frac{3}{4}$ दिन
C. $3\frac{1}{3}$ दिन D. $2\frac{1}{4}$ दिन

7. 3 पेन और 5 पैन्सिलों का मूल्य 14 रु. है। 12 पेन और 20 पेन्सिलों का क्या मूल्य होगा?

A. 42 रु. B. 56 रु.
C. 20 रु. D. 112 रु.

8. *x*, *y* और *z* मिलकर एक कार्य को 8 दिन में पूरा कर सकते हैं। यदि *x* और *z* मिलकर उस कार्य को 12 दिन में पूरा कर सकते हों तो बताइये *y* अकेला उस कार्य को पूरा कितने दिन में करेगा?

A. 22 दिन B. 24 दिन
C. $17\frac{1}{4}$ दिन D. 23 दिन

9. यदि 75 संतरों की एक पेटी का मूल्य 60 रु. है तो 50 संतरों का मूल्य होगा:

A. 30 रु. B. 40 रु.
C. 50 रु. D. 60 रु.

10. एक नल एक हौज को 4 घण्टे में तथा दूसरा नल उस हौज को 5 घण्टे में भर सकता है। यदि दोनों नल एक साथ खोल दिए जाएं तो हौज को भरने में कितने घण्टे लगेंगे?

A. $3\frac{2}{9}$ घण्टे B. $2\frac{2}{9}$ घण्टे
C. $2\frac{1}{9}$ घण्टे D. $3\frac{5}{9}$ घण्टे

11. यदि 210 रुपए में 6 बाल्टियां खरीदी जा सकती है तो 140 रुपए में कितनी बाल्टियां खरीदी जा सकेंगी।

A. 4 B. 3
C. 5 D. 6

12. गणित की 14 पुस्तकों का मूल्य 105 रुपए है तो बताइए ऐसी ही 24 पुस्तकों के लिए क्या मूल्य देना होगा?

A. 170 रु. B. 175 रु.
C. 180 रु. D. 185 रु.

13. यदि 3000 रुपए में 12 रेडियो सैट खरीदे जा सकते हों, तो बताओ 3750 रुपए में कितने रेडियो सैट खरीदे जा सकेंगे।

A. 12 B. 15
C. 10 D. 17

14. किसी परिवार के 6 सदस्यों के लिए 20 दिन की भोजन सामग्री है, तो बताओ 4 सदस्यों वाले परिवार के लिए यही भोजन सामग्री कितने दिनों के लिए पर्याप्त होगी।

A. 25 दिन B. 35 दिन

C. 20 दिन D. 30 दिन

15. 15 मजदूर एक खेत की गुड़ाई 6 घण्टे में कर सकते हैं तो बताइये 2 घण्टे में उस खेत की गुड़ाई करने के लिए कितने मजदूर चाहिए?

A. 40 B. 45

C. 50 D. 55

16. यदि 20 पुरुष किसी काम को 3 दिन में पूरा कर सकते हैं तथा 12 महिलाएं उसी काम को 12 दिन में पूरा कर सकती हैं तो 20 पुरुष तथा 20 महिलाएं मिलकर उस काम को कितने दिन में पूरा कर लेंगे?

A. $3\frac{3}{17}$ दिन B. $2\frac{3}{17}$ दिन

C. $3\frac{2}{17}$ दिन D. $2\frac{2}{17}$ दिन

17. यदि 10 आदमी या 18 लड़के किसी काम को 15 दिन में कर सकते हैं तो 25 आदमी और 15 लड़के उससे दुगुने काम को कितने दिन में करेंगे?

A. 12 दिन B. 15 दिन

C. 10 दिन D. 17 दिन

उत्तरमाला

1	2	3	4	5	6	7	8	9	10
C	B	D	A	D	C	B	B	B	B
11	**12**	**13**	**14**	**15**	**16**	**17**			
A	C	B	D	B	D	B			

व्याख्यात्मक उत्तर

1. A का 1 दिन का काम $= \frac{1}{6}$

B का 1 दिन का काम $= \frac{1}{10}$

(A + B) का 1 दिन का काम $= \frac{1}{6} + \frac{1}{10} = \frac{8}{30}$

$\therefore$ A + B मिलकर उसे $\frac{30}{8}$ दिन में करेंगे

$= 3\frac{6}{8}$ दिन $= 3\frac{3}{4}$ दिन

जो 6 दिन से कम है।

2. A तथा उसके मित्र द्वारा 1 दिन में किया गया कार्य

$= \frac{1}{3} + \frac{1}{6} = \frac{3}{6}$

$\therefore$ दोनों मिलकर उसे पूरा करेंगे $= \frac{6}{3} = 2$ दिन में।

3. X और Y का दिन का काम $= \frac{1}{10}$

अकेले X का 1 दिन का काम $= \frac{1}{15}$

अकेले Y का 1 दिन का काम $= \frac{1}{10} - \frac{1}{15} = \frac{1}{30}$

$\therefore$ Y अकेला उस काम को 30 दिन में करेगा।

4. $\because$ 24 व्यक्ति एक मशीन को बनाते हैं = 12 दिन में

$\therefore$ 1 व्यक्ति एक मशीन को बनाता है $= 24 \times 12$ दिन में।

$\therefore$ 36 व्यक्ति एक मशीन को बनाते हैं

$= \frac{24 \times 12}{36} = 8$ दिन में।

5. X + Y + Z का 1 दिन का काम

$= \frac{1}{8} + \frac{1}{10} + \frac{1}{8} = \frac{7}{20}$

$\therefore$ X + Y + Z उसे पूरा करेंगे $= \frac{20}{7}$ दिन

$= 2\frac{6}{7}$ दिन में

6. $\because$ A का 1 दिन का काम $= \frac{1}{5}$

तथा B का 1 दिन का काम $= \frac{1}{10}$

$\therefore$ (A + B) का 1 दिन का काम

$= \frac{1}{5} + \frac{1}{10} = \frac{2+1}{10} = \frac{3}{10}$

चूंकि $\frac{3}{10}$ काम (A + B) करते हैं = 1 दिन में

$\therefore$ पूरा काम (A + B) करेंगे $= \frac{10}{3} = 3\frac{1}{3}$ दिन में

7. $\because$ 3 पेन तथा 5 पेन्सिलों का मूल्य = 14 रु.

$\therefore$ 1 पेन तथा 1 पेन्सिल का मूल्य

$= \frac{14}{\text{3 पेन तथा 5 पेन्सिल}}$

$\therefore$ 4 × (3 पेन तथा 5 पेन्सिलों) का मूल्य

$= \frac{14 \times 4 \times (\text{3 पेन तथा 5 पेंसिल})}{\text{3 पेन तथा 5 पेंसिल}} = 56$ रुपये।

8. $\because$ z(x + y + z) का 1 दिन का काम $= \frac{1}{8}$

तथा (x + z) का 1 दिन का काम $= \frac{1}{12}$

$\therefore$ y का 1 दिन का काम $= \frac{1}{8} - \frac{1}{12}$

$= \frac{3-2}{24} = \frac{1}{24}$

चूंकि $\frac{1}{24}$ काम y करता है = 1 दिन में

$\therefore$ पूरा काम y करेगा 24 दिन में।

9. $\because$ 75 संतरों का मूल्य = 60 रु.

$\because$ 1 संतरे का मूल्य $= \frac{60}{75}$

$\therefore$ 50 संतरों का मूल्य $= \frac{60}{75} \times 50 = 40$ रु.

10. पहले नल द्वारा 1 घण्टे में हौज का भरा भाग $= \frac{1}{4}$

तथा दूसरे नल द्वारा 1 घण्टे में हौज का भरा भाग $= \frac{1}{5}$

$\therefore$ (पहले + दूसरे) नल द्वारा 1 घण्टे में हौज का भरा भाग

$= \frac{1}{4} + \frac{1}{5} = \frac{5+4}{20} = \frac{9}{20}$

चूंकि हौज का $\frac{9}{20}$ भाग (पहले + दूसरे) नल भरते हैं = 1 घण्टे में

$\therefore$ पूरा भाग (पहले + दूसरे) नल भरेंगे $\frac{20}{9} = 2\frac{2}{9}$ घण्टे में।

11.

रुपए	बाल्टियां
210	6
140	?

$\therefore$ 210 रुपए में खरीदी जाने वाली बाल्टियों की संख्या = 6

$\therefore$ 1 रुपए में खरीदी जाने वाली बाल्टियां $= \frac{6}{210}$

$\therefore$ 140 रुपए में खरीदी जाने वाली बाल्टियां

$= \frac{6}{210} \times 140 = 4$ बाल्टियां

अत: 140 रुपए में 4 बाल्टियां खरीदी जा सकेंगी।

12.

पुस्तक	**मूल्य**
14	105 रुपए
24	?

$\because$ गणित की 14 पुस्तकों का मूल्य = 105 रुपए

$\therefore$ गणित की 1 पुस्तक का मूल्य $= \frac{105}{14}$ रुपए

$\therefore$ गणित की 24 पुस्तकों का मूल्य

$= \frac{105}{14} \times 24$ रुपए

= **180 रुपए**

अत: गणित की 24 पुस्तकों का मूल्य = 180 रुपए होगा।

13.

रुपए	**रेडियो सैट**
3000	12
3750	?

$\because$ 3000 रुपए में खरीदे जा सकते हैं = 12 रेडियो सैट

$\therefore$ 1 रुपए में खरीदे जा सकते हैं $= \frac{12}{3000}$ रेडियो सैट

$\therefore$ 3750 रुपए में खरीदे जा सकते हैं

$= \frac{12}{3000} \times 3750$ रेडियो सैट = 15 रेडियो सैट

अत: 3750 रुपए में 15 रेडियो सैट खरीदे जा सकेंगे।

14.

सदस्य	दिन
6	20
4	?

$\because$ 6 सदस्यों के लिए भोजन सामग्री है = 20 दिनों के लिए

$\therefore$ 1 सदस्य के लिए भोजन सामग्री है = 20 × 6 दिनों के लिए

$\therefore$ 4 सदस्यों के लिए भोजन सामग्री है $= \frac{20 \times 6}{4}$ दिनों के लिए = 30 दिन के लिए

अत: 4 सदस्यों वाले परिवार के लिए यही भोजन सामग्री 30 दिन के लिए पर्याप्त होगी।

15. *(i)*

घंटे	मजदूर
6	15
2	?

(ii)

मजदूर	घंटे
15	6
20	?

(i) $\because$ 6 घंटे में खेत की गुड़ाई करते है = 15 मजदूर

$\therefore$ 1 घंटे में खेत की गुड़ाई करेंगे = 15 × 6 मजदूर

$\therefore$ 2 घंटे में खेत की गुड़ाई करेंगे $= \frac{15 \times 6}{2}$ मजदूर

= 45 मजदूर

अत: 2 घंटे में उस खेत की गुड़ाई करने के लिए 45 मजदूर चाहिए।

16. $\because$ 3 दिन में पूरा काम करते हैं = 20 पुरुष

$\therefore$ 1 दिन में पूरा काम करते हैं = 20 × 3 = 60 पुरुष

$\because$ 12 दिन में पूरा करती हैं = 12 महिलाएं

$\therefore$ 1 दिन में पूरा करती है = 12 × 12

= 144 महिलाएं

$\therefore$ 60 पुरुषों का काम = 144 महिलाओं का काम

$\therefore$ 1 पुरुष का काम $= \frac{144}{60}$

$\therefore$ 20 पुरुषों का काम $= \frac{144 \times 20}{60}$

= 48 महिलाओं का काम

$\therefore$ 20 पुरुष + 20 महिलाओं का काम = 48 + 20

= 68 महिलाओं के काम के

$\because$ 48 महिलाएं 1 काम करती है = 3 दिन में

$\therefore$ 1 महिला 1 काम करती है = 3 × 48 दिन में

$\therefore$ 68 महिलाएं 1 काम करती है $= \frac{3 \times 48}{68}$

$= \frac{36}{17} = 2\frac{2}{17}$ दिन में।

17. $\because$ 10 आदमियों का काम = 18 लड़कों का काम

$\therefore$ 1 आदमी का काम $= \frac{18}{10}$ लड़कों का काम

$\therefore$ 25 आदमियों का काम $= \frac{18}{10} \times 25$

= 45 लड़कों का काम

$\therefore$ 25 आदमी + 15 लड़कों का काम = 45 + 15

= 60 लड़कों का काम

$\because$ 18 लड़के 1 काम को करते हैं = 15 दिन में

$\therefore$ 1 लड़का 1 काम को करता है = 15 × 18 दिन में

$\because$ 60 लड़के 2 काम को करते हैं $= \frac{15 \times 18}{60} \times 2$

= 9 दिन में।

☆☆☆☆☆☆

15 समय एवं दूरी
(Time and Distance)

समय पर आधारित प्रश्नों के उत्तर देने के लिए निम्न बातें जानना आवश्यक है।

(i) 12 मध्यरात्रि से 12 मध्याह्न के समय पूर्वाह्न तथा 12 मध्याह्न से 12 मध्यरात्रि तक के समय को अपराह्न कहा जाता है।

(ii) 12 मध्यरात्रि को 24:00 बजे या 00:00 बजे लिखा जाता है।

(iii) 12 मध्यरात्रि को 12:00 बजे लिखा जाता है।

(iv) दाईं ओर के दो अंकों से बनने वाली संख्या मिनटों की संख्या दर्शाती है।
जैसे–10 : 15

(v) यदि बाईं ओर के दो अंकों से बनने वाली संख्या 12 से कम हो तो यह (मध्यरात्रि के बाद का समय) पूर्वाह्न कहलाती है। जैसे–
10:30 बजे = 10:30 पूर्वाह्न
11:45 बजे = 11:45 पूर्वाह्न

(vi) यदि बाईं ओर के दो अंकों से बनने वाली संख्या 12 से अधिक हो तो यह (दोपहर के बाद का समय) अपराह्न कहलाती है, जैसे–
18 : 15 बजे = 6 : 15 अपराह्न
20 : 30 बजे = 8 : 30 अपराह्न

उदाहरण 1. एक रेलगाड़ी सायं 5:40 बजे मुम्बई से चलती है और अगले दिन प्रातः 10:55 बजे नई दिल्ली पहुंचती है। रेलगाड़ी द्वारा तय यात्रा में लिया गया समय है।

हलः मुम्बई से प्रस्थान समय = 5:40
नई दिल्ली आगमन समय = 10:55 (अगले दिन)
कुल समय = 5:40 से 5:40 (अगले दिन) = 12 घंटा
तथा 5:40 से 10:55 तक = 5 घंटे 15 मिनट
= 17 घंटे 15 मिनट

प्रश्नमाला

1. वैशाली सुपर फास्ट गाड़ी दिल्ली से 19:45 बजे रवाना होती है और अगले दिन 15:20 बजे मुज़फ्फरपुर पहुंचती है। बताओ यह मुज़फ्फरपुर पहुंचने में कितना समय लेती है?
A. 19 घंटा 25 मिनट
B. 18 घंटा 35 मिनट
C. 19 घंटा 35 मिनट
D. 18 घंटा 20 मिनट

2. मनु किसी सोमवार को रात में 9:30 पर सोया और अगले दिन 5:50 पर जागा। उसके सोने की अवधि कितनी थी?
A. 8 घंटे 20 मिनट
B. 8 घंटे 10 मिनट
C. 7 घंटे 40 मिनट
D. 7 घंटे 20 मिनट

3. इन्टरसिटी रेलगाड़ी रक्सौल से सुबह 9:15 पर चलती है तथा उसी दिन 11 बजे पीपरा पहुंचती है। रेलगाड़ी द्वारा यात्रा में लिया गया कुल समय है?
A. 1 घंटा 15 मिनट
B. 10 घंटे 45 मिनट
C. 1 घंटा 45 मिनट
D. 10 घंटे 15 मिनट

4. यदि किसी दिन सूर्य 6:20 पूर्वाह्न पर उदय हो तथा 6:57 अपराह्न पर अस्त हो तो उस दिन की लम्बाई होगी।

A. 12 घंटे 27 मिनट
B. 12 घंटे 17 मिनट
C. 12 घंटे 37 मिनट
D. 12 घंटे

5. 9 घंटे 30 मिनट बराबर है।
A. 0.90 बजे
B. 9:30 पूर्व॰ के
C. 8 घंटे 90 मिनट के
D. 9:30 अप॰ के

6. एक बस शिमला से दिल्ली के लिए 7:20 बजे प्रातः प्रस्थान करती है और दिल्ली पहुंचने में 9 घंटे का समय लेती है। बस कितने बजे दिल्ली पहुंचती है?
A. 4:20 बजे अप॰
B. 3:30 बजे अप॰
C. 6:30 बजे अप॰
D. 7:30 बजे अप॰

7. एक वायुयान मुम्बई से 7:50 बजे उड़ान भरता है। यह चेन्नई 10:30 बजे हवाई हड्डे पर उतरता है। यह चेन्नई पहुंचने में कितना समय लेता है।
A. 2 घंटे 30 मिनट
B. 2 घंटे
C. 3 घंटे लगभग
D. 2 घंटे 40 मिनट

8. एक लड़का रात्रि 8:30 बजे सोने के लिए गया तथा प्रातः 6:15 पर जागा। वह लड़का कितनी देर तक सोया?
A. 9 घंटे 45 मिनट
B. 9 घंटे 15 मिनट
C. 2 घंटे 15 मिनट
D. 4 घंटे 45 मिनट

9. एक छात्र अपने घर से विद्यालय के लिए प्रातः 8:30 बजे साईकिल से चला। वह विद्यालय से पढ़ाई करने के बाद सांय 4:50 बजे घर वापस आया। वह कितने समय तक घर से बाहर रहा।
A. 7 घंटे 20 मिनट
B. 8 घंटे 20 मिनट
C. 9 घंटे 20 मिनट
D. 7 घंटे 90 मिनट

10. एक स्कूल की वार्षिक परीक्षा 18 मार्च, 2002 को आरम्भ हुई और 23 मार्च, 2002 को समाप्त हुई। परीक्षा कितने दिन तक चली?
A. एक सप्ताह B. 8 दिन
C. 6 दिन D. 1 महीना

उत्तरमाला

1	2	3	4	5	6	7	8	9	10
C	A	C	C	B	A	D	A	B	C

व्याख्यात्मक उत्तर

1. दिल्ली से प्रस्थान का समय = 19:45
मुज़फ्फरपुर में आगमन समय = 15:20
कुल समय = 19:45 से 24:00
= 4 घंटे 15 मिनट
= 00:00 से 15:20
= 15 घंटे 20 मिनट
= 19 घंटे 35 मिनट

2. सोने का समय = 9:30
जागने का समय = 5:30
कुल समय = 9:30 से 12:00 बजे मध्य रात्रि तक
= 2 घंटे 30 मिनट
= 12:00 से 5:50 बजे सुबह तक
= 5 घंटे 50 मिनट
अर्थात् 7 घंटे 80 मिनट
= 8 घंटे 20 मिनट

3. रक्सौल से प्रस्थान समय = 9:15
पीपरा में आगमन समय = 11:00
कुल समय = आगमन समय – प्रस्थान समय
= 11:00 – 9:15 = 1 घंटा 45 मिनट

4. सूर्योदय होने का समय = 6:20
अस्त होने का समय = 6:57
कुल समय = प्रातः 6:20 से 6:20 शाम तक
= 12 घंटे
= शेष 37 मिनट
कुल समय = 12 घंटे 37 मिनट

5. दो अंकों से बनने वाली संख्या 12 से कम हो, तो वह पूर्वाह्न कहलाती है।
इस प्रकार 9:30 दर्शाता है 9:30 पूर्वाह्न

6. शिमला से प्रस्थान का समय = 7:20 प्रातः
दिल्ली पहुंचने में लगा समय = 9 घंटे
= 7:20 से 7:20 तक = 12 घंटे
9 घंटे के लिए = 7:20 – 3 = 4 : 20 अप.

7. मुम्बई से उड़ान भरने का समय = 7:50
चेन्नई पहुंचने का समय = 10:30
कुल समय = आगमन का समय – प्रस्थान का समय
= 10:30 – 7:50
= 2 घंटे 40 मिनट

8. सोने का समय = 8:30 शाम
जागने का समय = 6:15 सुबह
कुल समय = 8:30 से 12 बजे रात तक
= 3 घंटे 30 मिनट
= 12 बजे रात से 6:15 सुबह तक
= 6 घंटे 15 मिनट
कुल समय = 9 घंटे 45 मिनट

9. विद्यालय जाने का समय = 8:30 प्रातः
वापस आने का समय = 4:50 शाम
= 8:30 से 12 बजे दिन तक = 3:30
= 12 बजे दिन से 4:50 बजे शाम तक
= 4:50
अर्थात् 7:80
= 8 घंटे 20 मिनट

10. परीक्षा की शुरुआत = 18 मार्च, 2002
परीक्षा की समाप्ति = 23 मार्च, 2002
कुल समय = 23 मार्च, 2002 से — 18 मार्च, 2002 तक = 6 दिन

☆☆☆☆☆☆

16 क्षेत्रमिति : रेखीय आकृति एवं वृत्त (Mensuration: Plane Figures and Circles)

क्षेत्रमिति से सम्बंधित प्रश्नों को हल करने के लिए निम्नलिखित प्रमुख सूत्रों का जानना आवश्यक होता है :

1. आयत:

(*a*) आयत का क्षेत्रफल = लम्बाई × चौड़ाई

(*b*) आयत की परिमिति = 2 (लम्बाई + चौड़ाई)

(*c*) आयत का विकर्ण = $\sqrt{(\text{लं.})^2 + (\text{चौ.})^2}$

$\therefore$ AB = CD तथा BC = AD

2. वर्ग:

(*a*) वर्ग का क्षेत्रफल = $(\text{भुजा})^2$

(*b*) वर्ग का परिमाप = 4 × भुजा

(*c*) वर्ग का विकर्ण = $\sqrt{2}$ × भुजा

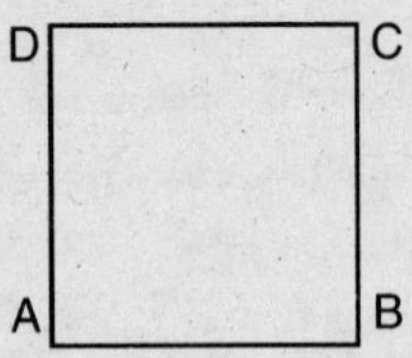

$\therefore$ AB = BC = CD = DA = भुजा

3. वृत्त:

(*a*) वृत्त का क्षेत्रफल = $\pi \times (\text{त्रिज्या})^2$

(*b*) वृत्त की परिधि = $2\pi \times$ (त्रिज्या)

(*c*) त्रिज्या = $\frac{\text{व्यास}}{2}$ या व्यास = 2 × त्रिज्या

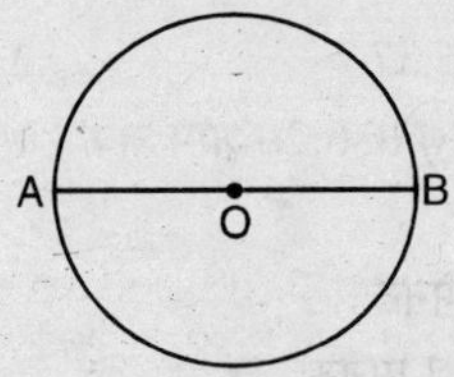

$\therefore$ OA = त्रिज्या, AB = व्यास

4. त्रिभुज :

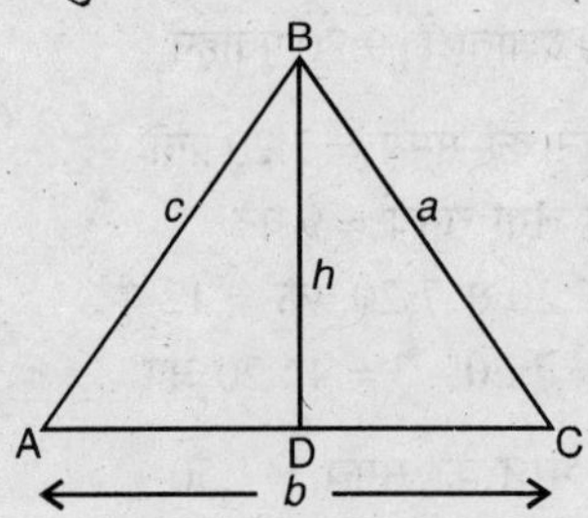

(*a*) त्रिभुज का क्षेत्रफल = $\sqrt{s(s-a)(s-b)(s-c)}$

जहां $s = \frac{a+b+c}{2}$

(*b*) यदि त्रिभुज समकोण हो तब

क्षेत्रफल = $\frac{1}{2}$ × आधार (b) × ऊंचाई (h)

(*c*) समबाहु त्रिभुज का क्षेत्रफल = $\frac{\sqrt{3}}{4} \times (\text{भुजा})^2$

5. चतुर्भुज:

(*a*) चतुर्भुज का क्षेत्रफल = $\frac{1}{2}$ × विकर्ण × (शीर्ष लम्बों का योग)

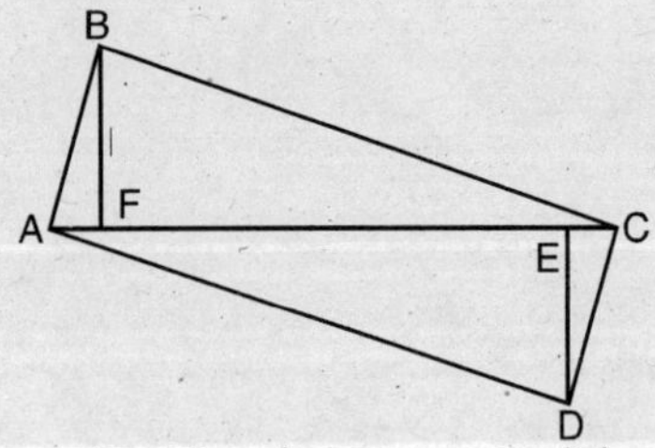

$\therefore$ AC = विकर्ण, BF व DE = शीर्ष लम्ब

(*b*) समान्तर चतुर्भुज का क्षेत्रफल = आधार × ऊंचाई

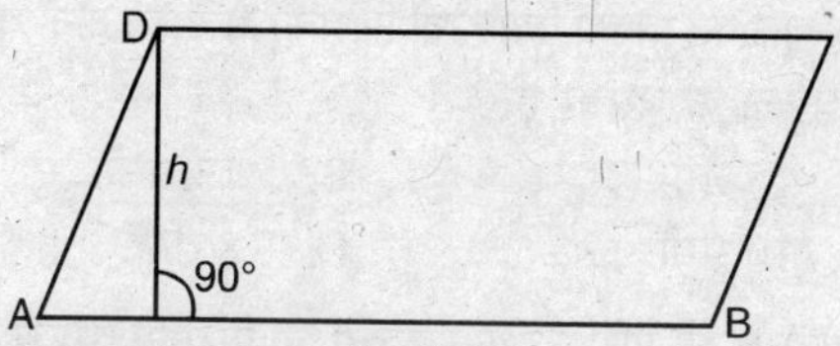

AB = आधार, ऊंचाई = *h*

(*c*) सम चतुर्भुज का क्षेत्रफल = $\frac{1}{2}$ × विकर्णों का गुणनफल

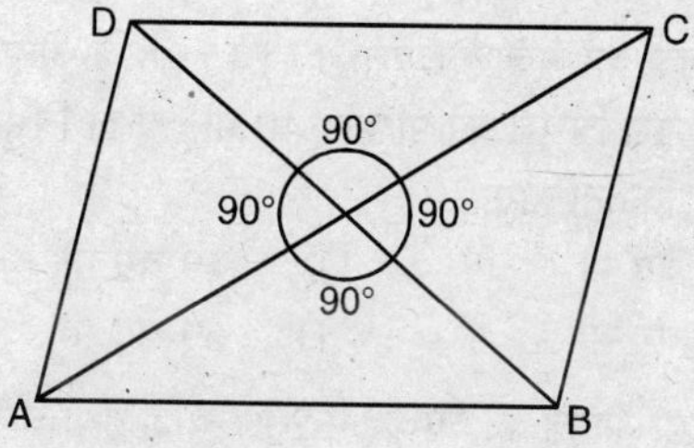

AC, BD = विकर्ण

AB = BC = CD = DA

(*d*) समलम्ब चतर्भुज का क्षेत्रफल = $\frac{1}{2}$ × ऊंचाई × समान्तर भुजाओं का योग

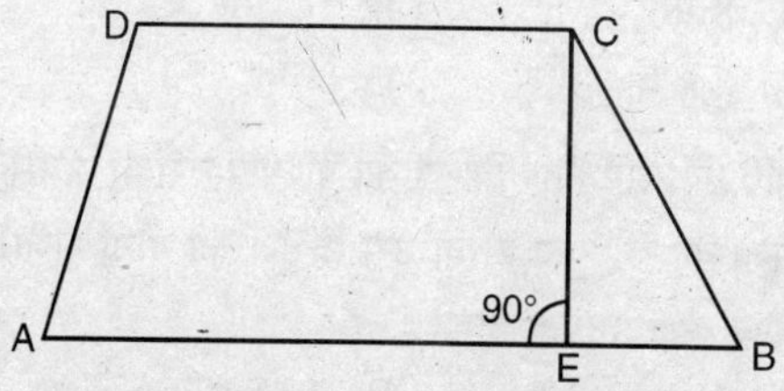

AB, CD = समान्तर भुजाएं, CE = ऊँचाई

6. चार दीवारों का:

(*a*) चार दीवारों का क्षेत्रफल = 2 × ऊंचाई (लम्बाई + चौड़ाई)

(*b*) ऊंचाई = $\frac{\text{क्षेत्रफल}}{2\ (\text{लम्बाई + चौड़ाई})}$

प्रश्नमाला

1. एक आयत की लम्बाई व चौड़ाई क्रमशः 50 सेंमी. व 25 सेंमी. है, तो उसका क्षेत्रफल कितना होगा?

A. 1150 वर्ग सेंमी. B. 1250 वर्ग सेंमी.
C. 1275 वर्ग सेंमी. D. 1280 वर्ग सेंमी.

2. एक वर्गाकार मैदान का परिमाप 580 मी. है, तो बताइये उस मैदान का क्षेत्रफल कितना होगा?

A. 21025 वर्ग मी. B. 20225 वर्ग मी.
C. 30025 वर्ग मी. D. 19975 वर्ग मी.

3. एक वर्ग की प्रत्येक भुजा 20 सेंमी. है, तो इसका क्षेत्रफल कितना होगा?

A. 300 वर्ग सेंमी. B. 380 वर्ग सेंमी.
C. 360 वर्ग सेंमी. D. 400 वर्ग सेंमी.

4. एक वृत्त का क्षेत्रफल 154 वर्ग सेंमी. है। वृत्त की परिधि कितनी होगी?

A. 44 सेंमी. B. 48 सेंमी.
C. 54 सेंमी. D. 68 सेंमी.

5. यदि किसी त्रिभुज का आधार 8 सेमी तथा ऊंचाई 10 सेंमी. हो तो उस त्रिभुज का क्षेत्रफल कितना होगा?

A. 40 वर्ग सेंमी. B. 20 वर्ग सेंमी.
C. 49 वर्ग सेंमी. D. 64 वर्ग सेंमी.

6. एक समलम्ब चतुर्भज की समान्तर भुजाएं क्रमशः 15 मी. तथा 25 मी. हैं तथा उनके बीच की दूरी 10 मी. है, तो इसका क्षेत्रफल क्या होगा?

A. 150 वर्ग मी. B. 225 वर्ग मी.
C. 200 वर्ग मी. D. 270 वर्ग मी.

7. एक आयताकार खेत का परिमाप 760 मी. है तथा उसकी लम्बाई व चौड़ाई में 11 : 8 का अनुपात है। तो बताइये आयताकार खेत का क्षेत्रफल क्या होगा?

A. 35200 वर्ग मी. B. 34700 वर्ग मी.
C. 35600 वर्ग मी. D. 45200 वर्ग मी.

8. यदि किसी वर्ग की भुजा में 50% की कमी कर दी जाये, तो उसका क्षेत्रफल कितने प्रतिशत घट जायेगा?

A. 50% B. 75%
C. 80% D. 60%

9. उस वर्ग की एक भुजा की लम्बाई क्या होगी जिसका क्षेत्रफल क्रमशः 6.4 मी. लम्बे तथा 2.5 मी. चौड़े आयत के क्षेत्रफल के बराबर हो ?

A. 8 मी. B. 5.4 मी.
C. 3.8 मी. D. 4 मी.

10. यदि एक समकोण त्रिभुज का परिमाप उसकी सबसे छोटी भुजा का छः गुना हो तो उस त्रिभुज की तीनों भुजाओं के बीच क्या अनुपात होगा ?

A. 13 : 5 : 12 B. 13 : 12 : 5
C. 12 : 5 : 13 D. 13 : 5 : 10

11. एक वर्ग का परिमाप 24 मी. तथा दूसरे वर्ग का परिमाप 32 मी. है। तो उस वर्ग का परिमाप क्या होगा जिसका क्षेत्रफल दोनों वर्गों के क्षेत्रफल के बराबर है ?

A. 40 मी. B. 51 मी.
C. 37 मी. D. 42 मी.

12. यदि किसी वर्ग की भुजा को दुगुना कर दिया जाए तो उस वर्ग का क्षेत्रफल कितने गुना बढ़ जाएगा ?

A. दो गुना B. चार गुना
C. तीन गुना D. आठ गुना

13. दो वर्गों के क्षेत्रफल में 225 वर्ग मी. अन्तर हैं। यदि बड़े वर्ग की भुजा 25 मी. हो तो छोटे वर्ग की भुजा कितनी होगी ?

A. 18 मी. B. 21 मी.
C. 20 मी. D. 22 मी.

14. यदि एक समबाहु त्रिभुज का परिमाप 72 सेंमी. है तो उस समबाहु त्रिभुज का क्षेत्रफल क्या होगा ?

A. $144\sqrt{3}$ वर्ग सेंमी. B. $142\sqrt{3}$ वर्ग सेंमी.
C. $154\sqrt{2}$ वर्ग सेंमी. D. $144\sqrt{2}$ वर्ग सेंमी.

15. दो वृत्तों की त्रिज्या क्रमशः 5 सेंमी. तथा 12 सेंमी. हो तो उस नए वृत्त की त्रिज्या क्या होगी जिसका क्षेत्रफल दोनों वृत्तों के क्षेत्रफल के बराबर हो ?

A. 15 सेंमी. B. 13 सेंमी.
C. 10 सेंमी. D. 8 सेंमी.

16. एक वृत्त की परिधि तथा एक वर्ग का परिमाप बराबर है। तो बताइये उनके क्षेत्रफलों का अनुपात क्या होगा ?

A. 14 : 11 B. 7 : 8
C. 14 : 13 D. 13 : 11

17. एक त्रिभुज की भुजाएं क्रमशः 17 : 15 : 8 के अनुपात में हैं। यदि उस त्रिभुज का परिमाप 40 मी. हो तो त्रिभुज का क्षेत्रफल कितना होगा ?

A. 50 वर्ग मी. B. 49 वर्ग मी.
C. 60 वर्ग मी. D. 69 वर्ग मी.

18. यदि किसी आयत की लम्बाई में 20% वृद्धि तथा चौड़ाई में 15% कमी कर दी जाये तो उसके क्षेत्रफल में कितने प्रतिशत वृद्धि या कमी हो जाएगी ?

A. 4% कमी B. 2% वृद्धि
C. 2% कमी D. 3% वृद्धि

19. यदि किसी समचतुर्भुज के दो विकर्णों की लम्बाई क्रमशः 16 सेंमी. व 12 सेंमी. हो तो समचतुर्भुज का परिमाप क्या होगा ?

A. 38 सेंमी. B. 40 सेंमी.
C. 41 सेंमी. D. 46 सेंमी.

20. यदि किसी वृत्त की परिधि तथा उसके अर्द्धव्यास के बीच 37 सेंमी. का अन्तर हो, तो वृत्त का व्यास कितना होगा ? $\left(\pi = \frac{22}{7}\right)$

A. 11 सेंमी. B. 12 सेंमी.
C. 16 सेंमी. D. 14 सेंमी.

उत्तरमाला

1	2	3	4	5	6	7	8	9	10
B	A	D	A	A	C	A	B	D	B
11	**12**	**13**	**14**	**15**	**16**	**17**	**18**	**19**	**20**
A	B	C	A	B	A	C	B	B	D

व्याख्यात्मक उत्तर

1. आयत का क्षेत्रफल = लम्बाई × चौड़ाई = 50 × 25

= 1250 वर्ग सेंमी.।

2. ∴ वर्गाकार मैदान का परिमाप = 4 × भुजा

प्रश्नानुसार, ∴ 4 × भुजा = 580 ⇒ भुजा = $\frac{580}{4}$

= 145 सेंमी.

∴ क्षेत्रफल = (भुजा)^2 = $(145)^2$ = 21025 वर्ग सेंमी.।

3. वर्ग का क्षेत्रफल = (भुजा)^2 = $(20)^2$ = 400 वर्ग सेंमी.

4. ∴ वृत्त का क्षेत्रफल = π × (त्रिज्या)^2

∴π × (त्रिज्या)^2 = 154

⇒ (त्रिज्या)^2 = $\frac{154}{\pi} = \frac{154}{\frac{22}{7}}$

⇒ (त्रिज्या)^2 = $\frac{154 \times 7}{22} = 7 \times 7$ ⇒ त्रिज्या = 7 सेंमी.

∴ वृत्त की परिधि = 2π × (त्रिज्या)

= $2 \times \frac{22}{7} \times 7 = 44$ सेंमी.।

5. त्रिभुज का क्षेत्रफल = $\frac{1}{2}$ × आधार × ऊंचाई

= $\frac{1}{2} \times 8 \times 10 = 40$ वर्ग सेंमी.।

6. चूंकि समलम्ब चतुर्भुज का क्षेत्रफल = $\frac{1}{2}$ × ऊंचाई × समानान्तर भुजाओं का योग

∴ क्षेत्रफल = $\frac{1}{2} \times 10 \times (15 + 25)$

= $\frac{1}{2} \times 10 \times 40 = 200$ वर्ग मी।

7. माना कि आयताकार खेत की लम्बाई व चौड़ाई क्रमशः $11x$ मी. व $8x$ मी. है

∴ खेत का परिमाप = $2(11x + 8x) = 2 \times 19x = 38x$ मी.

प्रश्नानुसार, आयताकार खेत का परिमाप = 760 है

∴ $38x = 760 \Rightarrow x = \frac{760}{38} = 20$

∴ खेत की लम्बाई व चौड़ाई क्रमशः (11 × 20 = 220 मी.) व (8 × 20 = 160 मी.) होगी।

∴ आयातकार खेत का क्षेत्रफल = 220 × 160

= 35200 वर्ग मी.।

8. माना कि वर्ग की भुजा x मी. है

∴ **पहली स्थिति में,** वर्ग का क्षेत्रफल = x^2 वर्ग मी.

दूसरी स्थिति में, वर्ग की भुजा में 50% की कमी के कारण

नए वर्ग की भुजा = $x - x$ का 50% = $\frac{x}{2}$ मी.

∴ नए वर्ग का क्षेत्रफल = $\left(\frac{x}{2}\right)^2 \quad \frac{x^2}{4}$ वर्ग मी.

∴ वर्ग के क्षेत्रफल में कमी = $x^2 - \frac{x^2}{4} \quad \frac{3x^2}{4}$ वर्ग मी.

∴ प्रतिशत कमी = $\frac{\frac{3x^2}{4}}{x^2} \times 100 = 75\%$

अत: वर्ग का क्षेत्रफल 75% घट जायेगा।

9. ∴ आयत का क्षेत्रफल = 6.4 × 2.5 = 16.00 वर्ग मी.

प्रश्नानुसार, वर्ग का क्षेत्रफल = आयत का क्षेत्रफल

∴ वर्ग का क्षेत्रफल = 16 वर्ग मी.

∴ वर्ग की भुजा = $\sqrt{16} = \sqrt{4 \times 4} = 4$ मी.।

10. माना कि समकोण त्रिभुज की तीन भुजाओं a, b और c में से सबसे बड़ी व सबसे छोटी भुजा क्रमशः a व c हैं

∴ $a^2 = b^2 + c^2$ ... (i)

तथा समकोण त्रिभुज का परिमाप = $a + b + c$

प्रश्नानुसार,

$(a + b + c) = c \times 6 \Rightarrow a + b = 5c$ ... (ii)

समीकरण (i) से,

$a^2 - b^2 = c^2 \Rightarrow (a + b)(a - b) = c^2$

$\Rightarrow 5c(a - b) = c^2 \Rightarrow a - b = \frac{c}{5}$ ... (iii)

$[\because a + b = 5c]$

समीकरण (ii) व (iii) से, $a + b = 5c$, $a - b = \frac{c}{5}$

$\Rightarrow \quad 2a = 5c + \frac{c}{5} = \frac{26c}{5}$

$\Rightarrow \quad a = \frac{13}{5}c \Rightarrow a : c = 13 : 5$

a का मान समीकरण (ii) में रखने पर,

$b = 5c - \frac{13c}{5} = \frac{12c}{5} \Rightarrow b : c = 12 : 5$

अत: समकोण त्रिभुज की तीनों भुजाओं में क्रमश: 13 : 12 : 5

11. $\because$ पहले वर्ग का परिमाप = 24 मी.

$\therefore$ पहले वर्ग की भुजा = $\frac{24}{4}$ = 6 मी.

तथा दूसरे वर्ग की परिमाप = 32 मी.

$\therefore$ दूसरे वर्ग की भुजा = $\frac{32}{4}$ = 8 मी.

प्रश्नानुसार, तीसरे वर्ग का क्षेत्रफल = दो वर्गों का क्षेत्रफल

$\therefore$ तीसरे वर्ग का क्षेत्रफल = पहले वर्ग का क्षेत्रफल + दूसरे वर्ग का क्षेत्रफल

$= (6)^2 + (8)^2 = 36 + 64 = 100$ वर्ग मी.

$\therefore$ तीसरे वर्ग की भुजा = $\sqrt{100}$ = 10 मी.।

12. पहली स्थिति मे, वर्ग की भुजा = x मी.

$\therefore$ वर्ग का क्षेत्रफल = x^2 वर्ग मी.

दूसरी स्थिति में, वर्ग की भुजा = $2x$ मी.

$\therefore$ वर्ग का क्षेत्रफल = $(2x)^2 = 4x^2$ वर्ग मी.

अत: स्पष्ट है कि वर्ग की भुजा को दो गुना कर देने से उसका क्षेत्रफल चार गुना बढ़ जाएगा।

13. माना कि छोटे वर्ग की भुजा x मी. है

चूंकि बड़े वर्ग का क्षेत्रफल = $(25)^2 = 625$ वर्ग मी.

तथा छोटे वर्ग का क्षेत्रफल = x^2 वर्ग मी.

प्रश्नानुसार, दोनों वर्गों के क्षेत्रफल में अन्तर = 225 वर्ग मी.

$\therefore 625 - x^2 = 225 \Rightarrow x^2 = 625 - 225 = 400$

$\Rightarrow x = \sqrt{20 \times 20} = 20$ मी.

अत: छोटे वर्ग की भुजा 20 मी. होगी।

14. माना कि समबाहु त्रिभुज की भुजा = x सेंमी.

$\therefore$ समबाहु त्रिभुज का परिमाप = $3x$ सेंमी.

प्रश्नानुसार, $3x = 72 \Rightarrow x = \frac{72}{3} = 24$ सेंमी.

$\therefore$ समबाहु त्रिभुज का क्षेत्रफल = $\frac{\sqrt{3}}{4} \times (x)^2$

$= \frac{\sqrt{3}}{4} \times (24)^2 = 144\sqrt{3}$ वर्ग सेंमी.।

15. पहले वृत्त की त्रिज्या = 5 सेंमी.

$\therefore$ पहले वृत्त का क्षेत्रफल = $\pi \times (5)^2 = 25\pi$ वर्ग सेंमी.

तथा दूसरे वृत्त की त्रिज्या = 12 सेंमी.

$\therefore$ दूसरे वृत्त का क्षेत्रफल = $\pi \times (12)^2 = 144\pi$ वर्ग सेंमी.

प्रश्नानुसार,

नए वृत्त का क्षेत्रफल = दोनों वृत्तों का क्षेत्रफल

$\therefore$ नए वृत्त का क्षेत्रफल = $25\pi + 144\pi = 169\pi$ वर्ग सेंमी.

$\therefore$ नए वृत्त का क्षेत्रफल = $\pi \times (13)^2$ वर्ग सेंमी.

अत: स्पष्ट है कि नए वृत्त की त्रिज्या 13 सेंमी. होगी।

16. माना कि वृत्त की त्रिज्या R सेंमी. तथा वर्ग की भुजा x सेंमी. है

$\therefore$ वृत्त की परिधि = $2\pi R$ सेंमी. वर्ग का परिमाप = $4x$ सेंमी.

प्रश्नानुसार, $2\pi R = 4x \Rightarrow R = \frac{2x}{\pi}$

$\therefore$ वृत्त तथा वर्ग के क्षेत्रफलों में अनुपात = $\pi R^2 : x^2$

$\Rightarrow \pi \times \left(\frac{2x}{\pi}\right)^2 : x^2 \Rightarrow \frac{4x^2}{\pi} : x^2$

$\Rightarrow 4 : \pi \Rightarrow 4 : \frac{22}{7} \Rightarrow 14 : 11.$

17. माना कि त्रिभुज की भुजाएं क्रमश: $17x$ मी., $15x$ मी. तथा $8x$ मी.

$\therefore$ त्रिभुज का परिमाप = $17x + 15x + 8x = 40x$ मी.

प्रश्नानुसार, त्रिभुज का परिमाप = 40 मी.

$\therefore 40x = 40 \Rightarrow x = \frac{40}{40} = 1$ मी.

अत: त्रिभुज की भुजाएं क्रमश: ($17 \times 1 = 17$ मी.)

($15 \times 1 = 15$ मी.)

तथा ($8 \times 1 = 8$ मी.) होंगी

चूंकि $(17)^2 = (15)^2 + (8)^2$ अर्थात् त्रिभुज समकोण त्रिभुज होगा।

$\therefore$ समकोण त्रिभुज का क्षेत्रफल $= \frac{1}{2} \times$ आधार $\times$ ऊंचाई

$$= \frac{1}{2} \times 8 \times 15 = 60 \text{ वर्ग मी.।}$$

18. माना कि आयत की लम्बाई व चौड़ाई क्रमश: x मी. व y मी. है।

$\therefore$ आयत का क्षेत्रफल $= xy$ वर्ग मी.

प्रश्नानुसार, आयत की लम्बाई में 20% वृद्धि तथा चौड़ाई में 15% कमी के कारण, उन आयत की लम्बाई

$= x + x$ का $20\% = 1.2x$ मी.

तथा नए आयत की चौड़ाई $= y - y$ का $15\% = .85y$ मी.

$\therefore$ नए आयत का क्षेत्रफल $= 1.2x \times .85y$

$= 1.020xy$ वर्ग मी.

$\therefore$ आयत के क्षेत्रफल में वृद्धि $= 1.02xy - xy$

$= .02xy$ वर्ग मी.

$\therefore$ प्रतिशत वृद्धि $= \frac{.02xy}{xy} \times 100 = 2\%$

अत: आयत के क्षेत्रफल में 2% की वृद्धि हो जाएगी।

19. चूंकि समचतुर्भुज की भुजा

$$= \sqrt{\left(\frac{\text{पहले विकर्ण की लं.}}{2}\right)^2 + \left(\frac{\text{दूसरे विकर्ण की लं.}}{2}\right)^2}$$

$$= \sqrt{\left(\frac{16}{2}\right)^2 + \left(\frac{12}{2}\right)^2} = \sqrt{(8)^2 + (6)^2}$$

$$= \sqrt{64 + 36} = \sqrt{100}$$

$\therefore$ समचतुर्भुज की भुजा $= \sqrt{100} = \sqrt{10 \times 10}$

$= 10$ सेंमी.

$\therefore$ समचतुर्भुज का परिमाप $= 4 \times$ भुजा $= 4 \times 10$

$= 40$ सेंमी.।

20. माना कि वृत्त का अर्द्धव्यास $= R$ सेंमी.

$\therefore$ वृत्त की परिधि $= 2\pi R$ सेंमी.

प्रश्नानुसार,

$$2\pi R - R = 37 \Rightarrow R\left(2 \times \frac{22}{7} - 1\right) = 37$$

$$\Rightarrow R(44 - 7) = 37 \times 7 \Rightarrow R \times 37 = 37 \times 7$$

$$\Rightarrow R = \frac{37 \times 7}{37} \quad 7$$

अत: वृत्त का अर्द्धव्यास 7 सेंमी. होगा।

$\therefore$ वृत्त का व्यास $= 2R = 2 \times 7 = 14$ सेंमी.।

☆☆☆☆☆☆

17 क्षेत्रमिति : ठोस आकृतियाँ (Mensuration: Solid Figures)

ठोस : कोई वस्तु जो स्थान घेरती है, भार रखती है तथा जिसका आकार निश्चित होता है, ठोस कहलाती है। इस प्रकार ठोस में तीन मापें होती हैं—1. लम्बाई 2. चौड़ाई 3. ऊंचाई (मोटाई)।

आयतन : ठोस के तलों द्वारा घिरी हुई जगह ठोस का आयतन कहलाती है।

घनाभ : एक ठोस जो 6 आयताकार तलों द्वारा घिरा होता है, घनाभ कहलाता है।

घन : एक ठोस जो 6 वर्गाकार तलों द्वारा घिरा होता है, घन कहलाता है।

ठोस आकृतियों से संबंधित समस्याओं को हल करने के लिए निम्नलिखित सूत्रों का जानना आवश्यक है :

1. गोला :

(*a*) गोले का आयतन $= \frac{4}{3}\pi r^3$ (जहां r गोले की त्रिज्या है)

(*b*) गोले के धरातल का क्षेत्रफल या वक्रपृष्ठ का क्षेत्रफल $= 4\pi r^2$

2. घनाभ :

(*a*) घनाभ का आयतन = लम्बाई × चौड़ाई × ऊंचाई

(*b*) घनाभ का पृष्ठ $= 2(l \times b + b \times h + h \times l)$ जहां $l =$ लं., $b =$ चौ., $h =$ ऊं.

(*c*) किसी घनाभ का सबसे लम्बा विकर्ण $= \sqrt{l^2 + b^2 + h^2}$

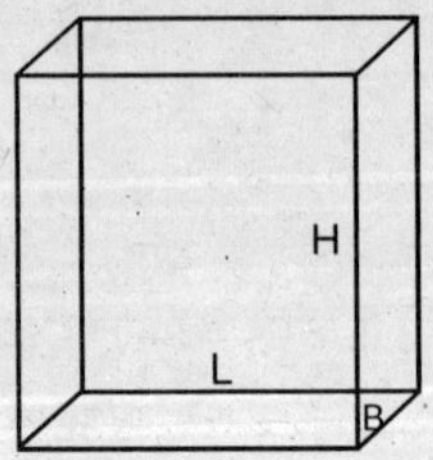

3. घन :

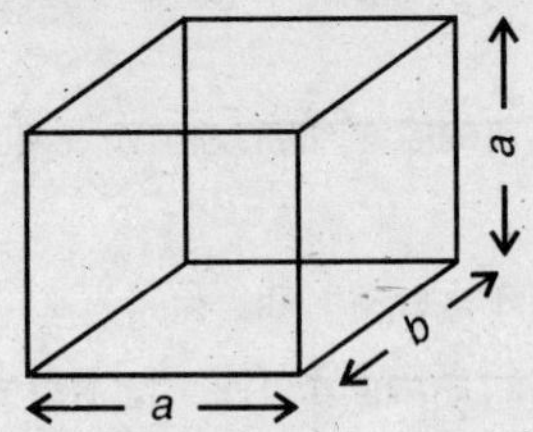

(*a*) घन का आयतन = (भुजा)^3 $\because$ [भुजा = ल. = चौ = ऊं.]

(*b*) घन का पृष्ठ = 6 × (भुजा)^2

(*c*) किसी घन का सबसे लम्बा विकर्ण = $\sqrt{3}$ × भुजा

4. लम्ब वृत्तीय बेलन :

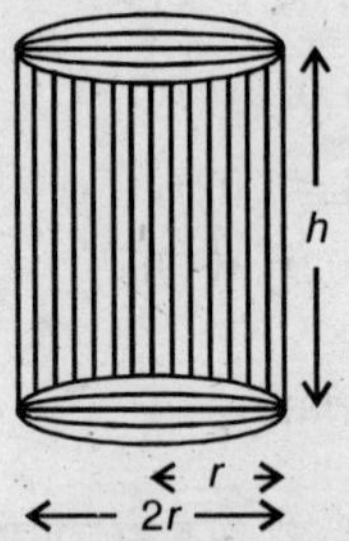

(*a*) बेलन का आयतन = आधार (वृत्त) का क्षेत्रफल × ऊँ. $= \pi r^2 \times h = \pi r^2 h$

(*b*) बेलन का वक्रपृष्ठ = आधार (वृत्त) की परिधि × ऊँचाई $= 2\pi r \times h = 2\pi rh$

(*c*) बेलन का सम्पूर्ण पृष्ठ = वक्र पृष्ठ + दोनों सिरों का क्षेत्रफल $= 2\pi rh + 2\pi r^2 = 2\pi r(h + r)$

5. शंकु :

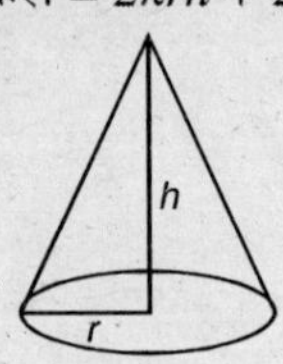

(*a*) शंकु का आयतन $= \frac{1}{3}\pi r^2 h$

(*b*) शंकु की तिर्यक ऊंचाई $= \sqrt{r^2 + h^2}$

(*c*) शंकु के वक्र पृष्ठ का क्षेत्रफल $= \pi r \times$ तिर्यक ऊंचाई $= \pi r\sqrt{r^2 + h^2}$

प्रश्नमाला

1. एक घनाभ की कोरें क्रमश: 4 सेंमी., 3 सेंमी. तथा 2 सेंमी. हैं, तो उस घनाभ का आयतन कितना होगा?

A. 20 घन सेंमी. B. 22 घन सेंमी.
C. 28 घन सेंमी. D. 24 घन सेंमी.

2. एक टंकी 3 मी. लम्बी, 2 मी. चौड़ी तथा 1 मी. गहरी है। उसकी क्षमता (ली. में) क्या होगी?

A. 8000 ली. B. 10000 ली.
C. 6500 ली. D. 6000 ली.

3. एक घन का पृष्ठ क्षेत्रफल 1014 वर्ग सेंमी. है। इसका आयतन कितना होगा?

A. 2197 घन सेंमी. B. 2297 घन सेंमी.
C. 2179 घन सेंमी. D. 2117 घन सेंमी.

4. यदि दो घनाकृतियों के आयतन में 8 : 1 का अनुपात हो तो उनकी कोरों में क्या अनुपात होगा?

A. 1 : 2 B. 2 : 1
C. 4 : 1 D. 2 : 3

5. दो गोलों के पृष्ठ क्षेत्रफल में 9 : 16 का अनुपात है, तो बताइये उनके आयतनों में क्या अनुपात होगा?

A. 64 : 27 B. 27 : 64
C. 16 : 27 D. 11 : 27

6. एक कमरे की लं., चौ. व ऊँ. क्रमश: 12 मी., 9 मी. तथा 8 मी. है, तो बताइये उस छड़ की अधिक-से-अधिक लम्बाई क्या होगी जो कमरे में ठीक प्रकार रखी जो सके?

A. 17 मी. B. 18 मी.
C. 25 मी. D. 16 मी.

7. किसी लम्बवृत्तीय शंकु की त्रिज्या तथा ऊंचाई में 3 : 5 का अनुपात है। यदि शंकु का आयतन 120π घन मी. हो तो उसकी तिरछी ऊँचाई कितनी होगी?

A. $3\sqrt{34}$ मी. B. $2\sqrt{28}$ मी.
C. $2\sqrt{44}$ मी. D. $2\sqrt{34}$ मी.

8. यदि किसी बेलन के आधार की परिधि 88 सेंमी. तथा ऊंचाई 42 सेंमी. हो तो उस बेलन का आयतन कितना होगा?

A. 25872 घन सेंमी. B. 28572 घन सेंमी.
C. 25870 घन सेंमी. D. 22584 घन सेंमी.

9. 10 सेंमी. भुजा के दो घनों को आपस में सटाकर रखने से प्राप्त घनाभ का पृष्ठ क्या होगा?

A. 1200 वर्ग सेंमी. B. 5000 वर्ग सेंमी.
C. 1000 वर्ग सेंमी. D. 1250 वर्ग सेंमी.

10. एक आयताकार कागज के टुकडे की लम्बाई व चौड़ाई क्रमश: 30 सेंमी. तथा 20 सेंमी. है। यदि कागज को मोड़कर एक बेलन का वक्रपृष्ठ बनाया जाये तो बेलन कितने तरीके से बनाया जा सकता है?

A. तीन तरीके से B. दो तरीके से
C. एक तरीके से D. चार तरीके से

11. उपरोक्त प्रश्न में बने बेलनों के आयतनों में अनुपात क्या होगा।

A. 2 : 3 B. 3 : 1
C. 3 : 2 D. 2 : 1

12. यदि 3 सेंमी. त्रिज्या के एक ठोस गोले को पिघलाकर उसी त्रिज्या के आधार पर एक शंकु बनाया जाये तो शंकु की ऊंचाई कितनी होगी?

A. 8 सेंमी. B. 12 सेंमी.
C. 6 सेंमी. D. 5 सेंमी.

13. किसी रोलर का व्यास 2.4 मी. तथा लम्बाई 1.68 मी. है। यदि किसी मैदान को समतल करने में रोलर को 1000 पूर्ण चक्कर लगाने पड़े तो उस मैदान का क्षेत्रफल क्या होगा?

A. 12672 वर्ग मी. B. 12671 वर्ग मी.
C. 12762 वर्ग मी. D. 11768 वर्ग मी.

14. एक घन के किनारे की लम्बाई में 10% वृद्धि करने से घन के धरातल के क्षेत्रफल में कितने प्रतिशत वृद्धि हो जाएगी?

A. 21% B. 18%
C. 15% D. 20%

15. 14 मी. लम्बे तथा 4 मी. त्रिज्या वाले एक ठोस बेलन को पिघलाकर शंकु बनाया जाता है। यदि शंकु की त्रिज्या बेलन की त्रिज्या के बराबर हो तो शंकु की ऊंचाई कितनी होगी?

A. 21 मी. B. 42 मी.
C. 48 मी. D. 54 मी.

16. एक घनाकार कमरे की भुजा 10 मी है। यदि एक विद्यार्थी 5 घन मी. की जगह घेरता हो तो कमरे में कितने विद्यार्थी बैठ सकते हैं?

A. 100 B. 175
C. 200 D. 225

17. तीन घन, जिनके किनारे क्रमशः 2 सेंमी. 3 सेंमी. तथा 4 सेंमी. हैं, को पिघलाकर एक नया घन बनाया जाता है। उस नए घन का किनारा कितना होगा?

A. $\sqrt{99}$ सेंमी. B. $3\sqrt{99}$ सेंमी.
C. $\sqrt[3]{99}$ सेंमी. D. 99 सेंमी.

18. किसी घन के पृष्ठ भाग का क्षेत्रफल 600 वर्ग सेंमी. है, तो उसके विकर्ण की लम्बाई क्या होगी?

A. $10\sqrt{3}$ सेंमी. B. $5\sqrt{3}$ सेंमी.
C. $4\sqrt{2}$ सेंमी. D. $10\sqrt{2}$ सेंमी.

19. एक शंक्वाकार मकबरे का व्यास तथा उसकी ढलवां ऊँचाई क्रमशः 28 मी. तथा 50 मी. है, तो बताइये 80 पैसे प्रति वर्ग मी. की दर से उसकी गोलाकर सतह पर सफेदी कराने का खर्च क्या होगा?

A. 1860 रु. B. 1760 रु.
C. 1950 रु. D. 1875 रु.

20. किसी घनाभ (Cuboid) की लम्बाई व चौड़ाई में क्रमशः 8 : 7 का अनुपात है। यदि घनाभ का आयतन 1120 घन सेमी तथा ऊंचाई 5 सेंमी. हो तो घनाभ की चौड़ाई उसकी लम्बाई से कितनी कम होगी?

A. 4 सेंमी. B. 2 सेंमी.
C. 7 सेंमी. D. 5 सेंमी.

उत्तरमाला

1	2	3	4	5	6	7	8	9	10
D	D	A	B	B	A	D	A	C	B
11	**12**	**13**	**14**	**15**	**16**	**17**	**18**	**19**	**20**
C	B	A	A	B	C	C	A	B	B

व्याख्यात्मक उत्तर

1. $\because$ घनाभ का आयतन = लं. × चौ. × ऊं.
= 4 × 3 ×2 = 24 घन सेंमी.

2. टंकी का आयतन = लं. × चौ. × ऊं. = 3 × 2 × 1
= 6 घन मी.
($\because$ 1 घन मी. = 1000 ली.)
$\therefore$ टंकी की क्षमता = 6 × 1000 = 6000 ली.।

3. $\because$ घन का पृष्ठ क्षेत्रफल = 6 × (भुजा)²
$\therefore$ 6 × (भुजा)² = 1014
$\Rightarrow$ (भुजा)² = $\frac{1014}{6}$ 169
$\therefore$ घन की भुजा = $\sqrt{169}$ = 13 सेंमी.
$\therefore$ घन का आयतन = (भुजा)³
= (13)³ सेंमी.
= 2197 घन सेंमी.

4. माना दो घनों की भुजा क्रमशः a_1 व a_2 है।
$\therefore$ दोनों घनों का आयतन क्रमशः a_1^3 व a_2^3 होगा

प्रश्नानुसार, $a_1^3 : a_2^3 = 8 : 1$

$$\therefore \frac{a_1^3}{a_2^3} \quad \frac{8}{1}$$

$$\therefore \left(\frac{a_1}{a_2}\right)^3 \quad \left(\frac{2}{1}\right)^3 \Rightarrow a_1 : a_2 = 2 : 1$$

अतः उनकी कोरों में 2 : 1 का अनुपात होगा।

5. माना कि दो गोलों की त्रिज्या क्रमशः r_1 व r_2 है
दोनों गोलों का पृष्ठ क्षेत्रफल क्रमशः $4\pi r_1^2$ व $4\pi r_2^2$
प्रश्नानुसार, $4\pi r_1^2 : 4\pi r_2^2 = 9 : 16 \Rightarrow r_1^2 : r_2^2 = 9 : 16$

$$\Rightarrow \frac{r_1^2}{r_2^2} = \frac{9}{16} \Rightarrow \left(\frac{r_1}{r_2}\right)^2 \quad \left(\frac{3}{4}\right)^2 \Rightarrow r_1 : r_2 = 3 : 4$$

$$\Rightarrow \left(\frac{r_1}{r_2}\right)^3 \quad \left(\frac{3}{4}\right)^3 \Rightarrow \frac{r_1^3}{r_2^3} = \frac{27}{64}$$

$\Rightarrow r_1^3 : r_2^3 = 27 : 64$

$\because$ उनके आयतनों का अनुपात $= \frac{4}{3}\pi r_1^3 : \frac{4}{3}\pi r_2^3$

$\Rightarrow r_1^3 : r_2^3 = 27 : 64$

6. $\because$ अधिक-से-अधिक लम्बाई की छड़ = घनाभ के विकर्ण की लम्बाई

$= \sqrt{(\text{लं.})^2 + (\text{चौ.})^2 + (\text{ऊं.})^2}$

$= \sqrt{(12)^2 + (9)^2 + (8)^2}$

$= \sqrt{144 + 81 + 64} = \sqrt{289} = 17$ मी.

अत: उस छड़ की अधिक-से-अधिक लम्बाई जो ठीक प्रकार से कमरे में रखी जा सके 17 मी. होगी।

7. माना कि लम्बवृत्तीय शंकु की त्रिज्या व ऊंचाई क्रमश: $3x$ मी. व $5x$ मी. है

$\therefore$ शंकु का आयतन $= \frac{1}{3}\pi r^2 h \quad \frac{1}{3}\pi \times (3x)^2 \times 5x$ घन मी.

प्रश्नानुसार, शंकु का आयतन $= 120\pi$ घन मी. (दिया है)

$\therefore \quad \frac{1}{3}\pi \times 9x^2 \times 5x = 120\pi \Rightarrow x^3 = \frac{120 \times 3}{9 \times 5}$

$\Rightarrow x^3 = 8 \Rightarrow x^3 = (2)^3 \Rightarrow x = 2$ मी.

$\therefore$ लम्बवृत्तीय शंकु की त्रिज्या व ऊंचाई क्रमश: $3 \times 2 = 6$ मी. तथा $5 \times 2 = 10$ मी. होगी।

$\therefore$ तिर्यक ऊंचाई $= \sqrt{(\text{त्रिज्या})^2 + (\text{ऊंचाई})^2}$

$= \sqrt{(6)^2 + (10)^2}$

$= \sqrt{36 + 100} = \sqrt{136} = 2\sqrt{34}$ मी.।

8. माना कि बेलन के आधार की त्रिज्या $= r$ सेंमी.

$\therefore$ बेलन के आधार की परिधि $= 2\pi r$ सेंमी.

प्रश्नानुसार, $2\pi r = 88$

$\Rightarrow r = \frac{88}{2\pi} \quad \frac{88}{2 \times \frac{22}{7}} \quad \frac{88 \times 7}{2 \times 22} = 14$ सेंमी.

$\therefore$ बेलन का आयतन $= \pi r^2 h = \frac{22}{7} \times (14)^2 \times 42$

$= 22 \times 2 \times 14 \times 42 = 25872$ घन सेंमी.।

9. विद्यार्थियों को इस प्रकार के प्रश्नों में हमेशा ध्यान रखना चाहिए कि दो घनों को आपस में सटाकर रखने पर प्राप्त घनाभ की भुजाओं में केवल लम्बाई में ही वृद्धि होगी। उसकी चौड़ाई तथा ऊंचाई घन की भुजा के ही बराबर होगी। $\therefore$ घनाभ की लम्बाई = पहले घन की भुजा की लम्बाई + दूसरे घन की भुजा की लम्बाई

अर्थात् घनाभ की लम्बाई $= 10 + 10 = 20$ सेंमी. होगी।

$\therefore$ घनाभ का पृष्ठ $= 2(20 \times 10 + 10 \times 10 + 10 \times 20)$

$= 2(200 + 100 + 200) = 2 \times 500 = 1000$ वर्ग सेंमी.।

10. कागज के टुकड़े को दो तरीके से मोड़ कर बेलन बनाया जा सकता है। **1.** आयताकार कागज को इस प्रकार मोड़ा जाए ताकि उसकी लम्बाई 30 सेंमी. तथा चौड़ाई 20 सेंमी. बेलन की क्रमश: वृत्तीय आधार की परिधि तथा ऊंचाई हो। **2.** पुन: आयताकार कागज को इस प्रकार से मोड़ा जाये ताकि उसकी लम्बाई 30 सेंमी. तथा चौड़ाई 20 सेंमी. बेलन की क्रमश: ऊंचाई व वृत्तीय आधार की परिधि हो।

11. **पहली स्थिति में,** $2\pi r = 30 \Rightarrow r = \frac{15}{\pi}$ सेंमी. तथा $h = 20$ सेंमी.

$\therefore$ आयतन $(v_1) = \pi r^2 h = \frac{15 \times 15 \times 20}{\pi}$

$= \frac{4500}{\pi}$ घन सेंमी.

दूसरी स्थिति मे, $2\pi r = 20$

$\Rightarrow r = \frac{10}{\pi}$ सेंमी. तथा $h = 30$

$\therefore$ आयतन $(v_2) = \pi r^2 h$

$= \frac{10 \times 10 \times 30}{\pi} \quad \frac{3000}{\pi}$ घन सेंमी.

$\because$ अनुपात $v_1 : v_2 = \frac{4500}{\pi} : \frac{3000}{\pi} = 3 : 2.$

12. $\because$ 3 सेंमी. त्रिज्या वाले गोले का आयतन

$= \frac{4}{3}\pi \times (3)^3 = \frac{4}{3}\pi \times 27$ घन सेंमी.

माना कि शंकु की ऊंचाई h सेंमी. है

$\therefore$ उसी त्रिज्या के आधार पर शंकु का आयतन

$= \frac{1}{3}\pi(3)^2 \times h$ घन सेंमी.

चूंकि शंकु का आयतन = गोले का आयतन

$\therefore\ \frac{1}{3}\pi \times (3)^2 \times h = \frac{4}{3}\pi \times 27 \Rightarrow h = 12$ सेंमी.

अतः शंकु की ऊंचाई 12 सेमी होगी।

13. $\because$ रोलर का व्यास = 2.4 मी. $\therefore$ रोलर की त्रिज्या = 1.2 मी. तथा रोलर की लम्बाई (ऊंचाई) = 1.68 मी.

$\therefore$ रोलर की वक्रपृष्ठ $= 2\pi rh = 2 \times \frac{22}{7} \times 1.2 \times 1.68$

$= 12.672$ वर्ग मी.

$\therefore$ 1 चक्कर में रोलर मैदान पर चला = 12.672 वर्ग मी.

$\therefore$ 1000 चक्कर में मैदान पर चलेगा $= 12.672 \times 1000$

$= 12672$ वर्ग मी.

अर्थात् मैदान का क्षेत्रफल = 12672 वर्ग मी. होगा।

14. $\because$ घन के धरातल के क्षेत्रफल दो कोरों में 10% की वृद्धि होती है। अर्थात् $x\% = y\% = 10\%$ तथा प्रतिशत वृद्धि की स्थिति में x, y के मान (+) धनात्मक होंगे।

$\therefore$ घन के धरातल के क्षेत्रफल में प्रतिशत वृद्धि

$$= \left(x + y + \frac{xy}{100}\right)\%$$

$$= \left(10 + 10 + \frac{10 \times 10}{100}\right)\% = 21\%$$

15. $\because$ ठोस बेलन का आयतन $= \pi r^2 h = \pi r^2 \times 14$ घन मी.

प्रश्नानुसार, शंकु की त्रिज्या = बेलन की त्रिज्या r मी = 4 मी.

चूंकि शंकु का आयतन = बेलन का आयतन

$\therefore\ \frac{1}{3}\pi r^2 \times$ ऊंचाई $= \pi r^2 \times 14$

$\therefore$ ऊंचाई $= 14 \times 3 = 42$ मी.

अतः शंकु की ऊंचाई 42 मी. होगा।

16. $\because$ घनाकार कमरे का आयतन $= (10)^3 = 1000$ घन मी.

कमरे में बैठने वाले विद्यार्थियों की संख्या

$$= \frac{\text{कमरे का आयतन}}{\text{एक विद्यार्थी का आयतन}}$$

$$= \frac{1000}{5} \quad 200.$$

17. $\because$ तीन घन के किनारे क्रमशः 2 सेंमी., 3 सेंमी. तथा 4 सेंमी. है।

$\therefore$ तीनों घनों के आयतन क्रमशः $(2)^3 = 8$ घन सेंमी., $(3)^3 = 27$ घन सेंमी.

तथा $(4)^3 = 64$ घन सेंमी. होगी।

$\therefore$ नए घन का आयतन = तीनों घनों का आयतन

$\therefore$ नए घन का आयतन $= 8 + 27 + 64 = 99$ घन सेंमी.

$\therefore$ नए घन का किनारा $= \sqrt[3]{99}$ सेंमी.।

18. $\because$ घन के पृष्ठ भाग का क्षेत्रफल $= 6 \times (\text{भुजा})^2$

$\therefore\ 6 \times (\text{भुजा})^2 = 600 \Rightarrow (\text{भुजा})^2 = 100$

$\Rightarrow$ भुजा = 10 सेंमी.

$\therefore$ घन के विकर्ण की लम्बाई $= \sqrt{3} \times$ भुजा $= \sqrt{3} \times 10$

$= 10\sqrt{3}$ सेंमी.

19. $\because$ शंकु के वक्रतल का क्षेत्रफल $= \pi rl$

(जहां r = शंकु की त्रिज्या l = शंकु की ढलवां ऊंचाई)

$\therefore$ वक्रतल का क्षेत्रफल $= \frac{22}{7} \times \frac{28}{2} \times 50 = 2200$ वर्ग मी.

$\therefore$ 80 पैसे प्रति वर्ग मी. की दर से सफेदी कराने का खर्च

$= 2200 \times \frac{80}{100} = 1760$ रु. होगा।

20. माना कि घनाभ की लम्बाई व चौड़ाई क्रमशः $8x$ सेंमी. तथा $7x$ सेंमी. है।

$\therefore$ घनाभ का आयतन $= 8x \times 7x \times 5 = 280x^2$ घन सेंमी.

परन्तु घनाभ का आयतन = 1120 घन सेंमी.

(दिया हुआ है)

$\therefore\ 280x^2 = 1120 \Rightarrow x^2 = \frac{1120}{280} = 4 = (2)^2$

$\Rightarrow x = 2$

$\therefore$ घनाभ की लम्बाई $= 8 \times 2 = 16$ सेंमी.

तथा घनाभ की चौड़ाई $= 7 \times 2 = 14$ सेंमी.

अतः स्पष्ट है कि घनाभ की चौड़ाई उसकी लम्बाई से 2 सेंमी कम होगी।

☆☆☆☆☆☆

18 सारणी एवं ग्राफ (Tables and Graphs)

इस प्रकार के प्रश्नों में सारणी या ग्राफ दिया होता है, उससे सम्बन्धित प्रश्न पूछे जाते हैं। अतः अभ्यार्थियों को दिये गये प्रश्नों के सही उत्तर ज्ञात करने के लिए सारणी या ग्राफ का बहुत ही सावधानीपूर्वक अध्ययन करना चाहिए।

प्रश्नमाला

निर्देश (प्रश्न 1 से 4 तक) *निम्नांकित ग्राफ के अनुसार वर्ष 1998 में वर्षा ऋतु के दौरान हुई सड़क दुर्घटनाओं में मरने वालों की संख्या प्रदर्शित की गई है। ग्राफ पर आधारित ग्राफ के नीचे दिये गये प्रश्नों के उत्तर दीजिए।*

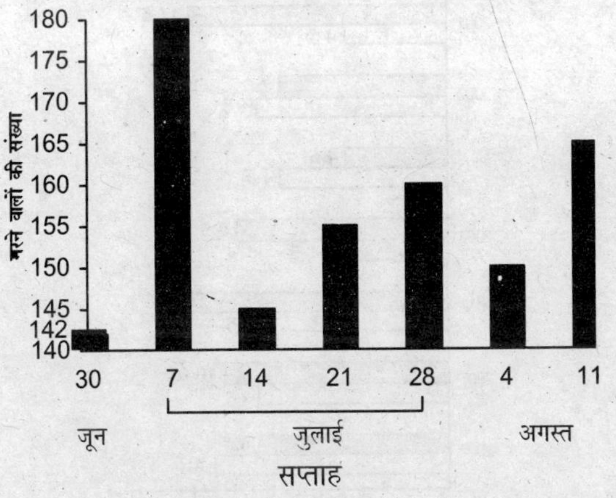

1. किन दो क्रमिक सप्ताहों के बीच मरने वालों की संख्या सबसे अधिक थी?

A. 4 अगस्त - 11 अगस्त
B. 14 जुलाई - 21 जुलाई
C. 30 जून - 7 जुलाई
D. 7 जुलाई - 28 जुलाई

2. कितने सप्ताहों में मरने वालों की संख्या 150 से अधिक थी?

A. 3 B. 2
C. 4 D. 1

3. कितने सप्ताहों में मरने वालों की संख्या 150 से कम थी?

A. 2 B. 0
C. 1 D. 3

4. किन दो क्रमिक सप्ताहों के बीच मरने वालों की संख्या में सबसे अधिक गिरावट थी?

A. 28 जुलाई – 4 अगस्त B. 7 जुलाई – 14 जुलाई
C. 30 जून – 7 जुलाई D. इनमें से कोई नहीं

निर्देश (प्रश्न 5 से 8 तक): *नीचे दी गई सारणी का सावधानी से अध्ययन कीजिए और उस पर आधारित नीचे दिये गये प्रश्नों के उत्तर दीजिए।*

किसी फैक्टरी के विविध विभागों में काम कर रहे कर्मचारियों की संख्या

विभाग / *वर्ष*	*उत्पादन*	*बिक्री*	*खरीद*	*प्रशासन एवं लेखा*	*अनुसंधान एवं विकास*
2001	150	25	50	45	75
2002	225	40	45	62	70
2003	450	65	30	90	73
2004	470	73	32	105	70
2005	500	80	35	132	74
2006	505	75	36	130	75

5. किस वर्ष उत्पादन में काम कर रहे कर्मचारियों की संख्या कुल कर्मचारियों के 50% से कम थी?

A. 2001 B. 2003
C. 2004 D. 2005

6. निम्न में से किस वर्ष प्रत्येक विभाग में काम कर रहे कर्मचारियों की संख्या प्रत्येक विभाग में उसके तुरन्त पिछले वर्ष के कर्मचारियों की संख्या से अधिक थी?

A. 2005 B. 2004
C. 2003 D. 2002

7. किस विभाग में वर्ष 2001 से 2006 तक कर्मचारियों की संख्या आसन्नतः समान रही है।

A. उत्पादन B. बिक्री
C. अनुसंधान एवं विकास D. प्रशासन एवं लेखा
E. खरीद

8. किस विभाग में वर्ष 2001 से 2006 तक लगातार कर्मचारियों की संख्या कुल कर्मचारियों की संख्या के 10% से कम रही है।

A. खरीद B. बिक्री
C. अनुसंधान एवं विकास D. प्रशासन एवं लेखा
E. बिक्री एवं खरीद

निर्देश (प्रश्न 9 से 12 तक): *नीचे दी गई पाई चार्ट किसी परिवार के विभिन्न मदों पर खर्च को दर्शाता है। इस पर आधारित नीचे दिये गये प्रश्नों के उत्तर दीजिए।*

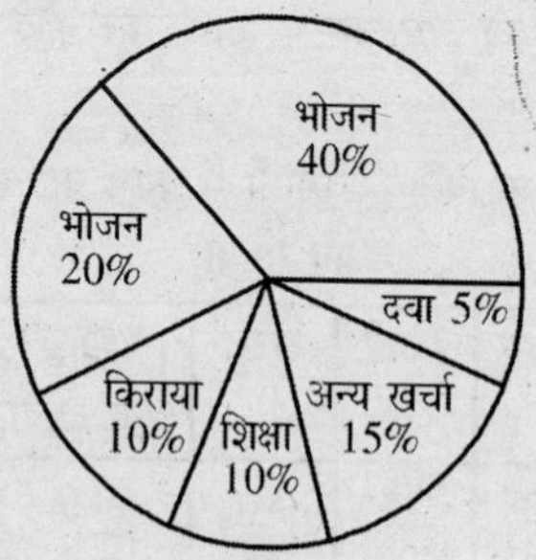

9. यदि शिक्षा पर 375 रु. खर्च होते हों, तो उतने ही रुपये निम्नलिखित में से किस पर खर्च होंगे?

A. दवा B. अन्य खर्च
C. किराया D. कपड़े

10. यदि भोजन पर खर्च 750 रु. प्रति माहवार हो, तो शिक्षा पर वार्षिक व्यय कितने रुपये होगा?

A. 2150 रु. B. 1022.50 रु.
C. 2250 रु. D. 1400 रु.

11. यदि परिवार का कुल खर्च 4500 रु. हो तो उस परिवार का कपड़े पर कितना खर्च होता है?

A. 800 रु. B. 900 रु.
C. 840 रु. D. 950 रु.

12. इस चार्ट में अन्य खर्च पर व्यय द्वारा केन्द्रीय कोण कितना होगा?

A. 40º B. 54º
C. 36º D. 15º

निर्देश (प्रश्न 13 से 16 तक): *निम्नलिखित आरेख का सावधानीपूर्वक अध्ययन करके उसे नीचे दिये गये प्रश्नों के उत्तर दीजिए।*

बिक्री तथा लाभ रिपोर्ट (1980-87)

बिक्री (लाख रुपयों में) आय रुपए दस हजार में

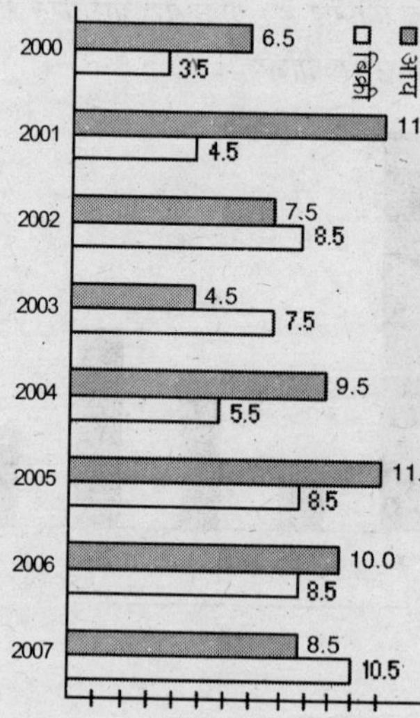

13. 2002 से 2007 तक बिक्री में वार्षिक बढ़ोत्तरी का माध्य (लाख रुपयों में) है–

A. 0.1 B. 0.2
C. 0.3 D. 0.4

14. स्टोर का वार्षिक माध्य लाभ (दस हजार रुपये में) निकटतम है–

A. 8.5 B. 8.6
C. 8.7 D. 9.0

15. किस वर्ष में लाभ का बिक्री से प्रतिशत अधिकतम था?

A. 2000 B. 2001
C. 2002 D. 2004

16. यदि 2000 के लाभ को आधार (100) माना जाए तो 2007 में कितना लाभ था?

A. 76 B. 105
C. 121 D. 131

निर्देश (प्रश्न 17 से 20 तक): *निम्नांकित तालिका किसी देश का विभिन्न वर्षों में बिस्कुटों का निर्यात प्रदर्शित करती है। तालिका का अध्ययन करके नीचे दिये गये प्रश्नों के उत्तर दीजिए।*

किसी देश का बिस्कुटों का कुछ वर्षों के लिए निर्यात

वर्ष	मात्रा (लाख टिनों में)	मूल्य (करोड़ रु. में)
2005	100	150
2006	75	150
2007	150	330
2008	160	400
2009	200	500

17. किस वर्ष प्रति टिन निर्यात मूल्य न्यूनतम था?

A. 2008 B. 2007
C. 2006 D. 2005

18. किन वर्षों में प्रति टिन मूल्य समान था?

A. 2006 और 2007 B. 2007 और 2008
C. 2008 और 2009 D. 2007 और 2009

19. 2005 से 2009 में निर्यात मूल्य में कितने प्रतिशत वृद्धि हुई?

A. 100 B. $116\frac{2}{3}$

C. $233\frac{1}{3}$ D. 350

20. 2008 से 2009 में निर्यात किये गये बिस्कुट टिनों की संख्या में कितना अन्तर था?

A. 40
B. 40,000
C. 4,00,000
D. 40,00,000

निर्देश (प्रश्न 21 से 25 तक): *निम्नलिखित आरेख का सावधानीपूर्वक अध्ययन करके उसे नीचे दिये गये प्रश्नों के उत्तर दीजिए।*

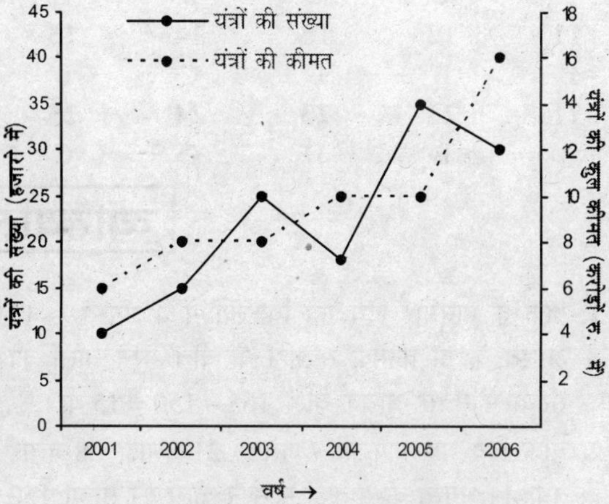

21. 2002 में प्रत्येक यंत्र की कीमत कितनी थी?

A. $5\frac{1}{3}$ हजार रु. B. 50 हजार रु.

C. 5103 रु. D. 3 हजार रु.

22. 2003 की अपेक्षा 2004 में यंत्रों के उत्पादन में कितने प्रतिशत कमी हुई?

A. 5 B. 20
C. 25 D. 30

23. 2004 तथा 2006 में यंत्रों की बिक्री से प्राप्त राजस्व में अन्तर कितना था?

A. 10 लाख रु. B. 1 करोड़ रु.
C. 4 करोड़ रु. D. 6 करोड़ रु.

24. यदि 2005 में प्रत्येक यंत्र की कीमत 25 प्रतिशत बढ़ाई जाती तो उस वर्ष उत्पादित यंत्रों की कुल कीमत क्या होती?

A. 32 करोड़ रु. B. 20 करोड़ रु.
C. 12.5 करोड़ रु. D. 15.5 करोड़ रु.

25. 2003 तथा 2004 में प्रत्येक यंत्र के मूल्य में कितना अन्तर था?

A. 1500 रु. B. 2500 रु.
C. 1800 रु. D. 3200 रु.

उत्तरमाला

1	2	3	4	5	6	7	8	9	10
A	C	D	B	A	A	C	B	C	C
11	**12**	**13**	**14**	**15**	**16**	**17**	**18**	**19**	**20**
B	B	D	C	B	D	D	C	C	D
21	**22**	**23**	**24**	**25**					
A	B	D	C	C					

व्याख्यात्मक उत्तर

1. ग्राफ के अनुसार दिये गये विकल्पों में 4 अगस्त – 11 अगस्त के दो क्रमिक सप्ताहों के बीच मरने वालों की संख्या में सबसे अधिक वृद्धि 165 – 150 = 15 थी।

2. चूँकि दिये गये ग्राफ में 7 जुलाई, 21 जुलाई, 28 जुलाई तथा 11 अगस्त के सप्ताहों में मरने वालों की संख्या 150 से अधिक थी अर्थात् सप्ताहों की गिनती = 4.

3. चूँकि ग्राफ से स्पष्ट है कि 30 जून, 14 जुलाई व 4 अगस्त के सप्ताहों में मरने वालों की संख्या 150 से कम थी। अर्थात् सप्ताहों की गिनती = 3.

4. ग्राफ के अनुसार 7 जुलाई से 14 जुलाई के दो क्रमिक सप्ताहों के बीच मरने वालों की संख्या में सबसे अधिक गिरावट आई थी।

5. 2001 में कुल कर्मचारियों की संख्या = 150 + 25 + 50 + 45 + 75 = 345

∴ उत्पादन में काम कर रहे कर्मचारियों की प्रतिशत संख्या

$$= \frac{150 \times 100}{345} = 43.48$$

2002 में कुल कर्मचारियों की संख्या = 225 + 40 + 45 + 62 + 70 = 442

∴ उत्पादन में काम कर रहे कर्मचारियों की प्रतिशत संख्या

$$= \frac{225 \times 100}{442} = 50.9$$

2003 में कुल कर्मचारियों की संख्या = 450 + 65 + 30 + 90 + 73 = 708

∴ उत्पादन में काम कर रहे कर्मचारियों की प्रतिशत संख्या

$$= \frac{450 \times 100}{708} = 63.56$$

2004 में कुल कर्मचारियों की संख्या = 470 + 73 + 32 + 105 + 70 = 750

∴ उत्पादन में काम कर रहे कर्मचारियों की प्रतिशत संख्या =

$$\frac{470 \times 100}{750} = 62.67$$

2005 में कुल कर्मचारियों की संख्या = 500 + 80 + 35 + 132 + 74 = 821

∴ उत्पादन में काम कर रहे कर्मचारियों की प्रतिशत संख्या =

$$\frac{500 \times 100}{821} = 60.9$$

2006 में कुल कर्मचारियों की संख्या = 505 + 75 + 36 + 130 + 75 = 821

∴ उत्पादन में काम कर रहे कर्मचारियों की प्रतिशत संख्या =

$$\frac{505 \times 100}{821} = 61.51$$

अतः 2001 में यह 50% से कम है।

6. सारणी से स्पष्ट है कि 2005 में प्रत्येक विभाग के कर्मचारियों की संख्या, पिछले वर्ष के प्रत्येक विभाग में कर्मचारियों की संख्या से अधिक थी।

7. सारणी के अनुसार अनुसंधान एवं विकास विभाग में वर्ष 2001 से 2006

9. ∵ केन्द्रीय कोण 36° शिक्षा तथा क़िराए के लिए एक ही है, अतः इन दोनों मदों पर खर्चा बराबर होगा। अर्थात् 375 रु. किराए पर खर्च होंगे।

10. ∵ भोजन पर खर्च = 750 रु.

∵ कुल खर्च $= \frac{100 \times 750}{40} = 1875$ रु.

∵ शिक्षा पर खर्च = 10%

∵ शिक्षा पर खर्च धनराशि $= 1875 \times \frac{10}{100}$

$= 187.50$ रु.

$\therefore$ शिक्षा पर वार्षिक खर्च $= 187.50 \times 12$

$= 2250.00$ रु.

11. $\because$ कपड़े पर खर्च $= 20\%$

$\therefore$ कपड़े पर कुल खर्च $= \dfrac{20}{100} \times 4500 = 900$ रु.।

12. 15% के लिए केन्द्रीय कोण $\dfrac{15}{100} \times 360^\circ = 54^\circ$.

13. 2002 से 2007 तक बिक्री में बढ़ोत्तरी का माध्य (लाख रुपये में) $= \dfrac{10.5 - 8.5}{5} = .4$.

14. स्टोर का वार्षिक माध्य लाभ (दस हजार रुपये में)

$$= \frac{(6.5 + 11.5 + 7.5 + 4.5 + 9.5 + 11.5 + 10.0 + 8.5)}{8}$$

$$= \frac{69.5}{8} = 8.7 \text{ (निकटतम)}$$

15. 2000 में लाभ का बिक्री से प्रतिशत

$$= \frac{6.5 \times 10000 \times 100}{3.5 \times 100000} = 1.86$$

2001 में लाभ का बिक्री से प्रतिशत

$$= \frac{11.5 \times 10000 \times 100}{4.5 \times 100000} = 25.56$$

2002 में लाभ का बिक्री से प्रतिशत

$$= \frac{7.5 \times 10000 \times 100}{8.5 \times 100000} = 8.82$$

तथा 2004 में लाभ का बिक्री से प्रतिशत

$$= \frac{9.5 \times 10000 \times 100}{5.5 \times 100000} = 17.27$$

$\therefore$ 2001 में लाभ का बिक्री से प्रतिशत अधिकतम था।

16. अभीष्ट लाभ $= \dfrac{100 \times 8.5}{6.5} = 131$.

17. 2005 में प्रति टिन निर्यात मूल्य $= \dfrac{150 \text{ करोड़}}{100 \text{ लाख}} = 150$ रु.

2006 में प्रति टिन निर्यात मूल्य $= \dfrac{150 \text{ करोड़}}{75 \text{ लाख}} = 200$ रु.

2007 में प्रति टिन निर्यात मूल्य $= \dfrac{330 \text{ करोड़}}{150 \text{ लाख}} = 220$ रु.

2008 में प्रति टिन निर्यात मूल्य $= \dfrac{400 \text{ करोड़}}{160 \text{ लाख}} = 250$ रु.

तथा 2009 में प्रति टिन निर्यात मूल्य

$$= \frac{500 \text{ करोड़}}{200 \text{ लाख}} = 250 \text{ रु.}$$

अतः स्पष्ट होता है कि 2005 में प्रति टिन निर्यात मूल्य न्यूनतम था।

18. उपरोक्त प्रश्न से स्पष्ट है कि 2008 तथा 2009 में प्रति टिन निर्यात मूल्य समान था।

19. 2005 व 2009 में निर्यात मूल्य में प्रतिशत वृद्धि

$$= \frac{(500 - 150)}{150} \times 100 = 233\frac{1}{3}.$$

20. अभीष्ट अन्तर $= 200 - 160 = 40$ लाख टिन या 40,00,000 टिन।

21. $\because$ 2002 में यंत्रों की संख्या $= 15000$

तथा यंत्रों का मूल्य $= 80000000$ रु.

$\therefore$ 2002 में 1 यंत्र का मूल्य $= \dfrac{80000000}{15000}$

$= 5\dfrac{1}{3}$ हजार रु.।

22. 2003 की अपेक्षा 2004 में यंत्रों के उत्पादन में प्रतिशत कमी $= \dfrac{(25 - 20) \times 100}{25} = 20\%$

23. 2004 में 2006 में यंत्रों की बिक्री से प्राप्त राजस्व में अन्तर $= 16 - 10 = 6$ करोड़ रु. था।

24. 2004 में 25% कीमत बढ़ने पर उत्पादित यंत्रों की कुल कीमत $= \dfrac{10 \times 125}{100} = 12.5$ करोड़ रु.।

25. 2003 में प्रत्येक यंत्र का मूल्य $= \dfrac{80000000}{25000}$

$= 3200$ रु.

तथा 2004 में प्रत्येक यंत्र का मूल्य $= \dfrac{100000000}{20000}$

$= 5000$ रु.

$\therefore$ अभीष्ट अन्तर $= 5000 - 3200 = 1800$ रु.।

☆☆☆☆☆☆

19 प्रायिकता (Probability)

प्रयोग

सुपरिभाषित परिणाम देने वाली क्रिया प्रयोग कहलाती है। प्रयोग दो प्रकार के होते हैं :

(*i*) यादृच्छिक प्रयोग

(*ii*) निर्धारणात्मक प्रयोग

(*i*) **यादृच्छिक प्रयोग**–वह प्रयोग जो समान परिस्थितियों में दुहराने पर असमान परिणाम देता है, यादृच्छिक प्रयोग कहलाता है।

जैसे–एक पासे को उछालने पर 1 से 6 तक के अंकों में से कोई भी परिणाम आ सकता है। परन्तु प्रत्येक बार समान परिणाम आए यह निश्चित नहीं है।

(*ii*) **निर्धारणात्मक प्रयोग**–वह प्रयोग जो समान परिस्थितियों के अन्तर्गत दुहराने पर समान परिणाम देता है।

जैसे–विज्ञान या अभियांत्रिकी में समान परिस्थितियों में प्रयोग को दुहराने पर हमेशा समान परिणाम आता है।

प्रतिदर्श समष्टि : किसी प्रयोग के सभी संभव परिणामों के समुच्चय प्रतिदर्श समष्टि कहलाता है।

जैसे– $S = \{1, 2, 3, 4, 5, 6\}$

किसी पासे को उछालने पर सभी संभव परिणाम हैं।

घटना : प्रतिदर्श समष्टि के सभी उप-समुच्चय एक घटना है। यह दो प्रकार के होते हैं–

(*i*) **सरल घटना**–वह घटना जिसमें केवल एक प्रतिदर्श बिन्दु होता है, सरल घटना कहलाती है।

जैसे–दो सिक्कों के उछालने पर प्रतिदर्श समष्टि $S = \{HH, HT, TH, TT\}$

यदि घटना, E = दो शीर्ष प्राप्त करने की घटना $= \{HH\}$

तब E सरल घटना है

(*ii*) **संयुक्त घटना**–वे घटनाएँ, जो सरल घटना नहीं है संयुक्त घटना कहलाती है।

जैसे–दो सिक्कों को उछालने पर प्रतिदर्श समष्टि

$$S = \{HH, HT, TH, TT\}$$

तो E = कम-से-कम एक पुच्छ (Tail) प्राप्त करने की घटना

$$E = \{TT, TH, HT\}$$

समसम्भावी घटनाएँ : किसी प्रयोग में यदि प्रत्येक घटना के घटित होने की संभावना समान हो तो वह घटनाएँ समसंभावी घटनाएँ कहलाती है।

जैसे–किसी सिक्का को उछालने पर शीर्ष एवं पुच्छ (Head and Tail) आने की संभावना समान है।

परस्पर अपवर्जी घटनाएँ : किसी प्रतिदर्श समष्टि S की दो घटनाएँ परस्पर अपवर्जी होगी यदि E_1 एवं E_2 साथ-साथ घटित ना हों अर्थात् $E_1 \cap E_2 = \phi$.

प्रायिकता : माना किसी यादृच्छिक प्रयोग में प्रतिदर्श समष्टि S तथा घटना $E \subseteq S$ है, तब घटना E के घटित होने की प्रायिकता $P(E) = \dfrac{n(E)}{n(S)}$ होगी।

यदि $P(E) = 1$ तब E को निश्चित घटना तथा यदि $P(E) = 0$ तब E को असंभव घटना कहते हैं। अतः प्रायिकता हमेशा 0 से 1 के मध्य होता है अर्थात् $0 \le P(E) \le 1$

- यदि यादृच्छिक प्रयोग से संबंधित घटनाएँ E_1 एवं E_2 हो तब,

$$P(E_1 \cup E_2) = P(E_1) + P(E_2) - P(E_1 \cap E_2)$$

- यदि E_1 एवं E_2 परस्पर अपवर्जी घटनाएँ हों तब

$$P(E_1 \cup E_2) = P(E_1) + P(E_2)$$

- यदि $\bar{A}$, A नहीं है को सूचित करता है तब

$P(\bar{A}) = 1 - P(A)$ या $P(A') = 1 - P(A)$

$\Rightarrow P(A) = 1 - P(\bar{A})$

उदाहरण 1. दो सिक्कों को एक साथ उछाला जाता है तब (*i*) केवल एक शीर्ष (*ii*) कम-से-कम एक शीर्ष आने की प्रायिकता निकालें।

हल : दो सिक्कों को एक साथ उछालने पर प्रतिदर्श समष्टि की संख्या $= 2^2 = 4$

अतः $S = \{HH, HT, TH, TT\}$

माना E_1 केवल एक शीर्ष आने की घटना है तब

$$n(E_1) = \{HT, TH\} = 2$$

तथा E_2 = कम-से-कम एक शीर्ष आने की घटना

$$= \{HH, HT, TH\} = 3$$

अतः (*i*) $P(E_1) = \dfrac{n(E_1)}{n(S)} = \dfrac{2}{4} = \dfrac{1}{2}$

(*ii*) $P(E_2) = \dfrac{n(E_2)}{n(S)} = \dfrac{3}{4}$

उदाहरण 2. यदि दो पासे को एक साथ फेंका जाता है तो इसके पृष्ठ पर आने वाली अंकों का योग 7 से अधिक हो, की प्रायिकता ज्ञात करें।

हल : $n(3) = 6 \times 6 = 36$

माना E = पृष्ठ पर आने वाली अंकों का योग 7 से अधिक

$= \{(2, 6) (3, 5) (3, 6) (4, 4) (4, 5) (4, 6) (5, 3) (5, 4) (5, 5) (5, 6) (6, 2), (6, 3) (6, 4) (6, 5) (6, 6)\}$

$= 15$

$$\therefore P(E) = \frac{n(E)}{n(S)} = \frac{15}{36} = \frac{5}{12}$$

उदाहरण 3. ताश की किसी गड्डी से 2 पत्ता यादृच्छया निकाला जाता है तो इसके बादशाह होने की प्रायिकता ज्ञात करें।

हलः $n(S) = 52\,C_2 = \dfrac{52 \times 51}{2 \times 1} = 26 \times 51 = 1326$

यदि E = दो बादशाह आने की घटना।

तब $n(E) = 4C_2 = \dfrac{4 \times 3}{2} = 6$

अतः $P(E) = \dfrac{n(E)}{n(S)} = \dfrac{6}{1326} = \dfrac{1}{221}$

उदाहरण 4. किसी थैला में 4 लाल, 6 काली, 8 हरी गेंद हैं। यादृच्छया 2 गेंद निकाला जाता है तब दोनों के काली होने की प्रायिकता ज्ञात करें।

हल : थैला में कुल गेंदों की संख्या $= 4 + 6 + 8 = 18$

$$\therefore n(S) = 18C_2$$

माना E = दो काली गेंद आने की घटना

$$n(E) = 6C_2$$

अतः $P(E) = \dfrac{n(E)}{n(S)} = \dfrac{6C_2}{18C_2}$

$$= \frac{\frac{6 \times 5}{2}}{\frac{18 \times 17}{2}} = \frac{6 \times 5}{18 \times 17} = \frac{5}{51}$$

$$\therefore P(E) = \frac{5}{51}$$

उदाहरण 5. 1 से 20 तक की संख्याओं में से तीन संख्याओं को यादृच्छया चयन किया जाता है तो इसके लगातार (Consecutive) होने की प्रायिकता क्या होगी?

हल : 20 संख्याओं में से 3 संख्याओं को चयन करने के कुल तरीके $= 20C_3$

$$= \frac{20 \times 19 \times 18}{3 \times 2}$$

$\therefore n(S) = 20C3 = 1140$

यदि E = तीन लगातार संख्याओं के चयन के तरीके

$= \{(1, 2, 3) (2, 3, 4) (3, 4, 5) .... (18, 19, 20)\}$

$n(E) = 18$

अतः $P(E) = \dfrac{n(E)}{n(S)} = \dfrac{18}{1140} = \dfrac{3}{190}$

उदाहरण 6. किसी थैला में 4 लाल, 5 हरी तथा 6 सफेद गेंद हैं। यदि यादृच्छया एक गेंद निकाली जाए तो इसके लाल या हरी होने की संभावना ज्ञात करें।

हल : कुल गेंदों की संख्या $= 4 + 5 + 6 = 15$

$\therefore \quad n(S) = 15$

माना $\quad E_1$ = लाल गेंद होने की घटना = 4

$\quad E_2$ = हरी गेंद होने की घटना = 5

तब $\quad E_1 \cap E_2 = \phi$

अतः $P(E_1$ या $E_2) = P(E_1) + P(E_2)$

$$= \left(\frac{4}{15} + \frac{5}{15}\right) = \frac{9}{15} = \frac{3}{5}$$

उदाहरण 7. एक थैला में 2 लाल, 3 हरी तथा 2 सफेद गेंद हैं। यादृच्छया दो गेंद निकाली जाती हैं तो उसकी सफेद न होने की प्रायिकता ज्ञात करें।

हल : कुल गेंदों की संख्या $= (2 + 3 + 2) = 7$

$$\therefore \quad n(S) = 7C_2 = \frac{7 \times 6}{2} = 21$$

माना $\quad E$ = 2 गेंद निकलने की घटना जो सफेद न हो $= (2 + 3) = 5$

$$\therefore \quad n(E) = 5C_2 = 10$$

$$\therefore \quad P(E) = \frac{n(E)}{n(S)} = \frac{10}{21}$$

उदाहरण 8. किसी ताश की गड्डी से यादृच्छया दो पत्ता निकाला जाए तो इसकी क्या संभावना है कि दोनों या तो लाल हो या दोनों बादशाह?

हल : $\quad n(S) = 52C_2 = \dfrac{52 \times 51}{2} = 1326$

माना $\quad E_1$ = दोनों पत्ते को लाल होने की घटना

$$n(E_1) = 26C_2 = \frac{26 \times 25}{2} = 325$$

$\quad E_2$ = दोनों पत्ते के बादशाह होने की घटना

$$n(E_2) = 4C_2 = \frac{4 \times 3}{2} = 6$$

तथा $\quad (E_1 \cap E_2)$ = दोनों पत्ते लाल का बादशाह

$$\therefore \quad n(E_1 \cap E_2) = 2C_2 = 1$$

$$\therefore \quad P(E_1 \cup E_2) = P(E_1) + P(E_2) - P(E_1 \cap E_2)$$

$$= \frac{325}{1326} + \frac{6}{1326} - \frac{1}{1326}$$

$$= \frac{330}{1326} = \frac{55}{221}$$

उदाहरण 9. किसी कक्षा में 15 छात्र एवं 10 छात्राएँ हैं। यदि इसमें से 3 विद्यार्थी को चुनना हो तो इसकी क्या संभावना है कि उसमें 1 छात्रा एवं 2 छात्र होंगे।

हल : $n(S) = 25C_3 = \dfrac{25 \times 24 \times 23}{3 \times 2} = 2300$

यदि $\quad E$ = 1 छात्रा एवं 2 छात्र चुनने की घटना

$$\therefore \quad n(E) = 15\,C_2 \times 10\,C_1$$

$$= \frac{15 \times 14}{2} \times 10 = 1050$$

$$\therefore \quad P(E) = \frac{n(E)}{n(S)} = \frac{1050}{2300} = \frac{105}{230} = \frac{21}{46}$$

उदाहरण 10. यदि $P(A) = 0.25$, $P(B) = 0.50$ तथा $P(A \cap B) = 0.14$ तब $P(A \cap \bar{B})$ मान ज्ञात करें।

हल : दिया है, $\quad P(A) = 0.25,\ P(B) = 0.50$

तथा $\quad P(A \cap B) = 0.14$

अतः $\quad P(A \cap \bar{B}) = P(A) - P(A \cap B)$

$$= 0.25 - 0.14$$

$$= 0.11$$

प्रश्नमाला

निर्देश : निम्नलिखित प्रश्नों को हल करें :

1. एक बर्तन में 2 लाल, 3 नीली तथा 4 काली गेंद हैं। यादृच्छया तीन गेंद निकाली जाती हैं, तो सभी के एक ही रंग के होने की प्रायिकता है–

A. $\dfrac{5}{84}$ $\quad$ B. $\dfrac{3}{9}$

C. $\dfrac{3}{7}$ $\quad$ D. $\dfrac{7}{17}$

2. तीन पासे एक साथ फेंके जाते हैं। उन पर आनेवाले अंकों का योग 17 या 18 होने की प्रायिकता है–

A. $\frac{1}{72}$ B. $\frac{1}{9}$

C. $\frac{1}{54}$ D. $\frac{4}{17}$

3. शब्द POSSESSIVE से एक अक्षर यादृच्छया चुना जाता है, तो इसके S होने की प्रायिकता है–

A. $\frac{3}{10}$ B. $\frac{4}{10}$

C. $\frac{3}{7}$ D. $\frac{4}{17}$

4. यदि A और B दो घटनाएँ हैं तथा $P(A') = 0.3$, $P(B) = 0.4$, $P(A \cap B') = 0.5$ तब $P(A \cap B')$ का मान–

A. 0.5 B. 0.8

C. 1 D. 0.1

5. किसी बक्से में 3 आम तथा 3 सेब हैं। यदि दो फल यादृच्छया चुने जाएँ तो एक आम तथा एक सेब होने की प्रायिकता–

A. $\frac{2}{3}$ B. $\frac{3}{5}$

C. $\frac{1}{3}$ D. $\frac{3}{4}$

6. छः (6) पुरस्कारों को तीन व्यक्ति में वितरण यादृच्छया किया जाता है, तो किसी एक व्यक्ति को सभी पुरस्कार नहीं मिलने की संभावना होगी।

A. $\frac{120}{216}$ B. $\frac{6}{216}$

C. $\frac{210}{216}$ D. $\frac{790}{216}$

7. 100 पत्तों की गड्डी जिन पर 1 से 100 तक संख्याएँ लिखी हैं, में से यादृच्छया एक पत्ता निकाला जाता है, तो पूर्ण वर्ग संख्या आने की प्रायिकता है–

A. $\frac{1}{5}$ B. $\frac{2}{5}$

C. $\frac{1}{10}$ D. $\frac{1}{15}$

8. तीन व्यक्ति एक समस्या पर स्वतंत्र रूप से कार्य करते हैं। उनके द्वारा समस्या का हल करने की प्रायिकताएँ क्रमशः $\frac{1}{3}$, $\frac{1}{4}$ एवं $\frac{1}{5}$ है तो किसी के द्वारा समस्या न हल होने की प्रायिकता है–

A. $\frac{1}{3}$ B. $\frac{3}{5}$

C. $\frac{2}{5}$ D. $\frac{1}{5}$

9. एक लॉटरी में 90 टिकट है, जिन पर 1 से 90 तक की संख्याएँ अंकित हैं। पाँच टिकट यादृच्छया चुने जाते हैं। इनमें से दो टिकटों पर 15 तथा 80 संख्या होने की प्रायिकता है–

A. $\frac{2}{801}$ B. $\frac{2}{623}$

C. $\frac{1}{267}$ D. $\frac{1}{623}$

10. A तथा B में से कम-से-कम एक के घटने की प्रायिकता 0.6 है। यदि A एवं B के साथ-साथ घटित होने की प्रायिकता 0.2 हो तब $P(A') + P(B')$ का मान–

A. 3.2 B. 1.5

C. 1.03 D. 1.2

11. किसी बक्से में 20 बल्ब हैं जिसमें से 4 खराब है। यादृच्छया दो बल्ब निकाला जाता है तो इसमें कम-से-कम 1 खराब होने की संभावना है–

A. $\frac{7}{19}$ B. $\frac{9}{19}$

C. $\frac{12}{19}$ D. $\frac{17}{19}$

12. दो पासे को फेंका जाता है तब इसके पृष्ठ पर आने वाले अंकों का योग अभाज्य संख्या होने की प्रायिकता–

A. $\frac{7}{9}$ B. $\frac{1}{12}$

C. $\frac{5}{12}$ D. $\frac{11}{12}$

13. किसी लॉटरी में 10 पुरस्कार एवं 25 खाली (पुरस्कार रहित) हैं। यदि एक टिकट यादृच्छया निकाला जाए तो पुरस्कार मिलने की प्रायिकता–

A. $\frac{1}{25}$ B. $\frac{1}{10}$

C. $\frac{1}{35}$ D. $\frac{2}{7}$

14. किसी बॉक्से में 5 हरी, 4 पीली एवं 3 सफेद शीशे की गोली है। तीन गोली यादृच्छया निकाला जाता है तब इसके एक ही रंग न होने की प्रायिकता–

A. $\frac{41}{44}$ B. $\frac{1}{44}$

C. $\frac{7}{55}$ D. $\frac{12}{55}$

15. यदि $N = \{1, 2, 3, ... 100\}$ से यादृच्छया 3 विभिन्न संख्या चुनी जाती है तो इन तीनों के 2 और 3 दोनों से विभाजित होने की प्रायिकता होगी–

A. $\frac{4}{25}$ B. $\frac{4}{35}$

C. $\frac{4}{33}$ D. $\frac{4}{1155}$

उत्तरमाला

1	2	3	4	5	6	7	8	9	10
A	C	B	B	B	C	C	C	A	D
11	**12**	**13**	**14**	**15**					
A	C	D	A	D					

व्याख्यात्मक उत्तर

1. कुल गेंद = 9

9 गेंद में से 3 गेंद निकालने के कुल तरीके = $9\,C_3$

$$\therefore \quad n(S) = \frac{9\times8\times7}{3\times2} = 84$$

E = सभी गेंद एक ही रंग के हो

$$\therefore \quad n(E) = 3C_3 + 4C_3 = 1 + 4 = 5$$

($\therefore$ लाल गेंद 2 ही है)

अतः अभीष्ट प्रायिकता $= \frac{n(E)}{n(S)} = \frac{5}{84}$.

2. तीन पासे फेंकने के कुल तरीके $= 6 \times 6 \times 6 = 216$

अतः $n(S) = 216$

माना E = योगफल 17 या 18 आने की घटना

$\therefore$ = (6, 5, 6) (5, 6, 6) (6, 6, 5) (6, 6, 6)

$n(E) = 4$

$$\therefore \quad P(E) = \frac{n(E)}{n(S)} = \frac{4}{216} = \frac{1}{54}.$$

3. कुल अक्षरों की संख्या = 10

$n(S) = 10$

E = S आने की घटना

$n(E) = 4$

$$\therefore \quad P(E) = \frac{n(E)}{n(S)} = \frac{4}{10}.$$

4. योग के प्रमेय से

$$P(A \cup B') = P(A) + P(B') - P(A \cap B')$$
$$= 1 - P(A') + 1 - P(B) - P(A \cap B')$$

$= 1-0.3+1-0.5-0.4$

$= 0.8.$

5. 6 में से दो फल चुनने के कुल तरीके $= 6\,C_2$

$\therefore \quad n(S) = 6\,C_2 = \dfrac{6\times5}{2} = 15$

E = 1आम तथा 1 सेब होने की घटना

$n(E) = 3\,C_1 \times 3\,C_1 = 3\times3$

$\therefore \quad P(E) = \dfrac{n(E)}{n(S)} = \dfrac{9}{15} = \dfrac{3}{5}.$

6. पुरस्कारों के वितरण करने के कुल तरीके $= 6\times6\times6$

अतः $n(S) = 216$

E = एक ही व्यक्ति को सभी पुरस्कार प्राप्त होने के तरीके

$n(E) = 6$

अतः किसी एक व्यक्ति को सभी पुरस्कार नहीं मिलने की प्रायिकता

= 1 – P (एक ही व्यक्ति को सभी पुरस्कार)

$= 1-\dfrac{n(E)}{n(S)} = 1-\dfrac{6}{216}$

$= \dfrac{210}{216}.$

7. एक पत्ता निकालने के कुल तरीके $= 100\,C_1 = 100$

अतः $n(S) = 100$

E = पूर्ण वर्ग संख्या आने की घटना

$= 1^2, 2^2, 3^2, 4^2, 5^2, 6^2, 7^2, 8^2, 9^2, 10^2$

$n(E) = 10$

$\therefore \quad P(E) = \dfrac{n(E)}{n(S)} = \dfrac{10}{100} = \dfrac{1}{10}.$

8. माना प्रत्येक व्यक्ति द्वारा समस्या का हल करने की प्रायिकता $P(A) = \dfrac{1}{3}, P(B) = \dfrac{1}{4}$ तथा $P(C) = \dfrac{1}{5}$ है तब प्रत्येक के द्वारा समस्या हल न होने की प्रायिकता

$P(\overline{A}) = 1-\dfrac{1}{3} = \dfrac{2}{3}, \quad P(\overline{B}) = 1-\dfrac{1}{4} = \dfrac{3}{4}$ तथा

$P(\overline{C}) = 1-\dfrac{1}{5} = \dfrac{4}{5}.$

अतः तीनों में से किसी के द्वारा समस्या का हल न होने की प्रायिकता

$P(\overline{A}\cap\overline{B}\cap\overline{C}) = P(\overline{A})\cdot P(\overline{B})\cdot P(\overline{C})$

$= \dfrac{2}{3}\times\dfrac{3}{4}\times\dfrac{4}{5} = \dfrac{2}{5}.$

9. पाँच टिकटों में से दो टिकट (जिनकी संख्या 15 तथा 80 है) होने चाहिए अब शेष 88 में से तीन टिकट

$n(E)$ = चुनने के प्रकार $= 88\,C_3$

$n(S)$ = कुल चुनने के तरीके $= 90\,C_5$

अतः अभीष्ट प्रायिकता $= \dfrac{88\,C_3}{90\,C_5}$

$= \dfrac{\dfrac{88\times87\times86}{3\times2}}{\dfrac{90\times89\times88\times87\times86}{5\times4\times3\times2}}$

$= \dfrac{5\times4}{90\times89} = \dfrac{20}{8010} = \dfrac{2}{801}.$

10. दिया गया है $P(A\cup B) = 0.6$

तथा $P(A\cap B) = 0.2$

अब $P(A')+P(B') = 1-P(A)+1-P(B)$

$= 2-[P(A)+P(B)]$

$= 2-[P(A)+P(B)-P(A\cap B)+P(A\cap B)]$

$= 2-[P(A\cup B)+P(A\cap B)]$

$= 2-(0.6+0.2)$

$= 2-0.8$

$= 1.2.$

11. 20 बल्ब में से 2 बल्ब चुनने के कुल तरीके

$En(S) = 20\,C_2$

माना E = कोई खराब बल्ब नहीं

$n(E) = 16\,C_2$

किसी बल्ब के खराब नहीं होने की प्रायिकता

$P(E) = \dfrac{16C_2}{20C_2} = \dfrac{\dfrac{16\times15}{2}}{\dfrac{20\times19}{2}} = \dfrac{16\times15}{20\times19} = \dfrac{12}{19}$

अतः कम-से-कम 1 बल्ब खराब होने की प्रायिकता

$$= 1-\frac{12}{19}=\frac{7}{19}.$$

12. $n(S) = 6 \times 6 = 36$

माना E = पासे पर आए अंकों का योग अभाज्य संख्या

E = {(1, 1) (1, 2) (1, 4) (1, 6) (2, 1) (2, 3) (2, 5) (3, 2) (3, 4) (4, 1) (4,3) (5, 2) (5, 6) (6, 1) (6, 5)}

$n(E) = 15$

$$P(E) = \frac{n(E)}{n(S)}=\frac{15}{36}=\frac{5}{12}.$$

13. कुल टिकट की संख्या = 25 + 10 = 35

$n(S) = 35$

E = पुरस्कार मिलने की घटना

$n(E) = 10$

$$\therefore \quad P(E) = \frac{n(E)}{n(S)}=\frac{10}{35}=\frac{2}{7}.$$

14. 12 गोली में से 3 गोली निकालने के कुल तरीके

$$n(S) = 12\,C_3 = \frac{12\times11\times10}{3\times2}=220$$

माना E = एक ही रंग के 3 गोली निकलने के तरीके

= (5 में से 3) या (4 में से 3) या (3 में से 3)

$n(E) = 5\,C_3 + 4\,C_3 + 3\,C_3$

$= 10 + 4 + 1 = 15$

$$P(E) = \frac{n(E)}{n(S)}=\frac{15}{220}=\frac{3}{44}$$

$\therefore$ अभीष्ट प्रायिकता $= 1-\frac{3}{44}=\frac{41}{44}.$

15. 1 से 100 के बीच 6 से विभाज्य संख्याएँ 6, 12, 18 .... 96. यदि ऐसी n संख्याएं हैं तब $96 = 6 + (n-1)\times 6$

$\Rightarrow n = 16$

अतः प्रायिकता $= \frac{16C_3}{100C_3}=\frac{4}{1155}.$

☆☆☆☆☆☆

तर्कशक्ति
(REASONING)

भाषिक

शृंखला (SERIES)

भाग-I अक्षर शृंखला (Letter Series)

अक्षर शृंखला में निहित अक्षरों का एक निश्चित क्रम होता है। दी गई अक्षर शृंखला में अक्षर वर्णमाला के सीधे क्रम में भी हो सकते हैं और वर्णमाला के विपरीत क्रम में भी। यही नहीं, एक ही शृंखला में अक्षर वर्णमाला के सीधे क्रम में और वर्णमाला के विपरीत या उल्टे क्रम में अर्थात् दोनों ही अनुक्रमों में भी हो सकते हैं। शृंखला में दिए गए क्रम में कुछ अक्षर छोड़े भी गए हो सकते हैं या ऐसा भी हो सकता है कि शृंखला में कुछ अक्षरों को एकाधिक बार प्रयुक्त किया गया हो या फिर वे क्रमागत हों। शृंखला एकल भी हो सकती है और एक ही शृंखला में एकांतर क्रम में दो अलग-अलग शृंखलाएं भी निहित हो सकती हैं। अक्षर शृंखला पर आधारित प्रश्नों को हल करते समय शृंखला के पैटर्न पर ध्यान दिया जाना आवश्यक होता है।

वर्णमाला के सीधे क्रम में अक्षरों की शृंखला है :

A	B	C	D	E	F	G	H	I	J	K	L	M	N	O	P	Q	R	S	T	U	V	W	X	Y	Z
↓				↓					↓					↓					↓					↓	
पहला				5वाँ					10वाँ					15वाँ					20वाँ					25वाँ	

वर्णमाला के विपरीत या उल्टे क्रम में अक्षरों की शृंखला है :

Z	Y	X	W	V	U	T	S	R	Q	P	O	N	M	L	K	J	I	H	G	F	E	D	C	B	A
↓				↓					↓					↓					↓					↓	
पहला				5वाँ					10वाँ					15वाँ					20वाँ					25वाँ	

टिप्पणी : Z पर पहुंच कर शृंखला A से पुनः शुरू होती है और A पर पहुंच कर शृंखला Z से पुनः शुरू होती है।

हल किए गए उदाहरण

निर्देश: *नीचे दी गई शृंखला में प्रश्न चिह्न को प्रतिस्थापित करने के लिए दिए गए विकल्पों में से सही अक्षर का चयन करें :*

1. B D F H J ?

(*a*) L (*b*) O (*c*) M (*d*) K

उत्तर (*a*) : शृंखला में प्रत्येक दो अक्षरों के बीच वर्णमाला के सीधे क्रम में एक अक्षर छूट गया है।

B		D		F		H		J		L
	+2		+2		+2		+2		+2	

2. A Z B Y C ?
(*a*) D (*b*) X (*c*) U (*d*) E

उत्तर (*b*) : इस शृंखला में बारी-बारी से दो शृंखलाएं अंतर्निहित हैं :

शृंखला *I* : A B C (प्राकृतिक क्रम अर्थात् वर्णमाला के सीधे क्रम में क्रमागत अक्षर)
शृंखला *II* : Z Y X (वर्णमाला के विपरीत क्रम में क्रमागत अक्षर)

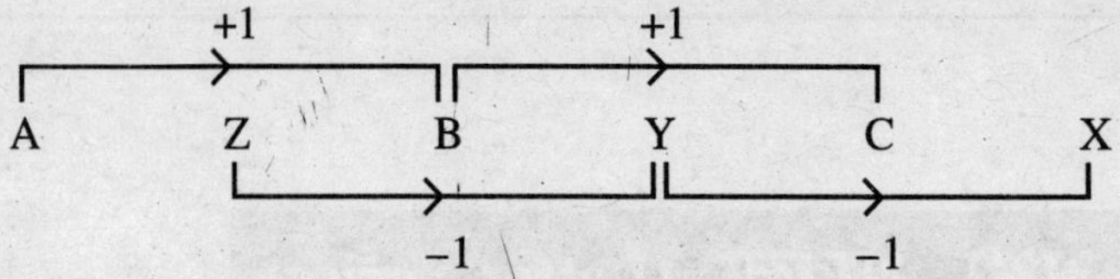

अभ्यास

निर्देश (प्र.सं. 1–20): *नीचे दी गई प्रत्येक शृंखला में अक्षरों का क्रम निर्धारित करें। तत्पश्चात् दिए गए विकल्पों में से उस विकल्प का चयन करें जिससे दी गई शृंखला में प्रश्न चिह्न प्रतिस्थापित होता हो।*

1. B Y C X D W E ?
(*a*) S (*b*) T
(*c*) U (*d*) V

2. A D C G E ?
(*a*) G (*b*) J
(*c*) I (*d*) L

3. L N P R T ?
(*a*) U (*b*) V
(*c*) W (*d*) Y

4. X O I F ?
(*a*) D (*b*) F
(*c*) B (*d*) E

5. B A F E J I P O ? U
(*a*) V (*b*) T
(*c*) S (*d*) Q

6. Z A A Y B B X C ?
(*a*) W (*b*) C
(*c*) V (*d*) D

7. A Z Y B X W C V U D T S E ?
(*a*) R S (*b*) S T
(*c*) R Q (*d*) Q R

8. C A B F D E I G H ?
(*a*) J L K (*b*) J K L
(*c*) L K J (*d*) L J K

9. B F K Q ?
(*a*) U (*b*) T
(*c*) X (*d*) Y

10. R K F ? B
(*a*) D (*b*) C
(*c*) E (*d*) B

11. T T S R R Q P P O N ?
(*a*) M (*b*) L
(*c*) O (*d*) N

12. R Z J K S B C ?
(*a*) W (*b*) K
(*c*) L (*d*) X

13. A L W B M X C N ?
(*a*) V (*b*) W
(*c*) Y (*d*) X

14. U R P M K ?
(*a*) G (*b*) E
(*c*) H (*d*) F

15. CFI, IKM, OPQ, ?
(*a*) UUU (*b*) UST
(*c*) VUS (*d*) TUV

16. LAZ, NEX, PIV, ?
(*a*) SLS (*b*) QNS
(*c*) RMT (*d*) RMS

17. VCL, UEI, TGF, ?
(*a*) SJC (*b*) THI
(*c*) SIC (*d*) RHD

18. EJOT, DHLP, CFIL, ?
(*a*) BDFH (*b*) DGKL
(*c*) DEIJ (*d*) BLHM

19. BXJ, ETL, HPN, KLP, ?
(*a*) PHR (*b*) NIR
(*c*) NHR (*d*) MHR

20. JMC, CLT, KND, ?, LOE, GPX
(*a*) ENV (*b*) DMX
(*c*) EOU (*d*) DRX

व्याख्यात्मक उत्तर

1. (*d*) : दी गई श्रृंखला में बारी-बारी से दो अक्षर श्रृंखलाएं अंतर्निहित हैं।

+1 +1 +1
B Y C X D W E V
−1 −1 −1

श्रृंखला I : BCDE (वर्णमला के सीधे क्रम में)

श्रृंखला II : YXWV (वर्णमाला के विपरीत क्रम में)

2. (*b*) : दी गई श्रृंखला में बारी-बारी से दो अक्षर श्रृंखलाएं अंतर्निहित हैं।

+2 +2
A D C G E J
+3 +3

श्रृंखला I : ACE (श्रृंखला +2 पैटर्न का अनुपालन करती है)

श्रृंखला II : DGJ (श्रृंखला +3 पैटर्न का अनुपालन करती है)

3. (*b*) : श्रृंखला +2 पैटर्न का अनुपालन करती है, अर्थात्

L N P R T V
+2 +2 +2 +2 +2

4. (*b*) : श्रृंखला में दो सन्निकट अक्षरों के बीच वर्णमाला के विपरीत क्रम में क्रमशः 3 की कमी होती जाती है, अर्थात्

X O I F F
−9 −6 −3 −0

5. (*a*) : श्रृंखला में अंग्रेजी वर्णमाला के पांच स्वर (vowel) हैं अर्थात् (AEIOU) जिनमें से प्रत्येक के पहले वर्णमाला के सीधे क्रम में उसके ठीक बाद का क्रमागत अक्षर लिखा गया है।

B A F E J I P O V U

6. (*b*) : श्रृंखला में बारी-बारी से तीन श्रृंखलाएं अंतर्निहित हैं जिनमें से दूसरी और तीसरी श्रृंखलाएं एक जैसी हैं, अर्थात्

−1 −1
Z AA Y BB X CC
+1 +1

श्रृंखला I : ZYX (वर्णमाला के विपरीत क्रम में)

श्रृंखला II और III : ABC (वर्णमाला के सीधे क्रम में)

अक्षर 'C' श्रृंखला II और III में उभयनिष्ठ है।

7. (*c*) : श्रृंखला में बारी-बारी से दो श्रृंखलाएं अंतर्निहित हैं।

+1 +1 +1 +1
A Z Y B X W C V U D T S E R Q
−1 −1 −1 −1 −1 −1 −1 −1 −1

श्रृंखला I : ABCDE (वर्णमाला के सीधे क्रम में)

श्रृंखला II : ZY XW VU TS RQ (वर्णमाला के विपरीत क्रम में एक साथ दो अक्षर)

8. (*d*) : वर्णमाला के सीधे क्रम में 3 अक्षरों के समूह से एक खंड निर्मित होता है। प्रत्येक खंड में 3 अक्षरों के समूह में पहला अक्षर बीच में है जिसकी दाहिनी ओर उसका क्रमागत अक्षर है तथा तीसरा क्रमागत अक्षर बीच के अक्षर की बायीं ओर अवस्थित है।

CAB FDE IGH LJK

9. (*c*) : श्रृंखला में दो सन्निकट अक्षरों के बीच अंतर में प्रत्येक चरण में एक की वृद्धि होती जाती है।

B F K Q X
+4 +5 +6 +7

10. (*b*) : श्रृंखला में दो क्रमागत अक्षरों के बीच वर्णमाला के विपरीत क्रम में अंतर में क्रमशः 2 की कमी होती जाती है।

R K F C B
−7 −5 −3 −1

11. (*d*) : शृंखला में विषम स्थान पर अवस्थित अक्षरों की पुनरावृत्ति होती है।

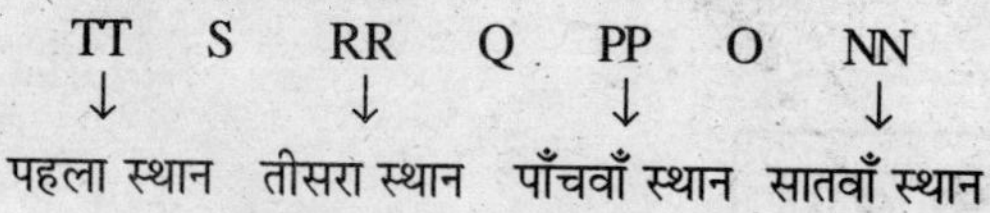

12. (*b*) : शृंखला में तीन-तीन अक्षरों के समूह अंतर्निहित हैं। समूह का दूसरा और तीसरा अक्षर प्राप्त करने के लिए पहले अक्षर को वर्णमाला के क्रम में 8 चरण क्रमशः आगे और पीछे किया गया है। तीसरे अक्षर का क्रमागत अक्षर तीन अक्षरों के दूसरे समूह का पहला अक्षर है। तत्पश्चात् उपर्युक्त प्रक्रिया एक बार फिर से शुरू होती है।

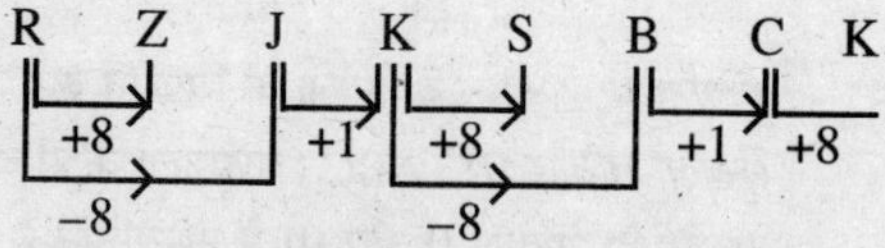

13. (*c*) : शृंखला में बारी-बारी से तीन शृंखलाएं अंतर्निहित हैं:

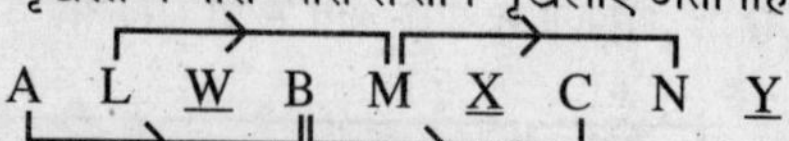

शृंखला I : ABC

शृंखला II : LMN

शृंखला III : WXY

14. (*c*) : शृंखला के अक्षर वर्णमाला के विपरीत क्रम में हैं और दो सन्निकट अक्षरों के बीच बारी-बारी से −3 और −2 का अंतर है।

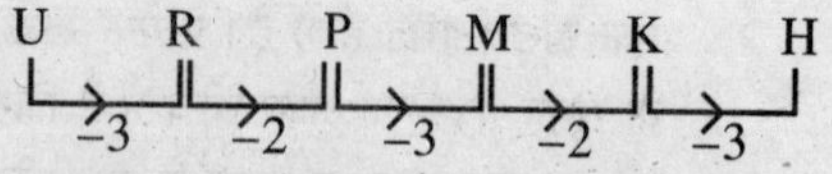

15. (*a*) : शृंखला में तीन अक्षरों के पहले समूह के सभी तीनों अक्षरों को क्रमशः +6, +5, +4 चरण आगे बढ़ाने पर शृंखला का दूसरा अक्षर समूह प्राप्त होता है।

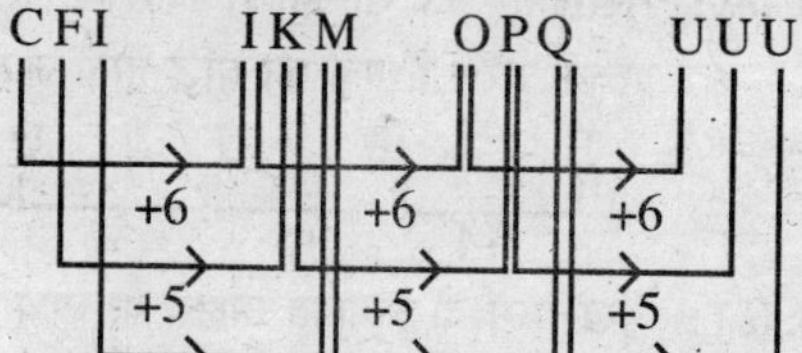

16. (*c*) : शृंखला में तीन अक्षरों के एक समूह और उसके परवर्ती समूह के संगत अक्षरों में क्रमशः +2, +4, −2 का अंतर है।

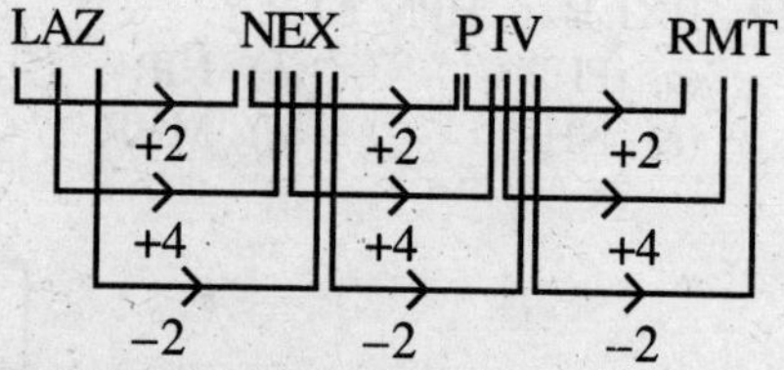

17. (*c*) : शृंखला में तीन अक्षरों के एक समूह और उसके परवर्ती समूह के संगत अक्षरों में क्रमशः −1, +2, −3 का अंतर है।

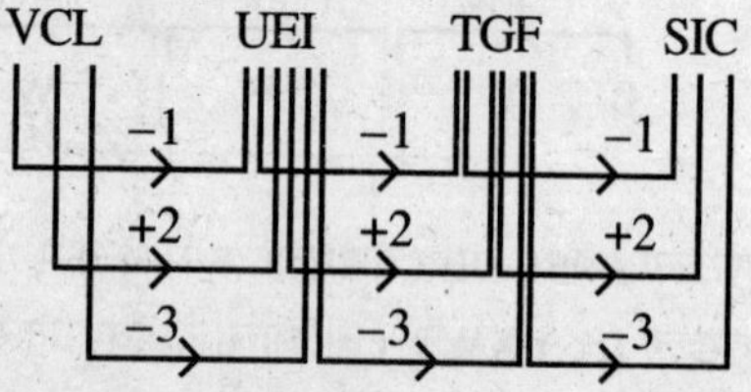

18. (*a*) : शृंखला के एक समूह और उसके परवर्ती समूह के संगत अक्षरों में क्रमशः −1, −2, −3, −4 का अंतर है।

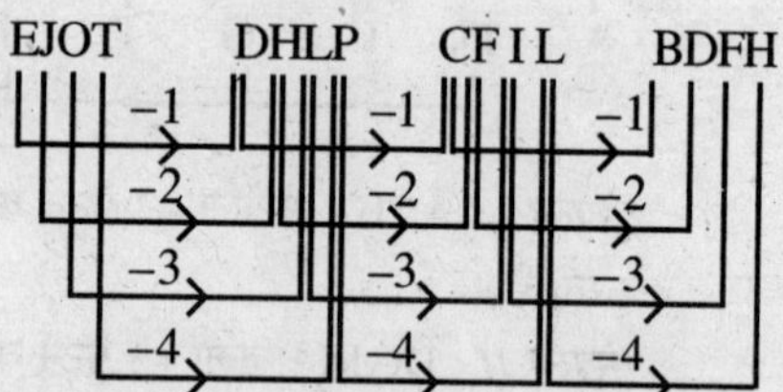

19. (*c*) : शृंखला के एक समूह और उसके परवर्ती समूह के संगत अक्षरों में क्रमशः +3, − 4, +2 का अंतर है।

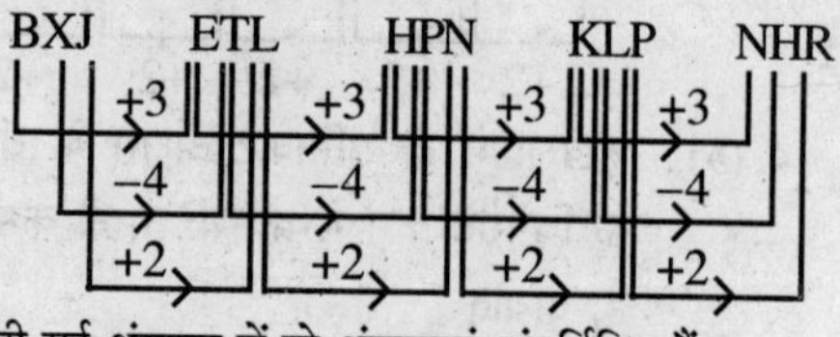

20. (*a*) : दी गई शृंखला में दो शृंखलाएं अंतर्निहित हैं :

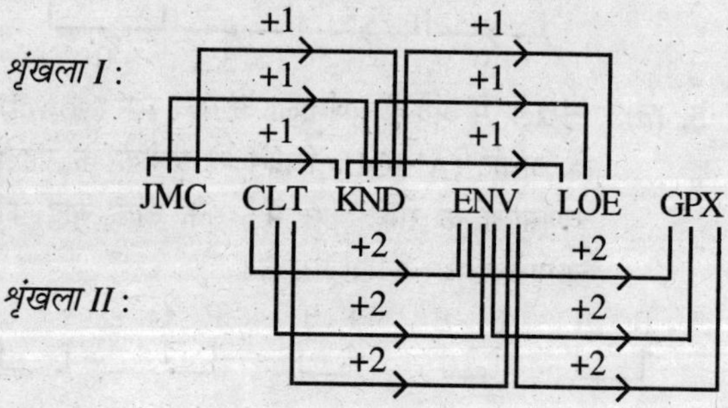

भाग-II गलत या बेमेल अक्षर-शृंखला (Wrong Letter Series)

इस प्रकार के प्रश्नों में दी गई शृंखला में अभ्यर्थियों को ऐसे अक्षर या अक्षर-समूह ज्ञात करने की आवश्यकता नहीं होती जिनसे दी गई शृंखला पूर्ण होती है बल्कि उन्हें ऐसे अक्षर का पता लगाना होता है जो शृंखला में गलत या बेमेल हो।

हल किए गए उदाहरण

दी गई शृंखला में कौन-सा अक्षर गलत या बेमेल है?

J M P T V Y

(*a*) J (*b*) P (*c*) T (*d*) Y

उत्तर (*c*) : शृंखला में दो सन्निकट अक्षरों के बीच वर्णमाला के क्रम में +3 का अंतर है।

J M P S V Y

+3 +3 +3 +3 +3

अत: अक्षर T के स्थान पर S होना चाहिए।

अभ्यास

निर्देश (प्र.सं. 1–10): *नीचे के प्रत्येक प्रश्न में दी गई अक्षर-शृंखला में कौन-सा अक्षर या अक्षर-समूह गलत या बेमेल है?*

1. A E H O U

(*a*) U (*b*) O (*c*) H (*d*) E

2. C H M S W B

(*a*) C (*b*) S (*c*) B (*d*) W

3. X S N I C Y

(*a*) Y (*b*) C (*c*) S (*d*) I

4. Z A W B X C

(*a*) D (*b*) C (*c*) X (*d*) W

5. M L O N Q P R

(*a*) R (*b*) O (*c*) Q (*d*) L

6. D K R Y F L

(*a*) L (*b*) D (*c*) R (*d*) Y

7. L N Q T W Z C F

(*a*) C (*b*) Q (*c*) L (*d*) F

8. XW, DC, CB, NM, PQ

(*a*) NM (*b*) CB (*c*) PQ (*d*) XW

9. B E I N S A I

(*a*) A (*b*) E (*c*) S (*d*) I

10. Z T P K H F

(*a*) Z (*b*) P (*c*) T (*d*) F

व्याख्यात्मक उत्तर

1. (*c*) : शृंखला अंग्रेजी वर्णमाला के केवल स्वरों AEIOU से निर्मित है। अत: H के स्थान पर I होना चाहिए।

2. (*b*) : शृंखला में दो सन्निकट अक्षरों के बीच वर्णमाला के सीधे क्रम में +5 का अंतर है।

C H M R W B

+5 +5 +5 +5 +5

अत: शृंखला में S के स्थान पर R होना चाहिए।

(शृंखला Z पर पहुंचने के बाद A से पुन: शुरू होती है।)

3. (*b*) : शृंखला में दो सन्निकट अक्षरों के बीच वर्णमाला के उल्टे क्रम में –5 का अंतर है।

X S N I D Y

–5 –5 –5 –5 –5

अत: C के स्थान पर D होना चाहिए।

4. (*d*) : दी गई शृंखला में दो शृंखलाएं अंतर्निहित हैं :

+1 +1

Z A Y B X C

–1 –1

शृंखला I : ZYX (वर्णमाला के विपरीत क्रम में)

शृंखला II : ABC (वर्णमाला के सीधे क्रम में)

अत: शृंखला में W के स्थान पर Y होना चाहिए।

5. (*a*) : शृंखला में दो क्रमागत अक्षर विपरीत क्रम में लिखे गए हैं।

<u>ML</u> <u>ON</u> <u>QP</u> <u>SR</u>

अत: शृंखला में R के स्थान पर S होना चाहिए।

6. (*a*) : शृंखला में दो सन्निकट अक्षरों के बीच +7 का अंतर है।

D K R Y F M

+7 +7 +7 +7 +7

अत: शृंखला में L के स्थान पर M होना चाहिए।

7. (*c*) : शृंखला में दो सन्निकट अक्षरों के बीच +3 का अंतर है।

K N Q T W Z C F

+3 +3 +3 +3 +3 +3 +3

अत: L के स्थान पर K होना चाहिए।

8. (*c*) : शृंखला कोई भी दो क्रमागत अक्षरों को वर्णमाला के विपरीत क्रम में शामिल करके निर्मित की गई है।

XW DC CB NM QP

← ← ← ← ←

अत: शृंखला में P से पहले Q आना चाहिए।

9. (*c*) : शृंखला में प्रत्येक चरण में दो सन्निकट अक्षरों के बीच अंतर में एक की वृद्धि होती जाती है।

B E I N T A I

+3 +4 +5 +6 +7 +8

अत: शृंखला में S के स्थान पर T होना चाहिए।

10. (*b*) : वर्णमाला के विपरीत क्रम में लिखी गई इस शृंखला में प्रत्येक चरण में दो सन्निकट अक्षरों के बीच अंतर में एक की कमी होती जाती है।

Z T O K H F

–6 –5 –4 –3 –2

अत: P के स्थान पर O होना चाहिए।

भाग-III संख्या-शृंखला (Number Series)

इस प्रकार की शृंखला में दी गई संख्याओं के समुच्चय एक दूसरे से एक विशेष पैटर्न या रुप में संबंधित होते हैं। संख्याओं के बीच संबंध *(i)* क्रमागत विषम/सम संख्याओं; *(ii)* क्रमागत अविभाज्य संख्याओं; *(iii)* किसी संख्या (या संख्याओं) का वर्गफल/घनफल जिसमें किसी संख्या को जोड़ने या घटाने पर परिवर्तन होता है/नहीं होता; *(iv)* पूर्ववर्ती संख्याओं का योग/गुणनफल/अंतर; *(v)* किसी संख्या से योग/घटाव/गुणा/भाग; और *(vi)* उपर्युक्त संबंधों के अनेक और भी संयोजनों पर आधारित होता है।

हल किए गए उदाहरण

1. नीचे दी गई संख्या-शृंखला को पूरा करने के लिए कौन-सा विकल्प उपयुक्त है?

4, 8, 12, 16, ?

(*a*) 18 (*b*) 20 (*c*) 22 (*d*) 24

उत्तर (*b*): शृंखला में अंतर्निहित संख्याएं 4 की गुणज (multiples) हैं। शृंखला में अंतर्निहित अवयवों की एक अन्य व्याख्या यह है कि शृंखला की दो आनुक्रमिक संख्याओं के बीच 4 का अंतर है।

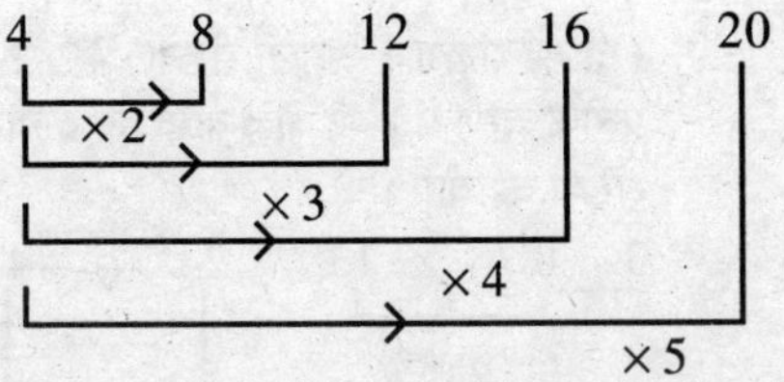

या

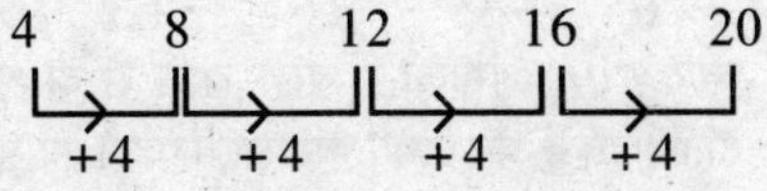

2. दी गई शृंखला में प्रश्न चिह्न के स्थान पर क्या होगा?

2, 14, 98, 686, ?

(*a*) 1976 (*b*) 2548 (*c*) 980 (*d*) 4802

उत्तर (*d*) : शृंखला में अंतर्निहित संख्याएं 7 की गुणज हैं।

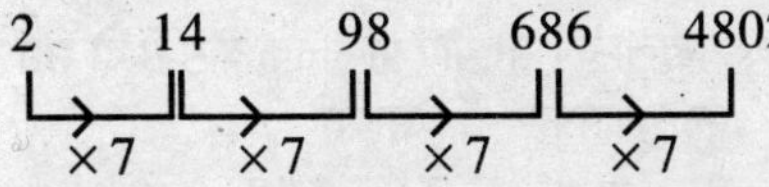

(किसी दी गई संख्या-शृंखला में बारी-बारी से एकाधिक शृंखलाएं भी अंतर्निहित हो सकती हैं।)

अभ्यास

निर्देश (प्र.सं. 1–10): *शृंखलाओं को पूरा करने के लिए दिए गए विकल्पों में से लुप्त पद/संख्या ज्ञात करें।*

1. 3, 9, 27, 81, 243, ?
(*a*) 486 (*b*) 729
(*c*) 972 (*d*) 359

2. 1, 6, 12, 19, 27, ?
(*a*) 38 (*b*) 35
(*c*) 36 (*d*) 54

3. 8, 48, 16, 96, 32, ?
(*a*) 192 (*b*) 150
(*c*) 64 (*d*) 288

4. 2, 3, 6, 18, 108, ?
(*a*) 1944 (*b*) 1658
(*c*) 648 (*d*) 1008

5. 1, 2, 3, 2, 3, 5, 4, 5, ?
(*a*) 9 (*b*) 6
(*c*) 10 (*d*) 7

6. 3, 8, 13, 24, 41, ?
(*a*) 65 (*b*) 75
(*c*) 70 (*d*) 80

7. 0, 8, 24, 48, 80, ?
(*a*) 110 (*b*) 96
(*c*) 120 (*d*) 140

8. 0, 5, 22, 57, ?, 205
(*a*) 198 (*b*) 116
(*c*) 172 (*d*) 92

9. 6, 9, 18, 45, 126, 369, ?
(*a*) 1059 (*b*) 1095
(*c*) 1098 (*d*) 1089

10. 1, 2, 5, 12, 27, 58, 121, ?
(*a*) 246 (*b*) 247
(*c*) 248 (*d*) 249

व्याख्यात्मक उत्तर

1. (*b*) : शृंखला में निहित संख्याओं को अगली संख्या प्राप्त करने के लिए 3 से गुणा किया गया है।

2. (*c*) : शृंखला के आरंभिक पदों अर्थात् 1 और 6 के बीच 5 का अंतर है और तत्पश्चात् शृंखला की आनुक्रमिक संख्याओं के बीच अंतर में क्रमशः 1 की वृद्धि होती जाती है।

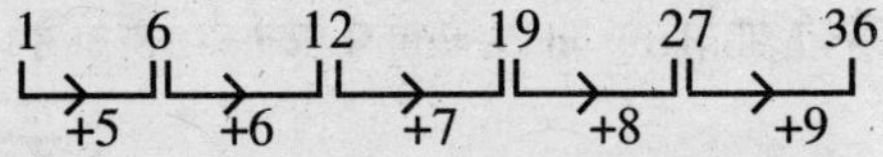

3. (*a*) : *व्याख्या I* : शृंखला में पहले 6 से गुणा करने और तत्पश्चात् 3 से भाग करने का पैटर्न अपनाया गया है जिसकी पुनरावृत्ति होती है।

8 48 16 96 32 192

×6 ÷3 ×6 ÷3 ×6

व्याख्या II : शृंखला में बारी-बारी से दो शृंखलाएं अंतर्निहित हैं और प्रत्येक शृंखला में पहले की संख्या को 2 से गुणा करने पर आनुक्रमिक संख्या प्राप्त होती है।

×2 ×2

8 48 16 96 32 192

×2 ×2

शृंखला I : 8, 16, 32

शृंखला II : 48, 96, 192

4. (*a*) : शृंखला में हर तीसरी संख्या पूर्ववर्ती दो संख्याओं का गुणनफल है।

2 3 6 18 108 1944

2×3, 3×6, 6×18, 18×108

5. (*a*) : इस शृंखला में तीन संख्याओं से एक समुच्चय निर्मित होता है जिनमें से प्रत्येक समुच्चय में पहली दो संख्याएं सीधे क्रम में हैं तथा तीसरी संख्या पहली और दूसरी संख्याओं का योग है। अगले समुच्चय की पहली संख्या पूर्ववर्ती समुच्चय की पहली संख्या की दोगुनी है।

×2 ×2

1 2 3 2 3 5 4 5 9

1+2 2+3 4+5

6. (*c*) : शृंखला में निम्नलिखित पैटर्न का अनुपालन किया जाता है :

(दी गई संख्या + अगली संख्या) +2 से आरंभ करके प्रत्येक चरण में 1 की वृद्धि करते हुए क्रमागत प्राकृतिक संख्या का योग :

3 8 13 24 41 70

(3+8) + 2, (8 + 13) + 3, (13 + 24) + 4, (24 + 41) + 5

7. (*c*) : शृंखला की संख्याएं प्राकृतिक क्रम में दो सम संख्याओं का गुणनफल हैं, अर्थात्

0	8	24	48	80	120
↓	↓	↓	↓	↓	↓
(0 × 2)	(2 × 4)	(4 × 6)	(6 × 8)	(8 × 10)	(10 × 12)

8. (*b*) : शृंखला निम्नलिखित पैटर्न का अनुपालन करती है : 1 से आरंभ करके प्राकृतिक संख्याओं का घनफल घटा 1 से आरंभ करके एकांतर विषम संख्याएं

0	5	22	57	116	205
↓	↓	↓	↓	↓	↓
1^3-1	2^3-3	3^3-5	4^3-7	5^3-9	6^3-11

9. (*c*) : शृंखला की आनुक्रमिक संख्याओं के बीच अंतर 3 की घात में वृद्धि के साथ बढ़ता है।

6 9 18 45 126 369 1098

$+3$, $+9 = 3^2$, $+27 = 3^3$, $+81 = 3^4$, $+243 = 3^5$, $+729 = 3^6$

10. (*c*) : शृंखला में निहित संख्या को 2 से गुणा करके 0 से आरंभ करके प्राकृतिक क्रम में संख्याओं को जोड़ने पर अगली संख्या प्राप्त होती है।

1 2 5 12 27 58 121 248

(1 × 2)+0, (2 × 2)+1, (5 × 2)+2, (12 × 2)+3, (27 × 2)+4, (58 × 2)+5, (121 × 2)+6

भाग-IV मिश्रित-शृंखला (Mixed Series)

मिश्रित-शृंखला में अक्षरों और संख्याओं का संयोजन होता है। इस प्रकार की शृंखला में अक्षरों और संख्याओं का एक सर्वनिष्ठ पैटर्न या अलग-अलग अनुक्रम पैटर्न हो सकता है।

हल किए गए उदाहरण

1. निम्नलिखित अक्षर-संख्या संयोजन शृंखला में प्रश्न चिह्न के स्थान पर क्या आएगा?

F6, H8, J10, L12, ?

(*a*) N15 (*b*) O14 (*c*) N14 (*d*) O13

उत्तर (*c*) : श्रृंखला में अक्षर वर्णमाला के सीधे क्रम में दो स्थान आगे की ओर बढ़ते हैं तथा संख्या वर्णमाला में अक्षरों के स्थान को इंगित करती है।

F6 H8 J10 L12 N14

+2 +2 +2 +2

2. दिए गए विकल्पों में से कौन-सा विकल्प निम्नलिखित श्रृंखला को पूरा करता है?
R(2)S, T(4)U, V(6)W, ?
(*a*) X(8)Y (*b*) Y(10)Z (*c*) Z(8)A (*d*) Y(6)Z

उत्तर (*a*) : अक्षर वर्णमाला के सीधे क्रम में हैं जबकि संख्याएं 2 की आनुक्रमिक गुणज हैं।

अभ्यास

निर्देश (प्र.सं. 1–3): *नीचे की प्रत्येक श्रृंखला में प्रश्न चिह्न के स्थान पर क्या आएगा?*

1. 2B, 4C, 8E, 14H, ?
(*a*) 20L (*b*) 22L
(*c*) 21I (*d*) 16K

2. W(1)A, X(4)Z, Y(9)Y, ?, A(25)W
(*a*) X(11)Z (*b*) Z(21)A
(*c*) Z(16)X (*d*) Z(14)X

3. D2, I3, N6, S18, ?
(*a*) V72 (*b*) W36
(*c*) Y90 (*d*) X108

निर्देश (प्र.सं. 4 और 5): *नीचे की प्रत्येक अक्षर-संख्या श्रृंखला में कौन-सा पद बेमेल/श्रृंखला में उपयुक्त नहीं है?*

4. G4T, J10R, M20P, P43N, S90L
(*a*) J10R (*b*) S90L
(*c*) M20P (*d*) G4T

5. B0R, G3U, E3P, J7S, H9N
(*a*) E3P (*b*) J7S
(*c*) H9N (*d*) G3U

व्याख्यात्मक उत्तर

1. (*b*) : श्रृंखला में संख्याओं का अनुक्रम +2, +4, +6 +8 का तथा अक्षरों का अनुक्रम +1, +2, +3, +4 का है।

2. (*c*) : श्रृंखला में दिए गए समूहों में बायीं ओर के अक्षर वर्णमाला के विपरीत क्रम में हैं और दाहिनी ओर के अक्षर वर्णमाला के सीधे क्रम में हैं तथा संख्याएं 1 से आरंभ करके प्राकृतिक क्रम में क्रमागत संख्याओं के वर्ग हैं।

3. (*d*) : अक्षर +5 पैटर्न का अनुपालन करते हैं और हर तीसरी संख्या अपनी पूर्ववर्ती दो संख्याओं का गुणनफल है।

4. (*a*) : श्रृंखला में दिए गए समूहों में बायीं ओर के अक्षर +3 पैटर्न का, दायीं ओर के अक्षर –2 पैटर्न का अनुपालन करते हैं तथा संख्याओं द्वारा $(4 \times 2) +1$, $(9 \times 2)+2$, $(20 \times 2) +3$, $(43 \times 2) + 4$ पैटर्न का अनुपालन किया जाता है। अत: J10R के स्थान पर श्रृंखला में J9R होना चाहिए।

5. (*b*) : श्रृंखला के दिए गए समूहों में बायीं ओर के अक्षर +5, –2 (5 चरण आगे, 2 चरण पीछे) पैटर्न का अनुपालन करते हैं जिसकी आगे भी पुनरावृत्ति होती है। समूहों में दायीं ओर +3, –5 (3 चरण आगे, 5 चरण पीछे) पैटर्न का अनुपालन किया जाता है जिसकी पुनरावृत्ति होती है। श्रृंखला की संख्याएं श्रृंखला में अपने पूर्ववर्ती दो संख्याओं के योग के बराबर हैं। अत: J7S के स्थान पर J6S होना चाहिए।

सादृश्य या संबंध
(ANALOGIES OR RELATIONSHIPS)

भाग-I शब्द सादृश्य (Word Analogy)

संबंध या सादृश्य परीक्षा में दिए गए दो शब्दों के बीच संबंध स्थापित किया जाता है और उसी संबंध को दिए गए अन्य शब्दों पर अनुप्रयुक्त किया जाता है। दिए गए दो शब्दों के बीच विभिन्न प्रकार के संबंध हो सकते हैं, अत: इस प्रकार के प्रश्नों को हल करते समय सर्वप्रथम यह ज्ञात करना होता है कि दिए गए दो शब्दों के बीच किस प्रकार का संबंध है। शब्दों के बीच विभिन्न संबंधों पर नीचे चर्चा की गई है :

हल किए गए उदाहरण

1. क्रिया-साधन संबंध (Action Object Relationship)

उदाहरण : जैसें गोली चलाना और 'बंदूक' का संबंध है उसी प्रकार 'खाने' से किसका संबंध है?

(*a*) भूख (*b*) प्यास (*c*) रात्रि-भोज (*d*) फल

उत्तर (*d*) : दिए गए शब्दों के बीच संबंध यह है कि गोली चलाना एक क्रिया है और 'बंदूक' उस क्रिया को करने का एक विशिष्ट साधन या उपकरण है। इसी प्रकार 'खाना' एक क्रिया है और 'फल' इस क्रिया को करने अर्थात् खाने का साधन या उपकरण है।

2. साहचर्य संबंध (Association Relationship)

उदाहरण : जो संबंध 'ग्लैमर' और 'प्रसिद्धि' में है, ठीक वैसा ही संबंध 'रंग' का किससे है?

(*a*) इंद्रधनुष (*b*) छाया (*c*) कला (*d*) चित्रकारी

उत्तर (*d*) : जिस प्रकार ग्लैमर से प्रसिद्धि प्राप्त होती है उसी प्रकार 'रंग' से चित्रकारी की जाती है।

3. विपर्याय (विलोम) संबंध (Antonym Relationship)

उदाहरण : अंतर्मुखी : बहिर्मुखी

(*a*) कोण : स्पर्श रेखा (*b*) चरम : अंतरिम (*c*) प्रतिकूल : अनुकूल (*d*) क्रिया : नियम

उत्तर (*c*) : संबंधित शब्द विपरीतार्थक हैं।

4. कार्य-कारण संबंध (Cause and Effect Relationship)

उदाहरण : चोट : दर्द

(*a*) कोटि : योग्यता (*b*) बादल गरजना : बिजली चमकना

(*c*) घूमाना : बिलोना (*d*) धन : परिश्रम

उत्तर (*b*) : जिस प्रकार चोट के कारण दर्द होता है उसी प्रकार बादल गरजने के कारण बिजली चमकती है।

5. कोटि या अंश संबंध (Degree Relationship)

उदाहरण : गुनगुना का जो संबंध 'गरम' से वही संबंध बिलखना या विलाप करने का किससे है?

(*a*) सिसकना (*b*) चिल्लाना (*c*) मुस्कराना (*d*) शांत रहना

उत्तर (*a*) : 'गुनगुना' का अर्थ है 'थोड़ा गरम'। इसी प्रकार बिलखने या विलाप करने की निम्न कोटि है 'सिसकना'।

अभ्यास

निर्देश (प्र.सं. 1–5): *पूछे गए प्रत्येक प्रश्न में पहले दिए गए दो शब्दों के बीच संबंध स्थापित करें। तत्पश्चात् दिए गए विकल्पों में से उस विकल्प का चयन करें जिसके शब्द और प्रश्न में दिए गए तीसरे शब्द के बीच ठीक वैसा ही संबंध या सादृश्य हो जैसा कि पहले के दो शब्दों के बीच है।*

1. जो संबंध 'उन्माद' और 'सनक' में है वही संबंध 'भय' और निम्नलिखित में से किसमें है?

(*a*) इच्छा (*b*) शौक
(*c*) आवश्यकता (*d*) डर

2. 'हकलाना' जिस प्रकार 'वाणी' से संबंधित है उसी प्रकार 'बहरापन' का संबंध निम्नलिखित में से किससे है?

(*a*) कान (*b*) सुनना
(*c*) शोर (*d*) चुप्पी

3. जिस प्रकार 'नेता', 'अनुयायी' से संबंधित है, उसी प्रकार .... संबंधित है सिपाही से।

(*a*) कैप्टन (*b*) यूनिट
(*c*) सेना (*d*) बैरक

4. जिस प्रकार 'चिल्लाहट', 'फुसफुसाहट' से संबंधित है, उसी प्रकार 'मारना' निम्नलिखित में से किससे संबंधित है?

(*a*) थप्पड़ मारने (*b*) छूना
(*c*) क्रोध (*d*) शोरगुल

5. जिस प्रकार 'पंजा', 'बिल्ली' से संबंधित है उसी प्रकार 'खुर' निम्नलिखित में से किससे संबंधित है?

(*a*) घोड़ा (*b*) मेमना
(*c*) हाथी (*d*) शेर

निर्देश (प्र.सं. 6–10): *नीचे दिए गए प्रत्येक प्रश्न में :: चिह्न की बाईं ओर दो शब्द दिए गए हैं। इन दोनों शब्दों में कुछ संबंध है। वैसा ही संबंध :: चिह्न की दाईं ओर के दो शब्दों में है जिनमें से एक शब्द के स्थान पर प्रश्नवाचक चिह्न (?) है। प्रश्नवाचक चिह्न (?) के स्थान पर दिए गए विकल्पों में से एक उपयुक्त विकल्प का चयन करें।*

6. शिकारी : बंदूक :: लेखक : ?

(*a*) पुस्तक (*b*) कलम
(*c*) कविता (*d*) पृष्ठ

7. भोजन : आमाशय :: ईंधन : ?

(*a*) इंजन (*b*) ऑटोमोबाइल
(*c*) रेल (*d*) वायुयान

8. जल : रेत :: महासागर : ?

(*a*) द्वीप (*b*) नदी
(*c*) मरुभूमि (*d*) तरंगें

9. वयस्क : बच्चा :: फूल : ?

(*a*) बीज (*b*) कली
(*c*) फल (*d*) तितली

10. मोती : कंठहार :: फूल : ?

(*a*) पौधा (*b*) बगीचा
(*c*) पँखुड़ी (*d*) गुलदस्ता

निर्देश (प्र.सं. 11–15): *दिए गए विकल्पों में से उस शब्द-युग्म का चयन कीजिए जिसमें युग्म के शब्दों के बीच ठीक उसी प्रकार का संबंध हो जिस प्रकार का संबंध प्रश्न में दिए गए मूल शब्द-युग्म के बीच है।*

11. राज्य : निर्वासन

(*a*) पुलिस : गिरफ्तार
(*b*) न्यायाधीश : अभियुक्त
(*c*) संविधान : संशोधन
(*d*) चर्च : धर्म-बहिष्करण

12. चंचलता : विश्वसनीयता

(*a*) तात्कालिक : भविष्य सूचक

(*b*) अविश्वसनीय : अमानवीय

(*c*) दृढ़निश्चयी : व्यवहार्यता

(*d*) स्वेच्छाचारी : सनकी

13. अनिच्छुक : बल-प्रयोग

(*a*) घृणित : दुलारा

(*b*) चिढ़ना : प्यार करना

(*c*) क्रुद्ध : प्रतिरोध

(*d*) विमुख : मान-मनोव्वल

14. शल्क : मछली

(*a*) महिला : ड्रेस (*b*) पेड़ : पत्तियां

(*c*) पक्षी : पंख (*d*) त्वचा : मुनष्य

15. वृक्ष : बालवृक्ष

(*a*) झोंपड़ी : महल

(*b*) लंबा-तगड़ा : बौना

(*c*) घोड़ा : बछेड़ा

(*d*) चींटी : हाथी

व्याख्यात्मक उत्तर

1. (*d*) : संबंधित शब्द पर्यायवाची हैं।

2. (*b*) : 'वाणी' के दोष से 'हकलाने' की समस्या उत्पन्न होती है जबकि 'सुनने' में कठिनाई से 'बहरापन' उत्पन्न होता है।

3. (*a*) : जिस प्रकार 'अनुयायी' अपने 'नेता' से मार्गदर्शन प्राप्त करते हैं उसी प्रकार 'सिपाही' को अपने 'कैप्टन' से मार्गदर्शन प्राप्त होता है।

4. (*b*) : 'चिल्लाहट' की तीव्रता में अत्यधिक कमी कर दी जाए तो वह 'फुसफुसाहट' का रूप ले लेती है और यदि 'मारने' की तीव्रता कम कर दी जाए तो वैसी क्रिया 'छूना' मात्र रह जाएगी।

5. (*a*) : 'बिल्ली' के 'पैर में' 'पंजा' होता है जबकि 'घोड़ा' के पैर में 'खुर' होता है।

6. (*b*) : 'शिकारी' का हथियार 'बंदूक' है और 'लेखक' का हथियार 'कलम' है।

7. (*a*) : 'भोजन', 'आमाशय' में पचता है और 'ईंधन' की खपत 'इंजन' में होती है।

8. (*c*) : संबंधित शब्द एक दूसरे के लगभग विपरीतार्थक शब्द हैं।

9. (*b*) : 'बच्चा' विकसित होकर 'वयस्क' बनता है और 'कली' खिलकर 'फूल' बनती है।

10. (*d*) : बहुत से मोतियों को मिला कर 'कंठहार' और बहुत से फूलों को मिलाकर 'गुलदस्ता' बनाया जाता है।

11. (*d*) : राज्य से बाहर कर देना 'निर्वासन' और चर्च से बाहर कर देना 'धर्म-बहिष्करण' कहलाता है।

12. (*c*) : संबंधित शब्द विपरीतार्थक हैं।

13. (*d*) : 'अनिच्छुक' व्यक्ति के साथ 'बल प्रयोग' और 'विमुख' व्यक्ति का 'मान-मनौव्वल' करके काम करवाया जाता है।

14. (*d*) : मछली का शरीर 'शल्कों' से ढका होता है और मनुष्य का शरीर उसकी 'त्वचा' से ढका होता है।

15. (*c*) : नवजात वृक्ष को 'बालवृक्ष' कहते हैं और नवजात घोड़े को 'बछेड़ा' कहते हैं।

भाग-II अक्षर सादृश्य (Letter Analogy)

इस प्रकार के सादृश्य में अक्षरों के दो दिए गए समुच्चयों के बीच संबंध स्थापित किया जाता है और तत्पश्चात् अक्षरों के दिए गए तीसरे समुच्चय पर पहले दो अक्षर समुच्चयों के बीच के संबंध को अनुप्रयुक्त करके अक्षरों के चौथे अपेक्षित समुच्चय को ज्ञात किया जाता है। दिए गए दो अक्षर समुच्चयों में से पहले समुच्चय के अक्षरों को कुछ चरण आगे या पीछे करके, संपूर्ण समुच्चय के अक्षरों को या समुच्चय के कुछ अक्षरों को उलटे क्रम में लिखकर दूसरे समुच्चय के अक्षरों को प्राप्त किया जा सकता है।

हल किए गए उदाहरण

निर्देश: *दिए गए विकल्पों में से कौन-स अक्षर-समूह प्रश्नचिह्न (?) के स्थान पर आएगा?*

1. JILK : KLIJ : : MNPQ : ?

(*a*) QNPM (*b*) MPQN (*c*) QPNM (*d*) PNMQ

उत्तर (*c*) : :: की बायीं ओर के अक्षर-समूहों में से पहले अक्षर-समूह के अक्षरों को विपरीत क्रम में लिखकर दूसरा अक्षर-समूह प्राप्त किया गया है। यही संबंध :: की दाहिनी ओर के दिए गए अक्षर समूह के अक्षरों पर अनुप्रयुक्त करने पर अपेक्षित अक्षर-समूह प्राप्त होता है।

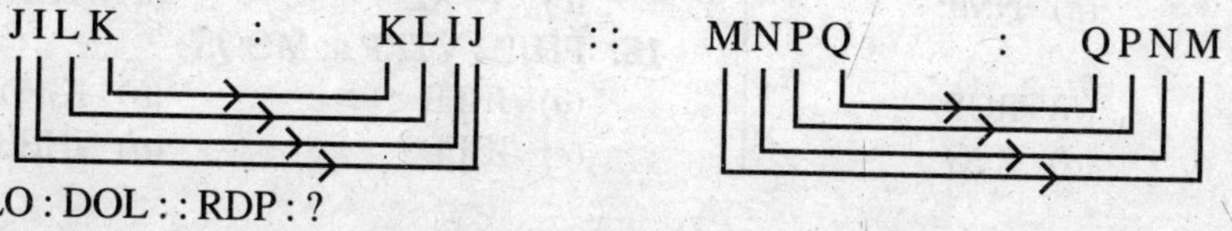

2. FLO : DOL : : RDP : ?

(*a*) PGM (*b*) MGP (*c*) GMP (*d*) MPG

उत्तर (*a*) : पहले और तीसरे अक्षरों को क्रमशः –2 और –3 चरण पीछे खिसका कर और दूसरे अक्षर को +3 चरण आगे बढ़ा कर :: चिह्न की बायीं ओर का दूसरा अक्षर समुच्चय प्राप्त होता है। यही संबंध :: चिह्न की दायीं ओर के पहले अक्षर समुच्चय पर लगाने पर प्रश्न चिह्न के स्थान पर अक्षर समुच्चय प्राप्त होता है।

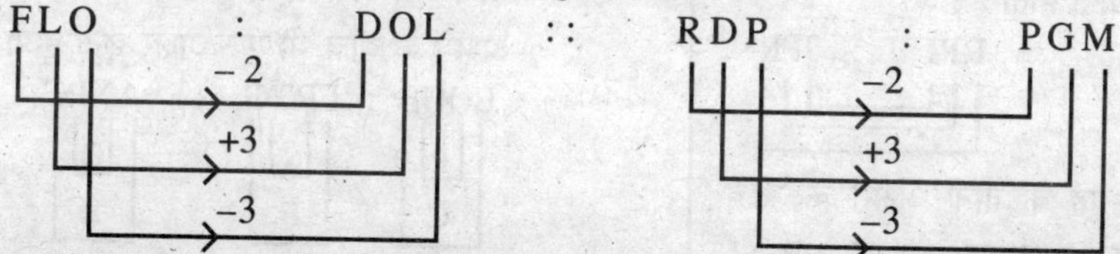

3. DumB : BonD : : RusT : ?

(*a*) MOst (*b*) TeNt (*c*) PaTH (*d*) WorK

उत्तर (*d*) : प्रत्येक समूह में सिरों पर स्थित दो अक्षर अंग्रेजी वर्णमाला के बड़े अक्षर हैं।

अभ्यास

निर्देश (प्र.सं. 1–15): *नीचे के प्रत्येक प्रश्न में एक लुप्त पद है। प्रश्न में :: चिह्न की बायीं ओर के दो अक्षर-समूहों में जो समानता या सादृश्य है वैसी ही समानता या सादृश्य :: चिह्न की दायीं ओर के दो अक्षर समूहों में है जिनमें से एक अक्षर समूह के स्थान पर प्रश्नवाचक चिह्न (?) लगा है। प्रश्नवाचक चिह्न (?) के स्थान पर लुप्त पद ज्ञात करें।*

1. GFC : CFG : : RPJ : ?

(*a*) JRP (*b*) JPR
(*c*) PJR (*d*) RJP

2. BCF : DEG : : MNQ : ?

(*a*) OPR (*b*) PQS
(*c*) OPP (*d*) QRT

3. NATION : ANITNO : : HUNGRY : ?

(*a*) HNUGRY (*b*) UNHGYR
(*c*) YRNGUH (*d*) UHGNYR

4. ACE : FGH : : LNP : ?

(*a*) QRS (*b*) PQR
(*c*) QST (*d*) MOQ

5. BOQD : ERTG : : ANPC : ?

(*a*) DQSF (*b*) FSHU
(*c*) SHFU (*d*) DSQF

6. BCDA : STUR : : KLMJ : ?

(*a*) VWXU (*b*) EFHG
(*c*) SRTU (*d*) QSRP

7. RUX : TRP : : BEH : ?

(*a*) SQN (*b*) QON
(*c*) QOM (*d*) QNL

8. BCDE : WVUT : : QRST : ?
(*a*) EFHG (*b*) JIHG
(*c*) POML (*d*) GEDC

9. AKU : AJS : : CRD : ?
(*a*) BQE (*b*) CQB
(*c*) DSB (*d*) APC

10. ODL : LOD : : PWN : ?
(*a*) WNP (*b*) NWP
(*c*) NPW (*d*) NMP

11. ABC : ZYX : : IJK : ?
(*a*) RST (*b*) RQP
(*c*) RTS (*d*) RPQ

12. ABDH : ZYWS : : EFHL : ?
(*a*) USOV (*b*) VOSU
(*c*) VUSO (*d*) TSUV

13. CIRCLE : RICELC : : SQUARE : ?
(*a*) UQSERA (*b*) QUSERA
(*c*) QSUERA (*d*) UQSAER

14. PSQR : CFED : : JMKL : ?
(*a*) UXVW (*b*) WZYX
(*c*) YVXZ (*d*) YZWX

15. FHJL : VTRP : : MOQS : ?
(*a*) JHFD (*b*) IGFD
(*c*) IGED (*d*) JHED

व्याख्यात्मक उत्तर

1. (*b*) : पहले समूह के अक्षरों को उलटे क्रम में लिखने पर दूसरा अक्षर-समूह प्राप्त होता है।

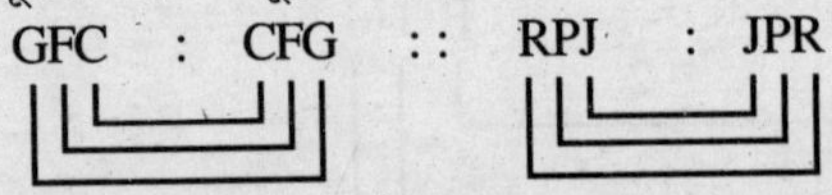

2. (*a*) : पहले और दूसरे समूह के तीनों अक्षरों के बीच वर्णमाला के सीधे क्रम में क्रमशः +2, +2 और +1 चरणों का अंतर है।

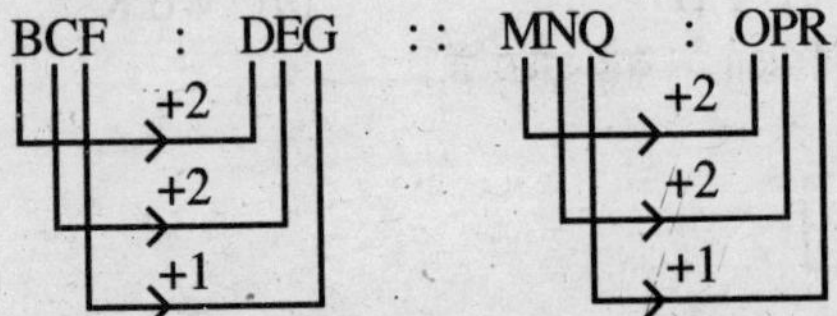

3. (*d*) : पहले समूह के अक्षरों को दो-दो अक्षरों के खंडों में विभाजित करके प्रत्येक खंड के अक्षरों को उल्टे क्रम में लिखने पर दूसरा अक्षर-समूह प्राप्त होता है।

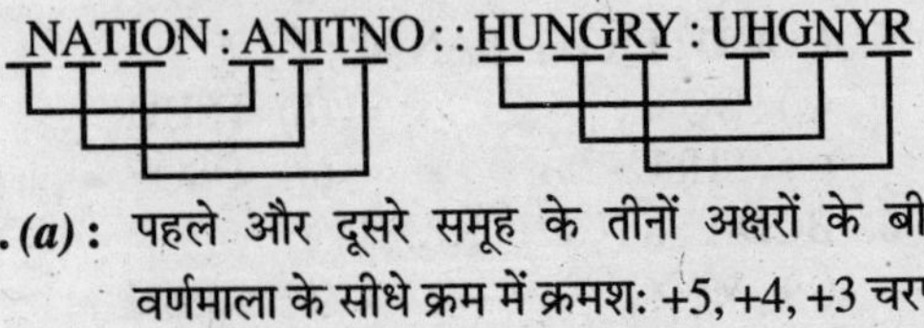

4. (*a*) : पहले और दूसरे समूह के तीनों अक्षरों के बीच वर्णमाला के सीधे क्रम में क्रमशः +5, +4, +3 चरणों का अंतर है।

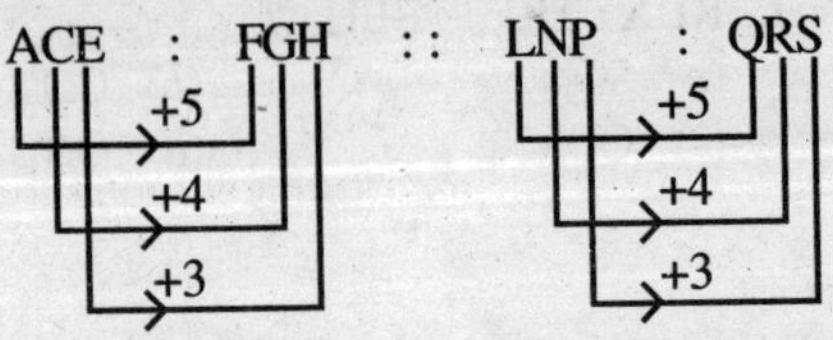

5. (*a*) : प्रत्येक अक्षर समूह में पहले और चौथे अक्षरों के बीच एक अक्षर छूटा हुआ है तथा दूसरे और तीसरे अक्षरों के बीच भी एक अक्षर छूटा हुआ है।

6. (*a*) : प्रत्येक अक्षर समूह में पहले तीन अक्षर क्रमागत हैं और उनके बाद अनुक्रम का आरंभिक चौथा अक्षर लिखा गया है।

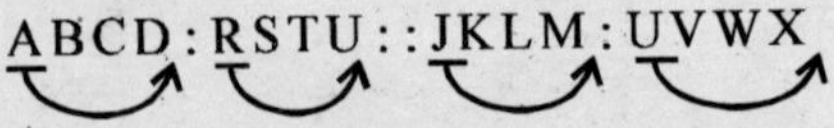

7. (*c*) : पहले समूह के अक्षरों में +3 का और दूसरे समूह के अक्षरों में –2 का अंतर है।

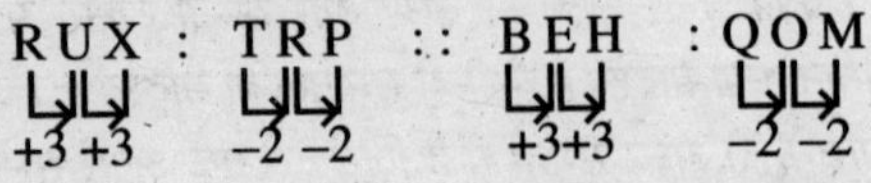

8. (*b*) : पहले अक्षर-समूह के आनुक्रमिक अक्षर वर्णमाला के सीधे क्रम में हैं और दूसरे अक्षर समूह के आनुक्रमिक अक्षर वर्णमाला के उलटे क्रम में हैं।

9. (*b*) : पहले अक्षर समूह के तीन अक्षरों में से पहले अक्षर के स्थान को परिवर्तित किए बिना अन्य दो अक्षरों को वर्णमाला के विपरीत क्रम में क्रमशः –1 और –2 चरण पीछे खिसकाने पर दूसरा अक्षर-समूह प्राप्त होता है।

AKU : AJS :: CRD : CQB

(−1, −2) (−1, −2)

10. (c) : पहले अक्षर-समूह के पहले और दूसरे अक्षरों को तीसरे अक्षर के बाद रखने पर दूसरा अक्षर समूह प्राप्त होता है।

ODL : LOD :: PWN : NPW

11. (b) : पहले अक्षर समूह में क्रमागत अक्षर वर्णमाला के सीधे क्रम में हैं और दूसरे अक्षर समूह में अक्षर वर्णमाला के विपरीत क्रम में समस्थानिक अक्षर हैं।

ABC : ZYX :: IJK : RQP
→ ← → ←

12. (c) : अक्षर-समूहों में पहले दो अक्षर क्रमागत हैं, दूसरे और तीसरे अक्षरों के बीच एक अक्षर छूटा हुआ है तथा तीसरे और चौथे अक्षरों के बीच तीन अक्षर छूटे हुए हैं। पहले अक्षर-समूह के अक्षर वर्णमाला के सीधे क्रम में और दूसरे अक्षर-समूह के अक्षर वर्णमाला के विपरीत क्रम में हैं।

ABDH : ZYWS :: EFHL : VUSO

C EFG → ← X VUT G IJK → ← T RQP

13. (a) : प्रथम अक्षर-समूह को दो बराबर खंडों में विभक्त करके प्रत्येक खंड के अक्षरों को उलटे क्रम में लिखने पर दूसरा अक्षर-समूह प्राप्त होता है।

CIRCLE : RICELC :: SQUARE : UQSERA

14. (b) : पहले अक्षर-समूह में पहले, तीसरे, चौथे और दूसरे स्थानों पर रखे गए अक्षर क्रमागत हैं। दूसरे अक्षर-समूह में पहले, चौथे, तीसरे और दूसरे स्थानों पर रखे गए अक्षर क्रमागत हैं।

PSQR : CFED :: JMKL : WZYX

15. (a) : पहले अक्षर समूह में दो अक्षरों के बीच एक अक्षर छूटा हुआ है और ये अक्षर वर्णमाला के सीधे क्रम में है। दूसरे अक्षर समूह में भी दो अक्षरों के बीच एक अक्षर छूटा हुआ है किंतु ये अक्षर वर्णमाला के विपरीत क्रम में हैं।

FHJL : VTRP :: MOQS : JHFD

GIK → ← USQ NPR → ← IGE

भाग-III संख्या सादृश्य (Number Analogy)

संख्या सादृश्य में भी पहले दो दी गई संख्याओं के बीच संबंध स्थापित किया जाता है और तत्पश्चात् इस ज्ञात संबंध को संख्याओं के दूसरे जोड़े पर प्रयुक्त करके उसके लुप्त पद को ज्ञात किया जाता है। संख्याओं के बीच संबंध किसी भी एक पैटर्न पर आधारित हो सकता है, जैसे कि : *(i)* संख्याएं विषम/सम/अभाज्य संख्याएं हो सकती हैं; *(ii)* संख्याएं किसी एक संख्या का गुणज हो सकती हैं; *(iii)* संख्याएं भिन्न-भिन्न संख्याओं का वर्गफल/घनफल हो सकती हैं; *(iv)* दूसरी संख्या प्राप्त करने के लिए पहली संख्या में किसी संख्या को जोड़ा/घटाया/गुणा/ भाग किया जा सकता है; *(v)* दूसरी संख्या पहली संख्या के अंकों का योगफल/गुणनफल/अंतरफल हो सकती है, और *(vi)* दो दी गई संख्याओं के बीच संबंध उपर्युक्त किसी भी गणितीय परिकलनों के संयोजन द्वारा भी ज्ञात किया जा सकता है।

हल किए गए उदाहरण

निर्देश : *निम्नलिखित प्रश्नों में प्रश्न चिह्न (?) के स्थान पर लुप्त पद ज्ञात करें।*

1. 25 : 81 : : 36 : ?

(a) 121 *(b)* 93 *(c)* 65 *(d)* 103

उत्तर (a) : सभी संख्याएं भिन्न-भिन्न संख्याओं के वर्गफल को सूचित करती हैं।

25 : 81 :: 36 : 121
↓ ↓ ↓ ↓
5^2 9^2 6^2 11^2

2. 36 : 18 : : 72 : ?

(*a*) 164 (*b*) 134 (*c*) 94 (*d*) 14

उत्तर (*d*) : दूसरी संख्या पहली संख्या के अंकों का गुणनफल है।

36 : 18 : : 72 : 14

3×6 7×2

अभ्यास

निर्देश (प्र.सं. 1–15): *नीचे के प्रत्येक प्रश्न में चिह्न ': :' के पहले दो संख्याएं दी गई हैं जिनमें आपस में एक संबंध है तथा ': :' चिह्न के बाद में एक तीसरी संख्या दी गई है। दिए गए विकल्पों में से उस संख्या का चयन करें जिसका तीसरी संख्या के साथ वैसा ही संबंध हो जैसा संबंध संख्याओं के पहले जोड़े के बीच है।*

1. 1 : 11 : : 2 : ?

(*a*) 20 (*b*) 22
(*c*) 24 (*d*) 44

2. 18 : 27 : : 22 : ?

(*a*) 42 (*b*) 39
(*c*) 33 (*d*) 54

3. 14 : 20 : : 16 : ?

(*a*) 23 (*b*) 10
(*c*) 48 (*d*) 32

4. 0.16 : 0.0016 : : 1.02 : ?

(*a*) 10.20 (*b*) 0.102
(*c*) 0.0102 (*d*) 1.020

5. 5 : 24 : : 8 : ?

(*a*) 65 (*b*) 63
(*c*) 62 (*d*) 64

6. 65 : 30 : : 44 : ?

(*a*) 79 (*b*) 62
(*c*) 28 (*d*) 16

7. 30 : 42 : : 56 : ?

(*a*) 92 (*b*) 21
(*c*) 38 (*d*) 72

8. 190 : 10 : : 102 : ?

(*a*) 4 (*b*) 7
(*c*) 3 (*d*) 5

9. 6 : 18 : : 4 : ?

(*a*) 2 (*b*) 6
(*c*) 8 (*d*) 16

10. 2 : 11 : : ?

(*a*) 6 : 17 (*b*) 8 : 43
(*c*) 5 : 41 (*d*) 7 : 35

11. 162 : 9 : : 310 : ?

(*a*) 33 (*b*) 27
(*c*) 16 (*d*) 4

12. 411 : 441 : : 755 : ?

(*a*) 705 (*b*) 775
(*c*) 635 (*d*) 665

13. 123 : 149 : : 201 : ?

(*a*) 202 (*b*) 404
(*c*) 401 (*d*) 227

14. 6 : 21 : : 14 : ?

(*a*) 82 (*b*) 75
(*c*) 60 (*d*) 41

15. 31 : 124 : : 103 : ?

(*a*) 98 (*b*) 215
(*c*) 412 (*d*) 517

व्याख्यात्मक उत्तर

1. (*b*) : पहली संख्या के अंक को दो बार लिखने पर दूसरी संख्या प्राप्त होती है।

2. (*c*) : पहले जोड़े की संख्याएं 9 का गुणज हैं और दूसरे जोड़े की संख्याएं 11 का गुणज हैं :

18 : 27 : : 22 : 33
↓ ↓ ↓ ↓
9×2 9×3 11×2 11×3

3. (*a*) : संख्याओं के बीच संबंध निम्नवत् है :

14 : 20 : : 16 : 23
↓ ↓ ↓ ↓
7×2 $(7 \times 3) - 1$ 8×2 $(8 \times 3) - 1$

4. (*c*) : पहली दशमलव संख्या को 100 से भाग करने पर दूसरी दशमलव संख्या प्राप्त होती है :

0.16 : 0.0016 : : 1.02 : 0.0102

$\div 100$ $\div 100$

5. *(b)* : पहली संख्या के वर्ग से 1 घटाने पर दूसरी संख्या प्राप्त होती है :

5 : 24 :: 8 : 63

$(5^2)-1$ $\quad$ $(8^2)-1$

6. *(d)* : दूसरी संख्या पहली संख्या के अंकों का गुणनफल है :

$$\frac{65:30}{(6\times 5)} :: \frac{44:16}{(4\times 4)}$$

7. *(d)* : संख्याएं विभिन्न संख्याओं के वर्ग में उन्हीं संख्याओं को जोड़ने पर प्राप्त होती हैं :

30 : 42 :: 56 : 72

$\downarrow$ $\quad$ $\downarrow$ $\quad$ $\downarrow$ $\quad$ $\downarrow$

5^2+5 $\quad$ 6^2+6 $\quad$ 7^2+7 $\quad$ 8^2+8

8. *(c)* : दूसरी संख्या पहली संख्या के अंकों का योगफल है :

$$\frac{190 : 10}{(1+9+0)} :: \frac{102 : 3}{(1+0+2)}$$

9. *(c)* : पहली संख्या के वर्ग को 2 से भाग करने पर दूसरी संख्या प्राप्त होती है :

6 : 18 :: 4 : 8

$6^2 \div 2$ $\quad$ $4^2 \div 2$

10. *(c)* : पहली संख्या दूसरी संख्या के अंकों का योगफल है :

2 : 11 :: 5 : 41

(1 + 1) $\quad$ (4 + 1)

11. *(d)* : पहली संख्या के अंकों का योगफल दूसरी संख्या के बराबर है :

162 : 9 :: 310 : 4

1 + 6 + 2 $\quad$ 3 + 1 + 0

12. *(b)* : जोड़े की पहली संख्या में दूसरे अंक की और दूसरी संख्या में पहले अंक की पुनरावृत्ति होती है :

4<u>11</u> : <u>44</u>1 :: 7<u>55</u> : <u>77</u>5

13. *(c)* : पहली संख्या के प्रत्येक अंक का वर्ग दूसरी संख्या के संगत स्थान के अंक के बराबर है :

123 : 149 :: 201 : 401

1^2, 2^2, 3^2 $\quad$ 2^2, 0^2, 1^2

14. *(a)* : पहली संख्या को 2 से गुणा करके गुणनफल के रूप में प्राप्त संख्या को उलटे क्रम में लिखने पर दूसरी संख्या प्राप्त होती है :

6 : 21 :: 14 : 82

(6×2) $\quad$ (14×2)

15. *(c)* : दूसरी संख्या पहली संख्या की चार गुनी है।

31 : 124 :: 103 : 412

$\times 4$ $\quad$ $\times 4$

वर्गीकरण या विजातीय छांटना

(CLASSIFICATION OR ODD ONE OUT)

भाग-I विजातीय छांटना – शब्दों पर आधारित समस्याएं

इस प्रकार के वर्गीकरण में चार शब्द दिए जाते हैं जिनमें से तीन शब्द तथ्य या अर्थ की दृष्टि से या अन्य किसी न किसी रूप में आपस में संबंधित होते हुए एक समूह बनाते हैं जबकि शेष केवल एक शब्द अन्य तीनों से भिन्न होता है। परीक्षार्थी को यह पता लगाना होता है कि वह एक कौन-सा शब्द है जो समूह से संबंधित नहीं है और इस कारण विजातीय है।

हल किए गए उदाहरण

निर्देश: *निम्नलिखित चार शब्दों में से उस एक शब्द का चयन करें जो अन्य तीन से भिन्न है :*

1. (*a*) पिता (*b*) माता (*c*) मित्र (*d*) भाई

उत्तर (*c*) : अन्य सभी के बीच रक्त-संबंध है।

2. (*a*) जल (*b*) जेली (*c*) नींबू शरबत (*d*) कॉफी

उत्तर (*b*) : अन्य सभी द्रव पदार्थ हैं।

अभ्यास

निर्देश (प्र.सं. 1–20): *यहां दिए गए प्रत्येक प्रश्न में तीन शब्द किसी न किसी प्रकार से समान हैं और इस कारण वे एक समूह बनाते हैं जबकि एक शब्द अन्य तीनों से भिन्न है। इस भिन्न या विजातीय शब्द को ज्ञात करें।*

1. (*a*) हरा (*b*) लाल (*c*) रंग (*d*) नारंगी

2. (*a*) अस्तबल (*b*) बिल (*c*) डोंगी (*d*) सुअर-बाड़ा

3. (*a*) बुध (*b*) चंद्रमा (*c*) बृहस्पति (*d*) मंगल

4. (*a*) खुश (*b*) उदास (*c*) प्रसन्नचित्त (*d*) प्रसन्न

5. (*a*) शंकु (*b*) वृत्त (*c*) त्रिभुज (*d*) आयत

6. (*a*) सीसा (*b*) पारद (*c*) तांबा (*d*) लोहा

7. (*a*) पतंग (*b*) चिड़िया (*c*) रेडार (*d*) जेट

8. (*a*) अतिवृष्टि (*b*) अनावृष्टि (*c*) भूस्खलन (*d*) युद्ध

9. (*a*) सिंहशावक (*b*) चूजा (*c*) सूअर (*d*) पिल्ला

10. (*a*) खरगोश (*b*) मगरमच्छ (*c*) केंचुआ (*d*) घोंघा
11. (*a*) पेड़ (*b*) पत्ता (*c*) झाड़ी (*d*) शाकीय पौधे
12. (*a*) दुलकना (*b*) घुड़सवारी (*c*) घुड़दौड़ (*d*) घुरघुराहट
13. (*a*) अलंकृत करना (*b*) रमणीय (*c*) सजाना (*d*) सुंदर बनाना
14. (*a*) पोलो (*b*) शतरंज (*c*) लूडो (*d*) स्क्वैश रैकेट्स
15. (*a*) ट्यूटर (*b*) प्रिंसिपल (*c*) छात्र (*d*) प्रोफेसर
16. (*a*) तालाब (*b*) नदी (*c*) सरिता (*d*) नाला
17. (*a*) निवेदित भाव (*b*) शुल्क (*c*) कर (*d*) चुंगी
18. (*a*) जड़ (*b*) पत्तियां (*c*) शाखा (*d*) फूल
19. (*a*) मुंबई (*b*) चंडीगढ़ (*c*) लखनऊ (*d*) हैदराबाद
20. (*a*) अमर (*b*) उत्कर्ष (*c*) शाश्वत (*d*) चिरस्थायी

व्याख्यात्मक उत्तर

1. (*c*) : अन्य सभी विभिन्न प्रकार के रंग हैं।
2. (*c*) : डोंगी एक छोटी नाव होती है। अन्य सभी पशु–पक्षियों के निवासस्थलों के नाम हैं।
3. (*b*) : अन्य सभी ग्रहों के नाम हैं।
4. (*b*) : अन्य सभी आनन्द की अनुभूति को अभिव्यक्त करते हैं।
5. (*a*) : अन्य सभी आकृतियाँ द्विविमीय आकृतियाँ हैं।
6. (*b*) : अन्य सभी ठोस धातुएं हैं।
7. (*c*) : अन्य सभी हवा में उड़ने वाली वस्तुएं हैं। रेडार हवा में गमन करने वाली वस्तुओं की पहचान करता है।
8. (*d*) : अन्य सभी प्राकृतिक आपदाएं हैं। केवल युद्ध ही मानव द्वारा मानव समाज के समक्ष प्रस्तुत की जाने वाली एक कृत्रिम आपदा है।
9. (*c*) : अन्य सभी शब्द विभिन्न जंतुओं के शिशुओं के नाम हैं।
10. (*a*) : अन्य सभी रेंगने वाले जंतु हैं।
11. (*b*) : अन्य सभी विभिन्न प्रकार की वनस्पतियां हैं।
12. (*d*) : अन्य सभी घोड़े से संबंधित क्रियाकलाप हैं।
13. (*b*) : अन्य सभी शब्द समानार्थक हैं।
14. (*a*) : अन्य सभी घर के भीतर खेले जाने वाले खेल हैं।
15. (*c*) : अन्य सभी शिक्षा प्रदान करते हैं जबकि छात्र इन सभी से शिक्षा प्राप्त करता है।
16. (*a*) : अन्य सभी में जल प्रवाहित होता है।
17. (*a*) : अन्य सभी विभिन्न प्रकार के कर हैं।
18. (*a*) : अन्य सभी पेड़ के पृथ्वी तल से ऊपर स्थित भाग हैं।
19. (*b*) : अन्य सभी विभिन्न राज्यों की राजधानियों के नाम हैं, किंतु केवल चंडीगढ़ ही दो राज्यों की राजधानी है।
20. (*b*) : अन्य सभी समानार्थक शब्द हैं।

भाग-II विजातीय छांटना – अक्षरों पर आधारित समस्याएं

इस कोटि के अंतर्गत विकल्प के रूप में चार अक्षर-समूह या अक्षरों की एक श्रृंखला दी जाती हैं। परीक्षार्थी को इनमें से ऐसे विकल्प का चयन करना होता है जो अन्यों से भिन्न अर्थात् विजातीय हो।

हल किए गए उदाहरण

निर्देश: *निम्नलिखित अक्षर समूहों में से कौन–सा अक्षर समूह भिन्न या विजातीय स्वरूप का है?*

1. (*a*) NOP (*b*) RTU (*c*) JKL (*d*) EFG

उत्तर (*b*) : प्रत्येक समूह में अक्षर क्रमागत हैं, जबकि विकल्प (*b*) के अक्षर-समूह में पहले दो अक्षरों के बीच एक अक्षर 'S' छूटा हुआ है।

2. (*a*) RUX (*b*) CFI (*c*) BDG (*d*) FIL

उत्तर (*c*) : प्रत्येक समूह में अक्षरों के बीच समान संख्या में अक्षर छूटे हुए हैं जबकि विकल्प (*c*) में पहले दो अक्षरों B और D के बीच एक अक्षर और अंतिम दो अक्षरों D और G के बीच दो अक्षर छूटे हुए हैं।

अभ्यास

निर्देश (प्र.सं. 1–20): *नीचे के प्रत्येक प्रश्न में अक्षर समूहों के रूप में चार विकल्प दिए गए हैं जिनमें से तीन में किसी न किसी प्रकार की समानता है और इस कारण वे एक समूह बनाते हैं। उस अक्षर समूह का चयन करें जो समूह से संबंधित नहीं है।*

1. (*a*) ACE (*b*) LOR (*c*) GIK (*d*) VXZ

2. (*a*) TSR (*b*) LKJ (*c*) PQO (*d*) HGF

3. (*a*) EF LM (*b*) KJ SR (*c*) XW HG (*d*) ED YX

4. (*a*) JOPK (*b*) BOPC (*c*) QOPR (*d*) TOPS

5. (*a*) JKkL (*b*) OPpQ (*c*) DEEf (*d*) VWwX

6. (*a*) BdfH (*b*) FHJL (*c*) RTvX (*d*) uVwX

7. (*a*) DFHEG (*b*) TWXUV (*c*) OQSPR (*d*) JLNKM

8. (*a*) MKGA (*b*) PNID (*c*) RPLF (*d*) VTPJ

9. (*a*) ABJNM (*b*) QRTUZ (*c*) IXYOQ (*d*) WGFPO

10. (*a*) EFGH (*b*) IRST (*c*) ULMN (*d*) JKLO

11. (*a*) CFIL (*b*) ABCD (*c*) ACDF (*d*) EFGH

12. (*a*) SPQR (*b*) MKLN (*c*) WUVX (*d*) FDEG

13. (*a*) HK (*b*) DG (*c*) NK (*d*) UX

14. (*a*) KNOS (*b*) QTUY (*c*) DFGJ (*d*) BEFJ

15. (*a*) USNID (*b*) UPKEA (*c*) OMIDB (*d*) VTOJE

16. (*a*) FKP (*b*) LPU (*c*) HMR (*d*) DIN

17. (*a*) RiGP (*b*) MoRH (*c*) FBlP (*d*) DtJA

18. (*a*) ErIc (*b*) nOtE (*c*) rUIn (*d*) TieD

19. (*a*) TBVD (*b*) JOKQ (*c*) AXCZ (*d*) FRHT

20. (*a*) SYZ (*b*) MRS (*c*) DJK (*d*) QWX

व्याख्यात्मक उत्तर

1. (*b*) : शेष सभी अक्षर समूहों में अगला अक्षर अपने पूर्ववर्ती अक्षर से वर्णमाला के सीधे क्रम में 2 अक्षर आगे का है जबकि विकल्प (*b*) के अक्षर समूह में +3 अनुक्रम का पालन होता है।

ABCDE (+2 +2) LMNOPQR (+3 +3)

GHIJK (+2 +2) VWXYZ (+2 +2)

2. (*c*) : प्रत्येक समूह में अक्षर वर्णमाला के उलटे क्रम में हैं। केवल विकल्प (*c*) में अक्षरों का अनुक्रम बाधित हो रहा है।

3. (*a*) : शेष सभी समूहों में क्रमागत अक्षर वर्णमाला के उलटे क्रम में हैं।

KJ SR; XW HG; ED YX
–1 –1 –1 –1 –1 –1

केवल विकल्प (*a*) में ही क्रमागत अक्षर वर्णमाला के सीधे क्रम में है।

E F (+1) L M (+1)

4. (*d*) : यहां दिए गए सभी अक्षर समूहों में बीच में 'OP' अक्षर हैं। विकल्प (*d*) में दोनों किनारों पर स्थित अक्षर वर्णमाला के उलटे क्रम में हैं, अर्थात्

TOPS (–1)

जबकि शेष सभी अक्षर समूहों में दोनों किनारों पर स्थित अक्षर वर्णमाला के सीधे क्रम में हैं।

JOPK (+1) ; BOPC (+1) ; QOPR (+1)

5. (*c*) : शेष समूहों में तीसरे अक्षर के रूप में दूसरे अक्षर की पुनरावृत्ति की गई है और उसे अंग्रेजी वर्णमाला के छोटे अक्षर के रूप में लिखा गया है जबकि विकल्प (*c*) के तीसरे अक्षर के रूप में दूसरे अक्षर की पुनरावृत्ति तो की जाती है किंतु उसे अंग्रेजी वर्णमाला के बड़े अक्षर के रूप में लिखा जाता है।

6. (*d*) : शेष समूहों में अंग्रेजी वर्णमाला के अक्षर चाहे छोटे हों या बड़े, किंतु दूसरे, तीसरे और चौथे स्थान पर स्थित अक्षर अपने पूर्ववर्ती अक्षरों से वर्णमाला के सीधे क्रम में 2 अक्षर आगे के हैं, अर्थात्

B D f H ; F H J L ; R T v X
+2 +2 +2 ; +2 +2 +2 ; +2 +2 +2

केवल विकल्प (*d*) में अक्षर वर्णमाला के सहज क्रम (+1) में हैं, अर्थात्

u V w X
+1 +1 +1

7. (*b*) : शेष समूहों में पहले, चौथे, दूसरे, पांचवें और तीसरे स्थानों पर स्थित अक्षरों से वर्णमाला का सीधा अनुक्रम बनता है।

विकल्प (*b*), में पहले, चौथे, पांचवें, दूसरे और तीसरे स्थानों पर स्थित अक्षरों के मेल से वर्णमाला का सीधा अनुक्रम बनता है।

8. (*b*) : शेष समूहों में अक्षरों का अनुक्रम –2, –4, –6 के पैटर्न का पालन करता है, अर्थात्

M K G A ; R P L F
–2 –4 –6 ; –2 –4 –6

V T P J
–2 –4 –6

विकल्प (*b*) में अनुक्रम का निम्नलिखित पैटर्न है :

P N I D
–2 –5 –5

अतः सही पैटर्न होना चाहिए → P N J D
–2 –4 –6

9. (*c*) : शेष समूहों में कम से कम दो जोड़े अक्षर वर्णमाला के क्रम में हैं, अर्थात्

ABJNM; QRTUZ; WGFPO

विकल्प (*c*) में केवल एक जोड़ा अक्षर–ही वर्णमाला के क्रम में है।

IXYOQ

10. (*d*) : शेष समूहों में पहला अक्षर 'स्वर' है जिसके बाद तीन क्रमागत अक्षर लिखे गए हैं।

11. (*c*) : शेष समूहों में क्रमागत अक्षरों के बीच समान संख्या में अक्षर छूटे हुए हैं।

C F I L; A B C D; E F G H
+3 +3 +3 ; +1 +1 +1 ; +1 +1 +1

विकल्प (*c*) में निम्नलिखित पैटर्न है :

A C D F
+2 +1 +2

12. (*a*) : शेष समूहों में दूसरे, तीसरे, पहले और अंतिम स्थान पर स्थित अक्षरों से वर्णमाला का सीधा क्रम प्राप्त होता है। विकल्प (*a*) में दूसरे, तीसरे, चौथे और पहले स्थान पर स्थित अक्षर वर्णमाला के सीधे क्रम में है।

13. (*c*) : अन्य सभी समूहों में दो क्रमागत अक्षरों के बीच दो अक्षर छूटे हुए हैं और ये [illegible]
हैं। [illegible]

14. (*c*) : शेष समूहों में अक्षरों के बीच +3, +1, +4 का पैटर्न है, अर्थात्

K N O S ; Q T U Y ; B E F J
+3 +1 +4   +3 +1 +4   +3 +1 +4

विकल्प (*c*) में अनुक्रम बाधित है।

D F G J
+2 +1 +3

15. (*b*) : शेष समूहों में दो-दो 'स्वर' (vowels) हैं जबकि विकल्प (*b*) में तीन स्वर हैं।

16. (*b*) : शेष सभी अक्षर समूहों में +5 पैटर्न का अनुपालन होता है।

F K P ; H M R ; D I N
+5 +5   +5 +5   +5 +5

विकल्प (*b*) में +4, +5 पैटर्न का अनुपालन होता है।

L P U
+4 +5

17. (*c*) : शेष अक्षर समूहों में दूसरा अक्षर अंग्रेजी वर्णमाला का छोटा अक्षर है।

18. (*d*) : केवल इसी समूह में स्वर (vowels) अंग्रेजी के छोटे अक्षर हैं।

19. (*b*) : शेष समूहों में तीसरा अक्षर पहले अक्षर से और चौथा अक्षर दूसरे अक्षर से वर्णमाला के सीधे क्रम में 2 अक्षर आगे का अक्षर है। अर्थात् :

T B V D ; A X C Z ; F R H T
+2 +2   +2 +2   +2 +2

विकल्प (*b*) में निम्नवत् पैटर्न दिखाई पड़ता है :

J O K Q
+1 +2

20. (*b*) : शेष समूहों में पहले और दूसरे अक्षरों के बीच पांच अक्षर छूटे हुए हैं। विकल्प (*b*) में पहले और दूसरे अक्षरों के बीच केवल चार अक्षर छूटे हुए हैं।

भाग-III विजातीय छांटना – संख्याओं पर आधारित समस्याएं

इस प्रकार के वर्गीकरण में विकल्पों के रूप में विभिन्न संख्याएं दी जाती हैं। इन संख्याओं में से एक को छोड़कर जो अन्य से भिन्न होती है, शेष किसी न किसी रूप में आपस में संबंधित होती हैं और इस प्रकार एक समूह बनाती हैं। परीक्षार्थी को दी गई संख्याओं में यह समानता ज्ञात करनी होती है और तत्पश्चात् समूह से भिन्न संख्या का चयन करना होता है। विकल्पों के रूप में दी गई संख्याएं विषम/सम/क्रमागत संख्याएं, अभाज्य संख्याएं, किसी संख्या का गुणज, एक अंकीय, विभिन्न संख्याओं का वर्ग या घन, किसी अन्य संख्या का जोड़/घटा या किसी भी गणितीय परिकलन का संयोजन हो सकती है।

हल किए गए उदाहरण

निर्देश: *दिए गए विकल्पों में विषम संख्या ज्ञात करें।*

1. (*a*) 62 (*b*) 121 (*c*) 36 (*d*) 256

उत्तर (*a*) : अन्य संख्याएं क्रमशः 11, 6 और 16 के वर्ग द्वारा सूचित होती हैं।

2. (*a*) 27 (*b*) 132 (*c*) 93 (*d*) 154

उत्तर (*d*) : शेष संख्याएं 3 से विभाज्य हैं।

अभ्यास

निर्देश (प्र.सं. 1–10): *यहां प्रत्येक प्रश्न में चार विकल्प दिए गए हैं जिनमें से तीन किसी न किसी रूप में आपस में संबंधित होते हुए एक समूह बनाते हैं, जबकि शेष एक संख्या अन्य से भिन्न है। उस भिन्न संख्या का चयन करें जो समूह से संबंधित नहीं है।*

1. (*a*) 1948 (*b*) 2401
   (*c*) 966 (*d*) 1449
2. (*a*) 182 (*b*) 169
   (*c*) 130 (*d*) 158
3. (*a*) 3215 (*b*) 9309
   (*c*) 4721 (*d*) 2850
4. (*a*) 1776 (*b*) 2364
   (*c*) 1976 (*d*) 3776
5. (*a*) 7658 (*b*) 1234
   (*c*) 9876 (*d*) 6543
6. (*a*) 18 (*b*) 12
   (*c*) 30 (*d*) 20
7. (*a*) 9875432 (*b*) 98765
   (*c*) 98756 (*d*) 9876543
8. (*a*) 5243 (*b*) 9251
   (*c*) 4256 (*d*) 3257
9. (*a*) 2553 (*b*) 1224
   (*c*) 7992 (*d*) 3885
10. (*a*) 3223 (*b*) 4554
    (*c*) 6116 (*d*) 9887

व्याख्यात्मक उत्तर

1. *(a)* : शेष संख्याएं 7 से विभाज्य हैं।

2. *(d)* : शेष संख्याएं 13 का गुणज हैं।

3. *(b)* : शेष संख्याओं में किसी भी अंक का दो बार प्रयोग नहीं किया गया है।

4. *(b)* : शेष संख्याओं में आखिरी दो अंक एक से हैं।

5. *(a)* : शेष संख्याओं में उनके अंक गिनती के सीधे या उलटे क्रम में क्रमागत (निरंतर) हैं।

6. *(a)* : शेष सभी संख्याएं $3^2 + 3 = 12$, $5^2 + 5 = 30$, $4^2 + 4 = 20$ हैं।

7. *(c)* : शेष सभी संख्याओं में 987 के बाद अंक अवरोही या घटते हुए क्रम (decreasing order) में हैं।

8. *(a)* : शेष सभी संख्याओं में 25 बीच में है और सिरे के दो अंकों का योग 10 के बराबर है।

9. *(b)* : शेष सभी संख्याओं में दो सिरों पर स्थित अंकों का योग बीच में स्थित अंक के बराबर है जिसे दो बार लिखा गया है।

10. *(d)* : शेष सभी संख्याओं में अंतिम दो अंक पहले दो अंकों को उलटे क्रम में लिखने पर प्राप्त होते हैं।

भाग-IV विजातीय छांटना – शब्द समूहों से संबंधित समस्याएं

शब्दों, अक्षरों या संख्याओं के समूह का वर्गीकरण एकल शब्द, अक्षर या संख्या के वर्गीकरण से अधिक भिन्न नहीं होता। इसमें परीक्षार्थी को दो परस्पर संबंधित शब्दों के बीच संबंध की विशिष्टता या प्रकृति ज्ञात करनी होती है और तत्पश्चात् दिए गए विकल्पों में से उस शब्द युग्म का पता लगाना होता है, जो अन्य शब्द-युग्मों के संबंध पैटर्न का अनुपालन नहीं करता हो। संबंधित शब्द विपरीत या सदृश अर्थ या स्वरूप के हो सकते हैं अथवा उनकी अर्थ छटा और अर्थ निरुपण में भिन्नता हो सकती है या फिर उनमें एक विशेष तुकबंदी हो सकती है।

हल किए गए उदाहरण

निर्देश: *निम्नलिखित में से कौन-सा शब्द-युग्म अन्यों से भिन्न है?*

1. (*a*) अच्छा-बेहतर (*b*) गुनगुना-गरम (*c*) नफा-लाभ (*d*) फुसफुसाना-चिल्लाना

   उत्तर *(c)* : अन्य शब्द-युग्मों में युग्म के शब्द सदृश अर्थ वाले हैं किंतु उनमें सादृश्यता या साम्यता की अवस्था या कोटि भिन्न-भिन्न है।

2. (*a*) कैंची-कपड़ा (*b*) चाकू-सब्जी (*c*) कुल्हाड़ी-लकड़ी (*d*) हथौड़ा-कील

   उत्तर *(d)* : हालांकि शब्दों के बीच संबंध ठीक है किंतु कील को काटने के लिए हथौड़े का प्रयोग नहीं किया जाता है। शेष तीन युग्मों में बायीं ओर उपकरण का नाम दिया गया है जिसकी सहायता से दायीं ओर लिखी गई वस्तु को काट सकते हैं।

अभ्यास

निर्देश (प्र.सं. 1–25): *नीचे के प्रत्येक प्रश्न में शब्दों के उस जोड़े का चयन करें जो शेष तीन जोड़ों से भिन्न हो।*

1. (*a*) कुर्सी-फर्नीचर (*b*) शर्ट-वस्त्र (*c*) कंठहार-आभूषण (*d*) बोगी-इंजन

2. (*a*) चित्रांकनी-कागज (*b*) पेंसिल-लेड (*c*) कलम-स्याही (*d*) बुरुश-रंग

3. (*a*) युद्ध-शांति (*b*) वास्तविक-सहज (*c*) अग्रगण्य-प्रथम (*d*) क्रोध-गुस्सा

4. (*a*) अंगूली-अंगूठी (*b*) सिर-टोपी (*c*) कमर-मुकुट (*d*) पांव-जूता

5. (*a*) दिन-रात (*b*) चालाक-मूर्ख (*c*) स्पष्ट-धुंधला (*d*) पहुंचना-आना

6. (*a*) क्विंटल-गैलन (*b*) गुलदस्ता-फूल (*c*) पुस्तक-पृष्ठ (*d*) संसद-सांसद

7. (*a*) चिड़िया-चहचहाना (*b*) घोड़ा-भिनभिनाना (*c*) शेर-गरजना (*d*) सांप-फुफकारना

8. (*a*) भतीजी-भतीजा (*b*) भाई-बहन (*c*) पति-पत्नी (*d*) पिता-माता

9. (*a*) पेट्रोल-कार (*b*) तेल-लैम्प (*c*) डीजल-लकड़ी (*d*) मोम-मोमबत्ती

10. (*a*) गंगा-नर्मदा (*b*) थार-गोबी (*c*) आमाशय-हाथ (*d*) एवरेस्ट-पर्वत

11. (*a*) औषधि-चिकित्सक
(*b*) फूल-कलाकार
(*c*) जूता-मोची
(*d*) त्वचा-त्वचारोग विशेषज्ञ

12. (*a*) प्राधिकार-मंजूरी
(*b*) प्रतिकर्षण-आकर्षण
(*c*) तुनकमिजाज-दुस्तोषणीय
(*d*) श्वास-अस्तित्व

13. (*a*) पोलो-बर्फ का मैदान (रिंक)
(*b*) गोल्फ-लॉन
(*c*) टेनिस-कोर्ट
(*d*) शतरंज-बोर्ड

14. (*a*) उमंग-तरंग (*b*) नीड़-पीड़ (*c*) अपराध-रोकथाम (*d*) आन-बान

15. (*a*) सेना-सेनापति (*b*) कॉलेज-प्रिंसिपल (*c*) जहाज-कैप्टन (*d*) नौसेना-लेफ्टिनेंट

16. (*a*) रेलगाड़ी-पटरी
(*b*) पक्षी-उड़ना
(*c*) हवाई जहाज-आकाश
(*d*) पनडुब्बी-समुद्र

17. (*a*) जेली-सौम्य (*b*) पत्थर-कठोर (*c*) रोवां-मुलायम (*d*) कांच-चिकना

18. (*a*) शाखा-पेड़ (*b*) मिनट-घंटा (*c*) वाक्य-पैराग्राफ (*d*) विद्यार्थी-शिक्षक

19. (*a*) कुल-जोड़ (*b*) अभी-वर्तमान (*c*) बड़ी-धारणा (*d*) हां-सहमत

20. (*a*) चार-चौगुना (*b*) तीन-तेरह (*c*) दो-दोगुना (*d*) छह-छहगुना

21. (*a*) रिकेट्स-हड्डी
(*b*) इन्सोम्निया-रक्त
(*c*) मायोपिया-आंख
(*d*) आथ्राइटिस-अस्थिसंधि

22. (*a*) एक्जीमा-विटामिन 'ए'
(*b*) बेरीबेरी-विटामिन 'बी'
(*c*) रक्तहीनता-विटामिन 'ई'
(*d*) स्कर्वी-विटामिन 'सी'

23. (*a*) हैंगर-हवाई जहाज
(*b*) गोदी (डॉक)-समुद्री जहाज
(*c*) अजायबघर-कुत्ता
(*d*) सूअर बाड़ा-सूअर

24. (*a*) स्पेन-मैडिसन
(*b*) नेपाल-काठमांडू
(*c*) संयुक्त राज्य अमेरिका-वाशिंगटन
(*d*) पाकिस्तान-इस्लामाबाद

25. (*a*) सर्जन-चिमटी (*b*) किसान-हल (*c*) रसोइया-चाकू (*d*) लेखक-पुस्तक

व्याख्यात्मक उत्तर

1. ***(d)*** **:** बोगी रेलगाड़ी का एक हिस्सा होता है जो परिवहन का एक साधन है। कुर्सी, शर्ट और कंठहार क्रमशः फर्नीचर, वस्त्र और आभूषण हैं।

2. ***(a)*** **:** पेंसिल, कलम और ब्रुश से लिखने का माध्यम क्रमशः लेड, स्याही और रंग है। चित्रांकनी (क्रेयॉन) से लिखने या चित्र बनाने का माध्यम मोम होता है।

3. ***(a)*** **:** शेष सभी शब्द-युग्म समानार्थक शब्दों के युग्म हैं जबकि विकल्प (*a*) में दिया गया शब्द-युग्म विपरीतार्थक शब्दों का युग्म है।

4. ***(c)*** **:** मुकुट सिर पर पहना जाता है।

5. ***(d)*** **:** शेष शब्द-युग्म एक दूसरे के विपरीतार्थक हैं।

6. ***(a)*** **:** शेष सभी शब्द युग्मों में पहला दूसरे का समेकित रूप हैं।

7. ***(b)*** **:** शेष सभी में दूसरी पहले की बोली है। घोड़े हिनहिनाते हैं।

8. ***(a)*** **:** संबंधित शब्द-युग्मों में पहला पुल्लिंग और दूसरा स्त्रीलिंग है। विकल्प (*a*) में पहले स्त्रीलिंग और तत्पश्चात् पुल्लिंग दिया गया है।

9. ***(c)*** **:** पेट्रोल का उपयोग कार चलाने में, तेल का उपयोग लैम्प जलाने में और मोम का उपयोग मोमबत्ती जलाने में किया जाता है। डीजल और लकड़ी का आपस में ऐसा कोई संबंध नहीं है।

10. ***(d)*** **:** संबंधित शब्दों की पहचान एक जैसी है। (*a*) नदियों को, (*b*) मरुभूमि को और, (*c*) शरीर के अंगों को सूचित करते हैं जबकि विकल्प (*d*) में एवरेस्ट एक पर्वत शृंखला का नाम है।

11. ***(b)*** **:** चिकित्सक का औषधि, मोची का जूता और त्वचारोग विशेषज्ञ का संबंध त्वचारोग से है। फूलों की देख-रेख करने वाले व्यक्ति को माली कहते हैं।

12. ***(b)*** **:** शेष शब्द युग्म समानार्थक हैं जबकि प्रतिकर्षण और आकर्षण शब्द एक दूसरे के विपरीत अर्थ वाले हैं।

13. ***(a)*** **:** शब्द युग्मों में खेलों और उन्हें खेले जाने वाले स्थानों के बीच संबंध दर्शाया गया है। पोलो मैदान में खेला जाता है।

14. ***(c)*** **:** शेष शब्द-युग्मों में शब्दों के बीच एक विशेष लय है।

15. ***(d)*** **:** नौसेना का प्रमुख कमांडर होता है।

16. ***(b)*** **:** रेलगाड़ी पटरी पर, हवाई जहाज आकाश में और पनडुब्बी समुद्र के जल में चलती है। इसी प्रकार पक्षी हवा में उड़ते हैं और साथ ही ये सजीव प्राणी भी हैं।

17. ***(a)*** **:** शब्द युग्मों का दूसरा शब्द पहले शब्द की विशेषता बताता है। जेली मुलायम या अस्थिर होती है।

18. ***(d)*** **:** शेष समूहों में पहला शब्द दूसरे का हिस्सा है।

19. ***(c)*** **:** शेष समूहों के शब्द परस्पर समानार्थक हैं।

20. ***(b)*** **:** तीन से तिगुना

21. ***(b)*** **:** शेष शब्द-युग्मों में पहला शब्द युग्म के दूसरे शब्द द्वारा इंगित शरीरांगों से जुड़ी बीमारी है। 'इन्सोम्निया' के स्थान पर 'रक्तहीनता' होना चाहिए।

22. ***(a)*** **:** शेष शब्द-युग्मों में पहले रोग का नाम और तब उस विटामिन का नाम लिखा गया है जिसकी कमी से संबंधित रोग होता है। विकल्प (*a*) में उल्लिखित एक्जीमा रोग विटामिन 'बी' की कमी से होता है।

23. ***(c)*** **:** कुत्ता 'कुत्ताघर' में रहता है।

24. ***(a)*** **:** स्पेन की राजधानी मैड्रिड है।

25. ***(d)*** **:** शेष सभी में दूसरा शब्द एक यंत्र हैं जिसे पहले द्वारा प्रयोग में लाया जाता है। लेखक का यंत्र 'कलम' होता है।

सांकेतिक भाषा परीक्षण (CODING AND DECODING)

भाग-I

कूटलेखन या 'कोडिंग' संवाद-संप्रेषण की एक प्रक्रिया है जिसमें एक गुप्त भाषा का प्रयोग वास्तविक तथ्यों शब्दों/मूल्यों की अभिव्यक्ति या प्रस्तुतिकरण को एक ऐसी भाषा में परिवर्तित करने के लिए किया जाता है जिसे संवाद के प्रेषक और प्राप्तकर्ता के अतिरिक्त कोई तीसरा व्यक्ति समझ न सके। कूटभाषा में लिखने के लिए *(i)* शब्दों के अक्षरों के स्थान पर वर्णमाला के सीधे उलटे क्रम में एक या एकाधिक स्थान आगे या पीछे के अक्षरों को लिखा जाता है; *(ii)* अक्षरों के स्थान पर संख्याओं को या संख्याओं के स्थान पर अक्षरों को लिखा जाता है; *(iii)* दिए गए शब्द के कुछ या सभी अक्षरों को उलटे क्रम में लिखा जाता है; और *(iv)* शब्द के अक्षरों के स्थान पर वर्णमाला के उलटे क्रम में समस्थानिक अक्षरों को लिखा जाता है।

वर्णमाला को सीधे क्रम में लिखने पर प्राप्त शृंखला :

A B C D E F G H I J K L M N O P Q R S T U V W X Y Z

A	E	J	O	T	Z
↓	↓	↓	↓	↓	↓
प्रथम अक्षर	पांचवां अक्षर	दसवां अक्षर	पंद्रहवां अक्षर	बीसवां अक्षर	पच्चीसवां अक्षर

वर्णमाला को उलटे क्रम में लिखने पर प्राप्त शृंखला :

Z Y X W V U T S R Q P O N M L K J I H G F E D C B A

Z	V	Q	L	G	B
↓	↓	↓	↓	↓	↓
प्रथम अक्षर	पांचवां अक्षर	दसवां अक्षर	पंद्रहवां अक्षर	बीसवां अक्षर	पच्चीसवां अक्षर

टिप्पणी: Z पर पहुंचने के पश्चात् शृंखला A से पुनः शुरू होती है और A पर पहुंचने के पश्चात् शृंखला Z से पुनः शुरू होती है।

हल किए गए उदाहरण

1. यदि एक विशेष प्रकार की कूट भाषा में शब्द FACE को GBDF की तरह लिखा जाता हो तो इसी कूट भाषा में BADE को कैसे लिखा जाएगा?

(a) CBEF *(b)* CEBF *(c)* CFBE *(d)* CBFE

उत्तर *(a)* : शब्द के अक्षरों को वर्णमाला के सीधे क्रम में एक चरण आगे का अक्षर लिखकर कूटबद्ध किया गया है।

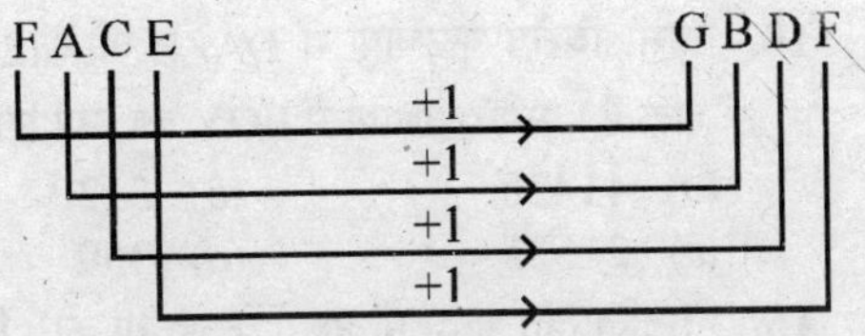

इसी प्रकार,

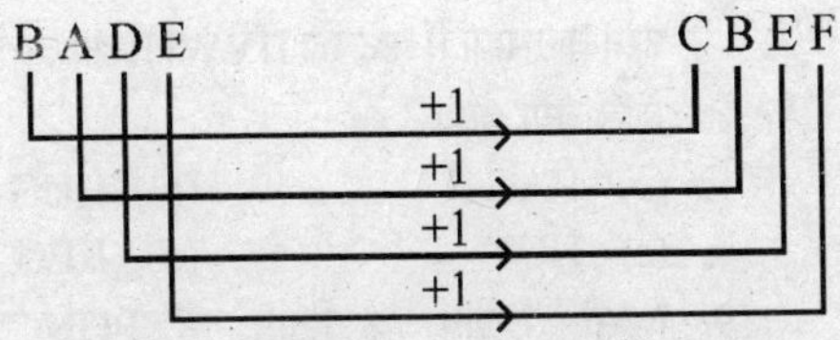

2. यदि किसी कूटभाषा में RESULT को 798206 लिखा गया हो तो उसी कूटभाषा में LET किस प्रकार लिखा जाएगा?

(*a*) 680 (*b*) 092 (*c*) 096 (*d*) 086

उत्तर (*c*) : अक्षरों को संख्याओं द्वारा कूटबद्ध किया गया है। दिए गए शब्द को कूटबद्ध करने के लिए संबंधित कूट संख्याएं ज्ञात करें।

R E S U L T → अक्षर
7 9 8 2 0 6 → कूट

अत: LET के लिए कूट संख्याएं निम्नवत् होगी :

L E T → अक्षर
0 9 6 → कूट

अभ्यास

निर्देश (प्र.सं. 1–20): *निम्नलिखित प्रश्नों में दिए गए शब्दों या अक्षरों के लिए इंगित कूटभाषा के शब्द या अक्षर ज्ञात करें।*

1. यदि किसी कूट भाषा में CHAIR को FKDLU के रूप में लिखा जाए तो उसी कूटभाषा में RAID शब्द को किस प्रकार लिखा जाएगा?

(*a*) ULGD (*b*) ULKG
(*c*) ULDG (*d*) UDLG

2. यदि किसी कूटभाषा में CONDEMN को CNODMEN लिखा जाता है तो उसी कूटभाषा में TEACHER को कैसे लिखा जाएगा?

(*a*) TEACHER (*b*) TAEECHR
(*c*) TCAEEHR (*d*) TAECEHR

3. किसी कूटभाषा में COME को XLNV और ABLE को ZYOV लिखा जाता है। इसी कूटभाषा में MOLLY किस प्रकार लिखा जाएगा?

(*a*) NLOBO (*b*) NLBOO
(*c*) LNOOB (*d*) NLOOB

4. यदि किसी कूटभाषा में ACTION को ZXGRLM लिखा जाता हो तो उसी कूटभाषा में HEALTH को कैसे लिखा जाएगा?

(*a*) SVZOGS
(*b*) TVZOGT
(*c*) RUZPGR
(*d*) QVGOZQ

5. यदि किसी विशेष कूटभाषा में EARTHQUAKE को MOGPENJOSM के रूप में लिखा जाता हो तो उसी कूटभाषा में EQUATE निम्नलिखित में से किस प्रकार लिखा जाएगा?

(*a*) MENOPM
(*b*) MENOMP
(*c*) MJOGPM
(*d*) MNJOPM

6. किसी विशेष सांकेतिक भाषा में COUNTRY शब्द को EMWLVPA के रूप में कूटबद्ध किया जाता है। इसी विशेष भाषा में ELECTORATE किस रूप में लिखा जाएगा?

(*a*) CJCEVQPYWC
(*b*) GJGERQTYVG
(*c*) CNCERQPCRG
(*d*) GJGAVMTYVC

7. यदि PHILOSOPHY को HPLISOPOYH लिखा जाता हो तो ORNAMENTAL कैसे लिखा जाएगा?

(*a*) ROANEMNTLA
(*b*) ONRAMNEALT
(*c*) ROANEMTNLA
(*d*) ROANEMNATL

8. यदि किसी कूटभाषा में लिखे गए शब्द OPFGBCST का अर्थवाचन NEAR के रूप में किया जाता हो तो

उसी कूटभाषा में कूटबद्ध IJVWHI का अर्थ निम्नलिखित में से क्या होगा ?

(*a*) HAG (*b*) HUG
(*c*) HUT (*d*) KEG

9. किसी विशेष कूटलिपि में PUNCTUAL को 16598623 के रूप में कूटबद्ध किया जाता है। इसी कूटलिपि में ACTUPULN निम्नलिखित में से किस प्रकार लिखा जाएगा ?

(*a*) 29861653 (*b*) 29861635
(*c*) 28916135 (*d*) 29851536

10. यदि OUT को 152120 के रूप में कूटबद्ध किया जाता हो तो इसी नियम का प्रयोग करके IN को निम्नलिखित में से कैसे लिखा जाएगा ?

(*a*) 1015 (*b*) 819
(*c*) 1813 (*d*) 914

11. यदि MUSK को 146816 लिखा जाए तो उसी कूट में ZERO को क्या लिखेंगे ?

(*a*) 113811 (*b*) 122912
(*c*) 15915 (*d*) 2651815

12. यदि BAD को 7 के रूप में और HIS को 9 के रूप में कूटबद्ध किया जाए तो LOW निम्नलिखित में से किसके द्वारा सूचित किया जाएगा ?

(*a*) 50 (*b*) 8
(*c*) 23 (*d*) 5

13. यदि 341782 का कूटवाचन MONKEY और 0596 का कूटवाचन RAGS के रूप में किया जाता हो, तो इसी कूटभाषा में 75195044 का क्या अर्थ होगा ?

(*a*) KANGAROO
(*b*) PALMANTT
(*c*) HANGAMEE
(*d*) KARNAGOO

14. किसी विशेष कूटभाषा में REGISTRY को VAKEWPVU लिखा जाता है। इसी कूटभाषा में ENTRY कैसे लिखा जाएगा ?

(*a*) IJXNC
(*b*) ARPVW
(*c*) ARPVU
(*d*) IJXMC

15. किसी विशेष कूटभाषा में DAZE को 41265 लिखा जाता है। इसी कूटभाषा में BOY को क्या लिखेंगे ?

(*a*) 41425 (*b*) 5120
(*c*) 21525 (*d*) 359

16. निम्नलिखित शब्दों में अक्षरों के संख्या कोड दिए गए हैं : BRAIN–12345, GRADE–72308, DRAIN–02345, STATE–78388। इन शब्दों में 'D' के लिए किस संख्या कोड का प्रयोग किया गया है ?

(*a*) 3 (*b*) 2
(*c*) 0 (*d*) 4

17. किसी विशेष कूटभाषा में TODAY को 45738, WROTE को 10542, DATE को 7342 और DIRTH को 79046 लिखा जाता हो, तो कूट '5' से निम्नलिखित में से कौन-सा अक्षर निरूपित होगा ?

(*a*) D (*b*) R
(*c*) O (*d*) T

18. किसी विशिष्ट कूटभाषा में कुछ शब्दों को निम्नवत् कूटबद्ध किया गया है : ACTION–014853, FORCE–25916, REGAIN–967083। उपर्युक्त कूटभाषा में संख्या '7' का प्रयोग किस अक्षर के लिए किया गया है ?

(*a*) A (*b*) N
(*c*) R (*d*) G

19. किसी कूटभाषा में कुछ शब्दों को निम्नवत् कूटबद्ध किया गया है :

BEAR–9218, DRUM–0863, PRY–485 और DOOR–7998.

उपर्युक्त कूटभाषा में 'R' के लिए किस संख्या कूट का प्रयोग किया गया है ?

(*a*) 9 (*b*) 3
(*c*) 8 (*d*) 4

20. यदि किसी कूटभाषा में EXAMINATION को 83690567045 लिखा गया हो तो इस कूटभाषा में 'N' और 'A' के लिए किन संख्या कूटों का प्रयोग किया गया है ?

(*a*) 7, 5 (*b*) 5, 6
(*c*) 6, 5 (*d*) 5, 7

व्याख्यात्मक उत्तर

1. (*d*) : शब्द को कूटबद्ध करने के लिए उसके अक्षरों से वर्ण-माला के क्रम में +3 चरण आगे के अक्षर लिए गए हैं।

CHAIR → FKDLU

C +3 → F, H +3 → K, A +3 → D, I +3 → L, R +3 → U

इसी प्रकार,

RAID → UDLG

R +3 → U, A +3 → D, I +3 → L, D +3 → G

2. (*d*) : इस शब्द में दूसरे और तीसरे अक्षर एक दूसरे के स्थान पर आ जाते हैं और पांचवे और छठे अक्षरों द्वारा भी इसी नियम का पालन किया जाता है। शेष अक्षरों का स्थान अपरिवर्तित रहता है।

CONDEMN → CNODMEN

इसी प्रकार,

TEACHER → TAECEHR

3. (*d*) : शब्द के अक्षरों को कूटबद्ध करने के लिए वर्णमाला के उलटे क्रम में समान स्थान वाले अक्षरों को लिया गया है।

C O M E → वर्णमाला के सीधे क्रम में अक्षर

X L N V → वर्णमाला के उलटे क्रम में समान स्थान वाले अक्षर

↓ ↓ ↓ ↓

3रा 15वां 13वां 5वां → वर्णमाला में अक्षरों का स्थान

A B L E → वर्णमाला के सीधे क्रम में अक्षर

Z Y O V → वर्णमाला के उलटे क्रम में समान स्थान वाले अक्षर

↓ ↓ ↓ ↓

1ला 2रा 12वां 5वां → वर्णमाला के अक्षरों का स्थान

इसी प्रकार,

M O L L Y → वर्णमाला के सीधे क्रम में अक्षर

N L O O B → वर्णमाला के उलटे क्रम में समान स्थान वाले अक्षर

↓ ↓ ↓ ↓ ↓

13वां 15वां 12वां 12वां 25वां → वर्णमाला में अक्षरों का स्थान

4. (*a*) : शब्द के अक्षरों को कूटबद्ध करने के लिए वर्णमाला के उलटे क्रम में समान स्थान वाले अक्षरों को लिया गया है।

A C T I O N → वर्णमाला के सीधे क्रम में अक्षर

Z X G R L M → वर्णमाला के उलटे क्रम में समान स्थान वाले अक्षर

↓ ↓ ↓ ↓ ↓ ↓

1ला 3रा 20वां 9वां 15वां 14वां → वर्णमाला में अक्षरों का स्थान

इसी प्रकार,

H E A L T H → वर्णमाला के क्रम में अक्षर

S V Z O G S → वर्णमाला के उलटे क्रम में समान स्थान वाले अक्षर

↓ ↓ ↓ ↓ ↓ ↓

8वां 5वां 1ला 12वां 20वां 8वां → वर्णमाला में अक्षरों का स्थान

5. (*d*) : EQUATE शब्द के अक्षर EARTHQUAKE शब्द से लिए गए हैं।

उत्तर कूट प्राप्त करने के लिए कूटबद्ध शब्द से अक्षरों का मिलान करें।

E A R T H Q U A K E → अक्षर
M O G P E N J O S M → कूट
E QUA T E→ कूटबद्ध किए जाने वाले अक्षर
M N J O PM→ उत्तर कूट

6. (*d*) : शब्द को कूटबद्ध करने के लिए शब्द के अक्षरों से वर्णमाला के क्रम में क्रमश: 2 चरण आगे और दो चरण पीछे के अक्षर लिए गए हैं।

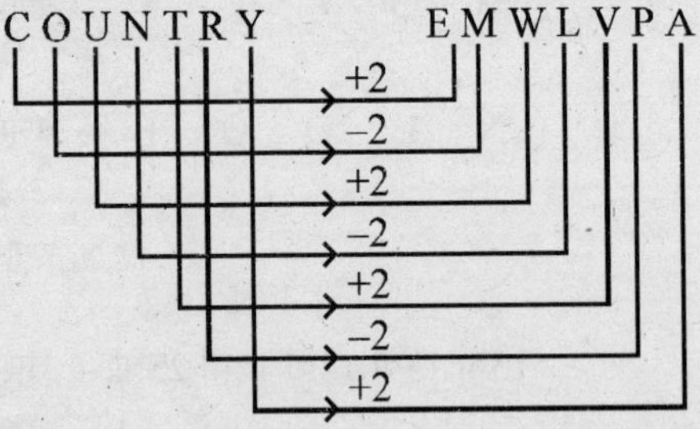

इसी प्रकार,

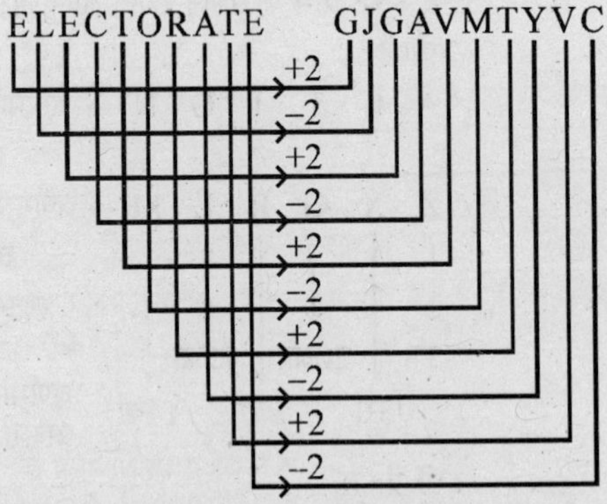

7. (*c*) : शब्द को कूटबद्ध करने के लिए उसके दो क्रमागत अक्षरों को एक दूसरे के स्थान पर लिखा जाता है।

इसी प्रकार,

8. (*b*) : कूटबद्ध शब्द का अर्थ-निर्वचन निम्नलिखित रूप में किया गया है :

↓ OP ↓ FG ↓ BC ↓ ST →कूट
N E A R →दिया गया शब्द

अत: कूटबद्ध शब्द का अर्थ-निर्वचन करने के लिए वर्णमाला के अनुक्रम में दो क्रमागत अक्षरों से पहले के अक्षर लिए जाते हैं।

इसी प्रकार,

↓ IJ ↓ VW ↓ HI → दिया गया शब्द
H U G → उत्तर शब्द

9. (*b*) : शब्द PUNCTUAL के अक्षरों को यादृच्छिक क्रम में लेकर ACTUPULN शब्द लिखा गया है।
इसी प्रकार संख्या कूट भी लिखा जाएगा

P U N C T U A L → दिया गया शब्द
1 6 5 9 8 6 2 3 → कूट

इसी प्रकार,

A C T U P U L N → कूटबद्ध किया जाने वाला शब्द
2 9 8 6 1 6 3 5→ उत्तर कोड

10. (*d*) : कूट लेखन के लिए प्रयोग में लाई गई संख्याएं वर्णमाला के सीधे क्रम (ABCD...) में अक्षरों के स्थान को सूचित करती है।

O U T → OUT
↓ ↓ ↓
15वां 21वां 20वां → 152120

इसी प्रकार,

I N → IN
↓ ↓
9वां 14वां → 914

11. (*b*) : कूट लेखन के लिए प्रयोग में लाई गई संख्याएं वर्णमाला के उलटे क्रम (ZYXW...) में अक्षरों के स्थान को सूचित करती हैं।

M U S K → MUSK
↓ ↓ ↓ ↓
14वां 6ठा 8वां 16वां → 146816

इसी प्रकार,

Z E R O → ZERO
↓ ↓ ↓ ↓
1ला 22वां 9वां 12वां → 122912

12. (*d*) : कूटलेखन के लिए प्रयुक्त संख्या वर्णमाला के सीधे क्रम में अक्षरों के स्थान को सूचित करने वाली संख्याओं के योग को सूचित करती है।

B A D
↓ ↓ ↓
2रा 1ला 4था अर्थात् $2 + 1 + 4 = 7$

इसी प्रकार,

H I S
↓ ↓ ↓
8वां 9वां 19वां अर्थात् $8 + 9 + 19 = 36$
तथा, $3 + 6 = 9$

और,

L O W
↓ ↓ ↓
12वां 15वां 23वां अर्थात् $12 + 15 + 23 = 50$
तथा $5 + 0 = 5$

13. (*a*) : संख्याएं अक्षरों को निरूपित करती हैं, अत: उत्तर ज्ञात करने के लिए संगत अक्षरों का चयन करें।

3 4 1 7 8 2 0 5 9 6 → कूट
M O N K E Y R A G S → अक्षर

अत:,

7 5 1 9 5 0 4 4 → कूट
K A N G A R O O → उत्तर

14. (*a*) : शब्द को कूटबद्ध करने के लिए उसके अक्षरों से वर्णमाला के क्रम में बारी–बारी से 4 चरण आगे और 4 चरण पीछे के अक्षर लिए जाते हैं।

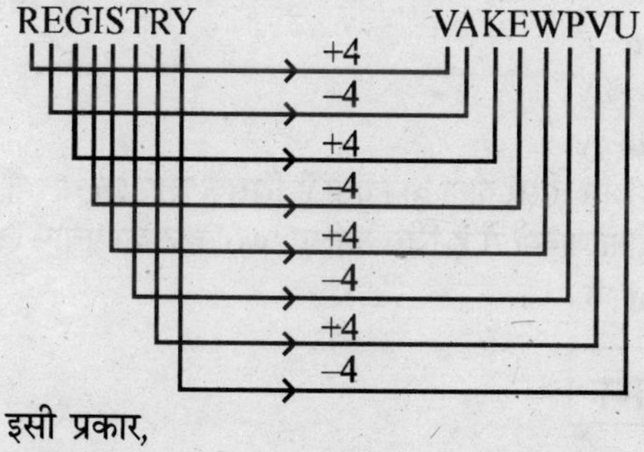

इसी प्रकार,

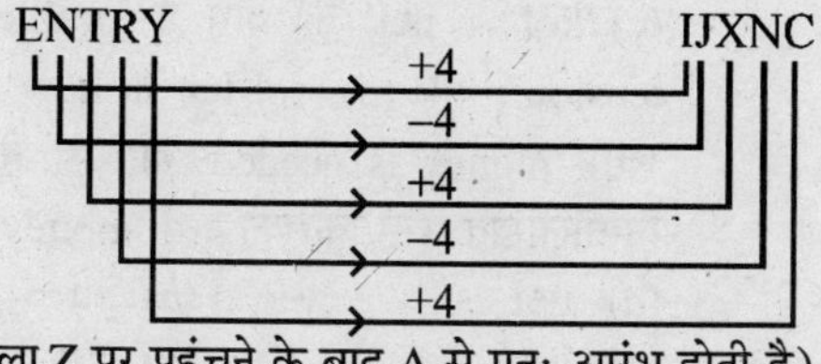

(शृंखला Z पर पहुंचने के बाद A से पुन: आरंभ होती है)

15. (*c*) : अक्षरों को वर्णमाला के सीधे क्रम में उनके स्थानों द्वारा कूटबद्ध किया गया है।

D A Z E → अक्षर
4 1 26 5 → वर्णमाला के सीधे क्रम में अक्षरों का स्थान

इसी प्रकार, B O Y → अक्षर
2 15 25 → वर्णमाला के सीधे क्रम में अक्षरों का स्थान

16. (*c*) : जिन शब्दों में D का अक्षर निहित है, वे शब्द हैं :

GRADE और DR A I N → अक्षर
7 2 3 0 8 0 2 3 4 5 → कूट

अत: यह स्पष्ट है कि 'D' का कूट '0' है।

17. (*c*) : कूटलेखन निम्नवत् किया गया है :

T O D A Y W R O T E D A T E D I R T H
4 5 7 3 8 1 0 5 4 2 7 3 4 2 7 9 0 4 6

TODAY और WROTE इन दोनों शब्दों में 5 की संख्या है और अक्षर 'O' भी। 'T' अक्षर (संख्या कूट 4) हमारा उत्तर नहीं हो सकता क्योंकि यह सभी चारों शब्दों में निहित है।

18. (*d*) : शब्दों को निम्नवत् कूटबद्ध किया गया है :

ACTION	→	014853
FORCE	→	25916
REGAIN	→	967083

संख्या 7 केवल REGAIN शब्द में ही निरूपित होती है। 'G' को छोड़कर इस शब्द के शेष सभी अक्षर अन्य दोनों शब्दों में दोहराए जाते हैं। अत: G का संख्या कोड 7 है।

19. (*c*) : शब्दों को निम्नवत् कूटबद्ध किया गया है :

BEAR	→	9218
DRUM	→	0863
PRY	→	485
DOOR	→	7998

R के लिए संख्या कूट 8 का प्रयोग हुआ है। R शब्द और संख्या कूट 8 सभी शब्दों में निहित है।

20. (*b*) : शब्द को निम्नवत् कूटबद्ध किया गया है :

E X A M I N A T I O N
8 3 6 9 0 5 6 7 0 4 5

अत: N के लिए संख्या कूट 5 और A के लिए संख्या कूट 6 का प्रयोग किया गया है।

भाग-II

कूट लेखन विभिन्न प्रकार से किया जाता है। कूटभाषा का प्रयोग न केवल शब्दों और संख्याओं के लिए किया जाता है बल्कि किसी शब्द-समूह, विवरण या कभी-कभी वाक्यों को भी कूटभाषा द्वारा संप्रेषित किया जाता है। इस प्रकार की कूटभाषा से भ्रम की स्थिति उत्पन्न हो सकती है किंतु कुछ प्रश्नों को हल कर लेने के बाद ऐसी कूटभाषा को समझना और हल करना अत्यंत सरल हो जाता है। इस प्रकार की कूटभाषा पर आधारित प्रश्नों को हल करने के लिए अक्षरों को गिनने या छोड़ने अथवा गणितीय परिकलनों की श्रमसाध्य प्रक्रिया को अपनाने की आवश्यकता नहीं होती बल्कि इनके लिए तेजी से मिलान करने या सादृश्यता स्थापित करने की क्षमता ही अपेक्षित होती है। कूट के रूप में अक्षरों या संख्याओं का प्रयोग किया जा सकता है।

हल किए गए उदाहरण

1. यदि किसी कूटभाषा में 'ra mei ket' का अर्थ है 'he is rich'; 'rui pha jeu' का अर्थ है 'run for money'; और 'pha rui ket' का अर्थ है 'money for rich' उस कूटभाषा में 'rich' के लिए निम्नलिखित में से किस कूट का प्रयोग किया गया है?

(*a*) ra (*b*) pha (*c*) ket (*d*) jeu

उत्तर (*c*) : दी गई जानकारी है :

कूट	वाक्य
1. ra mei *ket*	he is *rich*
2. rui pha jeu	run for money
3. pha rui *ket*	money for *rich*

कूटों और वाक्यों की तुलना करने पर यह स्पष्ट होता है कि वाक्य 1 और 3 दोनों में 'rich' शब्द है और दोनों ही वाक्यों में इसके लिए 'ket' शब्द का प्रयोग किया गया है।

2. यदि किसी कूटभाषा में 'ni ra ge' का अर्थ है 'who are you'; 'boi wo dur' का अर्थ है 'going far away'; और 'wo ge chi' का अर्थ है 'you went away' तो उस कूटभाषा में 'went' के लिए निम्नलिखित में से किस कूट का प्रयोग किया गया है?

(*a*) ra (*b*) chi (*c*) wo (*d*) boi

उत्तर (*b*) : दी गई सूचना है :

कूट	वाक्य
1. ni ra *ge*	who are *you*
2. boi *wo* dur	going far *away*
3. *wo ge* **chi**	*you* **went** *away*

'went' शब्द केवल तीसरे वाक्य में है। 'you' शब्द पहले और तीसरे दोनों वाक्यों में है जिसके लिए इन वाक्यों में 'ge' कूट का प्रयोग किया गया है। शब्द 'away' दूसरे और तीसरे दोनों वाक्यों में है जिसके लिए 'wo' कूट का प्रयोग किया गया है। एकमात्र 'chi' कूट ही ऐसा बचता है जिसका अर्थ 'went' है।

अभ्यास

निर्देश (प्र.सं. 1–13): *नीचे के प्रत्येक प्रश्न में कूटलेखन के पैटर्न को ध्यान से देखें और दिए गए विकल्पों में से सही उत्तर का चयन करें।*

1. यदि किसी कूटभाषा में (a) 'go ju mi' का अर्थ है 'plenty of money'; (b) pao ju go nei vu' का अर्थ है 'money creates lots of problems'; (c) 'kol vu nei' का अर्थ है 'problems create tension'; और (d) 'sol tun ju haw' का अर्थ है 'still money is needed' तो उस कूट भाषा में निम्नलिखित में से किसका अर्थ 'money' है?

(*a*) nei (*b*) ju
(*c*) haw (*d*) go

2. किसी कूटभाषा में (a) 'FOR' का अर्थ है 'old is gold'; (b) 'ROT' का अर्थ है 'gold is pure'; (c) 'ROM' का अर्थ है 'gold is costly'। इसी कूटभाषा में 'pure old gold is costly' कैसे लिखा जाएगा?

(*a*) TFROM (*b*) FOTRM
(*c*) FTORM (*d*) TOMRF

3. यदि किसी कूटभाषा में '415' का अर्थ है 'milk is hot'; '18' का अर्थ है 'hot soup'; और '895' का अर्थ है 'soup is tasty' तो उसी कूटभाषा में 'tasty' शब्द किस संख्या द्वारा निरूपित होगा?

(*a*) 9 (*b*) 8
(*c*) 5 (*d*) 4

4. यदि किसी कूटभाषा में '643' का अर्थ है 'she is beautiful', '593' का अर्थ है 'he is handsome', और '567' का अर्थ है 'handsome meets beautiful' तो उसी कूटभाषा में 'meets' शब्द निम्नलिखित में से किस संख्या द्वारा सूचित होगा?

(*a*) 5 (*b*) 3
(*c*) 7 (*d*) 6

5. किसी कूटभाषा में (a) 'dugo hui mul zo' का अर्थ है 'work is very hard'; (b) 'hui dugo ba ki' का अर्थ है 'Bingo is very smart'; (c) 'nano mul dugo' का अर्थ है 'cake is hard', और (d) 'mul ki qu' का अर्थ है 'smart and hard' इस कूट भाषा में 'Bingo' के लिए किस कूटशब्द का प्रयोग किया गया है?

(*a*) jalu (*b*) dugo
(*c*) ki (*d*) ba

6. किसी कूटभाषा में (a) 'pic vic nic' का अर्थ है 'winter is cold'; (b) 'to nic re' का अर्थ है 'summer is hot'; (c) 're pic boo' का अर्थ है 'winter and summer' और (d) 'vic tho pa' का अर्थ है 'nights are cold' इस कूटभाषा में 'summer' के लिए किस कूटशब्द का प्रयोग किया जाता है?

(*a*) nic (*b*) boo
(*c*) to (*d*) re

7. किसी कूटभाषा में (a) 'mx das sci' का अर्थ है 'good little frock'; (b) 'jm coz sci' का अर्थ है 'girl behaves good'; (c) 'ngv drs coz' का अर्थ है 'girl makes mischief'; और (d) 'das gp coz' का अर्थ है 'little girl fell' इस कूटभाषा में 'frock' के लिए किस कूट शब्द का प्रयोग किया गया है?

(*a*) mx (*b*) das
(*c*) sci (*d*) gp

8. किसी कूटभाषा में 'mu mit es' का अर्थ है 'who is she' और 'elb mu es' का अर्थ है 'where is she' इस कूटभाषा में 'where' के लिए किस कूटशब्द का प्रयोग किया जाता है?

(*a*) es (*b*) elb
(*c*) mu (*d*) mit

9. किसी कूटभाषा में '069' का अर्थ है 'grapes are sweet', '476' का अर्थ है 'very sweet fruit' और '509' का अर्थ है 'grapes are ripe'। इस कूटभाषा में निम्नलिखित में से किस अंक से 'ripe' शब्द सूचित होता है?

(*a*) 0 (*b*) 5
(*c*) 9 (*d*) 7

10. किसी कूटभाषा में 'roi ja kyo twa' का अर्थ है 'Moody is writing letters', 'pok ju ja twa' का अर्थ है 'Woody is writing cards', 'trn kyo pos un' का अर्थ है 'they are writing letters', और 'koi rus pok' का अर्थ है 'gifts and cards'। इसी कूटभाषा में 'Moody' के लिए किस कूटशब्द का प्रयोग किया गया है?

(*a*) ja (*b*) twa
(*c*) roi (*d*) kyo

11. किसी कूटभाषा में 'wre asi amoh kedo' का अर्थ है 'Polo is drinking tea', 'wre epu uki' का अर्थ है 'Polo buys books', और 'buen eld kedo' का अर्थ है 'Libbo drinks tea'। इस कूटभाषा में 'Polo' और 'tea' के लिए किस शब्द का प्रयोग किया गया है?

(*a*) kedo और wre (*b*) asi और buen
(*c*) wre और kedo (*d*) amoh और wre

12. किसी कूटभाषा में (i) 'juka lal mit sut' का अर्थ है 'Hello, how are you?'; (ii) 'mudi sut em nif' का अर्थ है 'Where are they going?'; (iii) 'hu zul met sut' का अर्थ है 'What are their names?'; और (iv) 'lal sut zul pe' का अर्थ है 'Are you going too?' उपर्युक्त कूटभाषा में 'are you' के लिए निम्नलिखित में से किस शब्द का प्रयोग किया गया है?

(*a*) sut mit (*b*) mudi sut
(*c*) juka nif (*d*) sut lal

13. किसी कूटभाषा में 'gri chri' का अर्थ है 'brand new', 'gyp twoh' का अर्थ है 'very old', 'gri bur twoh' का अर्थ है 'old and new' और 'chri deh gyp' का अर्थ है 'old brand car'। इस कूटभाषा में निम्नलिखित में से किसका अर्थ 'new car' है?

(*a*) chri gri (*b*) gri deh
(*c*) deh gyp (*d*) twoh deh

व्याख्यात्मक उत्तर

1. (*b*) :

कूट	वाक्य
1. go *ju* mi	plenty of *money*
2. pao *ju* go nei vu	*money* creates lots of problems
3. kol vu nei	problems create tension
4. sol tun *ju* haw	still *money* is needed

ऊपर के पहले, दूसरे और चौथे कूटों और संबंधित वाक्यों में 'ju' शब्द और उसके लिए 'money' शब्द लिखा गया है।

2. (*a*) :

कूट	वाक्य
1. FOR	old is gold

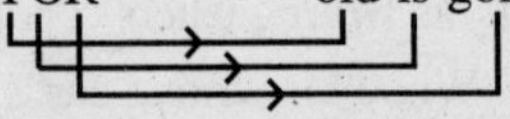

कूट	वाक्य
2. ROT	gold is pure

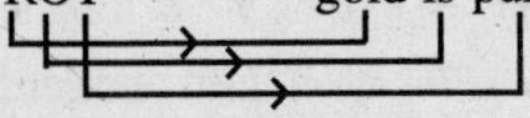

कूट	वाक्य
3. ROM	gold is costly

अतः,

F का अर्थ है old
O का अर्थ है is
R का अर्थ है gold
T का अर्थ है pure
M का अर्थ है costly

अत: 'pure old gold is costly' को 'TFROM' द्वारा व्यक्त किया जाएगा।

3. (*a*) :

कूट	वाक्य
1. 415	milk is hot
2. 18	hot soup
3. 895	soup is *tasty*

तीसरे कूट और उससे संबंधित वाक्य में दी गई न तो संख्या '9' और न ही शब्द 'tasty' को किसी अन्य कूट और वाक्य में दोहराया गया है।

4. (*c*) :

कूट	वाक्य
1. 643	she is beautiful
2. 593	he is handsome
3. 567	handsome *meets* beautiful

तीसरे कूट और उससे संबंधित वाक्य में दी गई न तो संख्या '7' और न ही शब्द 'meets' को किसी अन्य कूट और वाक्य में दोहराया गया है।

5. (*d*) :

कूट	वाक्य
1. *dugo hui* mul zo	work *is very* hard
2. *hui dugo* **ba** *ki*	**Bingo** *is very smart*
3. nano mul *dugo*	cake is *hard*
4. mul *ki* qu	*smart* and hard

दूसरे कूट और संबंधित वाक्य में निहित न तो 'ba' और न ही अर्थ शब्द 'Bingo' की पुनरावृत्ति होती है।

(जिन शब्दों की पुनरावृत्ति होती है उन्हें तिरछे अक्षरों में लिखा गया है)

6. (*d*) :

कूट	वाक्य
1. pic vic nic	winter is cold
2. to nic *re*	*summer* is hot
3. *re* pic boo	winter and *summer*
4. vic tho pa	nights are cold

शब्द 'summer' और कूट 're' की दूसरे और तीसरे वाक्यों में पुनरावृत्ति होती है।

7. (*a*) :

कूट	वाक्य
1. **mx** *das sci*	*good little* **frock**
2. jm coz *sci*	girl behaves *good*
3. ngv drs coz	girl makes mischief
4. *das* gp coz	*little* girl fell

शब्द 'frock' केवल पहले वाक्य में है। कूट शब्द 'das' को चौथे वाक्य में और 'sci' को दूसरे वाक्य में दोहराया गया है। अत: स्पष्ट है कि 'frock' के लिए कूट शब्द 'mx' का प्रयोग किया गया है।

8. (b) :

कूट	वाक्य
1. *mu* mit *es*	who *is she*
2. **elb** *mu* es	**where** *is she*

कूट शब्दों 'mu' और 'es' को दोनों वाक्यों में दोहराया गया है। केवल कूट शब्द 'elb' ही बचता है जिसका अर्थ 'where' है।

9. (b) :

कूट	वाक्य
1. 069	*grapes are* sweet
2. 476	very sweet fruit
3. **5**09	*grapes are* **ripe**

पहले और तीसरे वाक्यों में कूट संख्याओं '0' और '9' की पुनरावृत्ति होती है। अत: स्पष्ट है कि शेष कूट संख्या '5' का ही 'ripe' के लिए प्रयोग किया गया है।

10. (c) :

कूट	वाक्य
1. **roi** *ja kyo twa*	**Moody** *is writing letters*
2. pok ju *ja twa*	Woody *is writing* cards
3. trn *kyo* pos un	they are writing *letters*
4. koi rus pok	gifts and cards

'Moody' शब्द केवल पहले वाक्य में है। पहले वाक्य के कूट शब्दों 'ja' और 'twa' की दूसरे वाक्य में पुनरावृत्ति होती है और 'kyo' की तीसरे वाक्य में पुनरावृत्ति होती है। केवल कूट शब्द 'roi' ही बचता है जिसका अर्थ 'Moody' है।

11. (c) :

कूट	वाक्य
1. *wre* asi amoh **kedo**	*Polo* is drinking **tea**
2. *wre* epu uki	*Polo* buys books
3. buen eld **kedo**	Libbo drinks **tea**

'Polo' शब्द और 'wre' कूट शब्द पहले और दूसरे दोनों वाक्यों और कूटों में हैं। शब्द 'tea' पहले और तीसरे वाक्यों में है और साथ ही कूट शब्द 'kedo' भी।

12. (d) :

कूट	वाक्य
1. juka *lal* mit **sut**	hello, how **are** *you*?
2. mudi **sut** em nif	where **are** they going?
3. hu zul met **sut**	what **are** their names?
4. *lal* **sut** zul pe	**are** *you* going too?

शब्द 'are' सभी चारों वाक्यों में है और इसी प्रकार कूट शब्द 'sut' भी सभी चारों कूट वाक्यों में है। शब्द 'you' का प्रयोग पहले और चौथे वाक्यों में होता है और उसके साथ ही कूट शब्द 'lal' भी पहले और चौथे वाक्यों में उपस्थित है।

13. (b):

कूट	वाक्य
1. **gri** chri	brand **new**
2. gyp twoh	very old
3. **gri** bur twoh	old and **new**
4. chri *deh* gyp	old brand *car*

शब्द 'new' पहले और तीसरे वाक्यों में उपस्थित है और उसके साथ ही कूट शब्द 'gri' इन दोनों वाक्यों के संगत कूट वाक्यों में उपस्थित है। शब्द 'car' केवल चौथे वाक्य में है और कूट शब्द 'deh' की किसी अन्य वाक्य में पुनरावृत्ति नहीं होती है।

भाग-III

एक अन्य प्रकार के कूट लेखन में किसी शब्द को कूट नाम दिए जाते हैं जिन्हें आगे भी कूटबद्ध किया जाता है। इस पैटर्न पर आधारित प्रश्न अर्थहीन प्रतीत हो सकते हैं किंतु कूट यथार्थता की बुनियादी बातों से हट कर नहीं होने चाहिए।

हल किए गए उदाहरण

1. यदि किसी कूट भाषा में 'केला' को 'जेली' कहा जाए, 'जेली' को 'हरा' कहा जाए, 'हरा' को 'सेब' कहा जाए, 'सेब' को 'आम' कहा जाए तो उसी कूटभाषा में पत्ते के रंग को क्या कहेंगे?

(*a*) हरा (*b*) आम (*c*) सेब (*d*) केला

उत्तर (c) : पत्ता हरे रंग का होता है और प्रश्न में उल्लिखित कूटों के अनुसार 'हरा' को 'सेब' कहा जाता है।

2. यदि 'धूसर' को 'भूरा', 'सफेद' को 'गुलाबी', 'लाल' को 'धूसर', 'काला' को 'लाल' और 'भूरा' को 'सफेद' कहा जाए तो 'कोयला' किस रंग का है?

(*a*) भूरा (*b*) सफेद (*c*) काला (*d*) लाल

उत्तर (*d*) : 'कोयला' काले रंग का होता है और प्रश्न में दिए गए कूटों के अनुसार 'काला' को 'लाल' कहा जाता है।

अभ्यास

निर्देश (प्र.सं. 1–13): *प्रत्येक प्रश्न में दी गई कूटबद्ध सूचना को अच्छी तरह समझें और दिए गए विकल्पों में से सही उत्तर का चयन करें।*

1. यदि किसी कूटभाषा में 'पानी' को 'नीला', 'नीला' को 'लाल', 'लाल' को 'सफेद', 'सफेद' को 'आकाश', 'आकाश' को 'वर्षा', 'वर्षा' को 'हरा', 'हरा' को 'हवा' और 'हवा' को 'मेज' कहा जाए, तो इस कूटभाषा में दूध के रंग को क्या कहेंगे?

(*a*) सफेद (*b*) वर्षा
(*c*) आकाश (*d*) हरा

2. यदि किसी कूटभाषा में 'प्रकाश' को 'अंधकार', 'अंधकार' को 'हरा', 'हरा' को 'नीला', 'नीला' को 'लाल', 'लाल' को 'सफेद' और 'सफेद' को 'पीला' कहा जाता हो तो इस कूटभाषा में रक्त का रंग क्या कहलाएगा?

(*a*) लाल (*b*) अंधकार
(*c*) सफेद (*d*) पीला

3. यदि किसी कूटभाषा में 'आकाश' को 'समुद्र', 'समुद्र' को 'पानी', 'पानी' को 'हवा', 'हवा' को 'बादल' और 'बादल' को 'नदी' कहा जाता हो तो प्यास लगने पर इस कूटभाषा में पीने के लिए किस चीज की मांग करेंगे?

(*a*) आकाश (*b*) हवा
(*c*) पानी (*d*) समुद्र

4. यदि किसी कूटभाषा में 'पीला' का अर्थ 'लाल', 'सफेद' का अर्थ 'हरा', 'लाल' का अर्थ 'नारंगी', 'नीला' का अर्थ 'सफेद' और 'हरा' का अर्थ 'नीला' हो तो उस कूटभाषा में आकाश का रंग क्या है?

(*a*) सफेद (*b*) हरा
(*c*) नीला (*d*) पीला

5. यदि किसी कूटभाषा में 'घर' को 'झोपड़ी', 'झोपड़ी' को 'नहर', 'नहर' को 'स्कूल', 'स्कूल' को 'मैदान', 'मैदान' को 'सुराही' और 'सुराही' को 'तार' कहा जाए तो इस कूटभाषा में छात्रों के पढ़ने की जगह को क्या कहेंगे?

(*a*) मैदान (*b*) सुराही
(*c*) झोपड़ी (*d*) स्कूल

6. यदि किसी कूटभाषा में 'बिल्ली' को 'घोड़ा', 'घोड़ा' को 'चूहा', 'कुत्ता' को 'खरगोश', 'खरगोश' को 'बिल्ली', 'चूहा' को 'कुत्ता' और 'शेर' को 'चींटी' कहा जाए तो इस कूटभाषा मे प्रयुक्त कूटों के आधार पर भौंकने वाले पशु को क्या कहेंगे?

(*a*) कुत्ता (*b*) बिल्ली
(*c*) शेर (*d*) खरगोश

7. यदि 'भूमि' को 'झील', 'झील' को 'पत्थर', 'पत्थर' को 'भारी', 'भारी' को 'स्टेडियम', 'स्टेडियम' को 'महासागर', 'महासागर' को 'वर्षा' और 'वर्षा' को 'आग' कहा जाए तो क्रिकेट के टेस्ट मैच खेले जाने वाले स्थान क्या कहलाते हैं?

(*a*) भारी (*b*) महासागर
(*c*) पत्थर (*d*) भूमि

8. यदि किसी कूटभाषा में 'चिड़िया' को 'राजा', 'राजा' को 'फूल', 'फूल' को 'घन', 'घन' को 'मेज', 'मेज' को 'मनुष्य' और 'मनुष्य' को 'चिड़िया' कहा जाए तो इस कूटभाषा में 'गुलाब' क्या है?

(*a*) मेज (*b*) फूल
(*c*) घन (*d*) मनुष्य

9. यदि किसी कूटभाषा में 'पानी' को 'पत्थर', 'पत्थर' को 'तेल', 'तेल' को 'हवा', 'हवा' को 'लकड़ी', 'लकड़ी' को 'गैस' और 'गैस' को 'द्रव' कहा जाए तो इस कूटभाषा में फर्नीचर किस चीज से बनता है?

(*a*) गैस (*b*) हवा
(*c*) तेल (*d*) द्रव

10. यदि किसी कूटभाषा में 'पिंजड़ा' को 'रॉकेट', 'रॉकेट' को 'फंदा', 'फंदा' को 'ग्रह', 'ग्रह' को 'हवाई जहाज', 'हवाई जहाज' को 'साइकिल' और 'साइकिल' को 'कार' कहा जाए तो इस कूटभाषा में पृथ्वी को क्या कहेंगे?

(*a*) साइकिल (*b*) रॉकेट

(*c*) ग्रह (*d*) हवाई जहाज

11. यदि किसी कूटभाषा में 'लाल' को 'हवा', 'हवा' को 'काला', 'काला' को 'आकाश', 'आकाश' को 'नीला', 'नीला' को 'पवन' और 'पवन' को सफेद कहा जाए तो, इस कूटभाषा में चिड़िया कहां उड़ती हैं?

(*a*) हवा (*b*) आकाश

(*c*) नीला (*d*) पवन

12. यदि किसी कूटभाषा में 'अंधकार' को 'साफ', 'साफ' को 'पवन', 'पवन' को 'प्रकाश', 'प्रकाश' को 'धुंधला', 'धुंधला' को 'भूरा', 'भूरा' को 'भारी' और 'भारी' को 'चमकीला' कहा जाए, तो इस कूटभाषा में बालू के रंग को क्या कहेंगे?

(*a*) धुंधला (*b*) चमकीला

(*c*) प्रकाश (*d*) भारी

13. यदि किसी कूटभाषा में 'नारंगी' को 'राख', 'राख' को 'लाल', 'लाल' को 'नीला', 'नीला' को 'भूरा', 'भूरा' को 'काला', 'काला' को 'सफेद' और 'सफेद' को 'पीला' कहा जाए तो इस कूटभाषा में पेड़ के तने के रंग को क्या कहेंगे?

(*a*) काला (*b*) भूरा

(*c*) नीला (*d*) सफेद

व्याख्यात्मक उत्तर

1. (*c*) : दूध का रंग 'सफेद' होता है और इस कूटभाषा में 'सफेद' को 'आकाश' कहते हैं।

2. (*c*) : रक्त का रंग 'लाल' होता है और इस कूटभाषा में 'लाल' को 'सफेद' कहते हैं।

3. (*b*) : प्यास लगने पर हम 'पानी' पीते हैं और इस कूटभाषा में 'पानी' को 'हवा' कहते हैं।

4. (*a*) : आकाश का रंग 'नीला' होता है और नीला का अर्थ 'सफेद' है।

5. (*a*) : छात्र 'स्कूल' में पढ़ते हैं और 'स्कूल' को इस कूटभाषा में 'मैदान' कहा जाता है।

6. (*d*) : भौंकने वाला पशु 'कुत्ता' है और 'कुत्ता' को इस कूटभाषा में 'खरगोश' कहते हैं।

7. (*b*) : टैस्ट मैच 'स्टेडियम' में खेले जाते हैं और 'स्टेडियम' को इस कूटभाषा में 'महासागर' कहा जाता है।

8. (*c*) : गुलाब एक 'फूल' है और 'फूल' को इस कूटभाषा में 'घन' कहा जाता है।

9. (*a*) : फर्नीचर 'लकड़ी' से बनता है और 'लकड़ी' को इस कूटभाषा में गैस कहते हैं।

10. (*d*) : पृथ्वी एक 'ग्रह' है 'ग्रह' को इस कूटभाषा में हवाई जहाज कहते हैं।

11. (*c*) : चिड़िया 'आकाश' में उड़ती है और 'आकाश' को इस कूटभाषा में 'नीला' कहते हैं।

12. (*d*) : बालू का रंग 'भूरा' होता है और 'भूरा' को इस कूटभाषा में 'भारी' कहते हैं।

13. (*a*) : पेड़ के तने का रंग 'भूरा' होता है और 'भूरा' को इस कूटभाषा में 'काला' कहते हैं।

कथन विश्लेषण

(STATEMENT ANALYSIS)

तर्कबुद्धि परीक्षण से संबंधित इस प्रकार के प्रश्नों में कुछ कथन दिए जाते हैं। इन कथनों में कतिपय तथ्यों को अलग-अलग रूपों में तोड़-मरोड़ कर प्रस्तुत किया जाता है। ऐसे प्रश्नों को हल करने के लिए अभ्यर्थियों से यह अपेक्षा की जाती है कि वे दिए गए कथनों का विश्लेषण करें, दिए गए तथ्यों को सुव्यवस्थित और वर्गीकृत करें तथा तत्पश्चात् दिए गए कथनों से संबंधित प्रश्नों के उत्तर दें।

हल किए गए उदाहरण

1. आइसक्रीम बर्फ के समान ठंडा होता है। बर्फ ओले जितनी ठंडी नहीं होती। हिमकण बर्फ जितने ठंडे नहीं होते किंतु ये आइसक्रीम से अधिक ठंडे होते हैं। इनमें से सर्वाधिक ठंडा क्या है?

(*a*) ओला (*b*) आइसक्रीम (*c*) हिमकण (*d*) हिम

उत्तर (*a*) : ठंडक में वृद्धि को दर्शाने वाला क्रम है—आइसक्रीम, बर्फ, हिमकण, हिम, ओला।

2. नीचे दिए गए कथन को सावधानीपूर्वक पढ़ें और पूछे गए प्रश्नों (*i*) और (*ii*) के उत्तर दें :

पांच आदमी जिनमें से एक वजनी, दूसरा मोटा, तीसरा दुबला-पतला, चौथा नाटा और पांचवां लंबा है, एक दूसरे के पीछे दौड़ रहे हैं। वजनी और लंबे आदमियों में से एक तो कलाकार है और दूसरा बातुनी। दुबला-पतला आदमी जो बुद्धिमान भी है, बीच में दौड़ रहा है। नाटा आदमी काला नहीं है और गोरे रंग का आदमी दुबले-पतले आदमी से आगे दौड़ रहा है। वजनी आदमी जो कलाकार नहीं है, मोटे आदमी के सामने दौड़ रहा है।

(*i*) गोरा कौन है?

(*a*) लंबा आदमी (*b*) मोटा आदमी (*c*) नाटा आदमी (*d*) वजनी आदमी

उत्तर : (*b*)

(*ii*) लंबा आदमी क्या है?

(*a*) बुद्धिमान (*b*) बातुनी (*c*) कलाकार (*d*) काला

उत्तर : (*c*)

पांचों आदमियों के गुणों का चार्ट इस प्रकार है :

वजनी आदमी बातुनी है।
मोटा आदमी गोरा है।
दुबला-पतला आदमी बुद्धिमान है।
नाटा आदमी काला नहीं है।
लंबा आदमी कलाकार है।

अभ्यास

1. A, B, C, D और E पांच मित्र हैं जिनमें से A का वजन B से अधिक है, C का वजन D से कम है, B का वजन D से कम है किंतु E से अधिक है। इनमें से किसका वजन सबसे अधिक है?
   (*a*) B (*b*) C
   (*c*) A (*d*) कहा नहीं जा सकता
2. झांसी की तुलना में पुणे एक बड़ा शहर है, तथा चित्तौड़ की तुलना में सीतापुर एक बड़ा शहर है। रायगढ़ झांसी जितना बड़ा शहर नहीं है किंतु यह सीतापुर की तुलना में बड़ा शहर है। चित्तौड़ सीतापुर जितना बड़ा शहर नहीं है। इनमें से सबसे छोटा शहर कौन है?
   (*a*) झांसी (*b*) पुणे
   (*c*) चित्तौड़ (*d*) सीतापुर
3. राम के मुकाबले अजय अधिक काम करता है। आलोक और राजू दोनों एक जितना काम करते हैं। पंकज आलोक के मुकाबले कम काम करता है। राम आलोक के मुकाबले अधिक काम करता है। इनमें से सबसे अधिक काम कौन करता है?
   (*a*) अजय (*b*) राम
   (*c*) आलोक (*d*) राजू
4. विपुल, हंस से लंबा है। हंस, आनंद से लंबा है। आलोक, अशोक से लंबा है। अशोक, हंस से लंबा है। इन पांचों मित्रों से कौन सबसे अधिक लंबा है?
   (*a*) विपुल (*b*) आलोक
   (*c*) अशोक (*d*) कहा नहीं जा सकता
5. प्रमोद, गोपाल से लंबा है। गोपाल, मधु से कम लंबा है। यह जानने के लिए कि इनमें सबसे अधिक लंबा कौन है, निम्नलिखित में से कौन-सी अतिरिक्त जानकारी आवश्यक है?
   (*a*) मधु, गोपाल से लंबी है
   (*b*) मधु, प्रमोद के भाई से कम लंबी है
   (*c*) प्रमोद, मधु से लंबा है
   (*d*) प्रमोद, मधु के भाई से लंबा है
6. A की आयु B से अधिक है जबकि C और D की आयु E से अधिक है तथा E की आयु A और B की आयुओं के बीच है। यदि C की आयु B की तुलना में अधिक हो तो बताएं कि निम्नलिखित में से कौन-सा कथन अनिवार्यत: सत्य है?
   (*a*) E की आयु B से अधिक है
   (*b*) A की आयु C से अधिक है
   (*c*) C की आयु D से अधिक है
   (*d*) D की आयु C से अधिक है
7. विक्रम की लंबाई राजन से अधिक किंतु ऐनी से कम है। जमाल, ऐनी से अधिक लंबा है। सीता, विक्रम से अधिक लंबी है। राजन, सीता से कम लंबा है। इस समूह में सबसे कम लंबाई किसकी है?
   (*a*) सीता (*b*) राजन
   (*c*) विक्रम (*d*) कहा नहीं जा सकता
8. सुरेश की आयु कमल से उतनी ही अधिक है जितनी कि उसकी आयु प्रबोध से कम है। नवीन और कमल की आयु एक जैसी है। निम्नलिखित में से कौन-सा कथन असत्य है?
   (*a*) सुरेश की आयु नवीन से अधिक है
   (*b*) कमल की आयु सुरेश से कम है
   (*c*) प्रबोध सबसे अधिक आयु का नहीं है
   (*d*) नवीन की आयु प्रबोध से कम है
9. प्रमोद आयु में जयेश और सुधीर से बड़ा है। विकास, अनिल से छोटा है। इनमें किसकी आयु सब से अधिक है, यह जानने के लिए निम्नलिखित में से कौन-सी अतिरिक्त जानकारी अपेक्षित है?
   (*a*) सुधीर, जयेश से बड़ा है
   (*b*) अनिल, जयेश से बड़ा है
   (*c*) विकास, प्रमोद से बड़ा है
   (*d*) विकास, प्रमोद से छोटा है
10. पांच लड़कों में बसंत, मनोहर से लंबा है किंतु वह राजू जितना लंबा नहीं है। जयंत, दत्ता से लंबा है किंतु मनोहर से उसकी लंबाई कम है। इनमें सबसे अधिक लंबा लड़का कौन है?
    (*a*) राजू (*b*) मनोहर
    (*c*) बसंत (*d*) कहा नहीं जा सकता
11. A और D एक ही कक्षा में पढ़ते हैं। K और L एक ही कक्षा में पढ़ते हैं। D किस कक्षा में पढ़ता है? इस प्रश्न का उत्तर ज्ञात करने के लिए निम्नलिखित A और B कथनों में से किसमें दी गई सूचना आवश्यक है?
    A. D, L से एक कक्षा कम में पढ़ता है
    B. A का बड़ा भाई K के साथ पढ़ता है

(*a*) उपर्युक्त A और B दोनों में दी गई सूचनाएं पर्याप्त नहीं हैं
(*b*) उपर्युक्त A और B दोनों में दी गई सूचनाएं अपेक्षित हैं
(*c*) केवल A में दी गई सूचना पर्याप्त है
(*d*) केवल B में दी गई सूचना आवश्यक है

निर्देश (प्र.सं. 12 और 13): (A) गोपाल की लंबाई अशोक से कम किंतु केशव से अधिक है; (B) नवीन की लंबाई केशव से कम है; (C) जयेश की लंबाई नवीन से अधिक है; (D) अशोक की लंबाई जयेश से अधिक है।

12. इनमें सबसे अधिक लंबा कौन है?
(*a*) गोपाल (*b*) अशोक
(*c*) जयेश (*d*) नवीन

13. उपर्युक्त प्रश्न का उत्तर देने के लिए निम्नलिखित में से कौन-सी सूचना आवश्यक नहीं है?
(*a*) A (*b*) B
(*c*) C (*d*) D

निर्देश (प्र.सं. 14–16): *नीचे दिए गए कथन को ध्यानपूर्वक पढ़ें और इसमें दी गई सूचना के आधार पर प्रश्न संख्या 14 – 16 में पूछे गए प्रश्नों के उत्तर दें :*

रवि, हरी, मनु और जतिन चार मित्र हैं। इनमें से एक कानपुर में रहता है और उसे लिखने-पढ़ने का शौक है। हरी और जतिन लखनऊ में रहते हैं। हरी को डाक टिकटें एकत्रित करने का शौक है। लखनऊ में रहने वाले दोनों मित्रों में से प्रत्येक को सिक्के एकत्रित करने का शौक है। रवि इलाहाबाद में रहता है। लखनऊ में रहने वाला एक लड़का संगीत सुनना भी पंसद करता है। इलाहाबाद में रहने वाले लड़के को यात्रा करने और कॉमिक्स पढ़ने का शौक है। यदि सभी लड़कों में से प्रत्येक को दो शौक हों तो निम्नलिखित प्रश्नों के उत्तर दें :

14. कानपुर में कौन रहता है?
(*a*) जतिन (*b*) मनु
(*c*) रवि (*d*) हरी

15. सिक्के एकत्रित करने और संगीत सुनने का शौक निम्नलिखित में से किसे है?
(*a*) मनु (*b*) रवि
(*c*) हरी (*d*) जतिन

16. निम्नलिखित में से कौन-सा शौक रवि को नहीं है?
(*a*) कॉमिक्स पढ़ना (*b*) पढ़ना
(*c*) यात्रा करना (*d*) कहा नहीं जा सकता

निर्देश (प्र.सं. 17–19): *नीचे उल्लिखित कथन को ध्यानपूर्वक पढ़ें और पूछे गए प्रश्नों के उत्तर दें :*

एक समूह में A, B, C, D और E पांच व्यक्ति हैं। इनमें से दो पुरुष हैं। केवल तीन व्यक्ति तैरना जानते हैं जिनमें एक पुरुष है। इस समूह में एक विवाहित जोड़ा भी है जिसमें पति को तैरना आता है। A, D की छोटी बहन है और B, E का पति है। C तैराकी का चैम्पियन है।

17. समूह में अविवाहित पुरुष कौन है?
(*a*) C (*b*) B
(*c*) A (*d*) D

18. निम्नलिखित में से कौन-सी दो महिलाएं तैरना जानती हैं?
(*a*) A और C (*b*) C और D
(*c*) D और E (*d*) A और E

19. निम्नलिखित में से किन दो व्यक्तियों को तैरना नहीं आता?
(*a*) B और D (*b*) D और E
(*c*) A और E (*d*) A और D

निर्देश (प्र.सं. 20–24): *निम्नलिखित सूचना को ध्यानपूर्वक पढ़ें और पूछे गए प्रश्नों का उत्तर दें :*

(*i*) P, Q, R, S, T और U किसी परिवार के छह सदस्य हैं जिनमें से दो विवाहित जोड़े हैं।
(*ii*) T एक शिक्षक है और उसका विवाह एक डॉक्टर से हुआ है जो R और U की मां है।
(*iii*) Q एक वकील है और इसका विवाह P से हुआ है।
(*iv*) P का एक पुत्र और एक पोता है।
(*v*) दो विवाहित महिलाओं में से एक गृहिणी है।
(*vi*) परिवार में एक छात्र और एक इंजीनियर भी है जो पुरुष है।

20. निम्नलिखित में से कौन गृहिणी है?
(*a*) Q (*b*) P
(*c*) S (*d*) T

21. निम्नलिखित में से कौन-सा समूह परिवार की महिलाओं का है?
(*a*) QTR
(*b*) PSR
(*c*) PSU
(*d*) दी गई सूचना अपर्याप्त है

22. परिवार में पोती के बारे में निम्नलिखित में से कौन-सी सूचना सत्य है?
(*a*) वह एक छात्रा है
(*b*) वह एक इंजीनियर है
(*c*) वह एक वकील है
(*d*) दी गई सूचना अपर्याप्त है

23. R का U से क्या संबंध है?

(*a*) भाई (*b*) बहन

(*c*) भाई या बहन (*d*) सूचना अपर्याप्त है

24. P, R का कौन है?

(*a*) दादा (*b*) मां

(*c*) बहन (*d*) दादी

निर्देश (प्रश्न 25–29) : *निम्नलिखित सूचना का अध्ययन करें और पूछे गए प्रश्नों के उत्तर दें :*

(*i*) किसी शिक्षण संस्थान में A, B, C, D, E, F, G और H आठ संकाय सदस्य हैं जो अलग-अलग विषय पढ़ाते हैं।

(*ii*) इनमें तीन महिलाएं हैं और चार के पास पी.एच.डी. की उपाधि है।

(*iii*) E मनोविज्ञान पढ़ाता है और उसने पी.एच.डी. की उपाधि प्राप्त की है। A रसायनशास्त्र पढ़ाता है।

(*iv*) अर्थशास्त्र को पढ़ाने वाले संकाय सदस्य के पास पी.एच.डी. की उपाधि नहीं है। संकाय की कोई भी महिला सदस्य कॉमर्स या विधि विषय नहीं पढ़ाती। विधि संकाय पी.एच.डी. की उपाधि प्रदान नहीं करता।

(*v*) D और G में से कोई भी संकाय सदस्य वाणिज्य या भौतिक विज्ञान नहीं पढ़ाता।

(*vi*) H और C महिला सदस्य हैं और इनके पास पी.एच.डी. की उपाधि नहीं है। F को पी.एच.डी. की उपाधि प्राप्त है और वह प्राणिशास्त्र पढ़ाता है।

(*vii*) B और G के पास पी.एच.डी. की उपाधि है और G एक महिला सदस्य है।

25. निम्नलिखित में से किस महिला सदस्य को पी.एच.डी. की उपाधि प्राप्त है?

(*a*) G (*b*) C और D

(*c*) G और H (*d*) कहा नहीं जा सकता

26. निम्नलिखित में से कौन-सा बेमेल है?

(*a*) रसायनशास्त्र – पुरुष सदस्य – पी.एच.डी उपाधि प्राप्त

(*b*) प्राणिशास्त्र – पुरुष सदस्य – पी.एच.डी. की उपाधि प्राप्त

(*c*) भौतिक विज्ञान – महिला सदस्य – पी.एच.डी. की उपाधि प्राप्त

(*d*) अर्थशास्त्र – महिला सदस्य – पी.एच.डी. उपाधि प्राप्त नहीं की है

27. भौतिक विज्ञान कौन पढ़ाता है?

(*a*) C (*b*) H

(*c*) H या C (*d*) C या G

28. निम्नलिखित में से कौन-सा कथन सत्य है?

(*a*) तीन पुरुष सदस्यों को पी.एच.डी. की उपाधि प्राप्त है

(*b*) दो महिला सदस्यों को पी.एच.डी. की उपाधि प्राप्त है

(*c*) अर्थशास्त्र पढ़ाने वाले व्यक्ति के पास पी.एच.डी. की उपाधि नहीं है

(*d*) प्राणिशास्त्र पढ़ाने वाले व्यक्ति को पी.एच.डी. की उपाधि नहीं है

29. G द्वारा कौन-सा विषय पढ़ाया जाता है?

(*a*) प्राणिशास्त्र

(*b*) भौतिक विज्ञान या अर्थशास्त्र

(*c*) भौतिक विज्ञान या प्राणिशास्त्र

(*d*) कहा नहीं जा सकता

व्याख्यात्मक उत्तर

1. (*d*) : वजन के घटते क्रम में इन मित्रों को निम्नवत् श्रेणीबद्ध किया जा सकता है : A/D, B/C, E या A/D, B, C/E अत: इन मित्रों में से A या D का वजन सबसे अधिक है।

2. (*c*) : आकार के घटते क्रम में शहरों के नाम हैं : पुणे, झांसी, रायगढ़, सीतापुर, चित्तौड़।

3. (*a*) : इन व्यक्तियों के नामों का इनके द्वारा किए जाने वाले काम की मात्रा के घटते क्रम में निम्नलिखित अनुक्रम होगा : अजय, राम, आलोक/राजू, पंकज।

4. (*d*) : लंबाई के घटते क्रम में इन व्यक्तियों के नाम हैं : विपुल/आलोक, अशोक, हंस, आनंद। अत: विपुल या आलोक में से कोई एक सबसे अधिक लंबा है।

5. (*c*) : दी गई सूचना के अनुसार प्रमोद और मधु दोनों ही गोपाल से अधिक लंबे हैं। विकल्प (*c*) में दी गई जानकारी से ही यह पता चलता है कि सबसे अधिक लंबा कौन है।

6. (a) : आयु के घटते क्रम में इन व्यक्तियों को निम्नवत् विन्यस्त किया जा सकता है :
A/C/D, E, B.

7. (b) : लंबाई के घटते क्रम में इन व्यक्तियों को निम्नवत् विन्यस्त किया जा सकता है :
जमाल/सीमा, ऐनी, विक्रम, राजन
या
जमाल, सीता/ऐनी, विक्रम, राजन

8. (c) : आयु के घटते क्रम में इन व्यक्तियों को निम्नवत् विन्यस्त किया जा सकता है :
प्रबोध, सुरेश, कमल/नवीन

9. (c) : आयु के घटते क्रम में इन व्यक्तियों को निम्नवत् विन्यस्त किया जा सकता है :
1. प्रमोद, जयेश/सुधीर
और
2. अनिल, विकास
विकल्प (c) इन दोनों कथनों के बीच संबंध स्थापित करता है।

10. (a) : लंबाई के घट्ते क्रम में इन लड़कों को निम्नवत् विन्यस्त किया जा सकता है :
राजू, बसंत, मनोहर, जयंत, दत्ता

11. (a) : दोनों में से किसी भी कथन में उपयोगी सूचना नहीं दी गई है।

12. (b) : लंबाई के घटते क्रम में इन व्यक्तियों को निम्नवत् विन्यस्त किया जा सकता है :
अशोक, गोपाल/जयेश, केशव, नवीन
या
अशोक, गोपाल, केशव/जयेश, नवीन

13. (c) **14. (b)** **15. (d)** **16. (b)**

प्रश्न संख्या 17 से 19 तक के प्रश्नों के उत्तर के लिए सूचना चार्ट नीचे दिया गया है :

A. महिला (D की छोटी बहन) : तैराकी जानती है।
B. पुरुष (E का पति) : तैराकी जानता है।
C. महिला : तैराकी की चैम्पियन
D. पुरुष (A का भाई)
E. महिला (B की पत्नी)

विवाहित जोड़े B और E में से पति (B) तैराकी जानता है। C तैराकी की एक चैम्पियन है। तीन व्यक्ति तैरना जानते हैं जिनमें केवल B ही पुरुष है। अत: तैराकी जानने वाली दो महिलाएं C और A (D की छोटी बहन) हैं। पांच व्यक्तियों के इस समूह में दो पुरुष हैं जिनमें एक B है और दूसरा D होगा।

17. (d) **18. (a)** **19. (b)**

20. (b) : एक विवाहित महिला S जो R और U की मां है, डाक्टर है। Q एक वकील है और उसका विवाह P से हुआ है। दो विवाहित महिलाओं में से एक गृहिणी है। चूंकि Q वकील है, अत: इससे जिस महिला का विवाह हुआ है और जो गृहिणी है वह निश्चित रूप से P होगी।

21. (d) : R और U का लिंग नहीं बताया गया है।

22. (a) : P का पुत्र T है और एक पोता है जो R या U है जिसमें से कोई एक इंजीनियर है। अत: परिवार में पोती एक छात्रा है।

23. (c) : R और U का लिंग नहीं बताया गया है किंतु ये दोनों S के बच्चे हैं तथा R और U में से एक पुरुष इंजीनियर है, अत: R,U का भाई या बहन है।

24. (d)

प्रश्न संख्या 25 से 29 के उत्तर के लिए चार्ट

संकाय सदस्य	लिंग	पढ़ाए जाने वाले विषय	पी.एच.डी. की उपाधि प्राप्त या पी.एच.डी. की उपाधि प्राप्त नहीं
A	पुरुष	रसायनशास्त्र	पी.एच.डी. की उपाधि प्राप्त नहीं
B	पुरुष	वाणिज्य	पी.एच.डी. की उपाधि प्राप्त
C	महिला	भौतिक विज्ञान या अर्थशास्त्र	पी.एच.डी. की उपाधि प्राप्त नहीं
D	पुरुष	विधिशास्त्र	पी.एच.डी. की उपाधि प्राप्त नहीं
E	पुरुष	मनोविज्ञान	पी.एच.डी. की उपाधि प्राप्त
F	पुरुष	प्राणिशास्त्र	पी.एच.डी. की उपाधि प्राप्त
G	महिला	X	पी.एच.डी. की उपाधि प्राप्त
H	महिला	भौतिक विज्ञान या अर्थशास्त्र	पी.एच.डी. की उपाधि प्राप्त नहीं

25. (a) **26. (c)** **27. (c)** **28. (a)** **29. (d)**

स्थान व्यवस्थीकरण (PLACE ARRANGEMENT)

स्थान व्यवस्थीकरण का सामान्य अर्थ है दी गई सूचनाओं के आधार पर व्यक्तियों या वस्तुओं का स्थान-क्रम निर्धारित करना। इसके लिए आवश्यक है कि स्थान-क्रम को अच्छी तरह समझा जाए और तत्पश्चात् दिए गए प्रश्नों को उपलब्ध कराई गई सूचना के आधार पर हल करने का प्रयास किया जाए।

हल किए गए उदाहरण

1. पांच लड़के एक सीढ़ी पर चढ़ रहे हैं। सीढ़ी पर डेविड लड़कों के बीच में है। कार्तिक सबसे पीछे है। अनमोल नीतिन से आगे है जो अनमोल और डैनी दोनों के पीछे है। सीढ़ी पर सबसे आगे कौन है?

(*a*) डैनी (*b*) अनमोल

(*c*) डैनी या अनमोल (*d*) कहा नहीं जा सकता

उत्तर (*c*) : लड़कों के सीढ़ी पर चढ़ने का निम्नलिखित क्रम है :

डैनी		अनमोल
अनमोल		डैनी
डेविड	या	डेविड
नीतिन		नीतिन
कार्तिक		कार्तिक

अत: इस बात की पूर्ण संभावना है कि सीढ़ी पर सबसे आगे डैनी या अनमोल है।

2. पांच व्यक्ति किसी पंक्ति में एक दूसरे के पीछे चल रहे हैं। पंक्ति में सबसे आगे और सबसे पीछे चल रहे व्यक्तियों में एक व्यक्ति बुद्धिमान और दूसरा मूर्ख है। एक नाटे व्यक्ति के पीछे एक मजबूत कद काठी का व्यक्ति चल रहा है। मूर्ख व्यक्ति के सामने एक दुबला व्यक्ति चल रहा है। नाटा व्यक्ति बुद्धिमान व्यक्ति और मजबूत कद काठी के व्यक्ति के बीच में है। पंक्ति में बीचों-बीच कौन चल रहा है?

(*a*) नाटा व्यक्ति (*b*) मजबूत कद-काठी का व्यक्ति

(*c*) दुबला व्यक्ति (*d*) बुद्धिमान व्यक्ति

उत्तर (*b*) : पांचों व्यक्तियों का पंक्ति में स्थान-क्रम निम्नवत् है :

मूर्ख, दुबला व्यक्ति, मजबूत कद-काठी का व्यक्ति, नाटा व्यक्ति, बुद्धिमान व्यक्ति।

अभ्यास

निर्देश (प्र.सं. 1–10): *निम्नलिखित प्रश्नों में व्यवस्थीकरण के पैटर्न को समझें और तत्पश्चात् दिए गए विकल्पों में से सही उत्तर का चयन करें:*

1. पांच लड़के एक पंक्ति में बैठे हैं। रघु, श्याम या अमित की बगल में नहीं बैठा है। अजय, श्याम की बगल में नहीं बैठा है। रघु, मयंक की बगल में बैठा है। यदि मयंक पंक्ति में बीच में बैठा हो तो अजय निम्नलिखित में से किसकी बगल में बैठा है?

(*a*) अमित (*b*) रघु
(*c*) मयंक (*d*) श्याम

2. मिनी, रजनी के दाएं और अनंता के बाएं बैठी है। सत्या, मिनी के दाएं बैठी है किंतु वह जया के बाएं है। यदि सभी लड़कियां उत्तर दिशा की ओर मुंह किए बैठी हों तो इनमें से सबसे बाएं छोर पर कौन बैठी है?

(*a*) जया (*b*) मिनी
(*c*) रजनी (*d*) सत्या

3. किट्टू, मोहन और सोहन के बीच बैठा है। राजू, सोहन की बायीं ओर और श्याम, मोहन की दाहिनी ओर बैठा है। यदि ये सभी मित्र दक्षिण दिशा की ओर मुंह करके बैठे हों, तो सबसे दाहिने छोर पर कौन बैठा है?

(*a*) मोहन (*b*) सोहन
(*c*) किट्टू (*d*) श्याम

4. A, B, C, D और E एक दूसरे के पीछे दौड़ रहे हैं। C, E के निकट नहीं है और A, D के निकट नहीं है। B, A के पीछे है और E, D के निकट नहीं है। इनके बीच में कौन व्यक्ति है?

(*a*) B (*b*) E
(*c*) A (*d*) कहा नहीं जा सकता

5. O, P, Q, R, S और T एक बेंच पर अपनी लंबाई के घटते क्रम में खड़े हैं। P, O से अधिक लंबा है किंतु S से उसकी लंबाई कम है। केवल S ही T से अधिक लंबा है। R, P से कम लंबा है किंतु वह Q से अधिक लंबा है। इनमें किसकी लंबाई सबसे कम है?

(*a*) O (*b*) Q
(*c*) P (*d*) कहा नहीं जा सकता

6. छह मित्र एक गोल घेरे में बैठ कर ताश खेल रहे हैं। केनी, डैनी की बायीं ओर बैठा है। माइकल, बॉब और जॉन के बीच बैठा है। रॉजर, केनी और बॉब के बीच बैठा है। माइकल की दाहिनी ओर कौन बैठा है?

(*a*) डैनी (*b*) जॉन
(*c*) केनी (*d*) बॉब

7. चार लड़कियां A, B, C और D एक गोल घेरे में बैठी हैं। B और C का मुंह एक दूसरे की ओर है। निम्नलिखित कथनों में से कौन-सा निश्चित रूप से सत्य है?

(*a*) A, C की बायीं ओर बैठी है
(*b*) D, C की बायीं ओर बैठी है
(*c*) A और D एक दूसरे के आमने-सामने बैठी हैं
(*d*) A, B और C के बीच नहीं बैठी है

8. 10 पुस्तकों के एक ढेर में 3 पुस्तकें इतिहास की, 3 हिंदी की, 2 गणित की और 2 अंग्रेजी की पुस्तकें हैं। यदि ऊपर से देखा जाए तो इतिहास और गणित की एक-एक पुस्तकों के बीच अंग्रेजी की एक पुस्तक है, गणित और अंग्रेजी की एक-एक पुस्तकों के बीच इतिहास की एक पुस्तक है, अंग्रेजी और गणित की एक-एक पुस्तकों के बीच एक हिंदी की पुस्तक है, हिंदी की दो पुस्तकों के बीच गणित की एक पुस्तक है तथा गणित और इतिहास की एक-एक पुस्तकों के बीच हिंदी की दो पुस्तकें हैं। इस ढेर में किस विषय की पुस्तक ऊपर से छठे स्थान पर है?

(*a*) अंग्रेजी (*b*) हिंदी
(*c*) इतिहास (*d*) गणित

9. पांच व्यक्ति A, B, C, D और E एक पंक्ति में आपकी ओर मुंह करके इस प्रकार बैठे हैं कि D, C की बायीं ओर बैठा है और B, E की दाहिनी ओर बैठा है। A, C की दाहिनी ओर बैठा है और B, D की बायीं ओर बैठा है। यदि E कोने में बैठा हो तो बीच में कौन बैठा है?

(*a*) A (*b*) B
(*c*) C (*d*) D

10. छह मित्र A, B, C, D, E और F एक गोल घेरे में खड़े हैं। B, F और C के बीच में है, A, E और D के बीच में है, F, D की बायीं ओर है। A और F के बीच कौन है?

(*a*) C (*b*) B
(*c*) D (*d*) E

निर्देश (प्र.सं. 11–13): *नीचे दिए गए कथन को ध्यानपूर्वक पढ़ें और पूछे गए प्रश्नों के उत्तर दें :*

A, B, C, D और E एक पंक्ति में खड़े हैं। पंक्ति के एक छोर पर D और दूसरे छोर पर C है। B, E की दाहिनी ओर खड़ा है। A, C की बायीं ओर खड़ा है तथा E, D और B के बीच खड़ा है।

11. पंक्ति के बीच में कौन खड़ा है?

(*a*) E (*b*) D
(*c*) B (*d*) A

12. A निम्नलिखित में से किसके बीच खड़ा है?

(*a*) B और D (*b*) E और B
(*c*) C और E (*d*) B और C

13. B की दाहिनी ओर कौन खड़ा है?

(*a*) C (*b*) E
(*c*) A (*d*) D

निर्देश (प्र.सं. 14 और 15): *निम्नलिखित कथनों को सावधानी पूर्वक पढ़ें और पूछे गए प्रश्नों के उत्तर दें :*

एक शेल्फ में पांच कमीजें एक ढेर में एक के ऊपर एक रखी हुई हैं। इस ढेर में लाल कमीज नीली कमीज के ऊपर रखी गई है और हरे रंग की कमीज नारंगी रंग की कमीज के नीचे रखी गई है। नीली कमीज नारंगी रंग की कमीज के ऊपर तथा सफेद कमीज हरी कमीज के नीचे रखी गई है।

14. लाल और नारंगी रंग की कमीजों के बीच रखी कमीज किस रंग की है?

(*a*) सफेद रंग की (*b*) हरे रंग की
(*c*) नीले रंग की (*d*) आंकड़े अपर्याप्त हैं

15. सबसे नीचे किस रंग की कमीज है?

(*a*) लाल (*b*) सफेद
(*c*) नारंगी (*d*) कहा नहीं जा सकता

निर्देश (प्र.सं. 16–18): *निम्नलिखित प्रश्नों को ध्यानपूर्वक पढ़ें और पूछे गए प्रश्नों के उत्तर दें :*

(*i*) A, B, C, D और E एक पांच मंजिली इमारत में रहते हैं।
(*ii*) B और E भूतल पर नहीं रहते।
(*iii*) D, A से एक मंजिल ऊपर और C से एक मंजिल नीचे के तल पर रहता है
(*iv*) E सबसे ऊपर वाली मंजिल पर नहीं रहता।

16. D किस मंजिल पर रहता है?

(*a*) दूसरी (*b*) चौथी
(*c*) पांचवीं (*d*) पहली

17. इनमें से कितने व्यक्ति C से ऊपर वाली मंजिल पर रहते हैं?

(*a*) 3 (*b*) 2
(*c*) 4 (*d*) 1

18. उपर्युक्त दोनों प्रश्नों का उत्तर ज्ञात करने के लिए दिए गए चार कथनों में से किसे छोड़ा जा सकता है?

(*a*) केवल (*iv*) (*b*) केवल (*ii*) और (*iii*)
(*c*) कोई नहीं (*d*) केवल (*i*)

निर्देश (प्र.सं. 19 और 20): *निम्नलिखित सूचना को ध्यान से पढ़ें और नीचे पूछे गए प्रश्नों के उत्तर दें :*

(*i*) एक मेज पर एक के ऊपर एक मनोविज्ञान, हिंदी, अंग्रेजी, समाज विज्ञान, अर्थशास्त्र, शिक्षाशास्त्र और लेखाशास्त्र विषयों की सात पुस्तकें रखी हैं।
(*ii*) इनमें समाज विज्ञान की पुस्तक सभी पुस्तकों के ऊपर है।
(*iii*) लेखाशास्त्र की पुस्तक शिक्षाशास्त्र की पुस्तक के ठीक नीचे है जो समाज विज्ञान की पुस्तक के ठीक नीचे रखी गई है।
(*iv*) अर्थशास्त्र की पुस्तक मनोविज्ञान की पुस्तक के ठीक ऊपर किंतु सभी पुस्तकों के बीच में नहीं रखी गई है।
(*v*) हिंदी की पुस्तक मनोविज्ञान की पुस्तक के ठीक नीचे रखी गई है।

19. लेखाशास्त्र और हिंदी की पुस्तकों के बीच किन विषयों की तीन पुस्तकें रखी गई हैं?

(*a*) अर्थशास्त्र, मनोविज्ञान और हिंदी
(*b*) अर्थशास्त्र, मनोविज्ञान और शिक्षाशास्त्र
(*c*) अंग्रेजी, अर्थशास्त्र और मनोविज्ञान
(*d*) कहा नहीं जा सकता

20. अर्थशास्त्र की पुस्तक निम्नलिखित में से किन पुस्तकों के बीच रखी गई है?

(*a*) लेखाशास्त्र और शिक्षाशास्त्र
(*b*) मनोविज्ञान और हिंदी
(*c*) अंग्रेजी और मनोविज्ञान
(*d*) कहा नहीं जा सकता

निर्देश (प्र.सं. 21–25): *नीचे के कथनों को सावधानीपूर्वक पढ़ें और पूछे गए प्रश्नों के उत्तर दें :*

(*i*) P, Q, R, S, T और U को किसी एक तल पर दो पंक्तियों में स्थित छह फ्लैट जिनका मुख्य दरवाजा एक पंक्ति वाले

फ्लैटों का उत्तर की ओर और दूसरी पंक्ति वाले फ्लैटों का दक्षिण की ओर खुलता है, आवंटित किए जाते हैं।

(ii) Q के फ्लैट का मुख्य दरवाजा उत्तर दिशा में खुलता है और उसका फ्लैट S के बगल वाला फ्लैट नहीं है।

(iii) S और U के फ्लैट विकर्णतः सम्मुख फ्लैट हैं।

(iv) U के बगल में R को दक्षिण मुखी फ्लैट मिलता है और T के फ्लैट का मुख्य दरवाजा उत्तर दिशा में खुलता है।

21. निम्नलिखित में से किन व्यक्तियों को आवंटित फ्लैटों का मुख्य दरवाजा दक्षिण दिशा में खुलता है?

(*a*) URP (*b*) UPT
(*c*) QTS (*d*) सूचना अपर्याप्त है

22. SU को छोड़ अन्य किन व्यक्तियों को आवंटित फ्लैट विकर्णतः सम्मुख फ्लैट हैं?

(*a*) PT (*b*) QP
(*c*) QR (*d*) TS

23. Q और S को आवंटित फ्लैटों के बीच में किसका फ्लैट है?

(*a*) T (*b*) U
(*c*) R (*d*) P

24. यदि T और P अपने आवंटित फ्लैटों को आपस में बदल लें तो U के बगल में किसका फ्लैट होगा?

(*a*) Q (*b*) T
(*c*) P (*d*) R

25. उपर्युक्त प्रश्नों का उत्तर ज्ञात करने के लिए निम्नलिखित में से किन कथनों को छोड़ा जा सकता है?

(*a*) कोई नहीं (*b*) केवल (i)
(*c*) केवल (ii) (*d*) केवल (iii)

व्याख्यात्मक उत्तर

1. (*b*) : पांचों लड़कों के पंक्ति में बैठने का निम्नलिखित क्रम है:

अमित, श्याम, मयंक, अजय, रघु
या
अजय, रघु, मयंक, अमित, श्याम

2. (*c*) : इन सभी लड़कियों के बैठने का निम्नलिखित क्रम है:

रजनी, मिनी, अनंता, सत्या, जया
या
सत्या, जया, अनंता
या
सत्या, अनंता, जया

3. (*d*) : दक्षिण दिशा की ओर मुंह करके बैठने पर इन मित्रों के बैठने का निम्नलिखित क्रम होगा :

श्याम, मोहन, किट्टू, सोहन, राजू

4. (*a*) : दौड़ते समय ये व्यक्ति निम्नलिखित क्रम में एक दूसरे के पीछे होंगे :

E E
A A
B या B
C D
D C

5. (*d*) : लंबाई के घटते क्रम में ये व्यक्ति बेंच पर निम्नलिखित विन्यास में खड़े होंगे :

S S
T T
P या P
R R
O Q
Q O

इनमें या तो O या फिर Q सबसे छोटा है। दी गई सूचना उत्तर ज्ञात करने के लिए पर्याप्त नहीं है।

6. (*d*) : इन छह मित्रों के बैठने का निम्नलिखित क्रम है :

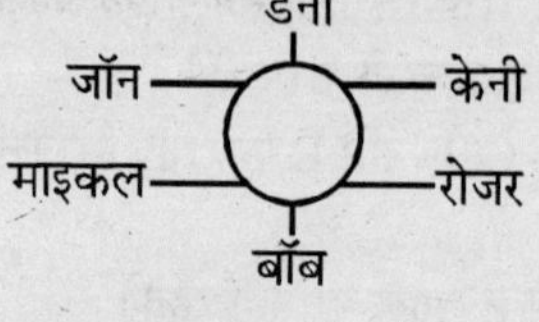

7. (*c*) : इन लड़कियों के बैठने का निम्नलिखित क्रम होगा :

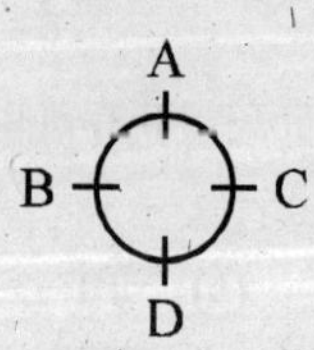

या

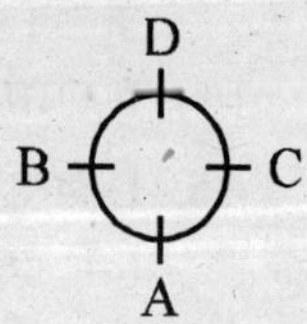

8. ***(b)*** **:** पुस्तकें निम्नलिखित विषय-क्रम में एक दूसरे के ऊपर रखी गई हैं :

पहला — इतिहास
अंग्रेजी
गणित
इतिहास
अंग्रेजी
छठा — हिंदी
गणित
हिंदी
हिंदी
दसवां — इतिहास

9. ***(d)*** **:** हमारी ओर मुंह किए बैठे इन व्यक्तियों का निम्नलिखित क्रम होगा :
A, C, D, B, E

10. ***(c)*** **:** ये मित्र निम्नलिखित क्रम में एक दूसरे की बगल में खड़े हैं

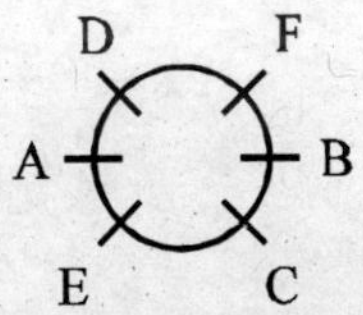

11. ***(c)*** **:** प्रश्न संख्या 16 से 18 के संदर्भ में बताए गए पांच व्यक्ति पंक्ति में निम्नलिखित क्रम में खड़े हैं :
D, E, B, A, C.

12. ***(d)*** **13.** ***(c)***

14. ***(c)*** **:** प्रश्न संख्या 14 और 15 के संदर्भ में शेल्फ में कमीजों को निम्नलिखित क्रम में रखा गया है :

लाल कमीज
नीली कमीज
नारंगी रंग की कमीज
हरे रंग की कमीज
सफेद कमीज

15. ***(b)***

प्रश्न संख्या 16 से 18 के संदर्भ में दी गई सूचना के अनुसार पांच मंजिली इमारत में A, B, C, D और E निम्नलिखित क्रम में रहते हैं :

B
E
C
D
A – भूतल

16. ***(d)*** **17.** ***(b)*** **18.** ***(c)***

19. ***(c)*** **:** पुस्तकें निम्नलिखित क्रम में एक दूसरे के ऊपर रखी गई हैं :

समाज विज्ञान
शिक्षाशास्त्र
लेखाशास्त्र
अंग्रेजी
अर्थशास्त्र
मनोविज्ञान
हिंदी

20. ***(c)***

प्रश्न संख्या 21 से 25 के संदर्भ में दिए गए कथनों के अनुसार आवंटित किए गए फ्लैटों की अवस्थिति निम्नवत् है :

Q T S ↑N इनका मुख्य दरवाजा उत्तर दिशा में खुलता है

U R P ↓S इनका मुख्य दरवाजा दक्षिण दिशा में खुलता है

21. ***(a)*** **22.** ***(b)*** **23.** ***(a)***

24. ***(d)*** **:** नई स्थिति निम्नवत् होगी :

Q P S ↑N उनका मुख्य दरवाजा उत्तर दिशा में खुलता है

U R T ↓S इनका मुख्य दरवाजा दक्षिण दिशा में खुलता है

25. ***(a)***

दिशा ज्ञान परीक्षण

(DIRECTION SENSE)

इस प्रकार के प्रश्न अभ्यर्थियों की सही दिशा-निर्देशों को समझने की योग्यता की जांच करने हेतु पूछे जाते हैं। ऐसे प्रश्न दिशा-चार्ट पर आधारित होते हैं :

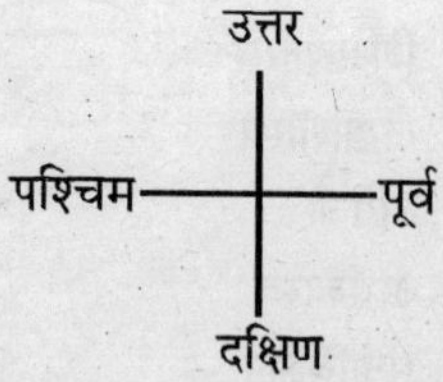

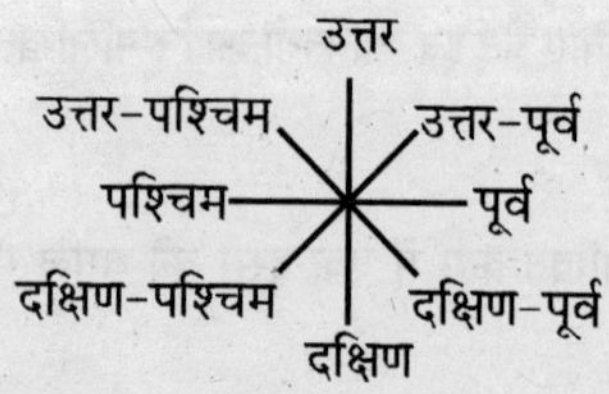

विभिन्न दिशाओं का बोध बाएं या दाएं मोड़ या कोणीय मोड़ों द्वारा निर्देशित होता है।

हल किए गए उदाहरण

1. एक व्यक्ति उत्तर दिशा में चल रहा है। वह दो बार दाहिने मुड़ता है और फिर चलने लगता है अब वह किस दिशा में चल रहा है ?

(*a*) उत्तर (*b*) दक्षिण (*c*) पूर्व (*d*) पश्चिम

उत्तर (*b*) :

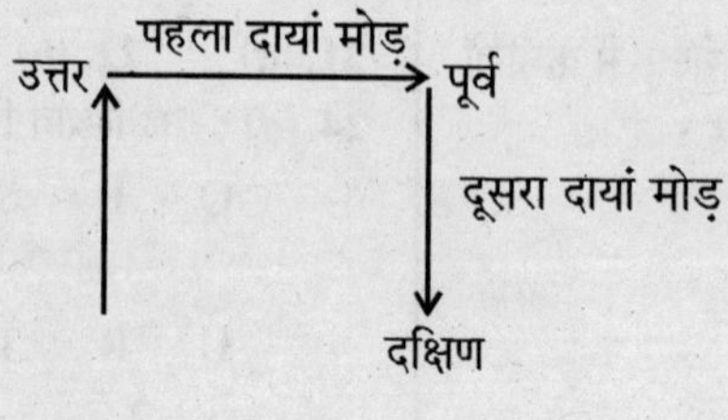

दिशा चार्ट का अनुसरण करने पर यह स्पष्ट होता है कि वह व्यक्ति अब दक्षिण दिशा में चल रहा है।

2. एक व्यक्ति पूर्व दिशा में चल रहा है। वह पहले 45° बाएं और तब 90° दाएं मुड़ता है। अब वह किस दिशा में चल रहा है ?

(*a*) उत्तर (*b*) उत्तर-पश्चिम (*c*) उत्तर-पूर्व (*d*) पश्चिम

उत्तर (*c*) :

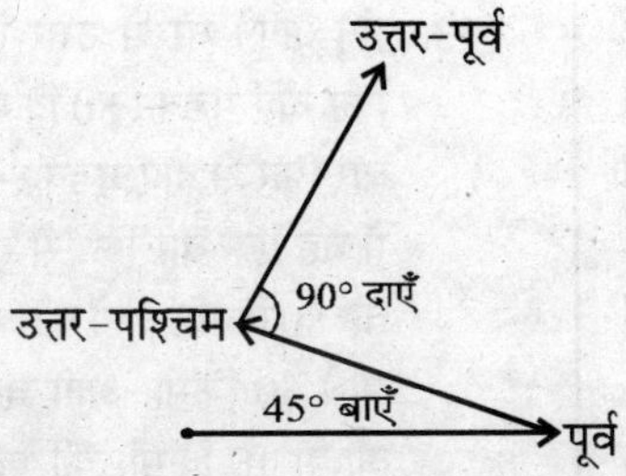

45° मोड़ का अर्थ है, सीधी दिशा न होकर दो दिशाओं के बीच में जाना। 90° मोड़ में भी दो दिशाएं शामिल हैं और व्यक्ति उत्तर-पश्चिम में न जाकर उत्तर-पूर्व दिशा में जाने लगता है।

एक दिशा को छोड़कर दूसरी दिशा में जाने पर व्यक्ति किस दिशा में गति कर रहा है, इसे जानने के लिए सही दिशा-निर्देशों को समझने की आवश्यकता है। साथ ही अभ्यर्थियों को कागज पर दिशा की जानकारी होना भी आवश्यक है। दिशा चार्ट की सहायता से दूरियों को भी सरलतापूर्वक मापा जा सकता है।

अभ्यास

निर्देश (प्र.सं. 1–25): *नीचे के प्रत्येक प्रश्न में सही दिशा/ दूरी दर्शाने के लिए दिए गए विकल्पों से सही उत्तर का चयन करें।*

1. किट्टू पहले पूर्व दिशा में चलता है और तब दक्षिण दिशा में चलता है। दक्षिण दिशा में कुछ दूरी तय करने के बाद वह पश्चिम दिशा में मुड़ जाता है और तब अपने बाएं मुड़ जाता है। अब वह किस दिशा में चल रहा है?

(*a*) उत्तर (*b*) दक्षिण
(*c*) पूर्व (*d*) पश्चिम

2. एक व्यक्ति पश्चिम दिशा में अपनी गाड़ी चला रहा है। वह दक्षिण दिशा में चले इसके लिए उसे निम्नलिखित में से कौन से मोड़ मुड़ने चाहिए?

(*a*) बायीं ओर, दायीं ओर, दायीं ओर
(*b*) दायीं ओर, दायीं ओर, बायीं ओर
(*c*) बायीं ओर, बायीं ओर, बायीं ओर
(*d*) दायीं ओर, दायीं ओर, दायीं ओर

3. ऋचा अपनी गाड़ी से दक्षिण दिशा में 8 किमी आगे चलकर बायीं ओर मुड़ जाती है और 5 किमी. आगे चलती है। वहां वह एक बार फिर से बायीं ओर मुड़कर 8 किमी. आगे चलती है। अब वह अपने शुरु के स्थान से कितनी दूरी पर है?

(*a*) 3 किमी. (*b*) 5 किमी.
(*c*) 8 किमी. (*d*) 13 किमी.

4. डिंगी अपनी गाड़ी से उत्तर की ओर 40 किमी. की दूरी तय करती है, वहां वह दायीं ओर मुड़कर 50 किमी आगे जाती है जहां वह एक बार फिर से दायीं ओर मुड़कर 30 किमी. आगे जाती है, और तब फिर से दायीं ओर मुड़कर 50 किमी. और आगे जाती है। यहां वह अपने आरंभिक बिंदु से कितनी दूरी पर है?

(*a*) 90 किमी. (*b*) 50 किमी.
(*c*) 10 किमी. (*d*) 5 किमी.

5. देबू पहले पूर्व की ओर और तब उत्तर की ओर चलता है तथा वहां वह 45° दायें मुड़कर कुछ देर आगे चलता है और अंततः बायीं ओर मुड़ जाता है। अब वह किस दिशा में चल रहा है?

(*a*) उत्तर (*b*) पूर्व
(*c*) दक्षिण-पूर्व (*d*) उत्तर-पश्चिम

6. यदि उत्तर का उत्तर-पश्चिम, उत्तर-पश्चिम का पश्चिम, पश्चिम का दक्षिण-पश्चिम और इसी प्रकार अन्य दिशाओं का भी नामकरण किया जाए तो दक्षिण पूर्व को क्या कहा जाएगा?

(*a*) पूर्व (*b*) पश्चिम
(*c*) उत्तर-पूर्व (*d*) दक्षिण-पूर्व

7. मैं अपने घर से उत्तर दिशा में 15 मीटर चला, तब पश्चिम दिशा में मुड़कर 10 मीटर और आगे चला, यहां दक्षिण दिशा में मुड़कर मैंने 5 मीटर की एक अन्य दूरी तय की और तब पूर्व की ओर मुड़कर 10 मीटर की दूरी तय की। बताइए कि मैं अपने आरंभिक स्थान से किस दिशा में हूँ?

(*a*) पूर्व (*b*) पश्चिम
(*c*) उत्तर (*d*) दक्षिण

8. मैं अपने घर से उत्तर दिशा में चला और तब बायीं ओर मुड़ गया। अब कुछ देर तक आगे चलने के बाद मैं फिर से बायीं ओर मुड़ा और तब दायीं ओर मुड़ गया। बाद में आगे चलते हुए मैं बायीं ओर और एक बार फिर से बायीं ओर मुड़ा। बताइए कि अब मैं किस दिशा में चल रहा हूँ?

(*a*) उत्तर (*b*) दक्षिण
(*c*) पूर्व (*d*) पश्चिम

9. राज पश्चिम दिशा में चल रहा है। वह आगे चलते हुए अपने दाएं, फिर दाएं और तब बाएं, हर बार 45° के कोण पर मुड़ा। बताइए कि अब वह किस दिशा में चल रहा है?

(*a*) उत्तर-पूर्व (*b*) दक्षिण-पूर्व
(*c*) पूर्व (*d*) पश्चिम

10. जतिन अपने घर से उत्तर दिशा में 12 किमी. चलता है। तब वह अपनी दायीं ओर मुड़कर 12 किमी. की एक अन्य दूरी तय करता है। वह एक बार फिर से दायीं ओर मुड़ता है और 12 किमी. की एक अन्य दूरी तय करके बायीं ओर मुड़ता है ओर तब 5 किमी. आगे चलता है। बताइए कि इस समय वह अपने घर से कितनी दूरी पर है और किस दिशा में है?

(*a*) 7 किमी., पूर्व दिशा
(*b*) 10 किमी., पूर्व दिशा
(*c*) 17 किमी., पूर्व दिशा
(*d*) 24 किमी., पूर्व दिशा

11. एक महिला उत्तर दिशा में 12 किमी. चलती है, तब वह दक्षिण दिशा में 6 किमी. चलती है और तत्पश्चात् पूर्व दिशा में 8 किमी चलती है। इस समय वह अपने आरंभिक बिंदु से कितनी दूरी पर है और किस दिशा में चल रही है?

(*a*) 5 किमी., उत्तर-पूर्व (*b*) 5 किमी., पूर्व
(*c*) 10 किमी., उत्तर-पूर्व (*d*) 10 किमी., पश्चिम

12. दिव्या पूर्व दिशा में 10 किमी. की यात्रा करती है, और तब दक्षिण-पश्चिम दिशा में 10 किमी. की यात्रा करती है। वह एक बार फिर से मुड़कर उत्तर-पश्चिम दिशा में 10 किमी. चलती है। बताइए कि अब वह अपने आरंभिक बिंदु से किस दिशा में चल रही है?

(*a*) दक्षिण (*b*) उत्तर
(*c*) पश्चिम (*d*) पूर्व

13. मनु अपने घर से उत्तर दिशा में 40 किमी. चलती है, फिर दाएं मुड़कर 80 किमी. आगे जाती है जहां वह एक बार फिर से दाएं मुड़कर 30 किमी. आगे चलती है अंत में वह एक बार फिर से दाएं मुड़ती है और इस मार्ग पर वह 80 किमी. आगे की यात्रा करती है। यदि यहां से वह सीधे 50 किमी. आगे बढ़ती है और तब बाएं मुड़कर अंतिम 10 किमी. की एक और दूरी तय करती हो तो बताइए कि अब वह अपने घर से कितनी दूरी पर है?

(*a*) 10 किमी. (*b*) 30 किमी.
(*c*) 40 किमी. (*d*) 50 किमी.

14. मैं अपने घर से 18 किमी. उत्तर की ओर चलता हूं और तब बाईं ओर मुड़कर 4 किमी. की एक अन्य दूरी तय करता हूं जहां से दायीं ओर मुड़कर मैं 12 किमी. की एक अन्य दूरी तय करता हूं। बताइए कि इस समय मैं अपने घर से कितनी दूरी पर और किस दिशा में हूं?

(*a*) 8 किमी. उत्तर (*b*) 10 किमी. पश्चिम
(*c*) 16 किमी. दक्षिण (*d*) 34 किमी. उत्तर

15. रवि अपनी गाड़ी से पश्चिम दिशा में 12 किमी. जाता है। वहां वह दक्षिण दिशा में मुड़कर 3 किमी. आगे की यात्रा करता है, जहां वह पूर्व दिशा में मुड़कर 8 किमी. की यात्रा करता है। बताइए कि इस समय वह अपने आरंभिक बिंदु से कितनी दूरी पर है?

(*a*) 3 किमी. (*b*) 5 किमी.
(*c*) 7 किमी. (*d*) 11 किमी.

16. एक बच्चा अपने घुटनों के बल उत्तर दिशा में 20 फीट आगे बढ़ता है जहां वह दायीं ओर मुड़कर 30 फीट और आगे बढ़ता है और तब फिर से दायीं ओर मुड़कर 35 फीट आगे जाता है। यहां वह बायीं ओर मुड़कर 15 फीट और आगे जाता है। यहां वह एक बार फिर से बायीं ओर मुड़ता है और 15 फीट और आगे बढ़ता है। अंततः वह फिर से बायीं ओर मुड़कर 15 फीट और आगे जाता है। बताइए कि इस समय वह अपने आरंभिक स्थान से कितना दूर और किस दिशा में है?

(*a*) 45 फीट, उत्तर-पूर्व (*b*) 30 फीट, पूर्व
(*c*) 30 फीट, पश्चिम (*d*) 15 फीट, पश्चिम

17. एक व्यक्ति अपने घर से दक्षिण दिशा में 100 किमी. की दूरी तय करता है। वहां से वह दायीं ओर मुड़कर 100 किमी. आगे बढ़ता है और एक बार फिर से दायीं

ओर मुड़कर 50 किमी. आगे जाता है। बताइए कि वह अपने घर से अब किस दिशा में है?

(*a*) उत्तर (*b*) उत्तर-पूर्व
(*c*) पूर्व (*d*) दक्षिण-पश्चिम

18. एक रेलगाड़ी अपने आरंभिक स्टेशन से चलकर पश्चिम दिशा में 120 किमी. जाती है, तब दक्षिण दिशा में 30 किमी. और उसके बाद किसी एक स्टेशन पर पहुंचने से पहले पूर्व दिशा में 80 किमी. चलती है। बताइए कि यह स्टेशन ट्रेन के आरंभिक स्टेशन से किस दिशा में है?

(*a*) दक्षिण-पश्चिम (*b*) उत्तर-पश्चिम
(*c*) दक्षिण-पूर्व (*d*) दक्षिण

19. पश्चिम दिशा में मुंह करके प्रिया 20 मीटर आगे जाती है, और तब बायीं ओर मुड़कर आगे 40 मीटर जाती है। वहां वह एक बार फिर से बायीं ओर मुड़कर 20 मीटर और आगे जाती है। तब वह दायीं ओर मुड़कर 20 मीटर आगे स्थित पार्क में पहुंचती है। यह पार्क उसके आरंभिक बिंदु से कितनी दूर और किस दिशा में अवस्थित है?

(*a*) 20 मीटर, दक्षिण (*b*) 40 मीटर, पश्चिम
(*c*) 60 मीटर, दक्षिण (*d*) 100 मीटर, पूर्व

20. यदि सभी दिशाएं घूम जाएं अर्थात् यदि उत्तर दिशा घूमकर पश्चिम दिशा हो जाए और पूर्व दिशा घूमकर उत्तर दिशा हो जाए तथा इसी प्रकार अन्य दिशाएं भी घूम जाएं तो उत्तर-पश्चिम दिशा बदल कर कौन-सी दिशा हो जाएगी?

(*a*) दक्षिण-पश्चिम (*b*) उत्तर-पूर्व
(*c*) पूर्व-उत्तर (*d*) पूर्व-पश्चिम

21. राज की कार का मुंह पश्चिम की ओर है। वह अपनी कार को बायीं ओर मोड़ कर 10 किमी. जाता है, और फिर से बायीं ओर मुड़कर 10 किमी. और आगे जाता है। वहां वह दायीं ओर मुड़ता है और 40 किमी. आगे जाता है। वहां वह एक बार फिर से दायीं ओर मुड़ता है और 30 किमी. आगे जाता है। अंत में वह एक बार फिर दायीं ओर मुड़कर 50 किमी. आगे जाता है। बताइए कि अब वह अपने आरंभिक स्थान से कितनी दूर है?

(*a*) 10 किमी. (*b*) 20 किमी.
(*c*) 40 किमी. (*d*) 60 किमी.

22. A और B किसी एक बिंदु से एक साथ चलना आरंभ करते हैं। वे उत्तर दिशा में 10 किमी. जाते हैं। वहां A बायीं ओर मुड़ कर 5 किमी. आगे जाता है जबकि B दायीं ओर मुड़कर 3 किमी. आगे जाता है जहां से A एक बार फिर से बायीं ओर मुड़कर 15 किमी. आगे जाता है और B दायीं ओर मुड़कर 15 किमी. आगे जाता है। बताइए कि अब A और B एक दूसरे से कितनी दूरी पर हैं?

(*a*) 18 किमी. (*b*) 10 किमी.
(*c*) 5 किमी. (*d*) 8 किमी.

23. तरुण पूर्व दिशा में चल रहा है। यदि वह उत्तर दिशा में चलना चाहता है तो उसे निम्नलिखित से में कौन से मोड़ नहीं मुड़ने चाहिए?

(*a*) दायां, दायां, बायां, दायां, दायां
(*b*) दायां, दायां, बायां, बायां, बायां,
(*c*) दायां, दायां, दायां
(*d*) दायां, बायां, दायां, बायां

24. सोनी और मोनी किसी एक स्थान से चलना शुरू करती हैं। सोनी पश्चिम दिशा में और मोनी दक्षिण दिशा में चलती है। 20 किमी. आगे जाने के बाद सोनी बायीं ओर मुड़ जाती है और 15 किमी. आगे बढ़ती है। मोनी 10 किमी. आगे जाने के बाद बायीं ओर मुड़ती है और तब 5 किमी. आगे जाती है। इसी समय सोनी अपने स्थान से बायीं ओर मुड़कर 25 किमी. आगे जाती है जबकि मोनी अपने स्थान से दाहिनी ओर मुड़ती है और 5 किमी. आगे जाती है। बताइए कि यहां सोनी और मोनी एक दूसरे से कितनी दूरी पर हैं।

(*a*) 5 किमी.
(*b*) वे अपने आरंभिक बिंदु पर वापस पहुंच गए हैं
(*c*) वे अपनी यात्रा समाप्ति पर एक ही स्थान पर पहुंचती हैं
(*d*) दी गई सूचना अपर्याप्त है

25. सीता के घर का मुख्य दरवाजा दक्षिण दिशा में खुलता है। वह अपने घर से निकलकर सामने की दिशा में 10 मीटर जाती है, वहां से बायीं ओर मुड़कर वह 5 मीटर आगे जाती है और तब फिर से बायें मुड़कर 15 मीटर आगे जाती है और तब एक बार फिर से बायें मुड़कर 10 मीटर आगे जाती है। अंततः वह दायें मुड़ती है और 5 मीटर आगे जाकर अपने मित्र के घर पहुंचती है। सीता के मित्र के घर का मुख्य दरवाजा किस दिशा में खुलता है?

(*a*) उत्तर (*b*) दक्षिण
(*c*) पश्चिम (*d*) पूर्व

व्याख्यात्मक उत्तर

1. (*b*)

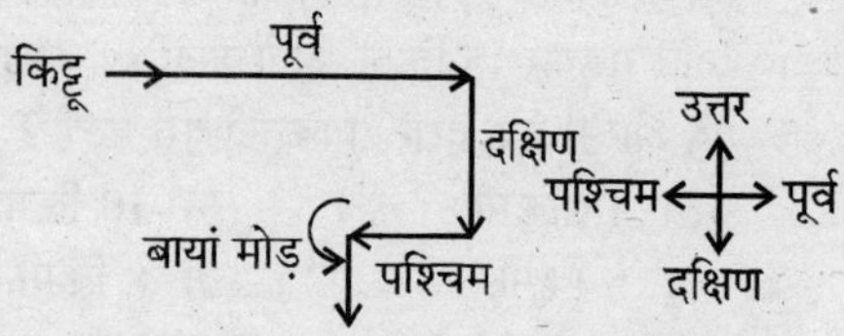

2. (*d*) :

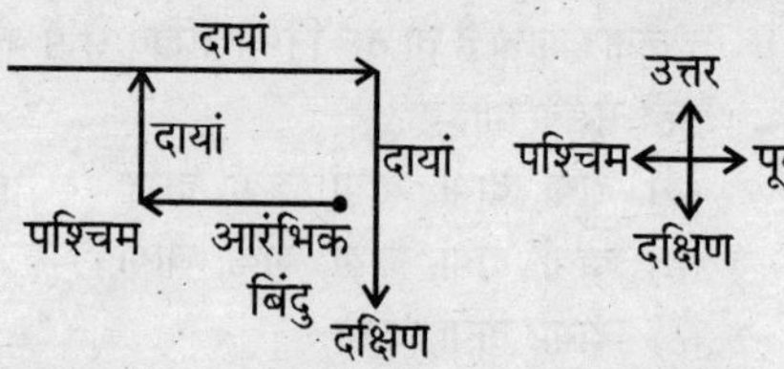

3. (*b*) :

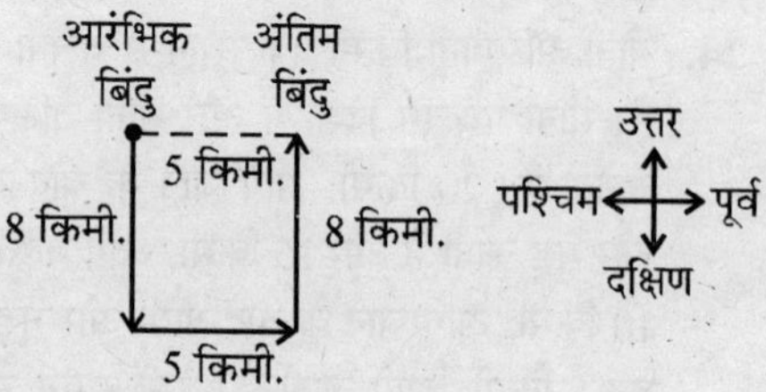

4. (*c*) :

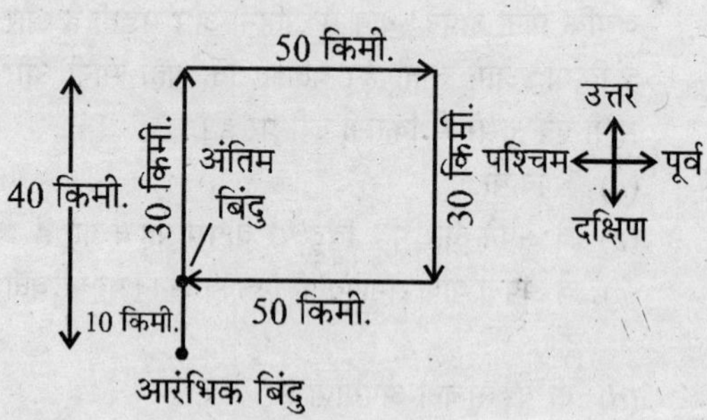

5. (*d*) :

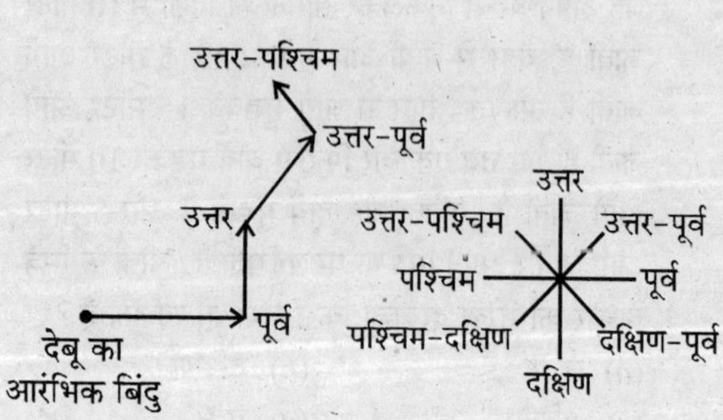

6. (*a*) :

मूल दिशाएं

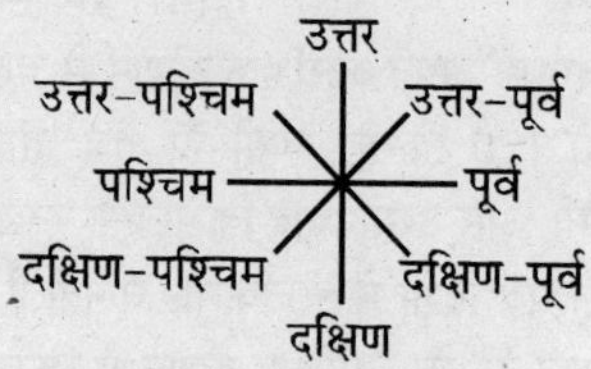

बदली हुई दिशाएं

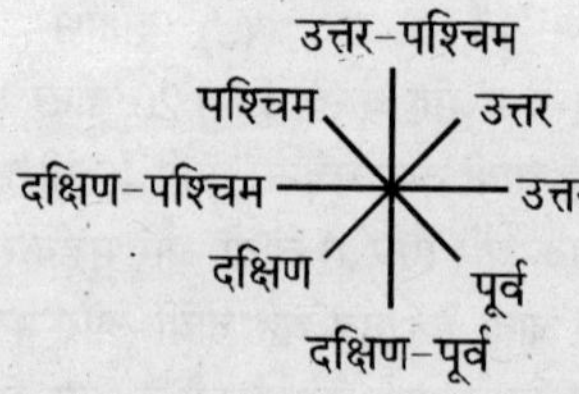

7. (*c*) :

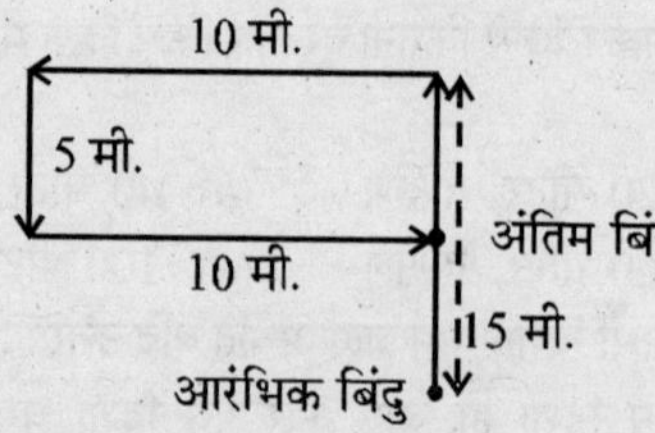

अंतिम बिंदु आरंभिक बिंदु से 10 मीटर उत्तर की ओर है।

8. (*c*) :

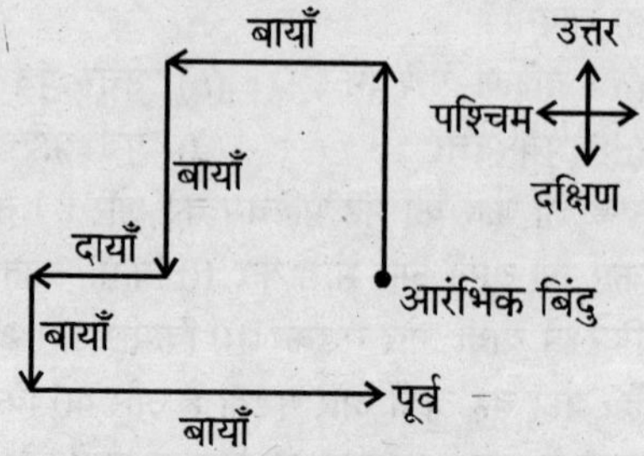

9. (*a*) :

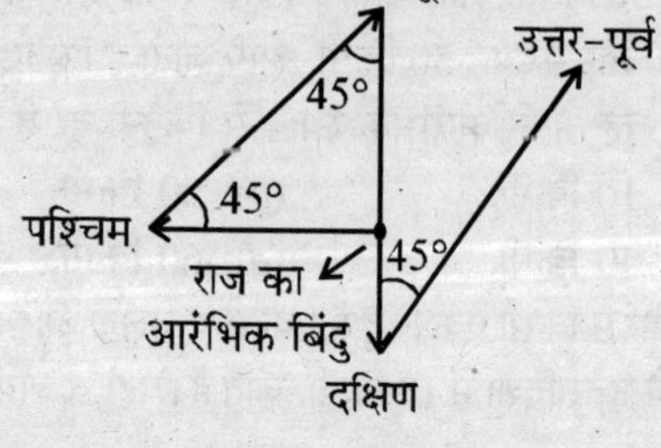

10. (c) : (12 किमी. + 5 किमी. = 17 किमी.)

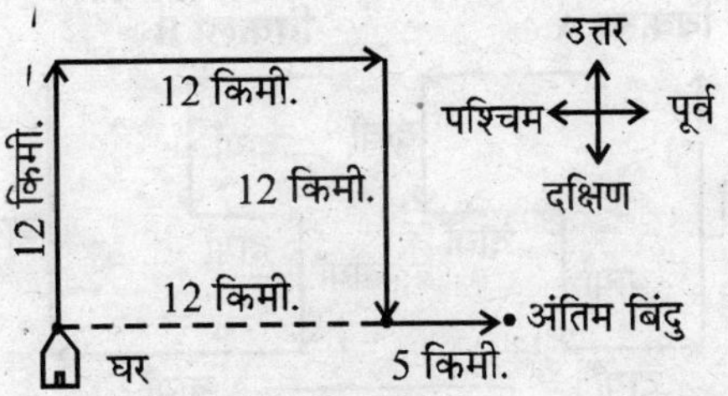

11. (c) : $ab = \sqrt{ac^2 + bc^2}$

$ab = \sqrt{8^2 + 6^2} = \sqrt{64 + 36} = \sqrt{100} = 10$

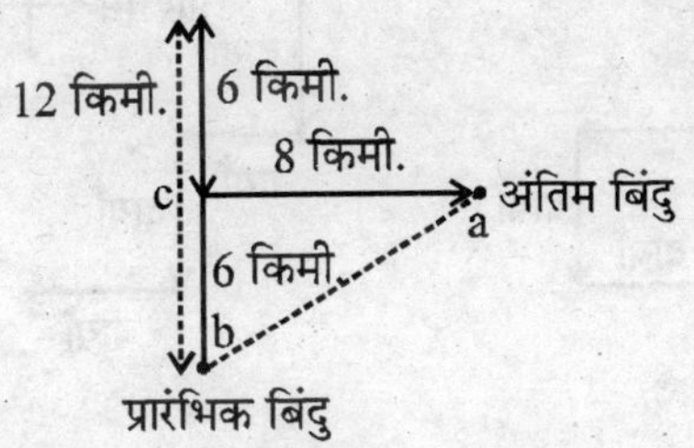

12. (c) :

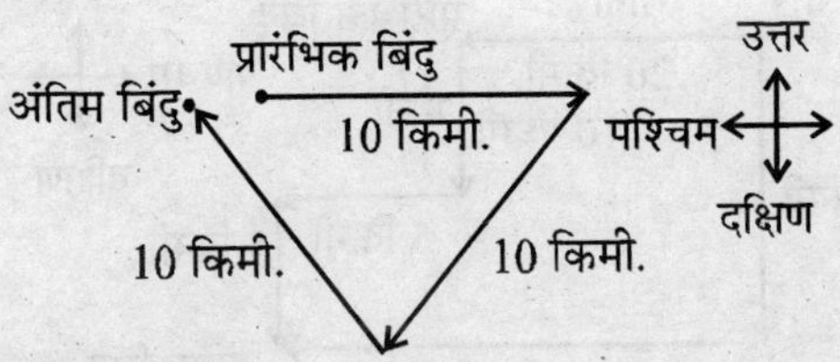

13. (d) :

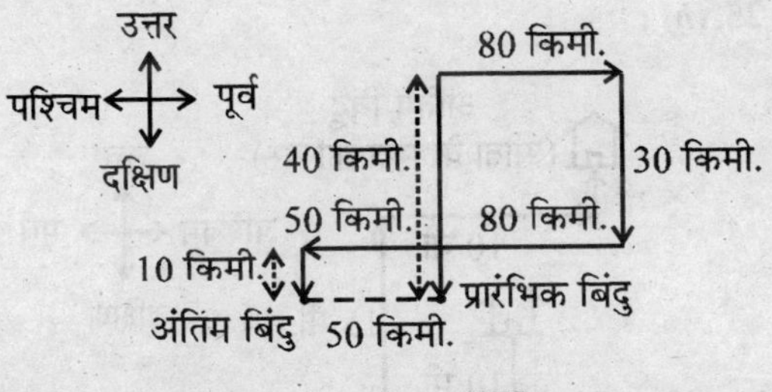

14. (d) :

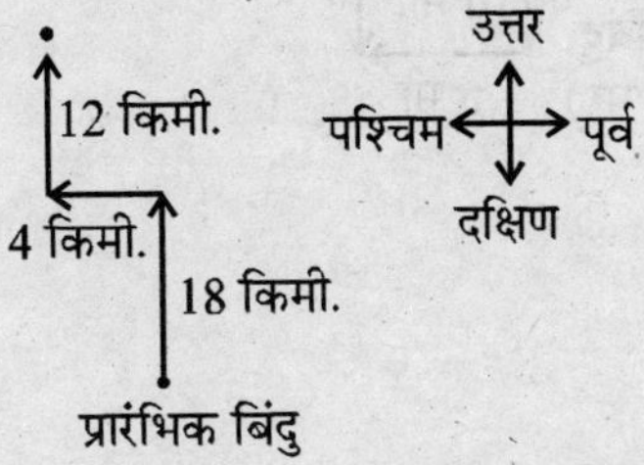

कुल दूरी = 18 + 4 + 12 = 34 किमी.

15. (b) : $ab = \sqrt{bc^2 + ca^2}$

$ab = \sqrt{3^2 + 4^2} = \sqrt{9 + 16} = \sqrt{25} = 5$

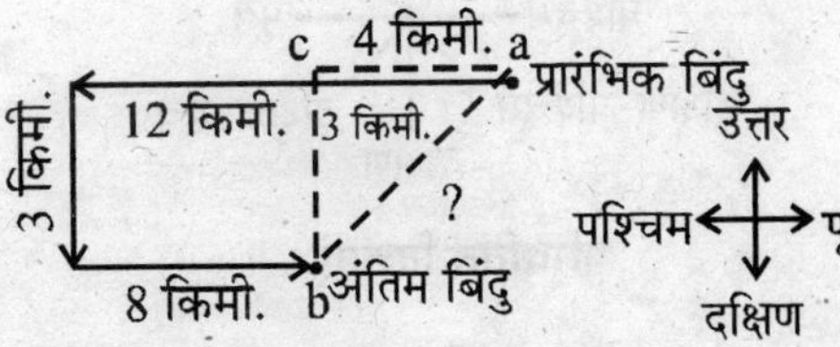

16. (b) :

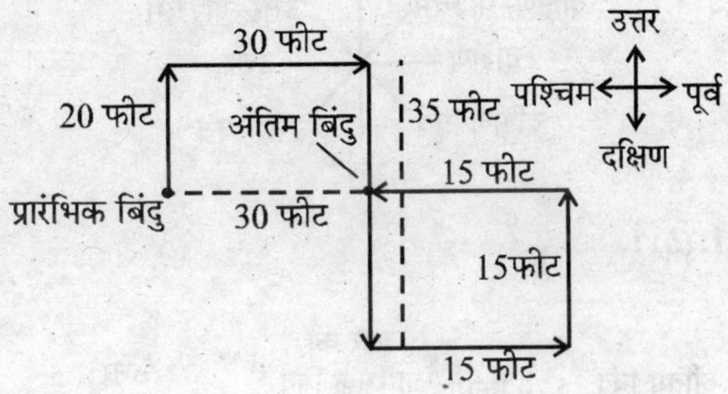

17. (d) :

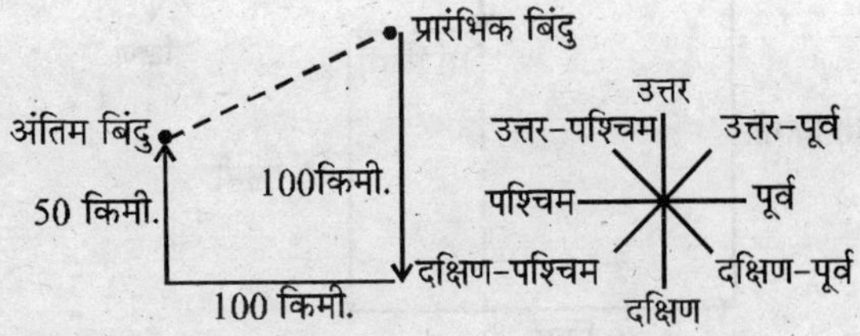

18. (a) :

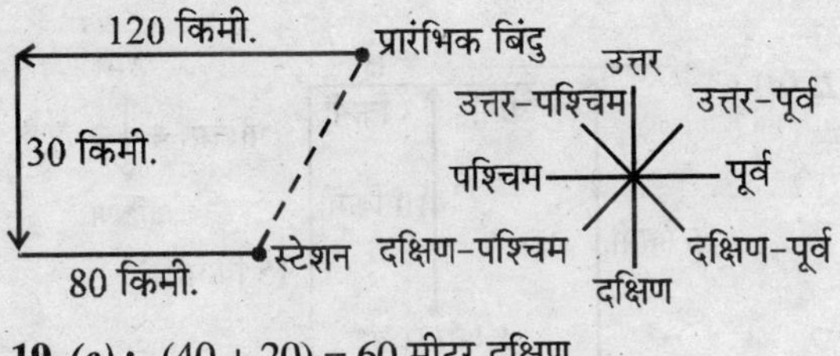

19. (c) : (40 + 20) = 60 मीटर दक्षिण

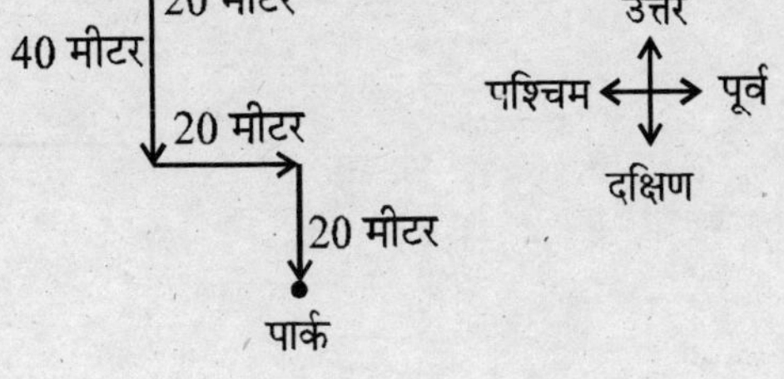

20. *(a)* : मूल दिशाएं

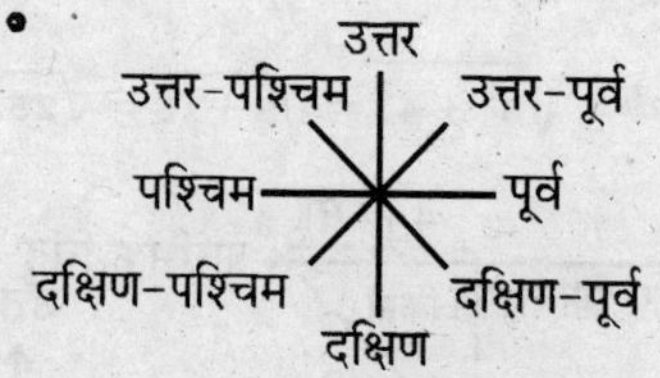

परिवर्तित दिशाएं

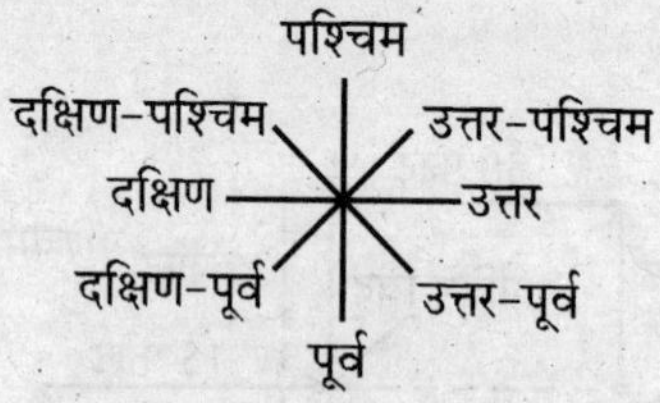

21. *(b)* :

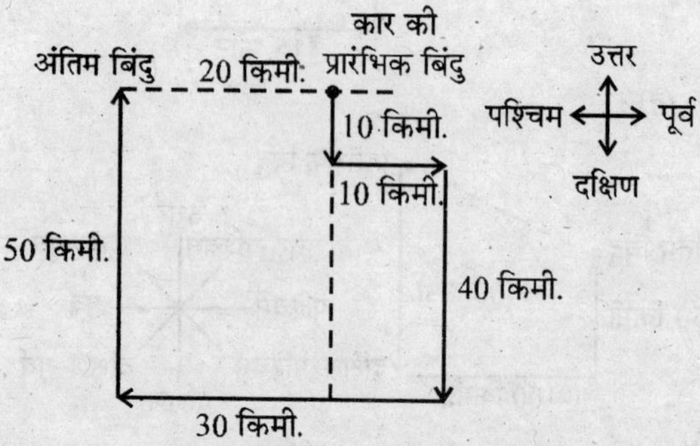

22. *(d)* :

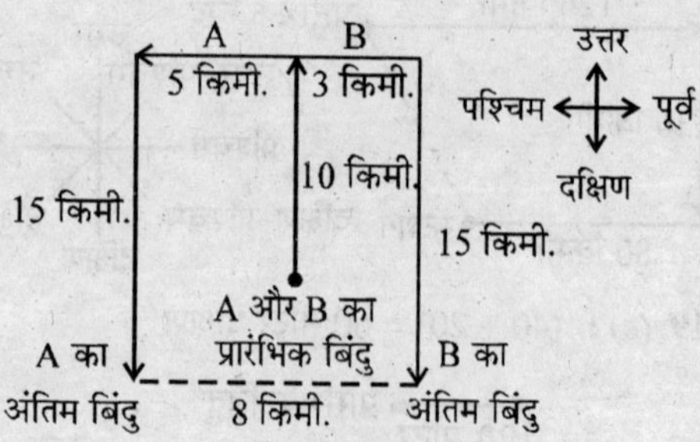

23. *(d)* :

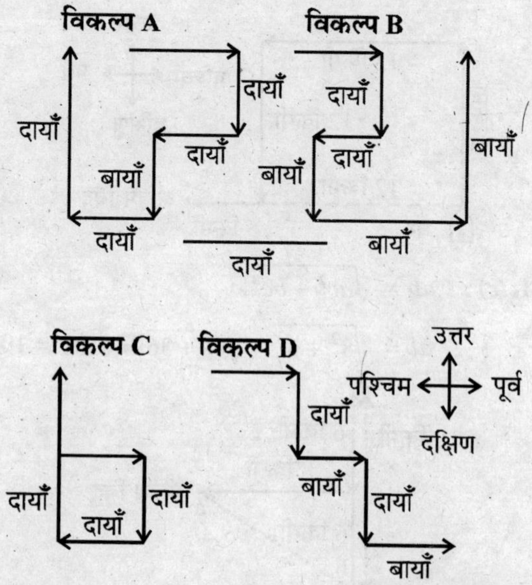

24. *(c)* :

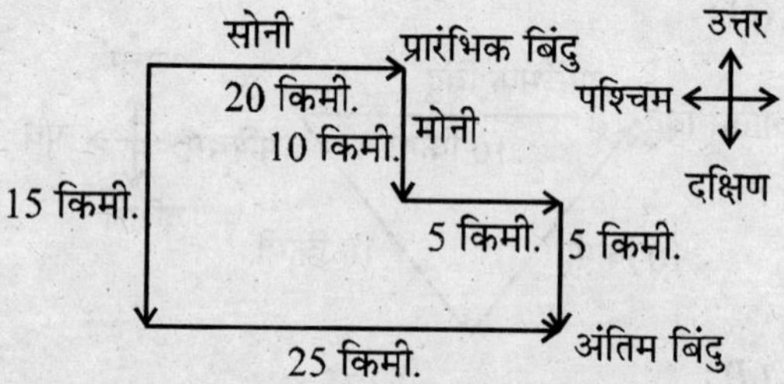

25. *(b)* :

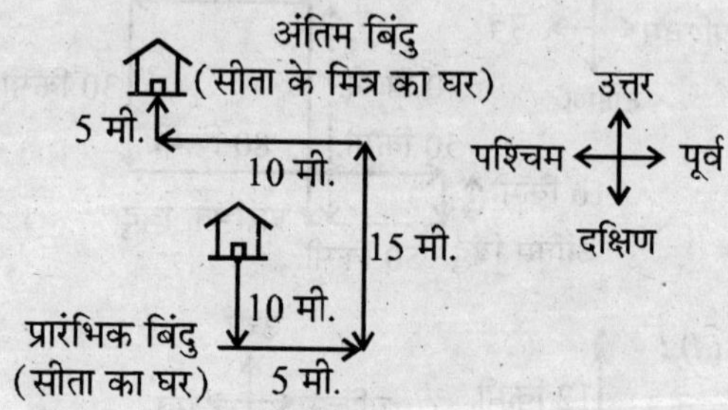

रक्त संबंधी परीक्षण (BLOOD RELATIONSHIPS)

रक्त संबंधों पर आधारित प्रश्नों को हल करने के लिए यह आवश्यक है कि परीक्षार्थी रिश्तों की जटिलता को तत्काल समझ सकें और किन्हीं दो व्यक्तियों के बीच किस प्रकार के संबंध हो सकते हैं, इस बारे में उन्हें स्पष्ट जानकारी हो। इस प्रकार के प्रश्नों को पूछने का अभिप्राय मुख्यत: यह सुनिश्चित करना है कि परीक्षार्थी कतिपय जटिल भाषा में व्यक्त रिश्तों को कितनी तत्परता से समझ सकते हैं और उत्तर के रूप में सही विकल्प का चयन कर सकते हैं।

इन प्रश्नों को हल करने में सहायक कुछ संबंधों के पैटर्न नीचे दर्शाए गए हैं :

पिता का पिता	—	दादा
मां का पिता	—	नाना
पिता की मां	—	दादी
मां की मां	—	नानी
पिता या मां का पुत्र	—	भाई
पिता या मां की पुत्री	—	बहन
पिता का भाई	—	चाचा
पिता की बहन	—	बुआ
मां का भाई	—	मामा
मां की बहन	—	मौसी
चाचा या चाची का पुत्र या पुत्री	—	चचेरा भाई, चचेरी बहन
पुत्र की पत्नी	—	पुत्रवधु
पुत्री का पति	—	दामाद
पति का भाई	—	देवर
पत्नी का भाई	—	साला
पति की बहन	—	ननद
पत्नी की बहन	—	साली
भाई की पत्नी	—	भाभी
बहन का पति	—	बहनोई
भाई का पुत्र	—	भतीजा
भाई की पुत्री	—	भतीजी

हल किए गए उदाहरण

1. एक फोटो की ओर संकेत करते हुए एक महिला ने कहा ''इस व्यक्ति के पुत्र की बहन मेरी सास है''। उस महिला के पति का उस व्यक्ति से क्या संबंध है जिसका वह फोटो है?

(*a*) पुत्र (*b*) नाती (*c*) भतीजा (*d*) दामाद

उत्तर (*b*) : दिए गए प्रश्न के अनुसार संबंध चार्ट निम्नवत् दर्शाया जा सकता है :

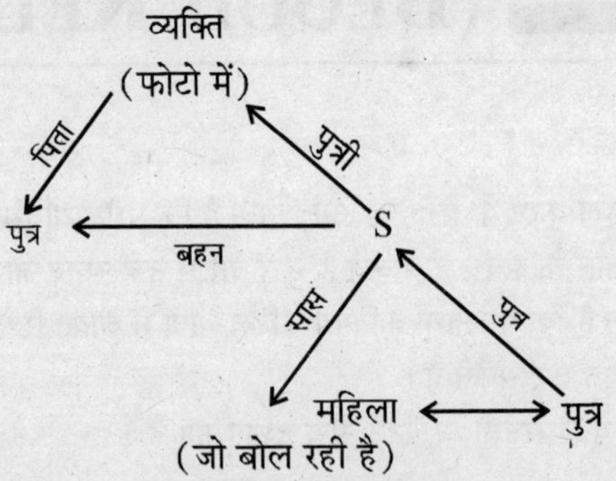

उस व्यक्ति के पुत्र की बहन (मान लें S) उस व्यक्ति की पुत्री है। यदि यह महिला 'S' उस महिला (जो बोल रही है) की सास है तो उसका विवाह 'S' के पुत्र से हुआ है। उस महिला के पति की मां S है और S फोटो वाले व्यक्ति की पुत्री है। अत: उस बोल रही महिला का पति फोटो वाले व्यक्ति का नाती है।

2. 'X', 'Y' की पत्नी है और 'Y', 'Z' का भाई है। 'Z', 'P' का पुत्र है। 'P' का 'X' से क्या संबंध है?

(*a*) बहन (*b*) चाची (*c*) भाई (*d*) श्वसुर

उत्तर (*d*) : दिए गए प्रश्न के अनुसार संबंध चार्ट निम्नवत् दर्शाया जा सकता है :

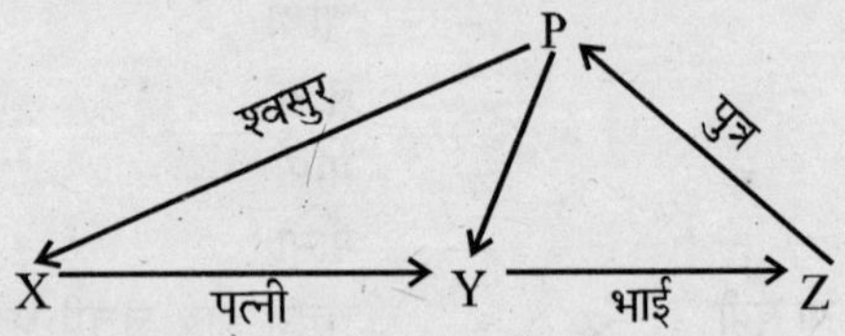

'Y', 'Z' का भाई है जो 'P' का पुत्र है। अत: 'Z' भी 'P' का पुत्र है। चूंकि 'P', 'Y' का पिता है और 'X', 'Y' की पत्नी है अत: 'P', 'X' का श्वसुर है।

अभ्यास

निर्देश (प्र.सं. 1–18): *नीचे के प्रत्येक प्रश्न में व्यक्तियों के बीच उल्लिखित संबंधों को सावधानीपूर्वक समझें और तब दिए गए विकल्पों में से सही उत्तर का चयन करें :*

1. A, B और C का पिता है। B, A का पुत्र है किंतु C, A का पुत्र नहीं है। C का A से क्या संबंध है?

(*a*) पुत्री (*b*) पुत्र
(*c*) भतीजी (*d*) भतीजा

2. एक महिला ने कहा, ''वहां खड़ी लड़की मेरे दादा जी के एकमात्र पुत्र की पुत्री है''। उस महिला का उस लड़की से क्या संबंध है?

(*a*) बहन (*b*) मां
(*c*) चाची (*d*) भतीजा

3. रवि अमित के पुत्र के पुत्र का भाई है। अमित, रवि का क्या है?

(*a*) चचेरा भाई (*b*) पिता
(*c*) दादा (*d*) पुत्र

4. मयंक ने कहा, ''मेरी मां रजत के भाई की बहन है''। रजत का मयंक से क्या संबंध है?

(*a*) चचेरा भाई (*b*) मामा

(*c*) चाचा (*d*) साला

5. लिली से परिचय कराते हुए राघव ने कहा, ''इसके पिता मेरी मां के एकमात्र पुत्र हैं''। लिली का राघव से क्या संबंध है?

(*a*) चाची (*b*) पुत्री

(*c*) मां (*d*) बहन

6. अजय, विजय का भाई है। शुभा, अजय की बहन है। संजय, राहुल का भाई है और मेहुल विजय की पुत्री है। संजय का चाचा कौन है?

(*a*) राहुल

(*b*) अजय

(*c*) मेहुल

(*d*) दी गई सूचना अपर्याप्त है

7. आदित्य, रवि का भाई है। भरत, जयंत के पिता हैं। ईला, रवि की मां है। आदित्य और जयंत आपस में भाई हैं। ईला का भरत से क्या संबंध है?

(*a*) बहन (*b*) मां

(*c*) पुत्री (*d*) पत्नी

8. एक व्यक्ति ने अपने साथ आ रहे लड़के का परिचय देते हुए कहा, ''यह मेरी पत्नी की पुत्री के पिता का पुत्र है।'' वह लड़का उस व्यक्ति का क्या है?

(*a*) दामाद (*b*) पुत्र

(*c*) भाई (*d*) पिता

9. A और B दो भाई हैं। C, B की बहन है। D, E की बहन है। E, A का पुत्र है। D का चाचा कौन है?

(*a*) D (*b*) E

(*c*) B (*d*) C

10. वरुण ने अरुण की ओर संकेत करते हुए कहा, ''वह मेरी बहन के एकमात्र भाई का पुत्र है।'' अरुण का वरूण से क्या संबंध है?

(*a*) पुत्र

(*b*) भाई

(*c*) भतीजा

(*d*) दी गई सूचना अपर्याप्त है

11. एक व्यक्ति की ओर संकेत करते हुए एक महिला ने कहा ''उसके भाई के पिता मेरे दादाजी के एकमात्र पुत्र हैं।'' वह महिला उस व्यक्ति की क्या लगती है?

(*a*) मां (*b*) बहन

(*c*) पुत्री (*d*) चाची

12. विद्या, गोपी की पत्नी है और गोपी, अखिल का भाई है। अखिल, विजय का चाचा है। विजय, विद्या का कौन है?

(*a*) पुत्र (*b*) भतीजा

(*c*) देवर (*d*) भाई

13. यदि अमित के पिता बिल्लू के पिता के एकमात्र पुत्र हैं और बिल्लू का कोई भी भाई नहीं है और न ही उसकी कोई पुत्री है तो अमित और बिल्लू के बीच क्या संबंध है?

(*a*) चाचा-भतीजा (*b*) पिता-पुत्री

(*c*) पिता-पुत्र (*d*) चचेरा भाई

14. A, B की बहन है। B, C का पुत्र है तथा E, D की पुत्री और A की बहन है। D, C का कौन है?

(*a*) भाई

(*b*) पति

(*c*) पत्नी

(*d*) दी गई सूचना अपर्याप्त है

15. एक व्यक्ति ने एक महिला से कहा, ''फागु की मां तुम्हारे पिता की एकमात्र पुत्री है''। वह महिला फागु की क्या लगती है?

(*a*) पुत्री (*b*) बहन

(*c*) पत्नी (*d*) मां

16. यदि $M + N$ का अर्थ है कि 'M', 'N' का भाई है, $M - N$ का अर्थ है कि 'M', 'N' की बहन है, $M \times N$ का अर्थ है कि 'M', 'N' की मां है और $M \div N$ का अर्थ है कि 'M', 'N' का पिता है, तो निम्नलिखित में से किसका अर्थ यह होगा कि E, F की बुआ है?

(*a*) $E - G \div F$ (*b*) $E + G \times F$

(*c*) $E \times F - G$ (*d*) $F \times G + E$

17. यदि $S - T$ का अर्थ है कि 'S', T की पत्नी है, $S + T$ का अर्थ है कि S, T की पुत्री है, और $S \div T$ का अर्थ है कि S, T का पुत्र है, तो $M + J \div K$ का क्या अर्थ होगा?

(*a*) K, M का पिता है (*b*) M, K की पोती है

(*c*) J, K की पत्नी है (*d*) K और M भाई हैं

18. यदि $A \times B$ का अर्थ है कि A, B का भाई है, और $A + B$ का अर्थ है कि A, B का पिता है, तो निम्नलिखित में से किसका यह अर्थ होगा कि M, N का भतीजा है?
(*a*) $N \times K + M$
(*b*) $N + M \times K$
(*c*) $M \times K + N$
(*d*) दी गई सूचना अपर्याप्त है

निर्देश (प्र.सं. 19 और 20): *निम्नलिखित कथनों को पढ़ें और पूछे गए प्रश्नों के उत्तर दें :*

(A) $P + Q$ का अर्थ है कि 'P, Q की मां है'
(B) $P \div Q$ का अर्थ है कि 'P, Q का पिता है'
(C) $P - Q$ का अर्थ है कि 'P, Q की बहन है'

19. निम्नलिखित में से किससे यह सूचित होता है कि M, R की पुत्री है?
(*a*) $R \div M + N$
(*b*) $R + N \div M$
(*c*) $R - M \div N$
(*d*) दी गई सूचना अपर्याप्त है

20. उपर्युक्त प्रश्न का उत्तर ज्ञात करने के लिए निम्नलिखित में से किस कथन को छोड़ा जा सकता है?
(*a*) केवल A
(*b*) B या C
(*c*) A या B
(*d*) केवल C

व्याख्यात्मक उत्तर

1. (*a*) :

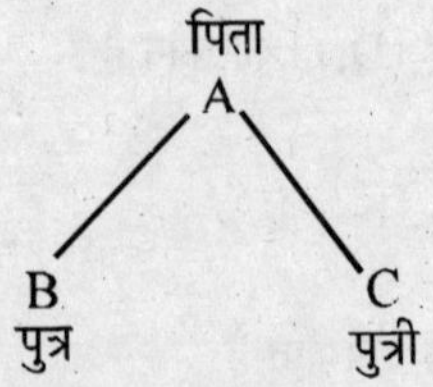

C, A का पुत्र नहीं है किंतु A, C का पिता है। अतः C, A की पुत्री है।

2. (*a*) :

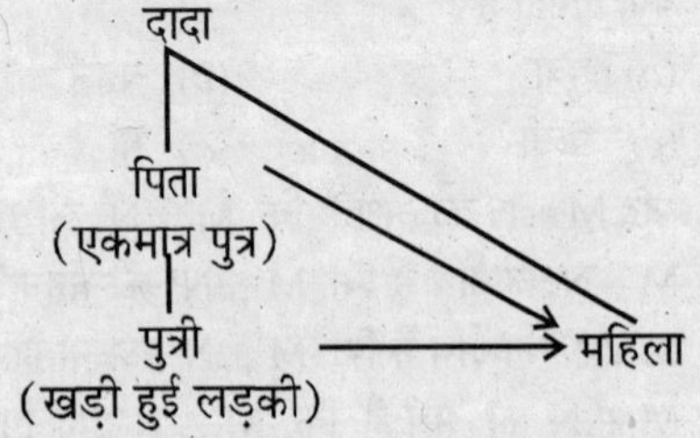

उस महिला के दादा का पुत्र उसके पिता हैं तथा पिता की पुत्री निश्चित ही उस महिला की बहन होगी।

3. (*c*) :

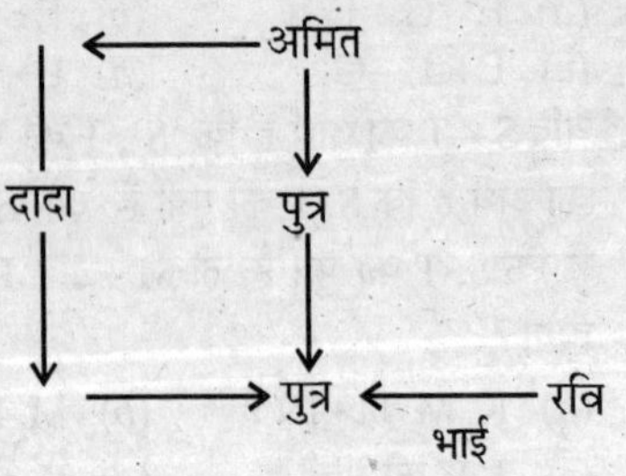

अमित के पुत्र का पुत्र अमित का पोता होगा। रवि अमित के पुत्र के पुत्र का भाई है, अतः अमित रवि के भी दादाजी हैं।

4. (*b*) :

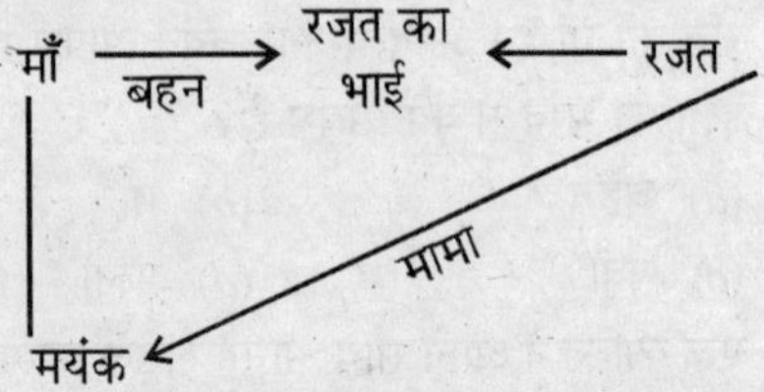

मयंक की मां रजत के भाई की बहन है। अतः रजत भी मयंक की मां का भाई है। इस प्रकार रजत, मयंक का मामा हुआ।

5. (*b*) : संबंध चार्ट निम्नवत् है : माँ
↑ पुत्र
राघव
↓ पिता
लिली (पुत्री)

राघव जब कहता है, "मेरी मां का एकमात्र पुत्र" तो वह स्वयं अपने बारे में ही कह रहा होता है। इसके पिता का आशय है, 'लिली के पिता' अर्थात् स्वयं राघव। अतः लिली, राघव की पुत्री है।

6. (*d*) : 1. शुभा ⟶ अजय ⟶ विजय
↓
मेहुल

2. संजय ——→ राहुल (पुत्री)
(भाई)

यहां दो संबंध-समुच्चयों का उल्लेख किया गया है। दी गई सूचना अपर्याप्त है और इन दो भिन्न संबंध-समुच्चयों के बीच कोई संबंध स्थापित नहीं किया जा सकता।

7. (*d*) : प्रश्न पर आधारित संबंध चार्ट है :

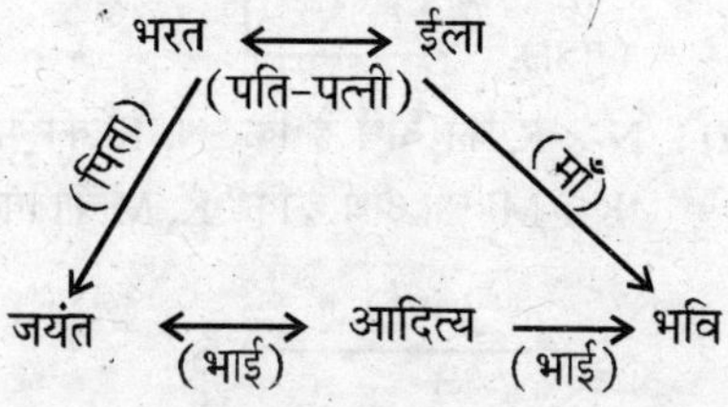

जयंत और आदित्य भाई हैं। यदि आदित्य, रवि का भाई है तो जयंत भी रवि का भाई है। यदि भरत, जयंत का पिता है तो वह आदित्य और रवि का भी पिता है। यदि ईला, रवि की मां है तो वह आदित्य और जयंत की भी मां है। इसका अर्थ है कि भरत और ईला पति-पत्नी हैं और तीनों बच्चों के माता-पिता हैं।

8. (*b*) : प्रश्न पर आधारित संबंध-चार्ट है :

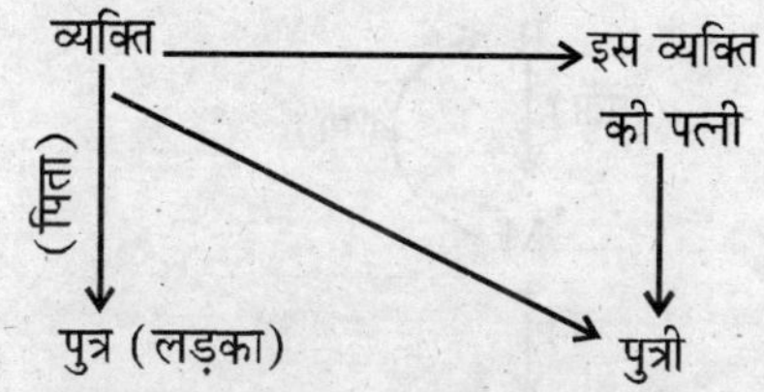

'उस व्यक्ति की पत्नी की पुत्री के पिता' का आशय है कि वह व्यक्ति स्वयं अपने बारे में बात कर रहा है, अत: वह लड़का उस व्यक्ति का पुत्र है।

9. (*c*) : प्रश्न पर आधारित संबंध-चार्ट है :

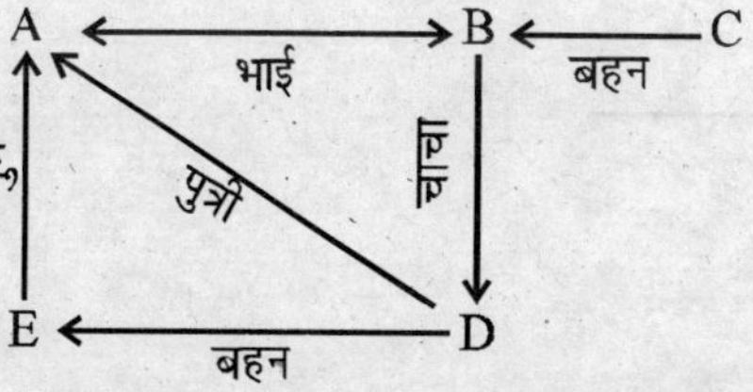

D, E की बहन है और E, A का पुत्र है। अत: D, A की पुत्री है। चूंकि A का भाई B है, अत: B, D का चाचा है।

10. (*a*) :

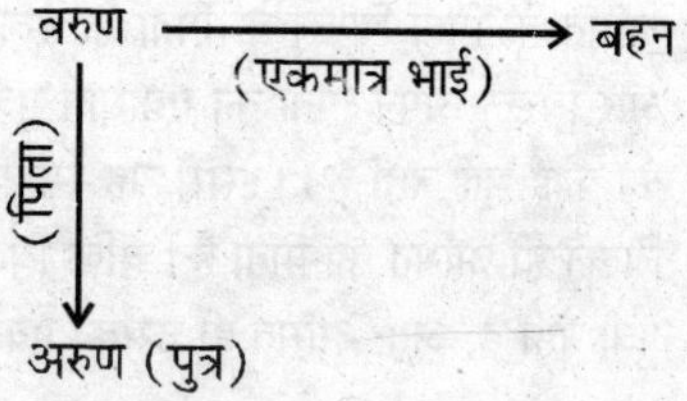

वरुण की बहन का एकमात्र भाई स्वयं वरुण है और उसका पुत्र अरुण है।

11. (*b*) :

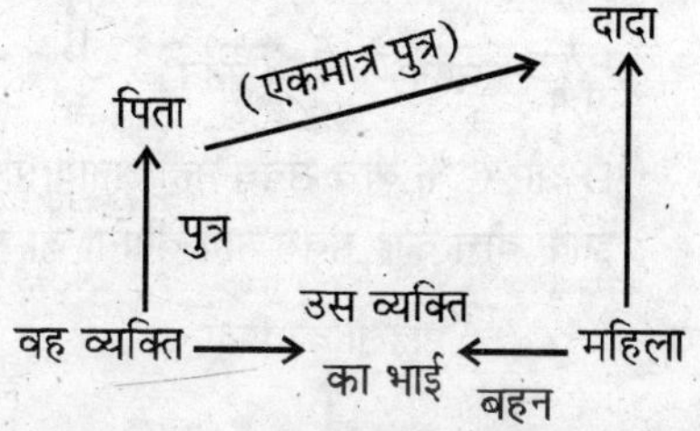

उस व्यक्ति के भाई के पिता उस महिला के भी पिता हैं क्योंकि वे उस महिला के दादाजी के एकमात्र पुत्र हैं। अत: वह महिला उस व्यक्ति की बहन है।

12. (*b*) : प्रश्न पर आधारित संबंध चार्ट है :

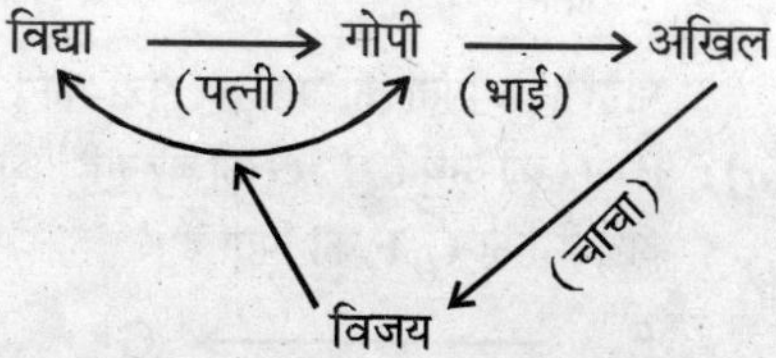

विद्या, गोपी की पत्नी है और गोपी, अखिल का भाई है। अत: विद्या, अखिल की भाभी है। यदि अखिल, विजय का चाचा है, तो स्पष्ट है कि गोपी भी विजय का चाचा ही है क्योंकि प्रश्न में उल्लिखित कथनों में यह नहीं बताया गया है कि अखिल या गोपी में से कोई भी विजय का पिता है। अब यदि विजय गोपी का भतीजा है, तो निश्चित ही वह विद्या का भी भतीजा है।

13. (*c*) : प्रश्न पर आधारित संबंध-चार्ट है :

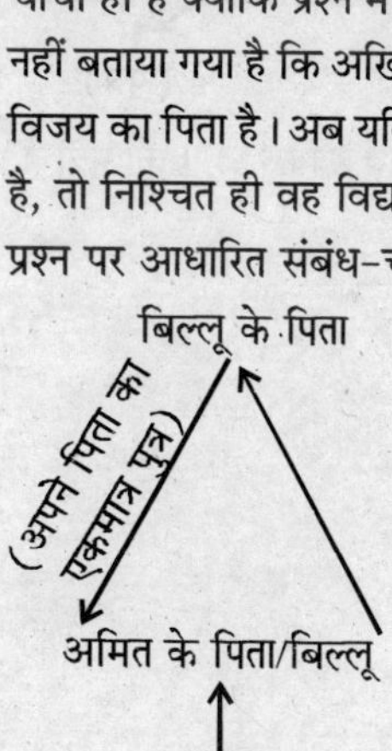

अमित के पिता बिल्लू के पिता के एकमात्र पुत्र हैं, और बिल्लू अपने पिता का एकमात्र पुत्र है (बिल्लू का कोई भाई नहीं है)। इससे यह स्पष्ट होता है कि बिल्लू ही अमित का पिता है। चूंकि बिल्लू की कोई पुत्री नहीं है, अतः अमित ही उसका एकमात्र पुत्र है।

14. (*d*) :

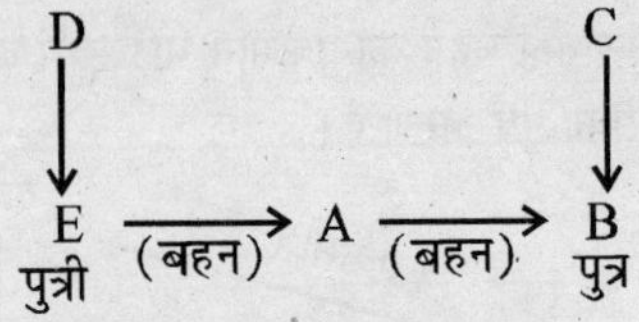

D और C के बीच संबंध नहीं बताया गया है, अतः इनके बीच कोई संबंध नहीं बताया जा सकता है।

15. (*d*) :

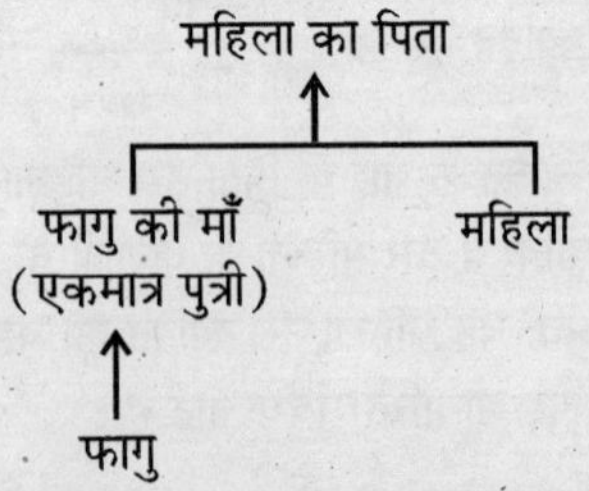

महिला के पिता की एकमात्र पुत्री फागु की मां है।

16. (*a*) : E – G का अर्थ है 'E, G की बहन है' और G ÷ F का अर्थ है कि 'G, F का पिता है।'

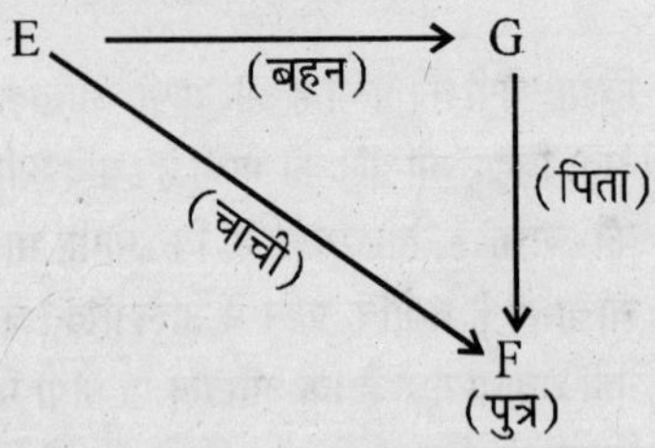

17. (*b*) : M + J का अर्थ है कि 'M, J की पुत्री है'। J ÷ K का अर्थ है कि 'J, K का पुत्र है'।

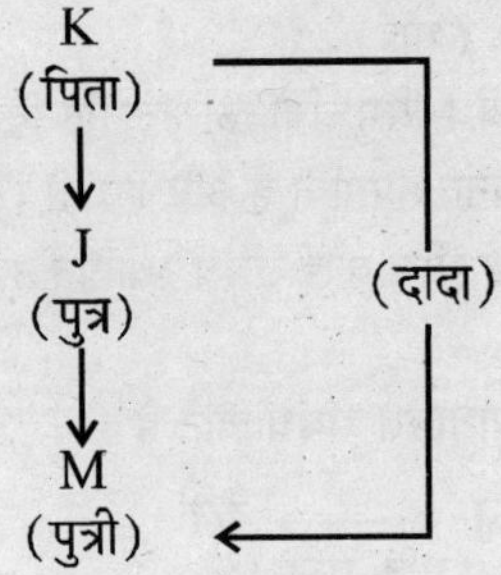

18. (*a*) : N × K का अर्थ है कि 'N, K का भाई है' और 'K + M' का अर्थ है कि 'K, M का पिता है'।

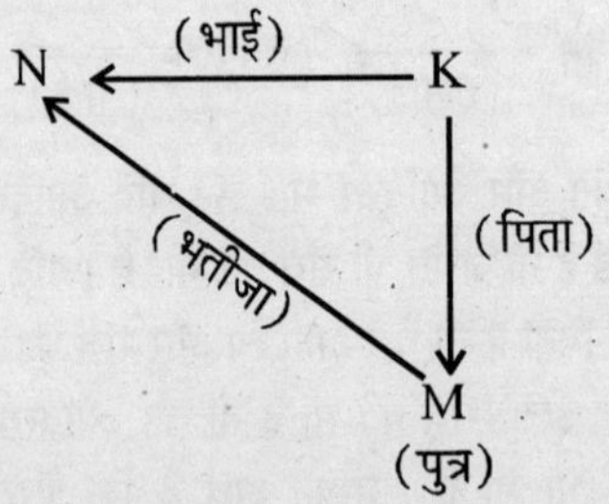

19. (*a*) : R ÷ M का अर्थ है कि 'R, M का पिता है' और M + N का अर्थ है कि M, N की मां है।

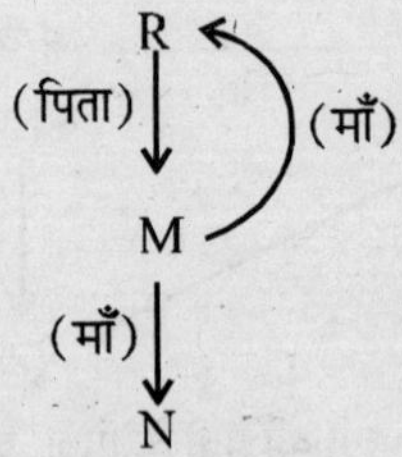

20. (*d*) : बहन के संबंध को व्यक्त करने वाली सूचना अपेक्षित नहीं है।

क्रम व्यवस्था और काल परीक्षण

(ROWS AND RANKS)

इस प्रकार के प्रश्न किसी पंक्ति या लाइन में व्यवस्थित वस्तुओं की संख्या या कुछ छात्रों की एक कक्षा में किसी छात्र के क्रम-स्थान (कोटि) या कक्षा में छात्रों की कुल संख्या ज्ञात करने के लिए कतिपय सरल गणितीय परिकलनों पर आधारित होते हैं।

हल किए गए उदाहरण

1. पेड़ों की किसी पंक्ति में कोई एक पेड़ किसी एक सिरे से आठवें और दूसरे सिरे से तीसरे स्थान पर है। बताइए कि इस पंक्ति में कुल कितने पेड़ हैं?

(*a*) 11 (*b*) 9 (*c*) 10 (*d*) 12

उत्तर (*c*) : इस पंक्ति में पेड़ों की संख्या

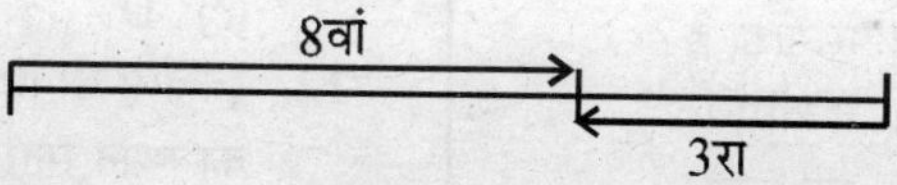

$(8 + 3) - 1 = 10$

2. यदि किसी कक्षा में योग्यता-क्रम में जानकी, पल्लवी से 12 स्थान आगे है और पल्लवी का कक्षा में 15वां स्थान है तथा जानकी का कक्षा में योग्यता-क्रम में चौथा स्थान है तो बताइए कि इस कक्षा में कुल कितने छात्र हैं?

(*a*) 23 (*b*) 27 (*c*) 31 (*d*) 33

उत्तर (*c*) : परिकलन करने पर निम्नलिखित उत्तर प्राप्त होता है :

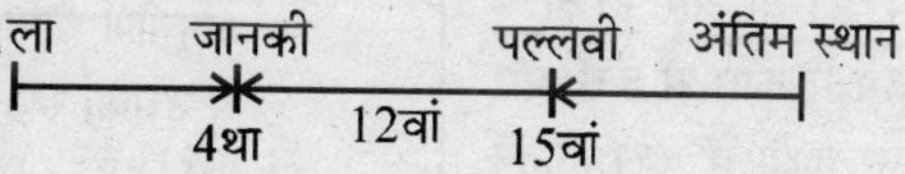

कक्षा में छात्रों की कुल संख्या = 4 + 12 + 15 = 31

अभ्यास

1. पेड़ों की एक पंक्ति में कोई एक पेड़ पंक्ति के दोनों छोरों से पांचवें स्थान पर है। इस पंक्ति में कुल कितने पेड़ हैं?

(*a*) 11 (*b*) 8
(*c*) 10 (*d*) 9

2. 53 छात्रों की एक कक्षा में जया का योग्यता-क्रम में 5 वां स्थान है। कक्षा में योग्यता-क्रम में नीचे से उसका क्रम-स्थान क्या है?

(*a*) 49 वां (*b*) 48 वां
(*c*) 47 वां (*d*) 50 वां

3. पैंसठ छात्रों की एक कक्षा में योग्यता-क्रम में मोहन का क्रम स्थान इक्कीसवां है। यदि योग्यता-क्रम में सबसे नीचे के छात्र का क्रम-स्थान 1 माना जाए तो योग्यता-क्रम में नीचे से मोहन का क्रम-स्थान क्या होगा?

(*a*) 44 वां
(*b*) 45 वां
(*c*) 46 वां
(*d*) दी गई सूचना अपर्याप्त है

4. लड़कों की एक पंक्ति में राहुल दाहिने से 12 वें स्थान पर और बाएं से चौथे स्थान पर खड़ा है। इस पंक्ति में और कितने लड़कों को शामिल करने पर पंक्ति में लड़कों की कुल संख्या 28 हो जाएगी?

(*a*) 12 (*b*) 14
(*c*) 20 (*d*) 13

5. लड़कों की एक पंक्ति में राजन दाहिने से दसवें स्थान पर है और सूरज बाएं से दसवें स्थान पर है। यदि राजन और सूरज आपस में अपना स्थान बदल लें तो सूरज बाएं से सताइसवें स्थान पर आ जाएगा। राजन अब पंक्ति में दाहिने से कितने स्थान पर खड़ा है?

(*a*) दसवें (*b*) छब्बीसवें
(*c*) उन्तीसवें (*d*) सताइसवें

6. 41 छात्रों की एक कक्षा में महेश और सुरेश योग्यता-क्रम में ऊपर से क्रमश: 11 वें और 12 वें स्थान पर हैं। योग्यता-क्रम में नीचे से इनका क्रम-स्थान क्या है?

(*a*) 32 वां और 33 वां (*b*) 29 वां और 30 वां
(*c*) 30 वां और 31 वां (*d*) 31 वां और 30 वां

7. किसी कक्षा में उमा योग्यता-क्रम में ऊपर से 8 वें और नीचे से 37 वें स्थान पर है। इस कक्षा में कुल कितने छात्र हैं?

(*a*) 47 (*b*) 46
(*c*) 45 (*d*) 44

8. एक पंक्ति में सादिक सामने से 14 वें स्थान पर और जोसफ अंत से 17 वें स्थान पर खड़ा है जबकि जेन, सादिक और जोसफ के बीच खड़ा है। यदि सादिक, जोसफ से आगे खड़ा है और पंक्ति में कुल 48 व्यक्ति खड़ें हो, तो सादिक और जेन के बीच पंक्ति में कितने व्यक्ति खड़े हैं?

(*a*) 5 (*b*) 6
(*c*) 7 (*d*) 8

9. किसी कक्षा में वार्षिक परीक्षा में उत्तीर्ण हुए छात्रों में योग्यता-क्रम में रोहन नीचे से सताइसवें स्थान पर और ऊपर से ग्यारहवें स्थान पर आया। यदि वार्षिक परीक्षा में इस कक्षा के 12 छात्र अनुत्तीर्ण घोषित किए गए हों तो परीक्षा में इस कक्षा के कितने छात्र शामिल हुए थे?

(*a*) 48 (*b*) 49
(*c*) 50 (*d*) कहा नहीं जा सकता

10. कुछ लड़के एक पंक्ति में बैठे हैं। P पंक्ति में बाएं से चौदहवें स्थान पर और Q दाहिने से सातवें स्थान पर बैठा है। यदि P और Q के बीच चार लड़के बैठे हों, तो इस पंक्ति में कुल कितने लड़के हैं?

(*a*) 19 (*b*) 21
(*c*) 25 (*d*) 23

11. एक पंक्ति में A, B, C, D और E कुल पांच मकान बने हैं। A, B की दाहिनी ओर, E, C की बायीं ओर और A की दाहिनी ओर अवस्थित है तथा B, D की दाहिनी ओर अवस्थित है। इनमें से कौन-सा मकान बीच में है?

(*a*) B (*b*) A
(*c*) D (*d*) E

12. इकतीस छात्रों की एक कक्षा में योग्यता-क्रम में माधव का स्थान सतरहवां है। योग्यता-क्रम में नीचे से उसका स्थान कितना है?

(*a*) 13 (*b*) 14
(*c*) 15 (*d*) 16

13. 182 छात्रों की एक कक्षा में योग्यता-क्रम में वीणा ऊपर से 73 वें स्थान पर है। यदि वार्षिक परीक्षा में 22 छात्र अनुत्तीर्ण घोषित किए गए हों तो योग्यता-क्रम में नीचे से उसका स्थान कितना है?

(*a*) 88 (*b*) 108
(*c*) 110 (*d*) 90

14. किसी कक्षा में योग्यता-क्रम में राकेश का स्थान ऊपर से नौवां और नीचे से 38 वां है। इस कक्षा में कुल कितने छात्र हैं?

(*a*) 47 (*b*) 45
(*c*) 46 (*d*) 48

15. किसी कक्षा में योग्यता-क्रम में जॉन का स्थान ऊपर से 19 वां और नीचे से 36 वां है। इस कक्षा में कुल कितने छात्र हैं?

(*a*) 53 (*b*) 54
(*c*) 51 (*d*) 50

निर्देश (प्र.सं. 16 और 20): *प्रत्येक दिए गए विकल्पों से उस एक शब्द का चयन करें जिसे प्रश्न में दिए गए शब्द के अक्षरों का प्रयोग करके लिखा नहीं जा सकता।*

16. ROTATION
(*a*) TORN (*b*) NOTE
(*c*) TART (*d*) RAIN

17. INSUFFICIENT
(*a*) ENTICE (*b*) SCENT
(*c*) SUFFICE (*d*) THENCE

18. CATASTROPHE
(*a*) TASTE (*b*) CHEAP
(*c*) POUCH (*d*) STARE

19. MASTERPIECE
(*a*) MINCE (*b*) TRAMP
(*c*) PESTER (*d*) SPRITE

20. PROGNOSTICATION
(*a*) RONTGEN (*b*) SPITOON
(*c*) ROGATION (*d*) START

निर्देश (प्र.सं. 21 और 25): *यहाँ प्रत्येक प्रश्न में दिए गए विकल्पों से उस एक शब्द का चयन करें जिसे प्रश्न के आरंभ में दिए गए शब्द के अक्षरों का प्रयोग करके लिखा जा सकता है।*

21. INVESTIGATE
(*a*) INVERT (*b*) GLIDE
(*c*) STING (*d*) ACTED

22. ADVENTURE
(*a*) AWARE (*b*) EVENT
(*c*) TRUCE (*d*) DRIED

23. THANKSGIVING
(*a*) AVENGE (*b*) HAUNTS
(*c*) GRAINS (*d*) SAVING

24. BLANDISHMENT
(*a*) BOARD (*b*) METAL
(*c*) SHAPE (*d*) CRASH

25. UNDISCHARGED
(*a*) CHANGED (*b*) DISARMED
(*c*) GROUNDED (*d*) SHARPEN

व्याख्यात्मक उत्तर

1. (*d*):

पंक्ति में पेड़ों की कुल संख्या = (5 + 5) –1 = 9

2. (*a*) :

योग्यता–क्रम में नीचे से जया का स्थान
= (53 – 5) +1 = 49 वां

3. (*b*) :

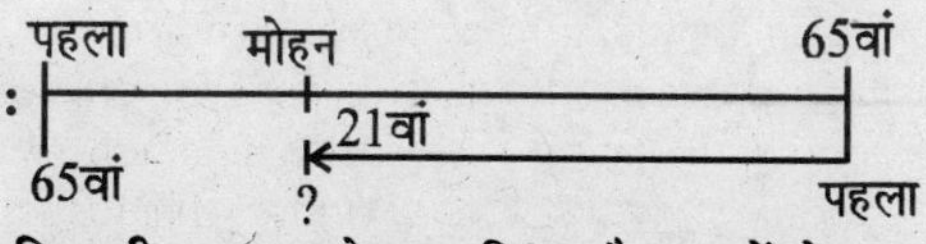

टिप्पणी : प्रश्न पूछने का अभिप्राय है कक्षा में योग्यता–क्रम में नीचे से मोहन का स्थान जानना।

मोहन का स्थान है = (65 – 21) +1 = 45 वां

4. (*d*) :

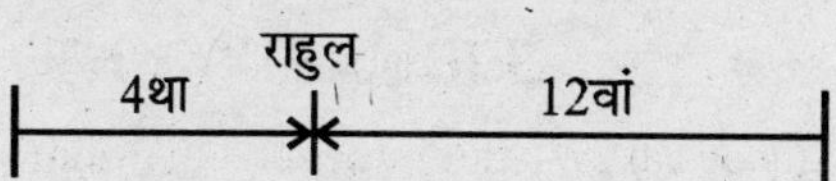

पंक्ति में लड़कों की कुल संख्या :
(4 + 12) – 1 = 15

पंक्ति में लड़कों की कुल संख्या 28 करने के लिए इसमें (28 –15) अर्थात् 13 लड़कों को शामिल करने की आवश्यकता है।

5. (*d*) :

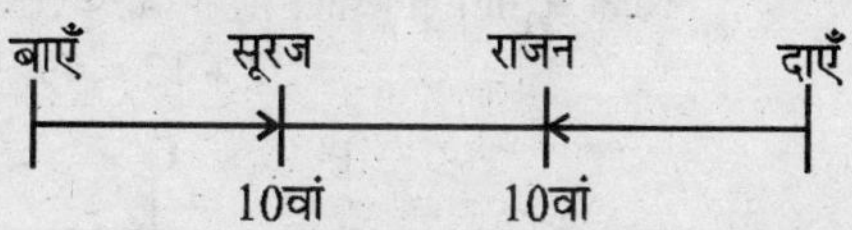

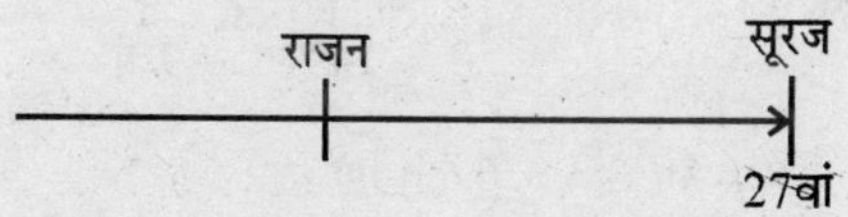

चूंकि लड़कों का क्रम–स्थान दोनों छोरों से समान है, अतः स्थान बदलने के बाद राजन का क्रम स्थान दाहिने से 27 वां होगा।

6. (*d*) :

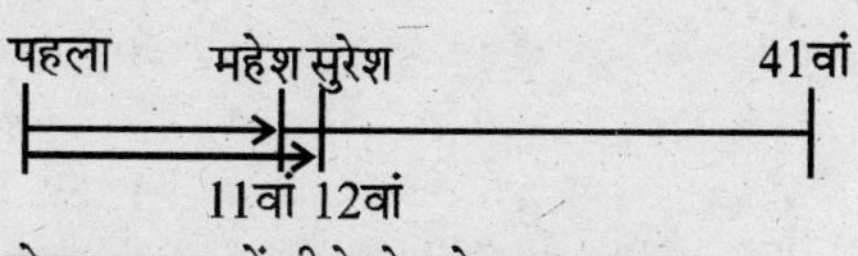

योग्यता–क्रम में नीचे से महेश का स्थान
= (41 – 11) + 1 = 31 वां

योग्यता–क्रम में नीचे से सुरेश का स्थान
= (41 – 12) +1 = 30 वां

7. (*d*) :

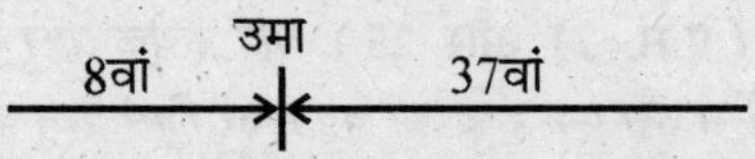

कक्षा में छात्रों की कुल संख्या

$= (8 + 37) - 1 = 44$

8. (*d*) :

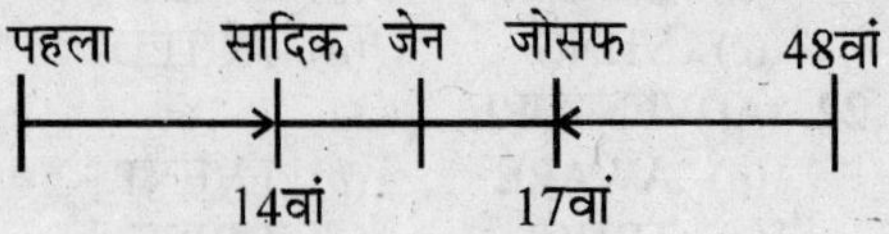

अंत से सादिक का क्रम स्थान :

$(48 - 14) + 1 = 35$ वां

सादिक और जोसफ के बीच व्यक्तियों की संख्या

$= (35 - 17) - 1 = 17$

जेन, सादिक और जोसफ के बीच में है, अर्थात् वह दोनों लड़कों से नौवें स्थान पर है।

∴ सादिक और जेन के बीच 8 व्यक्ति हैं।

टिप्पणी : $(8 + 8) - 1 = 17$

9. (*b*) :

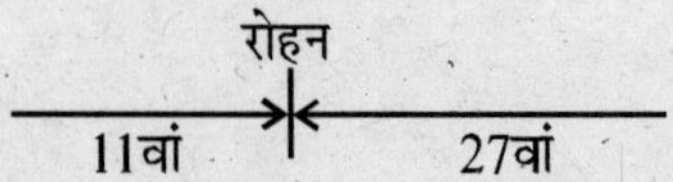

परीक्षा में उत्तीर्ण होने वाले छात्रों की संख्या

$= (11 + 27) - 1 = 37$

परीक्षा में अनुत्तीर्ण हुए छात्रों की संख्या = 12

परीक्षा में भाग लेने वाले छात्रों की कुल संख्या

$= 37 + 12 = 49.$

10. (*c*) :

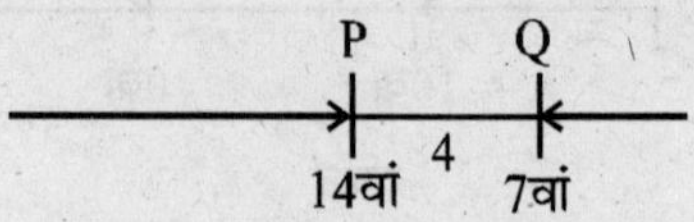

पंक्ति में लड़कों की संख्या

$= (14 + 4 + 7) = 25$

11. (*b*) : पंक्ति में अवस्थित मकान निम्नलिखित क्रम में हैं : DBAEC

12. (*c*) :

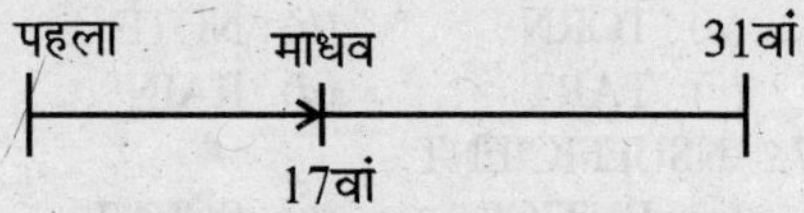

योग्यता-क्रम में नीचे से माधव का स्थान है :

$(31 - 17) + 1 = 15$ वां

13. (*a*) :

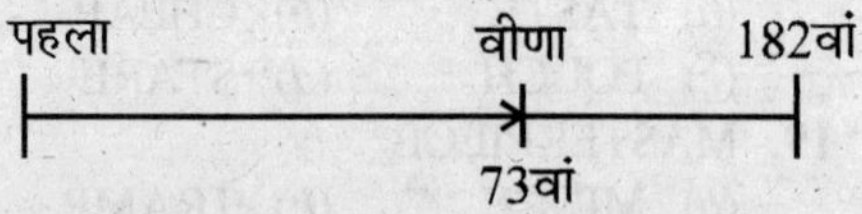

अनुत्तीर्ण हुए छात्रों की संख्या 22 है।

उत्तीर्ण हुए छात्रों की संख्या = 182–22 = 160.

अत: योग्यता-क्रम में नीचे से वीणा का क्रम स्थान है :

$= (160 - 73) + 1 = 88$ वां

14. (*c*) :

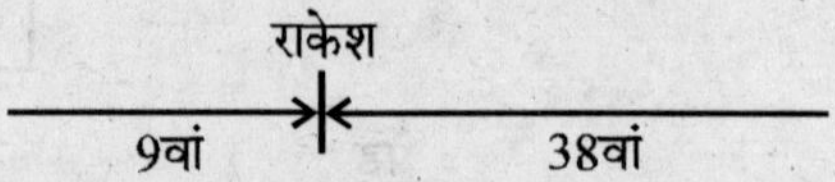

कक्षा में छात्रों की कुल संख्या $= (9 + 38) - 1 = 46$

15. (*b*) :

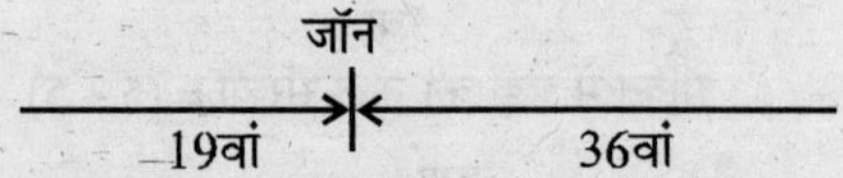

कक्षा में छात्रों की कुल संख्या $= (19 + 36) - 1 = 54$

16. (*b*)	**17. (*d*)**	**18. (*c*)**	**19. (*a*)**	**20. (*a*)**
21. (*c*)	**22. (*b*)**	**23. (*d*)**	**24. (*b*)**	**25. (*a*)**

प्रतीक (चिह्न) प्रतिस्थापन
(SYMBOL SUBSTITUTION)

इस प्रकार के प्रश्नों को हल करना अत्यधिक सरल है। ऐसे प्रश्नों को हल करने की एकमात्र अपेक्षा यह है कि उम्मीदवार दिए गए प्रतीकों या चिह्नों को प्रतिस्थापित करने और परिकलन की विद्या में पारंगत हों और अत्यधिक त्वरित गति से दिए गए प्रश्नों का हल ज्ञात कर सके। इस श्रेणी में पूछे गए कुछ सामान्य प्रकार के प्रश्न नीचे हल किए गए हैं।

हल किए गए उदाहरण

1. यदि '+' का अर्थ '×' हो, '×' का अर्थ '÷' हो, '÷' का अर्थ '–' हो और '–' का अर्थ '+' हो, तो $2 - 8 \times 2 + 6 \div 7$ का मान क्या होगा ?

(*a*) 32 (*b*) 19 (*c*) 23 (*d*) 9

उत्तर (*b*) : दिए गए व्यंजक में गणितीय चिह्नों को प्रतिस्थापित करने पर नया व्यंजक होगा :

$2 + 8 \div 2 \times 6 - 7$

इस व्यंजक को हल करने के निम्नलिखित चरण होंगे :

$2 + 4 \times 6 - 7$

$2 + 24 - 7$

$26 - 7 = 19$

2. यदि '▲' का अर्थ '+' हो,
'■' का अर्थ '–' हो,
'●' का अर्थ '÷' हो,
'∗' का अर्थ '×' हो, तो
13 ▲ 5 ∗ 20 ● 10 ■ 9 = ?

(*a*) 26 (*b*) 37 (*c*) 14 (*d*) 55

उत्तर (*c*) : चिह्नों को प्रतिस्थापित करने पर प्राप्त हुआ नया व्यंजक है :

$13 + 5 \times 20 \div 10 - 9$

इस व्यंजक को हल करने के चरण होंगे :

$13 + 5 \times 2 - 9$

$13 + 10 - 9$

$23 - 9 = 14$

अभ्यास

1. यदि "+" का अर्थ "–" हो; "–" का अर्थ "×" हो; "×" का अर्थ "÷" हो और "÷" का अर्थ "+" हो, तो $15 \times 5 \div 10 + 5 - 3 = ?$
(a) 9.5 (b) 0
(c) – 2 (d) 24

2. यदि "+" का अर्थ "–" हो; "–" का अर्थ "×" हो; "×" का अर्थ "÷" हो; और "÷" का अर्थ "+" हो, तो $15 \times 3 \div 15 + 5 - 2 = ?$
(a) 0 (b) 10
(c) 20 (d) 6

3. यदि "+" का अर्थ "÷" हो; "×" का अर्थ "–" हो; "÷" का अर्थ "+" हो और "–" का अर्थ "×" हो, तो $16 \div 8 \times 6 - 2 + 12 = ?$
(a) 22 (b) 24
(c) 23 (d) 20

4. यदि "+" का अर्थ "×" हो; "–" का अर्थ "÷" हो; "×" का अर्थ "–" हो और "÷" का अर्थ "+" हो, तो $5 + 8 - 4 \times 2 \div 9 = ?$
(a) 15 (b) 13
(c) 17 (d) 11

5. यदि × का आशय जोड़ की संक्रिया से हो, ÷ का आशय घटाव की संक्रिया से हो, + का आशय गुणा की संक्रिया से हो और – का आशय भाग की संक्रिया से हो तो $(20 \times 6 \div 6 \times 4)$ निम्नलिखित में से किसके बराबर है?
(a) 5 (b) 24
(c) 25 (d) 80

6. यदि A + B > C + D, B + E = 2 C और C + D > B + E हो, तो इसका निश्चित अर्थ यह है कि :
(a) A > C (b) A + B > 2D
(c) A + B > 2C (d) A + B > 2E

7. यदि A + D > C + E, C + D = 2B और B + E > C + D हो, तो इसका निश्चित अर्थ यह है कि :
(a) A + D > B + E (b) A + D > B + C
(c) A + B > 2D (d) B + D > C + E

8. यदि "+" का अर्थ "÷" हो; "÷" का अर्थ "–" हो; "–" का अर्थ "×" हो और "×" का अर्थ "+" हो, तो $10 \div 2 - 15 + 3 \times 5 = ?$
(a) 10 (b) 15
(c) 25 (d) 5

9. यदि × का आशय 'जोड़' की संक्रिया से हो, < का आशय 'घटाव' की संक्रिया से हो, + का आशय 'भाग' की संक्रिया से हो, > का आशय 'गुणा' की संक्रिया से हो, – का आशय 'बराबर' हो, ÷ का आशय 'बड़ा होना' हो और = का आशय 'छोटा होना' हो तो बताइए कि निम्नलिखित में से कौन-सा विकल्प सत्य है?
(a) $5 \times 3 < 7 \div 8 + 4 \times 1$
(b) $3 \times 4 > 2 - 9 + 3 < 3$
(c) $5 > 2 + 2 = 10 < 4 \times 8$
(d) $3 \times 2 < 4 \div 16 > 2 + 4$

10. यदि → का आशय 'घटाव' की संक्रिया से हो, ← का आशय 'जोड़' की संक्रिया से हो, ↑↑ का आशय 'गुणा' की संक्रिया से हो; ↓↓ का आशय 'भाग' की संक्रिया से हो, ↔ का आशय 'बड़ा होना' हो और ←→ का आशय 'बराबर' हो तो निम्नलिखित में से कौन-सा विकल्प सत्य है?
(a) $4 \leftarrow 6 \uparrow\uparrow 2 \longleftrightarrow 3 \rightarrow 12 \leftarrow 12$
(b) $10 \downarrow\downarrow 5 \uparrow\uparrow 5 \longleftrightarrow 9 \rightarrow 3 \leftarrow 4$
(c) $15 \uparrow\uparrow 2 \rightarrow 5 \longleftrightarrow 12 \downarrow\downarrow 4 \leftarrow 3$
(d) $13 \downarrow\downarrow 13 \leftarrow 1 \leftrightarrow 20 \rightarrow 5 \uparrow\uparrow 2$

11. यदि "+" का अर्थ "÷" हो; "×" का अर्थ "–" हो; "÷" का अर्थ "×" हो और "–" का अर्थ "+" हो, तो निम्नलिखित व्यंजक का मान क्या होगा?
$9 + 3 \div 4 - 8 \times 2 = ?$
(a) $6\frac{3}{4}$ (b) $-1\frac{3}{4}$
(c) $-6\frac{1}{4}$ (d) 18

12. यदि "–" का अर्थ "÷" हो; "+" का अर्थ "×" हो; "÷" का अर्थ "–" हो और "×" का अर्थ "+" हो, तो निम्नलिखित में से कौन-सा विकल्प निश्चित ही सत्य है?
(a) $1 \div 2 + 3 \times 6 - 8 = 12$
(b) $2 + 3 - 5 \times 8 \div 4 = 7$
(c) $5 + 6 \times 8 - 2 \div 3 = 31$
(d) $6 \div 1 + 2 - 8 \times 4 = 31$

13. निम्नलिखित समीकरण के रिक्त स्थानों में नीचे दिए गए विकल्पों में से किस विकल्प के चिह्नों को प्रतिस्थापित किया जाएगा?

$9 \ldots 8 \ldots 8 \ldots 4 \ldots 9 = 65$

(*a*) $- + \times \div$ (*b*) $\div \times + -$

(*c*) $\div + \times -$ (*d*) $\times + \div -$

14. यदि '✳' का अर्थ '×', 'Δ' का अर्थ '÷', '□' का अर्थ '–', '●' का अर्थ '+', 'α' का अर्थ '=' और 'β' का अर्थ '≠', हो, तो निम्नलिखित में से कौन–सा समीकरण सही है?

(*a*) 2 □ 10 ✳ 4 Δ 5 α 5 ● 12 Δ 6

(*b*) 27 Δ 9 ● 6 β 3 ✳ 6 □ 9

(*c*) 4 Δ 2 ✳ 0 α 7 Δ 1 ✳ 0

(*d*) 5 ● 6 Δ 3 □ 2 α 8 Δ 4 ✳ 3

15. यदि दिए गए चिह्नों + और – को एक दूसरे के स्थान पर रखा जाए तो निम्नलिखित में से कौन–सा समीकरण सही होगा?

(*a*) $2 + 7 - 8 = 3$

(*b*) $3 - 1 + 4 = 2$

(*c*) $9 + 3 - 5 = 7$

(*d*) $6 + 3 - 8 = 5$

16. नीचे दिए गए समीकरण में किन चिह्नों को एक दूसरे के स्थान पर रखने पर समीकरण सत्य होगा?

$25 \div 5 + 17 \times 2 - 6 = 10$

(*a*) ÷ और – (*b*) + और –

(*c*) × और – (*d*) ÷ और +

17. यदि निम्नलिखित समीकरण में + और × चिह्नों को एक दूसरे के स्थान पर रख दिया जाए, तो निम्नलिखित में से कौन–सा समीकरण सही होगा?

(*a*) $7 \times 5 + 3 = 20$ (*b*) $4 + 9 \times 1 = 42$

(*c*) $6 \times 5 + 8 = 46$ (*d*) $2 + 11 \times 4 = 28$

18. यदि 'a' का आशय '÷' हो, 'b' का आशय '×' हो, 'c' का आशय '+' है और 'd' का आशय '–', हो, तो

5 c 20 a 4 b 2 d 10 = ?

(*a*) 5 (*b*) 10

(*c*) 15 (*d*) 20

19. यदि '□' का अर्थ '>' हो, 'Δ' का अर्थ '<' हो, 'ϕ' का अर्थ '=' हो, '∥' का अर्थ '≠' हो और दिया गया हो कि

A□C, BΔD और C□D, तो

(*a*) B Δ C (*b*) C Δ A

(*c*) A Δ B (*d*) D ϕ C

20. यदि '× और ÷' के चिह्नों को एक दूसरे के स्थान पर रखा जाए और इसी प्रकार '2 और 4' के अंकों को भी एक दूसरे के स्थान पर रखा जाए तो निम्नलिखित में से कौन–सा समीकरण सत्य है?

(*a*) $4 - 6 \times 3 + 1 \div 2 = 7$

(*b*) $2 \times 4 + 5 \div 1 - 6 = 3$

(*c*) $4 \div 3 - 8 + 16 \times 2 = 1$

(*d*) $5 \times 5 + 4 - 8 \div 2 = -29$

व्याख्यात्मक उत्तर

1. (*c*) : $15 \div 5 + 10 - 5 \times 3$
$3 + 10 - 15 = -2$

2. (*b*) : $15 \div 3 + 15 - 5 \times 2$
$5 + 15 - 10 = 10$

3. (*c*) : $16 + 8 - 6 \times 2 \div 12$
$16 + 8 - 1 = 23$

4. (*c*) : $5 \times 8 \div 4 - 2 + 9$
$10 - 2 + 9 = 17$

5. (*b*) : $20 + 6 - 6 + 4 = 24$

6. (*c*) : $A + B > C + D > B + E$ or $2C$
$\therefore A + B > 2C$

7. (*b*) : 1. $A + D > C + E$
2. $B + E > C + D$ or $2B$
चूँकि 1 और 2 के बीच संबंध स्पष्ट नहीं है, तथापि यह निश्चित है कि $A + D > B + C$.

8. (*d*) : $10 - 2 \times 15 \div 3 + 5$
$10 - 10 + 5 = 5$

9. (*c*) : (*a*) $5 + 3 - 7 > 8 \div 4 + 1$
$1 > 3$
(*b*) $3 + 4 \times 2 = 9 \div 3 - 3$
$11 = 0$
(*c*) $5 \times 2 \div 2 < 10 - 4 + 8$
$5 < 14$
(*d*) $3 + 2 - 4 > 16 \times 2 \div 4$
$1 > 8$

10. (*b*) : (*a*) $4 + 6 \times 2 = 3 - 12 + 12$
$16 = 3$
(*b*) $10 \div 5 \times 5 = 9 - 3 + 4$
$10 = 10$
(*c*) $15 \times 2 - 5 = 12 \div 4 + 3$
$25 = 6$
(*d*) $13 \div 13 + 1 > 20 - 5 \times 2$
$2 > 10$

11. (*d*) : $9 \div 3 \times 4 + 8 - 2$
$12 + 8 - 2 = 18$

12. (*c*) : (*a*) $1 - 2 \times 3 + 6 \div 8 = 12$
$\frac{-17}{4} = 12$
(*b*) $2 \times 3 \div 5 + 8 - 4 = 7$
$\frac{26}{5} = 7$
(*c*) $5 \times 6 + 8 \div 2 - 3 = 31$
$31 = 31$
(*d*) $6 - 1 \times 2 \div 8 + 4 = 31$
$\frac{-39}{4} = 31$

13. (*d*) : (*a*) $9 - 8 + 8 \times 4 \div 9 = 65$
($8 \times 4 \div 9$ का उत्तर भिन्न रूप में प्राप्त होता है। चूँकि परिणाम 65 एक पूर्णांक है, अत: आगे परिकलन की आवश्यकता नहीं है।)
(*b*) $9 \div 8 \times 8 + 4 - 9 = 65$
$9 + 4 - 9$ अर्थात् $4 = 65$
(*c*) $9 \div 8 + 8 \times 4 - 9 = 65$
($9 \div 8$ का परिणाम भिन्न रूप में प्राप्त होता है)
(*d*) $9 \times 8 + 8 \div 4 - 9 = 65$
$72 + 2 - 9$ अर्थात् $65 = 65$

14. (*c*) : हल समीकरण होंगे :
(*a*) $2 - 10 \times 4 \div 5 = 5 + 12 \div 6$
$2 - 8 = 5 + 2$
$-6 = 7$ जो गलत है
(*b*) $27 \div 9 + 6 \neq 3 \times 6 - 9$
$3 + 6 \neq 18 - 9$
$9 \neq 9$ जो गलत है
(*c*) $4 \div 2 \times 0 = 7 \div 1 \times 0$
$2 \times 0 = 7 \times 0$
$0 = 0$ जो सही है
(*d*) $5 + 6 \div 3 - 2 = 8 \div 4 \times 3$
$5 = 6$ जो गलत है

15. (*a*) : चिह्नों को एक दूसरे के स्थान पर रखने पर प्राप्त समीकरण होगा :
(*a*) $2 - 7 + 8 = 3$ जो सही है
(*b*) $3 + 1 - 4 = 0$
(*c*) $9 - 3 + 5 = 11$
(*d*) $6 - 3 + 8 = 11$

16. (*c*) : चिह्नों को बदलने पर प्राप्त समीकरण होगा :
(*a*) $25 - 5 + 17 \times 2 \div 6$
$25 - 5 + \frac{17}{3}$ (प्राप्त उत्तर एक भिन्न होगा जबकि 10 एक पूर्णांक है, अत: आगे और परिकलन की आवश्यकता नहीं है।)
(*b*) $25 \div 5 - 17 \times 2 + 6$
$5 - 34 + 6 = -23$ जो गलत है
(*c*) $25 \div 5 + 17 - 2 \times 6$
$5 + 17 - 12 = 10$ जो सही है
(*d*) $25 + 5 \div 17 \times 2 - 6$ ($5 \div 17$ प्राप्त उत्तर (*a*) के समान ही एक भिन्नात्मक संख्या के रूप में होगा)

17. (*c*) : चिह्नों को एक दूसरे के स्थान पर रखने पर दिया गया समीकरण है :
(*a*) $7 + 5 \times 3 = 22$ जो गलत है
(*b*) $4 \times 9 + 1 = 37$ जो गलत है
(*c*) $6 + 5 \times 8 = 46$ जो सही है
(*d*) $2 \times 11 + 4 = 26$ जो गलत है

18. (*a*) : $5 + 20 \div 4 \times 2 - 10$
$5 + 10 - 10 = 5$

19. (*b*) : दिया गया है कि $A > C$, $B < D$ और $C > D$ अर्थात् $A > C > D$ और $B < D$
(*a*) $B > D$ जो गलत है
(*b*) $C < A$ जो सही है
(*c*) $A < B$ जो सही है या गलत, इसका निर्णय नहीं किया जा सकता
(*d*) $D \neq C$ जो गलत है

20. (*d*) : चिह्नों और संख्याओं को निर्देशानुसार बदलने पर नया समीकरण होगा :
(*a*) $2 - 6 \div 3 + 1 \times 4$
$2 - 2 + 4 = 4$ जो गलत है
(*b*) $4 \div 2 + 5 \times 1 - 6$
$2 + 5 - 6 = 1$ जो गलत है
(*c*) $2 \times 3 - 8 + 16 \div 4$
$6 - 8 + 4 = 2$ जो गलत है
(*d*) $5 \div 5 + 2 - 8 \times 4$
$1 + 2 - 32 = -29$ जो सही है

कृत्रिम मान और लुप्त संख्याएँ

(ARTIFICIAL VALUES AND MISSING NUMBERS)

इस प्रकार के प्रश्नों को हल करने के लिए संख्या संबंधी प्रश्नों को हल करने में निपुणता और गणितीय कौशल का होना अपेक्षित है। उत्तर प्राप्त करने के लिए अभ्यर्थियों के लिए यह अपेक्षित है कि वे अंकगणितीय चिह्नों या प्रतीकों के सही संयोजन का चयन करें जिसे दिए गए प्रश्नों में प्रश्न चिह्न के स्थान पर प्रतिस्थापित किया जा सके।

हल किए गए उदाहरण

1. यहाँ प्रश्न में दिए गए प्रश्न चिह्न (?) के स्थान पर प्रतिस्थापित करने के लिए सही विकल्प का चयन करें :

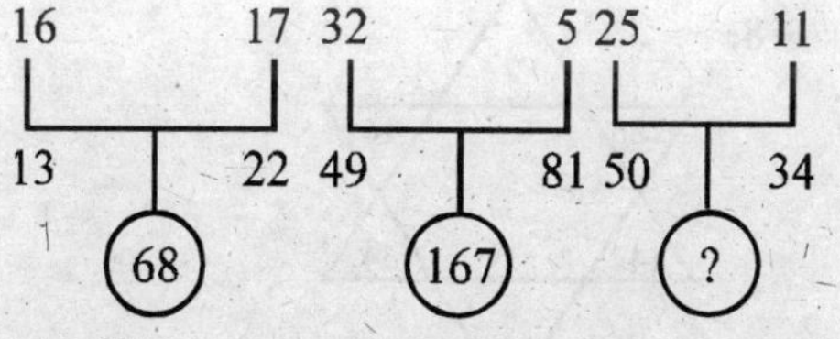

(*a*) 65 (*b*) 120 (*c*) 116 (*d*) 192

उत्तर (*b*) : गोल घेरे के भीतर दी गई संख्या शेष चार संख्याओं का योग है, अर्थात्

$16 + 17 + 13 + 22 = 68$

$32 + 5 + 49 + 81 = 167$, इसी प्रकार

$25 + 11 + 50 + 34 = 120$

2. यहाँ प्रश्न चिह्न के स्थान पर विकल्पों में दी गई कौन–सी संख्या आएगी ?

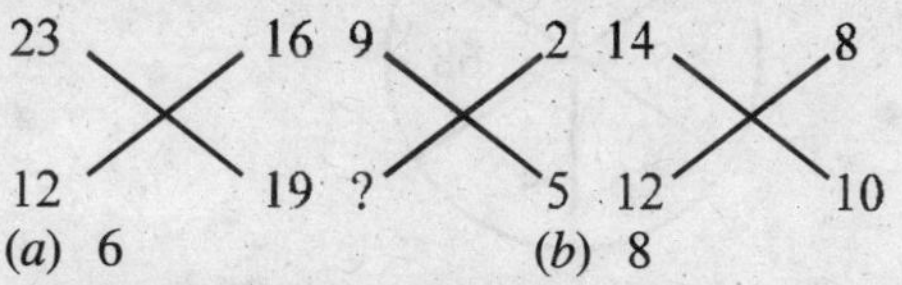

(*a*) 6 (*b*) 8 (*c*) 7 (*d*) 3

उत्तर (*a*) : दो सम्मुख संख्याओं का अंतर 4 है, अर्थात्

$23 - 19 = 4$ और $16 - 12 = 4$

$14 - 10 = 4$ और $12 - 8 = 4$, इसी प्रकार

$9 - 5 = 4$ और $6 - 2 = 4$.

इस प्रकार के प्रश्नों में सही उत्तर ज्ञात करने का कोई निश्चित नियम नहीं है। सही उत्तर प्राप्त करने के विभिन्न तरीकों के बारे में जानने के लिए नीचे दिए गए अभ्यास में निहित प्रश्नों का हल ज्ञात करने का प्रयास करें।

अभ्यास

निर्देश (प्र.सं. 1–10): *नीचे दिए गए प्रत्येक प्रश्न में बताएँ कि प्रश्न चिह्न (?) के स्थान पर कौन–सी संख्या रखी जा सकती है?*

1. 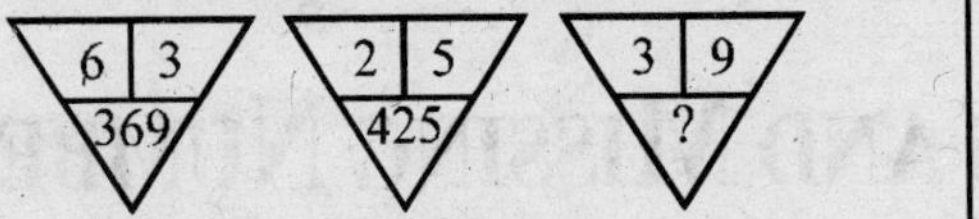

(*a*) 693 (*b*) 939
(*c*) 981 (*d*) 993

2. 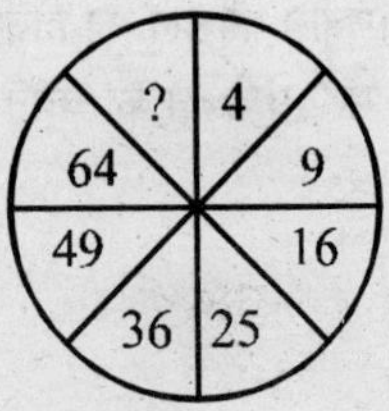

(*a*) 68 (*b*) 100
(*c*) 72 (*d*) 81

3. 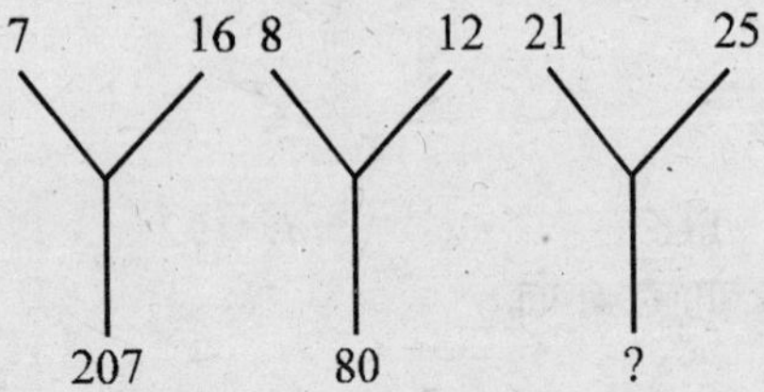

(*a*) 425 (*b*) 184
(*c*) 241 (*d*) 210

4. 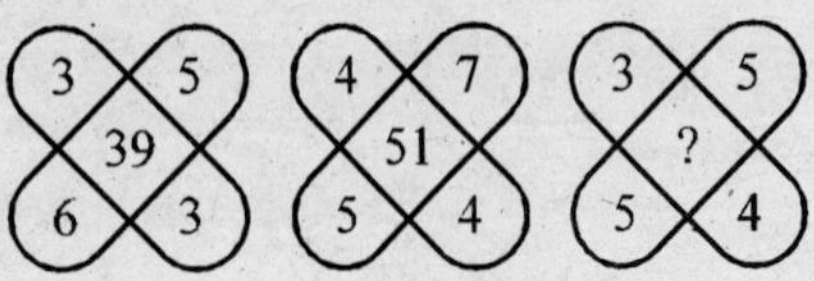

(*a*) 35 (*b*) 37
(*c*) 45 (*d*) 48

5. 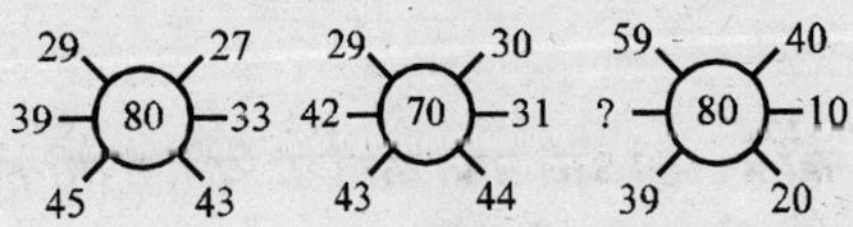

(*a*) 69 (*b*) 49
(*c*) 50 (*d*) 60

6. 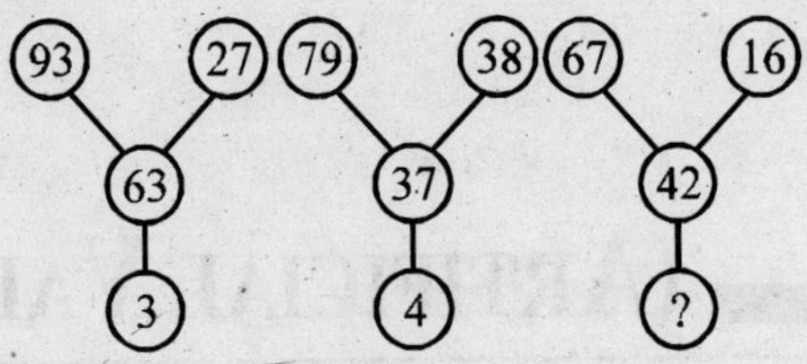

(*a*) 5 (*b*) 6
(*c*) 8 (*d*) 9

7. 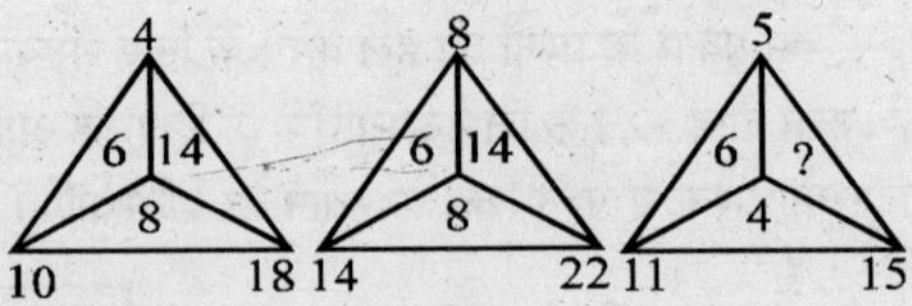

(*a*) 8 (*b*) 14
(*c*) 10 (*d*) 6

8. 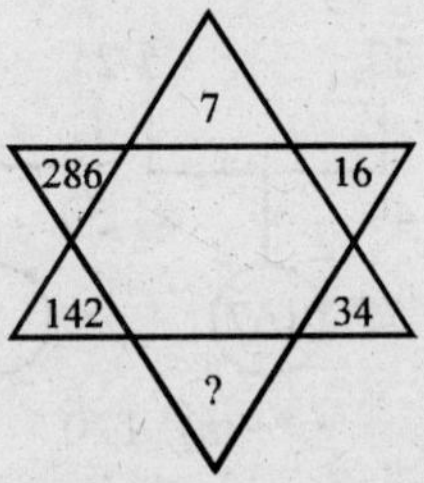

(*a*) 70 (*b*) 68
(*c*) 56 (*d*) 92

9. 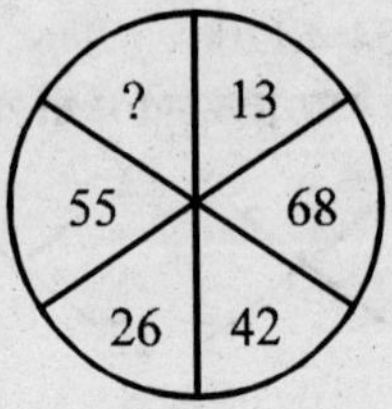

(*a*) 41 (*b*) 37
(*c*) 29 (*d*) 25

10. 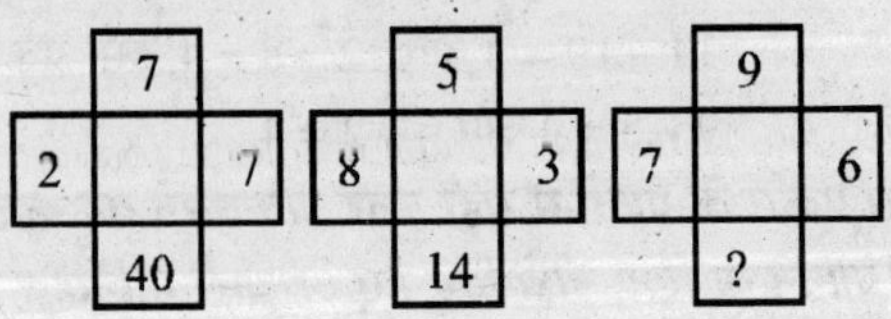

(*a*) 72 (*b*) 68
(*c*) 82 (*d*) 96

व्याख्यात्मक उत्तर

1. (*c*) : उलटे बने त्रिभुज के ऊपरी भाग के दोनों खानों में दी गई संख्याओं के वर्ग को एक दूसरे की बगल में रखने पर त्रिभुज के निचले शीर्ष की संख्या प्राप्त होती है, अर्थात्

6^2 और $3^2 = 369$

2^2 और $5^2 = 425$, इसी प्रकार

3^2 और $9^2 = 981$.

2. (*d*) : 4 से आरंभ करके प्रत्येक अनुवर्ती संख्या क्रमागत प्राकृतिक संख्या का वर्ग है। अर्थात् $2^2 = 4, 3^2 = 9, 4^2 = 16, \ldots 9^2 = 81$

3. (*b*) : नीचे की संख्या ऊपर की दोनों संख्याओं के वर्गों का अंतर है, अर्थात्

$16^2 - 7^2 = 256 - 49 = 207$

$12^2 - 8^2 = 144 - 64 = 80$, इसी प्रकार

$25^2 - 21^2 = 625 - 441 = 184$

4. (*b*) : बीच की संख्या विकर्णतः सम्मुख संख्याओं के गुणनफलों का योग है, अर्थात्

$(3 \times 3) + (5 \times 6) = 39$

$(4 \times 4) + (7 \times 5) = 51$, इसी प्रकार

$(3 \times 4) + (5 \times 5) = 37$

5. (*a*) : किसी भी एक आकृति में सरेखीय तीनों संख्याओं का योगफल समान है, अर्थात्

$29 + 80 + 43$ या $39 + 80 + 33$

या $45 + 80 + 27 = 152$

$29 + 70 + 44$ या $42 + 70 + 31$

या $43 + 70 + 30 = 143$, इसी प्रकार

$59 + 80 + 20$ या $39 + 80 + 40 = 159$.

अतः लुप्त संख्या है :

$$159 - (80 + 10) = 69$$

6. (*d*) : प्रत्येक आकृति में दाहिने और बीच के घेरों की संख्याओं के योगफल को बायीं ओर के घेरे की संख्या से घटाने पर आकृति में सबसे नीचे के घेरे की संख्या प्राप्त होती है, अर्थात्

$93 - (27 + 63) = 3$

$79 - (38 + 37) = 4$, इसी प्रकार

$67 - (16 + 42) = 9$

7. (*c*) : प्रत्येक त्रिभुजाकार आकृति के भीतर बने प्रत्येक त्रिभुज में आधार पर स्थित संख्याओं का अंतर त्रिभुज के भीतर स्थित संख्या के बराबर है, अर्थात्

$10 - 4 = 6$, $18 - 4 = 14$ और $18 - 10 = 8$

$14 - 8 = 6$, $22 - 8 = 14$ और $22 - 14 = 8$, इसी प्रकार

$11 - 5 = 6$, $15 - 5 = 10$ और $15 - 11 = 4$.

8. (*a*) : दी गई आकृति में 7 की संख्या से आरंभ करके दक्षिणावर्त अगली संख्या पहली संख्या के दोगुने से 2 अधिक है, अर्थात्

$(7 \times 2) + 2 = 16$

$(16 \times 2) + 2 = 34 \ldots$, इसी प्रकार

$(34 \times 2) + 2 = 70$

$(70 \times 2) + 2 = 142$

$(142 \times 2) + 2 = 286$

9. (*c*) : दी गई आकृति में सम्मुख त्रिज्यखंडों में दी गई संख्याओं का अंतर 13 है, अर्थात्

$26 - 13 = 13$

$68 - 55 = 13$, इसी प्रकार

अतः लुप्त संख्या है : $42 - 13 = 29$

($42 + 13 = 55$ विकल्पों में नहीं दिया गया है)

10. (*b*) : प्रत्येक आकृति में मध्यस्थ ग्रिड रेखा में दी गई संख्याओं के योगफल को ऊपर स्थित संख्या के वर्ग से घटाने पर आकृति में नीचे की संख्या प्राप्त होती है, अर्थात्

$7^2 - (2 + 7) = 40$

$5^2 - (8 + 3) = 14$, इसी प्रकार

$9^2 - (7 + 6) = 68$

अक्षर–अंक व्यवस्थापक मशीन संबंधी प्रश्न

(PROBLEMS BASED ON ENGLISH ALPHABET)

अंग्रेजी वर्णमाला पर आधारित प्रश्नों को हल करना अत्यधिक सरल है। इस प्रकार के प्रश्न वर्णमाला के सीधे क्रम में और साथ ही उलटे क्रम में भी दी गई शृंखलाओं पर आधारित होते हैं।

अंग्रेजी वर्णमाला का सीधा क्रम (Natural Order)

A B C D E F G H I J K L M N O P Q R S T U V W X Y Z

अंग्रेजी वर्णमाला का उलटा क्रम (Reverse Order)

Z Y X W V U T S R Q P O N M L K J I H G F E D C B A

शृंखला Z पर पहुँचने के बाद A से पुनः आरंभ होती है और उलटे क्रम में A पर पहुँचने के बाद Z से पुनः आरंभ होती है। इस शृंखला में A E I O U स्वर और शेष अक्षर व्यंजन कहलाते हैं।

हल किए गए उदाहरण

1. यदि वर्णमाला के पहले दस अक्षरों को उलटे क्रम में लिखा जाए तो निम्नलिखित में से कौन–सा अक्षर उस शृंखला के दाहिने छोर से बारहवें अक्षर की बायीं ओर का सातवाँ अक्षर होगा?

A B C D E F G H I J K L M N O P Q R S T U V W X Y Z

(*a*) H (*b*) C (*c*) I (*d*) B

उत्तर (*b*) : वर्णमाला के सीधे क्रम में दी गई शृंखला में पहले दस अक्षरों को उलटे क्रम में लिखने पर निम्नलिखित शृंखला प्राप्त होगी :

JIHGFEDCBAKLMNOPQRSTUVWXYZ

7th 12th

'Z' से गिनना आरंभ करने पर दाहिने छोर से बारहवाँ अक्षर 'O' है और 'O' की बायीं ओर का 7वाँ अक्षर 'C' है।

2. अक्षरों की निम्नलिखित सूची में ऐसे कितने D हैं जिनके ठीक बाद F है किंतु ठीक पहले E नहीं है?

X M N D F P R S T D D F O C E D F B T E D K

(*a*) 4 (*b*) 3 (*c*) 2 (*d*) 1

उत्तर (*c*) : जिन D के ठीक बाद 'F' है किंतु ठीक पहले 'E' नहीं है, वे हैं :

X M N D F P R S T D D F O C E D F B T E D K

अभ्यास

निर्देश (प्र.सं. 1–20): *निम्नलिखित प्रश्न वर्णमाला के सीधे या उलटे क्रम में लिखी गई शृंखला पर तथा दिए गए शब्द में अक्षरों के स्थान परिवर्तन पर आधारित हैं।*

1. वर्णमाला के सीधे क्रम में लिखी गई शृंखला में बाएँ छोर से छठे अक्षर के ठीक पहले कौन-सा अक्षर होता है?
(*a*) U (*b*) E
(*c*) F (*d*) V

2. वर्णमाला में G और S के ठीक बीच में कौन-सा अक्षर है?
(*a*) L (*b*) N
(*c*) M (*d*) कोई अक्षर नहीं

3. यदि अंग्रेजी वर्णमाला में प्रथम अर्द्धांश के अक्षरों को उलटे क्रम में लिखा जाए तो दायीं ओर से नौंवें अक्षर की बायीं ओर का नौंवाँ अक्षर कौन-सा होगा?
(*a*) I (*b*) D
(*c*) F (*d*) E

4. यदि अंग्रेजी वर्णमाला को उलटे क्रम में लिखा जाए, तो दायीं और से सातवें अक्षर की बायीं ओर का आठवाँ अक्षर कौन-सा होगा?
(*a*) O (*b*) P
(*c*) N (*d*) Q

5. वर्णमाला में दाहिने छोर से तेरहवें अक्षर की दायीं ओर का पाँचवाँ अक्षर क्या होगा?
(*a*) R (*b*) S
(*c*) I (*d*) O

6. यदि अंग्रेजी वर्णमाला को उलटे क्रम में लिखा जाए तो P के दाएँ से छठा अक्षर कौन-सा होगा?
(*a*) J (*b*) W
(*c*) K (*d*) V

7. यदि अंग्रेजी वर्णमाला को दो बराबर हिस्सों में बाँट दिया जाए जिनमें पहले अर्द्धांश में A से M तक के और दूसरे अर्द्धांश में N से Z तक के अक्षर निहित हों, तो बाद वाले अर्द्धांश का कौन-सा अक्षर पहले वाले अर्द्धांश के J अक्षर के संगत होगा?
(*a*) W (*b*) Q
(*c*) V (*d*) R

8. यदि अंग्रेजी वर्णमाला को उलटे क्रम में लिखा जाए तो प्राप्त शृंखला में आपके बाएँ से सोलहवें अक्षर की बायीं ओर का बारहवाँ अक्षर कौन-सा होगा?
(*a*) X (*b*) W
(*c*) D (*d*) V

9. अंग्रेजी वर्णमाला में बाएँ से पाँचवें अक्षर से आरंभ करके यदि बारह अक्षरों को उलटे (विपरीत) क्रम में लिखा जाए तो प्राप्त शृंखला में दाएँ से चौदहवें अक्षर की बायीं ओर का सातवाँ अक्षर कौन-सा होगा?
(*a*) N (*b*) H
(*c*) L (*d*) O

10. यदि वर्णमाला में B से आरंभ करके सभी एकांतर स्थानों पर आने वाले अक्षरों को छोटे अक्षरों में और शेष अक्षरों को बड़े अक्षरों में लिखा जाए तो प्राप्त शृंखला के अक्षरों का प्रयोग करके 'September' माह को किस प्रकार लिखा जाएगा?
(*a*) SEptEMbEr (*b*) sePTemBeR
(*c*) SEptembER (*d*) SEpteMbeR

11. अंग्रेजी वर्णमला को यदि उलटे क्रम में लिखा जाए तो इस शृंखला में J और T अक्षरों के ठीक बीच वाले अक्षर की बायीं ओर का दूसरा अक्षर कौन-सा होगा?
(*a*) P (*b*) N
(*c*) Q (*d*) कोई अक्षर नहीं

12. वर्णमाला में बाएँ से 19वें अक्षर और दाएँ से 18वें अक्षर के बीच में कौन-सा अक्षर होगा?
(*a*) O (*b*) N
(*c*) L (*d*) M

13. यदि अंग्रेजी वर्णमाला को उलटे क्रम में लिखा जाए तो बाएँ से ग्यारहवें अक्षर के दाएँ का दसवां अक्षर कौन-सा होगा?
(*a*) P (*b*) K
(*c*) F (*d*) U

14. अंग्रेजी वर्णमाला में दाएँ से छठे अक्षर और बाएँ से तेरहवें अक्षर के बीच में कौन-सा अक्षर है?
(*a*) Q (*b*) R
(*c*) P (*d*) S

15. यदि अंग्रेजी वर्णमाला को उलटे क्रम में लिखने पर प्राप्त शृंखला से स्वर-अक्षरों (AEIOU) को हटा दिया जाए तो इस शृंखला में बाएँ से इक्कीसवें अक्षर के बाएँ का अठारहवाँ अक्षर कौन-सा होगा?
(*a*) S (*b*) P
(*c*) R (*d*) X

16. यदि 'DISTURBANCE' शब्द के पहले और अंतिम अक्षरों को एक-दूसरे के स्थान पर रख दिया जाए, इसी प्रकार दूसरे और दसवें अक्षरों का स्थान भी परस्पर बदल दिया जाए तथा इसी प्रकार अन्य अक्षरों का स्थान भी एक-दूसरे से बदल दिया जाए तो इस प्रकार व्यवस्थित करने के पश्चात् प्राप्त शब्द में "T" के बाद कौन-सा अक्षर होगा?

(*a*) I (*b*) U
(*c*) N (*d*) S

17. यदि 'CATEGORISATION', शब्द के चौथे, सातवें, ग्यारहवें और तेरहवें अक्षरों से कोई सार्थक शब्द बनाया जाए तो उस शब्द का पहला अक्षर कौन-सा होगा? यदि ऐसा एक भी शब्द बनाना संभव नहीं हो तो अपना उत्तर 'X' दीजिए तथा यदि इस प्रकार के एक से अधिक शब्द बनाए जा सकते हों तो अपना उत्तर 'M' दीजिए।

(*a*) R (*b*) T
(*c*) M (*d*) X

18. 'BUCKET' शब्द में ऐसे कितने अक्षर-युग्म हैं जिनके बीच इस शब्द में भी उतने ही अक्षर हैं जितने अक्षर उनके बीच वर्णमाला के अनुक्रम में हैं?

(*a*) एक (*b*) दो
(*c*) तीन (*d*) चार

19. यदि अंग्रेजी शब्द 'PRISON' में दो अक्षर ऐसे हों कि उनके बीच इस शब्द में भी उतने ही अक्षर हों जितने अक्षर उनके बीच वर्णमला के अनुक्रम में हैं तो वे एक अक्षर-युग्म निर्मित करते हैं। बताइए कि इस शब्द PRISON में से कितने अक्षर-युग्म हैं :

(*a*) शून्य (*b*) 1
(*c*) 2 (*d*) 3 से अधिक

20. अंग्रेजी शब्द 'PRESENTATION' के तीसरे, छठे, नौंवे और ग्यारहवें अक्षरों से यदि कोई अर्थपूर्ण शब्द बन सकता है तो उस शब्द का तीसरा अक्षर कौन-सा होगा? यदि ऐसे एक से अधिक शब्द बनाए जा सकते हैं तो अपना उत्तर 'M' दीजिए।

(*a*) T (*b*) E
(*c*) M (*d*) N

व्याख्यात्मक उत्तर

1. (*b*) :

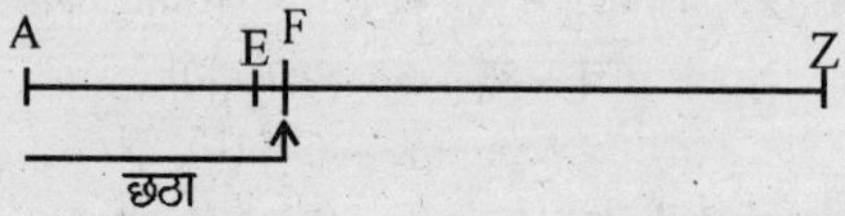

बाएँ से छठा अक्षर 'F' है और 'F' से ठीक पहले का अक्षर 'E' है।

2. (*c*) :

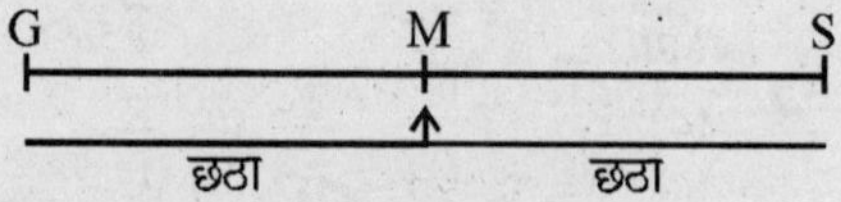

G और S के बीच का अक्षर M है।

3. (*d*) : MLKJIGHFEDCBANOPQRSTUVWXYZ

नौवाँ नौवाँ

4. (*a*) : ZYXWVUTSRQPONMLKJIHGFEDCBA

आठवाँ सातवाँ

5. (*b*) :

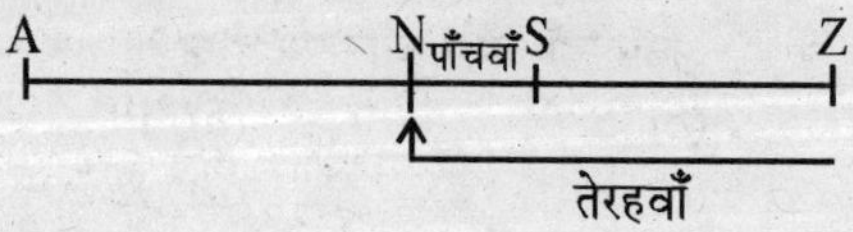

दाहिने छोर से तेरहवाँ अक्षर 'N' है और 'N' की दायीं ओर का पाँचवाँ अक्षर 'S' है।

6. (*a*) :

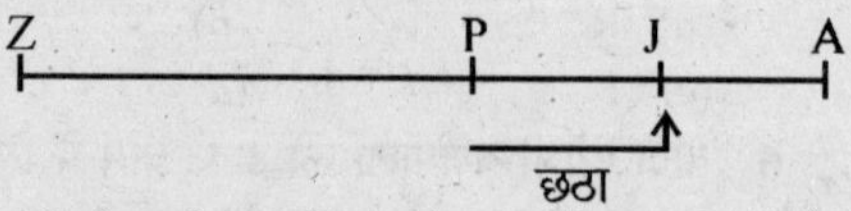

अंग्रेजी वर्णमाला के उलटे क्रम में 'P' के दाएँ से छठा अक्षर 'J' है।

7. (*a*) : A B C D E F G H I J K L M
N O P Q R S T U V W X Y Z

8. (*b*) :

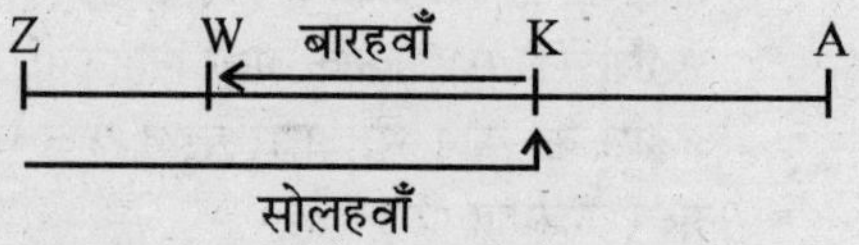

वर्णमाला के उलटे क्रम में बाएँ से सोलहवाँ अक्षर 'K' है और 'K' की बायीं ओर का बारहवाँ अक्षर 'W' है।

9. (*d*) : ABCDPONMLKJIHGFEQRSTUVWXYZ

सातवाँ चौदहवाँ

10. (*a*) : A b C d E f G h I j K l M n O p Q r S t U v W x Y z

11. (*c*) :

दूसरा

T S R Q P O N M L K J

अंग्रेजी वर्णमाला के उलटे क्रम में J और T के बीच O है और 'O' की बायीं ओर का दूसरा अक्षर Q है।

12. (*b*) :

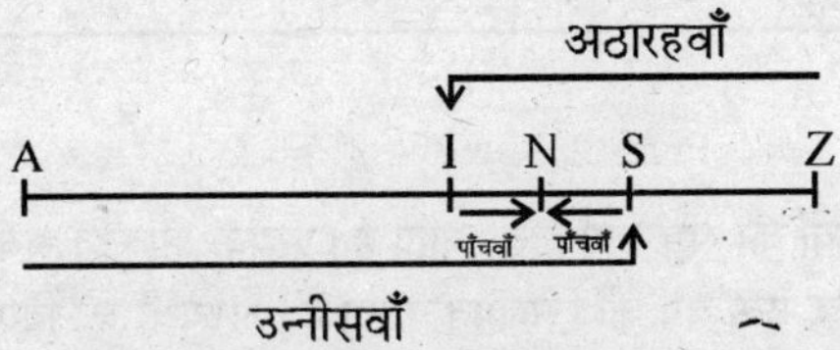

वर्णमाला की शृंखला में बाएँ से उन्नीसवाँ अक्षर S और दाएँ से अठारहवाँ अक्षर 'I' है तथा 'I' और 'S' के ठीक बीच में 'N' है।

13. (*c*) :

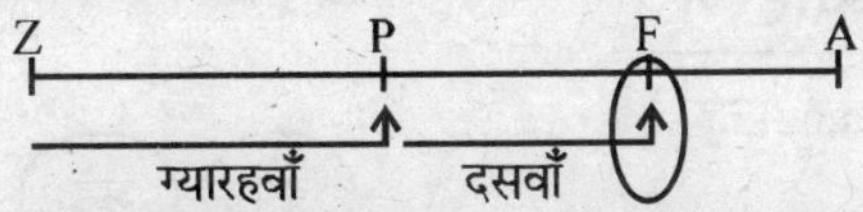

अंग्रेजी वर्णमाला के उलटे क्रम में बाएँ से ग्यारहवाँ अक्षर 'P' है और 'P' के दाएँ से दसवाँ अक्षर 'F' है।

14. (*a*) :

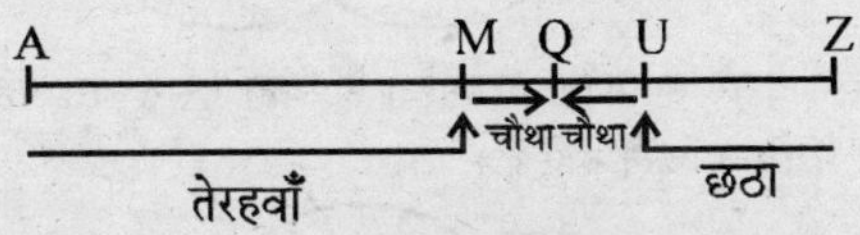

अंग्रेजी वर्णमाला में बाएँ से तेरहवाँ अक्षर 'M' है और दाएँ से छठा अक्षर 'U' है तथा 'M' और 'U' के ठीक बीच में 'Q' अक्षर अवस्थित है।

15. (*d*) : ZYXWVTSRQPNMLKJHGFDCB

पहला अठारहवाँ इक्कीसवाँ

प्राप्त शृंखला में बाएँ से इक्कीसवाँ अक्षर 'B' है और 'B' के बाएँ का अठारहवाँ अक्षर 'X' है।

16. (*d*) : E C N A B R U T S I D

17. (*c*) : CATEGORISATION

चौथा, सातवाँ, ग्यारहवाँ और तेरहवाँ अक्षर क्रमशः E R T O है।

इनसे निर्मित शब्द हैं : TORE और ROTE.

18. (*a*) : BUCKET : C और E के बीच इस शब्द में एक अक्षर K है और वर्णमाला के अनुक्रम में भी C और E के बीच एक ही अक्षर D होता है।

19. (*d*) : PRISON : अक्षर 'O' और 'N' इस शब्द में भी और वर्णमाला के अनुक्रम में भी क्रमागत अक्षर हैं।

PRISON : अक्षर R और O के बीच इस शब्द में दो अक्षर 'IS' हैं तथा वर्णमाला के अनुक्रम में भी दो ही अक्षर 'QP' हैं

PRISON : अक्षर R और N के बीच इस शब्द में तीन अक्षर 'ISO' हैं तथा वर्णमाला के अनुक्रम में भी इनके बीच तीन ही अक्षर 'QPO' हैं।

PRISON : अक्षर P और S के बीच इस शब्द में दो अक्षर 'RI' हैं तथा वर्णमाला के अनुक्रम में भी इनके बीच दो ही अक्षर 'QR' हैं।

20. (*c*) : P R E S E N T A T I O N

तीसरा, छठा, नौवाँ और ग्यारहवाँ अक्षर क्रमशः E, N, T और O है जिनसे निर्मित शब्द हैं : NOTE और TONE.

कथन एवं वेन आरेख
(LOGICAL DIAGRAMS)

इस प्रकार के प्रश्नों में विकल्प के रूप में पाँच भिन्न-भिन्न आकृतियों का समुच्चय दिया जाता है। प्रत्येक आकृति संबंधित शब्दों के कुछ समूहों का एक तार्किक पैटर्न निरूपित करती है जिनमें प्रत्येक शब्द एक वर्ग को निरूपित करता है। अभ्यर्थी को दिए गए शब्दों के समुच्चय के लिए सर्वाधिक उपयुक्त तार्किक आकृति की पहचान करनी है। नीचे इन आरेखों द्वारा निरूपित कुछ संबंध दर्शाए गए हैं। संबंधित पैटर्नों को समझें और तत्पश्चात् दिए गए प्रश्नों के उत्तर दें।

हल किए गए उदाहरण

1. 

दिए गए वर्गों में कोई सदस्य समान (common) नहीं है।

उदाहरण : दूध, अंडे

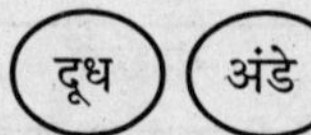

2. 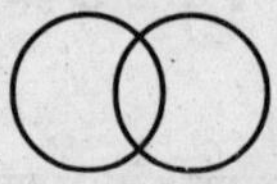

दिया गया आरेख यह दर्शाता है कि दोनों वर्गों में कुछ समान सदस्य हैं किंतु कोई भी वर्ग एक-दूसरे में पूर्णतः समाहित नहीं है।

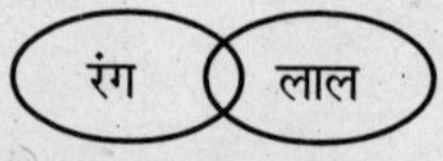

उदाहरण : रंग, लाल

3. 

दिया गया आरेख यह दर्शाता है कि एक वर्ग दूसरे में पूर्णतः समाहित है किंतु दूसरा वर्ग पहले वर्ग में समाहित नहीं है अर्थात् ये दोनों वर्ग आपस में मिले-जुले नहीं हैं।

उदाहरण : फल, सेब

4. 

आकृति 2 के समान ही यह आकृति भी दर्शाती है कि तीनों वर्गों में कुछ समान (common) सदस्य हैं किंतु इनमें से कोई भी वर्ग एक-दूसरे में पूर्णतः समाहित नहीं है।

उदाहरण : लंबा, आदमी, शिक्षित

5. 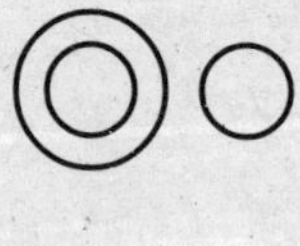

दिए गए तीन वर्गों में से एक वर्ग दूसरे वर्ग में पूर्णतः समाहित है लेकिन मिला-जुला नहीं है जबकि तीसरे वर्ग का कोई भी सदस्य पहले के दोनों वर्गों के किसी भी सदस्य के किसी भी अभिलक्षण के आधार पर समान नहीं है।

उदाहरण : जल, ठोस, द्रव

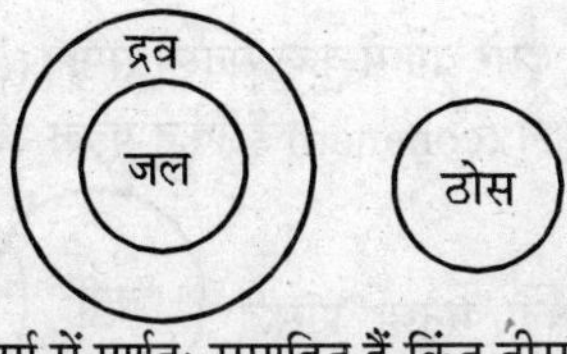

6. 

इस आकृति में दो वर्ग तीसरे वर्ग में पूर्णतः समाहित हैं किंतु तीसरा वर्ग उन दोनों वर्गों में समाहित नहीं है। इसके अतिरिक्त जो दो वर्ग तीसरे वर्ग में समाहित हैं उनका कोई सदस्य समान नहीं है।

उदाहरण : पंजाब, आगरा, भारत

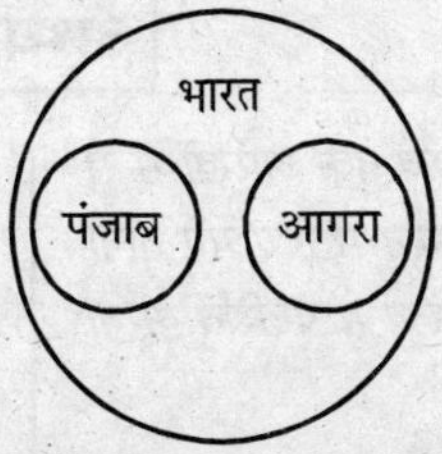

7. 

दो वर्ग तीसरे वर्ग में पूर्णतः समाहित हैं किंतु तीसरा वर्ग पहले के दो वर्गों में पूर्णतः समाहित नहीं है। इसके अतिरिक्त तीसरे वर्ग में पूर्णतः समाहित दोनों वर्गों में कुछ सदस्य समान हैं हालाँकि उन दोनों में कोई भी वर्ग एक दूसरे में पूर्णतः समाहित नहीं है।

उदाहरण : माँ, बहन, महिलाएँ

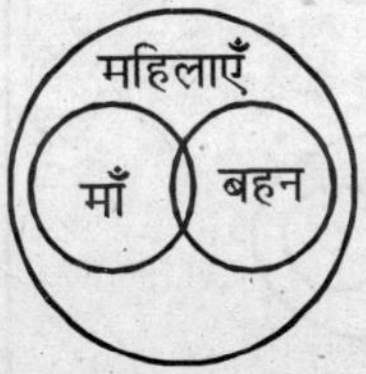

8. 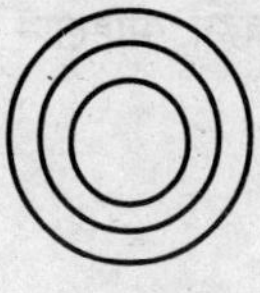

पहला वर्ग शेष दो वर्गों में पूर्णतः समाहित है किंतु शेष दो वर्ग पहले वर्ग में पूर्णतः समाहित नहीं हैं। दूसरा वर्ग तीसरे वर्ग में पूर्णतः और पहले वर्ग में अंशतः समाहित है। तीसरे वर्ग का कुछ अंश दूसरे वर्ग में समाहित है और कुछ अंश पहले वर्ग में समाहित है।

उदाहरण : संज्ञा, राम, व्याकरण

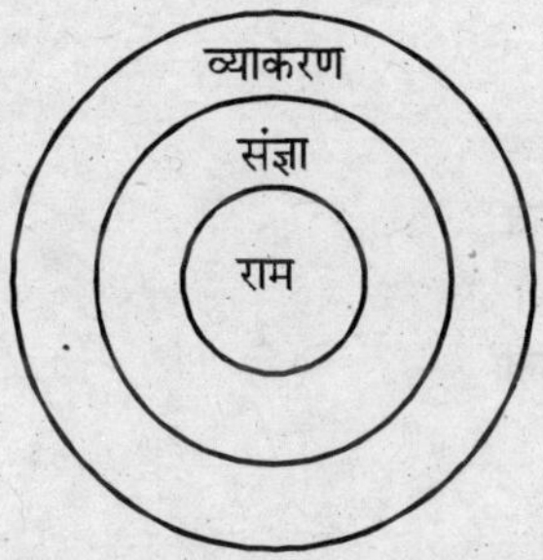

9. 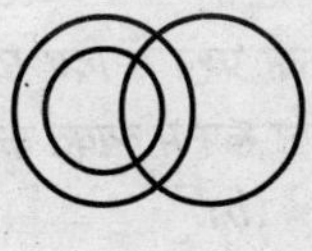

पहला वर्ग दूसरे वर्ग में पूर्णतः समाहित है किंतु दूसरा वर्ग पहले वर्ग में पूर्णतः समाहित नहीं है। तीसरा वर्ग शेष दो वर्गों में अंशतः समाहित है।

उदाहरण : चीनी, मीठा, चाय

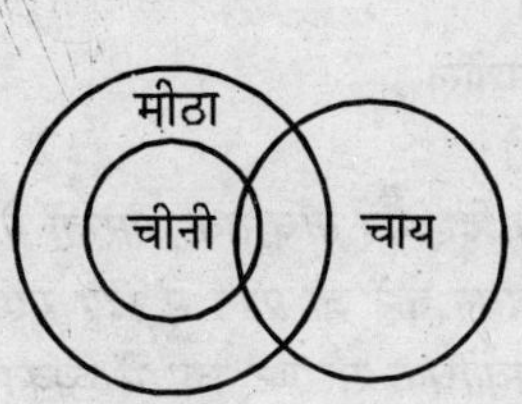

टिप्पणी : कुछ लोग बिना चीनी के चाय पीते हैं।

10. 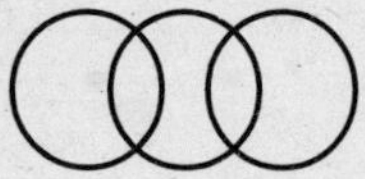 पहले और दूसरे वर्ग में कुछ सदस्य समान (common) हैं और इसी प्रकार दूसरे और तीसरे वर्ग के कुछ सदस्य समान (common) हैं किंतु पहले और तीसरे वर्ग में कुछ भी समान नहीं है।

उदाहरण : धनी, मनुष्य, प्रसिद्ध 

अभ्यास

निर्देश (प्र.सं. 1–10): *नीचे दिए गए पाँच तर्क आरेखों में से उस आरेख (आकृति) का चयन करें जो प्रश्न में दिए गए तीनों वर्गों के बीच संबंध को सर्वाधिक सुस्पष्ट रूप में प्रदर्शित करता है।*

(*a*)
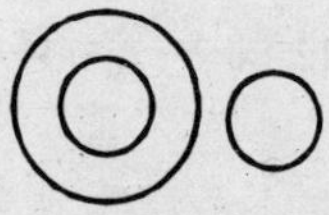
(*b*)
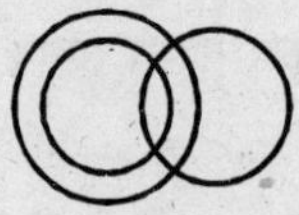
(*c*)

(*d*)
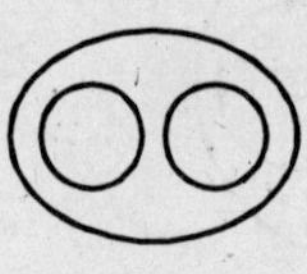
(*e*)

1. पक्षी, फल, आम
2. अपराधी, वकील, डकैत
3. तैराक, कुँआरा, पुरुष
4. स्मार्ट, इंजीनियर, महिला
5. सब्जियाँ, आलू, बैंगन
6. अंगूर, मीठा, फल
7. डॉक्टर, वास्तुकार, मनुष्य
8. विद्वान, व्यक्ति, भारतीय
9. बच्चे, शरारती, अध्ययनशील
10. कलम, पेंसिल, स्टेशनरी

निर्देश (प्र.सं. 11–20): *नीचे दिए गए पाँच तर्क आरेखों में से उस आरेख (आकृति) का चयन करें जो प्रश्न में दिए गए तीनों वर्गों के बीच संबंध को सर्वाधिक सुस्पष्ट रूप में व्यक्त करता है।*

(*a*)
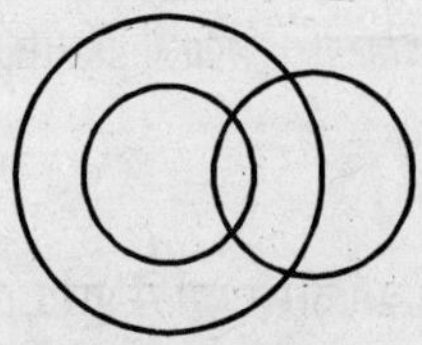
(*b*)

(*c*)

(*d*)
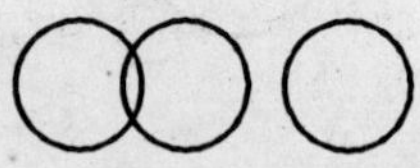
(*e*)
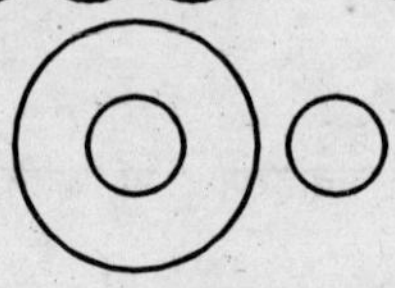

11. बहन, चचेरी–ममेरी–फुफेरी बहन, महिलाएँ
12. तारा, ग्रह, शनि
13. लोग, बुद्धिमान, धनी
14. पालतू पशु, बिल्लियाँ, कुत्ते
15. अभिनेता, मंच, फिल्म
16. कपड़ा, बाल, काला
17. वस्त्र, फूल, कोट
18. लकड़ी, जूता, कुर्सी
19. भौतिकी, जीवविज्ञान, प्राणि विज्ञान
20. पुलिस, अपराधी, चोर

निर्देश (प्र.सं. 21–25): *नीचे दिए गए पाँच तर्क आरेखों में से उस आरेख (आकृति) का चयन करें जो प्रश्न में दिए गए तीनों वर्गों के बीच संबंध को सर्वाधिक सुस्पष्ट रूप में व्यक्त करता है।*

(*a*)

(*b*)
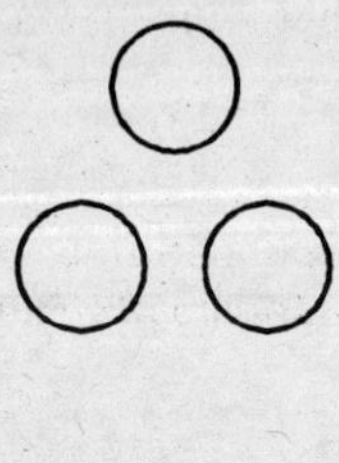

(*c*)

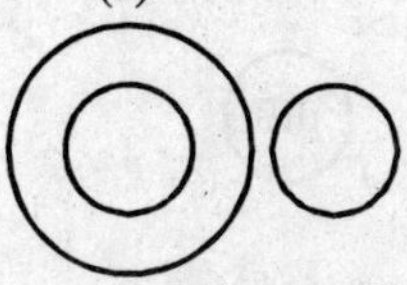

(*d*)

(*e*)

21. देश, नेपाल, भारत

22. शरीर, रक्त, शिरा

23. शतरंज, खेल, हॉकी

24. ट्रैक्टर, वायुयान, बैलगाड़ी

25. ओरिएन्टल, कंटिनेंटल, मुगलई

व्याख्यात्मक उत्तर

1. (*a*) :

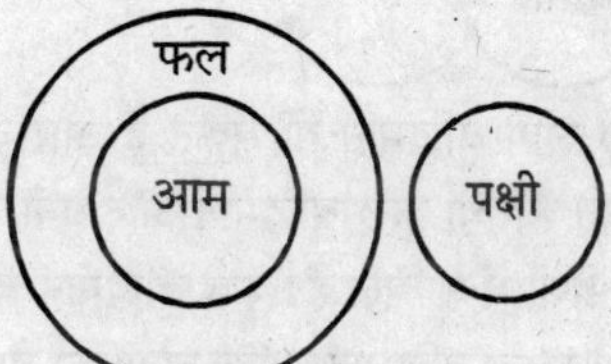

सभी आम फल हैं किंतु फल और आम में से कोई भी पक्षी नहीं है।

2. (*a*) :

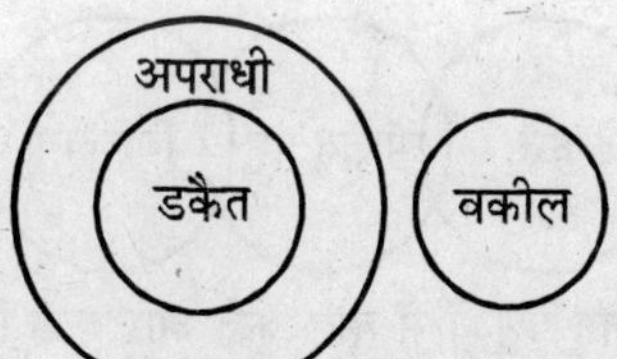

सभी डकैत अपराधी हैं किंतु अपराधी और डकैत में से कोई भी वकील नहीं हो सकता।

3. (*b*) :

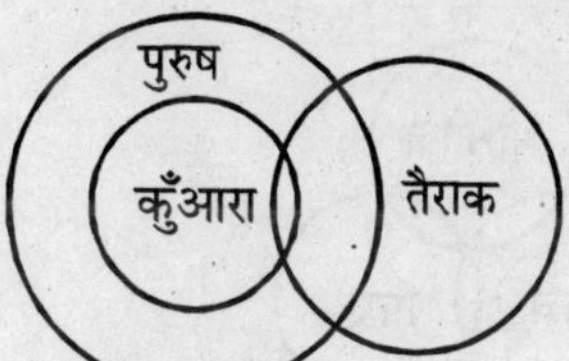

सभी कुँआरे पुरुष होते हैं तथा कुछ पुरुष और कुँआरे तैराक हो सकते हैं।

4. (*c*) :

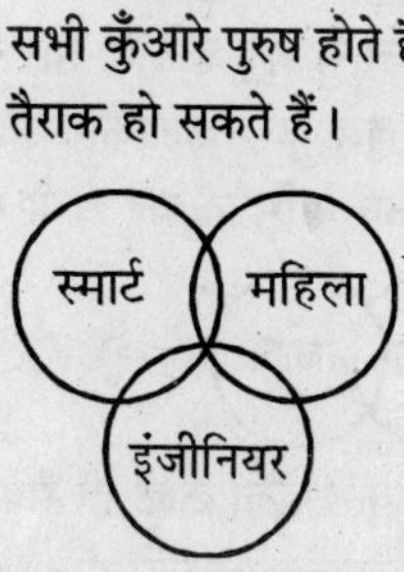

कुछ महिलाएँ स्मार्ट हो सकती हैं और कुछ महिलाएँ इंजीनियर हो सकती हैं तथा कुछ इंजीनियर स्मार्ट भी हो सकते हैं और महिला भी।

5. (*d*) :

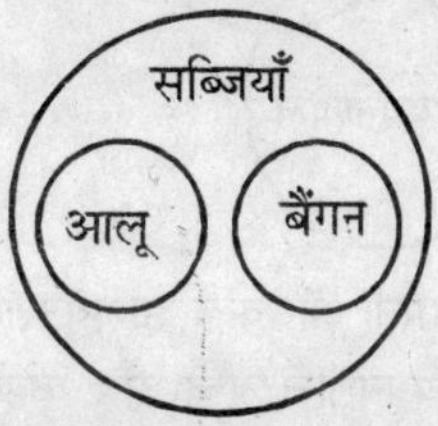

आलू और बैंगन दोनों सब्जियाँ हैं किंतु उनमें कोई समान गुण नहीं है। कुछ सब्जियाँ आलू हैं और कुछ बैंगन।

6. (*b*) :

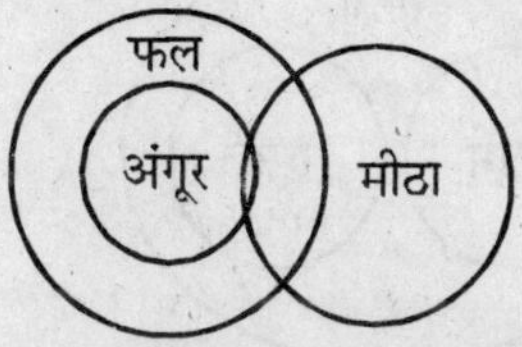

कुछ अंगूर मीठे हैं और सभी अंगूर फल हैं। किंतु सभी मीठी चीजें फल नहीं हैं।

7. (*d*) :

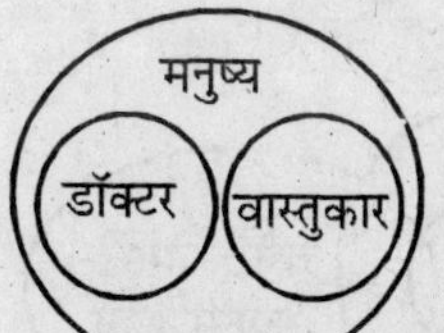

डॉक्टर और वास्तुकार दो अलग-अलग वर्ग हैं किंतु सभी डॉक्टर और वास्तुकार मनुष्य हैं और कुछ मनुष्य या तो डॉक्टर हैं या वास्तुकार हैं।

8. (*e*) :

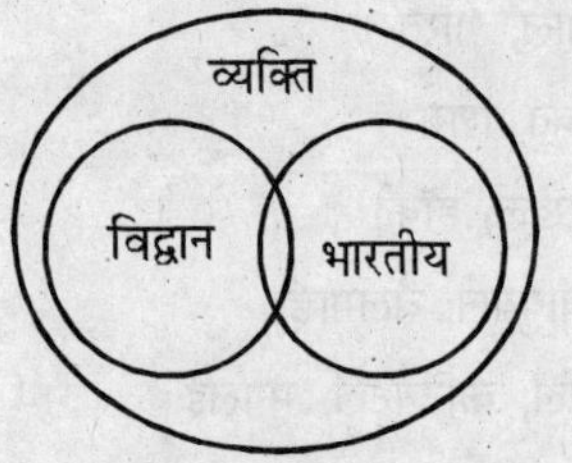

कुछ भारतीय विद्वान हो सकते हैं और कुछ विद्वान भारतीय हो सकते हैं। विद्वान और भारतीय दोनों ही व्यक्ति की श्रेणी में आते हैं।

9. (*c*) :

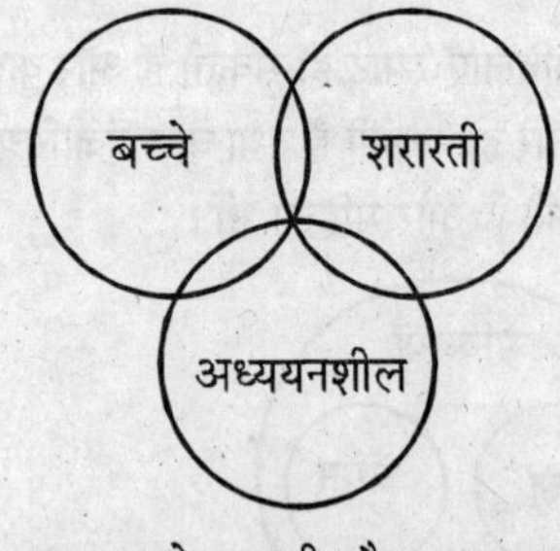

कुछ बच्चे शरारती और कुछ अध्ययनशील हो सकते हैं। कुछ अध्ययनशील बच्चे और कुछ शरारती हो सकते हैं। कुछ शरारती अध्ययनशील और कुछ बच्चे हो सकते हैं।

10. (*d*) :

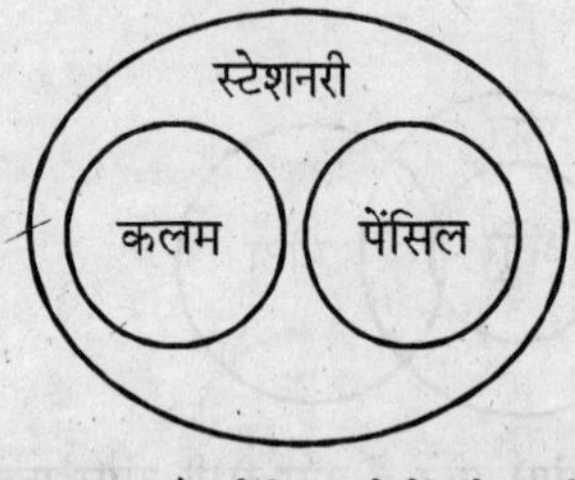

कलम और पेंसिल दोनों स्टेशनरी की मदें हैं। कुछ स्टेशनरी कलम और पेंसिल हैं किंतु कलम और पेंसिल दो अलग-अलग वर्ग हैं।

11. (*a*) :

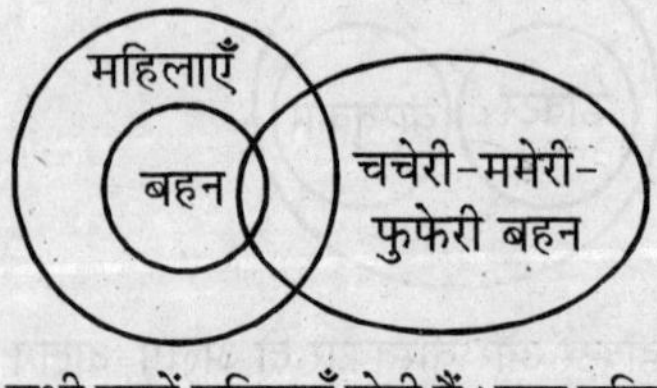

सभी बहनें महिलाएँ होती हैं। कुछ महिलाएँ जो बहनें हैं, चचेरी-ममेरी-फुफेरी बहनें हो सकती हैं या सभी चचेरी-ममेरी-फुफेरी बहनें कुछ महिलाएँ हैं।

12. (*e*) :

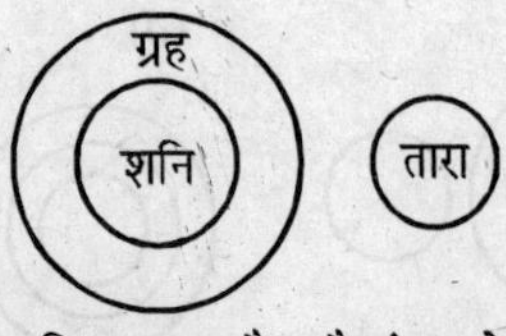

शनि एक ग्रह है। सौरमंडल के ग्रहों में एक ग्रह शनि है। तारा एक भिन्न वर्ग है।

13. (*b*) :

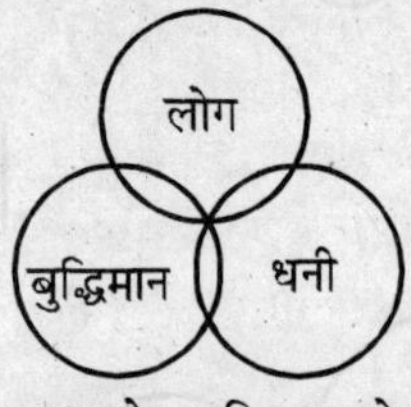

कुछ लोग बुद्धिमान हो सकते हैं और कुछ धनी हो सकते हैं तथा कुछ बुद्धिमान और धनी व्यक्ति लोगों की श्रेणी में शामिल हैं। कुछ बुद्धिमान धनी हो सकते हैं और कुछ बुद्धिमान व्यक्ति लोगों की श्रेणी में शामिल है या कुछ धनी बुद्धिमान हो सकते हैं और कुछ लोगों को बुद्धिमान कहा जा सकता है।

14. (*c*) :

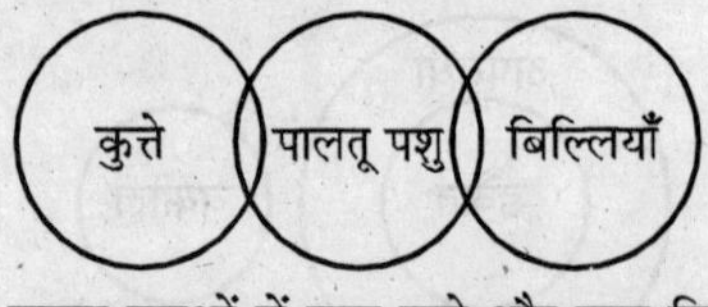

पालतू पशुओं में कुछ कुत्ते और कुछ बिल्लियाँ हो सकती हैं। कुछ कुत्ते और बिल्लियों को पालतू बनाया जा सकता है। किंतु कुत्ते और बिल्लियों का अलग-अलग वर्ग है।

15. (*b*) :

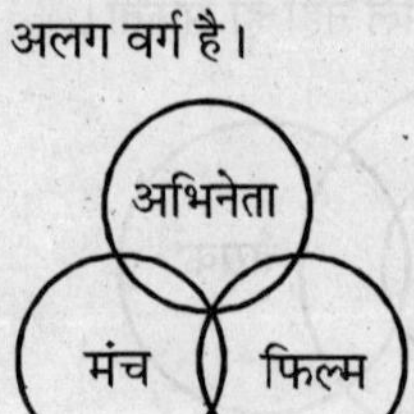

कुछ अभिनेता मंच से जुड़े होते हैं और कुछ फिल्मों से तथा मंच से जुड़े कुछ कलाकार और फिल्म से जुड़े कुछ कलाकार अभिनेता की श्रेणी में आते हैं।

16. (*c*) :

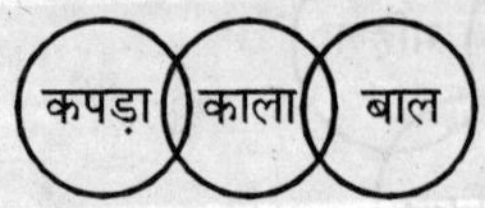

कुछ कपड़े और कुछ बाल काले हो सकते हैं (सभी कपड़े और सभी बाल काले नहीं होते)। कुछ काला

रंग कपड़ों में प्रयुक्त होता है और कुछ काला रंग बालों में है। कपड़ा और बाल भिन्न-भिन्न वर्ग हैं।

17. (*e*) :

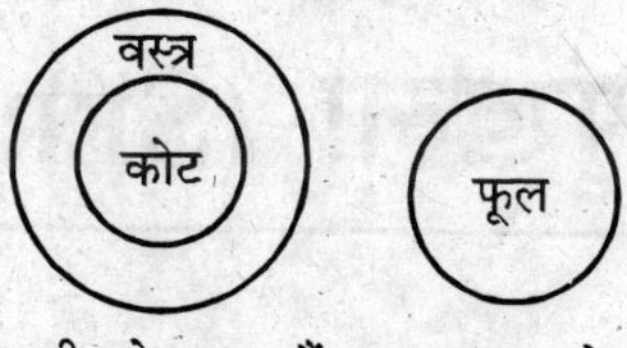

सभी कोट वस्त्र हैं। कुछ वस्त्र कोट हैं। फूल एक भिन्न वर्ग है।

18. (*d*) :

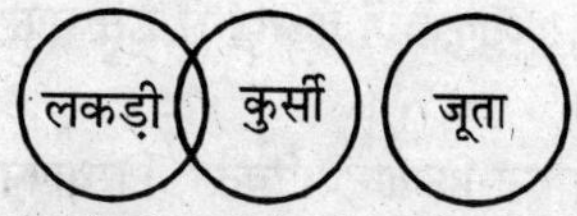

कुछ लकड़ी का प्रयोग कुर्सी बनाने में किया जाता है। कुछ कुर्सियाँ लकड़ी की बनी होती हैं। जूता एक अलग वर्ग है।

19. (*e*) :

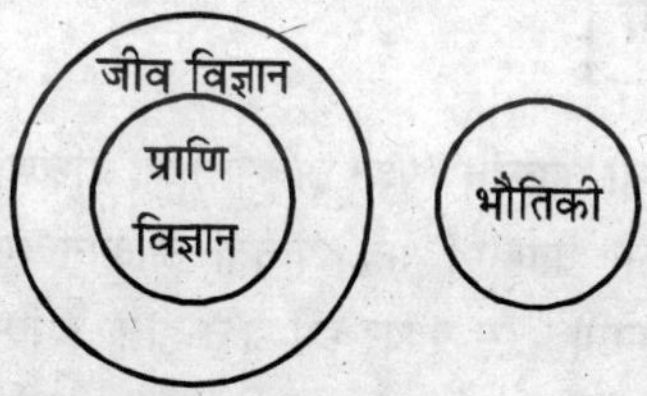

प्राणि विज्ञान जीव विज्ञान का एक भाग है। जीव विज्ञान में प्राणि विज्ञान का अध्ययन समाहित है। भौतिकी विज्ञान की एक अलग शाखा है।

20. (*e*) :

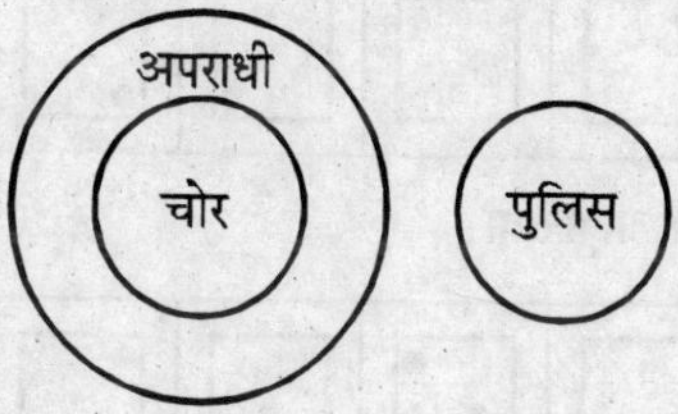

चोर एक अपराधी है। कुछ अपराधी चोर हो सकते हैं। पुलिस एक अलग वर्ग है।

21. (*a*) :

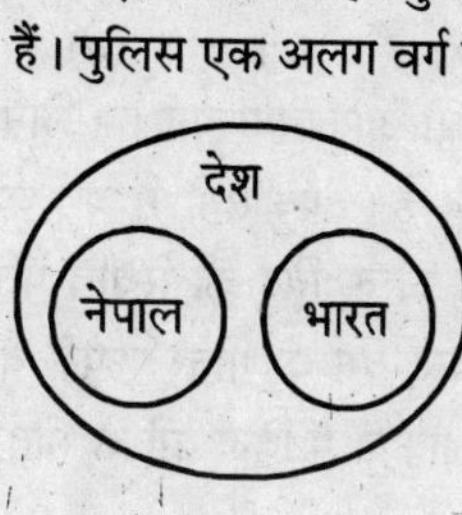

नेपाल और भारत अलग-अलग देशों के नाम हैं किंतु नेपाल और भारत में से कोई भी दूसरे में समाहित नहीं है।

22. (*d*) :

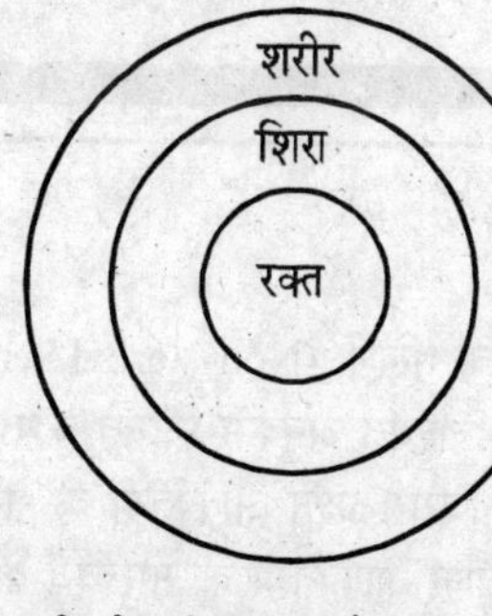

शरीर के भीतर शिराएँ होती हैं और सभी शिराओं के भीतर रक्त होता है।

23. (*a*) :

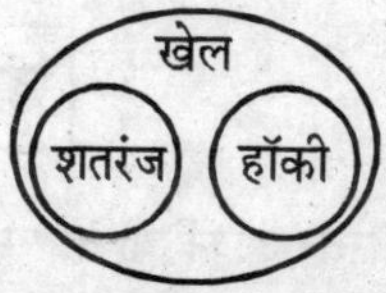

शतरंज और हॉकी दोनों खेल की श्रेणी में समाहित हैं किंतु इनमें से कोई एक दूसरे में समाहित नहीं है।

24. (*b*) :

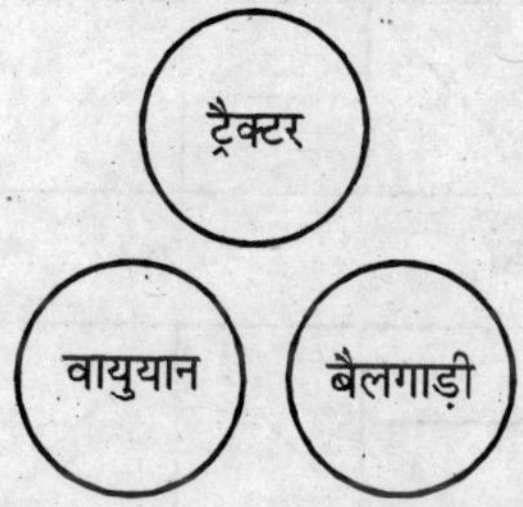

ये सभी तीनों अलग-अलग वर्ग हैं।

25. (*b*) :

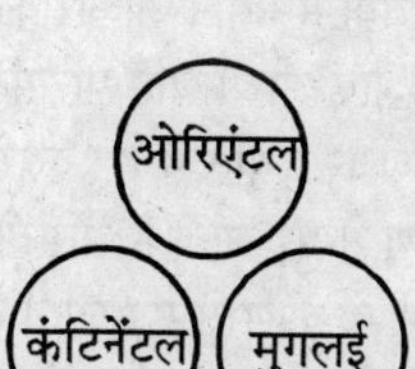

ये सभी तीनों भिन्न-भिन्न वर्ग हैं।

अभाषिक

शृंखला (SERIES)

इस प्रकार की अभाषिक शृंखला (Non-Verbal Series) में, जो सर्वाधिक सामान्य प्रकार की शृंखला होती है, चार या पांच आनुक्रमिक प्रश्न आकृतियां एक निश्चित अनुक्रम निर्मित करते हैं और अभ्यर्थियों को दी गई उत्तर आकृतियों के सेट से उस एक आकृति का चयन करना होता है जिससे प्रश्न आकृतियों के समुच्चय की शृंखला सतत् हो जाए।

अभ्यर्थियों को प्रश्न आकृतियों के समुच्चय की शृंखला सतत् बनाने के लिए विभिन्न क्रियाएं, परिवर्तन, विस्थापन, क्रमावर्तन, पुनरावर्तन और बहुत से अन्य परिवर्तन करने की आवश्यकता होती है। निरंतर अभ्यास द्वारा शृंखला विषयक समस्याओं को हल करने में निपुणता प्राप्त की जा सकती है।

हल किए गए उदाहरण

नीचे पूछे गए प्रत्येक प्रश्न में उत्तर आकृतियों के समुच्चय से उस एक आकृति का चयन करें जिसे प्रश्न आकृतियों के बाद में रखने पर प्रश्न आकृतियों के समुच्चय की शृंखला सतत् हो जाए।

1. प्रश्न आकृतियां

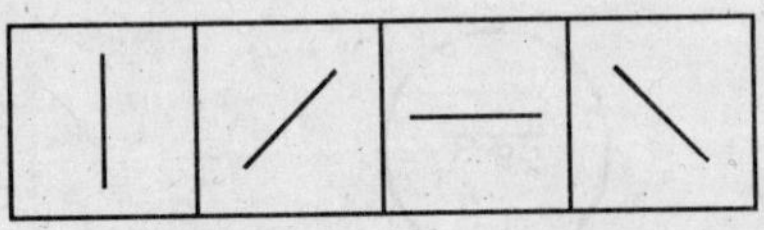

उत्तर आकृतियां

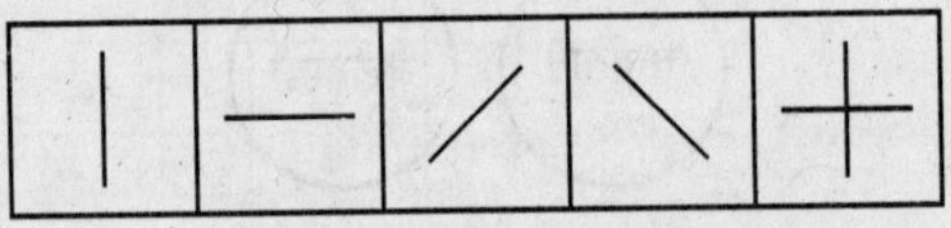

(*a*) (*b*) (*c*) (*d*) (*e*)

उत्तर (*a*): सभी आकृतियों में समान आकार की सीधी सरल रेखाएं दी गई हैं। उनकी दिशाएं और स्थिति परिवर्तित होती हैं। पहली आकृति में रेखा ऊर्ध्वाधर स्थिति में है। दूसरी आकृति में रेखा दक्षिणावर्त 45° के कोण से मुड़ जाती है और तीसरी आकृति में रेखा दक्षिणावर्त और 45° के कोण से मुड़ जाती है तथा चौथी आकृति में रेखा दक्षिणावर्त और 45° के कोण से मुड़ जाती है। अतः दो बातें स्पष्ट होती हैं: (i) रेखा दक्षिणावर्त घूमती है, और (ii) रेखा प्रत्येक चरण पर 45° के कोण से मुड़ती है।

अब चौथी आकृति (प्रश्न आकृति) भी दक्षिणावर्त 45° के कोण से मुड़नी चाहिए। अतः पांचवीं आकृति एक ऊर्ध्वाधर (उदग्र) रेखा होगी। इस प्रकार हमें ज्ञात होता है कि शृंखला को सतत् बनाने के लिए अगली आकृति एक ऊर्ध्वाधर या उदग्र सरल रेखा होगी।

2. प्रश्न आकृतियां

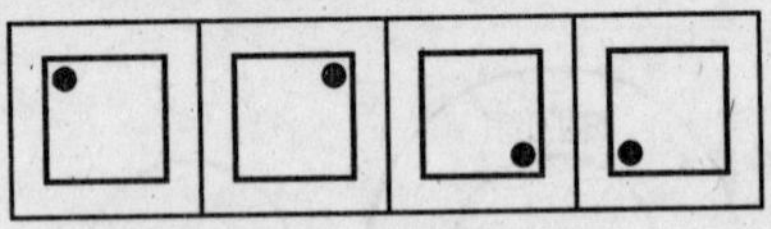

उत्तर आकृतियां

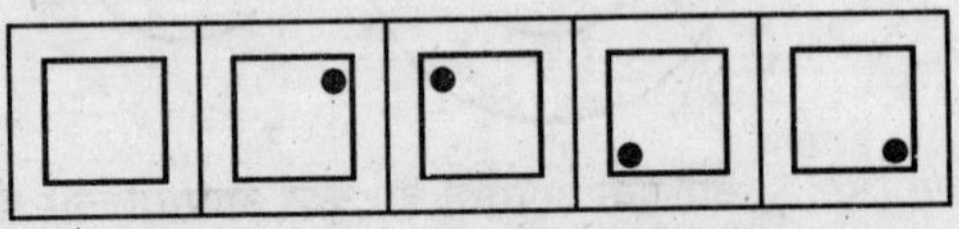

(*a*) (*b*) (*c*) (*d*) (*e*)

उत्तर (*c*): सभी चारों आकृतियां वर्ग हैं। जिनमें से प्रत्येक के भीतर एक काला बिंदु है। आकृतियों में वर्ग की अवस्थिति में परिवर्तन नहीं होता है बल्कि बिंदु की स्थिति परिवर्तित होती है। पहली आकृति में बिन्दु वर्ग के भीतर ऊपरी बाएं कोने पर अवस्थित है और दूसरी आकृति में बिन्दु वर्ग के भीतर ऊपरी दाएं

कोने पर पहुंच जाती है। तीसरी आकृति में बिन्दु निचले दाहिने कोने पर और चौथी आकृति में निचले बाएं कोने पर पहुंच जाती है। अतः दो तथ्यों का पता चलता हैः (i) बिन्दु की अवस्थिति बाएं से दाएं अर्थात् दक्षिणावर्त परिवर्तित होती है, और (ii) यह प्रत्येक चरण पर वर्ग के एक कोने से दूसरे कोने पर पहुंच जाती है।

चौथी आकृति (प्रश्न आकृति) में बिन्दु निचले बाएं कोने पर अवस्थित है। अगले चरण में यह दक्षिणावर्त अगले कोने पर अर्थात् ऊपरी बाएं कोने पर पहुंच जाएगी। अतः प्रश्न आकृति में दी गई शृंखला को सतत् बनाने के लिए शृंखला की अगली अर्थात् पांचवीं आकृति में एक वर्ग होगा जिसके ऊपरी बाएं कोने पर एक बिन्दु अवस्थित होगा।

अभ्यास

निर्देश (प्र.सं. 1–30): *नीचे के प्रत्येक प्रश्न में आकृतियों के दो समुच्चय दिए गए हैं जिनमें से एक समुच्चय को* **प्रश्न आकृतियों** *का समुच्चय और दूसरे समुच्चय को* **उत्तर आकृतियों** *का समुच्चय कहा गया है। प्रश्न आकृतियों के समुच्चय से किसी न किसी प्रकार से एक शृंखला बनती है। उत्तर आकृतियों के समुच्चय से उस एक आकृति का चयन करें जिससे प्रश्न आकृतियों के समुच्चय की शृंखला संतत हो जाए।*

1. प्रश्न आकृतियां

उत्तर आकृतियां

(*a*) (*b*) (*c*) (*d*)

2. प्रश्न आकृतियां

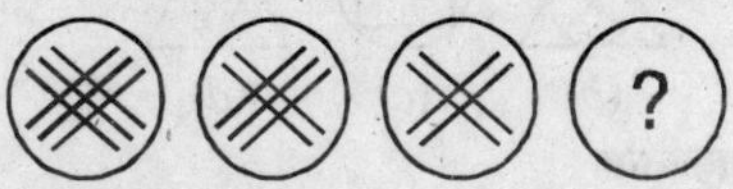

उत्तर आकृतियां

(*a*) (*b*) (*c*) (*d*)

3. प्रश्न आकृतियां

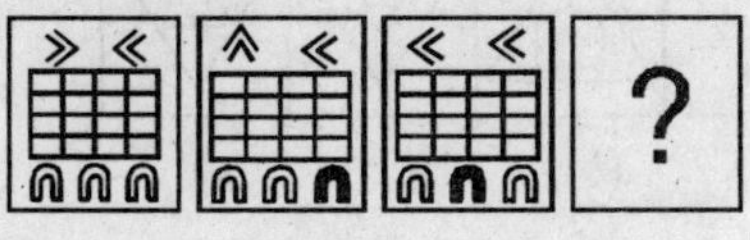

उत्तर आकृतियां

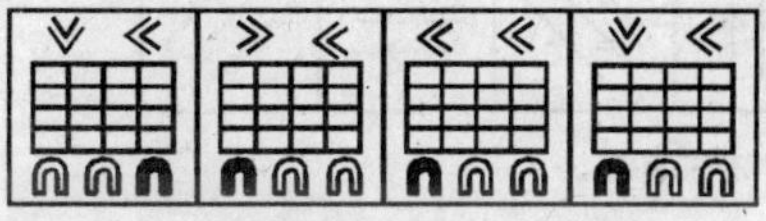

(*a*) (*b*) (*c*) (*d*)

4. प्रश्न आकृतियां

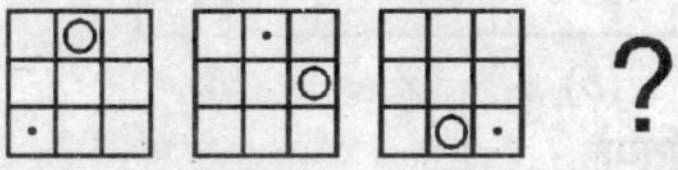

उत्तर आकृतियां

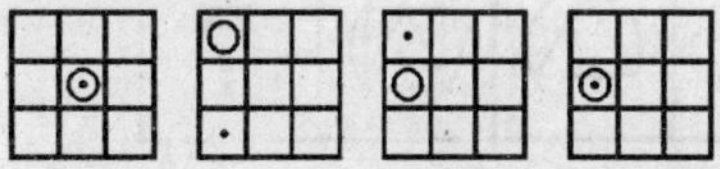

(*a*) (*b*) (*c*) (*d*)

5. प्रश्न आकृतियां

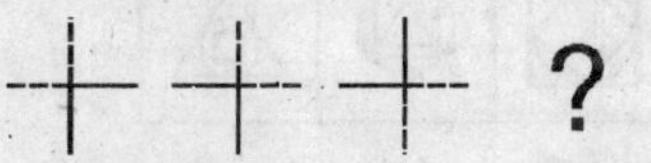

उत्तर आकृतियां

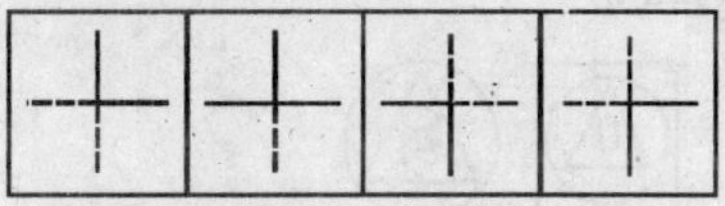

(*a*) (*b*) (*c*) (*d*)

6. प्रश्न आकृतियां

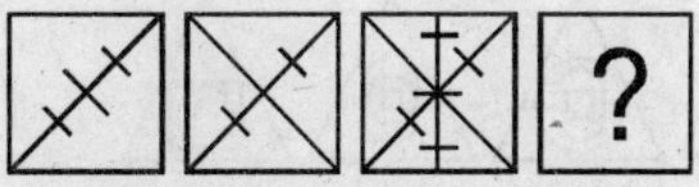

उत्तर आकृतियां

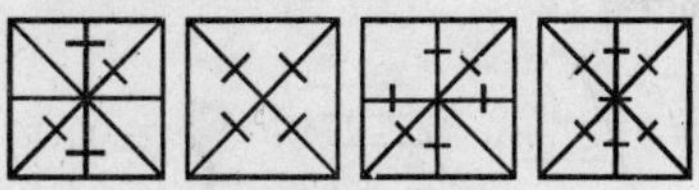

(*a*) (*b*) (*c*) (*d*)

7. प्रश्न आकृतियां

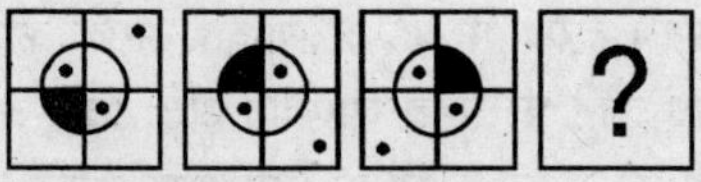

उत्तर आकृतियां

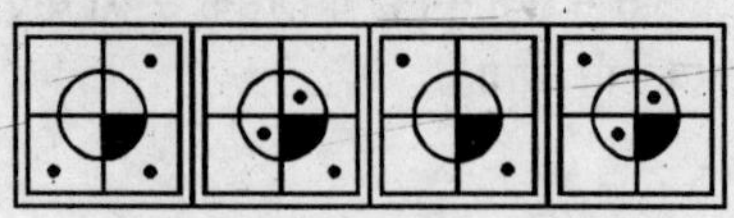

(*a*) (*b*) (*c*) (*d*)

8. प्रश्न आकृतियां

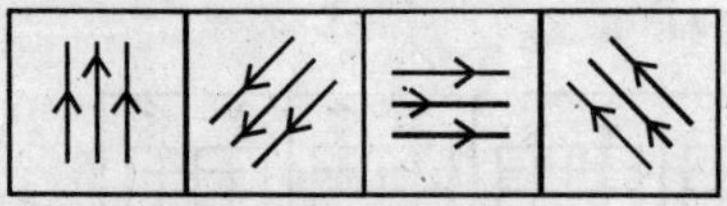

उत्तर आकृतियां

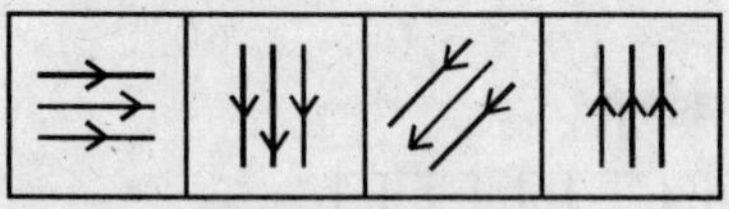

(*a*) (*b*) (*c*) (*d*)

9. प्रश्न आकृतियां

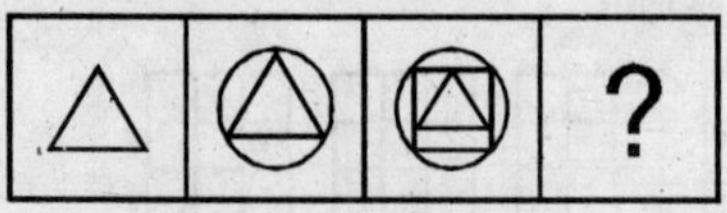

उत्तर आकृतियां

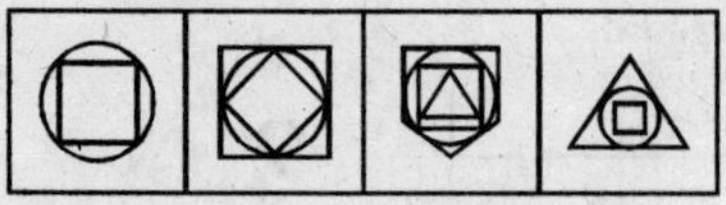

(*a*) (*b*) (*c*) (*d*)

10. प्रश्न आकृतियां

उत्तर आकृतियां

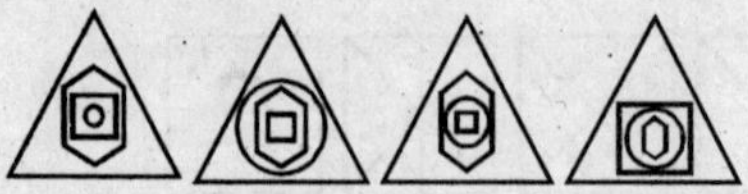

(*a*) (*b*) (*c*) (*d*)

11. प्रश्न आकृतियां

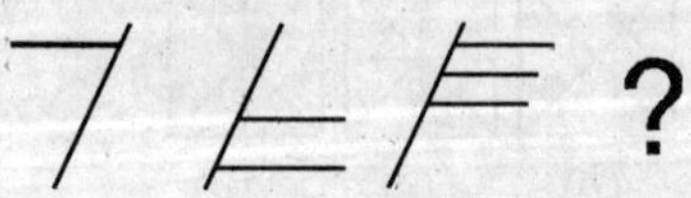

उत्तर आकृतियां

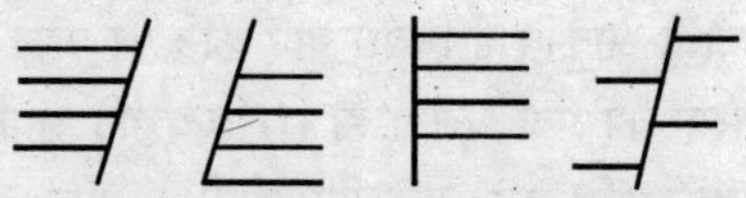

(*a*) (*b*) (*c*) (*d*)

12. प्रश्न आकृतियां

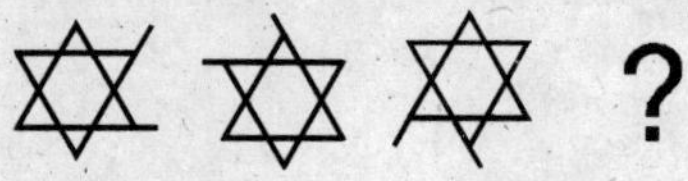

उत्तर आकृतियां

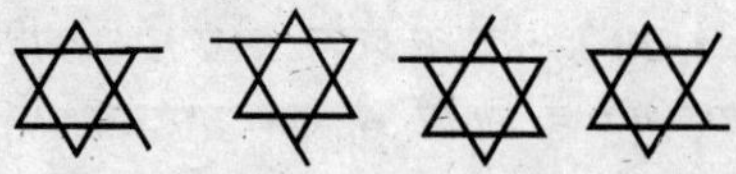

(*a*) (*b*) (*c*) (*d*)

13. प्रश्न आकृतियां

उत्तर आकृतियां

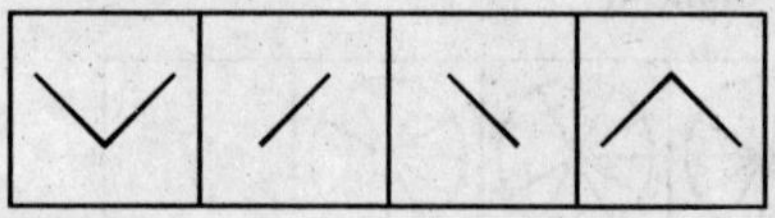

(*a*) (*b*) (*c*) (*d*)

14. प्रश्न आकृतियां

उत्तर आकृतियां

(*a*) (*b*) (*c*) (*d*)

15. प्रश्न आकृतियां

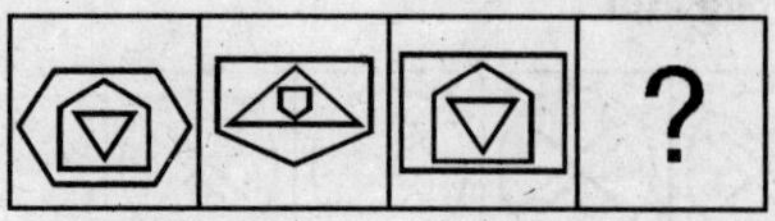

उत्तर आकृतियां

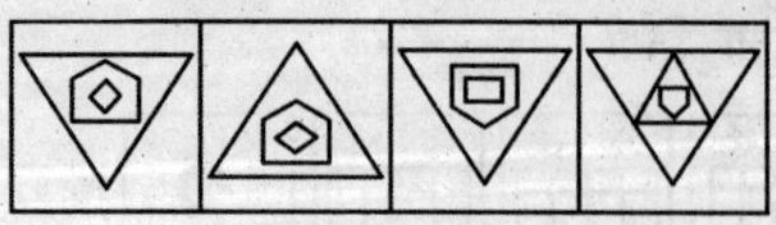

(*a*) (*b*) (*c*) (*d*)

16. प्रश्न आकृतियां

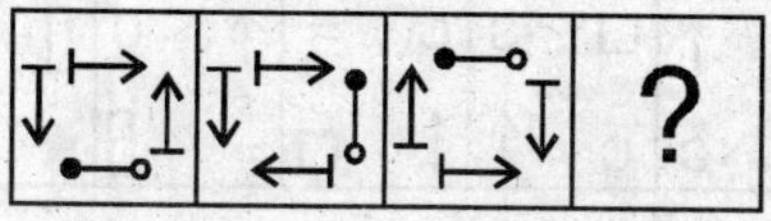

उत्तर आकृतियां

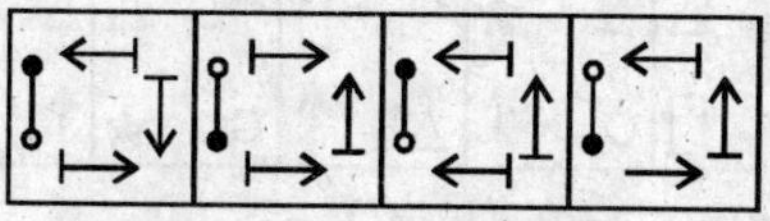

(a) (b) (c) (d)

17. प्रश्न आकृतियां

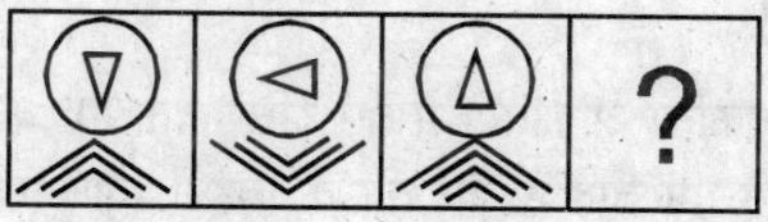

उत्तर आकृतियां

(a) (b) (c) (d)

18. प्रश्न आकृतियां

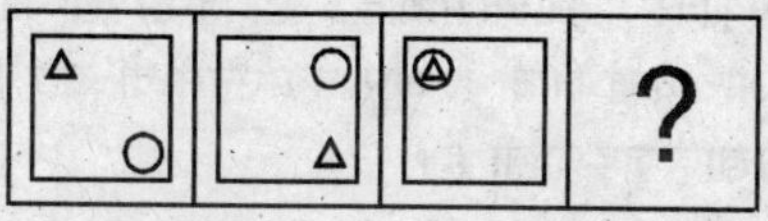

उत्तर आकृतियां

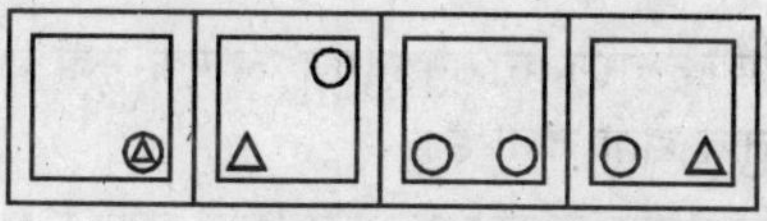

(a) (b) (c) (d)

19. प्रश्न आकृतियां

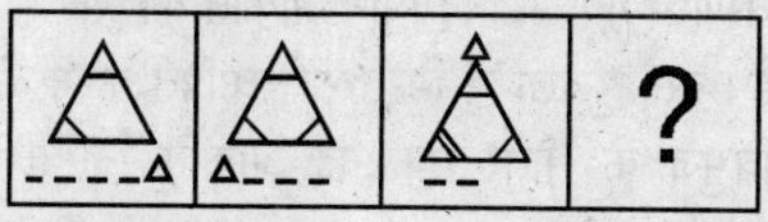

उत्तर आकृतियां

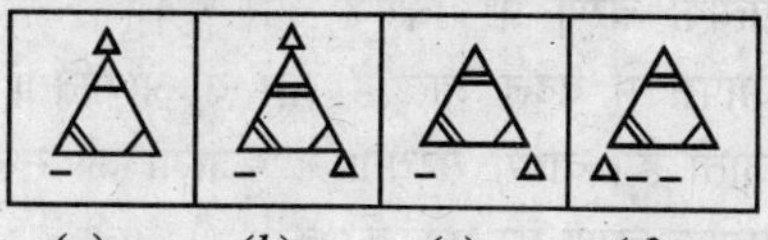

(a) (b) (c) (d)

20. प्रश्न आकृतियां

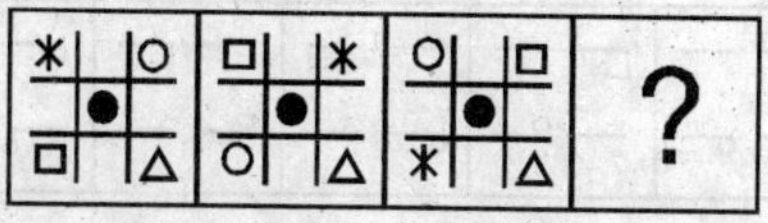

उत्तर आकृतियां

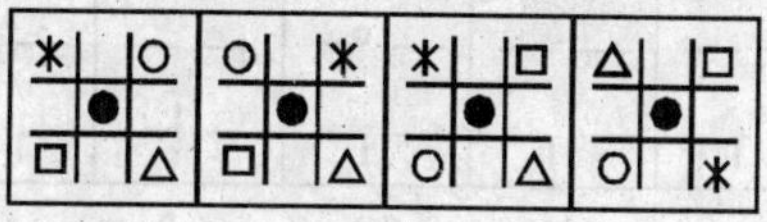

(a) (b) (c) (d)

21. प्रश्न आकृतियां

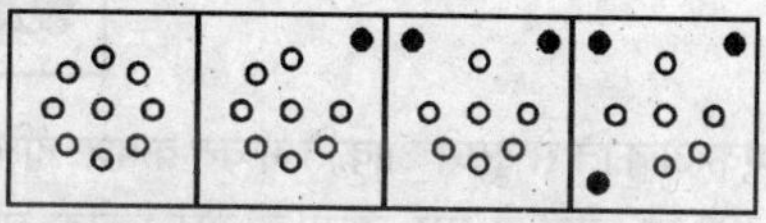

उत्तर आकृतियां

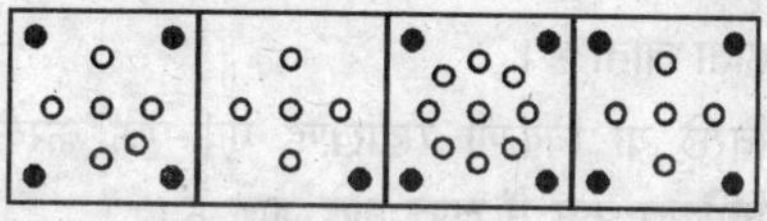

(a) (b) (c) (d)

22. प्रश्न आकृतियां

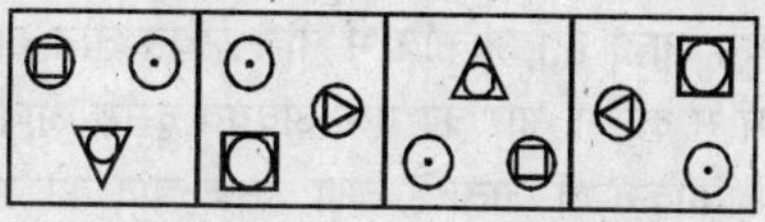

उत्तर आकृतियां

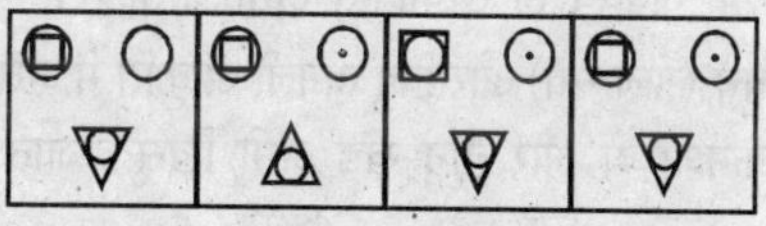

(a) (b) (c) (d)

23. प्रश्न आकृतियां

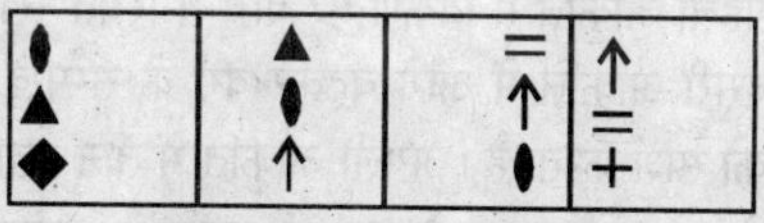

उत्तर आकृतियां

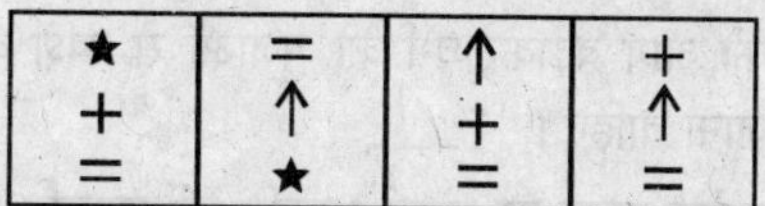

(a) (b) (c) (d)

24. प्रश्न आकृतियां

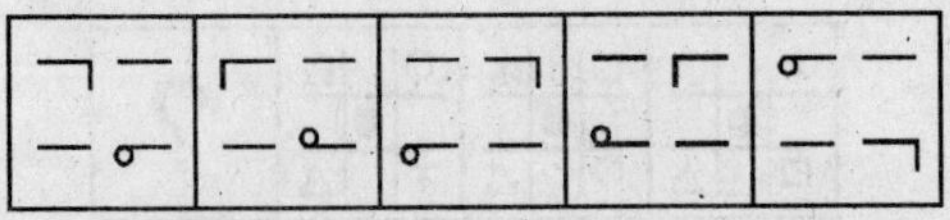

उत्तर आकृतियां

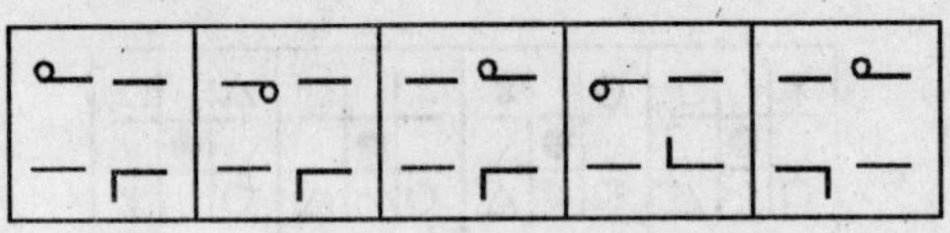

(*a*) (*b*) (*c*) (*d*) (*e*)

25. प्रश्न आकृतियां

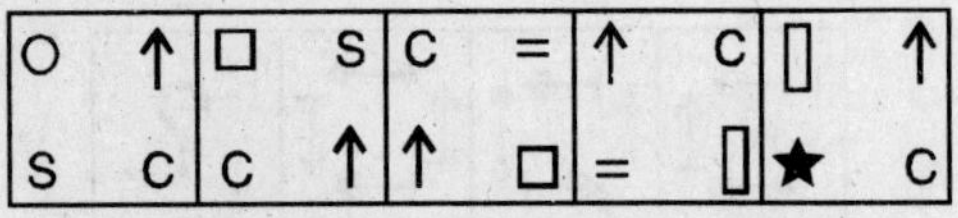

उत्तर आकृतियां

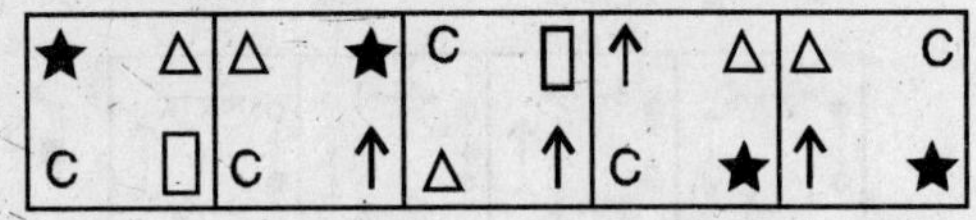

(*a*) (*b*) (*c*) (*d*) (*e*)

व्याख्यात्मक उत्तर

1. (*c*) : एक आकृति से दूसरी आकृति में वृत्त क्रमशः दक्षिणावर्त 30° के कोण से घूम जाता है और प्रत्येक चरण में वृत्त के भीतर स्थित एक त्रिज्यीय रेखाखण्ड लुप्त होता जाता है।

2. (*d*) : तिरछे या विकर्णी रेखाखण्ड एक-एक करके एक निश्चित क्रम में लुप्त होते जाते हैं।

3. (*d*) : पहली आकृति में ऊपर बाएं स्थित >> अवयव क्रमशः अगली आकृति में वामावर्त 90° के कोण से घूम जाता है। आकृति में नीचे स्थित तीन अवयवों में से दाहिने ओर का एक अवयव दूसरी आकृति में छायांकित हो जाता है तथा उसके बाद की आकृति में इन तीनों में से दाहिने से बाएं के क्रम में केवल एक अवयव ही छायांकित होता जाता है।

4. (*d*) : वृत्त (गोल घेरा) और बिंदु अगली आकृति में दक्षिणावर्त क्रमशः दो और तीन खंड आगे खिसक जाते हैं।

5. (*a*) : प्रत्येक चरण में क्रॉस का चिह्न दक्षिणावर्त 90° के कोण से घूम जाता है।

6. (*a*) : पहली आकृति में विकर्ण पर बीच में स्थित रेखाखण्ड दूसरी आकृति में आगे बढ़कर वर्ग के सम्मुख कोनों को स्पर्श करता है। अगली आकृति में तीन रेखाखण्डों से युक्त एक नई रेखा जुड़ जाती है। शृंखला में निरंतरता स्थापित करने के लिए मध्यस्थ रेखाखण्ड को आगे बढ़ाकर वर्ग की भुजाओं से स्पर्श कराया जाना चाहिए।

7. (*d*) : प्रत्येक चरण पर संपूर्ण आकृति दक्षिणावर्त 90° के कोण से घूम जाती है।

8. (*b*) : एकांतर आकृतियों में तीर दक्षिणावर्त 90° के कोण से घूम जाते हैं और तीर के चिह्नों (वाणमुखों) की संस्थिति सामने से पीछे और पीछे से सामने होती जाती है।

9. (*c*) : प्रत्येक चरण पर पूर्ववर्ती आकृति-समुच्चय में एक नई आकृति जुड़ती जाती है।

10. (*a*) : पहली आकृति में सबसे बाहरी संरचना अगली आकृति में सबसे भीतर चली जाती है।

11. (*a*) : एकांतर आकृतियों में क्षैतिज रेखा तिरछी रेखा की दूसरी ओर चली जाती है और तब उनसे दो और क्षैतिज रेखाएं जुड़ जाती हैं।

12. (*d*) : प्रत्येक चरण पर तारे की आकृति वामावर्त 90° के कोण से घूम जाती है।

13. (*c*) : प्रत्येक चरण पर समचतुर्भुज की एक भुजा वामावर्त लुप्त होती जाती है।

14. (*d*) : विद्यमान आकृति के भीतर अगले चरण में एक नई आकृति बना दी जाती है और उसके बाद के अगले चरण में पूर्व की विद्यमान आकृति का लोप हो जाता है। इस शृंखला में निरंतरता स्थापित करने के लिए त्रिभुज के भीतर एक नई आकृति निर्मित करना आवश्यक है।

15. (*d*) : प्रत्येक चरण पर त्रिभुज और पंचभुज के स्थान आपस में बदल जाते हैं और ये आकृतियां उलट जाती हैं। बाहरी संरचना में भुजाओं की संख्या में प्रत्येक चरण पर एक की कमी हो जाती है।

16. (*a*) : एकांतर आकृतियों में सम्मुख अवयवों का स्थान आपस में बदल जाता है अर्थात् सम्मुख अवयव एक-दूसरे के स्थान पर आ जाते हैं।

17. (*d*) : प्रत्येक चरण पर त्रिभुज दक्षिणावर्त 90° के कोण से घूम जाता है। प्रत्येक चरण पर समांतर 'V' रेखाएं उलटी हो जाती हैं और एकांतर आकृतियों में इनमें एक की वृद्धि होती जाती है।

18. (*d*) : प्रत्येक चरण पर त्रिभुज विकर्णतः सम्मुख कोनों पर जाता रहता है और वृत्त एक कोने से दूसरे कोने पर वामावर्त घूमता रहता है।

19. (*c*) : छोटा त्रिभुज दक्षिणावर्त घूमता है और आधार पर स्थित रेखाखंडों में से एक रेखाखण्ड बड़े त्रिभुज के भीतर दक्षिणावर्त जुड़ता जाता है।

20. (*a*) : प्रत्येक चरण पर तारा, वृत्त और वर्ग का स्थान दक्षिणावर्त एक स्थान आगे चला जाता है।

21. (*d*) : एकांतर वृत्त छायांकित होकर वामावर्त कोनों में चले जाते हैं।

22. (*d*) : एकांतर आकृतियों में सम्पूर्ण अवयव 180° के कोण से घूम जाते हैं जिससे अवयवों के दोबारा घूमने पर पहली आकृति प्राप्त होगी।

23. (*a*) : पहली से दूसरी आकृति में तीनों अवयव आकृति के मध्य में आते हैं। ऊपरी दो अवयवों का स्थान आपस में परिवर्तित होता है अर्थात् ये एक दूसरे के स्थान पर आ जाते हैं और तीसरे अवयव के स्थान पर एक नया अवयव आ जाता है। तत्पश्चात् दूसरी से तीसरी आकृति में नीचे के दो अवयवों का स्थान भी आपस में परिवर्तित होता है और तीसरे अवयव के स्थान पर एक नया अवयव आ जाता है तथा सभी तीनों अवयव आकृति के दाहिने छोर पर व्यवस्थित हो जाते हैं। यही प्रक्रिया आगे भी दोहराई जाती है।

24. (*a*) : एकांतर आकृतियों में चारों अवयव एक चरण दक्षिणावर्त खिसक जाते हैं।

25. (*b*) : ऊपरी बाएं अवयव से शुरू करके पहले के अवयव के स्थान पर एक नया अवयव आ जाता है और अन्य तीन अवयव दक्षिणावर्त एक-दूसरे के स्थान पर आ जाते हैं।

सादृश्य या संबंध

(ANALOGIES OR RELATIONSHIPS)

अभाषिक सादृश्य के प्रश्नों में दो प्रकार की आकृतियां दी जाती हैं जो (i) प्रश्न आकृतियां और (ii) उत्तर आकृतियां कहलाती हैं। प्रश्न आकृतियां दो भागों में विभाजित होती हैं। प्रश्न आकृतियों के नीचे उत्तर आकृतियां दी जाती है।

हल किए गए उदाहरण

1. प्रश्न आकृतियां

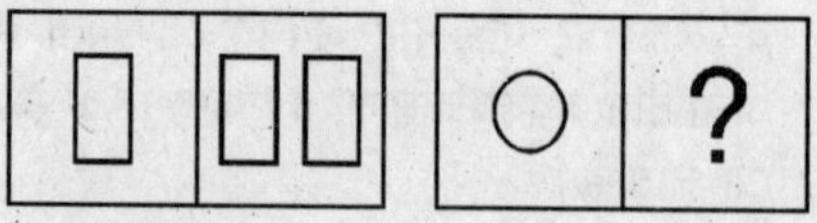

उत्तर आकृतियां

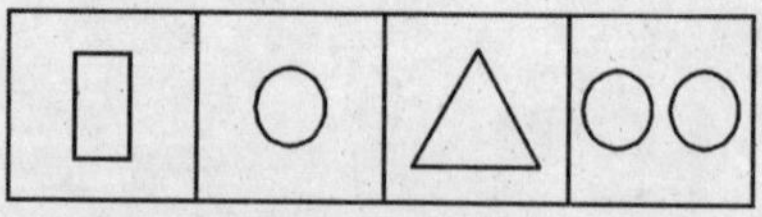

(*a*) (*b*) (*c*) (*d*)

उत्तर (*d*)**:** ऊपर दी गई प्रश्न आकृतियों के दो भाग हैं। पहले भाग में दो आकृतियां हैं जबकि दूसरे भाग में एक आकृति दी गई है जिसके बाद एक प्रश्न चिह्न (?) है। पहले भाग की आकृतियों के बीच एक विशेष संबंध है जिसके आधार पर दूसरे भाग की आकृतियों के बीच संबंध स्थापित किया जाना है।

प्रश्न आकृतियों के पहले भाग की दो आकृतियों में क्रमशः एक और दो आयत निहित हैं। पहली आकृति में एक आयत है जबकि दूसरी आकृति में दो आयत हैं। इसका अर्थ है कि उनके बीच संबंध यह है कि दूसरी आकृति में पहली आकृति में निहित आयत की संख्या की दोगुनी संख्या में आयत हैं।

दूसरे भाग की दोनों प्रश्न आकृतियों के बीच भी ठीक उसी प्रकार का संबंध होना आवश्यक है जैसा संबंध पहले भाग की दो प्रश्न आकृतियों के बीच है अर्थात् इस सादृश्य के आधार पर जबकि दूसरे भाग में पहली प्रश्न आकृति एक वृत्त है तो दूसरी प्रश्न आकृति में वृत्तों की संख्या दोगुनी अर्थात् 2 होगी।

2. प्रश्न आकृतियां

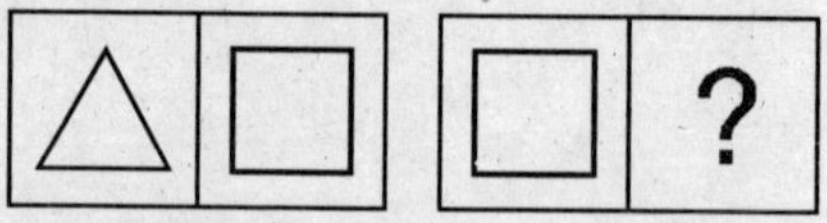

उत्तर आकृतियां

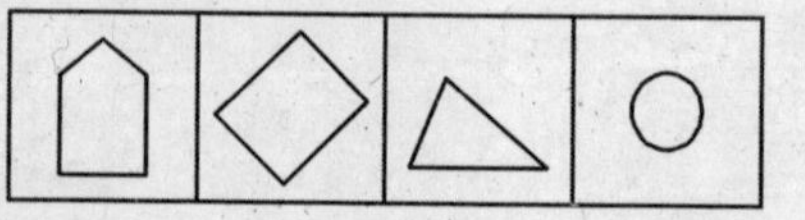

(*a*) (*b*) (*c*) (*d*)

उत्तर (*a*)**:** प्रश्न आकृतियों के पहले भाग में दी गई दोनों आकृतियों को देखें। पहली आकृति में एक त्रिभुज और दूसरी आकृति में एक वर्ग है। पहली आकृति (त्रिभुज) में तीन भुजाएं और तीन कोण हैं जबकि दूसरी आकृति (वर्ग) में चार भुजाएं और चार कोण हैं। इन दोनों आकृतियों के बीच संबंध यह है कि दूसरी आकृति में पहली आकृति की तुलना में एक भुजा और एक कोण अधिक है।

इस सादृश्य संबंध के आधार पर प्रश्न चिह्न (?) के स्थान पर रखी जाने वाली आकृति पाँच भुजाओं और पाँच कोणों वाली आकृति होनी चाहिए (जिसमें प्रश्न आकृतियों के दूसरे भाग की पहली आकृति से एक भुजा और एक कोण अधिक हो)।

अभ्यास

निर्देश (प्र.सं. 1–20): *प्रश्न आकृतियों में :: चिह्न के बाएं दी गई दो आकृतियों में से दूसरी आकृति का पहली आकृति के साथ एक विशेष संबंध है। :: चिह्न की दाईं ओर की दो आकृतियों के बीच भी ऐसा ही संबंध है। दिए गए विकल्पों से उस आकृति का चयन करें जिसे प्रश्न आकृतियों में प्रश्न चिह्न के स्थान पर रखा जा सकता है और जिसका :: चिह्न की दाईं ओर की पहली आकृति के साथ ठीक वैसा ही संबंध है जैसा कि :: चिह्न की बाईं ओर की दो आकृतियों के बीच है।*

1. प्रश्न आकृतियां

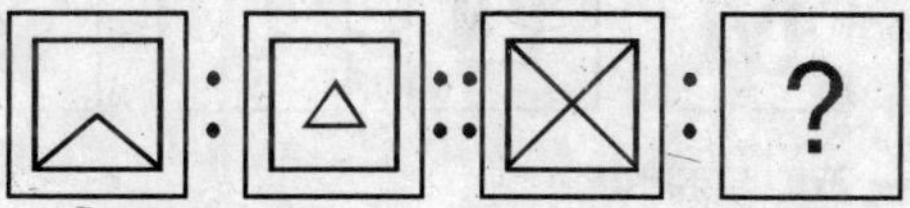

उत्तर आकृतियां

(a) (b) (c) (d)

2. प्रश्न आकृतियां

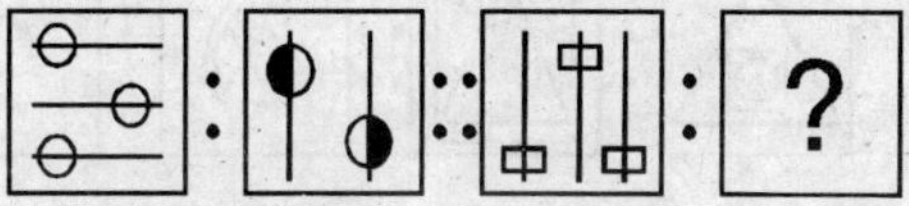

उत्तर आकृतियां

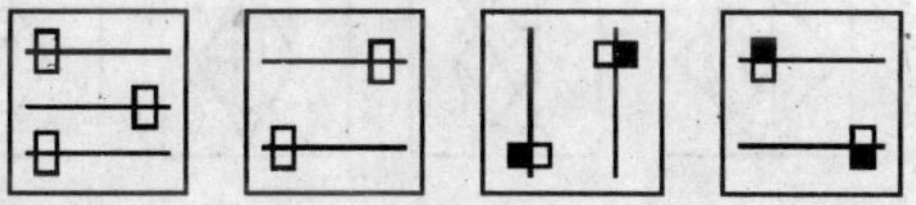

(a) (b) (c) (d)

3. प्रश्न आकृतियां

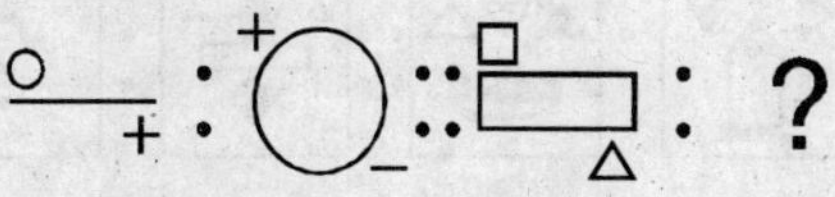

उत्तर आकृतियां

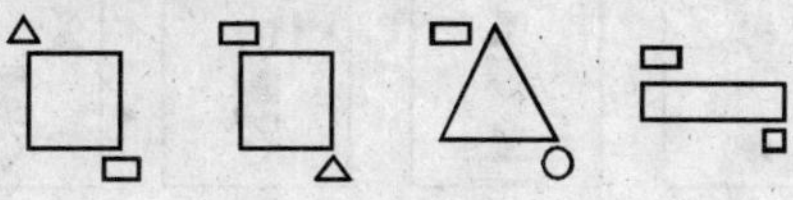

(a) (b) (c) (d)

4. प्रश्न आकृतियां

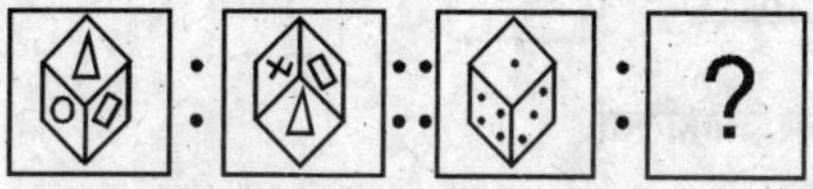

उत्तर आकृतियां

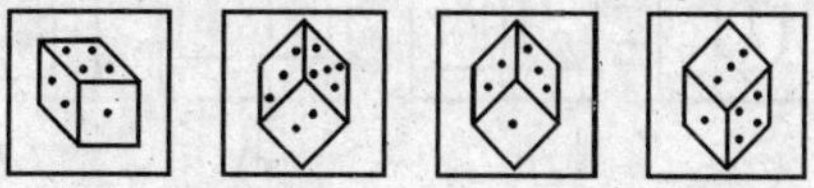

(a) (b) (c) (d)

5. प्रश्न आकृतियां

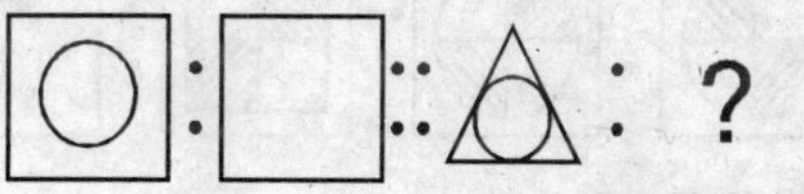

उत्तर आकृतियां

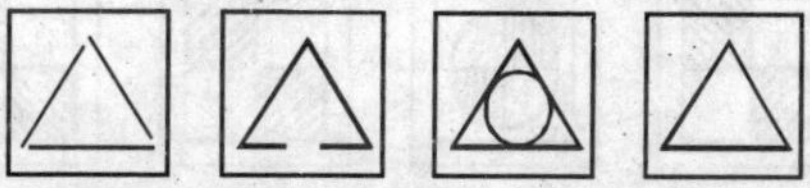

(a) (b) (c) (d)

6. प्रश्न आकृतियां

उत्तर आकृतियां

(a) (b) (c) (d)

7. प्रश्न आकृतियां

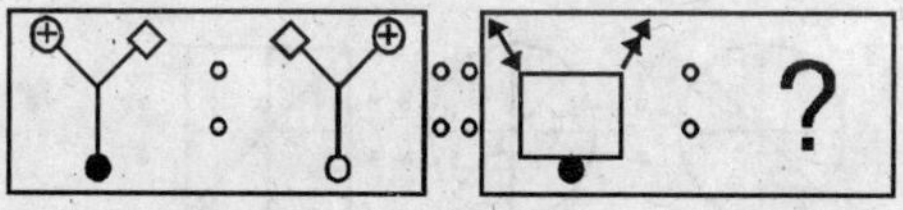

उत्तर आकृतियां

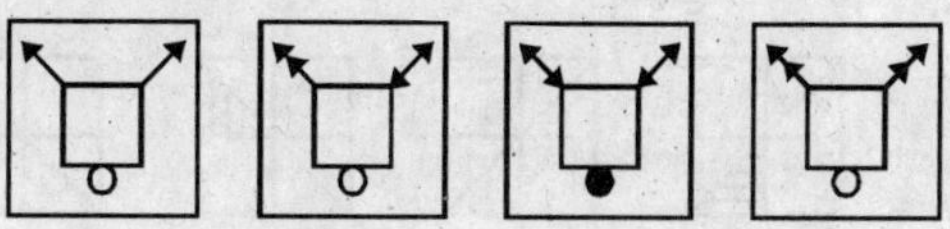

(a) (b) (c) (d)

8. प्रश्न आकृतियां

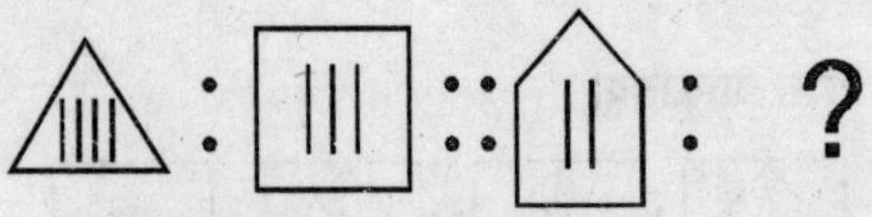

उत्तर आकृतियां

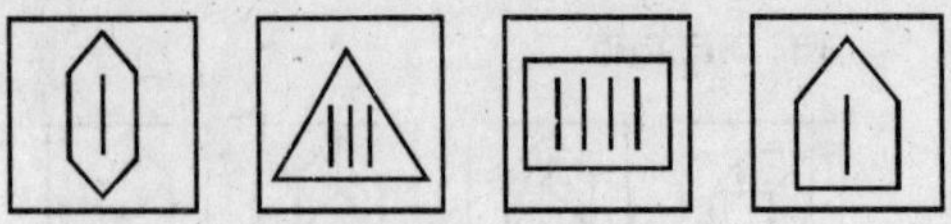

(a) (b) (c) (d)

9. प्रश्न आकृतियां

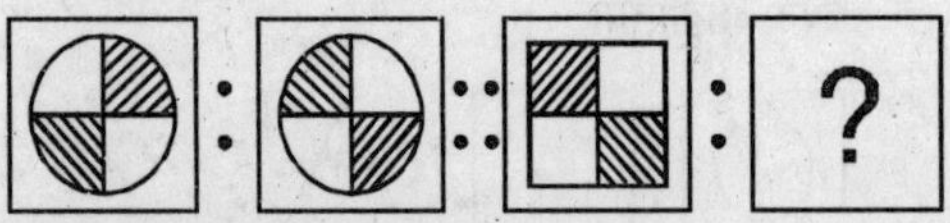

उत्तर आकृतियां

(a) (b) (c) (d)

10. प्रश्न आकृतियां

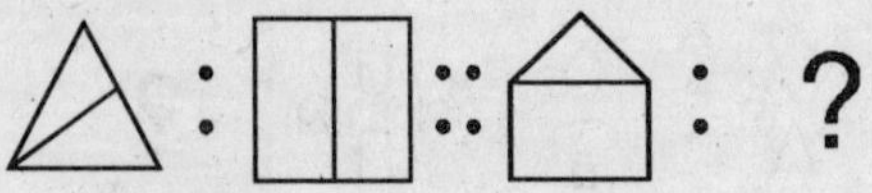

उत्तर आकृतियां

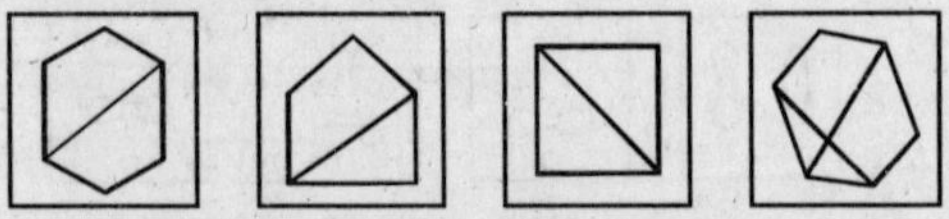

(a) (b) (c) (d)

11. प्रश्न आकृतियां

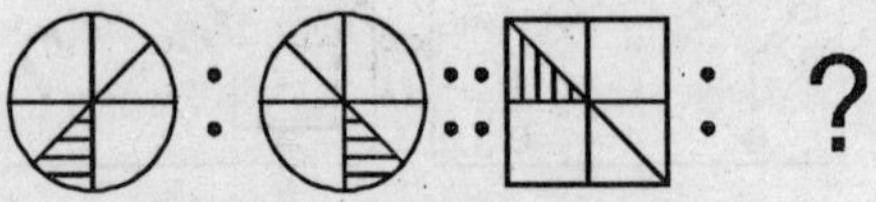

उत्तर आकृतियां

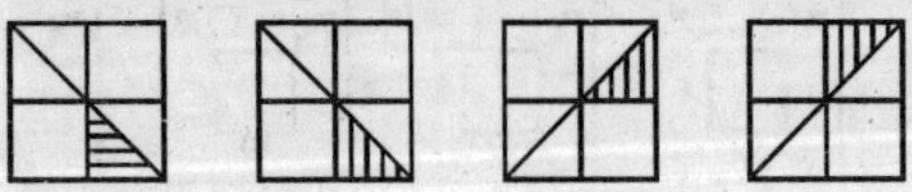

(a) (b) (c) (d)

12. प्रश्न आकृतियां

उत्तर आकृतियां

(a) (b) (c) (d)

13. प्रश्न आकृतियां

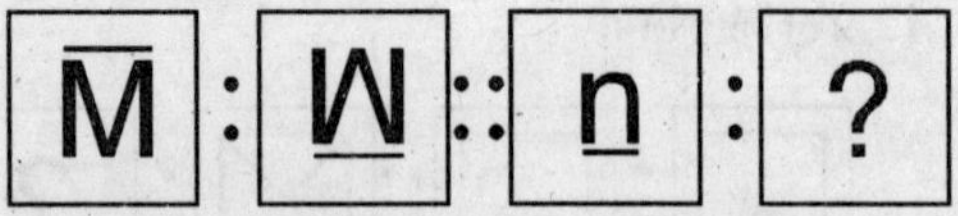

उत्तर आकृतियां

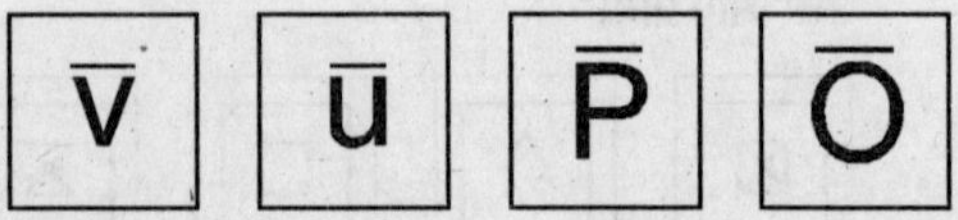

(a) (b) (c) (d)

14. प्रश्न आकृतियां

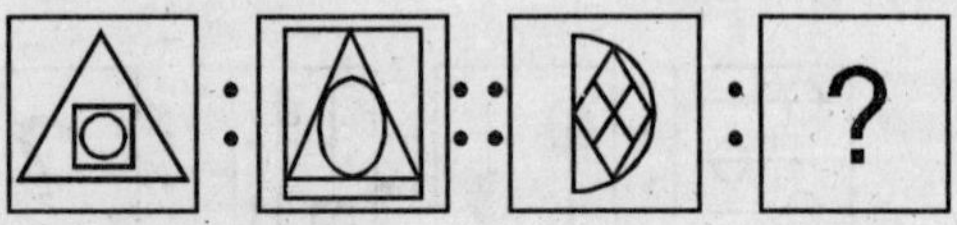

उत्तर आकृतियां

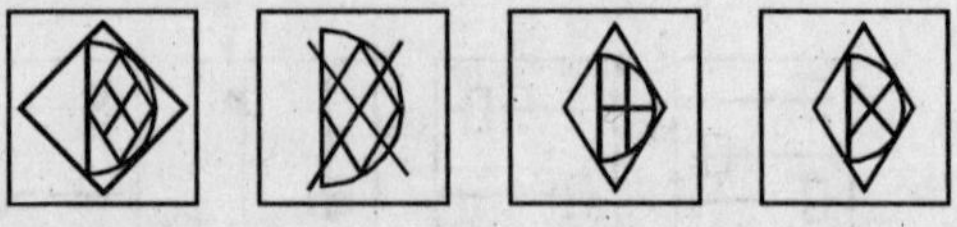

(a) (b) (c) (d)

15. प्रश्न आकृतियां

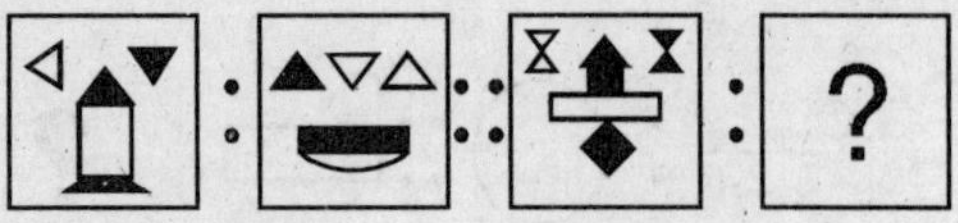

उत्तर आकृतियां

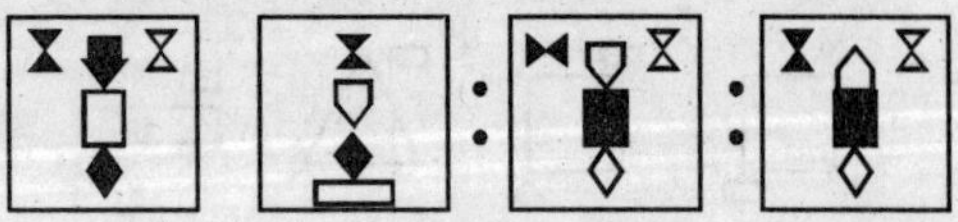

(a) (b) (c) (d)

व्याख्यात्मक उत्तर

1. (*d*) : पहली आकृति का त्रिभुज दूसरी आकृति में बीच में आ जाता है। इसी प्रकार शीर्ष पर जुड़े दो त्रिभुज भी उत्तर आकृति में बीच में आ जाते हैं।

2. (*d*) : पहली आकृति का संपूर्ण डिजाइन दूसरी आकृति में दक्षिणावर्त 90° के कोण से घूम जाता है और उसका एक अवयव लुप्त हो जाता है तथा रेखिका से जुड़े अवयव के परस्पर विपरीत दिशा वाले हिस्से छायांकित हो जाते हैं।

3. (*a*) : पहली आकृति से दूसरी आकृति में दाईं ओर नीचे का अवयव विकर्णतः सम्मुख कोने पर चला जाता है, बाईं ओर ऊपर का अवयव बड़ा हो जाता है और बीच में आ जाता है तथा बीच का अवयव छोटा होकर नीचे दाएँ कोने पर आ जाता है।

4. (*c*) : पहली आकृति से दूसरी आकृति में पाशे के फलक पर अंकित आकृति ऊपर से नीचे आ जाती है। दाहिनी ओर का डिजाइन अपरिवर्तित रहता है। जबकि बाईं ओर का डिजाइन बदल जाता है।

5. (*d*) : पहली आकृति में भीतर का अवयव दूसरी आकृति में लुप्त हो जाता है।

6. (*b*) : पहली आकृति के दो आधे अवयव दूसरी आकृति में ऊर्ध्वाधरतः पलट कर आपस में जुड जाते हैं और इस प्रकार निर्मित नया अवयव ऊपर शीर्ष पर पहुँच जाता है। पहली आकृंति के दो क्षैतिजतः अवस्थित वक्र परस्पर जुड़कर एक नया अवयव निर्मित करते हैं और दूसरी आकृति में बीच में आ जाते हैं। पहली आकृति में दाएँ और बाएँ छोरों के दो सदृश अवयवों में से एक अवयव दूसरी आकृति में नीचे आ जाता है।

7. (*b*) : दूसरी आकृति में ऊपर के दो अवयव अपना स्थान बदल कर एक दूसरे के स्थान पर आ जाते हैं और वृत्त के भीतर का छायांकित भाग छायारहित हो जाता है।

8. (*a*) : पहली आकृति से दूसरी आकृति में एक ऊर्ध्वाधरतः रेखा कम हो जाती है और आकृति को निर्मित करने वाली रेखाओं की संख्या में एक की वृद्धि होती है।

9. (*a*) : पहली आकृति को वामावर्त 90° के कोण से घुमाने पर दूसरी आकृति प्राप्त होती है।

10. (*a*) : पहली आकृति से दूसरी आकृति में आकृति को निर्मित करने वाली रेखाओं की संख्या में एक की वृद्धि होती है।

11. (*c*) : पहली आकृति से दूसरी आकृति में विकर्णी रेखा 90° के कोण से घूम जाती है और रेखाखण्ड क्षैतिजतया सम्मुख खण्ड में चले जाते हैं।

12. (*a*) : पहली आकृति का डिजाइन दूसरी आकृति में दोगुना हो जाता है।

13. (*b*) : पहली आकृति का डिजाइन दूसरी आकृति में ऊर्ध्वाधरतः उलट जाता है।

14. (*d*) : बीच के और सबसे भीतरी अवयव के आकार में वृद्धि होती है और सबसे बाहरी अवयव छोटा होकर दो बढ़े हुए अवयवों के बीच में आ जाता है।

15. (*c*) : पहली आकृति से दूसरी आकृति में ऊपरी बाईं ओर का अवयव 90° के कोण से घूम जाता है और ऊपरी दाईं ओर का अवयव ऊर्ध्वाधरतः उलट जाता है। ऊर्ध्वाधर डिजाइन का ऊपरी भाग ऊर्ध्वाधरतः उलट जाता है और अलग हो जाता है, बीच का हिस्सा छोटा/बड़ा हो जाता है और 90° के कोण से घूम जाता है तथा निचला हिस्सा ऊर्ध्वाधरतः उलट जाता है। उपर्युक्त सभी परिवर्तनों के अतिरिक्त एक आकृति से दूसरी आकृति में छायांकित भाग छाया रहित हो जाता है और छाया रहित भाग छायांकित हो जाता है।

विजातीय का चयन (ODD-ONE OUT)

अभाषिक वर्गीकरण संबंधी तर्कबुद्धि परीक्षण विषयक प्रश्नों में आकृतियों का एक समूह दिया जाता है तथा अभ्यर्थियों से यह अपेक्षा की जाती है कि वे दी गई आकृतियों को उनके विशिष्ट गुणों या विशेषताओं के आधार पर अलग-अलग समूहों या वर्गों में वर्गीकृत करें। आकृतियों या मदों को उनकी बनावट, आकार, प्रतिरूप, संरचना, प्रकार, क्रम, रूप-रंग, कोटि, शैली, संघटक अवयवों और अन्य प्रकार की विशेषताओं में समानता के आधार पर समूहों या वर्गों में वर्गीकृत करना होता है और तत्पश्चात् उस समूह से भिन्न अर्थात् विजातीय आकृति की पहचान करनी होती है।

भाग–I

अभाषिक वर्गीकरण के इस प्रकार के प्रश्नों में प्रश्न आकृतियों और उत्तर आकृतियों के रूप में आकृतियों के दो समुच्चय नहीं दिए जाते बल्कि इनमें चार या पाँच आकृतियों का केवल एक ही समुच्चय दिया जाता है जिन्हें प्रश्न आकृतियाँ कहते हैं। इन प्रश्न आकृतियों में से एक आकृति शेष चार आकृतियों के समान या उनके सदृश नहीं होती। दूसरे शब्दों में तीन या चार आकृतियाँ किसी न किसी रूप में आपस में संबंधित होते हुए एक समूह बनाती हैं जबकि शेष केवल एक आकृति ही अन्यों से भिन्न अथवा विजातीय होता है जिसकी पहचान की जानी होती है।

हल किए गए उदाहरण

1.

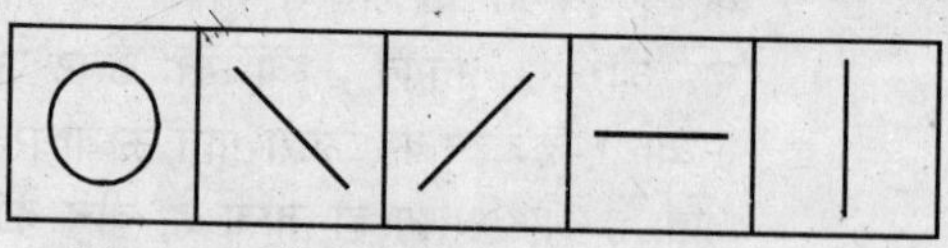

(*a*) (*b*) (*c*) (*d*) (*e*)

उत्तर (*a*)**:** दी गई आकृतियों में (*a*) एक वृत्त है जबकि (*b*), (*c*), (*d*) और (*e*) भिन्न-भिन्न दिशाओं को इंगित करने वाली सरल रेखाएं हैं। यहाँ ध्यान दें कि दी गई पाँच आकृतियों में से चार आकृतियों (*b*), (*c*), (*d*) और (*e*) में से प्रत्येक में एक सामान्य (सर्वनिष्ठ) विशेषता यह है कि ये सभी सरल रेखाएं हैं जो भिन्न-भिन्न दिशाओं को इंगित करती हैं, अतः ये चारों आकृतियां एक समूह या वर्ग निर्मित करती हैं। इन आकृतियों के विपरीत (*a*) एक वृत्त है जो अन्य आकृतियों से भिन्न अथवा विजातीय है।

अतः आकृति (*a*) समूह में शामिल न होने वाली आकृति अर्थात् एक विजातीय आकृति है।

2.

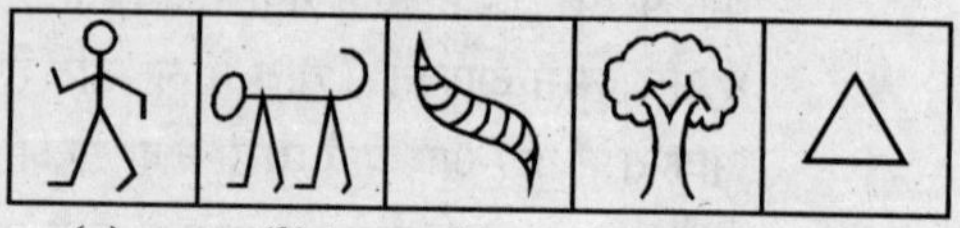

(*a*) (*b*) (*c*) (*d*) (*e*)

उत्तर (*e*)**:** आकृति (*a*) एक मानव आकृति है, (*b*) एक चौपाया पशु की आकृति है, (*c*) एक कीट, (*d*) एक पेड़ और (*e*) एक त्रिभुज है। इन पाँच अवयवों में से चार में एक सर्वनिष्ठ विशेषता है और वह यह है कि (*a*), (*b*), (*c*) और (*d*) (मानव, पशु, कीट और पेड़) सजीव जगत् से संबंधित हैं।

आकृति (*e*) एक त्रिभुज है और यह सजीव जगत् से संबंधित नहीं है। अतः आकृति (*e*) इस समूह में शामिल नहीं है।

अभ्यास

निर्देश (प्र.सं. 1–20): *नीचे के प्रत्येक प्रश्न में एक आकृति को छोड़कर अन्य सभी आकृतियाँ किसी-न-किसी रूप में आपस में संबंधित हैं और इस कारण वे एक समूह बनाती हैं। प्रत्येक प्रश्न में उस एक भिन्न आकृति का चयन करें जो अन्यों से संबंधित नहीं है अर्थात् जो भिन्न अथवा विजातीय है।*

1. 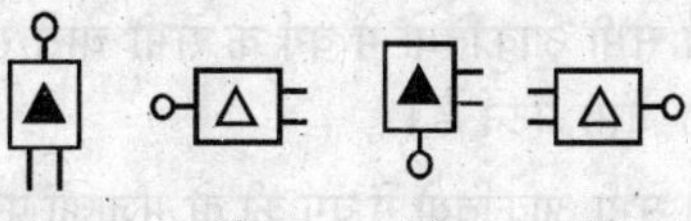

(*a*) (*b*) (*c*) (*d*)

2. 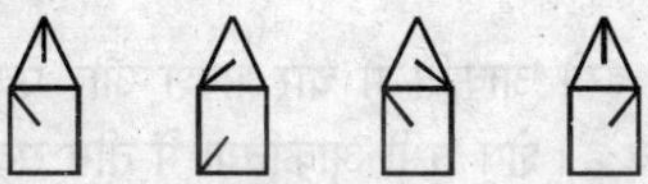

(*a*) (*b*) (*c*) (*d*)

3. 

(*a*) (*b*) (*c*) (*d*)

4. 

(*a*) (*b*) (*c*) (*d*)

5. 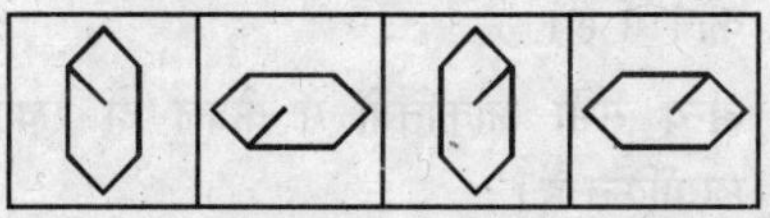

(*a*) (*b*) (*c*) (*d*)

6. 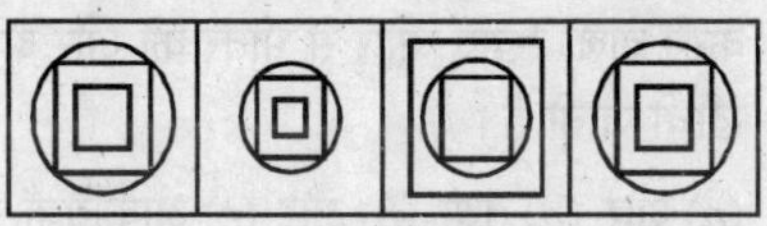

(*a*) (*b*) (*c*) (*d*)

7. 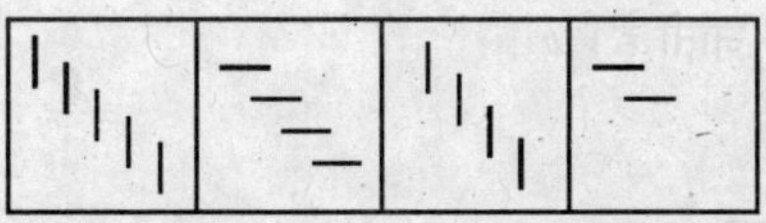

(*a*) (*b*) (*c*) (*d*)

8. 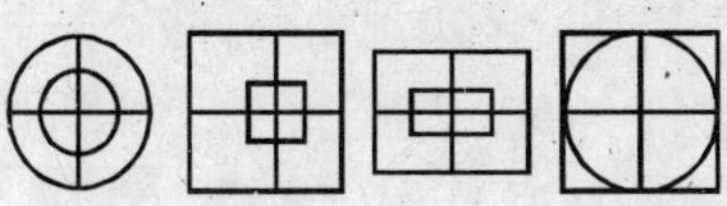

(*a*) (*b*) (*c*) (*d*)

9. 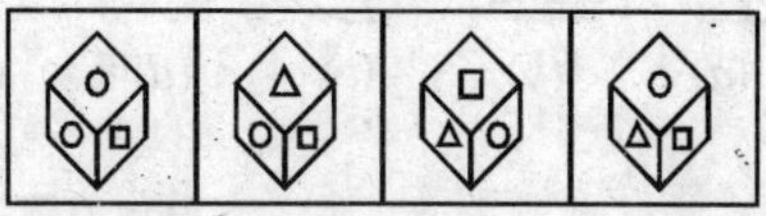

(*a*) (*b*) (*c*) (*d*)

10. 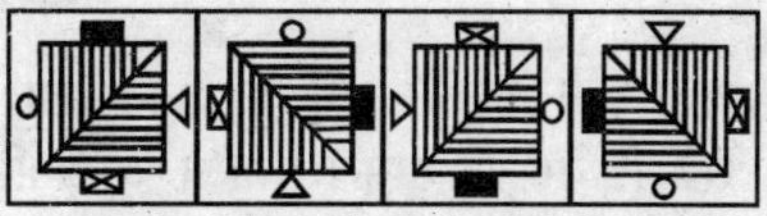

(*a*) (*b*) (*c*) (*d*)

11. 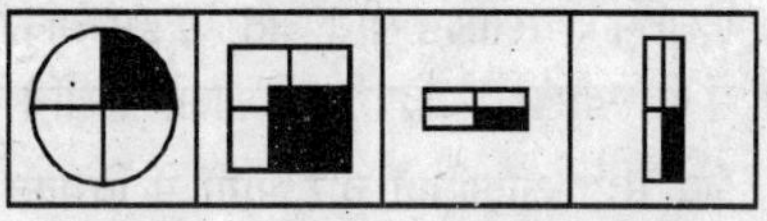

(*a*) (*b*) (*c*) (*d*)

12. 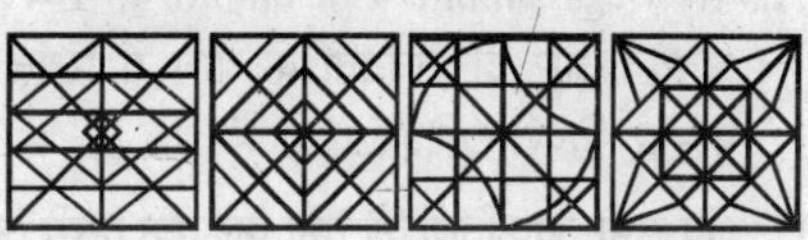

(*a*) (*b*) (*c*) (*d*)

13. 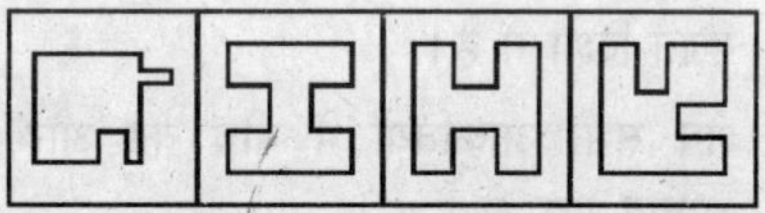

(*a*) (*b*) (*c*) (*d*)

14. 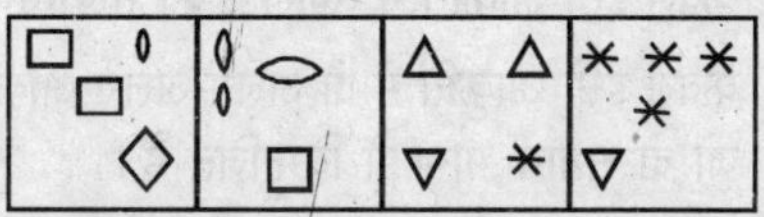

(*a*) (*b*) (*c*) (*d*)

15. 

(*a*) (*b*) (*c*) (*d*) (*e*)

16. 

(*a*) (*b*) (*c*) (*d*) (*e*)

17. 

(*a*) (*b*) (*c*) (*d*) (*e*)

18. 

(*a*) (*b*) (*c*) (*d*) (*e*)

19. 

(*a*) (*b*) (*c*) (*d*) (*e*)

20. 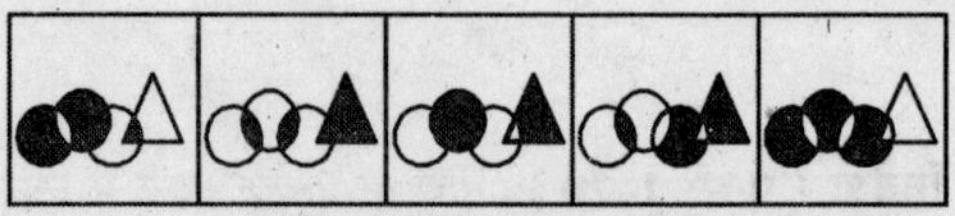

(*a*) (*b*) (*c*) (*d*) (*e*)

व्याख्यात्मक उत्तर

1. (*c*) : अन्य सभी आकृतियों में वृत्त युक्त रेखा और दो रेखाखंड वर्ग की सम्मुख भुजाओं पर अवस्थित हैं।

2. (*c*) : शेष सभी आकृतियों में एक रेखा के सिरों से एक ही दिशा में दो रेखाखंड खींचे जाते हैं। इस आकृति '(*c*)' में दो रेखाखंड दो विपरीत दिशाओं में खींचे जाते हैं।

3. (*c*) : शेष सभी आकृतियाँ चार भागों में विभक्त हैं।

4. (*d*) : केवल इसी आकृति में ही आकृति के मध्य में स्थित अवयव और दो अवयवों के बीच में स्थित अवयव परस्पर विपरीत दिशाओं में हैं।

5. (*c*) : शेष सभी आकृतियों को घुमा कर एक दूसरी आकृतियाँ प्राप्त की जा सकती हैं। इस आकृति में रेखाखंड गलत दिशा में है।

6. (*c*) : शेष सभी आकृतियों में बीच का और मध्यस्थ अवयव एक से हैं।

7. (*a*) : केवल इसी आकृति में रेखाखंडों की संख्या विषम है।

8. (*d*) : केवल इसी आकृति में दो अलग-अलग आकृतियाँ हैं जो दो समान भागों में विभाजित हैं।

9. (*a*) : केवल इसी आकृति में दो सदृश अवयव (वृत्त) निहित हैं।

10. (*c*) : शेष सभी आकृतियों को घुमाकर एक-दूसरी आकृतियाँ प्राप्त की जा सकती हैं।

11. (*b*) : शेष सभी आकृतियों में आकृति का केवल एक चौथाई भाग ही छायांकित है।

12. (*c*) : शेष सभी आकृतियों में वर्ग के सभी चारों खण्डों में एक जैसा पैटर्न है।

13. (*a*) : शेष सभी आकृतियों में वर्ग की दो भुजाओं पर कटान सदृश हैं।

14. (*d*) : केवल इसी आकृति में चार सदृश और एक भिन्न अवयव हैं। शेष सभी आकृतियों में तीन सदृश और एक भिन्न अवयव हैं।

15. (*d*) : आकृतियाँ (*a*) और (*e*) तथा आकृतियाँ (*b*) और (*c*) विपरीत युग्म निर्मित करती हैं। केवल आकृति (*d*) ही अकेला बचा रहता है।

16. (*c*) : अन्य सभी आकृतियाँ दक्षिणावर्त 90° के कोण से घूमी हुई रोमन संख्याएं हैं।

17. (*d*) : अन्य सभी आकृतियों में सदृश वर्ग ही छायांकित है। इस विकल्प में एक छायांकित वर्ग विकर्णतः सम्मुख कोने में है।

18. (*a*) : अन्य सभी आकृतियों में केवल दो रेखाखंड ही छायांकित हैं।

19. (*d*) : शेष सभी आकृतियों में पैटर्न (प्रतिरूप) को निर्मित करने वाली रेखाएं बाहर से भीतर की ओर दक्षिणावर्त खीची जाती हैं।

20. (*c*) : (*a*) और (*d*) तथा (*b*) और (*e*) आकृतियाँ सुमेलित विपरीत युग्म हैं। केवल आकृति (*c*) ही अकेली बच जाती है।

English Language

1. Comprehension Passages

In the English language paper, questions on comprehension test are very important for the examinees appearing in the competitive examinations.

Comprehension means the act of comprehending or the capacity of the mind to understand. In the examination papers, questions on comprehension test are included to judge the ability of the examinees to understand the given passage.

Therefore, they should understand how to solve these questions. Practice of solving these questions will greatly help them in the examination.

Directions: *Read the following passages carefully and answer the questions given after each passage. Out of the four alternatives, choose the correct answer according to the context of the passage.*

PASSAGE-1

This is the age of the Machine, Machines are everywhere, in the fields, in the factory, at home, in the street, in the city, in the country, every where. To fly, it is not necessary to have wings; there are machines. The swim under the sea, it is not necessary to have gills; there are machines. To kill our fellowmen in over-whelming numbers, there are machines. Petrol machines alone provide ten times more power than all human beings in the world. In the busiest countries, each individual has six hundred human slaves in his machines.

What are the consequences of this abnormal power? Before the War, it looked as though it might be possible, for the first time in history to provide food and clothing and shelter for the teeming population of the world—every man, woman and child. This would have been the greatest triumphs of science. And yet, if you remember, we saw the world crammed, full of food and people hungry. Today, the larders are bare and millions, starving. That's the war, you would say. When the machines of peace once more begin to ....

1. According to the passage, which of the following is not necessary to fly?
A. Wings
B. Arms
C. Feet
D. Machines

2. Petrol machinery is used to provide:
A. ten times more power than human beings in the world
B. less power than human beings in the world
C. as much power as human beings in the world
D. none of the above is correct

3. What could be one of the greatest triumphs of science?
A. to provide food, clothing and shelter to everyone
B. none would get food, clothing and shelter
C. only rich people would get food, clothing and shelter
D. people would get only clothing

4. This is the age of the:
A. machine
B. animal husbandry
C. agriculture
D. wars

5. The machine age produces:
A. goods
B. food
C. goods but avoids the consequences
D. none of the above

Answers

1	2	3	4	5
A	A	A	A	C

PASSAGE-2

What are the good parts of our civilization? First and foremost there are order and safety. If today I have a quarrel with another man, I do not get beaten merely because I am physically weaker and he can knock me down. I go to law and the law will decide as fairly as it can between the two of us. Thus in disputes between man and man. Right has taken the place of might. Moreover, the law protects me from robbery and violence. Nobody may come and break into my house, steal my books or run off with my children. Of course, there are burglars, but they are very rare and the law punishes them whenever, it catches them.

It is difficult for us to realize how much this safety means. Without safety those higher activities of mankind which make up civilization could not go on. The inventor could not invent, the scientist find out or the artist make beautiful things. Hence, order and safety, although they are not themselves civilization, are things without which civilization could be impossible. They are as necessary to our civilization as the air we breathe is to us; and we have-grown so used to them that we do not notice them any more than we notice the air.

1. The first and foremost good parts of civilization are:
A. order and insecurity
B. only insecurity
C. order and safety
D. insecurity and lawlessness.

2. In disputes between man and man:
A. right has taken the place of might
B. might has taken the place of right
C. might is right
D. none of the above

3. According to the passage, the burglars are:
A. many B. rare
C. found nowhere D. not punished

4. An artist can create beautiful things only if:
A. there is disorder
B. there is no safety
C. there is safety
D. there is neither safety nor order

5. According to the writer, man does not notice order and safety as:
A. he does not notice the air he breathes
B. he does not notice the food he eats
C. he does not notice the shelter he needs
D. none of the above is correct

Answers

1	2	3	4	5
C	A	B	C	A

PASSAGE-3

The purpose of education is to make the student an expert in his subject. This must be clearly understood, and mere muddling through lessons and lectures and books and passing examination are relegated to secondary importance as means to the end—which is excellence in the field choosen.

But there are so many fields, and no man can become an expert in all the fields. It is necessary to decide which fields are the important ones that a man should know well.

It is clear that one's own work is the most important. This has been realised and modern civilization has accordingly provided vocational education. It is now possible to acquire high professional skill in the various fields, medicine, engineering production, commerce and so on—but with good and bad mixed together, and no standard for guidance.

1. The purpose of education is to make the student:
A. an expert in all fields
B. an expert in his subject
C. only capable of earning
D. confident only

2. What, according to the writer, is the end?
A. excellence in the field choosen
B. passing the examination
C. earning more and more money
D. cramming lectures and books

3. According to the passage, can a man become an expert in all fields?
A. Yes B. Partially yes
C. Sometimes D. No

4. According to the writer, which of the following is the most important work?
A. someone else's work
B. one's own work
C. nobody's work
D. everyone's work

5. The modern civilization has provided
   A. vocational education
   B. art of conversation
   C. adult education
   D. higher education

Answers

1	2	3	4	5
B	A	D	B	A

PASSAGE-4

English education, which was introduced in India in the earlier part of the nineteenth century, established her cultural contact with the West. Prior to this, India had for centuries remained in a state of isolation, although in very early times she had sent out cultural missions to the other Asiatic countries. India really began to borrow from the West and assimilate new ideas on an extensive scale only after the British had taken up the direction of her educational policy.

It is true that Western education at first exerted an unsettling: influence on young men and led to errors in life and conduct. They hated everything Indian, aped western manners and modes of life, and forgot their glorious past. There were scholars who ignored modern Indian languages, avoided classical Indian literature, and made a fetish of speaking and writing English.

1. When was English education introduced in India?
   A. in the twentieth century
   B. in the later part of the nineteenth century
   C. in the earlier part of the nineteenth century
   D. in the eighteenth century
2. When did India begin to borrow from the West?
   A. after the British had taken up the direction of her educational policy
   B. before the British had taken up the direction of her educational policy
   C. in the twentieth century
   D. none of the above is correct
3. What did India send out to other Asiatic countries?
   A. economic mission B. military forces
   C. cultural missions D. none of these
4. Western education exerted an unsettling influence on:
   A. old men B. young men
   C. old women D. children
5. Young men forgot their:
   A. glorious past B. present
   C. future D. originality

Answers

1	2	3	4	5
C	A	C	B	A

PASSAGE-5

Each nation has its own peculiar character which distinguishes it from others. But the peoples of the world have more points in which they are all like each other than points in which they are different. One type of person that is common in every country is the one who always tries to do as little as he possibly can and to get as much in return as he can. His opposite, the man who is in the habit of doing more than is strictly necessary and is ready to accept what is offered in return, is rare everywhere.

Both these types are usually unconscious of their character. The man who avoids effort is always talking about his 'rights'; he appears to think that society owes him a pleasant easy life. The man who is always doing more than his sheer talks of 'duties' feels that the individual is in debt to society, and not society to the individual. As a result of their view, neither of these men thinks that he behaves at all strangely.

1. What type of person is common in every nation?
   A. A person who wants to do little and get more
   B. A person who wants to do more and get little
   C. Each person is different
   D. There is no such type of person that is common in every country
2. A person doing more and getting little:
   A. is rare everywhere
   B. is found in our country
   C. is common in all countries
   D. is found nowhere

3. The man who talks about his 'rights':
   A. avoids meeting other people
   B. avoids hard work
   C. knows his duties well
   D. believes in hard work
4. The man who talks of 'duties':
   A. is always hard working
   B. avoids hard work
   C. does not know his duties well
   D. always thinks of his 'right' first
5. Which one of the following thinks that the individual is in debt to the society?
   A. a person who talks of his 'rights only'
   B. a person who is always doing more than his sheer talks of 'duties'
   C. every citizen of the country
   D. a person who talks of his 'duties' only

Answers

1	2	3	4	5
A	A	B	A	C

PASSAGE-6

The history of civilization shows how man always has to choose between making the right and wrong use of the discoveries of science. This has never been more true than in our own age. In a brief period amazing discoveries have been made and applied to practical purpose.

It would be ungrateful not to recognize how immense are the boons, which science has given to mankind. It has brought within the reach of multitudes benefits and advantages which only a short time ago were the privilege of the few. It has shown how malnutrition, hunger and disease can be overcome. It has not only lengthened life but it has deepened its quality. Fields of knowledge, experience and recration open in the past only a few, have been thrown open to millions. Through the work of science the ordinary man today has been given the opportunity of a longer and fuller life then was over possible to his grandparents.

1. Amazing discoveries of science have been made:
   A. in a brief period
   B. in a long period
   C. in our orefather's age
   D. in centuries
2. The boons of science are:
   A. few B. found nowhere
   C. immense D. very few
3. Which of the following can be overcome with the help of science?
   A. Malnutrition B. Disease
   C. Hunger D. All of these
4. Science provides a chance of:
   A. shorter and fuller life
   B. longer and fuller life
   C. longer and dull life
   D. none of these
5. What on the whole, has science done to mankind?
   A. It has reduced the quality of our life
   B. It has shortened our life
   C. It has deepened the quality of life
   D. It has done a great harm to mankind

Answers

1	2	3	4	5
A	C	D	B	C

PASSAGE-7

It is said that wars are fought for the sake of peace. Many a politician justifies wars as being the means of bringing about stability in the international relations. So far as the aim of those who are always busy in society is concerned, their motive is not always to achieve freedom from work. Their ultimate purpose is not to be idle. To be busy is a mode of life or habit. Those who are busy in society, say, businessmen, or people in authority, politicians or statesmen, officials or employees, are all part of the continuous machine which keeps the society going.

People are busy so that different activities of a society are carried out and the wherewithals which mankind badly needs are provided. No society, however, prosperous and endowed with bounties of nature, can afford to have the objective of being idle in the long run. No doubt, advanced countries ensured minimum facilities of living and amenities of work for their workmen; they even fix their working hours so that after their busy day's life they can have some leisure at their disposal for self development or peace of mind. Yet, with the passage of time a busy society has the tendency to become busier. Even with the best computers and automations at the disposal of the modern technocrats manpower continues to remain busy, as one phase of achievement leads automatically to the second phase of work. War may have the intention of peace but business is undending so long as a society has the objective of progress and does not become stationary or stagnant or decadent.

1. According to the passage, busy people:
   A. want freedom work
   B. want to be idle
   C. do not like rest
   D. are part of a machine which runs society
2. Why are people busy?
   A. to carry out different activities of society
   B. to provide needs of mankind
   C. both A and B
   D. none of the above
3. Author says that:
   A. no society can be idle
   B. developed countries can be idle
   C. underdeveloped countries can be idle
   D. all of the above
4. Computers and automations:
   A. have made man idle
   B. could not relieve man from busy life
   C. both of the above
   D. none of the above
5. With the passage of time man is becoming busier because
   A. he likes to be busy
   B. he is born to be busy
   C. to be busy is mode of life or habit
   D. all of the above

Answers

1	2	3	4	5
D	C	A	B	C

PASSAGE-8

Every genius that comes to the world, achieves greatness through the capacity of taking trouble. All great men of the world who have achieved impossible things in their life time have undergone hardships, sacrifices, trials and tribulations. There is no easy victory over failure. No hard achievement is smooth and easy. History of great men reminds us that with strong determination man can achieve any thing he may set his mind upon, however impossible it may seem apparently.

A man with determination and iron will can defeat all hurdles in the way of his mission. Even the most intelligent people suffer in life if they cannot cope with their circumstances and labour hard to achieve the goal of their life. A genius who is fired with real zeal and determination to achieve his ideal comes to possess the necessary capacity to bear the hardships, cross the hurdles and achieve the final victory. Genius and hard work go together to bring the desired results. The stage of greatness comes after many stages of frustration and disappointment. The weaker man gives way to those frustrations but the genius perseveres and holds on to their mission until they achieve the object of their life.

1. The writer feels that victory over failure:
   A. is not possible
   B. is not good
   C. is absolute
   D. is not easy
2. According to the passage genius implies:
   A. failing again and again
   B. capacity of taking trouble and hardship
   C. stages of frustration and disappointment
   D. escape from hardship
3. Which of the following is correct?
   A. Only dull people should work hard
   B. Intelligent people need not labour hard
   C. Even intelligent people have to cope with circumstances
   D. None of the above
4. It can be inferred that:
   A. genius and hard work go together
   B. genius and hard work are opposed to each other
   C. genius and hard work end in frustration
   D. all of the above
5. A man can defeat all hurdles by:
   A. coping with all situations
   B. strong determination and iron will
   C. becoming strong
   D. becoming tall

Answers

1	2	3	4	5
D	B	C	A	B

PASSAGE-9

Life is a struggle. "We live in deeds and not in years." If we rest, we rust. If we work we shine like jewels. Adventures are the essence of life but action also entails contemplation. Proper action needs the proper initiative. Napoleon took the wrong initiative and brought the downfall of France. Proper action is always taken by the wise persons. The wise persons always foreshadow the hardships for executing a policy. They become passive when they forecast that their efforts are at stake. All great leaders and diplomats take the steps keeping in view their reputation.

We should strike when the iron is hot. Some persons take the steps haphazardly with the result that they lose the opportunity and thus they are treated as fools. Angels are wise people and very particular about their action. It has been the aim of all philosophers to understand the world. After understanding, they move very gradually and not like fools who plunge into the situation without contemplation. Mr. Ayub Khan under Bhutto's influence plunged into war with India inflicting destruction to humanity. Our ex-prime Minister Lal Bahadur Shastri gauged the situation. He responded to the challenge of Pakistan and won the battle. Fools always meddle with the situation without bringing about any change but wise persons penetrate into the matter and take the appropriate action.

1. According to the writer:
A. Napoleon acted wisely
B. we may rust like iron
C. we may shine like metals
D. leaders and diplomats act keeping in view their reputation

2. Some people are treated as fools because
A. they act haphazardly
B. they strike when the iron is hot
C. they act like philosophers
D. all of the above

3. Mr. Ayub Khan was
A. wise to decalre was against India
B. foolish to disobey Bhutto
C. not wise in declaring war against India
D. none of the above

4. What is the aim of the philosopher?
A. To act like angels
B. To act like Ayub Khan
C. To act like Bhutto
D. To understand the world

5. The passage implies that
A. one should act quickly
B. understanding should precede action
C. fools penetrate into the matter
D. none of the above

Answers

1	2	3	4	5
D	A	C	D	B

PASSAGE-10

With human beings the world ever ensnared by the performance of mechanical tasks and the pursuit of equally mechanical distractions, the time is not distant when nothing but the most abominable entertainments will succeed in steering them. If it happens so, the present civilisation will emerge as a mere imitation of the Roman in which the Romans desired more gladiators, tightrope walking elephants and fantastically rare animals to be slaughtered. This is one danger which is likely to cut at the roots of the modern civilisation because it threatens the existence of mental activities.

I would prefer to be bored by an eight hour job in an office or writing streams of words of journalism rather than be amused by the monotony of modern pleasures. It is the lack of participation which is the most damaging aspect of modern pleasures. This organised distraction combines within itself the performance of movies, gramophones, radios and the press which go a long way in killing the residue of initiative or sense of participation. Even in the case of newspapers, no mental effort is required on the part of the readers as the contents are presented in such a cut and dried manner that one need not undergo the fatigue of a single thought.

Consequently for years together men continue scanning newspapers and magazines by merely moving their eyes.

If idealists failed to stem the rot, in future, pleasures will take on incredibly monostrous shape.

1. The writer feels that human activities and distractions are:

A. logical B. interesting
C. intellectual D. mechanical

2. According to the passage entertainments

A. relieve a man
B. are badly needed
C. threaten the existence of mental activities
D. are useless

3. The writer prefers

A. modern pleasures to office work
B. modern pleasures to journalism
C. neither journalism nor office work
D. journalism and office work to modern pleasures

4. Modern pleasures, according to the writer

A. are indispensable
B. are useless because they don't amuse men
C. cripple the sense of participation
D. do not make men take the initiative

5. Which of the following is correct?

A. The author says that reading newspapers is bad
B. Mental effort is not required in reading newspapers
C. We should imitate Romans
D. We should slaughter animals

Answers

1	2	3	4	5
D	C	D	C	B

PASSAGE-11

Courage is not only the basis of all virtue; it is its expression. Faith, hope, charity and all the rest don't become virtues until it takes courage to exercise them. There are roughly two types of courage. The first, an emotional state which urges a man to risk injury or death, is physical courage. The second, a more reasoning attitude which enables him to take coolly his career, happiness, his whole future, or his judgement of what he thinks either right or worthwhile, is moral courage.

I have known many men, who had marked physical courage, but lacked moral courage. Some of them were in high places, but they failed to be great in themselves because they lacked moral courage. On the other hand, I have seen men who undoubtedly possessed moral courage but were very cautious about taking physical risks. But I have never met a man with moral courage who couldn't, when it was really necessary, face a situation boldly.

1. All virtues become meaningful because of

A. faith B. charity
C. courage D. hope

2. Physical courage is an expression of

A. emotions B. deliberation
C. uncertainty D. defiance

3. People with physical courage often lack

A. mental balance
B. capacity for reasoning
C. emotional stability
D. will to fight

4. A man with moral courage can

A. defy his enemies
B. overcome all difficulties
C. face a situation boldly
D. be very pragmatic

5. A man of courage is

A. cunning. B. intelligent
C. curious D. careful

Answers

1	2	3	4	5
C	A	B	C	D

2. CLOZE TEST

A cloze test is a procedure in which an examinee is asked to supply words that have been removed from a passage as a test of his ability to comprehend text. Practise it regularly to score well.

TEST 1

Today most Indian businessmen are very worried. To begin with, they are not used to competition. In the past, they sold whatever ..... **(1)** ..... produced at whatever prices thay chose. But ..... **(2)** ..... increasing competition, customers began to ..... **(3)** ..... and choose. Imports suddenly became ..... **(4)** ..... available and that too at cheaper ..... **(5)** .....

1. A. it B. he C. they D. we
2. A. with B. by C. after D. from
3. A. buy B. take C. pick D. want
4. A. hardly B. easily C. frequently D. conveniently
5. A. costs B. returns C. dividend D. prices

TEST 2

As a rule of thumb, a manned mission costs from fifty to a hundred times more than a comparable unamanned mission. Thus, for scientific exploration alone, ... **(1)** ..... missions, employing machine intelligence, are ..... **(2)** ..... However, there may well be ..... **(3)** ..... other than scientific for exploring ..... **(4)** ..... social, economic, political, cultural or ..... **(5)** .....

1. A. manned B. unmanned C. space D. lunar
2. A. liked B. wanted C. used D. preferred
3. A. reasons B. causes C. clues D. objects
4. A. moon B. sun C. space D. mission
5. A. casual B. historic C. historical D. histrionic

TEST 3

The principal advantage in having a clear-cut objective of business is that it does not derail; the enterprise does not stray ..... **(1)** ..... the direct route that it has set for ..... **(2)** ..... Enterprises with well-defined objectives can conveniently undertake ..... **(3)** ..... and follow long-range development policies. Recognition of objectives ..... **(4)** ..... the temptation to compromise long-range ..... **(5)** ..... for short-term gains and improves coordination in work and consistency in policy.

1. A. from B. on C. along D. towards
2. A. others B. industry C. itself D. government
3. A. production B. research C. audit D. appraisal
4. A. invites B. defers C. shifts D. removes
5. A. objectives B. losses C. interests D. profits

TEST 4

Let children learn to judge their own work. A child ..... **(1)** ..... to talk does not learn ..... **(2)** ..... being corrected all the time ..... **(3)** ..... corrected too much, he will ..... **(4)** ..... talking. He notices a thousand times a day the difference between the ..... **(5)** ..... he uses and the language those around him use.

1. A. endeavouring B. learning
C. experimenting D. experiencing
2. A. in B. on
C. by D. to
3. A. unless B. being
C. until D. if
4. A. stop B. halt
C. avoid D. shun
5. A. speech B. language
C. talk D. skill

TEST 5

His talk used to be full of wit and humours. He liked reading. He was a ..... **(1)** ..... reader and would pore over books ..... **(2)** ..... a wide range of interest as ..... **(3)** ..... he got them. He had ..... **(4)** ..... a standing order to two bookshops ..... **(5)** ..... city.

1. A. voracious B. fervent
C. anxious D. enthusiastic
2. A. covering B. barring
C. including D. containing
3. A. firmly B. quickly
C. soon D. urgently
4. A. offered B. proclaimed
C. intimated D. given
5. A. at B. in
C. within D. inside

TEST 6

An old scholar ..... **(1)** ..... that Truth was in the country. He ..... **(2)** ..... to find her, as he had devoted his life to studying her in all her ..... **(3)** ..... . He came upon the cottage in the ..... **(4)** ..... where Truth lived. He ..... **(5)** ..... on the door. Truth ..... **(6)** ..... what he wanted. The scholar ..... **(7)** ..... who she was. He added that he had ..... **(8)** ..... a thousand times ..... **(9)** ..... she really was ..... **(10)** .....

1. A. hard B. herd
C. heard D. hired
2. A. decide B. decides
C. decided D. decision
3. A. firms B. forms
C. farms D. ferns
4. A. maintain B. fountain
C. mountain D. plantain
5. A. locked B. shocked
C. knocked D. pocked
6. A. told B. said
C. asked D. advised
7. A. explored B. exhorted
C. explained D. exported
8. A. wandered B. wondered
C. wondrous D. wounded
9. A. which B. what
C. whom D. whose
10. A. like B. lake
C. lick D. lack

TEST 7

Each species has its special place or habitat. An ..... **(1)** ..... bird-watcher can look at ..... **(2)** ..... forest, meadow, lake, swamp or field and ..... **(3)** ..... almost exactly what birds he ..... **(4)** ..... find there ..... **(5)** ..... birds are found all over the world; others ..... **(6)** ..... themselves to certain areas. Still ..... **(7)** ..... migrate from one country to another in ..... **(8)** ..... in search of warmth and ..... **(9)** ..... and then return in spring, ... **(10)** ..... the season is more favourable.

1. A. expert B. experienced
C. advanced D. active
2. A. the B. some
C. a D. certain
3. A. predict B. suggest
C. prophesy D. calculate
4. A. should B. must
C. might D. will
5. A. more B. some
C. most D. all
6. A. keep B. entrust
C. confine D. involve
7. A. some B. others
C. few D. all
8. A. winter B. summer
C. spring D. autumn
9. A. seeds B. crops
C. fruit D. food
10. A. while B. until
C. after D. when

TEST 8

In the large shops ..... **(1)** ..... for Diwali are begun ..... **(2)** ..... or six weeks before ..... **(3)** ..... actual day. Shop owners ..... **(4)** ..... Diwali because lots of ..... **(5)**

..... are given, which means ..... (6) ..... goods are bought than ..... (7) ..... any other time of ..... (8) ..... year. The main shops ..... (9) ..... decorated many weeks before ..... (10) ..... to tempt people to buy things.

1. A. preparations B. shopping
   C. purchases D. preparing
2. A. two B. five
   C. few D. couple
3. A. a B. an
   C. the D. which
4. A. hate B. anticipate
   C. recommend D. like
5. A. purchases B. prizes
   C. presents D. presentation
6. A. many B. more
   C. few D. less
7. A. at B. in
   C. on D. for
8. A. any B. a
   C. the D. this
9. A. were B. are
   C. have been D. will be
10. A. occasion B. festival
    C. festivities D. Diwali

TEST 9

Many parents greet their children's teenage years with needless dread. While teens ..... (1) ..... assault us with heavy-metal music ..... (2) ..... outlandish clothes and spend all ..... (3) ..... time with friends, such behaviour ..... (4) ..... adds up to full-scale revolt. Teenage ..... (5) ..... according to psychologist Laurence Steinberg, has been ..... (6) ..... exaggerated. Sociologist Sanford Dornbusch agrees. "The ..... (7) ..... that teenagers inevitably rebel is a ..... (8) ..... that has the potential for great family ..... (9)," say Dornbusch. He believes the notion can ..... (10) ..... communication during this critical time for parents to influence youngsters.

1. A. should B. may
   C. must D. can
2. A. put B. show
   C. dress D. flaunt
3. A. our B. their
   C. his D. her
4. A. infrequently B. sporadically
   C. scarcely D. always
5. A. revolution B. mania
   C. subversion D. rebellion
6. A. greatly B. hardly
   C. never D. always
7. A. surmise B. idea
   C. complaint D. accusation
8. A. story B. reality
   C. fact D. myth
9. A. ruin B. harm
   C. defeat D. downfall
10. A. damage B. destroy
    C. injure D. suffocate

TEST 10

Well, it was done and the debt was paid. But I began to feel ..... (1) ..... sorry for myself that I could not ..... (2) ..... it. I made up my mind never to steal ..... (3) ..... I also made up my mind to tell ..... (4) ..... to my father. But I did not have the ..... (5) ..... to speak to him. It was not that ..... (6) ..... was afraid that my father would beat me. I ..... (7) ..... not remember any time when he beat ..... (8) ..... of us. I was afraid that my confession ..... (9) ..... cause him great pain. But I ..... (10) ..... felt that I had to take this risk. I would never be happy again unless I told everything to my father.

1. A. so B. as
   C. very D. too
2. A. accept B. like
   C. bear D. understand
3. A. also B. again
   C. still D. ever
4. A. anything B. something
   C. nothing D. everything
5. A. bravery B. courage
   C. fortitude D. gallantry
6. A. I B. he
   C. she D. me
7. A. would B. should
   C. do D. did
8. A. all B. some
   C. any D. none
9. A. shall B. can
   C. will D. would
10. A. soon B. again
    C. once D. since

TEST 11

It is difficult to find a person who would put in a good word for the kind of bureaucracy we have in India. Incidentally, things may now be seen as coming to a head. ..... **(1)** ..... the attainment of Independence, India ..... **(2)** from time to time several ..... **(3)** ..... power Committees or Commissions to ..... **(4)** ..... administration. In spite of all this, the impression ..... **(5)** ..... that the Indian variety of bureaucracy has been slow and slothful. Fact is that the ..... **(6)** ..... of bureaucracy happens to be ..... **(7)** ..... the same all over the world. Even in the U.S.A. Presidents have ..... **(8)** ..... a great deal of concern ..... **(9)** ..... the manner in which bureaucracy has been functioning at various levels. In spite of all this, not much change can be ..... **(10)** ..... in the near future. One may feel like hanging one's head the despair unless one believes in some super-human power that looks after our universe.

1. A. From B. With C. Till D. Since
2. A. arranged B. appointed C. framed D. selected
3. A. great B. super C. high D. multiple
4. A. perform B. reform C. revive D. transform
5. A. insists B. subsists C. consists D. persists
6. A. structure B. function C. growth D. behaviour
7. A. practically B. structurally C. precisely D. strictly
8. A. asserted B. declared C. voiced D. waged
9. A. on B. at C. with D. from
10. A. accepted B. expected C. affected D. admitted

ANSWERS

Test 1

1	2	3	4	5
C	A	C	B	D

Test 2

1	2	3	4	5
B	D	A	C	C

Test 3

1	2	3	4	5
A	C	A	D	A

Test 4

1	2	3	4	5
B	C	D	C	B

Test 5

1	2	3	4	5
A	A	C	D	B

Test 6

1	2	3	4	5
C	C	B	C	C
6	7	8	9	10
C	B	B	B	A

Test 7

1	2	3	4	5
A	C	D	B	B
6	7	8	9	10
C	A	A	D	D

Test 8

1	2	3	4	5
A	B	C	D	C
6	7	8	9	10
B	A	C	B	D

Test 9

1	2	3	4	5
B	D	B	D	D
6	7	8	9	10
B	B	B	A	D

Test 10

1	2	3	4	5
A	C	B	D	B
6	7	8	9	10
A	D	C	D	A

Test 11

1	2	3	4	5
D	B	C	B	D
6	7	8	9	10
B	A	C	B	B

3. Spot the Error

The most common errors in English are of spellings, grammar and usage of words. By regular practice, the errors can be easily spotted and minimised.

COMMON ERRORS WITH NOUNS AND NOUN-PHRASES

	Incorrect	Correct
1.	I have bought new *furnitures.*	I have bought new *furniture.*
2.	The wages of sin *are* death.	The wages of sin *is* death.
3.	She told these *news* to her mother.	She told her mother this *news.*
4.	He took *troubles* to do his work.	He took *trouble* (or pains) over his work.
5.	The *cattles* were grazing.	The *cattle* were grazing.
6.	He showered *many abuses* on me.	He showered *much abuse* on me.
7.	I spent the holidays with my *family members.*	I spent the holidays with my *family.*
8.	There is no *place* in this compartment.	There is no *room* in this compartment.
9.	Write this new *poetry* in your *copy.*	Write this new *poem* in your *note-book.*
10.	He took *insult* at this.	He took *offence* at this.
11.	Put your *sign* here.	Put your *signatures* here.
12.	She is my *cousin sister.*	She is my *cousin.*
13.	*Sunil's* my *neighbour's* house was burgled.	*Sunil* my *neighbour's* house was burgled.
14.	I lost a *ten-rupees* note.	I lost *a ten-rupee* note.
15.	Road closed for *repair.*	Road closed for *repairs.*
16.	His house is out of *repairs.*	His house is out of *repair.*
17.	What is the *reason* of an earthquake?	What is the *cause* of an earthquake?
18.	This building is made of *stones.*	This building is made of *stone.*
19.	I disapprove of *these kinds* of games.	I disapprove of *this kind* of games.
20.	Veena's and Sheela's father is ill.	Veena and Sheela's father is ill.
21.	His *son-in-laws* are doctors.	His *sons-in-law* are doctors.
22.	*Alms* is given to the *poor.*	*Alms* are given to the poor.
23.	He always keeps his words.	He always keeps his *word.*
24.	I carried the *luggages.*	I carried the *luggage.*
25.	*Two-third* of the work is left.	*Two-thirds* of the work is left.

COMMON ERRORS WITH PRONOUNS

Incorrect	Correct
1. Both did not go.	Neither went.
2. We all did not go.	None of us went.
3. Each of these boys play.	Each of these boys plays.
4. Whoever does best he will get a prize.	Whoever does best will get a prize.
5. One should not waste his time.	A man should not waste his time.
6. I and she are sisters.	She and I are sisters.
7. He is wiser than me.	He is wiser than I.
8. Between you and I, Anil is not to be trusted.	Between you and me, Anil is not to be trusted.
9. Nobody was there but I.	Nobody was there but me.
10. Who is there ? It is me.	Who is there ? It is I.
11. Only he and me can use this card.	Only he and I can use this card.
12. Let you and I go now.	Let you and me go now.
13. Everyone got one's pay.	Everyone got his pay.
14. Everyone is frightened when they see a tiger.	Everyone is frightened when he sees a tiger.
15. These two friends are fond of one another.	These two friends are fond of each other.
16. I did not like him coming at that hour.	I did not like his coming at that hour.
17. Who do you think I met?	Whom do you think I met?
18. You should avail this opportunity.	You should avail yourself this opportunity.
19. When you have read these books, please return the same to me.	When you have read the books, please return them to me.
20. They that are humble need fear no fall.	Those that are humble need fear no fall.

COMMON ERRORS WITH ADJECTIVES

Incorrect	Correct
1. These all oranges are good.	All these oranges are good.
2. He held the book in the both hands.	He held the book in both hands.
3. Both men have not come.	Neither man has come.
4. That man should do some or other work.	That man should do some work or other
5. He is elder than I.	He is older than I.
6. Shakespeare is greater than any other poets.	Shakespeare is greater than any other poet.
7. He is a coward man.	He is a cowardly man.
8. Many villagers cannot write his own name.	Many villagers cannot write their own name.
9. Each of us loves our home.	Each of us loves his home.
10. Much efforts bring their reward.	Much effort brings its reward.
11. He found hundred rupees.	He found a hundred rupees.
12. He had leave of four days.	He had four days leave.

Incorrect	Correct
13. This is a worth seeing sight.	This is a sight worth seeing.
14. He will spend his future life here.	He will spend the rest of his life here.
15. There is a best teacher in that class.	There is a very good teacher in that class.
16. Of the two plans this is the best.	Of the two plans this is the better
17. He is becoming strong every day.	He is becoming stronger every day.
18. He is worst than I.	He is worse than I.
19. Jaipur is hot than Delhi.	Jaipur is hotter than Delhi.
20 In our library the number of books is less.	In our library the number of books is small.
21. From the three he is more clever.	He is the cleverest of the three.
22. India is the first peace-loving country in the world.	India is the foremost peace-loving country in the world.
23. Verbal instruction will not do.	Oral instruction will not do.
24. Her command over French is most excellent.	Her command over French is excellent.
25. He has not some money with him.	He has not any money with him.
26. I have visited Bombay many a times.	I have visited Bombay many a time.
27. Death is more preferable to dishonour.	Death is preferable to dishonour.
28. I gave him a few books I had.	I gave him the few books I had.
29. If he wants farther help send him to me.	If he wants further help, send him to me.
30. She is so cunning as a fox.	She is as cunning as a fox.

COMMON ERRORS WITH VERBS

Incorrect	Correct
1. He asked had we taken our luggage.	He asked if we had taken our luggage.
2. She asked what are you doing.	She asked what we were doing.
3. Rama asked to Anil why he is angry.	Rama asked Anil why he was angry.
4. He does not care for his money.	He does not take care of his money.
5. He does not care for his work.	He takes no care over his work.
6. No one cared for him after his mother died.	No one took care of him after his mother died.
7. He got angry before I said a word.	He got angry before I had said a word.
8. I met a man who was my tutor 20 years ago.	I met a man who had been my tutor twenty years ago.
9. I had been for walking yesterday.	I went for a walk yesterday.
10 If I shall do this I shall be wrong.	If I do this I shall be wrong.
11. I have left trekking.	I have given up trekking.
12. I came to know as to how he did this.	I learnt how he did this.
13. I came to know why he was sad.	I found out why he was sad.
14. He knows to swim.	He knows how to swim.
15. The criminal's head was cut.	The criminal's head was cut off.

Incorrect	Correct
16. I said to him to go.	I told him to go.
17. I told the teacher to excuse me.	I asked the teacher to excuse me.
18. He is troubling me.	He is giving me trouble.
19. I have got a hurt on my leg.	I have hurt my leg.
20. She gave a speech.	She made a speech.
21. He has given his examination.	He has sat for his examination.
22. He took out his shoes.	He took off his shoes.
23. I have ordered for a new car.	I have ordered a new car.
24. He would not hear me.	He would not listen to me.
25. I struck a blow on his face.	I struck him in the face.
26. He denied to come.	He refused to come.
27. He lived there for a day.	He stayed there for a day.
28. The book is not found.	The book is lost.
29. Shut the light.	Turn off the light.
30. I must revenge my brother.	I must avenge my brother.

COMMON ERRORS IN SUBJECT-VERB AGREEMENT

Incorrect	Correct
1. The owners of this factory *is* very rich.	The owners of this factory *are* very rich.
2. The pleasures of nature that one can experience at Shimla *is* beyond description.	The pleasures of nature that one can experience at Shimla *are* beyond description.
3. There *is* no street lights in our colony.	There *are* no street lights in our colony.
4. He and I *am* entrusted with the job.	He and I *are* entrusted with the job.
5. Rice and curry *are* his favourite dish.	Rice and curry *is* his favourite dish.
6. The honour and glory of our country *are* at stake.	The honour and glory of our country *is* at stake.
7. Time and tide *waits* for none.	Time and tide *wait* for none.
8. All the passengers with the driver *was* killed.	All the passengers, with the driver, *were* killed.
9. The teacher, with her students, *were* going out.	The teacher, with her students, *was* going out.
10. I as well as they *am* tired.	I as well as they *are* tired.
11. Not only the soldiers but their captain also *were* captured.	Not only the soldiers but their captain also *was* captured.
12. Neither you nor I *were* selected.	Neither you nor I *was* selected.
13. Either of these two applicants *are* fit for the job but neither want to accept it.	Either of these two applicants *is* fit for the job but neither wants to accept it.
14. One of these students are sure to stand first.	One of these students *is* sure to stand first.
15. Everyone of these workers want a raise.	Everyone of these workers wants a raise.
16. None of these letters has been answered so far.	None of these letters *have* been answered so far.

	Incorrect	Correct
17.	None of the girls were present at the party.	None of the girls *was* present at the party.
18.	Many a battle were fought on Indian soil.	Many a battle *was* fought on Indian soil.
19.	A lot of work remain to be done.	A lot of work *remains* to be done.
20.	The majority of these girls likes music.	The majority of these girls *like* music.
21.	The number of admissions are encouraging.	The number of admissions *is* encouraging.
22.	A large number of boys was present.	A large number of boys *were* present.
23.	A variety of books was on display.	A variety of books *were* on display.
24.	Variety are the spice of life.	Variety *is* the spice of life.
25.	If my estimates are correct. I will need another hundred rupees.	If my estimate is correct, I will need another hun dred rupees.
26.	Mathematics *are* my favourite subject.	Mathematics *is* my favourite subject.
27.	'Gulliver's Travels' *are* written by Swift.	'Gulliver's Travels' *is* written by Swift.
28.	Ten miles *are* a long distance to cover on foot.	Ten miles *is* a long distance to cover on foot.
29.	A new pair of shoes *are* to be purchased.	A new pair of shoes *is* to be purchased.
30.	The Committee *have* issued its report.	The Committee *has* issued its report.
31.	I, who am your friend, *has* always been on your side,	I, who am your friend, *have* always been on your side.
32.	I am the person who *have* always stood by you.	I am the person who *has* always stood by you.
33.	This is one of the best novels that *has* been published this year.	This is one of the best novels that *have* been published this year.
34.	Less than half the amount *have* been wasted.	Less than half the amount *has* been wasted.
35.	A lot of people *has* turned up for the show.	A lot of people *have* turned up for the show.
36.	Much of their honour *are* un-deserved.	Much of their honour *is* un-deserved.
37.	More than a decade *have* passed since this house was built.	More than a decade *has* passed since this house was built.
38.	Either she or he *are* mistaken.	Either she or he *is* mistaken.
39.	Plenty of information *are* available on the subject.	Plenty of information *is* available on the subject.
40.	Plenty of pamphlets *is* available on the subject.	Plenty of pamphlets *are* available on the subject.

COMMON ERRORS IN USE OF WILL, SHALL, WOULD, SHOULD, MAY, MIGHT, MUST

	Incorrect	Correct
1.	When I shall see him I shall tell him this.	When I *see* him, I shall tell him this.
2.	If I should do wrong, he would punish me.	If I *did* wrong, he would punish me.
3.	Until he will have confessed his fault, he will be kept in prison,	Until he *has* confessed his fault, he will be kept in prison.
4.	She will obey me.	She *shall* obey me.
5.	You would work hard.	You *should* work hard.
6.	You shall find him in the garden.	You *will* find him in the garden.

	Incorrect	Correct
7.	He must have died of exposure, but we cannot be certain.	He *might* have died of exposure, but we cannot be certain.
8.	You might not show disrespect to your elders.	You *must* not show disrespect to your elders.
9.	You may take exercise in order to maintain good health,	You *must* take exercise in order to maintain good health.
10.	He must be a crook for all we know.	He *may* be a crook for all we know.

COMMON ERRORS IN THE USE OF ADVERBS

(Very, Much, Too, Enough, Quite, Hardly, Scarcely, Before, Ago, Since, Yet, Still, etc.)

	Incorrect	Correct
1.	He is very much angry.	He is *very* angry.
2.	She was very good enough to help me.	She was *good enough* to help me.
3.	She runs much fast.	She runs *very* fast.
4.	She runs very faster than Seema.	She runs *much* faster than Seema.
5.	It is bitter cold today.	It is *bitterly* cold today.
6.	He is a much learned man.	He is a very learned man.
7	She is thinking very hardly.	She is thinking very hard.
8.	To tell in brief the film was boring.	*In short* the film was boring.
9.	He told the story in details.	He told the story *in detail.*
10.	I did it anyhow.	I *managed to do* it somehow.
11.	Aeroplanes reach Europe soon.	Aeroplanes reach Europe quickly.
12.	Before long there were dinosaurs on the earth.	*Long ago,* there were dinosaurs on the earth.
13.	This book is too interesting.	This book is *very* interesting.
14.	He lives miserly.	He lives in *a miserly* way.
15.	Just I had gone when she came.	I had just gone when she came.
16.	He sings good.	He sings *well.*
17.	He sings good than I.	He sings *better* than I.
18.	Really speaking it is cold.	*As a matter of fact* it is cold.
19.	He is enough tall to reach the ceiling.	He is *tall enough* to reach the ceiling.
20.	He went directly to his college.	He went *direct* to his college.
21.	He is presently at Delhi	He is at Delhi *at present.*
22.	Last night she returned lately.	Last night she *returned late.*
23.	He was even blamed by his friends.	He was *blamed even* by his friends.
24.	I only employed him for a week.	I employed him for a week only.
25.	I met him four months before.	I met him four *months ago.*

	Incorrect	Correct
26.	Anil seldom ever goes to school.	Anil *seldom goes* to school.
27.	I will wait here until you do not go.	I will wait here until *you go.*
28.	I never remember having met her before.	I *do not remember* having met her before.
29.	She has not been here too long to have many friends,	She has not *been here long* enough to have many friends.
30.	Hardly I have had any rest since one week.	Hardly have *I had* any rest for a week.
31.	Scarcely the water crossed the danger level, the warning signals were sounded.	Scarcely *had the* water *crossed the* danger level, when the warning signals were sounded.
32.	She is neat but fairly slow.	She is *neat* but rather slow.
33.	It is a rather good film.	It is a *fairly good* film.
34.	We yet have time to catch the bus.	We *still have* time to catch the bus.
35.	She has not still spent all her money.	She has *not yet* spent all her money.

COMMON ERRORS IN THE USE OF CONJUNCTIONS

	Incorrect	Correct
1.	As he is fat so he runs slowly.	As he is fat *he* runs slowly.
2.	If he is fat then he will run slowly.	If he is fat, he will run slowly.
3.	Though he is fat still he runs fast.	Though he is fat, *he runs* fast.
4.	*As* I pulled the trigger at the sametime he shook my arm.	As I pulled the trigger, he shook my arm.
5.	No sooner I had spoken than he left.	No sooner *had* I spoken than he left.
6.	Not only he will go, but also he will stay there.	Not only *will he* go, but he *will also* stay there.
7.	Neither he comes nor he writes.	Neither *does he* come nor *does he* write.
8.	Scarcely he entered the room than the telephone rang.	Scarcely *had* he entered the room *when the* telephone rang.
9.	Hardly she had left the house than it began to rain.	Hardly *had she* left the house *when* it began to rain.
10.	He is the fastest runner and he comes last.	He is the fastest runner *but* he comes last.
11.	She is as innocent as if she looks.	She is as innocent as she looks.
12.	Until he does not try he must be punished.	He must be punished unless he tries
13.	I want to know as to why you are late.	I want to know why you are late.
14.	I am fond of Chinese food as for example sweet and sour prawns.	I am fond of Chinese food, for example, sweet and sour prawns.
15.	He was angry therefore I ran away.	He was angry so I ran away.
16.	I was trying to work, at that time he was disturbing me.	While I was trying to work, he was disturbing me.
17.	Supposing if he is late, what will happen?	Supposing he is late (or if he is late) what will happen?
18.	He asked me that why I was late.	He asked me why I was late.

	Incorrect	Correct
19.	Let us catch a taxi lest we should not get late.	Let us catch a taxi lest we should get late.
20.	She dresses herself like the teacher does.	She dresses herself as the teacher does.
21	Wait while I come.	Wait *until* (or *till)* I come.
22.	Until, there is corruption in India, there can be little progress.	*As long* as there is corruption in India there can be little progress.
23.	I have never told a lie nor cheated anybody.	I have never told a lie *nor have I* cheated anybody.
24.	Both Mohan as well as Arun are responsible for this action.	Both Mohan *and* Arun are responsible for this action.
25.	Hindus and Muslims both are to blame for the riots.	*Both Hindus* and Muslims are to blame for the riots.
26.	I have bought paintings, books, records, and etc.	I have bought paintings, books *and records etc.*
27.	He as well as you is a fool.	He as well as you *are* a fool.
28.	He is so poor and he cannot save anything.	He is so *poor that* he cannot save anything.
29.	Such a' book that you want is not available.	Such a book *as* you want is not available.
30.	Such was her condition as everyone was moved to pity.	Such was her condition that everyone was moved to pity.

COMMON ERRORS IN THE USE OF PREPOSITIONS

	Incorrect	Correct
1.	I will not listen him.	I will not listen *to* him.
2.	Copy this word by word.	Copy this word *for* word.
3.	He enquired from her where she lived.	He enquired *of* her where she lived.
4.	Sign here with ink.	Sign here *in* ink.
5.	Has she come in train or by foot?	Has she come *by* train or *on* foot?
6.	She said this at his face.	She said this *to* his face.
7.	Open the book on page one	Open the book *at* page one.
8.	I was invited for lunch.	I was *invited to* lunch.
9.	I am ill since three months.	I have been *ill for* three months.
10.	This paper is inferior than that.	This paper is inferior *to* that.
11.	This resembles to that.	This *resembles* that.
12.	My brother is superior than you in strength.	My brother is superior *to* you in strength.
13.	He wrote me	He wrote *to* me.
14.	I shall explain them this.	I shall explain this *to* them.
15.	Send this letter on my address.	Send this letter *to* my address.
16.	He suggested me this.	He suggested this *to* me.
17.	He goes *on his* work.	He goes *to his* work.
18.	He *reached to* Nagpur.	He *reached* Nagpur.
19.	He told *to me* to go.	He told *me* to go.

Incorrect	Correct
20 The term begins *from* July 1st.	The term begins *on* July 1st.
21. There are many advantages *from* this.	The advantages *of* this are many.
22. We waste much time *in* trifles.	We waste much time *on* (or *over)* trifles.
23. He sat *on* a tree.	He sat *in* a tree.
24. This is a comfortable house to *live.*	This is a comfortable house to *live in.*
25. This is the road to *go.*	This is the road to *go by.*
26. He married *with* an Indian lady.	He *married an Indian* lady.
27. He accompanied *with* his friend.	He *accompanied his* friend.
28. He went *for doing some* business.	He went away *on* business.
29. He went for *riding.*	He went *for a ride.*
30. I *pitied on* him.	I *pitied* him.
31. When this was searched it was found.	When this was searched *for* it was found.
32. I shall inform them *this.*	I shall inform them *of* this.
33. *Due to illness* I cannot go to school.	*Owing* to illness I cannot go to school.
34. He went *to the back side* of the house.	He went *behind* (or to the back of) the house.
35. I must go; there is no *help.*	I must go; there is no help *for it.*
36. I *met with your* friend there.	I *met your* friend there.
37. The First World War was fought *during* 1914-1918.	The First World War was fought *between* 1914-1918.
38. England grew prosperous *between* Queen Victoria's reign.	England grew prosperous *during* Queen Victoria's reign.
39. He asked a holiday.	He asked *for* a holiday.
40. I am obliged of you for this good turn.	I am obliged *to* you for this good turn.
41. There is no harm to try.	There is no harm *in trying.*

MISCELLANEOUS ERRORS

(Including Ambiguities and Indianisms)

Incorrect	Correct
1. Many *homes* are lying vacant.	Many *houses* are lying vacant.
2. It is cool in the *shadow* of the tree.	It is cool in the *shade* of the tree.
3. She *keeps* good health.	She *enjoys* good health.
4. My leg is *paining.*	*I am feeling pain* in my leg.
5. *See* this word in the dictionary.	*Look up* this word in the dictionary.
6. The train will arrive *just now*	The train will arrive *shortly.*
7. They are *pulling* on well.	They are *getting* on well.
8. The river has *over flown* its bank.	The river has *over flown* its banks.
9. He was appointed *on* the post.	He was appointed *to* the post.
10. Last but not *the least,* we have to discuss the problem of over population.	Last but not *least,* we have to discuss the problem of over population.

Incorrect	Correct
11. *Cities* after *cities* fell.	*City* after *city* fell.
12. What is the use Munir going there?	What is the use of Munir going there?
13. He *did many mischief.*	He *made much mischief.*
14. It is exact five *in* my watch.	It is exact five *by* my watch.
15. I will dine with them on *next Sunday.*	I will dine with them *Sunday next.*
16. Misfortunes when faced bravely and *manly* become less troublesome.	Misfortunes when faced bravely and *manfully* become less troublesome.
17. I am *laid down* with fever.	I am *laid up* with fever.
18. He is habituated to smoking.	He is *addicted* to smoking.
19. *According to my opinion* he is right.	*In my opinion* (or according *to me)* he is right.
20. Could you please *open* this knot?	Could you please *untie* this knot?

MULTIPLE CHOICE QUESTIONS

Directions: *In the following questions some of the sentences have errors and some are correct. Find out which part of a sentence has an error, the number of that part is your answer. If a sentence is free from errors, then your answer is D i.e., No error.*

1. (A) Either Ram or/(B) you is responsible/(C) for this action./(D) No error.

2. (A) The student flatly denied/(B) that he had copied/(C) in the examination hall./(D) No error.

3. (A) By the time you arrive tomorrow/(B) I have finished/(C) my work./(D) No error.

4. (A) The captain with the members of his team/(B) are returning/(C) after a fortnight./(D) No error.

5. (A) After returning from/(B) an all-India tour/(C) I had to describe about it./(D) No error.

6. (A) The teacher asked his students/(B) if they had gone through/(C) either of the three chapters included in the prescribed text./(D) No error.

7. (A) Do you know/(B) how old were you/(C) when you came here?/(D) No error.

8. (A) Beware of/(B) a fair-weather friend/(C) who is neither a friend in need nor a friend indeed./(D) No error.

9. (A) Copernicus proved/(B) that Earth/(C) moves round the Sun./(D) No error.

10. (A) The property/(B) was divided/(C) among the two brothers./(D) No error.

11. (A) I am quite certain/(B) that the lady is not only greedy/(C) but miserly./(D) No error.

12. (A) The brilliant success in the examination/(B) as well as his record in sports/(C) deserves high praise./(D) No error.

13. (A) I cannot find/(B) where has he gone/(C) though I have tried may best./(D) No error.

14. (A) If I was/(B) the Prime Minister of India/(C) I would work wonders/(D) No error.

15. (A) If it weren't/(B) for you,/(C) I wouldn't be alive today./(D) No error.

16. (A) He looked like a lion/(B) baulked from/(C) its prey./(D) No error.

17. (A) Widespread flooding/(B) is affecting/(C) large areas of the villages./(D) No error.

18. (A) If we really set to/(B) we can get the whole house/(C) cleaned in an afternoon./(D) No error.

19. (A) It's arrogant for you/(B) to assume you'll/(C)win every time./(D) No error.

20. (A) The two books are the same/(B) except for the fact that this/(C) has an answer in the back./(D) No error.

21. (A) Your husband doesn't/(B) believe that you are older/(C) than I./(D) No error.

22. (A) I could not/(B) answer to/(C) the question./ (D) No error.

23. (A) Two years passed/(B) since/(C) my cousin died./(D) No error.

24. (A) I am learning English/(B) for ten years/(C) without much effect./(D) No error.

25. (A) Ramesh has agreed/(B) to marry with the girl/(C) of his parent's choice./ (D) No error.

26. (A) When he was arriving./(B) the party was/ (C) in full swing./(D) No error.

27. (A) The most studious boy/(B) in the class/ (C) was made as the captain./(D) No error.

28. (A) I am participating/(B) in the two-miles race/(C) tomorrow morning./(D) No error.

29. (A) When the boy committed a mistake/(B) the teacher made him to do/(C) the sum again./(D) No error.

30. (A) Whenever a person lost anything/(B) the poor folk around/(C) are suspected./(D) No error.

31. (A) It is time/(B) we did something/(C) to stop road accidents./(D) No error.

32. (A) I was there/(B) many a time/(C) in the past./(D) No error.

33. (A) Were you/(B) given a choice/(C) or you had to do it?/(D) No error.

34. (A) At the end of the year/(B) every student who had done adequate work/(C) was automatically promoted./(D) No error.

35. (A) She reluctantly said that/(B) if nobody else was doing it/(C) she will do it./(D) No error.

36. (A) He will end up his work/(B) in the city/(C) by the end of the year./(D) No error.

37. (A) Supposing if/(B) there is no bus,/(C) how will you get there?(D) No error.

38. (A) At the moment the house/(B) was burgled the family/(C) attended a night party in the neighbourhood./(D) No error.

39. (A) On a holiday/(B) Sudha prefers reading/(C) than going out visiting friends./(D) No error.

40. (A) Neither he/(B) nor his father is interested/ (C) in joining the party./(D) No error.

41. (A) A group of friends/(B) want to visit/(C) the new plant as early as possible./(D) No error.

42. (A) May I/(B) know who you want/(C) to see please?/(D) No error.

43. (A) Myself and Gopal/(B) will take care of/(C) the function on Sunday./(D) No error.

44. (A) He is not coming tomorrow/(B) as he is having a pain in the chest/(C) and has to see a doctor./(D) No error.

45. (A) They have been/(B) very close friends/(C) until they quarrelled./(D) No error.

46. (A) The reason why/(B) he was rejected/(C) was because he was too young./(D) No error.

47. (A) Scarcely had/(B) I arrived than/(C) the train left./(D) No error.

48. (A) The students/(B) returned back/(C) home well in time./(D) No error.

49. (A) English should/(B) be make/(C) the national language./(D) No error.

50. (A) Ravi is a/(B) intelligent student/(C) of my school./(D) No error.

ANSWERS

1	2	3	4	5	6	7	8	9	10
B	D	B	B	C	C	D	D	B	C
11	**12**	**13**	**14**	**15**	**16**	**17**	**18**	**19**	**20**
C	D	B	A	C	C	C	A	A	C
21	**22**	**23**	**24**	**25**	**26**	**27**	**28**	**29**	**30**
C	B	A	A	B	A	C	B	B	A
31	**32**	**33**	**34**	**35**	**36**	**37**	**38**	**39**	**40**
D	A	A	D	C	A	A	A	C	D
41	**42**	**43**	**44**	**45**	**46**	**47**	**48**	**49**	**50**
B	B	A	C	A	C	B	B	B	A

4. Sentence Improvement

One may use the same words in many ways but the best way is only one that makes the perfect usage of the words and conveys the proper meaning of the expression. Try it yourself in this exercise.

MULTIPLE CHOICE QUESTIONS

Directions: *In these questions, a part of the sentence is* ***bold****. Below are given alternatives to the* ***bold*** *part at A, B and C which may improve the sentence. Choose the correct alternative to edit and improve the sentence. In case no improvement is needed, your answer is D.*

1. For most people who exercise **at the** morning, there is no getting around the question: Eat and run? Or run and eat later?
A. in the
B. in
C. at the time of
D. No Improvement

2. Are ad agencies even attempting to peer into the keyhole of this indulgence sanctum to garner consumer insights **ahead of** the curve?
A. above
B. over
C. within
D. No Improvement

3. Too many people rush into the world of credit and don't stop to think about how **their actions could affect their** credit score and ability to qualify for credit in the future.
A. their actions may affect their
B. their actions might affect their
C. their actions will affect their
D. No Improvement

4. According to the report, **number of deal with** vaccines were energized by concerns around avian flu, SARS, and biodefense products, while looming patent expirations led to more deals in generics.
A. number of deals in
B. number of deal in
C. number of deals with
D. No Improvement

5. This is how the Bombay High Court responded to the state government's purported **moral stand which** dance bars were causing grave harm to society.
A. moral stand in
B. moral stand at
C. moral stand that
D. No Improvement

6. If you have a high credit limit, use **at least a** third of it.
A. atleast a
B. at last a
C. utmost a
D. No Improvement

7. Fitness experts will say that **first eating provides** fuel for a proper workout.
A. eating in the beginning provides
B. first eat provides
C. eating first provides
D. No Improvement

8. One study that examined the claim directly in 2012 found that a group of people did **burned much calories from fat on days** when they exercised on an empty stomach than on days when they had a small breakfast first.
A. burn more calories from fat on days
B. burn more calorie from fat on days
C. burnt more calories from fat on days
D. No Improvement

9. Carefree children spent their afternoons **to run about barefoot**, their clothes dusty, and telltale twigs of the neighbour's mango tree in their hair.
A. running barefoot in the sun
B. run about barefoot in the sun
C. running about barefoot in the sun
D. No Improvement

10. A year ago, a 13-year-old girl attempted suicide because her mother **refuses to pay his** mobile bills.
A. refuses to pay her B. refused to pay her
C. refused to pay his D. No Improvement

11. Discreet salience **is extremely important** to create that 'irresistible-yet-unattainable' image for brands that want to take India seriously
A. was extremely important
B. is mainly important
C. was important extremely
D. No Improvement

12. This, over a designer outfit that he wanted for a friend's party and **that his sensitive** parents refused him.
A. which his sensitive
B. which his insensitive
C. that his insensitive
D. No Improvement

13. Goa was full of non-Goa property hunters **rushing about buying up the place** like tomorrow was an expired lease.
A. rushing in buying up the place
B. rushed about buying up the place
C. rushing about to buy up the place
D. No Improvement

14. Property hunting is a **tired and hungry** making business.
A. is a tiresome and hungry
B. is a tiring and hungry
C. is a tiring and waste
D. No Improvement

15. Cultural differences aside, **till luxury need speaks** in a manner that befits.
A. luxury still needs to speak
B. luxury still need to speak
C. luxury till need to speak
D. No Improvement

16. Indian food – the culinary avatar of the subcontinent's social history presented on a platter – **is without doubt the best food** in the world.
A. is undoubtly the greatest food
B. is without doubt greatest food
C. is best food without doubt
D. No Improvement

17. It must retain the language of poetry. **It needed to create** stories, and not statements.
A. It needed creating B. It needs creating
C. It needs to create D. No Improvement

18. In 2012, Asia-Pacific has become the first region **to reach aggregate profiting** in biotech.
A. to reach aggregated profi-tability
B. to reach aggregate profi-tability
C. to reach aggregate of profit
D. No Improvement

19. India is deviating to embrace the West. If Western luxury brands deviate a little, **albeit selectively**, they will find rich Indian arms open far and wide.
A. though selectively
B. however selectively
C. albeit selectedly
D. No Improvement

20. China and India continued to attract attention and deals, motivated by the desire to increase access to these **largest and growing** drug markets and by the need to lower the costs of drug development.
A. larger and growing B. large and growing
C. larger and grown D. No Improvement

21. Luxury brands are **still above of the** clover curve here, with their elite (small) audiences.
A. still ahead of the B. still in the
C. still far of the D. No Improvement

22. Agencies **hence needed to be** sure of returns before investing, say ad men.
A. hence needs to be B. so needs to be
C. hence need to be D. No Improvement

23. India is still a nascent market and that's the spirit everyone's **looking at it**.
A. looking for it B. looking in it
C. looking with it D. No Improvement

24. Questioning the state's move to allow women to serve liquor but not dance in bars **of the ground that** dancing aroused physical lust
A. on the grounds that
B. of the grounds that
C. over the grounds that
D. No Improvement

25. For England the positives from their crushing series lose come in the shape of James Anderson and Kevin Pietersen, **both of which** have made significant strides up the rankings

A. both of which B. both of whom
C. both of who D. No Improvement

26. International campaigns can work well for luxury here, **but context cannot be** ignored.

A. so context cannot be
B. but context cannot
C. but context couldn't
D. No Improvement

27. For one, the Indian luxury context, **while evolved rapidly**, still has its own meaning, and its own implications.

A. while evolved rapid
B. which evolving rapidly
C. while evolving rapidly
D. No Improvement

28. But too much of availability can compromise a luxury brand or **made it lose** its lustre.

A. make her lose B. make him lose
C. make it lose D. No Improvement

29. Still, it's under-the-upper **layers themselves who** are aspiring for slivers of luxury

A. layers themselves which
B. layer itself who
C. layers themself which
D. No Improvement

30. It is like saying Hindi movies, with skimpily dressed dancers, would **effect public** order

A. effect your B. affect public
C. affected public D. No Improvement

31. The court held that a few women being involved in prostitution was no **justice to deny other** bar girls the right to livelihood

A. justification to declare other
B. justification to deny other
C. justice to let other
D. No Improvement

32. All-rounder Irfan Pathan has also made some progress **over the** player rankings.

A. above the B. at the
C. up the D. No Improvement

33. Former PM on Sunday **joined hands** with suspended Lok Sabha members to float a new political outfit.

A. folded hands
B. walked hand in hand
C. shaked hands
D. No Improvement

34. Pakistan's former PMs will meet in London on Monday **to ask** a strategy to return home from exile.

A. to chalk out B. to negotiate
C. to create D. No Improvement

35. It's a family potboiler, medical thriller and political drama **all in one** – except that it's all too real and all too grim.

A. all 3 in one
B. all coupled into one
C. all rolled into one
D. No Improvement

ANSWERS

1	2	3	4	5	6	7	8	9	10
A	D	C	A	C	D	C	A	C	C
11	**12**	**13**	**14**	**15**	**16**	**17**	**18**	**19**	**20**
D	C	D	B	A	D	C	C	D	B
21	**22**	**23**	**24**	**25**	**26**	**27**	**28**	**29**	**30**
C	C	D	A	C	D	C	C	C	C
31	**32**	**33**	**34**	**35**					
B	C	C	A	C					

5. Reordering Words

The words form a sentence and convey their meaning only when they are arranged in a proper order. One must study and practise it regularly.

MULTIPLE CHOICE QUESTIONS

Directions: *In the following questions, some parts of the sentence have been jumbled up. You are required to rearrange these parts which are labelled P, Q, R and S to produce the correct sentence. Choose the option with proper sequence.*

1. We are doing
P : to the people
Q : to give relief
R : all we can
S : but more funds are needed
The correct sequence should be
A. P Q R S B. R Q P S
C. Q P R S D. S P Q R

2. The man
P : when he was
Q : in the office last evening
R : could not finish
S : all his work
The correct sequence should be
A. P Q R S B. Q R S P
C. R Q P S D. R S P Q

3. The people decided
P : they were going
Q : how much
R : to spend
S : on the construction of the school building
The correct sequence should be
A. Q P R S B. P Q R S
C. P R Q S D. S Q P R

4. The man said that
P : those workers
Q : would be given a raise
R : who did not go on
S : strike last month
The correct sequence should be
A. P Q R S B. P R S Q
C. Q P R S D. R S P Q

5. I think
P : the members
Q : are basically in agreement
R : of the group
S : on the following points.
The correct sequence should be
A. R Q P S B. S Q R P
C. P R Q S D. P Q S R

6. While it was true that
P : I had
Q : to invest in industry
R : some lands and houses
S : I did not have ready cash
The correct sequence should be
A. P Q R S B. P R S Q
C. S Q P R D. Q P R S

7. P : But your help
Q : to finish this work
R : it would not have been possible
S : in time
The correct sequence should be
A. P R Q S B. S P Q R
C. R P Q S D. P Q R S

8. The boy
P : in the competition
Q : who was wearing spectacles
R : won many prizes
S : held in our college

The correct sequence should be
A. P Q R S B. R P S Q
C. Q R P S D. Q P S R

9. About 200 years ago,
P : in the south of India
Q : an old king
R : ruled over a kingdom
S : called Rajavarman.
The correct sequence should be
A. Q S R P B. P Q R S
C. Q P S R D. Q S P R

10. P : his land
Q : a wooden plough
R : the Indian peasant still uses
S : to cultivate.
The correct sequence should be
A. R Q P S B. Q P S R
C. S R Q P D. R Q S P

11. He was a man,
P : even if he had to starve
Q : who would not beg
R : borrow or steal
S : from anyone.
The correct sequence should be
A. P Q R S B. P R Q S
C. Q R S P D. Q P R S

12. P : in the progress of
Q : universities play a crucial role
R : our civilization
S : in the present age.
The correct sequence should be
A. S Q P R B. Q R S P
C. Q R P S D. S Q R P

13. P : far out into the sea
Q : for the next two weeks there were further explosions
R : which hurled
S : ashes and debris.
The correct sequence should be
A. Q R P S B. R S P Q
C. Q R S P D. S R P Q

14. William Shakespeare,
P : in his lifetime
Q : the great English dramatist
R : wrote thirty-five plays
S : and several poems.
The correct sequence should be
A. P Q R S B. R S P Q
C. Q S R P D. Q R S P

15. Whenever I am,
P : with an old friend of mine
Q : in New Delhi
R : to have dinner
S : I always try.
The correct sequence should be
A. S Q P R B. Q S R P
C. R P S Q D. P R Q S

16. P : I don't know
Q : must have thought
R : what people sitting next to me
S : but I came away.
The correct sequence should be
A. R S Q P B. R Q S P
C. P Q R S D. P R Q S

17. P : in estimating the size of the earth
Q : but they were hampered by the lack of instruments of precision
R : ancient astronomers
S : used methods which were theoretically valid
The correct sequence should be
A. R P Q S B. P R Q S
C. R S Q P D. R P S Q

18. P : It is a pity that
Q : by offering a handsome dowry
R : a number of parents think that
S : they will be able to ensure the happiness of their daughters
The correct sequence should be
A. S Q R P B. P R S Q
C. P S R Q D. P R Q S

19. The common man
P : in nurturing
Q : a more active role
R : communal harmony
S : should play
The correct sequence should be
A. P R S Q B. S Q P R
C. S Q R P D. P R Q S

20. The doctor
P : able to find out
Q : what has caused

R : the food poisoning
S : has not been
The correct sequence should be
A. S P R Q B. P R Q S
C. P R S Q D. S P Q R

21. P : was suspended
Q : the officer being corrupt
R : before his dismissal
S : from service
The correct sequence should be
A. Q P S R B. Q P R S
C. R S Q P D. R S PQ

22. With an unsteady hand
P : on my desk
Q : from his pocket
R : he took an envelope
S : and threw it
The correct sequence should be
A. Q R P S B. Q R S P
C. R Q P S D. R Q S P

23. P : she gave her old coat
Q : to a beggar
R : the one with the brown fur on it
S : shivering with cold
The correct sequence should be
A. S Q R P B. S P R Q
C. P R Q S D. P S Q R

24. It is a privilege
P : to pay tax
Q : of every citizen
R : as well as the duty
S : as well as the duty who is well-placed
The correct sequence should be
A. R P S Q B. S P R Q
C. R Q S P D. S Q R P

25. It is not good
P : of the wicked persons
Q : to overthrow
R : to accept the help
S : the righteous persons
The correct sequence should be
A. R S Q P B. Q S R P
C. R P Q S D. Q P R S

26. Life is judged
P : and not by
Q : of work done
R : the longevity of years
S : by the quality
The correct sequence should be
A. Q S P R B. S Q R P
C. Q S R P D. S Q P R

27. P : When he learns that
Q : you have passed the examination
R : in the first division
S : your father will be delighted
The correct sequence should be
A. Q P S R B. S P Q R
C. Q R S P D. S R Q P

28. P : The journalist
Q : saw
R : countless number of the dead
S : driving across the field of battle
The correct sequence should be
A. P Q S R B. P Q R S
C. P S Q R D. S R Q P

29. P : Jane planned
Q : some stamps
R : to buy
S : this afternoon
The correct sequence should be
A. P R Q S B. P S Q R
C. Q R P S D. Q S P R

30. Her mother
P : when she was
Q : hardly four years old
R : began to teach Neha
S : English
The correct sequence should be
A. R S Q P B. S R P Q
C. R S P Q D. S R Q P

31. It was
P : in keeping with my mood
Q : a soft summer evening
R : as I walked sedately
S : in the direction of the new house
The proper sequence should be:
A. S R P Q B. Q R P S
C. Q P R S D. S Q P R

32. With her body
P : dragging her unwilling feet
Q : weak and infirm

R : doubled with age
S : she persisted in her mission
The proper sequence should be:
A. P Q R S B. Q P R S
C. R Q P S D. S R P Q

33. The invasion of India
P : is more interesting than any other episode of early Indian history to most European readers
Q : by Alexander the Great of the Macedonia
S : which occurred during the rule of the Nandas
The proper sequence should be:
A. P Q R S B. Q P R S
C. S R P Q D. R S P Q

34. When he
P : did not know
Q : he was nervous and
R : heard the hue and cry at midnight
S : what to do
The proper sequence should be:
A. R Q P S B. Q S P R
C. S Q P R D. P Q R S

35. A French woman
P : committed suicide
Q : where she had put up
R : who had come to Calcutta
S : by jumping from the first floor balcony of the hotel
The proper sequence should be:
A. P R Q S B. Q S R P
C. R P S Q D. S R Q P

36. He has
P : while having a reverie
Q : found the book
R : at the bus-stop
S : he lost
The proper sequence should be:
A. Q R S P B. P R Q S
C. Q S R P D. P Q S R

37. Then the women
P : lamenting their evil desire
Q : that had brought
R : wept loudly
S : this sorrow upon them
The proper sequence should be:
A. R P Q S B. R Q P S
C. P Q S R D. P R Q S

38. It is easy to excuse
P : but it is hard
Q : in a boy of fourteen
R : the mischief of early childhood
S : to tolerate even unavoidable faults
The proper sequence should be:
A. R P Q S B. Q R S P
C. Q R P S D. R P S Q

39. I don't remember
P : I saw a man dying in front of a hospital
Q : but when I left Lucknow in 1984
R : hit apparently by a fast moving car
S : the exact date
The proper sequence should be:
A. S Q R P B. S Q P R
C. Q R P S D. S P R Q

40. Since the beginning of history
P : have managed to catch
Q : the Eskimos and Red Indians
R : by a very difficult method
S : a few specimens of this acquatic mammal
The proper sequence should be:
A. Q P R S B. S Q P R
C. S Q R P D. Q P S R

ANSWERS

1	2	3	4	5	6	7	8	9	10
B	D	A	B	C	C	A	C	A	D
11	**12**	**13**	**14**	**15**	**16**	**17**	**18**	**19**	**20**
C	A	C	D	B	D	C	B	B	D
21	**22**	**23**	**24**	**25**	**26**	**27**	**28**	**29**	**30**
B	D	C	C	B	D	B	C	A	B
31	**32**	**33**	**34**	**35**	**36**	**37**	**38**	**39**	**40**
C	C	D	A	C	C	A	D	B	D

6. ORDERING OF SENTENCES

A Paragraph is formed from sentences, it will convey its true meaning and purpose only when the sentences are arranged in a proper manner. Try and practise it in this exercise.

MULTIPLE CHOICE QUESTIONS

Directions: *A number of sentences are given below which when properly sequenced form a coherent paragraph. Each sentence is labelled as abcdef...... Choose the most logical order of sentences from among the given choices to construct a coherent paragraph:*

1. (a) The leopard was discovered in the servant quarters of a farmhouse.
(b) The injuries appeared to have been caused by the paws of the leopard, and were not teeth wounds.
(c) It took the wild life officials, Delhi Police and Delhi zoo vets eight hours to capture the leopard that had wandered into a factory in south Delhi.
(d) The leopard then jumped into the factory where the workers managed to lock it in a small generator room before calling in the police.
(e) Before its capture, the leopard attacked two women and a man in the farmhouse.

A. aebdc B. bdaec
C. eadbc D. adbec

2. (a) The project has already started on an experimental basis in the west district.
(b) A website is soon going to be launched where application forms can be downloaded and submitted.
(c) Standing in a queue at a government office to submit application form will be a thing of the past.
(d) A unique code will be alloted while submitting the form which will help in finding the status of the application.

A. abcd B. dabc
C. cbda D. badc

3. (a) Police suspect a carpenter working at John's house as he has not reported for work since the day the boy went missing.
(b) John did not return home in the afternoon.
(c) John's mother had herself put the boy on the vehicle in the morning.
(d) John smiled at him and was last seen walking up to him.
(e) His parents called the school and were told John had not been to school at all and had been marked absent.
(f) He was about to enter the school when someone called out his name.

A. cfdbea B. debfca
C. bfdaec D. abcdef

4. (a) A state champion from the past four years, Tushar began swimming at the age of six.
(b) But he has no plans of making swimming a career.
(c) Tushar's passion for swimming is unshakable.
(d) Something that began as a hobby rewarded him with all the fame he has achieved.
(e) His day begins at 4.30 am for a dip at Talkatora Stadium.
(f) He is determined to make a mark in the world of swimming.

A. dbaecf B. bcadef
C. edfbac D. cefadb

5. (a) However, the mayhem over the last few months is deeply shocking.

(b) Yet I do not agree with the prophets of doom who see nothing but disaster ahead.
(c) When I came back to my motherland India after a stay in Switzerland, I felt I was trading a hotbed of intense religious and political violence for peace and quiet.
(d) I think our nation is searching for an identity.
(e) And a new vision of the future will emerge from this.

A. abcde B. cabde
C. cebad D. bedca

6. (a) The universities in a democracy can no longer be content with the limited goal of scholarship.
(b) They are to respond to changed conditions and to new demands.
(c) Universities in the modern world are called upon to play a crucial role in the progress of our civilization.
(d) They have to devise new programmes and take into account the needs of society.
(e) They must not merely display their traditional resourcefulness but also must have the capacity for effective growth.

A. cbdae B. cbead
C. cadbe D. dbaec

7. (a) He decided to enter a new line by investing in some new equipments.
(b) Some of the old machines were to be sold to raise the money.
(c) Ram's business was not prospering.
(d) For this more money had to be found.
(e) He was still short of money and had to borrow some.

A. cadbe B. adebc
C. ebdac D. cbdae

8. (a) Parts of northern region were pounded by heavy rains today,
(b) Vehicular traffic came to a near halt.
(c) As mid and high altitude areas of Himachal Pradesh were in grip of severe cold wave with snow lashing the tribal areas and mid ranges receiving showers.
(d) As the sky remained heavily overcast with dark clouds reducing the visibility considerably.
(e) A large number of tourists were forced to buy heavy woollens and stay indoors due to inclement weather.

A. ecabd B. adecb
C. edabc D. acbde

9. (a) Clearly, age is not a deterrent in one's choice of learning.
(b) Perhaps, it was because of her childhood desire.
(c) When Rachna came to Delhi eight years back, she had not anticipated a career in the field of art.
(d) She has been successful in the various exhibitions that she has been part of in terms of business.
(e) She had got into expressing her thoughts with the help of a brush and colours only because her daughter refused to get initiated into it.
(f) She feels that her use of colour appeals to people.

A. aedcbf B. cdefba
C. cebadf D. acdebf

10. (a) The idea is that students should be able to find employment for themselves after the course.
(b) The Central Board of Secondary Education is planning a revamp of its vocational courses.
(c) For this it is necessary to tie up with the industry as well as mobilise schools for their support.
(d) While others will be made less academic and more in tune with the needs of the industry.
(e) A number of courses have been identified as 'deadwood' and will be done away with.

A. bedac B. abcde
C. acebd D. baced

11. (a) An integrated and combined approach was required to reveal the mystery of the brain – its structure, composition and function.
(b) Since the early 80's, scientists were clear that the brain would be the final frontier to conquer.
(c) The initiative was flagged off and came to be known as the Human Brain Project.

(d) But that wasn't easy because understanding the brain involved completely integrating information from the level of the gene to the level of behaviour.
(e) To fulfill this requirement a group of American scientists from various diciplines decided to work together.

A. acbed B. bdaec
C. abdec D. badec

12. (a) The rehabilitation record has been dismal.
(b) It has been two years years since the earthquake rudely rattled the people of Gujrat.
(c) And since then, life has been a constant struggle.
(d) The quake set Gujrat's clock back by 10 years.
(e) Things changed forever.

A. bedca B. bcade
C. dbace D. edcba

13. (a) In fact, success in exams depended on rote learning from old notes.
(b) when he was studying civil engineering in a college in Gujrat.
(c) He was detained for lack of attendance.
(d) Lectures were soporific, classes rarely worth attending and 80 per cent attendance compulsory.
(e) The college became a trap he hated.
(f) His is a plight many engineers across India would identify with.
(g) He found the going tough.

A. abcdgef B. bgdacef
C. fabcdge D. abcdefg

14. (a) In a country that has close to 600 recognised engineering colleges, there are only seven IITs.
(b) Barring a few exeptions, the academic atmosphere in these is moribund.
(c) The very best students usually get there.
(d) many waste themselves in frustration.
(e) Most of those who get into engineering are good students.
(f) but about 1.25 lakh others and up in the remaining colleges.

A. aecfbd B. abecdf
C. abcdef D. acfbed

15. (a) Whatever the job market, common wisdom says that IIT graduates will find jobs where others have failed.
(b) The IIT brand name is a ticket to success.
(c) When recruiters go headhunting, the IITs are still top of their list.
(d) Its possessor is understood to have an excellent academic record and the will to succeed.
(e) In the job market, that counts.

A. bdeac B. abcde
C. abdce D. dbace

16. (a) It will pave the way ....
(b) signalling a new beginning in strategic ties......
(c) for a tangible Indian economic presence in Iran and Central Asia.
(d) Iran has offered India valuable road linkages to central Asia ......
(e) aimed at promoting peace and economic cooperation in the region.

A. dbeac B. debca
C. acebd D. abced

17. (a) A good college is essential for a successful career and admissions are based on marks.
(b) The marks-based system followed by all the boards in the country recognises only a small percentage of students as successful.
(c) The marks one scores in the crucial board exams dictate the path his life takes.
(d) Anyone scoring below a certain percentage is automatically branded a 'failure'.
(d) So if you cannot make it into the best college, your career is over even before it has started.

A. abcde B. bcdea
C. bdcae D. abdec

18. (a) the pride of their batch.
(b) they're not too far off from taking charge of India's future.
(c) They were the toppers of their class
(d) they may have won accolades, made their schools and families proud, but
(e) Yesterday's toppers have their hands full.
(f) these confident go-getters have had their share of failure too.

A. eacfbd B. eadbfc
C. eadbcf D. cabedf

19. (a) Mistakes or errors should be treated as teacher.
(b) When you make mistake, you should neither feel ashamed nor desperate.
(c) Everybody makes mistakes.
(d) You should be bold enough to accept your mistakes before anybody.
(e) But the only sensible course is to study and analyse why you made that mistake.
(f) Only then you can learn not to make mistakes in future.
A. abfced B. acefbd
C. adbcfe D. cdfbea

20. (a) Our lessons in love and respect make us a tolerant people.
(b) I love Indian culture.
(c) I feel I have to repay my country whatever way I can.
(d) In no other country have I seen so much love and respect.
(e) I was born and brought up in this country and feel I owe everything to it.
A. bcade B. dcbea
C. acdeb D. ecbda

21. (a) To curb bio-terroriom is a difficult task.
(b) To check these attacks and lessen their impact, we need an impartial team of sincere, strong and dedicated men.
(c) The media can play a strong role in stopping this unnecessary spread of panic.
(d) Since Bio-terrorism is not visible or easily detectable, it can be used often.
(e) Men who honour the lives of their fellow countrymen before their own.
A. abcde B. dabce
C. adbec D. acbed

22. (a) He was dying.
(b) No one was ready to touch him as even shifting him from one place to another would lead to profuse bleeding.
(c) He was a five-day old infant, premature and bleeding profusely.
(d) Even if injected one small needle, blood would ooze out and continue to flow for an hour at a stretch.
(e) This small being had haematoma, a thick blood clot in his brain.
A. edbca B. cabde
C. eacdb D. cedba

23. (a) The day I don't treat a patient, I feel ....
(b) I have enough to eat, I crave for blessings now.
(c) But if a financially weak patient gives me only ₹ 50, I don't mind.
(d) Each month I do three to four operations free of cost.
(e) I have lost something in life.
(f) My consultation fee is ₹ 300.
A. fcdeab B. dfcbae
C. fcabde D. bdfcea

24. (a) When he was rushed to the nearby Primary Health Centre after his fall, the doctor referred him to a hospital.
(b) This worsened his injury.
(c) Had a little precaution been exercised after the accident, Tarun would have continued with his gymnastic classes.
(d) He was paralysed from waist downwards when he fell from the vaulting horse while doing gymnastics.
(e) However, the doctor forgot to tell Tarun's parents to take him on a stretcher as he had suffered spinal injuries.
(f) Tarun is wheelchair bound for two years.
A. fdeabc B. abcdef
C. fdcaeb D. fdbcae

25. (a) As the temperature rises, staying hydrated can become a greater challenge for people exercising both indoors and out.
(b) Several things can influence this process, including age, gender, physical conditioning. humidity and a lack of sufficient fluids.
(c) In hot weather, individuals can lose as much as two quarts of sweat per hour.
(d) As we age, we have a lower perceived level of thirst in response to fluid loss and early stages of dehydration.
(e) If not replenished, this can lead to dehydration, heat exhaustion and even heatstroke.
A. abcde B. dbcae
C. cbdea D. acebd

26. (a) Students become passive listeners in the class-room.
(b) Mostly lecturing method is preferred to cover the syllabus.
(c) I feel that there is a lacunae in the teaching techniques adopted by the lecturers in engineering colleges.
(d) Unless the teachers are exposed to different teaching techniques, they will not succeed in imparting knowledge.
(e) Lack of training in teaching can be ascribed to this sorry state of affairs.
A. dbeca B. cadbe
C. chaed D. dceab

27. (a) A product is something that is made in a factory, a brand is something that is bought by a consumer.
(b) The trick therefore, lies in the brand positioning.
(c) For a counsumer, the satisfaction of becoming associated with a name that is the 'best' and the 'leader' is far more important and at times makes him ignore the price factor.
(d) Brands come and go.
(e) Still there are those who manage to stay and develop an affinity with consumers.
A. aebcd B. debac
C. decab D. aecdb

28. (a) Many people fail simply because they make too many wrong decisions.
(b) Over a period of time you make a series of decisions, each seemingly of little consequence.
(c) So do people's lives.
(d) It has been said that history turns on small hinges.
(e) Yet the total of these decisions finally determines the outcome of your life.
(f) A successful life depends upon developing a higher percentage of wisdom than error.
A. acbedf B. adcbef
C. fedcba D. abcdef

29. (a) The younger you are when you discover this mighty power, the more likely you are to live successfully and happily.
(b) Everything you do has some effect upon others, as do their actions upon you.
(c) You are influenced by other people's acts and wishes, by law and custom, by your duties and your responsibilities.
(d) You live in a world filled with outside influences which impinge upon you.
(e) And yet you must find out how to live your own life.
A. abcde B. adebc
C. dcbea D. baedc

30. (a) She had wanted to go to Mars.
(b) Lots of young people talk about how they dream of this or that.
(c) Kalpana Chawla had wanted to make at least one more trip to space.
(d) She is one person who got to live out her dreams.
(e) She had also said that when it was time for her to die, she would like to die in space.
A. bcade B. bdeac
C. caebd D. cbead

ANSWERS

1	2	3	4	5	6	7	8	9	10
A	C	A	D	B	B	A	D	C	A
11	**12**	**13**	**14**	**15**	**16**	**17**	**18**	**19**	**20**
B	A	B	D	A	A	C	D	B	D
21	**22**	**23**	**24**	**25**	**26**	**27**	**28**	**29**	**30**
C	D	B	C	D	C	B	B	C	C

7. Sentence Completion

A sentence conveys its meaning effectively only when it is completed in a proper way. Try and practise it in this exercise.

Directions: *In each question, an incomplete statement (Stem) followed by four fillers is given. Pick out the best one which can complete the incomplete stem correctly and meaningfully.*

1. He is so lazy that he .....
A. cannot depend on others for getting his work done.
B. cannot delay the schedule of completing the work.
C. can seldom complete his work on time.
D. dislike to postpone the work that he undertakes to do.

2. He always stammers in public meetings, but his today's speech .....
A. was fairly audible to everyone present in the hall.
B. was not received satisfactorily.
C. could not be understood properly.
D. was free from that defect.

3. In order to raise the company's profit, the employees .....
A. demanded two additional increments.
B. decided to go on paid holidays.
C. requested the management to implement new welfare schemes.
D. offered to work overtime without any compensation.

4. Although, he is reputed for making very candid statements, ...
A. his today's speech was not fairly audible.
B. his promises had always been realistic.
C. his speech was very interesting.
D. his today's statements were very ambiguous.

5. I felt somewhat more relaxed .....
A. but tense as compared to earlier.
B. and tense as compared to earlier.
C. as there was already no tension at all.
D. and tension-free as compared to earlier.

6. With great efforts his son succeeded in convincing him not to donate his entire wealth to an orphanage .....
A. and lead the life of a wealthy merchant.
B. but to a home for the forsaken children.
C. and make an orphan of himself.
D. as the orphange needed a lot of donations.

7. Even though it is a very large house, ...
A. there is a lot of space available in it for children.
B. there is hardly any space available for children.
C. there is no dearth of space for children.
D. the servants take a long time to clean it.

8. Practically, very little work could be completed in the last week as it was .....
A. full of working days.
B. a very hectic week.
C. full of holidays.
D. a very busy week.

9. He tames animals because he .....
A. is fond of them.
B. hates them.
C. is afraid of them
D. wants to set them free

10. He has no money now .....
A. although he was very poor once.
B. as he has given up all his wealth.
C. because he was very rich once.
D. because he has received huge donation.

11. The employer appeared to be in such an affable mood that Rohit .....

A. decided to ask for a raise in his salary.

B. was scared to talk to him about his leave.

C. felt very guilty for his inadvertent slip.

D. promised him that he would not commit mistake again.

12. Since people cannot learn through legitimate channels all that they are anxious to learn .....

A. they resort to ways and means without any ethical or moral considerations.

B. they join academics in order to quench their thirst for learning.

C. they adopt formal ways and means to achieve what they want to.

D. these social service organisations provide them the required input of knowledge.

13. It was an extremely pleasant surprise for the hutment-dweller when the Government officials told him that .....

A. he had to vacate hutment which he had been unauthorisedly occupying

B. he had been gifted with a furnished apartment in a multi-storeyed building.

C. he would be arrested for wrongfully encroaching on the pavement outside his dwelling.

D. they would not accede to his request.

14. Despite his best efforts to conceal his anger .....

A. we could detect that he was very happy.

B. he failed to give us an impression of his agony.

C. he succeeded in camouflaging his emotions.

D. people came to know that he was annoyed.

15. His appearance is unsmiling but .....

A. his heart is full of compassion for others.

B. he looks very serious on most occasions.

C. people are afraid of him.

D. he is uncompromising on matters of task performance.

16. The weather outside was extremely pleasant and hence we decided to .....

A. utilise our time in watching the television.

B. refrain from going out for a morning walk.

C. enjoy a morning ride in the open.

D. employ this rare opportunity for writing letters.

17. The officer who had neglected to file his income tax returns had to .....

A. return the files. B. pay a fine.

C. be rewarded. D. play mischief.

18. In order to help the company attain its goal of enhancing profit, all the employees .....

A. urged the management to grant paid leave.

B. appealed the management to implement new welfare schemes.

C. voluntarily offered to work overtime with lucrative compensation.

D. voluntarily offered to render additional services in lieu of nothing.

19. His behaviour is so unpredictable that he .....

A. never depends upon others for getting his work done.

B. is seldom trusted by others.

C. always finds it difficult to keep his word.

D. always insists on getting the work completed on time.

20. Since it is already midnight, we .....

A. had better leaving.

B. ought to have leave.

C. should take our leave.

D. might as well as leave.

21. It is not easy to remain tranquil when those around you .....

A. behave in a socially acceptable manner.

B. exhibit pleasant mannerism.

C. are losing their heads.

D. agree to whatever you say.

22. Although initial investigations pointed towards him, ...

A. the preceding events corroborated his involvement in the crime.

B. the additional information confirmed his guilt.

C. the subsequent events established that he was guilty.

D. the subsequent events proved that he was innocent.

23. Because he believes in democratic principles, he always .....
A. decides all the matters himself.
B. listens to others' views and enforces his own.
C. shown respect to others' opinions if they match his own.
D. reconciles with the majority's views and gives us his own.

24. Owing to the acute power shortage, the people of our locality have decided to .....
A. dispense with other non-conventional energy sources.
B. resort to abundant use of electricity for illumination.
C. off-switch the electrical appliance while not in use.
D. resort to use of electricity only when it is inevitable.

25. She never visits any zoo because she is a strong opponent of the idea of .....
A. setting the animals free into the forest.
B. feeding the animals while others are watching.
C. watching the animals in their natural abode.
D. holding the animals in captivity for our joy.

26. Unless you work harder you will fail, means .....
A. if you fail you will work harder.
B. you must at least plan well than you will not fail.
C. hardly you will fail if you do not desire so.
D. if you do not put more efforts, then you will fail.

27. Even if it rains I shall come, means .....
A. if I come it will not rain.
B. if it rains I shall not come.
C. I will certainly come whether it rains or not.
D. whenever there is rain I shall come.

28. Dinesh is as stupid as he is lazy means .....
A. Dinesh is stupid because he is lazy.
B. Dinesh is lazy because he is stupid.
C. Dinesh is either stupid or lazy.
D. Dinesh is equally stupid and lazy.

29. Mahesh needn't have purchased the bag, means .....
A. it was not necessary for Mahesh to purchase the bag but he has purchased it.
B. it was necessary for Mahesh to purchase the bag and he has not purchased it.
C. it was not necessary for Mahesh to purchase the bag and he has not purchased it.
D. it was necessary for Mahesh to purchase the bag but he has not purchased it.

30. The Manager would like you to help Dhiraj, means .....
A. the Manager would like you if you help Dhiraj.
B. the Manager desires you to help Dhiraj.
C. the Manager likes you because you help Dhiraj.
D. Dhiraj expects the Manager to tell you to help him.

ANSWERS

1	2	3	4	5	6	7	8	9	10
C	D	D	D	D	C	B	C	A	B
11	12	13	14	15	16	17	18	19	20
C	A	B	D	A	C	B	D	B	D
21	22	23	24	25	26	27	28	29	30
C	D	D	D	D	D	C	D	A	B

8. Nouns, Numbers & Pronouns

NOUN

A word which denotes a place, a thing, an animal or a person is said to be a noun.

1. Note the plurals of the following nouns:

Singular	*Plural*	*Singular*	*Plural*
copy	copies	cry	cries
baby	babies	duty	duties
body	bodies	country	countries
family	families	diary	diaries
fly	flies	fairy	fairies
city	cities	spy	spies
army	armies	storey	storeys
bay	bays	monkey	monkeys

2. The following nouns do not undergo any change in plural form, in general.

Singular	*Plural*	*Singular*	*Plural*
deer	deer	sheep	sheep
thousand	thousand	pair	pair
hundred	hundred	score	score
dozen	dozen	gross	gross

Note: We can write—

(*a*) thousands of men; (*b*) two pairs of shoes; (*c*) dozens of mangoes; (*d*) scores of people. etc. But—

(*a*) two thousand rupees; (*b*) three hundred men; (*c*) five dozen eggs, etc.

3. The following nouns are usually used in plural forms. They take a plural verb after them—

eatables	fetters	surroundings
riches	alms	spectacles
trousers	pants	scissors
premises	thanks	annals
congratulations	goods	shorts
tongs	pains	arms
breeches	(for troubles)	

4. The following are the nouns which are plural in appearance but are usually used in singular number. They are followed by a singular verb—

news	politics	physics
mathematics	economics	ethics
politics	classics	gallows
statistics	athletics	innings
mechanics	swnmons	mumps

5. Collective nouns often used as plurals—

public	police	cattle
audience	clergy	folk
people	poultry	nation
elite	gentry	glitterati

6. The nouns that are usually used in singular forms—

advice	hair	rice
fuel	alphabet	machinery
offspring	issue	furniture
mischief	stationery	luggage
bedding	information	abuse

7. Material nouns are always used in singular number—

gold	copper	milk
water	silk	wool

Note: They may be used in plural with a different meaning.

copper coins (coppers), chains or fetters (irons), cans made of tin (tins).

Formation of Feminine Gender from Masculine Gender

(*a*) By adding 'ess'/ 'trix'/ 'a' / 'sne' etc.
e.g., lion into lioness

(*b*) Placement of a word before or after noun
e.g., Servant into Maid-Servant; Milkman into Milkmaid

(*c*) A masculine noun containing vowel *e.g.,* Actor Avoid vowel and add 'ess' *i.e.,* Actress

(*d*) No specific note will be applied in some nouns (while changing into feminine gender) *e.g.,* Monk into Nun, Drone into Bee, Drake into Duck, Dog into Bitch.

THE PRONOUN

A pronoun is a word which is used in place of noun.

Kinds of Pronouns

(i) **Personal Pronoun:** I, we, my, mine, our, ours, you, he, she, they, him, her etc.

(ii) **Reflexive Pronoun:** Herself, himself, myself, yourself, themselves etc.

(iii) **Emphatic Pronoun:** I myself, we ourselves.

(iv) **Demonstrative Pronoun:** This, that, there, those etc.

(v) **Indefinite Pronoun:** Somebody, nobody, many, none, someone, few etc.

(vi) **Interrogative Pronoun:** What, who, whose, which, whom etc.

(vii) **Distributive Pronoun:** Neither, each, either, every, none, both etc.

(viii) **Relative Pronoun:** Who, which, whom etc.

MULTIPLE CHOICE QUESTIONS

Directions: *In the following questions choose the correct options to fill the blanks.*

1. The place was so dirty that ..... wished to run away from there.
A. everbody B. anybody
C. few D. some

2. ..... was there to help me.
A. Something B. Anything
C. Anybody D. Nobody

3. Is there .... to eat?
A. some B. something
C. any D. few

4. ..... of the students were making a great noise.
A. Anyone B. Somebody
C. Many D. Nobody

5. ..... of the students can solve this sum.
A. Someone B. Anybody
C. Somebody D. None

6. ...... of us should try our best to make India a heaven.
A. Any B. Somebody
C. Anybody D. All

7. ...... of us do not know the real meaning of our lives.
A. Any B. Something
C. Several D. Many

8. She presented me a .... of flowers.
A. troup B. galaxy
C. bouquet D. cluster

9. There was a .... of eggs floating on the dirty water of the ditch.
A. clump B. shoal
C. clutch D. pile

10. A .... of dancers was dancing on the stage.
A. troupe B. galaxy
C. herd D. clump

11. To save the drowning man, a .... of sailors came out on the boats.
A. troop B. crew
C. band D. gang

12. A .... (of stars) consists of millions of stars.
A. group B. herd
C. stack D. galaxy

13. Mr. Peter Cash was arranging a .... of bricks near his house.
A. group B. band
C. herd D. stack

14. A .... of geese was swimming in the water.
A. group B. gaggle
C. troupe D. bunch

15. There was a .... of mosquitoes hovering over the slum area.
A. swarm B. group
C. gang D. herd

16. Last night a .... of burglars broke into my house.

A. group B. cluster
C. clump D. gang

17. Devika lost her .... of keys.

A. bunch B. branch
C. band D. gang

18. I have some .... for you to do.

A. working B. worker
C. work D. works

19. They highly admire the .... of Kashmir.

A. scenery B. sceneries
C. scene D. scenes

20. I can easily read and write the English ....

A. alphabets B. alphabetic
C. alphabet D. alphabetical

21. I have met her many a ....

A. times B. timing
C. time D. timings

22. She has written many ....

A. poetry B. poetries
C. poem D. poems

23. One is supposed to do ....

A. our duty B. their duty
C. one's duty D. his duty

24. He is .... faithful partner.

A. Yours B. You
C. Your D. Your's

25. Ajay is more smart than ....

A. her B. hers
C. herself D. she

26. The ..... of the Minister's statement cannot be verified by people who have no access to official records.

A. veracity B. verbosity
C. ambiguity D. validity

27. Life is to death as pleasure is to ......

A. poverty B. suffering
C. anguish D. pain

28. 'Please' and 'Thank you' are the little courtesies by which we keep the ..... of life oiled and running smoothly.

A. path B. machine
C. garden D. river

29. Catching the earlier train will give us the ..... to do some shopping.

A. chance B. luck
C. possibility D. occasion

30. Leave a two-inch ..... on each page for the teacher's remarks.

A. border B. margin
C. blank D. gap

31. What is the ..... for an airletter?

A. fare B. value
C. postage D. stamp

32. The manner in which bombs exploded in five trains within a short span of time suggests that it is a part of a .....

A. game B. conspiracy
C. villainy D. sabotage

33. Some regions of our country still remain ..... to the average man.

A. inaccessible B. impossible
C. impermeable D. impenetrable

34. The old 'Nature Versus .....' debate regarding crime continues even today.

A. Man B. Universe
C. Culture D. Nurture

ANSWERS

1	2	3	4	5	6	7	8	9	10
A	D	B	C	D	D	D	C	C	A
11	12	13	14	15	16	17	18	19	20
B	D	D	B	A	D	A	C	A	C
21	22	23	24	25	26	27	28	29	30
C	D	C	C	D	A	D	B	A	B
31	32	33	34						
C	B	A	A						

9. PREPOSITIONS

A Preposition is a word which comes before a Pronoun or a Noun and expresses the relationship between Noun or Pronoun and some part of the remaining sentence.

(*a*) He is busy **with** his work.
(*b*) The boy jumped **into** the river.
(*c*) The birds are chirping *in* the trees.

In these sentences the words **with**, **into** and **in** show the relationship between the verbs **busy, jumped** and **chirping** with the nouns **work, river** and **trees** respectively.

Position of the Preposition

1. A Preposition usually precedes its object.
(*i*) He laughs **at** the poor.
(*ii*) He is angry **with** you.
(*iii*) She agrees **with** me.

2. In the case of Relative Pronouns it comes after the subject.
(*i*) This is the boy whom I was looking **for**.
(*ii*) That is the pen whose mention I was making **of**.

3. In the following cases, the Preposition comes after its object.
(*i*) Where is the boy you were complaining **against**?
(*ii*) What things are there you are looking **for**?
(*iii*) Who is there, you are waiting **for**?

Omission of the Preposition

In many cases when the sentences contain Nouns of Time or Place, the Prepositions **from**, **in** and **for** are often omitted.

(*i*) He walked many kilometres.
(*ii*) He came to see me last year.
(*iii*) As I could not find my puppy anywhere, I looked here and there.

Prepositions are small words that show the relationship between one word and another. Prepositions in the following sentences show the position of the paper in relation to the desk, the book, his hand and the door.

The paper is **on** the desk.
The paper is **under** the book.
The paper is **in** his hand.
The paper is **by** the door.

Common Prepositions

about	at	by
in	onto	toward
above	before	concerning
inside	out	under
across	behind	despite
into	over	until
after	below	down
like	since	up
against	beneath	during
near	through	upon
along	beside	except
of	throughout	with
amid	between	for
off	till	within
among	beyond	from
on	to	without

MULTIPLE CHOICE QUESTIONS

Directions: *Tick the correct Preposition for the blank in each of the following sentences.*

1. He applied ...... the manager.
A. for B. to
C. with D. by

2. Trust ...... God and do the right.
A. in B. for
C. to D. with

3. She is worthy ...... a prize.
A. with B. for
C. to D. of

4. Mr. Gomes has no taste ...... music.
A. of B. for
C. with D. to

5. You are hard ...... hearing.
A. at B. of
C. with D. for

6. He is sure ...... his success
A. for B. with
C. on D. of

7. Preeti was warned ...... the danger ahead.
A. for B. at
C. of D. about

8. I am thankful ...... you for a good advice.
A. for B. with
C. to D. from

9. Deepak would not surrender ...... the police.
A. with B. to
C. for D. on

10. The small plant in your lawn is very sensitive ...... touch.
A. on B. with
C. to D. for

11. Divya was sure to succeed ..... the examination.
A. for B. in
C. to D. with

12. Geeta was jealous ...... Ravina's beauty.
A. to B. with
C. for D. of

13. He was ignorant ..... what was happening there.
A. for B. of
C. to D. with

14. Your pen is inferior ...... mine.
A. than B. with
C. from D. to

15. Reenu is no match ...... Meenu.
A. to B. for
C. with D. upon

16. It is necessary ...... you to apply for this job.
A. on B. with
C. for D. to

17. Be loyal ...... your country.
A. for B. to
C. on D. with

18. Mukesh is junior ...... me.
A. than B. to
C. from D. of

19. Deepika was innocent ...... the crime.
A. of B. with
C. from D. to

20. I am desirous.... joining the Indian cricket team.
A. for B. of
C. to D. on

21. Pradeep is not eligible ...... the post.
A. to B. on
C. upon D. for

22. Does she believe ...... God?
A. to B. for
C. in D. over

23. Mr. Posh was charged..... the murder of his aunt.
A. for B. with
C. on D. to

24. Tagore is famous (or popular) ...... Indians.
A. for B. with
C. to D. towards

25. Kalidasa is famous ...... his drama the *Shakuntalam.*
A. for B. with
C. on D. about

26. He applied ...... the post of a teacher.
A. to B. on
C. for D. at

27. I differ ...... you in this matter.
A. from B. with
C. for D. above

28. My pen differs ...... yours.
A. with B. from
C. for D. upon

29. The air escaped out ...... the balloon.
A. from B. of
C. to D. under

30. I am confident ...... success.
A. of B. to
C. from D. about

31. He was deprived ...... his share and property.
A. of B. with
C. from D. about

32. He complains ...... headache.
A. about B. to
C. of D. in

33. My father deals ...... sugar.
A. with B. to
C. in D. about

34. His services were dispensed ......
A. for B. to
C. with D. of

35. Mohinder was born ...... a noble famly.
A. with B. about
C. towards D. in

36. He was born ...... poor parents.
A. of B. to
C. in D. on

37. A son was born ...... him.
A. to B. for
C. in D. upon

38. I was aware ...... the matter.
A. to B. of
C. in D. upon

39. He was absorbed ...... study.
A. in B. into
C. of D. under

40. The boy jumped ...... the river.
A. in B. under
C. below D. into

41. I agree ...... you.
A. upon B. to
C. with D. None of these

42. Wolves abound ...... this forest.
A. for B. in
C. with D. to

43. She did not agree ...... your proposal.
A. with B. in
C. to D. None of these

44. I was angry ...... his misconduct.
A. with B. to
C. at D. on

45. He is bent ...... mischief.
A. on B. of
C. to D. for

ANSWERS

1	2	3	4	5	6	7	8	9	10
B	A	D	B	B	D	C	C	B	D
11	**12**	**13**	**14**	**15**	**16**	**17**	**18**	**19**	**20**
B	D	B	D	B	D	B	B	A	B
21	**22**	**23**	**24**	**25**	**26**	**27**	**28**	**29**	**30**
D	C	B	B	A	C	B	B	A	A
31	**32**	**33**	**34**	**35**	**36**	**37**	**38**	**39**	**40**
A	C	C	C	D	A	A	B	A	D
41	**42**	**43**	**44**	**45**					
D	B	C	D	A					

10. Adjectives, Adverbs & Degree of Comparison

Some words tell more about another word they are called *modifiers*. There are two main kinds of modifiers: *adjectives* and *adverbs*.

Adjectives

An *adjective* modifies—tells more about—a noun or pronoun. It tells *what kind, how many,* or *which one*.

Example: *beautiful* music, *blue* sky, *large* room.

Adjectives are usually found right before a noun, right after a noun, or after a linking verb.

Note: Some adjectives, such as articles, numbers, and possessive adjectives, usually come before the noun.

Adverb

An *adverb* modifies—tells more about—a verb, adjective, or another adverb. It tells *how, when, where,* or *to what extent.*

Comparison and Adjectives

Adjectives and adverbs have three forms that show a greater or lesser degree of the characteristic of the basic word: the positive, the comparative, and the superlatives.

Use the comparative to compare two things:

1. Mary is the more lazy of the two.
2. I've tasted creamier cheese than this.
3. James is the shorter of the two boys.

Use the superlative to compare more than two things:

1. Mary is the laziest girl I know.
2. This is the creamiest cheese I've ever tasted.
3. James is the shortest boy in the class.

There are some words to which comparison does not apply, since they already indicate the highest degree of a quality.

Here are some examples:

Immediately	Superlative	First
Last	very	unique
Uniquely	universally	perfect
Perfectly	exact	complete
Correct	dead	deadly
Preferable	round	perpendicularly
Square	third	supreme
Totally	infinitely	immortal

Errors to Avoid in Comparison

Do not combine two superlatives:

Incorrect: That was the most bravest thing he ever did.

Correct: That was the bravest thing he ever did.

Incorrect: He grew up to be the most handsomest boy in the town.

Correct: He grew up to be the most handsome boy in the town.

Do not combine two comparatives:

Incorrect: Mary was more friendlier than Susan.

Correct: Mary was friendlier than Susan.

Incorrect: The puppy was more timider last week.

Correct: The puppy was more timid last week.

MULTIPLE CHOICE QUESTIONS

Directions: *In the following questions choose the correct option to fill the blank.*

1. The girl whom you met is the .... sister of Ravi.
A. eldest B. elder
C. older D. oldest

2. The historical place is ....
A. seeing worth B. worthy of seeing
C. worth seeing D. worthy seeing

3. These flowers smell ....
A. sweet B. sweetly
C. more sweetly D. most sweetly

4. .... aspirant can not pass the UPSC examination.
A. Each B. Every
C. All D. No

5. Harivansh Rai .... second Shakespeare.
A. is a B. is
C. is the D. is another

6. .... student in the class got prizes.
A. Each and every B. Every and each
C. Every D. Never

7. It is .... picture than the one we saw last Monday.
A. interesting B. much interesting
C. more interesting D. most interesting

8. She is clever ....
A. that her mother B. as her mother
C. so her mother D. than her mother

9. They will get ....
A. Red, green and black paper
B. Red, green black paper
C. Red and green and black paper
D. Either B or C

10. Health is .... wealth.
A. preferable to
B. more preferable than
C. more preferable to
D. most preferable then

11. .... water that was in the jug evaporated.
A. Little B. The little
C. Small D. A small

12. He has not sung .... songs.
A. much B. most
C. more D. many

13. Srishti has searched .... office.
A. whole the B. the whole
C. a whole D. some whole

14. K.R. Dhiraj was .... best and .... famous writer.
A. a, the most B. the, a most
C. the, more D. the, the most

15. Willam Shakespeare is famous as ....
A. a poet and a dramatist
B. a poet and dramatist
C. the poet and the dramatist
D. the poet and a dramatist

16. What does .... leader suggest?
A. other B. another
C. others D. anothers

17. He .... money
A. has few B. have few
C. has little D. have little

18. The .... boys are rewarded.
A. first two B. two first
C. firsts two D. two's first

19. He is .... brave.
A. strong B. stronger
C. more strong D. strong and

20. No sooner said ....
A. so done B. and done
C. then done D. but done

ANSWERS

1	2	3	4	5	6	7	8	9	10
A	C	A	B	A	C	C	D	A	A
11	**12**	**13**	**14**	**15**	**16**	**17**	**18**	**19**	**20**
B	D	B	D	B	A	C	A	D	C

11. Determiners & Articles

Determiners are actually Adjectives. They are always followed by nouns.

Determiners are of the following kinds:

(A) Demonstrative Determiners
this, that, these, those etc.

(B) Possessive Determiners
my, our, your, his, her, its, their etc.

(C) Quantitative Determiners
some, any, much, enough, sufficient, whole, a little, the little, little, all, both etc.

(D) Numerical Determiners
a few, some, few, the few, any, several, many, no, etc.
One, two, three .... (Cardinals)
First, second, third .... (Ordinals)

(E) Distributive Determiners
either, neither etc.

(F) Articles
Indefinite: a, an
Definite: the

MULTIPLE CHOICE QUESTIONS

Directions: *In the following questions choose the correct options to fill the blanks.*

1. Give me .... rice.
A. some B. few
C. a few D. any

2. .... sheep grazing on the slope of the hill had gone away.
A. Any B. The few
C. This D. Much

3. Have you got .... magazines to read?
A. all B. much
C. some D. little

4. I have ...... money that I want to spend on shares.
A. any B. much
C. less D. some

5. There is .... owl on the branch of the tree.
A. a B. the
C. an D. some

6. My brother is .... MBA.
A. a B. an
C. the D. any

7. Have you got .... cheese?
A. some B. many
C. a few D. few

8. No, I haven't got .... cheese.
A. many B. few
C. any D. some

9. There is only .... milk left in the bottle.
A. enough B. few
C. much D. a little

10. There is .... hope of his recovery.
A. any B. little
C. many D. few

11. .... dogs were barking at the strangers.
A. some B. any
C. much D. less

12. The girl bought her father .... juice.
A. few B. some
C. any D. many

13. You should take .... honey everyday.
A. any B. many
C. a little D. a few

14. .... boy was punished by the teacher.
A. Either B. All
C. Any D. Many

15. .... girl was asked to join the army.
A. None B. Neither
C. All D. Any

16. .... water in the jug has been drunk by Mohan.
A. The little B. The few
C. A few D. Few

17. I shall play .... piano at the party.
A. some B. any
C. the D. few

18. .... labourers were found dead in the mine.
A. Any B. Fewer
C. Many D. Less

19. Could I borrow .... umbrella?
A. our B. your
C. yours D. my

20. My brother is standing in the .... row.
A. any B. many
C. some D. first

21. Do you want .... tea?
A. any B. more
C. much D. few

22. He can fly .... aeroplane.
A. a B. an
C. some D. many

23. .... students were asked to bring their birth certificates.
A. Many B. Any
C. Much D. Less

24. .... gun needs oiling.
A. It B. This
C. These D. Those

25. .... shirts are mine.
A. These B. This
C. It D. That

26. .... child was allowed to enter the kitchen.
A. The B. All
C. Many D. A few

27. I have been waiting for you for .... hour.
A. a B. an
C. the D. a few

28. You must pay .... visit to your brothers.
A. the B. an
C. a few D. a

29. Why are you making .... noise?
A. your B. enough
C. a D. whole

30. He is .... honourable man.
A. a B. the
C. an D. much

31. .... shirts are mine.
A. These B. That
C. This D. It

32. .... glasses belong to Mr. Jack.
A. This B. That
C. Those D. It

33. .... birds have colourful wings.
A. That B. These
C. This D. It

34. I want a car. I'll get ....one.
A. these B. this
C. those D. it

35. I need a camera. I'll get .... now.
A. it B. these
C. this D. those

ANSWERS

1	2	3	4	5	6	7	8	9	10
A	B	C	D	C	B	A	C	D	B
11	**12**	**13**	**14**	**15**	**16**	**17**	**18**	**19**	**20**
A	B	C	A	B	A	C	C	B	D
21	**22**	**23**	**24**	**25**	**26**	**27**	**28**	**29**	**30**
B	B	A	B	A	A	B	D	C	C
31	**32**	**33**	**34**	**35**					
A	C	B	B	A					

12. CONJUNCTIONS

A word which joins either two or more than two words/sentences is known as conjunction. e.g.,

Neither .... nor (in negative sense)

Either .... or (in affirmative sense)

Both .... and

Hardly .... when/before

No sooner .... than

Scarcely .... when/before

Though .... yet

Some illustrations based on above guidelines

Illustration:

(i) Yashwant is neither good nor bad.

(ii) It is both cheap and good.

(iii) No sooner did Ashok see the police than he ran away.

MULTIPLE CHOICE QUESTIONS

Directions: *In the following questions choose the correct options to fill the blanks.*

1. Neither he .... his friend is good.

A. or B. and
C. but D. nor

2. The officer asked the peon .... why he was late.

A. that B. if
C. but D. No word

3. Both Ajay .... Vijay are intelligent.

A. or B. nor
C. and D. No word

4. No sooner did the thief see the public .... he ran away.

A. then B. and
C. but D. than

5. Abhinav .... his brothers was going to Mumbai.

A. but B. yet
C. no word D. together

6. He behaves .... he were the captain of the team.

A. as if B. as
C. no word D. that

7. Either Rupali .... Sonali is going to attend the meeting.

A. and B. but
C. nor D. or

8. Neither Nirmal .... Ashwinee is going to listen the speech of the minister.

A. and B. but
C. nor D. or

9. Ravi .... Prakash are going to Kolkata.
A. or B. nor
C. but D. and

10. Rice .... curry is my usual breakfast.
A. and B. but
C. then D. than

11. Hardly had he left .... his brother came.
A. then B. than
C. when D. that

12. I would rather have a copy .... a book.
A. then B. than
C. when D. that

13. He is no other .... my friend.
A. then B. than
C. when D. but

14. He saw a snake ....he awoke.
A. then B. when
C. than D. No word

15. Ten years have passed .... my grandmother died.
A. since B. when
C. then D. than

16. She is .... good .... bad.
A. either, not B. neither, or
C. neither, nor D. neither, than

17. The cellphone is both cheap .... best.
A. than B. and
C. then D. or

18. No sooner did the thief see the police .... he ran away.
A. then B. than
C. so D. because

19. Srishti will go .... Sanju goes.
A. if B. than
C. then D. although

20. She is wise .... timid.
A. and B. yet
C. but D. however

21. Make hay .... the sun shines.
A. though B. while
C. after D. before

22. He is so weak .... he cannot walk.
A. but B. that
C. then D. so

23. Although he is rich, ... he is unhappy.
A. but B. yet
C. so D. still

24. Wait here .... I come back.
A. till B. until
C. before D. after

25. He is my friend .... I shall help him.
A. so B. hence
C. that is why D. therefore

26. He must go away .... he will be beaten.
A. otherwise B. and
C. or D. else

27. God loves good men .... good men love God.
A. and B. or
C. that D. those

28. He was late .... he was not punished.
A. but B. yet
C. still D. therefore

29. Walk slowly ...., you may fall.
A. and B. or
C. so D. otherwise

30. Work hard, ... you will fail.
A. and B. or
C. otherwise D. else

ANSWERS

1	2	3	4	5	6	7	8	9	10
D	D	C	D	D	A	D	C	D	A
11	**12**	**13**	**14**	**15**	**16**	**17**	**18**	**19**	**20**
C	B	B	B	A	C	B	B	A	C
21	**22**	**23**	**24**	**25**	**26**	**27**	**28**	**29**	**30**
B	B	B	A	B	C	A	C	D	D

13. Tenses & Verbs

1. Tense indicates a point in time or period of time in the past, present, or future tense.
2. The verb may consist of a single word, or a main verb and one or more auxiliary words. The key point is that tense is related to the form of verb. There are normally three forms of the verb, say, V_1, V_2, V_3 and for convenience a fourth form V_4 as verb+ing may be assumed.

A Comparative Chart Regarding Tenses and Verbs

Simple Present	**Simple Past**	**Simple Future**
V_1	V_2	shall/will + V_1
Present Continuous	**Past Continuous**	**Future Continuous**
is/am/are + V_4	was/were + V_4	shall/will + be + V_4
Present Perfect	**Past Perfect**	**Future Perfect**
has/have + V_3	had + V_3	shall/will + have + V_3
Present Perfect Cont.	**Past Perfect Cont.**	**Future Perfect Cont.**
has/have + been + V_4	had + been + V_4	shall/will + have been + V_4

SIMPLE PRESENT:

A. A present state of affairs. — A. My sister lives in Nagpur.
B. A general fact. — B. The sun rises in the east.
C. Habitual actions. — C. I listen to the radio in the mornings.
D. Future time-tables. — D. My flight leaves at 10:00.

PRESENT CONTINUOUS:

A. A specific action that is occurring. — A. Arvind is watching TV (right now).
B. A general activity that takes. — B. These days, I'm taking it easy.
C. Future arrangements. — C. I'm inviting Hari to the party on Friday.

SIMPLE PAST:

A. An action that began and ended at a particular time in the past. — A. The mail came early this Morning.
B. An action that occurred over a period of time but was completed in the past. — B. Dad worked in advertising in the past.
C. An activity that took place regularly in the past. — C. We jogged every morning before class.

PAST CONTINUOUS:

A. Interrupted Actions. — A. I was sewing when the telephone rang.

B. A continuous state over a period of time but was completed in the past.	B. She was looking very ill. I was meeting lots of people at that time.
C. Events planned in the past.	C. Neetu was leaving for Kolkata but had to make a last minute change
D. Expressing a future intent.	D. Jyoti is going to bring her sister tonight.
E. Predicting an event.	E. You are going to pass the test. Don't worry.

SIMPLE FUTURE:

A. Making a future decision.	A. I will call you after lunch.
B. Predicting a future event.	B. You will pass the test. Don't worry.
C. Indicating willingness to do something.	C. If I don't feel better soon, I will go to to the doctor.

FUTURE CONTINUOUS:

A. An action that will be going at a particular time in the future.	A. At noon tomorrow, I will be taking the children to their piano lessons.
B. Future actions which have already been decided.	B. I will be wearing my black dress to the dinner.

PRESENT PERFECT:

A. An action that happened at an unspecified time.	A. She has never climbed a mountain. I'm sorry. I have forgotten your Name.
B. An action that has recently occurred.	B. He's just gone to sleep.
C. An action that began in the past and continues up to the present (often used with "for" or "since").	C. Jack has lived in Chennai all his life. I have been here since Monday. He has known her for two weeks.
D. An action that happened repeatedly before now.	D. We have flown across the Pacific four times. I've failed my driver's test twice.

PRESENT PERFECT CONTINUOUS:

A. An action that began in the past and has just recently ended.	A. Have you been ringing the Bell?
B. An action that began in the past and continues in the present.	B. Lokesh has been studying for two hours.
C. An action repeated over a period of time in the past and continuing in present.	C. Suresh has been smoking since he was fifteen.

PAST PERFECT:

A. An action that occurred before another past action.	A. Tarun had left hours before we got there.
B. An action that was expected to occur in the past.	B. I had hoped to know about the job before now.

PAST PERFECT CONTINUOUS:

A. An action that occurred before another past action.	A. His eyes hurt because he had been Reading for eight hours.
B. An action that was expected to occur in the past.	B. I had been expecting a change in his attitude.

FUTURE PERFECT:

A. An action that will be completed before a particular time in the future.

A. By next July, my parents will have been married for fifty years.

FUTURE PERFECT CONTINUOUS:

A. Emphasizing the length of time that has occurred before a specific time in the future.

A. By May, my father will have been working at the same job for thirty years.

AGREEMENT OF THE VERB WITH THE SUBJECT

It is very important that the verb in a sentence should obey the subject, otherwise the sentence will be considered wrong.

I. When the Subject is a Singular Noun

A singular noun takes a singular verb.

(i) Mohit **makes** a noise in the class.

(ii) The child is **crying** for a cake.

II. When two singular nouns are joined with 'and'

When two singular nouns are joined with 'and' and they refer to two different persons, the plural verb should be used, *e.g.*,

(i) The novelist and the poet **were** honoured by the government.

(ii) The black and the white dogs **bark** at the strangers.

Note: Article 'the' is used with both the subjects. If article is used only once, the singular verb should be used.

(i) The painter and singer is going abroad.

(ii) The white and black dog has a bushy tail.

III. When the subjects together give a single idea, singular verb is used:

(i) Slow and steady wins the race.

(ii) Rice and curry is my favourite dish.

IV. A collective noun takes a singular verb when it acts as a whole, but it takes a plural verb when the individual, of which it is composed are considered separately.

(i) The committee was unanimous on imposing the new law.

(ii) The committee have given their separate opinions in the matter.

V. When the subjects are joined by neither . . . nor, either . . . or, and 'or', the verb should obey the last subject.

(i) Rakesh or his friends have been selected for the match.

(ii) His friends or Rakesh has been selected for the match.

(iii) Neither Rohit nor his brothers are going abroad.

(iv) Neither his brothers nor Rohit is going abroad.

(v) Either Sohan or his sisters were dancing at the function.

(vi) Either his sisters or Sohan was dancing at the function.

VI. Either, neither, either of, neither of, takes singular verb.

(i) Either boy was honest.

(ii) Neither girl was allowed to leave the premises.

(iii) Either of the boys was ready to help the old man.

(iv) Neither of the girls was asked to join the extra classes.

VII. Some nouns are always used as plurals so, they take plural verbs.

(i) Where are your glasses?

(ii) His pants are attractive.

(iii) Cattle are grazing in the field.

(iv) Whose scissors are these?

VIII. Some nouns are always used as singulars, so, they take singular verbs.

(i) What is the latest news?

(ii) The furniture in the house is of a poor quality.

(iii) Mumps is not a fatal disease.

(vi) Physics is a tough subject.

IX. Nouns formed by alongwith, as well as, together with, accompanied by, etc., take verb according to the first subject.

(i) I as well as you am to blame.

(ii) You as well as I are going to see a movie.

(iii) John accompanied by his parents is going to visit the Taj.

(iv) His parents accompanied by John are going to visit the Taj.

(v) His brothers together with Vivek are ready to whitewash the fence.

X. To indicate something hypothetical or not factually true, plural verb 'were' with *as if* is used.

(i) He talks as if he were a king.

(ii) She dresses herself as if she were a princess.

MULTIPLE CHOICE QUESTIONS

Directions: *Find the correct word(s) that correctly completes the sentence.*

1. A woman came in with a baby who, she said, ... a safety pin.
A. was just swallowing
B. swallowed
C. had just swallowed
D. just swallowed

2. The telephone ..... several times before I answered it.
A. was ringing B. has rung
C. had rung D. would ring

3. An employment advertisement should ..... the number of vacancies.
A. provide B. specify
C. contain D. declare

4. A crescendo of metallic thuds arose from the market, where the iron-smiths were ..... the pieces of metals.
A. flattening B. striking
C. hammering D. thrashing

5. Ambition is one of those ..... which are never satisfied.
A. ideas B. fancies
C. passions D. needs

6. The new education policy provides a useful ..... for the planners to remove illiteracy.
A. breakup B. breakthrough
C. breakaway D. break-in

7. The family gave father a gold watch on the ..... of his fiftieth birthday.
A. time B. event
C. occasion D. celebration

8. The passengers were afraid but the captain ..... them that there was no danger.
A. promised B. assured
C. advised D. counselled

9. It's very kind of you to ..... to speak at the meeting.
A. accept B. agree
C. comply D. concur

10. The miser gazed ..... at the pile of gold coins in front of him.
A. avidly B. admiringly
C. thoughtfully D. earnestly

11. The pilot had been warned about the storm before he .....
A. took away B. took up
C. took over D. took off

12. On account of the dearth of grass on the arid plains the cattle became .....
A. flippant B. jubilant
C. agitated D. emaciated

13. I saw a ..... of cows in the field.
A. group B. herd
C. swarm D. flock

14. He was sent to the prison for his .....
A. sin B. vice
C. crime D. guilt

15. ..... of old paintings is a job for the experts.
A. Resurrection B. Retrieval
C. Restoration D. Resumption

16. Once he has signed the agreement, he won't be able to .....
A. back up B. back in
C. back at D. back out

17. She ..... a brief appearance at the end of the party.
A. put on B. put in
C. put across D. put up

18. The battalion operating from the mountain was able to ..... three enemy divisions.
A. tie up B. tie down
C. tie on D. tie with

19. Do you know ..... ?
A. where she comes from
B. where does she come from
C. where from she comes
D. from where does she come

20. ..... works of reference are so valuable as the Encyclopaedia Britannica.
A. A few B. Few
C. The few D. Fewer

21. The paths of glory lead ..... to thc grave.
A. straight B. but
C. in D. directly

22. Walking at three o'clock, I heard the ....., of thunder.
A. crackle B. rumble
C. ripple D. clank

23. The thief ..... all the money.
A. made up B. made off with
C. made do with D. made good

24. Either Surendra or his friends ..... asked to pay a visit to the university.
A. has been B. have been
C. has D. have

25. Where ..... your spectacles?
A. is B. are
C. were D. have

26. Measles ..... not a fatal disease.
A. is B. are
C. has D. have

27. He walks as if he ..... a prince.
A. was B. were
C. have been D. has been

28. The captain alongwith his team mates ..... reached the ground.
A. have B. has
C. is D. are

29. The jury ..... given its opinion.
A. has B. have
C. is D. are

30. Slow and steady ..... the race.
A. win B. wins
C. has wins D. have win

31. The poet and the novelist ..... invited by the PM.
A. is B. are
C. has D. have

32. Mathematics ..... a tough subject.
A. is B. are
C. has D. have

33. Either girl ..... in a sad mood.
A. was B. were
C. has D. have

34. You should not avoid ...... him.
A. for meeting B. in meeting
C. to meet D. meeting

35. Are you ...... you lessons?
A. busy for preparing
B. busy preparing
C. busy to prepare
D. busy of preparing

ANSWERS

1	2	3	4	5	6	7	8	9	10
C	C	B	C	C	B	C	B	B	A
11	**12**	**13**	**14**	**15**	**16**	**17**	**18**	**19**	**20**
D	D	B	C	C	D	B	B	A	B
21	**22**	**23**	**24**	**25**	**26**	**27**	**28**	**29**	**30**
B	B	B	B	B	A	B	B	A	B
31	**32**	**33**	**34**	**35**					
B	A	A	D	B					

14. NARRATION

The words spoken by a speaker are in Direct Speech.

The words spoken by somebody and expressed by someone else with some modification are known as Indirect Speech. *e.g.,*

(*a*) Rohit says to me, "You do not understand me." (Direct speech)

(*b*) Rohit tells me that I do not understand him. (Indirect speech)

MULTIPLE CHOICE QUESTIONS

Directions: *Each sentence in this assignment is followed by four options, only one is correct. Spot the correct answer.*

1. She said to me, "Keep quite and listen to my words".

A. She requested me to keep quite and listen to her words.

B. She ordered me to keep quite and listen to her words.

C. She entreated me to keep quite and listen to her words.

D. She told me to keep quite and listen to her words.

2. My brother said to me, "What are you doing here?"

A. My brother asked me that what I was doing there.

B. My brother asked me what I was doing there.

C. My brother asked me that what was I doing there.

D. My brother asked me what I was doing here.

3. Ravi said, "My father lived in this city two years ago."

A. Ravi said that his father had lived in that city two years before.

B. Ravi said that his father had lived in that city two years ago.

C. Ravi told that his father had lived in that city ago two years.

D. Ravi asked that his father had lived in that city before two years.

4. My brother said to me, "When I was young, I used to play cricket".

A. My brother told me that when I was young, I used to play cricket.

B. My brother told me that when I was young, I used to play cricket.

C. My brother told me that when he was young, I used to play cricket.

D. My brother told me that when he was young, he used to play cricket.

5. The student said, "Sir, I am not guilty".

A. The student said with respect that he was not guilty.

B. The student pleaded that he was not guilty.

C. The student pleaded with respect that he was not guilty.

D. The student said respectfully that he was not guilty.

6. She said, "I am an early-riser".

A. She regretted that she was an early-riser.

B. She said that she is an early-riser.

C. She said that she was an early-riser.

D. She regretted that she is an early-riser.

7. The police officer said to the criminal, "Speak as I tell you".

A. The police officer directed the criminal to speak as he told him.

B. The police officer told the criminal to speak as he told him.

C. The police officer advised the criminal to speak as he told him.

D. The police officer requested the criminal to speak as he told him.

8. The preacher said to me, "May God help you!"

A. The preacher prayed that God might help me.
B. The preacher prayed that God might help him.
C. The preacher requested that God might help me.
D. The preacher requested the God might help them.

9. She said to me, "Happy Diwali!"

A. She blessed me a happy Diwali.
B. She wished me a happy Diwali.
C. She prayed a happy Diwali.
D. She said to me a very happy Diwali.

10. He said, "Shall I open the gate?"

A. He asked that he should open the gate.
B. He asked if he should open the gate.
C. He ordered that he should open the gate.
D. He requested that he should open the gate.

11. I told Ravi, "Do have a cup of tea".

A. I ordered Ravi to have a cup of tea.
B. I advised Ravi to had a cup of tea.
C. I requested Ravi to have a cup of tea.
D. I said Ravi to have a cup of cold tea.

12. He told me, "Shall I go to the picture?"

A. He asked that he should go to the picture.
B. He asked me if he shall go to the picture.
C. He asked me if he should go to the picture.
D. He requested me to go to the picture.

13. The teacher says, "Two and two makes four".

A. The teacher says that two and two made four.
B. The teacher wishes that two and two makes four.
C. The teacher advises that two and two makes four.
D. The teacher says that two and two makes four.

14. Baby said, "I will go".

A. Baby said that she will go.
B. Baby said that she could go.
C. Baby say that she will go.
D. Baby said that she would go.

15. I said to my sister, "Please, give me more money".

A. I requested my sister to give me more money.
B. I ordered my sister to give me more money.
C. I advised my sister to gave me more money.
D. I requested my sister to give her more money.

16. He said, ''Bring a chair at once''.

A. He ordered to bring a chair at once.
B. He requested to bring a chair at once.
C. He told to bring a chair at once.
D. He says to bring a chair at once.

17. The teacher said, ''Don't make a noise''.

A. The teacher says to us not to make a noise.
B. The teacher asked us not to make a noise.
C. The teacher requested us not to make a noise.
D. The teacher asked us not to made a noise.

18. My father said, ''The earth is round''.

A. My father said that the earth was round.
B. My father says that the earth is round.
C. My father said that the earth is round
D. My father ordered that the earth is round.

19. We said, ''What a place it is!''

A. We said that it was a very fine place.
B. We said that is a very fine place.
C. We said that the place is fine.
D. We exclaimed with joy that the place was very fine.

20. She said, ''Shall I thread the needle?''

A. She asked if she should thread the needle.
B. She asked if she shall thread the needle.
C. She requested if she should thread the needle.
D. She says that if she would thread the needle.

ANSWERS

1	2	3	4	5	6	7	8	9	10
B	B	A	D	C	C	A	A	B	B
11	**12**	**13**	**14**	**15**	**16**	**17**	**18**	**19**	**20**
C	C	D	D	A	A	B	C	D	A

15. ACTIVE & PASSIVE VOICE

An active sentence focuses on the person or thing doing the action. A passive sentence focuses on the person or thing affected by the action.

e.g., The tower was built. (Active voice)

Someone built the tower. (Passive voice)

Transformation of Voice

i.e., Active voice to Passive voice & vice versa.

- Voice and Tense are closely associated with each other.
- Tense plays an important role while transforming the voice.

MULTIPLE CHOICE QUESTIONS

Directions: *In these questions, the sentences have been given in Active/Passive voice. From the given options, choose the one which best expresses the given sentence in Passive/Active voice.*

1. Help the poor.
A. The poor should be helped.
B. The poor would be helped.
C. The poor must be helped.
D. The poor will be helped.

2. Bring a glass of water.
A. A glass of water will be brought.
B. A glass of water should be brought.
C. Let a glass of water be brought.
D. Let a glass of water will be brought.

3. He gave me a beautiful flower pot.
A. A beautiful flower pot was given to me by him.
B. A beautiful flower pot had given to me by him.
C. A beautiful flower pot had been giving by him.
D. I was giving him a beautiful flower pot.

4. Is he answering the question?
A. The question is answered by him.
B. The question is being answered by him.
C. Is the question being answered by him?
D. Is the question being answering by him?

5. Who gave you this letter?
A. This letter was given to you by whom?
B. This letter had given to you by whom?
C. Was this letter given to you?
D. By whom was this letter given to you?

6. The professor teaches students.
A. Students are being taught by the professor.
B. Students are taught by the professor.
C. The professor is being taught by students.
D. Students being taught by the professor.

7. M.S. Dhoni has created a world record.
A. A world record has been created by M.S. Dhoni.
B. A world record has created by M.S. Dhoni.
C. A world record is created by M.S. Dhoni.
D. A world record is being created by M.S. Dhoni.

8. Srishti sings a lovely song.
A. A lovely song had sung by Srishti.
B. A lovely song was sung by Srishti.
C. A lovely song is sung by Srishti.
D. A lovely song is sang by Srishti.

9. He was drawing a picture.
A. A picture was drawn by him.
B. A picture was being drawn by him.
C. A picture was drawing by him.
D. A picture was drew by him.

10. We made him leader.
A. He was made leader by us.

B. He was maded leader.
C. He made leader by us.
D. He was made leader.

11. There is no time to waste.
A. There is no time to be wasted.
B. No time to be wasted there.
C. No time to be wasted by there.
D. No time is to be wasted.

12. Take medicine in time.
A. In time medicine to be taken.
B. Medicine should be taken in time.
C. Medicine in time will be taken.
D. Medicine has to be in time taken.

13. He reads a novel.
A. A novel was read by him.
B. A novel has read by him.
C. A novel is being read by him.
D. A novel is read by him.

14. They had cleared the dues.
A. The dues had been cleared by them.
B. The dues had cleared by them.
C. The dues are being cleared.
D. The dues is cleared.

15. I invite you on the dinner.
A. On the dinner you have been invited.
B. On the dinner you are inviting.
C. You are inviting by me on the dinner.
D. You are invited by me on the dinner.

16. We chose him our leader.
A. He was chosen our leader.
B. He has been chosen our leader.
C. He had chosen our leader.
D. He have been chosen our leader.

17. Who made a maiden century?
A. By whose was a maiden century made?
B. By whom was a maiden century make?
C. By whom was a maiden century made?
D. By whom had a maiden century made?

18. I may help her in her project.
A. She might be helped by me in her project.
B. She may be helped by me in her project.
C. She might be helped in her project by me.
D. In her project, she may be help by me.

19. Take medicine in time.
A. Medicine should be taken in time.
B. Medicine will be taken in time.
C. Medicine will be took in time.
D. Medicine shall take in time.

20. I am solving the questions.
A. The questions are being solved by me.
B. The questions have been solved by me.
C. The questions are to be solved by me.
D. The question are solved by me.

21. May I take this pen?
A. May this pen will be taken by me?
B. May this pen shall be taken by me?
C. May this pen should be taken by me?
D. May this pen be taken by me?

22. Can we send it by air?
A. Can this be sent by air?
B. Can it be sent by air?
C. Can it go by air?
D. Can it be send by air?

23. Who wrote this book?
A. By whom was this book written?
B. By whom is this book written?
C. By whom was this book being written?
D. By whom is this book being written?

24. What did you buy?
A. What is bought by you?
B. What is being bought by you?
C. What was bought by you?
D. What was being bought by you?

25. Whom do you want?
A. Who is wanted by you?
B. Who is being wanted by you?
C. You are wanted by whom?
D. You are being wanted by whom?

ANSWERS

1	2	3	4	5	6	7	8	9	10
A	C	A	C	D	B	A	C	B	A
11	**12**	**13**	**14**	**15**	**16**	**17**	**18**	**19**	**20**
A	B	D	A	D	A	C	B	A	A
21	**22**	**23**	**24**	**25**					
D	B	A	C	A					

16. Synonyms, Antonyms & Homonyms

Synonym: A word or phrase that means the same as another word or phrase.
Antonym: A word or phrase that means the opposite of another word or phrase.
Homonyms: Two or more words having the same spelling or pronunciation but different meanings.

MULTIPLE CHOICE QUESTIONS

Directions: *In the following questions choose the word which best expresses the meaning of the given word.*

1. INDICT
A. Condemn B. Reprimand
C. Accuse D. Allege

2. SCINTILLATING
A. Smouldering B. Gilittering
C. Touching D. Warming

3. REFECTORY
A. Restaurant B. Parlour
C. Living Room D. Dining Room

4. DISTINCTION
A. Diffusion B. Disagreement
C. Different D. Degree

5. IMPROVEMENT
A. Advancement B. Betterment
C. Promotion D. Preference

6. ADVERSITY
A. Failure B. Helplessness
C. Misfortune D. Crisis

7. TURN UP
A. Land up B. Show up
C. Crop up D. Come up

8. DEIFY
A. Flatter B. Challenge
C. Worship D. Face

9. ERROR
A. Misadventure B. Misgiving
C. Ambiguity D. Blunder

10. SHALLOW
A. Artificial B. Superficial
C. Foolish D. Worthless

11. MASSACRE
A. Murder B. Stab
C. Assassinate D. Slaughter

12. COMBAT
A. Conflict B. Quarrel
C. Feud D. Fight

13. VORACIOUS
A. Wild B. Hungry
C. Angry D. Quick

14. IMPROMPTU
A. Offhand B. Unimportant
C. Unreal D. Effective

15. RABBLE
A. Mob B. Noise
C. Roar D. Rubbish

16. TEPID
A. Hot B. Warm
C. Cold D. Boiling

17. MAYHEM
A. Jubilation B. Havoc
C. Excitement D. Defeat

18. TIMID
A. Fast B. Slow
C. Medium D. Shy

19. CANTANKEROUS
A. Quarrelsome B. Rash
C. Disrepectful D. Noisy

20. PRECARIOUS
A. Cautious B. Critical
C. Perilous D. Brittle

Directions: *In the following questions choose the word which best expresses the opposite of the given word.*

21. DEAR
A. Priceless B. Free
C. Worthless D. Cheap

22. FLAGITIOUS
A. Innocent B. Vapid
C. Ignorant D. Frivolous

23. LIABILITY
A. Property B. Assets
C. Debt D. Treasure

24. VIRTUOUS
A. Wicked B. Corrupt
C. Vicious D. Scandalous

25. ENCOURAGE
A. Dampen B. Disapprove
C. Discourage D. Warn

26. MORTAL
A. Divine B. Immortal
C. Spiritual D. Eternal

27. LEND
A. Borrow B. Cheat
C. Pawn D. Hire

28. COMIC
A. Emotional B. Tragic
C. Fearful D. Painful

29. ADDITION
A. Division B. Enumeration
C. Subtraction D. Multiplication

30. MINOR
A. Big B. Major
C. Tall D. Heavy

31. REPEL
A. Attend B. Concentrate
C. Continue D. Attract

32. ARTIFICIAL
A. Red B. Natural
C. Truthful D. Solid

33. CAPACIOUS
A. Limited B. Caring
C. Foolish D. Changeable

34. PROVOCATION
A. Vocation B. Pacification
C. Peace D. Destruction

35. METICULOUS
A. Mutual B. Shaggy
C. Meretricious D. Slovenly

36. Choose the correct homonym for the word 'been'.
A. done B. being
C. bean D. covered

37. Choose the correct homonym for the word 'dose'?
A. doze B. does
C. douse D. dyes

38. Choose the correct homonym for the word 'would':
A. could B. weed
C. wood D. hold

39. Choose the correct homonym for the word 'load':
A. loud B. laud
C. lead D. lode

40. Choose the correct homonym for the word 'loan':
A. lawn B. lean
C. lone D. long

ANSWERS

1	2	3	4	5	6	7	8	9	10
C	B	D	C	B	C	B	C	D	B
11	**12**	**13**	**14**	**15**	**16**	**17**	**18**	**19**	**20**
D	D	B	A	A	B	B	D	A	B
21	**22**	**23**	**24**	**25**	**26**	**27**	**28**	**29**	**30**
D	A	B	C	C	B	A	B	C	B
31	**32**	**33**	**34**	**35**	**36**	**37**	**38**	**39**	**40**
D	B	A	B	D	C	A	C	D	C

17. One Word Substitution

There are many words in English language which can be perfectly used for a number of words. These words help in expressing ideas in a short and correct manner for the right occasion. Such words not only increase the vocabulary but also enable you to economise in the use of words to a great extent.

MULTIPLE CHOICE QUESTIONS

Directions: *In questions given below out of the four alternatives choose the one which can be substituted for the given words/sentence.*

1. Something that relates to everyone in the world
A. General B. Common
C. Usual D. Universal

2. An expression of mild disapproval
A. Warning B. Denigration
C. Impertinence D. Reproof

3. One who is not easily pleased by anything
A. Maiden B. Medieval
C. Precarious D. Fastidious

4. Murder of a king
A. Infanticide B. Matricide
C. Genocide D. Regicide

5. A remedy for all diseases
A. Stoic B. Marvel
C. Panacea D. Recompense

6. A dramatic performance
A. Mask B. Mosque
C. Masque D. Mascot

7. Study of birds
A. Orology B. Optology
C. Ophthalmology D. Ornithology

8. Ready to believe
A. Credulous B. Credible
C. Creditable D. Incredible

9. Incapable of being seen through
A. Ductile B. Opaque
C. Obsolete D. Potable

10. One who eats everything
A. Omnivorous B. Omniscient
C. Irresistible D. Insolvent

11. A place where bees are kept is called
A. An apiary B. A mole
C. A hive D. A sanctuary

12. One who cannot be corrected
A. Incurable B. Incorrigible
C. Hardened D. Invulnerable

13. One who is in charge of a museum
A. Curator B. Supervisor
C. Caretaker D. Warden

14. Continuing fight between parties, families, clans, etc.
A. Enmity B. Feud
C. Quarrel D. Skirmish

15. A voice loud enough to be heard
A. Audible B. Applaudable
C. Laudable D. Oral

16. A paper written by hand
A. Handicraft B. Manuscript
C. Handiwork D. Thesis

17. Habitually silent or talking little
A. Serville B. Unequivocal
C. Taciturn D. Synoptic

18. To slap with a flat object
A. Chop B. Hew
C. Gnaw D. Swat

19. A person who speaks many languages
A. Linguist B. Monolingual
C. Polyglot D. Bilingual

20. A light sailing-boat built specially for racing
A. Canoe B. Yacht
C. Frigate D. Dinghy

21. A fixed orbit in space in relation to earth
A. Geological B. Geo-synchronous
C. Geo-centric D. Geo-stationary

22. A style in which a writer makes a display of his knowledge
A. Pedantic B. Verbose
C. Pompous D. Ornate

23. A religious discourse
A. Preach B. Stanza
C. Sanctorum D. Sermon

24. A place that provides refuge
A. Asylum B. Sanatorium
C. Shelter D. Orphanage

25. Detailed plan of a journey
A. Travelogue B. Travelkit
C. Schedule D. Itinerary

26. A person who insists on something
A. Disciplinarian B. Stickler
C. Instantaneous D. Boaster

27. A drawing on transparent paper
A. Red print B. Blue print
C. Negative D. Transparency

28. One who believes that all things and events in life are predetermined is a
A. Fatalist B. Puritan
C. Egoist D. Tyrant

29. A school boy who cuts classes frequently is a
A. Defeatist B. Sycophant
C. Truant D. Martinet

30. The act of violating the sanctity of the church is
A. Blasphemy B. Heresy
C. Sacrilege D. Desecration

31. A place where monks live as a secluded community
A. Cathedral B. Diocese
C. Convent D. Monastery

32. One who is fond of fighting
A. Bellicose B. Aggressive
C. Belligerent D. Militant

33. Tending to move away from the centre or axis
A. Centrifugal B. Centripetal
C. Axiomatic D. Awry

34. A person of good understanding, knowledge and reasoning power
A. Expert B. Intellectual
C. Snob D. Literate

35. One absorbed in his own thoughts and feelings rather than in things outside
A. Scholar B. Recluse
C. Introvert D. Intellectual

36. One who does not marry, especially as a religious obligation
A. Bachelor B. Celibate
C. Virgin D. Recluse

37. A person who tries to deceive people by claiming to be able to do wonderful things.
A. Trickster B. Impostor
C. Magician D. Mountebank

38. To take secretly in small quantities
A. Robbery B. Pilferage
C. Theft D. Defalcation

39. Policemen riding on motorcycles as guards to a VIP.
A. Outriders B. Servants
C. Commandos D. Attendants

40. The part of a government which is concerned with making of rules.
A. Court B. Tribunal
C. Bar D. Legislature

ANSWERS

1	2	3	4	5	6	7	8	9	10
D	D	D	D	C	C	D	A	B	A
11	12	13	14	15	16	17	18	19	20
A	B	A	B	A	B	C	D	A	B
21	22	23	24	25	26	27	28	29	30
D	A	D	A	D	B	D	A	C	C
31	32	33	34	35	36	37	38	39	40
D	A	A	B	C	B	A	B	A	D

18. Idioms, Phrases & Proverbs

An idiom is a group of words established by usage as having a meaning different from the individual words.
A phrase is a small group of words standing together as an idiomatic expression.
A proverb is a short pithy saying in general use, stating a general truth or piece of advice.

MULTIPLE CHOICE QUESTIONS

Directions: *Some idioms/phrases are given below with their meanings. Choose their correct meanings.*

1. To beg the question
A. To refer to
B. To take for granted
C. To raise objections
D. To be discussed

2. To drive home
A. To find one's roots
B. To return to place of rest
C. Back to original position
D. To emphasise

3. To hit the right nail on the head
A. To do the right thing
B. To destroy one's reputation
C. To announce one's fixed views
D. To teach someone a lesson

4. To pick holes
A. To find some reason to quarrel
B. To destory something
C. To criticise someone
D. To cut some part of an item

5. To smell a rat
A. To see signs of plague epidemic
B. To get bad smell of a dead rat
C. To suspect foul dealings
D. To be in a bad mood

6. A black sheep
A. An unlucky person
B. A negro
C. An ugly person
D. A disgraced member

7. To catch a tarter
A. To trap wanted criminal with great difficulty
B. To catch a dangerous person
C. To meet with disaster
D. To deal with a person who is more than one's watch

8. To be above board
A. To have a good height
B. To be honest in any business deal
C. To have no debts
D. To try to be beautiful

9. To keep one's temper
A. To become angry
B. To be in good mood
C. To preserve one's energy
D. To be aloof from

10. To have an axe to grind
A. A private end to serve
B. To fail to arouse interest
C. To have no result
D. To work for both sides

11. To cry wolf
A. To listen eagerly
B. To give false alarm
C. To turn pale
D. To keep off starvation

12. A man of straw
A. A man of no substance
B. A very active person
C. A worthy fellow
D. An unreasonable person

13. To make clean breast of
A. To gain prominence
B. To praise oneself
C. To confess without reserve
D. To destroy before it blooms

14. To end in smoke
A. To make completely understand
B. To ruin oneself
C. To excite great applause
D. To produce no result

15. To leave someone in the lurch
A. To come to compromise with someone
B. Constant source of annoyance to someone
C. To put someone at ease
D. To desert someone in his difficulties

16. To play second fiddle
A. To be happy, cheerful and healthy
B. To reduce importance of one's senior
C. To support the role and view of another person
D. To do back seat driving

17. To set one's face against
A. To oppose with determination
B. To judge by appearance
C. To get out of difficulty
D. To look at one steadily

18. To put one's hand to the plough
A. To take up agricultural farming
B. To take a difficult task
C. To get entangled into unnecessary things
D. Take interest in technical work

19. To join issue with
A. To cooperate with others for a cause
B. To join any voluntary organisation for good purpose
C. To resolve dispute and restore peace
D. To enter into argument over any issue

20. To do oneself justice
A. To dispense justice on our own
B. To treat others with due respect
C. To defend one's point of view
D. To perform and be able

21. Once in a blue moon
A. Once in a while
B. Often
C. At a short interval
D. At a particular time

22. Necessity is the mother of invention
A. The mother of a girl named 'Necessity' made an invention.
B. She who can make some invention should be called 'mother'.
C. Your mother will feel happy if you make some invention.
D. A difficult problem compels people to think about its solution.

23. No pain, no gain
A. It is useless to suffer so much pain just for a little gain.
B. If you want to achieve something, you have to suffer to some extent.
C. Unless you have pain in your body, no doctor will care for you.
D. If you get injured in a competition, you will be allowed to get the prize.

24. Beauty is only skin deep
A. The real beauty of a person lies in his character and not in his outer appearance.
B. Only the quality of skin makes a person really beautiful.
C. If you want to be beautiful, give attention to your skin.
D. Rub cosmetics below the skin to get really beautiful.

25. Beggars cannot be choosers
A. Beggars are not allowed at all places.
B. Begging is prohibited by law.
C. It is not easy even to become a beggar.
D. Beggars have to accept (without choice) whatever is given to them.

ANSWERS

1	2	3	4	5	6	7	8	9	10
B	D	A	C	C	D	B	B	B	A
11	**12**	**13**	**14**	**15**	**16**	**17**	**18**	**19**	**20**
B	A	C	D	D	C	A	B	B	D
21	**22**	**23**	**24**	**25**					
A	D	B	A	D					

19. MODALS & AUXILIARIES

AUXILIARY VERBS

Modals are actually helping verbs. They help the finite verbs in framing sentences:

She **was** cooking food.
I **shall** guide you.

Kinds of Auxiliary Verbs

Auxiliary verbs are of two kinds:

A. Primary Auxiliaries (Modals)
B. Modal Auxiliaries (Auxiliary Modals)

A. Primary Modals

Primary modals work both as Helping Verbs and Finite Verbs.

Be = is, am, are, was, were, being, been
Have = has, have, had, having
Do = do, does, did, done, doing

(*a*) **Usage of be/have/do as Helping verbs:**
She **is** making a cane basket.
I **have** finished my homework.
She **does** know French.

(*b*) **Usage of be/have/do as Finite verbs:**
She **was** happy.
I **have** an expensive pen.
She **is doing** her homework.

B. Modal Auxiliaries

Shall, should, will, would, can, could, may, might, must, ought to, used to, have to, had to, dare, daren't, need needn't, mustn't are modal Auxiliaries.

Shall

'Shall' is used in the following ways:

(*a*) **With first Person Pronouns (I/we)**
I shall lend you my book.
We shall go to school together.

(*b*) **to express a suggestion**
Shall we go out for a walk?
Shall we meet the officer tomorrow?

Sometimes 'Shall' is used with Second and Third Person Pronouns as under:

(*a*) **to express a command**
You shall not tell a lie.
You shall not disturb us.

(*b*) **to express prohibition**
You shall not smoke here.
You shall not drink here.

(*c*) **to express a legal obligation**
You shall submit your sales tax return before the end of this month.

Should

'Should' is used in the following ways:

(*a*) **As Past Tense of 'shall'**
She said that she **should** settle in America.

(*b*) **to express duty and obligation**
You should do your duty honestly.

(*c*) **to express advice**
You should reach the station before time.

(*d*) **to express guess**
It should be 9 o'clock now.

(*e*) 'Should' is used with lest to express purpose.
Walk fast lest you should miss the train.

Will

'Will' is used in the following ways:

(*a*) **With Second and Third person Pronouns:**
You will dance at the party.
He will sing a song.

(*b*) **to express (Invitation/offer)**
Will you dine with me tonight?

(*c*) **to express an order**
Will you shut your big mouth?

(*d*) **to express probability**
He will come to see me tomorrow.

Sometimes 'Will' is used with 'I'

(*a*) **Determination**
I will win the first position.

(*b*) **A threat**
I will punish you.

(*c*) **A promise**
I will lend you Rs. 500/- tomorrow.

Would

'Would' is used in the following ways:

(*a*) **As Past Tense of 'will'**
He said that they would be attending the meeting the next day.

(*b*) **to express a desire or wish**
Would that I were a king!

(*c*) **to express a polite invitation**
Would you like some biscuits?

(*d*) **The usage of would in conditional sentences**
You would get good marks if you worked hard.
You would have won the race if you had run fast.

(*e*) **to express a piece of advice**
I would not meet him if I were you.

Can

'Can' is used in the following ways:

(*a*) **to express ability**
He can speak English fluently.

(*b*) **to grant permission**
You can go now.

(*c*) **to express impossibility**
Who can defeat his fate?

(*d*) **to make a request**
Can I use your motorbike?

Could

'Could' is used in the following ways:

(*a*) **As Past Tense of 'can'**
She said that she could see the sun rising.

(*b*) **to express past ability**
I could sing and dance when I was young.

(*c*) **to express a request**
Could I use your phone?

May

'May' is used in the following ways:

(*a*) **to express a request**
May I use your bicycle?

(*b*) **to seek and allow permission**
May I come in, sir?
Yes, you may.

(*c*) **to express possibility**
It may rain tonight.

(*d*) **In optative sentences**
May you live long!

Might

'Might' is used in the following ways:

(*a*) **As past tense of 'may'**
She said that her brother might come back home.

(*b*) **to express less possibility**
It might rain tonight.

(*c*) **to give and seek permission**
Might I come in, sir?
You might go home now.

Must

'Must' is used in the following ways:

(*a*) **to express duty**
You must serve your motherland.

(*b*) **to express obligation**
We must obey our elders.

(*c*) **to express advice**
You must take an umbrella before going to office.

(*d*) **to express probability**
'Must' expresses a stronger probability than may.
It must rain tonight.

Ought to

'Ought to' is used in the following ways:

(*a*) **to express obligation**
We ought to respect our teachers.

(*b*) **to express advice**
You ought to help the poor.

Used to

'Used to' is used in the following ways:

(*a*) **to express past habits**
He used to smoke.

(*b*) **to express past existence of something**
There used to be a five star hotel in this city.

Have to

'Have to' expresses compulsion in the present tense.

You have to sign the documents.

Had to

'Had to' expresses compulsion in the past time.

She had to join the office again.

Dare

'Dare' is used as a Modal only in Interrogative sentences.

How dare you touch my bag?

Dare not (Daren't)

'Dare not (Daren't)' is used in negative sentences.

She daren't complain against me.

Need

'Need' expresses an obligation/compulsion. It is used in Interrogative Sentences.

Need I say more?

Need not (Needn't)

'Need not (Needn't)' is used in negative sentences.

You needn't come here again.

Must not (Mustn't)

'Must not (Mustn't)' is the negative form of must.

You mustn't follow us.

MULTIPLE CHOICE QUESTIONS

Directions: *In the following questions choose the correct options to fill in the blanks:*

1. Work hard lest you .... fail.
A. should B. may
C. can D. must

2. .... I come in, madam?
A. Can B. May
C. Will D. Must

3. It ...... rain tonight.
A. shall B. will
C. may D. can

4. You ...... love your countrymen.
A. need to B. have to
C. had to D. ought to

5. .... you like some pastries?
A. Should B. Would
C. Could D. Will

6. ...... that I were an actor!
A. Would B. Should
C. Could D. Will

7. Had you made one more effort you ...... have won the race.
A. will B. may
C. would D. shall

8. I ...... solve any sum.
A. may B. am
C. must D. can

9. ...... I smoke here?
A. Can B. Will
C. Could D. Must

10. The passengers .... keep watch on their luggage.
A. has B. have
C. should D. had

11. You .... submit your file to the authorities within a week.
A. have B. had
C. should D. would

12. ...... I use your phone?
A. Have B. Could
C. Would D. Had

13. ..... you give me your pen?
A. May B. Can
C. Must D. Dare

14. There ...... be an hospital at this place.
A. have to B. may
C. used to D. might

15. He ...... read and write when he was young.
A. would B. could
C. should D. can

16. He said that he ..... sing a song at the party.
A. should B. would
C. can D. will

17. She asked if he ...... help her.
A. should B. can
C. must D. would

18. We .... respect our elders.
A. need to B. have to
C. ought to D. had to

19. Nothing .... be done under such circumstances.
A. can B. used to
C. must D. have to

20. She ..... not ask about it.
A. has B. have
C. had D. dare

21. You .... not bring the child here.
A. have B. had
C. need D. would

22. ..... you live long!
A. Will B. May
C. Shall D. Can

23. ..... God help you!
A. Can B. Will
C. May D. Shall

24. ..... that I were a leader!
A. Would B. Should
C. Could D. Will

25. It ...... be ten o'clock now.
A. could B. would
C. should D. will

26. He ..... have reached the station by now.
A. shall B. will
C. would D. should

27. Being a receptionist, she will .... type a letter.
A. has to B. have to
C. need to D. must

28. The birds ...... fly high in the sky.
A. may B. should
C. can D. would

29. ...... I open the main gate?
A. Should B. Would
C. Could D. Must

30. If you played well, we ...... win the match.
A. would B. should
C. must D. need

31. If I were you I ... not attend the meeting.
A. can B. would
C. could D. should

32. She ...... smoke in those days.
A. used to B. could
C. would D. had to

33. You ...... take the child to an intelligent doctor.
A. shall B. will
C. ought to D. would

34. ..... I sit here for some time?
A. Can B. Shall
C. Will D. Must

35. I think you .... not mind my reciting the poem loudly.
A. should B. could
C. may D. would

ANSWERS

1	2	3	4	5	6	7	8	9	10
A	B	C	D	B	A	C	D	A	C
11	**12**	**13**	**14**	**15**	**16**	**17**	**18**	**19**	**20**
A	B	B	C	B	B	D	C	A	D
21	**22**	**23**	**24**	**25**	**26**	**27**	**28**	**29**	**30**
C	B	C	A	C	B	B	C	A	A
31	**32**	**33**	**34**	**35**					
B	A	C	A	D					

20. Non Finites

Read the following sentences:

1. She has decided <u>to resign.</u>
2. I see a thief <u>running.</u>
3. She insists on my <u>sitting</u> beside her.

In the above sentences, the underlined words are non-finites because they are not changed with the change of the subject, *e.g.,*

They have decided <u>to resign</u>.

She sees a thief <u>running</u>.

You insist on my <u>sitting</u> beside you.

Non-finites are of three kinds:

1. The Infinitives (to + v_1)
2. The Participles (v_1 + ing)
3. The Gerund (v_1 + ing)

1. THE INFINITIVE

To plus first form of the verb is called an Infinitive. It is often used as a Noun.

Uses of the Infinitive

(*a*) Subject of a sentence.
To laugh loudly is good for health.
To steal is bad.

(*b*) After a transitive verb.
He loves **to eat** sweets.
She likes **to play** tennis.

(*c*) After a preposition.
They are about **to leave.**

(*d*) As a complement after the verb 'be'.
Her ambition is **to be** a teacher.
His immediate aim is **to help** her.

(*e*) As an object.
He made me **weep.**
I saw him **go.**

(*f*) After an adjective.
Honey is sweet **to taste.**
He was ashamed **to talk** to his criminal friend.

(*g*) After a noun. (often in passive)
Here is a book **to be** read carefully.

Bare Infinitive

Some Infinitives are used without 'to' and are called Bare Infinitives.

You had better **go** home.
I saw him **go.**
I heard him **sing.**
He would rather **rest** than **play.**
I can **solve** this sum.
I watched him **steal** your purse.
I watched him **open** the safe.
Let him **come** in.
You had sooner **read** your book than **play.**

Note: Bare Infinitives are usually used after 'causal' (or 'causative') verbs and 'modals'.

2. THE PARTICIPLE

Participles serve the purpose of Adjectives.

I heard him **singing.**
I saw him **going.**

Kinds of Participles

Participles are of the following kinds:

I. Present Participle

I watched the boy **stealing** your purse.
I saw him **climbing** the hill.
She smelt something **burning.**
Don't let me catch you **smoking.**

II. Past Participle

I got the house **painted** last week.
I had my hair **cut.**
The rose has **faded.**

He had **written** five letters.

I want the office **built** in a month.

III. Perfect Participle

Having finished cooking, she started reading a novel.

Having dusted the room, the maid began to wash the dishes.

Having written a letter to her mother, she walked out of the room.

Joining of Sentences by using Participles

(I) By using Present Participles

1. Look at the boy. He is climbing the tree.
   Look at the boy climbing the tree.
2. He was dusting the room. He found a coin.
   While dusting the room, he found a coin.
3. The child opened the box. He found a toy.
   Opening the box, the child found a toy.

3. THE GERUND

A. (verb + ing) is usually used as a Gerund. Like a Noun, it is used as under.

(*a*) As a subject of the verb.
Killing birds is not good.
Smoking is injurious to health.

(*b*) As an object of the verb.
I like **singing.**
She loves **dancing.**

(*c*) As a complement of the verb 'be'.
What I hate the most is **drinking.**
What I love the most is **playing.**

(*d*) As an object of a preposition.
I am fond of **eating.**
She was punished for **telling** a lie.

B. In some cases, instead of Gerunds Infinitives can be used.

Subject + Verb	Gerund or Infinitive
I love	singing or to sing.
He hates	smoking or to smoke.
I like	dancing or to dance.
He prefers	reading novels/to read novels.
Your bike needs	oiling or to be oiled.

C. It + be + Adjective + Gerund (Phrase).

Subject + be	Adjective/ Noun	Gerund (Phrase)
It is	wrong	making so much noise.
It is	good	drinking juice in the evening.
It is	nice	walking in the moon light.

D. Subject + be + Adjective or Past Participle + Preposition + Gerund.

Subject + be	Adjective/ Past Participle	Preposition	Gerund (Phrase)
He is	fond	of	swimming.
She was	annoyed	at	his talking so loudly.
He is	capable	of	solving all the sums.

MULTIPLE CHOICE QUESTIONS

Directions: *In the following questions choose the correct options to replace the words given in brackets.*

1. He came (run) to his aunt.
A. run B. running
C. to run D. in run

2. She dislikes (eat) meat.
A. eat to B. to eat
C. eating D. to eating

3. He likes (sing).
A. sing to B. singing
C. to sing D. to singing

4. We are ready (play) the match.
A. play to B. to playing
C. playing D. to play

5. (Smoke) is injurious to health.
A. Smoking B. To smoke
C. To smoking D. Smoke to

6. He loves (eat) raw vegetables.
A. eaten B. eating
C. to eating D. eat to

7. He seemed (have) finished his homework.
A. have to B. to have
C. having D. to having

8. It is not easy (achieve) this target.
A. achieve to B. achieving to
C. to achieve D. to achieving

9. It is always difficult (climb) a mountain.
A. climb to B. to climb
C. climbing to D. to climbing

10. She avoided (argue) with him.
A. argue to B. arguing
C. to arguing D. argues

11. I saw him (go).
A. to go B. to going
C. going D. gone

12. I heard him (sing).
A. to sing B. singing
C. to singing D. sung

13. She smelt something (burn).
A. burning B. to burn
C. to burning D. burn to

14. He claimed (be) the best player of hockey.
A. being to B. to be
C. been D. has been

15. We eat (live).
A. living B. to living
C. to live D. lively

16. He wanted (go) across the world.
A. go to B. to going
C. to go D. going to

17. I cannot bear (kill) birds.
A. killing B. to killing
C. to kill D. kill to

18. He wished (be) there inside the hotel.
A. being to B. to be
C. been D. been to

19. It is time (drink) some juice.
A. drinking B. to drinking
C. drink to D. to drink

20. He is too busy (take) care of his kids.
A. taking to B. to take
C. to taking D. take to

21. I forbore myself (slap) him on the face.
A. to slap B. slap to
C. slapping D. slapping to

22. She tried (open) the safe.
A. open to B. opening
C. to open D. to opening

23. It is no use (cry) over spilt milk.
A. cry to B. in crying
C. crying D. crying to

24. They enjoyed (fly) kites.
A. to fly B. fly to
C. flying D. flying to

25. It is your responsibility (keep) the accounts of every happening here.
A. keep to B. keeping to
C. to keep D. keeping

26. Please give me a pair of scissors (cut) cloth.
A. cut to B. cutting to
C. cutting D. to cut

27. She prefers (play) chess to sitting idly.
A. to playing B. playing
C. play to D. playing to

28. I prefer (talk) to the officer alone.
A. talk to B. talking to
C. to talk D. to talking

29. Would you mind your (bring) some cake for me?
A. to bring B. bring to
C. bringing to D. bringing

30. (Err) is human.
A. Err to B. Erring to
C. To erring D. To err

31. (Steal) is not good.
A. Stealing B. To steel
C. To stealing D. Stealing to

32. She heard the lion (roar).
A. to roar B. roaring
C. roar to D. to roaring

33. He is reported (be) dead.
A. be to B. to be
C. to being D. to been

34. You are ordered (bring) the file number 100.
A. bringing B. to bringing
C. bring to D. to bring

35. You are advised (take) part in sports.
A. taking to B. to taking
C. to take D. take to

36. He appeared (have) cast his vote in favour of us.
A. having B. to having
C. to have D. have to

37. His ambition is (become) a doctor.
A. becoming B. to becoming
C. to become D. become to

38. We are asked (be) there in the main hall.
A. being B. been
C. to be D. be to

39. Our immediate aim is (provide) financial help to the needy.
A. provide to B. providing to
C. to providing D. to provide

40. We read and write (become) civilized.
A. becoming B. becoming to
C. to become D. become to

41. You need (improve) your health.
A. improving B. improvinto to
C. to improve D. improve to

42. You are allowed (paint) this door.
A. painting B. painting to
C. to paint D. paint to

43. Remind me (post) this letter.
A. posting B. posting to
C. to post D. post to

44. The teacher forgot (bring) the roll call register.
A. bringing B. to bringing
C. bring to D. to bring

45. He was appointed (keep) a check on the accounts.
A. keep to B. keeping to
C. to keep D. keeping

46. Your activities are (be) noticed.
A. being B. been
C. to be D. be to

47. Stop (talk), please.
A. talk to B. talking
C. to talk D. to talking

48. He does not bother (listen to) anybody.
A. listen to B. to listen to
C. listening D. listening to

49. He is not accustomed to (have) soup before meal.
A. have to B. to have
C. having D. to having

50. She is glad (be) in the company of children.
A. being B. been
C. to be D. be to

ANSWERS

1	2	3	4	5	6	7	8	9	10
B	C	B	D	A	B	B	C	B	B
11	**12**	**13**	**14**	**15**	**16**	**17**	**18**	**19**	**20**
C	B	A	B	C	C	A	B	D	B
21	**22**	**23**	**24**	**25**	**26**	**27**	**28**	**29**	**30**
C	C	C	C	C	D	B	C	D	D
31	**32**	**33**	**34**	**35**	**36**	**37**	**38**	**39**	**40**
A	B	B	D	C	C	C	C	D	C
41	**42**	**43**	**44**	**45**	**46**	**47**	**48**	**49**	**50**
C	C	C	D	C	A	B	B	D	C

21. Commonly Confusing Words

There are many words in English which may look or sound similar but there is lot of difference in their meanings and usage. Learn more about such words in this exercise.

MULTIPLE CHOICE QUESTIONS

Directions: *In the following questions choose the correct word to fill the blank. Two words at A and B are provided for choice. If either of the words can be filled, mark C and if none of the word can be filled then mark D as your choice.*

1. She comes of a .... family.
A. respectable B. respectful
C. Any one of these D. None of these

2. It began to .... as I reached my office.
A. reign B. rain
C. Any one of these D. None of these

3. The teacher told the students to be ....
A. quiet B. quite
C. Any one of these D. None of these

4. The .... has gone to attend the meeting.
A. principle B. principal
C. Any one of these D. None of these

5. .... makes a man perfect.
A. Practice B. Practise
C. Any one of these D. None of these

6. Uttar Pradesh is the most .... state of India.
A. popular B. populous
C. Any one of these D. None of these

7. The bird had a .... of bread with beak.
A. piece B. peace
C. Any one of these D. None of these

8. As she read the letter, her face turned ....
A. pail B. pale
C. Any one of these D. None of these

9. Man is the maker of his own ....
A. destination B. destiny
C. Any one of these D. None of these

10. Try this medicine, it will prove ....
A. effectual B. effective
C. Any one of these D. None of these

11. Maninder has employed an .... boy for his office works.
A. errand B. errant
C. Any one of these D. None of these

12. The soldiers wanted to .... over their victory in the battle.
A. exalt B. exult
C. Any one of these D. None of these

13. When I asked him to accompany us, he .... illness.
A. fained B. feigned
C. Any one of these D. None of these

14. The books are lying on the .... piece.
A. mantal B. mantle
C. Any one of these D. None of these

15. Sohan lives a .... life.
A. luxurious B. luxuriant
C. Any one of these D. None of these

16. She is a lady of .... birth.
A. lowly B. low
C. Any one of these D. None of these

17. We should not be ....of other's wealth.
A. jealous B. zealous
C. Any one of these D. None of these

18. It is two days .... from Delhi to Kerala by train.
A. journey B. voyage
C. Any one of these D. None of these

19. My father makes a .... selection of books before buying.
A. judicial B. judicious
C. Any one of these D. None of these

20. Marconi had an .... mind.
A. ingenious B. ingenuous
C. Any one of these D. None of these

21. It is .... to spend more than what you earn.
A. impudent B. unprudent
C. Any one of these D. None of these

22. Orders for his arrest were issued by the .... court.
A. imperial B. imperious
C. Any one of these D. None of these

23. During the voyage she suffered from sea ....
A. sickness B. illness
C. Any one of these D. None of these

24. Akbar was a .... ruler.
A. human B. humane
C. Any one of these D. None of these

25. Gandhiji was a .... leader.
A. notorious B. famous
C. Any one of these D. None of these

26. The boys broke the window .... of the class room.
A. pain B. pane
C. Any one of these D. None of these

27. My new trousers are very ....
A. lose B. loose
C. Any one of these D. None of these

28. She has learnt her ....
A. lesson B. lessen
C. Any one of these D. None of these

29. Brutus is an .... man.
A. honorary B. honourable
C. Any one of these D. None of these

30. I have to replace the .... of my shoe.
A. heal B. heel
C. Any one of these D. None of these

31. Dara Singh .... from Punjab.
A. hales B. hails
C. Any one of these D. None of these

32. Constant worry .... his health.
A. affected B. effected
C. Any one of these D. None of these

33. John refused to .... his decision.
A. altar B. alter
C. Any one of these D. None of these

34. Vivek is a .... young man.
A. handsome B. beautiful
C. Any one of these D. None of these

35. He competed in the race .... footed.
A. bear B. bare
C. Any one of these D. None of these

36. She has given .... to a son.
A. birth B. berth
C. Any one of these D. None of these

37. Stalin was .... of poor parents.
A. borne B. born
C. Any one of these D. None of these

38. Please check your ....
A. brakes B. breaks
C. Any one of these D. None of these

39. The princess ordered for a new .... dress.
A. bridle B. bridal
C. Any one of these D. None of these

40. The .... of Plassey was fought in 1757.
A. War B. Battle
C. Any one of these D. None of these

ANSWERS

1	2	3	4	5	6	7	8	9	10
A	B	A	B	A	B	A	B	B	B
11	**12**	**13**	**14**	**15**	**16**	**17**	**18**	**19**	**20**
B	B	B	B	A	B	A	A	B	A
21	**22**	**23**	**24**	**25**	**26**	**27**	**28**	**29**	**30**
B	A	A	B	B	B	B	A	B	B
31	**32**	**33**	**34**	**35**	**36**	**37**	**38**	**39**	**40**
B	A	B	A	B	A	B	A	B	B

22. Spelling Errors

There are thousands of words in English language. It is difficult to remember the spellings and meanings of all at once. Try to learn as many as you can. Use a dictionary regularly.

MULTIPLE CHOICE QUESTIONS

Directions: *Find the correctly spelt words.*

1. A. Damage B. Dammage
C. Damaige D. Dammege

2. A. Efficiant B. Effecient
C. Efficient D. Eficient

3. A. Schedule B. Schdule
C. Schedale D. Schedeule

4. A. Occurad B. Occurred
C. Ocurred D. Occured

5. A. Grieff B. Grief
C. Grieef D. Grrief

6. A. Guarantee B. Garuntee
C. Guaruntee D. Gaurantee

7. A. Meddicine B. Medicine
C. Medicene D. Medicinne

8. A. Benefeted B. Benefitted
C. Benifited D. Benefited

9. A. Acommodation B. Acomodation
C. Accomodation D. Accommodation

10. A. Querrelsome B. Quarrelsame
C. Quarrelsome D. Querralsome

11. A. Sympathetic B. Smypathetic
C. Sympothetic D. Sympethetic

12. A. Prograssive B. Progressive
C. Progresive D. Prograsive

13. A. Uncivilized B. Uncevilized
C. Uncivillized D. Uncevelized

14. A. Extravagant B. Extreragent
C. Extreregant D. Extravegent

15. A. Missunderstood B. Miesunderstood
C. Misunderstood D. Misunderstod

16. A. Belligerent B. Beligirent
C. Belligarant D. Belligerrent

17. A. Astonished B. Astronished
C. Astoneshed D. Asstonished

18. A. Sincerely B. Sencerely
C. Sincerelly D. Sincerrely

19. A. Rigourous B. Rigerous
C. Rigorous D. Regerous

20. A. Satellite B. Sattellite
C. Satelite D. Sattelite

21. A. Pesanger B. Passenger
C. Pessenger D. Pasanger

22. A. Humurous B. Humorous
C. Humoreus D. Humorrous

23. A. Exeggerate B. Exaggerate
C. Exadgerate D. Exagerate

24. A. Fariegn B. Forein
C. Foriegn D. Foreign

25. A. Excesive B. Excessive
C. Exccessive D. Exccesive

26. A. Forcaust B. Forcast
C. Forecast D. Forecaste

27. A. Paralleted B. Paralelled
C. Parralleled D. Parallelled

28. A. Ocasion B. Occassion
C. Occasion D. Ocassion

29. A. Boquet B. Bouquet
C. Bouquete D. Bouquette

30. A. Chettering B. Chaterring
C. Chattering D. Chatering

31. A. Discourage B. Disscourage
C. Discourege D. Discaurage

32. A. Curageous B. Courageous
C. Courrageous D. Couregeous

33. A. Abandon B. Abanddon
C. Abendon D. Abbandon

34. A. Embarassment B. Emberrassement
C. Embarrassment D. Embbaresment

35. A. Eccintric B. Eccentrie
C. Eccentric D. Eccintrie

36. A. Occasional B. Occassional
C. Occesional D. Occessional

37. A. Querrel B. Querral
C. Quarrel D. Quarel

38. A. Contrebuticn B. Contribution
C. Contributtion D. Conterbution

39. A. Desgrace B. Disgrece
C. Disgrice D. Disgrace

40. A. Harassment B. Herassment
C. Harasment D. Harassmient

41. A. Imaginative B. Imeginative
C. Imagenative D. Imaginetive

42. A. Suficient B. Suficiant
C. Sufficient D. Sufficiant

43. A. Adequate B. Edequate
C. Adaquete D. Edaquete

44. A. Exparienced B. Experianced
C. Experienced D. Experrienced

45. A. Flatering B. Fletering
C. Flattering D. Fletaring

46. A. Cuttiveted B. Culltrivated
C. Cultivated D. Caltivated

47. A. Praiceworthy B. Peiseworthy
C. Praiseworthy D. Praisaworthy

48. A. Profesional B. Professionel
C. Professional D. Profissional

49. A. Ameteur B. Amateur
C. Amataur D. Amateor

50. A. Unfevourable B. Unfevaurable
C. Unfavourable D. Unfivourable

ANSWERS

1	2	3	4	5	6	7	8	9	10
A	C	A	B	B	A	B	B	D	C
11	**12**	**13**	**14**	**15**	**16**	**17**	**18**	**19**	**20**
A	B	A	A	C	A	A	A	C	A
21	**22**	**23**	**24**	**25**	**26**	**27**	**28**	**29**	**30**
B	B	B	D	B	C	A	C	B	C
31	**32**	**33**	**34**	**35**	**36**	**37**	**38**	**39**	**40**
A	B	A	C	C	A	C	B	D	A
41	**42**	**43**	**44**	**45**	**46**	**47**	**48**	**49**	**50**
A	C	A	C	A	C	C	C	B	C

23. PUNCTUATION

Punctuation marks help us to make grammatically correct sentences.

The following pairs of sentences will bring home to you the importance of punctuation marks:

(*a*) Jack, my neighbour, is going abroad.

(*b*) Jack, my neighbour is going abroad.

The sentence (*a*) means 'Jack' is my neighbour and he is going abroad. The sentence (*b*) means that I'm telling Jack that my neighbour is going abroad.

Learn and practise the correct usage of punctuation marks.

The following are some most commonly used punctuation marks:

(*i*)	Full Stop	(.)
(*ii*)	Note of Interrogation	(?)
(*iii*)	Note of Exclamation	(!)
(*iv*)	Comma	(,)
(*v*)	Inverted commas	(" ")
(*vi*)	Apostrophe	(')
(*vii*)	Capital Letters	(A)
(*viii*)	Colon	(:)
(*ix*)	Semicolon	(;)
(*x*)	Dash	(–)
(*xi*)	Oblique	(/)
(*xii*)	Parentheses	( )
(*xiii*)	Hyphen	(-)

MULTIPLE CHOICE QUESTIONS

Directions: *In the questions given below, which one alternative out of four has been applied with correct punctuation marks?*

1. When mankind passed through the grunt-and-groan stage and language had been invented everyone was happy

A. When mankind passed through the grunt-and-groan stage, and language had been invented, everyone was happy.

B. When, mankind passed through the grunt-and-groan stage, and language had been invented everyone was happy.

C. When mankind passed, through the grunt-and-groan stage and language had been invented everyone was happy.

D. When mankind, passed through the grunt-and-groan stage and language had been invented everyone was happy.

2. Communication has been established they said and now we can understand each other

A. Communication has been established, they said and now, we can understand each other.

B. ''Communication has been established,'' they said, ''and now we can understand each other.''

C. Communication has been established, they said, "and now we can understand, each other."

D. "Communication has been established" they said and now we can understand each other.

3. Then writing was developed so that words could be given some durability

A. Then, writing was developed so that words could be given some durability.

B. Then writing was developed, so that words could be given some durability.

C. Then writing was developed so that words could be given some durability.
D. Then writing was developed, so that words could be given, some durability.

4. How wonderful everyone exclaimed now we can read and write
A. How wonderful! everyone exclaimed, now we can read and write.
B. How wonderful everyone exclaimed! now we can read and write.
C. "How wonderful everyone exclaimed!" now we can read and write.
D. ''How wonderful!'' everyone exclaimed, ''Now we can read and write.''

5. But then they began to have difficulty understanding what was written down because everything seemed to run together
A. But then they began to have difficulty understanding what was written down, because everything seemed to run together.
B. But, then they began to have difficulty understanding, what was written down? because everything seemed to run together.
C. But then, they began to have difficulty understanding–what was written down? because everything seemed to run together.
D. But then they began to have difficulty, understanding what was written down because, everything seemed to run together.

6. How confusing they complained
A. "How confusing, they complained!"
B. "How confusing!" they complained.
C. "How confusing" they complained.
D. "How confusing?" they complained.

7. So they invented sentences phrases clauses and punctuation
A. So, they invented sentences phrases clauses and punctuation.
B. So they, invented sentences phrases clauses and punctuation.
C. So they invented sentences, phrases, clauses and punctuation.
D. So they invented, sentences, phrases, clauses and punctuation.

8. Now they stated gleefully we can set our thoughts down read them and understand just what is meant
A. Now, they stated gleefully, "we can set our thoughts down, read them and understand just what is meant.
B. Now, they stated, "gleefully we can set our thoughts down read them and understand just what is meant."
C. Now they stated gleefully, "we can set our thoughts down read them and understand," just what is meant.
D. ''Now,'' they stated gleefully, ''we can set our thoughts down, read them and understand just what is meant.''

9. Will you lend me ten rupees said sarla yes i will promila replied
A. "Will you lend me ten rupees?" said Sarla. "Yes, i will," promila replied.
B. "Will you lend me ten rupees," said Sarla. 'Yes, I will' Promila replied.
C. 'Will you lend me ten rupees?' said Sarla 'Yes, I will,' Promila replied.
D. "Will you lend me ten rupees?" said Sarla. "Yes, I will," Promila replied.

10. You are a thief policeman said the thief you asked for a bribe
A. "You are a thief!" policeman said, the thief, "You asked for a bribe."
B. "You are a thief policeman!" said the thief, You asked for a bribe.
C. "You are a thief policeman!" said, the thief, 'you asked for a bribe.'
D. "You are a thief, policeman!" said the thief, "You asked for a bribe."

ANSWERS

1	2	3	4	5	6	7	8	9	10
A	B	C	D	A	B	C	D	D	D

24. Word Analogy

Like different people words also have different relationships in comparison to each other. This is called word analogy. Try and master it in the following questions.

MULTIPLE CHOICE QUESTIONS

Directions (Qs. 1 to 25): *Each question consists of two words which have a certain relationship to each other followed by four pairs of related words. Select the pair which has the same relationship.*

1. Lunatic : Asylum

A. The poor : palace
B. Soldiers : barracks
C. Flowers : fields
D. Crops : garden

2. Soldier : Rifle

A. Blacksmith : anvil
B. Thief : ladder
C. Watchman : uniform
D. Barber : hair

3. Frog : Tadpoles

A. Man : sons
B. Woman : daughters
C. Cat : kids
D. Elephant : calves

4. Lizards : Reptiles

A. Frogs : amphibians
B. Tree : fruit
C. Earth : moon
D. Man : woman

5. Earthworm : Segments

A. Tree : wood
B. Crocodiles : scales
C. Apple : juice
D. Earth : moisture

6. Mosquito : Malaria

A. Rabid dog : rabies
B. House fly : AIDS
C. Cockroach : influenza
D. Virus : diabetes

7. Fish : Water

A. Man : air
B. Cat : mouse
C. Lion : flesh
D. Tree : roots

8. Impulsive : Cautious

A. Liberty : bondage
B. Tyrant : bully
C. Tremble : quake
D. Vulgar : indecent

9. Weighty : Voluminous

A. Jolly : dismal
B. Loyalty : perfidy
C. Wealth : opulence
D. Odd : normal

10. Innocent : Guilty

A. Kill : produce
B. Suspect : doubt
C. Depress : discourage
D. Contract : condense

11. Useless : Cheap

A. Late : unpunctual
B. Real : illusive
C. Just : unfair
D. Humble : proud

12. Loyal : Faithful
A. Treacherous : devoted
B. Just : fair
C. Yield : suppress
D. Uncertain : sure

13. Cancel : Confirm
A. Certain : ambiguous
B. Vulgar : crude
C. Reliable : trustworthy
D. Obscure : anonymous

14. Gloomy : Bright
A. Pleasant : delightful
B. Funny : comic
C. Condemn : blame
D. Hard : flexible

15. Modern : Ancient
A. Happy : joyful
B. Service : slavery
C. Mild : harsh
D. assumed : unreal

16. Dexterous : Clumsy
A. Cheap : worthless
B. Usual : common
C. Zenith : acme
D. True : false

17. Luscious : Sweet
A. Above : below
B. Absolve : penalise
C. Lucrative : profitable
D. Adopt : abandon

18. Fraud : Duplicity
A. Inferior : cheap
B. Delicious : abhorrent
C. Desire : detest
D. Diligent : lackadiasical

19. Weired : Ordinary
A. Vacant : void
B. Vivid : clear
C. Vivid : dim
D. Wicked : unvirtuous

20. Build : Demolish
A. Abide : persist
B. Compel : coax
C. Odious : hateful
D. Claim : demand

21. Passionate : Impassive
A. Deter : discourage
B. Folly : stupidity
C. Polite : rude
D. Fanciful : whimsical

22. Gauche : Attractive
A. True : exact
B. Tough : hard
C. Tasteful : palatable
D. Insipid : delicious

23. Existence : Life
A. Silence : noise
B. Risk : shield
C. Enormous : immense
D. Rural : urban

24. Belief : Suspicion
A. Unravel : unweave
B. Profuse : insufficient
C. Urge : spur
D. Use : occupy

25. Violent : Calm
A. Tranquil : peaceful
B. Reticent : quiet
C. Even : smooth
D. Disdain : reverence

ANSWERS

1	2	3	4	5	6	7	8	9	10
B	A	D	A	B	A	A	A	C	A
11	**12**	**13**	**14**	**15**	**16**	**17**	**18**	**19**	**20**
A	B	A	D	C	D	C	A	C	B
21	**22**	**23**	**24**	**25**					
C	D	C	B	D					

25. Figures of Speech

It is a common saying that a picture is worth a thousand words. Same goes with the figures of speech as they elaborate the meaning of words.

There are four common types of figures of speech:

- Simile
- Metaphor
- Hyperbole
- Oxymoron

Simile

A simile is a figure of speech that says that one thing is like another different thing. We can use similes to make descriptions more emphatic or vivid.

We often use the words as....as and like with similes.

Common patterns for similes, with example sentences, are:

- Something AS adjective AS something
  His skin was as cold as ice.
  It felt as hard as rock.
  She looked as gentle as a lamb.
- Something LIKE something
  My love is like a red, red rose.
  These cookies taste like garbage.
  He had a temper (that was) like a volcano.
  Something LIKE something
  He eats like a pig.
  He smokes like a chimney.
  They fought like cats and dogs.

Metaphor

A metaphor is a figure of speech that says that one thing is another different thing. This allows us to use fewer words and forces the reader or listener to find the similarities.

The word metaphor comes from the Greek word *metapherin* (meaning "transfer").

The simplest form of metaphor is : "The [first thing] is a [second thing]."

Look at this example :

Her home was a prison.

In the above sentence, we understand immediately that her home had some of the characteristics of a prison. Mainly, we imagine, she could not leave her home. She was trapped inside. In this sentence, "prison" is a metaphor.

Look at another example :

George is a sheep.

What is one characteristic of sheep? They follow each other. So we can imagine that George is a follower, not a leader. In this sentence "sheep" is a metaphor.

Metaphors are very common in everyday language.

Difference Between Metaphor and Simile

Both similes and metaphors link one thing to another. A simile usually uses "as" or "like". A metaphor is a condensed simile, a shortcut to meaning, which omits "as" or "like". A metaphor creates a relationship directly and leaves more to the imagination. With simile, A is like B. With metaphor, A is B.

Simile	Metaphor
Your eyes are like the sun.	You are my sunshine.
He eats like a pig.	He is a pig.
He lives like a pig.	He is a pig.

Hyperbole

Hyperbole is a figure of speech that uses an exaggerated or extravagant to create a strong emotional response. As a figure of speech it is not intended to be taken literally. Hyperbole is frequently used for humour. Examples of hyperbole are :

- They ran like greased lightning.
- He's got tons of money.
- Her brain is the size of a pea.
- He is older than the hills.
- I will die if she asks me to dance.
- She is as big as an elephant!
- I'm so hungry I could eat a horse.
- I have told you a million times not to lie!

The media and the advertising industry often use hyperbole (which may then be described as hyper or media hype).

Oxymoron

An oxymoron is a figure of speech that deliberately uses two contradictory ideas. This contradiction creates a paradoxical image in the reader or listener's mind that generates a new concept or meaning for the whole. Some typical oxymorons are :

- a living death
- sometimes you have to be cruel to be kind
- a deafening silence
- bitter-sweet

The following are the other major Figures of Speech :

1. **Personification**—"In Personification inanimate objects and abstract notions are spoken of as having life or intelligence."
2. **Onomatopoeia**—"Onomatopoeia is that artifice of language by which the sound of words is made to suggest or echo the sense."
3. **Apostrophe**—"An Apostrophe is a direct address to the dead, to the absent, or to a personified object or idea."
4. **Alliteration**—"Alliteration consists in the repetition of the same sound or syllable at the beginning of two or more words."
5. **Irony**—"Irony is a mode of speech in which the real meaning is exactly the opposite of that which is literally conveyed."
6. **Pun**—"This consists in a play on the various meanings of a word, and is seldom used except as a joke."
7. **Metonymy**—"In Metonymy an object is designated by the name of something which is generally associated with it."
8. **Synecdoche**—"In Synecdoche a part is used to designate the whole, or the whole to designate a part."
9. **Antithesis**—"In Antithesis a striking opposition or contrast of words or sentiments is made in the same sentence. It is employed to secure emphasis."
10. **Transferred Epithet**—"In this figure an epithet is tranferred from its proper word to another that is closely associated with it in the sentence."

MULTIPLE CHOICE QUESTIONS

Directions (Qs. 1 to 25) : *Fill in the blanks with the correct similes.*

1. As black as ....

A. coal　　B. colour
C. coat　　D. cloud

2. As blind as a ....

A. cat　　B. rat
C. dog　　D. bat

3. As bold as ....

A. grass　　B. brass
C. ass　　D. gas

4. As brave as a ....

A. horse　　B. elephant
C. lion　　D. bull

5. As busy as a ....

A. man　　B. animal
C. bird　　D. bee

6. As cheap as ....
A. dirt B. shirt
C. trouser D. shoes

7. As clear as ....
A. shirt B. picture
C. crystal D. sky

8. As cold as ....
A. ice B. water
C. milk D. breeze

9. As cunning as a ....
A. ox B. fox
C. crow D. man

10. As dead as ....
A. button B. air
C. water D. mutton

11. As deaf as a ....
A. man B. bird
C. stone D. animal

12. As dry as ....
A. cloth B. bone
C. air D. sand

13. Rivers of blood flowed on the battlefied :
A. Simile B. Metaphor
C. Hyperbole D. Alliteration

14. Camel is the ship of the desert :
A. Metaphor B. Simile
C. Pun D. Personification

15. 'O my love's liek a red, red rose, that's newly sprung in June':
A. Alliteration B. Metaphor
C. Simile D. Hyperbole

16. "Opportunity knocks at the door but once."
A. Hyperbole B. Metaphor
C. Antithesis D. Personification

17. "Death lays his icy hand on Kings" :
A. Personification B. Antithesis
C. Metaphor D. Oxymoron

18. "The murmurous haunt of flies on summer eves."
A. Hyperbole B. Alliteration
C. Onomatopoeia D. Personification

19. "Milton! thou should'st be living at this hour. "
A. Personification B. Apostrophe
C. Alliteration D. Irony

20. How high his honour holds his haughty head!
A. Oxymoron B. Personification
C. Alliteration D. Irony

21. "Yet Brutus says he was ambitious. And Brutus is an honourable man."
A. Irony B. Oxymoron
C. Apostrophe D. Pun

22. Is life worth living? That depends upon the liver.
A. Pun B. Alliteration
C. Irony D. Metaphor

23. The pen is mightier than the sword.
A. Simile B. Metaphor
C. Metonymy D. Irony

24. A reeling road, a rolling road, that rambles round the shire.
A. Alliteration B. Metonymy
C. Personification D. Apostrophe

25. "The ploughman homeward plods his weary way."
A. Oxymoron B. Synecdoche
C. Transferred Epithet D. Pun

ANSWERS

1	2	3	4	5	6	7	8	9	10
A	D	B	C	D	A	C	A	B	D
11	**12**	**13**	**14**	**15**	**16**	**17**	**18**	**19**	**20**
C	B	C	A	C	D	A	C	B	C
21	**22**	**23**	**24**	**25**					
A	A	C	A	C					

26. Literary Terms

Abridged edition: Condensed or shortened version of a work.

Acrostic : Poem in which the initial letters of the word of each line make a word or words when read downwards.

Act: Major division in a dramatic work.

Adage: Maxim or proverb.

Addendum: Addition or appendix to a book.

Allegory: Story or tale in which characters and events have a second, symbolic, meaning.

Alliteration: Figure of speech where consonants at the beginning of words, or stressed syllables, are repeated.

Almanac: Book or table comprising a calendar of days, weeks and months indicating special occasions or events.

Anagram: Letters or word or phrase which, when re-arranged, form a new word.

Anecdote: Brief account or story about an individual.

Annotation: Textual comment on a book.

Anthology: Collection of poetry or prose from diverse sources.

Antithesis: In Antithesis a striking opposition or contrast of words or sentiments is made in the same sentence. It is employed to secure emphasis.

Aphorism: Short statement of a truth or dogma couched in memorable terms.

Apostrophe: An Apostrophe is a direct address to the dead, to the absent, or to a personified object or idea.

Argot: Slang or coarse vernacular language.

Assonance: Repetition of similar vowel sounds in speech or writing to achieve a particular effect.

Autobiography: An account of a person's life by himself or herself.

Avant-garde: Advanced (in style or thought); ahead of its time.

Ballad: Story in verse, a narrative song, usually treating a single event.

Belles lettres: Essays on literary studies and the aesthetics of literature.

Bibliography: List of works on a particular subject or author.

Biography: An account of a person's life.

Blank verse: Poetry with unrhymed line endings (usually written in iambic pentameters).

Blurb: Brief description of a book printed on the dust cover or jacket.

Bound verse: Verse based on metrical pattern.

Bowdlerize: To 'cleanse' a work by omitting or cutting out indecent passages, phrases or words.

Cadence: Rhythm and phrasing of language.

Caesura: Pause in line of verse.

Canon: Collection of works established as genuine.

Canto: Division of an epic or narrative poem.

Caption: Short description accompanying an illustration.

Catalogue: List of books or works.

Chronicle: A compilation of events in sequence, either actual or fictional.

Cipher: Writing that employs substitution or transposition of letters.

Cliche: Over-used expression that has become trite.

Colloquialism: Word, phrase or expression in everyday use.

Comedy: Humorous dramatic piece; *high comedy* has welldrawn characterization and witty dialogue; *low comedy*, or *slapstick* has absurd situations and boisterous action; *farce* is exaggerated comedy; *tragi-comedy* is a blend of the tragic and comic; *satire* uses sarcasm and wit to ridicule people's follies and vices (originally in verse).

Concordance: Alphabetical index of words in a work, or works by a single author.

Copyright: Protective law to prevent pirating or plagiarism of an author's work.

Couplet: Two successive rhyming lines in poetry.

Cycle: Group of works united by an overall theme.

Denouement: Final unwinding of complex plot.

Dialect: Manner of speaking pertaining to a particular class or geographical region.

Dialogue: The speech of characters in a story or play; part of work in which characters speak.

Diary: Sequential private record of personal and other events kept by an individual.

Dictionary: Book containing the words of a language, and their definitions, alphabetically; two-language dictionaries contain the corresponding words of both languages and their meanings, also alphabetically; any book that gives words and phrases about a particular subject, arranged alphabetically.

Digest: Publication where works are abridged.

Documentary: Form of fiction or drama based on documentary evidence provided by newspapers, recent historical reports or other contemporary or recent factual evidence.

Doggerel: Rough, ill-constructed verse.

Double entendre: Ambiguity in a word or expression, one of whose meanings is usually bawdy or frivolous.

Drama: Work to be performed on a stage by actors.

Dramatic irony: Situation or remark that has a significance unperceived by the character involved.

Dramatis Personae: Characters in a play.

Duologue: Conversation between two characters in a play, story or poem.

Edition: Total number of copies of a book printed from unchanged set of type.

Elegy: Serious meditative poem; often lamenting death.

Encyclopedia: Comprehensive work encompassing and describing many aspects of knowledge; specialist work covering comprehensively a subject or discipline.

Epic: Long narrative poem incorporating myth, legend, folklore and history, about the deeds of heroes, warriors, important people; a grandiose treatment of an individual's or nation's story.

Epigram: Short witty statement in verse or prose.

Epistle: Direct address to another person, a 'letter' in the form of verse.

Epitaph: Valediction to dead person or persons; inscription on a tomb or grave.

Eponymous: Person whose name becomes the title of the work.

Essay: Short composition, usually in prose, discussing a topic or variety of topics.

Euphemism: Substitution of a bland expression for a harsh or blunt one.

Exposition: Summary of plot and events given at the beginning of play.

Fable: A short narrative in prose or verse, often with animals, that points a moral.

Fiction: General term for an imaginative work, usually in prose.

First person: Style of novel, etc., in which narrator is a character.

Folk tale: Story handed down by word of mouth from generation to generation.

Foot: In poetry, rhythmic unit of two or three syllables.

Foreword: Short introduction to a work.

Free verse (*vers libre*): Poetry free from mechanical restrictions such as metre and rhyme, cadenced according to meaningful stress.

Gazetteer: Geographical dictionary or index.

Ghost writer: Person who undertakes literary work for another who takes the credit.

Glossary: Alphabetical list of unfamiliar or uncommon words, usually appended to work in which they appear.

Haiku: Japanee verse form composed of 17 syllables (5, 7, 5).

Heroic Couplet: Rhymed couplet in *horoic lines* (iambic pentameters).

Heroic verse : That used in *epic poetry.*

Hyperbole: Figure of speech that contains exaggeration for emphasis.

Idiom: Form of expression of phrase peculiar to its language and possessing a meaning other than its literal one.

Idyll: Short pastoral poem conveying mood of happy innocence.

Imagism: School of poetry (early 1900s) concerned with precise language, direct treatment, and freedom of form.

Introduction: Essay stating author's intention to reader.

Irony: Irony is a mode of speech in which the real meaning is exactly the opposite of that which is literally conveyed.

Jingle: Verse or verses with strong rhyme and rhythm.

Journal: Paper, periodical or magazine.

Legend: Story about a particular person containing myth and historical fact; explanation of symbols on a map or chart.

Lexicon: Dictionary, especially for Classical and Middle Eastern languages.

Limerick: Humorous verse form of five lines rhyming *a-a-b-b-a* (*a* in trimeter, *b* in diameter).

Linguistics: The scientific study of language.

Lyric: Usually short, song-like poem in which the poet expresses personal feelings.

Manuscript: Book or work written by hand.

Maxim: Short statement or even sentence containing a general truth about human conduct and human nature.

Melodrama: Exaggeratedly and emotionally written story, usually tragic.

Metaphor: Figure of speech in which one thing is described in terms of another by implication.

Meter: Patterns of stressed and unstressed syllables in verse.

Metonymy: In Metonymy an object is designated by the name of something which is generally associated with it.

Monologue: Single person addressing an audience alone, in drama, verse or prose. *Interior monologue*: unspoken but thought speech in verse or prose.

Myth: Non-factual story that embodies explanation of how something comes to exist, usually involving supernatural or superhuman creatures.

Narrative: Story or tale in prose or verse.

Neoclassicism: Movement of late 17th and 18th century reviving classical values in English literature, emphasizing discipline, reason and clarity.

Neologism: Newly-coined word.

New Wave (*la Nouvelle Vague*): Movement in literature and cinema originating in France in late 1950s that attempted to eschew fixed values, revealing a character by the way he experienced objects and events, which were often meticulously described.

Nom de plume: Term used to indicate a fictitious name used by a writer to represent his work.

Novel: Extended piece of prose fiction.

Novelette: Long short story of some 15,000 words.

Novella: Prose fiction longer than a short story, shorter than a novel (about 30,000 words), concentrating upon a single event.

Ode: Lyric poem describing an event or feelings about a person, object or event. *Pindaric Ode* (Greece) written for choral recitation in units of three stanzas; *Horatian Ode* (Rome) consisted of succession of stanzas following pattern of first one.

Onomatopoeia: Onomatopoeia is that artifice of language by which the sound of words is made to suggest or echo the sense.

Parable: A story which conveys a moral lesson is known as a parable, as for instance, the biblical parables.

Paradox: Apparently self-contradicting statement that, on closer examination, is found to contain a truth reconciling the two opposites.

Parody: Comic imitation of serious words, style, sense, subject of a writer to make them appear ridiculous.

कम्प्यूटर ज्ञान

कम्प्यूटर की आधारभूत संरचना

कम्प्यूटर इतिहास (Computer History)

1. जे. पी. एकर्ट व जॉन मुचली ने सन् 1946 में सेना के लिये एक इलेक्ट्रॉनिक कम्प्यूटर बनाया जिसका नाम था–
   A. UNIVAC (यूनिवेक)
   B. EDSAC (एडसेक)
   C. ENIAC (एनिएक)
   D. MARK–I (मार्क–I)

2. एनिएक का वजन था–
   A. 10 टन B. 20 टन
   B. 30 टन D. 40 टन

3. सन् 1991 में जनगणना हेतु अमेरिकन ब्यूरो के द्वारा खरीदा गया कम्प्यूटर था–
   A. UNIVAC–I B. MARK–I
   C. EDRAC D. ALTAIR–8800

4. मिनी कम्प्यूटर का उदय हुआ–
   A. प्रथम पीढ़ी में B. द्वितीय पीढ़ी में
   C. तृतीय पीढ़ी में D. चतुर्थ पीढ़ी में

5. सबसे पहले माइक्रोप्रोसेसर, जिसे सन् 1970 में तैयार किया गया था, का नाम था–
   A. System/360 B. Intel – 4004
   C. Intel Pentium D. IBM – 4004

6. बेसिक कम्प्यूटर भाषा का उद्भव हुआ–
   A. प्रथम पीढ़ी में B. द्वितीय पीढ़ी में
   C. तृतीय पीढ़ी में D. चतुर्थ पीढ़ी में

7. ENIAC प्रथम पीढ़ी के कम्प्यूटर में किस तकनीकी का उपयोग किया गया था?
   A. Vacuum Tube B. Transistor
   C. VLSI D. LSI

8. सबसे पहला संग्रहित प्रोग्राम कम्प्यूटर था–
   A. EDSAC B. ENIAC
   C. MARK–I D. EDRAC

9. निम्नलिखित में से किस कम्प्यूटर को व्यापार में अनुप्रयोग के लिये तैयार किया गया था?
   A. UNIVAC B. ENIAC
   C. EDSAC D. MARK–I

10. कम्प्यूटर के द्वितीय पीढ़ी में किस तकनीकी का उपयोग किया गया?
   A. वैक्यूम ट्यूब
   B. ट्रांजिस्टर
   C. माइक्रो चिप
   D. इनमें से कोई भी नहीं

11. निम्न में से कौन-सा माइक्रो चिप नहीं है?
   A. VLSI B. LSI
   C. MSI D. Vacuum Tube

12. IBM कंपनी का गठन कब हुआ था?
   A. 1924 में B. 1929 में
   C. 1919 में D. 1923 में

डाटा (DATA)

13. असिद्ध तथ्य, अंक और सांख्यिकी पर प्राक्रेया होने से प्राप्त होता है–
A. डाटा B. सूचना
C. प्रक्रिया D. ई. डी. पी.

14. किसी विद्यार्थी का नाम या परीक्षा में प्राप्तांक है?
A. सूचना B. अर्थपूर्ण सूचना
C. डाटा D. जानकारी

15. प्रोसेसिंग में समावेश होता है–
A. गणना का
B. तुलना और तर्क का
C. निर्णय लेने का
D. उपरोक्त सभी का

16. कम्प्यूटर की सहायता से दस्तावेजों में त्रुटियाँ ढूँढना, लिपि को व्यवस्थित करना, आदि कहलाता है–
A. सूचना B. प्रणाली
C. जानकारी D. प्रक्रिया

हार्डवेयर (Hardware)

17. कम्पाइलर निम्नलिखित में से क्या है–
A. कम्प्यूटर हार्डवेयर का समूह
B. एक Translator जो एसेम्बली लेंग्वेज में परिवर्तित करता है
C. एक Program जो उच्च लेवल को मशीन लेंग्वेज में ट्रांसलेट करता है
D. इनमें से कोई नहीं

18. CD ROM ड्राइव में किस टेक्नॉलाजी का उपयोग किया गया है?
A. मैकेनिकल B. इलेक्ट्रो मैकेनिकल
C. ऑप्टिकल D. फाइबर ऑप्टिकल

19. MOS क्या है?
A. मेटल ऑक्साइड सेमीकंडक्टर
B. मोस्ट ऑफन स्टोर
C. मेथड ऑर्गनाइज्ड स्टेक
D. इनमें से कोई भी नहीं

20. MTBF का अर्थ है–
A. मीन टाईम विफोर फेल्योर
B. मास्टर टाइम विफोर फीचर
C. मोस्ट थ्रेटेंड विफोर टाईम
D. मास्टर टेस्ट ब्रोड फीचर

21. ROM में जो प्रोग्राम स्टोर होता है, उसे क्या कहते हैं?
A. हार्डवेयर B. फर्मवेयर
C. सॉफ्टवेयर D. इनमें से कोई नहीं

22. KIDS का उपयोग इनमें से किसे मापने के लिये किया जाता है?
A. प्रोसेसर के गति को
B. डिस्क ड्राइब को
C. प्रिंटर के गति को
D. टेप ड्राइब की गति को

23. IC का विभाजन किस आधार पर किया गया है?
A. मेन्यूफेक्चरिंग कंपनी
B. कम्प्यूटर के प्रकार
C. ट्रांजिस्टर के संख्या के आधार पर
D. इनमें से कोई भी नहीं

24. पर्सनल कम्प्यूटर के CPU की गति होती है–
A. 32 KBPS B. 100 KBPS
C. 1 MBPS D. इनमें से कोई नहीं

25. वह प्रोग्राम जो ROM में स्थायी रूप से स्टोर होता है, कहलाता है–
A. हार्डवेयर B. सॉफ्टवेयर
C. फर्मवेयर D. ROM वेयर

26. माइक्रो मीडिया निम्नलिखित में से किससे संबंधित है?
A. हार्डवेयर B. सॉफ्टवेयर
C. कम्प्यूटर पार्ट D. सेवा

27. IBM के द्वारा तैयार की गई लैप टॉप की सीरीज का क्या नाम है?
A. लैप टॉप B. थींक पैड
C. एक्टिवा D. नोट पैड

28. इनमें से कौन-सी कंपनी SCO कोड Unix के लिये उपयोग करती है?
A. Red Hat B. SUSE
C. IBM D. माइक्रोसाफ्ट

29. BSD UNIX के संस्थापक कौन हैं?
A. बिल गेट्स B. डेनिस रिंची
C. विल जॉय D. लिनेक्स टोर वेल्ड

30. AMD के द्वारा तैयार किये गये 64–वीट माइक्रो प्रोसेसर का नाम क्या है?
A. ऑप्ट्रॉन (Opteron) B. RIC – 9000
C. IMAC D. एथलोन

31. किस कम्प्यूटर पार्ट तैयार करने वाली कंपनी ने "इम्प्रूविंग योर पी.सी." का विचार दिया?
A. कैनन B. एपसन
C. मरक्यूरी D. सैमसंग

32. नॉरटल निम्नलिखित में से क्या तैयार करता है?
A. सॉफ्टवेयर B. प्रोसेसर
C. केबल D. नेटवर्क का पार्ट

33. इनमें से कौन-सी कंपनी ताइवान की है जो कम्प्यूटर बनाती है?
A. सोनी B. IBM
C. सैमसंग D. एसर

34. SCSI निम्नलिखित में से किससे जुड़ा है?
A. स्टोरेज
B. नेटवर्क डाटा ट्रांसफर
C. की-स्ट्रोक रेट
D. पिक्चर रिजॉल्यूसन

इनपुट एवं आउटपुट (Input and Output)

35. ग्राफिकल यूजर इन्वायरमेंट में किस डिवाइस का उपयोग स्टैंडर्ड प्वाइंटिंग डिवाइस के रूप में होता है?
A. की बोर्ड B. माउस
C. जॉय–स्टिक D. ट्रेकवॉल

36. प्रिंटर की गति को मापने के लिये निम्न में से किसका उप्रयोग किया जाता है?
A. CPM B. DPI
C. PPM D. BIT

37. कम्प्यूटर का गुण नहीं है–
A. तेज गति B. स्वचालित होना
C. अर्न्तज्ञान D. संग्रह

38. कम्प्यूटर को शिक्षक का रूप देने वाला सॉफ्टवेयर है–
A. CAT B. CAI
C. CMI D. फोटो शॉप

39. इलेक्ट्रॉन विश्वविद्यालय है–
A. CMI B. CAD
C. MIT D. डार्टमाउथ

40. कम्प्यूटर का अंतर्राष्ट्रीय संजाल है–
A. सर्च इंजन B. WWW
C. याहू D. इनमें से कोई नहीं

41. WWW संबंधित है–
A. चिकित्सा से B. व्यापार से
C. इन्टरनेट से D. शिक्षा से

42. बायोमैट्रिक प्रणाली संबंधित है–
A. चिकित्सा से
B. शिक्षा से
C. व्यापार से
D. पहचान एवं सुरक्षा प्रणाली से

43. प्रोसैसिंग सम्पन्न होती है–
A. की-बोर्ड पर B. सिस्टम यूनिट मे
C. मॉनिटर पर D. प्रिंटर पर

44. पी. सी. में विद्युत सप्लाई को विभिन्न उपकरणों में बाँटने का कार्य करता है–
A. C.P.U. B. मॉडेम
C. ALU D. SMPS

45. इनपुट डिवाइस है–
A. सी. पी. यू. B. एस. एम. पी. एस.
C. माउस D. मॉनीटर

46. एक बाइट में होते है–
A. 1024 बिट B. 8 बिट
C. 1024 किलो बाइट D. 1 मेगा बाईट

47. पी. सी. एवं टेलीफोन के मध्य लगाया जाने वाला उपकरण है–
A. मॉडेम B. एस. एम. पी. एस.
C. की-बोर्ड D. मेमोरी

48. कम्प्यूटर एवं मानव के मध्य संपर्क स्थापित करते हैं–
A. मेमोरी और सी. पी. यू.
B. इनपुट डिवाइसेज
C. आउटपुट डिवाइसेज
D. (B) एवं (C) दोनों

49 किसी कागज पर प्रिंटर द्वारा छपा हुआ आउटपुट कहलाता है—

A. हार्ड कॉपी
B. सॉफ्ट कॉपी
C. माइक्रो फिल्म
D. इनपुट कॉपी

50. की बोर्ड की कुंजी दबाने पर डाटा को 8 बीट (0 एवं 1) के कोड में बदलने का कार्य करता है—

A. की-बोर्ड डीकोडर
B. की-बोर्ड एनकोडर
C. की-बोर्ड कोडर
D. की-बोर्ड कोडिंग मशीन

51. टाईप मैटिक की दर होती है—

A. 100 बार/सेकण्ड
B. 10 बार/सेकण्ड
C. 1 बार/सेकण्ड
D. 5 बार/सेकण्ड

52. < और # करेक्टर की कुँजियां होती हैं—

A. यूमेरिक की पैड में
B. फंक्शन-की में
C. अतिरिक्त कुँजियों में
D. एल्फान्यूमेरिक कुँजियों में

53. माउस क्या है?

A. ऑन लाइन डिवाइस
B. पाँइटिंग डिवाइस
C. इनपुट डिवाइस
D. अल्फान्यूमेरिक कुँजी में

54. OMR का पूर्ण नाम है—

A. Optical Mark Reader
B. Optical Marker Recognition
C. Optical Mark Resolution
D. Optical Magnetic Reader

55. OMR की डाटा स्थानान्तरण दर होती हैं—

A. 200 से 2000 पृष्ठ/मिनट
B. 250 से 2000 पृष्ठ/मिनट
C. 200 से 250 पृष्ठ/मिनट
D. 200 से 250 पृष्ठ/सेकण्ड

56. OCR के अधिक लोकप्रिय फॉन्ट हैं—

A. OCR – A और OCR – C
B. OCR – A और OMR – B
C. OCR – A और OMR – A
D. OCR – A और OCR – B

57. OCR की सामान्य गति है—

A. 15 से 30 अक्षर/मिनट
B. 1500 से 3000 अक्षर/मिनट
C. 1500 से 3000 अक्षर/सेकण्ड
D. 150 से 300 अक्षर/सेकण्ड

58. बैंकिंग में अधिक उपयोग किये जाते हैं—

A. OMR
B. MICR
C. OCR
D. OCR – A और OCR – B

59. स्कैनर है—

A. आउटपुट डिवाइस
B. इनपुट डिवाइस
C. इनपुट/आउटपुट डिवाइस
D. स्टोरेज डिवाइस

60. डिस्पले डिवाइस का महत्वपूर्ण लक्षण है—

A. टैक्स्ट
B. रेजोल्यूशन
C. इनपुट
D. सी. पी. यू.

61. ग्राफिक्स आउटपुट डिस्प्ले करने के लिये तकनीक होती है—

A. टैक्स्ट
B. ग्राफिक्स
C. बिट मैपिंग
D. रेजोल्यूशन

62. कम्प्यूटर में रिफ्रेश रेट की दर क्या है?

A. 10 बार/सेकण्ड
B. 20 बार/सेकण्ड
C. 30 बार/सेकण्ड
D. 50 बार/सेकण्ड

63. कलर मॉनिटर होता है—

A. RGB प्रकार का
B. CMYK प्रकार का
C. Lab Color का
D. इनमें से कोई नहीं

64. कम्प्यूटर में पर्याप्त रैम के उपलब्ध होने पर कलर मॉनिटर में रंग डिस्प्ले किये जा सकते हैं—

A. 256
B. 8 से 256
C. 8 से 16000000
D. 8 से 160000

65. मॉनिटर की वह तकनीक जो सस्ती एवं उत्तम रंगीन आउटपुट देने में सक्षम है—

A. FPD (फ्लैट पैनल डिस्प्ले)
B. CRT (कैथोड रे ट्यूब)

C. LCD (लिक्विड क्रिस्टल डिस्प्ले)
D. GPD (गैस प्लाज्मा डिस्प्ले)

66. EL का पूर्ण नाम है–
A. Electronic Line
B. Electrolumine scent
C. Electromagnetic
D. Electronic Lumeno

67. LCD से अधिक रेजोल्यूशन वाली तकनीक है–
A. GPD और CRT B. GPD और EL
C. GPD और FDD D. GPD और PTE

68. लैप टॉप कम्प्यूटरो में डिस्प्ले-डिवाइस प्रयुक्त होती है–
A. CRT (Cathode Ray Tube)
B. FPD (Flat Panel Display)
C. FDP (Flat Display Panel)
D, FDD (Flat Display Device)

69. CRT की आंतरिक सतह पर लेपित रहता है–
A. कैल्शियम पदार्थ
B. फास्फोरस पदार्थ
C. क्रिस्टल पदार्थ
D. पिक्सेल पदार्थ

70. प्रिंटिंग की जो तकनीक टाइपराइटर की तकनीक के समान होती है, वह है–
A. टाइपमैट्रिक B. इम्पैक्ट प्रिंटिंग
C. नॉन-इम्पैक्ट प्रिंटिंग D. लेजर प्रिंटिंग

71. इलेक्ट्रोथर्मल प्रिंटिंग है–
A. नॉन-इम्पैक्ट प्रिंटिंग B. इम्पैक्ट प्रिंटिंग
C. उपरोक्त दोनों D. पेज प्रिंटिंग

72. इनमें से कौन-सा आउटपुट डिवाइस नहीं है?
A. स्कैनर B. प्रिंटर
C. फ्लैट स्क्रीन D. टच पैड

ग्राफिक्स (Graphics)

73. डायरेक्ट एक्स (Direct X) है–
A. कम्प्यूटर का एक पार्ट
B. एक सॉफ्टवेयर जो ग्राफिक हार्डवेयर को चलाता है
C. एक यूजर इन्टरफ्रेश
D. इनमें से कोई नहीं

74. पिक्सल एक–
A. कम्प्यूटर प्रोग्राम है जो पिक्चर बनाता है
B. पिक्चर है जो सेकेन्डरी मेमोरी में स्टोर होता है
C. पिक्चर का सबसे छोटा पार्ट है
D. इनमें से कोई नहीं

मेमोरी (Memory)

75. हाई रेजोल्यूशन मोड में, एक लाइन में कितने डॉट होते हैं?
A. 320 B. 640
C. 760 D. 900

76. कौन-सा डिवाइस डाटा एवं प्रोग्राम के बीच अन्तर प्रदर्शित करता है?
A. इनपुट डिवाइस B. आउटपुट डिवाइस
C. मेमोरी D. माइक्रो प्रोसेसर

77. एक RAM में कितने साइकल राईट हो सकते हैं?
A. 1 B. 10
C. 100 D. 1000

78. एक EP-ROM में कितने साइकल (Cycle) राईट हो सकते हैं?
A. 1 B. 10
C. 100 D. 1000

79. किस स्टोरेज डिवाइस को रील (Reel) में लपेट कर रखा जाता है?
A. फ्लॉपी डिस्क B. हार्ड डिस्क
C. मैग्नेटिक टेप D. सी. डी. रोम

80. इनमें से कौन-सा तथ्य सही है–
A. कैश मेमोरी RAM से बड़ा होता है
B. कैश मेमोरी RAM से छोटा होता है
C. ROM, RAM से तेज होता है
D. ROM में इन्फॉर्मेसन यूजर के द्वारा लिखा जा सकता है

81. एक पी. सी. में प्राइमरी मेमोरी के Size (साइज) की रेंज क्या हो सकती है?
A. 2 KB से 8 KB
B. 64 KB से 256 KB
C. 256 KB से 640 KB
D. इनमें से कोई नहीं

82. मेमोरी डाटा रजिस्टर इनमें से किसे होल्ड कर (पकड़ कर) अपने पास रखता है?
A. सिगमेंट नम्बर
B. मेमोरी लोकेशन का एड्रेस
C. ट्रांजिस्टर का नम्बर
D. इनमें से कोई नहीं

83. यूजर के द्वारा Input की गई सूचना इनमें से कहाँ जमा होती है?
A. डाटा मेमोरी रजिस्टर
B. मेमोरी एड्रेस रजिस्टर
C. मेमोरी एक्सेस रजिस्टर
D. मेमोरी एरिथमेटिक रजिस्टर

84. मेमोरी यूनिट इनमें से किसका एक भाग है?
A. इनपुट डिवाइस
B. कंट्रोल यूनिट
C. आउटपुट डिवाइस
D. डाटा प्रोसेसिंग यूनिट

85. एल्गोरिथम (Algorithm) एवं फ्लो चार्ट का उपयोग निम्न में से किसके लिये किया जाता है?
A. मेमोरी के कैपेसिटी को जानने के लिये
B. नम्बर सिस्टम के आधार को जानने के लिये
C. प्रिंटर से डायरेक्ट आउटपुट लेने के लिये
D. प्रॉब्लम को स्पष्ट एवं पूर्ण रूप में जानने के लिए

86. किस डिवाइस का उपयोग अधिक-से-अधिक डाटा को स्टोर करने के लिये किया जाता है एवं जिसे Carry (कैरी) करने में भी आसानी होती है?
A. फ्लॉपी डिस्क B. हार्ड डिस्क
C. CD-ROM D. जिप डिस्क

87. इनमें से कौन-सा फ्लॉपी डिस्क का स्टोरेज साइज नहीं है?
A. 360 KB B. 720 KB
C. 1 24 MB D. 1.44 MB

88. कम्प्यूटर में सूचना निम्नलिखित में से किस रूप में जमा होती है?
A. फाइल B. डायरेक्ट्रीज
C. फ्लॉपी D. मैटर

89. इनमें से किस आकार की फ्लॉपी उपलब्ध नहीं है?
A. 8 इंच B. 5 ¼ इंच
C. 3 ½ इंच D. 5 ½ इंच

90. मेमोरी निम्न में से किसका समूह है?
A. तारों (Wires) का समूह
B. सर्किट का समूह
C. सेल (Cell) का समूह
D. उपरोक्त सभी का

91. प्राइमरी मेमोरी निम्न में से क्या जमा करता है?
A. डाटा B. प्रोग्राम
C. रिजल्ट D. उपरोक्त सभी को

92. EPROM का उपयोग किस कार्य के लिये किया जाता है?
A. ROM के कंटेंट को हटाने में
B. ROM के कंटेंट को पुनः तैयार करने में
C. ROM के कंटेंट को पुनः तैयार करने एवं मिटाने में
D. ROM को कॉपी करने में

नेटवर्क बेसिक्स (Network Basics)

93. कम्प्यूटर को नेटवर्क से जोड़ने के लिये जिस एड्रेस का उपयोग किया जाता है, वह है–
A. सिस्टम एड्रेस B. SYSID
C. प्रोसेस ID D. IP एड्रेस

94. इनमें से कौन-सा Logic Gate नहीं है?
A. AND B. OR
C. NOT D. NAT

95. LAN कार्ड का दूसरा नाम क्या है?
A. NIC
B. Network कनेक्टर
C. मॉडेम (MODEM)
D. इन्टरनेट कार्ड

96. इनमें से किस केबल का उपयोग उच्च गति से आँकड़े परिवर्तित करने के लिये किया जाता है?
A. कोऐक्सिल केबल (Coaxial Cable)
B. ऑप्टिक फायबर केबल (Optic Fiber Cable)
C. ट्विस्टेड पेयर केबल (Twisted Pair Cable)
D. यू. टी. पी. केबल (U.T.P. Cable)

आपरेटिंग सिस्टम

बेसिक्स ऑफ OS (Basics of OS)

1. Operating system का मुख्य कार्य–
   A. फाईल सेव करना
   B. Hardware एवं Software part को control करना
   C. सभी फाईल एवं फोल्डर को व्यवस्थित करना
   D. दोनों (B) एवं (C)

2. इसमें से कौन-सा OS नहीं है–
   A. DOS B. MUS
   C. UNIX D. उपरोक्त में कोई नहीं

3. इसमें कौन-सा Multiprocessing system है–
   A. MVS B. OS/2
   C. UNIX D. उपरोक्त सभी

4. Disk एवं File Maintenance किसका भाग है–
   A. Presentation Software
   B. OS Software
   C. Spreadsheet Chart
   D. Multiplatform Environment

5. किसका उपयोग दूसरे software को रन कराने के लिये उपयोग किया जाता है–
   A. Operating System
   B. Application Software
   C. System Software
   D. उपरोक्त में से कोई भी नहीं

6. Computer एवं User के बीच लेयर का काम कौन करता है–
   A. Operating environment
   B. Operating system
   C. System environment
   D. उपरोक्त में कोई भी नहीं

7. Operating system का मुख्य कार्य क्या है–
   A. Computer hardware को अधिक उपयोगी बनाना
   B. लोगो को computer उपयोग करने की अनुमति प्रदान करना
   C. फाईल को सजाना
   D. उपरोक्त सभी

8. एक Interface से दूसरे Interface में भेजने के लिये किसका उपयोग होता है–
   A. Programme
   B. Software
   C. Data
   D. उपरोक्त में से कोई भी नहीं

9. सीधे hardware से कौन जुड़ा होता है–
   A. वातावरण
   B. सिस्टम
   C. ऑपरेटिंग सिस्टम
   D. उपरोक्त में से कोई भी नहीं

10. Multiprogramming system-
   A. Single programming system से आसान है
   B. सभी कार्य तेजी से करने वाली मशीन हैं
   C. एक समय में एक से अधिक कार्य करने का माध्यम हैं
   D. उपरोक्त सभी हैं

11. जब स्वीच ऑन होता है तब सर्वप्रथम कौन-सा प्रोग्राम रन होता है–
   A. System Software
   B. Application Software
   C. Operating System
   D. उपरोक्त सभी

12. Programme, Counter, Interface and Terminal सभी सीधे जुड़े होते है–
   A. Hardware से B. Software से
   C. Data से D उपरोक्त सभी से

13. Hardware एवं Software दोनों के साथ अपने गुणों को share करता है–
   A. Operating Software
   B. Software
   C. Data
   D. उपरोक्त में कोई भी नहीं

सिस्टम स्ट्रक्चर (System Structure)

14. Mechanism को policy से अलग करने के लिये निम्न में से किसका उपयोग किया जाता है?
   A. Single level implementation
   B. Double level implementation
   C. Multi level implementation
   D. उपरोक्त में से कोई भी नहीं

15. Physical computer से OS के द्वारा क्या तैयार किया जाता है?
   A. Virtual Space
   B. Virtual Computer
   C. Virtual Device
   D. उपरोक्त में से कोई भी नहीं

16. स्वेपिंग क्या है–
   A. अलग-अलग भाग में काम करना
   B. एक से अधिक प्रोग्राम को मेमोरी उपयोग करने का आदेश देना
   C. प्रत्येक प्रोग्राम को मेमोरी उपयोग करने एवं मेमोरी से बाहर भेजने का एक तरीका
   D. उपरोक्त में से कोई भी नहीं

17. इसमें कौन सही रूप से Multi tasking नहीं है–
   A. Windows 98 B. Windows NT
   C. Window XP D. DOS

18. जब computer start होता है तब एक विशेष लोडर कार्य करता है, वह हैं–
   A. Compiler B. Boot loader
   C. Bootstrap loader D. Relating loader

19. Poor response time इसमें से किसके लिए होता है–
   A. Process busy
   B. Hard input/output rate
   C. Hard processing rate
   D. उपरोक्त सभी के लिए

20. इसमें किस प्रोग्राम की उपयोगिता नहीं है–
   A. Debugger B. Editor
   C. Spooler D. उपर्युक्त सभी

21. को-प्रोसेसर क्या है?
   A. यह Software को आसान उपयोग के लिये support करता है
   B. सभी process को बराबर function support देता है
   C. किसी application के साथ कार्य करता है
   D. उपरोक्त सभी

22. Client server application के लिये कौन-सा operating system उपयुक्त है–
   A. Windows 98 B. Windows NT
   C. Window XP D. उपरोक्त सभी

23. Operating system manage करता है–
   A. Memory B. Process
   C. Disk and I/O device D. उपरोक्त सभी

एम एस–डॉस (MS-DOS)

24. MS-DOS किसके द्वारा बनाया गया है?
   A. Microsoft
   B. IBM
   C. Apple talk
   D. उपरोक्त में से किसी के भी द्वारा नहीं

25. MS-DOS को develop करने वाला programmer कौन था?
   A. R. Jhon
   B. Bill Gates
   C. Dennis Ritchi
   D. उपरोक्त में कोई नहीं

26. MS-DOS का अंतिम version कौन-सा है?
   A. 5.0 B. 6.0
   C. 6.11 D. 6.22

27. DOS में कौन File Internal Command को लोड करता है–
   A. Io.sys B. MsDos.sys
   C. Command.com D. Config.sys

28. जब DOS boot होता है तब batch file स्वतः रन करता है। उस batch file का नाम क्या है–
   A. Run.bat B. Config.sys
   C. Config.sys D. Autorun.bat

29. Additional file को चलाने के लिये किस प्रकार के command की जरूरत होती है–

A. Internal Command
B. External Command
C. Batch Command
D. Redirectories

30. Time command का उपयोग होता है–

A. System के time को डिस्पले करने में
B. US time को डिस्पले करने में
C. Julian time को डिस्पले करने में
D. उपरोक्त सभी में

31. DIR के साथ किस स्वीच का उपयोग सभी फाईल एवं डायरेक्ट्री देखने में होता है?

A. /p B. /w
C. /s D. /<

32. Disk पर Error fix करने का सबसे अच्छा tool है–

A. Fdisk B. Scandisk
C.Chkdsk D. Fixdsk

33. Copy command file को copy करता है। इसको निश्चित करने के लिये किस command का उपयोग होगा?

A. /A B. /C
C. /S D. /V

34. निम्न command prompt का उत्तर क्या होगा–
$< $p $g?

A. <C:\>? B. <TD>
C. C:\> D. C::\>

35. किस command का उपयोग disk में track एवं sector को पुनः तैयार करने में होता है–

A. Fdisk B. Format disk
C. Chkdsk D. ATTRIB

36. Disk copy के लिये कौन-सा कथन सत्य है–

A. Copy एवं Disk copy दोनों समान है
B. disk copy हार्ड डिस्क पर उपयोग होता है
C. यह DOS का प्रारंभिक command है
D. यह floppy एवं हार्ड डिस्क पर उपयोग होगा।

37. FAT का पूरा नाम है–

A. File accommodation table
B. File access type
C. File allocation table
D. File activity table

38. DOS version को जानने के लिये किस command का उपयोग होता है–

A. VERSION B. VERIFY
C. VER D. VERSN

39. इसमें कौन-सा file name गलत है–

A. Myfile.dos B. Check$.(1)
C. Verified.# # # D. Qwerty.113

40. Virus का पूरा नाम क्या है–

A. Very important resource under search
B. Virtual information resource under seize
C. Verify interchange result until source
D. Very important record user searched

41. अचानक deleted file को किस command के द्वारा recover किया जायेगा–

A. UNDELETE
B. DELETE/CANCEL
C. RESTORE
D. RECOVER

42. Disk का नाम set करने के लिए किस command का उपयोग होता है–

A. VOLUME B. VOL
C. LABEL D. DISKLABEL

43. किस command का उपयोग file को sorted order में display करने के लिये होता है–

A. DIR/N B. DIR/SO
C. DIR/AN D. DIR/AH

44. किस command को पहले से उपयोग किये गये command को देखने के लिये किया जाता है–

A. COMMAND/ALL B. KEYDOS
C. DOSKEY D. DIR/ALL

45. Single Binary Bit store करने के लिये किसका उपयोग किया जाता है–

A. CAPACITOR B. FLIP-FLOP
C. REGISTER D. INDICATOR

मेमोरी स्टोरेज (Memory Storage)

46. जब एक से अधिक Flip-flop का समूह होता है, तब वह कहलाता है–
A. Counter
B. Adder
C. Register
D. उपरोक्त में से कोई भी नहीं

47. सबसे अच्छा यूनिट कौन-सा है जो storage के external device को support करता है–
A. Bits B. Bytes
C. Hertz D. Clock Cycles

48. अलग-अलग read/write हेड का उपयोग किस memory scheme के लिये किया जाता है–
A. Random Access
B. Sequential Access
C. Direct Access
D. उपरेक्त में से कोई भी नहीं

49. Operation को allow करने के लिए जिस रजिस्टर का उपयोग होता है, वह कहलाता है–
A. Counter B. Loader
C. Adder D. Shift register

50. निम्न में cost को ध्यान में रखकर सबसे सस्ता memory device कौन-सा है–
A. Conductor memory B. Magnetic Disk
C. Magnetic Tape D. Compact Disk

51. इसमें सबसे अधिक तेज गति से access करने का device कौन-सा है–
A. Magnetic Disk
B. Semiconductor memory
C. Magnetic Tape
D. Compact Disk

52. निम्न में कौन सेमी कंडक्टर मेमोरी है–
A. Dynamic B. Static
C. Bubble D. दोनों (A) एवं (B)

53. इसमें कौन-सा Read only memory storage device है–
A. Floppy
B. Hard Disk
C. CDRom
D. उपरोक्त में से कोई भी नहीं

मल्टी टास्किंग (Multi Tasking)

54. एक ही समय में एक से अधिक यूजर का प्रोग्राम रन कराने मे कौन मदद करता है–
A. Multi User
B. Multi tasking
C. Multi processing
D. उपरोक्त में से कोई भी नहीं

55. Multi Programming, एक ही समय में, एक से अधिक निम्नलिखित में से किस को support करता है–
A. Process
B. User
C. Hardware
D. उपरोक्त में से कोई भी नहीं

56. Preemptive एवं cooperative दोनों प्रकार है–
A. Multiprogramming के
B. Multitasking
C. Multi User
D. उपरोक्त में किसी के भी नहीं

57. Macintosh computer किस प्रकार का multitasking computer है–
A. Pre-emptive
B. Co-operative
C. Multiprogramming
D. उपरोक्त में से कोई भी नहीं

58. UNIX किस तरह का Multitasking उपयोग करता है–
A. Pre-emptive B. Co-operative
C. Multiprogramming D. कोई भी नहीं

59. जब डाटा एक साथ ग्रुप में process करता है, तो वह कहलाता है–
A. Batch processing
B. Group Processing

C. Time sharing
D. उपरोक्त में से कोई भी नहीं

60. Micro computer में किस operating system का उपयोग होता है?
A. UNIX B. LINUX
C. WINDOWS D. उपरोक्त सभी

61. निम्नलिखित में कौन-सा operating system का function नहीं है?
A. Batch processing B. Multiprocessing
C. Top management D. Virtual Storage

62. निम्न में रियल टाईम ऑपरेटिंग सिस्टम कौन-सा है–
A. Phillips-P-855 B. Vista
C. XP D. Linux

63. Operating system का प्रारंभिक उपयोग क्या है–
A. उत्पादकता बढ़ाना B. Testing
C. Loading D. Maintenance

64. MVS का पूरा नाम है–
A. Many very (large) system
B. Multiple virtual storage
C. Multi value system
D. उपरोक्त में से कोई भी नहीं

65. इनमें कौन-सा रियल टाईम ऑपरेटिंग सिस्टम है–
A. BLMX B. CTOS
C. CCP D. DOS

66. Batch processing को किस नाम से जाना जाता है?
A. Serial B. Sequential
C. Off line processing D. उपरोक्त सभी

67. Control statement के लेंग्वेज में लिखने के लिये किस स्टेटमेंट का उपयोग किया जाता है?
A. Preemptive
B. Co-operative
C. Multiprogramming
D. उपरोक्त में से कोई भी नहीं

68. Commercial data processing के लिये उपयोग किया गया programme जो अधिक से अधिक मात्रा में डाटा को पढ़ता है, कहलाता है–
A. I/O bound programme
B. Multi programming
C. Multitasking
D. उपरोक्त में से कोई भी नहीं

69. MFT का पूरा नाम हैं–
A. Multi programming (for) tasking
B. Multi fixed tasking
C. Multiprogramming with fixed tasking
D. उपरोक्त में से कोई भी नहीं

70. MVT का पूरा नाम है–
A. Multi variant tasking
B. Multiple variant tasking
C. Multiprogramming variable tasking
D. उपरोक्त में से कोई भी नहीं

71. Programme का सबसे popular stage जो main memory पर कार्य करता है, क्या कहलाता है–
A. Running B. Ready
C. Block D. कोई भी नहीं

टाइम शेयरिंग सिस्टम (Time Sharing System)

72. किसी resource को समय के अनुसार अलग-अलग प्रोग्राम में बाँटा जाये तो वह क्या कहलाता है–
A. Multi tasking
B. Multi user
C. Time Sharing
D. उपरोक्त में से कोई भी नहीं

73. Time sharing का सिद्धांत है–
A. अधिक से अधिक यूजर डायरेक्ट कम्प्यूटर से डाटा आदान-प्रदान कर सके एवं प्रॉब्लम हल कर सके
B. फाईल विभाग करना
C. (A) एवं (B) दोनों
D. उपरोक्त में से कोई भी नहीं,

74. यूजर CUP पर केंद्रित होता है जिसमें कुछ समय निर्धारित होता है। वह समय कहलाता है–
A. Time slice
B. Multi programming

C. Question time

D. उपरोक्त में से कोई भी नहीं

75. Time sharing system में जो यूजर central system से डाटा आदान प्रदान करता है, वह कहलाता है–

A. Interactive computing

B. Conversation computing

C. (A) एवं (B) दोनों

D. उपरोक्त में से कोई भी नहीं

76. एके प्रोसेस जब अधिक गति में जब डाटा या फाइल का लेन-देन करता है तब सिस्टम अधिक प्रभावित रूप से कार्य करता है, यह कहलाता है–

A. Real time system

B. Time sharing system

C. उपरोक्त दोनों

D. उपरोक्त में से कोई भी नहीं

77. Booting process का extension नाम क्या है–

A. confic.sys

B. command.com

C. autoexe.bat

D. उपरोक्त में से कोई भी नहीं

78. Command. com file एक–

A. Programme file हैं

B. Hidden file हैं

C. Executable file है

D. उपरोक्त में से कोई भी नहीं

79. Hidden file है–

A. Io.sys

B. Msdos.sys

C. दोनों (A) एवं (B)

D. उपरोक्त में से कोई भी नहीं

80. Booting process रन कराता है–

A. config.sys file

B. aurtiexec.bat file

C. command.com

D. उपरोक्त में से कोई भी नहीं

81. Booting process में कौन-सी फाईल हार्डवेयर को चेक करती है–

A. common.file

B. config.sys

C. autoexec.bat

D. उपरोक्त में से कोई भी नहीं

82. Booting process में config.sys क्या प्रदान करता है–

A. मेमोरी की खाली जगह

B. मेमोरी की भरी हुई जगह

C. मेमोरी की फाईल

D. उपरोक्त में से कोई भी नहीं

83. Booting process कौन-सी फाईल स्वतः रन करता है–

A. command.com B. config.sys

C. autoexec.bat D. io.sys

84. Booting process के दौरान कौन सी फाईल command फाईल को संग्रहित करता है–

A. command.com

B. config.sys

C. io.sys

D. उपरोक्त में कोई भी नहीं

85. Command.com को क्या कहा जाता है?

A. Shell

B. Console command process

C. दोनों (A) एवं (B)

D. उपरोक्त में से कोई भी नहीं

यूनिक्स OS (UNIX OS)

86. Unix programming को किस language में लिखा गया है?

A. C++ B. C

C. Java D. Visual Basic

87. Unix किस प्रकार की Operating है?

A. Multiuser

B. Time Sharing system

C. दोनों (A) एवं (B)

D. उपरोक्त में से कोई भी नहीं

88. DOS एक किस प्रकार का Operating system है–

A. Single user

B. Double user

C. Multi user

D. उपरोक्त में कोई भी नहीं

89. Booting process में कितना समय अधिकतम लगता है–

A. 10 सेकण्ड
B. 20 सेकण्ड
C. 18 सेकण्ड
D. 30 सेकण्ड

90. Real time sharing को किसे control करने के लिये उपयोग किया जाता है–

A. Physical system

B. Logical system

C. दोनों (A) एवं (B)

D. उपरोक्त में से कोई भी नहीं

नेटवर्किंग

डिवाइस (Device)

1. कंपनी का एक बड़ा network है जिसको छोटे–छोटे भाग में बाँटा गया है । किस device का उपयोग कर LAN को अलग-अलग भागों में बाँटा जा सकता है?

A. एक इंटरनल फायरवॉल

B. सबनेट के बीच रूटर

C. विभाग के लिए अलग–अलग स्वीच

D. उपरोक्त सभी के द्वारा

2. ईथरनेट के लिये कौन-से कंपोनेन्ट LAN में उपयोग किये जाते है?

A. COAX
B. FIBER
C. STP
D. उपरोक्त सभी

3. किस डिवाइस को पैकेट ऐड्रेस के द्वारा पैकेट भेजने के लिये डिजाइन किया गया है?

A. स्पेसिलिटी हब
B. स्वीचिंग हब
C. पोर्ट हब
D. फिल्टरिंग हब

फायरवॉल्स (Firewalls)

4. कंपनी गेटवे या नेटवर्क सर्वर के द्वारा इंटरनेट ऐक्सेस करता है । इसमें किस डिवाइस का उपयोग LAN एवं resource को सुरक्षा प्रदान करने के लिये किया जाता है?

A. D.S.L. Modem

B. एक मल्टीहोम फायरवॉल

C. VLAN

D. एक ब्राउजर

5. LAN के लिये फायरवॉल उपयोग करने से यह लाभ है–

A. Message को एक्सेस करने में मदद करता है

B. अलग–अलग resource को अनुशासित रूप से control करना

C. LAN के लिये सुरक्षा प्रदान करना

D. दोनों (B) एवं (C)

6. फायरबॉल के लिये निम्न में कौन-सा कथन सत्य है?

A. नेटवर्क ट्रॉफिक का फिल्टर करना

B. हार्डवेयर एवं सॉफ्टवेयर को सुरक्षा प्रदान करना

C. रूल का अनुसरण करना

D. उपरोक्त सभी

7. जब रूटर पर स्टेटिक पैकेट फिल्टरिंग उपयोग किया जाता है तब निम्न में से कौन-सा कथन सत्य साबित होगा?

A. यह कम सुरक्षा प्रदान करता है

B. यह पैकेट फिल्टरिंग प्रॉक्सी सर्वर से कम सुरक्षित है

C. यह डायनामिक से अधिक सुरक्षित है

D. दोनों (B) एवं (C)

8. पॉकेट फिल्टरिंग फायरवॉल किस OSI लेयर पर कार्य करता है?

A. एप्लिकेशन लेयर पर
B. ट्रांसपोर्ट लेयर पर
C. नेटवर्क लेयर पर
D. दोनों (B) एवं (C)

9. फायरवॉल को किस कार्य के लिये डिजाइन किया गया है?
   A. सिक्यूरिटी एक्सपोजर का सीमित है
   B. इंटरनेट एक्टिविटी पर लॉग-इन होना
   C. ऑर्गनाईजेशन की सिक्यूरिटी में मदद करना
   D. वायरस से बचाने में

10. स्टेटफुल फायरवॉल कनेक्शन ओरिएंटेड पैकेट को छानता है। निम्नलिखित में से कौन-सा स्टेटफुल पैकेट है?
   A. UDP   B. TCP
   C. IP   D. ICMP

11. निम्नलिखित में कौन-सा सिस्टम एप्लिकेशन लेयर पर प्रॉक्सी सॉफ्टवेयर का उपयोग कर रन करता है?
   A. प्रॉक्सी NAT   B. प्रॉक्सी क्लाइंट
   C. क्लाइंट 32   D. प्रॉक्सी सर्वर

12. निम्न में से कौन रूटर का उपयोग पैकेट फिल्टरिंग के साथ करता है?
   A. एप्लिकेशन लेयर फायरवॉल
   B. पैकेट फिल्टरिंग फायरवॉल
   C. रूटर इनहैन्स फायरवॉल
   D. IP इनेबल फायरवॉल

13. निम्नलिखित में से कौन फायरवॉल कनेक्शन स्टेट का ट्रैक रखता है?
   A. एप्लिकेशन लेयर फायरवॉल
   B. रूटर इनहैन्स फायरवॉल
   C. स्टेटफुल पैकेट फिल्टरिंग फायरवॉल
   D. पैकेट फिल्टरिंग फायरवॉल

रूटर (Router)

14. निम्न में कौन-सा डिवाइस मल्टीकास्ट एवं यूनिकास्ट पैकेट में अंतर बताता है?
   A. Multicast Switch   B. Wicast Switch
   C. Wicast Router   D. Multicast Router

15. LAN security के लिये किस सबनेट का उपयोग internal network में स्थायीतत्व लाने के लिये होता है?
   A. Static Router   B. Dynamic Router
   C. Static Switch   D. Dynamic Switch

16. निम्न में सबसे अधिक कठिन एवं सुरक्षित डिवाइस कौन-सा है जिसे LAN उपयोग करता है?
   A. Static Router
   B. IP Enabled Router
   C. Dynamic Router
   D. RIP Enabled Router

17. Router एवं ब्रीच के लिये कौन-सा कथन सत्य है–
   A. ब्रीच दो नेटवर्क को डाटा लिंक लेयर पर जोड़ता है
   B. Router अधिक उपयोगी होता है
   C. Router दो नेटवर्कों को Network layer पर जोड़ता है
   D. दोनों (A) एवं (C)

18. Router किस OSI layer पर कार्य करता है?
   A. Transport   B. Network
   C. Presentation   D. Session

स्विच, वॉयरलेस (Switch, Wireless)

19. किसी नेटवर्क का उपयोग कर cost को कम एवं चेकर को रोकने का काम किया जाता है?
   A. Hub   B. Switch
   C. Router   D. Firewall

20. जब LAN में स्वीच का उपयोग किया जाता है तब किस स्टेटमेंट को सिक्यूरिटी के लिये चुना जाता है?
   A. SSH का उपयोग कर Interface को manage करता है
   B. Switch telnet एवं HTTP का उपयोग करता है
   C. Switch firewall के पीछे रखा जाता है
   D. दोनों (B) एवं (C)

21. किस Hub का उपयोग पैकेट को भेजने के लिये किया जाता है?
   A. Smart Hub   B. Switching Hub
   C. Routing Hub   D. Porting Hub

22. निम्न में कौन-सा critical (जटिल) wireless device है?
A. AP
B. WAP
C. WEP
D. WLAN

23. निम्न में कौन-सा कथन मोडेम के लिये सत्य है–
A. Modem telephone line उपयोग करता है
B. Modem Modular एवं Demodular है
C. Modem का उपयोग security के लिये किया जाता है
D. दोनों (A) एवं (B)

24. सबसे अधिक सुरक्षित रिस्क क्या है जब Modem network के साथ कार्य कर रहा है?
A. बिना नेटवर्क एडमिनिस्ट्रेटर के ज्ञान का रिमोर्ट एक्सेस करना
B. LAN बिना एडमिनिस्ट्रेटर को एक्सेस करना
C. Client बिना एडमिनिस्ट्रेटर को एक्सेस करना
D. Server बिना एडमिनिस्ट्रेटर को एक्सेस करना

RAS, टेलीकॉम / PBX, VPN

25. RAS क्या है?
A. Remote access security
B. Random access security
C. Random access service
D. Remote access service

26. RAS एक Dialup network है। कौन-सा कनेक्शन RAS connection है?
A. ISDN
B. VPN
C. DSL
D. ALL

27. निम्न में कौन-सा कथन PBX से जुड़ा है?
A. PBX (Private Branch Exchange)
B. PBX High Speed Date transfer के लिये उपयोग होता है
C. दोनों (A) एवं (B)
D. PBX analog message को transfer करता है

28. दो साइट के बीच private communication encryption एवं अधिपत्य देता है। निम्न में कौन-सा सबसे उत्तम इस नेटवर्क के लिये है?
A. MODEM
B. FIREWALL
C. VPN
D. HOST

29. किस पद्धति का उपयोग मजबूत अधिपत्य के लिये होता है?
A. DES
B. BLOCK CHIPER
C. STREAM CHIPER
D. DEFFIE-HELLMAN

30. अधिक तेज गति से डाटा encryption के लिये किसका उपयोग किया जाता है?
A. STREAM CHIPER
B. RSA
C. DES
D. IPSEC

31. VPN connection के security के लिये किसका उपयोग किया जाता है?
A. TLS
B. IPSeC
C. L2TP
D. दोनों (B) एवं (C)

IDS

32. IDS का पूरा नाम हैं–
A. Intrusion Detection System
B. Indian Develop System
C. Integrated Disk System
D. उपरोक्त में से कोई भी नहीं

33. किस डिवाइस का उपयोग नेटवर्क ट्रैफिक की देख-रेख के लिये किया जाता है?
A. नेटवर्क आधारित Intrusion detection system
B. होस्ट आधारित transfer system
C. रूटर पर आधारित network system
D. उपरोक्त में से कोई भी नहीं

34. किस डिवाइस का उपयोग खोज में अधिक, रोकथाम में कम किया जाता है?
A. IDS
B. DMZ
C. NAT
D. PROXY

35. नेटवर्क डिवाइस की देखरेख के लिये किसका उपयोग किया जाता है?
A. SMTP
B. SNMP
C. RIP
D. OSPF

36. ईथरनेट पैकेट की देखरेख के लिये नेटवर्क मॉनिटर एवं प्रोटोकॉल एनलाइजर का उपयोग किया जाता है। जब IP हेडर के द्वारा "1" मैसेज भेजा जाता

है तब किस प्रकार का error या protocol निर्धारित होता है?

A. UDP B. ICMP
C. IGMP D. TCP

37. ईथरनेट पैकेट की देखरेख के लिये नेटवर्क मॉनिटर एवं प्रोटोकॉल एनलाइजर का उपयोग किया जाता है। जब IP हेडर के द्वारा "6" मैसेज भेजा जाता है तब किस प्रकार का error या protocol निर्धारित होता है?

A. UDP B. ICMP
C. IGMP D. TCP

वर्क स्टेशन, सर्वर, मोबाइल डिवाइस (Work Station, Server, Mobile Device)

38. LAN device के लिये सामान्यतः किस source एवं security का उपयोग पेयर से पेयर को जोड़ने एवं फाईलोयर करने के लिये होता हैं?

A. SQL Server B. Routers
C. Switches D. Workstations

39. जब यूजर के software download करने पर रोक लगाई जाती है तब वह क्या कहलाता है–

A. Desktop Lockup
B. Desktop Lookup
C. Desktop Lockdown
D. Desktop Lookdown

40. जब स्वतंत्र सर्वर को एक ग्रुप में रखा जाता है एवं ग्रुप एक सर्वर की तरह कार्य करता है, तो वह क्या कहलाता है–

A. Proxy Server
B. SQL Server
C. Server Array
D. Server Cluster

41. निम्न में किस डिवाइस की file sharing, network connection के लिए एक जैसी सुरक्षा प्रदान की जाती है?

A. Switch B. Workstation
C. Server D. दोनों (B) एवं (C)

42. किस डिवाइस का उपयोग मोबाईल को नेटवर्क के साथ जोड़ने के लिये उपयोग किया जाता है?

A. PDR B. PDA
C. PAGER D. दोनों (B) एवं (C)

43. निम्नलिखित में कौन-सा छोटा नेटवर्क डिवाइस है?

A. WORKSTATION B. SERVER
C. MOBILE DEVICE D. VPN

मीडिया UTP, STP

44. निम्न में कौन-सा नेटवर्क केबलिंग का एक प्रकार है?

A. Twisted Pair Wire B. Fiber Optic
C. Coaxial D. उपरोक्त सभी

45. निम्न में कौन-सी cross over effective (प्रभावित) केबल है–

A. मोडेम एवं नेटवर्क के बीच
B. हब एवं कंप्यूटर के बीच
C. दो कंम्प्यूटरो के बीच
D. स्वीच एवं रूटर के बीच .

46. CSMA क्या है?

A. Carrier Sensing Minimal Access
B. Carrier Sensing Multiple Access
C. Carrier Sense Multiple Access
D. उपरोक्त में कोई भी नहीं

47. निम्न में Coaxial केबल ट्रांसमिशन पद्धति कौन-सीं है?

A. Baseband B. Broadband
C. दोनों (A) एवं (B) D. CSMA/CA

48. Coaxial केबल की मुख्य विशेषता क्या है?

A. High Security
B. Physical Dimension
C. Long Distance`
D. Easily taped

49. किस coaxial केबल में दो आउटर कंडक्टर होते है?

A. STP Coax

B. Dual-Shield Coax
C. Multi-Shielded Coax
D. Bi-Coax

50. निम्न में किसका उपयोग 16MBPS से अधिक स्पीड से डाटा भेजने के लिये होता है?
A. 1 UTP B. 2 UTP
C. 3 UTP D. कैटगोरी 4 UTP

51. निम्न में कौन-सी twisted pair-cabling की property नहीं है?
A. 10w गति से ट्रांसमिशन होता है
B. Wires शील होता है
C. वायर बंद नहीं होते
D. Twisted एक ही लाइट वेब को भेजता है

52. Local network के installation के लिये किस मिडिया का उपयोग होता है?
A. Fiber B. CAT3
C. CAT5 D. Thin net

फाइबर (Fiber)

53. निम्न में कौन-सी फाइबर केबलिंग प्रॉपर्टी नहीं है?
A. Copper cable से अधिक गति से डाटा भेजना
B. Copper cable से आसानी से तरंग capture करना
C. घनत्व कम होना
D. Signal light के रूप में भेजना

54. Fiber में data transit के लिये किसका उपयोग किया जाता है?
A. Vibration B. Sound
C. बिजली का करंट D. प्रकाश

55. कोलाहल पूर्ण माहौल में किस नेटवर्क cable का उपयोग किया जाता है?
A. Fiber B. STP
C. Coax D. UTP

56. Radio frequency को सुरक्षा प्रदान करने के लिये किस मिडिया का उपयोग किया जाता है?
A. UTP B. STP
C. Coax D. Fiber

57. कौलाहलपूर्ण माहौल एवं electrical trouble मे किस media का उपयोग डाटा भेजने में होता है?
A. STP B. UDP
C. Coax D. Fiber

58. Modulated light को भेजने में किस केबल का उपयोग किया जाता है?
A. Category 3 UTP
B. Category 5 UTP
C. Fiber
D. Coax

59. निम्न में कौन-सा सबसे अधिक खर्चीला होता है?
A. Fiber Optic B. Coaxial Cable
C. कैटेगोरी 4 UTP D. कैटेगोरी 5 UTP

रिमूवेबल मिडिया, टेप, CD-R

60. Catastrophic data के खोने की क्षतिपूर्ति को किस मिडिया के द्वारा कम किया जा सकता है–
A. डाटा की बैकअप कॉपी तैयार कर रखना
B. डाटा को डिस्क में save करना
C. CD-R में डाटा बैकअप रखना
D. Virus को चेक करना

61. Magnetic storage media का कौन-सा उदाहरण है?
A. Zip B. CD-ROM
C. Floppy Disk D. दोनों (A) एवं (C)

62. किस डिवाइस की स्टोरेज जगह अधिक है, जहाँ से डाटा हटा भी सकते है?
A. Floppy Disk B. CD-ROM
C. DVD D. बाटा हुआ मेमोरी

63. जब tape में डाटा तैयार हो तब कौन-सा कथन सत्य होगा–
A. यूज़र डाटा को दुबारा उपयोग कर सकता है।
B. अगर डाटा खराब हो जाये, तो पुनः डाटा डाला जा सकता है
C. Restore के समय data transfer speed slow हो जाती है
D. दोनों (B) एवं (C)

64. सबसे पुराना स्टोरेज डिवाइस कौन-सा है?
A. Magnetic tape B. Laptop
C. High Drive D. CD-R

65. वह नया मीडिया कौन-सा है जिसका डाटा स्टोर करने में उपयोग किया जाता है?
A. Magnetic tape B. Laptop
C. High Drive D. CD-R

66. Fault tolerant RAID arrays के लिये किस माध्यम का उपयोग किया जाता है?
A. Magnetic Device B. Laptop
C. High Drive D. CD-R

67. निम्न में कौन-सा एक वायरस आने का एक सार्स है तथा यह एक प्रकार का मीडिया है, जिसे एक computer से दूसरे में डाटा भेजने में उपयोग होता है–
A. Hard Drive B. Smartcard
C. Flash card D. Diskette

68. किस डिवाइस का नाम मेमोरी सीक्स भी है?
A. Flash card B. Hard Drive
C. CD-R D. Diskette

स्मार्ट कार्ड, सिक्योरिटी टोपोलाजी (Smart Card, Security Topology)

69. किस डिवाइस का उपयोग मोबाईल स्टोरेज को सुरक्षा प्रदान करने के लिये किया जाता है?
A. Flash card B. Smart card
C. पब्लिक–की D. उपरोक्त सभी

70. निम्न में कौन-सा dependable tool है?
A. Flashcard B. Smartcard
C. Memory card D. अधिपत्य कार्ड

71. IANA के अनुसार निम्न में किसे रजिस्टर पोर्ट के नाम से जाना जाता है?
A. Port 1 से 255
B. Port 255 से 1024
C. Port 1024 से 49151
D. उपरोक्त सभी को

72 निम्न में किसे सिक्यूरिटी जोन के रूप में देखा जा सकता है?
A. INTRANET B. INTERNET
C. DMZ D. उपरोक्त सभी को

73. किस सिक्यूरिटी जोन को प्राइवेट कंपनी चलाती है?
A. FORWARD LOOKUP ZONE
B. INTERNET LOOKUP ZONE
C. INTRANET
D. INTERNET

74. किस सिक्यूरिटी जोन को एक कंपनी से दूसरे को जोड़ने के लिये डिजाइन किया गया है?
A. INTRANET B. DMZ
C. IMTRANET D. INTERNET

75. निम्न में किसका उपयोग एक नए स्टेशन को दूसरे के साथ जोड़ने के लिये होता है?
A. VPN B. VLAN
C. RADIUS D. NAT

76. LAN area के लिये प्राइवेट एड्रेस स्कीम का उपयोग कब होता है?
A. NAT
B. HONEY PORT
C. IDS
D. PROXY SERVER

77. प्राइवेट IP address के कारण निम्न में कौन-सा प्रॉक्सी सर्वर से अधिक सुरक्षित है?
A. RADIUS B. ICMP
C. NAT D. IRDP

78. Network address translation का प्रारंभिक कार्य है–
A. एक से अधिक यूजर का शेयर
B. इंटरनेट का IP address छिपाना
C. IP address को दिखाना
D. उपरोक्त में से कोई भी नहीं

79. निम्न में कौन प्राइवेट IP address का उदाहरण है–
A. 10.13.40.15

B. 311.10.42.5

C. 11.50.11

D. उपरोक्त में से कोई भी नहीं

80. निम्न में कौन निजी IP address का उदाहरण है जिसे इंटरनेट में उपयोग नहीं किया जाता–

A. 11.55.88.5 B. 22.82.84

C. 11.88.77 D. 172.16.12.5

टन्नलिंग, फाईल सिस्टम (Tunneling, File System)

81. निम्न में कौन-सा Tunneling network का उदाहरण है?

A. प्राइवेट नेटवर्क डाटा इनकैप्सूलेटेड होता है

B. प्राइवेट डाटा पब्लिक नेटवर्क पर ट्रांसमिट होता है

C. उपरोक्त में से कोई भी नहीं

D. उपरोक्त दोनों (A) एवं (B)

82. निम्न में कौन-सा VPN remote computing tunneling protocol है?

A. L2F B. L2TP

C. PPTP D. उपरोक्त सभी

83. निम्न में कौन-सा रजिस्टर पोर्ट IANA के अनुसार है–

A. Port 1 to 255

B. Port 256 to 1024

C. Port 1024 to 49151

D. Port 1028 to 68536

84. निम्न मे कौन-सा File एवं Folder को access करने का अधिकार देता है?

A. FAT B. FAT16

C. FAT32 D. NTFS

85. किस कमांड को उपयोग Folder अनुमति बदलने के लिये Linux में किया जाता है?

A. chmod B. IS

C. IS-I D. Top

86. किसका उपयोग फायरवॉल के द्वारा पास करने के लिये किया जाता है?

A. TCP B. IP

C. IPX/SPX D. NET BEUI

87. किस हार्डनिंग पद्धति का एक कंप्यूटर के द्वारा IP address एवं नाम के लिये उपयोग किया जाता है?

A. NTFS

B. IFS

C. PKI

D. ACCESS CONTROL LIST

88. E-mail traffic के लिये किस protocol का उपयोग होता है?

A. ARP B. DMS

C. SMTP D. IM

89. E-mail message में किस function का उपयोग relay agent के रूप में होता है?

A. SMT B. SNMP

C. S/MME D. LDAP

90. E-mail server की सुरक्षा के लिये किस protocol का उपयोग होता है?

A. SMTP Relay Setting

B. Antivirus Software

C. Access Control

D. उपरोक्त सभी का

91. FTP Server का प्रारंभिक कार्य क्या है?

A. Storage File

B. Backup Storage File

C. Transfer File

D. उपरोक्त सभी

92. किसका उपयोग Text base file एवं message प्राप्त करने के लिये किया जाता है?

A. FTP B. TFTP

C. FFTP D. TTF

93. DNS Server का प्रारंभिक कार्य क्या है?

A. 32 Bit address को सुधारना

B. दूसरा DNA address खोजना

C. पुनः IP address एवं Domain name को सुधारना

D. उपरोक्त सभी

94. निम्न में कौन Server High Volume network traffic को allow करता है?
A. FTP Server
B. NNTP Server
C. DSM Server
D. उपरोक्त सभी

95. बड़े डाटा रिपोजिटरी के लिये निम्न में किसका उपयोग किया जाता है?
A. SAM
B. NAS
C. DEN
D. उपरोक्त सभी का

सॉफ्टवेयर इंजीनियरिंग

बेसिक्स (Basics)

1. सपोर्ट सिस्टम, कस्टमर एवं सप्लायर के बीच कम्यूनिकेशन बनाता है, जिसे कहते है–
A. TPS
B. ऑफिस सपोर्ट सिस्टम
C. डिसिजन सपोर्ट सिस्टम
D. कम्यूनिकेशन सपोर्ट सिस्टम

2. प्राबलम सॉल्विंग का एनालिस्ट एप्रोच क्या हैं?
A. Cost एवं रिसर्च प्रॉबलम को हल करना
B. Possible हल को तैयार करना
C. प्रॉबलम सॉल्विंग का काम देखना एवं प्रॉबलम को हल करने के लिये जरूरी tool पूरा करना
D. उपरोक्त सभी

3. प्रोजेक्ट फेज का एक उदाहरण है–
A. यूजर की जरूरत के अनुसार सूचना संग्रहित करना
B. Cost (कीमत) एवं लाभ को खोजना
C. प्लान तैयार करना
D. उपरोक्त में कोई भी नहीं

4. यूजर किन दो प्रोजेक्ट फेज में अधिक व्यस्त होता है?
A. एनॉलेसिस एवं डिजाइन
B. डिजाइन एवं इम्पलीमेंटेशन
C. प्लानिंग एवं एनालेसिस
D. एनालेसिस एवं इम्पलीमेंटेशन

5. निम्न में एक स्थल वर्ल्ड का महत्वपूर्ण पहलू है?
A. मेथोडोलॉजी
B. तकनीकी
C. टूल
D. मॉड्ल

6. निम्न में किसका उपयोग डैवलपर को प्रोत्साहित करने एवं XP को UP में जोड़ने के लिये किया जाता है–
A. रिस्क मॉडल
B. एक्सट्रीम मॉडल
C. एनिल मॉडलिंग
D. स्पाइरस मॉडल

7. निम्न किस कार्य को सावधानीपूर्वक प्रत्येक स्टाफ के सहयोग से किया जाता है?
A. DFD
B. प्रोजेक्ट को देखना एवं मूल्यांकन
C. चार्ट
D. WBS

8. किसके द्वारा करेंट डेट एवं पूर्ण किया हुआ कार्य प्रतिशत में दिखाया जाता है?
A. दाम एवं लाभ का मूल्यांकन
B. Work ब्रेक डाऊन स्ट्रक्चर
C. क्रिटिकल पाथ
D. ट्रैनिंग ग्रांड चार्ट

प्रोजेक्ट प्लानिंग (Project Planning)

9. प्रोजेक्ट के दाम से उसकी वेल्यू अधिक होता है। यह फिजिविलटी के किस भाग में आता है?
A. टेक्निक्स
B. कल्चरल
C. आर्थिक
D. कंपनी

10. एक प्रश्न जिसका उत्तर कम समय में जल्दी दिया जाये तो वह प्रश्न किस प्रकार का होगा?
A. ओपिनीयन B. ओपन-एण्डेड
C. क्लोज एण्डेड D. मल्टीपल च्वाइस

11. फिजिविलटी को जाँच करने के लिये व्यापार के किस एप्रोच का उपयोग किया जाता है?
A. फंक्शनल B. वर्कफलो
C. डिस्कवरी D. लॉजिकल

12. निम्नलिखित में कौन-सा सही कथन है–
A. प्रश्नोत्तर के द्वारा सीमित डाटा संग्रहित किया जा सकता है
B. स्टेक होल्डर प्रश्न भी देता है
C. Case टूल का उपयोग नहीं होता है
D. प्रश्नोत्तर सही होना चाहिये

13. टेक्निकल पहलू को परिभाषित करने के फॉर्मूला की श्रृंखला निम्न में कौन-सी है?
A. Concrete B. Graphical
C. Descriptive D. Mathematical

14. मेमो, रिपोर्ट एवं लिस्ट के लिये निम्न में किसका उपयोग किया जाता है?
A. Descriptive B. Graphical
C. Mathematical D. उपरोक्त सभी

15. किसी सिस्टम के एक सतह को कवर करने के लिये मॉडल का उपयोग किया जाता है, जो है–
A. लॉजिकल B. मैथमैटिकल
C. ग्राफिकल D. उपरोक्त सभी

16. वह जो सुरक्षा एवं जाँच सिस्टम के लिये उपयोगी है, एवं जिसे निम्न में से किससे जोड़ा जा सकता है–
A. परफैक्ट तकनिकी B. रिस्क कंट्रोल
C. सिस्टम कंट्रोल D. उपरोक्त सभी

17. निम्न में किसे ऑब्जेक्ट ओरियेंटेड प्रोग्राम के लिये भी उपयोग किया जाता है?
A. रिलेशनसिप (संबंध) B. Multiplicity
C. यूनरी रिलेशनसिप D. क्लास

18. एक ऐसी प्रोसेस या फाइल जिसका केवल इनपुट से ही उपयोग किया जाता है?
A. ब्लैक होल B. फ्रेगमेंट
C. इन्फॉरमेशन ओवरलोड D. कंटेक्ट डायग्राम

19. निम्न में कौन-सा मॉडल डिजाइन का एक रूल है जिसकी कनेक्शन लिमिट नौ कंपोनेट है?
A. मिनिमाइजेशन इनटरफेश
B. Value of 7±2
C. बैलेन्शिग का रूल
D. ब्लैक होल

20. निम्न में कौन-सा रिलेशन प्रोसेस एवं लोकेशन के बीच बनाता है?
A. लोकेशन डायग्राम
B. ब्लैक होल
C. एक्टिविटी लोकेशन मैट्रिक
D. उपरोक्त में कोई भी नहीं

21. निम्न में कौन-सा डायग्राम या मैप लोकेशन के संबंध को बताता है?
A. ब्लैक होल
B. लोकेशन डायग्राम
C. एक्टिविटी लोकेशन डायग्राम
D. एक्टिविटी डाटा मैट्रिक

22. निम्न में किसको इवेन्ट टेबल डिजाइन करने के पश्चात डिजाइन किया जाता है?
A. DFD डायग्राम
B. Class diagram
C. सिस्टम सिक्वेंश डायग्राम
D. यूज केस

23. जेम्स मार्टिन के द्वारा इनमें से क्या विकसित किया गया?
A. इन्फॉरमेशन इंजीनियरिंग
B. मिनीमाइजेशन
C. CRUD
D. उपरोक्त में से कोई भी नहीं

24. ट्रेडिशनल सिस्टम का कंम्पोनेण्ट कौन-सा है?
A. यूज केश B. प्रोसेस डेफिनेशन
C. ऑब्जेक्ट D. डिसिजन टेबल

25. फैक्ट फाइंडिग एक्टिविटी को निम्न में किससे जोड़ा जा सकता है?
A. खोंज कार्य B. सिक्वेंश एक्टिविटी
C. इन्टरएक्सन एक्टिविटी D. मैसेजिंग

26. यूज केश डायग्राम किस में बाँटा जा सकता है?
A. क्लास डायग्राम
B. सिक्वेंश डायग्राम
C. इवेन्ट टेबल
D. कंटेक्सट डायग्राम

27. निम्न में कौन-सा इनपुट/आउटपुट को परिभाषित करता है, जब यूज केस उत्पन्न होता है?
A. सिस्टम सिक्वेंश डायग्राम
B. डाटा फलो डेफिनेशन
C. कंटेन्ट कंटेक्सट डायग्राम
D. DFD फेगमेंट

28. सिस्टम सिक्वेंश डाय्ग्राम में किसका अर्थ मल्टिप्लिसिटी होता है?
A. { }
B. *
C. ()
D.]

29. जब सिस्टम टेकओवर होता है तो प्रोसेसिंग फंक्शन का ________ उच्च हो जाता है?
A. स्कोप का लेवल
B. बिजनेस प्रोसेस रिइंजीनियरिंग
C. लेवल स्टेटजिंक प्लानिंग का
D. ऑटोमेशन का लेवल

कंपोनेंट (Requirement of Component for automation)

30. स्कोप क्रीप निम्न में क्या करता है?
A. फंक्शन के महत्व को दिखाता है
B. कुछ फंक्शन को बाद में परिभाषित करता है
C. प्रत्येक फंक्शन की प्रायरिटी निर्धारित करता है
D. नये फंक्शन जोड़ने के लिये आग्रह करता है

31. "Overview of Need" में किसे जोड़ा जा सकता है जो प्रपोजल के लिये आग्रह करता है?
A. एक्सपेक्टेड व्यापार लाभ
B. कंपनी का बैकग्राऊण्ड
C. परफॉरमेन्श रिक्वायरमेंट
D. मैनटेन एवं सपोर्ट

32. RFP प्रपोजल में किसे "Introduction and background" में जोड़ा जा सकता है?
A. रिक्वेस्ट फॉर स्टेटमेंट
B. प्राइमरी कार्य के लिये निर्देश
C. इन्डस्ट्री बिजनेस का मुख्य आधार
D. डाक्यूमेंट एवं ट्रेनिंग

33. निम्न में किस का उपयोग Cost के आधार पर रिक्स मैनेज करने के लिये किया जाता है?
A. दाम + कमीशन
B. दाम + प्रतिशत
C. दाम
D. फिक्स डॉलर

34. "Description of technical requirements" में किसे जोड़ा जा सकता है?
A. व्यापार जरूरत की व्याख्या
B. हार्डवेयर व्याख्या
C. देख-रेख एवं सहायक
D. कंपनी का बैकग्राऊण्ड

35. उच्च तकनीकी का डिजाइन जिसे पूरा स्ट्रक्चर डिजाइन करने के लिये उपयोग किया जाता है, कहलाता है–
A. सिस्टम
B. नोडल
C. आर्किटेक्चर
D. फंक्शनल

डिजाइन (Design)

36. कम्प्यूटर एवं प्रोग्राम के बीच Hierarchy मॉडल के द्वारा रिलेशन बनाया जाता है, वह है–
A. एक सिस्टम फलो चार्ट
B. डिजाइन क्लास डायग्राम
C. डाटा फलो डायग्राम
D. स्ट्रक्चर चार्ट

37. ट्रांजेक्शन में उपयोग किया जाने वाला आउटपुट डाटा फलो का सेट निम्न में कौन-सा है?
A. आउटपुट सिस्टम
B. अफेंट डाटा फलो
C. इफ्रेन्ट डाटा फलो
D. प्राइमरी सूचनाओं का बहाव

38. Poor कोहेन का मॉडल High reflect _____ करता है–
A. Data Flow
B. कंपलिंग
C. आइटरेशन
D. प्रोग्राम कॉल

39. सॉफ्टवेयर डेवलपमेंट मे डिटेल डिजाइन किसके द्वारा बनाई जाती है?

A. बिजनेस ऐनालेसिस
B. प्रोजेक्ट मैनेजर
C. सॉफ्टवेयर डिजाइन विशेषज्ञ
D. सिस्टम का यूजर

40. सभी हस्ताक्षर पद्धतियां किस डायग्राम के द्वारा परिभाषित की जाती है?
A. पैकेज
B. इन्टरएक्सन
C. डोमेन
D. डिजाईन क्लास

क्वालिटी टेस्टिंग (Quality Testing)

41. इसमें कौन-सा क्वालिटी नहीं देता है?
A. Transcendent
B. Product-based
C. Transbulent
D. उपरोक्त में से कोई भी नहीं

42. निम्न में कौन Deming's it प्वाइंट मैनेजमैंट नहीं है?
A. मोबाइलटी मैनेजमेंट
B. नया कार्य अपनाना
C. उपरोक्त दोनों
D. उपरोक्त में से कोई भी नहीं

43. डेवलपमेंट सायकल की स्टेज कौन-सी है?
A. रिक्वायरमेंट
B. एनालेसिस डिजाइन
C. कंसट्रक्सन
D. इम्पलीमेंटेशन

44. रिव्यु किस दाम एवं गुणवत्ता की श्रेणी है?
A. प्रिवेन्टीव
B. एप्रेजल
C. उपरोक्त दोनों
D. उपरोक्त में से कोई भी नहीं

45. व्यवहार में बदलाव से पहले किस प्रकार के बदलाव की जरूरत होती है?
A. लाइफ स्टाइल
B. इन्टरनल
C. मैनेजमेंट
D. उपरोक्त में कोई भी नहीं

46. टेस्टेवल सॉफ्टवेयर का क्या गुण है?
A. Observability
B. Simplicity
C. Stability
D. उपरोक्त सभी

47. टेस्टिंग तकनीकी को डिवाइजिंग तकनीकी में प्रत्येक फंक्शन को कार्य संम्पादित करने के लिये जाँच करने का प्रोसेस क्या कहलाता है?
A. ब्लैक बॉक्स टेस्टिंग
B. ग्लास बाक्स टेस्टिंग
C. ग्रे बॉक्स टेस्टिंग
D. ह्वाइट बॉक्स टेस्टिंग

48. सॉफ्टवेयर का इन्टरनल माड्यूल एवं लॉगिक टेस्ट करने का प्रोसेस है–
A. ब्लैक बॉक्स टेस्टिंग
B. ग्लास बॉक्स टेस्टिंग
C. ह्वाइट बॉक्स टेस्टिंग
D. उपरोक्त में कोई भी नहीं

विविध प्रशन

1. डेस्कटॉप पर टाईम एक आइकॉन जहाँ दिखता है, वह कहलाता है–
A. टॉस्कबार
B. डेस्कटॉप
C. सिस्टम ट्रे
D. उपरोक्त में से कोई भी नहीं

2. शार्टकट तैयार होने पर कितना स्पेस लेता है?
A. 1 kb
B. 2 kb
C. 4 kb
D. 20 kb

3. 1 मेगा बाइट में कितना किलोबाइट होता है?
A. 1000
B. 1024
C. 1040
D. 1050

4. गीगा बाइट निम्न में से किसका समूह है?
A. किलोबाइट
B. मेगाबाइट
C. टेराबाइट
D. बाइट

5. एक बाईट में कितने करेक्टर होते है?
A. 8
B. 64
C. 84
D. 1024

6. 1 टेरा में कितना गीगा बाइट होता है?
   A. 1024   B. 2040
   C. 1120   D. 11000
7. क्विक लाँच टूल बार कहाँ डिस्पले होता है?
   A. डेस्कटॉप
   B. टाइटल बार
   C. टास्क बार
   D. उपरोक्त में से कही भी नहीं
8. My Computer में क्या नहीं होता है?
   A. Drive   B. कंट्रोल पेनल
   C. नेटवर्क नेबरहुड   D. फोल्डर
9. शटडाउन करने के लिये किन keys का उपयोग किया जाता है?
   A. Alt + F2
   B. Alt + F3
   C. Alt + F4
   D. उपरोक्त में कोई नहीं
10. कॉपी करने के लिए किस कमांड का उपयोग होता है?
   A. Ctrl + C
   B. Alt + C
   C. Alt + P
   D. उपरोक्त में कोई नहीं
11. निम्न में से Text को सिलेक्ट करने के लिए कौन-सी Key है?
   A. Select   B. Alt + A
   C. Ctrl + A   D. उपरोक्त सभी
12. पेस्ट करने के लिये किस Shortcut Key का उपयोग किया जाता है?
   A. Ctrl + V   B. Ctrl + X
   C. Ctrl + T   D. उपरोक्त सभी
13. फाइल एवं फोल्डर को डिलीट करने के लिए Shortcut Key कौन-सी है?
   A. Shift + Del   B. Ctrl + Del
   C. Alt + Del   D. उपरोक्त सभी
14. विण्डो को बड़ा करने के लिए किस Shortcut Key का उपयोग किया जाता है?
   A. Alt + Enter   B. Ctrl + Enter
   C. Alt + Space   D. उपरोक्त सभी
15. विण्डो को बंद करने के लिये किस Key का उपयोग किया जाता है?
   A. Alt + F4
   B. Alt + Spacebar
   C. उपरोक्त दोनों (A) एवं (B)
   D. उपरोक्त में से कोई भी नहीं
16. MS-Excel के XP Version में कितनी Rows होती है?
   A. 65000
   B. 65536
   C. 30420
   D. उपरोक्त में से कोई भी नहीं
17. MS-Excel के XP Version में कितने Columns होते है?
   A. 256   B. 364
   C. 400   D. 40
18. MS-Word में Superscript (पावर) के लिये किस Shortcut Key का प्रयोग किया जाता है?
   A. Ctrl + Alt + '+'
   B. Ctrl + '+'
   C. उपरोक्त दोनों (A) एवं (B)
   D. उपरोक्त में से कोई भी नहीं
19. Spell Checking के लिये Shortcut Key क्या है?
   A. F7   B. F3
   C. F4   D. F6
20. Format Painter के लिए किस शार्टकट key का उपयोग किया जाता है?
   A. Alt + Shift + C   B. Ctrl + Shift + C
   C. Shift + C   D. उपरोक्त सभी
21. Hyperlink के लिये किस key का उपयोग होता है ?
   A. Alt + T   B. Alt + P
   C. Alt + K   D. Ctrl + K
22. Print के लिए किस शार्टकट key का उपयोग किया जाता है?
   A. Ctrl + T
   B. Ctrl + V
   C. Ctrl + P
   D. उपरोक्त में कोई नहीं

23. फाइल को खोलने की Shortcut key क्या है?
A. Ctrl + O B. Ctrl + S
C. Ctrl + W D. Ctrl + N

24. निम्न में कौन-सी Spreadsheets है?
A. Word B. Excel
C. Power Point D. उपरोक्त सभी

25. एक वर्क बुक में by default कितनी सीटे होती है?
A. एक B. दो
C. तीन D. पॉच

26. MS-Excel में जिस Cell पर कर्सर कार्य करता है, वह Cell क्या कहलाता है?
A. Del Cell B. Open Cell
C. Active Cell D. उपरोक्त सभी

27. कम्प्यूटर का जनक किसे कहा जाता है?
A. बिल गेट्स B. माइक्रोसॉफ्ट
C. चार्लस बेबेज D. रिल जॉन

28. TCP / IP क्या है?
A. Text Control Protocol/Internet Protocol
B. Transfer Control Protocol/Internet Protocol
C. Transfer Control Protocol/Intranet Protocol
D. Transfer Control Protocol/Increment Protocol

29. WWW है–
A. World Wide Web B. Wide World Web
C. World Web Wide D. Web World Wide

30. वेब साइट निम्न में से किसका समूह है?
A. सर्च इंजिन का B. सर्वर का
C. वेब पेज का D. उपरोक्त सभी का

31. याहू कब बना था?
A. 1994 B. April 1994
C. August 1993 D. 1993

32. Internet में POP क्या है?
A. Post of Post
B. Post Office Protocol
C. Protocol Office Post
D. Protocol of Post

33. .Net डोमेन निम्न में से किसे परिभाषित करता है?
A. Network resources
B. Internet Service Provider
C. Army
D. उपरोक्त में से कोई भी नहीं

34. India का डोमन नेम क्या है?
A. IN
B. Hindustan
C. India
D. उपरोक्त में से कोई भी नहीं

35. फोन्ट के साइज को बढ़ाने के लिये निम्न में किस Shortcut Key का उपयोग किया जाता है?
A. Ctrl + Shift + >
B. Ctrl + Shift + <
C. उपरोक्त दोनों (A) एवं (B)
D. उपरोक्त में से कोई भी नहीं

36. फोन्ट के साइज को घटाने के लिये किस टैग का यूज किया जाता है?
A. Ctrl + Shift + >
B. Ctrl + Shift + <
C Alt + Shift + =
D. उपरोक्त में से कोई भी नहीं

37. डेसिमल नम्बर का आधार कितना होता है?
A. 2 B. 10
C. 100 D. 1000

38. बाइनरी नम्बर का आधार कितना होता है?
A. 2 B. 4
C. 8 D. 10

39. ऑक्टल नम्बर का आधार कितना होता है?
A. 4 B. 8
C. 16 D. 2

40. हेक्सा डेसिमल नम्बर का आधार कितना होता है?
A. 2 B. 8
C. 16 D. 10

41. कैरेक्टर मैप की executable file का नाम क्या है?
A. Charmap.exe

B. Charamp.

C. Charmap.exe

D. उपरोक्त में कोई नहीं

42. विंडो की executable file का नाम क्या है?

A. Win.exe

B. Window.exe

C. Mswin.exe

D. उपरोक्त में कोई नही

43. फंक्शन Keys कितनी होती है?

A. F1 से F12 B. F1 से F11

C. F1 से F10 D. F1 से F13

44. निम्न में कौन-सा मॉनिटर का एक प्रकार नहीं है?

A. VGA B. SVGA

C. ANALOG D. LRT

45. सॉफ्टवेयर के प्रकार निम्न में कौन-से है?

A. एप्लिकेशन सॉफ्टवेयर

B. सिस्टम सॉफ्टवेयर

C. उपरोक्त दोनों (A) एवं (B)

D. उपरोक्त में से कोई भी नहीं

46. RTF का पूरा नाम है–

A. Remote Text File

B. Rich Text File

C. Ritch Text File

D. उपरोक्त में से कोई भी नहीं

47. नई खाली फाईल को खोलने के लिये शॉर्टकट key क्या है?

A. Ctrl + L B. Ctrl + N

C. Ctrl + X D. Ctrl + T

48. निम्न में किस शार्टकट key का उपयोग पावर प्वाइंट में नयी स्लाइड डालने के लिये उपयोग किया जाता है?

A. Ctrl + N B. Ctrl + M

C. Ctrl + X D. Ctrl + T

49. सहायता के लिये किस key का उपयोग किया जाता है?

A. F1 B. F2

C. F3 D. F4

50. MS-Excel का एक्सटेंशन नाम है–

A. .XLS B. .XEL

C. .XLC D. .XELC

51. गुगल निम्न में से क्या है?

A. सर्च इंजन B. वेबसाइट

C. वेब पेज D. उपरोक्त सभी

52. निम्न में ग्राफिक इंटरचेंज फॉरमेट फाईल कौन-सी है?

A. .GIS

B. .GIF

C. उपरोक्त दोनों (A) एवं (B)

D. उपरोक्त में से कोई भी नहीं

53. निम्न में कौन-से डोमेन नेम मिलेट्री या एयरफोर्स की वेबसाइट के लिये उपयोग किए जाते हैं?

A. MIL B. .Aair

C. MILATRY D. उपरोक्त सभी

54. यूनिवर्सिटी एवं स्कूल के लिये किस डोमेन नाम का उपयोग किया जाता है?

A. .university B. .Edu

C. .Ptv D. उपरोक्त सभी

55. NCST क्या है?

A. National Software for Software Technology

B. National Syos for Software Technology

C. National Center for Software Technology

D. उपरोक्त में कोई भी नहीं

56. ALTA VISTA निम्न में से क्या है?

A. पब्लिक सर्च इंडेक्स B. सर्च फाईल

C. इंडेक्स D. उपरोक्त सभी

57. निम्न में कौन–सा जावा का पैकेज नहीं है?

A. Blue B. Applet

C. Java script D. .Net

58. A का ASCII Code क्या है?

A. 10100001

B. 10010101

C. 11000111

D. उपरोक्त में कोई नहीं

59. BCD कोड का पूरा नाम है–

A. Binary Code of Decimal

B. Binary coded Decimal

C. Big Code Decimal

D. उपरोक्त में से कोई भी नहीं

60. एक्टिव मेमोरी लोकेशन का एड्रेस कहाँ स्टोर होता है?
A. मेमोरी एड्रेस रजिस्टर B. एड्रेस रजिस्टर
C. रजिस्टर D. मेमोरी

61. नये निर्देश को मेमोरी में स्टोर करने का कार्य निम्न में से कौन करता है?
A. PC
B. MBR
C. MAR
D. ACCUMULATOR

62. एलगोरिदम को ग्राफ में प्रदर्शित करने के लिये किस का उपयोग किया जाता है?
A. फ्लो B. चार्ट
C. फ्लोचार्ट D. सूडोकोड

63. निम्न में कौन-सी कंप्यूटर लेंग्वेज नहीं है?
A. High Level Language
B. Low Level Language
C. Assembly Level Language
D. C++

64. Low Language का दूसरा नाम क्या है?
A. Machine Level Language
B. Binary Language
C. Machine Code
D. उपरोक्त सभी

65. High Level को machine language में बदलने का कार्य निम्न में से कौन करता है?
A. ASSEMBLER B. COMPILER
C. INTERPRETER D. उपरोक्त सभी

66. 0 एवं 4 किस लेंग्वेज को कहते है?
A. Machine Language
B. Low Level Language
C. उपरोक्त दोनों (A) एवं (B)
D. High Level Language

67. जहाँ चिन्ह् एवं स्पेशल कोड संग्रहित होता है, उस लैंग्वेज को क्या कहते है?
A. High Level Language
B. Assembly Language
C. Low Level Language
D. उपरोक्त सभी

68. Assembly Language को हार्ड मशीन लेंग्वेज में बदलने का कार्य निम्न में से कौन करता है?
A. ASSEMBLER B. COMPILER
C. INTERPRETER D. उपरोक्त सभी

69. High Language को मशीन एवं मशीनी को High language में निम्न में से कौन बदलता है–
A. COMPILER B. ASSEMBLER
C. INTERPRETER D. उपरोक्त सभी

70. Basic को कब डेवलप किया गया था?
A. 1954 B. 1972
C. 1964 D. 1974

71. LOGO क्या है?
A. Language of Operation
B. Language of Graphic
C. List of Graphic Operation
D. उपरोक्त में कोई भी नहीं

72. CAI का पूरा नाम क्या है?
A. Computer Aided Instruction
B. Computer Aided Information
C. Company Aided Instance
D. उपरोक्त में से कोई भी नहीं

73. Processing की गति को बढ़ाने के लिये किस मेमोरी का उपयोग किया जाता है?
A. Hard Disk
B. Cache Memory
C. Primary Memory
D. उपरोक्त में कोई भी नहीं

74. COBOL का पूरा नाम क्या है?
A. Cost of Business Oriented Language
B. Common Business Oriented Language
C. (A) एवं (B) दोनों
D. उपरोक्त में से कोई भी नहीं

75. COM का पूरा नाम क्या है?
A. Computer Output Manufacturing
B. Computer Output Microfilm
C. Common Output Microfilm
D. उपरोक्त में से कोई भी नहीं

76. लॉजिक गेट का समूह क्या कहलाता है?
A. Circuit

B. Combinational Circuit
C. Common Circuit
D. उपरोक्त में से कोई भी नहीं

77. CRT Technology का पूरा नाम है–
A. Cost Reduce Test
B. Cathode Ray Tube
C. Common Ray Tube
D. उपरोक्त में से कोई भी नहीं

78. Raw Material का समूह क्या कहलाता है?
A. Data | B. Information
C. Matter | D. उपरोक्त सभी

79. सूचनाओं का समूह जिसे डाटा से अर्थपूर्ण डाटा में बदला जाता है, क्या कहलाता है?
A. डाटा प्रोसेसिंग
B. डाटा एंट्री
C. डाटा विभाजन
D. उपरोक्त में से कोई भी नहीं

80. प्रोग्राम की गलतियों को खोजना एवं सुधारना क्या कहलाता है?
A. Correcting
B. Debugging
C. Verify
D. उपरोक्त में से कोई भी नहीं

81. DDP का पूरा नाम है–
A. Data Disk Process
B. Distributed Data Processing
C. उपरोक्त दोनों (A) एवं (B)
D. उपरोक्त में से कोई भी नहीं

82. वह टेबल जिसके द्वारा प्रोग्राम लॉजिक को प्रदर्शित किया जाता है, क्या कहलाता है?
A. Table
B. Decision
C. Decision Table
D. उपरोक्त में से कोई नहीं

83. EDVAC कंप्यूटर कब बनाया गया था?
A. 1952 में | B. 1958 में
C. 1962 में | D. 1994 में

84. EMIAC कंप्यूटर कब बनाया गया था?
A. 1952 में
B. 1946 में
C. 1958 में
D. उपरोक्त में से कोई नहीं

85. FORTRON का पूरा नाम है–
A. Formula Transaction
B. Formula Transfer
C. Formula Transistor
D. Formula Transmission

86. Hexa Decimal में 10 को किस अक्षर से दर्शाते है?
A. A | B. B
C. C | D. D

87. Hexa Decimal का अधिकतम शेषफल क्या हो सकता है?
A. 1 | B. 7
C. 15 | D. 22

88. Kilo को किसके द्वारा प्रदर्शित किया जा सकता है?
A. 210
B. 1024
C. (A) एवं (B) दोनों
D. उपरोक्त में से कोई भी नहीं

89. लाइट पेन क्या है?
A. Output Device | B. Input Device
C. Display Device | D. उपरोक्त सभी

90. LAN क्या है?
A. Topology | B. Network
C. Technique | D. Internet

91. एक सर्किट में जोड़ा गया कम्प्यूटर किस टोपोलॉजी का होता है?
A. Star
B. Mash
C. Ring
D. उपरोक्त में से कोई नहीं

92. सभी सिस्टम का एक-दूसरे के साथ कनेक्शन किस टोपोलॉजी में होता है?

A. Ring
B. Mash
C. Tree
D. उपरोक्त सभी

93. इंटरनेट के लिये किस टोपोलॉजी का उपयोग होता है?
A. Mash
B. Star
C. Tree
D. उपरोक्त सभी का

94. CD में स्टोर किया गया डाटा निम्न में से क्या है?
A. Hard Copy
B. Soft Copy
C. Store Copy
D. उपरोक्त सभी

95. ऑप्टिकल बार कोड रिडर के लिये निम्न में से किसका उपयोग किया जाता है?
A. UPC
B. SPC
C. LAC
D. उपरोक्त सभी का

96. WAN है–
A. Wide Area Network
B. Network of Network
C. नेटवर्क का जाल
D. उपरोक्त सभी

उत्तरमाला

कम्प्यूटर की आधारभूत संरचना

1	2	3	4	5	6	7	8	9	10
C	C	C	C	D	C	A	A	A	B
11	12	13	14	15	16	17	18	19	20
D	A	A	C	D	D	C	C	A	A
21	22	23	24	25	26	27	28	29	30
B	D	C	B	C	B	C	D	C	A
31	32	33	34	35	36	37	38	39	40
C	D	D	A	C	D	C	B	A	B
41	42	43	44	45	46	47	48	49	50
C	D	B	D	C	A	A	D	B	B
51	52	53	54	55	56	57	58	59	60
A	D	D	A	C	D	C	B	B	B
61	62	63	64	65	66	67	68	69	70
C	C	A	C	B	B	B	A	B	B
71	72	73	74	75	76	77	78	79	80
A	D	B	C	B	D	A	D	C	B
81	82	83	84	85	86	87	88	89	90
C	C	A	D	D	D	C	A	B	C
91	92	93	94	95	96				
D	C	D	D	A	B				

आपरेटिंग सिस्टम

1	2	3	4	5	6	7	8	9	10
D	B	D	B	A	B	A	B	C	C
11	12	13	14	15	16	17	18	19	20
C	A	A	B	A	C	D	C	D	C

21	22	23	24	25	26	27	28	29	30
A	C	D	B	B	D	C	D	B	A
31	32	33	34	35	36	37	38	39	40
C	B	D	A	B	D	C	C	D	B
41	42	43	44	45	46	47	48	49	50
A	C	C	C	B	C	B	D	D	D
51	52	53	54	55	56	57	58	59	60
B	D	C	A	A	B	B	A	A	A
61	62	63	64	65	66	67	68	69	70
B	D	A	B	D	D	D	A	C	C
71	72	73	74	75	76	77	78	79	80
D	C	A	D	C	A	C	A	C	B
81	82	83	84	85	86	87	88	89	90
B	A	C	A	C	B	C	A	D	A

नेटवर्किंग

1	2	3	4	5	6	7	8	9	10
D	D	B	B	D	D	D	D	D	B
11	12	13	14	15	16	17	18	19	20
D	B	D	D	A	A	D	B	B	A
21	22	23	24	25	26	27	28	29	30
B	A	D	A	D	D	C	C	D	C
31	32	33	34	35	36	37	38	39	40
D	A	A	A	B	B	D	D	C	D
41	42	43	44	45	46	47	48	49	50
D	D	C	D	C	C	C	C	C	D
51	52	53	54	55	56	57	58	59	60
D	C	B	D	A	D	D	C	C	A
61	62	63	64	65	66	67	68	69	70
D	C	D	A	D	C	D	D	B	B
71	72	73	74	75	76	77	78	79	80
C	D	C	C	B	A	C	B	A	D
81	82	83	84	85	86	87	88	89	90
D	D	D	D	A	C	D	C	A	D
91	92	93	94	95					
C	B	C	B	D					

सॉफ्टवेयर इंजीनियरिंग

1	2	3	4	5	6	7	8	9	10
D	C	C	D	D	C	B	D	C	C
11	12	13	14	15	16	17	18	19	20
C	D	D	A	C	C	B	A	B	B
21	22	23	24	25	26	27	28	29	30
B	A	A	B	A	C	A	B	D	D
31	32	33	34	35	36	37	38	39	40
A	C	D	B	C	D	C	B	C	B
41	42	43	44	45	46	47	48		
C	A	B	B	B	D	A	C		

विविध प्रश्न

1	2	3	4	5	6	7	8	9	10
C	A	B	B	B	A	C	D	C	C
11	12	13	14	15	16	17	18	19	20
C	A	A	C	C	B	A	C	A	B
21	22	23	24	25	26	27	28	29	30
D	C	A	B	C	C	C	B	A	C
31	32	33	34	35	36	37	38	39	40
B	B	A	A	A	B	B	A	B	C
41	42	43	44	45	46	47	48	49	50
C	A	A	D	C	B	B	B	A	A
51	52	53	54	55	56	57	58	59	60
A	B	A	B	C	A	D	A	B	A
61	62	63	64	65	66	67	68	69	70
A	C	D	A	B	C	B	A	A	C
71	72	73	74	75	76	77	78	79	80
B	A	B	B	B	B	B	A	A	B
81	82	83	84	85	86	87	88	89	90
B	C	A	D	A	A	C	C	B	B
91	92	93	94	95	96				
C	B	C	B	A	D				

सामान्य सचेतता
(GENERAL AWARENESS)

भारतीय इतिहास

प्राचीन भारत

हड़प्पा सभ्यता

- सिंधु सभ्यता की खोज 1921 ई. में दयाराम साहनी ने की।
- सिंधु घाटी की सभ्यता का नामकरण, हड़प्पा नामक स्थान, जहाँ यह संस्कृति पहली बार खोजी गई थी, के नाम पर हड़प्पा संस्कृति भी किया गया है।
- हड़प्पा संस्कृति का काल निर्धारण लगभग 2600 और 1900 ई.पू. के बीच किया गया है।
- हड़प्पा संस्कृति का भौगोलिक विस्तार वृहद था। यह उत्तर में कश्मीर के माण्डा से दक्षिण में ताप्ती नदी के मुहाने पर स्थित भगतराव तथा पश्चिम में बलूचिस्तान के सुत्कागेंडोर से पूर्व में पश्चिमी उत्तर प्रदेश के आलमगीरपुर तक विस्तृत है।
- भारत में हड़प्पा सभ्यता के सर्वाधिक क्षेत्र गुजरात, राजस्थान, हरियाणा तथा पंजाब में प्राप्त हुए हैं।
- हड़प्पा सभ्यता नगरीय सभ्यता थी जहाँ नियोजित जल-निकास प्रणाली भी विकसित थी।
- नगर दो भागों में विभाजित हैं–ऊपरी तथा निम्न भाग। ऊपरी भाग दुर्गीकृत है जिसमें राजकीय इमारतें, खाद्य भंडार गृह एवं स्नानागार आदि निर्मित हैं तथा निम्न भाग में सामान्य बस्ती अवस्थित थी।
- कालीबंगन से जुते हुए खेत का साक्ष्य मिला है जबकि बनावली (हरियाणा) से मिट्टी से बने हल के प्रतिरूप मिले हैं।
- अग्निकुंड लोथल एवं कालीबंगन से प्राप्त हुए हैं।
- अफगानिस्तान में शोर्तुघई नामक हड़प्पा स्थल से नहरों के कुछ अवशेष मिले हैं।
- धौलावीरा से जलाशय के अवशेष मिले हैं।
- मोहनजोदड़ो जिसका सिंधी भाषा में अर्थ 'मृतकों का टीला' है, की खोज सर्वप्रथम 1922 ई. में राखलदास बनर्जी ने की थी।
- हड़प्पा सभ्यता का प्रमुख स्थल लोथल गुजरात के काठियावाड़ में स्थित है। इसकी खोज डॉ. एस.आर. राव ने की थी। यह भोगवा नदी के तट पर स्थित था।
- लोथल एक प्रमुख बंदरगाह नगर था तथा यहाँ से फारस की मुहरें तथा युग्म शवाधान के साक्ष्य मिले हैं।
- हड़प्पा की मुहरों पर सबसे अधिक एकशृंगी पशु का अंकन मिलता है।
- मनका निर्माण की कर्मशाला चन्हुदड़ो और लोथल में प्राप्त हुई है।

वैदिक काल

- आर्यों की सामाजिक-सांस्कृतिक तथा आर्थिक व्यवस्था वैदिक संस्कृति के रूप में जानी जाती है। आर्यों के बारे में जानकारी मुख्यतः वेदों–ऋग्वेद, यजुर्वेद, सामवेद एवं अथर्ववेद से मिलती है।
- वैदिक काल को दो भागों में विभाजित किया जाता है– ऋग्वैदिक काल (1500-1000 ई.पू.) और उत्तर वैदिक काल (1000-600 ई.पू.)।
- आर्यों के निवास के विस्तृत क्षेत्र को 'सप्तसैन्धव' प्रदेश कहा गया। इस क्षेत्र में सात प्रमुख नदियाँ प्रवाहित हैं। ये नदियाँ हैं–सिंधु, सतलज, रावी, चिनाब, झेलम, व्यास तथा सरस्वती।
- आर्यों की प्रशासनिक इकाई आरोही क्रम से अग्रलिखित पाँच भागों में बंटी थी–कुल, ग्राम, विश, जन, राष्ट्र।
- सभा, समिति तथा विदथ जनप्रतिनिधि संस्थाएँ थीं। इन संस्थाओं में राजनीतिक, सामाजिक, धार्मिक तथा आर्थिक प्रश्नों पर विचार किया जाता था।
- इन्द्र ऋग्वैदिक आर्यों का सबसे महत्वपूर्ण देवता था जिसे पुरन्दर कहा गया है। वरुण, सूर्य, मित्र, अग्नि, इत्यादि अन्य प्रमुख देवता थे।
- गायत्री-मंत्र का उल्लेख ऋग्वेद में मिलता है।
- ऋग्वेद के 10वें मंडल के पुरुषसूक्त में चतुर्वर्ण–ब्राह्मण, क्षत्रिय, वैश्य और शूद्र की उत्पत्ति के उल्लेख मिलते हैं।
- आर्यों का मुख्य व्यवसाय कृषि एवं पशुपालन था।
- **उत्तर वैदिक काल** में आर्यों ने स्थायी जीवन व्यतीत करना प्रारंभ कर दिया था। इस समय आर्य मुख्य रूप से गंगा-यमुना दोआव में फैल गए थे।
- आर्यों ने पशुपालन की जगह कृषि कार्य को जीवन का प्रमुख आधार बनाया।
- चित्रित धूसर-मृद्भाण्ड तथा धातुओं में लोहा इस काल की प्रमुख विशिष्टता है।

- उत्तर वैदिक काल में राजा का पद वंशानुगत होने लगा। शासकों ने राजसूय, वाजपेय तथा अश्वमेध यज्ञों के माध्यम से अपनी शक्ति में वृद्धि की।
- गोत्र नामक संस्था का उदय उत्तर वैदिक काल में हुआ।

जैन धर्म

- जैन धर्म के संस्थापक ऋषभदेव थे।
- जैन परंपरा के अनुसार जैन धर्म में कुल 24 तीर्थंकर हुए।
- जैन धर्म के 23वें तीर्थंकर पार्श्वनाथ थे।
- जैन धर्म के मुख्य प्रवर्तक तथा 24वें तीर्थंकर महावीर स्वामी थे।
- महावीर ने तीस वर्ष की अवस्था में गृह त्याग दिया तथा 12 वर्षों की कठिन तपस्या के बाद ऋजुपालिका नदी के तट पर श्रम्भिक ग्राम में उन्हें ज्ञान प्राप्त हुआ, जिसके बाद उन्हें 'जिन', निर्ग्रंथ, अर्हत तथा केवलिन कहा गया।
- महावीर से पहले पार्श्वनाथ ने चार जैन-सिद्धांत दिए थे। ये हैं–सत्य, अहिंसा, अपरिग्रह तथा अस्तेय। महावीर ने इसमें पाँचवाँ सिद्धांत 'ब्रह्मचर्य' जोड़ा।
- महावीर की मृत्यु के बाद जैन संघ दो भागों में विभाजित हुआ– दिगम्बर (भद्रबाहु के समर्थक) तथा श्वेताम्बर (स्थूलभद्र के समर्थक)।
- जैन धर्म पुनर्जन्म एवं कर्मवाद में विश्वास करता था।
- जैन धर्म के अनुसार मोक्ष के लिए तीन तत्वों का होना जरूरी है। ये हैं–
  - ❑ सम्यक दर्शन
  - ❑ सम्यक ज्ञान
  - ❑ सम्यक कर्म या सम्यक आचरण
- जैन धर्म में ईश्वर की मान्यता नहीं है।

बौद्ध धर्म

- महात्मा बुद्ध का जन्म 563 ई.पू. में कपिलवस्तु के निकट लुम्बिनी में हुआ था।
- गौतम बुद्ध का विवाह 16 वर्ष की आयु में यशोधरा से हुआ था। इनके पुत्र का नाम राहुल था।
- पुत्र जन्म के कुछ समय पश्चात् ही 29 वर्ष की अवस्था में उन्होंने गृह त्याग दिया।
- आलार कलाम बुद्ध के प्रथम गुरू थे।
- निरंजना नदी (गया) के तट पर उरूवेला नामक स्थान पर वैशाख पूर्णिमा के दिन सिद्धार्थ को ज्ञान की प्राप्ति हुई जिसके बाद वे बुद्ध कहलाए।
- बुद्ध ने निर्वाण (मोक्ष) प्राप्ति के लिए निम्न अष्टांगिक मार्ग बताए–

1. सम्यक दृष्टि
2. सम्यक संकल्प
3. सम्यक वाणी
4. सम्यक कर्म
5. सम्यक आजीविका
6. सम्यक व्यायाम
7. सम्यक स्मृति
8. सम्यक समाधि

- बौद्ध ग्रंथों में सबसे महत्वपूर्ण त्रिपिटक है।

त्रिपिटक

- ❑ **सुत्तपिटक**–इसमें बौद्ध धर्म के सिद्धांतों का उल्लेख है।
- ❑ **विनयपिटक**–इसमें बौद्ध संघ के नियमों की व्याख्या की गई है।
- ❑ **अभिधम्मपिटक**–इसमें बौद्ध दर्शन पर प्रकाश डाला गया है।

- महात्मा बुद्ध के महापरिनिर्वाण के बाद बौध धर्म कई सम्प्रदायों में विभक्त हो गया। इनमें प्रमुख हैं–हीनयान तथा महायान।
- हीनयान महात्मा बुद्ध के दर्शन तथा सिद्धांतों में विश्वास करने वाला सम्प्रदाय था, जबकि महायान सम्प्रदाय को मानने वाले बुद्ध के साथ बोधिसत्वों के जीवन तथा सिद्धांतों में भी विश्वास रखते थे।
- कालान्तर में बौद्ध धर्म में तांत्रिक विचारधारा का भी प्रवेश हुआ जिसके प्रभाव में 'वज्रयान' सम्प्रदाय अस्तित्व में आया।

महाजनपद काल

- आरंभिक भारतीय इतिहास में छठी शताब्दी ई.पू. में 16 महाजनपदों का उदय हुआ। बौद्ध ग्रंथ अंगुत्तर निकाय में पहली बार 16 महाजनपदों की चर्चा मिलती है।
- अधिकांश महाजनपदों पर राजा का शासन होता था लेकिन गण और संघ के नाम से प्रसिद्ध राज्यों में कई लोगों का समूह शासन करता था, इस समूह का प्रत्येक व्यक्ति राजा कहलाता था। भगवान महावीर और भगवान बुद्ध इन्हीं गणों से सम्बन्धित थे।

महाजनपदों की स्थिति

क्र.स.	महाजनपद	राजधानी	क्र.स.	महाजनपद	राजधानी
1.	मगध	राजगृह	9.	वत्स	कौशाम्बी
2.	अवन्ति	उज्जयिनी	10.	कुरू	हस्तिनापुर
3.	वज्जि	वैशाली	11.	मत्स्य	विराटनगर
4.	कोसल	श्रावस्ती	12.	पांचाल	अहिच्छत्र
5.	काशी	वाराणसी	13.	शूरसेन	मथुरा
6.	अंग	चम्पा	14.	गान्धार	तक्षशिला
7.	मल्ल	कुशीनारा	15.	कम्बोज	राजपुर
8.	चेदि	शुक्तिमती	16.	अश्मक	पोतन

- छठी से चौथी शताब्दी ई.पू. में मगध सबसे शक्तिशाली महाजनपद बन गया।
- मगध पर शासन करने वाला शासकीय वंश हर्यक वंश था। इसके बाद शिशुनाग तथा नन्द वंश ने शासन किया। नन्दों को समाप्त कर मौर्य वंश ने शासन आरंभ किया।

मौर्य साम्राज्य

- 322 ई.पू. में चंद्रगुप्त मौर्य ने मौर्य साम्राज्य की स्थापना की।
- चन्द्रगुप्त मौर्य जैन धर्म का अनुयायी था।
- चंद्रगुप्त ने 305 ई.पू. में यूनानी शासक सेल्यूकस के साथ संधि की। संधि शर्तों के अनुसार सेल्यूकस ने 500 हाथियों के बदले चार प्रांत काबुल, कन्धार, हेरात एवं मकरान चंद्रगुप्त को दिए।
- सेल्यूकस ने चन्द्रगुप्त के दरबार में अपने राजदूत मेगस्थनीज की नियुक्ति की।
- मेगस्थनीज ने पाटलिपुत्र में रहते हुए इण्डिका की रचना की।
- चन्द्रगुप्त का उत्तराधिकारी बिन्दुसार बना।
- बिंदुसार के शासनकाल में तक्षशिला में दो विद्रोह हुए प्रथम को अशोक ने दबाया तथा दूसरे विद्रोह को सुसीम ने दबाया।

अशोक

- बिंदुसार का उत्तराधिकारी अशोक था जो 272 ई.पू. में मगध का शासक बना।
- अशोक शासक बनने से पूर्व उज्जयिनी तथा तक्षशिला का गवर्नर था।
- 261 ई.पू. में अशोक ने कलिंग पर आक्रमण किया। कलिंग युद्ध में व्यापक हिंसा से उसका मन द्रवित हो गया एवं उसने युद्ध विजय की जगह धम्म विजय की नीति अपनाई।
- अशोक बौद्ध धर्म का अनुयायी बन गया तथा उसके प्रचार-प्रसार में लग गया। अशोक ने अपने पुत्र महेंद्र तथा पुत्री संघमित्रा को बौद्ध धर्म के प्रचार के लिए श्रीलंका भेजा।
- अशोक ने 'धम्म' को नैतिकता से जोड़ा। इसके प्रचार-प्रसार के लिए उसने शिलालेखों को उत्कीर्ण कराया। इसकी प्रेरणा उसे ईरानी शासक देरियस प्रथम से मिली थी।
- अशोक के शिलालेख ब्राह्मी, ग्रीक, अरमाइक तथा खरोष्ठी लिपि में उत्कीर्ण हैं, जबकि सभी स्तम्भलेख प्राकृत भाषा में हैं।
- जेम्स प्रिंसेप ने 1837 ई. में अशोक के शिलालेखों को पढ़ने में सफलता प्राप्त की।
- धम्म का उल्लेख अशोक के भाब्रू शिलालेख में मिलता है।
- अशोक ने साँची, सारनाथ, तक्षशिला स्थित धर्म राजिका स्तूप का निर्माण करवाया था। उसने आजीवक संन्यासियों के लिए बाराबरी पहाड़ियों में सुदामा, कर्णचोपर व विश्व-झोपड़ी का निर्माण करवाया।

मौर्योत्तर काल

- मौर्योत्तर काल में कई विशिष्ट शासकों ने भारत के विभिन्न क्षेत्रों पर शासन किया, जिनमें पुष्यमित्र शुंग, खारवेल, गौतमीपुत्र शातकर्णी तथा कनिष्क प्रमुख थे।
- मौर्योत्तर काल में कला तथा संस्कृति का अत्यधिक विकास हुआ। मूर्तिकला की गान्धार, मथुरा तथा अमरावती शैली अस्तित्व में आई।
- मौर्य सेनापति **पुष्यमित्र शुंग** ने अंतिम मौर्य शासक वृहद्रथ की हत्या कर 184 ई.पू. में शुंग वंश की स्थापना की।
- शुंग वंश के शासनकाल में मनुस्मृति, विष्णुस्मृति तथा याज्ञवल्क्य स्मृति ग्रंथों की रचना हुई। इसी समय पतंजलि ने 'अष्टाध्यायी' पर टीका 'महाभाष्यम' लिखी।
- शुंग वंश का अन्तिम शासक देवभूति था, जिसकी हत्या कर उसके सेनापति वसुदेव ने कण्व वंश की स्थापना की।
- कण्व वंश के अंतिम शासक सुशर्मा को सातवाहन शासक सिमुक ने पराजित किया।

हिन्द-यूनानी शासक

- बैक्ट्रिया के शासक डेमेट्रियस ने भारत पर 190 ई.पू. में आक्रमण कर अफगानिस्तान, पंजाब, सिंध के बड़े भूभाग पर अधिकार कर शाकल को अपनी राजधानी बनाया। इसे हिन्द-यवन राज्य कहा गया।
- हिन्द-यूनानी शासकों में **मिनान्डर** का नाम प्रमुख है जिसने नागसेन से बौद्ध धर्म की दीक्षा ली जो मिलिन्दपन्हों ग्रंथ में संकलित है।
- भारत में सोने के सिक्के सर्वप्रथम 'हिन्द-यूनानी' शासकों ने ही जारी किए।

शक

- यूनानियों के बाद शक आए। शकों की पांच शाखाएं थीं और हर शाखा की राजधानी भारत और अफगानिस्तान में अलग-अलग भागों में थी।

- शकों का सबसे प्रतापी शासक **रूद्रदामन प्रथम** (130-150 ई.) था जिसका शासन गुजरात के बड़े भाग पर था। इसने काठियावाड़ की अर्धशुष्क सुदर्शन झील (मौर्यों द्वारा निर्मित) की मरम्मत करवाई।

कुषाण

- कुषाण वंश का संस्थापक कुजुल कडफिसस था। इसका उत्तराधिकारी विम कडफिसस था।
- विम कडफिसस ने कुषाण साम्राज्य का विस्तार किया तथा उत्तर भारत के वृहद क्षेत्र पर अधिकार स्थापित कर लिया।
- इस वंश का सबसे प्रसिद्ध शासक **कनिष्क** था। कुषाणों की एक राजधानी पुरूषपुर या पेशावर थी और दूसरी राजधानी मथुरा थी।
- कनिष्क ने 78 ई. अर्थात् अपने राज्याभिषेक के वर्ष में एक संवत् चलाया, जो शक संवत् कहलाता है, जिसे भारत सरकार द्वारा प्रयोग में लाया जाता है।

गुप्त साम्राज्य

- गुप्त वंश का संस्थापक श्रीगुप्त (240-280 ई.) को माना जाता है।
- चंद्रगुप्त प्रथम ने गुप्त सम्वत् की स्थापना 319-320 ई. में की थी।
- चंद्रगुप्त प्रथम के पश्चात् उसका पुत्र समुद्रगुप्त शासक बना। उसने स्वयं को लिच्छवी दौहित्र कहा।
- समुद्रगुप्त ने आर्यावर्त के 9 शासकों को और दक्षिणावर्त के 12 शासकों को पराजित किया। इन्हीं विजयों के कारण इसे भारत का नेपोलियन कहा जाता है।
- समुद्रगुप्त के बाद [illegible]गुप्त शासक हुआ किन्तु वह एक दुर्बल शासक था। उसके बाद चन्द्रगुप्त द्वितीय शासक बना।
- चंद्रगुप्त द्वितीय (380-412 ई.) ने वैवाहिक सम्बन्धों और युद्ध विजय, दोनों प्रकार से गुप्त साम्राज्य का अत्यधिक विस्तार किया।
- चन्द्रगुप्त द्वितीय के शासन काल में उसकी प्रथम राजधानी पाटलिपुत्र और द्वितीय राजधानी उज्जयिनी थी।
- चंद्रगुप्त द्वितीय के शासनकाल में चीनी बौद्ध यात्री फाहृयान भारत आया था।
- चंद्रगुप्त द्वितीय के दरबार में नौरत्न थे—कालिदास, धनवन्तरि, क्षपणक, अमरसिंह, शंकु, बैताल भट्ट, घटकर्पर, वराहमिहिर और वररूचि।
- चंद्रगुप्त द्वितीय का उत्तराधिकारी कुमारगुप्त प्रथम था।
- कुमारगुप्त प्रथम (412-454 ई.) ने नालंदा विश्वविद्यालय की स्थापना की थी।
- स्कन्दगुप्त (454-467 ई.) गुप्त वंश का अंतिम महान शासक था।

गुप्तकाल में प्रशासन

- गुप्त साम्राज्य की सबसे बड़ी प्रादेशिक इकाई 'देश' थी, जिसके शासक को गोप्ता कहा जाता था। 'भुक्ति' एक दूसरी प्रादेशिक इकाई थी, जिसके शासक उपरिक कहलाते थे।
- भुक्ति के बाद विषय नामक प्रशासनिक इकाई होती थी, जिसके प्रमुख विषयपति कहलाते थे।
- पुलिस विभाग का मुख्य अधिकारी 'दण्डपाशिक' कहलाता था।
- कालिदास, हरिषेण, वीरसेन, विशाखदत्त आदि इस युग के प्रसिद्ध विद्वान थे। बौद्ध विद्वानों में असंग, वसुबन्धु, दिङ्नाग तथा धर्मपाल आदि प्रमुख थे।
- पुराणों की वर्तमान रूप में रचना गुप्तकाल में हुई थी। पंचतंत्र की रचना विष्णु शर्मा ने इसी युग में की।
- प्रशासन की सबसे छोटी इकाई ग्राम थी। ग्राम का प्रशासन ग्राम सभा द्वारा संचालित होता था। ग्राम-सभा का मुखिया ग्रामीक कहलाता था एवं अन्य सदस्य गहत्तर कहलाते थे।
- ग्राम समूहों की छोटी इकाई को पेठ कहा जाता था।
- संधि-विग्राहक सेना का मुख्य अधिकारी होता था।

विज्ञान

- गुप्तकाल में गणित, भौतिक विज्ञान, रसायन विज्ञान, धातु विज्ञान, ज्योतिष एवं चिकित्सा विज्ञान की बहुत उन्नति हुई।
- दशमलव तथा शून्य का अन्वेषण गुप्तकाल में ही हुआ।
- आर्यभट्ट इस युग के प्रख्यात गणितज्ञ एवं खगोलशास्त्री थे। आर्यभट्टीयम इनकी सुप्रसिद्ध रचना है, जिसमें अंकगणित, बीजगणित तथा रेखागणित की विवेचना की गई है। आर्यभट्ट ने सूर्य सिद्धांत नामक ग्रंथ में यह प्रमाणित किया कि पृथ्वी सूर्य का चक्कर लगाती है।
- ब्रह्मगुप्त का 'ब्रह्मसिद्धांत' खगोलशास्त्र का एक प्रसिद्ध ग्रंथ है।
- सुश्रुत और धनवन्तरि इस युग के प्रख्यात वैद्य थे।
- 'नवनीतकम' इस युग की प्रसिद्ध चिकित्सा पुस्तक है।

गुप्तोत्तर काल

- गुप्त वंश के पतन के बाद कई नये राजवंशों का उद्भव हुआ, उनमें मैत्रक, मौखरि, पुष्यभूति, परवर्ती गुप्त और गौड़ प्रमुख हैं। इन राजवंशों में पुष्यभूति सबसे प्रमुख थे।

पुष्यभूति वंश

- पुष्यभूति वंश का संस्थापक पुष्यभूति था। इनकी राजधानी थानेश्वर थी।
- राज्यवर्द्धन की मृत्यु के बाद 606 ई. में 16 वर्ष की अवस्था में **हर्षवर्द्धन** थानेश्वर का शासक बना। इसने 'परमभट्टारक' की उपाधि धारण की। हर्ष को शिलादित्य के नाम से भी जाना जाता है।
- हर्षवर्द्धन के शासन की जानकारी बाणभट्ट की रचना हर्षचरित से मिलती है।
- हर्ष और पुलकेशिन-II के बीच नर्मदा नदी के तट पर युद्ध हुआ जिसमें हर्ष की पराजय हुई। इस युद्ध का वर्णन पुलकेशिन-II के एहोल अभिलेख में मिलता है।
- चीनी यात्री ह्वेनसांग हर्षवर्द्धन के शासनकाल में भारत आया।
- हर्ष स्वयं एक श्रेष्ठ साहित्यकार था। उसने प्रियदर्शिका, रत्नावली तथा नागानंद नामक तीन संस्कृत नाटक ग्रंथों की रचना की थी।

दक्षिण भारत के प्रमुख राजवंश

पल्लव वंश

- पल्लव वंश का संस्थापक सिंहविष्णु (575-600 ई.) था। इनकी राजधानी कांची थी।
- प्रसिद्ध लेखक भारवि जिन्होंने किरातार्जुनीयम की रचना की थी, सिंहविष्णु के दरबार में रहते थे।
- नरसिंहवर्मन प्रथम ने वातापीकोण्ड की उपाधि ली थी। इसके शासनकाल में ह्वेनसांग कांची आया था।
- नरसिंहवर्मन द्वितीय ने कांची में कैलाशनाथ मंदिर तथा महाबलीपुरम का शोर मंदिर बनवाया था।
- दशकुमारचरित के लेखक दण्डी नरसिंहवर्मन द्वितीय के दरबार में रहते थे।

चालुक्य वंश (वातापी)

- जयसिंह ने वातापी के चालुक्य-वंश की स्थापना की जिसकी राजधानी वातापी थी।
- वातापी के चालुक्य वंश के प्रमुख शासक थे—पुलकेशिन प्रथम, कीर्तिवर्मन, पुलकेशिन द्वितीय, विक्रमादित्य, विनयादित्य एवं विजयादित्य। इनमें सबसे प्रतापी राजा पुलकेशिन द्वितीय था।
- पल्लववंशी शासक नरसिंह वर्मन प्रथम ने पुलकेशिन द्वितीय को लगभग 642 ई. में परास्त किया और उसकी राजधानी वातापी पर अधिकार कर लिया।

चालुक्य वंश (कल्याणी)

- कल्याणी के चालुक्य वंश की स्थापना तैलप द्वितीय ने की थी।
- इस वंश का सबसे प्रतापी शासक विक्रमादित्य-VI था।
- विल्हण एवं विज्ञानेश्वर विक्रमादित्य-VI के दरबार में ही रहते थे।
- विज्ञानेश्वर ने मिताक्षरा की रचना की थी।
- विल्हण ने विक्रमांकदेवचरित की रचना की थी।

राष्ट्रकूट

- राष्ट्रकूट राजवंश का संस्थापक दन्तिदुर्ग (752 ई.) था। इसकी राजधानी मान्यखेत थी।
- राष्ट्रकूट वंश के प्रमुख शासक थे : कृष्ण प्रथम, ध्रुव, गोविन्द तृतीय, अमोघवर्ष, कृष्ण द्वितीय, इन्द्र तृतीय एवं कृष्ण तृतीय।
- ध्रुव राष्ट्रकूट वंश का पहला शासक था, जिसने कन्नौज पर अधिकार करने हेतु त्रिपक्षीय संघर्ष में भाग लिया और प्रतिहार नरेश वत्सराज एवं पाल नरेश धर्मपाल को पराजित किया।
- ऐलोरा एवं ऐलिफेंटा में गुहामंदिरों का निर्माण राष्ट्रकूटों के समय में हुआ।

चोल

- नौवीं शताब्दी में चोल शक्ति का पुनरुत्थान विजयालय (850 ई.) ने किया। इसकी राजधानी तंजौर थी।
- आदित्य चोल ने पल्लव शासक अपराजित को हराकर तोण्डमण्डल पर अधिकार कर लिया और 'मदुरैकोण्ड' की उपाधि धारण की।
- परान्तक प्रथम ने श्रीलंका पर हमला किया तथा श्रीलंका के उत्तर-पूर्वी भाग पर आधिपत्य स्थापित किया।
- राजराज प्रथम ने श्रीलंका पर आक्रमण किया। वहाँ के राजा को पराजित कर एक नया प्रांत 'मुम्मिडचोलमंडलम' बनाया और पोलन्नरूवा को इसकी राजधानी बनाया।
- राजेन्द्र प्रथम ने बंगाल के पाल शासक महिपाल को पराजित करने के बाद गंगैकोण्ड चोल की उपाधि धारण की और नवीन राजधानी गंगैकोंडचोलपुरम के निकट चोलगंगम नामक विशाल तालाब का निर्माण करवाया।
- राजेन्द्र प्रथम ने शैलेंद्र शासक को पराजित कर जावा, सुमात्रा, मलय को जीता।
- चोल शासकों ने श्रेष्ठ नौ-सेना का निर्माण किया था।
- सम्पूर्ण चोल साम्राज्य 6 प्रांतों में विभक्त था। प्रांत को मंडलम कहा जाता था। मंडलम कोहम में, कोहम नाडु में एवं नाडु कई कुर्रमों में विभक्त था।
- स्थानीय स्वशासन चोल प्रशासन की मुख्य विशेषता थी।

पाल वंश

- पाल वंश का संस्थापक गोपाल था।

- गोपाल बौद्ध धर्म का अनुयायी था। इसने ओदन्तपुरी विश्वविद्यालय की स्थापना की।
- पालवंश का सबसे महान शासक धर्मपाल था जिसने विक्रमशिला विश्वविद्यालय की स्थापना की थी।
- कन्नौज के लिए त्रिपक्षीय संघर्ष पाल वंश, गुर्जर प्रतिहार वंश एवं राष्ट्रकूट वंश के बीच हुआ। इसमें पाल वंश की ओर से सर्वप्रथम धर्मपाल शामिल हुआ था।

सेन वंश

- बंगाल में सेनवंश की स्थापना सामन्त सेन ने राढ़ में की थी।
- सेन वंश की राजधानी नदिया (लखनौती) थी।
- सेन वंश के प्रमुख शासक विजय सेन, बल्लालसेन एवं लक्ष्मण सेन थे।
- सेन शासक बल्लालसेन ने दानसागर एवं अद्भुतसागर नामक ग्रंथ रचना की थी।
- लक्ष्मणसेन की राजसभा में गीतगोविन्द के लेखक जयदेव रहते थे।
- सेन राजवंश प्रथम राजवंश था, जिसने अपना अभिलेख सर्वप्रथम हिन्दी में उत्कीर्ण करवाया।

कश्मीर के राजवंश

- कश्मीर पर विभिन्न शासक वंशों ने क्रमानुसार शासन किया–कार्कोट वंश, उत्पल वंश, लोहार वंश।
- दुर्लभवर्द्धन ने 627 ई. में कश्मीर में कार्कोट वंश (हिंदू वंश) की स्थापना की। दुर्लभवर्द्धन के शासनकाल में ह्वेनसांग ने कश्मीर की यात्रा की थी।
- कार्कोट वंश का सबसे शक्तिशाली राजा ललितादित्य मुक्तापीड था। कश्मीर के मार्तण्ड मंदिर का निर्माण ललितादित्य ने करवाया था।
- कार्कोट वंश के बाद उत्पल वंश का शासन हुआ। अवन्तिवर्मन ने उत्पल वंश की स्थापना की थी।
- उत्पल वंश की रानी दिद्या एक महत्वपूर्ण शासिका थी।
- लोहार वंश का संस्थापक संग्रामराज था।
- लोहार वंश का शासक हर्ष एक विद्वान साहित्यकार था। इसके दरबार में प्रख्यात कवि कल्हण रहता था।

राजपूत राजवंश

गुर्जर प्रतिहार वंश

- नागभट्ट प्रथम मालवा के गुर्जर प्रतिहार वंश का संस्थापक था।
- मिहिरभोज प्रतिहार वंश का सर्वाधिक शक्तिशाली एवं प्रतापी शासक था।
- मिहिरभोज की राजधानी कन्नौज थी।
- प्रसिद्ध कवि राजशेखर, प्रतिहार शासक महेन्द्रपाल के दरबार में रहते थे। राजशेखर ने काव्य मीमांसा लिखी थी।

चौहान वंश

- चौहान वंश का संस्थापक वासुदेव था। इनकी प्रारंभिक राजधानी अहिच्छत्र थी।
- अजयराज द्वितीय ने अजमेर नगर की स्थापना की और उसे राजधानी बनाया।
- चौहान वंश का सबसे शक्तिशाली शासक अर्णोराज का पुत्र विग्रहराज चतुर्थ वीसलदेव हुआ, जिसने हरिकेलि नामक संस्कृत नाटक की रचना की।
- पृथ्वीराज तृतीय इस वंश का अंतिम शासक था। चन्दबरदाई पृथ्वीराज तृतीय का राजकवि था, जिसकी रचना पृथ्वीराजरासो है।
- तराइन का प्रथम युद्ध 1191 में हुआ जिसमें पृथ्वीराज तृतीय की विजय एवं मुहम्मद गोरी की हार हुई।
- तराइन का द्वितीय युद्ध 1192 में हुआ, जिसमें गोरी की विजय एवं पृथ्वीराज तृतीय की हार हुई।

परमार वंश

- परमार वंश की स्थापना 9वीं शताब्दी में उपेन्द्र कृष्णराज ने की। इसकी राजधानी धारा नगरी (उज्जैन) थी।
- परमार वंश का सर्वाधिक शक्तिशाली शासक राजा भोज था।
- भोज ने चिकित्सा, गणित एवं व्याकरण पर अनेक ग्रंथ लिखे। भोजकृत युक्तिकल्पतरू में वास्तुशास्त्र के साथ-साथ विविध वैज्ञानिक यंत्रों व उनके उपयोग का उल्लेख है। इसने कविराज की उपाधि ग्रहण की थी।

चंदेल वंश

- 831 ई. में नन्नुक ने बुंदेलखंड में चंदेल वंश की स्थापना की थी। इसकी प्रारंभिक राजधानी कालिंजर (महोबा) थी।
- बुंदेलखण्ड का प्राचीन नाम जेजाकभुक्ति है।
- राजा धंग ने अपनी राजधानी कालिंजर से खजुराहो में स्थानान्तरित की थी। कंदरिया महादेव मंदिर का निर्माण धंग ने ही करवाया।
- चंदेल वंश का सबसे प्रतापी राजा यशोवर्मन था।
- यशोवर्मन ने कन्नौज पर आक्रमण कर प्रतिहार राजा देवपाल को हराया तथा उससे एक विष्णु की प्रतिमा प्राप्त की, जिसे उसने खजुराहो के विष्णु मंदिर में स्थापित किया।
- चंदेल शासक विद्याधर ही एकमात्र ऐसा भारतीय शासक था जिसने महमूद गजनवी की महत्वाकांक्षाओं का सफलतापूर्वक प्रतिरोध किया।
- आल्हा-ऊदल नामक दो सेनानायक परमर्दिदेव के दरबार में रहते थे, जिन्होंने पृथ्वीराज चौहान के साथ वीरतापूर्वक लड़ाई लड़ते हुए अपनी जान गँवाई थी।

मध्यकालीन भारत

- भारत पर आक्रमण करने वाला प्रथम मुस्लिम शासक मुहम्मद बिन कासिम था।
- मुहम्मद बिन कासिम के आक्रमण के समय सिन्ध का शासक दाहिर था। कासिम ने 712 ई. में सिंध पर विजय प्राप्त की। इसने मुल्तान को भी जीता।
- महमूद गजनवी खुरासान का शासक था।
- महमूद ने 1001 से 1027 ई. तक भारत पर 17 बार आक्रमण किए। उसके आक्रमण का उद्देश्य धन लूटना था।
- महमूद गजनवी का अंतिम आक्रमण 1027 ई. में जाटों के विरुद्ध था।
- महमूद गजनवी के दरबार में अलबरूनी, फिरदौसी, उत्बी तथा फारूखी आदि प्रसिद्ध कवि रहते थे।

मुहम्मद गोरी

- शिहाबुद्दीन मुहम्मद गोरी ने 1175 ई. में मुल्तान के विरुद्ध पहला आक्रमण किया।
- तराइन का प्रथम युद्ध 1191 में हुआ जिसमें मुहम्मद गोरी पृथ्वीराज चौहान से पराजित हुआ था।
- तराइन का द्वितीय युद्ध 1192 में हुआ, जिसमें मुहम्मद गोरी ने पृथ्वीराज चौहान को पराजित किया था।
- 1194 ई. में चन्दावर के युद्ध में मुहम्मद गोरी ने कन्नौज में गाहड़वाल शासक को पराजित किया था।
- बख्तियार खिलजी ने पूर्वी भारत पर आक्रमण किया तथा नालंदा एवं विक्रमशिला विश्वविद्यालयों को नष्ट किया।

दिल्ली सल्तनत

- 1206 से 1526 ई. तक भारत पर दिल्ली सल्तनत के शासकों ने शासन किया।

गुलाम वंश

- गुलाम वंश की स्थापना 1206 ई. में कुतुबुद्दीन ऐबक ने की।
- गुलाम वंश को इल्बरी, मामलूक तथा दासवंश के नाम से भी जाना जाता है।
- कुतुबुद्दीन ऐबक ने लाहौर को अपनी राजधानी बनाया।
- कुतुबुद्दीन को अपनी उदारता के कारण लाखबक्श कहा जाता था।
- कुतुबुद्दीन की मृत्यु के बाद उसका उत्तराधिकारी आरामशाह हुआ जो एक अयोग्य शासक साबित हुआ।
- आरामशाह की हत्या करके **इल्तुतमिश** 1211 ई. में दिल्ली की गद्दी पर बैठा।
- इल्तुतमिश इल्बरी तुर्क था। वह लाहौर से राजधानी को स्थानांतरित करके दिल्ली लाया।
- इल्तुतमिश ने चालीस तुर्क सरदारों का एक दल 'तुर्कान-ए-चहलगानी' बनाया।
- इल्तुतमिश ने कुतुबमीनार का निर्माण कार्य पूरा करवाया।
- इल्तुतमिश ने अपनी पुत्री **रजिया** को अपना उत्तराधिकारी नियुक्त किया था।
- रजिया एक योग्य शासक थी परन्तु गैर तुर्कों को सामंत बनाने के रजिया के प्रयासों से तुर्की अमीर उसके विरुद्ध हो गए तथा उसे सत्ता से हटा दिया गया।
- रजिया की हत्या 13 अक्टूबर, 1240 ई. को डाकुओं के द्वारा कैथल के पास कर दी गई।
- रजिया के बाद बहरामशाह, मसूदशाह तथा नासिरूद्दीन महमूद शासक बने।
- 1266 ई. में **ग्यासुद्दीन बलबन** दिल्ली की गद्दी पर बैठा। अपने विरोधियों के प्रति इसने 'लौह एवं रक्त' की नीति अपनाई।
- बलबन ने मंगोलों के आक्रमण से भारत की सफलतापूर्वक रक्षा की।

खिलजी वंश

- गुलाम वंश के शासन को समाप्त कर 1290 ई. में जलालुद्दीन फिरोज खिलजी ने खिलजी वंश की नींव डाली।
- जलालुद्दीन की हत्या कर 1296 ई. में अलाउद्दीन खिलजी ने शासन पर अधिकार कर लिया।
- अलाउद्दीन दिल्ली सल्तनत का सबसे प्रसिद्ध एवं सफल शासक था।
- अलाउद्दीन ने सैनिक एवं बाजार व्यवस्था में महत्वपूर्ण सुधार किए।

तुगलक वंश

- गाजी मलिक उर्फ गयासुद्दीन तुगलक ने 1320 ई. में दिल्ली में तुगलक वंश की स्थापना की।

- उसने दिल्ली के निकट तुगलकाबाद नामक नगर की स्थापना की।
- ग्यासुद्दीन प्रथम सुल्तान था जिसने नहरों का निर्माण करवाया।
- गयासुद्दीन की मृत्यु के बाद उसका पुत्र 'जूना खां' मुहम्मद-बिन-तुगलक' के नाम से सुल्तान बना।
- मुहम्मद-बिन-तुगलक के शासनकाल में योग्यता के आधार पर सरकारी पद प्रदान किए गए।
- मुहम्मद-बिन-तुगलक की मृत्यु के बाद तुर्की सरदारों ने फिरोजशाह तुगलक को सुल्तान बनाया। फिरोज की माता हिन्दू थी।
- फिरोज ने शरीयत के अनुसार स्वीकृत चार कर लगाए–खराज, खुम्स, जजिया तथा जकात।
- फिरोज ने ब्राह्मणों पर सर्वप्रथम जजिया कर लगवाया।
- उसने गरीबों की सहायता के लिए दीवान-ए-खैरात नामक दान विभाग की स्थापना की।
- फिरोज ने सिंचाई के लिए नहरों का निर्माण करवाया। उसने सिंचाई कर भी लगाया।
- फिरोज तुगलक ने लगभग 300 नये नगरों की स्थापना की जिनमें हिसार, फिरोजाबाद (दिल्ली), फतेहाबाद, फिरोजपुर आदि प्रमुख हैं।

सैय्यद वंश

- सैय्यद वंश का संस्थापक खिज्र खाँ था। इसने 1414 ई. में 'रैयत-ए-आला' की उपाधि के साथ शासन संभाला।
- सैय्यद वंश का प्रसिद्ध शासक मुबारकशाह था।
- मुबारक शाह के दरबार में याह्या अहमद सरहिन्दी रहते थे जिन्होंने तारीख-ए-मुबारक शाही की रचना की।
- सैय्यद वंश का अंतिम शासक अलाउद्दीन आलमशाह था।

लोदी वंश

- बहलोल लोदी ने 1451 ई. में लोदी वंश की स्थापना की। इसने गाजी की उपाधि ग्रहण की।
- बहलोल का पुत्र निजाम खाँ सिकन्दर लोदी के नाम से 1489 ई. में शासक बना।
- सिकन्दर लोदी ने 1504 ई. में आगरा शहर की स्थापना की।
- इसने आगरा को अपनी राजधानी बनाया।
- इसने भूमि की पैमाइश के लिए प्रामाणिक पैमाना 'गजे सिकन्दरी' का प्रचलन करवाया।
- 1517 ई. में सिकन्दर लोदी की मृत्यु के पश्चात् इब्राहिम लोदी शासक बना। वह दिल्ली सल्तनत का अंतिम शासक था।
- 21 अप्रैल, 1526 ई. में पानीपत की प्रथम लड़ाई में इब्राहिम लोदी बाबर से पराजित हुआ, जिसके पश्चात् लोदी वंश एवं दिल्ली सल्तनत का अंत हुआ।

प्रान्तीय राज्यों का उदय

जौनपुर

- जौनपुर की स्थापना फिरोजशाह तुगलक ने अपने भाई जौना खाँ की स्मृति में की थी।
- मलिक सरवर ने जौनपुर में शर्की वंश के शासन का आरंभ किया उसने मलिक-उस-शर्क की उपाधि ग्रहण की।

गुजरात

- जफरखाँ ने 1407 में सुल्तान मुजफ्फरशाह की उपाधि धारण कर स्वतन्त्र राज्य की स्थापना की।
- अहमदशाह ने 'अहमदाबाद' नगर बसाया एवं इसे अपनी राजधानी बनाया।
- महमूद बेगड़ा यहां का प्रसिद्ध शासक था।

विजयनगर (1336–1614 ई.)

- विजयनगर साम्राज्य की स्थापना हरिहर तथा बुक्का नामक दो भाइयों ने अपने गुरू विद्यारण्य की सहायता से की।
- हम्पी विजयनगर की राजधानी थी।
- विजयनगर पर चार वंशों ने शासन किया। ये हैं–संगम, सालुव, तुलुव तथा आरविडु।
- **कृष्णदेव राय** विजयनगर का सर्वाधिक प्रसिद्ध एवं सफल शासक था। वह 1509 ई. में शासक बना।
- कृष्णदेव राय ने तेलुगू भाषा में 'आमुक्तमाल्यद' की एवं संस्कृत में 'जाम्बवतीकल्याणम्' की रचना की। इसके दरबार में तेलुगू भाषा के आठ विद्वान जिन्हें 'अष्ट दिग्गज' कहा जाता था, रहते थे।
- 1565 ई. में अहमदनगर, बीजापुर, गोलकुण्डा तथा बीदर की संयुक्त सेना ने विजयनगर की सेना को तालीकोटा के युद्ध या 'राक्षसीतांगड़ी' के युद्ध में पराजित किया।

बहमनी साम्राज्य

- 1347 ई. में अलाउद्दीन बहमनशाह ने बहमनी साम्राज्य की स्थापना की तथा गुलबर्गा को अपनी राजधानी बनाया।
- अहमदशाह ने बीदर को बहमनी साम्राज्य की राजधानी बनाया।
- मुहम्मद तृतीय के शासनकाल में रूसी यात्री निकितिन बहमनी राज्य की यात्रा की थी।

- कालान्तर में बहमनी राज्य पांच स्वतंत्र राज्यों में विभक्त हो गया था जो निम्नलिखित हैं–

राज्य	स्थापना वर्ष	वंश	संस्थापक
बीजापुर	1489 ई.	आदिलशाही	युसुफ आदिलशाह
अहमदनगर	1490 ई.	निजामशाही	मलिक अहमद
बरार	1490 ई.	इमादशाही	फतेहउल्लाह इमादशाह
गोलकुण्डा	1512 ई.	कुतुबशाही	कुली कुतुबशाह
बीदर	1526 ई.	बरीदशाही	अमीर अली बरीद

धार्मिक आंदोलन

सूफी आंदोलन

- 1192 ई. में मुहम्मद गोरी के साथ ख्वाजा मुइनुद्दीन चिश्ती भारत आये। इन्होंने यहां 'चिश्तिया परंपरा' की स्थापना की।
- चिश्ती सिलसिला का प्रमुख केन्द्र अजमेर था।
- बख्तियार काकी, शेख सलीम चिश्ती तथा निजामुद्दीन औलिया चिश्ती संप्रदाय के प्रमुख संत थे।
- हजरत निजामुद्दीन औलिया ने अपने जीवनकाल में दिल्ली के सात सुल्तानों का शासन देखा।
- सूफियों के सुहरावर्दी सिलसिले की स्थापना शेख शिहाबुद्दीन उमर सुहरावर्दी ने की।
- बहाउद्दीन जकारिया सुहरावर्दी सिलसिले के प्रमुख संत थे।
- सत्तारी सिलसिले की स्थापना शेख अब्दुल सत्तारी ने की।
- मुहम्मद गौस भारत में कादरी सिलसिले के प्रवर्तक थे। ये संगीत के विरोधी थे।
- नक्शबंदी सिलसिले की स्थापना ख्वाजा उबेदुल्ला ने की थी। भारत में इसके प्रवर्तक बकी बिल्लाह थे।
- 'शेख अहमद सरहिन्दी' नक्शबंदी सिलसिले के प्रमुख संत थे।
- फिरदौसी सुहरावर्दी सिलसिले की एक शाखा थी। इस सिलसिले को शेख शरीफउद्दीन याहूया ने लोकप्रिय बनाया।

भक्ति आंदोलन

- मध्यकाल में भक्ति आंदोलन की शुरुआत सर्वप्रथम दक्षिण के आलवार भक्तों द्वारा की गई।
- उत्तर भारत में भक्ति आंदोलन को लाने का श्रेय 12वीं सदी में रामानंद को है।
- भक्ति आंदोलन का महत्वपूर्ण उद्देश्य हिन्दू धर्म एवं समाज में सुधार तथा इस्लाम एवं हिन्दू धर्म में समन्वय स्थापित करना था।
- रामानुजाचार्य ने विशिष्टाद्वैत दर्शन दिया।
- रामानंद ने जातिवाद पर कड़ा प्रहार किया। उनके शिष्यों में कबीर (जुलाहा), सेना (नाई), रैदास (चमार) आदि थे।
- गुरुनानक ने सिख धर्म की स्थापना की। इनकी वाणी 'गुरुग्रंथ साहिब' में संकलित हैं। इन्होंने बाह्य आडंबर, मूर्तिपूजा आदि का विरोध किया। नानक का दृष्टिकोण विशाल मानवतावादी था।
- चैतन्य ने बंगाल में भक्ति का प्रसार किया। यह सगुण भक्ति के उपासक थे एवं वैष्णव संत थे। चैतन्य ने संकीर्तन प्रथा का प्रचलन किया।
- वल्लभाचार्य ने पुष्टिमार्ग का प्रचलन किया। इनके अनुयायी अष्टछाप के नाम से विख्यात हुए।
- तुलसीदास ने अवधी में रामचरितमानस की रचना की तथा रामभक्ति को प्रसिद्धि प्रदान की।
- रैदास रामानंद के शिष्य थे। इन्होंने रैदासी सम्प्रदाय की स्थापना की।
- दादूदयाल ने निपरन सम्प्रदाय की नींव रखी।
- संत ज्ञानेश्वर महाराष्ट्र में भक्ति आंदोलन के जनक थे। इन्हें मराठी भाषा और साहित्य का संस्थापक माना जाता है। इनकी प्रमुख रचना ज्ञानेश्वरी है।
- नामदेव ने पंढरपुर के बिठोबा की उपासना की। इन्होंने वरकरी सम्प्रदाय की स्थापना की।
- एकनाथ ने रामायण पर 'भावार्थ रामायण' नामक टीका लिखी।
- तुकाराम ने 'अभंग' की रचना की।
- महाराष्ट्र के महान संत कवि रामदास थे। यह शिवाजी के आध्यात्मिक गुरु थे। 'दाशबोध' इनकी रचनाओं और उपदेशों का संकलन है।

मुगल साम्राज्य

- भारत में मुगल वंश की स्थापना बाबर ने 1526 ई. में की। बाबर ने पद-पादशाही की स्थापना की जिसके तहत शासक को बादशाह कहा जाता था।
- बाबर ने पानीपत के प्रथम युद्ध में तोपखाना का प्रयोग किया तथा युद्ध में 'तुलुगमा' नीति अपनाई।
- बाबर ने तुर्की भाषा में अपनी आत्मकथा 'तुजुक-ए-बाबरी' (बाबरनामा) लिखी।
- बाबर की मृत्यु 1530 ई. में आगरा में हुई।

हुमायूँ

- हुमायूँ 29 दिसम्बर, 1530 ई. को आगरा में सिंहासन पर बैठा।
- हुमायूँ ने अपने राज्य का बंटवारा अपने भाइयों में कर दिया। इसने कामरान को काबुल और कंधार, मिर्जा असकरी को संभल, हिन्दाल को अलवर एवं मेवाड़ की जागीरें दीं।

- 1533 ई. में हुमायूँ ने दीनपनाह नामक नगर की स्थापना दिल्ली में की।
- अफगान सरदार शेरशाह सूरी ने उसे चौसा (1539 ई.) एवं कन्नौज (बिलग्राम) के युद्ध में 1540 ई. में पराजित कर दिया। परिणामस्वरूप उसे भारत से बाहर शरण लेनी पड़ी।
- शेरशाह की मृत्यु के पश्चात् वह पुनः भारत आया और 1555 ई. में दिल्ली की सत्ता हासिल की।
- 1556 ई. में पुस्तकालय की सीढ़ियों से गिरने के कारण हुमायूँ की मृत्यु हो गई।
- हाजी बेगम ने दिल्ली में हुमायूँ का मकबरा बनवाया।
- हुमायूँ की बहन गुलबदन बेगम ने हुमायूँनामा की रचना की।

शेरशाह

- शेरशाह ने बिलग्राम युद्ध (1540) में हुमायूँ को पराजित कर सूर साम्राज्य की स्थापना की।
- शेरशाह की मृत्यु कलिंजर के किले को जीतने के क्रम में 22 मई, 1545 ई. को हो गई।
- शेरशाह का मकबरा सासाराम में है।
- शेरशाह ने 'पट्टा' एवं 'कबूलियत' प्रथा शुरू की।
- शेरशाह ने 'ग्रैंड ट्रंक रोड' की मरम्मत करवाई।

अकबर

- अकबर का जन्म 1542 ई. में हुमायूँ के निर्वासन के दौरान, अमरकोट में राणा बीरसाल के महल में हुआ। अकबर की माँ का नाम हमीदाबानो बेगम था।
- अकबर का राज्याभिषेक 14 फरवरी, 1556 ई. को पंजाब के कलानौर नामक स्थान पर हुआ। 1556 ई. में ही पानीपत के द्वितीय युद्ध में हेमू विक्रमादित्य को पराजित किया।
- बैरम खाँ 1556 से 1560 ई. तक अकबर का संरक्षक रहा।
- 1580 ई. में अकबर ने भू-राजस्व के लिए आइन-ए-दहशाला पद्धति लागू की। इसमें उसे राजा टोडरमल का सहयोग मिला।
- अकबर ने मनसबदारी प्रथा लागू की।
- 1605 ई. में अकबर की मृत्यु हो गई।
- अकबर का मकबरा सिकन्दरा में है।
- स्थापत्य कला के क्षेत्र में अकबर की महत्वपूर्ण कृतियां हैं—दिल्ली में हुमायूँ का मकबरा, आगरा का लाल किला, फतेहपुर सीकरी में शाहीमहल, दीवान-ए-खास, पंचमहल, बुलंद दरवाजा, जोधाबाई का महल, इबादतखाना, इलाहाबाद का किला और लाहौर का किला।
- अबुल फजल दीन-ए-इलाही धर्म का मुख्य पुरोहित था। इसने अकबरनामा ग्रंथ की रचना की।

जहाँगीर

- अकबर का उत्तराधिकारी जहाँगीर था जो 24 अक्टूबर, 1605 ई. को शासक बना।
- जहाँगीर ने फारसी में अपनी आत्मकथा तुजुक-ए-जहाँगीरी की रचना की।
- जहाँगीर के शासनकाल में 1613 ई. में अंग्रेजों ने सूरत में प्रथम व्यापार केन्द्र की स्थापना की।
- जहाँगीर के समय को चित्रकला का स्वर्णकाल कहा जाता है।
- जहाँगीर के दरबार के प्रमुख चित्रकार थे—आगा रजा, अबुल हसन, मुहम्मद नासिर, मुहम्मद मुराद, उस्ताद मंसूर, बिशनदास, मनोहर एवं गोवर्धन आदि।

शाहजहाँ

- शाहजहाँ 4 फरवरी, 1628 ई. को आगरे में सिंहासन पर बैठा।
- शाहजहाँ के शासनकाल को स्थापत्यकला का स्वर्णयुग कहा जाता है।
- शाहजहाँ द्वारा बनवायी गई प्रमुख इमारतें हैं—दिल्ली का लालकिला, दिल्ली की जामा मस्जिद, आगरा की मोती मस्जिद, ताजमहल इत्यादि।
- शाहजहाँ ने दिल्ली के निकट शाहजहाँनाबाद नगर की स्थापना की और आगरा से राजधानी को यहाँ स्थानांतरित किया।
- शाहजहाँ के पुत्रों में दारा शिकोह सर्वाधिक विद्वान था। इसने भगवद्गीता, योगवशिष्ट, उपनिषद् एवं रामायण का अनुवाद फारसी में करवाया।
- 1657 ई. में शाहजहाँ के अस्वस्थ होने के पश्चात् उसके पुत्रों—दारा, शुजा, मुराद एवं औरंगजेब के बीच उत्तराधिकार का संघर्ष प्रारंभ हो गया।
- उत्तराधिकार के युद्ध में औरंगजेब की विजय हुई।

औरंगजेब

- औरंगजेब ने आलमगीर की उपाधि से 31 जुलाई, 1658 को आगरा में प्रथम बार तथा 5 जून, 1659 को दिल्ली में दूसरी बार अपना राज्याभिषेक करवाया।
- औरंगजेब ने उलेमा वर्ग की सलाह के अनुसार इस्लामी ढंग से राज किया। इसने गैर मुस्लिम जनता पर (1679 ई.) जजिया कर लगा दिया।
- औरंगजेब ने 1686 ई. में बीजापुर तथा 1687 ई. में गोलकुण्डा को जीतकर मुगल साम्राज्य में मिला लिया।
- औरंगजेब के समय हिन्दू मनसबदारों की संख्या सबसे अधिक थी।
- 1665 ई. में औरंगजेब ने हिन्दू मंदिरों को तोड़ने का आदेश दिया। इसके शासनकाल में सोमनाथ एवं बनारस के काशी विश्वनाथ मंदिर को तोड़ा गया।

उत्तर मुगल शासक

- बहादुर शाह को शाहे बेखबर के नाम से जाना जाता है।
- मुहम्मदशाह के शासनकाल में 1739 ई. में ईरानी आक्रमणकारी नादिरशाह ने दिल्ली पर आक्रमण किया। नादिरशाह मयूर सिंहासन और कोहिनूर हीरा भारत से ले गया।
- शाहआलम द्वितीय ने, अवध के नवाब शुजाउद्दौला और बंगाल के नवाब मीर कासिम के साथ मिलकर 1764 ई. में अंग्रेजों के विरुद्ध बक्सर का युद्ध लड़ा था, परन्तु पराजित हुआ।
- शाह आलम द्वितीय के समय अहमदशाह अब्दाली एवं मराठों के बीच पानीपत का तीसरा युद्ध (1761 ई.) हुआ। इस युद्ध में मराठों की हार हुई।
- अंतिम मुगल सम्राट बहादुरशाह जफर ने 1857 ई. के विद्रोह का नेतृत्व किया। यह विद्रोह असफल रहा और उन्हें बर्मा निर्वासित कर दिया गया।

मराठा साम्राज्य

- शिवाजी के नेतृत्व में मराठा साम्राज्य की स्थापना 17वीं शताब्दी की एक महत्वपूर्ण घटना है।
- शिवाजी के पिता शाहजी भोंसले और माता जीजाबाई थीं।
- शिवाजी के आध्यात्मिक गुरु समर्थ रामदास थे।
- शिवाजी ने 1656 ई. में रायगढ़ को अपनी राजधानी बनाया।
- औरंगजेब के सेनापति जयसिंह ने शिवाजी को पुरन्दर की संधि (1664 ई.) करने के लिए विवश किया जिसमें शिवाजी के काफी दुर्ग मुगलों के पास चले गए।
- 1674 ई. में शिवाजी ने रायगढ़ के दुर्ग में स्वतंत्र मराठा शासक के रूप में अपना राज्याभिषेक कराया और छत्रपति की उपाधि ली।
- 12 अप्रैल, 1680 ई. को शिवाजी की मृत्यु हो गई।
- शिवाजी के प्रशासन की प्रमुख विशेषता उनके आठ मंत्री थे जिन्हें 'अष्ट प्रधान' कहा जाता था।
- शिवाजी की आय का मुख्य साधन चौथ था। यह आय का ¼ होता था। आय का दूसरा साधन 'सरदेशमुखी' था जो आय का 1/10 भाग होता था।
- शिवाजी के उत्तराधिकारी शम्भाजी की 1689 ई. में औरंगजेब ने हत्या करवा दी।
- शम्भाजी का उत्तराधिकारी राजाराम बना जिसने सतारा को अपनी राजधानी बनाया।
- 1707 ई. में शाहू ने स्वयं को मराठा राज्य का शासक घोषित कर दिया।
- शाहू ने बालाजी विश्वनाथ को पेशवा बनाया। पेशवा का पद आगे मराठा साम्राज्य में सर्वाधिक महत्वपूर्ण हो गया।
- बालाजी विश्वनाथ के बाद बाजीराव प्रथम पेशवा बना जिसने मराठा राज्य का अत्यधिक विस्तार किया।
- 1740 ई. में बाजीराव प्रथम का पुत्र बालाजी बाजीराव पेशवा बना।
- पानीपत का तृतीय युद्ध (1761 ई.) बालाजी बाजीराव के समय ही लड़ा गया था जिसमें अहमदशाह अब्दाली के द्वारा मराठे बुरी तरह पराजित हुए।

सिख शक्ति

- सिख सम्प्रदाय को राजनीतिक शक्ति के रूप में संगठित करने का श्रेय दसवें गुरु गुरु गोविंद सिंह को दिया जाता है।
- गुरु गोविंद सिंह ने आनन्दपुर में 1699 ई. में खालसा की स्थापना की। यह सिख धर्म के अंतिम गुरु थे।
- गुरु गोविंद सिंह के बाद बन्दा बहादुर सिखों का नेता हुआ जिसकी 1715 ई. में फर्रूखसियर ने हत्या करवा दी।
- रणजीत सिंह ने विभिन्न मिसलों में बंटे सिखों को संगठित किया तथा 1798-99 ई. में लाहौर का शासक बना।
- 25 अप्रैल, 1809 ई. को चार्ल्स मेटकॉफ और महाराजा रणजीत सिंह के बीच अमृतसर की संधि हुई।
- प्रथम आंग्ल-सिख युद्ध 1845-46 ई. में एवं द्वितीय आंग्ल-सिख युद्ध 1849 ई. में हुआ।
- अंग्रेजों एवं सिक्खों के बीच निम्नलिखित दो महत्वपूर्ण संधियां हुईं थीं–
  1. लाहौर की संधि 9 मार्च, 1846 ई.।
  2. भैरोंवाल की संधि 22 दिसम्बर, 1846 ई. में हुई जिसके तहत राजा दलीप सिंह के संरक्षण हेतु अंग्रेजी सेना का प्रवास पंजाब में स्वीकार कर लिया गया।

मैसूर राज्य

- 1761 ई. में हैदर अली मैसूर का शासक बना। इसने डिंडिगुल में आधुनिक शस्त्रागार की स्थापना की।
- हैदर अली ने प्रथम आंग्ल-मैसूर युद्ध (1767-1769 ई.) में अंग्रेजों को पराजित किया एवं मद्रास की संधि की।
- द्वितीय आंग्ल-मैसूर युद्ध में हैदर अली की लड़ते हुए मृत्यु हो गई।
- हैदर की मृत्यु के बाद टीपू सुल्तान शासक बना। इसने फ्रांसीसी पद्धति अपनाते हुए एक मजबूत सेना बनाई और प्रशासनिक सुधार के उपाय किए।
- तृतीय आंग्ल-मैसूर युद्ध (1789-1792 ई.) में अंग्रेज, निजाम और मराठों ने मिलकर टीपू को हरा दिया और उसे श्रीरंगपट्टनम की संधि करनी पड़ी।

- चतुर्थ आंग्ल-मैसूर युद्ध (1799 ई.) के दौरान टीपू सुल्तान की मृत्यु हुई और अंग्रेजों ने मैसूर पर नियंत्रण स्थापित कर लिया।

अवध

- अवध के स्वतंत्र राज्य की स्थापना 1722 ई. में सआदत खाँ बुरहानुल्मुल्क ने की थी।
- सफदरजंग मुगल सम्राट का वजीर बना।
- अवध के नवाब शुजाउद्दौला ने बक्सर के युद्ध (1764 ई.) में मीरकासिम तथा शाहआलम द्वितीय के साथ मिलकर अंग्रेजों के विरुद्ध संघर्ष किया।
- अवध का अंतिम नवाब वाजिद अली शाह था।

हैदराबाद

- 1724 ई. में निजामुल्मुल्क ने हैदराबाद के स्वतंत्र राज्य की स्थापना की।
- 1748 ई. में निजामुल्मुल्क की मृत्यु के पश्चात् हैदराबाद ने सर्वप्रथम 1778 में वेलेजली की सहायक संधि को स्वीकार कर लिया।

कर्नाटक

- सादुतुल्ला खाँ ने कर्नाटक के स्वतंत्र राज्य की स्थापना की एवं अर्काट को इसकी राजधानी बनाया। इसे लार्ड वेलेजली ने बलपूर्वक अधिगृहीत कर लिया।

बंगाल

- मुर्शीद कुली खाँ ने बंगाल के स्वतंत्र राज्य की स्थापना की थी। इसने 1717 ई. में बंगाल की राजधानी ढाका से स्थानांतरित कर मुर्शिदाबाद कर दी।
- 1739 ई. में अलीवर्दी खाँ शासक बना।
- 1757 ई. में प्लासी के युद्ध में अंग्रेजों ने क्लाइव के नेतृत्व में बंगाल के नवाब सिराजुद्दौला को पराजित कर दिया।
- प्लासी युद्ध के बाद मीर जाफर एवं मीर कासिम नवाब बने। कासिम ने मुर्शिदाबाद की जगह मुंगेर को राजधानी बनाया।
- 1764 ई. में बक्सर के युद्ध में मीर कासिम अंग्रेजों से पराजित हुआ।
- 1765 ई. में इलाहाबाद की संधि के साथ बंगाल पर ईस्ट इंडिया कम्पनी का प्रभुत्व हो गया।

आधुनिक भारत

यूरोपीय कम्पनियों का भारत आगमन

- 1498 ई. में वास्को-डि-गामा ने भारत के समुद्री मार्ग की खोज की और कालीकट के समुद्र तट पर उतरा।
- पुर्तगालियों का पहला गवर्नर द् अल्मीडा (1505-1509 ई.) था।
- नौसैनिक शक्ति के आधार पर पुर्तगालियों ने भारत में घोड़े के आयात पर एकाधिकार कायम किया था।
- पुर्तगालियों ने भारत में तम्बाकू की खेती तथा प्रिंटिंग प्रेस का काम आरंभ किया।
- पुर्तगालियों ने अपनी पहली व्यापारिक कोठी कोचीन में खोली।
- डचों ने 1605 ई. में मसुलीपट्टनम में अपनी पहली फैक्ट्री स्थापित की। इसके बाद पुलीकट, चिनसुरा, पटना, सूरत, नागपट्टनम, बालासोर तथा कासिम बाजार में डचों ने अपनी फैक्ट्री स्थापित की।
- 1759 ई. में बेदरा की लड़ाई में अंग्रेजों के हाथों पराजित होने के बाद डच कम्पनी का नियन्त्रण भारतीय क्षेत्रों से समाप्त हो गया।

भारत में यूरोपीय कम्पनियां

कम्पनी	*स्थापना वर्ष*
पुर्तगाली ईस्ट इण्डिया कम्पनी	1498 ई.
अंग्रेजी ईस्ट इण्डिया कम्पनी	1600 ई.
डच ईस्ट इण्डिया कम्पनी	1602 ई.
डैनिश ईस्ट इण्डिया कम्पनी	1616 ई.
फ्रांसीसी ईस्ट इण्डिया कम्पनी	1664 ई.

- इंग्लिश ईस्ट इण्डिया कम्पनी की स्थापना 1600 ई. में हुई थी। 1611 ई. में दक्षिण-पश्चिम में मसुलीपट्टम में व्यापारिक कोठी की स्थापना की।
- अंग्रेजों ने 1608 ई. में अपनी पहली फैक्ट्री सूरत में स्थापित की।
- 1664 ई. में फ्रेंच ईस्ट इंडिया कम्पनी की स्थापना हुई।
- 1668 ई. में भारत में फ्रांसीसियों की प्रथम कोठी सूरत में फ्रैंक कैरो के द्वारा स्थापित की गई।
- 1742 ई. में डूप्ले भारत में फ्रेंच गवर्नर बना।

- 1760 ई. में सर आयरकूट के नेतृत्व में अंग्रेजों ने वाण्डीवाश के युद्ध में फ्रांसीसियों को हराया।
- 1772 ई. में वारेन हेस्टिंग्स बंगाल का गवर्नर बना। इसने 1772 ई. में द्वैध शासन को समाप्त कर दिया।
- 1773 ई. में रेग्यूलेटिंग एक्ट के बाद हेस्टिंग्स बंगाल का गवर्नर-जनरल बना।
- वारेन हेस्टिंग्स ने प्रत्येक जिले में एक दीवानी तथा फौजदारी न्यायालय की स्थापना की।
- 1773 ई. में रेग्यूलेटिंग एक्ट के तहत कलकत्ता में सुप्रीम कोर्ट की स्थापना हुई।
- 1784 ई. में विलियम जोंस ने द एशियाटिक सोसायटी ऑफ बंगाल की स्थापना की।
- 1793 ई. में कार्नवालिस ने स्थायी बंदोबस्त लागू किया।
- कार्नवालिस ने प्रशासनिक एवं न्यायिक शक्तियों का पृथक्करण किया। इसे प्रशासनिक सेवा का जनक कहा जाता है। इसने पुलिस अधिकारियों की नियुक्ति की तथा पुलिस थाने बनवाए।
- सर जॉन शोर ने तटस्थता एवं अहस्तक्षेप की नीति अपनाई।
- लार्ड वेलेजली ने सहायक संधि की नीति अपनाई।
- सर जार्ज बार्लो ने 1807 ई. में दासों के व्यापार पर रोक लगा दी।
- लार्ड हेस्टिंग्स ने 1816 ई. में नेपाल के साथ सुगौली की संधि की।
- लार्ड हेस्टिंग्स ने पिण्डारियों का दमन किया।
- लार्ड हेस्टिंग्स के समय 1822 ई. में काश्तकारी अधिनियम लागू किया गया।
- लार्ड एमहर्स्ट के समय प्रथम आंग्ल-बर्मा युद्ध (1824-26 ई.) हुआ जो यन्दाबू की संधि के तहत खत्म हुआ।
- लार्ड विलियम बैंटिंक बंगाल का अंतिम गवर्नर-जनरल था। 1833 ई॰ के चार्टर एक्ट के अन्तर्गत बंगाल के गवर्नर-जनरल को भारत का गवर्नर-जनरल बनाया गया, इस प्रकार बैंटिंक भारत का प्रथम गवर्नर-जनरल भी बना।
- बैंटिंक ने 1829 ई. में सती प्रथा को प्रतिबन्धित किया।
- बैंटिंक ने 1835 ई. में कलकत्ता मेडिकल कॉलेज की स्थापना की।
- चार्ल्स मेटकॉफ को भारतीय प्रेस का मुक्तिदाता कहा जाता है।
- लार्ड एलेनबरो ने दास प्रथा का उन्मूलन किया था।
- लार्ड हार्डिंग ने नरबली प्रथा पर प्रतिबंध लगाया।
- डलहौजी ने व्यपगत सिद्धांत के द्वारा अंग्रेजी साम्राज्य का विस्तार किया तथा भारतीय राज्यों का विलय साम्राज्य के अंतर्गत किया।
- 1854 ई. में डलहौजी ने वुड डिस्पैच के द्वारा शिक्षा संबंधी सुधार लागू किए।
- 1857 ई. में कलकत्ता, मद्रास एवं बम्बई में एक-एक विश्वविद्यालय स्थापित किया गया।
- डलहौजी के समय में रेलवे परिवहन का आरंभ हुआ। 1853 ई. में बम्बई से थाने के बीच प्रथम रेल चली।
- 1854 ई. में नया पोस्ट ऑफिस एक्ट पारित हुआ और भारत में पहली बार डाक टिकट का प्रचलन प्रारंभ हुआ।
- 1853 ई. में कलकत्ता एवं आगरा के बीच पहली बार बिजली से संचालित तार सेवा प्रारंभ हुई।
- डलहौजी के काल में भारतीय नागरिक सेवा हेतु पहली बार प्रतियोगिता परीक्षा शुरू हुई।

1857 की क्रांति

- 1857 की क्रांति का प्रारंभ 29 मार्च, 1857 को मंगल पाण्डे ने बैरकपुर छावनी में किया। इसे सिपाही विद्रोह भी कहा गया।
- विद्रोहियों ने 11 मई, 1857 को बहादुरशाह जफर को भारत का बादशाह घोषित किया।
- 1857 का विद्रोह असफल रहा परन्तु इसका प्रभाव यह हुआ कि कम्पनी का शासन समाप्त करके ब्रिटिश सरकार ने भारत का शासन प्रत्यक्ष रूप से अपने हाथ में ले लिया। इसके लिए भारत शासन अधिनियम, 1858 पारित हुआ।
- लार्ड कैनिंग भारत में कम्पनी द्वारा नियुक्त अंतिम गवर्नर-जनरल तथा ब्रिटिश सम्राट के अन्तर्गत नियुक्त भारत का प्रथम वायसराय था।
- कैनिंग के समय इण्डियन हाई कोर्ट एक्ट पारित हुआ जिसके द्वारा बम्बई, कलकत्ता तथा मद्रास में एक-एक उच्च न्यायालय की स्थापना की गई।
- कैनिंग के समय में ही 1856 ई. में विधवा पुनर्विवाह अधिनियम पारित हुआ।
- लार्ड एल्गिन ने बहाबी आंदोलन का दमन किया।
- जॉन लारेंस के समय (1866 ई.) में उड़ीसा, बुन्देलखण्ड एवं राजस्थान में भीषण अकाल पड़ा। इसने जार्ज कैम्पवेल के नेतृत्व में एक अकाल आयोग का गठन किया।
- 1865 ई. में जॉन लारेंस के द्वारा भारत एवं यूरोप के बीच प्रथम समुद्री टेलीग्राफ सेवा शुरू की गई।
- लिटन ने 1 जनवरी, 1877 को ब्रिटेन की महारानी विक्टोरिया को कैसर-ए-हिन्द की उपाधि से सम्मानित करने के लिए दिल्ली दरबार का आयोजन किया।

- लिटन ने 1878 में वर्नाक्यूलर प्रेस एक्ट पारित कर भारतीय समाचार-पत्रों पर कठोर प्रतिबन्ध लगा दिए।
- लिटन के समय में 1878 ई. में भारतीय शस्त्र अधिनियम पारित हुआ।
- लार्ड रिपन ने 1882 ई. में वर्नाक्यूलर प्रेस एक्ट को समाप्त कर दिया।
- रिपन ने स्थानीय स्वशासन की शुरुआत की।
- रिपन के समय में 1881 ई. में सर्वप्रथम नियमित जनगणना करवाई गई।
- भारत में पहली बार जनगणना 1872 ई. में हुई थी।
- लार्ड डफरिन के समय तृतीय आंग्ल-बर्मा युद्ध (1885-88 ई.) हुआ और बर्मा को अंतिम रूप से अंग्रेजी राज्य में मिला लिया गया।
- लार्ड कर्जन ने 1901 ई. में सर कॉलिन स्कार्ट मॉनक्रीक की अध्यक्षता में सिंचाई आयोग, 1902 ई. में सर एण्ड्रयूफ्रेजर की अध्यक्षता में पुलिस आयोग एवं सर टॉमस रैले की अध्यक्षता में विश्वविद्यालय आयोग की स्थापना की।
- 1904 ई. में भारतीय विश्वविद्यालय अधिनियम पास किया गया। भारतीय पुरातत्व विभाग की स्थापना भी 1904 में की गई।
- कर्जन के द्वारा राष्ट्रवादी शक्तियों को कमजोर करने के लिए 1905 ई. में बंगाल का विभाजन किया गया।
- लार्ड हार्डिंग द्वितीय के काल में 12 दिसम्बर, 1911 ई. में दिल्ली में एक भव्य दरबार का आयोजन किया गया।
- बंगाल विभाजन रद्द करने की घोषणा 1911 ई. में की गई।
- भारत की राजधानी कलकत्ता से दिल्ली स्थानांतरित करने की घोषणा 1911 ई. में की गई।
- लॉर्ड चेम्सफोर्ड के कार्यकाल में रौलट एक्ट पारित (1919 ई.) हुआ। जलियांवाला बाग कांड रौलट एक्ट के विरोध में हुआ था।
- लार्ड रीडिंग के काल में 1923 ई. से प्रशासनिक सेवाओं में उम्मीदवारों के चयन के लिए दिल्ली और लन्दन में एक साथ प्रतियोगिता परीक्षा के आयोजन की व्यवस्था की गई।
- लार्ड इर्विन के काल में 1928 ई. में 'साइमन कमीशन' भारत आया।
- इर्विन के समय में ही नवम्बर, 1930 में लन्दन में प्रथम गोलमेज सम्मेलन का आयोजन किया गया।
- गांधी-इर्विन समझौते पर 5 मार्च, 1931 ई. को हस्ताक्षर हुए और इसके साथ ही सविनय अवज्ञा आंदोलन को वापस लिया गया।
- भारतीय राष्ट्रीय कांग्रेस की स्थापना 1885 ई. में ए.ओ. ह्यूम ने बम्बई में की।
- 1885-1907 ई. के बीच कांग्रेस में उदारवादी नेताओं का प्रभाव रहा, लेकिन आगे गरमपंथी नेताओं की प्रमुखता रही।
- दादाभाई नौरोजी, सुरेन्द्रनाथ बनर्जी, फिरोजशाह मेहता, गोविन्द रानाडे, गोपाल कृष्ण गोखले आदि उदारवादी कांग्रेसी नेता थे।
- बाल गंगाधर तिलक, विपिन चन्द्र पाल तथा लाला लाजपत राय आदि गरमपंथी नेता थे।
- 1905 में बंगाल के विभाजन के विरोध में स्वदेशी आंदोलन प्रारंभ हुआ।
- 1906 ई. के कलकत्ता अधिवेशन में दादाभाई नौरोजी की अध्यक्षता में कांग्रेस ने स्वराज की मांग की।
- मुस्लिम लीग की स्थापना 1906 ई. में सलीमुल्ला खाँ एवं आगा खाँ के नेतृत्व में हुई।
- 1907 ई. में कांग्रेस के सूरत अधिवेशन में पार्टी का दो भागों में विभाजन हो गया। एक पक्ष उदारवादी नेताओं का और दूसरा उग्रवादी नेताओं का था।
- 1916 ई. में मुस्लिम लीग तथा कांग्रेस का संयुक्त अधिवेशन लखनऊ में हुआ। इसी अधिवेशन में उग्रवादी कांग्रेसी नेताओं को पुनः पार्टी में प्रवेश का अवसर दिया गया।
- कांग्रेस ने लखनऊ समझौते के द्वारा मुसलमानों के लिए पृथक निर्वाचन मंडल की मांग औपचारिक रूप से स्वीकार कर ली।
- बाल गंगाधर तिलक ने 28 अप्रैल, 1916 को पूना में होमरूल लीग की स्थापना की। सितम्बर 1916 में एनी बेसेण्ट ने भी होमरूल लीग की मद्रास में स्थापना की।
- गांधीजी ने सन् 1917 में चम्पारण के नील किसानों के समर्थन में सर्वप्रथम 'सत्याग्रह' का प्रयोग किया।
- गांधीजी ने 1918 ई. में किसानों की समस्याओं को लेकर खेड़ा में सत्याग्रह की शुरुआत की।
- 1919 ई. में मोहम्मद अली तथा शौकत अली ने अखिल भारतीय खिलाफत कमेटी का गठन किया।
- 1920 ई. में लाला लाजपत राय की अध्यक्षता में हुए कलकत्ता अधिवेशन में असहयोग आंदोलन का प्रस्ताव पारित किया गया।
- 5 फरवरी, 1922 को चौरी-चौरा की घटना के बाद गांधीजी ने असहयोग आंदोलन स्थगित करने की घोषणा की।
- मोतीलाल नेहरू तथा सी.आर. दास ने इलाहाबाद में 1923 ई. में स्वराज पार्टी का गठन किया तथा विधान परिषद् के चुनाव में भाग लिया एवं अच्छी सफलता प्राप्त की।

- साइमन कमीशन का गठन 1927 में हुआ तथा 3 फरवरी, 1928 को यह भारत पहुँचा। इस कमीशन के सभी सदस्य ब्रिटिश थे परिणामस्वरूप भारत में इसका व्यापक विरोध हुआ।
- साइमन कमीशन के विरोध में आयोजित आंदोलन का नेतृत्व करते हुए लाला लाजपत राय को पुलिस की लाठियां लगीं और वह गम्भीर रूप से घायल हो गए। बाद में उनकी मृत्यु हो गई।
- मोतीलाल नेहरू समिति ने अपनी रिपोर्ट 1928 में प्रकाशित की। इसमें केन्द्र में द्विसदनात्मक व्यवस्था तथा प्रान्तीय स्वायत्तता को स्वीकृति दी गई।
- सरदार वल्लभभाई पटेल ने 1928 ई. में बारदोली सत्याग्रह का नेतृत्व किया था।
- 1929 में कांग्रेस के लाहौर अधिवेशन में पूर्ण स्वराज की मांग की गई। इस अधिवेशन की अध्यक्षता जवाहरलाल नेहरू ने की थी।
- 12 मार्च, 1930 को गांधीजी ने साबरमती आश्रम से दाण्डी तट की यात्रा आरंभ की। इस यात्रा का उद्देश्य नमक कानून का उल्लंघन करना था।
- 5 अप्रैल, 1930 को नमक कानून तोड़कर गांधीजी ने सविनय अवज्ञा आंदोलन आरंभ किया।
- प्रथम गोलमेज सम्मेलन का आयोजन 12 नवम्बर, 1930 से 13 जनवरी, 1931 तक लन्दन में हुआ। इस सम्मेलन में कांग्रेस ने भाग नहीं लिया परन्तु बी.आर. अम्बेडकर ने दलित वर्ग का प्रतिनिधित्व किया।
- 5 मार्च, 1931 को गांधीजी तथा वायसराय इर्विन के मध्य एक समझौता हुआ। इसे गांधी-इर्विन समझौता कहा जाता है। समझौते के परिणामस्वरूप कांग्रेस ने सविनय अवज्ञा आंदोलन वापस ले लिया तथा गांधीजी ने द्वितीय गोलमेज सम्मेलन में भाग लेने का प्रस्ताव मान लिया।
- द्वितीय गोलमेज सम्मेलन का आयोजन दिसम्बर, 1931 में लन्दन में हुआ। गांधीजी ने कांग्रेस के प्रतिनिधि के रूप में इस सम्मेलन में भाग लिया। यह सम्मेलन विफल रहा।
- 1928 ई. में हिन्दुस्तान सोशलिस्ट रिपब्लिकन एसोसिएशन की स्थापना चंद्रशेखर आजाद तथा भगत सिंह के नेतृत्व में हुई।
- 23 मार्च, 1931 ई. को भगत सिंह, सुखदेव और राजगुरु को लाहौर जेल में फाँसी दे दी गई।
- 16 अगस्त, 1932 को तत्कालीन ब्रिटिश प्रधानमंत्री रैम्जे मैक्डोनाल्ड ने 'कम्युनल अवार्ड' जारी किया। इसमें मुसलमानों, सिखों, ईसाइयों के साथ दलित वर्गों के लिए भी पृथक निर्वाचन पद्धति लागू की गई।
- तृतीय गोलमेज सम्मेलन (17 नवम्बर, 1932-24 दिसम्बर 1932) में कांग्रेस ने भाग नहीं लिया। इस सम्मेलन में भारत सरकार अधिनियम, 1935 को अंतिम रूप दिया गया।
- 1937 ई. में प्रान्तीय विधानमण्डलों के चुनाव में कांग्रेस ने 6 राज्यों में बहुमत प्राप्त किया।
- 1939 ई. में कांग्रेस की प्रांतीय सरकारों ने द्वितीय विश्व युद्ध में भारत को शामिल करने के विरोध में इस्तीफा दे दिया।
- मुस्लिम लीग ने 22 दिसम्बर, 1939 को मुक्ति दिवस के रूप में मनाया।
- 1939 में सुभाषचंद्र बोस ने कांग्रेस के भीतर फॉरवर्ड ब्लॉक का गठन किया।
- गांधीजी ने 17 अक्टूबर, 1940 को व्यक्तिगत सत्याग्रह आरंभ किया। विनोबा भावे पहले सत्याग्रही थे।
- 8 अगस्त, 1940 को तत्कालीन वायसराय लॉर्ड लिनलिथगो ने अगस्त प्रस्ताव की घोषणा की। अगस्त प्रस्ताव के अन्तर्गत भारतीयों को वायसराय की कार्यकारिणी में प्रतिनिधित्व देने की बात कही गई।
- 23 मार्च, 1940 को मुस्लिम लीग के लाहौर अधिवेशन में पाकिस्तान की मांग की गई।
- क्रिप्स मिशन 1942 ई. में भारत आया। इसने युद्ध के उपरान्त भारत को डोमिनियन स्टेटस देने की बात प्रस्तावित की थी।
- गांधीजी के भारत छोड़ो प्रस्ताव को कांग्रेस कार्यसमिति ने 8 अगस्त, 1942 ई. को स्वीकार कर लिया। भारत छोड़ो आंदोलन की शुरुआत 9 अगस्त, 1942 ई. को हुई। इसी आंदोलन में गांधीजी ने 'करो या मरो' का नारा दिया।
- 4 जून, 1945 को वेवेल योजना का प्रस्ताव रखा गया। वेवेल योजना के अन्तर्गत वायसराय की कार्यकारिणी परिषद् को पुनर्गठित करने एवं इसमें सभी दलों को प्रतिनिधित्व देने का प्रस्ताव था तथा युद्ध के उपरान्त भारत को स्वयं संविधान बनाने की जिम्मेदारी दी जानी थी।
- 15 फरवरी, 1946 को कैबिनेट मिशन भारत आया। जुलाई 1946 में कैबिनेट मिशन योजना के अन्तर्गत संविधान सभा के सदस्यों का चुनाव हुआ।
- मुस्लिम लीग ने कैबिनेट मिशन योजना को अस्वीकार कर दिया तथा 16 अगस्त, 1946 को प्रत्यक्ष कार्रवाई दिवस की घोषणा की।
- लार्ड माउण्टबेटन ने 3 जून, 1947 को भारत विभाजन सम्बन्धी प्रस्ताव रखा, जिसे माउण्टबेटन प्लान कहा जाता है।

वस्तुनिष्ठ प्रश्नावली

1. हड़प्पा के निवासी–
   A. ग्रामीण थे B. शहरी थे
   C. यायावर (खानाबदोश) थे D. जनजातीय थे
2. हड़प्पा की सभ्यता के बारे में कौन-सी उक्ति सही है?
   A. उन्हें 'अश्वमेध' की जानकारी थी
   B. गाय उनके लिए पवित्र थी
   C. उन्होंने 'पशुपति' का सम्मान आरंभ किया
   D. उनकी संस्कृति सामान्यतः स्थिर नहीं थी
3. हड़प्पा के लोगों की सामाजिक पद्धति .... थी।
   A. उचित समतावादी B. दास श्रमिक आधारित
   C. वर्ण आधारित D. जाति आधारित
4. हड़प्पा की खोज किस वर्ष में हुई थी?
   A. 1935 B. 1942
   C. 1901 D. 1921
5. हड़प्पावासी किस वस्तु के उत्पादन में सर्वप्रथम थे?
   A. मुद्राएँ B. कांसे के औजार
   C. कपास D. जौ
6. हड़प्पा की सभ्यता किस युग की थी?
   A. कांस्य युग B. नवपाषाण युग
   C. पुरापाषाण युग D. लौह युग
7. सिंधु घाटी की खुदाई में मिले अवशेषों में तत्कालीन व्यापारिक और आर्थिक विकास में द्योतक निम्न में कौन है?
   A. मिट्टी के बर्तन B. मुद्राएँ
   C. नावें D. मकान
8. बिना दुर्ग के एक मात्र सिंधु नगर कौन-सा था?
   A. कालीबंगन B. हड़प्पा
   C. मोहनजोदड़ो D. चन्हुदाड़ो
9. 'अपवाह तंत्र' का निर्माण सबसे पहले निम्नलिखित में से किस सभ्यता के लोगों ने किया था?
   A. मिस्र सभ्यता के लोगों ने
   B. सिंधु घाटी सभ्यता के लोगों ने
   C. चीनी सभ्यता के लोगों ने
   D. मेसोपोटामिया सभ्यता के लोगों ने
10. निम्नलिखित विद्वानों में से हड़प्पा सभ्यता का सर्वप्रथम खोजकर्ता कौन था?
    A. सर जॉन मार्शल B. आर.डी. बनर्जी
    C. ए. कनिंघम D. दयाराम साहनी
11. इनमें से किस फसल का ज्ञान वैदिक लोगों को नहीं था?
    A. जौ B. गेहूँ
    C. चावल D. तम्बाकू
12. वैदिक गणित का महत्वपूर्ण अंग है
    A. शतपथ ब्राह्मण B. अथर्ववेद
    C. शुल्व सूत्र D. छान्दोग्य उपनिषद्
13. किस वेद में प्राचीन वैदिक युग की संस्कृति के बारे में सूचना दी गई है?
    A. ऋग्वेद B. यजुर्वेद
    C. अथर्ववेद D. सामवेद
14. 323 ई. पू. में सिकन्दर महान की मृत्यु हुई थी–
    A. फारस में B. बेबीलोन में
    C. मेसीडोनिया में D. तक्षशिला में
15. सिकन्दर महान एवं पोरस/पुरू की सेनाओं ने निम्नलिखित में से किस नदी के आमने-सामने वाले तटों पर पड़ाव डाला हुआ था?
    A. रावी के B. झेलम के
    C. सतलज़ के D. चेनाब के
16. किस प्रकार का मृदभाण्ड (पौटरी) भारत में द्वितीय नगरीकरण के प्रारंभ का प्रतीक माना गया?
    A. गेरू रंग वाले मृदभाण्ड (OCP)
    B. चित्रित धूसर मृदभाण्ड (PWG)
    C. उत्तरी काले पॉलिशकृत बर्तन (NBPW)
    D. काले और लाल बर्तन (BRW)
17. किस शासक ने बौद्धों के लिए विख्यात विक्रमशिला विश्वविद्यालय की स्थापना की थी?
    A. महिपाल B. देवपाल
    C. गोपाल D. धर्मपाल
18. किसके द्वारा तृतीय बौद्ध संगीति को संरक्षण प्रदान किया गया था?
    A. कनिष्क B. अशोक
    C. महाकस्सप D. उपालि
19. महावीर का जन्म किस क्षत्रिय गोत्र में हुआ था?
    A. शाक्य B. ज्ञातृक
    C. सल्लास D. लिच्छवि

20. निम्नलिखित में सम्राट अशोक की वह पत्नी कौन थी जिसने उसको प्रभावित किया था?

A. चंडालिका B. चारूलता
C. गौतमी D. कारूवाकी

21. बिन्दुसार ने विद्रोहियों को कुचलने के लिए अशोक को कहाँ भेजा था?

A. स्वर्णगिरि B. तक्षशिला
C. उज्जैन D. वैशाली

22. तक्षशिला के प्रसिद्ध स्थल होने का कारण था–

A. प्राचीन वैदिक कला B. मौर्य कालीन कला
C. गंधार कला D. गुप्त कला

23. निम्नलिखित में से कनिष्क के समकालीन कौन थे?

A. कंबन, बाणभट्ट, अश्वघोष
B. नागार्जुन, अश्वघोष, वसुमित्र
C. अश्वघोष, कालिदास, बाणभट्ट
D. कालिदास, कंबन, वसुमित्र

24. 'लाल चेर' के नाम से प्रसिद्ध वह चेर शासक कौन था, जिसने कण्णगी के मंदिर का निर्माण कराया था?

A. एलारा B. कारिकाल
C. शेनगुट्टवन D. नेदुन जेरल आदन

25. अजंता कलाकृतियाँ किससे संबंधित हैं?

A. हड़प्पा काल से B. मौर्य काल से
C. बुद्ध काल से D. गुप्त काल से

26. चालुक्य राजा पुलकेशिन II को किसने पराजित किया था?

A. महेन्द्रवर्मन I B. नरसिंहवर्मन I
C. परमेश्वरवर्मन I D. परांतक I

27. किस व्यक्ति को 'द्वितीय अशोक' कहा जाता है?

A. समुद्रगुप्त B. चंद्रगुप्त मौर्य
C. स्कंदगुप्त D. हर्षवर्धन

28. शून्य की खोज किसने की?

A. वराहमिहिर B. आर्यभट्ट
C. भास्कर D. इनमें से कोई नहीं

29. किस विदेशी यात्री ने भारत का दौरा सबसे पहले किया था?

A. ह्वेनसांग B. मेगास्थनीज
C. इत्सिंग D. फाह्यान

30. दिलवाड़ा मंदिर कहां पर स्थित हैं?

A. श्रवणबेलगोला B. पारसनाथ पर्वत
C. इंदौर D. आबू पर्वत

31. विरूपाक्ष मंदिर का निर्माण किसने करवाया था?

A. चालुक्य B. पल्लव
C. वाकाटक D. सातवाहन

32. पांड्य साम्राज्य की राजधानी कहां थी?

A. कांची B. मदुरै
C. कावेरीपट्टनम D. तिरूचि

33. कुव्वत-उल-इस्लाम मस्जिद का निर्माण किसके द्वारा किया गया था?

A. कुतुबुद्दीन ऐबक B. अलाउद्दीन खिलजी
C. इल्तुतमिश D. मोहम्मद आदिलशाह

34. 'इनाम' भूमि किसे दी जाती थी?

A. विद्वान और धार्मिक व्यक्ति
B. मनसबदार
C. पैतृक राजस्व संग्राहक
D. कुलीन

35. दिल्ली के किस सुल्तान को इतिहासकारों ने 'विरोधों का मिश्रण' बताया है?

A. बलबन B. अलाउद्दीन खिलजी
C. मुहम्मद बिन तुगलक D. इब्राहिम लोदी

36. यात्री इब्नबतूता कहां से आया था?

A. मोरक्को B. फारस
C. तुर्की D. मध्य एशिया

37. विजय नगर का प्रथम शासक कौन था जिसने पुर्तगालियों के साथ संधि की?

A. हरिहर B. बुक्का
C. देवराय II D. कृष्णदेव राय

38. कृष्णदेव राय किसके समकालीन थे?

A. शेरशाह B. हुमायूँ
C. बाबर D. अकबर

39. संत कबीर का जन्म कहां हुआ था?

A. दिल्ली B. मगहर/वाराणसी
C. मथुरा D. हैदराबाद

40. महाराष्ट्र में भक्ति संप्रदाय निम्नलिखित में से किसकी शिक्षाओं द्वारा फैला था?

A. संत तुकाराम B. संत ज्ञानेश्वर
C. समर्थ गुरु रामदास D. चैतन्य महाप्रभु

41. वह सूफी संत कौन था जो यह मानता था कि भक्ति संगीत ईश्वर के निकट पहुँचने का मार्ग है?

A. मुइनुद्दीन चिश्ती B. बाबा फ़रीद
C. सैय्यद मुहम्मद D. शाह आलम बुखारी

42. गुजरात विजय की याद में अकबर ने किसका निर्माण कराया था?
A. बड़ा इमामबाड़ा B. बुलंद दरवाजा
C. जामा मस्जिद D. सिद्दी बशीर

43. पानीपत की दूसरी लड़ाई (5 अप्रैल, 1556) निम्नलिखित में से किसके बीच हुई थी?
A. अकबर और हेमू
B. राजपूत और मुगल
C. बाबर और इब्राहिम लोदी
D. सिकंदर और आदिलशाह

44. अपने काल के महान संगीतज्ञ तानसेन किसके दरबार में थे?
A. जहाँगीर B. अकबर
C. शाहजहाँ D. बहादुरशाह

45. मुगलकाल की राजभाषा कौन-सी थी?
A. उर्दू B. हिन्दी
C. अरबी D. फारसी

46. सती प्रथा की भर्त्सना करने वाला मुगल सम्राट था–
A. बाबर B. हुमायूँ
C. अकबर D. जहाँगीर

47. भारत में ग्रांड ट्रंक रोड बनवाई थी।
A. अशोक ने B. शेरशाह सूरी ने
C. अकबर ने D. हुमायूँ ने

48. अकबर के शासनकाल में भू-राजस्व सुधारों के लिए कौन उत्तरदायी था?
A. बीरबल B. टोडरमल
C. जयसिंह D. बिहारीमल

49. 'रामचरितमानस' के लेखक तुलसीदास किसके शासनकाल से संबंधित थे?
A. चन्द्रगुप्त विक्रमादित्य B. वाजिद अली शाह
C. हर्षवर्द्धन D. अकबर

50. निम्नलिखित में से गुरिल्ला युद्ध का पथ-प्रदर्शक कौन था?
A. औरंगजेब B. अकबर
C. शिवाजी D. बालाजी

51. शिवाजी के प्रशासन में 'पेशवा' कहा जाता था–
A. धार्मिक मामलों के मंत्री को
B. रक्षामंत्री को
C. प्रधानमंत्री को
D. न्यायमंत्री को

52. भारत में सबसे पहली सूती वस्त्र मिल किस शहर में स्थापित की गयी थी?
A. सूरत B. बम्बई
C. अहमदाबाद D. कोयम्बटूर

53. मुख्यतः किसके प्रयास से सती प्रथा का उन्मूलन हुआ?
A. ब्रिटिश B. राजा राममोहन राय
C. धर्म प्रचारक D. महर्षि कर्वे

54. अलीगढ़ में स्थित मुहम्मडन एंग्लो-ओरिएण्टल कॉलेज को किसने स्थापित किया?
A. सैय्यद अहमद खाँ B. बदरूद्दीन तैयब जी
C. अबुल कलाम आजाद D. मुहम्मद अली जिन्ना

55. वर्ष 1829 ई. में सती प्रथा का उन्मूलन किसके द्वारा किया गया था?
A. लार्ड कर्जन B. लार्ड वेलेस्ली
C. लार्ड लिटन D. लार्ड विलियम बैंटिंक

56. स्वामी विवेकानंद का मूल नाम था–
A. नरेन्द्रनाथ दत्त B. बटुकेश्वर दत्त
C. कृष्ण दत्त D. सुरेंद्र दत्त

57. आर्य समाज किसके विरुद्ध है?
A. ईश्वर के अस्तित्व B. मूर्ति पूजा
C. हिन्दुत्व D. इस्लाम

58. थियोसोफिकल सोसायटी ने भारत में कब और कहाँ अपना मुख्य कार्यालय संस्थापित किया?
A. 1882, अडयार B. 1885, बेलूर
C. 1890, आवडी D. 1895, वेल्लूर

59. किस वायसराय के शासनकाल में पहला फैक्ट्री अधिनियम पारित किया गया?
A. लार्ड कर्जन B. लार्ड लिटन
C. लार्ड रिपन D. लार्ड कैनिंग

60. बेगम हजरत महल ने 1857 के विद्रोह का नेतृत्व निम्नलिखित में किस शहर से किया था?
A. लखनऊ B. कानपुर
C. बनारस D. इलाहाबाद

61. 1857 के विद्रोह का नेतृत्व बिहार में किसने किया?
A. खान बहादुर खाँ B. कुँवर सिंह
C. तात्या टोपे D. रानी राम कुआँरि

62. 1857 के विद्रोह के समय भारत का गवर्नर-जनरल कौन था?
A. लार्ड डलहौजी B. लार्ड विलियम बैंटिंक
C. लार्ड कैनिंग D. लार्ड लिटन

63. भारतीय राष्ट्रीय कांग्रेस की पहली बैठक किस शहर में हुई थी?
A. कलकत्ता B. बंबई
C. अहमदाबाद D. इलाहाबाद

64. निम्नलिखित कांग्रेसी नेताओं में से किसको 'भारत का महान वृद्ध व्यक्ति' कहा जाता है?
A. महात्मा गांधी B. बाल गंगाधर तिलक
C. दादाभाई नौरोजी D. मदन मोहन मालवीय

65. किस गवर्नर-जनरल के कार्यकाल के दौरान भारतीय राष्ट्रीय कांग्रेस बनी थी?
A. लार्ड रिपन B. लार्ड विलियम बैंटिंक
C. लार्ड डफरिन D. लार्ड कर्जन

66. भारतीय सिविल सेवा (ICS) में चुने गए पहले भारतीय का नाम था–
A. सत्येन्द्रनाथ टैगोर B. सरोजिनी नायडू
C. लाला लाजपत राय D. सी.आर. दास

67. मार्ले-मिण्टो रिफॉर्म्स को किस वर्ष में प्रस्तुत किया गया था?
A. 1909 B. 1919
C. 1935 D. 1942

68. 'स्वराज मेरा जन्मसिद्ध अधिकार है और मैं उसे लेकर रहूँगा'–यह किसने कहा?
A. अरविंद घोष B. महात्मा गांधी
C. सुभाष चंद्र बोस D. बाल गंगाधर तिलक

69. 'जय हिन्द' का नारा किसने दिया?
A. सुभाष चंद्र बोस B. जवाहरलाल नेहरू
C. मोतीलाल नेहरू D. भगत सिंह

70. काकोरी ट्रेन डकैती कांड के नायक थे?
A. राम प्रसाद बिस्मिल B. भगत सिंह
C. बटुकेश्वर दत्त D. बरकतुल्ला

71. भारत की आजादी के समय कांग्रेस के अध्यक्ष कौन थे?
A. महात्मा गांधी B. जवाहरलाल नेहरू
C. जे.बी. कृपलानी D. सरदार पटेल

72. भारतीय मुसलमानों के पृथक राज्य के लिए 'पाकिस्तान' शब्द का प्रयोग सबसे पहले किसने किया?
A. मुहम्मद इकबाल B. आगा खाँ
C. एम.ए. जिन्ना D. चौधरी रहमत अली

73. मुस्लिम लीग ने 'मुक्ति दिवस' मनाया था–
A. 1939 में B. 1942 में
C. 1946 में D. 1947 में

74. भारत छोड़ो आंदोलन कब प्रारंभ हुआ?
A. 9 अगस्त, 1942 B. 10 अगस्त, 1942
C. 15 अगस्त, 1942 D. 16 अगस्त, 1942

75. वर्ष 1946 में गठित अंतरिम कैबिनेट की अध्यक्षता किसने की?
A. राजेन्द्र प्रसाद B. जवाहरलाल नेहरू
C. वल्लभभाई पटेल D. सी. राजगोपालाचारी

उत्तरमाला

1	2	3	4	5	6	7	8	9	10
B	C	A	D	C	A	B	D	B	D
11	**12**	**13**	**14**	**15**	**16**	**17**	**18**	**19**	**20**
D	C	A	B	B	C	D	B	B	D
21	**22**	**23**	**24**	**25**	**26**	**27**	**28**	**29**	**30**
B	C	B	C	D	D	D	B	B	D
31	**32**	**33**	**34**	**35**	**36**	**37**	**38**	**39**	**40**
A	B	A	A	C	A	D	C	B	B
41	**42**	**43**	**44**	**45**	**46**	**47**	**48**	**49**	**50**
A	B	A	B	D	C	B	B	D	C
51	**52**	**53**	**54**	**55**	**56**	**57**	**58**	**59**	**60**
C	A	B	A	D	A	B	A	C	A
61	**62**	**63**	**64**	**65**	**66**	**67**	**68**	**69**	**70**
B	C	B	C	C	A	A	D	A	A
71	**72**	**73**	**74**	**75**					
C	D	A	A	B					

☆☆☆☆☆☆

भूगोल

ब्रह्माण्ड (Universe)

- यूनानी विद्वान हिकेटियस को 'भूगोल का पिता' कहा जाता है क्योंकि इन्होंने सर्वप्रथम भौगोलिक वर्णनों को 'जेस पीरियोडिस' पुस्तक के माध्यम से क्रमबद्ध किया था।
- भूगोल शब्द का सर्वप्रथम प्रयोग ग्रीक विद्वान इरेटोस्थनीज ने किया। 'पृथ्वी की परिधि' का लगभग सही मापन इन्होंने दिया था।
- ब्रह्माण्ड का विकासवादी सिद्धांत महाविस्फोट (Big-Bang Theory) के नाम से प्रसिद्ध है। इसे प्रस्तुत करने का श्रेय बेल्जियम के विद्वान लिमैत्रे को है।
- ब्रह्माण्ड अति विशाल है। यह ग्रहों, तारों, धूल और गैसों के सम्पूर्ण समूह से बना है।
- तारों के एक विशाल समुदाय या तंत्र को मंदाकिनी कहते हैं।
- सूर्य एक तारा है। यह सौरमंडल के आठ ग्रहों और उनके उपग्रहों के मध्य स्थित है। सूर्य सौरमंडल का प्रमुख है तथा आठ अन्य ग्रह अर्थात् बुध, शुक्र, पृथ्वी, मंगल, बृहस्पति, शनि, यूरेनस और नेप्चून इसके चारों ओर घूमते हैं।
- सूर्य के अतिरिक्त सौरमंडल के किसी अन्य ग्रह में अपना प्रकाश और उष्मा नहीं है।
- सूर्य एक गैसीय गोला है, जिसमें 71% हाइड्रोजन, 26.5% हीलियम तथा 2% अन्य भारी तत्व जैसे–लीथियम व यूरेनियम आदि हैं।
- सूर्य का व्यास 13 लाख 92 हजार किमी है, जो पृथ्वी के व्यास का लगभग 110 गुना है।
- सूर्य का प्रकाश पृथ्वी तक पहुँचने में 8 मिनट 16.6 सेकण्ड लगते हैं।
- ग्रहों को दो भागों में विभाजित किया गया है–
  (*i*) आन्तरिक या पार्थिव ग्रह संख्या में चार हैं। बुध, शुक्र, पृथ्वी एवं मंगल को पार्थिव ग्रह कहा जाता है क्योंकि ये पृथ्वी के समान हैं।
  (*ii*) बृहस्पतीय या बाह्य ग्रहः बृहस्पति, शनि, अरुण एवं वरुण को बृहस्पतीय ग्रह कहा जाता है।

शुक्र एवं अरुण सूर्य के चारों ओर पूर्व से पश्चिम दिशा में परिभ्रमण करते हैं, जबकि अन्य सभी ग्रह पश्चिम से पूर्व दिशा में परिभ्रमण करते हैं।

बुध (Mercury)

- यह सूर्य का सबसे नजदीकी ग्रह है।
- इसका कोई उपग्रह नहीं है तथा यह सबसे छोटा ग्रह है।
- यह सूर्य की परिक्रमा सबसे कम समय में पूरी करता है।

शुक्र (Venus)

- बुध के बाद यह सूर्य से दूसरा सबसे निकटतम ग्रह है।
- यह पृथ्वी से सर्वाधिक नजदीकी ग्रह है।

पृथ्वी (Earth)

- यह आकार में पाँचवाँ सबसे बड़ा ग्रह है।
- जल की उपस्थिति के कारण इसे नीला ग्रह भी कहा जाता है।
- सूर्य से दूरी के अनुसार पृथ्वी सौरमंडल में तीसरे स्थान पर है।
- पृथ्वी अपने अक्ष पर पश्चिम से पूर्व की ओर 1610 कि.मी. प्रति घण्टा की चाल से 23 घण्टे 56 मिनट 4 सेकण्ड में एक पूरा चक्कर लगाती है। पृथ्वी की इस गति को घूर्णन या दैनिक गति कहते हैं। इसी घूर्णन गति के कारण दिन-रात होते हैं।
- पृथ्वी 365 दिन 5 घण्टे 48 मिनट 46 सेकण्ड में सूर्य का परिक्रमण करती है। सूर्य के चतुर्दिक पृथ्वी की इस परिक्रमा को पृथ्वी की वार्षिक गति या परिक्रमण गति कहते हैं।
- पृथ्वी द्वारा सूर्य की एक परिक्रमा करने में लगा समय सौर वर्ष कहलाता है।
- पृथ्वी पर ऋतु परिवर्तन, इसके अक्ष पर झुके होने के कारण तथा सूर्य के सापेक्ष इसकी स्थिति में परिवर्तन यानी वार्षिक गति के कारण होता है। वार्षिक गति के कारण ही पृथ्वी पर दिन-रात छोटे बड़े होते हैं।
- पृथ्वी का एकमात्र उपग्रह चंद्रमा है।
- पृथ्वी का एक-तिहाई भाग स्थल एवं दो-तिहाई भाग जल से घिरा हुआ है।

मंगल (Mars)

- इसे लाल ग्रह भी कहते हैं।
- मंगल, सूर्य का चौथा निकटतम ग्रह है।
- इस ग्रह पर वायुमण्डल पाया जाता है अतः यहाँ जीवन की संभावना व्यक्त की जा रही है।

बृहस्पति (Jupiter)

- यह सौर मंडल का सबसे बड़ा ग्रह है।
- इसे सूर्य की परिक्रमा करने में 11.86 वर्ष लगते हैं।

शनि (Saturn)

- यह सौरमण्डल का दूसरा सबसे बड़ा ग्रह है।
- इसकी प्रमुख विशेषता है कि इसके तल के चारों ओर वलय का होना।
- यह सूर्य की परिक्रमा 29.5 वर्ष में पूरी करता है।
- सौरमंडल में सबसे अधिक चन्द्रमा इसके हैं।

अरुण (Uranus)

- यह सूर्य से सातवाँ और आकार में तृतीय ग्रह है।
- इसे सूर्य की परिक्रमा करने में 84 वर्ष लगते हैं।

वरुण (Neptune)

- यह सौरमण्डल का चौथा सबसे बड़ा तथा सूर्य से आठवाँ ग्रह है।
- यह सबसे ठंडा ग्रह है तथा यहाँ वर्ष दीर्घतम होता है।
- सूर्य की परिक्रमा करने में इसे 165 वर्ष लगते हैं।

सौरमण्डल के अन्य घटक

- **क्षुद्रग्रह (Asteroids):** मंगल एवं बृहस्पति ग्रह की कक्षाओं के बीच छोटे-छोटे आकाशीय पिण्ड, जो सूर्य की परिक्रमा करते हैं क्षुद्रग्रह कहलाते हैं। सबसे बड़ा क्षुद्रग्रह सायरस है।
- **धूमकेतु (Comet):** सौरमंडल के छोर पर बहुत ही छोटे-छोटे अरबों पिंड विद्यमान हैं, जो धूमकेतु या पुच्छल तारे कहलाते हैं।

उल्का (Meteor)

उल्काएँ, क्षुद्र ग्रहों के टुकड़े तथा धूमकेतु द्वारा पीछे छोड़े गए धूल के कण होते हैं। यह पृथ्वी के वायुमण्डल में पहुँचते ही जलने लगते हैं और टूटते तारे जैसे लगते हैं।

चन्द्रमा

- यह पृथ्वी का एकमात्र उपग्रह है।
- चन्द्रमा, पृथ्वी की परिक्रमा लगभग 27 दिन 8 घंटे में पूरी करता है और इतने ही समय में अपने अक्ष पर एक घूर्णन करता है।
- चन्द्रमा का घूर्णन और परिक्रमण अवधि समान है। इसी कारण चन्द्रमा का सदैव एक ही भाग दिखाई पड़ता है।
- चन्द्रमा पृथ्वी से लगभग 3.84 लाख किलोमीटर दूर है।

चन्द्रग्रहण

जब कभी चक्कर लगाते समय सूर्य और चंद्रमा के बीच पृथ्वी आ जाती है तो चन्द्रमा को सूर्य का प्रकाश प्राप्त नहीं होता। इसको चन्द्रग्रहण कहते हैं। सूर्य, चन्द्रमा और पृथ्वी तीनों पूर्णमासी को एक सीध में रहते हैं। अतः केवल पूर्णिमा को ही चंद्रग्रहण पड़ता है।

सूर्यग्रहण

भ्रमण करते हुए जब चंद्रमा अमावस्या के दिन पृथ्वी और सूर्य के बीच में आ जाता है तब चंद्रमा की छाया पृथ्वी पर पड़ती है। इसका फल यह होता है कि सूर्य का प्रकाश पृथ्वी पर नहीं पड़ता है। सूर्य की आकृति पर पड़ने वाले इस विक्षेप को ही सूर्य-ग्रहण कहते हैं। सूर्य-ग्रहण अमावस्या को ही पड़ता है।

पृथ्वी की संरचना

पृथ्वी की आन्तरिक संरचना को मुख्यतः तीन भागों में बाँटा गया है-

1. **भूपटल/भू-पर्पटी (Crust):** पृथ्वी के ऊपरी भाग को भू-पर्पटी कहते हैं। यह अंदर की तरफ 8-40 किमी तक का क्षेत्र है। यह मुख्यतः बेसाल्ट चट्टानों से बना है। इसे सिआल (SIAL) भी कहते हैं।
2. **अनुपटल (Mantle):** इस अनुपटल का विस्तार 100 से 2,900 किमी की गहराई तक है। इसमें सिलिका और मैग्नेशियम की प्रधानता है। इसे सीमा भी कहते हैं। इसी परत से ज्वालामुखी के लिए लावा प्राप्त होता है।
3. **भू-क्रोड (Core):** इस परत को धात्विक क्रोड या गुरुमण्डल या अन्तरतम भी कहते हैं। यह 2900 किमी की गहराई से पृथ्वी के केन्द्र तक विस्तृत है। इसमें निकिल एवं फेरस की प्रधानता है। इसे निफे भी कहते हैं।

पृथ्वी की गतियां

1. **घूर्णन गति (Rotation):** पृथ्वी अपने अक्ष पर पश्चिम से पूर्व की ओर चक्कर लगाती है जिसके कारण दिन और रात होते हैं। पृथ्वी की दैनिक गति के कारण समुद्र में ज्वार भाटा आता है।
2. **परिक्रमण गति (Revolution):** पृथ्वी अपने अक्ष पर घूमने के साथ-साथ सूर्य के चारों ओर भी चक्कर लगाती है। पृथ्वी की इस परिक्रमा का मार्ग वामावर्त (Counterclockwise) है।

पृथ्वी की परिक्रमण गति के निम्न प्रभाव देखे जा सकते हैं–

(*i*) सूर्य की किरणों का सीधा और तिरछा चमकना,
(*ii*) वर्ष की अवधि का निर्धारण,
(*iii*) कर्क और मकर रेखाओं का निर्धारण,
(*iv*) ध्रुवों पर छः-छः माह के रात-दिन का होना,
(*v*) धरातल पर ताप-वितरण में भिन्नता,
(*vi*) कटिबन्धों का निर्धारण,
(*vii*) दिन-रात का छोटा-बड़ा होना,
(*viii*) ऋतु परिवर्तन।

- **कर्क संक्रांतिः** 21 जून को सूर्य मकर रेखा पर लम्बवत् चमकता है। परिणामस्वरूप उत्तरी गोलार्द्ध में सबसे बड़ा दिन होता है और ग्रीष्म ऋतु होती है। दक्षिणी गोलार्द्ध में इस समय सूर्य-तिरछा चमकता है। इससे यहाँ रातें बड़ी और दिन छोटे होते हैं और गर्मी कम होने से जाड़े की ऋतु होती है।
- **मकर संक्रांतिः** 22 दिसम्बर को दक्षिणी ध्रुव सूर्य के सम्मुख होता है और सूर्य मकर रेखा पर लम्बवत् चमकता है। जिससे यहाँ ग्रीष्म ऋतु होती है। इस समय उत्तरी गोलार्द्ध में सूर्य तिरछा चमकता है, जिससे दिन छोटे व रातें बड़ी होती हैं और गर्मी कम होने से जाड़े की ऋतु होती है।
- **विषुवः** यह पृथ्वी की वह स्थिति है जब सूर्य की किरणें भूमध्य रेखा पर लम्बवत् चमकती है जिससे सर्वत्र रात-दिन बराबर होते हैं।

  (*i*) बसन्त विषुव - 21 मार्च (*ii*) शरद विषुव - 23 सितम्बर
- ग्लोब पर खींची गई समानांतर रेखाओं को अक्षांश रेखा कहा जाता है।
- 0° की अक्षांश रेखा भूमध्य रेखा या विषुवत् रेखा कहलाती है। यह पृथ्वी के केन्द्र से गुजरती है एवं पृथ्वी को दो बराबर भागों में बाँटती है। भूमध्य रेखा पर दिन-रात बराबर होते हैं।
- भूमध्य रेखा से ऊपर 0° से 90° उत्तरी ध्रुव तक उत्तरी गोलार्द्ध और भूमध्य रेखा से नीचे 0° से 90° दक्षिणी ध्रुव तक दक्षिणी-गोलार्द्ध कहलाता है।
- **कर्क रेखाः** उत्तरी गोलार्द्ध में 23.5° N के दोनों बिन्दुओं को मिलाने वाली रेखा कर्क रेखा कहलाती है। कर्क रेखा अग्रलिखित देशों से होकर गुजरती है–मैक्सिको, पश्चिमी सहारा, मॉरीटानिया, माली, अल्जीरिया, लीबिया, चाड, मिस्र, सऊदी अरब, यू.ए.ई., ओमान, भारत, बांग्लादेश, म्यांमार, चीन तथा ताइवान।
- **मकर रेखाः** दक्षिण गोलार्द्ध में 23.5° S के दोनों बिन्दुओं को मिलाने वाली रेखा मकर रेखा कहलाती है। मकर रेखा अग्रलिखित देशों से होकर गुजरती है–ऑस्ट्रेलिया, नामीबिया, बोत्सवाना, द॰ अफ्रीका, मोजाम्बिक, मेडागास्कर, चिली, अर्जेन्टीना, पराग्वे, ब्राजील तथा मालागासी।
- **आर्कटिक रेखाः** उत्तरी गोलार्द्ध में 66.5° N के दोनों बिन्दुओं को मिलाने वाली रेखा को आर्कटिक रेखा कहते हैं।
- **अण्टार्कटिक रेखाः** दक्षिणी गोलार्द्ध में 66.5° S के दोनों बिन्दुओं को मिलाने वाली रेखा अण्टार्कटिक रेखा कहलाती हैं।
- **विषुवत् रेखाः** निम्नलिखित देशों से होकर गुजरती है–इक्वेडोर, कोलम्बिया, ब्राजील, गैबन, कांगो, जायरे, युगांडा, केन्या, सोमालिया, इण्डोनेशिया।
- **देशान्तर रेखाएँः** यह ग्लोब पर उत्तर से दक्षिण की ओर खींची जाने वाली काल्पनिक रेखाएँ हैं। ये रेखाएँ समानांतर नहीं होती हैं। ये रेखाएँ उत्तरी तथा दक्षिणी ध्रुव पर एक बिन्दु पर मिल जाती हैं।
- ध्रुवों से भूमध्य रेखा की ओर बढ़ने पर देशान्तरों के बीच की दूरी बढ़ती जाती है तथा भूमध्य रेखा पर इनके बीच की दूरी अधिकतम होती है।
- **ग्रीनविच वेधशालाः** यह लन्दन के निकट है। यहाँ से गुजरने वाली देशान्तर रेखा को प्रधान देशांतर रेखा कहा जाता है। इसका मान 0° देशांतर है।
- पृथ्वी की घूर्णन गति 15 अंश देशांतर प्रति घण्टा या प्रति चार मिनट में एक देशांतर है।
- भारत में माध्य प्रामाणिक समय (IST) 82°-30' पूर्व इलाहाबाद के पास है। यह ग्रीनविच मध्याह्न से 5 घंटे 30 मिनट आगे है।
- पामीर विश्व का सबसे ऊँचा पठार है। यह सागर तल से लगभग 5000 मी. ऊँचा है। इसे विश्व की छत भी कहा जाता है।
- तिब्बत का पठार क्षेत्रीय विस्तार की दृष्टि से विश्व में सबसे बड़ा है।
- बोलीविया तथा पेरू का पठार अन्तःपर्वतीय पठार है।
- **झीलः** कैस्पियन सागर खारे पानी की विश्व की सबसे बड़ी झील है।
- सुपीरियर झील ताजे पानी की सबसे बड़ी झील है।
- बैकाल झील सबसे गहरी झील है।
- टिटिकाका झील विश्व की सबसे ऊँची झील है।
- मृत सागर विश्व की सबसे नीची झील है।
- तुर्की की वान झील विश्व की सर्वाधिक लवणता वाली झील है।
- **मरुस्थलः** पृथ्वी का वह क्षेत्र जहाँ वार्षिक वर्षा 25 सेमी से कम होती है, उसे मरुस्थल कहा जाता है।
- विश्व का मरुस्थलविहीन प्रायद्वीप यूरोप है।
- दक्षिण एशिया का सबसे बड़ा मरुस्थल थार भारत में है।
- संसार का सबसे बड़ा मरुस्थल सहारा है।
- **द्वीपः** स्थल के ऐसे भाग जिनके चारों ओर जल का विस्तार पाया जाता है द्वीप कहलाते हैं।

पृथ्वी के प्रमुख परिमंडल

- पृथ्वी की सम्पूर्ण बाह्य परत, जिस पर महाद्वीप एवं महासागर स्थित हैं स्थलमंडल कहलाती है। पृथ्वी के कुल 29% भाग पर स्थल तथा 71% भाग पर जल है।
- पृथ्वी पर अधिकतम ऊँचाई माउण्ट एवरेस्ट (8848 मी.) की तथा अधिकतम गहराई मेरियाना गर्त (11,033 मी.) की है। इस प्रकार पृथ्वी की अधिकतम ऊँचाई एवं अधिकतम गहराई में लगभग 20 किमी. का अंतर है।
- ज्वालामुखी के द्वारा पृथ्वी का पिघला पदार्थ लावा, राख, भाप तथा अन्य गैसें बाहर निकलती हैं।
- विश्व का सबसे ऊँचा ज्वालामुखी पर्वत, कोटापैक्सी (इक्वेडोर) है।
- संसार का सर्वाधिक सक्रिय ज्वालामुखी किलायू है।
- **सिस्मोलॉजी:** यह भूगर्भशास्त्र की एक विशेष शाखा है जिसमें भूकम्पों का अध्ययन किया जाता है। भूकम्प की तीव्रता की माप रिक्टर पैमाने पर की जाती है।
- भूकम्पीय तरंगों को सिस्मोग्राफ नामक यंत्र द्वारा मापा जाता है।

वायुमण्डल

- वायुमण्डल अनेक गैसों का मिश्रण है। गैसों के अतिरिक्त वायुमण्डल में जलवाष्प तथा धूल के कण भी उपस्थित हैं। यह पृथ्वी के धरातल से 1600 किमी. की ऊँचाई तक फैली है।
- वायुमंडल की ऊपरी परत के अध्ययन को वायुविज्ञान (Aerology) और निचली परत के अध्ययन को ऋतु विज्ञान (Meterology) कहते हैं।

वायुमण्डल की संरचना

1. क्षोभमण्डल (Troposphere)

- यह वायुमण्डल की सबसे निचली परत है जिसमें मानव सहित अन्य जीव रहते हैं।
- इस परत में ऊँचाई के साथ-साथ तापमान घटता है। प्रत्येक 165 मी. पर 1°C तापमान की कमी हो जाती है।

2. समतापमण्डल (Stratosphere)

- क्षोभमंडल के ऊपर 32 किमी. तक अर्थात् पृथ्वी की सतह से 50 किमी. ऊपर तक समतापमंडल स्थित है।
- क्षोभ सीमा (Tropopause) ही समतापमंडल और क्षोभमंडल दोनों को अलग करती है। यहाँ पर तापमान स्थिर होता है। इसकी मोटाई 1.5 किमी. है।
- इसके ऊपर 50 किमी की ऊँचाई तक तापमान में वृद्धि होती है, जिसका कारण वहाँ उपस्थित ओजोन गैस है, जो सूर्य की पराबैंगनी किरणों का अवशोषण करती है इसलिए इसे पृथ्वी का सुरक्षा कवच कहते हैं।
- इसमें मौसमी घटनाएँ जैसे आँधी, बादलों की गरज, बिजली का कड़कना, धूलकण एवं जलवाष्प आदि कुछ नहीं होती है। परिणामस्वरूप इस मंडल में वायुयान उड़ाने की आदर्श दशा पाई जाती है।

3. मध्यमण्डल (Mesosphere)

- समताप सीमा के ऊपर मध्यमण्डल है, जिसका विस्तार 80 किमी की ऊँचाई तक है। इस परत में ऊँचाई के साथ तापमान गिरने लगता है।

4. आयनमण्डल (Ionosphere)

- मध्यमण्डल के ऊपर आयनमण्डल है जिसकी ऊँचाई 80-690 किमी तक है।
- यहाँ उपस्थित कण विद्युत आवेशित होते हैं, जिन्हें आयन कहते हैं। अतः इस परत का नाम आयनमण्डल है।
- आयनमण्डल में तीन परतें स्थित हैं जो पृथ्वी से प्रेषित रेडियो तरंगों को परावर्तित करके पृथ्वी पर वापस भेज देता है इससे रेडियो प्रसारण में सहायता मिलती है।
- संचार उपग्रह इसी मण्डल में स्थित होते हैं।

5. बाह्यमण्डल (Exosphere)

- आयनमंडल के ऊपर वायुमण्डल की यह सबसे ऊपरी परत है। यहाँ काफी विरल होती है।
- इस मंडल में हाइड्रोजन एवं हीलियम गैस की प्रधानता होती है।
- **समताप रेखा (Isotherm):** यह समान तापमान के स्थानों को मिलाने वाली रेखा है।
- **समदाब रेखा (Isobar):** सागर तल पर समान वायुदाब वाले क्षेत्रों को मिलाने वाली रेखा को समदाब रेखा कहते हैं।
- **पवन:** पृथ्वी के धरातल पर वायुदाब में क्षैतिज विषमताओं के कारण हवा उच्च वायुदाब क्षेत्र से निम्न वायुदाब क्षेत्र की ओर बहती है। क्षैतिज रूप से इस गतिशील हवा को पवन कहते हैं।
- **पछुआ पवन:** दोनों गोलार्द्धों में उपोष्ण उच्च वायुदाब कटिबंधों से उपध्रुवीय निम्न वायुदाब कटिबंधों की ओर चलने वाली स्थायी हवा को, इनकी पश्चिम दिशा के कारण, पछुआ पवन कहा जाता है।

- **व्यापारिक पवनः** लगभग 30° उत्तरी और दक्षिणी अक्षांशों के क्षेत्रों या उपोष्ण उच्च वायुदाब कटिबंधों के भूमध्य रेखीय निम्न वायुदाब कटिबंधों की ओर दोनों गोलार्द्धों में वर्ष भर निरन्तर प्रवाहित होने वाली पवन को व्यापारिक पवन कहा जाता है।
- **ध्रुवीय पवनः** ध्रुवीय उच्च वायुदाब की पेटियों से उपध्रुवीय निम्न वायुदाब की पेटियों की ओर प्रवाहित पवन को ध्रुवीय पवन के नाम से जाना जाता है।
- मानसून की उत्पत्ति कर्क और मकर रेखाओं के निकट होती है। मानसून शब्द का तात्पर्य है हवाओं के रूख का बदलना। मानसून का प्रभाव दक्षिण-पूर्वी एशिया में विशेष रूप से मिलता है।
- मानसूनी पवनें ग्रीष्म-ऋतु में समुद्र से स्थल की ओर चलती है और विस्तृत क्षेत्र पर वर्षा करती है।
- शीतकालीन मानसून पवनें स्थल से समुद्र की ओर चलती हैं तथा वर्षा नहीं करती है। इसका अपवाद तमिलनाडु के तटीय क्षेत्रों में देखा जाता है जहाँ शीतकालीन मानसून से वर्षा होती है।
- **स्थलीय समीर (Land Breeze):** रात्रि में हवाएँ स्थल से जल की ओर चलने लगती हैं जिसे स्थलीय समीर कहते हैं।
- **समुद्री समीर (Sea Breeze):** तापमान में अन्तर होने के कारण दिन में समुद्र से हवाएँ स्थल की ओर चलती हैं जिसे समुद्री समीर कहते हैं।
- **चक्रवात (Cyclones):** चक्रवात के केन्द्र में कम वायुदाब होता है। इस कारण सभी दिशाओं में हवाएँ चक्रवात के केन्द्र की ओर चलती हैं। ये हवाएँ फेरल के नियमानुसार उत्तरी गोलार्द्ध में अपनी दाईं ओर तथा दक्षिणी गोलार्द्ध में अपनी बाईं ओर मुड़ जाती है जिससे चक्रवात के केन्द्र में हवाओं का भंवर बन जाती है। टारनेडो, टाइफून व हरिकेन चक्रवात के उदाहरण हैं।
- **प्रतिचक्रवात (Anti-Cyclones):** प्रति-चक्रवात अधिक वायुदाब का एक ऐसा क्षेत्र होता है जिसमें वायुदाब क्रमशः बाहर की ओर घटता जाता है। प्रति-चक्रवात में अधिक वायुदाब केन्द्र में होता है। अतः हवाएं केन्द्र से बाहर की ओर प्रवाहित होती हैं।

चक्रवातों के विभिन्न नाम एवं उनकी भौगोलिक स्थिति

चक्रवात	*भौगोलिक स्थिति*
टॉरनेडो	संयुक्त राज्य अमेरिका, चीन एवं जापान
टाइफून	दक्षिणी चीन सागर
हरिकेन	कैरीबियन द्वीप समूह
ट्विस्टर	अमेरिका
विली-विली	ऑस्ट्रेलिया

विश्व के प्राकृतिक प्रदेश

- **भूमध्यरेखीय प्रदेशः** इसे उष्णकटिबन्धीय वर्षा वन जलवायु क्षेत्र भी कहते हैं। यहाँ पर उष्णकटिबंधीय सदाबहार वन पाए जाते हैं। इस जलवायु का विस्तार कांगो बेसिन, अमेजन बेसिन, गिनी तट, पूर्वी द्वीप समूह, मलेशिया तथा इण्डोनेशिया में पाया जाता है।
- **सवाना प्रदेशः** उष्णकटिबंधीय घास प्रदेश, जिसका विस्तार दोनों गोलार्द्धों में 5° से 20° अक्षांशों तक पाया जाता है। इस जलवायु के अंतर्गत आने वाले प्रमुख देश दक्षिण अफ्रीका, सूडान, वेनेजुएला, ब्राजील, पराग्वे तथा कोलम्बिया हैं। उच्च ताप एवं साधारण वर्षा के कारण यहाँ लम्बी सवाना घास तथा कहीं-कहीं वृक्ष उगते हैं।
- **मानसूनी प्रदेशः** ये प्रदेश दोनों गोलार्द्धों में महाद्वीपों के पूर्वी भागों में 8° से 30° अक्षांशों के मध्य तक है। इसमें भारत, पाकिस्तान, बांग्लादेश, म्यांमार, थाइलैंड, इंडोनेशिया, फिलीपींस, श्रीलंका, उत्तरी ऑस्ट्रेलिया, मालागासी, पूर्वी अफ्रीका, पूर्वी ब्राजील व मध्य अमेरिका सम्मिलित किए जाते हैं।
- **उष्णकटिबन्धीय मरुस्थलीय जलवायुः** यह प्रदेश 20° से 30° अक्षांशों के मध्य महाद्वीपों के पश्चिमी भागों में विस्तृत है। इसका विस्तार सहारा, कालाहारी, एशिया में अरब, थार व पश्चिम ऑस्ट्रेलिया के मरुस्थल तक हैं। इस प्रदेश से कर्क या मकर रेखा गुजरती है। यहाँ पर कँटीली झाड़ियाँ, बबूल व कैक्टस के पेड़ पाए जाते हैं।
- **भूमध्यसागरीय प्रदेशः** यह महाद्वीपों के पश्चिमी किनारों पर 30°-45° अक्षांशों के मध्य दोनों गोलार्द्धों में विस्तृत है—भूमध्यसागर का तटीय प्रदेश पुर्तगाल, स्पेन, फ्रांस, यूगोस्लाविया, ग्रीस, टर्की, दक्षिणी अफ्रीका का केप प्रांत, कैलिफोर्निया घाटी, मध्य चिली, दक्षिणी-पश्चिमी व दक्षिणी-पूर्वी ऑस्ट्रेलिया तथा न्यूजीलैंड का उत्तरी द्वीप इस प्रदेश के अंग हैं। यहाँ अँगूर व नींबू की अच्छी फसल होती है। थोड़ी शुष्क झाड़ियाँ, जैतून, ओक, कार्क के वृक्ष मिलते हैं।
- **स्टैप प्रदेशः** यह शीतोष्ण प्रदेशीय घास का प्रदेश है, इसके अंतर्गत रूसी व चीनी तुर्किस्तान, साइबेरिया का स्टैप प्रदेश, उत्तरी अमेरिका के मध्यवर्ती मैदान में प्रेयरी प्रदेश, दक्षिणी अमेरिका में पम्पास, ऑस्ट्रेलिया में डाउन्स व दक्षिणी अफ्रीका का वेल्ड क्षेत्र सम्मिलित है।
- **टैगा प्रदेशः** कनाडा, यूरोप तथा एशिया में स्टैप प्रदेश के उत्तर में 55° अक्षांशों तक नुकीली पत्ती वाले कोणधारी वन

पाए जाते हैं। यहाँ चीड़ स्प्रूस के वृक्ष पाए जाते हैं। विश्व का सबसे ठंडा स्थान बर्खोयास्क (रूस) यहीं पर स्थित है।

- **टुण्ड्रा प्रदेशः** यह प्रदेश यूरेशिया, अलास्का तथा कनाडा के उत्तरी तटीय भाग में 65°–80° उत्तरी अक्षांशों के मध्य विस्तृत है। आर्कटिक ध्रुव वृत्त के भीतर स्थित होने के कारण यह प्रदेश वर्ष के 8–9 महीने हिम से जमा रहता है। गर्मियों का तापमान 10°C तथा सर्दियों का तापमान –20°C से भी कम हो जाता है। इसे शीत मरुस्थल कहते हैं। यहाँ लाइकेन एवं मांस प्रायः मिलते हैं।

जलमण्डल

- भूमंडल के लगभग 71% भाग पर जल है।
- दक्षिणी गोलार्द्ध में 81% जल और 19% स्थल है जबकि उत्तरी गोलार्द्ध में 40% जल 60% स्थल भाग है।

महासागर

जलमंडल का वह बड़ा भाग जिसकी कोई निश्चित सीमा न हो, महासागर कहलाता है।

प्रशांत महासागर

- यह विश्व का सबसे बड़ा और गहरा महासागर है।
- जापान सागर, बेरिंग सागर, पीला सागर, सुण्डा सागर, बाण्डा सागर, अराफुरा सागर इसके तटवर्ती सागर हैं।
- प्रशांत महासागर में गुआम द्वीप (फिलीपीन्स) के समीप स्थित मेरियाना गर्त विश्व का सबसे गहरा गर्त है जिसे चैलेंजर गर्त भी कहते हैं।

अटलांटिक महासागर

- यह विश्व का दूसरा सबसे बड़ा महासागर है।
- इसमें बरमुडा प्रमुख प्रवाल द्वीप है जबकि सेंट हेलेना, ट्रिस्ता दी कन्हा, गुआ असेन्सन आदि प्रमुख ज्वालामुखी द्वीप हैं।
- यह संसार का सबसे व्यस्त जलमार्ग है।

हिन्द महासागर

- क्षेत्रफल और विस्तार की दृष्टि से यह पृथ्वी पर तीसरा सबसे बड़ा महासागर है।
- सुण्डा (जावा) गर्त हिन्द महासागर का सबसे गहरा गर्त है।
- यह प्रशांत महासागर और अटलाण्टिक महासागर से मिला है।
- इस महासागर में लक्षद्वीप एवं मालद्वीप प्रमुख प्रवाल द्वीप हैं जबकि मॉरीशस, अण्डमान निकोबार द्वीप समूह तथा टीयूनियन द्वीप ज्वालामुखी प्रक्रिया से निर्मित हैं।
- इसका सबसे बड़ा द्वीप मेडागास्कर है।

आर्कटिक महासागर

- यह सबसे छोटा महासागर है।
- इस महासागर पर बर्फ जमी होने के कारण इसे छिपता हुआ महासागर भी कहा जाता है।

विश्व के प्रमुख जलडमरूमध्य/जलसंधियाँ

जलडमरूमध्य	सम्बन्धित सागर	सम्बन्धित देश
• बेरिंग जलसंधि	बेरिंग सागर एवं चुकसी सागर	अलास्का-रूस
• डेविस जलसंधि	बेफिन खाड़ी एवं अटलांटिक महासागर	ग्रीनलैण्ड-कनाडा
• डेनमार्क जलसंधि	उत्तरी अटलांटिक एवं आर्कटिक महासागर	इंग्लैंड-फ्रांस
• डोवर जलसंधि	इंगलिश चैनल एवं उत्तरी सागर	इंग्लैंड-फ्रांस
• फ्लोरिडा जलसंधि	मैक्सिको की खाड़ी एवं अटलांटिक महासागर	सं.रा. अमेरिका-क्यूबा
• हॉरमुज जलसंधि	फारस की खाड़ी एवं ओमान की खाड़ी	ओमान-ईरान
• हडसन जलसंधि	हडसन की खाड़ी एवं अटलांटिक महासागर	कनाडा
• जिब्राल्टर जलसंधि	भूमध्य सागर एवं अटलांटिक महासागर	स्पेन-मोरक्को
• मलक्का जलसंधि	अण्डमान सागर एवं दक्षिण चीन सागर	इंडोनेशिया-मलेशिया
• पाक जलसंधि	मन्नार एवं बंगाल की खाड़ी	भारत-श्रीलंका
• सुण्डा जलसंधि	जावा सागर एवं हिंद महासागर	इंडोनेशिया
• नार्थ चैनल	आयरिश सागर एवं अटलांटिक महासागर	आयरलैंड-इंग्लैंड

विश्व के प्रमुख जल प्रपात

जल प्रपात	स्थान	ऊँचाई (मी॰)
• एंजिल	वेनेजुएला	979 (यह कैरो नदी पर स्थित संसार का सबसे ऊँचा जल प्रपात है।
• योसेमाइट	कैलिफोर्निया	739
• दक्षिण-मर्डाल्फोसेन	नार्वे	655
• तुगेला	द॰अफ्रीका	614
• कुकवेनन	वेनेजुएला	610
• सूथरलैंड	न्यूजीलैंड	580
• रिब्बोन	कैलिफोर्निया	491
• ग्रेट-कामारना	गुयाना	488
• डेल्ला	कनाडा	440
• गवार्नी	फ्रांस	422
• जोग (गरसोप्पा)	भारत	255 (शरावती नदी पर स्थित इस जल प्रपात को महात्मा गाँधी जल प्रपात भी कहते हैं।
• नियाग्रा	कनाडा एवं अमेरिका की सीमा	120

विश्व की प्रमुख नहरें

नाम	स्थिति	स्थान
• ईरी	ईरी झील और मिशीगन झील को जोड़ती है।	अमेरिका
• सू नहर	सुपीरियर झील और ह्यूइन झील को जोड़ती है।	अमेरिका
• कील नहर	उत्तरी सागरं को बाल्टिक सागर से जोड़ती है।	जर्मनी
• पनामा नहर	कैरीबियन सागर और प्रशांत महासागर	पनामा
• स्वेज नहर	लाल सागर और भूमध्य सागर	मिस्र
• मैनचेस्टर नहर	मैनचेस्टर एवं लिवरपूल के बीच	ग्रेट ब्रिटेन

विश्व की प्रमुख नदियाँ

नाम	उद्गम स्थल	गिरने का स्थान	लम्बाई (किमी)	प्रमुख स्थान
• नील (विश्व की सबसे लम्बी नदी)	विक्टोरिया झील	भूमध्य सागर	6650	आस्वान बाँध व नासिर झील स्थित है।
• अमेजन (आयतन की दृष्टि से विश्व की सबसे बड़ी नदी)	एण्डीज पर्वत	अटलांटिक महासागर	6428	
• मिसीसिपी मिसौरी	एलास्का झील	मैक्सिको की खाड़ी	6020	पक्षीपाद डेल्टा बनाती है।
• यांग्टिसीक्यांग	तिब्बत का पठार	चीन सागर	5494	
• ह्वांग हो	कुललुन पर्वत	चीन की खाड़ी	4344	
• कांगो/जायरे	लुआलिया और लुआपुआ का संगम	अटलाण्टिक महासागर	3700	विषुवत् रेखा को दो बार काटती है।

नाम	उद्गम स्थल	गिरने का स्थान	लम्बाई (किमी)	प्रमुख स्थान
• अमूर	शिल्का रूस, आरगून का संगम	टार्टइ स्ट्रेट	4352	चीन और रूस की सीमा बनाती है।
• वोल्गा	बल्डाई पठार	कैस्पियन सागर	3690	यूरोप की सबसे लम्बी नदी
• डेन्यूब	ब्लैक फॉरेस्ट	काला सागर	2840	बेलग्रेड, बुखारेस्ट, बुडापेस्ट और वियना शहर स्थित है।
• सेंट लारेंस	आण्टेरियो झील	सेंट-लॉरेंस की खाड़ी	3058	नियाग्रा जल प्रपात स्थित है।
• कोलोरेडो	ग्रैण्ड कंट्री	कैलीफोर्निया की खाड़ी	2333	ह्यूबर बाँध स्थित
• नाइजर	गिनी	गिनी की खाड़ी	4180	तेल नदी कहलाती है।
• मेकांग	तिब्बत का पठार	दक्षिण चीन सागर	4023	द.पू. एशिया की सबसे लम्बी नदी।
• सिन्धु	मानसरोवर झील के पास	अरब सागर	2900	
• ब्रह्मपुत्र	मानसरोवर झील	बंगाल की खाड़ी	3058	
• डार्लिंग-मरे	ऑस्ट्रेलिया आल्पस	हिन्द महासागर	2740	ऑस्ट्रेलिया की सबसे बड़ी नदी।

विश्व की प्रमुख झीलें

झील का नाम	भौगोलिक क्षेत्र	क्षेत्रफल (वर्ग.किमी.)	विशेष तथ्य
• कैस्पियन सागर	पूर्व सोवियत संघ तथा ईरान	3,71,000	खारे पानी की सबसे बड़ी झील
• सुपीरियर झील	संयुक्त राज्य अमेरिका एवं कनाडा	82,100	ताजे पानी की सबसे बड़ी झील
• विक्टोरिया झील	केन्या, युगाण्डा तथा तंजानिया	69,000	
• अरल सागर झील	कजाकिस्तान एवं उज्बेकिस्तान	64,500	
• ह्यूरन झील	संयुक्त राज्य अमेरिका तथा कनाडा	59,600	
• मिशीगन झील	संयुक्त राज्य अमेरिका	57,800	
• बैकाल झील	रूस	31,500	यह सबसे गहरी (1940 मी.) झील है।
• ग्रेट बेरियर झील	कनाडा	31,200	
• ग्रेट स्लेव झील	कनाडा	28,438	
• विनीपेग झील	कनाडा	24,341	
• ओण्टेरियो झील	सं.रा. अमेरिका तथा कनाडा	19,529	
• टिटिकाका	पेरू-बोलीविया	9,065	यह विश्व की सबसे ऊँची (3811 मी.) झील है।
• आयर झील	ऑस्ट्रेलिया	9,583	

प्रमुख अंतर्राष्ट्रीय सीमाएँ

नाम	सम्बन्धित राष्ट्र
• डूरण्ड रेखा	पाकिस्तान एवं अफगानिस्तान
• मैकमेहोन रेखा	भारत एवं चीन
• रेडक्लिफ रेखा	भारत एवं पाकिस्तान
• मैगीनॉट रेखा	जर्मनी एवं फ्रांस
• हिण्डनबर्ग रेखा	जर्मनी और पोलैंड
• 17वीं समान्तर रेखा	उत्तरी और दक्षिणी वियतनाम
• 38वीं समान्तर रेखा	उत्तरी और दक्षिणी कोरिया
• 49वीं समान्तर रेखा	कनाडा और सं.रा. अमेरिका

विश्व की प्रमुख खाड़ियाँ

खाड़ी	क्षेत्रफल (वर्ग. किमी.)
• बंगाल की खाड़ी	21,72,000
• मैक्सिको की खाड़ी	15,44,000
• हडसन की खाड़ी	12,33,000
• अरब की खाड़ी	2,38,000
• सेंट लॉरेन्स की खाड़ी	2,37,000
• कैलिफोर्निया की खाड़ी	1,62,000

विविध तथ्य

- **एल-निनो (El-Nino):** एलनिनो पेरू के पश्चिमी तट से 200 किमी दूरी पर उत्तर से दक्षिण दिशा में चलने वाली एक गर्म जलधारा है। एलनिनो के कारण पेरू में सामान्य से अधिक वर्षा होती है। इसका विस्तार जब प्रशांत महासागर से हिन्द महासागर तक हो जाता है तब हिन्द महासागर पर निम्न दाब और भारतीय प्रायद्वीप पर उच्चदाब का आविर्भाव हो जाता है जिससे हवाएँ भारत में हिन्द महासागर की ओर चलने लगती हैं, परिणामस्वरूप भारत में सूखे की स्थिति उत्पन्न हो जाती है।
- **लॉ-निना (La-Nina):** ला-निना का आविर्भाव पश्चिमी प्रशांत महासागर में उस समय होता है जबकि पूर्वी प्रशांत महासागर (पेरू तट) पर एल-निनो का प्रभाव समाप्त हो जाता है। इससे भारत में सामान्य से अधिक वर्षा होती है।
- ग्रेट-बैरियर रीफ विश्व की सबसे बड़ी प्रवाल भित्ति है। यह ऑस्ट्रेलिया के उत्तर-पूर्वी तट पर स्थित है। इसकी लम्बाई 1900 किमी. और चौड़ाई 160 किमी है।
- साइबेरियन शेल्फ विश्व का सबसे चौड़ा मग्नतट है।
- दक्षिणी चीन सागर क्षेत्रफल की दृष्टि से सबसे बड़ा सागर है।
- भारत एवं अफ्रीका के मध्य कार्ल्स वर्ग कटक (Ridges) पाया जाता है। यह कटक अरब सागर को दो बराबर भागों में काटता है।
- गल्फस्ट्रीम धारा की उत्पत्ति मैक्सिको की खाड़ी में होती है।
- हम्बोल्ट जलधारा दक्षिण अमेरिका के पश्चिमी तट पर बहती है। इसका दूसरा नाम पेरू जलधारा भी है।
- **पारिस्थितिकी (Ecology):** पर्यावरण तथा जीवों के बीच पारस्परिक क्रियाओं के अध्ययन को पारिस्थितिकी कहते हैं और किसी क्षेत्र के भौतिक पर्यावरण तथा उसमें रहने वाले जीवों के बीच होने वाली पारस्परिक जटिल व्यवस्था को पारिस्थितिकी तंत्र कहते हैं।
- **अम्ल वर्षा:** सल्फ्यूरिक अम्ल तथा नाइट्रिक अम्ल बूँदों के रूप में पृथ्वी पर पहुँचते हैं। इसे अम्ल वर्षा कहते हैं।
- ओजोन की परत हानिकारक पराबैंगनी किरणों को पृथ्वी पर पहुँचने से रोकती हैं। क्लोरो फ्लोरो कार्बन्स के कारण ओजोन की परत नष्ट हो रही है। इसे ओजोन छिद्र कहते हैं। ओजोन परत के ह्रास के कारण अधिक मात्रा में पराबैंगनी किरणें पृथ्वी पर पहुँचती है। इससे त्वचा का कैंसर होता है।
- **हरित गृह प्रभाव:** कार्बन डाइऑक्साइड की अधिक सान्द्रता के कारण वायुमंडल में एक मोटा आवरण बन जाता है, जो पृथ्वी से वापस लौटने वाली ऊष्मा को रोकता है। इसे हरित गृह प्रभाव कहते हैं। कार्बन डाइऑक्साइड, नाइट्रस ऑक्साइड और मीथेन आदि प्रमुख हरित गृह गैसें हैं।
- विश्व ओजोन दिवस 16 सितम्बर को मनाया जाता है।
- क्योटो प्रोटोकॉल ग्रीनहाउस गैसों के उत्सर्जन पर नियंत्रण करता है।
- मॉण्ट्रियल प्रोटोकॉल ओजोन परत को बचाने से सम्बन्धित है
- **जैव-विविधता (Bio-Diversity):** जीवमण्डल में पाए जाने वाले विविध प्रकार के जीवों, वनस्पतियों तथा सूक्ष्म जीवों की उपस्थिति को जैव-विविधता कहते हैं। भारत में जैव विविधता के तीन क्षेत्र हैं–पश्चिमी घाट, पूर्वी हिमालय तथा इंडो-बर्मा क्षेत्र

विश्व के महाद्वीप

एशिया

- यह विश्व का सबसे बड़ा महाद्वीप है। इसका क्षेत्रफल 30,938,60[illegible] वर्ग किमी. है।
- यहाँ विश्व की लगभग 60% जनसंख्या निवास करती है।
- एशिया में विश्व का सबसे ऊँचा पठार पामीर है जिसे विश्व की छत भी कहा जाता है।
- यहाँ विश्व का सबसे बड़ा प्रायद्वीप अरब प्रायद्वीप है।
- विश्व की सबसे गहरी झील बैकाल झील (रूस) एशिया में अवस्थित है।
- यहाँ विश्व की सबसे अधिक ऊँचाई पर स्थित खारे पानी की झील (पैगांग झील) लद्दाख व तिब्बत में स्थित है।
- एशिया में सर्वाधिक वर्षा वाला क्षेत्र मासिनराम (मेघालय) भारत में है।
- एशिया में विश्व का सर्वाधिक प्राकृतिक रबड़ उत्पादक देश थाईलैंड है।
- एशिया में विश्व का सर्वाधिक जूट भारत में उत्पादित होता है।
- विश्व का सर्वाधिक दलहन उत्पादित करने वाला देश भारत है।
- एशिया में विश्व का सर्वाधिक सेब का उत्पादन चीन करता है।
- एशिया का सर्वाधिक स्वर्ण उत्खनित करने वाला देश चीन है।

अफ्रीका

- विश्व का दूसरा सबसे बड़ा प्रायद्वीप अफ्रीका है, जो जिब्राल्टर जलसंधि द्वारा यूरोप से पृथक होता है। इसका विस्तार सभी गोलार्द्धों में है और इसका क्षेत्रफल 29,805,695 वर्ग किमी. है।

- अफ्रीका को काला/अन्धमहाद्वीप भी कहा जाता है। इसे पठारी महाद्वीप भी कहते हैं।
- विषुवत् रेखा इस महाद्वीप को बराबर भागों में काटती है।
- यह सर्वाधिक देशों वाला महाद्वीप है। यहाँ 54 देश स्थित हैं।
- विश्व का सबसे बड़ा मरुस्थल सहारा और सबसे लम्बी नदी नील इसी महाद्वीप में स्थित है। सहारा मरुस्थल में स्थित प्रमुख झील चाड है।
- अफ्रीकी महाद्वीप को कर्क रेखा, मकर रेखा एवं भूमध्य रेखा तीनों ही काटती हैं।
- अफ्रीका में बुशमैन (कालाहारी), पिग्मी (कांगो बेसिन), बद्दू (सहारा मरुस्थल) जैसी प्रमुख मिलने वाली आदिम जातियाँ हैं।
- विश्व का सर्वाधिक गर्म स्थान डलोल (इथियोपिया) अफ्रीका में ही स्थित है।
- अफ्रीका की कांगो नदी विषुवत् रेखा को और लिम्पोपो नदी मकर रेखा को दो बार काटती है।
- अफ्रीका के मूल निवासी नीग्रिटो हैं।
- अफ्रीका महाद्वीप के विषुवत् रेखा पर स्थित देश हैं–गैबोन, कांगो गणतंत्र, उगांडा, रवांडा, कीनिया तथा सोमालिया।

उत्तरी अमेरिका

- उत्तरी अमेरिका विश्व का तीसरा बड़ा महाद्वीप है। इसकी खोज 1492 ई॰ में कोलम्बस द्वारा की गई थी। इसका क्षेत्रफल 23,083,151 वर्ग किमी. है।
- 160° पश्चिमी देशांतर रेखा उत्तरी अमेरिका महादेश के मध्य से गुजरती है।
- पनामा नहर उत्तरी अमेरिका तथा दक्षिणी अमेरिका को जोड़ती है, जिससे अन्ध तथा प्रशांत महासागरों के बीच जहाजों का यातायात सुगमतापूर्वक होता है।
- रेड इंडियन तथा नीग्रो नामक प्रमुख जनजातियाँ यहाँ निवास करती हैं।
- 'ग्रैण्ड बैंक' उत्तरी अमेरिका के पूर्वी तट पर न्यूफाउण्डलैण्ड के दक्षिणी पश्चिमी तटीय भाग को कहते हैं। यह क्षेत्र मत्स्यपालन के लिए प्रसिद्ध है।
- संयुक्त राज्य अमेरिका विश्व का सर्वाधिक मक्का उत्पादित करने वाला राष्ट्र है।
- सोयाबीन का सर्वाधिक उत्पादन संयुक्त राज्य अमेरिका में होता है।
- मैक्सिको सर्वाधिक चाँदी उत्खनित करता है।
- 'अमेरिकन म्यूजियम ऑफ नेचुरल हिस्ट्री' न्यूयॉर्क में स्थित है। यह विश्व का सबसे बड़ा अजायबघर है।
- 'सेंट लारेंस' नदी झीलों से मिलकर विश्व का सबसे लम्बा आन्तरिक जलमार्ग बनाती है।
- न्यूयार्क संसार का सबसे बड़ा बन्दरगाह है।
- ओण्टेरियो (कनाडा) संसार में सोने की सबसे बड़ी खान है।

यूरोप

- यूरोप सात महाद्वीपों में क्षेत्रफल की दृष्टि से छठा है। यह विश्व का सर्वाधिक नगरीकृत महाद्वीप है।
- यूराल एवं काकेशस पर्वत एशिया महाद्वीप को यूरोप से पृथक करते हैं।
- यूरोप महाद्वीप उत्तर में उत्तरी ध्रुव सागर, दक्षिण में भूमध्य सागर और काला सागर तथा पश्चिम में अंध महासागर से घिरा है।
- यूरोप की सर्वाधिक महत्वपूर्ण नदी डेन्यूब (2842 किमी) है जिसके तट पर बुडापेस्ट, बुखारेस्ट, वियाना और बेलग्रेड बंदरगाह स्थित हैं। यह काला सागर में गिरती है।
- यूरोप की सबसे लम्बी नदी वोल्गा नदी (3690 किमी.) है।
- यूरोप का सर्वोच्च शिखर 'एलबुर्ज' (5642 मी॰) रूस में स्थित है।
- फिनलैंड को 'झीलों का देश' कहते हैं।
- इंगलिश चैनल फ्रांस को यूनाइटेड किंगडम से अलग करता है।
- नीदरलैण्ड ने उत्तरी सागर के तट के साथ बड़े-बड़े तटबन्ध बनाकर समुद्र से भूमि प्राप्त की है। इन तटबंधों को 'डाइक' कहते हैं। इस प्रकार प्राप्त भूमि को पोल्डर कहते हैं।
- रूस में विश्व का सबसे ज्यादा मैग्नेसाइट का भंडार है।
- एण्टवर्प (बेल्जियम) विश्व का हीरा व्यापार का सबसे बड़ा केन्द्र है।
- यूरोप में मरुस्थल नहीं हैं।

दक्षिणी अमेरिका

- दक्षिणी अमेरिका विश्व का चौथा बड़ा महाद्वीप है। इसका अधिकांश विस्तार दक्षिणी गोलार्द्ध में है। इसका क्षेत्रफल 17,433,220 वर्ग किमी. है।
- इक्वेडोर, कोलम्बिया एवं ब्राजील भूमध्य रेखा पर स्थित दक्षिण अमेरिकी देश हैं।
- विश्व की सबसे ऊँची नौकायन झील 'टिटिकाका' दक्षिणी अमेरिका में पेरू-बोलिविया सीमा पर स्थित है।

- ब्राजील में बहने वाली 'अमेजन' नदी विश्व में अपवाह क्षेत्र की दृष्टि से प्रथम नदी है।
- 'एंजिल' विश्व का सबसे ऊँचा झरना है जो वेनेजुएला में कैरो नदी पर स्थित है।
- विश्व का सबसे ऊँचा ज्वालामुखी 'ओजेस-डेल सलाडो' एण्डीज पर्वतमाला में स्थित है।
- 'लापाज' विश्व की सबसे अधिक ऊँचाई (समुद्रतल से 3658 मी.) पर स्थित राजधानी नगर है। यह बोलीविया की राजधानी है।
- 'पम्पास' अर्जेण्टीना में स्थित घास के मैदान हैं।

ऑस्ट्रेलिया

- ऑस्ट्रेलिया पूर्णतः दक्षिणी गोलार्द्ध में स्थित है। मकर रेखा इसके मध्य से होकर गुजरती है। यह प्रशांत तथा हिन्द महासागर से घिरा हुआ है। इसे द्वीपीय महाद्वीप भी कहते हैं। इसका क्षेत्रफल 8,426,635 वर्ग किमी. है।
- ऑस्ट्रेलिया में 22 देश हैं। यहाँ के मूल निवासियों को एबोर्जिन्स कहते हैं।
- ऑस्ट्रेलिया की प्रमुख पर्वत शृंखला ग्रेट डिवाइडिंग रेंज है। ऑस्ट्रेलिया का सर्वोच्च पर्वत शिखर 'कोस्यूस्को (2228 मी.)' इसी पर अवस्थित है।
- ऑस्ट्रेलिया और न्यूगिनी के बीच टॉरेस जलसंधि है।
- 'कालगूर्ली' और 'कूलगार्डी' ऑस्ट्रेलिया की विश्वविख्यात सोने की खानें हैं।
- ऑस्ट्रेलिया विश्व में सर्वाधिक ऊन का निर्यात करता है। विश्व प्रसिद्ध मैरिनो ऊन का यह प्रमुख उत्पादक है।
- ऑस्ट्रेलिया विश्व में सर्वाधिक बॉक्साइट उत्खनित करने वाला देश है।
- गिब्सन और विक्टोरिया इस महाद्वीप के प्रमुख मरुस्थल हैं।
- सिडनी ऑस्ट्रेलिया का सबसे बड़ा नगर और बन्दरगाह है।

अण्टार्कटिका

- अण्टार्कटिका महाद्वीप विश्व का पाँचवाँ सबसे बड़ा महाद्वीप है। यह दक्षिणी ध्रुव पर स्थित है तथा यहाँ सदैव बर्फ जमी रहती है।
- अण्टार्कटिका में 'क्रिल' नामक मछली भोजन का मुख्य स्रोत है।
- यहाँ पर पेंग्विन और सील जैसे पक्षी पाए जाते हैं।
- अण्टार्कटिका महाद्वीप का सर्वोच्च शिखर माउण्ट विन्सन मैसिफ है।
- पृथ्वी का दक्षिणी चुम्बकीय ध्रुव पूर्वी अण्टार्कटिका में स्थित है।
- 'दक्षिणी गंगोत्री', 'मैत्री' एवं 'भारती' भारत के तीन अनुसंधान केन्द्र अण्टार्कटिका में स्थित हैं।
- कैप्टन जेम्स क्लार्क रॉस ने 1911 ई. में अण्टार्कटिका महाद्वीप की खोज की थी।

विश्व के भू-आवेष्ठित देश

- भू-आवेष्ठित देश में समुद्री तट रेखा नहीं पाई जाती है। यह देश चारों ओर से अन्य देशों की भौगोलिक सीमा से घिरा होता है। विश्व में ऐसे देशों की कुल संख्या 44 है।
- सबसे बड़ा भू-आवेष्ठित देश कजाकिस्तान है।
- लिचेंस्टीन एवं उज्बेकिस्तान दोहरे भू-आवेष्ठित देश अर्थात् ये देश चारों ओर से उन देशों से घिरे हैं, जो स्वयं भी भू-आवेष्ठित हैं।

एशिया— अफगानिस्तान, नेपाल, मंगोलिया, लाओस, अजरबैजान, उज्बेकिस्तान, कजाकिस्तान, तुर्कमेनिस्तान, किर्गिस्तान, तजाकिस्तान, भूटान।

यूरोप— ऑस्ट्रिया, चेक गणराज्य, स्लोवाकिया, स्विट्जरलैंड, हंगरी, लक्जमबर्ग, मैसीडोनिया, सर्बिया, हंगरी, अर्मीनिया, बेलारूस, अंडोरा, लिचेंस्टीन, माल्डोवा, वेटिकन सिटी।

अफ्रीका— बुरूण्डी, लुआंडा, बोत्सवाना, मलाबी, माली, जिम्बाब्वे, स्वाजीलैंड, जाम्बिया, युगांडा, बुरकिना फासो, रवांडा, चाड़, लेसोथो, नाइजर।

द. अमेरिका— बोलीविया, पराग्वे।

विश्व की प्रमुख भौगोलिक खोजें

1. क्रिस्टोफर कोलम्बस : प. द्वीप समूह (1492), द. अमेरिका (1498 ई.)
2. जॉन कैबेट : न्यूफाउण्डलैण्ड (1497 ई.)
3. कोपरनिकस : सौरमंडल (1540 ई.)
4. केपलर : ग्रहों की गति नियम (1600 ई.)
5. मैगलन : विश्व का भ्रमण, अटलांटिक के दक्षिण से प्रशांत महासागर की खोज (1519 ई.)
6. वास्को-डि-गामा : केप ऑफ गुड होप होकर भारत आगमन (1498 ई.)
7. कैप्टन कुक : हवाई द्वीप समूह (1770 ई.)
8. फ्रिड्टजौफ नानसेन : ग्रीनलैंड एवं उत्तरी ध्रुव का पहाड़ी भाग (1888 ई.)
9. आर. एमण्डसन : दक्षिणी ध्रुव पर पहुँचने वाला प्रथम व्यक्ति (1911 ई.)
10. रॉबर्ट पियरे : उत्तरी ध्रुव की खोज (1909 ई.)

विश्व की प्रमुख फसलें एवं उत्पादक देश

फसल	उत्पादक देश
• चावल	चीन, भारत, इण्डोनेशिया, बांग्लादेश
• गेहूँ	चीन, भारत, रूस, सं.रा. अमेरिका, कनाडा
• मक्का	सं.रा. अमेरिका, चीन, ब्राजील, मैक्सिको, भारत
• मूंगफली	चीन, भारत, सं.रा. अमेरिका, इण्डोनेशिया
• कपास	चीन, भारत, सं.रा. अमेरिका, रूस
• सोयाबीन	सं.रा. अमेरिका, ब्राजील, अर्जेण्टीना, चीन
• चाय	भारत, चीन, श्रीलंका, केन्या, वियतनाम
• कहवा	घाना, दक्षिण अफ्रीका, वेस्टइंडीज
• रबड़	थाइलैण्ड, मलेशिया, इंडोनेशिया, श्रीलंका, वियतनाम
• तम्बाकू	चीन, सं.रा. अमेरिका, भारत, ब्राजील
• नारियल	मलेशिया, इंडोनेशिया, थाइलैण्ड, नाइजीरिया
• जूट	भारत, बांग्लादेश
• गन्ना	ब्राजील, भारत, क्यूबा, चीन, इंडोनेशिया
• तिलहन	ब्राजील, चीन, अर्जेण्टीना, भारत
• मोटे अनाज	सं.रा. अमेरिका, चीन, भारत, रोमानिया

विश्व के विनिर्माण उद्योग

उद्योग	उत्पादक देश
• सूती वस्त्र	चीन, भारत, रूस, ब्रिटेन
• लौह इस्पात	चीन, जापान, सं.रा. अमेरिका, रूस, भारत
• मोटरगाड़ी	जापान, चीन, सं.रा. अमेरिका, जर्मनी, दक्षिण कोरिया
• व्यापारिक पोत निर्माण	जापान, सं.रा. अमेरिका, दक्षिण कोरिया
• वायुयान निर्माण	सं.रा. अमेरिका, चीन, जापान
• रासायनिक उद्योग	सं.रा. अमेरिका, रूस, जापान, चीन
• कागज निर्माण	सं.रा. अमेरिका, रूस, चीन, भारत
• रेशमी वस्त्र उद्योग	चीन, जापान, रूस
• ऊनी वस्त्र उद्योग	रूस, चीन, जापान, सं.रा. अमेरिका, ऑस्ट्रेलिया
• सिगरेट	सं.रा. अमेरिका, जर्मनी
• कृत्रिम रबड़	सं.रा. अमेरिका, जापान
• तेलशोधन	सं.रा. अमेरिका, रूस, ईरान, भारत
• नाइट्रोजन उर्वरक	रूस, चीन, सं.रा. अमेरिका, भारत
• फास्फेट उर्वरक	सं.रा. अमेरिका, रूस, चीन
• पोटाश उर्वरक	रूस, कनाडा, जर्मनी, फ्रांस
• सीमेण्ट	चीन, भारत, सं.रा. अमेरिका
• एल्युमिनियम	सं.रा. अमेरिका, रूस
• तांबा	चिली, सं.रा. अमेरिका
• टिन	चीन, इंडोनेशिया, पेरू
• कृषि यंत्र	रूस, चीन, सं.रा. अमेरिका
• कृत्रिम रेशे एवं ऊन से बने वस्त्र	सं.रा. अमेरिका, ब्रिटेन, जापान

विश्व के प्रमुख खनिज उत्पादक देश

खनिज	उत्पादक देश
• लौह-अयस्क	चीन, ऑस्ट्रेलिया, ब्राजील
• बॉक्साइट	ऑस्ट्रेलिया, ब्राजील, चीन
• एल्युमिनियम	चीन, रूस, कनाडा
• एंटिमनी	चीन, ऑस्ट्रेलिया, सं.रा. अमेरिका
• सीसा	चीन, ऑस्ट्रेलिया, सं.रा. अमेरिका
• मैगनीज	चीन, द.अफ्रीका, ब्राजील, ऑस्ट्रेलिया
• अभ्रक	चीन, भारत, रूस, द. कोरिया
• जस्ता	चीन, ऑस्ट्रेलिया, पेरू
• निकेल	फिलीपींस, रूस, कनाडा
• प्लेटिनम	दक्षिण अफ्रीका, रूस, कनाडा
• चाँदी	पेरू, मैक्सिको, चीन
• टिन	चीन, इंडोनेशिया, पेरू
• टंगस्टन	चीन, रूस, ऑस्ट्रेलिया
• नमक	सं.रा. अमेरिका, चीन, जर्मनी
• एस्बेस्टस	रूस, कजाकिस्तान, चीन
• क्रोमाइट	द. अफ्रीका, कजाकिस्तान, भारत
• कोबाल्ट	कांगो, जाम्बिया, ऑस्ट्रेलिया
• तांबा	चिली, पेरू, सं.रा. अमेरिका
• हीरा	रूस, बोत्सवाना, कांगो
• सोना	चीन, ऑस्ट्रेलिया, सं.रा. अमेरिका
• ग्रेफाइट	चीन, भारत, ब्राजील
• जिप्सम	चीन, स्पेन, ईरान
• कोयला	चीन, सं.रा. अमेरिका, भारत
• खनिज तेल	सं.रा. अमेरिका, रूस, सउदी अरब

भारत का भूगोल

- भारत उत्तरी गोलार्द्ध में स्थित है। ग्लोब में यह 8°4'–37°6' उत्तरी अक्षांश और 68°7'–97°25' पूर्वी देशांतर के बीच स्थित हैं।
- भारत का क्षेत्रफल 32 लाख 87 हजार 263 वर्ग किमी. है। यह विश्व के क्षेत्रफल का 2.24% है।
- भारत की पूर्व से पश्चिम की लम्बाई 2933 किमी. तथा उत्तर से दक्षिण की लम्बाई 3214 किमी है।
- भारत का पूर्वी बिन्दु वांलुग (अरुणाचल प्रदेश) और पश्चिमी बिन्दु ओखा (गुजरात) हैं। इसका उत्तरी बिन्दु इंदिरा कोल (जम्मू-कश्मीर) तथा दक्षिणतम बिन्दु वृहत निकोबार द्वीप के पास स्थित इन्दिरा प्वाइंट है।
- भारत की स्थलीय सीमा सात देशों–चीन (3917 किमी.), नेपाल (1752 किमी), भूटान (587 किमी), बांग्लादेश (4096 किमी), म्यांमार (1458 किमी), अफगानिस्तान (80 किमी) एवं पाकिस्तान (3310 किमी) से मिलती है। जबकि जलीय सीमा, पाकिस्तान, श्रीलंका, बांग्लादेश, म्यांमार और मालदीव से जल और थल से मिलने वाली सीमा तीन देशों (बांग्लादेश, पाकिस्तान और म्यांमार) से मिलती है।
- भारत की स्थलीय सीमा की लम्बाई 15200 किमी तथा द्वीपों सहित जलीय सीमा की लम्बाई 7516.5 किमी तथा मुख्य धरातलीय भाग की समुद्री सीमा की लम्बाई 6200 किमी है।
- भारत भूमध्य रेखा के उत्तर में स्थित है और कर्क रेखा भारत के मध्य से होकर गुजरती है। कर्क रेखा पर भारत के कई राज्य स्थित हैं, जैसे–मिजोरम, त्रिपुरा, पं. बंगाल, झारखंड, छत्तीसगढ़, मध्य प्रदेश, राजस्थान और गुजरात।

क्र.सं.	पड़ोसी देश	सीमा पर अवस्थित भारतीय राज्य
1.	पाकिस्तान	गुजरात, राजस्थान, पंजाब, जम्मू और कश्मीर, लद्दाख
2.	अफगानिस्तान	लद्दाख
3.	चीन	हिमाचल प्रदेश, उत्तराखंड, सिक्किम, अरुणाचल प्रदेश, लद्दाख
4.	नेपाल	उत्तर प्रदेश, उत्तराखंड, बिहार, पश्चिम बंगाल, सिक्किम
5.	भूटान	सिक्किम, पश्चिम बंगाल, असम, अरुणाचल प्रदेश
6.	बांग्लादेश	पश्चिम बंगाल, असम, मेघालय, त्रिपुरा
7.	म्यांमार	अरुणाचल प्रदेश, नगालैंड, मणिपुर, मिजोरम

- भारत का मानक समय प्रयागराज के निकट नैनी मिर्जापुर से गुजरने वाली 82½° पूर्वी देशांतर रेखा को माना गया है, जो ग्रीनविच समय से 5½ घंटा आगे है। 82½° पूर्वी देशांतर रेखा 5 राज्यों–उत्तर प्रदेश, मध्य प्रदेश, छत्तीसगढ़, ओडिशा और आन्ध्र प्रदेश से गुजरती है।
- भौतिक रचना की दृष्टि से भारत को चार भागों में विभाजित किया गया है–
  - (*i*) उत्तर पर्वतीय प्रदेश
  - (*ii*) प्रायद्वीपीय पठार
  - (*iii*) विशाल मैदान
  - (*iv*) तटवर्ती मैदान एवं द्वीप समूह
- भू-वैज्ञानिकों के अनुसार जहाँ आज हिमालय पर्वत है वहाँ कभी टेथिस सागर नामक समुद्र था। हिमालय की उत्पत्ति का आधुनिक सिद्धान्त प्लेट विवर्तनिकी है। यह विश्व के नवीनतम मोड़दार पर्वतों में है।
- हिमालय पर्वत श्रेणी को तीन भागों में बाँटा जाता है–

1. वृहद हिमालय या हिमाद्रि

- यह हिमालय की सबसे ऊँची श्रेणी है जिसकी चौड़ाई 120 किमी से 190 किमी तथा ऊँचाई 6000 मी. है। माउण्ट एवरेस्ट या सागरमाथा (8848 मी.) इसकी सबसे ऊँची चोटी है।
- भारत में हिमालय की ऊँची चोटी कंचनजंघा है, जो सिक्किम और नेपाल की सीमा पर है।
- भारत का सर्वोच्च पर्वत शिखर माउण्ट K_2 (गॉडविन ऑस्टिन) है। यह कराकोरम श्रेणी में है।
- इस क्षेत्र में शिपकीला, जोजिला, नीतिला, लिपुलेखला, थागला एवं नाथूला दर्रा स्थित है।

2. लघु हिमालय या हिमाचल श्रेणी

- इसका विस्तार मुख्यतः हिमालय के दक्षिण क्षेत्र में है।
- इसकी औसत ऊँचाई 3700 मी. से 4500 मी. तथा चौड़ाई 80 से 100 किमी. है।
- पीरपंजाल, धौलाधार, नागटिब्बा, महाभारत आदि श्रेणियाँ एवं कश्मीर, काठमाण्डू, काँगड़ा और कुल्लू घाटियाँ इसी श्रेणी में हैं।
- शिमला, मसूरी, नैनीताल, चकराता, दार्जिलिंग एवं रानीखेत जैसे महत्वपूर्ण पर्यटन स्थल इसी श्रेणी में हैं।

- इसकी ढाल पर छोटे-छोटे घास के मैदान पाए जाते हैं जिन्हें कश्मीर में मर्ग (जैसे–गुलमर्ग, सोनमर्ग) एवं उत्तराखंड में बुग्याल या पयार कहा जाता है।

3. शिवालिक या बाह्य हिमालय

- यह हिमालय की सबसे दक्षिणी श्रेणी है तथा इसकी चौड़ाई 10-15 किमी. एवं ऊँचाई 900-1200 मी. है।
- यह हिमालय का नवीन भाग है। इसमें मिट्‌टी और कंकड़ के बने ऊँचे मैदान मिलते हैं जिन्हें पश्चिम में दून (देहरादून) तथा पूर्व में द्वार (हरिद्वार) कहते हैं।
- शिवालिक के निचले भाग को तराई कहते हैं, जो दलदली व वनाच्छादित प्रदेश है।
- बुर्जिल दर्रा श्रीनगर को गिलगिट से जोड़ता है। जबकि श्रीनगर से लेह को जोड़ने वाले दर्रे का नाम जास्कर श्रेणी में स्थित जोजिला दर्रा है।
- शिपकीला दर्रा शिमला को तिब्बत से जोड़ता है। बोमडीला दर्रे (अरुणाचल प्रदेश) से त्वांग घाटी होते हुए तिब्बत को जाने वाला रास्ता है।
- तुजू दर्रा मणिपुर में स्थित है, जिससे म्यांमार को जाने का मार्ग गुजरता है।

प्रायद्वीपीय पठार

- यह प्राचीन गोण्डवानालैंड का एक भाग, जिसका आकार त्रिभुजाकार है, प्रायद्वीपीय पठार कहलाता है। इसकी ऊँचाई 600 से 900 मी. तक होती है।
- नर्मदा तथा ताप्ती नदियों की घाटियों ने इस पठारी प्रदेश को दो असमान भागों में बाँट दिया है। उत्तरी भाग को मालवा का पठार तथा दक्षिणी भाग को दक्षिण का मुख्य पठार अथवा दक्कन ट्रेप कहते हैं।

मालवा का पठार

- यह पठार नर्मदा तथा ताप्ती नदियों एवं विन्ध्याचल पर्वत के उत्तर-पश्चिम में त्रिभुजाकार आकृति में फैला हुआ है। इसके उत्तर-पश्चिम में अरावली पर्वत तथा उत्तर-पूर्व में गंगा का मैदान स्थित है।
- इस पठारी भाग की नदियाँ उत्तर-पूर्व दिशा में प्रवाहित होकर यमुना नदी में मिल जाती है।

अरावली की पहाड़ियाँ

- यह विश्व का सबसे प्राचीन वलित पर्वतमाला है। पश्चिम में गुजरात तक है। राजस्थान के माउण्ट आबू की पहाड़ी पर स्थित 'गुरू शिखर' इसका सर्वोच्च शिखर है।

पश्चिमी घाट

- यह दक्षिणी पठार की पश्चिमी सीमा बनाता है। इसे सह्याद्रि पर्वत भी कहते हैं। यह उत्तर में ताप्ती नदी की घाटी से दक्षिण में कन्याकुमारी तक 1500 किमी. की लम्बाई तक विस्तृत है। पश्चिमी घाट की ऊँचाई 900 से 1100 मी. है।
- पश्चिमी घाट में उत्तर से दक्षिण की तरफ विद्यमान दर्रो के नाम क्रमशः थालघाट, भोरघाट, पालघाट तथा शेनकोटा गेप हैं। इन दर्रों से विभिन्न रेलमार्ग गुजरते हैं। थालघाट से मुम्बई-कोलकाता रेलमार्ग, भोरघाट दर्रे से मुम्बई-चेन्नई रेलमार्ग तथा पालघाट दर्रे से होकर कोचीन-चेन्नई रेलमार्ग गुजरते हैं।
- पश्चिमी घाट के दक्षिण में नीलगिरि, अन्नामलाई, पालनी तथा इलायची की पहाड़ियां स्थित हैं।
- अन्नामलाई पहाड़ियों में स्थित अनाईमुडी शिखर दक्षिणी भारत का सबसे ऊँचा पर्वत शिखर है।
- नीलगिरि का सर्वोच्च शिखर डोडाबेट्‌टा है जो दक्षिण भारत का दूसरा सर्वोच्च शिखर है।
- यह प्रायद्वीपीय पठार, पठार में प्रवाहित होने वाली अधिकांश बड़ी नदियों का स्रोत है।

पूर्वी घाट पर्वत

- यह ओडिशा के उत्तर-पूर्वी मार्ग से प्रारंभ होकर बंगाल की खाड़ी के तट के समानान्तर नीलगिरि की पहाड़ियों तक फैला है। इसकी औसत ऊँचाई 600 मी. है।
- पूर्वी घाट से किसी बड़ी नदी का उदय नहीं होता।

तटीय मैदान

दक्षिणी पठार के पूर्व तथा पश्चिम में दो संकरे मैदान हैं–

1. पश्चिमी तटीय मैदान, **2.** पूर्वी तटीय मैदान

1. **पश्चिमी तटीय मैदानः** यह मैदान पश्चिमी घाट तथा अरब सागर के तट के बीच गुजरात से कन्याकुमारी के मध्य फैला हुआ है। मुम्बई से गोवा तक इस प्रदेश को कोंकण तट, मध्य भाग को कन्नड़ तथा दक्षिण भाग को मालाबार तट कहते हैं। मालाबार तट पर स्थित कोचीन बंदरगाह लैगून पर स्थित है। यह तट अधिक कटा-फटा है। इस कारण से इस तट पर बंदरगाहों की संख्या अधिक है।

2. पूर्वी तटीय मैदान

- यह मैदान पूर्वी घाट तथा बंगाल की खाड़ी के उत्तर में गंगा के मुहाने से दक्षिण में कन्याकुमारी तक फैला हुआ है।
- यह मैदान महानदी, गोदावरी, कृष्णा तथा कावेरी नदियों के डेल्टाओं द्वारा निर्मित होने के कारण अत्यधिक उपजाऊ है।
- इसे महानदी एवं कृष्णा नदियों के बीच उत्तरी सरकार का तट एवं कृष्णा, कावेरी नदियों के बीच कोरोमंडल तट कहते हैं।

- इस मैदान के तट पर कई लैगून झीलें पायी जाती हैं जिनमें चिल्का झील तथा पुलीकट झील प्रमुख हैं।

मैदान

- हिमालय तथा प्रायद्वीपीय भारत से आने वाली नदियों के द्वारा बहाकर लाई गई मिट्‌टी के जमा होने से इस उपजाऊ मैदान का निर्माण हुआ है।
- मिट्टी की विशेषता के आधार पर इस मैदान को मुख्यतः चार भागों में बाँटा गया है–
    1. **भाबर क्षेत्रः** यह हिमालय से निकली नदियों द्वारा लाई गई बजरी के निक्षेपण से बना है। इसे शिवालिक का जलोढ़ पंख भी कहा जाता है।
    2. **तराई क्षेत्रः** अधिक आर्द्रता के कारण यहाँ की जमीन दलदली होती है। यह निम्न समतल मैदान है जहाँ नदियों का पानी बहकर दलदली क्षेत्रों का निर्माण करता है। यह भाबर क्षेत्र के दक्षिण में स्थित है।
    3. **खादर क्षेत्रः** इसे 'कछारी प्रदेश' या 'बाढ़ का मैदान' भी कहा जाता है। यह नवीन जलोढ़ से निर्मित मैदान है। इसका भी निर्माण डेल्टा के मैदान के रूप में हुआ, जैसे–गंगा-ब्रह्मपुत्र का मैदान।
    4. **बांगर क्षेत्रः** यह पुराने जलोढ़ों से निर्मित हुआ है, जो ऊँचा भाग होता है। यहाँ बाढ़ का पानी नहीं पहुँच पाता है, जैसे गंगा-यमुना का दोआब एवं सतलज का मैदान।

द्वीप समूह

भारत की समुद्र सीमा के अंतर्गत 1256 द्वीप हैं। ये मुख्यतः दो समूहों में हैं। जो निम्न हैं–

1. **बंगाल की खाड़ी के द्वीप समूहः** इसमें लगभग 572 द्वीप हैं। इसे अंडमान और निकोबार द्वीप समूह के नाम से जाना जाता है। इस द्वीप समूह को 10° चैनल दो भागों में बाँटती हैं। भारत का एकमात्र सक्रिय ज्वालामुखी 'बैरन' इसी द्वीप समूह में है। भारत का सबसे दक्षिणी बिन्दु 'इन्दिरा प्वाइन्ट' ग्रेट निकोबार में स्थित है।
2. **अरब सागर समूहः** इस समूह में 47 द्वीप हैं। इसमें तीन द्वीप मुख्य हैं–लक्षद्वीप, मिनीकॉय एवं कवारत्ती। मिनीकॉय लक्षद्वीप समूह का सबसे बड़ा द्वीप है।
    - 8° चैनल मालदीव व मिनीकॉय को अलग करता है।
    - 9° चैनल लक्षद्वीप व मिनीकॉय को अलग करता है।
    - ग्रैण्ड चैनल इण्डोनेशिया व भारत को अलग करता है।

भारत की महत्वपूर्ण झीलें

झीलें	राज्य/के.प्र.
• चिल्का	ओडिशा
• लोकटक	मणिपुर
• लोनार	महाराष्ट्र
• वुलर, डल	जम्मू-कश्मीर
• नैनीताल, भीमताल	उत्तराखंड
• अष्टमुदी	केरल
• कोलेरू, पुलीकट	आन्ध्र प्रदेश
• सुकना	चण्डीगढ़
• निजाम सागर	तेलंगाना
• उमियम झील	मेघालय
• पुल्ह झील	उत्तर प्रदेश
• परशुराम कुण्ड	अरुणाचल प्रदेश
• पोगांग शो	लद्दाख

- गंगा एवं ब्रह्मपुत्र नदी बंगाल की खाड़ी में गिरने से पूर्व एक विशाल डेल्टा का निर्माण करती हैं। इस डेल्टा का नाम 'सुन्दरवन' का डेल्टा है।
- चिल्का झील भारत की सबसे बड़ी झील है।
- चिल्का, पेरियार, पुलीकट झीलें लैगून झीलें हैं।
- वुलर झील भारत की मीठे पानी की सबसे बड़ी झील है।
- सांभर झील खारे पानी की सबसे बड़ी झील है।
- चोलामू झील (सिक्किम) भारत की सबसे अधिक ऊँचाई पर स्थित झील है।

भारत के महत्वपूर्ण जल प्रपात

जल प्रपात	ऊँचाई (मी.)	नदी	राज्य
• कुंचिकल	455	वरही	कर्नाटक
• शिवसमुद्रम	90	कावेरी	कर्नाटक
• गरसोप्पा	260	शरावती	कर्नाटक
• हुण्डरू	–	स्वर्णरेखा	झारखण्ड
• केवटी	98	महाना	मध्य प्रदेश
• रकीमकुण्ड	168	गायघाट	बिहार

भारत की प्रमुख नदियाँ

नदी	उद्गम	मुहाना	लम्बाई (किमी.)	विशेष तथ्य
सिन्धु	मानसरोवर झील (तिब्बत)	अरब सागर	2800 (भारत में 1114)	सतलज, रावी, व्यास, झेलम इसकी सहायक नदियाँ हैं। लद्दाख में यह नदी गिलगित गॉर्ज का निर्माण करती है।
सतलज	राक्षसताल	चिनाब	1500 (भारत में 1050)	भाखड़ा, नांगल व नाथपा झांकरी बाँध।
गंगा	गंगोत्री के पास गोमुख से	बंगाल की खाड़ी	2525	देव प्रयाग में भागीरथी अलकनंदा से मिलती है और संयुक्त धारा का नाम गंगा हो जाता है। फरक्का बाँध एवं भागीरथी पर टिहरी बाँध।
यमुना	यमुनोत्री के पास बंदरपूंछ से	गंगा	1376	चम्बल, बेतवा, केन सहायक नदियाँ हैं।
चम्बल	महूँ (जानपाव पहाड़ी)	यमुना	966	गाँधीनगर, राणासागर तथा जवाहर सागर बाँध स्थित है।
गण्डक	धौलाधार पर्वत	गंगा	300	त्रिवेणी के पास बाँध
सोन	अमरकंटक पहाड़ी	गंगा	784	बाणसागर व रिहन्द बाँध
ब्रह्मपुत्र	मानसरोवर झील (तिब्बत)	बंगाल की खाड़ी	2900 (भारत में 916)	ब्रह्मपुत्र नदी अरुणाचल प्रदेश में दिहांग, तिब्बत में शांग-पो और बांग्लादेश में 'जमुना' के नाम से प्रसिद्ध।
नर्मदा	अमरकंटक	अरब सागर	1312	इंदिरा सागर, महेश्वर, सरदार सरोवर बाँध। डेल्टा के बजाए एश्चुअरी बनाती है।
ताप्ती	मुलताई (बैतूल)	खम्भात की खाड़ी	724	काकरापार व ऊकाई बाँध/यह नदी डेल्टा के बजाए एश्चुअरी बनाती है।
महानदी	सिहावा के समीप	बंगाल की खाड़ी	857	हीराकुड, तिरकपाड़ा बाँध स्थित है, डेल्टा बनाती है।
कृष्णा	पश्चिमी घाट की पहाड़ी (महाबलेश्वर के पास)	बंगाल की खाड़ी	1400	शैलम तथा नागार्जुन सागर बाँध स्थित है। डेल्टा बनाती है।
गोदावरी	त्रयम्बक गाँव की पहाड़ी	बंगाल की खाड़ी	1450	दक्षिण की गंगा कहा जाता है। एनीकट बाँध स्थित है। डेल्टा बनाती है।
कावेरी	ब्रह्मगिरि की पहाड़ी	बंगाल की खाड़ी	800	शिवसमुद्रम जल प्रपात स्थित है। डेल्टा बनाती है।
तुंगभद्रा	कर्नाटक के पश्चिम घाट	कृष्णा	331	कुमुदवती, वर्धा, मगारी आदि सहायक नदियाँ हैं।
माही	विन्ध्याचल पर्वत	खम्भात की खाड़ी	533	वनकवोरी बाँध।

भारत की जलवायु

- भारत की जलवायु उष्णकटिबन्धीय मानसूनी है। भारत का उत्तरी भाग जो कर्क रेखा के उत्तर में है वहाँ शीतोष्ण कटिबन्धीय जलवायु और दक्षिणी भाग उष्णकटिबन्धीय जलवायु क्षेत्र में पड़ता है।
- भारतीय जलवायु को मानसून के अतिरिक्त प्रभावित करने वाले दो अन्य प्रमुख कारक हैं–
  1. **उत्तर में हिमालय पर्वतः** इसकी उपस्थिति के कारण मध्य एशिया से आने वाली शीतल हवाएँ भारत में नहीं आ पाती हैं।
  2. **दक्षिण में हिन्द महासागरः** इसकी उपस्थिति एवं भूमध्य रेखा की समीपता के कारण उष्णकटिबंधीय जलवायु अपने आदर्श रूप में पायी जाती है।
- भारत में चार प्रकार की ऋतुएँ पाई जाती हैं–
  1. **शीत ऋतुः** मध्य नवम्बर से मध्य मार्च तक।
  2. **ग्रीष्म ऋतुः** मध्य मार्च से मध्य जून तक।
  3. **वर्षा ऋतुः** मध्य जून से मध्य सितम्बर तक।
  4. **लौटती मॉनसून ऋतुः** मध्य सितम्बर से मध्य नवम्बर तक।
- उत्तर भारत के मैदानी भागों में शीत ऋतु में वर्षा पश्चिमी विक्षोभ या जेट स्ट्रीम के कारण होती है।

- उत्तर-पूर्वी मानसून के कारण जनवरी-फरवरी महीने में कोरोमंडल तट पर वर्षा होती है।
- उत्तर-पश्चिम भारत के शुष्क भागों में ग्रीष्म-ऋतु में चलने वाली गर्म एवं शुष्क हवाओं को लू कहा जाता है।

भारत की मिट्टी

मृदा विज्ञान (Pedology): मिट्टी के अध्ययन के विज्ञान को मृदा विज्ञान कहा जाता है। भारत में पाई जाने वाली प्रमुख मिट्टियां निम्नलिखित हैं–

1. जलोढ़ मिट्टी (Alluvial Soil)

- भारत में लगभग 22% क्षेत्र पर पाई जाती है।
- यह मिट्टी नदियों द्वारा लाई जाती है।
- इसमें नाइट्रोजन, फास्फोरस तथा ह्यूमस की मात्रा कम होती है तथा पोटाश की अधिकता होती है।
- यह दो प्रकार की होती है–*(i)* बांगर–पुरानी जलोढ़ मिट्टी तथा *(ii)* खादर–नई जलोढ़ मिट्टी।
- यह मिट्टी अत्यधिक उर्वर होती है। इसमें धान, गेहूँ, मक्का, तिलहन, दलहन आदि की फसलें होती हैं।

2. काली मिट्टी (Black Soil)

- भारत में लगभग 16.6% भाग पर पाई जाती है।
- इसमें आयरन, चूना, एल्युमिनियम एवं मैग्नेशियम की बहुलता होती है। इस मिट्टी का काला रंग टिटेनीफेरस मैग्नेटाइट एवं जीवांश की उपस्थिति के कारण होता है।
- इसे कपासी या रेगुर मिट्टी भी कहा जाता है। यह कपास की खेती के लिए उपयुक्त होती है।
- गुजरात, महाराष्ट्र, मध्य प्रदेश के पश्चिमी क्षेत्र, कर्नाटक के उत्तरी जिलों एवं आंध्र प्रदेश के क्षेत्रों में पाई जाती है।

3. लाल मिट्टी (Red Soil)

- यह अम्लीय प्रकृति की मिट्टी होती है। इसमें नाइट्रोजन, फास्फोरस एवं ह्यूमस की कमी होती है। यह मिट्टी उर्वरताविहीन एवं बंजर भूमि के रूप में पाई जाती है।
- भारत में यह मिट्टी आंध्र प्रदेश, मध्य प्रदेश के पूर्वी भाग, छोटा नागपुर के पठारी क्षेत्र एवं गारो, खासी, जयंतिया के पठारी क्षेत्रों में पाई जाती है।

4. लेटेराइट मिट्टी (Laterite Soil)

- इसमें आयरन, पोटाश एवं सिलिका की बहुलता होती है। इसकी उर्वरता कम होती है।
- लैटेराइट मिट्टी चाय की खेती के लिए सर्वाधिक उपयुक्त है।

भारत के वन

- राष्ट्रीय वन नीति के अनुसार देश के 33% भाग पर वन होने चाहिए। परन्तु वन रिपोर्ट 2021 के अनुसार वर्तमान में भारत के वनों का प्रतिशत 21.71 ही है।
- **मैंग्रोव वन**
  - समुद्रतटीय क्षेत्रों में डेल्टाई एवं दलदली प्रदेशों में पाये जाते हैं।
  - सुंदरी वृक्ष पाया जाता है जिनकी जड़ें पानी के ऊपर तक निकली होती हैं। ये वृक्ष गंगा, ब्रह्मपुत्र, महानदी, गोदावरी, कृष्णा एवं कावेरी के डेल्टाई भागों में तथा अंडमान निकोबार द्वीप समूह के अंदरूनी तटीय भागों में पाये जाते हैं।
  - सुंदरवन प्रदेश में रॉयल बंगाल टाइगर पाया जाता है।
- क्षेत्रफल की दृष्टि से वनाच्छादित प्रदेशों का घटता क्रम है–मध्य प्रदेश, अरुणाचल प्रदेश, छत्तीसगढ़, ओडिशा, महाराष्ट्र।
- प्रतिशत की दृष्टि से सर्वाधिक वन वाले राज्य/संघ शासित राज्य क्रमशः हैं–लक्षद्वीप (90.33%), मिजोरम (84.53%), अण्डमान व निकोबार द्वीप समूह (81.75%), अरुणाचल प्रदेश (79.33%) व मेघालय (76%)।
- प्रतिशत की दृष्टि से न्यूनतम वन वाले राज्य/संघ शासित क्षेत्र बढ़ते क्रम में क्रमशः हैं–लद्दाख (1.35%), हरियाणा (3.63%), पंजाब (3.67%), राजस्थान (4.87%), उत्तर प्रदेश (6.15%)।

भारतीय कृषि

- भारत चावल उत्पादन में विश्व में चीन के बाद दूसरे स्थान पर है।
- डॉ. एम.एस. स्वामीनाथन को भारत में हरित क्रांति का जनक माना जाता है। इसकी शुरुआत 1966-67 में हुई थी।

ऋतुओं के आधार पर भारत में फसलों का वर्गीकरण–

- **खरीफ फसल:** इसे दक्षिणी-पश्चिमी मानसून के आने पर जून-जुलाई के महीने में बोई जाती है एवं नवम्बर-दिसम्बर में काट ली जाती है। उदाहरणस्वरूप- ज्वार, बाजरा, धान, जूट, मक्का, तिल, गन्ना, मूंगफली, कपास आदि।
- **रबी की फसल:** यह नवम्बर में बोई जाती है एवं मार्च-अप्रैल में काटी जाती है। उदाहरणतः गेहूँ, सरसों, जौ, चना, मटर, राई आदि।
- **जायद की फसल:** यह फसल अप्रैल-मई में बोई जाती है तथा जून-जुलाई में काट ली जाती है। उदाहरणस्वरूप-उड़द, मूँग, राई, तरबूज, खीरा आदि।

भारत के प्रमुख राष्ट्रीय उद्यान एवं वन्य जीव अभ्यारण्य

राज्य/केन्द्र शासित प्रदेश	उद्यान व अभ्यारण्य
• असम	कांजीरंगा राष्ट्रीय उद्यान, मानस राष्ट्रीय उद्यान, डिब्रू सैखोवा राष्ट्रीय स्थल, सोनाई रूपा वन्य जीव अभ्यारण्य।
• आंध्र प्रदेश/तेलंगाना	श्री वैंकटेश्वर राष्ट्रीय उद्यान, महावीर हरिना वनस्थली, कासू ब्रह्मानंद रेड्डी राष्ट्रीय उद्यान, मरूगार्वान राष्ट्रीय उद्यान, परवाल वन्य जीव अभ्यारण्य, मालापट्टी पक्षी विहार।
• उत्तर प्रदेश	चन्द्रप्रभा अभ्यारण्य, दुधवा राष्ट्रीय उद्यान, नवाबगंज राष्ट्रीय उद्यान, सुल्तानपुर पक्षी विहार, कैम्पवेल राष्ट्रीय उद्यान।
• अरुणाचल प्रदेश	नामदफा वन्य जीव अभ्यारण्य, पक्कुई वन्य जीव अभ्यारण्य, मौलिका राष्ट्रीय उद्यान।
• जम्मू-कश्मीर	सलीम अली राष्ट्रीय उद्यान, डाचीगाम राष्ट्रीय उद्यान।
• कर्नाटक	बाँदीपुर राष्ट्रीय उद्यान, साइलेंट वैली राष्ट्रीय उद्यान, कुद्रेमुख राष्ट्रीय उद्यान, सोमेश्वर वन्य जीव अभ्यारण्य।
• अण्डमान निकोबार द्वीप समूह	महात्मा गाँधी राष्ट्रीय उद्यान, सैडल पीक राष्ट्रीय उद्यान, नार्थ बटन द्वीप राष्ट्रीय उद्यान।
• झारखण्ड	पलामू वन्य जीव अभ्यारण्य, बेतला राष्ट्रीय उद्यान।
• मध्य प्रदेश	तदोबा राष्ट्रीय उद्यान, बान्धवगढ़ राष्ट्रीय उद्यान, कान्हा किसली राष्ट्रीय उद्यान।
• राजस्थान	सरिस्का वन्य जीव अभ्यारण्य, रणथम्भौर वन्य जीव अभ्यारण्य, केवलादेव राष्ट्रीय उद्यान, दर्राह राष्ट्रीय उद्यान।
• उत्तराखंड	जिम कार्बेट राष्ट्रीय उद्यान।
• छत्तीसगढ़	कांगेर राष्ट्रीय उद्यान, इंद्रावती राष्ट्रीय उद्यान।
• बिहार	बाल्मीकि राष्ट्रीय उद्यान।
• हरियाणा	कलेसर राष्ट्रीय उद्यान।
• गुजरात	गिर राष्ट्रीय उद्यान, वेसन्दा राष्ट्रीय उद्यान।
• ओडिशा	भितरकणिका राष्ट्रीय उद्यान, सिमलीपाल राष्ट्रीय उद्यान।
• महाराष्ट्र	तदोबा राष्ट्रीय उद्यान, पेंच राष्ट्रीय उद्यान, नवेगांव राष्ट्रीय उद्यान।
• केरल	पारम्बिकलुम वन्य जीव अभ्यारण्य, पेरियार वन्य जीव अभ्यारण्य, इरविकुलम वन्य जीव अभ्यारण्य।
• नगालैंड	इन्टकी राष्ट्रीय उद्यान।
• तमिलनाडु	वेदान्तगल पक्षी विहार, मुदुमलाई वन्य जीव अभ्यारण्य, गल्फ ऑफ मन्नार राष्ट्रीय उद्यान, गिण्डी राष्ट्रीय उद्यान।
• हिमाचल प्रदेश	कुगती वन्य जीव अभ्यारण्य, ग्रेट हिमालय राष्ट्रीय उद्यान, पिन वैली राष्ट्रीय उद्यान, रोहला राष्ट्रीय उद्यान।
• मिजोरम	डाम्फा वन्य जीव अभ्यारण्य।
• पश्चिम बंगाल	सुन्दरवन टाइगर रिजर्व, जलदापाड़ा वन्य जीव अभ्यारण्य।

भारत की प्रमुख फसलें

1. चावल

- भारत में चावल के प्रमुख उत्पादक राज्य पश्चिम बंगाल, पंजाब, उत्तर प्रदेश, आन्ध्र प्रदेश हैं।
- चावल के उत्पादन के लिए 75 सेमी. से 200 सेमी. वर्षा तथा तापमान 20°C से 27°C होना चाहिए।

2. गेहूँ

- गेहूँ के उत्पादन के लिए 50 सेमी. से 75 सेमी. वर्षा की आवश्यकता होती है। हल्की दोमट मिट्टी इस फसल के लिए अनुकूल है।
- भारत गेहूँ के उत्पादन में चीन के बाद दूसरे स्थान पर है।
- गेहूँ के उत्पादन वाले प्रमुख राज्य हैं–उत्तर प्रदेश, पंजाब, हरियाणा, मध्य प्रदेश। प्रति हेक्टेयर उत्पादन में पंजाब प्रथम है।

3. मक्का

- 50 से 100 सेमी. वर्षा एवं 25°C से 30°C तक तापमान अनुकूल है।
- गहरी दोमट मिट्टी उपयुक्त है।
- उत्पादन वाले प्रमुख राज्य हैं–कर्नाटक, आंध्र प्रदेश, महाराष्ट्र।

4. कपास

- काली मिट्टी उपयुक्त होती है।
- 80 सेमी वर्षा तथा 20°C-35°C तापमान सर्वाधिक उपयुक्त है।
- प्रमुख उत्पादक राज्य हैं–गुजरात, महाराष्ट्र, आंध्र प्रदेश।

5. गन्ना

- 100-150 सेमी. वर्षा तथा 30°-35°C तापमान उपयुक्त है।
- प्रमुख उत्पादक राज्य हैं–उत्तर प्रदेश, महाराष्ट्र, कर्नाटक।

6. तिलहन

- इसके लिए कम वर्षा वाले क्षेत्र की आवश्यकता है।
- सोयाबीन (मध्य प्रदेश), सरसों (राजस्थान), मूँगफली (गुजरात), नारियल तेल (केरल) का प्रथम स्थान है।

7. चाय

- चाय के लिए 200-300 सेमी. वर्षा तथा 24-30°C तापमान उपयुक्त है।
- भारत विश्व में चाय का दूसरा सबसे बड़ा उत्पादक व उपभोक्ता है।
- चाय के प्रमुख उत्पादक राज्य हैं–असम, पश्चिम बंगाल, तमिलनाडु, केरल आदि।

8. कहवा

- 150-250 सेमी. वर्षा तथा 15-20°C तापमान उपयुक्त है।
- प्रमुख उत्पादक राज्य हैं–कर्नाटक, तमिलनाडु, केरल।

9. रबड़

- 200 सेमी. वर्षा तथा 25°C-35°C तापमान उपयुक्त है।
- प्रमुख उत्पादक राज्य हैं–केरल, तमिलनाडु, कर्नाटक आदि।

सम्बन्धित क्रांतियाँ

• हरित क्रांति	खाद्यान्न
• श्वेत क्रांति	दुग्ध
• नीली क्रांति	मछली
• सुनहरी क्रांति	फलों के उत्पादन
• पीली क्रांति	तिलहन
• भूरी क्रांति	उर्वरक

- **झूम खेती:** इसमें जंगलों को काटकर भूमि साफ की जाती है। तत्पश्चात इस भूमि पर खेती की जाती है। कुछ दिनों बाद भूमि की उर्वरता समाप्त हो जाने पर यह भूमि त्याग दी जाती है। इस प्रकार की खेती असम, अरुणाचल प्रदेश, मिजोरम, नगालैंड आदि पूर्वोत्तर राज्यों में की जाती है।

भारत में खनिज उत्पादन

खनिज पदार्थ	उत्पादक राज्य	विशेष तथ्य
• लौह अयस्क	कर्नाटक, छत्तीसगढ़, ओडिशा, गोवा, झारखंड	कर्नाटक भारत का लगभग एक-चौथाई लोहा उत्पादन करता है। हेमाटाइट (68%) सर्वोत्कृष्ट लौह अयस्क है।
• कोयला	झारखंड, छत्तीसगढ़, ओडिशा, महाराष्ट्र, मध्य प्रदेश, प. बंगाल	झारखंड कोयला उत्पादन की दृष्टि से भारत में प्रथम स्थान पर है। ऐंथ्रासाइट (90%) सर्वोच्च कोटि का कोयला है।
• मैंगनीज	ओडिशा, मध्य प्रदेश, महाराष्ट्र, कर्नाटक	मैंगनीज का सबसे बड़ा (20%) संचित भंडार है। ओडिशा भारत में मैगनीज के उत्पादन में अग्रणी राज्य है।
• बॉक्साइट	ओडिशा, गुजरात, झारखंड, महाराष्ट्र, छत्तीसगढ़	ओडिशा भारत के कुल उत्पादन का 42 प्रतिशत बॉक्साइट उत्पादन करता है।
• तांबा	झारखंड, राजस्थान, मध्य प्रदेश, छत्तीसगढ़, आंध्र प्रदेश, कर्नाटक	झारखंड के पूर्वी एवं पश्चिमी सिंहभूम जिले ताँबे के सबसे बड़े उत्पादक हैं।
• अभ्रक	आंध्र प्रदेश, बिहार, झारखंड, राजस्थान	आन्ध्र प्रदेश में सबसे ज्यादा अभ्रक का उत्पादन होता है।
• चूना-पत्थर	मध्य प्रदेश, छत्तीसगढ़, आंध्र प्रदेश, गुजरात, राजस्थान	देश का 35 प्रतिशत चूना-पत्थर मध्य प्रदेश में पाया जाता है।
• पेट्रोलियम	असम, गुजरात, महाराष्ट्र	भारत विश्व का मात्र 1 प्रतिशत पेट्रोलियम उत्पादन करता है।
• थोरियम	राजस्थान	
• यूरेनियम	झारखंड	
• हीरा	मध्य प्रदेश	
• जस्ता	राजस्थान, ओडिशा, जम्मू-कश्मीर	

यूनेस्को द्वारा घोषित भारत के प्रमुख विरासत स्थल

स्थल का नाम	राज्य	स्थल का नाम	राज्य
• एलीफैण्टा की गुफाएँ	महाराष्ट्र	• काजीरंगा राष्ट्रीय उद्यान	असम
• एलोरा की गुफाएँ	महाराष्ट्र	• मानस वन्यजीव अभयारण्य	असम
• अजन्ता की गुफाएँ	महाराष्ट्र	• केवलादेव राष्ट्रीय उद्यान	राजस्थान
• छत्रपति शिवाजी टर्मिनल	महाराष्ट्र	• हम्पी स्मारक समूह	कर्नाटक
• भीमबेटका गुफा	मध्य प्रदेश	• पट्टदकल स्मारक समूह	कर्नाटक
• साँची स्तूप	मध्य प्रदेश	• विट्ठल स्वामी मंदिर	कर्नाटक
• खजुराहो के मंदिर	मध्य प्रदेश	• ताजमहल, आगरा का किला	उत्तर प्रदेश
• महाबोधि मंदिर	बिहार	• फतेहपुर सीकरी	उत्तर प्रदेश
• कोणार्क का सूर्य मंदिर	ओडिशा	• सुन्दरवन राष्ट्रीय उद्यान	पश्चिम बंगाल
• हुमायूँ का मकबरा	दिल्ली	• दार्जिलिंग हिमालय रेलवे	पश्चिम बंगाल
• कुतुबमीनार	दिल्ली	• वृहदेश्वर मंदिर	तमिलनाडु
• लाल किला	दिल्ली	• महाबलीपुरम मंदिर	तमिलनाडु
• नंदा देवी राष्ट्रीय उद्यान	उत्तराखंड	• पुराने गोवा के चर्च	गोवा
• रानी की वाव	गुजरात	• विक्टोरियन गोथिक और आर्ट डेको	मुंबई
• धौलावीराः एक हड़प्पाकालीन शहर	गुजरात	• काकतीय रुद्रेश्वर (रामप्पा) मंदिर	तेलंगाना

वस्तुनिष्ठ प्रश्नावली

1. 'भूगोल का जनक' किसे कहा जाता है?
A. हेरोडोट्स B. एनक्जीमेण्डर
C. इरैटोस्थनीज D. हिकैटिमस

2. सर्वप्रथम सौरमण्डल के बारे में विश्व के समक्ष जानकारी प्रस्तुत करने का श्रेय किस विद्वान को है?
A. स्ट्रैबो B. केप्लर
C. गैलीलियो D. कॉपरनिकस

3. कौन-सा ग्रह सूर्य की परिक्रमा 88 दिनों में पूरी करता है?
A. बुध B. शनि
C. बृहस्पति D. मंगल

4. सुपरनोवा क्या है?
A. पुच्छल तारा B. ग्रहिका
C. विस्फोटी तारा D. ब्लैक होल

5. तारे पूर्व से पश्चिम किस कारण ज्यादा दिखते हैं?
A. पूरा ब्रह्माण्ड पूर्व से पश्चिम की ओर घूम रहा है
B. पृथ्वी सूर्य की परिक्रमा कर रही है
C. पृथ्वी पूर्व से पश्चिम को घूम रही है
D. पृथ्वी पश्चिम से पूर्व को घूम रही है

6. पृथ्वी सूर्य से अपनी अधिकतम दूरी पर होती है–
A. 30 जनवरी को B. 22 दिसम्बर को
C. 22 सितम्बर को D. 4 जुलाई को

7. निम्नलिखित में किन देशों के समूह से भूमध्य रेखा गुजरती है?
A. ब्राजील, जाम्बिया तथा मलेशिया
B. कोलम्बिया, केन्या तथा मलेशिया
C. ब्राजील, सूडान तथा मलेशिया
D. वेनेजुएला, इथोपिया तथा इण्डोनेशिया

8. अन्तर्राष्ट्रीय तिथि रेखा कहलाती है–
A. 0° अक्षांश B. 0° देशांतर
C. 66½° अक्षांश D. 180° देशान्तर

9. भू-गर्भ में जिस स्थान पर भूकम्पीय तरंगों की उत्पत्ति होती है, उस स्थान को क्या कहा जाता है?
A. अधिकेन्द्र B. भूकम्प अधिकेन्द्र
C. भूकम्प केन्द्र D. इक्लोजाइट

10. पर्वतों के उन प्राकृतिक अंतरालों को क्या कहा जाता है, जो मार्ग बन जाते हैं?
A. शिखर B. टिब्बा
C. पठार D. दर्रा

11. पृथ्वी के वायुमण्डल में सर्वाधिक घनत्व कहाँ पर होता है?
A. क्षोभ मंडल B. समताप मंडल
C. मध्य मंडल D. आयन मंडल

12. क्षोभ मंडल वायुमण्डल का सबसे तप्त परत है, क्योंकि–
A. यह सूर्य के निकटतम है
B. इसमें आवेशित कण हैं
C. यह पृथ्वी के पृष्ठ से तप्त हो जाती है
D. इसमें ऊष्मा पैदा होती है

13. क्षोभ मंडल एवं समताप मंडल के बीच स्थित संक्रमण क्षेत्र को क्या कहा जाता है?
A. समताप सीमा B. क्षोभ सीमा
C. मध्य सीमा D. बाह्य सीमा

14. वायुमंडल में दैनिक मौसम परिवर्तन निम्नलिखित में से किसके कारण होता है?
A. क्षोभ मंडल B. मध्य मंडल
C. आयन मंडल D. समताप मंडल

15. ओजोन परत पायी जाती है–
A. प्रकाश मंडल में B. क्षोभ मंडल में
C. क्षोभ सीमा में D. समताप मंडल में

16. दीर्घ रेडियो तरंगें पृथ्वी की किस सतह से परावर्तित होती हैं?
A. क्षोभ मंडल B. आयन मंडल
C. क्षोभ सीमा D. समताप मंडल

17. वायुमंडलीय हवा पृथ्वी पर पहुँचती है–
A. गुरुत्व द्वारा B. पतनों द्वारा
C. बादलों द्वारा D. पृथ्वी के घूर्णन द्वारा

18. फ्रंटल वर्षा किस कारण से होती है?
A. संवहनी धारा
B. समुद्री हवा
C. चक्रवातीय गतिविधि
D. पर्वतों से वाष्पित जल का संघनन

19. निम्नलिखित में से वह सागर कौन-सा है जो भू-बद्ध है?
A. लाल सागर B. तिमोर सागर
C. उत्तरी सागर D. अरल सागर

20. झीलों के अध्ययन को कहते हैं–
A. लिम्नोलॉजी B. पोटोमोलॉजी
C. टोपोलॉजी D. हाइड्रोलॉजी

21. निम्नलिखित में से किस महाद्वीप को 'महाद्वीपों का महाद्वीप' कहा जाता है?
A. एशिया B. यूरोप
C. अफ्रीका D. अंटार्कटिका

22. निम्नलिखित में किसे 'द्वीपीय महाद्वीप' के नाम से जाना जाता है?
A. एशिया B. यूरोप
C. ऑस्ट्रेलिया D. अंटार्कटिका

23. संसार का सबसे आर्द्र महाद्वीप है–
A. एशिया B. यूरोप
C. उत्तरी अमेरिका D. दक्षिणी अमेरिका

24. श्रीहरिकोटा द्वीप स्थित है–
A. चिल्का झील के समीप
B. महानदी के मुहाने के समीप
C. पुलीकट झील के समीप
D. गोदावरी के मुहाने के समीप

25. समुद्र में बहिर्विष्ट भूमि कहलाती है–
A. स्थल संयोजक द्वीप B. द्वीप
C. जलडमरूमध्य D. प्रायद्वीप

26. पृथ्वी के स्थल पृष्ठ का कितना भाग रेगिस्तान है?
A. 10वाँ B. 5वाँ
C. एक-तिहाई D. छठवाँ

27. विश्व का सबसे बड़ा शीत मरुस्थल है–
A. गोबी B. लुत
C. काविर D. तकला माकन

28. तकला-माकन मरुस्थल किस देश में स्थित है?
A. कजाकिस्तान B. तुर्कमेनिस्तान
C. उज्बेकिस्तान D. चीन

29. कालाहारी मरुस्थल किस देश में स्थित है?
A. जाम्बिया B. दक्षिण अफ्रीका
C. नामीबिया D. बोत्सवाना

30. आकस्मिक बाढ़ का सम्बन्ध किससे हैं?
A. झुंडर तूफान B. चक्रवाती तूफान
C. सुनामी D. टॉरनेडो

31. कौन-सा जलाशय अण्डमान और निकोबार द्वीप समूहों को अलग करता है?
A. टेन डिग्री चैनल B. इलेवन डिग्री चैनल
C. अण्डमान समुद्र D. बंगाल की खाड़ी

32. पाक स्ट्रेट किनके बीच स्थित है?
A. बंगाल की खाड़ी और मन्नार की खाड़ी
B. अण्डमान और निकोबार द्वीप समूह
C. रन ऑफ कच्छ और गल्फ ऑफ खम्भात
D. लक्षद्वीप और मालदीव

33. कौन-सी जल संयोजी यूरोप को अफ्रीका से पृथक करती है?
A. बास पोरस B. जिब्राल्टर
C. डोवर D. बेरिंग

34. डोवर जलसंधि जोड़ती है–
A. बाल्टिक सागर एवं बोथनियार की खाड़ी को
B. बिस्के की खाड़ी एवं इंगलिश चैनल को
C. इंगलिश चैनल एवं उत्तरी सागर को
D. सेल्टिक सागर एवं आइरिश सागर को

35. विश्व की सबसे तेज बहने वाली महासागरीय जलधारा है–
A. गल्फस्ट्रीम जलधारा B. लेंब्रोडोर जलधारा
C. बेंगुएला जलधारा D. क्यूराइल जलधारा

36. निम्नलिखित में से कौन महासागरीय धारा अटलांटिक महासागर में नहीं पायी जाती है?
A. गल्फ स्ट्रीम B. ब्राजील धारा
C. पेरू धारा D. कैनेरी धारा

37. गल्फस्ट्रीम धारा की उत्पत्ति होती है–
A. बिस्के की खाड़ी में B. मैक्सिको की खाड़ी में
C. हडसन की खाड़ी में D. इनमें से कोई नहीं

38. निम्नलिखित में किस जलधारा को 'क्रिसमस के बच्चे की धारा' कहते हैं?
A. पेरू जलधारा B. कैलिफोर्निया जलधारा
C. अलनिनो जलधारा D. गल्फस्ट्रीम जलधारा

39. निम्नलिखित में से किस जलधारा को 'हम्बोल्ट की जलधारा' के नाम से भी जाना जाता है?
A. पेरू की धारा B. ब्राजील की धारा
C. फॉकलैंड की धारा D. एलनिनो धारा

40. विक्टोरिया जलप्रपात किस नदी से संबंधित है?
A. अमेजन B. मिस्सोरी
C. सेंट लारेन्स D. जैम्बैंजी

41. सागरीय लवणता का स्रोत है–
A. नदियाँ B. भूमि
C. पवन D. ज्वालामुखी से निसृप्त राख

42. प्रवाल भित्तियाँ समुद्री प्रतिरूप हैं–
A. शीतोष्ण वनों की
B. उष्णकटिबंधीय वर्षा वनों की
C. सवाना की
D. शुष्क भूमि की

43. महाद्वीपीय मग्न तट का सर्वाधिक विस्तार किस महासागर में पाया जाता है?
A. प्रशांत महासागर B. अटलांटिक महासागर
C. हिन्द महासागर D. आर्कटिक महासागर

44. सुण्डा गर्त स्थित है–
A. सुमात्रा के दक्षिण B. सुमात्रा के उत्तर
C. चागोस द्वीप के उत्तर D. चागोस द्वीप के दक्षिण

45. निम्नलिखित में से कौन-सी नदी भ्रंश घाटी से होकर बहती है?
A. अमेजन B. सिन्धु
C. वोल्गा D. राइन

46. यूरोप की कौन-सी नदी 'कोयला नदी' के नाम से जानी जाती है?
A. राइन B. रोन
C. टेम्स D. एल्ब

47. बांग्लादेश में किस नदी को पद्मा के नाम से पुकारा जाता है?
A. ब्रह्मपुत्र B. गंगा
C. तिस्ता D. हुगली

48. किसके गुरुत्वाकर्षण के कारण ज्वार-भाटा आता है?
A. पृथ्वी का चंद्रमा पर
B. पृथ्वी का सूर्य पर
C. पृथ्वी पर सूर्य और चन्द्रमा का
D. चन्द्रमा का पृथ्वी पर

49. दैनिक ज्वार-भाटा के मध्य समयान्तर होता है–
A. 12 घण्टे 16 मिनट B. 24 घण्टे 32 मिनट
C. 12 घण्टे 26 मिनट D. 24 घण्टे 52 मिनट

50. किस नदी को 'चीन का शोक' कहा जाता है?
A. यांग्स-क्यांग B. ह्वांगहो
C. आमुर D. साल्वीन

51. क्षेत्रफल की दृष्टि से विश्व का सबसे बड़ा नदी डेल्टा कौन-सा है?
A. नील नदी का डेल्टा B. अमेजन नदी का डेल्टा
C. सुन्दरवन डेल्टा D. मिसीसिपी नदी का डेल्टा

52. परित्यक्त डेल्टा का उदाहरण निम्न में से किस नदी द्वारा प्रस्तुत किया जाता है?
A. नील B. गंगा
C. ह्वांगहो D. अमेजन

53. निम्नलिखित में से कौन-सी नदी ज्वारनदमुख का निर्माण करती है?
A. यांग्टिसीक्यांग B. नील
C. मेनाम D. नर्मदा

54. रेड रिवर (लाल नदी) के डेल्टा क्षेत्र में कौन-सा नगर स्थित है?
A. सिओल B. हनोई
C. हैंकाऊ D. बैंकाक

55. एक ही तापमान वाले स्थानों को जोड़ने वाली काल्पनिक रेखाएँ कहलाती हैं–
A. आइसोबार B. आइसोहाइट
C. आइसो हैलाइन D. आइसोथर्म

56. आइसोहेल रेखाओं द्वारा क्या प्रदर्शित किया जाता है?
A. समान वर्षा B. समान ऊँचाई
C. समान धूप D. समान हिमपात

57. एक ही समय में, कम्पन करने वाले स्थानों को जोड़ने वाली रेखाओं की श्रृंखला कहलाती है–
A. कोसीस्मल लाइन्स B. आइसोसीस्मल लाइन्स
C. होमोसीस्मल लाइन्स D. सीस्मोलाइन्स

58. आइसोबार मानचित्र पर उन स्थानों को दर्शाने के लिए खींची गई रेखाएँ हैं, जहाँ पर–
A. एक जैसा तापमान है
B. एक जैसा वायुमंडलीय दाब है
C. एक जैसी ऊँचाई है
D. समान लवणता है

59. समान मेघाच्छन्नता को मिलाने वाली रेखा कहलाती है?
A. आइसोनिफ B. आइसोनेफ
C. आइसोराइम D. आइसोफेन

60. समान वर्षा होने वाले क्षेत्र को जोड़ने वाली रेखा कही जाती है–
A. आइसोबार B. आइसोहाइट
C. आइसोथर्म D. आइसो हैलाइन

61. समुद्र के अन्दर समान गहराई वाले स्थानों को मिलाने वाली रेखा कहलाती है–
A. आइसोबार B. आइसोथर्म
C. आइसोबाथ D. आइसोक्रोन

62. क्षेत्रफल की दृष्टि से विश्व का सबसे बड़ा भू-आवेष्ठित देश कौन-सा है?
A. जायरे B. युगाण्डा
C. मंगोलिया D. तंजानिया

63. निम्नलिखित में से कौन-सा बन्दरगाह 'यूरो पोर्ट' के नाम से जाना जाता है?
A. लिस्बन B. रॉटरडम
C. लन्दन D. हैम्बर्ग

64. 'पाँच सागरों का पत्तन' किसे कहा जाता है?
A. लेनिनग्राड B. मास्को
C. राटरडम D. ब्लडीवोस्टक

65. ओपीसोमीटर का प्रयोग किस कार्य में किया जाता है?
A. क्षेत्रफल मापन में B. दूरी मापन में
C. दिशा मापन में D. प्रवणता मापन में

66. सापेक्षिक आर्द्रता के मापन हेतु किस उपकरण का प्रयोग किया जाता है?
A. हाइग्रोमीटर B. हाइड्रोमीटर
C. बैरोमीटर D. मैनोमीटर

67. आकाश के नीलापन का मापन किस भौगोलिक यंत्र द्वारा किया जाता है?
A. क्लाइनोमीटर B. पायरोमीटर
C. एक्टिनोमीटर D. साइनोमीटर

68. मोंगिया पत्तन किस राष्ट्र में स्थित है?
A. श्रीलंका B. बांग्लादेश
C. भूटान D. भारत

69. कैलोरीमीटर से क्या मापा जाता है?
A. तापमान B. अवशोषण
C. उष्मा की मात्रा D. रंग

70. नैफोमीटर से निम्नलिखित में से किसका मापन किया जाता है?
A. वर्षा की मात्रा
B. बादलों की दिशा एवं गति
C. सागरीय लवणता की मात्रा
D. प्रवणता की माप

71. भूमध्य रेखा के निकट किस तरह के वन पाए जाते हैं?
A. पतझड़ी वन B. शंकुधारी वन
C. घास स्थल वन D. उष्णकटिबंधीय वन

72. पैडंग क्या है?
A. द.पू. एशियाई उष्णकटिबंधीय घास भूमि
B. ऑस्ट्रेलिया के घास के मैदान
C. स्थानान्तरणशील कृषि पद्धति
D. अमेजन की सहायक नदी

73. किसी प्राकृतिक प्रदेश में समरूपता होती है–
A. जलवायु और प्राकृतिक वनस्पति की
B. जलवायु और व्यवसाय की
C. मृदा और जल निकास की
D. आर्थिक और प्रजातियों की

74. किस प्रदेश में पूरे साल वर्षा होती है?
A. भूमध्यसागरीय B. विषुवतीय
C. मानसूनी D. शीतोष्ण

75. सेल्वा वन कहाँ मिलते हैं?
A. मानसूनी प्रदेश B. भूमध्यसागरीय प्रदेश
C. विषुवतीय प्रदेश D. टैगा प्रदेश

76. 'विकास का प्रदेश' किसे कहा जाता है?
A. मानसूनी प्रदेश B. विषुवतीय प्रदेश
C. भूमध्यसागरीय प्रदेश D. सवाना प्रदेश

77. 'प्रयास का प्रदेश' किसे कहा जाता है?
A. भूमध्यसागरीय प्रदेश B. पश्चिमी यूरोपीय प्रदेश
C. विषुवतीय प्रदेश D. मानसूनी प्रदेश

78. विश्व का सबसे बड़ा दुग्ध उत्पादक है–
A. ब्राजील B. अमेरिका
C. भारत D. जापान

79. विश्व में तम्बाकू का सबसे बड़ा उत्पादक देश है–
A. भारत B. संयुक्त राज्य अमेरिका
C. चीन D. ब्राजील

80. विश्व में इलायची का सर्वाधिक उत्पादन कहाँ होता है?
A. चीन B. ग्वाटेमाला
C. ब्राजील D. कोलम्बिया

81. विश्व में अफीम का सबसे बड़ा उत्पादक देश कौन है?
A. अफगानिस्तान B. बोलीविया
C. पाकिस्तान D. केन्या

82. विश्व में आलू का सर्वाधिक उत्पादन कहाँ होता है?
A. भारत B. चीन
C. ब्राजील D. रूस

83. सर्वाधिक सघन खेती प्रचलित है–
A. चीन में B. भारत में
C. इण्डोनेशिया में D. जापान में

84. सोपान कृषि कहाँ की जाती है?
A. पहाड़ों के ढलानों पर
B. शुष्क क्षेत्रों में
C. छतों पर पहाड़ों के ढलानों पर
D. पहाड़ों की चोटी पर

85. झूम कृषि कहाँ पर की जाती है?
A. उत्तर-पूर्व भारत B. दक्षिण-पश्चिम भारत
C. दक्षिण-पूर्व भारत D. उत्तर भारत

86. प्रसिद्ध मत्स्य क्षेत्र 'ग्रैंड बैंक' स्थित है–
A. प्रशांत महासागर में
B. आर्कटिक महासागर में
C. अटलांटिक महासागर में
D. हिन्द महासागर में

87. प्रमुख मत्स्यन क्षेत्र 'डॉगर बैंक' कहाँ स्थित है?
A. उत्तरी सागर B. बोथनिया की खाड़ी
C. इंगलिश चैनल D. हिन्द महासागर

88. संसार में ताँबा का अग्रणी उत्पादक है–
A. ऑस्ट्रेलिया B. चीन
C. भारत D. चिली

89. संसार में टाइटेनियम का सबसे बड़ा उत्पादक है–
A. भारत B. जापान
C. चीन D. सं.रा. अमेरिका

90. निम्नलिखित में से किस देश में निकेल का सबसे अधिक उत्पादन होता है?
A. फिलीपींस B. रूस
C. सं.रा. अमेरिका D. क्यूबा

91. भारत की कौन-सी नदी अरब सागर में गिरती है?
A. महानदी B. कृष्णा
C. नर्मदा D. कावेरी

92. विश्व के विशालतम स्वर्ण क्षेत्र दक्षिण अफ्रीका की निम्नलिखित में से कौन-सी पर्वत श्रेणियों में अवस्थित है?
A. रोगेवेल्डबर्ग B. ग्रूट स्वार्ट बर्ग
C. विटवाटसरिण्ड D. ड्रेकेन्सबर्ग

93. ऑस्ट्रेलिया में स्थित कालगुर्ली किसके लिए विख्यात है?
A. स्वर्ण उत्पादन B. उत्तम जलवायु
C. शिक्षा केन्द्र D. मुर्गी पालन

94. निम्नलिखित में से कहाँ विश्व का सबसे बड़ा प्रमाणित तेल भण्डार स्थित है?
A. सऊदी अरब B. वेनेजुएला
C. ईरान D. इराक

95. विश्व में पवन ऊर्जा का सबसे बड़ा उत्पादक देश है–
A. चीन B. जर्मनी
C. नीदरलैण्ड D. भारत

96. विश्व में यूरेनियम का सर्वाधिक उत्पादन होता है–
A. भारत में B. कजाकिस्तान में
C. सं.रा.अमेरिका में D. चीन में

97. विश्व के एक-तिहाई से अधिक कच्चे इस्पात का उत्पादन प्राप्त होता है–
A. चीन से B. जापान से
C. रूस से D. सं.रा. अमेरिका से

98. जो ऊर्जा पृथ्वी की सतह के नीचे संचित ऊर्जा को काम में ला सकती है, उसे क्या कहा जाता है?

A. ऊष्मीय ऊर्जा B. परमाणुक ऊर्जा
C. ज्वारीय ऊर्जा D. भू-तापीय ऊर्जा

99. ऊन का सबसे बड़ा उत्पादक देश कौन-सा है?

A. चीन B. अमेरिका
C. ऑस्ट्रेलिया D. ब्रिटेन

100. विश्व में रेशमी वस्त्र का सबसे बड़ा उत्पादक देश है–

A. चीन B. भारत
C. सं.रा. अमेरिका D. जापान

101. विश्व का सबसे बड़ा कपास उत्पादक देश कौन-सा है?

A. चीन B. भारत
C. अमेरिका D. पाकिस्तान

102. प्राचीनतम अन्तर्राष्ट्रीय एयरलाइन है–

A. डच के.एल.एम. B. एयर कनाडा
C. क्वांटास एयरवेज D. एयर सहारा

103. जनसंख्या के अध्ययन को कहते हैं–

A. जल विज्ञान B. जनांकिकी
C. जलवायु विज्ञान D. शैल विज्ञान

104. मानव जातियों के वर्गीकरण के लिए निम्न में से किस कसौटी का प्रयोग नहीं किया जाता है?

A. आँख B. कान
C. नाक D. बाल

105. अफ्रीका की मूलभूत जनजाति 'पिग्मी' किस नदी घाटी में पायी जाती है?

A. नाइजर B. कांगो
C. नील D. जाम्बेजी

106. किस देश को 'वनों का देश' कहा जाता है?

A. ब्राजील
B. कांगो प्रजातांत्रिक गणतंत्र
C. केन्या
D. जायरे

107. निम्नलिखित में से किसे 'यूरोप का मरीज' कहा जाता है?

A. पुर्तगाल B. तुर्की
C. ग्रीस D. इटली

108. 'डूबते सूर्य का देश' किसे कहा जाता है?

A. जापान B. ब्रिटेन
C. नार्वे D. भारत

109. निम्नलिखित में से किसे 'सूर्योदय का देश' कहा जाता है?

A. ब्रिटेन B. जापान
C. नार्वे D. नीदरलैण्ड

110. 'प्रातः कालीन शांति की भूमि' निम्नलिखित में से किसे कहा जाता है?

A. जापान B. कोरिया
C. ब्रिटेन D. फिनलैण्ड

111. भारत के किस नगर को 'भारत की सिलिकन वैली' कहा जाता है?

A. बेंगलुरू B. चेन्नई
C. मुम्बई D. हैदराबाद

112. किसे दक्षिण भारत का मैनचेस्टर कहा जाता है?

A. कोयम्बटूर B. मदुरै
C. बेंगलुरू D. चेन्नई

113. निम्नलिखित में से किसे 'भारत की श्रिम्फ राजधानी' कहा जाता है?

A. मेंगलूर B. नागपट्टनम
C. कोच्चि D. नेल्लूर

114. निम्न में से किसको 'पर्ल सिटी' कहा जाता है?

A. काण्डला B. तूतीकोरिन
C. कोच्चि D. हैदराबाद

115. निम्नलिखित में से किसको प्रशांत महासागर की पार सड़क कहा जाता है?

A. टोंगा B. फिजी
C. हवाई D. एलिस

116. 'दीव' एक द्वीप है–

A. दमन के तट पर
B. गोवा के तट पर
C. गुजरात के तट पर
D. महाराष्ट्र के तट पर

117. डंकन पास किसके बीच स्थित है?

A. उत्तरी अंडमान एवं मध्य अंडमान
B. दक्षिणी अंडमान एवं मध्य अंडमान
C. दक्षिणी अंडमान एवं छोटा अंडमान
D. कार निकोबार एवं छोटा निकोबार

118. लद्दाख को किस वर्ष एक केन्द्रशासित प्रदेश बनाया गया?

A. सन् 2018 में B. सन् 2019 में
C. सन् 2020 में D. सन् 2017 में

119. भारत के भौगोलिक मानचित्र कौन तैयार करता है?
A. भारतीय भूवैज्ञानिक सर्वेक्षण
B. भारतीय सर्वेक्षण
C. रक्षा मंत्रालय
D. भारतीय भौगोलिक सर्वेक्षण

120. कुल्लूघाटी निम्नलिखित पर्वत श्रेणियों के बीच अवस्थित हैं–
A. धौलाधर तथा पीरपंजाल
B. रणज्योति तथा नागटिब्बा
C. लद्दाख तथा पीरपंजाल
D. मध्य हिमालय तथा शिवालिक

121. हिमाचल प्रदेश में स्थित दर्रा है–
A. शिपकी ला B. जोजिला
C. नाथुला D. जेलेप्ला

122. जोजिला दर्रा जोड़ता है–
A. श्रीनगर और लेह को
B. कलिम्पोंग और ल्हासा को
C. चम्बा और स्पीति को
D. अरुणाचल प्रदेश और ल्हासा को

123. निम्न में कौन-सी नदी हिमाचल से परे की नदी है?
A. गंगा B. यमुना
C. सतलज D. रावी

124. प्रायद्वीपीय भारत की सबसे बड़ी नदी कौन-सी है?
A. नर्मदा B. गोदावरी
C. महानदी D. कावेरी

125. चम्बल नदी किन राज्यों में से होकर बहती है?
A. उत्तर प्रदेश, मध्य प्रदेश, राजस्थान
B. मध्य प्रदेश, गुजरात, उत्तर प्रदेश
C. राजस्थान, मध्य प्रदेश, बिहार
D. गुजरात, मध्य प्रदेश, छत्तीसगढ़

126. भारत में सबसे लम्बा बांध है–
A. भाखड़ा बांध B. नागार्जुन सागर बांध
C. हीराकुड बांध D. कोसी बांध

127. रिहन्द बांध परियोजना से किन राज्यों की सिंचाई होती है?
A. गुजरात और महाराष्ट्र
B. ओडिशा और पश्चिम बंगाल
C. उत्तर प्रदेश और झारखंड
D. केरल और कर्नाटक

128. गिरना परियोजना कहाँ स्थित है?
A. आंध्र प्रदेश B. महाराष्ट्र
C. ओडिशा D. छत्तीसगढ़

129. अक्टूबर और नवम्बर में कहाँ अधिक वर्षा होती है?
A. मालवा का पठार B. छोटानागपुर का पठार
C. पूर्वी पहाड़ियाँ D. कोरोमण्डल तट

130. भारत में वन अनुसंधान संस्थान कहाँ स्थित हैं?
A. दिल्ली B. भोपाल
C. देहरादून D. लखनऊ

131. वनरोपन प्रक्रिया है–
A. वन साफ करने की
B. और पेड़ लगाने की
C. पेड़ काटने की
D. वन संसाधनों को एकत्र करने की

132. भारत में अधिकांश वन संपदा का मालिक कौन है?
A. निगमित निकाय B. गैर-सरकारी व्यक्ति
C. जनजातियाँ D. राज्य

133. नीलगिरि पहाड़ियों में पेड़ की सामान्य जाति है–
A. साल B. चीड़
C. यूकेलिप्टस D. टोंक (सागौन)

134. अपने प्राकृतिक परिवेश में वन्य जीवन के लिए कानूनी तौर पर आरक्षित क्षेत्र हैं–
A. बायोस्फीयर रिजर्व B. सेंक्चुअरी
C. सामाजिक वन D. नेशनल पार्क

135. वह राज्य जहाँ सुल्तानपुर पक्षी विहार स्थित है–
A. उत्तर प्रदेश B. राजस्थान
C. हरियाणा D. गुजरात

136. विश्व का एकमात्र प्लावी राष्ट्रीय पार्क स्थित है–
A. मणिपुर में B. कुआलालम्पुर में
C. बिलासपुर में D. दिसपुर में

137. काजीरंगा किसलिए जाना जाता है?
A. गैंडा के लिए B. बाघ के लिए
C. पक्षी के लिए D. गौरेया के लिए

138. मदुमलाई पशु विहार प्रसिद्ध है–
A. व्याघ्रों के लिए B. गवलों (बाइसन) के लिए
C. पक्षियों के लिए D. हाथियों के लिए

139. जीवमण्डल आरक्षित क्षेत्रों की पहली परियोजना स्कीम कौन-सी थी?
A. सुन्दरवन जीवमण्डल आरक्षित क्षेत्र
B. नीलगिरि जीवमण्डल आरक्षित क्षेत्र
C. नन्दादेवी जीवमण्डल आरक्षित क्षेत्र
D. मन्नार की खाड़ी जीवमण्डल आरक्षित क्षेत्र

140. भारत के उत्तरी मैदान की मृदा सामान्यतः कैसे बनी है?
A. तलावचन से
B. तलोच्चन से
C. स्वस्थाने अपचयन द्वारा
D. अपरदन द्वारा

141. प्रायद्वीपीय भारत में क्षेत्रीय मृदा के निम्न प्रकारों में से कौन-सा है?
A. जलोढ़ मृदा B. लाल और पीली मृदा
C. वन मृदा D. खारी मृदा

142. भारत के किस क्षेत्र में अत्यधिक असिंचित खेती की जाती है?
A. कनेरा के मैदान B. दक्कन के पठार
C. कोरोमण्डल मैदान D. गंगा के मैदान

143. भारत में कृषि को दुष्प्रभावित करने वाला मौसम का सबसे महत्वपूर्ण तत्व है–
A. तापमान B. आर्द्रता
C. पवन D. वृष्टि

144. भारत में अधिकतम कृषि योग्य क्षेत्र घेरने वाली फसल है–
A. चावल B. गेहूँ
C. चना D. अलसी

145. उस खाद्य फसल का नाम बताइए जो भारत में सबसे अधिक उपज देती है–
A. गेहूँ B. ज्वार
C. मक्का D. चावल

146. मध्य प्रदेश विशालतम उत्पादक है–
A. कपास का B. तिलहन का
C. दालों का D. मक्का का

147. भारत का कॉफी अनुसंधान संस्थान कहाँ स्थित है?
A. येरकाड B. वायनाड
C. कुर्ग D. कोयम्बटूर

148. भारत में श्वेत क्रांति के जनक माने जाते हैं–
A. डॉ वी. कुरियन B. श्री एस.एस. राव
C. श्री एस.के. भारद्वाज D. श्री मोरारजी देसाई

149. भारत में ऊर्जा का मुख्य स्रोत क्या है?
A. आण्विक B. तापीय
C. जल-विद्युत D. सौर

150. भारत में विद्युत आपूर्ति सबसे पहले कहाँ शुरू हुई?
A. कोलकाता B. दार्जिलिंग
C. मुम्बई D. चेन्नई

151. भारत में सबसे ज्यादा ताप-विद्युत उत्पन्न करने वाला राज्य कौन-सा है?
A. तमिलनाडु B. महाराष्ट्र
C. बिहार D. छत्तीसगढ़

152. निम्न में से किस स्थान पर विद्युत जलशक्ति से पैदा की जाती है?
A. न्येवली B. एन्नौर
C. तूतीकोरिन D. मेट्टूर

153. आन्ध्र प्रदेश के तुमालापल्ली में कौन-सा सर्वाधिक निक्षेप पाया जाता है?
A. यूरेनियम निक्षेप
B. टंग्स्टन निक्षेप
C. कोयला निक्षेप
D. बॉक्साइट निक्षेप

154. भारत का सबसे महत्वपूर्ण लघु उद्योग है–
A. इलेक्ट्रॉनिकी उद्योग
B. हथकरघा उद्योग
C. शर्करा उद्योग
D. इंजीनियरी उद्योग

155. क्षेत्रफल की दृष्टि से विश्व का सबसे बड़ा देश कौन-सा है?
A. रूस B. चीन
C. अमेरिका D. भारत

156. केन्द्रीय चर्म अनुसंधान संस्थान कहाँ स्थित है?
A. पुणे B. गुवाहाटी
C. चेन्नई D. श्रीनगर

157. शेरशाह द्वारा निर्मित ग्रैंड ट्रंक रोड पंजाब को किसके साथ जोड़ती थी?
A. लाहौर B. मुल्तान
C. आगरा D. पूर्वी बंगाल

158. भारत में सर्वप्रथम जनगणना कब हुई थी?
A. 1861 ई॰ B. 1881 ई॰
C. 1872 ई॰ D. 1851 ई॰

159. भारत के जनसंख्या इतिहास में जनांकिकीय विभाजन वर्ष कहा जाता है–
A. 1921 ई॰ B. 1941 ई॰
C. 1931 ई॰ D. 1951 ई॰

160. भारत का सबसे बड़ा जनजातीय समूह है–
A. भील B. गोंड
C. संथाल D. थारू

उत्तरमाला

1	2	3	4	5	6	7	8	9	10
D	D	A	C	D	D	D	D	B	D
11	12	13	14	15	16	17	18	19	20
A	C	B	A	D	B	D	C	D	A
21	22	23	24	25	26	27	28	29	30
A	C	D	C	D	B	A	D	D	C
31	32	33	34	35	36	37	38	39	40
A	A	B	C	A	C	B	C	A	D
41	42	43	44	45	46	47	48	49	50
A	B	B	A	D	A	B	C	D	B
51	52	53	54	55	56	57	58	59	60
C	C	D	B	D	C	B	B	B	B
61	62	63	64	65	66	67	68	69	70
C	C	B	B	B	A	D	B	C	B
71	72	73	74	75	76	77	78	79	80
D	A	A	B	C	A	B	C	C	B
81	82	83	84	85	86	87	88	89	90
A	D	D	A	A	C	A	D	C	A
91	92	93	94	95	96	97	98	99	100
C	C	A	B	A	B	A	D	C	A
101	102	103	104	105	106	107	108	109	110
A	A	B	B	B	B	B	B	B	B
111	112	113	114	115	116	117	118	119	120
A	A	D	B	C	C	C	B	B	A
121	122	123	124	125	126	127	128	129	130
A	A	C	B	A	C	C	B	B	C
131	132	133	134	135	136	137	138	139	140
B	D	D	A	C	A	A	A	B	B
141	142	143	144	145	146	147	148	149	150
B	B	D	A	D	C	C	A	B	B
151	152	153	154	155	156	157	158	159	160
B	D	A	B	A	C	D	C	A	B

☆☆☆☆☆☆

भारतीय अर्थव्यवस्था

- अर्थव्यवस्था एक ऐसा तंत्र या ढाँचा है जिसके अन्तर्गत विभिन्न प्रकार की आर्थिक क्रियाएँ सम्पादित की जाती हैं, जैसे–कृषि, उद्योग, व्यापार, बैंकिंग, बीमा, परिवहन तथा संचार आदि। दूसरे शब्दों में, अर्थव्यवस्था आर्थिक क्रियाओं का एक ऐसा संगठन है जिसके अन्तर्गत लोग कार्य करके अपनी आजीविका चलाते हैं।
- आर्थिक क्रियाओं को तीन भागों में बाँटा जाता है–
  (i) प्राथमिक क्षेत्र (Primary Sector)
  (ii) द्वितीयक क्षेत्र (Secondary Sector)
  (iii) तृतीयक क्षेत्र या सेवा क्षेत्र (Tertiary Sector or Service Sector)

(i) **प्राथमिक क्षेत्र (Primary Sector):** प्राथमिक क्षेत्र को कृषि क्षेत्र भी कहा जाता है। इसके अन्तर्गत कृषि, पशु पालन, मछली पालन, जंगलों से वस्तुओं को प्राप्त करना जैसे व्यवसाय आते हैं।

(ii) **द्वितीयक क्षेत्र (Secondary Sector):** द्वितीयक क्षेत्र को औद्योगिक क्षेत्र भी कहा जाता है। इसके अन्तर्गत खनिज व्यवसाय, निर्माण कार्य, जनोपयोगी सेवाएँ, जैसे–गैस और बिजली आदि के उत्पादन आते हैं।

(iii) **तृतीयक क्षेत्र (Tertiary Sector):** तृतीयक क्षेत्र को सेवा क्षेत्र भी कहा जाता है। इसके अन्तर्गत बैंक एवं बीमा, परिवहन, संचार एवं व्यापार आदि क्रियाएँ सम्मिलित होती हैं। ये क्रियाएँ प्राथमिक एवं द्वितीयक क्षेत्रों की क्रियाओं को सहायता प्रदान करती हैं। इसलिए इसे सेवा क्षेत्र कहा जाता है।

- आजादी के समय प्राथमिक क्षेत्र का योगदान 58.7 प्रतिशत था जो घटकर 2020-21 तक अब केवल 19.9 प्रतिशत रह गया है। द्वितीयक क्षेत्र का योगदान 1947 में 14.3 प्रतिशत था जो 2021 तक बढ़कर 25.8 प्रतिशत हो गया है। तृतीयक क्षेत्र का योगदान 1947 में 27 प्रतिशत था जो वर्ष 2020-21 तक बढ़कर 54.3 प्रतिशत हो गया है।

अर्थव्यवस्था के प्रकार (Types of Economy)

विश्व में तीन प्रकार की अर्थव्यवस्था पाई जाती है–

1. **पूँजीवादी अर्थव्यवस्था (Capitalist Economy):** पूँजीवादी अर्थव्यवस्था वह अर्थव्यवस्था है जहाँ उत्पादन के साधनों का स्वामित्व निजी व्यक्तियों के पास होता है जो इसका उपयोग अपने निजी लाभ के लिए करते हैं। जैसे–अमेरिका, जापान, फ्रांस आदि।
2. **समाजवादी अर्थव्यवस्था (Socialist Economy):** समाजवादी अर्थव्यवस्था वह अर्थव्यवस्था है जहाँ उत्पादन के साधनों का स्वामित्व एवं संचालन देश की सरकार के पास होता है जिसका उपयोग सामाजिक कल्याण के लिए किया जाता है। चीन, क्यूबा, रूस आदि देशों में समाजवादी अर्थव्यवस्था है।
3. **मिश्रित अर्थव्यवस्था (Mixed Economy):** मिश्रित अर्थव्यवस्था पूँजीवादी तथा समाजवादी अर्थव्यवस्था का मिश्रण है। मिश्रित अर्थव्यवस्था वह अर्थव्यवस्था है जहाँ उत्पादन के साधनों का स्वामित्व सरकार तथा निजी व्यक्तियों के पास होता है।

राष्ट्रीय विकास परिषद् (National Development Council)

- भारत में राष्ट्रीय विकास परिषद् का गठन 6 अगस्त, 1952 को किया गया था। इसका गठन आर्थिक नियोजन हेतु राज्य सरकारों तथा योजना आयोग के बीच तालमेल तथा सहयोग का वातावरण बनाने के लिए किया गया था।
- राष्ट्रीय विकास परिषद् में सभी राज्यों के मुख्यमंत्री इसके पदेन सदस्य होते हैं।
- प्रत्येक पंचवर्षीय योजना अन्त में राष्ट्रीय विकास परिषद् द्वारा अनुमोदित होती है।

योजना आयोग

- योजना आयोग का भारतीय संविधान में कोई उल्लेख नहीं है। अतः इसका गठन 15 मार्च, 1950 को परामर्शदात्री निकाय के रूप में किया गया था।
- 1 जनवरी, 2015 से भारत में योजना आयोग का अस्तित्व समाप्त कर दिया गया है तथा इसके स्थान पर 'नीति आयोग' संस्था बनाई गई है।

नीति आयोग

- मंत्रिमण्डल के एक प्रस्ताव के तहत यह नई संस्था 1 जनवरी, 2015 से अस्तित्व में आ गई है। इस नई संस्था को 'राष्ट्रीय भारत परिवर्तन संस्थान' नाम दिया गया है तथा आमतौर पर 'नीति आयोग' के नाम से इसे जाना जा रहा है।
- प्रधानमंत्री की अध्यक्षता वाला यह आयोग सरकार के थिंक टैंक (बौद्धिक संस्थान) के साथ-साथ राज्य सरकारों के लिए भी नीति निर्माण करने वाले संस्थान की भूमिका निभाएगा।
- केन्द्र व राज्य सरकारों को राष्ट्रीय व अन्तर्राष्ट्रीय महत्व के महत्वपूर्ण मुद्दों पर रणनीतिक व तकनीकी सलाह भी यह देगा। योजनाओं के भावी स्वरूप आदि के सम्बन्ध में सरकार को सलाह भी यह आयोग देगा।
- सभी राज्यों के मुख्यमंत्रियों तथा केन्द्रशासित क्षेत्रों के उपराज्यपालों को नीति आयोग की अधिशासी परिषद्(Governing Council) में शामिल किया गया है। इस प्रकार नीति आयोग का स्वरूप योजना आयोग की तुलना में अधिक संघीय बनाया गया है।
- प्रधानमंत्री की अध्यक्षता वाले इस आयोग में एक उपाध्यक्ष व एक मुख्य कार्यकारी अधिकारी (Chief Executive Officer—CEO) का प्रावधान किया गया।

पंचवर्षीय योजनाएँ

- 1 अप्रैल, 1951 से भारत की प्रथम पंचवर्षीय योजना की शुरुआत की गई। तत्पश्चात् अब तक बारह पंचवर्षीय योजनाएँ लागू की जा चुकी हैं।
- **15 वर्षीय दृष्टिकोण :** भारत की 12वीं पंचवर्षीय योजना 31 मार्च, 2017 को पूरी होने के साथ ही देश में पंचवर्षीय योजनाओं की व्यवस्था समाप्त हो गई है। इसके स्थान पर 15 वर्षीय दृष्टिकोण, सात वर्षीय रणनीति व तीन वर्षीय कार्य योजना नीति आयोग द्वारा तैयार की गई है। 15 वर्षीय दृष्टिकोण (Vision) 2031-32 में ऐसे भारत की कल्पना की गई है, जिसमें पूरी तरह शिक्षित समाज हो तथा सभी को स्वास्थ्य सुविधा उपलब्ध हो।

पंचवर्षीय योजनाएँ

योजना क्रम	योजना अवधि	लक्षित विकास दर	वास्तविक विकास दर	सर्वोच्च प्राथमिकता वाले क्षेत्र
• प्रथम योजना	1951-56	2.1	3.6	कृषि
• द्वितीय योजना	1956-61	4.5	4.27	भारी उद्योग
• तृतीय योजना	1961-66	5.6	2.84	खाद्यान्न एवं कृषि
• चतुर्थ योजना	1969-74	5.5	3.30	कृषि एवं सिंचाई
• पंचम योजना	1974-78	4.4	5.00	जनस्वास्थ्य एवं समाज कल्याण
• षष्टम योजना	1980-85	5.2	5.66	कृषि उद्योग एवं ऊर्जा
• सप्तम योजना	1985-90	5.4	5.8	ऊर्जा, खाद्यान्न एवं मानव संसाधन
• अष्टम योजना	1992-97	5.6	6.50	मानव संसाधन
• नवम योजना	1997-2002	6.5	5.40	सामाजिक न्याय एवं ग्रामीण विकास
• दशम योजना	2002-07	8.0	7.8	रोजगार एवं ऊर्जा
• एकादश योजना	2007-12	9.0	8.2	व्यापक तथा समावेशी विकास
• द्वादश योजना	2012-17	8.0		त्वरित, सतत् और समावेशी विकास

नई आर्थिक नीति

- भारत में आर्थिक सुधारों का मतलब उन नीतियों से है जिनका प्रारंभ 1991 से अर्थव्यवस्था में कुशलता, उत्पादकता, लाभदायकता एवं प्रतियोगिता की शक्ति के स्तरों में वृद्धि करने के दृष्टिकोण से किया गया है।
- नई आर्थिक नीति के तीन प्रमुख घटक हैं–उदारीकरण, निजीकरण तथा वैश्वीकरण। उदारीकरण का अर्थ सरकार द्वारा लगाए गए सभी अनावश्यक नियंत्रणों तथा प्रतिबंधों जैसे–लाइसेंस, कोटा आदि को हटाना है। निजीकरण का अभिप्राय, निजी क्षेत्र द्वारा सार्वजनिक क्षेत्र के उद्यमों पर पूर्ण रूप से या आंशिक रूप से स्वामित्व प्राप्त करना तथा उनका प्रबंध करना है।

- वर्तमान में नई औद्योगिक नीति के अन्तर्गत आरक्षित उद्योगों की संख्या 3 है– *(i)* परमाणु ऊर्जा *(ii)* रेल परिवहन एवं *(iii)* परमाणु ऊर्जा की अनुसूची में निर्दिष्ट खनिज।
- 100% निर्यात मूलक इकाइयों में 100% विदेशी पूँजी निवेश की स्वीकृति दी गई है।
- वैश्वीकरण वह प्रक्रिया है जिसके द्वारा विश्व की विभिन्न अर्थव्यवस्थाओं का समन्वय या एकीकरण किया जाता है ताकि वस्तुओं एवं सेवाओं, प्रौद्योगिकी, पूँजी और श्रम या मानवीय पूँजी का भी निर्बाध प्रवाह हो सके।

विभिन्न योजनाएँ एवं उनके उद्देश्य

कार्यक्रम का नाम	वर्ष	उद्देश्य
• सम्पूर्ण ग्रामीण रोजगार योजना	2001	रोजगार आश्वासन योजना और जवाहर ग्राम समृद्धि योजना को इसमें मिलाकर ग्रामीण क्षेत्रों में रोजगार का सृजन करना व खाद्यान्न उपलब्ध कराना।
• राष्ट्रीय राजमार्ग योजना	2001	समुचित गुणवत्ता वाले राष्ट्रीय राजमार्गों को विकसित करने के साथ-साथ रोजगार के अवसर उपलब्ध कराना।
• सर्वशिक्षा अभियान	2001	6-14 वर्ष के सभी बच्चों को 2010 तक आठवीं तक की निःशुल्क एवं गुणवत्तायुक्त प्राथमिक शिक्षा उपलब्ध कराना।
• स्वजल धारा योजना	2002	ग्राम पंचायतों के माध्यम से कुएँ, बावड़ी व हैण्डपम्प लगाने की सुविधा उपलब्ध कराना।
• निर्मल भारत योजना	2002	मलिन बस्तियों में सामुदायिक शौचालयों की सुविधा का विस्तार।
• अंशदायी बीमा योजना	2002	10 लाख बुनकरों व शिल्पकारों को बीमा सुरक्षा।
• जनरक्षा बीमा योजना	2002-03	₹ 1 प्रतिदिन भुगतान से चयनित व्यक्ति का निर्धारित अस्पताल में ₹ 30 हजार तक का उपचार।
• जयप्रकाश नारायण रोजगार गारण्टी योजना	2002-03	देश के पिछड़े ग्रामीण क्षेत्रों में गरीबों व जरूरतमंदों को रोजगार उपलब्ध कराने हेतु।
• वन्दे मातरम योजना	2004	गरीब एवं पिछड़े वर्ग की गर्भवती महिलाओं को स्वास्थ्य सम्बन्धी सुविधाएँ उपलब्ध कराना।
• जननी सुरक्षा योजना	2003	गर्भवती महिलाओं को शिशु जन्म तथा आवश्यक चिकित्सा सुविधाएँ उपलब्ध कराते हुए बच्चे के जन्म पर नकद सहायता उपलब्ध कराना।
• निर्मल ग्राम पुरस्कार योजना	2003	स्वच्छता के क्षेत्र में अच्छा कार्य करने वाली त्रिस्तरीय पंचायतों को पुरस्कृत कर प्रोत्साहित करना।

भारत सरकार की प्रमुख कल्याणकारी योजनाएँ

कार्यक्रम का नाम	वर्ष	उद्देश्य
• मिड-डे-मील योजना	1995	स्कूली बच्चों को दोपहर का भोजन उपलब्ध कराना।
• स्वर्ण जयंती शहरी रोजगार योजना	1997	शहरी क्षेत्रों में निर्धनता निवारण योजना।
• स्वर्ण जयन्ती ग्राम स्वरोजगार	1999	सामूहिक प्रयास पर बल। सहायता प्राप्त गरीब व्यक्ति को 3 वर्ष में BPL के ऊपर लाना। इसमें छः कार्यक्रमों का विलय कर दिया गया। *(i)* IRDP *(ii)* TRYSEM *(iii)* DWCRA *(iv)* SITRA *(v)* MWS *(vi)* GKY
• जनश्री बीमा योजना	2000	BPL लोगों को बीमा सुरक्षा कवच देना।

कार्यक्रम का नाम	वर्ष	उद्देश्य
• प्रधानमंत्री ग्रामोदय योजना	2000	गाँवों का समग्र विकास विशेपकर ग्रामीण सड़क, आवास व पेयजल आपूर्ति परियोजना।
• अन्त्योदय अन्न योजना	2000	BPL परिवारों के सर्वाधिक गरीबों को अनाज 2 रु./किलो गेहूँ एवं 3 रु. किलो चावल उपलब्ध कराना।
• आश्रय बीमा योजना	2001	रोजगार छूटे कर्मचारियों को सुरक्षा कवच प्रदान करना।
• जवाहरलाल नेहरू राष्ट्रीय शहरी नवीनीकरण योजना	2005	शहरी अवस्थापना विकास।
• भारत निर्माण योजना	2006	ग्रामीण अवस्थापना, सर्वांगीण तथा व्यापक विकास योजना।
• महात्मा गांधी रोजगार गारंटी योजना	2006	1 वर्ष में 100 दिन का रोजगार उपलब्ध कराना।
• राष्ट्रीय ग्रामीण पेयजल योजना	2009	ग्रामीण क्षेत्रों में पेयजल सुविधा उपलब्ध कराना।
• प्रधानमंत्री जनधन योजना	2014	आमजन को बैंकिंग सुविधा उपलब्ध करवाने हेतु।
• अटल पेंशन योजना	2015	सामाजिक क्षेत्र योजना पेंशन क्षेत्र से संबंधित।
• दीनदयाल उपाध्याय ग्राम ज्योति योजना	2015	इस कार्यक्रम का उद्देश्य ग्रामीण भारत में सभी घरों को 24 × 7 निर्बाध विद्युत आपूर्ति उपलब्ध कराने है।
• डिजिटल भारत कार्यक्रम	2015	सरकारी सेवाओं को इलेक्ट्रॉनिक रूप में नागरिकों के लिए उपलब्ध कराना हैं और लोगों को नवीनतम सूचना और संचार प्रौद्योगिक से लाभ सुनिश्चित करना है।
• प्रधानमंत्री सुरक्षा बीमा योजना	2015	₹ 12 के वार्षिक प्रीमियम के साथ दुर्घटना बीमा।
• प्रधानमंत्री जीवन ज्योति बीमा योजना	2015	यह मूल रूप से एक वार्षिक आधार पर या समय की एक लम्बी अवधि के लिए होता है। यह पॉलिसी धारक के मृत्यु पर जीवन बीमा कवरेज प्रदान करता है।
• कौशल भारत कार्यक्रम (राष्ट्रीय कौशल विकास मिशन)	2015	2022 तक कम से कम 40 करोड़ कुशल लोगों को प्रशिक्षित करने के लिए संस्थागत क्षमता प्रदान करना है।
• प्रधानमंत्री उज्जवला योजना	2016	ऐसी महिलाएँ जो गरीबी रेखा से नीचे जीवनयापन करती हैं, उन्हें मुफ्त एलपीजी कनेक्शन प्रदान करना है।
• मातृत्व लाभ कार्यक्रम	2017	स्तनपान कराने वाली माताओं को आर्थिक सहायता।
• 'सौभाग्य' योजना	2017	प्रधानमंत्री-सहज बिजली हर घर योजना व (SAUBHAGY) का शुभारम्भ
• जीरो हंगर कार्यक्रम	2017	गोरखपुर (उ.प्र.), थाणे (महाराष्ट्र) तथा कोरापुट (ओडिशा) में सन् 2030 तक भुखमरी को समाप्त करने की पायलट योजना।
• प्रधानमंत्री गरीब कल्याण योजना	2020	'कोरोना वायरस' के खिलाफ लड़ाई लड़ने में मदद करना।

कृषि

- कृषि भारतीय अर्थव्यवस्था का एक आधार स्तंभ है। निजी क्षेत्र का यह सबसे प्रमुख व्यवसाय है।
- स्थिर कीमतों (2011-12) पर सकल मूल्यवर्द्धन में वर्ष 2019-20 में कृषि एवं सहायक क्रियाएं क्षेत्रक का हिस्सा 14.65% है। जबकि यह क्षेत्र कुल जनसंख्या के 52% लोगों को रोजगार उपलब्ध कराता है तथा कुल निर्यात में इसका हिस्सा 11.76% है।
- हरित क्रांति का अर्थ आधुनिक कृषि तकनीकी उन्नत बीजों, खाद, सिंचाई तथा जैवकीय प्रबन्ध का कृषि क्षेत्र में प्रयोग करने से है।
- हरित क्रांति की शुरुआत 1966 में हुई। हरित क्रांति का विचार नॉरमन बोरलॉग ने दिया था। भारत में हरित क्रांति को डॉ. एम. एस. स्वामीनाथन ने सफल बनाया।
- हरित क्रांति का सर्वाधिक सकारात्मक प्रभाव गेहूँ पर पड़ा है, जिसकी पैदावार में 500% की वृद्धि हुई।
- राष्ट्रीय कृषि तथा ग्रामीण विकास बैंक (नाबाडी) की स्थापना जुलाई, 1982 में की गई थी। इसका मुख्यालय मुम्बई में है।
- नाबार्ड ग्रामीण क्षेत्रों में कृषिगत ऋण तथा उत्पादन बढ़ाने के लिए ऋण प्रदान करता है।
- राष्ट्रीय कृषि सहकारी विपणन भारतीय संघ (नेफेड) राष्ट्रीय स्तर पर एक शीर्ष सहकारी संगठन है।

कृषि क्षेत्र की विभिन्न क्रांतियाँ

क्रांति	सम्बन्धित क्षेत्र
• श्वेत क्रांति	दुग्ध उत्पादन
• नीली क्रांति	मछली उत्पादन
• पीली क्रांति	तिलहन उत्पादन
• ग्रे क्रांति	ऊन उत्पादन
• इन्द्रधनुषी क्रांति	समग्र कृषि उत्पादन
• सिल्वर क्रांति	अण्डा एवं पोल्ट्री उत्पादन
• सुनहरी क्रांति	बागवानी उत्पादन

उद्योग

- सन् 1948 ई. की प्रथम औद्योगिक नीति में सार्वजनिक तथा निजी क्षेत्र दोनों के ही महत्व को स्वीकार किया गया था परन्तु मूल उद्योगों के विकास का दायित्व सार्वजनिक क्षेत्र को सौंपा गया।
- 1956 ई. में दूसरी औद्योगिक नीति घोषित की गई। इस नीति में सार्वजनिक क्षेत्र द्वारा अर्थव्यवस्था के विकास पर जोर दिया गया।
- 1991 ई. में तीसरी औद्योगिक नीति में अर्थव्यवस्था में व्यापक स्तर पर उदारवादी कार्यक्रमों की घोषणा की गई। यह उदारीकरण और निजीकरण पर आधारित था।
- सार्वजनिक क्षेत्र के उपक्रमों को वाणिज्य एवं प्रबंधन की स्वायत्तता देने के लिए नवरत्न एवं मिनीरत्न की संकल्पना सन् 1997 ई. में शुरू की गई थी। यह दर्जा 'केन्द्रीय लोक उद्यम विभाग' द्वारा दिया जाता है।
- 21 दिसम्बर, 2009 को केन्द्रीय मंत्रिमंडल ने सार्वजनिक क्षेत्र की कम्पनियों के लिए महारत्न क्षेत्रों का सृजन किया।
- महारत्न का दर्जा प्राप्त कम्पनियाँ अपनी कुल निवल मूल्य के 15% तक का निवेश करने के लिए स्वतंत्र है।
- महारत्न का दर्जा प्राप्त करने के लिए निर्धारित किए गए मापदण्ड निम्नलिखित हैं–
  - *(i)* नवरत्न का दर्जा प्राप्त होना चाहिए।
  - *(ii)* कम्पनी का विदेश में भी कारोबार होना चाहिए।
  - *(iii)* भारतीय शेयर बाजार में सूचीबद्ध होना चाहिए।
  - *(iv)* कम्पनी का वार्षिक औसत टर्नओवर, पिछले तीन वर्षों में ₹ 20,000 करोड़ से अधिक का होना चाहिए।
  - *(v)* पिछले तीन वर्षों में कम्पनी का वार्षिक शुद्ध लाभ ₹ 2500 करोड़ से अधिक होना चाहिए।
  - *(vi)* कम्पनी का निवल मूल्य पिछले तीन वर्षों में ₹ 10,000 करोड़ से अधिक हो।

नवरत्न कम्पनियाँ (जनवरी 2021)

- ऑयल इण्डिया लिमिटेड (OIL)
- पॉवर फाइनेंस कॉर्पोरेशन (PFC)
- भारत इलेक्ट्रॉनिक्स लिमिटेड (BEL)
- शिपिंग कॉर्पोरेशन ऑफ इण्डिया लिमिटेड (SCIL)
- निवेली लिग्नाइट लिमिटेड (NLL)
- महानगर टेलीफोन निगम लिमिटेड (MTNL)
- राष्ट्रीय खनिज विकास निगम (NMDC)
- राष्ट्रीय इस्पात निगम लिमिटेड (RINL)
- ग्रामीण विद्युतीकरण निगम लिमिटेड (RECL)
- हिन्दुस्तान एयरोनॉटिक्स लिमिटेड (HAL)
- नेशनल एल्यूमिनियम कंपनी (NALCO)
- इंजीनियर्स इंडिया लिमिटेड (EIL)
- नेशनल बिल्डिंग कंस्ट्रक्शन कॉर्पोरेशन लि. (NBCCL)
- कन्टेनर कॉर्पोरेशन ऑफ इंडिया लि. (CONCOR)

महारत्न कम्पनियाँ (जनवरी 2021)

- भारतीय तेल निगम (IOC)
- राष्ट्रीय ताप विद्युत निगम (NTPC)
- भारतीय इस्पात प्राधिकरण लिमिटेड (SAIL)
- कोल इण्डिया लिमिटेड (CIL)
- तेल एवं प्राकृतिक गैस निगम (ONGC)
- भारतीय गैस प्राधिकरण लिमिटेड (GAIL)
- भारत हैवी इलेक्ट्रिकल्स लिमिटेड (BHEL)
- भारत पेट्रोलियम कॉर्पोरेशन लिमिटेड (BPCL)
- पॉवर ग्रिड कॉर्पोरेशन ऑफ इण्डिया लिमिटेड (PGCIL)
- हिन्दुस्तान पेट्रोलियम कॉर्पोरेशन लिमिटेड (HPCL)

- कपड़ा उद्योग भारत का कृषि के बाद दूसरा सबसे बड़ा, रोजगार प्रदान करने वाला उद्योग है, जो देश के औद्योगिक उत्पादन का 14%, सकल घरेलू उत्पाद का लगभग 4%, कुल विनिर्मित औद्योगिक उत्पादन के 20% व कुल निर्यातों के 24.6% की आपूर्ति करता है।
- लघु उद्योग को वित्त प्रदान करने के उद्देश्य से सन् 1990 ई. में SIDBI अर्थात् भारतीय लघु उद्योग विकास बैंक की स्थापना की गई।

- वर्ष 2006 में सूक्ष्म, लघु एवं मध्यम उद्यम विकास अधिनियम (MSMED) लाया गया।
- आबिद हुसैन समिति लघु उद्योगों में सुधार से सम्बद्ध है।

विनिर्माण क्षेत्र के उद्यमों का वर्गीकरण

उद्यम	स्थापित करने में लगा धन
• सूक्ष्म उद्योग	₹ 25 लाख तक
• लघु उद्योग	₹ 25 लाख से ₹ 5 करोड़ तक
• मध्यम उद्योग	₹ 4 करोड़ से ₹ 10 करोड़ तक

सेवा क्षेत्र से सम्बन्धित उद्यमों का वर्गीकरण

उद्यम	स्थापित करने में लगा धन
• सूक्ष्म उद्योग	₹ 10 लाख तक
• लघु उद्योग	₹ 10 लाख से ₹ 2 करोड़ तक
• मध्यम उद्योग	₹ 2 करोड़ रु. से ₹ 5 करोड़ तक

सार्वजनिक क्षेत्र के औद्योगिक उपक्रम

नाम	स्थान
• भारतीय उर्वरक निगम लि॰	सिन्दरी (झारखंड), नांगल (पंजाब), ट्राम्बे (महाराष्ट्र), गोरखपुर (उत्तर प्रदेश), नामरूप (असम), दुर्गापुर (पश्चिम बंगाल)
• हिन्दुस्तान एण्टीबायोटिक लि॰	पिम्परी (महाराष्ट्र)
• भारी जल संयन्त्र	नेवेली (तमिलनाडु), नाहर-कटिया (असम), राउरकेला (ओडिशा), ट्रॉम्बे (महाराष्ट्र)
• भारत डायनामिक्स लिमिटेड	हैदराबाद
• भारत इलेक्ट्रॉनिक्स लिमिटेड	जलाहाली (कर्नाटक), गाजियाबाद (उ.प्र.)।
• भारत हैवी इलेक्ट्रिकल्स लि॰	रानीपुर (उत्तराखंड), रामचंद्रपुर (आंध्र प्रदेश), तिरूचिरापल्ली (तमिलनाडु), भोपाल (मध्य प्रदेश)
• भारत हैवी प्लेट एवं वैसेल्स लि.	विशाखापत्तनम (आन्ध्र प्रदेश)
• सेन्ट्रल मशीन टूल्स	बेंगलुरू (कर्नाटक)
• चितरंजन लोकोमोटिव वर्क्स	चितरंजन (पश्चिम बंगाल)
• कोचीन शिपयार्ड	कोच्चि

नाम	स्थान
• डीजल लोकोमोटिव वर्क्स	मरवाडीह, वाराणसी (उ.प्र.)
• गार्डेन रीच वर्कशॉप लि॰	कोलकाता
• हैवी इलेक्ट्रिकल्स लिमिटेड	बेंगलुरू
• भारी इंजीनियरिंग निगम लि॰	राँची
• भारी वाहन कारखाना	अवाड़ी (तमिलनाडु)
• हिन्दुस्तान केबल्स कारखाना	रूपनारायणपुर (पश्चिम बंगाल)
• हिन्दुस्तान मशीन टूल्स	जलाहाली (कर्नाटक), पिंजौर (हरियाणा), हैदराबाद, कालामसारी (केरल)
• हिन्दुस्तान शिपयार्ड	विशाखापत्तनम एवं कोच्चि
• हिन्दुस्तान कार्बनिक रसायन लिमिटेड	रसायनी (महाराष्ट्र)
• भारतीय दवा एवं औषधि लिमिटेड (एण्टीबायोटिक संयंत्र, I.D.P.L.)	ऋषिकेश
• संश्लेषित दवा परियोजना	हैदराबाद
• इंटीग्रल कोच फैक्ट्री	पेराम्बूर (तमिलनाडु), कोटकपूरा (पंजाब)
• भारतीय मशीन टूल निगम	अजमेर
• मझगाँव डॉक्स लिमिटेड	मुम्बई
• खनन एवं सम्बद्ध उपकरण निगम लिमिटेड	दुर्गापुर
• राष्ट्रीय खनिज विकास निगम	हैदराबाद
• हिंदुस्तान जिंक लिमिटेड	उदयपुर (राजस्थान)
• भारत एल्युमीनियम कम्पनी लिमिटेड	कोरबा (छत्तीसगढ़), रत्नागिरी (महाराष्ट्र)
• हिंदुस्तान कॉपर लिमिटेड	अग्निगुडला (आंध्र प्रदेश), दारिबा (राजस्थान), मलाजखण्ड (म.प्र.), राखा (झारखंड)
• भारत गोल्ड माइन्स लिमिटेड	कोलार (कर्नाटक)
• नेवेली लिग्नाइट निगम	नेवेली (तमिलनाडु)
• भारतीय तेलशोधक लिमिटेड	बरौनी (बिहार), नूनमाटी (असम)
• भारतीय विस्फोटक कारखाना	गोमिया, हजारीबाग (झारखंड)
• राष्ट्रीय अखबारी कागज कारखाना लिमिटेड	नेपानगर (म.प्र.)

- भारतीय मानक ब्यूरो (बी.आई.एस.) की स्थापना 1947 में की गई थी।
- बी.आई.एस. विभिन्न उत्पादों पर गुणवत्ता चिह्न अर्थात् आई.एस.आई. चिह्न आवंटित करती है।

भारत के प्रमुख वित्तीय संस्थान

वित्तीय संस्थान	स्थापना वर्ष	मुख्यालय	उद्देश्य
• भारतीय औद्योगिक वित्त निगम लि. (IFCI)	1948	नई दिल्ली	देश के औद्योगिक प्रतिष्ठानों के लिए मध्यावधि एवं दीर्घावधि साख की व्यवस्था करना।
• भारतीय औद्योगिक ऋण तथा निवेश निगम लिमिटेड (ICICI)	1955	मुम्बई	निजी क्षेत्रों के लघु तथा मध्यम उद्योगों का विकास।
• जीवन बीमा निगम (LIC)	1956	मुम्बई	बीमा सुविधा उपलब्ध कराना।
• भारतीय औद्योगिक विकास बैंक लि. (IDBI)	1964	मुम्बई	औद्योगिक उद्यमों को वित्तीय सहायता प्रदान करना।
• भारतीय यूनिट ट्रस्ट (UTI)	1964	मुम्बई	लघु एवं मध्यम उद्योगों में निवेश।
• भारतीय आयात-निर्यात बैंक (EXIM Bank)	1982	मुम्बई	आयात-निर्यात की वित्तीय आवश्यकताओं की पूर्ति करना।
• राष्ट्रीय कृषि तथा ग्रामीण विकास बैंक (NABARD)	1982	मुम्बई	कृषि एवं ग्रामीण विकास के लिए वित्त उपलब्ध कराना।
• भारतीय औद्योगिक निवेश बैंक लि. (IIBIL)	1985	–	रूग्ण तथा बन्द पड़े उद्यमों का पुनर्निर्माण।
• राष्ट्रीय आवास बैंक (NHB)	1988	नई दिल्ली	आवास सम्बन्धी वित्त की व्यवस्था करना।
• भारतीय लघु उद्योग विकास बैंक (SIDBI)	1990	लखनऊ	छोटे उद्योगों का वित्त पोषण करना।

वित्त आयोग के अध्यक्ष

प्रथम वित्त आयोग	:	के॰ सी॰ नियोगी
द्वितीय वित्त आयोग	:	के॰ संतानम
तृतीय वित्त आयोग	:	ए॰ के॰ चंदा
चतुर्थ वित्त आयोग	:	डॉ. राजमन्नार
पंचम वित्त आयोग	:	महावीर त्यागी
छठा वित्त आयोग	:	ब्रह्मानंद रेड्डी
सातवां वित्त आयोग	:	न्या॰ शेलात
आठवां वित्त आयोग	:	वाई॰ वी॰ चव्हाण
नवां वित्त आयोग	:	एन॰ के॰ पी॰ साल्वे
दसवां वित्त आयोग	:	के॰ सी॰ पंत
ग्यारहवां वित्त आयोग	:	प्रो॰ ए॰ एम॰ खुसरो
बारहवां वित्त आयोग	:	सी॰ रंगराजन
तेरहवां वित्त आयोग	:	विजय केलकर
चौदहवां वित्त आयोग	:	वाई॰ वी॰ रेड्डी
पन्द्रहवां वित्त आयोग	:	एन॰ के॰ सिंह

भारत का विदेश व्यापार

- भारत का विश्व व्यापार में कुल हिस्सा मात्र 1.4% है।
- भारत के आयात में सर्वाधिक हिस्सा पेट्रोलियम उत्पादों का है।
- भारत का प्रथम निर्यात संवर्धन औद्योगिक पार्क सीतापुर (जयपुर) में स्थापित किया गया है।
- एशिया का प्रथम निर्यात प्रसंस्करण केन्द्र काण्डला (गुजरात) में 1965 ई॰ में स्थापित किया गया था।
- सेज (SEZ) अधिनियम, 2005 के प्रमुख प्रावधान निम्नलिखित हैं–
  - कर मुक्त आयात की स्वतंत्रता।
  - एकल खिड़की योजना के अन्तर्गत सेज स्थापित करने की नीति।
  - केन्द्रीय व्यापार कर एवं सेवा कर में छूट।
  - सेज द्वारा किए जाने वाले निर्यात पर 100% की कर छूट।
- भारत का सर्वाधिक आयात चीन के साथ होता है।
- भुगतान संतुलन का अभिप्राय किसी देश का अन्य देश के निवासियों के साथ एक वर्ष की अवधि में समस्त लेन-देन होता है। भुगतान संतुलन खाते के दो भाग होते हैं–
  - चालू खाता (Current Account)
  - पूँजी खाता (Capital Account)
- चालू खाते के अन्तर्गत वस्तुगत व्यापार के साथ-साथ अदृश्य मदों (परिवहन, पर्यटन, बीमा, उपहार आदि) की लेनदारियों व देनदारियों को सम्मिलित किया जाता है।
- पूँजी खाते में पूँजीगत लेन-देन जैसे–ऋणों की प्राप्तियां व अदायगियाँ, करेन्सी लदान, स्वर्ण हस्तान्तरण आदि की प्रविष्टियाँ की जाती हैं।

- पूँजी खाते में रुपये की पूर्ण परिवर्तनीयता हेतु एस.तारापोर समिति का गठन किया गया।
- विदेशी मुद्रा भण्डार की दृष्टि से भारत, चीन, जापान एवं रूस के बाद चौथा सबसे बड़ा विदेशी मुद्रा भण्डार वाला देश है।
- **विदेशी व्यापार नीति (2015-20)** के प्रमुख लक्ष्य निम्नलिखित हैं–
  - 2013-14 में वस्तुओं एवं सेवाओं का निर्यात बढ़ाकर वर्ष 2019-20 तक 900 अरब डॉलर करने का लक्ष्य।
  - 02 फीसदी मौजूदा वैश्विक निर्यात में हिस्सेदारी को बढ़ाकर 3.5 फीसदी के स्तर पर ले जाना।
  - सालाना समीक्षा के बजाय एफटीपी की समीक्षा अब ढाई साल बाद होगी।
  - पूंजीगत वस्तुओं के घरेलू विनिर्माण को बढ़ावा देने के लिए रियायती आयात की योजना के तहत निर्यात दायित्व 25 फीसदी घटाया जाएगा।
  - शुल्क क्रेडिट पर्चियां पूरी तरह हस्तांतरणीय होंगी। इन्हें सीमा शुल्क, उत्पाद शुल्क तथा सेवा कर भुगतान के लिए इस्तेमाल किया जा सकेगा।
- **राष्ट्रीय आय (National Income):** किसी देश में एक वर्ष की अवधि में उत्पादित सभी वस्तुओं एवं सेवाओं के मौद्रिक मूल्य के योग को राष्ट्रीय आय कहा जाता है।
- **सकल घरेलू उत्पाद (Gross Domestic Product):** किसी देश की सीमा के अन्दर किसी भी दी गई समयावधि, प्रायः एक वर्ष में उत्पादित समस्त अंतिम वस्तुओं तथा सेवाओं का कुल बाजार या मौद्रिक मूल्य उस देश का सकल घरेलू उत्पाद (GDP) कहा जाता है।
- **सकल राष्ट्रीय उत्पाद (Gross National Product):** किसी देश में एक साल के अन्तर्गत जितनी वस्तुओं तथा सेवाओं का उत्पादन होता है उनके मौद्रिक मूल्य को कुल राष्ट्रीय उत्पाद कहते हैं। कुल राष्ट्रीय उत्पाद को निकालने के लिए सकल घरेलू उत्पादन में देशवासियों द्वारा विदेशों में उत्पादित वस्तुओं और सेवाओं के मूल्य को जोड़ दिया जाता है तथा विदेशियों द्वारा देश में उत्पादित वस्तुओं के मूल्य को घटा दिया जाता है।
- **शुद्ध राष्ट्रीय उत्पाद (Net National Product):** सकल राष्ट्रीय उत्पाद में से मूल्यह्रास की राशि घटा देने के उपरान्त शुद्ध राष्ट्रीय उत्पाद ज्ञात किया जाता है।
- **प्रति व्यक्ति आय (Per Capita Income):** राष्ट्रीय आय में देश की कुल जनसंख्या से भाग देने पर जो राशि प्राप्त होती है उसे प्रतिव्यक्ति आय कहते हैं।
- केन्द्रीय सांख्यिकीय संगठन नियमित रूप से आय के राष्ट्रीय आँकड़े प्रकाशित करता है।
- **भारतीय कर प्रणाली–**
  - कुछ कर ऐसे होते हैं जो केन्द्र सरकार द्वारा लगाए जाते हैं, एकत्र किए जाते हैं एवं उपयोग भी किए जाते हैं। सीमा शुल्क, निगम कर, पूँजी कर आदि इसके प्रमुख उदाहरण हैं।
  - कुछ कर ऐसे होते हैं जो केन्द्र सरकार द्वारा लगाए जाते हैं परन्तु उससे प्राप्त राजस्व में केन्द्र व राज्य दोनों ही भागीदार होते हैं। केन्द्रीय उत्पाद शुल्क एवं आय कर इसके अन्तर्गत आते हैं।
  - कुछ कर ऐसे होते हैं जिसे केन्द्र सरकार द्वारा लगाया जाता है परन्तु राज्य सरकार द्वारा एकत्र किया जाता है। इसमें एकत्र करों से प्राप्त राजस्व का उपभोग राज्य सरकार ही करती है। स्टाम्प शुल्क, दवाइयों तथा शृंगार के सामान पर उत्पादन शुल्क इसके अन्तर्गत आते हैं।
  - करों का एक समूह ऐसा होता है जो केन्द्र सरकार द्वारा लगाया जाता है तथा एकत्र किया जाता है परन्तु उससे प्राप्त राजस्व राज्य सरकारों में बाँट दिया जाता है। इसके अन्तर्गत रेल किराया एवं भाड़े पर शुल्क, समुद्री पोत एवं वायुयान से यात्रा पर कर, समाचार-पत्रों पर कर, विज्ञापन पर कर तथा कृषि भूमि के अलावा अन्य सभी सम्पदा शुल्क आदि आते हैं।
  - कुछ कर ऐसे होते हैं जिन्हें राज्यों द्वारा लगाया जाता है तथा उन्हीं के द्वारा एकत्र किया जाता है और उनसे प्राप्त राजस्व का उपयोग भी किया जाता है। भू-राजस्व, कृषि आय पर कर, बिक्री कर, मनोरंजन कर, प्रलेखों पर स्टॉम्प शुल्क इत्यादि इसके अन्तर्गत आते हैं।
- भारत में केन्द्र सरकार के राजस्व का प्रमुख स्रोत केन्द्रीय उत्पाद शुल्क है।
- बिक्री कर राज्य सरकारों के राजस्व का प्रमुख स्रोत है।
- वस्तु एवं सेवा कर (जीएसटी) भारत में 1 जुलाई, 2017 से लागू होने वाली एक महत्वपूर्ण अप्रत्यक्ष कर व्यवस्था है जिसे सरकार व कई अर्थशास्त्रियों द्वारा इसे स्वतंत्रता के पश्चात् सबसे बड़ा आर्थिक सुधार बताया गया है। इससे केन्द्र एवं विभिन्न राज्य सरकारों द्वारा भिन्न-भिन्न दरों पर लगाए जा रहे विभिन्न करों को हटाकर पूरे देश के लिए एक ही अप्रत्यक्ष कर प्रणाली लागू की गई है।

प्रत्यक्ष कर		अप्रत्यक्ष कर	
• आय कर	• धन कर	• केन्द्रीय उत्पाद शुल्क	
• निगम कर	• एस्टेट ड्यूटी	• सीमा शुल्क	• सेवा कर
• व्यय कर	• ब्याज कर	• बिक्री कर	

- **रिजर्व बैंक ऑफ इण्डिया:** इसकी स्थापना 1 अप्रैल, 1935 को की गई थी तथा इसका राष्ट्रीयकरण 1 जनवरी, 1949 को किया गया। इसका मुख्यालय मुम्बई में स्थित है।
- भारतीय रिजर्व बैंक के दो प्रकार के कार्य हैं–
सामान्य केन्द्रीय बैंकिंग कार्य तथा विकास सम्बन्धी कार्य।
- सामान्य केन्द्रीय बैंकिंग कार्य के अधीन भारतीय रिजर्व बैंक के निम्नलिखित कार्य हैं–
  – करेंसी नोटों का निर्गमन।
  – सरकारी बैंकर का काम।
  – बैंकों के बैंक का काम।
  – विदेशी विनिमय को नियंत्रित करना।
  – साख नियंत्रण का कार्य।
  – आँकड़ों का संग्रहण और प्रकाशन।
- विकास सम्बन्धी या प्रवर्तन कार्य के अन्तर्गत भारतीय रिजर्व बैंक के निम्नलिखित कार्य हैं–
  – मुद्रा बाजार पर प्रतिबन्धात्मक नियंत्रण।
  – बचतों को बैंकों व अन्य वित्तीय संस्थाओं के माध्यम से उत्पादन के लिए उपलब्ध कराना।
  – लोगों में बैंकिंग की आदत बढ़ाने के लिए प्रयास करना।
- सिक्के एवं एक रुपये का नोट भारत सरकार निर्गत करती है, जबकि ₹ 5, 10, 20, 50, 100, 200, 500 तथा 2000 के करेन्सी नोट भारतीय रिजर्व बैंक निर्गत करता है।
- भारत में वित्तीय वर्ष 1 अप्रैल से 31 मार्च तक होता है।
- इम्पीरियल बैंक ऑफ इण्डिया का राष्ट्रीयकरण 1 जुलाई, 1955 को किया गया था। राष्ट्रीयकरण के बाद इसको स्टेट बैंक ऑफ इण्डिया के नाम से जाना जाता है।
- **सहकारी बैंक (Co-operative Bank):** आपसी सहयोग और सद्भावना के आधार पर जो वित्तीय संस्थाएँ कार्यशील हैं उसे सहकारी बैंक कहते हैं, यद्यपि ये राज्य सरकारों के द्वारा रिजर्व बैंक ऑफ इण्डिया के दिशा निर्देशों पर कार्य करती हैं।
- भारत में प्रथम ग्रामीण बैंक की स्थापना 2 अक्टूबर, 1975 ई. को हुई। सिक्किम और गोवा को छोड़कर देश के सभी राज्यों में क्षेत्रीय ग्रामीण बैंक कार्यरत हैं।
- बैंकिंग प्रणाली की पुनर्संरचना के सम्बन्ध में सुझाव देने हेतु 1991 ई. में नरसिम्हन समिति का गठन किया गया।
- **भूमि-विकास बैंक (Land Development Bank):** यह किसानों की भूमि को बंधक रखकर कृषि में स्थायी सुधार एवं विकास के लिए दीर्घकालीन ऋण प्रदान करता है।
- 50 करोड़ से अधिक पूँजी वाले 14 बड़े व्यावसायिक बैंकों का राष्ट्रीयकरण 19 जुलाई, 1969 को किया गया था।

प्रथम चरण में राष्ट्रीयकृत बैंक

1. बैंक ऑफ बड़ौदा
2. बैंक ऑफ इंडिया
3. यूनियन बैंक ऑफ इण्डिया
4. बैंक ऑफ महाराष्ट्र
5. सेंट्रल बैंक ऑफ इण्डिया
6. केनरा बैंक
7. पंजाब नेशनल बैंक
8. देना बैंक
9. यूनाइटेड बैंक ऑफ इंडिया
10. सिंडिकेट बैंक
11. इलाहाबाद बैंक
12. यूनाइटेड कमर्शियल बैंक
13. इण्डियन बैंक
14. इण्डियन ओवरसीज बैंक

- 200 करोड़ से अधिक पूँजी वाले 6 अनुसूचित बैंकों का राष्ट्रीयकरण 15 अप्रैल, 1980 को किया गया।

द्वितीय चरण में राष्ट्रीयकृत बैंक

1. आंध्रा बैंक
2. विजया बैंक
3. कॉर्पोरेशन बैंक
4. न्यू बैंक ऑफ इण्डिया
5. ओरियण्टल बैंक ऑफ कॉमर्स
6. पंजाब तथा सिंध बैंक

बैंकों का विलय

वर्ष 1993 में न्यू बैंक ऑफ इंडिया का पंजाब नेशनल बैंक में तथा वर्ष 2019 में विजया बैंक और देना बैंक का बैंक ऑफ बड़ौदा में विलय हो गया है। वर्ष 2020 में ओरिएंटल बैंक ऑफ कॉमर्स और यूनाइटेड बैंक ऑफ इंडिया का पंजाब नेशनल बैंक में, सिंडीकेट बैंक का केनरा बैंक में, आन्ध्रा बैंक और कॉर्पोरेशन बैंक का यूनियन बैंक ऑफ इंडिया में तथा इलाहाबाद बैंक का इंडियन बैंक में विलय हो गया।

भारत में प्रतिभूति मुद्रण संस्थान

छापेखाने व टकसाल	छपाई	स्थान
• इण्डिया सिक्योरिटी प्रेस	डाक सम्बन्धी लेखन सामग्री, बैंकों के बॉण्ड, राष्ट्रीय बचत पत्र व सरकारी प्रतिभूतियाँ	नासिक (महाराष्ट्र)
• बैंक नोट प्रेस	20, 50, 100 व 500 मूल्य वर्ग के नोट	देवास (म॰प्र॰)
• सिक्योरिटी प्रिन्टिंग प्रेस	भारत प्रतिभूति मुद्रणालय, नासिक प्रेस के उत्पादन की अनुपूर्ति हेतु डाक लेखन सामग्री	हैदराबाद
• सिक्योरिटी प्रिन्टिंग प्रेस	200, 500 एवं 2000 मूल्य वर्ग के नए नोट	मैसूर (कर्नाटक)
• सिक्योरिटी पेपर मिल	बैंक और करेन्सी नोट कागज तथा नॉन-ज्यूडिशियल स्टाम्प	होशंगाबाद (म॰प्र॰)
• करेन्सी प्रेस नोट	10, 50, 100, 500 तथा 2000 मूल्य वर्ग के नोट	नासिक (महाराष्ट्र)
• टकसालें (Mints)	सिक्के एवं विभिन्न प्रकार के पदकों का उत्पादन	मुम्बई, नोएडा, कोलकाता, हैदराबाद

भारत में गठित प्रमुख आर्थिक समितियाँ

समिति का नाम	उद्देश्य
• नरसिम्हन समिति	बैंकिंग क्षेत्र में सुधार हेतु
• डी. सुब्बाराव समिति	मौद्रिक नीति पर सलाह हेतु
• राजा चेलैया समिति	कर-सुधार पर सलाह हेतु
• रघुराजन समिति	वित्तीय क्षेत्र में सुधार
• रामनंदन प्रसाद समिति	सर्वोच्च न्यायालय के आदेशानुसार क्रिमीलेयर की पहचान के लिए गठित विशेष समिति
• स्वामीनाथन समिति	समुद्रतटीय संसाधनों का पर्यावरणीय दृष्टि से दीर्घकालीन उपयोग सम्भव होने से सम्वन्धित
• प्रों॰ सी.पी. चन्द्रशेखर समिति	सेवा मूल्य सूचकांक के निर्माण हेतु। रिपोर्ट में निर्धनता की पहचान के लिए 'कास्ट ऑफ लिविंग' सूचकांक को आधार बनाया।
• चन्द्रशेखर समिति	पूर्व सैनिकों की 'एक रैंक, एक पेंशन' की माँग पर गठित
• सुरेश तेंदुलकर समिति	गरीबी रेखा से नीचे की जनसंख्या के आकलन हेतु मानकों के पुनर्निर्धारण के लिए
• प्रवर सेनगुप्ता समिति	निजी क्षेत्र की कुछ स्वदेशी-कम्पनियों को 'रक्षा उद्योग रत्न' का दर्जा प्रदान करने से सम्बन्धित
• रंगराजन समिति	भारतीय अर्थव्यवस्था के लिए बचत और निवेश का आकलन करने और इसमें सुधार के उपायों को सुझाने हेतु
• मदन मोहन पुंछी आयोग	केन्द्र राज्य सम्बन्ध पर
• जे.जे. ईरानी समिति	नए कम्पनी विधेयक के लिए सुझाव हेतु
• वाई.एस.पी. थोराट	चीनी उद्योग की स्थिति की समीक्षा हेतु
• अभिजीत सेन समिति	कृषिगत वस्तुओं के वायदा कारोबार से सम्बन्धित
• बी.के॰ चतुर्वेदी समिति	सार्वजनिक क्षेत्र की तेल कम्पनियों की वित्तीय स्थिति की समीक्षा हेतु
• राकेश मोहन समिति	सरकार व रिजर्व बैंक ऑफ इण्डिया द्वारा देश के वित्तीय क्षेत्रक की पूर्ण जाँच हेतु
• के.आर. वेणुगोपाल समिति	सार्वजनिक वितरण प्रणाली के तहत केन्द्रीय निर्गम मूल्य निर्धारण हेतु
• महाजन समिति	चीनी उद्योग
• टी॰ कन्नन समिति	कपड़ा उद्योग

समिति का नाम	उद्देश्य
• महालनोबिस समिति	राष्ट्रीय आय
• खुसरो समिति	कृषि साख
• मल्होत्रा समिति	बीमा क्षेत्र में सुधार
• भण्डारी समिति	क्षेत्रीय ग्रामीण बैंकों की पुनर्संरचना
• भूरेलाल समिति	मोटरवाहन करों में वृद्धि
• गोइपोरिया समिति	बैंक सेवा सुधार
• एस. तारापोर समिति	रुपये की पूँजी खाते पर परिवर्तनीयता
• आबिद हुसैन समिति	लघु उद्योग
• बी.एस. व्यास समिति	कृषि एवं ग्रामीण साख विस्तार
• गोस्वामी समिति	औद्योगिक रुग्णता
• रेखी समिति	अप्रत्यक्ष कर
• स्वामीनाथन समिति	जनसंख्या नीति
• दांतवाला समिति	बेरोजगारी के अनुमान

मुद्रा एवं पूँजी बाजार

- मुद्रा बाजार अल्पावधि की वित्तीय व्यवस्था का बाजार है, जबकि पूँजी बाजार में मध्यम तथा दीर्घकाल के कोषों का आदान-प्रदान किया जाता है।
- डिस्काउन्ट एंड फाइनेन्स हाउस ऑफ इण्डिया लिमिटेड (DFHI), मुद्रा बाजार की एक संस्था है जिसकी स्थापना सन् 1988 ई. में की गई तथा इसका कार्य बैंकों तथा वित्तीय संस्थानों की कटौती और फिर कटौती की आवश्यकताओं को पूरा करना है।
- पूँजी बाजार को मोटे तौर पर दो भागों में बाँटा जाता है–गिल्ट एज्ड बाजार और औद्योगिक प्रतिभूति बाजार।
- गिल्ट एज्ड बाजार में रिजर्व बैंक के माध्यम से सरकारी और अर्द्धसरकारी प्रतिभूतियों का क्रय-विक्रय किया जाता है।
- औद्योगिक प्रतिभूति बाजार में पहले से स्थापित औद्योगिक उपक्रमों या नए स्थापित होने वाले उपक्रमों के शेयरों व डिबेन्चरों का क्रय-विक्रय किया जाता है।
- शेयरों व अंशपत्रों का क्रय-विक्रय जिस बाजार में होता है उसे शेयर बाजार कहते हैं। इस प्रकार के क्रय-विक्रय की सुविधा विभिन्न स्टॉक एक्सचेंज उपलब्ध कराते हैं।
- बॉम्बे स्टॉक एक्सचेंज (BSE) एशिया का सबसे पुराना स्टॉक एक्सचेंज है। इसकी स्थापना 1875 में की गई थी।
- **राष्ट्रीय शेयर बाजार (National Stock Exchange):** फेरवानी समिति की अनुशंसा पर राष्ट्रीय शेयर बाजार (NSE) की स्थापना की गई थी।
- NCDEX भारत का पहला कमोडिटी एक्सचेंज है। कुछ अन्य प्रमुख कमोडिटी एक्सचेंज निम्नलिखित हैं–
- मल्टी कमोडिटी एक्सचेंज (मुम्बई)
- नेशनल मल्टी कमोडिटी एक्सचेंज (अहमदाबाद)
- इण्डिया कमोडिटी एक्सचेंज (गुरुग्राम)
- नेशनल स्पॉट एक्सचेंज लिमिटेड (मुम्बई)

विश्व के प्रसिद्ध शेयर बाजारों के प्रमुख शेयर मूल्य सूचकांक

शेयर मूल्य सूचकांक	सम्बन्धित देश
1. सी.एन.एक्स. निफ्टी	भारत (NSE)
2. सेन्सेक्स	भारत (BSE)
3. नैस्डैक	सं.रा. अमेरिका
4. हैंगसैंग	हांगकांग
5. कैक	फ्रांस
6. डैक्स	जर्मनी
7. एफटीएसइ (100)	ब्रिटेन
8. कोस्पी	कोरिया
9. निक्की	जापान
10. स्ट्रेट्स	सिंगापुर
11. शंघाई	चीन
12. सियोल कम्पोजिट	दक्षिण कोरिया
13. सेट	थाइलैंड

14. डो जोन्स	सं.रा. अमेरिका
15. तेन	ताइवान
16. KLSE कम्पोजिट	मलेशिया
17. जकार्ता कम्पोजिट	इण्डोनेशिया

भारतीय प्रतिभूति एवं विनिमय बोर्ड (SEBI)

- सेबी की स्थापना 12 अप्रैल, 1988 को की गई थी परन्तु इसे वैधानिक दर्जा 30 जनवरी, 1992 को दिया गया।
- भारतीय पूँजी बाजार को विनियमित करने का वैधानिक अधिकार सेबी के पास है।
- म्यूचुअल फंड इंडस्ट्री का नियामक भी सेबी है।
- किसी भी स्टॉक एक्सचेंज को मान्यता प्रदान करने का अधिकार सेबी को है।
- सेबी भारतीय पूँजी बाजार में निवेशकों के हितों का संरक्षण करने का कार्य करती है।
- सेबी का प्रबन्ध 6 सदस्यों द्वारा किया जाता है, जिनमें एक चेयरमैन होता है जो केन्द्र सरकार द्वारा नामित होता है।

महत्वपूर्ण आर्थिक शब्दावली

- **रेपो दर:** अल्पकालिक आवश्यकताओं की पूर्ति हेतु जिस ब्याज दर पर कॉमर्शियल बैंक रिजर्व बैंक से नकदी ऋण प्राप्त करते हैं, 'रेपो दर' कहलाता है।
- **बैंक रेट:** जिस सामान्य ब्याज दर पर रिजर्व बैंक द्वारा वाणिज्यिक बैंकों को पैसा उधार दिया जाता है, बैंक दर कहलाता है। इसके माध्यम से रिजर्व बैंक द्वारा साख नियंत्रण/क्रेडिट कन्ट्रोल किया जाता है।
- **रिवर्स रेपो दर:** बैंकों द्वारा अपनी अतिरिक्त राशि को रिजर्व बैंक में जमा करने पर रिवर्स रेपो दर से ब्याज मिलता है।
- **प्राइम लैंडिंग रेट (पी.एल.आर.):** प्राइम लैंडिंग रेट वह ब्याज दर है, जिस पर बैंक उस ग्राहक को जिसके संबंध में जोखिम शून्य है, को ऋण देने को तैयार है। यह दर एक प्रकार से आधारित ब्याज दर के रूप में कार्य करती है।
- **नकद आरक्षित अनुपात (सी.आर.आर.):** नकद आरक्षित अनुपात किसी वाणिज्यिक बैंक में कुल जमा राशि का वह भाग है जिसे रिजर्व बैंक के पास अनिवार्य रूप से जमा करना पड़ता है। इसकी दर जितनी ऊँची होती है बैंकों की साख सृजन क्षमता उतनी ही कम होती है।
- **वैधानिक तरलता अनुपात (एस.एल.आर.):** किसी वाणिज्यिक बैंक में कुल जमा राशि का वह भाग जो नकद स्वर्ण व विदेशी मुद्रा के रूप में उसे अपने पास अनिवार्य रूप से रखना पड़ता है, 'वैधानिक तरलता अनुपात' कहलाता है। बैंकों को वित्तीय संकट का सामना करने हेतु रिजर्व बैंक द्वारा ऐसी व्यवस्था की गयी है।
- **क्रेडिट कार्ड:** यह एक प्लास्टिक मुद्रा है। क्रेडिट कार्ड के अन्तर्गत ग्राहक की वित्तीय स्थिति को देखते हुए बैंक उसकी साख की एक राशि निर्धारित कर देती है जिसके अन्तर्गत वह अपने क्रेडिट कार्ड के माध्यम से निर्धारित धनराशि के अन्दर वस्तुओं और सेवाओं को खरीद सकता है। विश्व में प्रचलित क्रेडिट कार्डों में VISA, मास्टर कार्ड, अमेरिकन एक्सप्रेस आदि प्रसिद्ध हैं।
- **डेबिट कार्ड:** डेबिट कार्ड भी एक प्रकार की प्लास्टिक मुद्रा है। इसे बैंक कार्ड के नाम से भी जाना जाता है। यह खरीददारी करते समय भुगतान की वैकल्पिक पद्धति प्रदान करता है।
- **किसान क्रेडिट कार्ड:** इसे भारतीय रिजर्व बैंक एवं नाबार्ड की योजना के अन्तर्गत 1998 ई॰ में लागू किया गया। किसान इसे बैंक को उपलब्ध कराकर अपनी फसल के लिए आवश्यक ऋण ले सकता है।
- **बजट (Budget):** किसी संस्था या सरकार के एक वर्ष की अनुमानित आय-व्यय का लेखा-जोखा बजट कहलाता है।
- **बूम:** अर्थव्यवस्था में जब आर्थिक क्रियाओं का तेजी से विस्तार होता है तब बूम की स्थिति कही जाती है। यह मंदी अथवा रिसेशन की विपरीत स्थिति है, माँग में वृद्धि के परिणामस्वरूप किसी उद्योग विशेष में भी बूम की स्थिति उत्पन्न हो सकती है।
- **बफर स्टॉक:** आपातकालीन स्थिति में किसी वस्तु की कमी को पूरा करने के लिए वस्तु का तैयार स्टॉक बफर स्टॉक कहलाता है।
- **एटीएम (ATM):** एटीएम स्वचालित टेलर मशीन (Automatic Teller Machine) को कहते हैं। यह मशीन 24 घंटे रुपये निकालने तथा जमा करने की सेवा प्रदान करती है।
- **कोर बैंकिंग (Core Banking):** कोर बैंकिंग के द्वारा कुछ ही क्षणों में देश या विदेश के एक से दूसरे भाग में मुद्रा का हस्तांतरण बिना किसी कठिनाई के किया जाता है।
- **IFSC कोड:** यह 'इण्डियन फाइनेंशियल सिस्टम कोड' है जो सामान्यतः 11 अंकों का होता है। इसमें पहले के 4 अक्षरों में बैंक का नाम, एक शून्य तथा अन्तिम 6 अंकों में बैंक ब्रॉन्च से सम्बन्धित विवरण रहता है।
- **NEFT प्रणाली:** इंटरनेट के माध्यम से नेशनल इलेक्ट्रॉनिक फण्ड ट्रान्सफर के द्वारा धनराशि को एक बैंक से उसी तथा

अन्य बैंक के खाते में खाताधारक द्वारा स्वयं ही हस्तान्तरित किया जा सकता है।

- **RTGS प्रणाली:** सामान्यतः धनराशि को खाताधारक द्वारा इण्टरनेट के माध्यम से रियल टाइम ग्रॉस सेटलमैंट विधि से किसी भी खाताधारक के किसी भी बैंक के खाते में त्वरित रूप में भेजा जा सकता है।
- **नेट बैंकिंग:** बैंकिंग की इस प्रणाली में इन्टरनेट के माध्यम से सभी प्रकार के बैंकिंग कार्यों का संचालन किया जाता है। इसमें किसी तरह का भुगतान अपने एकाउण्ट में ऑनलाइन प्राप्त कर सकते हैं तथा दूसरों को भुगतान भी कर सकते हैं। जैसे–मोबाइल का बिल, बिजली का बिल आदि का भुगतान।
- **ब्रिज:** किसी परियोजना या प्रोजेक्ट की अस्थायी वित्त व्यवस्था को ब्रिज ऋण कहते हैं।
- **एग्रोनमिक्स:** यह किसी श्रमिक की कार्यक्षमता एवं उसके द्वारा किए जाने वाले वास्तविक कार्य के मध्य सम्बन्ध का अध्ययन करता है।
- **मन्दी:** मन्दी की स्थिति में वस्तुओं की माँग उसकी आपूर्ति की तुलना में कम हो जाती है। फलस्वरूप कम्पनियाँ उत्पादन कम कर देती हैं तथा अपने कर्मचारियों की छँटनी कर देती है और बेरोजगारी एवं क्रयशक्ति में ह्रास की स्थिति उत्पन्न हो जाती है।
- **जनांकिकी:** किसी देश की जनसंख्या वृद्धि, जनसंख्या का भौगोलिक वितरण, जन्म दर, मृत्यु दर, प्रवजन दर, लिंग, शिक्षा स्तर, आय स्तर इत्यादि का सांख्यिकी माध्यम से अर्थशास्त्र के अन्तर्गत अध्ययन करना ही जनांकिकी कहलाता है।
- **क्रेता बाजार:** क्रेता बाजार में किसी वस्तु की माँग कम तथा आपूर्ति अधिक होती है। यह स्थिति क्रेता को विक्रेता से बेहतर स्थिति में रखती है।
- **विमुद्रीकरण:** जब काला धन अर्थव्यवस्था के लिए खतरा बन जाता है, तो इसे दूर करने के लिए विमुद्रीकरण की विधि अपनाई जाती है। इसके अन्तर्गत सरकार पुरानी मुद्रा को समाप्त कर देती है और नई मुद्रा चालू कर देती है। इस प्रक्रिया में जिनके पास काला धन होता है, वह उसके बदले में नई मुद्रा लेने का साहस नहीं जुटा पाते हैं और काला धन स्वयं ही नष्ट हो जाता है।
- **फ्लोटिंग ऑफ करेन्सी:** इसके अन्तर्गत किसी मुद्रा की विनिमय दर को स्वतंत्र छोड़ दिया जाता है ताकि माँग और पूर्ति की दशाओं के आधार पर वह अपना नया मूल्य स्वयं तय कर सके।
- **अवमूल्यन:** इसमें किसी मुद्रा का विनिमय मूल्य अन्य मुद्राओं की तुलना में जानबूझकर कम कर दिया जाता है। इन परिस्थितियों के अनुसार सरकारें देश में निर्यात को बढ़ावा देने के लिए करती हैं।
- **मुद्रा संकुचन:** जब बाजार में मुद्रा की कमी के कारण कीमतें गिर जाती है, उत्पादन व व्यापार गिर जाता है और बेरोजगारी बढ़ती है, वह अवस्था मुद्रा संकुचन कहलाती है।
- **मुद्रास्फीति:** अर्थव्यवस्था में जब मुद्रा की आपूर्ति बढ़ जाती है तो वह वस्तुओं की माँग को बढ़ा देती है। लेकिन संसाधन सीमित एवं पूर्ण रूप से रोजगारयुक्त होने के कारण वस्तुओं की पूर्ति मुद्रा की पूर्ति के अनुपात में नहीं बढ़ पाती, परिणामस्वरूप वस्तुओं की कीमतें बढ़ जाती है। दूसरे शब्दों में, मुद्रा प्रसार या मुद्रास्फीति वह अवस्था है, जिससे मुद्रा का मूल्य गिर जाता है और कीमतें बढ़ जाती हैं।
- **कार्बन कर:** कार्बन कर की अवधारणा वैश्विक तापन के कारण अवतरित हुई। इसके अन्तर्गत उन ऊर्जा स्रोतों पर कर लगता है जो वायुमंडल में कार्बन-डाइऑक्साइड का उत्सर्जन करते हैं।
- **उपहार कर:** किसी व्यक्ति को उपहार दिए जाने पर जो कर लगाया जाता है, उसे उपहार कर कहते हैं।
- **प्रगामी कर:** यह क्रमबद्ध कर व्यवस्था है जिसमें अधिक आय श्रेणी वाले ऊँची दर पर कर अदा करते हैं अर्थात् आय में वृद्धि के साथ-साथ कर में भी समानुपातिक वृद्धि होती रहती है।
- **दुर्लभ मुद्रा:** अन्तर्राष्ट्रीय व्यापार में अनुकूल संतुलन की स्थिति वाली मुद्रा, जिसको प्राप्त करना कठिन होता है, को 'दुर्लभ मुद्रा' (Hard Currency) कहा जाता है।
- **रिसेशन:** रिसेशन मन्दी की अवस्था है जिसमें वस्तुओं की आपूर्ति की तुलना में उनकी माँग कम हो जाती है।
- **राजस्व घाटा:** कुल राजस्व प्राप्तियों की तुलना में जब कुल राजस्व व्यय अधिक होता है तो इसे राजस्व घाटा कहा जाता है।
- **प्राथमिक घाटा:** जब राजकोषीय घाटे में से ब्याज भुगतान को घटा दिया जाता है तो बचे अवशेष को प्राथमिक घाटा कहते हैं। प्राथमिक घाटा वर्तमान वर्ष के घाटे की माप करता है। इसे शुद्ध राजकोषीय घाटा भी कहते हैं।
- **लॉरेंन्ज वक्र:** इस पद्धति के द्वारा लोगों के बीच आय में विषमता को ज्ञात किया जाता है।
- **लैफर वक्र:** यह वक्र कर से राजस्व की प्राप्ति तथा कर दर के बीच सम्बन्ध को व्यक्त करता है। यह वक्र बताता है कि एक सीमा तक कर में कमी या वृद्धि करने से कुल राजस्व में वृद्धि होती है परन्तु जब कर इष्टतम स्तर पर होता है तो उसमें कमी या वृद्धि सरकार के कुल राजस्व में कमी करती है।
- **माँग का नियम:** अन्य बातों के समान रहने पर वस्तु की कीमत तथा माँग के बीच विपरीत सम्बन्ध होते हैं अर्थात् वस्तु की कीमत में कमी वस्तु की माँग में वृद्धि करेगी तथा इसके विपरीत कीमत में वृद्धि वस्तु की माँग में कमी करेगी और यही माँग का नियम है।

- **भुगतान संतुलनः** किसी देश द्वारा अन्य देशों या अन्तर्राष्ट्रीय संस्थाओं के साथ होने वाले लेन-देन में आगत-निर्गत का वह लेखा-जोखा, जो दो खण्डों–चालू खाता और पूँजी खाता में विभाजित होता है, भुगतान संतुलन कहलाता है।
- **कराघातः** जिस व्यक्ति पर सर्वप्रथम कर लगाया जाता है, और जिस पर कर का प्रत्यक्ष मौद्रिक भार पड़ता है तथा सरकार जिससे कर वसूल करती है, उस पर कराघात माना जाता है।
- **ले ऑफः** जब किसी वस्तु की माँग में कमी होने से औद्योगिक संस्थानों द्वारा उत्पादन कम किए जाने के कारण, कर्मचारियों की नौकरी से छँटनी की जाती है तो इसे ले ऑफ कहा जाता है।
- **गैर-निष्पादनकारी परिसम्पत्तियाँः** बैंकों द्वारा प्रदान किए गए ऐसे ऋण और उस पर देय ब्याज जिनका किसी वित्तीय वर्ष में मूलधन का भुगतान 90 दिनों तक रोक लिया जाता है गैर-निष्पादनकारी परिसम्पत्तियाँ मानी जाती हैं।
- **नकद साख (Cash Credit):** इस प्रकार की व्यवस्था के अन्तर्गत बैंक अपने ग्राहकों को ऋण पत्र, व्यापारिक माल अथवा अन्य स्वीकृत प्रतिभूतियों के आधार पर ऋण देते हैं।
- **अधिविकर्ष (Overdraft):** जब कोई व्यावसायिक बैंक अपने ग्राहकों को उसके खाते में जमा रकम से अधिक रकम निकालने की सुविधा देता है तो उसे अधिविकर्ष की सुविधा कहते हैं।
- **सूक्ष्म-वित्तीय संस्थाएँ (Micro Financial Institutions):** छोटे पैमाने पर गरीब जरूरतमंद लोगों को स्वयंसेवी संस्था के माध्यम से कम ब्याज पर साख अथवा ऋण की व्यवस्था करने वाली संस्था को सूक्ष्म-वित्तीय संस्थाएँ कहते हैं।
- **चेक (Cheque):** चेक एक प्रकार का साख पत्र है। यह एक प्रकार का लिखित आदेश है जो बैंक में रुपया जमा करने वाला अपने बैंक को देता है कि उसमें लिखित रकम उसमें लिखित व्यक्ति को दे दी जाए।
- **बैंक ड्राफ्ट (Bank Draft):** बैंक ड्राफ्ट वह पत्र है जो एक बैंक अपनी किसी शाखा या अन्य किसी बैंक को आदेश देता है कि उस पत्र में लिखी हुई रकम उसमें अंकित व्यक्ति को दे दी जाए।
- **यात्री चेकः** यात्रियों की सुविधा के लिए यात्री चेक बैंकों द्वारा जारी किये जाते हैं। कोई भी यात्री बैंक में निश्चित रकम जमा कर देने पर यात्री चेक प्राप्त कर सकता है। यात्री बैंक की किसी भी शाखा में यात्री चेक प्रस्तुत कर मुद्रा प्राप्त कर सकता है।
- **प्रतिज्ञा पत्र (Promissory):** यह एक प्रकार का साख पत्र होता है। इस पत्र में ऋणी की माँग पर या एक निश्चित अवधि के बाद उसमें अंकित रकम ब्याज सहित देने का वादा किया जाता है।
- **आर्बिट्रेजः** विभिन्न मुद्रा विनिमय बाजारों में जब किसी बाजार में मुद्रा का क्रय कम मूल्य पर किया जाए तथा उसे तुरंत दूसरे बाजारों में अधिक कीमतों पर विक्रय कर दिया जाए, तो इस क्रिया को आर्बिट्रेज कहते हैं।
- **एमोर्टाइजेशनः** किसी ऋण के निर्धारित ब्याज का जब पूर्ण भुगतान किया जाता है, तो उसे एमोर्टाइजेशन कहा जाता है।
- **स्टैगफ्लेशनः** यह अर्थव्यवस्था की वह अवस्था है जिसमें मुद्रास्फीति के साथ-साथ मंदी एवं बेरोजगारी की स्थिति होती है।
- **रिफ्लेशनः** आर्थिक मंदी की अवस्था में सरकार द्वारा कुछ ऐसे कदम उठाए जाते हैं जिससे लोगों की क्रयशक्ति में वृद्धि हो ताकि वस्तुओं की माँग बढ़े, इसके परिणामस्वरूप मूल्य स्तर में जो वृद्धि होती है उसे रिफ्लेशन कहा जाता है।
- **ब्लूचिप शेयरः** ब्लूचिप शेयर ऐसी कम्पनियों के शेयर होते हैं जिनका बाजार पूँजीकरण बहुत अधिक होता है और इनके बाजार मूल्यों में अपेक्षाकृत स्थिरता होती है।
- **ऐक्टिव शेयर (Active Share):** वैसे शेयर जिनका क्रय-विक्रय नियमित रूप से प्रतिदिन शेयर बाजार में होता है एक्टिव शेयर होते हैं।
- **डिफेंसिव शेयरः** इन शेयरों के मूल्यों में भारी उतार-चढ़ाव नहीं होता है। डिफेंसिव शेयरों पर वर्तमान लाभ तथा पूँजीगत लाभ सामान्य दर से बढ़ता है।
- **राइट शेयरः** किसी कंपनी द्वारा जारी नए शेयरों को क्रय करने का पहला अधिकार वर्तमान शेयरधारक का होता है। वर्तमान शेयरधारक के इस अधिकार को पूर्ण क्रय का अधिकार कहा जाता है तथा इस अधिकार के कारण उनको जो शेयर प्राप्त होता है, उसे राइट शेयर कहा जाता है।
- **बोनस शेयरः** जब किसी कम्पनी द्वारा अपने अर्जित लाभों में से रखे नये रिजर्व को शेयर के रूप में वर्तमान शेयरधारकों के मध्य आनुपातिक रूप से बाँट दिया जाता है तो इसे बोनस शेयर कहा जाता है।
- **पूर्वाधिकार शेयर (Preferencial Share):** पूर्वाधिकार शेयरों को कम्पनी द्वारा सर्वप्रथम लाभांश का भुगतान किया जाता है तथा लाभांश की दर निश्चित होती है। इसके अतिरिक्त यदि भविष्य में कंपनी का समापन होता है तो लेनदारों का भुगतान करने के बाद कम्पनी की सम्पत्तियों से वसूली गई राशि में से इस श्रेणी में शेयरधारक को अपनी पूँजी अन्य शेयरधारक की तुलना में पहले प्राप्त करने का अधिकार होता है।

- **कंट्रेरियन शेयर:** ऐसे शेयर बाजार की सामान्य प्रकृति के विपरीत व्यापार करते हैं अर्थात् बाजार में शेयरों के भाव में वृद्धि हो रही है तो इन शेयरों के भाव कम हो जाते हैं और यदि बाजार का रूख गिरावट का है तो इन शेयरों का मूल्य बढ़ जाता है।
- **इनसाइडर ट्रेडिंग:** कम्पनी की गुप्त सूचना के आधार पर अतिरिक्त मुनाफा कमाने के लिए सम्बन्धित कम्पनी के शेयरों में की गई खरीद-बिक्री इनसाइडर ट्रेडिंग कहलाती है।
- **फ्लोटिंग स्टॉक:** किसी कम्पनी की चुकता पूँजी का वह भाग फ्लोटिंग स्टॉक कहलाता है जो शेयर बाजार में क्रय-विक्रय के लिए उपलब्ध रहता है।
- **स्टैग:** स्टैग उन व्यक्तियों को कहा जाता है जो नई कंपनियों के इश्युओं में भारी मात्रा में शेयरों के लिए आवेदन करते हैं।
- **शार्ट सेलिंग:** जब किसी शेयर कारोबारी द्वारा बाजार में उतनी मात्रा में शेयर बेच दिए जाते हैं जितना उसके पास वह शेयर पूर्व से होता नहीं है तब यह प्रक्रिया शार्ट सेलिंग कहलाती है।
- **तेजड़िया और मंदरिया (Bulls and Bears):** यह शेयर कारोबार से संबंधित शब्द हैं। स्टॉक एक्सचेंजों में तेजड़िया उस व्यक्ति को कहा जाता है जो स्टॉक की कीमत बढ़ाना चाहता है तथा मंदरिया उसे जो स्टॉक की कीमत घटाना चाहता है।
- **भागीदारी नोट्स:** विदेशी संस्थागत निवेशकों (FIIs) द्वारा उन निवेशकों को निर्गत किए जाते हैं जो भारतीय पूँजी बाजार में निवेश करना चाहते हैं, किन्तु अपना निबन्धन सेबी के साथ नहीं करना चाहते हैं।

वस्तुनिष्ठ प्रश्नावली

1. मिश्रित अर्थव्यवस्था किसका उल्लेख करती है?
A. भारी, लघु और कुटीर उद्योगों का सहअस्तित्व
B. कृषि के साथ-साथ कुटीर उद्योगों का संवर्द्धन
C. धनी और निर्धन दोनों का सहअस्तित्व
D. सार्वजनिक और निजी क्षेत्र दोनों का सहअस्तित्व

2. आर्थिक विकास के दृष्टिकोण से भारत की गिनती होती है–
A. पिछड़े राष्ट्र के रूप में
B. विकसित राष्ट्र के रूप में
C. विकासशील राष्ट्र के रूप में
D. अर्द्धविकसित राष्ट्र के रूप में

3. भारतीय अर्थव्यवस्था का कौन-सा क्षेत्र सकल राष्ट्रीय उत्पाद में सबसे अधिक योगदान करता है?
A. प्राथमिक क्षेत्र B. द्वितीयक क्षेत्र
C. तृतीयक क्षेत्र D. सार्वजनिक क्षेत्र

4. बन्द अर्थव्यवस्था (Closed economy) वह अर्थव्यवस्था है, जिसमें–
A. मुद्रापूर्ति पूर्णतः नियंत्रित होती है
B. घाटे की वित्त व्यवस्था होती है
C. केवल निर्यात होता है
D. न तो निर्यात, न ही आयात होता है

5. कपार्ट (CAPART) का मुख्यालय कहाँ स्थित है?
A. नई दिल्ली B. मुंबई
C. कोलकाता D. बेंगलुरु

6. सेल (SAIL) की स्थापना कब की गई थी?
A. 1984 में B. 1974 में
C. 1990 में D. 1964 में

7. निम्नलिखित में से कौन-सा मानव विकास सूचकांक का हिस्सा नहीं है?
A. स्वास्थ्य एवं पोषण
B. प्रतिव्यक्ति आय
C. जन्म के समय जीवन प्रत्याशा
D. सकल नाम निवेश दर

8. राज्य स्तरीय मानव विकास रिपोर्ट जारी करने वाला प्रथम राज्य है–
A. केरल B. मध्य प्रदेश
C. मिजोरम D. तमिलनाडु

9. प्रधानमंत्री जन आरोग्य योजना अधिकृत तौर पर कब प्रारम्भ हुई?
A. 25 सितम्बर, 2018
B. 1 अप्रैल, 2018
C. 15 अगस्त, 2018
D. 2 अक्टूबर, 2018

10. भारत में प्रच्छन्न बेरोजगारी सामान्यतः दिखती है–
A. कृषि क्षेत्र में B. फैक्टरी क्षेत्र में
C. सेवा क्षेत्र में D. इन सभी क्षेत्रों में

11. किसी देश का आर्थिक विकास किस पर निर्भर करता है?
A. प्राकृतिक संसाधन B. पूँजी निर्माण
C. बाजार का आकार D. उपर्युक्त सभी

12. मानव विकास सूचकांक किसने बनाया था?
A. UNCTAD B. ASEAN
C. IBRD D. UNDP

13. तेंदुलकर समिति ने भारत में गरीबी रेखा के नीचे की जनसंख्या का प्रतिशत कितना आकलित किया है?
A. 27.2% B. 37.2%
C. 22.2% D. 32.7%

14. किसी अर्थव्यवस्था में क्षेत्रों को सार्वजनिक और निजी में किस आधार पर वर्गीकृत किया जाता है?
A. कच्ची सामग्रियों का प्रयोग
B. आर्थिक गतिविधियों का स्वरूप
C. उद्यमों का स्वामित्व
D. रोजगार की शर्तें

15. 'ड्रेन का सिद्धान्त' (The Theory of Drain) किसने प्रतिपादित किया था?
A. बाल गंगाधर तिलक B. दादाभाई नौरोजी
C. गोपालकृष्ण गोखले D. गोविन्द राणाडे

16. भारत में राष्ट्रीय आय का आकलन सबसे पहले किसने किया था?
A. महालनोबिस B. दादाभाई नौरोजी
C. वी.के.आर.वी. राव D. सरदार पटेल

17. राष्ट्रीय आय है–
A. बाजार मूल्य पर निबल राष्ट्रीय उत्पाद
B. उत्पादन लागत पर निबल राष्ट्रीय उत्पाद
C. बाजार मूल्य पर निबल देशीय उत्पाद
D. उत्पादन लागत पर निबल देशीय उत्पाद

18. प्रतिव्यक्ति आय निकालने के लिए राष्ट्रीय आय को भाग दिया जाता है–
A. देश की कुल जनसंख्या से
B. कुल कार्यशील जनसंख्या से
C. देश के क्षेत्रफल से
D. प्रयुक्त पूँजी के परिमाण से

19. भारत में राष्ट्रीय आय का आकलन करने के लिए उत्तरदायी सरकारी एजेंसी है–
A. भारतीय सांख्यिकीय संगठन
B. भारतीय रिजर्व बैंक
C. केन्द्रीय सांख्यिकीय संगठन
D. राष्ट्रीय अनुप्रयुक्त अर्थशास्त्र अनुसंधान परिषद्

20. निम्नलिखित में से आर्थिक विकास की बेहतर माप कौन-सी है?
A. सकल घरेलू उत्पाद B. प्रयोज्य आय
C. निबल राष्ट्रीय उत्पाद D. प्रतिव्यक्ति आय

21. मूल्यह्रास किसके बराबर होता है?
A. सकल राष्ट्रीय उत्पाद – निबल राष्ट्रीय उत्पादन
B. निबल राष्ट्रीय उत्पादन – सकल राष्ट्रीय उत्पादन
C. सकल राष्ट्रीय उत्पाद – वैयक्तिक आय
D. वैयक्तिक आय – वैयक्तिक कर

22. निम्नलिखित में से कौन-सी राष्ट्रीय आय के मापन की विधि नहीं है?
A. मूल्य वर्द्धित विधि B. आय विधि
C. निवेश विधि D. व्यय विधि

23. राष्ट्रीय आय निकालने के लिए NNP में से किसे घटाया जाता है?
A. अप्रत्यक्ष कर B. पूँजी उपभोग छूट
C. इमदाद (Subsidy) D. ब्याज

24. GNP और NNP निकालने के लिए निम्न में से किसे घटाया जाता है?
A. ह्रास B. ब्याज
C. कर D. इमदाद

25. प्रतिव्यक्ति आय–
A. $\frac{\text{निबल राष्ट्रीय उत्पाद}}{\text{कुल जनसंख्या}}$ B. $\frac{\text{कुल जनसंख्या}}{\text{राष्ट्रीय आय}}$
C. $\frac{\text{सकल राष्ट्रीय उत्पाद}}{\text{कुल जनसंख्या}}$ D. $\frac{\text{राष्ट्रीय आय}}{\text{कुल जनसंख्या}}$

26. किसी देश का निबल राष्ट्रीय उत्पाद (NNP) होती है–
A. सकल घरेलू उत्पाद में मूल्य ह्रास भत्ते घटाकर
B. सकल घरेलू उत्पाद में विदेशों से निबल आय जोड़कर
C. सकल घरेलू उत्पाद में विदेशों से निबल आय घटाकर
D. सकल राष्ट्रीय उत्पाद में मूल्य ह्रास भत्ते घटाकर

27. निम्न में से किस क्षेत्र से भारत में सकल घरेलू उत्पाद (GDP) का सबसे बड़ा भाग प्राप्त होता है?
A. कृषि तथा संबंधित क्षेत्रों से
B. रक्षा तथा लोक प्रशासन से
C. सेवा क्षेत्र से
D. विनिर्माण, निर्माण, बिजली तथा गैस से

28. आय विधि से राष्ट्रीय आय का आकलन करते समय निम्नलिखित में से किसको शामिल नहीं किया जाता है?
A. किराया B. मिश्रित आय
C. पेंशन D. अवितरित आय

29. सकल घरेलू उत्पाद इसका मुद्रा मूल्य है–
A. वस्तुओं और सेवाओं के स्टॉक का
B. एक वर्ष में उत्पादित सभी अंतिम वस्तुओं और सेवाओं का
C. केवल बाजार के लिए उत्पादित वस्तुओं का
D. बाजार के लिए और अपने उपयोग के लिए उत्पादित वस्तुओं का

30. व्यय विधि के माध्यम से GNP की गणना में क्या शामिल नहीं किया जाता?
A. सकल घरेलू निजी निवेश
B. निबल विदेशी निवेश
C. मूल्यह्रास व्यय
D. निजी उपभोग व्यय

31. सॉफ्ट करेन्सी से तात्पर्य है–
A. वह मुद्रा जिसकी आपूर्ति मांग की अपेक्षा अधिक हो
B. वह मुद्रा जिसकी आपूर्ति मांग की अपेक्षा कम हो
C. वह मुद्रा जिसकी मांग और आपूर्ति दोनों स्थिर हो
D. उपर्युक्त में से कोई नहीं

32. बाजार के नियम के प्रस्तुतकर्ता थे–
A. जे.बी. से B. रिकार्डो
C. ए.सी. पिगाओ D. माल्थस

33. निम्नलिखित में वह वर्ग कौन है, जिसको मुद्रास्फीति के कारण सबसे अधिक हानि होती है?
A. देनदार
B. लेनदार
C. व्यापारी वर्ग
D. वास्तविक परिसम्पत्तियों के धारक

34. भारत में मुद्रास्फीति मापी जाती है–
A. थोक मूल्य सूचकांक द्वारा
B. शहरी और कामगारों के लिए उपभोक्ता मूल्य सूचकांक द्वारा
C. कृषि श्रमिकों के लिए उपभोक्ता मूल्य सूचकांक द्वारा
D. राष्ट्रीय आय अवस्फीति द्वारा

35. गिल्ट एज्ड बाजार किससे सम्बन्धित है?
A. कटे-फटे पुराने करेंसी नोट
B. सोना-चाँदी/सर्राफा
C. सरकारी प्रतिभूतियाँ
D. निगम ऋण-पत्र

36. भारतीय रिजर्व बैंक है–
A. वाणिज्यिक बैंक B. केन्द्रीय बैंक
C. सहकारी बैंक D. अग्रणी बैंक

37. आर.बी.आई. का मुख्यालय कहाँ पर स्थित है?
A. दिल्ली B. कोलकाता
C. मुम्बई D. चेन्नई

38. बैंक की नई शाखाएँ खोलने के लाइसेंस किसके द्वारा दिये जाते हैं?
A. वित्त मंत्रालय B. भारतीय बैंक संघ
C. आर.बी.आई. D. राज्यस्तरीय बैंकर समिति

39. भारतीय मुद्रा को पूर्ण परिवर्तनीय बनाया गया–
A. 1992-93 के केन्द्रीय बजट में
B. 1993-94 के केन्द्रीय बजट में
C. 1994-95 के केन्द्रीय बजट में
D. 1995-96 के केन्द्रीय बजट में

40. निम्नलिखित में से कौन मुद्रास्फीति के नियंत्रण की विधि नहीं है?
A. माँग पर नियंत्रण B. मुद्रा की पूर्ति पर नियंत्रण
C. ब्याज दर में कमी D. वस्तुओं की राशनिंग

41. मुद्रास्फीति से बाजार की वस्तुएँ–
A. सस्ती हो जाती हैं B. महँगी हो जाती हैं
C. बिल्कुल नहीं मिलती हैं D. प्रचुरता से मिलती हैं

42. भारतीय रिजर्व बैंक का लेखा वर्ष होता है–
A. अप्रैल-मार्च B. जुलाई-जून
C. अक्टूबर-सितम्बर D. जनवरी-दिसम्बर

43. दुर्गापुर इस्पात संयंत्र किसके सहयोग से बनाया गया था?
A. फ्रांस B. ब्रिटेन
C. अमेरिका D. जापान

44. निम्नलिखित में से एक भारतीय मौद्रिक नीति के बारे में निर्णय लेता है–
A. भारत के वित्त मंत्री B. भारतीय रिजर्व बैंक
C. भारत के प्रधानमंत्री D. अन्तर्राष्ट्रीय मौद्रिक कोष

45. बैंक नोट प्रेस कहाँ स्थित है?
A. नासिक B. देवास
C. नोएडा D. मुम्बई

46. भारत का सबसे बड़ा व्यावसायिक बैंक है–
A. पंजाब नेशनल बैंक B. आईसीआईसीआई बैंक
C. भारतीय स्टेट बैंक D. एचडीएफसी बैंक

47. भारत में सबसे अधिक ईंधन रिजर्व किसका है?
A. तेल B. गैस
C. कोयला D. जल

48. विश्व में आम तथा केले के उत्पादन में किस देश का प्रथम स्थान है?
A. भारत

B. अमेरिका
C. सिंगापुर
D. मलेशिया

49. राष्ट्रीय कृषि एवं ग्रामीण विकास बैंक की स्थापना किस पंचवर्षीय योजनावधि में की गई थी?
A. चौथी पंचवर्षीय योजना B. पाँचवीं पंचवर्षीय योजना
C. छठी पंचवर्षीय योजना D. सातवीं पंचवर्षीय योजना

50. राष्ट्रीय आवास बैंक किसका नियंत्रित उपक्रम है?
A. भारतीय रिजर्व बैंक
B. नाबार्ड
C. भारतीय यूनिट ट्रस्ट
D. भारतीय जीवन बीमा निगम

51. भारतीय लघु उद्योग विकास बैंक (SIDBI) का मुख्यालय कहाँ है?
A. लखनऊ B. मुम्बई
C. दिल्ली D. कोलकाता

52. केन्द्र सरकार द्वारा लाँच की गई प्रधानमंत्री वय वंदना योजना किससे संबंधित योजना है?
A. बैंकिंग B. पेंशन
C. बीमा D. दूरसंचार

53. भारतीय यूनिट ट्रस्ट (U.T.I.) की स्थापना किस वर्ष की गई?
A. 1961 में B. 1962 में
C. 1963 में D. 1964 में

54. भारत की सबसे बड़ी म्यूचुअल फण्ड संस्था है–
A. L.I.C. B. U.T.I.
C. Reliance D. S.B.I.

55. भारतीय जीवन बीमा निगम (L.I.C.) की स्थापना किस वर्ष की गई?
A. 1949 में B. 1956 में
C. 1952 में D. 1964 में

56. भारत में सर्वप्रथम म्यूचुअल फंड किसने प्रारंभ किया?
A. G.I.C. B. Tata Capital
C. U.T.I. D. L.I.C.

57. बीमा नियामक एवं विकास प्राधिकरण (I.R.D.A.) का मुख्यालय कहाँ हैं?
A. नई दिल्ली B. मुम्बई
C. हैदराबाद D. कोलकाता

58. आर.एन. मल्होत्रा समिति किस क्षेत्र में सुधारों से सम्बन्धित थी?
A. कर सुधार B. बीमार उद्योग
C. बीमा क्षेत्र D. चीनी उद्योग

59. भारत में प्रतिभूति बाजार का नियमन करने वाली संस्था कौन है?
A. सेबी B. इरडा
C. भारतीय रिजर्व बैंक D. एन.एस.ई.

60. भारतीय प्रतिभूति एवं विनिमय बोर्ड की स्थापना कब की गई?
A. 1988 में B. 1992 में
C. 1982 में D. 1984 में

61. 'बोवेस्पा' किस देश का स्टॉक एक्सचेंज है?
A. ब्राजील B. इटली
C. चीन D. जापान

62. भारत का सबसे पुराना स्टॉक एक्सचेंज कौन-सा है?
A. नेशनल स्टॉक एक्सचेंज
B. अहमदाबाद स्टॉक एक्सचेंज
C. बॉम्बे स्टॉक एक्सचेंज
D. दिल्ली स्टॉक एक्सचेंज

63. बॉम्बे स्टॉक एक्सचेंज का सूचकांक है–
A. सीएनएक्स निफ्टी B. सेन्सेक्स
C. DOLEX D. नैस्डैक

64. सी.एन.एक्स. निफ्टी किस स्टॉक एक्सचेंज का संवेदी सूचकांक है?
A. बॉम्बे स्टॉक एक्सचेंज
B. नेशनल स्टॉक एक्सचेंज
C. दिल्ली स्टॉक एक्सचेंज
D. अहमदाबाद स्टॉक एक्सचेंज

65. क्रिसिल (CRISIL) है
A. बैंक B. बीमा कम्पनी
C. डिपॉजिटरी D. क्रेडिट रेटिंग

66. 'ऑपरेशन फ्लड' कार्यक्रम का प्रारंभ कब हुआ था?
A. 1951 में B. 1975 में
C. 1970 में D. 1985 में

67. सस्ती मुद्रा का अर्थ है–
A. ब्याज की कम दर B. बचत का निम्न स्तर
C. आय का निम्न स्तर D. निम्न जीवन स्तर

68. भारतीय रिजर्व बैंक की खुला बाजार कार्यवाही का अर्थ है, क्रय और विक्रय–
A. वाणिज्यिक बिलों का B. विदेशी मुद्रा का
C. स्वर्ण का D. सरकारी बॉण्डों का

69. मुद्रा के अवमूल्यन के फलस्वरूप होता है–
A. निर्यात व्यापार का प्रसार
B. आयात व्यापार का संकुचन

C. आयात स्थानापत्ति का प्रसार
D. उपर्युक्त सभी

70. भारतीय रिजर्व बैंक का राष्ट्रीयकरण किया गया था?
A. 1947 में B. 1948 में
C. 1949 में D. 1951 में

71. भारत में कागजी नोट मुद्रा को जारी करने का पूर्ण अधिकार किसके पास है?
A. भारत सरकार B. वित्त आयोग
C. रिजर्व बैंक D. सेन्ट्रल बैंक ऑफ इंडिया

72. भारत में पहला ऋण वसूली न्यायाधिकरण किस शहर में स्थापित किया गया था?
A. दिल्ली B. जयपुर
C. कोलकाता D. बैंगलुरु

73. आई.एम.एफ. (IMF) के अनुसार हर सदस्य को अपनी वैध मुद्रा का सममूल्य घोषित करना होता है अमेरिकी डॉलर के रूप में और–
A. सिल्वर के रूप में
B. स्वर्ण के रूप में
C. पाउण्ड-स्टर्लिंग के रूप में
D. हीरे के रूप में

74. यदि धन (मुद्रा) बहुत अधिक हो और माल अथवा वस्तु बहुत कम हो तो वह स्थिति होती है–
A. अवस्फीति B. मुद्रास्फीति
C. मंदी D. गतिरोध

75. बैंक दर में परिवर्तन से प्रभावित होता है–
A. ब्याज की बाजार दर
B. निवेश के लिए चुनिंदा उद्योग
C. ऋण देने वाले बैंक
D. नकदी आरक्षण अनुपात

76. बैंक दर ब्याज की वह दर है, जिस पर–
A. वाणिज्यिक बैंक जनता से जमा लेते हैं
B. केन्द्रीय बैंक वाणिज्यिक बैंकों को ऋण देते हैं
C. सरकारी ऋण जारी किए जाते हैं
D. वाणिज्यिक बैंक अपने ग्राहकों को ऋण देते हैं

77. जिस विदेशी मुद्रा में शीघ्र देशांतरण की प्रवृत्ति हो, उसे कहते हैं–
A. दुर्लभ मुद्रा B. सुलभ मुद्रा
C. स्वर्ण मुद्रा D. गरम मुद्रा

78. सरकार अर्थोपाय ऋण (Ways and means advances) लेती है–
A. RBI से B. IDBI से
C. SBI से D. ICICI से

79. निम्नलिखित में से किसको वास्तविक मजदूरी (वेतन) का प्रमुख निर्धारक माना जाता है?
A. अतिरिक्त आमदनी B. कार्य की प्रकृति
C. पदोन्नति की संभावना D. मुद्रा की क्रय-शक्ति

80. निम्नलिखित भारतीय बैंकों में से कौन-सा एक राष्ट्रीयकृत बैंक नहीं है?
A. पंजाब नेशनल बैंक B. बैंक ऑफ बड़ौदा
C. फेडरल बैंक D. इंडियन बैंक

81. सहभागित नोट निम्नलिखित में से किस एक से सम्बन्धित है?
A. भारतीय संचित निधि
B. विदेशी संस्थागत निवेशक
C. संयुक्त राष्ट्र विकास कार्यक्रम
D. क्योटो प्रोटोकॉल

82. एमसीएक्स–एसएक्स (MCX-SX) क्या है?
A. एक तरह का सुपर कम्प्यूटर
B. चंद्रमा संबद्ध अन्वेषी का नाम
C. ऑनलाइन स्टॉक एक्सचेंज
D. नाभिकीय शक्तियुक्त पनडुब्बी

83. भारतीय रिजर्व बैंक के द्वारा नकद कोष अनुपात में कमी की जाती है, तो इसका साख सृजन पर प्रभाव होगा–
A. वृद्धि B. कमी
C. कोई प्रभाव नहीं D. कोई अन्य नहीं

84. एक रुपये के नोट पर हस्ताक्षर होते हैं–
A. वित्त मंत्रालय के सचिव के
B. गवर्नर, भारतीय रिजर्व बैंक के
C. वित्त मंत्री के
D. इनमें से किसी के नहीं

85. बैंक दर वह दर है, जिस पर–
A. एक बैंक पब्लिक को उधार देता है
B. RBI पब्लिक को उधार देता है
C. RBI वाणिज्यिक बैंकों को उधार देता है
D. भारत सरकार अन्य देशों को उधार देती है

86. वह कौन-सा बैंक है, जिसने कृषकों के पास पहुँचने के लिए 'किसान क्लब' बनाए हैं?
A. क्षेत्रीय ग्रामीण बैंक B. पंजाब नेशनल बैंक
C. भारतीय स्टेट बैंक D. इलाहाबाद बैंक

87. भारत में रुपए का अवमूल्यन पहली बार जिस वर्ष किया गया था, वह था–
A. 1949 B. 1966
C. 1972 D. 1990

88. नई मुद्रा 'यूरो' किस वर्ष में प्रारंभ की गई?
A. 1996 में B. 1997 में
C. 1998 में D. 1999 में

89. किसी अर्थव्यवस्था में मुद्रा के मूल्य और कीमत स्तर के बीच सम्बन्ध होता है–
A. अनुलोम B. प्रतिलोम
C. समानुपातिक D. स्थिर

90. भारत में सिक्के जारी करने के लिए कौन अधिकृत है?
A. भारतीय रिजर्व बैंक B. वित्त मंत्रालय
C. इण्डियन ओवरसीज बैंक D. भारतीय स्टेट बैंक

91. भारतीय रिजर्व बैंक करेंसी नोट जारी करता है–
A. नियत प्रत्ययी प्रणाली के अंतर्गत
B. अधिकतम प्रत्ययी प्रणाली के अंतर्गत
C. नियत न्यूनतम आरक्षण प्रणाली के अन्तर्गत
D. अनुपाती आरक्षण प्रणाली के अन्तर्गत

92. स्टैगफ्लेशन की स्थिति है–
A. गतिरोध और अवस्फीति की
B. गतिरोध और मंदी की
C. गतिरोध और मुद्रास्फीति की
D. गतिरोध और पुनरूत्थान की

93. किस वर्ष नाबार्ड की स्थापना हुई?
A. 1992 B. 1982
C. 1962 D. 1952

94. मुद्रा आपूर्ति किसके द्वारा नियंत्रित की जाती है?
A. नीति आयोग B. वित्त आयोग
C. आर.बी.आई. D. व्यापारिक बैंक

95. भारत में ग्रामीण अवस्थापना विकास कोष कार्यक्रम को क्रियान्वित करने वाली मुख्य संस्था है–
A. नाबार्ड B. राज्य सहकारी बैंक
C. आर.बी.आई. D. एस.बी.आई.

96. ग्रामीण बैंकों की कार्यकारी समूह की सिफारिशों के फलस्वरूप शुरू में 5 ग्रामीण प्रादेशिक बैंक स्थापित किये गये थे, वर्ष–
A. 1973 में B. 1974 में
C. 1975 में D. 1976 में

97. फेडरल रिजर्व निम्नलिखित में से किस देश का एक वित्तीय संगठन है?
A. यू.एस.ए. B. ब्रिटेन
C. जर्मनी D. ग्रीस

98. भारत में ट्रेजरी बिल बेचे जाते हैं–
A. आर.बी.आई. द्वारा B. राज्य सरकारों द्वारा
C. व्यापारिक बैंकों द्वारा D. सेबी द्वारा

99. निम्नलिखित में कौन माल के आयात हेतु विदेशी विनिमय को स्वीकृति देता है?
A. कोई भी राष्ट्रीयकृत बैंक
B. विनिमय बैंक
C. भारतीय रिजर्व बैंक
D. वित्त मंत्रालय

100. अल्पकालिक सरकारी प्रतिभूति पत्र को क्या कहा जाता है?
A. शेयर B. डिबेंचर
C. म्यूचुअल फंड D. ट्रेजरी बिल

101. भारत में व्यापारिक बैंकों की देनदारी के घटकों में निम्नलिखित में से सबसे महत्वपूर्ण कौन है?
A. सावधि जमा धनराशि B. माँग जमा धनराशि
C. अन्तर बैंक देनदारियाँ D. अन्य उधार

102. मुद्रास्फीति की उच्च दर और बेरोजगारी की उच्च दर की एक साथ उपस्थिति को क्या कहते हैं?
A. गतिरोध B. स्टैग्फ्लेशन
C. चलस्फीति D. अवस्फीति

103. दुर्लभ मुद्रा किसे कहते हैं?
A. ऐसी मुद्रा जो ऋण के बदले चुकायी जाती है
B. ऐसी मुद्रा जो सोने के रूप में हो
C. ऐसी मुद्रा जो आसानी से सुलभ हो
D. ऐसी मुद्रा जो आसानी से सुलभ न हो

104. वाणिज्यिक बैंकों द्वारा भारतीय रिजर्व बैंक के पास रखे हुए सांविधिक न्यूनतम से अधिक रिजर्व कहलाते हैं–
A. नकदी रिजर्व B. जमा रिजर्व
C. बेसिक रिजर्व D. क्षणिक रिजर्व

105. किसी अर्थव्यवस्था में निम्न में से कौन-सा ऐसा कार्य है, जो केन्द्रीय बैंक के कार्यों में शामिल नहीं है?
A. विदेशी मुद्रा विनिमय का कार्य
B. मौद्रिक नीति पर नियंत्रण
C. सरकारी खर्च पर नियंत्रण
D. बैंकर का बैंक के रूप में कार्य

106. निम्नलिखित में से कौन-सी मुद्रा/मुद्राएँ कृत्रिम समझी जाती है?
A. ADR B. GDR
C. SDR D. AAR व SCR दोनों

107. भारत में सभी राष्ट्रीयकृत बैंकों में बचत खातों पर दी जाने वाली ब्याज दर किसके द्वारा निर्धारित की जाती है?
A. केन्द्रीय वित्त मंत्रालय B. केन्द्रीय वित्त आयोग
C. भारतीय बैंक संघ D. इनमें से कोई नहीं

108. आर्थिक विकास सामान्यतः युग्मित होता है–
A. अवस्फीति के साथ B. स्फीति के साथ
C. स्टैगफ्लेशन के साथ D. अतिस्फीति के साथ

109. भारतीय रिजर्व बैंक की बैंक दर कम करने के फलस्वरूप–
A. बाजार की तरलता बढ़ जाती है
B. बाजार की तरलता घट जाती है
C. बाजार की तरलता पर कोई प्रभाव नहीं पड़ता है
D. वाणिज्यिक बैंक अधिक जमा पूँजी संगृहीत कर लेते हैं

110. निम्नलिखित में से कौन-सी वाणिज्यिक शब्दावली उस क्रियाविधि को इंगित करती है जिसके माध्यम से वाणिज्यिक बैंक सरकार को उधार देता है?
A. नकदी रिजर्व अनुपात (CRR)
B. ऋण सेवा दायित्व (DSO)
C. तरलता समायोजन सुविधा
D. सांविधिक तरलता अनुपात (SLR)

111. जब भारतीय रिजर्व बैंक नकदी रिजर्व अनुपात (CRR) में वृद्धि की घोषणा करता है, तो उसका तात्पर्य क्या है?
A. वाणिज्यिक बैंकों के पास उधार देने के लिए कम मुद्रा होगी
B. भारतीय रिजर्व बैंक के पास उधार देने के लिए मुद्रा होगी
C. केन्द्र सरकार के पास उधार देने के लिए कम मुद्रा होगी
D. वाणिज्यिक बैंकों के पास उधार देने के लिए अपेक्षाकृत अधिक मुद्रा होगी

112. इनसाइडर ट्रेडिंग सम्बन्धित है–
A. सार्वजनिक व्यय से B. करारोपण से
C. शेयर बाजार से D. हवाला से

113. निम्नलिखित में से कौन-सा वैकल्पिक धन का उदाहरण है?
A. करेंसी नोट B. सिक्के
C. चेक D. बॉण्ड

114. भारत में निम्नलिखित में से कौन-सा वायदा बाजार आयोग द्वारा विनियमित होता है?
A. मुद्रा फ्यूचर्स व्यापार
B. जिंस फ्यूचर्स व्यापार
C. इक्विटी फ्यूचर्स व्यापार
D. जिंस फ्यूचर्स एवं इक्विटी फ्यूचर्स व्यापार दोनों

115. सेंट्रल बैंक (केन्द्रीय बैंक) के परिमाणात्मक उधार नियंत्रण उपाय में निम्नलिखित में से क्या शामिल नहीं है?
A. बैंक दर नीति B. खुला बाजार प्रचलन
C. नकदी रिजर्व अनुपात D. नैतिक दबाव

116. सरकारी विमानन कंपनी एयर इंडिया का निम्नलिखित में से किसके द्वारा अधिग्रहण कर लिया गया है?
A. रिलायंस B. टाटा
C. गोयनका D. भारती

117. भारत में वर्तमान मुद्रा प्रणाली का प्रबंधकर्ता है–
A. केन्द्रीय वित्त मंत्रालय B. भारतीय रिजर्व बैंक
C. राष्ट्रीयकृत बैंक D. सेबी

118. निम्नलिखित में से कौन-सी समिति बैंकिंग क्षेत्र में सुधारों से सम्बन्धित है?
A. एल.सी. गुप्ता B. नरसिम्हन
C. चक्रवर्ती D. केलकर

119. भारत में मौद्रिक नीति किसके द्वारा बनायी और लागू की जाती है?
A. केन्द्र सरकार
B. एसोचैम
C. भारतीय रिजर्व बैंक
D. फिक्की

120. केन्द्र सरकार का पहला डिजिटल बजट किस वर्ष लोकसभा में पेश किया गया?
A. 2019–20 B. 2020–21
C. 2021–22 D. 2022–23

121. भारत में विदेशी विनिमय संचय का रख-रखाव किसके द्वारा किया जाता है?
A. भारतीय रिजर्व बैंक
B. भारतीय स्टेट बैंक
C. वित्त मंत्रालय, भारत सरकार द्वारा
D. भारतीय आयात-निर्यात बैंक द्वारा

122. निम्नलिखित में से कौन-सी संस्था भारत में कृषि एवं ग्रामीण विकास के लिए ऋण से सम्बन्धित कार्य करती है?
A. IDBI B. NABARD
C. SIDBI D. ICICI

123. निम्नलिखित में से किस पद का सम्बन्ध RBI के कार्य से नहीं है?
A. खुला बाजार परिचालन
B. आरक्षित नकदी निधि अनुपात
C. SENSEX
D. चलनिधि समायोजन सुविधा

124. बैंकों की निम्नलिखित में से कौन-सी सेवा/उत्पाद विशेषतः छात्रों की सहायता के लिए तैयार किया गया है?
A. वैयक्तिक ऋण B. कॉर्पोरेट ऋण
C. शिक्षा ऋण D. कारोबार ऋण

125. भारत में बैंकों का पहली बार राष्ट्रीयकरण कब हुआ था?
A. 1950 में B. 1960 में
C. 1969 में D. 1979 में

126. विशेष आर्थिक क्षेत्र की अवधारणा सबसे पहले कहाँ शुरू की गई थी?
A. चीन में B. भारत में
C. जापान में D. पाकिस्तान में

127. भारत में वस्तुओं को पेटेंट कितने वर्षों की अवधि के लिए जारी किया जाता है
A. 10 B. 15
C. 20 D. 25

128. देश में जीएसटी का प्रावधान किस संविधान संशोधन अधिनियम के तहत किया गया है?
A. 115 वाँ B. 122 वाँ
C. 101 वाँ D. 123 वाँ

129. केन्द्र सरकार की नई 'स्टैण्ड अप इंडिया' योजना निम्नलिखित में से किस वर्ग के लाभार्थ है?
A. अनु. जाति B. अनु. जनजाति
C. महिलाएं D. इनमें से सभी के

130. निम्नलिखित में से कौन-सा स्टील संयंत्र भारत में 1965 में प. जर्मनी के सहयोग से शुरू हुआ था?
A. जमशेदपुर टाटा स्टील संयंत्र
B. राउरकेला स्टील संयंत्र
C. दुर्गापुर स्टील संयंत्र
D. बोकारो स्टील संयंत्र

131. एग्मार्क किसके मानक की गारंटी है?
A. गुणवत्ता B. मात्रा
C. वजन D. आकार

132. भारत में थोक मूल्य सूचकांक का आधार वर्ष अब क्या है?
A. 2004-05 B. 2011-12
C. 2009-10 D. 2010-11

133. भारत में रासायनिक उर्वरकों के दो बड़े उपभोक्ता हैं–
A. आंध्र प्रदेश एवं महाराष्ट्र
B. पंजाब एवं हरियाणा
C. पंजाब एवं उत्तर प्रदेश
D. उत्तर प्रदेश एवं आंध्र प्रदेश

134. शर्करा फैक्ट्रियों की अधिकतम संख्या कहाँ पर है?
A. उत्तर प्रदेश B. बिहार
C. तमिलनाडु D. असम

135. भारत में पूँजी प्रधान उद्योग का सर्वोत्तम उदाहरण है–
A. वस्त्र उद्योग
B. इस्पात उद्योग
C. पर्यटन उद्योग
D. खेलकूद के सामान का उद्योग

136. बहुराष्ट्रीय कंपनी से क्या तात्पर्य है?
A. ऐसा व्यक्ति जो कई देशों में जा चुका हो
B. ऐसी कंपनी जो कई देशों में अपना कार्य संचालन करती है
C. ऐसा व्यक्ति जिसके पास कई देशों की नागरिकता है
D. विकासशील देशों की सहायता के लिए स्थापित संगठन

137. निम्नलिखित में से कौन-सा भारत में संयुक्त क्षेत्र उद्यम का उदाहरण है?
A. मारूति उद्योग लिमिटेड
B. इण्डियन ऑयल कॉर्पोरेशन
C. हिन्दुस्तान एन्टिबायोटिक्स लि.
D. भारत एल्युमीनियम लि.

138. निम्नलिखित में से कौन-सी एक भारत की सबसे बड़ी सॉफ्टवेयर कंपनी है?
A. इन्फोसिस B. टी.सी.एस.
C. विप्रो D. एच.सी.एल. टेक

139. इस समय भारत का सबसे बड़ा तेलशोधक कारखाना निम्न में से कौन-सा है?
A. रिलायंस, जामनगर रिफाइनरी
B. IOC, मथुरा
C. HPCL, विशाखापत्तनम
D. BPCL, मुम्बई

140. भारत के किस राज्य को 'चीनी का कटोरा' कहा जाता है?
A. उत्तर प्रदेश B. पंजाब
C. आंध्र प्रदेश D. बिहार

141. भारत में मिल निर्मित कपड़े का सर्वाधिक उत्पादन प्राप्त होता है–
A. मध्य प्रदेश से B. गुजरात से
C. महाराष्ट्र से D. पंजाब से

142. नवरत्न स्टेटस सम्बन्धित है–
A. संयुक्त उद्यम कंपनी से B. निजी कंपनी से
C. सार्वजनिक कंपनी से D. पावर सेक्टर कम्पनी से

143. भारत निर्माण योजना का सम्बन्ध है–
A. अवस्थापन विकास से
B. खाद्यान्न उत्पादन आत्मनिर्भरता से
C. परिवार कल्याण कार्यक्रम से
D. उपर्युक्त में से कोई नहीं

144. निम्नलिखित में से किसकी दृष्टि से भारतीय अर्थव्यवस्था में कुटीर तथा लघु उद्योग आवश्यक है?
A. आय सृजन B. बड़े पैमाने पर उत्पादन
C. अल्प लागत प्रौद्योगिकी D. रोजगार सृजन

145. निम्नलिखित में से उत्पादन का सर्वाधिक गतिशील कारक कौन-सा है?

A. भूमि B. श्रम

C. पूँजी D. संगठन

146. 1 अप्रैल, 2018 को भारत में परिचालित पेमेंट्स बैंकों की संख्या कितनी थी?

A. 4 B. 5

C. 6 D. 7

147. विश्व बैंक से आशय है–

A. IBRD

B. IBRD & IDA

C. IBRD, IDA, IFC & MIGA

D. IBRD, IDA, IFC, MIGA & ICSID

148. भारत में श्वेत क्रांति के जनक माने जाते हैं–

A. डॉ. वी. कुरियन B. श्री एस.एच. राव

C. श्री एस.के. भारद्वाज D. श्री मोरारजी देसाई

149. भारत में हरित क्रांति का जनक किसे माना जाता है?

A. नॉर्मन अर्नेस्ट बॉरलोग B. एम.एस. स्वामीनाथन

C. जे.एस. थॉमसन D. इनमें से कोई नहीं

150. ऑपरेशन फ्लड किस कार्य से सम्बन्धित है?

A. दुग्ध उत्पादन B. गेहूँ उत्पादन

C. बाढ़ नियंत्रण D. जल संचयन

उत्तरमाला

1	2	3	4	5	6	7	8	9	10
D	C	C	D	A	B	A	B	A	A
11	**12**	**13**	**14**	**15**	**16**	**17**	**18**	**19**	**20**
D	D	B	C	B	B	B	A	C	D
21	**22**	**23**	**24**	**25**	**26**	**27**	**28**	**29**	**30**
A	C	A	A	C	D	C	D	B	C
31	**32**	**33**	**34**	**35**	**36**	**37**	**38**	**39**	**40**
A	A	B	A	B	B	C	C	B	C
41	**42**	**43**	**44**	**45**	**46**	**47**	**48**	**49**	**50**
B	B	B	B	B	C	C	A	C	A
51	**52**	**53**	**54**	**55**	**56**	**57**	**58**	**59**	**60**
A	B	D	B	B	C	C	C	A	A
61	**62**	**63**	**64**	**65**	**66**	**67**	**68**	**69**	**70**
A	C	B	B	B	C	A	D	D	C
71	**72**	**73**	**74**	**75**	**76**	**77**	**78**	**79**	**80**
C	C	C	B	A	B	D	A	D	C
81	**82**	**83**	**84**	**85**	**86**	**87**	**88**	**89**	**90**
B	C	A	A	C	A	A	D	B	B
91	**92**	**93**	**94**	**95**	**96**	**97**	**98**	**99**	**100**
C	C	B	C	A	C	A	A	C	D
101	**102**	**103**	**104**	**105**	**106**	**107**	**108**	**109**	**110**
A	B	D	A	C	C	D	B	A	D
111	**112**	**113**	**114**	**115**	**116**	**117**	**118**	**119**	**120**
A	C	C	B	D	B	B	B	C	C
121	**122**	**123**	**124**	**125**	**126**	**127**	**128**	**129**	**130**
A	B	A	C	C	A	C	C	D	B
131	**132**	**133**	**134**	**135**	**136**	**137**	**138**	**139**	**140**
A	B	B	A	B	B	A	B	A	A
141	**142**	**143**	**144**	**145**	**146**	**147**	**148**	**149**	**150**
B	C	A	D	C	C	D	A	B	A

☆☆☆☆☆☆

भारतीय राजव्यवस्था

भारत का संविधान

- संविधान का निर्माण भारतीय जनता द्वारा चुने गए प्रतिनिधियों की संविधान सभा द्वारा किया गया।
- संविधान सभा का प्रथम अधिवेशन 9 दिसम्बर, 1946 को दिल्ली में हुआ जिसकी अध्यक्षता डॉ. सच्चिदानंद सिन्हा ने की थी।
- 11 दिसम्बर, 1946 को डॉ. राजेन्द्र प्रसाद को संविधान सभा का स्थायी अध्यक्ष नियुक्त किया गया।
- डॉ. भीमराव अम्बेडकर की अध्यक्षता में सात सदस्यों वाली प्रारूप समिति ने संविधान का अन्तिम रूप से निर्माण किया।
- 26 नवम्बर, 1949 को संविधान अंगीकृत किया गया तथा 26 जनवरी, 1950 से इसे सम्पूर्ण भारत में लागू किया गया। इसी कारण 26 जनवरी को गणतंत्र दिवस मनाया जाता है।
- 26 नवम्बर, 1949 को पारित भारतीय संविधान में 22 भाग, 395 अनुच्छेद तथा 8 अनुसूचियां थी।
- भारतीय संविधान का लगभग दो-तिहाई भाग 'भारत शासन अधिनियम 1935' से लिया गया था।
- संविधान की प्रस्तावना को संविधान की कुंजी कहा जाता है।
- संविधान के 42वें संशोधन अधिनियम 1976 के द्वारा इसमें 'पन्थ निरपेक्ष' तथा 'समाजवादी' एवं 'अखंडता' शब्द जोड़े गए।
- भारतीय संविधान के निर्माण में विभिन्न देशों के संविधान से उनके महत्वपूर्ण तत्व समावेशित किए गए थे।

भारतीय संविधान में विदेशी तत्व

राष्ट्र	विविध स्रोत
• संयुक्त राज्य अमेरिका	मौलिक अधिकार, न्यायिक पुनर्विलोकन, संविधान की सर्वोच्चता, न्यायपालिका की स्वतंत्रता, निर्वाचित राष्ट्रपति एवं उस पर महाभियोग, उपराष्ट्रपति का पद, उच्चतम एवं उच्च न्यायालयों के न्यायाधीशों को हटाने की विधि एवं वित्तीय आपात।
• ब्रिटेन	संसदीय शासन प्रणाली; एकल नागरिकता व विधि निर्माण प्रक्रिया।
• आयरलैंड	नीति निर्देशक तत्व, राष्ट्रपति के निर्वाचक मंडल की व्यवस्था, आपातकालीन उपबंध।
• ऑस्ट्रेलिया	प्रस्तावना की भाषा, समवर्ती सूची का प्रावधान, केन्द्र व राज्यों के बीच संबंध तथा शक्तियों का विभाजन।
• सोवियत संघ (रूस)	मौलिक कर्त्तव्य।
• जापान	विधि द्वारा स्थापित प्रक्रिया।
• फ्रांस	गणतंत्रात्मक शासन पद्धति।
• कनाडा	संघात्मक शासन व्यवस्था एवं अवशिष्ट शक्तियों का केन्द्र के पास होना।
• द. अफ्रीका	संविधान संशोधन की प्रक्रिया का प्रावधान।
• जर्मनी	आपातकाल के प्रवर्तन के दौरान राष्ट्रपति को मौलिक अधिकारों से संबंधित शक्तियां।

भारतीय संविधान की अनुसूचियाँ

- **पहली अनुसूचीः** इसमें भारतीय संघ के घटक राज्यों (28 राज्यों) एवं संघ शासित क्षेत्रों (8) का उल्लेख है।
- **दूसरी अनुसूचीः** इसमें भारतीय राजव्यवस्था के विभिन्न पदाधिकारियों को प्राप्त होने वाले वेतन, भत्ते और पेन्शन आदि का उल्लेख है।
- **तीसरी अनुसूचीः** इसमें विभिन्न पदाधिकारियों द्वारा पद-ग्रहण के समय लिये जाने वाले शपथ का उल्लेख है।

1674 (Gen. Aware.)–10

- **चौथी अनुसूचीः** इसमें विभिन्न राज्यों तथा संघीय क्षेत्रों की राज्य सभा में प्रतिनिधित्व का विवरण दिया गया है।
- **पाँचवीं अनुसूचीः** इसमें विभिन्न अनुसूचित क्षेत्रों और अनुसूचित जनजाति के प्रशासन और नियंत्रण के बारे में उल्लेख है।
- **छठी अनुसूचीः** इसमें असम, मेघालय, त्रिपुरा और मिजोरम राज्यों के जनजाति क्षेत्रों के प्रशासन का प्रावधान है।
- **सातवीं अनुसूचीः** इसमें केन्द्र और राज्यों के बीच शक्तियों के बँटवारे के बारे में उल्लेख है। इसके अन्तर्गत तीन सूचियाँ हैं–संघ सूची, राज्य सूची और समवर्ती सूची। संघ सूची में 97, राज्य सूची में 66 तथा समवर्ती सूची में 47 विषय हैं।
- **आठवीं अनुसूचीः** इसमें भारत की 22 भाषाओं का उल्लेख है।
- **नौवीं अनुसूचीः** संविधान में यह अनुसूची प्रथम संविधान संशोधन अधिनियम, 1951 द्वारा जोड़ी गई। इसके अन्तर्गत राज्य द्वारा सम्पत्ति के अधिग्रहण की विधियों का उल्लेख है।
- **दसवीं अनुसूचीः** यह संविधान में 52वें संशोधन (1985), द्वारा जोड़ी गई। इसमें दल-बदल से सम्बन्धित प्रावधानों का उल्लेख है।
- **ग्यारहवीं अनुसूचीः** यह अनुसूची 73वें संवैधानिक संशोधन (1993) द्वारा जोड़ी गई। इसमें पंचायती राज संस्थाओं को कार्य करने के लिए 29 विषय प्रदान किए गए हैं।
- **बारहवीं अनुसूचीः** यह अनुसूची 74वें संवैधानिक संशोधन (1993) द्वारा जोड़ी गई। इसमें शहरी क्षेत्र की स्थानीय स्वशासन संस्थाओं को कार्य करने के लिए 18 विषय दिए गए हैं।

भारतीय संविधान के कुछ महत्वपूर्ण अनुच्छेद

अनुच्छेद	प्रावधान
अनुच्छेद 1	संघ का नाम और उसका राज्य क्षेत्र
अनुच्छेद 2	नये राज्यों का प्रवेश व स्थापना
अनुच्छेद 3	नये राज्यों का निर्माण और वर्तमान राज्यों के क्षेत्रों, सीमाओं और नामों में परिवर्तन
अनुच्छेद 5-11	नागरिकता के प्रावधान
अनुच्छेद 12-35	मौलिक अधिकारों का प्रावधान
अनुच्छेद 36-51	राज्य के नीति-निदेशक तत्व
अनुच्छेद 51(क)	मौलिक कर्त्तव्य
अनुच्छेद 52-73	भारत के राष्ट्रपति एवं उपराष्ट्रपति
अनुच्छेद 74-75	मंत्रिपरिषद् की व्यवस्था एवं उसके कार्य
अनुच्छेद 76	भारत का महान्यायवादी
अनुच्छेद 79	संसद का गठन
अनुच्छेद 80	राज्य सभा की संरचना
अनुच्छेद 81	लोक सभा की संरचना
अनुच्छेद 89	राज्य सभा का सभापति एवं उपसभापति
अनुच्छेद 93	लोक सभा का अध्यक्ष एवं उपाध्यक्ष
अनुच्छेद 108	कुछ दशाओं में दोनों सदनों की संयुक्त बैठक
अनुच्छेद 109	धन विधेयक के सम्बन्ध में विशेष प्रक्रिया
अनुच्छेद 110	धन विधेयक की परिभाषा
अनुच्छेद 112	वार्षिक वित्तीय विवरण
अनुच्छेद 124	उच्चतम न्यायालय की स्थापना और गठन
अनुच्छेद 143	उच्चतम न्यायालय से परामर्श करने की राष्ट्रपति की शक्ति
अनुच्छेद 148	भारत का नियंत्रक महालेखा परीक्षक
अनुच्छेद 149	नियंत्रक एवं महालेखा परीक्षक के कर्त्तव्य और शक्तियाँ
अनुच्छेद 153-162	राज्यपाल की नियुक्ति व अधिकार
अनुच्छेद 163-164	राज्य की मंत्रिपरिषद्
अनुच्छेद 165	राज्य का महाधिवक्ता
अनुच्छेद 168-177	राज्य का विधानमंडल
अनुच्छेद 178-187	राज्य विधानमंडल के अधिकारी
अनुच्छेद 188-193	राज्य विधानमंडल का कार्य संचालन
अनुच्छेद 216	उच्च न्यायालय का गठन
अनुच्छेद 226	कुछ रिट निकालने की उच्च न्यायालय की शक्ति
अनुच्छेद 233	जिला न्यायाधीशों की नियुक्ति
अनुच्छेद 239-241	संघ राज्य क्षेत्र
अनुच्छेद 243-243(ण)	पंचायती राज का गठन व इसके अन्य उपबन्ध
अनुच्छेद 243(त) से 243(य, छ)	नगरपालिकाएँ व इसके अन्य उपबंध

अनुच्छेद	प्रावधान
• अनुच्छेद 248	अवशिष्ट विधायी शक्तियां
• अनुच्छेद 249	राज्य की सूची के विषयों के संबंध में राष्ट्रीय हित में विधि बनाने की संसद की शक्ति
• अनुच्छेद 250	यदि आपात की उद्घोषणा प्रवर्तन में हो तो राज्यसूची के विषय के संबंध में विधि बनाने की संसद की शक्ति
• अनुच्छेद 253	अन्तर्राष्ट्रीय करारों को प्रभावी करने के लिए विधान
• अनुच्छेद 262	अन्तर्राज्यिक नदियों या नदी के जल संबंधी विवादों का न्यायनिर्णयन
• अनुच्छेद 263	अन्तर्राज्य परिषद् के संबंध में उपबंध
• अनुच्छेद 266	भारत और राज्यों की संचित निधियां और लोक लेखा
• अनुच्छेद 267	आकस्मिक निधि
• अनुच्छेद 280	वित्त आयोग का गठन
• अनुच्छेद 300(क)	विधि के प्राधिकार के बिना व्यक्तियों को सम्पत्ति से वंचित न किया जाना
• अनुच्छेद 312	अखिल भारतीय सेवाएं
• अनुच्छेद 315	संघ और राज्यों के लिए लोक सेवा आयोग
• अनुच्छेद 324	भारत का निर्वाचन आयोग
• अनुच्छेद 326	लोक सभा और राज्यों की विधान सभाओं के लिए निर्वाचन में वयस्क मताधिकार का होना
• अनुच्छेद 330	लोक सभा में अनुसूचित जातियों और जनजातियों के लिए स्थानों का आरक्षण
• अनुच्छेद 331	लोक सभा में आंग्ल-भारतीय समुदाय का प्रतिनिधित्व
• अनुच्छेद 332	राज्यों की विधान सभा में अनुसूचित जातियों और अनुसूचित जनजातियों के लिए स्थानों का आरक्षण
• अनुच्छेद 333	राज्य की विधानसभाओं में आंग्ल- भारतीय समुदाय का प्रतिनिधित्व
• अनुच्छेद 343	संघ की भाषा

अनुच्छेद	प्रावधान
• अनुच्छेद 344	राजभाषा के संबंध में आयोग और संसद की समिति
• अनुच्छेद 348	उच्चतम न्यायालय और उच्च न्यायालयों में और अधिनियमों, विधेयकों आदि के लिए प्रयोग की जाने वाली भाषा
• अनुच्छेद 350 (क)	प्राथमिक स्तर पर मातृभाषा में शिक्षा की सुविधाएं
• अनुच्छेद 351	हिन्दी भाषा के विकास के लिए निर्देश
• अनुच्छेद 352	आपात की उद्घोषणा
• अनुच्छेद 356	राज्यों में सांविधिक तंत्र के विफल हो जाने की दशा में उपबंध
• अनुच्छेद 358	आपात के दौरान अनुच्छेद 19 के उपबंधों का निलंबन
• अनुच्छेद 360	वित्तीय आपात के बारे में उपबंध
• अनुच्छेद 368	संविधान का संशोधन करने की संसद की शक्ति और उसके लिए प्रक्रिया

नागरिकता (भाग-2, अनुच्छेद 5 से 11)

- भारत में एकल नागरिकता का प्रावधान किया गया है।
- भारतीय नागरिकता अधिनियम, 1955 के अनुसार निम्नलिखित में से किसी एक आधार पर नागरिकता प्राप्त की जा सकती है–

1. **जन्मजातः** इसके अन्तर्गत 26 जनवरी, 1950 तथा उसके बाद भारत में जन्म लेने वाला व्यक्ति भारत का जन्मजात नागरिक होगा। इस नियम के दो अपवाद हैं– प्रथम, विदेशी राजनयिकों के भारत में जन्मे बच्चे। द्वितीय, शत्रुओं के अधीन भारत के किसी भाग में उत्पन्न बच्चे।
2. **वंशानुगतः** 26 जनवरी, 1950 तथा उसके उपरान्त भारत के बाहर जन्म लेने वाला बच्चा वंशानुक्रम से भारत का ही नागरिक कहलाएगा, यदि उसके जन्म के समय उसका पिता भारत का नागरिक हो।
3. **देशीयकरण द्वाराः** भारत सरकार से देशीयकरण का प्रमाण-पत्र प्राप्त कर भारत की नागरिकता प्राप्त की जा सकती है।
4. **पंजीकरण द्वाराः** पंजीकरण के द्वारा भारत की नागरिकता प्राप्त की जा सकती है।
5. **भूमि विस्तार द्वाराः** राज्य भू-भाग का अगर विस्तार होता है तब उस अधिगृहीत क्षेत्र के निवासियों को भारत की नागरिकता मिल जाती है।

मौलिक अधिकार (भाग-3, अनुच्छेद 12 से 35 तक)

- जब संविधान का प्रवर्तन किया गया, उस समय मूल अधिकारों की संख्या 7 थी। लेकिन 44वें संविधान संशोधन, 1976 के द्वारा सम्पत्ति के मूल अधिकार को समाप्त करके इस अधिकार को विधिक अधिकार बना दिया गया।
- भारतीय नागरिकों को निम्नलिखित छः प्रकार के मौलिक अधिकार प्राप्त हैं–

1. समता का अधिकार

- **अनुच्छेद 14:** विधि के समक्ष समता का अधिकार।
- **अनुच्छेद 15:** धर्म, नस्ल, जाति, लिंग या जन्म-स्थान के आधार पर भेदभाव का निषेध।
- **अनुच्छेद 16:** लोक नियोजन के विषय में अवसर की समता।
- **अनुच्छेद 17:** अस्पृश्यता का अंत।
- **अनुच्छेद 18:** उपाधियों का अंत।

2. स्वतंत्रता का अधिकार

- **अनुच्छेद 19:** संविधान में छः प्रकार की स्वतंत्रता का अधिकार है–
  - *(i)* बोलने की स्वंतत्रता,
  - *(ii)* शांतिपूर्वक बिना हथियारों के एकत्रित होने और सभा करने की स्वतंत्रता,
  - *(iii)* संघ बनाने की स्वतंत्रता,
  - *(iv)* देश के किसी भी क्षेत्र में आवागमन की स्वतंत्रता,
  - *(v)* देश के किसी भी क्षेत्र में निवास करने और बसने की स्वतंत्रता,
  - *(vi)* सम्पत्ति का अधिकार।
- **अनुच्छेद 20:** अपराधों के लिए दोष-सिद्धि के संबंध में संरक्षण।
- **अनुच्छेद 21:** प्राण एवं दैहिक स्वतंत्रता का संरक्षण।
- **अनुच्छेद 21 (क):** राज्य 6 से 14 वर्ष की आयु के समस्त बच्चों को इस ढंग से जैसा कि राज्य, विधि द्वारा अवधारित करें, निःशुल्क तथा अनिवार्य शिक्षा उपलब्ध करेगा। (86वाँ संशोधन-2002 के द्वारा।)
- **अनुच्छेद 22:** कुछ दशाओं में गिरफ्तारी और निरोध में संरक्षण।

3. शोषण के विरूद्ध अधिकार

- **अनुच्छेद 23:** मानव के दुर्व्यापार और बलात् श्रम का प्रतिषेध।
- **अनुच्छेद 24:** बालकों के नियोजन का प्रतिषेध।

4. धार्मिक स्वतंत्रता का अधिकार

- **अनुच्छेद 25:** अंतःकरण की और धर्म के अबाध रूप से मानने, आचरण और प्रचार करने की स्वतंत्रता।
- **अनुच्छेद 26:** धार्मिक कार्यों के प्रबंध की स्वतंत्रता।
- **अनुच्छेद 27:** राज्य किसी भी व्यक्ति को ऐसे कर देने के लिए बाध्य नहीं कर सकता है, जिसकी आय किसी विशेष धर्म अथवा धार्मिक सम्प्रदाय की उन्नति या पोषण में व्यय करने के लिए विशेष रूप से निश्चित कर दी गई है।
- **अनुच्छेद 28:** राज्य-विधि से पूर्णतः पोषित किसी शिक्षा संस्था में कोई धार्मिक शिक्षा नहीं दी जाएगी।

5. संस्कृति एवं शिक्षा संबंधी अधिकार

- **अनुच्छेद 29:** अल्पसंख्यक वर्गों के हितों का संरक्षण।
- **अनुच्छेद 30:** शिक्षा संस्थाओं की स्थापना और प्रशासन करने का अल्पसंख्यक वर्गों को अधिकार।

6. संवैधानिक उपचारों का अधिकारः

- **अनुच्छेद 32:** इसके अन्तर्गत मौलिक अधिकारों को प्रवर्तित कराने के लिए समुचित कार्रवाइयों द्वारा उच्चतम न्यायालय में आवेदन करने का अधिकार प्रदान किया गया है। इस सन्दर्भ में सर्वोच्च न्यायालय को पाँच तरह के रिट (writ) निकालने की शक्ति प्रदान की गयी है। ये रिट निम्नलिखित हैं–
  - *(i)* बन्दी प्रत्यक्षीकरण, *(ii)* परमादेश,
  - *(iii)* प्रतिषेध-लेख, *(iv)* उत्प्रेषण,
  - *(v)* अधिकार पृच्छा-लेख।

राज्य के नीति निदेशक सिद्धांत

(भाग-4, अनुच्छेद 36 से 51 तक)

- नीति निदेशक सिद्धांत राष्ट्र के प्रशासकों के लिए एक आचार संहिता है।
- इसे न्यायालय द्वारा लागू नहीं किया जा सकता अर्थात् इसे वैधानिक शक्ति प्राप्त नहीं है।
- राज्य के नीति निर्देशक सिद्धांत निम्न हैं–
  - **अनुच्छेद 38:** राज्य लोक कल्याण की अभिवृद्धि के लिए सामाजिक व्यवस्था बनायेगा।
  - **अनुच्छेद 39:** राज्य का यह कर्त्तव्य है कि वह समान कार्य के लिए समान वेतन प्रदान करे।
  - **अनुच्छेद 40:** ग्राम पंचायतों का गठन।
  - **अनुच्छेद 41:** कुछ दशाओं में काम, शिक्षा और लोक सहायता पाने का अधिकार।

- **अनुच्छेद 42:** काम की न्याय संगत और मानवोचित दशाओं तथा प्रसूति सहायता का उपबंध।
- **अनुच्छेद 43:** कर्मकारों के लिए निर्वाहन मजदूरी एवं कुटीर उद्योग को प्रोत्साहन।
- **अनुच्छेद 44:** नागरिकों के लिए एक समान सिविल संहिता।
- **अनुच्छेद 45:** बालकों के लिए निःशुल्क और अनिवार्य शिक्षा का उपबन्ध।
- **अनुच्छेद 46:** राज्य की अनुसूचित जातियों, अनुसूचित जनजातियों और अन्य दुर्बल वर्गों की शिक्षा और अर्थ संबंधी हितों की अभिवृद्धि।
- **अनुच्छेद 47:** पोषाहार स्तर और जीवन स्तर को ऊंचा करने तथा लोक स्वास्थ्य का सुधार करने का राज्य कर्त्तव्य।
- **अनुच्छेद 48:** कृषि और पशुपालन का संगठन।
- **अनुच्छेद 48 (क):** पर्यावरण का संरक्षण तथा संवर्धन और वन्य जीवों की रक्षा का प्रयास करेगा।
- **अनुच्छेद 49:** राष्ट्रीय महत्व के संस्मारकों, स्थानों और वस्तुओं का संरक्षण।
- **अनुच्छेद 50:** कार्यपालिका से न्यायपालिका का पृथक्करण।
- **अनुच्छेद 51:** अन्तर्राष्ट्रीय शांति और सुरक्षा की अभिवृद्धि।

मौलिक कर्त्तव्य [भाग-4 (क) में अनुच्छेद 51 (क)]

- मौलिक कर्त्तव्य संविधान के 42वें संशोधन अधिनियम द्वारा अंतःस्थापित किये गये।
- मौलिक कर्त्तव्यों की संख्या 11 है, जो इस प्रकार हैं: प्रत्येक नागरिक का यह कर्त्तव्य होगा कि–

1. संविधान का पालन करे और उसके आदर्शों, संस्थाओं, राष्ट्रध्वज और राष्ट्रगान का आदर करें।
2. स्वतंत्रता के लिए हमारे राष्ट्रीय आन्दोलन को प्रेरित करने वाले उच्च आदर्शों को हृदय में संजोये रखे और उनका पालन करे।
3. भारत की प्रभुता, एकता और अखण्डता की रक्षा करे और उसे अक्षुण्ण रखे।
4. देश की रक्षा करें और आह्वान किये जाने पर राष्ट्र की सेवा करे।
5. भारत के सभी लोगों में समरसता और समान भ्रातृत्व की भावना का निर्माण करे।
6. हमारी सामाजिक संस्कृति की गौरवशाली परंपरा का महत्व समझें और उसका परिरक्षण करे।
7. प्राकृतिक पर्यावरण की रक्षा और उसका संवर्द्धन करे।
8. वैज्ञानिक दृष्टिकोण और ज्ञानार्जन की भावना का विकास करे।
9. सार्वजनिक संपत्ति को सुरक्षित रखें।
10. व्यक्तिगत और सामूहिक गतिविधियों के सभी क्षेत्रों में उत्कर्ष की ओर बढ़ने का सतत् प्रयास करें।
11. 6 से 14 साल तक की आयु के बच्चे के माता-पिता या अभिभावक अपने बच्चे को शिक्षा दिलाने के लिए अवसर उपलब्ध कराने का प्रयास करेंगे।

संघीय कार्यपालिका

- भारत में संसदीय शासन प्रणाली को अपनाया गया है। संसद के अन्तर्गत राष्ट्रपति, राज्य सभा और लोक सभा आते हैं।
- राष्ट्रपति देश का सवैधानिक प्रधान होता है।
- अनुच्छेद 58 के अनुसार कोई व्यक्ति राष्ट्रपति होने योग्य तब होगा, जब वह–

1. भारत का नागरिक हो।
2. 35 वर्ष की आयु पूरी कर चुका हो।
3. लोक सभा का सदस्य निर्वाचित किए जाने योग्य हो।
4. चुनाव के समय लाभ का पद धारण नहीं किया हो।

राष्ट्रपति

- राष्ट्रपति का निर्वाचन एक निर्वाचक मंडल के द्वारा होता है।
- निर्वाचक मंडल में राज्य सभा, लोक सभा और राज्यों की विधानसभाओं में निर्वाचित सदस्य शामिल होते हैं।
- राष्ट्रपति का निर्वाचन समानुपातिक प्रतिनिधित्व प्रणाली और एकल संक्रमणीय मत पद्धति के द्वारा होता है।
- राष्ट्रपति के निर्वाचन से संबंधित विवादों का निपटारा उच्चतम न्यायालय द्वारा किया जाता है।
- राष्ट्रपति का कार्यकाल 5 वर्षों का होता है। अपने पद की समाप्ति के बाद भी वह पद पर तब तक बना रहेगा जब तक उसका उत्तराधिकारी पद ग्रहण नहीं कर लेता है।
- उच्चतम न्यायालय का प्रधान न्यायाधीश राष्ट्रपति को शपथ दिलाता है।
- राष्ट्रपति अपना पदत्याग उपराष्ट्रपति को संबोधित अपने त्यागपत्र के द्वारा कर सकता है।

- राष्ट्रपति द्वारा संविधान के प्रावधानों के उल्लंघन पर संसद में उस पर महाभियोग चलाया जा सकता है।
- **राष्ट्रपति के अधिकार एवं कर्त्तव्यः** राष्ट्रपति संविधान के अधीन निम्नलिखित अधिकारियों एवं आयोगों को नियुक्त करने की शक्ति रखता है–

1. भारत का प्रधानमंत्री
2. संघीय मंत्रिपरिषद् के अन्य मंत्री
3. भारत का महान्यायवादी
4. नियंत्रक एवं महालेखा परीक्षक
5. उच्चतम न्यायालय के न्यायाधीश
6. उच्च न्यायालय के न्यायाधीश
7. राज्यों के राज्यपाल
8. केन्द्रशासित प्रदेशों के प्रशासक
9. भारत के विदेशों में राजदूत एवं उच्चायुक्त
10. जल प्रदाय से संबंधित आयोग
11. वित्त आयोग
12. संघ लोक सेवा आयोग के अध्यक्ष तथा सदस्य
13. राज्यों के समूहों के लिए संयुक्त आयोग
14. मुख्य निर्वाचन आयुक्त तथा निर्वाचन आयोग के अन्य सदस्य
15. अनुसूचित जाति तथा अनुसूचित जनजातियों के लिए विशेष अधिकारी/आयोग
16. अनुसूचित क्षेत्रों के प्रशासन पर प्रतिवेदन देने के लिए आयोग
17. पिछड़े वर्गों का अध्ययन करने के लिए आयोग
18. राजभाषा आयोग
19. भाषायी अल्पसंख्यक आयोग

विधायी शक्तियां

1. संसद का सत्रावसान तथा विघटन।
2. राष्ट्रपति का अभिभाषण तथा संदेश भेजना।
3. राज्य सभा के सदस्यों का मनोनयन – राज्य सभा के लिए कला, साहित्य, विज्ञान, समाज सेवा या सहकारिता क्षेत्र के 12 सदस्यों को मनोनीत कर सकता है।
4. संसद द्वारा पारित विधेयक राष्ट्रपति के अनुमोदन के बाद ही कानून बनते हैं।
5. संसद में निम्न विधेयकों को प्रस्तुत करने से पूर्व राष्ट्रपति की अनुमति आवश्यक है–
   (*i*) नये राज्यों का निर्माण और वर्तमान राज्य के क्षेत्रों, सीमाओं या नामों में परिवर्तन संबंधी विधेयक।
   (*ii*) धन विधेयक (अनुच्छेद 110)।
   (*iii*) संचित निधि में व्यय करने वाले विधेयक।
   (*iv*) ऐसे कराधान पर, जिसमें राज्य-हित जुड़े हैं, प्रभाव डालने वाले विधेयक।
   (*v*) राज्यों के बीच व्यापार, वाणिज्य और समागम पर निर्बन्धन लगाने वाले विधेयक।
6. अनुच्छेद 123 के अन्तर्गत अध्यादेश जारी करने की शक्ति।
7. राष्ट्रपति भारतीय सेना का सर्वोच्च कमांडर होता है।
8. संविधान के अनुच्छेद 72 के अन्तर्गत राष्ट्रपति को किसी अपराध के लिए दोषी ठहराए गए किसी व्यक्ति के दण्ड को क्षमा करने, उसका प्रविलम्बन, परिहार और लघुकरण की शक्ति प्राप्त है।
9. राष्ट्रपति अनुच्छेद 143 के अधीन किसी सार्वजनिक महत्व के प्रश्न पर उच्चतम न्यायालय से परामर्श ले सकता है, लेकिन वह यह परामर्श मानने के लिए बाध्य नहीं है।
10. **राष्ट्रपति की आपातकालीन शक्तियाँः** संविधान में अनुच्छेद 352 से अनुच्छेद 360 तक आपातकालीन उपबंध किए गए हैं। केन्द्रीय मंत्रिपरिषद् के परामर्श से राष्ट्रपति तीन प्रकार के आपात लागू कर सकता है– (i) युद्ध या बाह्य आक्रमण या सशस्त्र विद्रोह के कारण लगाया गया आपात (अनु. 352)। (ii) राज्यों में सांविधानिक तंत्र के विफल होने से उत्पन्न आपात (अनु. 356)। (iii) वित्तीय आपात (अनु. 360)।

उपराष्ट्रपति

- संविधान के अनुच्छेद 63 के अनुसार, भारत का एक उपराष्ट्रपति होगा। इसका कार्यकाल 5 वर्षों का होता है।
- उपराष्ट्रपति राज्य सभा का पदेन सभापति होता है।
- उपराष्ट्रपति का निर्वाचन संसद के दोनों सदनों के सदस्यों से मिलकर बनने वाले निर्वाचक मंडल द्वारा आनुपातिक प्रतिनिधित्व पद्धति के अनुसार एकल संक्रमणीय मत द्वारा होगा तथा ऐसा निर्वाचन गुप्त होगा। कोई व्यक्ति उपराष्ट्रपति निर्वाचित होने का पात्र तभी होगा जब वह–

(*i*) भारत का नागरिक हो,
(*ii*) पैंतीस वर्ष की आयु पूरी कर चुका हो,
(*iii*) राज्य सभा का सदस्य निर्वाचित होने के योग्य हो।

मंत्रिपरिषद्

- अनु॰ 74 के अनुसार, राष्ट्रपति को सहायता और सलाह देने के लिए मंत्रिपरिषद् होगी, जिसका प्रमुख **प्रधानमंत्री** होगा।
- प्रधानमंत्री की नियुक्ति राष्ट्रपति करता है तथा अन्य मंत्रियों की नियुक्ति राष्ट्रपति प्रधानमंत्री की सलाह पर करता है।
- मंत्री राष्ट्रपति के प्रसादपर्यंत अपने-अपने पद धारण करते हैं।
- मंत्रिपरिषद् लोक सभा के प्रति सामूहिक रूप से उत्तरदायी होती है।
- राष्ट्रपति मंत्रियों को पद एवं गोपनीयता की शपथ दिलाता है।
- किसी भी गैर संसद सदस्य को मंत्री बनाया जा सकता है, लेकिन उसे 6 मास की अवधि तक संसद का सदस्य हो जाना चाहिए।
- प्रधानमंत्री नीति (NITI) आयोग का पदेन अध्यक्ष होता है।
- संवैधानिक रूप से देश की समस्त शक्तियाँ राष्ट्रपति के हाथों में होती हैं किन्तु उसकी समस्त शक्तियों का उपयोग मंत्रिपरिषद् प्रधानमंत्री के नेतृत्व में संचालित करती है।

संसद

- भारत की केन्द्रीय व्यवस्थापिका को संसद कहा जाता है। भारतीय संसद के तीन अंग हैं–राष्ट्रपति, राज्य सभा और लोक सभा।
- संसद के उच्च सदन को राज्य सभा तथा निम्न सदन को लोक सभा कहा जाता है।

राज्य सभा

- संविधान के अनुच्छेद 80 के अनुसार, राज्य सभा का गठन 250 सदस्यों द्वारा होता है। इनमें 12 सदस्य राष्ट्रपति द्वारा नाम निर्देशित किये जाते हैं तथा शेष 238 का चुनाव राज्य तथा संघ राज्य क्षेत्रों की विधानसभाओं द्वारा किया जाता है।
- राज्य सभा की वर्तमान सदस्य संख्या 245 है।
- राज्य सभा का कभी विघटन नहीं होता, लेकिन इसके सदस्य 6 वर्ष के लिए चुने जाते हैं।
- राज्य सभा पहली बार 3 अगस्त, 1952 को विधिवत गठित हुई थी।
- राज्य सभा का कोई सदस्य यदि सदन की अनुमति के बिना सदन से 60 दिनों से अधिक अनुपस्थित रहता है, तो सदन में उसका स्थान समाप्त हो सकता है।
- राज्य सभा के सदस्यों का चुनाव अप्रत्यक्ष रूप से होता है।
- राज्य सभा का सदस्य होने के लिए अर्हता–
  1. वह भारत का नागरिक हो।
  2. उसकी आयु सीमा 30 वर्ष या उससे अधिक हो।
  3. संसदीय विधि द्वारा निर्धारित सभी योग्यताएँ रखता हो।
- राज्य सभा का अधिवेशन वर्ष में कम-से-कम दो बार राष्ट्रपति द्वारा बुलाया जाता है। संविधान में यह प्रावधान है कि राज्य सभा के दो अधिवेशनों के बीच 6 महीने से अधिक का अन्तराल नहीं हो सकता।
- राज्य सभा को यह अधिकार प्राप्त है कि वह संविधान के अनुच्छेद 249 के तहत राज्य सूची के किसी विषय को राष्ट्रीय महत्व का घोषित कर सके।

लोक सभा

- अनुच्छेद 81 के अनुसार, लोक सभा का गठन 5 वर्ष के लिए किया जाता है। वर्तमान में इसकी सदस्य संख्या 543 है। (संविधान के 104वें संशोधन द्वारा लोकसभा में दो एंग्लो इंडियन सदस्यों के राष्ट्रपति द्वारा मनोनयन की व्यवस्था को वर्ष 2020 में समाप्त कर दिया गया है।)
- लोक सभा के सदस्यों का चुनाव गुप्त मतदान के द्वारा वयस्क मताधिकार (18 वर्ष) के आधार पर होता है।
- लोक सभा की सदस्यता के लिए अनिवार्य योग्यताएँ निम्नलिखित हैं–
  (*i*) भारत का नागरिक हो,
  (*ii*) उसकी आयु 25 वर्ष या इससे अधिक हो,
  (*iii*) भारत सरकार अथवा किसी राज्य सरकार के अन्तर्गत वह कोई लाभ के पद पर नहीं हो,
  (*iv*) वह पागल तथा दिवालिया न हो।
- प्रधानमंत्री के परामर्श के आधार पर राष्ट्रपति के द्वारा लोक सभा को समय से पूर्व भी भंग किया जा सकता है।
- आपातकाल की घोषणा लागू होने पर विधि द्वारा संसद लोक सभा के कार्यकाल में वृद्धि कर सकती है, जो एक बार में एक वर्ष से अधिक नहीं होगी।
- लोक सभा की दो बैठकों में 6 माह से अधिक का अन्तर नहीं होना चाहिए।
- लोक सभा की गणपूर्ति या कोरम कुल सदस्य संख्या का दसवाँ भाग होता है।
- संविधान के अनुच्छेद 108 में संसद के संयुक्त अधिवेशन की व्यवस्था है। संयुक्त अधिवेशन की अध्यक्षता लोक सभा अध्यक्ष करता है।

- धन विधेयक के सम्बन्ध में लोक सभा का निर्णय अंतिम होता है। इस संबंध में संयुक्त अधिवेशन की व्यवस्था नहीं है।
- संविधान के अनुच्छेद 93 के अनुसार, लोक सभा स्वयं ही अपने सदस्यों में से एक अध्यक्ष और एक उपाध्यक्ष का निर्वाचन करेगी।
- प्रथम लोक सभा अध्यक्ष जी.वी. मावलंकर एवं उपाध्यक्ष श्री अनंतशयनम आयंगर थे।
- किसी संसद सदस्य की योग्यता अथवा अयोग्यता से सम्बन्धित प्रश्न का अंतिम विनिश्चय चुनाव आयोग की सलाह से राष्ट्रपति करता है।
- यदि कोई सदस्य सदन की अनुमति के बिना 60 दिनों की अवधि से अधिक समय के लिए सदन के सभी बैठकों से अनुपस्थित रहता है तो सदन उसकी सदस्यता समाप्त कर सकता है।
- संविधान के अनुच्छेद 110 में धन विधेयक एवं अनु॰ 112 में वार्षिक वित्तीय विवरण (बजट) का उल्लेख है।

संसद की समितियां

- **लोक लेखा समितिः** इस समिति में लोकसभा के 15 तथा राज्यसभा के 7 सदस्य होते हैं। इसका कार्यकाल एक वर्ष का होता है तथा लोकसभा में विपक्ष का नेता इसका अध्यक्ष होता है। यह समिति मुख्य रूप से सरकार के अर्थव्यय के लेखा जोखा का जांच करती है।
- **प्राक्कलन समितिः** इस समिति में लोकसभा के 30 सदस्य होते हैं। इसका मुख्य कार्य विभिन्न मंत्रालयों व विभागों के प्रस्तावित अर्थ व्यय की जांच होता है।
- **सार्वजनिक उद्यम समितिः** इस समिति में लोकसभा के 15 और राज्यसभा के 7 सदस्य होते हैं। इसका कार्यकाल एक वर्ष होता है। यह सार्वजनिक उपक्रम से संबंधित उन मुद्दों की जांच करती है जो लोकसभा अध्यक्ष द्वारा समय-समय पर उन्हें सौंपे जाते हैं।
- **याचिका संबंधी समितिः** यह समिति सांसदों द्वारा दाखिल की गई याचिकाओं पर विचार करती है तथा उपचारात्मक उपाय सुझाती है।
- **विशेषाधिकार समितिः** यह समिति सदस्यों के विशेषाधिकारों की सुरक्षा करती है।
- **सरकारी आश्वासन समितिः** यह समिति यह सुनिश्चित करती है कि सरकार द्वारा किए गए वायदे और दिए गए आश्वासन पूरे हों।

भारत का महान्यायवादी

- अनु॰ 76 के अनुसार, भारत का एक महान्यायवादी होता है। यह भारत सरकार का सर्वोच्च विधि अधिकारी होता है।
- महान्यायवादी संसद का सदस्य नहीं होता परन्तु वह किसी भी सदन में अथवा उसकी समितियों में बोल सकता है और उसकी कार्यवाही में भाग ले सकता है, यद्यपि उसे मत देने का अधिकार नहीं होता है।
- भारत का महान्यायवादी राष्ट्रपति के प्रसादपर्यंत पद धारण करता है।

भारत का नियंत्रक एवं महालेखा परीक्षक (CAG)

- भारतीय संविधान के अनुच्छेद 148 के अन्तर्गत नियंत्रक एवं महालेखा परीक्षक के पद का प्रावधान किया गया है।
- नियंत्रक एवं महालेखा परीक्षक की नियुक्ति राष्ट्रपति द्वारा की जाती है। यह देश की समस्त वित्तीय प्रणाली का लेखा परीक्षण करता है।
- संविधान के अनुच्छेद 151 के अन्तर्गत कैग अपनी रिपोर्ट केन्द्र के सम्बन्ध में राष्ट्रपति को तथा राज्यों के सन्दर्भ में राज्यपाल को सौंपता है।
- यह लोक लेखा समिति के समीप रहकर कार्य करता है।

संविधान में संशोधन

- अनुच्छेद 368 में संविधान संशोधन की प्रक्रिया का उल्लेख है। इसमें संशोधन की तीन विधियों को अपनाया गया है–
  (*i*) साधारण विधि द्वारा संशोधन।
  (*ii*) संसद के विशेष बहुमत द्वारा संशोधन।
  (*iii*) संसद के विशेष बहुमत और राज्य के विधानमंडलों की स्वीकृति से संशोधन।

न्यायपालिका

उच्चतम न्यायालय

- अनुच्छेद 124 में उच्चतम न्यायालय के गठन संबंधी प्रावधान किये गये हैं।
- उच्चतम न्यायालय में एक मुख्य न्यायाधीश तथा 33 अन्य न्यायाधीश होते हैं।
- उच्चतम न्यायालय के मुख्य न्यायाधीश तथा अन्य न्यायाधीशों की नियुक्ति राष्ट्रपति द्वारा की जाती है।

- उच्चतम न्यायालय के न्यायाधीश के लिए योग्यताएँ हैं–
  - (*i*) वह भारत का नागरिक हो।
  - (*ii*) वह किसी उच्च न्यायालय अथवा दो या दो से अधिक न्यायालयों में लगातार कम-से-कम 5 वर्षों तक न्यायाधीश के रूप में कार्य कर चुका हो।

    या

    किसी उच्च न्यायालय या न्यायालयों में लगातार 10 वर्षों तक अधिवक्ता रह चुका हो।

    या

    राष्ट्रपति की राय में पारंगत विधिवेत्ता हो।
- उच्चतम न्यायालय का प्रत्येक न्यायाधीश तब तक पद धारण करेगा जब तक वह 65 वर्ष की आयु प्राप्त नहीं कर लेता। इससे पूर्व उसे उसके पद से साबित कदाचार या असमर्थता के आधार पर हटाया जा सकता है।
- कदाचार या असमर्थता के आधार पर हटाये जाने के लिए संसद के प्रत्येक सदन द्वारा अपनी कुल सदस्य संख्या के बहुमत द्वारा तथा उपस्थित और मत देने वाले सदस्यों के कम-से-कम दो-तिहाई बहुमत द्वारा पारित प्रस्ताव को राष्ट्रपति के समक्ष उसी सत्र में रखा जाता है, तब राष्ट्रपति के आदेश से न्यायाधीश को हटाया जाता है।

उच्चतम न्यायालय का क्षेत्राधिकार

1. प्रारंभिक क्षेत्राधिकार

- (*i*) भारत संघ तथा एक या एक से अधिक राज्यों के मध्य उत्पन्न विवादों में।
- (*ii*) भारत संघ तथा कोई एक राज्य या अनेक राज्यों और एक या एक से अधिक राज्यों के बीच विवादों में।
- (*iii*) दो या दो से अधिक राज्यों के बीच ऐसे विवाद में जिसमें अनेक वैधानिक अधिकारों का प्रश्न निहित है।

- प्रारंभिक क्षेत्राधिकार के अन्तर्गत उच्चतम न्यायालय उसी विवाद को निर्णय के लिए स्वीकार करेगा, जिसमें किसी तथ्य या विधि का प्रश्न शामिल है।

2. अपीलीय क्षेत्राधिकार: देश का सबसे बड़ा अपीलीय न्यायालय उच्चतम न्यायालय है। भारत के राज्य क्षेत्र के किसी उच्च न्यायालय के निर्णय के विरुद्ध अपील सुनने का अधिकार है।

3. परामर्शदात्री क्षेत्राधिकार: यदि किसी समय राष्ट्रपति को ऐसा प्रतीत होता है, किसी व्यापक विधि या तथ्य का प्रश्न है या उत्पन्न होने वाला है तथा वह उच्चतम न्यायालय से राय लेना समीचीन समझता है, तो उच्चतम न्यायालय से राय ले सकता है तथा उच्चतम न्यायालय उस पर अपनी राय देगा।

4. पुनर्विचार सम्बन्धी क्षेत्राधिकार: अनु. 137 के अनुसार, उच्चतम न्यायालय स्वयं के दिए गए आदेश या निर्णय पर पुनर्विचार कर सकता है तथा यदि उचित समझें तो उसमें आवश्यक परिवर्तन कर सकता है।

5. अभिलेख न्यायालय: अनु. 129 उच्चतम न्यायालय को अभिलेख न्यायालय का स्थान प्रदान करता है। इसका अभिप्राय यह है कि इस न्यायालय के निर्णय सब जगह साक्षी के रूप में स्वीकार किए जाएंगे और इसकी प्रामाणिकता के विषय में प्रश्न नहीं किया जाएगा।

6. मौलिक अधिकारों का रक्षक: भारत का उच्चतम न्यायालय नागरिकों के मौलिक अधिकारों का रक्षक है। अनु. 32 सर्वोच्च न्यायालय को विशेष रूप से उत्तरदायी ठहराता है कि वह मौलिक अधिकारों को लागू करने के लिए आवश्यक कार्रवाई करें। न्यायालय मौलिक अधिकारों की रक्षा के लिए बन्दी प्रत्यक्षीकरण, परमादेश, प्रतिषेध, अधिकार पृच्छा और उत्प्रेषण के लेख जारी कर सकता है।

- भारत में संविधान की सर्वोच्चता की रक्षा करने का उत्तरदायित्व उच्चतम न्यायालय का है। अतः उच्चतम न्यायालय संघीय या राज्यों के विधानमण्डलों के द्वारा अतिक्रमण किये जाने पर उनके द्वारा बनाये गये कानूनों को रद्द कर सकता है। यह शक्ति न्यायिक पुनरावलोकन के रूप में समझी जाती है।

उच्च न्यायालय

- संविधान के अनुच्छेद 214 में यह उपबंध है कि प्रत्येक राज्य में एक उच्च न्यायालय होगा।
- प्रत्येक उच्च न्यायालय में एक मुख्य न्यायाधीश सहित अन्य अनेक न्यायाधीश होते हैं जो समय-समय पर राष्ट्रपति द्वारा नियुक्त किये जाते हैं।
- संविधान के अनुच्छेद 217 में उच्च न्यायालय के न्यायाधीशों के लिए निम्नलिखित शर्तें हैं–
  - (*i*) वह भारत का नागरिक हो।
  - (*ii*) भारत में कम-से-कम 10 वर्ष तक न्यायाधीश के पद पर कार्य कर चुका हो अथवा किसी उच्च न्यायालय अथवा दो या दो से अधिक न्यायालयों में लगातार कम-से-कम 10 वर्ष तक अधिवक्ता रहा हो।

    या

    राष्ट्रपति की दृष्टि में प्रतिष्ठित विधिवेत्ता हो।
  - (*iii*) जिसकी आयु 62 वर्ष से अधिक न हो।
- **उच्च न्यायालय के कार्य एवं क्षेत्राधिकार–**

  1. प्रारंभिक क्षेत्राधिकार

2. अपीलीय क्षेत्राधिकार
3. रिट जारी करने का अधिकार
4. अधीनस्थ न्यायालयों पर नियंत्रण

राज्य की कार्यपालिका

- राज्य की कार्यपालिका का प्रधान **राज्यपाल** होता है, जो मंत्रिपरिषद् की सलाह के अनुसार कार्य करता है।
- अनुच्छेद 153 के अन्तर्गत सामान्यतया प्रत्येक राज्य के लिए एक राज्यपाल होगा, किन्तु 1956 में किये गये संशोधन के अनुसार एक ही व्यक्ति को दो या दो से अधिक राज्यों का राज्यपाल नियुक्त किया जा सकता है।
- राज्यपाल की नियुक्ति राष्ट्रपति करता है। इस पद पर नियुक्ति हेतु निम्नलिखित योग्यताएँ होनी चाहिए–
  1. वह भारत का नागरिक हो,
  2. वह 35 वर्ष की आयु पूरी कर चुका हो,
  3. वह राज्य सरकार या केन्द्र सरकार या राज्यों के नियंत्रण के अधीन किसी सार्वजनिक उपक्रम में लाभ के पद पर न हो, तथा
  4. वह राज्य विधान सभा का सदस्य चुने जाने की योग्यता रखता हो।
- राज्यपाल की नियुक्ति 5 वर्षों के लिए होती है। पाँच वर्ष की अवधि से पूर्व भी उसे राष्ट्रपति के द्वारा हटाया जा सकता है।
- राज्यपाल अपने कार्यकाल की समाप्ति के पूर्व भी राष्ट्रपति को अपना त्यागपत्र भेज सकता है।

राज्यपाल के कार्य तथा अधिकार

कार्यपालिका संबंधी

- राज्य के समस्त कार्यपालिका संबंधी कार्य राज्यपाल के नाम से किए जाते हैं।
- राज्यपाल मुख्यमंत्री की नियुक्ति करता है तथा मुख्यमंत्री की सलाह पर मंत्रिपरिषद् के अन्य सदस्यों की नियुक्ति करता है।
- राज्य के महाधिवक्ता तथा राज्य के लोक सेवा आयोग के सदस्यों की नियुक्ति करता है।
- राज्यपाल का अधिकार है कि वह राज्य के प्रशासन के संबंध में मुख्यमंत्री से सूचना प्राप्त करे।
- राज्यपाल राज्य के विश्वविद्यालयों का कुलाधिपति होता है तथा उपकुलपतियों को भी नियुक्त करता है।
- राज्यपाल संवैधानिक तंत्र की विफलता की स्थिति में राष्ट्रपति से राज्य में राष्ट्रपति शासन की सिफारिश करता है।
- अध्यादेश जारी करने का अधिकार।

विधायी शक्तियां

- राज्यपाल राज्य विधान मंडल का अंग होता है।
- राज्य विधान मंडल का सत्रावसान करने, सत्र बुलाने तथा विधान सभा को विघटित करने का अधिकार है।
- राज्यपाल को विधान मंडल में अभिभाषण करने व संदेश भेजने का अधिकार है।
- जिन राज्यों में विधानपरिषद् है, वहां पर राज्यपाल ऐसे कुछ व्यक्तियों को, जिन्हें साहित्य, विज्ञान, कला, समाज सेवा तथा सहकारिता आन्दोलन के संबंध में विशेष ज्ञान या व्यावहारिक अनुभव होता है, मनोनीत कर सकता है।
- राज्य विधान मंडल के समक्ष राज्यपाल वार्षिक वित्तीय विवरण (बजट) प्रस्तुत करवाता है।
- विधान सभा में धन विधेयक राज्यपाल की पूर्व अनुमति से ही पेश किया जाता है।

राज्यपाल की न्यायिक शक्तियां

- राज्यपाल को उस विषय संबंधी, जिस विषय पर उस राज्य की कार्यपालिका शक्ति का विस्तार है, किसी विधि के विरुद्ध, किसी अपराध के लिए सिद्ध दोष ठहराये गए किसी व्यक्ति के दंड को क्षमा, उसका प्रविलंबन, लघुकरण या परिहार कर सकता है।

महाधिवक्ता

- प्रत्येक राज्य का एक महाधिवक्ता होगा (अनु. 165)। वह भारत के महान्यायवादी के समान राज्य का अधिकारी होगा और राज्य में उसके महान्यायवादी के कार्यों के समान ही कृत्य होंगे।
- महाधिवक्ता राज्य के राज्यपाल द्वारा नियुक्त किया जायेगा और राज्यपाल के प्रसादपर्यंत पद धारण करेगा।
- महाधिवक्ता को राज्य के विधानमंडल के सदनों की कार्यवाहियों में भाग लेने और बोलने का अधिकार है, किंतु मतदान का अधिकार नहीं है। (अनु. 177)

राज्य मंत्रिपरिषद्

- अनुच्छेद 163 के अन्तर्गत राज्यपाल की सहायता और सलाह देने के लिए एक मंत्रिपरिषद् होती है जिसका प्रधान **मुख्यमंत्री** होता है।

- अनुच्छेद 164 के अनुसार, मुख्यमंत्री की नियुक्ति राज्यपाल करता है तथा अन्य मंत्रियों की नियुक्ति राज्यपाल, मुख्यमंत्री की सलाह पर करता है।
- मंत्रिपरिषद् राज्य की विधान सभा के प्रति सामूहिक रूप से उत्तरदायी होता है। सामान्यतः मुख्यमंत्री अपने पद पर तब तक बना रहता है जब तक उसे विधान सभा का विश्वास प्राप्त होता है।

विधानपरिषद्

- संविधान के अनुच्छेद 168 में प्रत्येक राज्य के लिए विधानमण्डल की व्यवस्था की गई है, जो कि राज्यपाल तथा जहाँ दो सदन हैं वहां दो सदनों से और जहां एक सदन है वहां एक सदन से मिलकर बनेगा।
- राज्य विधान सभा की (दो-तिहाई बहुमत) अनुशंसा पर संसद सम्बन्धित राज्य में विधान परिषद् का उत्सादन एवं गठन कर सकती है।
- विधान परिषद् के सदस्यों की संख्या उस राज्य के विधानसभा के सदस्यों की संख्या से 1/3 से अधिक नहीं हो सकती। किन्तु, वह संख्या 40 से कम नहीं होनी चाहिए।
- विधान परिषद् एक स्थायी सदन है। इसका विघटन नहीं होता।
- इसके सदस्यों का कार्यकाल 6 वर्ष का होता है। इसके 1/3 सदस्य प्रत्येक दो वर्ष की समाप्ति पर अपना पद त्याग करते हैं और उनके स्थान पर नए सदस्यों का चुनाव होता है।
- विधान परिषद् का सत्र एक वर्ष में दो बार अवश्य होना चाहिए।
- निम्नलिखित छह राज्यों में विधान परिषद् विद्यमान हैं–

1. उत्तर-प्रदेश	2. कर्नाटक	3. महाराष्ट्र
4. आंध्र प्रदेश	5. बिहार	6. तेलंगाना

विधान सभा

- अनुच्छेद 170 के अनुसार, विधान सभा के सदस्यों की संख्या अधिकतम 500 और न्यूनतम 60 होगी। अपवादस्वरूप सिक्किम (32), गोवा (40) एवं मिजोरम (40) हैं।
- विधान सभा में निर्वाचित होने के लिए न्यूनतम आयु सीमा 25 वर्ष है।
- किसी विधेयक को धन विधेयक माना जाए अथवा नहीं, इसका निर्णय विधान सभा अध्यक्ष ही करता है।
- सदन की कार्यवाही आयोजित करने के लिए गणपूर्ति के रूप में एक-दहाई सदस्यों की आवश्यकता होती है।
- विधान सभा का कार्यकाल 5 वर्ष है, किन्तु राज्य मंत्रिपरिषद् की सिफारिश पर इसे समय से पूर्व भी भंग किया जा सकता है।
- **विधान सभा के अधिकार एवं कार्य–**
  1. **विधायी:** विधान सभा को संविधान द्वारा विधित राज्य सूची के विषय पर कानून बनाने का अधिकार प्राप्त है।
  2. **वित्तीय:** विधान सभा को राज्य बजट पारित करने का अधिकार है। राज्य विधानमंडल राज्य सरकार की वित्तीय अवस्था को पूर्णतया नियंत्रित करता है। कोई धन विधेयक प्रारंभ में विधान सभा में ही प्रस्तुत किया जा सकता है। जब विधान सभा किसी धन विधेयक को पारित कर देती है, तब वह विधानपरिषद् के पास भेज दिया जाता है। विधानपरिषद् को 14 दिनों के भीतर इसे विधान सभा को लौटाना पड़ता है। विधान परिषद् उस विधेयक के संबंध में संस्तुतियाँ तो दे सकती हैं, किन्तु वह न तो उसे अस्वीकार कर सकती है और न उसमें संशोधन कर सकती है।
  3. **कार्यपालिका पर नियंत्रण:** मंत्रिपरिषद् सामूहिक रूप से विधान सभा के प्रति उत्तरदायी होती है। विधान सभा में मंत्रिपरिषद् के विरुद्ध अविश्वास प्रस्ताव पारित हो जाने के बाद समूची मंत्रिपरिषद् को त्यागपत्र देना पड़ता है।

अन्तर्राज्य परिषद्

- संविधान के अनुच्छेद 263 के अन्तर्गत केन्द्र एवं राज्यों के बीच समन्वय स्थापित करने के लिए राष्ट्रपति एक अन्तर्राज्य परिषद् की स्थापना कर सकता है।
- अन्तर्राज्य परिषद् में प्रधानमंत्री तथा उनके द्वारा मनोनीत छह कैबिनेट स्तर के मंत्री, सभी राज्यों एवं संघ राज्य क्षेत्रों के मुख्यमंत्री एवं संघ राज्य क्षेत्रों के प्रशासक इसके सदस्य होते हैं।
- अन्तर्राज्य परिषद् की बैठक वर्ष में तीन बार की जाएगी जिसकी अध्यक्षता प्रधानमंत्री या उनकी अनुपस्थिति में प्रधानमंत्री द्वारा नियुक्त कैबिनेट स्तर का मंत्री करता है।
- अंतर्राज्य परिषद् का प्राथमिक उद्देश्य समन्वय और परिसंघीय घनिष्ठता स्थापित करना है।

वित्त आयोग

- अनुच्छेद 280 के अनुसार, राष्ट्रपति प्रत्येक पाँचवें वर्ष की समाप्ति पर या ऐसे पूर्वत्तर समय पर, जिसे वह आवश्यक समझे वित्त आयोग का गठन करेगा।
- वित्त आयोग में एक अध्यक्ष तथा चार अन्य सदस्य होते हैं।

- वित्त आयोग की सिफारिशों पर विचार करने के बाद ही करों एवं प्राप्तियों का वितरण संघ एवं राज्यों के बीच किया जाता है।

लोक सेवा आयोग

- संविधान के अनुच्छेद 315 के अनुसार, संघ एवं राज्यों के लिए एक लोक सेवा आयोग होंगे।
- अनुच्छेद 316 के अनुसार, संघ लोक सेवा आयोग के अध्यक्ष एवं अन्य सदस्यों की नियुक्ति राष्ट्रपति करता है तथा राज्य लोक सेवा आयोग के अध्यक्ष एवं अन्य सदस्यों की नियुक्ति राज्यपाल करता है।
- संघ लोक सेवा आयोग के अध्यक्ष एवं अन्य सदस्यों की नियुक्ति 6 वर्षों के लिए की जाती है। यदि वह 6 वर्षों के अन्दर 65 वर्ष की आयु पूरी कर लेता है तो वह पदमुक्त हो जाता है। राज्य लोक सेवा आयोग के सम्बन्ध में यह आयु सीमा 62 वर्ष है।
- लोक सेवा आयोग संघ तथा राज्यों में सेवाओं में नियुक्तियों के लिए परीक्षाओं का संचालन करते हैं।

निर्वाचन आयोग

- अनुच्छेद 324 के अनुसार, निर्वाचनों के अधीक्षण, निदेशन और नियंत्रण के लिए एक निर्वाचन आयोग होगा।
- निर्वाचन आयोग का गठन मुख्य निर्वाचन आयुक्त एवं अन्य निर्वाचन आयुक्तों से किया जाता है, जिनकी नियुक्ति राष्ट्रपति द्वारा की जाती है।
- मुख्य चुनाव आयुक्त का कार्यकाल 6 वर्ष या 65 वर्ष की आयु, जो भी पहले हो, तक होगा। अन्य चुनाव आयुक्तों का कार्यकाल 6 वर्ष या 62 वर्ष की आयु जो पहले हो, तक रहता है।
- अनुच्छेद 326 के अनुसार, लोक सभा और प्रत्येक विधान सभा के लिए निर्वाचन वयस्क मताधिकार के आधार पर होते हैं।
- मुख्य निर्वाचन आयुक्त को महाभियोग जैसी प्रक्रिया से ही हटाया जा सकता है।

निर्वाचन आयोग के मुख्य कार्य

- मतदाता सूचियों को तैयार करना।
- चुनाव क्षेत्रों का परिसीमन।
- राजनीतिक दलों को मान्यता प्रदान करना।
- राजनीतिक दलों को चुनाव चिह्न प्रदान करना।
- संसद एवं विधानमंडल के सदस्यों तथा राष्ट्रपति एवं उपराष्ट्रपति का समयानुसार चुनाव करवाना।
- राजनीतिक दलों के लिए आचारसंहिता का निर्माण करना।

राजभाषा

- अनुच्छेद 343 के अनुसार, संघ की राजभाषा हिन्दी और लिपि देवनागरी होगी।
- अनुच्छेद 344 में राष्ट्रपति को राजभाषा से सम्बन्धित कुछ विषयों में सलाह देने के लिए एक आयोग की नियुक्ति का प्रावधान है।
- संविधान के अंनुच्छेद 345 के अधीन प्रत्येक राज्य के विधानमंडल को यह अधिकार दिया गया है कि वह आठवीं अनुसूची में अन्तर्विष्ट भाषाओं में से किसी एक या अधिक को सरकारी कार्यों के लिए राज्य की सरकारी भाषा के रूप में अंगीकार कर सकता है। किन्तु राज्यों में परस्पर संबंधों में तथा संघ एवं राज्यों के परस्पर संबंधों में संघ की राजभाषा को ही प्राधिकृत भाषा माना जाएगा।

स्थानीय प्रशासन

पंचायती राज

- अनुच्छेद 40 के अनुसार, 'राज्य ग्राम पंचायतों का संगठन करने के लिए कदम उठायेगा और उनको ऐसी शक्तियाँ और प्राधिकार प्रदान करेगा, जो उन्हें स्वायत्त शासन की इकाइयों के रूप में कार्य करने योग्य बनाने के लिए आवश्यक हों।
- 73वाँ संविधान संशोधन पंचायती राज से संबंधित है। इसके मुख्य प्रावधान निम्नलिखित हैं–
  1. पंचायती राज का ढाँचा त्रिस्तरीय होगा। ग्राम स्तर पर ग्राम पंचायत, प्रखण्ड स्तर पर पंचायत समिति तथा जिला स्तर पर जिला परिषद् के गठन की व्यवस्था की गई है।
  2. इसका निर्वाचन पाँच वर्षों के लिए होता है। समय पूर्व पंचायत के भंग होने पर 6 माह के अन्दर निर्वाचन होंगे।
  3. पंचायती राज संस्था के प्रत्येक स्तर में महिलाओं को एक-तिहाई स्थानों पर आरक्षण का प्रावधान है।

नगरपालिकाएँ

- 74वां संविधान संशोधन अधिनियम, 1993 के तहत भारतीय संविधान के अनुच्छेद 243(त) से 243(य)(छ) तक इसका विशेष उल्लेख है।
- इसके अन्तर्गत तीन प्रकार की नगरीय व्यवस्था का उल्लेख है– (1) नगर पंचायत (2) नगरपालिका परिषद् (3) नगर निगम
- नगरपालिकाओं में महिलाओं के लिए एक-तिहाई भाग स्थान आरक्षित है।
- नगरीय संस्थाओं का कार्यकाल पाँच वर्ष का होगा। विघटन की स्थिति में छह माह के अन्दर चुनाव अनिवार्य होते हैं।

महत्वपूर्ण संविधान संशोधन

संविधान संशोधन	प्रावधान
• प्रथम संविधान संशोधन अधिनियम, 1951	• मौलिक अधिकारों में समानता, स्वतंत्रता तथा सम्पत्ति के अधिकार को सीमित किया गया।
• द्वितीय संविधान संशोधन अधिनियम, 1952	• लोक सभा चुनाव के लिए प्रतिनिधित्व के अनुपात को पुनः समायोजित किया गया।
• सातवां संविधान संशोधन अधिनियम, 1956	• लोक सभा एवं राज्य सभा में सीटों का पुनर्वितरण। • राज्यों का पुनर्गठन-14 राज्य तथा 6 केन्द्रशासित प्रदेश। • संघ राज्य क्षेत्र का प्रावधान।
• 10वाँ संविधान संशोधन अधिनियम, 1961	• दादरा तथा नगर हवेली को भारत का अंग बनाया गया।
• 12वाँ संविधान संशोधन अधिनियम, 1962	• गोवा, दमन एवं दीव को भारत का अंग बनाया गया।
• 13वाँ संविधान संशोधन अधिनियम, 1962	• कुछ विशेष उपबन्धों के साथ नगालैंड को नया राज्य बनाया गया।
• 14वाँ संविधान संशोधन अधिनियम, 1962	• पुडुचेरी को भारत का अंग बनाया गया।
• 21वाँ संविधान संशोधन अधिनियम, 1967	• सिंधी भाषा को आठवीं अनुसूची में सम्मिलित किया गया।
• 22वाँ संविधान संशोधन अधिनियम, 1969	• मेघालय को नया राज्य बनाया गया।
• 26वाँ संविधान संशोधन अधिनियम, 1971	• भूतपूर्व देशी राज्यों के शासकों की विशेष उपाधियों एवं उनके प्रिवी-पर्स को समाप्त कर दिया गया।
• 31वाँ संविधान संशोधन अधिनियम, 1973	• इसके द्वारा लोक सभा के सदस्यों की संख्या 525 से 545 कर दी गई तथा केन्द्रशासित प्रदेशों का प्रतिनिधित्व 25 से घटाकर 20 कर दिया गया।
• 36वाँ संविधान संशोधन अधिनियम, 1975	• सिक्किम को भारत का 22वाँ राज्य बनाया गया।
• 39वाँ संविधान संशोधन अधिनियम, 1975	• राष्ट्रपति, उपराष्ट्रपति, प्रधानमंत्री एवं लोक सभाध्यक्ष के निर्वाचन संबंधी विवादों को न्यायिक पुनर्विचार से मुक्त रखा गया।
• 42वाँ संविधान संशोधन अधिनियम, 1976	• संविधान की प्रस्तावना में पन्थनिरपेक्ष, समाजवादी तथा अखण्डता जैसे शब्द जोड़े गए। • नीति निदेशक सिद्धांतों को मूल अधिकारों पर वरीयता दी गई। • संविधान में अनु. 51 'क' के अन्तर्गत 10 मौलिक कर्तव्य जोड़े गए। • राष्ट्रपति को मंत्रिमंडल की सलाह को मानना अनिवार्य कर दिया गया। • लोक सभा एवं विधानसभाओं की अवधि को 5 वर्ष से बढ़ाकर 6 वर्ष कर दिया गया।
• 44वाँ संविधान संशोधन अधिनियम, 1978	• राष्ट्रीय आपात की उद्घोषणा 'आंतरिक अशांति' के आधार पर नहीं की जा सकती, बल्कि सशस्त्र विद्रोह के कारण की जा सकेगी। • संपत्ति के मूल अधिकार को विधिक अधिकार में परिवर्तित कर दिया गया। • लोकसभा तथा विधान सभाओं की अवधि को 6 वर्ष से घटाकर 5 वर्ष किया गया। • व्यक्तिगत स्वतंत्रता के अधिकार को शक्तिशाली बनाया गया।
• 52वाँ संविधान संशोधन अधिनियम, 1985	• संविधान में दसवीं अनुसूची को जोड़कर दल-बदल को रोकने के लिए कानून बनाया गया।

संविधान संशोधन	प्रावधान
• 61वाँ संविधान संशोधन अधिनियम, 1989	• मतदान करने की न्यूनतम आयु 21 वर्ष से घटाकर 18 वर्ष कर दी गई।
• 71वाँ संविधान संशोधन अधिनियम, 1992	• कोंकणी, मणिपुरी तथा नेपाली भाषाओं को 8वीं अनुसूची में शामिल किया गया।
• 73वाँ संविधान संशोधन अधिनियम, 1993	• पंचायती राज सम्बन्धी प्रावधान किये गए। • 11वीं अनुसूची जोड़ी गई।
• 74वाँ संविधान संशोधन अधिनियम, 1993	• 12वीं अनुसूची जोड़ी गई तथा नगरपालिकाओं के गठन सम्बन्धी प्रावधान किये गए।
• 86वाँ संविधान संशोधन अधिनियम, 2002	• संविधान में अनुच्छेद-21 (क), 45 तथा 51 (क) (ज्ञ) जोड़ा गया। • राज्य द्वारा 6 से 14 वर्ष के सभी बच्चों को निःशुल्क और अनिवार्य सेवा का प्रावधान किया गया।
• 91वाँ संविधान संशोधन अधिनियम, 2003	• दल-बदल व्यवस्था में संशोधन किया गया। अब केवल सम्पूर्ण दल के विलय को मान्यता है। • केन्द्र तथा राज्यों में मंत्रिपरिषद् की संख्या क्रमशः लोक सभा तथा विधान सभा की सदस्य संख्या का 15% से अधिक नहीं होगी।
• 92वाँ संविधान संशोधन अधिनियम, 2003	• डोगरी, मैथिली, बोडो और सन्थाली भाषाओं को संविधान की आठवीं अनुसूची में शामिल किया गया।
• 96वाँ संविधान संशोधन अधिनियम, 2011	• 'उडिया' भाषा का 'ओडिया' में परिवर्तन किया गया।
• 97वाँ संविधान संशोधन अधिनियम, 2011	• इस संशोधन के द्वारा सहकारी समितियों को एक संवैधानिक स्थान एवं संरक्षण प्रदान किया गया।
• 98वाँ संविधान संशोधन अधिनियम, 2012	• संविधान में अनुच्छेद 371(J) शामिल किया गया। इसका उद्देश्य कर्नाटक के राज्यपाल को हैदराबाद-कर्नाटक क्षेत्र के विकास हेतु कदम उठाने के लिए सशक्त करना था।
• 99वाँ संविधान संशोधन अधिनियम, 2013	• यह अधिनियम प्रस्तावित राष्ट्रीय न्यायिक नियुक्ति आयोग (NJAC) की संरचना एवं कामकाज हेतु संविधान की विभिन्न अनुच्छेद 124(2), 127(1), 128, 217(1) व (2) तथा 224(क) में संशोधन किया गया।
• 100वाँ संविधान संशोधन अधिनियम, 2014	• इस विधेयक का उद्देश्य भारत एवं बांग्लादेश के मध्य 41 वर्ष पुराने भू-सीमा समझौता–LBA 1974 को प्रभाव में लाना है।
• 101वाँ संविधान संशोधन अधिनियम, 2016	• इस अधिनियम द्वारा "वस्तु एवं सेवा कर (जीएसटी)" लागू करने के लिए संविधान की धाराएं 248, 249, 250, 268, 269, 270, 271, 286, 366, एवं 368 में संशोधन किया गया है।
• 103वाँ संविधान संशोधन अधिनियम, 2019	• आर्थिक रूप से पिछड़े वर्ग के लोगों के लिए 10% आरक्षण का प्रावधान।
• 104वाँ संविधान संशोधन अधिनियम, 2019	• लोकसभा एवं विधानसभाओं में एंग्लों इंडियन सदस्यों के मनोनयन को समाप्त करने हेतु किया गया।

महत्वपूर्ण राजनैतिक शब्दावली

- **आकस्मिक निधिः** संविधान के अनुच्छेद 267 के अनुसार, भारत सरकार एक आकस्मिक निधि की स्थापना करेगी। इसमें जमा धनराशि का व्यय विधि द्वारा स्थापित प्रक्रिया के अनुसार किया जाता है। संसद की स्वीकृति से इस मद से धन निकाला जा सकता है। राष्ट्रपति विशिष्ट परिस्थितियों में अग्रिम रूप से इस निधि से धन निकाल सकता है।
- **संचित निधिः** अनुच्छेद 266 में संचित निधि का प्रावधान है। संचित निधि से धन संसद में प्रस्तुत अनुदान माँगों के द्वारा ही व्यय किया जाता है। राज्यों को करों एवं शुल्कों में से उनका अंश देने के बाद जो धन बचता है, निधि में डाल दिया जाता है। राष्ट्रपति, उपराष्ट्रपति, नियंत्रक एवं महालेखा परीक्षक आदि के वेतन तथा भत्ते इसी पर भारित होते हैं।
- **अध्यादेशः** जब संसद का अधिवेशन नहीं चल रहा हो और किसी उद्देश्य विशेष के लिए कानून की आवश्यकता हो, तो राष्ट्रपति अध्यादेश जारी कर सकता है। इस अध्यादेश का प्रभाव संसद द्वारा निर्मित विधि के जैसा ही होता है।

- **अविश्वास प्रस्तावः** यह प्रस्ताव लोक सभा में विपक्ष के द्वारा प्रस्तुत किया जाता है। इसकी प्रस्तुति के लिए लोक सभा के कम-से-कम 50 सदस्यों के प्रस्ताव का समर्थन आवश्यक होता है। अविश्वास प्रस्ताव अगर लोक सभा में बहुमत से पास हो जाए तो मंत्रिपरिषद् को त्याग-पत्र देना पड़ता है।
- **कार्यस्थगन प्रस्तावः** जब संसद के सदस्यों को लगता है कि देश में कोई विशेष घटना हुई है, तो उस पर चर्चा करने के लिए संसद सदस्य प्रस्ताव पारित कर सदन की कार्यवाही को स्थगित कर उस घटना पर चर्चा करने की माँग करते हैं, इसलिए इसे कार्यस्थगन या 'काम रोको प्रस्ताव' कहा जाता है।
- **ध्यानाकर्षण प्रस्तावः** अध्यक्ष की अनुमति से जब कोई संसद सदस्य किसी मंत्री का ध्यान सार्वजनिक हित की दृष्टि से अति आवश्यक विषय की ओर आकर्षित करना चाहते हैं तो उसे ध्यानाकर्षण प्रस्ताव कहते हैं।
- **विश्वास प्रस्तावः** बहुमत का समर्थन प्रदर्शित करने के लिए मंत्रिपरिषद् द्वारा संसद में यह लाया जाता है। विश्वास प्रस्ताव के पारित न होने की दशा में सरकार को त्याग-पत्र देना पड़ता है।
- **विशेषाधिकार प्रस्तावः** यह प्रस्ताव संसद के किसी सदस्य द्वारा पेश किया जाता है, जब उसे ये प्रतीत होता है कि मंत्रिपरिषद् के किसी सदस्य ने संसद में झूठा तथ्य प्रस्तुत करके सदन के विशेषाधिकार का उल्लंघन किया है।
- **लेखानुदानः** अनुच्छेद 116(क) के अन्तर्गत लोक सभा लेखाअनुदान पारित कर सरकार के लिए एक अग्रिम राशि मंजूर कर सकती है, जिसके बारे में बजट-विवरण देना सरकार के लिए सम्भव नहीं हो।
- **विनियोग विधेयकः** विनियोग विधेयक में भारत की संचित निधि पर भारित व्यय की पूर्ति के लिए अपेक्षित धन तथा सरकार के खर्च हेतु अनुदान की माँग शामिल होती है। भारत की संचित निधि में से कोई भी धन विनियोग विधेयक के द्वारा ही निकाला जा सकता है।
- **वित्त विधेयकः** संविधान का अनुच्छेद 112 वित्त विधेयक को परिभाषित करता है। जिन वित्तीय प्रस्तावों को सरकार आगामी वर्ष के लिए सदन में प्रस्तुत करती है, उन वित्तीय प्रस्तावों को मिलकर वित्त विधेयक की रचना होती है।
- **धन विधेयकः** संसद में राजस्व एकत्र करने अथवा अन्य प्रकार से धन से संबद्ध विधेयक को धन विधेयक कहते हैं। संविधान के अनुच्छेद 110(1) के उपखण्ड (क) से (छ) तक में उल्लिखित विषयों से सम्बन्धित विधेयकों को धन विधेयक कहा जाता है। धन विधेयक केवल लोक सभा में ही पेश किया जाता है।
- **शून्य कालः** संसद के दोनों सदनों में प्रश्नकाल के ठीक बाद के समय को शून्य काल कहा जाता है। यह 12 बजे प्रारंभ होता है इस वजह से इसे 'जीरो आवर' या 'शून्य काल' कहा जाता है। इस अवधि में सांसद अविलम्बनीय महत्व के मामले सदन में उठाते हैं।
- **अनुपूरक प्रश्नः** सदन में किसी सदस्य द्वारा अध्यक्ष की अनुमति से किसी विषय, जिसके सम्बन्ध में उत्तर दिया जा चुका है, के स्पष्टीकरण हेतु अनुपूरक प्रश्न पूछने की अनुमति प्रदान की जाती है।
- **तारांकित प्रश्नः** जिन प्रश्नों का उत्तर सदस्य तुरंत सदन में चाहता है उसे तारांकित प्रश्न कहा जाता है। तारांकित प्रश्नों का उत्तर मौखिक दिया जाता है।

वस्तुनिष्ठ प्रश्नावली

1. केन्द्र में द्वैध शासन किस अधिनियम के अन्तर्गत स्थापित किया गया?
A. 1909 के अधिनियम
B. भारत सरकार अधिनियम, 1919
C. भारत सरकार अधिनियम, 1935
D. भारतीय स्वतंत्रता अधिनियम, 1947

2. किस अधिनियम की प्रमुख विशेषता प्रांतीय स्वायत्तता थी?
A. 1935 B. 1919
C. 1904 D. 1858

3. संघीय प्रणाली का पहला प्रयास भारत सरकार अधिनियम .... द्वारा किया गया था।
A. 1909 B. 1919
C. 1935 D. इनमें से कोई नहीं

4. भारत की संविधान सभा गठित करने का आधार क्या था?
A. भारतीय राष्ट्रीय कांग्रेस का प्रस्ताव
B. कैबिनेट मिशन प्लान, 1946

C. भारतीय स्वतंत्रता अधिनियम, 1947

D. भारतीय डोमिनियन के प्रान्तीय/राज्य विधानमण्डल के प्रस्ताव

5. संविधान की प्रारूप समिति के समक्ष प्रस्तावना का प्रस्ताव किसने रखा?

A. डॉ. बी.आर. अम्बेडकर B. बी.एन. राव

C. महात्मा गाँधी D. जवाहरलाल नेहरू

6. भारतीय संविधान सभा की संघीय शक्ति समिति के अध्यक्ष कौन थे?

A. सरदार पटेल

B. डॉ. बी.आर. अम्बेडकर

C. अल्लादी कृष्णा स्वामी अय्यर

D. पं. जवाहर लाल नेहरू

7. भारत का संविधान लागू हुआ था–

A. 26 जनवरी, 1950 को B. 26 जनवरी, 1952 को

C. 15 अगस्त, 1948 को D. 26 नवम्बर, 1949 को

8. संविधान सभा ने भारत के संविधान को कब स्वीकृत किया था?

A. 12 दिसम्बर, 1946 B. 15 अगस्त, 1947

C. 26 नवम्बर, 1949 D. 26 जनवरी, 1950

9. भारतीय संविधान सभा ने भारतीय राष्ट्रीय ध्वज की रूपरेखा को कब अंगीकार किया?

A. 23 अगस्त, 1947 B. 13 सितम्बर, 1947

C. 15 अगस्त, 1947 D. 22 जुलाई, 1947

10. भारतीय संविधान में समवर्ती सूची किसके संविधान से ली गई है?

A. यू.एस.ए. B. कनाडा

C. जर्मनी D. ऑस्ट्रेलिया

11. अब तक भारत के संविधान की उद्देशिका में कितनी बार संशोधन किया जा चुका है?

A. एक बार B. दो बार

C. तीन बार D. कभी नहीं

12. भारतीय संविधान की उद्देशिका में परिवर्तन किस संशोधन अधिनियम में किए गए थे?

A. 38वाँ संशोधन अधिनियम, 1975

B. 40वाँ संशोधन अधिनियम, 1976

C. 42वाँ संशोधन अधिनियम, 1976

D. 44वाँ संशोधन अधिनियम, 1978

13. भारतीय संविधान के किस संशोधन द्वारा प्रस्तावना में दो शब्द 'समाजवादी' और 'धर्मनिरपेक्ष' जोड़े गए थे?

A. 28वें B. 40वें

C. 42वें D. 52वें

14. भारत में वैध प्रभुसत्ता निहित है–

A. राष्ट्रपति में B. न्यायपालिका में

C. मंत्रिमंडल में D. संविधान में

15. निम्नलिखित में से कौन-सी विशेषता भारतीय संघ और अमेरिकी संघ दोनों में साझी है?

A. एकल नागरिकता

B. दोहरी नागरिकता

C. संविधान में तीन सूचियाँ

D. संविधान की व्याख्या के लिए संघीय उच्चतम न्यायालय

16. भारतीय संविधान में सम्मिलित नीति निदेशक तत्वों की प्रेरणा हमें किस संविधान से प्राप्त हुई है?

A. ऑस्ट्रेलिया B. अमेरिका

C. फ्रांस D. आयरलैंड

17. भारतीय संविधान में मौलिक अधिकारों का उल्लेख करते हुए निम्नलिखित में से किस देश का अनुसरण किया गया है?

A. ब्रिटेन B. अमेरिका

C. फ्रांस D. ऑस्ट्रेलिया

18. भारत की संसदीय प्रणाली प्रभावित है–

A. इंग्लैंड से B. USA से

C. जर्मनी से D. आयरलैंड से

19. भारत के राष्ट्रपति की आपातकालीन शक्तियाँ निम्नलिखित में से किस देश की देन है?

A. कनाडा के संविधान की

B. ऑस्ट्रेलिया के संविधान की

C. जर्मनी के वीमर संविधान की

D. अमेरिका के संविधान की

20. भारतीय संविधान में कुल कितने भाग हैं?

A. 12 B. 18

C. 22 D. 24

21. दल-बदल के आधार पर निर्वाचित सदस्यों की अयोग्यता सम्बन्धी विवरण संविधान की किस अनुसूची में दिया गया है?

A. 8वीं B. 9वीं

C. 10वीं D. 11वीं

22. भारतीय संविधान की अनुसूचियों में से कौन-सी एक राज्य के नामों की सूची तथा उसके राज्य क्षेत्रों का ब्यौरा देती है?

A. पहली B. दूसरी
C. तीसरी D. चौथी

23. भारतीय संविधान में 9वीं अनुसूची परिवर्तित हुई–

A. प्रथम संशोधन द्वारा B. आठवें संशोधन द्वारा
C. नौवें संशोधन द्वारा D. 42वें संशोधन द्वारा

24. भारत के संविधान की किस अनुसूची में विभिन्न राज्यों में अनुसूचित क्षेत्रों के प्रशासन और नियंत्रण के लिए विशेष उपबन्ध हैं?

A. तीसरी B. पाँचवीं
C. सातवीं D. नौवीं

25. सर्वसम्मति से निर्वाचित भारत के राष्ट्रपति थे–

A. एस. राधाकृष्णन
B. वी.वी. गिरि
C. ज्ञानी जैल सिंह
D. एन. संजीवा रेड्डी

26. संविधान के अनुच्छेद-1 में भारत को क्या कहा गया है?

A. परिसंघ
B. महासंघ
C. परिसंघ प्रबल एकात्मक आधार पर
D. राज्यों का संघ

27. भारतीय संविधान के किस अनुच्छेद में 'प्रेस की स्वतंत्रता दी गई है?

A. अनुच्छेद 14 B. अनुच्छेद 25
C. अनुच्छेद 21A D. अनुच्छेद 19(i)

28. मौलिक अधिकार के अंतर्गत कौन-सा अनुच्छेद बच्चों के शोषण से सम्बन्धित है?

A. अनुच्छेद 17 B. अनुच्छेद 19
C. अनुच्छेद 23 D. अनुच्छेद 24

29. भारतीय संविधान का कौन-सा अनुच्छेद संसद को अंतर्राष्ट्रीय समझौतों को लागू करने के लिए विधि निर्माण करने की शक्ति प्रदान करता है?

A. अनुच्छेद 249 B. अनुच्छेद 250
C. अनुच्छेद 252 D. अनुच्छेद 253

30. भारतीय संविधान का कौन-सा अनुच्छेद सवैधानिक प्रावधानों की संघीय संसद/राज्य विधानपालिकाओं द्वारा बनाये गए नियमों/कानूनों पर प्राथमिकता प्रदान करती है?

A. अनुच्छेद 13 B. अनुच्छेद 32
C. अनुच्छेद 245 D. अनुच्छेद 326

31. भारतीय संविधान के किस अनुच्छेद में अनुसूचित-जनजातियों के लिए एक राष्ट्रीय आयोग का प्रावधान है?

A. अनुच्छेद 338A B. अनुच्छेद 341
C. अनुच्छेद 16 D. अनुच्छेद 82

32. संविधान के किस अनुच्छेद में यह व्यवस्था की गई है कि प्रत्येक राज्य शिक्षा के प्राथमिक स्तर पर मातृभाषा में शिक्षा की पर्याप्त सुविधाओं की व्यवस्था करने का प्रयास करेगा?

A. अनुच्छेद 349 B. अनुच्छेद 35
C. अनुच्छेद 350 D. अनुच्छेद 351

33. संघ का यह कर्त्तव्य होगा कि वह बाह्य तथा आंतरिक गड़बड़ी से प्रत्येक राज्य की रक्षा करें–ऐसा प्रावधान भारतीय संविधान के निम्न अनुच्छेदों में से किस एक में है?

A. अनु॰ 215 B. अनु॰ 275
C. अनु॰ 325 D. अनु॰ 355

34. भारतीय संविधान के किस अनुच्छेद में भारतीय नागरिकों के मूल कर्त्तव्य शामिल हैं?

A. अनु॰ 50 क B. अनु॰ 50 ख
C. अनु॰ 51 क D. अनु॰ 51 ख

35. भारतीय संविधान के अनुच्छेद 17 में उपबंध किया गया है–

A. कानून के समक्ष समता का
B. सरकारी नौकरी के मामलों में अवसर की समता का
C. पदवियों के उन्मूलन का
D. अस्पृश्यता उन्मूलन का

36. निम्नलिखित में से किस वर्ष सिक्किम को राज्य का दर्जा दिया गया था?

A. 1973 में B. 1974 में
C. 1975 में D. 1976 में

37. भारतीय राज्यों का भाषायी आधार पर पुनर्गठन किस वर्ष किया गया था?

A. 1947 B. 1951
C. 1956 D. 1996

38. हरियाणा कब राज्य बना?

A. 1 नवम्बर, 1966 B. 1 अक्टूबर, 1966
C. 1 सितम्बर, 1966 D. 1 नवम्बर, 1965

39. भारत में एकल नागरिकता की अवधारणा अपनाई गई है–

A. इंग्लैड से B. यू.एस.ए. से
C. कनाडा से D. फ्रांस से

40. नागरिकता प्राप्त करने के लिए शर्ते निर्धारित करने वाला सक्षम निकाय कौन-सा है?

A. चुनाव आयोग B. राष्ट्रपति
C. संसद D. संसद और विधानसभाएँ

41. भारतीय संविधान के निम्नलिखित अनुच्छेदों में से कौन विधायन सत्ता पर पूर्ण नियंत्रण लगाता है?

A. अनुच्छेद 14 B. अनुच्छेद 15
C. अनुच्छेद 16 D. अनुच्छेद 17

42. मत देने का अधिकार होता है–

A. एक राजनीतिक अधिकार
B. एक नागरिक अधिकार
C. एक आर्थिक अधिकार
D. एक कानूनी अधिकार

43. संविधान के अन्तर्गत बन्दी प्रत्यक्षीकरण समादेश जारी करने का अधिकार किसमें निहित है?

A. केवल उच्च न्यायालय
B. केवल उच्चतम न्यायालय
C. उच्च तथा उच्चतम न्यायालय दोनों
D. जनपद न्यायालय तथा उनके ऊपर के सभी न्यायालय

44. निम्नलिखित में से कौन-सा मूल अधिकार नहीं है?

A. समता का अधिकार
B. सम्पत्ति का अधिकार
C. स्वतंत्रता का अधिकार
D. सांविधानिक उपचारों का अधिकार

45. निम्नलिखित में से किस याचिका (writ) का शाब्दिक अर्थ होता है–हम आदेश देते हैं?

A. बंदी प्रत्यक्षीकरण B. परमादेश
C. अधिकार पृच्छा D. उत्प्रेषण

46. निम्नोक्त समादेशों में से कौन-सा समादेश किसी अवैध व्यक्ति से सरकारी पद को बचाने के लिए जारी किया जाता है?

A. उत्प्रेषण B. परमादेश
C. निषेधाज्ञा D. अधिकार पृच्छा

47. निम्नलिखित में से किस वर्ष संविधान में मूल कर्त्तव्यों को अन्तः स्थापित किया गया?

A. 1972 ई. B. 1976 ई.
C. 1977 ई. D. 1978 ई.

48. भारतीय संविधान में मौलिक कर्त्तव्यों की सूची निम्नलिखित में से किस भाग के रूप में जोड़ी गई थी?

A. चार B. पाँच
C. दो D. तीन

49. भारतीय संसद बनती है–

A. केवल लोक सभा के द्वारा
B. राज्य सभा एवं लोक सभा के द्वारा
C. लोक सभा एवं राष्ट्रपति के द्वारा
D. लोक सभा, राज्य सभा एवं राष्ट्रपति के द्वारा

50. साधारण विधेयक से सम्बन्धित गतिरोध को दूर करने के लिए संसद के दोनों सदनों की संयुक्त बैठक कौन बुलाता है?

A. राष्ट्रपति B. मंत्रिपरिषद्
C. लोकसभा अध्यक्ष D. राज्य सभा का सभापति

51. सांसदों के वेंतन का निर्णय कौन करता है?

A. संसद B. केन्द्रीय मंत्रिपरिषद्
C. राष्ट्रपति D. लोकसभा अध्यक्ष

52. संसदीय प्रणाली वाली सरकार को अन्य किस नाम से जाना जाता है?

A. अनुक्रियाशील सरकार B. उत्तरदायी सरकार
C. संघीय सरकार D. राष्ट्रपतीय सरकार

53. भारत में कार्यपालिका का अध्यक्ष कौन होता है?

A. राष्ट्रपति
B. प्रधानमंत्री
C. विरोधी दल का नेता
D. भारत सरकार का मुख्य सचिव

54. राष्ट्रपति को हटाया जा सकता है–

A. अविश्वास प्रस्ताव लाकर
B. संविधान संशोधन से
C. कानूनी कार्यवाही से
D. महाभियोग द्वारा

55. भारत के राष्ट्रपति निर्वाचित होने के पात्र बनने के लिए किसी व्यक्ति की आयु पूर्ण होनी चाहिए–

A. 21 वर्ष B. 25 वर्ष
C. 30 वर्ष D. 35 वर्ष

56. भारतीय संविधान के अनुसार देश का प्रथम नागरिक कौन होता है?

A. राष्ट्रपति B. लोकसभा अध्यक्ष
C. उपराष्ट्रपति D. प्रधानमंत्री

57. निम्नलिखित में से कौन लगातार दो बार राष्ट्रपति रहे थे?

A. डॉ. राजेन्द्र प्रसाद B. डॉ. एस. राधाकृष्णन
C. डॉ. जाकिर हुसैन D. A और B दोनों

58. राष्ट्रपति के चुनाव में विवाद होने पर किसकी सलाह ली जाती है?

A. उपराष्ट्रपति B. चुनाव आयोग
C. सर्वोच्च न्यायालय D. लोकसभा अध्यक्ष

59. भारत सरकार का सांविधानिक अध्यक्ष कौन है?

A. राष्ट्रपति

B. प्रधानमंत्री

C. भारत का मुख्य न्यायाधीश

D. महान्यायवादी

60. भारत के पहले राष्ट्रपति के रूप में डॉ. राजेन्द्र प्रसाद का चुनाव किया गया था–

A. निर्वाचकमंडल द्वारा B. भारत की जनता द्वारा

C. संविधान सभा द्वारा D. संसद द्वारा

61. भारत के उपराष्ट्रपति का चुनाव किया जाता है–

A. संसद के सदस्यों द्वारा

B. राज्य सभा के सदस्यों द्वारा

C. संसद के निर्वाचित सदस्यों द्वारा

D. संसद और राज्य विधानसभाओं के सदस्यों द्वारा

62. राष्ट्रपति द्वारा राज्य सभा में कितने व्यक्ति मनोनीत किये जाते हैं?

A. 10 B. 15

C. 12 D. 20

63. राज्य सभा के सदस्यों के लिए न्यूनतम आयु .... है।

A. 21 वर्ष B. 25 वर्ष

C. 30 वर्ष D. 35 वर्ष

64. निम्नलिखित में से किसके सम्बन्ध में राज्य सभा को लोक सभा के अपेक्षाकृत अधिक अधिकार प्राप्त हैं?

A. धन विधेयक

B. धनेतर विधेयक

C. नई अखिल भारतीय सेवाओं का गठन करना

D. संविधान का संशोधन

65. राज्य सभा को भंग करने में कौन सक्षम है?

A. अध्यक्ष राज्य सभा B. राष्ट्रपति

C. संसद का संयुक्त सत्र D. उपर्युक्त में से कोई नहीं

66. वर्तमान में लोक सभा सदस्यों की प्रभावी संख्या कितनी है?

A. 540 B. 543

C. 548 D. 552

67. निम्न में से किस राज्य में विधान परिषद है।

A. राजस्थान B. उत्तर प्रदेश

C. ओडिशा D. पश्चिम बंगाल

68. किसी विशेष दिन लोक सभा में अधिकतम कितने तारांकित प्रश्न पूछे जा सकते हैं?

A. 15 B. 20

C. 25 D. कोई सीमा नहीं

69. लोक सभा चुनाव में कोई प्रत्याशी अपनी जमानत खो देता है यदि उसे प्राप्त न हो सके–

A. वैध मतों का 1/3 B. वैध मतों का 1/4

C. वैध मतों का 1/5 D. इनमें से कोई नहीं

70. उत्तर प्रदेश के अतिरिक्त लोक सभा में किन दो राज्यों का प्रतिनिधित्व सबसे अधिक है?

A. बिहार और आन्ध्र प्रदेश

B. महाराष्ट्र और पश्चिम बंगाल

C. कर्नाटक और आन्ध्र प्रदेश

D. तमिलनाडु और राजस्थान

71. लोक सभा के निर्वाचन क्षेत्रों का सीमा निर्धारण पहली बार निम्नलिखित में से किस ई॰ सन् में किया गया था?

A. 1970 B. 1972

C. 1976 D. 1977

72. संसद के दोनों सदनों की संयुक्त बैठक को भेजा गया विधेयक का पारित होना होता है–

A. उपस्थित सदस्यों के साधारण बहुमत से

B. कुल सदस्यों के पूर्ण बहुमत से

C. उपस्थित सदस्यों के दो-तिहाई बहुमत से

D. उपस्थित सदस्यों के तीन-चौथाई बहुमत से

73. निम्नलिखित में से कौन-सा एक लोक सभा का सर्वाधिक बड़ा (क्षेत्रफल के अनुसार) निर्वाचन क्षेत्र है?

A. काँगड़ा B. लद्दाख

C. कच्छ D. भीलवाड़ा

74. मंत्रिमंडल (संघीय) की बैठक की अध्यक्षता कौन करता है?

A. राष्ट्रपति B. उपराष्ट्रपति

C. लोकसभा अध्यक्ष D. प्रधानमंत्री

75. भारत के प्रधानमंत्री–

A. राष्ट्रपति द्वारा चुने जाते हैं

B. राज्यों के मुख्यमंत्री द्वारा चुने जाते हैं

C. लोक सभा में बहुमत दल के नेता होते हैं

D. चुने नहीं जाते, बल्कि वंशगत होते हैं

76. भारतीय संविधान के अनुसार तथ्यात्मक सम्प्रभुता निवास करती है–

A. संसद में B. राष्ट्रपति में

C. प्रधानमंत्री में D. जनता में

77. भारतीय संविधान के अनुच्छेद 74 और 75 किन विषयों पर विचार करते हैं?

A. मंत्रिपरिषद् B. लोक सभा के सदस्य

C. राष्ट्रपति D. मंत्रिमंडल के सदस्य

78. भारत सरकार का वह मंत्री जो संसद के दोनों में से किसी सदन का सदस्य नहीं है, उसे मंत्री के पद से मुक्त हो जाना पड़ता है–

A. 6 मास बाद B. 1 वर्ष बाद
C. 2 वर्ष बाद D. 3 वर्ष बाद

79. संघीय मंत्रिपरिषद् अपने आचरण के लिए किसके प्रति उत्तरदायी होता है?

A. राष्ट्रपति B. लोक सभा
C. राज्य सभा D. संसद

80. मंत्रिपरिषद् व्यक्तिगत रूप से उत्तरदायी होता है–

A. राष्ट्रपति के प्रति
B. प्रधानमंत्री के प्रति
C. लोकसभा अध्यक्ष के प्रति
D. संसद के प्रति

81. सामूहिक रूप से मंत्रिपरिषद् किसके प्रति उत्तरदायी होता है?

A. राष्ट्रपति B. प्रधानमंत्री
C. लोक सभा D. संसद

82. भारतीय गणराज्य में वास्तविक कार्यकारी प्राधिकार निम्नलिखित में से किसके पास होता है?

A. प्रधानमंत्री B. राष्ट्रपति
C. नौकरशाही D. मंत्रिपरिषद्

83. निम्नलिखित में से कौन भारत के उपप्रधानमंत्री नहीं रहे हैं?

A. सरदार पटेल B. एल.के. आडवाणी
C. चरण सिंह D. बी.डी. जत्ती

84. लोक सभा में विरोधी दल के नेता के रूप में मान्यता देने के लिए उसके दल के सदस्यों की संख्या कुल सदस्यों की संख्या के कम-से-कम कितने प्रतिशत होनी चाहिए?

A. 10% B. 15%
C. 25% D. 50%

85. लोक सभा में विरोधी दल के पहले मान्यता प्राप्त नेता थे–

A. श्यामा प्रसाद मुखर्जी B. इन्दिरा गाँधी
C. रामसुभग सिंह D. वाई.बी. चौहान

उत्तरमाला

1	**2**	**3**	**4**	**5**	**6**	**7**	**8**	**9**	**10**
C	A	C	B	C	D	A	C	D	D
11	**12**	**13**	**14**	**15**	**16**	**17**	**18**	**19**	**20**
A	C	C	D	D	D	B	A	C	C
21	**22**	**23**	**24**	**25**	**26**	**27**	**28**	**29**	**30**
C	A	A	B	D	D	D	D	D	C
31	**32**	**33**	**34**	**35**	**36**	**37**	**38**	**39**	**40**
A	C	D	C	D	C	C	A	A	C
41	**42**	**43**	**44**	**45**	**46**	**47**	**48**	**49**	**50**
A	B	C	B	A	D	B	A	D	A
51	**52**	**53**	**54**	**55**	**56**	**57**	**58**	**59**	**60**
A	C	A	D	D	A	A	C	A	C
61	**62**	**63**	**64**	**65**	**66**	**67**	**68**	**69**	**70**
A	C	C	C	D	B	B	B	D	B
71	**72**	**73**	**74**	**75**	**76**	**77**	**78**	**79**	**80**
B	A	B	D	C	A	A	A	B	A
81	**82**	**83**	**84**	**85**					
C	D	D	A	D					

☆☆☆☆☆☆

सामान्य विज्ञान

विज्ञान की विविध शाखाएं

नाम	अध्ययन	नाम	अध्ययन
एरोनॉटिक्स	वैमानिकी का अध्ययन	फिलाटेली	टिकट संग्रह कला
एनाटोमी	मानव शरीर की रचना	हार्टीकल्चर	बागवानी
आर्कियोलॉजी	पुरातत्व अध्ययन	सीस्मोलॉजी	भूकंप का अध्ययन
एकॉस्टिक	ध्वनि से संबंधित अध्ययन	ऑस्टोलॉजी	हड्डियों का अध्ययन
एस्ट्रोनामी	खगोल अध्ययन	जेनेटिक्स	आनुवंशिकी का अध्ययन
एण्टोमोलॉजी	कीटाणुओं का अध्ययन	जूलॉजी	जन्तु विज्ञान
एस्ट्रोफिजिक्स	ग्रह-मंडल का अध्ययन	बायलॉजी	प्राणी विज्ञान
कैलिस्थेनिक्स	व्यायाम विद्या का अध्ययन	जिओलॉजी	भूगर्भ की बनावट का अध्ययन
क्रोनोलॉजी	ऐतिहासिक क्रम का अध्ययन	पैथॉलाजी	रोगों का अध्ययन
बॉटनी	वनस्पति का अध्ययन	फिजिक्स	भौतिक विज्ञान
केमिस्ट्री	रसायन का अध्ययन	बायोकेमिस्ट्री	प्राणी का रासायनिक अध्ययन
सेरामिक्स	चीनी के बर्तनों के निर्माण का अध्ययन	युजेनिक्स	नस्ल सुधार का अध्ययन
इकोलॉजी	जीव एवं पर्यावरण संबंधों का अध्ययन	एटिमोलॉजी	शब्द व्युत्पत्ति का अध्ययन
एन्टोमोलॉजी	कीट-पतंगों का अध्ययन		

आविष्कार और आविष्कारक

आविष्कार	आविष्कारक	देश	सन्
वायुयान	ओरविल और विलबर राइट	अमेरिका	1903
बॉल-पाइंट	जॉन जे॰ लाउड	अमेरिका	1888
बैरोमीटर	इवेंजलिस्ता टौरीसेली	इटली	1644
बाईसिकिल	कर्कपैट्रिक मैकमिलन	इंग्लैंड	1839-40
बाईफोकल लेंस	बेन्जामिन फ्रैंकलिन	अमेरिका	1780
बनसेन बर्नर	आर॰ विल्हेम वोन बनसेन	जर्मनी	1855
कार (पेट्रोल)	कार्ल बेन्ज	जर्मनी	1888
सीमेंट (पोर्टलैंड)	जोसेफ एस्पडिन	इंग्लैंड	1824
सिनेमा	निकोलस और जीन लूमियर	फ्रांस	1895
क्लॉक (मैकेनिकल)	आई.सिंग और लियांग लिंग-तसान	चीन	1725
डीजल इंजन	रूडोल्फ डीजल	जर्मनी	1895
डायनेमो	हाइपोलाइट पिक्सी	फ्रांस	1832
इलैक्ट्रिक लैम्प	थॉमस अल्वा एडिसन	अमेरिका	1879
सेफ्टी पिन	वाल्टर हन्ट	अमेरिका	1849
सिलाई मशीन	बार्थलेमी थिम्मोनियर	फ्रांस	1829
जहाज (भाप)	जे॰सी॰ पेरियर	फ्रांस	1775

जहाज (टरबाइन)	होन॰ सर सी॰ पारसंस	इंग्लैंड	1894
स्लाइड रूल	विलियम ऑग्ट्रेड	इंग्लैंड	1621
भाप का इंजन	जेम्स वॉट	इंग्लैंड	1765
स्टेनलेस स्टील	हेरि ब्रियरले	इंग्लैंड	1913
समुद्री जहाज	डेविड बुशनेल	अमेरिका	1776
टैंक	सर अर्नस्ट स्विनटन	इंग्लैंड	1914
टेलीग्राफ	एम॰ लम्मोंड	फ्रांस	1787
टेलीग्राफ कोड	सैमुअल एफ॰ बी॰ मोर्स	अमेरिका	1837
टेलीफोन (परफैक्टेड)	अलेक्जैण्डर ग्राहम बेल	अमेरिका	1876
टेलीस्कोप	हेन्स लिप्परशे	नीदरलैंड्स	1608
टेलीविजन (मैकेनिकल)	जे॰एल॰ बेयर्ड	इंग्लैंड	1926
टेलीविजन (इलेक्ट्रॉनिक)	पी॰टी॰ फार्न्सवर्थ	अमेरिका	1927
थर्मामीटर	गैलिलियो गैलिली	इटली	1593
ट्रांसफार्मर	माइकल फैराडे	इंग्लैंड	1831
ट्रांजिस्टर	बरडीन, शोकले तथा ब्राट्टेन	अमेरिका	1948
टाइपराइटर	पेलेग्रिन टेर्री	इटली	1808
कपड़ा धोने की मशीन (विद्युत)	हर्ले मशीन कम्पनी	अमेरिका	1907
घड़ी	बारथोलोम्यू मैनफ्रेडी	इटली	1462

माप/तौल की इकाइयां

वॉट	बिजली की शक्ति की इकाई
ओम	विद्युत प्रतिरोध
हर्ट्ज	तरंगों की आवृत्ति
डाइन	बल की सापेक्ष इकाई
कैलोरी	ऊष्मा की इकाई
कूलम्ब	विद्युत की मात्रा
एम्पियर	विद्युत धारा
नॉट	समुद्र पोतों की गति
बार	वायुमंडलीय दाब की इकाई
डेसीबल	सापेक्ष ध्वनि की तीव्रता
एंगस्ट्रम	प्रकाश तरंगों की लम्बाई
कैरेट	बहुमूल्य पत्थर की तौल
फैदम	समुद्र की गहराई की इकाई
न्यूटन	बल
कैन्डला	ज्योति तीव्रता
प्रकाश वर्ष	आकाश के ग्रहों आदि की दूरी की इकाई

चिकित्सा विज्ञान संबंधी आविष्कार

फ्रेडरिक-बैटिन	इन्सुलिन (डायबिटीज के उपचार के लिए)
ब्रह्मचारी यू.एन.	काला-ज्वर बुखार की चिकित्सा
डॉ. क्रिश्चियन बर्नार्ड	हृदय प्रत्यारोपण
जी. डोमाग	सल्फा ड्रग्स
राबर्ट कोच	हैजे का टीका
डॉ. पाल मुलर	डी.डी.टी.
आइजकमेन	बेरी-बेरी की चिकित्सा
आर्थर बर्ग तथा जेम्स वाटसन	आर.एन.ए.
जेम्स वाटसन तथा क्रिक	डी.एन.ए.
ड्रेसर	एस्प्रिन
रेबी	क्लोरोक्वीन (कुनैन)
हरगोविन्द खुराना	कृत्रिम जीन
फिनले	टेरामाइसिन
ल्यूवेनहॉक	बैक्टीरिया
रोबर्थ	टायफायड के जीवाणु
रीड	पीले बुखार की चिकित्सा
फिन्सेन	अल्ट्रा वायलेट रेंज द्वारा चिकित्सा
पाल एरिक	सिफलिस की चिकित्सा
सर अलेकजेंडर फ्लेमिंग और फ्लोरे	पेन्सिलिन
विलियम हार्वे	रक्त परिवहन (संचरण)
कार्ल लैंडस्टीनर	रक्त-आधान

हैनीमेन	होम्योपैथी की स्थापना
फंक	विटामिन
मैकुलन	विटामिन 'ए'
मैकुलन	विटामिन 'बी'
यूजोक्ट होल्कट	विटामिन 'सी'
एफ.जी. हॉपकिन्स	विटामिन 'डी'
एडवर्ड जेनर	चेचक का टीका
राबर्ट कोच	टी.बी. की चिकित्सा
लेनेक	स्टेथॉस्कोप
लार्डजोसेफ लिस्टर	एण्टीसेप्टिक द्वारा चिकित्सा
लुई पाश्चर	हाइड्रोफोबिया की चिकित्सा
डॉ. रोनेल्ड रॉस	मलेरिया की चिकित्सा
डॉ. जोन्स इ. साल्क	एण्टी पोलियो वैक्सीन
सर जेम्स हैरीसन	क्लोरोफार्म की खोज
वैक्समैन	स्ट्रेप्टोमाइसिन

विटामिन की कमी से होने वाले रोग

विटामिन	रोग	स्रोत
विटामिन A	रतौंधी	गाजर, दूध, अंडा
विटामिन B_{12}	अरक्तता	कलेजी, अंडा
विटामिन B_1	बेरी-बेरी	दाल, अंडा, मूंगफली
विटामिन C	स्कर्वी	संतरा, टमाटर
विटामिन B_2	मुँह की त्वचा	कलेजी, दूध, मांस
विटामिन D	सूखा रोग	सूर्य का प्रकाश,
विटामिन B_6	एनीमिया और होंठ फटना	कलेजी, दूध, मांस, मछली का तेल
विटामिन E	बांझपन	हरी सब्जियाँ, दूध, कलेजी
विटामिन B_7	पेलाग्रा	मछली, अंडा
विटामिन K	रक्त का थक्का जमने में कमी	हरी सब्जी

प्रमुख बीमारियों द्वारा प्रभावित अंग

बीमारी	प्रभावित अंग
निमोनिया	फेफड़े
टायफाइड	आँत
डिप्थीरिया	श्वसन नलिका
सिफलिस	जनन अंग
मेनिनजाइटिस	मस्तिष्क
आर्थ्राइटिस	जोड़ों की सूजन
एग्जीमा	चमड़ी
पीलिया	यकृत
अतिसार	आँत का अग्रभाग
सुजाक, श्वेत प्रदर	मूत्र मार्ग
प्लूरिसी	छाती
पायरिया	दाँत तथा मसूड़े
गठिया या ट्यूमैटिज्म	जोड़ों में
टिटनेस	तंत्रिका तंत्र, मांसपेशी
कुष्ठ	त्वचा, तंत्रिकाएं
हैजा	आँत, आहार नाल
रिकेट्स	हड्डियाँ
गोइटर (गण्डमाला)	थाइराइड ग्रंथि
काली खाँसी	श्वसन तंत्र
बॉट्यूलिज्म	तंत्रिका-तंत्र
एड्स	सम्पूर्ण शरीर
प्लेग	फेफड़े, लाल रक्त कणिकाएं
रेबीज या हाइड्रोफोबिया	तंत्रिका तंत्र
खसरा	सम्पूर्ण शरीर
कालाजार	रुधिर, प्लीहा व अस्थि मज्जा
हरपीस	त्वचा, श्लेष्मकला
क्षय रोग	शरीर का कोई भी अंग, विशेषकर फेफड़े
केटेरेक्ट, ग्लाइकोमा, ट्रेकोमा, मायोपिया	आँख
चेचक	सम्पूर्ण शरीर, विशेषकर चेहरा तथा हाथ-पैर

प्रमुख पाचक एन्जाइम एवं उनके कार्य

पाचक एन्जाइम	स्रोत	कार्य
टाइलिन	लार ग्रन्थि	स्टार्च का माल्टोस में परिवर्तन
एमाइलेज	लार ग्रन्थि, अग्न्याशय	पॉलीसैकेराइड का डाइसैकेराइड में परिवर्तन
पेप्सिन	आमाशय	प्रोटीन को पेप्टाइड खण्डों में तोड़ना
ट्रिप्सिन एवं काइमोट्रिप्सिन	अग्न्याशय	प्रोटीन एवं पॉलीपेप्टाइड को पेप्टाइड खण्डों में तोड़ना
लाइपेस	अग्न्याशय	ट्राइग्लिसराइड को वसीय अम्ल एवं मोनोग्लिसराइड में तोड़ना

मानव शरीर से सम्बन्धित महत्वपूर्ण तथ्य

तथ्य	स्थिति/मात्र
अस्थियों की कुल संख्या	206
सबसे छोटी अस्थि	स्टेपीज (मध्य कर्ण में)
सबसे लम्बी अस्थि	फीमर (जंघा में)
कशेरुकाओं की कुल संख्या	33
पेशियों की कुल संख्या	+639
सबसे लम्बी पेशी	सारटोरियस
बड़ी आँत की लम्बाई	1.5 मी (4.9 फीट)
छोटी आँत की लम्बाई	6.25 मी (20 फीट)
यकृत का भार (पुरुष में)	1.4-1.8 किग्रा
यकृत का भार (महिला में)	1.2-1.4 किग्रा
सबसे बड़ी ग्रन्थि	यकृत
सर्वाधिक पुनरुद्भवन की क्षमता	यकृत में
सबसे कम पुनरुद्भवन की क्षमता	मस्तिष्क में
शरीर का सबसे कठोर भाग	दाँत का इनेमल
सबसे बड़ी लार ग्रन्थि	पैरोटिड ग्रन्थि
शरीर का सामान्य तापमान	98.4°F (37°C)
शरीर में रुधिर की मात्रा	5.5 ली
हीमोग्लोबिन की औसत मात्रा (पुरुष में)	13.16 g/dl
हीमोग्लोबिन की औसत मात्रा (महिला में)	11.5-14 g/dl
श्वेत रुधिर कोशिकाओं (WBCs) की संख्या	5000-10000/cu mm
सबसे छोटी श्वेत रुधिर कोशिका	लिम्फोसाइट
सबसे बड़ी श्वेत रुधिर कोशिका	मोनोसाइट कोशिका
श्वेत रुधिर कोशिकाओं का जीवनकाल	120 दिन
लाल रुधिर कोशिकाओं (RBCs) का जीवनकाल	2-5 दिन
रुधिर का थक्का बनने का समय	3-6 मिनट
सर्वग्राही रुधिर वर्ग	AB
सर्वदाता रुधिर वर्ग	O
सामान्य रुधिर दाब	120/80 Hg
वयस्क में हृदय गति	72 बार प्रति मिनट

श्वसन अंग और उसके उदाहरण

श्वसन अंग	उदाहरण
फेफड़े	मनुष्य, मेंढक, पक्षी, छिपकली, पशु इत्यादि
त्वचा	मेंढक, केंचुआ
गिल्स	टैडपोल, मछली प्रॉन
श्वसन नाल	कीट
शरीर सतह	अमीबा, युग्लीना

जन्तु विज्ञान से सम्बन्धित महत्वपूर्ण तथ्य

विशेषता — नाम

- सबसे बड़ी स्तनी–**नीली व्हेल**
- सबसे विशाल स्थलीय स्तनी–**हाथी**
- सबसे बड़ी अस्थि–**फीमर (जंघा में)**
- सबसे बड़ा अण्डा–**शतुरमुर्ग**
- सबसे बड़ा शिरा–**इन्फीरियर वेना केवा**
- सबसे बड़ा स्थलीय पक्षी–**शतुरमुर्ग**
- विशालतम जीवित सरीसृप–**टर्टिल**
- विश्व में सबसे विषैला सर्प–**ऑस्ट्रेलिया का पेनिन्सुलर टाइगर सर्प**
- सबसे लम्बा स्तनी–**जिराफ**
- सबसे छोटी चिड़िया–**हमिंग बर्ड**
- दाँत रहित स्तनी–**चींटीखोर**
- शरीर का सबसे व्यस्त अंग–**यकृत**
- शरीर का सबसे भारी अंग–**यकृत**
- सबसे भारी कशेरुका–**लुम्बर**
- सबसे मजबूत पेशी–**जबड़े की पेशी**
- सबसे पुराना प्राइमेट–**लीमर**
- सबसे पुरानी स्तनी–***एकिडना***
- सबसे पुराना कपि–**गिब्बन**
- सबसे विषैला भारतीय सर्प–**किंग कोबरा**
- विषैली छिपकली–***हीलोडर्मा***
- विषैली मछली–**स्टोन मछली**
- अण्डा देने वाली स्तनी–***एकिडना,* डक बिल्ड प्लेटीपस**
- सबसे छोटा स्तनी–**छछुँदर**
- सबसे तेज दौड़ने वाला जन्तु–**चीता**
- सबसे बड़ा सर्प–**पाइथन**
- घोंसला बनाने वाला साँप–**किंग कोबरा**

✧✧✧✧✧

विश्व : विविध

विश्व की धार्मिक जनसंख्या (2022)

धर्मावलम्बी	मानने वालों की संख्या
ईसाई	2.5 अरब
इस्लाम	1.9 अरब
नास्तिक (atheism)	1.4 अरब
हिंदू	107.0 करोड़
बौद्ध	54.5 करोड़
चीनी लोक धर्म	47.6 करोड़
एनीमिस्ट	13.6 करोड़
अफ्रीकन लोक धर्म	10.0 करोड़
सिक्ख	2.7 करोड़
जुचे	1.9 करोड़
स्पीरिटिज्म	1.4 करोड़
यहूदी	1.4 करोड़
बहाई	89 लाख
जैन	64 लाख
शिन्टो	28 लाख
जरथ्रुस्ट	1.9 लाख
टेनरिक्यो	20 लाख
एकल विश्ववादी	8 लाख

विदेशी लेखक

पुस्तकें	लेखक
ए चाइना पैसेज	जे.के. गेलब्रेथ
ए डेंजरस प्लेस	डेनिस पैट्रिक मोमनिहन
ए डॉल्स हाउस	इप्सन
ए फेयरवेल टू आर्म्स	अर्नेस्ट हैमिंग्वे
ए मिड समर नाईट्स ड्रीम	शेक्सपीयर
ए पेयर ऑफ ब्लू आईज	थॉमस हार्डी
ए पैसेज टू इंडिया	ई. एम. फोस्टर
बेबिट	सिनक्लेयर लिविस
बेनहुर	लिविस वैलेस
बैरी पैचेज	येवगेनि येव्लुशेंको
बर्थ एंड डेथ ऑफ सन	जार्ज गैमोव
बिटर स्वीट	नील कोवार्ड
द ब्लाइंड ब्यूटी	बेरिस पेस्त्रनक
ब्लू बर्ड	मौरिस मैक्टरलिंक
बोस्तां	जाय एडम्सन
ब्रेझनेव-द मास्क्स ऑफ पावर	जान डार्नवर्ग
सीजर एंड क्लियोपेट्रा	जार्ज बर्नार्ड शा
कैंसर वार्ड	एलेक्जेंडर सोलझेनिस्तिन
चार्जिंग	लियो विलमन
चैरी आर्कड	एंटन चेखोव
चिल्ड्रन ऑफ गेबेल्वी	नकीब महफूज
कामेडी ऑफ इरर्स	शेक्सपीयर
क्राइम एंड पनिसमेंट	फिदूर दोस्तोवस्की
क्रिटिकल मास	बिलयम ई. बूरोअज और राबर्ट विंड्रेम
क्रासिंग द थ्रेसहोल्ड ऑफ होप	पोप जान पॉल II
द क्राउन ऑफ वाइल्ड ओलिव	जान रस्किन
कास्मोस	कार्ल सगन
डार्कनेस एट नून	आर्थर कोएस्लर
दास कैपिटल	कार्ल मार्क्स

पुस्तकें	लेखक
डेविड कापरफील्ड	चार्ल्स डिकेन्स
डेज ऑफ हिज ग्रेस	इविंद जानसन
डेथ ऑफ ए प्रेसिडेंट	बिलियम मैनचेस्टर
एम्मा	जेन आस्टिन
इंड्स एंड मींस	एलडोअस हक्सले
एस्केप	जान फोरस्टायल
इरहॉन	सेमुअल बटलर
एस्से ऑफ इलिया	चार्ल्स लैंब
आई ऑफ द स्ट्रौम	पैट्रिक ह्वाइट
एक्सपेंडिंग यूनिवर्स	आर्थर स्टेनले इडिंग्डन
एक्सपेरिमेंट विद अनटुथ	माइकल एंडरसन
फर्स्ट सर्किल	एलेक्जेंडर सोलझेनिस्तिन
फेस टू फेस	लिसे और लिसा बे
फेन्ट्स आर फैक्ट्स	खान अब्दुल वली खान
ग्रामर ऑफ पॉलिटिक्स	हेराल्ड जोसफ लास्की
ग्रेट एक्सपैक्टेशन	चार्ल्स डिकिन्स
द ग्रेट इलयूजन	नार्मल एंजेल
ग्रे इमिनेंस	एलडोअस हक्सले
गुलग आर्किप्लेगो	अलेक्जेंडर सोल्फेनिस्तिन
गुलिवर्स ट्रेवल	जोनाथन स्विफ्ट
जिप्सी	पुश्किन
हेमलेट	विलियम शेक्सपीयर
हैप्पी वैली	पैट्रिक ह्वाइट
हीट एंड डस्ट	रुथ परावर झबवाला
इनसाइड एशिया	जॉन गुन्थर
इनसाइड द थर्ड राइट	एलबर्ट स्पेंसर
द इनविजिवल मैन	एच. जी. वेल्स
इसेबेला	जान कीट्स
इवानहो	सर वॉल्टर स्काट
जेन आयर	शारलोटि ब्रान्टे
जेन क्रिस्टोफर	रोमेन रोलेण्ड
जंगल बुक	रूडयार्ड किपलिंग
जुलियस सीजर	विलियम शेक्सपीयर
जुरासिक पार्क	मिशेल क्रिकटन
केन एंड अवेल	जेफ्री आर्कर
केन अटेंडेंट गॉडोट	सैमुअल बेकेट
कैनिल बर्थ	सर वॉल्टर स्काट
किडनैप्ड	राबर्ट लुईस स्टीवेंसन
किम	रूडयार्ड किपलिंग
लेस मिजरेबल्स	विक्टर ह्यूगो
लाईफ ऑफ डाक्टर सेमुअल जॉन्सन	जेम्स बॉस्वेल
लिविंग रूम	ग्राहम ग्रीन
लोलिता	बी. नाबाकोव
लार्ड ऑफ द फाइल्स	विलियम गोल्डिंग
नाइन डेज वंडर	जान मैंसफील्ड
नाइंटिन एटीफोर	जार्ज आरवेल
नाइन्थ सिंफनी	ली बेथोवन
ओ येरूशलम	लैरी कालिन्स
ओडिसी	होमर
ऑफ ह्यूमन बान्डेज	सोमरसेट मॉम
ओह, कैलकटा	कीनथ टिनन
ओह, लिबॉक्स जोर्स	सैमुअल बेकेट
द ओल्ड मैन एंड सी	अर्नेस्ट हैमिंग्वे
ओलिवर ट्विस्ट	चार्ल्स डिकिन्स
आन कंट्राडिक्शन	माओत्से तुंग
वन हंर्डेड इयर्स ऑफ सॉलिट्र्यूड	अक्तावियो पेज
वार एण्ड पीस	लियो टालस्टाय
वन लाइफ	क्रिश्चन बर्नार्ड
ओनली वन इयर	स्वेतलाना
ऑरिजिन ऑफ स्पीसेज	चार्ल्स डार्विन
द ओरियन	रिचर्ड हेनरी हार्न
द प्रिंस	निकोलो मैक्यिावली
प्राइड एंड प्रेजूडिस	जेन ऑस्टिन
प्रिंसीपिया	आइजक न्यूटन ब्रोन्टे
द प्रोफेसर	चेरियट ब्रान्टे
पिगमेलियन	जार्ज बर्नार्ड शा
रेन्स केम	लुईस ब्रोमफील्ड
रेप ऑफ बांग्लादेश	एंथोनी मेक्रेहेंस
रेजर्स एज	डब्ल्यू. सोमरसेट मौम
रेड गॉनलेट	वाल्टर स्कॉट
रेड स्टार ओवर चायना	एजर स्नो

पुस्तकें	लेखक
रिफ्लेक्शन आन द फ्रेंच रिवोल्यूशन	एडमंड बर्क
रिप्रीव	जीन पॉल सार्थ
रिपब्लिक	प्लेटो
द राइबल्स	आर.बी. शेरिडन
रॉबिन्सन क्रूसो	डेनियल डिफो
स्पाई कैयर	पीटर राइट
सेंट जॉन	जार्ज बर्नार्ड शा
स्ट्रेंजर एंड ब्रदर्स ओमिनीबस	सी.पी. स्नो
सरवाइविंग डूम्स डे	ब्रूस सिवले
टेल्स फ्राम शेक्सपीयर	चार्ल्स लैम्ब
तिलिस्म	सर वाल्टर स्कॉट
टार्जन ऑफ द एप्पस	एडगर राइस बूरोग्धस
द टेम्पेस्ट	विलियम शेक्सपीयर
टेस ऑफ द डी अरबरविलिस	थामस हार्डी
टेस्टामेंट ऑफ ब्यूटी	राबर्ट ब्रिजेज
थैंक यू जीव्स	पी.जी. वोडहाउस
दि ट्रीटाइजेज ऑफ गवर्नमेंट	जॉन लॉक
ट्रॉपिक ऑफ कैंसर	हेनरी मिलर
द ट्रम्पेट मेजर	थामस हार्डी
टुवैल्थ नाइट	विलियम शेक्सपीयर
द रेप ऑफ द लॉक	एलेक्जेंडर पोप
द कॉकर्र	पी.जी. वूडहाउस
द कोड	पी.जी. वूडहाउस
यूलीसेस	जेम्स ज्वाइस
अंकल टॉम्स केबिन	हैरिट बी. स्टोव
द यूनिवर्स अराउंड अस	जेम्स जींस
अनटू दिस लास्ट	जान रस्किन
द अपटर्न्ड स्वॉयल	मिखेल सोलोवोक
यूटोपिया	थामस मूर
वैली ऑफ डॉल्स	जैक्वेलिन सुसान
वॉयसरायज जर्नल	पेंडेरल मूल
विकार ऑफ वेकफील्ड	ओलिवर गोल्डस्मिथ
वेटिंग फॉर गोडाट	थामस बेकेट
वेक अप इंडिया	एनी बेसेंट
वार एंड पीस	लियो टॉलस्टाय
द वेस्ट लैंड	टी.एस. इलियट
वे टू आफ आल फ्लेस	सेमुअल बटलर
गॉड इज ए बुलेट	बोस्टम तेरान
हैरी पाटर शृंखला की 7 पुस्तकें	जे.के. रोलिंग
द ब्लाइंड एसेसिन (वर्ष-2000 के लिए बुकर पुरस्कार से सम्मानित)	मारग्रेट एटवुड
राइडिंग दि बुलेट (इंटरनेट पर विश्व का प्रथम उपन्यास)	स्टीफन किंग
महादेवी वर्मा	कैरीन शोमर
द डे डायना डाइड	क्रिस्टोफर एण्डरसन
द नेक्स्ट वर्ल्डवार	जेम्स एडम्स
विजनेश @ द स्पीड ऑफ थॉट	बिल गेट्स
द टेस्टामेंट	जॉन ग्रीशम
ग्रेट वनडे इंटरनेशनल	गुलु एजेकील
ब्लाइंडनेस	जोस सरमागो
ऑल द नेम्स	जोस सरमागो
मैनुअल ऑफ पेंटिंग्स एंड कैलीग्राफी	जोस सरमागो
एम्सटर्डम (वर्ष 1998 के लिए बुकर पुरस्कार से सम्मानित)	इयान मैकेवन
मास्टर जार्जी	बेरिल बाइनब्रिज
इंगलैंड, इंगलैंड	जूलियन बार्नेस
द इंडस्ट्री ऑफ सोल्स	मार्टिन बूथ
ब्रेकफास्ट आन प्लूटो	पैट्रिक मैक्वे
द रेस्ट्रेन ऑफ वीट्स	मेंग्नस मिल्स
1998 : ए लव स्टोरी (मोनिका-क्लिंटन यौन संबंधों पर आधारित रिपोर्ट)	केनेथ स्टार
वूमन इन माडर्न इण्डिया	जेराल्डीन फोरवेस
सराह, द डचेज ऑफ यार्क : माई स्टोरी	साराह फार्ग्यूसन
द वेल्थ ऑफ नेशंस	एडम स्मिथ
विलहेम मिस्टर	जे.डब्ल्यू. वान गोथे
विटनेस टू एन इरा	फ्रैंक मोरिस
वूथेरिंग हाइट्स	इमिली ब्रोन्टे

संयुक्त राष्ट्र संघ (UNO)

संयुक्त राष्ट्र संघ (यूएनओ) : 'संयुक्त राष्ट्र' शब्द का प्रयोग सर्वप्रथम यू.एस.ए. के राष्ट्रपति फ्रैंकलिन डी. रूजवेल्ट द्वारा किया गया। संयुक्त राष्ट्र के चार्टर के निर्माण में 50 देशों के प्रतिनिधियों ने भाग लिया और इसकी घोषणा पर 26 जून, 1945 को हस्ताक्षर किए गए। लेकिन आधिकारिक रूप से यह 24 अक्टूबर, 1945 को अस्तित्व में आया। संयुक्त राष्ट्र के घोषणा पत्र में 19 अध्यायों में वर्गीकृत 111 अनुच्छेद हैं तथा एक प्रस्तावना है।

मुख्यालय/भाषाएं: संयुक्त राष्ट्र का मुख्यालय न्यूयॉर्क (अमेरिका) में है तथा इसका यूरोपीय कार्यालय जिनेवा में है। अरबी, चीनी, अंग्रेजी, फ्रेंच, रूसी और स्पेनिश संयुक्त राष्ट्र की आधिकारिक भाषाएं हैं। स्पेनिश महासभा तथा आर्थिक और सामाजिक परिषद् की भी आधिकारिक भाषा है।

ध्वज: संयुक्त राष्ट्र के ध्वज की पृष्ठभूमि हल्की नीली है तथा इसका मध्य भाग सफेद है, ध्वज पर विश्व का मानचित्र अंकित है जो उत्तरी ध्रुव की ओर से ऊपर उठा हुआ दिखाई देता है। मानचित्र पर फैली हुई जैतून की शाखाओं का एक युग्म (शांति के प्रतीक) भी अंकित हैं। इस ध्वज को महासभा द्वारा 20 अक्तूबर, 1947 को अपनाया गया था।

संयुक्त राष्ट्र संघ के अंग: इसके छह प्रमुख अंग हैं–साधारण सभा, सुरक्षा परिषद्, अन्तर्राष्ट्रीय न्यायालय, आर्थिक तथा सामाजिक परिषद्, न्यासी परिषद् तथा सचिवालय।

साधारण सभा: यह संयुक्त राष्ट्र की संसद है। संयुक्त राष्ट्र के सभी सदस्य इसके सदस्य होते हैं। प्रत्येक सदस्य राष्ट्र को इसमें 5 सदस्य भेजने का अधिकार है। 193 सदस्यों वाली यह महासभा विश्व शांति, अन्तर्राष्ट्रीय सहयोग तथा निरस्त्रीकरण पर विचार करती है।

सुरक्षा परिषद् (Security Council)

सुरक्षा परिषद् संयुक्त राष्ट्र का कार्यकारी अंग है। इसमें दो प्रकार के सदस्य होते हैं—स्थायी तथा अस्थायी। स्थायी सदस्यों : चीन, फ्रांस, ग्रेट ब्रिटेन, संयुक्त राज्य अमेरिका और रूस (पहले सोवियत संघ); के नाम घोषणा पत्र में ही उल्लिखित हैं। महासभा 2 वर्षों के कार्यकाल के लिए 10 अस्थायी सदस्यों का चुनाव करती है जिसमें से 5 सदस्य अफ्रीका और एशिया महादेश से, दो लैटिन अमेरिकी देशों से, दो पश्चिमी यूरोप व अन्य महादेश से और एक सदस्य पूर्वी यूरोपीय देशों में से चुना जाता है। 5 स्थायी सदस्यों को किसी कार्रवाई पर वीटो का अधिकार प्राप्त है।

अन्तर्राष्ट्रीय न्यायालय
(International Court)

न्यायालय एक स्वायत्त संस्था है जो अपने सभापति, उपसभापति और रजिस्ट्रार की नियुक्ति करती है। इसका मुख्यालय हेग, नीदरलैंड में है परन्तु आवश्यकता पड़ने पर अन्य स्थानों पर भी इसकी बैठक हो सकती है। संयुक्त राष्ट्र के सभी सदस्य अन्तर्राष्ट्रीय न्यायालय के स्वयंमेव सदस्य हैं।

इस न्यायालय में महासभा तथा सुरक्षा परिषद् द्वारा 9 वर्ष की अवधि के लिए निर्वाचित 15 स्वतंत्र न्यायाधीश होते हैं। उनकी नियुक्ति का आधार उनका 'उच्च नैतिक चरित्र' तो होता ही है, उनकी योग्यता इतनी होनी चाहिए कि वे अपने-अपने देश में सर्वोच्च न्यायिक पद पर नियुक्ति के योग्य माने जा सकें।

सचिवालय (Secretariat)

स्थायी रूप से निरंतर कार्य करने वाला एक ऐसा निकाय है जो संयुक्त राष्ट्र को सभा तथा परिषद् की सामाजिक बैठकों की श्रेणी से उठाकर एक स्थायी एवं सुसंबद्ध संगठन का स्वरूप प्रदान करता है। सचिवालय में एक महासचिव होता है जिसकी नियुक्ति सुरक्षा परिषद् की सिफारिश पर महासभा द्वारा की जाती है तथा न्यूयॉर्क और जिनेवा में कार्य करने वाले 10,000 से अधिक कर्मचारीगण होते हैं।

महासचिव का निर्वाचन 5 वर्षों के लिए होता है तथा अवकाश प्राप्ति के तत्काल बाद उसका फिर से निर्वाचन किया जा सकता है।

संयुक्त राष्ट्र के महासचिवों की सूची

1.	त्रिग्वेली (नार्वे)	1946-1953
2.	डॉ. डैग एच.ए.सी. हैमरशोल्ड (स्वीडन)	1953-1961
3.	ऊ थांट (म्यांमार)	1961-1971
4.	डॉ. कुर्त वाल्दहीम (ऑस्ट्रिया)	1972-1981
5.	पैरेज द कुइयार (पेरू)	1982-1991
6.	बुतरस बुतरस घाली (मिस्र)	1992-1996
7.	कोफी अन्नान (घाना)	1997-2006
8.	बान की-मून (दक्षिण कोरिया)	2007-2016
9.	एंटोनियो गुटेरस (पुर्तगाल)	2017 से —

संयुक्त राष्ट्र से संबद्ध विशिष्ट अभिकरण

1. अंतर्राष्ट्रीय आण्विक ऊर्जा अभिकरण (आईएईए) : संपूर्ण विश्व में अणुशक्ति का अधिक से अधिक उपयोग शांति, स्वास्थ्य तथा समृद्धि के लिए हो, इसे सुनिश्चित करने हेतु इस अभिकरण की स्थापना 29 जुलाई, 1957 को की गई। इसका मुख्यालय वियना में है।

2. अंतर्राष्ट्रीय श्रमिक संगठन (आईएलओ) : इसकी स्थापना 1919 में गई। यह मजदूरी, काम के घंटों के निर्धारण, नौकरी करने की न्यूनतम आयु, औद्योगिक सुरक्षा, सामाजिक सुरक्षा, संगठन बनाने की स्वतंत्रता जैसे विषयों पर न्यूनतम अंतर्राष्ट्रीय मानकों का निर्धारण करता है। इसका मुख्यालय जिनेवा, स्विट्जरलैण्ड में है।

3. अंतर्राष्ट्रीय पुनर्निर्माण एवं विकास बैंक (आईबीआरडी) : इसका लोकप्रिय नाम विश्व बैंक है। इसकी स्थापना राष्ट्रों को निवेश संबंधी पूंजी उपलब्ध करा कर उनके पुनर्निर्माण और विकास में सहायता उपलब्ध कराने हेतु 1945 में की गई थी। इसका मुख्यालय वाशिंगटन, संयुक्त राज्य अमेरिका में है।

4. अंतर्राष्ट्रीय वित्त परिषद् (आईएफसी) : इसकी स्थापना 1956 में की गई थी। इसका उद्देश्य सदस्य राष्ट्रों खासतौर से अल्प विकसित क्षेत्रों के आर्थिक विकास के लिए निजी उत्पादक उद्यमों को बढ़ावा देना है। इसका मुख्यालय वाशिंगटन, यूएसए में है।

5. अंतर्राष्ट्रीय मुद्राकोष (आईएमएफ) : अंतर्राष्ट्रीय स्तर पर मौद्रिक सहयोग तथा व्यापार को बढ़ावा देने के लिए 27 दिसम्बर, 1945 को इस अभिकरण की स्थापना की गई थी। इसका मुख्यालय वाशिंगटन, यूएसए में है।

6. अंतर्राष्ट्रीय नागरिक उड्डयन संगठन (आईसीएओ) : अंतर्राष्ट्रीय उड्डयन की समस्याओं का अध्ययन करने तथा नागरिक उड्डयन के संदर्भ में अंतर्राष्ट्रीय मानकों और नियमन की स्थापना के लिए इस अभिकरण की स्थापना 4 अप्रैल, 1944 को हुई। यह सुरक्षा उपायों, प्रचालन हेतु एकसमान नियमों व अंतर्राष्ट्रीय सीमाओं के लिए सरलतम प्रक्रियाओं को बढ़ावा देता है। इसका मुख्यालय मांट्रियल, कनाडा में है।

7. अंतर्राष्ट्रीय तार संवाद संघ (आईटीयू) : इसकी स्थापना 1865 में अंतर्राष्ट्रीय तार संघ के नाम से की गई थी। परंतु 1934 में इसका नाम बदलकर अंतर्राष्ट्रीय तार संवाद संघ कर दिया गया। 1947 में इसका पुनर्गठन किया गया। यह सभी प्रकार के दूरसंचार के सुधार तथा तर्कसंगत इस्तेमाल के संदर्भ में अंतर्राष्ट्रीय सहयोग को बढ़ावा देता है। इसका मुख्यालय जिनेवा, स्विट्जरलैंड में है।

8. अंतर्राष्ट्रीय विकास संगठन (आईडीए) : विश्व बैंक से संबद्ध एक अभिकरण के रूप में इसकी स्थापना 1960 में की गई थी। यह अभिकरण अल्पविकसित देशों को महत्त्वपूर्ण परियोजनाओं हेतु बहुत ही कम ब्याज पर लम्बी अवधि के लिए ऋण उपलब्ध कराता है। इसका मुख्यालय वाशिंगटन, यूएसए में है।

9. अंतर्राष्ट्रीय मेरीटाइम संगठन (आईएमओ): समुद्र के संदर्भ में सरकारी नियमनों तथा कार्यों के क्षेत्र में सदस्य राष्ट्रों के बीच सहयोग बढ़ाने की एक मशीनरी के रूप में, इसका गठन 1948 में किया गया था। इसका मुख्यालय लंदन, यूके में है।

10. अंतर्राष्ट्रीय कृषि विकास कोष (आईएफएडी) : विकासशील देशों में कृषि विकास के लिए रियायती दरों पर अतिरिक्त संसाधनों को जुटाने के लिए इस अभिकरण की स्थापना 1977 में की गई थी। इसका मुख्यालय रोम, इटली में है।

11. व्यापार एवं प्रशुल्क पर सामान्य समझौता (गैट) : सदस्यों के बीच प्रशुल्कों को कम करने और उसे स्थिर बनाए रखने के लिए 'गैट' नामक एक समझौता किया गया। समझौते में विवादों का समाधान करने का प्रावधान है। अंततः 1 जनवरी, 1995 को गैट का अधिकार विश्व व्यापार संगठन (डब्ल्यूटीओ) के हाथ में आ गया।

12. खाद्य और कृषि संगठन (एफएओ) : पोषण स्तर तथा लोगों का जीवन स्तर ऊपर उठाने के उद्देश्य से इसकी स्थापना 1945 में की गई थी। यह आधारभूत भूमि एवं जन संसाधनों के विकास को बढ़ावा देता है तथा प्राथमिक वस्तुओं के लिए स्थिर अंतर्राष्ट्रीय बाजार की स्थापना करता है। इसका मुख्यालय रोम, इटली में है।

13. संयुक्त राष्ट्र शैक्षिक, वैज्ञानिक और सांस्कृतिक संगठन (यूनेस्को) : इसकी स्थापना 1946 में की गई थी। इसका लक्ष्य शिक्षा एवं समृद्ध सांस्कृतिक परम्पराओं तक लोगों की पहुंच बनाकर, वैज्ञानिक प्रयासों को संगठित कर, कलाकारों, शिक्षाविदों और बुद्धिजीवियों को एकजुट कर अंतर्राष्ट्रीय समझदारी में विकास की उपयुक्त परिस्थितियों का निर्माण करना है। इसका मुख्यालय पेरिस, फ्रांस में है।

14. संयुक्त राष्ट्र आपातकालीन बाल कोष (यूनिसेफ) : युद्ध का शिकार बने बच्चों के पुनर्वास तथा बच्चों के स्वास्थ्य की देखभाल करने के लिए 1946 में इसकी स्थापना की गई। बाढ़, भूकंप जैसी अन्य आपदाएं, जो बच्चों और माताओं को प्रभावित करती हैं, के समय यूनिसेफ ने आपातकालीन राहत कार्रवाइयां की हैं। इसका मुख्यालय न्यूयार्क, यूएसए में है।

15. संयुक्त राष्ट्र शरणार्थी उच्चायोग (यूएनएचसीआर) : इसकी स्थापना 1951 में की गई थी। यह अभिकरण अंतर्राष्ट्रीय सहायता की उम्मीद कर रहे शरणार्थियों की देखभाल के संदर्भ में अंतर्राष्ट्रीय सहयोग को संगठित करता है तथा इसका संयोजन और सर्वेक्षण करता है। इसका मुख्यालय जिनेवा (स्विटजरलैंड) में है।

16. संयुक्त राष्ट्र पर्यावरण कार्यक्रम (यूएनईपी) : प्राकृतिक पर्यावरण की सुरक्षा, वायु और ध्वनि प्रदूषण की रोकथाम, मिट्टी के क्षरण तथा मरुस्थलीकरण के विस्तार को रोकने आदि के संदर्भ में राष्ट्रों को सहयोग प्रदान करने हेतु इसकी स्थापना 1972 में की गई थी। इसका मुख्यालय नैरोबी, केन्या में है।

17. विश्व डाक संघ (यूपीयू) : इसकी स्थापना 1875 में ही हुई थो । 1949 में इसे संयुक्त राष्ट्र का अंग बना लिया गया। इसकी स्थापना सभी सदस्य देशों के बीच बेहतर संवाद व्यवस्था कायम करने हेतु एकल स्थलीय डाक व्यवस्था का निर्माण करने तथा डाक सेवा में सुधार करने हेतु किया गया था। इसका मुख्यालय बर्न, स्विट्जरलैंड में है।

18. संयुक्त राष्ट्र औद्योगिक विकास संगठन (यूनिडो) : यह अभिकरण 1967 में अस्तित्व में आया, परंतु 1979 में एक नए संविधान को स्वीकृत किया गया। इसका उद्देश्य नई अंतर्राष्ट्रीय आर्थिक व्यवस्था की स्थापना में सहयोग करने को ध्यान में रखते हुए विकासशील देशों में औद्योगिक विकास को बढ़ावा देना है। इसका मुख्यालय वियेना, आस्ट्रिया में है।

19. व्यापार और विकास पर संयुक्त राष्ट्र सम्मेलन (अंकटाड) : विकासशील देशों में आर्थिक विकास को बढ़ावा देकर उन्हें विकसित देशों की श्रेणी में खड़ा करने के उद्देश्य से तथा अंतर्राष्ट्रीय व्यापार को बढ़ावा देने के उद्देश्य से इसकी स्थापना 1964 में की गई थी। इसका मुख्यालय जिनेवा (स्विटजरलैंड) में है।

20. संयुक्त राष्ट्र जनसंख्या कोष (यूएनएफपीए) : इसकी स्थापना 1969 में की गई। यह विश्व जनसंख्या की समस्याओं का समाधान करता है तथा परिवार कल्याण से संबंधित परियोजनाओं के लिए वित्त प्रदान करता है। इसका मुख्यालय न्यूयार्क (यू.एस.ए.) में है।

21. वैश्विक बौद्धिक संपत्ति अधिकार संगठन (डब्ल्यूआईपीओ): स्टाकहोम में एक समझौते पर हस्ताक्षर किए जाने के बाद, इसकी स्थापना 1967 में की गई। इसका मुख्यालय जिनेवा में है। यह वैश्विक आधार पर औद्योगिक संपदा (आविष्कार, खोजों, ट्रेडमार्क और डिजायन) तथा कापीराइट सामग्री (साहित्यिक लेखों, कलाकृतियों, तस्वीरों अथवा अन्य कलात्मक उपलब्धियों) को सुरक्षा प्रदान करता है।

22. विश्व मौसम विज्ञान संगठन (डब्ल्यूएमओ) : मौसम और अंतरिक्ष संबंधी सर्वेक्षण करने और इनसे संबंधित अन्य भू-भौतिक सर्वेक्षणों के लिए स्टेशनों का नेटवर्क स्थापित

करने के लिए विश्वव्यापी सहयोग को संगठित करने के उद्देश्य से यह अभिकरण 1951 में अस्तित्व में आया। यह मौसम विज्ञान के क्षेत्र में अनुसंधान और प्रशिक्षण को बढ़ावा देता है। इसका मुख्यालय जिनेवा, स्विट्जरलैंड में है।

23. विश्व स्वास्थ्य संगठन (डब्ल्यूएचओ) : इसकी स्थापना 1948 में की गई। इसका लक्ष्य सभी लोगों के लिए स्वास्थ्य के सर्वोच्च मानकों की प्राप्ति है। यह औषधियों के लिए जैविक मानक तैयार करने, रोगों के बारे में सूचनाओं को एकत्र करने एवं उनका प्रसारण करने तथा तकनीकी और वैज्ञानिक कार्यों के संबंध में विशिष्ट अंतर्राष्ट्रीय अनुसंधान कराने और उनका प्रकाशन करने जैसे कार्यों से संलग्न है। इसका मुख्यालय जिनेवा, स्विट्जरलैंड में है।

24. विश्व व्यापार संगठन (डब्ल्यूटीओ) : गैट के स्थान पर इस अभिकरण की स्थापना 1995 में की गई। यह 120 देशों के बीच 8 वर्षों तक चली लम्बी चर्चा का प्रतिफल था। इसका लक्ष्य सदस्य देशों के बीच व्यापार को बढ़ावा देना है तथा सभी प्रकार की प्रत्यक्ष-अप्रत्यक्ष बाधाओं को दूर करना है। इसका मुख्यालय जिनेवा में है।

प्रमुख अन्तर्राष्ट्रीय सहयोग संगठन

संगठन	स्थापना वर्ष	मुख्यालय	प्रमुख उद्देश्य
• राष्ट्रमंडल	1949	लंदन	भूतपूर्व ब्रिटिश उपनिवेशों के परस्पर (Commonwealth) हितों की रक्षा।
• गुट निरपेक्ष आंदोलन (NAM)	1961	जकार्ता	शांति एवं निरस्त्रीकरण।
• दक्षिण एशियाई क्षेत्रीय सहयोग संघ (SAARC)	1985	काठमांडू	दक्षिण एशियाई क्षेत्र के देशों में परस्पर सहयोग।
• आसियान	1967	जकार्ता	दक्षिण पूर्व एशिया में आर्थिक प्रगति को त्वरित करना तथा स्थायित्व को बनाए रखना।
• एपेक	1989	सिंगापुर	प्रशांत तटीय देशों में क्षेत्रीय सहयोग एवं मुक्त व्यापार।
• बिम्सटेक	1997	ढाका	आपसी सहयोग के लिए व्यापार निवेश, उद्योग एवं विज्ञान तकनीक को बढ़ावा देना।
• उत्तर अटलांटिक संगठन (NATO)	1949	ब्रुसेल्स	परस्पर सैनिक शक्ति संतुलन बनाए रखना।
• यूरोपीय संघ	1958 में स्थापित EEC का परिवर्तित रूप	ब्रुसेल्स	यूरोप के आर्थिक सामाजिक मुद्दों पर विचार करना, जनवरी 2002 से यूरो मुद्रा का यूरोप के 17 देशों में चलन, 1998 में फ्रेंकफर्ट (जर्मनी) में 'यूरोपीय सेन्ट्रल बैंक' की स्थापना, 27 सदस्यीय यूरोपीय संघ के 8 देश यूरो मुद्रा संघ के सदस्य नहीं हैं।
• ओपक (OPEC)	1960	वियना	तेल निर्यातक देशों का संगठन सदस्य राष्ट्रों के हितों की सुरक्षा एवं गला काट स्पर्धा उत्पन्न होने से रोकता है।
• शंघाई सहयोग संगठन (SCO)	2001	बीजिंग	चीन, रूस, कजाखस्तान, किर्गिस्तान, ताजिकिस्तान, उज्बेकिस्तान, भारत एवं पाकिस्तान इसके सदस्य राष्ट्र हैं।
• ब्रिक्स (BRICS)	2008	–	ब्राजील, रूस, भारत, चीन, दक्षिण अफ्रीका, मिस्र, इथोपिया, ईरान, संयुक्त अरब अमीरात और सऊदी अरब इसके सदस्य राष्ट्र हैं।
• स्वतंत्र देशों का राष्ट्रकुल (CIS)	1991	मिंस्क (बेलारूस)	यह सोवियत संघ से पृथक हुए देशों का संगठन है। इसका मुख्य उद्देश्य सदस्य राष्ट्रों के बीच सहयोग व समन्वय है।
• एशियाई विकास बैंक (ADB)	1967	मनीला	इसका मुख्यालय मनीला, फिलीपीन्स में है। संयुक्त राष्ट्र इसका प्रायोजक है।
• इंटरपोल	1923	लियोन (फ्रांस)	इसकी स्थापना का उद्देश्य सदस्य देशों के बीच पुलिस गतिविधियों में बेहतर संयोजन स्थापित करना है।

☆☆☆☆☆☆

भारत : विविध

भारत एक संक्षिप्त परिचय

✦ जनसंख्या	:	1,21,08,54,977 (1.21 अरब)
✦ क्षेत्रफल	:	32,87,263 वर्ग कि.मी.
✦ भौगोलिक स्थिति	:	8°4' और 37°6' उत्तरी अक्षांश के बीच
	:	68°7' और 97°25' पूर्वी देशांतर के बीच
✦ तटरेखा की लम्बाई	:	7,516.6 कि.मी.
✦ प्रमुख भाषाएं	:	22
✦ राष्ट्र गान	:	जन-गण-मन
✦ राष्ट्र गीत	:	वंदे मातरम्
✦ राष्ट्रीय मुद्रा	:	रुपया (₹) (1 रुपया = 100 पैसे)
✦ राष्ट्रीय पशु	:	बाघ
✦ राष्ट्रीय पक्षी	:	मोर
✦ भारत की चारित्रिक विशेषताएँ	:	समाजवादी, पंथनिरपेक्ष, लोकतांत्रिक, गणराज्य
✦ विधान मण्डल	:	केन्द्र में द्विसदनीय संसद तथा राज्यों में एकल, द्विसदनीय विधान मण्डल
✦ कार्यकारी कार्यपालिका	:	केन्द्र में राष्ट्रपति, उपराष्ट्रपति और मंत्रिपरिषद्, राज्य में राज्यपाल और मंत्रिपरिषद्
✦ विधायिका	:	राष्ट्रपति और लोकसभा एवं राज्य सभा
✦ न्यायपालिका	:	कार्यपालिका से स्वतंत्र, सर्वोच्च न्यायालय सबसे बड़ी न्यायिक संस्था
✦ सड़क मार्ग की लम्बाई	:	63.45 लाख कि.मी.
✦ खाद्यान्न उत्पादन	:	332.29 मिलियन टन (2023-2024)
✦ प्रति व्यक्ति आय	:	₹ 2,00,162 (2024-2025 के चालू मूल्यों पर अनुमानित)

वैज्ञानिक गतिविधियां

परमाणु ऊर्जा

भारत में परमाणु ऊर्जा कार्पोरेशन लिमिटेड के अधीन सात परमाणु निर्माण केन्द्र (अणु ऊर्जा बिजलीघर) चल रहे हैं।

(i) तारापुर-महाराष्ट्र
(ii) रावतभाटा-राजस्थान
(iii) कल्पक्कम-तमिलनाडु
(iv) नरौरा-उत्तर प्रदेश
(v) काकरापारा-गुजरात
(vi) कुडनकुलम-तमिलनाडु, और
(vii) कैगा-कर्नाटक।

प्रमुख ऊर्जा परियोजनाएं

1. ताप बिजलीघर (थर्मल परियोजनाएं)

क्र.	परियोजना	राज्य
1.	कोठागुंडम परियोजना	आन्ध्र प्रदेश
2.	नहरकटिया परियोजना	असम
3.	बरौनी परियोजना	बिहार
4.	पतरातू परियोजना	झारखण्ड
5.	बदरपुर परियोजना	दिल्ली
6.	धुवारन परियोजना	गुजरात
7.	उकाई परियोजना	गुजरात
8.	कोरबा परियोजना	छत्तीसगढ़
9.	विन्ध्याचल परियोजना	मध्य प्रदेश
10.	सन्थालडीह परियोजना	प. बंगाल
11.	कोराडी परियोजना	महाराष्ट्र
12.	तालचर परियोजना	ओडिशा
13.	नानक परियोजना	पंजाब
14.	एन्नोर परियोजना	तमिलनाडु
15.	नैवेली परियोजना	तमिलनाडु
16.	हरदुआगंज परियोजना	उत्तर प्रदेश
17.	पनकी परियोजना	उत्तर प्रदेश
18.	सिंगरौली परियोजना	उत्तर प्रदेश
19.	रामगुंडम परियोजना	आन्ध्र प्रदेश
20.	फरक्का परियोजना	प. बंगाल
21.	रिहन्द परियोजना	उत्तर प्रदेश
22.	कहलगांव परियोजना	बिहार
23.	सतपुड़ा परियोजना	मध्य प्रदेश-राजस्थान
24.	ट्राम्बे परियोजना	महाराष्ट्र
25.	बंडेल परियोजना	प. बंगाल
26.	दहानू परियोजना	महाराष्ट्र

2. पनबिजली घर (हाइड्रो इलेक्ट्रिक परियोजनाएं)

क्र.	परियोजना	राज्य
1.	मचकुंड परियोजना	आन्ध्र प्रदेश
2.	श्री सैलम परियोजना	आन्ध्र प्रदेश
3.	सिलेरू परियोजना	आन्ध्र प्रदेश
4.	सलाल परियोजना	जम्मू व कश्मीर
5.	शरावती परियोजना	कर्नाटक
6.	इडुकी परियोजना	केरल
7.	कोयना परियोजना	महाराष्ट्र
8.	लोकटक परियोजना	मणिपुर
9.	हीराकुड परियोजना	ओडिशा
10.	यमुना परियोजना	उत्तर प्रदेश
11.	मनेरी परियोजना	उत्तराखंड
12.	दूलहस्ती परियोजना	जम्मू व कश्मीर
13.	उरी परियोजना	जम्मू व कश्मीर
14.	चमेरा परियोजना	हिमाचल प्रदेश
15.	टनकपुर परियोजना	उत्तराखंड
16.	बैरा सियुल परियोजना	हिमाचल प्रदेश
17.	भाखड़ा परियोजना	पंजाब
18.	यमुना परियोजना	उत्तराखंड
19.	नाथपा झाकरी परियोजना	हिमाचल प्रदेश
20.	दोयांग परियोजना	नगालैण्ड
21.	रंगानदी परियोजना	अरुणाचल प्रदेश

भारी जल

प्रेशराइज्ड हैवी वाटर रिएक्टरों को चलाने के लिए भारी जल की आवश्यकता अनिवार्य है। यह कूलैंट और मॉडरेटर का काम करता है। भारी जल का पहला कारखाना 1961 में नंगल में बना था। बाद में 7 अन्य कारखाने (i) वडोदरा, (ii) तूतीकोरिन, (iii) कोटा, (iv) तालचेर, (v) थाल, (vi) हजीरा और (vii) मानगुरु में स्थापित किए गए हैं।

अनुसंधान एवं विकास केन्द्र

परमाणु ऊर्जा और उससे जुड़े विषयों में अनुसंधान के प्रमुख केन्द्र हैं : (i) भाभा एटॉमिक रिसर्च सेन्टर, ट्रॉम्बे (महाराष्ट्र), (ii) इन्दिरा गांधी सेन्टर फॉर एटॉमिक रिसर्च, कलपक्कम (तमिलनाडु), (iii) सेन्टर फॉर एडवान्स्ड टेक्नॉलोजी इन्दौर (मध्य प्रदेश), (iv) वेरिएबल एनर्जी साइक्लोट्रॉन सेंटर, कोलकाता (पश्चिम बंगाल) और (v) एटॉमिक मिनरल्स डायरेक्टोरेट फॉर एक्सप्लोरेशन एण्ड रिसर्च, हैदराबाद (तेलंगाना)।

परमाणु ऊर्जा विभाग के अधीन सरकारी क्षेत्र के चार उपक्रम हैं : (i) न्यूक्लियर पावर कार्पोरेशन ऑफ इण्डिया लिमिटेड, (ii) यूरेनियम कार्पोरेशन ऑफ इण्डिया लिमिटेड, (iii) इण्डियन रेयर अर्थ्स लिमिटेड, (iv) इलेक्ट्रॉनिक्स कार्पोरेशन ऑफ इण्डिया लिमिटेड।

अन्तरिक्ष अनुसंधान

भारतीय अन्तरिक्ष अनुसंधान संगठन 1969 में स्थापित हुआ, लेकिन भारत में औपचारिक ढंग से अन्तरिक्ष कार्यक्रम 1972 में अन्तरिक्ष आयोग और अन्तरिक्ष विभाग की स्थापना के बाद प्रारंभ हुआ। भारत के अंतरिक्ष कार्यक्रम का प्रमुख लक्ष्य अंतरिक्ष आधारित सेवाओं का प्रयोग, संचार, मौसम विज्ञान, संसाधनों के सर्वे जैसे कामों को करना है और इस प्रयोजन की पूर्ति के लिए उपग्रह तैयार करना, उन्हें कक्षा में पहुंचाने हेतु यान और इससे संबंधित प्रणालियों का विकास करना है।

उपग्रह प्रक्षेपण

(1) **आर्यभट्ट :** 19 अप्रैल, 1975 को दोपहर 1 बजे भारत ने अपना पहला उपग्रह आर्यभट्ट कक्षा में स्थापित किया। इसके साथ ही भारत अंतरिक्ष युग में प्रवेश करने वाला ग्यारहवां देश बन गया।

(2) **भास्कर :** भारत का दूसरा उपग्रह भास्कर 7 जून, 1979 को सायं 4 बजे सोवियत कास्मोड्रम से अंतरिक्ष की कक्षा में स्थापित किया गया। 444 किलोग्राम वजन वाले इस उपग्रह का निर्माण बंगलूर स्थित उपग्रह-निर्माण केन्द्र में भारतीय वैज्ञानिकों ने किया था।

(3) **रोहिणी :** 10 अगस्त, 1979 को प्रात: 8.30 बजे भारत ने एस.एल.वी. 3 (उपग्रह प्रक्षेपक वाहन) नामक राकेट द्वारा 35 किलोग्राम भार वाले रोहिणी उपग्रह को कक्षा में स्थापित किया। इस राकेट का निर्माण-कार्य विक्रम साराभाई अंतरिक्ष केन्द्र में पूरा हुआ था।

(4) **रोहिणी II :** भारत के चतुर्थ उपग्रह रोहिणी II को 18 जुलाई, 1980 को श्रीहरिकोटा से एस.एल.वी. 3 वाहन द्वारा अंतरिक्ष में भेजा गया।

(5) **एपल (APPLE) :** भारतीय 'एपल' उपग्रह 19 जून, 1981 को फ्रांसीसी गयाना के कोरू अंतरिक्ष केन्द्र से यूरोपीय प्रक्षेपण रॉकेट 'एरियन' की सहायता से अंतरिक्ष में प्रक्षेपित किया गया था। एपल एक संचार उपग्रह था।

(6) **भास्कर II :** भारत ने अपना पांचवां उपग्रह भास्कर II, 20 नवम्बर, 1981 को रूस के वोल्गाग्राद अंतरिक्ष केन्द्र से रूस द्वारा प्रदत्त उत्थापक रॉकेट द्वारा अंतरिक्ष कक्षा में प्रस्थापित किया।

(7) **इन्सेट-1A :** भारत का प्रथम बहुप्रयोजनीय संचार उपग्रह इन्सेट-1A, 10 अप्रैल, 1982 को अमेरिका के केनेडी स्पेस सेन्टर से अंतरिक्ष में स्थापित किया गया।

(8) **इन्सेट-1 B :** भारत का दूसरा बहुप्रयोजनीय उपग्रह इन्सेट-1 B अमरीकी स्पेस शटल द्वारा 31 अगस्त, 1983 को कक्षा में पहुंचाया गया। यह एक साथ तीन सेवायें देता है—दूर संचार, जन संचार एवं मौसम संबंधी जानकारी।

(9) **IRS-1A :** 17 मार्च, 1988 को भारत का 980 कि.ग्रा. का दूर संवेदी उपग्रह IRS-1A पूर्व सोवियत रूस के बैकानूर अंतरिक्ष केन्द्र से रूसी राकेट की सहायता से अंतरिक्ष में भेजा गया।

(10) **IRS-1B :** भारत का दूसरा संवेदी उपग्रह IRS-1B एक सोवियत राकेट की सहायता से 29 अगस्त, 1991 को अंतरिक्ष में पहुंचाया गया।

(11) **INSAT- 2B :** यह उपग्रह 23 जुलाई, 1993 को फ्रेंच गयाना, के कोरू अंतरिक्ष केन्द्र से छोड़ा गया।

(12) **INSAT-2C :** दक्षिणी अमेरिका में फ्रेंच गयाना के कोरू अंतरिक्ष केन्द्र से यूरोपियन स्पेस एजेन्सी के एरियन रॉकेट से 7 दिसम्बर, 1995 को INSAT-2C को सफलतापूर्वक अंतरिक्ष में पहुंचाया गया।

(13) **IRS-1C :** विश्व का सबसे समुन्नत दूरसंवेदी उपग्रह भारत का IRS-1C उपग्रह 28 दिसम्बर 1995 को बैकानूर अंतरिक्ष केन्द्र से एक रूसी रॉकेट की सहायता से सफलतापूर्वक अंतरिक्ष में छोड़ा गया।

(14) **INSAT-2D :** भारत के चौथे दूरसंचार उपग्रह INSAT-2D को 4 जून, 1997 को फ्रेंच गयाना के कोरू अंतरिक्ष से यूरोपियन रॉकेट एरियन की मदद से सफलतापूर्वक अंतरिक्ष में पहुंचाया गया।

(15) **IRS-1D :** 7 अक्टूबर, 1997 को इस उपग्रह को पी.एस.एल.वी-डी4 की सहायता से अंतरिक्ष में पहुंचाया गया।

(16) **INSAT-2E :** INSAT-2 शृंखला का अंतिम उपग्रह INSAT- 2E 3 अप्रैल, 1999 को फ्रेंच गुयाना में कौरू से यूरोपियन एरियन 42P रॉकेट की सहायता से सफलतापूर्वक अंतरिक्ष में पहुंचाया गया।

(17) **INSAT-3B :** INSAT 3 शृंखला का पहला उपग्रह INSAT-3B 22 मार्च, 2000 को फ्रेंच गयाना के कोरू अंतरिक्ष केन्द्र से एरियन-5 रॉकेट की सहायता से सफलतापूर्वक अंतरिक्ष में पहुंचाया गया। इस पर 429 करोड़ रुपए (लान्च एवं बीमा सहित) की लागत आई है।

(18) **INSAT-3C :** INSAT 3 शृंखला का दूसरा उपग्रह INSAT-3C 24 जनवरी, 2002 को कौरू से सफलतापूर्वक छोड़ा गया।

(19) **MET SAT:** देश के पहले विशिष्ट मौसम उपग्रह 'मेट सैट' (MET SAT) का सफल प्रक्षेपण 12 सितम्बर, 2002 को PSLV-C4 के जरिए श्रीहरिकोटा से किया गया।

(20) **INSAT-3A:** बहुउद्देश्यीय उपग्रह INSAT-3A का 10 अप्रैल, 2003 को फ्रेंच गुयाना के कौरू प्रक्षेपण स्थल से सफल प्रक्षेपण किया गया।

(21) **INSAT-3E:** बहुउद्देश्यीय संचार उपग्रह INSAT-3E का 28 सितम्बर, 2003 को फ्रेंच गुयाना के कौरू प्रक्षेपण स्थल से सफल प्रक्षेपण किया गया।

(22) **PSLV-C6 :** पांच मई 2005 को बंगाल की खाड़ी के तट पर स्थित श्री हरिकोटा के सतीश धवन अंतरिक्ष केन्द्र से अत्याधुनिक दूर संवेदी उपग्रह 'कार्टोसेट-1' और हैमसेट को सफलतापूर्वक ध्रुवीय और समस्थैतिक कक्षा में स्थापित किया गया।

(23) **INSAT-4B :** चौथी पीढ़ी के संचार उपग्रह INSAT-4B का 12 मार्च, 2007 को फ्रेंच गुयाना के कौरू प्रक्षेपण स्थल से सफल प्रक्षेपण किया गया।

(24) **PSLV-C7 :** PSLV-C7 द्वारा 10 जनवरी, 2007 को श्री हरिकोटा से चार उपग्रहों को सफलतापूर्वक प्रक्षेपण किया गया।

(25) **PSLV-C8 :** PSLV-C8, द्वारा 23 अप्रैल, 2007 को इटली के उपग्रह 'एजाइल' को सफलतापूर्वक अंतरिक्ष की कक्षा में स्थापित किया गया।

(26) **INSAT-4CR:** संचार उपग्रह इनसैट-4 सीआर का 2 सितम्बर, 2007 को श्री हरिकोटा से जिओसिनक्रोनस सैटलाइट लॉन्च वीइकल (जीएसएलवीएफ-04) द्वारा सफल प्रक्षेपण किया गया।

(27) **PSLV-C14:** भारतीय अंतरिक्ष अनुसंधान संगठन (इसरो) ने 23 सितम्बर, 2009 को देश के 16वें दूरसंवेदी उपग्रह ओशनसेट-2 सहित सात उपग्रहों को पीएसएलवी-C14 की सहायता से महज 20 मिनट में सफलतापूर्वक कक्षा में स्थापित कर दिया।

(28) **PSLV-C15:** 12 जुलाई, 2010 को कार्टोसेट-2B सहित पांच उपग्रहों का सफल प्रक्षेपण किया गया।

(29) **PSLV-C16:** 20 अप्रैल, 2011 को तीन स्वदेशी उपग्रहों को उनकी कक्षा में स्थापित किया गया।

(30) **PSLV-C17:** 15 जुलाई, 2011 को संचार उपग्रह जीसैट-12 को उसकी कक्षा में स्थापित किया गया।

(31) **PSLV-C18:** 12 अक्टूबर, 2011 को 'मेघा-ट्रॉपिक्स' सहित चार उपग्रहों को कक्षा में स्थापित किया गया।

(32) **PSLV-C19:** 26 अप्रैल, 2012 को राडार इमेजिंग सेटेलाइट रीसैट-1 को उसकी कक्षा में स्थापित किया गया।

(33) **PSLV-C21:** 9 सितंबर, 2012 को दो विदेशी उपग्रहों स्पॉट-6 (फ्रांस) और प्राइटेरेस (जापान) को उनकी कक्षा में स्थापित किया गया।

(34) **एरियन-5:** 29 सितम्बर 2012 को संचार उपग्रह जी सैट-10 वीं उसकी कक्षा में स्थापित किया गया।

(35) **PSLV-C20:** 25 फरवरी 2013 को मौसम संबंधी उपग्रह 'सरल' को उसकी कक्षा में स्थापित किया गया।

(36) **PSLV-C26:** 16 अक्टूबर 2014 को आइआरएनएसएस 1 सी नौवहन उपग्रह को उसकी कक्षा में स्थापित किया गया।

(37) **PSLV-C27:** 28 मार्च 2015 को आइआरएनएसएस 1 डी का सफल प्रक्षेपण किया गया।

(38) **PSLV-C38:** 23 जून, 2017 को कार्टोसेट-2 सहित 31 उपग्रहों का सफल प्रक्षेपण किया गया।

(39) **IRNSS-1E :** इसरो ने पीएसएलवी सी-31 के द्वारा 20 जनवरी, 2016 को 1425 किलोग्राम वजनी दिशासूचक उपग्रह आईआरएनएसएस-1ई को सफलतापूर्वक अंतरिक्ष में प्रक्षेपित किया।

(40) **GSLV-F05 :** इसरो ने भूस्थैतिक प्रक्षेपण यान जीएसएलवी एफ 05 से मौसम उपग्रह इनसैट 3डीआर का सफल प्रक्षेपण श्रीहरिकोटा से 8 सितम्बर, 2016 को किया।

(41) **GSLV-III :** देश का सबसे भारी और शक्तिशाली स्वदेशी रॉकेट जीएसएलवी मार्क-III को 5 जून, 2017 को अंतरिक्ष में सफलतापूर्वक प्रक्षेपित किया गया।

(42) **PSLV-C37 :** इसरो ने 15 फरवरी, 2017 को सतीश धवन अंतरिक्ष केन्द्र, श्री हरिकोटा से कार्टोसेट-2 सीरीज उपग्रह के साथ 103 अन्य उपग्रहों का सफलतापूर्वक प्रक्षेपण किया।

(43) **PSLV-C50 :** 17 दिसम्बर, 2020 को संचार उपग्रह CMS-01 का सफल प्रक्षेपण किया गया।

(44) **PSLV-C51 :** 28 फरवरी, 2021 को संचार उपग्रह एमेजोनिया एवं 19 अन्य का सफल प्रक्षेपण किया गया।

(45) **PSLV-C52 :** 14 फरवरी, 2022 को अर्थ ऑबजर्वेशन उपग्रह EOS-04 एवं अन्य का सफल प्रक्षेपण किया गया।

(46) **PSLV-C53 :** 30 जून, 2022 को DS-EO और अन्य का सफल प्रक्षेपण किया गया।

(47) **SSLV-02 :** 10 फरवरी, 2023 को पृथ्वी अवलोकन उपग्रह EOS-07 का सफल प्रक्षेपण किया गया।

(48) **LVM-3 :** 14 जुलाई, 2023 को चंद्रमिशन चंद्रयान-3 का सफल प्रक्षेपण किया गया।

(49) **PSLV-C57 :** 02 सितम्बर, 2023 को सूर्य के अध्ययन हेतु आदित्य-एल 1 का सफल प्रक्षेपण किया गया।

(50) **PSLV-C58 :** 01 जनवरी, 2024 मानचित्र व खोज के लिए एक्सपोसैट का सफल प्रक्षेपण किया गया।

(51) **GSLV-F14 :** 17 फरवरी, 2024 मौसम अवलोकन के लिए इनसैट-3 डीएस का सफल प्रक्षेपण किया गया।

(52) **SSLV D3 :** 16 अगस्त, 2024 को पृथ्वी अवलोकन उपग्रह EOS-08 का सफल प्रक्षेपण किया गया।

(53) **PSLV-C59 :** 05 दिसम्बर, 2024 को इसरो ने सूर्य के अध्ययन के लिए प्रौबा-3 उपग्रह का सफल प्रक्षेपण किया।

(54) **PSLV-C60 :** 30 दिसम्बर, 2024 को इसरो ने स्पेस डॉकिंग एक्सपेरिमेंट के लिए एसडीएक्स-01 और एसडीएक्स-02 उपग्रह का सफल प्रक्षेपण किया।

(55) **GSLV-F15 :** 29 जनवरी, 2025 को इसरो ने पृथ्वी अवलोकन उपग्रह NVS-02 का सफल प्रक्षेपण किया।

भारत का प्रथम अंतरिक्ष यात्री

3 अप्रैल, 1984 को प्रथम भारतीय अंतरिक्ष में गया। इस प्रकार भारत मानव को अंतरिक्ष में भेजने वाला 14वां देश बन गया। भारत के स्क्वाड्रन लीडर राकेश शर्मा दो अन्य रूसी अंतरिक्ष यात्रियों के साथ सोयुज-T-11 में बैठकर अंतरिक्ष की 9 दिन की यात्रा पर गए। उनकी यात्रा 11 अप्रैल, 1984 को सफलतापूर्वक समाप्त हुई।

भारत में अंतरिक्ष से जुड़ी संस्थाएं

1. **विक्रम साराभाई अंतरिक्ष केन्द्र (वीएसएससी), तिरुवनंतपुरम :** यह अंतरिक्ष अनुसंधान और अंतरिक्ष मामलों से संबद्ध प्रमुख संस्थान है। थुम्बा इक्वेटोरियल रॉकेट लांचिंग केन्द्र वह स्थल है जहां से छोटे रॉकेटों की प्रयोगात्मक उड़ानें आरंभ हुईं। यहां विभिन्न प्रौद्योगिकियों का विकास किया जाता है।
2. **भारतीय अंतरिक्ष अनुप्रयोग केन्द्र (आइएसएसी), बंगलौर :** यह केन्द्र भारतीय उपग्रहों के लिए योजना बनाने, डिजायन करने, फैब्रीकेशन, इंटीग्रेशन और परीक्षण करने के मुख्य उत्तरदायित्व का वहन करता है। भविष्य की स्पेसक्राफ्ट परियोजना के लिए यहां प्रौद्योगिकी का विकास किया जाता है।
3. **श्रीहरिकोटा केन्द्र (एसएचएआर) :** यह केन्द्र आंध्र प्रदेश के तट पर एक द्वीप में स्थित है। सभी रॉकेटों और उपग्रहों का यहां परीक्षण किया जाता है तथा यहीं से उन्हें लांच भी किया जाता है।
4. **अंतरिक्ष अनुप्रयोग केन्द्र (एसएसी), अहमदाबाद :** इस केन्द्र में अनुसंधान, अवधारणा निर्माण, योजना निर्माण और परियोजनाओं का निष्पादन किया जाता है ताकि अंतरिक्ष तकनीक के व्यावहारिक अनुप्रयोग को सफल बनाया जा सके। यहां उपग्रह आधारित दूरसंचार, टेलीविजन सिगनलों की बीजिंग, प्राकृतिक संसाधनों के लिए रिमोट सेंसिंग, उनका सर्वेक्षण और प्रबंधन तथा मौसम की भविष्यवाणी जैसे मामलों का कार्य-व्यवहार किया जाता है।
5. **मास्टर कंट्रोल फैसिलिटी (एमएफसी), हासन :** कर्नाटक स्थित यह स्थल उपग्रहों का पता लगाने और उनका नियंत्रण करने का कार्य करता है।
6. **नेशनल रिमोट सेंसिंग एजेंसी (एनआरएसए), सिकंदराबाद :** रिमोट सेंसिंग उपग्रह पर आधारित देश के संसाधनों की योजना और प्रबंधन के संदर्भ में यहां कार्य-व्यवहार किया जाता है। यह अपने प्रयोगकर्ता को व्यावहारिक सहायता भी प्रदान करता है।

फिजीकल रिसर्च लेबोरेटरी, अहमदाबाद, इसरो टेलीमैट्री, ट्रेकिंग एंड कमांड नेटवर्क (ISTRAC), बंगलौर, सैटेलाइट ट्रैकिंग एंड रेंजिंग स्टेशन (स्टार्स), केवालुर और बंगलौर तथा तिरुवनंतपुरम में स्थित लिक्विड प्रपल्सन सिस्टम्स केन्द्र अंतरिक्ष कार्यक्रम से जुड़े कुछ अन्य महत्त्वपूर्ण केन्द्र हैं।

भारत की मिसाइल शक्ति

पृथ्वी	(जमीन से जमीन पर मार करने वाली थलसैनिक किस्म : 150 किमी. सेना में तैनात)
पृथ्वी	(जमीन से जमीन पर मार करने वाली वायुसैनिक किस्म : 250 किमी. वायुसेना में तैनात)
धनुष	(पृथ्वी की नौसैनिक किस्म युद्धपोत से जमीन पर मार करने वाली : 350 किमी. नौसेना में तैनात)
अग्नि-1	(जमीन से जमीन पर मार करने वाली : 700 किमी : सेना में तैनात)
अग्नि-2	(जमीन से जमीन पर मार करने वाली इंटरमीडिएट रेंज बलिस्टिक मिसाइलः 2000 किमी. सेना में तैनात)
अग्नि-3	(जमीन से जमीन पर मार करने वाली इंटरमीडिएट रेंज बलिस्टिक मिसाइलः 3500-4000 किमी. : थलसेना में तैनात)
अग्नि-4	(जमीन से जमीन पर मार करने वाली इंटरमीडिएट रेंज बलिस्टिक मिसाइलः 3500 किमी. : 2011 एवं 2014 में सफल परीक्षण)
अग्नि-5	जमीन से जमीन पर मार करने वाली अंतरमहाद्वीपीय बैलिस्टिक मिसाइलः 5000 किमी. : 2012 से कई सफल परीक्षण
ब्रह्मोस क्रूज मिसाइल	जमीन से जमीन पर मार करने वाली : 290 किमी. : थलसेना में तैनात
ब्रह्मोस क्रूज मिसाइल	युद्धपोत से युद्धपोत या जमीन पर मार करने वाली : 290 किमी. : नौसेना में तैनात
ब्रह्मोस क्रूज मिसाइल	विमान से छोड़ी जाने वाली 290 किमी क्रूज मिसाइल
ब्रह्मोस क्रूज मिसाइल	पनडुब्बी से छोड़ी जाने वाली 290 किमी क्रूज मिसाइल
आकाश	जमीन से हवा में विमान भेदी : 25 किमी. वायुसेना में शामिल

प्रतिरक्षा

भारत का राष्ट्रपति देश की सशस्त्र सेनाओं का सर्वोच्च कमांडर होता है हालांकि प्रकार्यात्मक और प्रशासनिक नियंत्रण रक्षा मंत्रालय और संबंधित सेवाओं के मुख्यालय के हाथों में रहता है। प्रतिरक्षा प्रत्यक्ष रूप से केन्द्र सरकार के अधिकार क्षेत्र में आती है। प्रतिरक्षा से संबद्ध सभी मामलों के लिए संसद के समक्ष रक्षामंत्री जवाबदेह होता है। इससे यह पता चलता है कि देश में सशस्त्र सेनाएं विधानमंडल के नियंत्रण में आती हैं। प्रतिरक्षा सेवाओं के संदर्भ में तीन तरह की सेवाएं मौजूद हैं। सेना, नौसेना और वायु सेना। इन तीनों सेनाओं का एक-एक मुखिया होता है। वर्ष 2019 में एक चीफ ऑफ डिफेंस स्टाफ (CDS) पद का सृजन किया गया है। इन तीनों सेनाओं में कमीशन की गई विभिन्न श्रेणियां (पद) इस प्रकार हैं :

थल सेना	नौ सेना	वायु सेना
जनरल	एडमिरल	एयर चीफ मार्शल
लेफ्टिनेंट-जनरल	वाइस-एडमिरल	एयर मार्शल
मेजर जनरल	रियर-एडमिरल	एयर वाइस मार्शल
ब्रिगेडियर	कमोडोर	एयर कमोडोर
कर्नल	कैप्टन	ग्रुप कैप्टन
लेफ्टिनेंट कर्नल	कमाण्डर	विंग कमाण्डर
मेजर	लेफ्टिनेंट कमाण्डर	स्क्वाड्रन लीडर
कैप्टन	लेफ्टिनेंट	फ्लाइट लेफ्टिनेंट
लेफ्टिनेंट	सब-लेफ्टिनेंट	फ्लाइंग आफिसर

थल सेना: थल सेना को एक प्रशिक्षण कमांड और 6 ऑपरेशन कमांड में संगठित किया गया है। ये हैं दक्षिणी, पूर्वी, पश्चिमी, मध्य, उत्तरी और दक्षिणी पश्चिमी कमांड। सेना में अनेकों सशस्त्र तथा सेवा-समूह होते हैं जैसे कि आर्मर्ड कार्प्स, रेजिमेंट ऑफ आर्टिलरी, कार्प्स ऑफ एयर डिफेंस आर्टिलरी, आर्मी एविएशन कार्प्स, कार्प्स ऑफ इंजीनियर्स, कार्प्स ऑफ सिगनल्स, मैकेनाइज्ड इंफैन्ट्री, इंफैन्ट्री, आर्मी सर्विस कार्प्स, आर्मी मेडिकल कार्प्स, मिलिट्री नर्सिंग सर्विसेज, आर्मी ऑर्डिनेंस कार्प्स, कार्प्स ऑफ इलेक्ट्रिकल एंड मैकेनिकल इंजीनियर्स, रिमाऊंट एंड वेटरिनरी कार्प्स, मिलिट्री फार्म सर्विस, आर्मी एजूकेशन कार्प्स, इंटेलीजेंस कार्प्स, कार्प्स ऑफ मिलिट्री पुलिस, आर्मी पोस्टल सर्विस, जज एडवोकेट जनरल डिपार्टमेंट, आर्मी फिजिकल ट्रेनिंग कार्प्स, पॉयोनियर कार्प्स, टेरिटोरियल आर्मी कार्प्स और डिफेंस सिक्योरिटी कार्प्स।

नौसेना: भारतीय नौसेना जो देश की समुद्री सीमा और परिसंपत्तियों की प्रतिरक्षा और सुरक्षा के लिए उत्तरदायी है, को तीन कमांडों में विभाजित किया गया है—पश्चिमी, पूर्वी और दक्षिणी तथा इनके मुख्यालय क्रमशः मुम्बई, विशाखापट्टनम और कोच्चि में स्थित हैं। पश्चिमी और पूर्वी कमाण्ड के पास ऑपरेशनल जहाजी बेड़े हैं जिनमें युद्धपोत, पनडुब्बियां, फ्रिगेट्स और अन्य बेड़े शामिल हैं। दक्षिणी कमांड भारतीय नौसेना की प्रशिक्षण गतिविधियों के लिए उत्तरदायी है।

वायु सेना: देश की वायु सीमा की सुरक्षा करने वाली भारतीय वायुसेना में 5 ऑपरेशनल कमांड हैं तथा 2 फंक्शनल कमांड। ऑपरेशनल कमांड भौगोलिक आधार पर विभाजित हैं यथा पश्चिमी, दक्षिण-पश्चिम, मध्य, पूर्वी और दक्षिणी एयर कमांड। फंक्शनल कमांड मेंटेनेंस और प्रशिक्षण कमांड हैं।

तटरक्षक बल: भारतीय तटरक्षक बल 19 अगस्त, 1978 को अस्तित्व में आया। देश की सबसे युवा सशक्त सेना के कर्तव्य निम्नवत् हैं :

1. तटों पर स्थापित संरचनाओं और कृत्रिम द्वीपों की सुरक्षा, ***2.*** संकट में फंसे मछुआरों की सुरक्षा करना, ***3.*** समुद्री पर्यावरण की सुरक्षा, ***4.*** तस्करी के खिलाफ अभियानों में कस्टम विभाग की सहायता करना और ***5.*** समुद्र में जीवन और संपत्ति की सुरक्षा। तटरक्षक बल के पास तीन अत्यन्त विकसित तटीय गश्ती जहाज (AOPVs), नौ तटीय गश्ती जहाज (OPVs), 23 अति तीव्र गश्ती जहाज (FPVs), 24 इंटरसेप्टर बोट (IBs) ओर इंटरसेप्टर क्रॉफ्ट्स (ICs), 17 डेनियर एयरक्रॉफ्ट और 17 चेतक हैलीकॉप्टर मौजूद हैं। तटरक्षक की कमान और नियंत्रण तटरक्षक महानिदेशक में निहित है। इसका मुख्यालय नई दिल्ली है। इसके तीन क्षेत्रीय मुख्यालय मुंबई, चेन्नई और पोर्ट ब्लेयर में हैं। अपने 11 तटरक्षक जिलों और 6 तटरक्षक स्टेशनों के जरिए ये क्षेत्रीय मुख्यालय संगठन की कमान संभालते हैं।

सेना के लिए प्रशिक्षण केन्द्र

दूरसंचार अभियांत्रिकी सेना कॉलेज, म्हो; सेना इंजीनियरिंग कालेज, किरकी; आर्मर्ड कार्प्स सेंटर एंड स्कूल, अहमदनगर; द कॉलेज ऑफ कॅम्बैट, म्हो; प्रतिरक्षा प्रबंधन संस्थान, सिकंदराबाद; द स्कूल आर्टिलरी, देओराली; द इन्फैंट्री स्कूल, म्हो और बेलगाम; द आर्मी ऑर्डिनेंस स्कूल, जबलपुर; द आर्मी सर्विसेज कार्प्स स्कूल, बरेली; द आर्मी एंड एयर ट्रांसपोर्ट स्कूल, आगरा; द कार्प्स ऑफ मिलिट्री पुलिस सेंटर एंड स्कूल, बेंगलुरु; द इलेक्ट्रिकल एण्ड मैकेनिकल इंजीनियरिंग स्कूल, बड़ोदरा; मिलिट्री कॉलेज ऑफ इलेक्ट्रॉनिक्स एंड मैकेनिकल इंजीनियरिंग, सिकंदराबाद; रिमाउंट

वेटेरिनरी कार्प्स सेंटर एंड स्कूल, मेरठ; इंटेलीजेंस ट्रेनिंग स्कूल एंड डिपो, पुणे।

वायुसेना के लिए प्रशिक्षण केन्द्र

फ्लांइग स्कूल, बिदर; एयरफोर्स फ्लांइग स्कूल, जोधपुर; कॉलेज ऑफ एयर वारफेयर, सिकंदराबाद; एयर फोर्स एडमिनिस्ट्रेटिव कॉलेज, कोयम्बटूर; नेविगेशन एंड सिगनल्स स्कूल, हैदराबाद; एयरफोर्स टेक्निकल कॉलेज, जालाहाली; आइएएफ पाराट्रूपर्स ट्रेनिंग स्कूल, आगरा; एयरफोर्स अकादमी, हैदराबाद; फाइटर ट्रेनिंग विंग एंड हैलीकॉप्टर ट्रेनिंग स्कूल, हकीमपेट।

नौसेना के लिए प्रशिक्षण केन्द्र

आइएनएस वेनदुरुत्ती, कोचीन; आइएनएस गरुड़, कोचीन; आइएनएस शिवाजी, लोनावाला; आइएनएस वलसुरा, जामनगर; आइएनएस सरकार्स, विशाखापट्टनम; आइएनएस हमाला, मुम्बई; आइएनएस किस्तना (प्रशिक्षण पोत); आइएनएस अंगरका, मुंबई; नौसेना अकादमी, कोचीन; सेलर्स ट्रेनिंग एस्टेब्लिशमेंट, डेबोलिन।

प्रतिरक्षा सेवाओं के लिए संयुक्त प्रशिक्षण संस्थान

राष्ट्रीय रक्षा अकादमी, खड़गवासला
भारतीय सैन्य अकादमी, देहरादून
नेशनल डिफेंस कॉलेज, नई दिल्ली
डिफेंस सर्विसेज स्टॉफ कॉलेज, वेलिंगटन
राष्ट्रीय इंडियन मिलिट्री कॉलेज, देहरादून
आर्म्ड फोर्स मेडिकल कॉलेज, पुणे

उत्पादन और अनुसंधान

देश की प्रतिरक्षा आवश्यकताओं के पर्याप्त अंशों का विकास और उत्पादन देश में ही किया जाता है। रक्षा मंत्रालय के अंतर्गत आठ पब्लिक अंडरटेकिंग कार्यरत हैं :

(क) हिन्दुस्तान एयरोनॉटिक्स लिमिटेड (HAL); *(ख)* भारत इलेक्ट्रॉनिक्स लिमिटेड (BEL); *(ग)* भारत अर्थ मूवर्स लिमिटेड (BEML); *(घ)* मझगांव डॉक लिमिटेड (MDL); *(ङ)* गार्डन रीच शिप-बिल्डर्स एंड इंजीनियर्स लिमिटेड (GRSE); *(च)* गोवा शिपयार्ड लिमिटेड (GSL); *(छ)* मिश्र धातु निगम लिमिटेड (MIDHANI); *(ज)* भारत डायनामिक्स लिमिटेड (BDL)

देश की आन्तरिक सुरक्षा हेतु स्थापित संगठन

संगठन	स्थापना वर्ष
इंटेलीजेंस ब्यूरो (IB)	1920
राष्ट्रीय कैडेट कोर (NCC)	1948
प्रादेशिक सेना (Territorial Army)	1948
केन्द्रीय रिजर्व पुलिस बल (CRPF)	1939
असम राइफल्स	1835
नेशनल क्राइम रिकॉर्डस् ब्यूरो	1986
केन्द्रीय जाँच ब्यूरो (CBI)	1953
इंडो-तिब्बती सीमा पुलिस	1962
होम गार्डस्	1962
सीमा सुरक्षा बल (BSF)	1965
केन्द्रीय औद्योगिक सुरक्षा बल (CISF)	1969
तट रक्षा बल (Coast Guards)	1978
राष्ट्रीय सुरक्षा गार्ड (NSG)	1984
रैपिड एक्शन फोर्स (RAF)	1992
रक्षा गुप्तचर एजेंसी (DIA)	2002

प्रादेशिक सेना : इसका गठन सन् 1949 में दूसरी रक्षा पंक्ति के रूप में किया गया था। इसमें 18 से 42 वर्ष तक की आयु के सक्षम शरीर वाले और अपेक्षित योग्यताओं वाले व्यक्तियों को अंशकालिक सैन्य प्रशिक्षण देने के लिए भर्ती किया जाता है।

सीमा सुरक्षा बल : सन् 1965 में गठित यह संगठन एक अर्द्धसैन्य बल के समान है। इसका कार्य सीमा पर चौकसी रखना तथा राज्य सरकारों को शांति और सुव्यवस्था बनाए रखने के लिए सहयोग देना है।

होम गार्ड्स : आन्तरिक सुरक्षा बनाए रखने में पुलिस की सहायता करने, सुरक्षा सेवाओं में सहायता करने और महामारी फैलने पर स्थानीय प्राधिकारियों की सहायता करने के लिए इसका गठन सन् 1962 में किया गया था।

राष्ट्रीय सेवा कोर (एन.एस.सी.) : इसे सन् 1968 में इस उद्देश्य से गठित किया गया था कि विद्यार्थियों को वास्तविक जीवन के समीप लाया जा सके और उनमें उत्तरदायी नेतृत्व के आदर्शों का विकास किया जा सके।

राष्ट्रीय कैडेट कोर (एन.सी.सी.) : इसकी स्थापना 1948 में हुई है। इसमें तीन प्रभाग हैं-(1) वरिष्ठ, (2) कनिष्ठ, (3) छात्रायें (बालिकायें)। वरिष्ठ और कनिष्ठ प्रभागों के तीन स्कंध (विंग) हैं, जिन्हें थल सेना विंग, नौ सेना विंग तथा वायु सेना विंग कहा जाता है। वरिष्ठ प्रभाग में कॉलेज के विद्यार्थी भाग लेते हैं तथा कनिष्ठ प्रभाग उच्च माध्यमिक कक्षाओं के छात्र-छात्राओं के लिए हैं। इसका उद्देश्य नवयुवकों के व्यक्तित्व का निखार करना और उनमें नेतृत्व, चरित्र और सहयोग जैसे गुणों का निर्माण करना है।

परिवहन

रेलवे

भारतीय रेलवे देश में सबसे बड़ा राष्ट्रीय उपक्रम है। विश्व रेलवे में इसका महत्वपूर्ण स्थान है।31 मार्च, 2024 तक स्टेशनों की संख्या 7,461 तथा रेलमार्ग की कुल लंबाई 69,181 किलोमीटर थी। भारतीय रेल के पास 15,110 रेल इंजन, 91,948 यात्री डिब्बे और 3,27,991 माल डिब्बे थे। रेलवे ने अपनी 170 वर्ष की अवधि में असाधारण प्रगति की है। इसने देश के सामाजिक-आर्थिक और औद्योगिक विकास में महत्त्वपूर्ण भूमिका अदा की है। विभिन्न गेज वाली रेल प्रणाली के तहत कुल 69,181 किलोमीटर लंबे रेलमार्गों पर अनेक रेलें चलाई जाती हैं।

जोन (मुख्यालय)

मध्य रेलवे (मुंबई सेंट्रल)	पूर्व रेलवे (कोलकाता)	उत्तर रेलवे (नई दिल्ली)
उत्तर-पूर्व रेलवे (गोरखपुर)	उत्तर-पूर्व सीमांत रेलवे (मालेगांव, गुवाहाटी)	दक्षिण रेलवे (चेन्नई)
दक्षिण मध्य रेलवे (सिकंदराबाद)	दक्षिण पूर्व रेलवे (कोलकाता)	पश्चिम रेलवे (चर्चगेट, मुंबई)
पूर्व मध्य रेलवे (हाजीपुर)	पूर्व तटवर्ती रेलवे (भुवनेश्वर)	उत्तर मध्य रेलवे (प्रयागराज)
उत्तर पश्चिम रेलवे (जयपुर)	दक्षिण पूर्व मध्य रेलवे (विलासपुर)	कोलकाता मेट्रो रेलवे (कोलकाता)
पश्चिम मध्य रेलवे (जबलपुर)	दक्षिण पश्चिम रेलवे हुब्बल्लि (हुबली)	दक्षिण तटीय रेलवे (विशाखापत्तनम), (प्रस्तावित)

जहाजरानी

परिवहन क्षेत्र में देश की अर्थव्यवस्था को मजबूत करने में जहाजरानी की प्रमुख भूमिका है। देश का लगभग 95 प्रतिशत (मूल्य स्तर पर 70 प्रतिशत) व्यापार समुद्री मार्ग से होता है। विकासशील देशों में भारत के पास व्यापारिक जहाजों का सबसे बड़ा बेड़ा है। व्यापारिक जहाजरानी बेड़े की दृष्टि से भारत विश्व में 16वें स्थान पर है। इसके बेड़े की सकल पंजीकृत क्षमता (जी.टी) 108.8 लाख टन है और बेड़े की औसत आयु 18. 03 वर्ष है। भारतीय जहाजरानी क्षेत्र न केवल राष्ट्रीय तथा अंतर्राष्ट्रीय माल की ढुलाई करता है, बल्कि कई तरह की अन्य सेवाएं भी प्रदान करता है, जैसे—माल लादने-उतारने की सेवाएं, पोतों का निर्माण व रखरखाव, माल अंग्रेषण (फ्रेट फॉरवर्डिंग), प्रकाश स्तंभ व्यवस्था, तटवर्ती कर्मचारियों का प्रशिक्षण, आदि। विदेशी मुद्रा अर्जित करने में राष्ट्रीय जहाजरानी का महत्त्वपूर्ण योगदान है।

बंदरगाह

भारतीय समुद्र तट पर 12 बड़े बन्दरगाह और 200 छोटे बन्दरगाह हैं। बड़े बन्दरगाह केन्द्र सरकार के अधीन हैं और छोटे बन्दरगाहों की जिम्मेदारी राज्य सरकारों के ऊपर है।

मुम्बई : यह महाराष्ट्र की राजधानी है, यह एक टापू है जिसे भारत का द्वार भी कहते हैं। व्यापारिक दृष्टि से यह बहुत अच्छा बन्दरगाह है जो सूती कपड़ा उद्योग का केन्द्र है और अपनी अच्छी पृष्ठभूमि रखता है।

जवाहरलाल नेहरू (न्हावा शेबा) : यह मुम्बई का नया बन्दरगाह है, जिस पर लगभग 985 करोड़ रुपया व्यय किया गया है। इसमें तीन महत्त्वपूर्ण रूप से यंत्रीकृत कंटेनर घाट, बड़े आकार के शुष्क मालवाही जहाजों को सम्भालने के लिए दो यंत्रीकृत घाट और एक घाट जहाजों के रख रखाव के लिए बनाया गया है।

श्यामा प्रसाद मुखर्जी (कोलकाता) : कोलकाता पश्चिम बंगाल की राजधानी है। हुगली नदी पर बसा यह ज्वारीय बन्दरगाह बंगाल की खाड़ी से 144 कि.मी. दूर स्थित है।

हल्दिया : यह बन्दरगाह हुगली की एस्चुअरी पर विकसित किया गया है, यह कोलकाता का सहायक बन्दरगाह है, इसके निकट तेलशोधनशाला, लोहा-इस्पात, रेल के डिब्बे, खाद आदि के कारखाने विकसित करने की सम्भावनाएं हैं, यहां से कोयला, कच्चा तेल, पेट्रोलियम पदार्थ, उर्वरक व अन्य शुष्क माल ले जाया जाता है।

गोवा : पश्चिमी तट पर यह एक बड़ा बन्दरगाह है, यहां पर्यटक अधिक आते हैं और विदेशी व्यापार अधिक होता है।

कोच्चि : यह भी केरल राज्य में पश्चिमी तट पर मुम्बई से 928 कि.मी. दूर दक्षिण में स्थित है, यह प्राकृतिक बन्दरगाह है।

दीनदयाल (कांडला) : गुजरात राज्य में कच्छ की खाड़ी में कांडला एक बन्दरगाह के रूप में निर्मित किया गया है। यह ज्वारीय बन्दरगाह है।

चेन्नई (मद्रास) : यह तमिलनाडु की राजधानी है और भारत का तीसरा बड़ा बन्दरगाह है। यह एक व्यापारिक नगर भी है जो सूती कपड़ा उद्योग, चमड़ा उद्योग आदि के लिए विख्यात है।

न्यू मंगलौर : यह कर्नाटक में पश्चिमी तट पर स्थित है। यह ज्वार-भाटा के द्वारा चल पाता है।

पारादीप : बंगाल की खाड़ी में स्थित, कटक से 96 कि.मी. दूर, ओडिशा राज्य में यह बन्दरगाह है। यह सबसे गहरा तथा हर मौसम में कार्य करने वाला बन्दरगाह है।

वी.ओ. चिदंबरनार (तूतीकोरिन) : यह दक्षिणतम बिन्दु पर तमिलनाडु में स्थित है, इसका समुद्र अधिक उथला होने के कारण जहाज पांच मील दूर खड़े होते हैं।

विशाखापत्तनम : यह आंध्र प्रदेश में पूर्वी तट पर कोलकाता और चेन्नई के बीच स्थित है। यह जलयान निर्माण करने वाला बन्दरगाह है। यहां तेलशोधक कम्पनी भी है। यह देश का सबसे गहरा बन्दरगाह है।

मझगांव : यह बन्दरगाह जलयानों की मरम्मत करने के लिए विख्यात है। यहां 12 हजार टन तक के जलयान बनाए जाते हैं। मझगांव, कुल माल लादने की दृष्टि से भारत का पांचवां बड़ा बन्दरगाह है। इस बन्दरगाह से उर्वरक, शीरा, पेट्रोलियम पदार्थ, ग्रेनाइट पत्थर व आम का परिवहन होता है।

अलेप्पी : कोचीन से 48 किलोमीटर दूर पश्चिमी तट पर, केरल राज्य का यह मुख्य बन्दरगाह है।

भत्कल : पश्चिमी तट पर कर्नाटक का प्रसिद्ध बन्दरगाह है।

भावनगर : पश्चिमी तट पर खम्भात की खाड़ी पर, गुजरात का मुख्य बन्दरगाह है।

कोजीकोड (कालीकट) : इसका नया नाम कोजीकोड है। यह पश्चिमी तट पर केरल राज्य में कोचीन से 145 कि.मी. दूर स्थित है। यहां लकड़ी का व्यापार होता है।

काकीनाडा : यह पूर्वी तट पर गोदावरी के उत्तर में आंध्र प्रदेश में स्थित है। व्यापारिक दृष्टि से यह अच्छा बन्दरगाह है, इसे एशिया विकास बैंक की वित्तीय सहायता से विकसित किया जा रहा है।

कुडलोर : यह पूर्वी तट पर तमिलनाडु का बन्दरगाह है।

धनुषकोडी : रामेश्वरम् की दक्षिणी-पूर्वी नोंक पर यह बन्दरगाह स्थित है। यह दक्षिणी रेलवे का टर्मिनल है।

ओखा : यह गुजरात राज्य का मुख्य बन्दरगाह है, यह सौराष्ट्र की उत्तरी-पश्चिमी सीमा पर स्थित है। यहां से तिलहन, नमक तथा सीमेंट का निर्यात किया जाता है तथा विदेशों से कोयला, पेट्रोलियम, रासायनिक पदार्थ और मशीनें आयात की जाती हैं।

पोरबन्दर : यह गुजरात का महत्त्वपूर्ण बन्दरगाह है और पूर्वी अफ्रीका से इसका अधिकतर व्यापार होता है। वर्षा के दिनों में बन्दरगाह अधिकतर बन्द रहता है, क्योंकि यह बिल्कुल खुला है।

बेदी बन्दरगाह : यह कच्छ की खाड़ी में स्थित है। इसका समुद्र तट जहाजों के लिए बहुत उपयुक्त है, यह वर्ष के सभी मौसमों में खुला रहता है।

नागरिक उड्डयन

भारतीय विमानपत्तन प्राधिकरण 1 अप्रैल, 1995 को अस्तित्व में आया। इसका मुख्य कार्य हवाई अड्डों पर बुनियादी सुविधाओं का निर्माण करना है। यह वायुपत्तनों का प्रबंधन करता है। सार्वजनिक क्षेत्र की इकलौती विमान सेवा कम्पनी एयर इंडिया का जनवरी, 2022 में पूर्ण निजीकरण कर दिया गया है। इसे टाटा संस ने खरीद लिया है। देश की अन्य निजी क्षेत्र की प्रमुख विमान सेवा कम्पनियाँ डेकन विमानन, गो एअरवेज, विस्तारा तथा स्पाइस एयरजेट आदि हैं।

सड़कें

भारत संसार के ऐसे देशों में से एक है जिनमें सड़कों का लम्बा-चौड़ा जाल बिछा हुआ है। हमारा देश विश्व की सबसे बड़ी सड़क प्रणाली वाले देशों में से एक है। 31 दिसम्बर 2023 तक देश की कुल सड़कों की लंबाई 63.45 लाख किलोमीटर है। देश के सड़क नेटवर्क

में राष्ट्रीय राजमार्ग, राज्य राजमार्ग, प्रमुख/अन्य जिला सड़कें और ग्रामीण/देहाती सड़कें शामिल हैं। इनमें राष्ट्रीय राजमार्गों की कुल लंबाई 1,46,145 किलोमीटर, राज्य राजमार्गों की 1,79,535 किमी तथा अन्य सड़कों की लम्बाई 60,19,723 किमी. है। राष्ट्रीय राजमार्ग सड़कों की कुल लंबाई का मात्र 2.08 प्रतिशत है, लेकिन कुल यातायात का 40 प्रतिशत इन्हीं राष्ट्रीय राजमार्गों के जरिए होता है। सीमा सड़क संगठन सड़कों का निर्माण करता है।

आकाशवाणी (ऑल इण्डिया रेडियो)

भारत में सर्वप्रथम रेडियो प्रसारण बम्बई (मुम्बई) और कलकत्ता (कोलकाता) से दो निजी ट्रांसमीटरों द्वारा 1927 में आरम्भ हुआ। भारत सरकार ने 1930 में दोनों को अपने हाथ में ले लिया और उन्हें मिलाकर उसका नाम इण्डियन ब्रॉडकास्टिंग सर्विस रखा। 1936 में उसका नाम बदलकर ऑल इण्डिया रेडियो रखा गया और 1957 में इसे आकाशवाणी कहा जाने लगा।

स्वतंत्रता प्राप्ति के समय देश में छह आकाशवाणी केंद्र और 18 ट्रांसमीटर थे। ये देश के 2.5 प्रतिशत क्षेत्र में फैले थे और 11 प्रतिशत जनसंख्या तक इनकी पहुंच थी। इस समय (मार्च 2024) आकाशवाणी विश्व का सबसे बड़ा प्रसारण तंत्र है। मार्च, 2024 तक 591 आकाशवाणी केंद्र और 754 ट्रांसमीटर हैं जिनकी पहुंच देश के 92 प्रतिशत क्षेत्र में 98 प्रतिशत जनसंख्या तक है।

दूरदर्शन (टेलीविजन)

भारत में दूरदर्शन का आरंभ 15 सितम्बर, 1959 से आकाशवाणी के दिल्ली केन्द्र से हुआ। आकाशवाणी के भाग के रूप में टेलीविजन सेवा की नियमित शुरुआत दिल्ली (1965), मुंबई (1972), कोलकाता (1975), चेन्नई (1975) में हुई।

दूरदर्शन 15 सितंबर, 1976 को स्वतंत्र रूप से अस्तित्व में आया। उसके बाद रंगीन प्रसारण की शुरुआत नई दिल्ली में 1982 के एशियाई खेलों के दौरान हुई, जिसके साथ देश में प्रसारण क्षेत्र में बड़ी क्रांति आ गई। वर्तमान में दूरदर्शन के 30 से ज्यादा चैनल हैं। डीडी नेशनल चैनल दुनिया का सबसे बड़ा स्थलीय नेटवर्क है जो देश की लगभग 92 प्रतिशत जनसंख्या और 81 प्रतिशत भूभाग तक पहुंचता है।

प्रमुख समाचार पत्र

समाचार पत्र	शहर	भाषा
अमृत बाजार पत्रिका	कोलकाता	अंग्रेजी
स्टेट्समैन	नई दिल्ली/कोलकाता	अंग्रेजी
आनंद बाजार पत्रिका	कोलकाता	बंगला
युगांतर	कोलकाता	बंगला
नूतन असमिया	गुवाहाटी	असमिया
विश्वमित्र	कोलकाता/मुंबई/कानपुर	हिंदी
प्रताप	नई दिल्ली/जालंधर	उर्दू
हिन्दुस्तान टाइम्स	नई दिल्ली/पटना/लखनऊ/भोपाल	अंग्रेजी
केशरी	पुणे	मराठी
नई दुनिया	इंदौर/नई दिल्ली	हिन्दी
बाम्बे समाचार	मुम्बई	गुजराती
आन्ध्र पत्रिका	विजयवाड़ा	तेलगु
कन्नड़ प्रभा	बेंगलुरु	कन्नड़
हिन्दुस्तान	नई दिल्ली/पटना	हिन्दी
वीर अर्जुन	नई दिल्ली	हिन्दी
ट्रिब्यून	चंडीगढ़	अंग्रेजी/हिन्दी
अकाली पत्रिका	जालंधर	पंजाबी
फाइनेंसियल एक्सप्रेस	मुम्बई/दिल्ली	अंग्रेजी
इण्डियन एक्सप्रेस	नई दिल्ली/मुंबई/अहमदाबाद/ चण्डीगढ़/नागपुर/पुणे/बड़ोदरा	अंग्रेजी

समाचार पत्र	शहर	भाषा
आज	वाराणसी/कानपुर/पटना/ आगरा/गोरखपुर	हिन्दी
टेलीग्राफ	कोलकाता	अंग्रेजी
टाइम्स ऑफ इंडिया	नई दिल्ली/मुंबई/अहमदाबाद/ पटना/लखनऊ/बेंगलुरु	अंग्रेजी
नवभारत टाइम्स	नई दिल्ली/मुंबई/	हिन्दी
जनसत्ता	नई दिल्ली/चण्डीगढ़	हिन्दी
डकन हेराल्ड	बेंगलुरु	अंग्रेजी
डकन क्रॉनिकल	हैदराबाद	अंग्रेजी
बिजनेस स्टैण्डर्ड	कोलकाता	अंग्रेजी
इकोनॉमिक टाइम्स	मुंबई/नई दिल्ली	अंग्रेजी
महाराष्ट्र टाइम्स	मुंबई	मराठी
हिन्दू	चेन्नई/नई दिल्ली	अंग्रेजी
दिनामनि	मदुरै	तमिल
मथरूभूमि	कोझिकोड	मलयालम
पायनियर	नई दिल्ली/लखनऊ/कानपुर	अंग्रेजी
कौमी आवाज	नई दिल्ली	उर्दू
अवाम	नई दिल्ली	उर्दू

समाचार पत्र	शहर	भाषा
राष्ट्रीय सहारा	नई दिल्ली/लखनऊ	हिन्दी
दैनिक जागरण	कानपुर/वाराणसी/आगरा/मेरठ/झांसी/नई दिल्ली/लखनऊ/गोरखपुर/देहरादून/बरेली/जालंधर/पटना	हिन्दी

समाचार पत्र	शहर	भाषा
अमर उजाला	आगरा/अलीगढ़/मेरठ/कानपुर/मुरादाबाद/बरेली/जालंधर	हिन्दी
पंजाब केसरी	नई दिल्ली/जालंधर	हिन्दी
हिन्द समाचार	नई दिल्ली/जालंधर	उर्दू
मलयाला मनोरमा	कोझिकोड	मलयालम
राजस्थान पत्रिका	जयपुर/अजमेर/कोटा	हिन्दी

प्रमुख पत्रिकाएं

साप्ताहिक

पत्रिका	भाषा	पत्रिका	भाषा
ब्लिट्ज	अंग्रेजी	सण्डे	अंग्रेजी
मलयाला मनोरमा	मलयालम	द वीक	अंग्रेजी
मातृभूमि	मलयालम	इंडिया टुडे	अंग्रेजी, हिन्दी, तमिल
देश	बंगला		
कुमुदम	तमिल	आउट लुक	अंग्रेजी, हिन्दी
सुधा	कन्नड़	नई दुनिया	उर्दू
स्वराज	मराठी	रोजगार समाचार	अंग्रेजी, हिन्दी, उर्दू

पाक्षिक

पत्रिका	भाषा
फेमिना	अंग्रेजी, हिंदी
फ्रंटलाइन	अंग्रेजी
माधुरी	हिन्दी
सरिता	हिन्दी
बिजनेस वर्ल्ड	अंग्रेजी
जन कल्याण	गुजराती
सरस सलिल	हिन्दी

मासिक

पत्रिका	भाषा
न्यूज एंड इवेन्ट्स	अंग्रेजी/हिन्दी
फिल्म फेयर	अंग्रेजी
मनोरमा	हिन्दी
योजना	अंग्रेजी/हिन्दी
नंदन	हिन्दी
कादम्बिनी	हिन्दी
आजकल	हिन्दी, उर्दू
विकास सेतु	हिन्दी

रोजगार समाचार

यह साप्ताहिक समाचार पत्र है जो भारत सरकार द्वारा हिन्दी, अंग्रेजी व उर्दू भाषाओं में प्रकाशित होता है। यह अपने ढंग का पहला समाचार पत्र है, जिसमें केन्द्र सरकार, राज्य सरकारों, सरकारी विभागों और सरकारी उपक्रमों में रोजगार के अवसरों (नौकरियों) के बारे में पूरी जानकारी और विज्ञापन होते हैं। यह नई दिल्ली से निकलता है।

समाचार अभिकरण (एजेन्सी)

भारतीय : (1) प्रेस ट्रस्ट ऑफ इण्डिया (पी.टी.आई.)— पी.टी.आई. की हिन्दी में 'भाषा' नाम से न्यूज एजेन्सी है (2) यूनाइटेड न्यूज ऑफ इण्डिया (यू.एन.आई.)—यू.एन.आई. की 'वार्ता' के नाम से हिन्दी सेवा है ; (3) हिन्दुस्तान समाचार एवं (4) समाचार भारती; इंडियन न्यूज सर्विस, इंडियन न्यूज एंड फीचर एयरलाइंस।

विदेशी : नियर एण्ड फॉर ईस्ट न्यूज (नाफेन); रायटर्स (ब्रिटेन); एसोसिएटेड प्रेस ऑफ अमेरिका; यूनाइटेड प्रेस ऑफ अमेरिका (यू. एस. ए.); तास (रूस); ग्लोब न्यूज एजेन्सी, फ्रांस; किंग फीचर्स सिंडिकेट ऑफ यू.एस.ए.; एजेन्सी फ्रांस प्रेस, फ्रांस; इंटरनेशनल न्यूज सर्विस, अमेरिका; अंतारा, इंडोनेशिया; अरब न्यूज एजेन्सी; अरब देश, सेतका, स्लोवाकिया; न्यू चाइना न्यूज एजेन्सी, चीन।

☆☆☆☆☆☆

कला एवं साहित्य

भारत में कला और संस्कृति की समृद्ध परंपरा रही है। भारतीय राजे-महाराजे कला और संस्कृति के बड़े पारखी और हितैषी थे। उन्होंने न सिर्फ कला की विविध शाखाओं को आश्रय दिया, उनके फूलने-फलने में मदद की बल्कि कलाकारों, फनकारों को भी भरपूर समर्थन एवं पुरस्कार प्रदान किया।

संस्कृति विचारने और क्रिया करने की पद्धति है जो सीखी जाती है अपनायी जाती है। इनमें मूल्य, रहन-सहन के तौर-तरीके, विचारने की पद्धतियां, भाषा, शिक्षा, कलाकारिता, सामाजिक संरचना की संस्थाएं आदि शामिल हैं।

ललित कला

विजुअल आर्ट के जरिए चित्रों को उकेरने, कर्मकांडों को सामने रखने और भावनाओं को अभिव्यक्त करने की परंपराएं उतनी ही पुरानी हैं जितनी कि प्राचीन भारत की सभ्यता। पत्थरों पर नक्काशी करने और चिकनी मिट्टी के नमूने तैयार करने का कार्य आरंभिक दिनों में विकसित हुआ। बाद में धातु की मूर्तियां बनाने, धातु की वस्तुएं बनाने, चित्रकारी करने और बेल-बूटों की कढ़ाई करने का कार्य विकसित हुआ।

भारत के प्रमुख चित्रकार एवं उनकी कृतियां

अवनीन्द्र नाथ टैगोर	शाहजहाँ का ताज को देखना, बुद्ध और सुजाता, कमल के पत्ते पर अश्रुकण, वन साम्राज्ञी, औरंगजेब का बुढ़ापा, भारतमाता आदि।
गगनेन्द्र नाथ टैगोर	माँ से विदा लेते चैतन्य, कल्कि अवतार आदि।
राजा रवि वर्मा	दुष्यन्त को प्रेम पत्र लिखती शकुन्तला, नायर लेडी, शकुन्तला वियोग आदि।
नन्द लाल बोस	उमा की तपस्या, घायल बकरी को ले जाते भगवान बुद्ध, कृष्णार्जुन, उड़ीसा की एक दुकान, प्रणाम, बसन्त, गोपिनी आदि।
के॰ वेंकटप्पा	हनुमान द्वारा लंका दहन, स्वर्ण मृग, राम और मृग तृष्णा आदि।
जॉर्ज कीट	कृष्ण जन्म, कर्ण जन्म, यम मार्कण्डेय निराभरण गोपियाँ आदि।
भवेश चन्द्र सन्याल	आश्रयहीन लड़की, गोल मार्केट के भिखारी आदि।
मनीषी डे	नारीशृंगार, पनघट की ओर, बंगाली शरणार्थी
अमृता शेरगिल	एलिफेन्ट्स बाथिंग इन ग्रीन पुल, हिल साईड भारतीय लड़कियाँ आदि।
नारायण श्रीधर बेन्द्रे	स्टेशन पर यात्री, बुद्ध पूजा आदि।
देवी प्रसाद राय चौधरी	लेपचा कुमारी, भौटिया आदि।
शोभा सिंह	हीर रांझा
सतीश गुजराल	काला चांद

संगीत

भारत में चार प्रकार के संगीत साज मिलते हैं—तंतु या तार वाले, समीर या वायु वाले, अवनाद अथवा थाप से संचालित होने वाले और घन जिसमें घंटियां, मंजीरे, घड़ियाल आदि शामिल हैं। तंतु या तार वाले सामान्य साज हैं जैसे—वीणा, सितार, सारंगी, सरोद, दिलरुबा, इसराज, एकतारा, तानपुरा और मयूरी। वायु संचालित साज हैं शहनाई, बांसुरी, नादस्वरम, निनकिर्नस और पोंगी। थाप अथवा संघात से संचालित होने वाले साज हैं तबला, मृदंग, ढोलक, पखावज, घटाम तथा कंजीरा-मंजीरा। करतल, जल तरंग आदि अन्य भारतीय साज हैं।

गायन के क्षेत्र में विष्णु नारायण भातखण्डे, बेगम अख्तर, बड़े गुलाम अली, हीराभाई बरोडकर, भीमसेन जोशी, केसरभाई केलकर, ओंकारनाथ ठाकुर, सिद्धेश्वरी देवी, त्यागराज, विष्णु दिगंबर पलुसकर, पंकज मलिक, एम.एस. सुब्बालक्ष्मी, पंडित जसराज, गंगूभाई हंगल, मल्लिकार्जुन मंसूर, डागर बंधु, डी.के. जयरामन, के.जे. यशुदास, गुलाम मुस्तफा खान, कुमार गंधर्व, के.एल. वसंधा कुमारी, किशोरी अमोनकर, गिरिजा देवी, वी.के. नारायण स्वामी दीक्षितर, तानसेन, श्यामा शास्त्री, स्वाति तरूनिल आदि साजपरक संगीत के कुछ दिग्गज कलाकार रहे हैं।

साजपरक संगीत के कुछ दिग्गज कलाकार निम्न हैं:–

बांसुरी	हरि प्रसाद चौरसिया, पन्नालाल घोष, टी.आर. महालिंगम, एन. रमानी, विजय राघव राव, रघुनाथ सेठ, राजेन्द्र कुलकर्णी
जंजीरा	वी. नागराजन
घटाम	टी.एच. विनायाकरम
गिटार	पंडित विष्णु मोहन भट्ट, मोहन भट्ट, बृजभूषण कालरा, श्रीकृष्ण नलिन
हारमोनियम	पुरुषोत्तम वालावाकर, एम. धौलपुरी
मृदंग	पालघात आर. रघु, यू.एस. वर्मन
पखावज	गोविन्द राव, अनोखे लाल, कंठी महाराज
रूद्रवीणा	जिया मोहिउद्दीन डागर, असद अली खान
संतूर	शिव कुमार शर्मा, तरूण भट्टाचार्य
सितार	पंडित रविशंकर, बिलायत खान, देबू चौधरी, अब्दुल हलीम जफर खान
सरोद	अली अकबर खान, अमजद अली खान, अलाउद्दीन खान, सरेन रानी, बृ ज नारायण, मुकेश शर्मा, चंदन राय
शहनाई	बिस्मिल्ला खान, सुरबहार इमरत खान, दयाशंकर जगन्नाथ
वायलिन	लालगुडी जयारमण, एल. सुब्रह्मण्यम, एम.एस. गोपालकृष्णन, एस. सुब्रह्मण्यम, वी.जी. जोग, एन. राजन
तबला	अल्लारखा, गुदई महाराज, जाकिर हुसैन, लतीफ खां, किशन महाराज आदि।

नृत्य

भारतीय नृत्य की दो शाखाएं हैं—शास्त्रीय तथा लोकनृत्य। नृत्य शैली की विशिष्टता और जटिल पद्धति को देखते हुए नृत्य की छह शैलियों को शास्त्रीय अथवा कलानृत्य के रूप में रखा गया है। इनमें से प्रत्येक का प्राचीन अथवा मध्यकालीन भारत के विशिष्ट क्षेत्रों, साहित्य तथा संगीत की पुरातन परंपराओं से संबंध रहा है।

भरतनाट्यम : इस नृत्य शैली का ताल्लुक तमिलनाडु से है। यह कर्नाटक संगीत के साथ किया जाने वाला एकांतिक नृत्य है। अपने शुद्ध रूप में यह नृत्य शरीर की विभिन्न हलचलों, कोणों व घुमाव के जरिए लय-ताल का एक बेहतरीन नमूना पेश करता है।

ओडिसी : इसकी उत्पत्ति ओडिशा में हुई है। यह नृत्य भरतनाट्यम के समानांतर है। 'गीत-गोविन्द' नामक काव्य की संरचना इस नृत्य शैली के काव्य तथा संगीत घटकों पर हावी रही है।

मणिपुरी : यह मणिपुर का लयबद्ध नृत्य है। यह राधा-कृष्ण और गोपियों की अवधारणा के इर्द-गिर्द संकेद्रित रही है। नगाड़ों और मंजीरों पर बजने वाले कई प्रकार के ताल इस नृत्य के साथ-साथ चलते हैं।

कत्थक : यह उत्तरी भारत का एक विशिष्ट शहरी नृत्य है। पूर्व में इसे दरबारों से जुड़ी नृत्य परंपरा के रूप में लिया जाता था। इस नृत्य के दौरान गायन चलता रहता है, मृदंग बजते रहते हैं तथा एक और कलाकार एक साज बजाता रहता है। कलाकारों का यह समूह सुर-ताल का आकर्षक नजारा पेश करता है।

कथकली : यह केरल की शास्त्रीय नृत्य नाटिका है। अपने स्वरूप में यह नृत्य वर्णात्मक होने के बजाय नाट्यरूप में होता है। यह नृत्य महाकाव्यों के मिथकीय घटनाओं पर आधारित होता है जिसे अतिनाटकीय अंदाज में प्रस्तुत किया जाता है। नाटकीय कथा आंखों और भौहों के संचालन से, हाथों की भाव-भंगिमाओं से तथा शरीर के विशिष्ट संचालन से आगे बढ़ती है।

कुचिपुड़ी : इस नृत्य का अभ्युदय आंध्र प्रदेश में हुआ माना जाता है। पारंपरिक रूप से यह नृत्य नाटिका मंदिरों से संबद्ध रही है।

लोकनृत्य काफी मनभावन होते हैं और उसमें लोक-संस्कृति की झलक मिलती है। नृत्य के दौरान ढोल, मृदंग, आदि बजते रहते हैं।

विभिन्न राज्यों के कुछ महत्त्वपूर्ण लोक-नृत्य निम्नलिखित हैं:

- **महाराष्ट्र :** तमाशा, दही हण्डी, गोफ, दीपक, डिंडी
- **गुजरात :** गरबा, रासलीला, तिप्पनी, डांडिया
- **ओडिशा :** छऊ, माया शवरी, दलचाई
- **राजस्थान :** घूमर, कठपुतली, तेरा ताली
- **मध्य प्रदेश :** लोटा नृत्य, जवारा
- **हिमाचल प्रदेश :** दशहरा नृत्य, हिकत, नेतियो

- **पंजाब** : गिद्धा, भांगड़ा, पणिहारी
- **उत्तर प्रदेश** : रासलीला, नौटंकी, थाली, धुरंग, झुमेला, हुड़का बोल, कजरी
- **नगालैण्ड** : बांस नृत्य, केदोहोह
- **असम** : बिहू, केली गोपाल, सतरिया
- **पश्चिम बंगाल** : कीर्तन, कालत्री, असुरबध, वृता, काली नाच
- **बिहार** : छऊ, मगही, दुर्गा नृत्य
- **तमिलनाडु** : तेरुकलथु, कबलतम, कर्गम, पुली वेशम
- **केरल** : मोहिनी अट्टम, पदायुनी
- **कर्नाटक** : यक्षगान, कुजीता, कोडवास
- **जम्मू एवं कश्मीर** : दुम्हल, हिकत, चाकरी
- **त्रिपुरा** : हजागिरि
- **आंध्र प्रदेश** : डंडारिया, बंजारा, घण्टा मरदाला
- **गोवा** : गोडे मोदनी, ढकनी
- **मेघालय** : नोंगकरेम, बांग्ला
- **मणिपुर** : ढोल चोलम, बसंत रस
- **हरियाणा** : धमचाल, लहूर, भांगड़ा, गिद्दा
- **झारखंड** : सरहुल, सोहराई

शास्त्रीय नृत्य के प्रख्यात कलाकार हैं:

- **भरतनाट्यम** : यामिनी कृष्णमूर्ति, रुक्मिणी देवी अरुणडेल, स्वप्न सुन्दरी, सोनल मानसिंह, वैजयंती माला, मृणालिनी साराभाई, चंद्रलेखा, इंद्राणी, राम गोपाल, बाल सरस्वती
- **कथकली** : गोपीनाथ, के.के. नायर, कुंजुकुरुप, टी.के. चंदू, शांताराव, उदयशंकर
- **कुचिपुड़ी** : स्वप्न सुंदरी, राजा रेड्डी, राधा रेड्डी, शोभा नायर, वेदांतम सत्यनारायण, विम्पत्ति चिन्ना सत्यम
- **कत्थक** : बिरजू महराज, गोपीकृष्ण, शंभू महाराज, सितारा देवी, उमा शर्मा, दुर्गा लाल, शोभना नारायण
- **मणिपुरी** : उदय शंकर, दरोहरा झावेरी, चैतम्बि सिंह, बिपिन सिंह, सूर्यमुखी
- **ओडिसी** : केलुचरण महापात्र, इंद्राणी रहमान, माधवी मुद्गल, प्रोतिमा बेदी, संयुक्ता पाणिग्रही, सोनल मानसिंह, देवू दास, प्रियवंदा मोहन्ती, मिनाती दास

सिनेमा

भारत में सबसे पहली चलती-फिरती लेकिन मूक फिल्म 1896 में एक फ्रांसीसी कम्पनी द्वारा मुम्बई में दिखाई गई। हरिश्चन्द्र, भाटवाडेकर पहले भारतीय थे, जिन्होंने 1899 में चलती-फिरती मूक फिल्म बनाई। भारतीय कहानी पर आधारित पहली भारतीय मूक फिल्म 'पुण्डलीक' थी जिसे 1912 में आर.जी. टोनी और एन.सी. चित्रा ने बनाया और उसके बाद 1913 में दादा साहब फाल्के ने 'राजा हरिश्चंद्र' नामक फिल्म बनाई। दादा फाल्के की अन्य फिल्में 'मोहिनी भस्मासुर', 'सत्यवान सावित्री' और 'लंका दहन' सभी मूक थीं। भारत का पहला सिनेमा हाउस 1907 में कोलकाता में बना।

भारत में बनी पहली बोलती फिल्म 'आलमआरा' थी, जिसका निर्माण 1931 में आर्देशिर ईरानी ने बम्बई में किया था।

भारत में पहली रंगीन फिल्म 'किसान कन्या' थी, जो 1937 में बनी थी। पहली सिनेमास्कोप फिल्म गुरुदत्त की 'कागज के फूल' थी, जो 1959 में बनी और पहली 3-D फिल्म 'माई डियर कुट्टीचाथन' (मलयालम) थी, जो 1984 में बनी।

1952 में सेण्ट्रल बोर्ड ऑफ फिल्म सर्टिफिकेशन बना। इस बोर्ड की स्वीकृति मिलने के बाद ही फिल्में प्रदर्शित की जाती हैं।

भारत सरकार द्वारा 1948 में स्थापित फिल्म डिवीजन फिल्म डाक्यूमेंटरी बनाता है। नेशनल फिल्म डेवलपमेंट कार्पोरेशन देश में फिल्मों के विकास में सहायता करता है। चिल्ड्रन्स फिल्म्स सोसाइटी की स्थापना बच्चों और नवयुवकों के लिए स्वस्थ फिल्में बनाने के उद्देश्य से 1955 में की गई थी।

मई 1982 में भारतीय फिल्म उद्योग की स्वर्ण जयंती, 1989 में भारतीय सिनेमा की प्लेटिनम जुबली तथा 2012 में भारतीय सिनेमा का शताब्दी वर्ष मनाया गया।

संस्कृति से संबद्ध अकादमी और संस्थाएं

ललित कला अकादमी : वर्ष 1954 में सरकार ने देश के अंदर और विदेशों में भारतीय कला को बढ़ावा देने और उसका विस्तार करने के उद्देश्य से इस अकादमी की स्थापना की। इसका मुख्यालय दिल्ली में है तथा क्षेत्रीय केंद्र लखनऊ, कोलकाता, चेन्नई और भुवनेश्वर में स्थित है।

संगीत नाटक अकादमी : यह संगीत, नृत्य और नाट्यकला की राष्ट्रीय अकादमी है। 1953 में स्थापित की गई यह अकादमी राज्य सरकारों और स्वैच्छिक संस्थाओं की सहायता से कला के निष्पादन को प्रोत्साहित करती है। यह अकादमी सेमिनार और उत्सवों का आयोजन करती है।

साहित्य अकादमी : साहित्य के संवर्द्धन को समर्पित यह एक राष्ट्रीय निकाय है। 1954 में स्थापित यह अकादमी साहित्य के निरंतर विकास हेतु शिक्षा प्रदान करती है तथा साहित्यिक सृजन को प्रोत्साहित करती है। इसका मुख्यालय दिल्ली में है।

नेशनल स्कूल ऑफ ड्रामा : यह भारत में अपनी तरह का इकलौता नाट्य विद्यालय है जिसकी गिनती विश्व के सर्वश्रेष्ठ थियेटर प्रशिक्षण संस्थाओं में की जाती है। इसे 1959 में संगीत नाटक अकादमी के अंतर्गत स्थापित किया गया था परंतु 1975 में यह एक स्वायत्तशासी संगठन बन गया जिसे केन्द्र सरकार का संस्कृति विभाग वित्त प्रदान करता है।

भारतीय पुरातत्त्व सर्वेक्षण : सरकार के संस्कृति विभाग से संबद्ध इस संस्था की स्थापना 1861 में की गई थी। इसका मुख्य कार्य संरक्षित स्मारकों/स्थलों की देखभाल करना तथा संरक्षण परिरक्षण करना है।

भारत का राष्ट्रीय अभिलेखागार : 1891 में स्थापित यह संस्था सरकार तथा उसकी पूर्ववर्ती संस्थाओं/ निकायों के लिए स्थायी महत्त्व के प्राचीन रिकॉर्डों की संरक्षक है। इसका मुख्यालय नई दिल्ली में है। मुख्यालय दिल्ली के अलावा चार क्षेत्रीय संग्रहणालयों भोपाल, भुवनेश्वर, जयपुर और पांडिचेरी (पुडुचेरी) में प्रमुख अभिलेखों का संग्रह किया गया है। ये केंद्र रिकॉर्डों की देखभाल कर रहे हैं।

अजायबघर : अजायबघर सांस्कृतिक विरासत के संग्रह केंद्र हैं जहां ऐतिहासिक महत्त्व की वस्तुओं, तकनीकों का संरक्षण किया जाता है ताकि उन्हें नष्ट होने से बचाए रखा जा सके और इतिहास के तत्वों को उसी स्वरूप में सामने रखा जा सके।

साहित्य

पुस्तकें और उनके लेखक

पुस्तकें	*लेखक*
आधे अधूरे	मोहन राकेश
आग का दरिया	कुर्रतुल-एन-हैदर
ए मिलियन म्युटिनीज नाऊ	वी.एस. नाइपॉल
ए सूटेबल ब्वाय	विक्रम सेठ
ए पैसेज टू इंग्लैंड	नीरद सी चौधरी
ए वॉयस ऑफ फ्रीडम	नयनतारा सहगल
एक्सेशन टू इंस्टिंक्शन	डॉ. आर. मनेकर
आदि ग्रंथ	गुरु अर्जुन देव
बिट्विन द लाइंस	कुलदीप नैयर
भगवत गीता, महाभारत	वेदव्यास
भारत भारती	मैथिलीशरण गुप्त
विसर्जन	रवीन्द्रनाथ टैगोर
ब्रोकन विंग	सरोजिनी नायडू
बुद्ध चरित	अश्वघोष
बाय गाड्स डिक्री	कपिल देव
चंडालिका	रवीन्द्रनाथ टैगोर
चैमिन	शिवशंकर पिल्लाई
चिदंबरा	सुमित्रानंदन पंत
चिकवीरा राजेन्द्र	मस्ती वेंकटेश अयंगर 'श्री निवास'
देवदास	शरत चंद्र
डिस्कवरी ऑफ इंडिया	जवाहरलाल नेहरू
डिवाइन लाइफ	शिवानंद
दुर्गेश नन्दिनी	बंकिम चन्द्र चटर्जी
गीत गोविन्द	जयदेव
घासीराम कोतवाल	विजय तेंदुलकर
गीतांजलि	रवीन्द्रनाथ टैगोर
ग्लिम्पसेज ऑफ वर्ल्ड हिस्ट्री	जवाहरलाल नेहरू
गोदान	मुंशी प्रेमचंद
द गॉड ऑफ स्माल थिंग्स	अरुंधति राय
गोल्डन गेट	विक्रम सेठ
गोरा	रवीन्द्र नाथ टैगोर
द गाइड	आर.के. नारायण
गुल-ए-नग्मा	रघुपति सहाय "फिराक"
हर्ष चरित	बाणभट्ट
हिंदू व्यू ऑफ लाइफ	राधाकृष्णन
हिन्दुइज्म	नीरद सी. चौधरी
हितोपदेश	नारायण भट्ट
हंग्री स्टोन्स	रवीन्द्र नाथ टैगोर
आई एम नॉट एन आइलैंड	ख्वाजा अहमद अब्बास
आईडोल्स	सुनील गावस्कर
लौरिंगन	वी.के. भट्टाचार्य
जस्टिस ऑफ पीस के आंसू	जनार्दन प्रसाद सिंह
जूही की कली	सूर्यकांत त्रिपाठी "निराला"
जुग बदल गया	सोहन सिंह शीतल
जाब्स फॉर मिलियंस	वी.वी.गिरि
कादंबरी	बाणभट्ट
कामसूत्र	वात्स्यायन
कामायनी	जयशंकर प्रसाद
कपाल-कुंडला	बंकिम चंद्र चटर्जी
कर्पूर मंजरी	राजशेखर
खाक-ए-दिल	जां निसार अख्तर
किरातार्जुनीयम्	भारवि

पुस्तकें	लेखक
द लास्ट फेज	प्यारेलाल
लाइफ डिवाइन	अरविंदो घोष
मिडनाइट्स चिल्ड्रन	सलमान रुश्दी
नैकेड ट्राइएंगल	बलवंत गार्गी
नाकू थंथी	दत्तात्रेय रामचद्र बेंद्रे
नेताजी डेड ऑर अलाइव	समर गुहा
निशीथ	उमाशंकर जोशी
नीति शतक	भर्तृहरि
ओडाकूजाल	जी शंकर कुरुप
आवर इंडिया	मीनू मसानी
आवर प्रेसिडेंट्स	एम.ए. नायडू
पदमावत	मलिक मोहम्मद जायसी
पंचग्राम	ताराशंकर बंद्योपाध्याय
पंचतंत्र	विष्णु शर्मा
पाथेर पांचाली	विभूति भूषण बंद्योपाध्याय
रामचरित मानस	तुलसीदास
रंगभूमि	मुंशी प्रेमचंद
रंती-अंगझी	टी.एस. पिल्लई
रत्नावली	हर्षवर्धन
रेड लेप एंड ह्वाइट कैप	पी.वी.आर.राव
रेमिनिसेंस ऑफ द नेहरू एज	एम.ओ. मथाई
रिटर्न ऑफ रेड रोज	के.ए. अब्बास
ऋतु सम्हार	कालिदास
साकेत	मैथिलीशरण गुप्त
संस्कृति के चार अध्याय	रामधारी सिंह "दिनकर"
सत्यार्थ प्रकाश	स्वामी दयानंद
स्कॉलर एक्स्ट्रा आर्डेनरी	नीरद सी. चौधरी
द स्कोप ऑफ हैप्पीनेस	विजय लक्ष्मी पंडित
सेवन समर्स	मुल्कराज आनंद
शैडो फ्राम लद्दाख	भवानी भट्टाचार्य
नेहरू टु वाजपेयी : प्राइम मिनिस्टर्स	जनार्दन ठाकुर
नए इलाके में	अरुण कमल
विंग्स ऑफ फायर	ए.पी.जे. अब्दुल कलाम
रागमाला	पंडित रविशंकर
मजमीन-ए-गुजराल	आई.के. गुजराल
जत दूर मन पूरे (आत्मकथा)	ज्योति बसु
सूरसागर	सूरदास
तपस्यी ओ तरंगिणी	बुद्धदेव बोस
थिरुकुरल	तिरुवल्लूवर
द नेशंस वॉयस	सी. राज-गोपालाचारी
द सिक्ख टुडे	खुशवंत सिंह
टुवर्ड्स टोटल रिवोल्यूशन	जयप्रकाश नारायण
तुलसी का ज्ञानबोध	सूर्यकांत त्रिपाठी "निराला"

भारतीय भाषाओं के प्रसिद्ध लेखक

असमिया : हेम चन्द्र बरुआ, हेम चन्द्र गोस्वामी, योगेश दास, वीरेन्द्र कुमार भट्टाचार्य, इन्दिरा गोस्वामी।

ओडियाः गोपीनाथ मोहन्ती, राधा नाथराय, गोपाबंधुदास, सच्चिदानंद राउत्रे, कालिन्दी चरण पटनायक, सुरेन्द्र महन्ती, डा. सीताकान्त महापात्र।

बंगला : बंकिम चन्द्र चटर्जी, विभूति भूषण बंद्योपाध्याय, तारा शंकर बंद्योपाध्याय, शरत चन्द्र चटर्जी, रवीन्द्र नाथ ठाकुर, आर.सी. दत्त, प्रेमेन्द्र मित्र, माइकेल मधुसुदन दत्त, काजी नजरूल इस्लाम, विष्णु दे, आशापूर्णा देवी, महाश्वेता देवी, सुभाष मुखोपाध्याय, विमल मित्र।

गुजराती : मीराबाई, नरसिंह मेहता, परमानंद (कवि), के.एम. मुंशी, गोवर्धन राम, नर्मदा सागर, उमाशंकर जोशी, पन्नालाल पटेल, मनभाई पंचौली 'दर्शक', निरंजन भगत, राजेन्द्र केशवलाल साह।

हिन्दी : सूरदास, तुलसीदास, केशव, बिहारी, कबीर, जायसी, मुंशी प्रेमचंद, सुदर्शन, उपेन्द्र नाथ अश्क, जैनेन्द्र कुमार जैन, भारतेन्दु हरिश्चन्द्र, मैथिलीशरण गुप्त, सूर्यकान्त त्रिपाठी 'निराला' महादेवी वर्मा, जयशंकर प्रसाद, सुमित्रानंदन पंत, हरिवंश राय बच्चन, रामधारी सिंह दिनकर, वात्स्यायन अज्ञेय, नरेश मेहता।

कन्नड़ : के.बी. पुटप्पा, रान्ना, पुरन्दर दास, बी.एम. श्रीकान्त, दत्तात्रेय रामचन्द्र बेन्द्रे, के. शिवराम कारन्थ, मस्ति वेंकटेश आयंगर, वी. के. गोकाक, यू.आर. अनंतमूर्ति, गिरिश कर्नाड।

मलयालम : जी. शंकर कुरूप, तझाकी शिवशंकर पिल्लई, सी.बी. रमन पिल्लई, ओ. चन्दु मेनन, कुमारन आसन, वल्लाथोल, नारायण मेनन, एस.के. पोट्टेकर, नलन्कल कृष्ण पिल्लई, एम. टी. वासुदेवन नायर, सी. वी. श्रीरमण, डॉ. एम. लीलावती।

मराठी : तुकाराम, टीकाराम सहाय, हरि नारायण आप्टे, वी. एस. खाण्डेकर, वी.वी. शिरवाडकर, रंगनाथ ठाकरे, बिन्दा करांदीकर, प्रह्लाद केशव अत्रे, श्रीपाद नारायण वेंडसे, एन. सी. फड़के।

पंजाबी : भाई वीरसिंह, वारिस शाह, धनीराम चैत्रिक, अमृता प्रीतम, नानक सिंह, बलवंत गार्गी, के.एस. दुग्गल, डॉ. हरभजन सिंह, निरंजन तसनीम, गुरुदयाल सिंह, सुरजीत दत्तर।

संस्कृत : वाल्मीकि, व्यास, कालिदास, बाणभट्ट, भर्तृहरि, कल्हण, भवभूति, श्री निवास रथ, प्रो. रसिक बिहारी जोशी, प्रो. सुषमा कुलश्रेष्ठ, सत्यव्रत शास्त्री।

तमिल : सुब्रह्मण्यम भारती, रामलिंगम, पी. वी. अकिलंदम, बाल सुन्दरम्, अब्दुल रहमान, डॉ. इन्दिरा पार्थसारथी, डी. जयकांतन।

तेलुगु : लक्ष्मी नरसिंघम, त्रिपुती, विश्वनाथ सत्यनारायण, डॉ. सी. नारायण रेड्डी, गुर्रम जोशुआ बल्लमपती वेंकटसुवैया, डॉ. वलीरेड्डी सीतादेवी।

उर्दू : मिर्जा गालिब, मो. इकबाल, हाली, जोश मलीहाबादी, जिगर मुरादाबादी, साहिर लुधियानवी, रघुपति सहाय "फिराक" गोरखपुरी, राजेन्द्र सिंह बेदी, कृश्न चन्दर, मन्टो, पं. ब्रज नारायण 'चकबस्त', पं. आनन्द नारायण 'मुल्ला', श्रीमती कुर्रतुल एन. हैदर, जोगिन्दर पाल, कुंवर मोहिन्द्र सिंह 'बेदी'. अली सरदार जाफरी।

मैथिली : विद्यापति, ज्योतिरीश्वर ठाकुर, नागार्जुन, जीवकान्त, मायानन्द मिश्र, दीना नाथ पाठक 'बन्धु', सुरेन्द्र झा 'सुमन', धीरेन्द्र, बाल गोविन्द झा 'व्यथित'।

☆☆☆☆☆☆

पुरस्कार एवं सम्मान

प्रमुख पुरस्कार एवं सम्मान

- **नोबेल पुरस्कार:** नोबेल पुरस्कार स्वीडन के वैज्ञानिक अल्फ्रेड बर्नहर्ड नोबेल की स्मृति में दिए जाते हैं। भौतिक शास्त्र, रसायन विज्ञान, चिकित्सा, साहित्य तथा शांति के क्षेत्र में उत्कृष्ट योगदान के लिए नोबेल पुरस्कार दिए जाते हैं। अर्थशास्त्र के लिए नोबेल पुरस्कार दिए जाने की शुरुआत 1969 ई. से हुई। इसे अर्थशास्त्र में नोबेल स्मृति पुरस्कार भी कहते हैं।
- **पुलित्जर पुरस्कार:** न्यूयॉर्क वर्ल्ड के प्रकाशक 'जोसेफ पुलित्जर' की स्मृति में 1917 से अमेरिका के कोलम्बिया विश्वविद्यालय द्वारा पत्रकारिता एवं साहित्य के क्षेत्र में दिया जाता है।
- **रेमन मैग्सेसे पुरस्कार:** यह पुरस्कार फिलीपींस के पूर्व राष्ट्रपति रेमन मैग्सेसे की स्मृति में वर्ष 1957 से प्रदान किया जाता है। इस पुरस्कार को एशिया का नोबेल भी कहा जाता है। यह पुरस्कार प्रत्येक वर्ष –जनसेवा, सरकारी सेवा, पत्रकारिता, सामुदायिक नेतृत्व एवं अंतर्राष्ट्रीय सद्भाव के लिए प्रदान किया जाता है।
- **गाँधी शांति अन्तर्राष्ट्रीय पुरस्कार:** विश्व शांति में उल्लेखनीय भूमिका निभाने वाले व्यक्ति को भारत सरकार द्वारा 1995 से दिया जाता है।
- **जवाहरलाल नेहरू अन्तर्राष्ट्रीय सद्भावना पुरस्कार:** भारत सरकार द्वारा यह पुरस्कार अन्तर्राष्ट्रीय शांति, विभिन्न देशों के मध्य मेलमिलाप व मित्रता के क्षेत्र में उल्लेखनीय योगदान हेतु प्रदान किया जाता है।
- **इन्दिरा गाँधी अन्तर्राष्ट्रीय शांति, निरस्त्रीकरण एवं विकास पुरस्कार:** भारत सरकार के द्वारा यह पुरस्कार प्रतिवर्ष अन्तर्राष्ट्रीय शांति, निरस्त्रीकरण एवं विकास के क्षेत्र में विशिष्ट योगदान के लिए दिया जाता है।
- **कलिंग पुरस्कार:** विज्ञान को लोकप्रिय बनाने के लिए यह पुरस्कार कलिंग फाउण्डेशन द्वारा दिया जाता है।
- **ग्रेमी पुरस्कार:** यह पुरस्कार नेशनल एकेडमी फॉर रिकार्डिंग आर्ट्स एण्ड साइंसेज द्वारा पश्चिमी संगीत की विभिन्न विधाओं में विशिष्ट योगदान हेतु प्रदान किया जाता है।
- **ऑस्कर पुरस्कार:** संयुक्त राज्य अमेरिका की नेशनल एकेडमी ऑफ मोशन पिक्चर्स द्वारा फिल्म जगत के क्षेत्र में दिया जाता है।
- **मैन बुकर पुरस्कार:** यह पुरस्कार बुकर कंपनी एवं ब्रिटिश प्रकाशक संघ द्वारा संयुक्त रूप से साहित्य के क्षेत्र में उत्कृष्ट कार्य करने के लिए दिया जाता है।
- **भारत रत्न:** यह कला, साहित्य, खेल तथा विज्ञान या बड़े पैमाने पर जनसेवा में उत्कृष्ट कार्य करने के लिए देश का सर्वोच्च राष्ट्रीय पुरस्कार है।
- **पद्म पुरस्कार:** यह भारत रत्न के बाद दूसरा बड़ा सम्मान है। यह पुरस्कार तीन प्रकार के हैं–
  (i) पद्म विभूषण, *(ii)* पद्म भूषण, *(iii)* पद्मश्री।
- **परमवीर चक्र:** भारत में वीरता के लिए दिया जाने वाला सर्वोच्च पुरस्कार जिसे थल सेना, वायु सेना, जल सेना में दुश्मन के सामने बहादुरी के सर्वोत्कृष्ट प्रदर्शन या आत्मबलिदान के लिए दिया जाता है।
- **महावीर चक्र:** देश का यह द्वितीय सर्वोच्च शौर्य पुरस्कार उस बहादुर सैनिक को प्रदान किया जाता है, जिसने शत्रु के दमन में अद्वितीय पराक्रम प्रदर्शित किया है।
- **वीर चक्र:** शौर्य एवं वीरता का तीसरा सर्वोच्च पुरस्कार उसे प्रदान किया जाता है, जिसने शत्रुओं का सामना अदम्य साहस करके उसे पीछे धकेला हो अथवा मौत के घाट उतार दिया हो।
- **अशोक चक्र:** यह देश का सर्वोच्च शान्तिकालीन शौर्य पुरस्कार है। यह पुरस्कार भी शौर्य प्रदर्शन में उल्लेखनीय भूमिका निभाने वाले बहादुर कर्मी को प्रदान किया जाता है।
- **कीर्ति चक्र:** यह पुरस्कार उस वीर सैनिक को प्रदान किया जाता है, जिसने शत्रु के मुकाबले में अभूतपूर्व साहस का प्रदर्शन किया हो।
- **शौर्य चक्र:** युद्ध की परिस्थितियों में अद्भुत शौर्य प्रदर्शित करने वाले शूरवीरों को यह पुरस्कार प्रदान किया जाता है।
- **दादा साहेब फाल्के पुरस्कार:** दादा साहेब फाल्के की स्मृति में स्थापित यह पुरस्कार सूचना एवं प्रसारण मंत्रालय, भारत सरकार द्वारा उस व्यक्ति को दिया जाता है, जिसने भारतीय सिनेमा के विकास में उल्लेखनीय योगदान दिया हो।

- **भारतीय ज्ञानपीठ पुरस्कारः** संविधान की 8वीं अनुसूची में उल्लिखित 22 भाषाओं और अंग्रेजी में से किसी भी भाषा में उत्कृष्ट साहित्य के सृजन के लिए दिया जाता है।
- **साहित्य अकादमी पुरस्कारः** अंग्रेजी सहित 24 भाषाओं में गत् पाँच वर्षों में प्रकाशित उत्कृष्ट रचना के लिए साहित्य अकादमी पुरस्कार, भारत सरकार द्वारा दिया जाता है।
- **मूर्तिदेवी पुरस्कारः** भारतीय जीवन के शाश्वत मूल्यों को उभारने के लिए किसी भी भारतीय भाषा या अंग्रेजी साहित्य में भारतीय ज्ञानपीठ ट्रस्ट द्वारा दिया जाता है।
- **भारत-भारती सम्मानः** उत्तर प्रदेश हिन्दी संस्थान द्वारा साहित्य सृजन व हिन्दी की अनवरत सेवा हेतु प्रदान किया जाता है।
- **व्यास सम्मानः** हिन्दी लेखन के क्षेत्र में अविस्मरणीय योगदान हेतु के.के. बिरला फाउण्डेशन द्वारा दिया जाता है।
- **वाचस्पति पुरस्कारः** संस्कृत साहित्य में विशिष्ट एवं उल्लेखनीय योगदान के लिए के.के. बिरला फाउण्डेशन द्वारा प्रदान किया जाता है।
- **सरस्वती सम्मानः** संविधान की 8वीं अनुसूची में शामिल किसी भी भाषा में गत दस वर्षों में प्रकाशित उत्कृष्ट साहित्यिक कृति के लिए दिया जाता है।
- **जमनालाल बजाज पुरस्कारः** सामाजिक कार्यक्षेत्र में महत्वपूर्ण योगदान, ग्रामीण विकास, विज्ञान एवं प्रौद्योगिकी के उपयोग तथा महिलाओं एवं बच्चों के उत्थान एवं कल्याण कार्यों हेतु जमनालाल बजाज फाउंडेशन के द्वारा प्रदान किया जाता है।
- **शांतिस्वरूप भटनागर पुरस्कारः** विज्ञान के क्षेत्र में उल्लेखनीय योगदान के लिए प्रदान किया जाता है।
- **धन्वन्तरि पुरस्कारः** चिकित्सा के क्षेत्र में।
- **अर्जुन पुरस्कारः** खेल के क्षेत्र में।
- **द्रोणाचार्य पुरस्कारः** खेल प्रशिक्षण के क्षेत्र में।
- **ध्यानचंद पुरस्कारः** खेलों में जीवन भर की उपलब्धियों के लिए।
- **मेजर ध्यानचंद खेल रत्न पुरस्कारः** खेलों में सराहनीय प्रदर्शन हेतु प्रदान किया जाता है।

नोबेल पुरस्कार विजेता भारतीय

यह पुरस्कार अब तक पाँच भारतीयों को प्राप्त हुआ है—

(*i*) डॉ. रवीन्द्रनाथ ठाकुर को साहित्य के लिए उनकी कृति 'गीतांजलि' पर सन् 1913 में

(*ii*) डॉ. सी.बी. रमन को भौतिकी में महत्त्वपूर्ण योगदान के लिए सन् 1930 में

(*iii*) मदर टेरेसा को सन् 1979 में शान्ति के लिए,

(*iv*) प्रो. अमर्त्य सेन को 1998 में अर्थशास्त्र के लिए, और

(*v*) कैलाश सत्यार्थी को 2014 में शांति के लिए

इसके अलावा भारतीय मूल के चार लोगों सुब्रमण्यन चंद्रशेखर (भौतिक विज्ञान), हर गोविंद खुराना (चिकित्सा विज्ञान), वेंकटरामन रामकृष्णन (रसायन विज्ञान)और अभिजीत बनर्जी (अर्थशास्त्र) को भी यह पुरस्कार मिल चुका है।

विश्व के प्रमुख देशों की राजधानी एवं मुद्रा

देश	राजधानी	मुद्रा
भारत	नई दिल्ली	रुपया
बांग्लादेश	ढाका	टका
भूटान	थिम्पू	न्गुलट्रम
नेपाल	काठमांडू	रुपया
म्यांमार	ने पी ता	क्यात
पाकिस्तान	इस्लामाबाद	रुपया

देश	राजधानी	मुद्रा
अफगानिस्तान	काबुल	अफगानी
चीन	बीजिंग	युआन
श्रीलंका	कोलम्बो	रुपया
ईरान	तेहरान	रियाल
इराक	बगदाद	दीनार
इंडोनेशिया	जकार्ता	रुपिया

देश	राजधानी	मुद्रा
बहरीन	मनामा	दीनार
मंगोलिया	उलानबटोर	तुगरिक
मलेशिया	क्वालालंपुर	रिंगगिट
मालदीव	माले	रुफिया
लेबनान	बेरुत	पाउंड
लाओस	वियन्तियान	न्यूकिपलाओ
कुवैत	कुवैत सिटी	दीनार
वियतनाम	हनोई	डाग
थाईलैण्ड	बैंकाक	बहत
सं.अ. अमीरात	अबुधाबी	दिरहम
ताइवान	ताइपे	डॉलर
कतर	दोहा	रियाल
कम्बोडिया	न्होमपेन्ह	रिएल
उत्तर कोरिया	प्योंगयांग	युआन
दक्षिण कोरिया	सिओल	वॉन
जापान	टोक्यो	येन
ओमान	मस्कट	रियाल
फिलीपींस	मनीला	पीसो
सीरिया	दमिश्क	पाउंड
सऊदी अरब	रियाद	रियाल
सिंगापुर	सिंगापुर	डॉलर
उज्बेकिस्तान	ताशकंद	सुम
कजाकिस्तान	अस्ताना	टेनगे
यमन	साना	रियाल
मॉरीशस	पोर्ट लुईस	रुपया
मोरक्को	रबात	दिरहम
नामीबिया	विंडहॉक	रैंड
नाइजर	नियामी	फ्रैंक
नाइजीरिया	लागोस	नैरा
रवांडा	किगाली	फ्रैंक
सोमालिया	मोगाडिशू	शिलिंग
द. अफ्रीका	प्रिटोरिया	रैंड
सूडान	खारतूम	पाउंड
तंजानिया	डोडोमा	शिलिंग
ट्यूनीशिया	ट्यूनिश	दीनार
युगांडा	कंपाला	शिलिंग
जांबिया	लुसाका	क्वाचा
ज़िम्बाब्वे	हरारे	डॉलर
कांगो (लो.ग.)	किंशासा	फ्रेंक (CDF)
मिस्र	काहिरा	पाउंड
घाना	अक्रा	केडी
गिनी	कोनाक्रे	फ्रैंक

देश	राजधानी	मुद्रा
केन्या	नैरोबी	शिलिंग
स्वाजीलैण्ड	म्बाबने	लिलान्गनी
लेसोथा	मसेरू	लोति
लाइबेरिया	मोनरोविया	फ्रैंक
गेबोन	लिब्रेविले	फ्रैंक (CFA)
जिबूती	जिबूती	फ्रैंक
गुयाना	मालाबो	फ्रैंक
कनाडा	ओटावा	डॉलर
क्यूबा	हवाना	पीसो
पनामा	पनामा सिटी	बाल बोआ
बरमूडा	हेमिल्टन	डॉलर
बहामाज	नसाऊ	डॉलर
कोस्टारिका	सान जोस	कोलन
ग्वाटेमाला	ग्वाटेमाला सिटी	क्वाट्जाल
निकारागुआ	मनागुआ	न्यू कोरडोवा
जमैका	किंगस्टन	डॉलर
ग्रेनाडा	सेंट जॉर्ज	डॉलर
ग्रीनलैण्ड	नूक	क्रोन
मैक्सिको	मैक्सिको सिटी	पीसो
सं.रा. अमेरिका	वाशिंगटन (डी.सी.)	डॉलर
डोमीनिक	रोसेऊ	डॉलर
डोमीनियन गणतंत्र	सैंटो डोमिंगो	पीसो
हैती	पोर्ट-ओ-प्रिंस	गोर्डे
ब्राजील	साओ पाउलो	रिएल
चिली	सांतियागो	पीसो
इक्वाडोर	क्वेटो	सुक्रे
वेनेजुएला	काराकस	बोलिवर
अर्जेंटीना	ब्यूनस आयर्स	अर्जेण्टीनो
त्रिनिदाद व टोबैगो	पोर्ट ऑफ स्पेन	डॉलर
पेरू	लीमा	न्यू सोल
कोलम्बिया	बोगोटा	पीसो
गुयाना	जॉर्ज टाउन	डॉलर
पराग्वे	असनश्यान	गुआरानी
उरुग्वे	मोंटेवीडिओ	पीसो
फ्रेंच गुयाना	कोयेन्ने	फ्रैंक
रूस	मास्को	रूबल
स्पेन	मैड्रिड	यूरो
पोलैण्ड	वारसा	ज्लोती
नार्वे	ओस्लो	क्रोन
पुर्तगाल	लिस्बन	यूरो
फ्रांस	पेरिस	यूरो
जर्मनी	बर्लिन	यूरो
यूनान	एथेंस	यूरो

देश	राजधानी	मुद्रा
हंगरी	बुडापेस्ट	फ्रोरिंट
डेनमार्क	कोपेनहेगन	क्रोन
लिथुआनिया	विल्नियस	लितास
स्वीडन	स्टॉकहोम	क्रोना
स्विट्जरलैण्ड	बर्न	फ्रैंक
ग्रेट-ब्रिटेन	लंदन	पाउंड
आस्ट्रिया	वियना	यूरो
चेक गणराज्य	प्राग	कोरूना
माल्टा	वालेटा	यूरो
सान मारिनो	सान मारिनो	यूरो
बोस्निया-हर्जेगोविना	सरायेवो	दीनार
अंडोरा	अंडोरा ला विले	यूरो
आयरलैण्ड	डबलिन	यूरो
लक्समबर्ग	लक्समबर्ग	यूरो
बेल्जियम	ब्रूसेल्स	यूरो
बुल्गारिया	सोफिया	लेव

देश	राजधानी	मुद्रा
मेसीडोनिया	स्कोपजे	दिनार
स्लोवेनिया	ल्यूकिल्यान	यूरो
फिनलैण्ड	हेलसिंकी	यूरो
नीदरलैण्ड्स	एमस्टरडम	यूरो
अल्बानिया	तिराना	लेक
लातविया	रीगा	लात
क्रोशिया	जागरेव	दीनार
इटली	रोम	लीरा
ऑस्ट्रेलिया	केनबरा	डॉलर
न्यूजीलैण्ड	वेलिंग्टन	डॉलर
पापुआ न्यू गिनी	पोर्ट मोरेस्बी	किना
फिजी	सुवा	डॉलर
मार्शल द्वीप	मजुरो	डॉलर
पलाऊ (बेलाऊ)	कोडोर	USA डॉलर
सोलोमन द्वीपसमूह	होनियारा	डॉलर

महत्त्वपूर्ण सीमा रेखाएं

- **डूरंड लाइन :** यह भारत और अफगानिस्तान के बीच सीमा के विभाजन को परिलक्षित करती थी। इसका सीमांकन सर मोर्टीमर डूरंड ने 1896 में किया था। अब यह पाकिस्तान और अफगानिस्तान के बीच की सीमा रेखा है।
- **हिंडेनवर्ग लाइन :** यह वह रेखा है जहां से विश्व युद्ध के दौरान जर्मनी की सेना वापस लौट गई थी। यह रेखा पोलैण्ड और जर्मनी के बीच की सीमा रेखा है।
- **मैकमोहन रेखा :** यह भारत और चीन के बीच सीमा रेखा है जिसका सीमांकन सर हेनरी मैकमोहन ने किया था।
- **मैगिनोट रेखा :** यह फ्रांस और जर्मनी के बीच सीमा रेखा है।
- **रेडक्लिफ रेखा :** यह भारत और पाकिस्तान के बीच सीमा रेखा है जिसका सीमांकन सर सिरिल रेडक्लिफ ने किया था।
- **17वां पैरेलल :** यह उत्तरी एवं दक्षिणी वियतनाम के बीच की सीमा रेखा है।
- **38वां पैरलल :** यह उत्तर और दक्षिण कोरिया के बीच सीमा रेखा है।
- **49वां पैरलल :** यह यू.एस. और कनाडा के बीच सीमा रेखा है।
- **अदूर निसे रेखा :** यह रेखा पोलैण्ड और पूर्वी जर्मनी के बीच की सीमा रेखा है जो द्वितीय विश्व युद्ध में खींची गई थी।
- **सिंगफ्रेड रेखा :** प्रथम विश्व युद्ध में फ्रांस और जर्मनी के बीच की सीमा रेखा।

विश्व की प्रमुख जनजातियाँ

जनजाति	सम्बन्धित क्षेत्र/देश
माओरी	न्यूजीलैंड
बुशमैन	कालाहारी मरुस्थल (बोत्सवाना)
वेद्दा	श्रीलंका
बद्दू	अरब
आइनू	जापान
यूकाधिर	साइबेरिया
एस्कीमो	ग्रीनलैंड, कनाडा
मसाई	पूर्वी अफ्रीका
बोरो	ब्राजील
सेमांग	मलेशिया
जूलू	नेटाल (दक्षिण अफ्रीका)
खिरगीज	मध्य एशिया
रेड इंडियन	उ. अमेरिका
पिग्मीज	कांगो बेसिन
नीग्रो	मध्य एशिया
याइ	टुण्ड्रा प्रदेश

महत्वपूर्ण दिवस

दिवस	महत्व
• 9 जनवरी	प्रवासी दिवस
• 15 जनवरी	थल सेना दिवस
• 25 जनवरी	भारतीय पर्यटन दिवस
• 26 जनवरी	भारतीय गणतंत्र दिवस
• 30 जनवरी	शहीद दिवस, विश्व कुष्ठ निवारण दिवस (महात्मा गाँधी की पुण्य तिथि)
• 1 फरवरी	तटरक्षक दिवस, डाक जीवन बीमा दिवस
• 4 फरवरी	विश्व कैंसर दिवस
• 20 फरवरी	विश्व सामाजिक न्याय दिवस
• 21 फरवरी	विश्व मातृभाषा दिवस
• 22 फरवरी	पल्स पोलियो दिवस
• 28 फरवरी	राष्ट्रीय विज्ञान दिवस (रमन प्रभाव की स्मृति में)
• 8 मार्च	अन्तर्राष्ट्रीय महिला दिवस
• 15 मार्च	विश्व उपभोक्ता अधिकार दिवस, विश्व विकलांगता दिवस
• 21 मार्च	विश्व वानिकी दिवस, विश्व रंगभेद उन्मूलन दिवस
• 22 मार्च	विश्व जल दिवस
• 23 मार्च	शहीद दिवस, विश्व मौसम विज्ञान दिवस
• 24 मार्च	विश्व तपेदिक दिवस
• 7 अप्रैल	विश्व स्वास्थ्य दिवस
• 18 अप्रैल	विश्व विरासत दिवस
• 22 अप्रैल	विश्व पृथ्वी दिवस
• 1 मई	मई दिवस (अन्तर्राष्ट्रीय श्रम दिवस)
• 8 मई	विश्व रेडक्रॉस दिवस
• 9 मई	अन्तर्राष्ट्रीय थैलीसीमिया दिवस
• 11 मई	राष्ट्रीय प्रौद्योगिकी दिवस
• 24 मई	कॉमनवेल्थ दिवस
• 31 मई	विश्व धूम्रपान दिवस

दिवस	महत्व
• 1 जून	अन्तर्राष्ट्रीय बाल दिवस
• 5 जून	विश्व पर्यावरण दिवस
• 14 जून	वर्ल्ड ब्लड डोनर डे
• 20 जून	शरणार्थी दिवस
• 21 जून	विश्व योग दिवस
• 11 जुलाई	विश्व जनसंख्या दिवस
• 10 अगस्त	अंतर्राष्ट्रीय युवा दिवस
• 29 अगस्त	राष्ट्रीय खेल दिवस
• 5 सितम्बर	शिक्षक दिवस
• 8 सितम्बर	विश्व साक्षरता दिवस
• 14 सितम्बर	हिन्दी दिवस
• 16 सितम्बर	विश्व ओजोन दिवस
• 21 सितम्बर	अन्तर्राष्ट्रीय शांति दिवस
• 27 सितम्बर	विश्व पर्यटन दिवस
• 2 अक्टूबर	गाँधी जयन्ती/अन्तर्राष्ट्रीय अहिंसा दिवस
• 3 अक्टूबर	विश्व पर्यावास दिवस
• 5 अक्टूबर	विश्व आवास दिवस, शिक्षक दिवस
• 9 अक्टूबर	विश्व डाक दिवस
• 16 अक्टूबर	विश्व खाद्य दिवस
• 17 अक्टूबर	विश्व गरीबी उन्मूलन दिवस
• 20 अक्टूबर	राष्ट्रीय एकता दिवस, विश्व सांख्यिकी दिवस
• 14 नवम्बर	विश्व मधुमेह दिवस
• 19 नवम्बर	अन्तर्राष्ट्रीय नागरिक दिवस
• 26 नवम्बर	विश्व पर्यावरण संरक्षण दिवस
• 1 दिसम्बर	विश्व एड्स दिवस
• 4 दिसम्बर	रासायनिक दुर्घटना निवारण दिवस
• 10 दिसम्बर	अन्तर्राष्ट्रीय मानवाधिकार दिवस
• 18 दिसम्बर	अन्तर्राष्ट्रीय प्रवास दिवस

☆☆☆☆☆☆

खेल जगत

खेलों से जुड़ी शब्दावली

ऐथलेटिक्स : ऐली, स्प्रॉम, बैटन, बेंड, ब्लाइंड पास, बाक्स, सर्किल, क्लियरेंस, क्रासबार, हीट्स, फाल्स स्टार्ट, फ्लाप स्टाइल, फाउल, हर्डलेस, लेन, लैप, डेकाथलॉन, हैप्टेथलॉन, मैराथन, पेंटाथलोन, स्क्रैच, शॉट पुट, स्प्रिंट, स्टार्टिंग ब्लाक स्टेपल चेज, स्ट्रेंडल, टाई, जोन।

बैडमिंटन : एश, एली, बैक हैण्ड, ब्लाक, कैरी, चैकिंग द स्मैस, कोर्ट, क्रास कोर्ट, डबल हिट, ड्राप शाट, फाल्ट, फोरहैण्ड, फ्रेम, गेम प्वाइंट, किल, लोब, लव, नेट, रैकेट, रैली, सर्व, शार्ट सर्व, शटल (बर्ड भी कहते हैं) साइड आउट, अंडर हैंड।

बेसबाल : आर्म थ्रोअर, एराउंड द हार्न, बल्क, बाल, बाल हॉक, बेस ओपन बेस रनर, बैट, बैटर, कैचर, काक्ड आर्म, क्रास फायर, डाउनर, होम, हाट कार्नर, इनफील्ड फ्लाई, की स्टोन सैक, लेट अप, पेग, पिंच हिटर, पॉपी, पंच, रबर, इनअप, सिंकर, स्लाइडर, थ्री फुट लाइन।

बास्केट बॉल: बैक डोर, बैंग बोर्ड, बैंक शाट, बेसबाल पास, बाउंस पास, चार्ज, चेस्ट पास, कार्नर प्लेयर, कट, डेड बॉल, डबल फाउल, ड्रिबल, फेक, फील्ड गोल, फाउल, फ्री थ्रो, गोल, हेल्ड बॉल, जम्प बॉल, पायवोट, रिवाइंड, रिस्ट्रेनिंग सर्कल, टी, टैक्नीकल फाउल, थ्रो इन।

बिलियर्डस एंड स्नूकर : एंगल, राउण्ड द टेबल, बल्क, बॉल, ब्रेक, ब्रिज, केनन, क्यू बाल, कॉप, फॉलो, हजार्ड, पाकेट, पॉट, पिरामिड, रेडबाल, रेस्ट्स, रन, सेट अप, शार्ट स्विंग, टेबल।

बॉलिंग : एप्पल, एप्रोच, एवरेज, बेबी स्पिल्ट, बॉयस, बिग फाइव, बिग फोर, बाक्स ब्रेक, बकेट, बम्पर, कटर, डाइव, डबल, ड्राइव, डचमैंन, फ्लोटर, ग्रिप, मूव, हैंडी कैप, हेडपिन, हनी, लेन, लीड, मैपल्स, नोजहिट, मदर इन लॉ, पिक, पींस, पाकेट, पोर्ट, स्लीपर, एप्लैस (टर्की) टर्की।

बॉक्सिग : स्प्रॉन, अटैक, ब्लैक पेडल, बैक हैंड पंच, ब्लाकिंग, बोली, बाउट, बट, चॉप, कम्बीनेशन, कट, डाइव, एलबोइंग, फर्स्ट ब्लड, फ्लोर, फुल काउंट, ग्लोब्स, हीलिंग, होल्डिंग, हुक, जब, माउथपीस, पंच, रिंग, स्कोरिंग, सेकेण्ड, स्पाट, वार्निंग।

पेशेवर लोगों के बीच बॉक्सिग अमूमन समान वजन वाले मुक्केबाजों के बीच आयोजित की जाती है। तद्नुसार ही विभिन्न वर्ग बनाए गए हैं—लाइट फ्लाईवेट (48 किग्रा तक), फ्लाई वेट (51 किग्रा. तक), बैंटन वेट (54 कि.ग्रा. तक), फीदरवेट (57 कि.ग्रा. तक), लाइट वेट (60 कि.ग्रा. तक), लाइट-वेल्टर वेट (63.5 कि.ग्रा.), वेल्टर वेट (67 कि.ग्रा. तक), लाइट मिडिल वेट (71 कि.ग्रा. तक), मिडिल वेट (75 कि.ग्रा. तक), लाइट हैवी वेट (81 कि.ग्रा. तक), हैवी वेट (100 कि.ग्रा. तक), सुपर हैवी वेट (100 कि.ग्रा. से ऊपर)।

क्रिकेट : आल राउण्डर, ऐशेज, बैकफुट, बेल्स, बॉल, बैट, बैटिंग, बैट्समैंन, बीमर, बाउंसर, बाउण्ड्री, बॉलर, बॉलिंग क्रीज, बाई, कॉट एण्ड बोल्ड, कॉल, कैच, कॉट बिहाइंड, सेंचुरी, क्लीन बोल्ड, कवर प्वाइंट, क्रास बैट, कट, कटर, डेड बॉल, एक्स्ट्राज, फास्ट मीडियम, फालोआन, फ्रंट फुट, फुलटास, ग्लास, गुगली, गार्ड, गिल्ली, हाफ वॉली, हैट्रिक, हिट विकेट, हुक, इनस्वींगर, लेटकट, लेग ब्रेक, लेग साइड, मेडन, मिड ऑफ, मिड आन, मिड विकेट, नाइट वाचमैन, प्वांइट, ओपनर, ओवर, ओवर थ्रो, ओवर द विकेट, पिच, पुल-राउण्ड द विकेट, स्क्वायर कट, स्क्वायर लेग, स्वीप, टॉस, अम्पायर, विकेट कीपर, यार्कर।

साईकलिंग : एंकलिंग, ब्रेक, बन्च, हैण्डीकैप, हॉक, मेडिसन रिले, म्यूसेट, परस्यूट।

गोल्फ : एश, एड्रेस, एयर शॉट, एप्रोन, अवे, बॉल मार्क, ब्रिडी, बोगी, बाई, चिप, क्लब, कप, ड्राइव, ईगल, फ्लफ्फ, हाल्वड्, हैण्डीकैप, हजार्ड, होल, ऑनर, हुक, जिग्गर, लाई, पार, पिन, पुट, रन, स्लाइस, स्टांस, स्विंग, टी, वेज।

हॉकी : बैकपास, बुली, कैरिंग द बॉल, सेंटर फारवर्ड, चार्जिंग, कार्नर, डी, डिफेंडर, ड्रिवलिंग, फ्लिक, फारवर्ड, फाउल, फ्रीहिट, फुल बैक्स, गोल, हाब्स, हिट, हुकिंग, इंटरसेप्टिंग, लांग कार्नर, शार्ट पेनल्टी स्ट्रोक, पुश, रिवर्स स्टिक, स्कूप, सिक्सटीन यार्ड हिट, स्टिक, स्ट्राइकिंग सर्कल, टैकलिंग, थ्रू पास, ट्रैपिंग, ट्वेन्टी फाइव यार्ड लाइन, अंडरकटिंग।

रोविंग : वेग ऑल, वीट, बो, कनवास, कैच, काक्सवेन या कॉक्स, डबल एट, पूडल, रिकवरी, रिगिंग, रो, एकल्स, सिंगल, स्लाइड, स्वीप, स्वीवल।

रग्बी : ब्लाकिंग बैक, बटन हुक, सेंटर, क्लिपिंग, क्रास बार, कट बैक, डेड बॉल लाइन, ड्राप किक, फेक, फ्लेंकर, फ्लैट पास, फम्बल, गोल, हडल, किक ऑफ, लूपिंग लाइन, ऑफ साइड, पैक, पुंट, स्क्रीन पास, स्लगिंग, टैकल, थ्रो इन, टाइम आउट, ट्रैप, ट्राई।

शूटिंग : एयर गन, बैरल, बोर डाइमीटर, बुल, कैलिवर, कैटिंग, ड्रैग, फायर आर्म, ग्रिप, लांग रायफल, मजल वेलोसिटी, राइफल, साइटर्स, स्नैप, स्टोक।

सॉकर : बाईसाईकिल किक, बाड़ी सर्व, बाक्स या पेनाल्टी एरिया, कैरिंग, चेस्टिंग, क्लीयरिंग, कार्नर किक, कार्नर फ्लैग, क्रास, क्रास ओवर, डी, डायरेक्ट फ्री किक, डाइव, डबल फाऊल, ड्रिवल, ड्राप वॉल, एक्स्ट्रा टाइम, फिनिशिंग, फ्लैंक, फाऊल, गोल किक, गोल पोस्ट, गोल्स, हॉफ वॉली, हैट्रिक, हैडिंग, इनडायरेक्ट फ्री किक, इंटरसेप्सन, किक ऑफ, लाइंस मैन, लिंक मैन, लोब, मार्किंग, न्यूटमैग, ऑफ साइड, पास, पेनल्टी स्पॉट, रिवर्स पास, सीजर्स किक, शैडो मार्किंग, साइड लाइंस, स्ट्राइकर स्वीपर, टेंकल, थ्रोइन, ड्रिपिंग, विंगर, येलो कार्ड।

स्क्वैश : एंगल, बोर्ड कोर्ट, कट लाइन, ड्राइव, फुट फाउल्ट, हॉफ कोर्ट लाइन, हैमर, हैंड इन, किल, निक, पेनल्टी प्वाइंट, रैली, सर्विस बाक्स, सेट, शार्ट लाइन, वॉली, वेल्स।

स्वीमिंग : बैकस्ट्रोक, बटरफ्लाई, ब्रेस्ट स्ट्रोक, कैसल, क्राउल, फाल्स स्टार्ट, फ्री स्टाइल, किकिंग, लेग, मेडले रिले, पुल, टच।

टेबल टेनिस : एश, बैकहैण्ड, शॉट, ब्लेड, ब्लॉक शॉट, ड्यूस, ड्राप शॉट, गेम, ग्रिप, रैली, सर्विस, स्मैश, टॉप स्पिन, रिवर्स सेंटर लाइन।

टेनिस : एश, एडवांटेज, बैक कोर्ट, बैक हैण्ड, बॉल ब्वाय या बॉल गर्ल, ब्रेक, बाई, सेंट्रल लाइन, चिप, चाप, कोर्ट, डेड, ड्यूस, डबल फाल्ट, डाउन द लाइन, ड्राप शॉट, ड्राप वॉली, इरर, फेस या रैकेट, फाउल्ट, फोर कोर्ट, फ्रेम, गेम, गेम प्वाइंट, ग्राउंड स्ट्रोक, लेट, लाइन बॉल, लोब, लव, मैच प्वाइंट, नेट, नेट बॉल, ओवर हैड, स्मैश, पासिंग शॉट, रैली रिटायर, रिटर्न, सर्व, सर्विस, सेट, सेटप्वाइंट, शार्ट बाल, स्मैश, स्ट्रोक, टॉस, अंडरहैंड, वॉली।

वॉलीबॉल : एश, एड ऑन, बैकलाइन, ब्लॉक, बॉडी फाउल, कैरिंग द बॉल, चेस्टपास, कवर, क्रास कोर्ट शाट, ड्यूस, डिग, डबल हिट, फुट फाउल्ट, गेम प्वाइंट, किल, हेल्ड, बॉल, मल्टीपल टचेज, नेट, ओवर नेट, प्वांइट, पावर सर्व, सर्व, सेट, साइड आउट, स्मैश, स्पाइकर टाइम आउट वाली।

रेसलिंग : एकल एण्ड लेग ड्राइव, बाडी लॉक, बाडी प्रेस, ब्रिज, कोबरा ट्विस्ट, क्रेडल, क्रास वुटक, डी फाल्ट, इलीमिनेशन, फाल या पिन, फ्रीस्टाइल, फुल नेलसन, ग्रीको रोमन, हेड होल्ड, मैट, न्यूट्रल पोजीशन, पैसेविटी, पैनाल्टी प्वाइंट, राउण्ड, स्लैनम, स्टेलमेट, स्ट्रेंगल होल्ड, सूमो, थ्री प्वाइंट, टू प्वाइंट।

खेलकूद में महत्त्वपूर्ण माप

- **बैडमिंटन कोर्ट :** 20 फीट × 44 फीट (युगल); 17 फीट × 44 फीट (एकल)
- **बेसबॉल :** डायगोनल बेस में से निकटतम आधार के बीच की दूरी 90 फीट और 127 फीट 3⅜ इंच होती है। पिचर के सर्किल और बालर के बीच 60½ फीट की दूरी होती है।
- **बास्केटबॉल कोर्ट :** 85 फीट × 46 फीट।
- **बिलियर्ड टेबल :** 12 फीट × 6 फीट 1½ इंच।
- **बॉक्सिग रिंग :** 20 फीट वर्ग।
- **क्रिकेट :** दोनों विकेट 22 गज की दूरी पर होते हैं। बॉल का व्यास लगभग 9 से.मी. और वजन 5½ से 5¾ ओंस होता है।
- **डाइविंग :** स्प्रिंगबोर्ड जल की सतह से 7 और 3 मीटर ऊपर होते हैं।
- **हैंडबाल कोर्ट :** 126 से 147 फीट लम्बा और 60 से 73 फीट चौड़ा।
- **हाकी का मैदान :** 100 गज × 55 गज।
- **आइस हाकी ग्राउंड :** 184 से 200 फीट लम्बा और 85 से 98 फीट चौड़ा।
- **रोविंग :** एकल नौका चालन हेतु नौका की लम्बाई 27 फीट और युगल के लिए 34 फीट होती है। कॉक्स्ड जोड़ा 35 फीट, काक्सलेस फोर 44 फीट, कॉक्स्ड फोर 45 फीट और कॉक्स्ड एट 62 फीट होता है।
- **रग्बी मैदान :** यह मैदान अंडाकार होता है जिसकी अधिकतम लम्बाई 150 से 200 गज और अधिकतम चौड़ाई 120 से 170 गज होती है।
- **फुटबाल मैदान :** 100 से 130 गज लम्बा और 50 से 100 गज चौड़ा।
- **स्क्वैश कोर्ट :** 32 फीट × 21 फीट, कट लाइन 6 फीट का और टिन 19 इंच का होता है।
- **स्वीमिंग पुल :** 50 मीटर लम्बा।
- **टेबल टेनिस :** टेबल 9 फीट × 5 फीट का होता है तथा नेट की ऊंचाई 6 इंच होती है।
- **टेनिस कोर्ट :** एकल के लिए 78 फीट × 27 फीट और युगल के लिए 78 फीट × 36 फीट।
- **वालीबॉल कोर्ट :** 18 मीटर × 9 मीटर।
- **मैराथन दौड़ :** 26 मील 385 गज।

ओलंपिक

प्राचीन काल में अपने नागरिकों को स्वस्थ एवं फिट बनाए रखने के लिए यूनानवासी प्रतियोगी खेल स्पर्द्धाओं का आयोजन करते थे। जौस देवता के सम्मान में प्रथम ओलम्पिक खेलों का आयोजन ओलम्पस माउंट में ईसा पूर्व 776 में किया गया था। इसके बाद 394 ईस्वी जबकि यूनानी सभ्यता का पतन हो गया प्रत्येक 4 वर्षों के अंतराल के बाद ओलम्पिक खेलों का आयोजन किया जाता रहा। आधुनिक समय में फ्रांस के धनकुबेर पियरे डी कुबर्टिन ने आधुनिक खेलों को पुनर्जीवित किया। प्रथम आधुनिक ओलम्पिक खेल का आयोजन 1896 में एथेंस (यूनान) में किया गया। इसके बाद से विश्व युद्धों को छोड़कर प्रत्येक 4 वर्ष के अंतराल पर ओलम्पिक खेलों का आयोजन होता रहा है। ओलम्पिक खेलों का ध्वज श्वेत रंग का है जिस पर 5 रंगीन छल्ले बने हैं। प्रत्येक रिंग एक महादेश का प्रतिनिधित्व करता है। एक ही वर्ष में ग्रीष्मकालीन और शीतकालीन ओलंपिक खेलों का आयोजन किया जाता है।

एशियाई खेल

द्वितीय विश्व युद्ध के पश्चात् अनेकों एशियाई देशों ने स्वतंत्रता प्राप्त की। ओलंपिक खेलों की तर्ज पर प्रत्येक चार वर्षों बाद एशियाई खेलों के आयोजन की योजना बनायी गई। भारत ने 1951 में नई दिल्ली में प्रथम एशियाई खेलों का आयोजन किया था।

राष्ट्रमंडल खेल

राष्ट्रमंडल खेल भी प्रत्येक चार वर्ष बाद आयोजित किए जाते हैं उसी वर्ष में जिसमें एशियाई खेल आयोजित होते हैं। सभी राष्ट्रमंडल देश (ब्रिटेन के पूर्व उपनिवेश) इसमें भाग ले सकते हैं। प्रथम राष्ट्रमंडल खेल 1930 में हैमिल्टन (कनाडा) में आयोजित हुआ। अठारहवां राष्ट्रमंडल खेल वर्ष 2006 में मेलबोर्न में आयोजित किया गया। 2010 के राष्ट्रमंडल खेलों का आयोजन भारत में हुआ।

कामनवेल्थ गेम्स फेडरेशन (CGF) की छत्रछाया में आयोजित होने वाले राष्ट्रमंडल देशों के खेलों का आयोजन प्रत्येक चार वर्ष के अंतराल पर किया जाता है। पहले राष्ट्रमंडल खेल, जो 1930 में कनाडा के हैमिल्टन में आयोजित किये गये थे, को ''ब्रिटिश अम्पायर गेम'' के नाम से जाना गया। 1954 में इनका नाम बदलकर ''ब्रिटिश अम्पायर एण्ड कामनवेल्थ गेम्स'' कर दिया गया। 1970 में एक बार फिर इनका नाम परिवर्तन कर 'ब्रिटिश कामनवेल्थ गेम्स' किया गया। वर्ष 1978 से इन्हें कामनवेल्थ गेम्स अथवा राष्ट्रमंडल खेलों के नाम से जाना जा रहा है।

प्रमुख खेल एवं उससे संबंधित जानकारी

क्रिकेट : क्रिकेट खेल का जन्मदाता इंग्लैंड को माना जाता है। दुनिया का पहला क्रिकेट क्लब हैम्बल्डन में 1760 के दशक में बना और मेरिलबॉन क्रिकेट क्लब (MCC) 1787 में।

हॉकी : हॉकी का पहला संगठित क्लब 1861 में स्थापित 'ब्लैकहीथ एबी एण्ड क्लब' (इंग्लैंड) है। हॉकी की सर्वोच्च संस्था 'फेडरेशन इंटरनेशल दि हॉकी' (एफ. आई. एच.) है, जिसकी स्थापना 1884 ई. में की गयी थी। हॉकी का पहला अन्तर्राष्ट्रीय मैच 26 जून, 1895 को राइल में वेल्स एवं आयरलैंड के बीच खेला गया। ओलम्पिक में सर्वाधिक आठ बार हॉकी का खिताब भारत ने जीता है।

फुटबॉल : फुटबॉल का जन्म इंग्लैंड में हुआ। 1857 ई. में इंग्लैंड में विश्व का पहला फुटबॉल क्लब 'शेफील्ड फुटबॉल क्लब' का गठन हुआ। भारत में फुटबॉल अंग्रेजों के द्वारा लाया गया और भारत का पहला फुटबॉल क्लब 'डलहौजी क्लब' था।

टेबल टेनिस : इस खेल का जन्मदाता इंग्लैंड है। 'इंटरनेशनल टेबल टेनिस एसोसिएशन' की स्थापना 1926 ई. में की गयी थी। टेबल टेनिस विश्व चैम्पियनशिप का मैच पहली बार 1927 ई. में हुआ।

लॉन टेनिस : आधुनिक संदर्भ में इस खेल का विकास इंग्लैंड में हुआ। टेनिस की सर्वोच्च संस्था इंटरनेशनल टेनिस फेडरेशन (I.T.F.) की स्थापना 1913 ई. में पेरिस में की गई।

बास्केटबॉल : इस खेल का आविष्कार जेम्स स्मिथ ने सन् 1891 में अमेरिका में किया। इसके अन्तर्राष्ट्रीय संघ की स्थापना सन् 1932 में फेडरेशन इंटरनेशनल डे बास्केटबॉल एसोसिएशन (FIBA) के नाम से हुई। भारत में प्रथम बास्केटबॉल खेल सन् 1930 में खेला गया। इसका पहला विश्व चैम्पियन मैच 1950 ई. में आयोजित हुआ।

बैडमिंटन : आधुनिक बैडमिंटन का विकास संभवत: इंग्लैंड में हुआ था। इसकी सर्वोच्च संस्था इंटरनेशनल बैडमिंटन फेडरेशन की स्थापना 1934 में की गयी थी। विश्व बैडमिंटन चैम्पियनशिप की शुरुआत 1977 ई. में हुई थी।

पोलो : आमतौर से यह माना जाता है कि पोलो का जन्म फारस में हुआ था। फारस में 525 ई.पू. में 'पुलु' के नाम से यह खेल खेला जाता था। कुछ लोगों का मानना है कि पोलो का जन्म भारत के मणिपुर में हुआ।

शतरंज : सामान्यत: ऐसा माना जाता है कि भारत में यह खेल ईसा बाद 7वीं सदी में शुरू हुआ।

एथलेटिक्स : पहला ओलंपिक जो ई.पू. 8वीं सदी में हुआ था उसमें यह एक मात्र खेल था। ई.पू. 8वीं शताब्दी में होमर द्वारा लिखित इलियड में पैदल दौड़ का वर्णन मिलता है। एथलेटिक्स इंग्लैंड में ईसा बाद 12वीं सदी में प्रारंभ हुई।

कुश्ती : ई.पू. 708 में यूनानियों ने अपने ओलंपिक में कुश्ती को शामिल कर लिया था। कुल मिलाकर कुश्ती के 50 प्रकार हैं। ओलंपिक में ग्रीको रोमन और फ्री स्टाइल कुश्ती आर्मेचर होती है।

गोल्फ : आधुनिक गोल्फ का खेल सर्वप्रथम स्कॉटलैंड में शुरू हुआ। आधुनिक गोल्फ में पुरुषों के ग्रैंड स्लैम में चार टूर्नामेंट होते हैं। मास्टर ओपन, यूनाइटेड स्टेट्स ओपन, ब्रिटिश ओपन और प्रोफेशनल गोल्फर्स एसोसिएशन ऑफ अमेरिका (पी.जी.ए.) चैम्पियनशिप।

बेसबॉल : यह खेल 19वीं सदी के मध्य में अमेरिका में विकसित हुआ। ऐसा माना जाता है कि इसकी खोज अबनेर डबलडे ने सन् 1839 ई. में की। इस खेल के नियमों को एलेक्जेंडर कार्टराइट ने लिखा।

तैराकी : द फेडरेशन इंटरनेशनल डी नेशनल एमैच्योर (FINA) तैराकी एवं अन्य सभी गैर-पेशेवर जल-क्रीड़ाओं को संचालित करती है।

स्पोर्ट्स से जुड़े प्रमुख खिलाड़ी

- **एथलेटिक्स :** कार्ल लुईस, मौरिस ग्रीन, माइकल जानसन, लिंडफोर्ड क्रिस्टी, जैकी जायनर, मेरियन जोंस, बेन जानसन, कैल्विन स्मिथ, जेसी ओवंस, सर्गेई बुबका, सेबेस्टियन को, मिल्खा सिंह, पीटी उषा, उसैन बोल्ट, ज्योतिर्मय सिकदर।
- **बॉक्सिंग :** कैसियस क्ले (मोहम्मद अली), जो फ्रेजर, माइक टायसन, लैरी टोलम्स, फैंक ब्रूनो, हेनरी कूपर, आर्ची मूर, इवांडर होलीफील्ड, विजेंद्र कुमार, एम.सी. मैरीकॉम।
- **बैडमिंटन :** प्रकाश पादुकोण, सैय्यद मोदी, दिनेश खन्ना, जेमी पोलसन, नंदू नाटेकर, लिम स्वीकिंग, सायना नेहवाल।
- **बिलियर्ड :** गीत सेठी, माइकल फरेरा, पंकज आडवाणी।
- **शतरंज :** बोरिस स्पॉस्की, गैरी कास्परोव, अंतोली कार्पोव, विक्टर कोरकोनी, विश्वनाथन आनंद, कोनेरू हम्पी, प्रवीण थिप्से, रोहिणी खादिलकर, सूर्य शेखर गांगुली, गुकेश डी.।
- **क्रिकेट :** सुनील गावस्कर, बिशन सिंह बेदी, कपिल देव मुहम्मद अजहरुद्दीन, सचिन तेंदुलकर, जी.आर. विश्वनाथ, लाला अमरनाथ, अजित वाडेकर, वी एस चंद्रशेखर, ईएएस प्रसन्ना, एस. वेंकटराघवन, डान ब्रैडमेन, रिचर्ड हैडली, गैरी सोबर्स, इयान बाथम, विवियन रिचर्डस, क्लाइव लायड, इमरान खान, ज्योफ बायकाट, टोनी ग्रेग, वसीम अकरम, हनीफ मोहम्मद, रिची बेनो, माल्कम मार्शल, माइकल होल्डिंग, ग्रेग चैपल, जावेद मियांदाद, विजय मांजरेकर, फैंकवारेल, बिल लॉरी, क्लाइब राइस, विराट कोहली, मार्क टेलर, जीएल गारनर, अर्जुन राणातुंगा, अरविन्द डीसिल्वा, सौरव गांगुली, विनोद कांबली, नयन मोंगिया, अजित अगरकर, जैक कालिस, इयान हिली, जान ट्राइकास, क्रेग मैकडरमोट, ब्रायन मैकलिमन, डब्ल्यू आर हैमंड, सनत जयसूर्या, ब्रायन लारा, एंडी फ्लावर, बी.वी.एस. लक्ष्मण, राहुल द्रविड़, डेनियल विटोरी, वीरेन्द्र सहवाग, एम. एस. धोनी, युवराज सिंह, रिकी पोन्टिंग।
- **हॉकी :** ध्यान चंद, अशोक कुमार, अजित सिंह, परगट सिंह, प्रीतपाल सिंह, जफर इकबाल, शंकर लक्ष्मण, चारू चार्ल्सवर्थ, बलबीर सिंह, टेरी वाल्स, किशनलाल, धनराज पिल्लै।
- **फुटबॉल :** पेले, डियागो माराडोना, फ्रेंज बेकनबोर, सोक्रेट्स, रूड गुलिट, गैरी लिनेकर, कोरेका, पी सी बनर्जी, अरुणलाल घोष, युनी गोस्वामी, इंदर सिंह, डावर सूकर, रोनाल्डो, रिवाल्डो, डिसचैम्पस, ओलिवर कॉन, लुईस फिगो, वाइचुंग भूटिया।
- **टेनिस (लान) :** ब्योन बोर्ग, जिमी कानर्स, जान मैकनरो, इवान लेंडल, पीट सम्प्रास, मार्टिना नवरातिलोवा, स्टेफी ग्राफ, स्टीफन एडवर्ग, आंद्रे अगासी, माइकल चांग, रमेश कृष्णन, बोरिस बेकर, लिएण्डर पेस, महेश भूपति, विजय अमृतराज, आनंद अमृतराज, जयदीप मुखर्जी, राड लीवर, राय इमर्सन, नरेश कुमार, प्रेमजीत लाल, मार्टिना हिंगिस, मेरी पियर्स, सेरेना विलियम्स, वीनस विलियम्स, सानिया मिर्जा, सोमदेव वर्मन, रोजर फेडरर, राफेल नडाल, मारिया शारापोवा।
- **गोल्फ :** ग्रेग नारमेन, निक प्राइस, जीव मिलखा सिंह, एस. चौधरी, आर.के. पीतांबर, विक्रमजीत सिंह, अर्जुन अटवाल।
- **स्वीमिंग :** आरती गुप्ता, अरुण कुमार शा, वैद्यनाथ, डाउन फ्रेजर, मिहिर सेन, आरती शाहा, मार्क स्पिट्ज, माइकल फेल्प्स।
- **कुश्ती :** दारा सिंह, भीमसेन, मुख्तार सिंह, सुदेश कुमार, चांदगी राम, सुशील कुमार।
- **निशानेबाजी:** अंजली भागवत्, राज्यवर्धन सिंह राठौर, समरेश जंग, अभिनव बिंद्रा, गगन नारंग।

☆☆☆☆☆☆